国家出版基金项目
NATIONAL PUBLICATION FOUNDATION

中国文物志

可移动文物编 IV

钱币、漆木器、文房用具及其他（杂项类）

近现代文物

旧石器时代人类化石与文化遗存

中国文物志编纂委员会 编

董保华 总编纂

董琦 副总编纂

文物出版社

总 目 录

本册目录

第八章 钱币、漆木器、文房用具及其他（杂项类）

第一节 钱币

第二节　文房用具

第三节　其他（杂项类）

第九章　近现代文物

第一节　近代文物

第二节　现代文物

第十章 旧石器时代人类化石与文化遗存

第一节 人类化石

第二节 文化遗存

第八章

钱币、漆木器、文房用具及其他（杂项类）

中国古代使用货币的历史有四千多年，从天然贝发展到金属铸币，进而使用纸币。金属铸币以铜、铁质为主，偶有金、银、铅等材质，先后采用范铸法、翻砂法和机器制造三种工艺。铜贝是最早的金属铸币，商至战国时期铸币形制多源自生产工具，有贝、布、刀、圜钱、方孔圆钱等形制。自秦始皇统一中国，圆形方孔钱成为铸币的基本形式。秦至隋，钱文以"半两""五铢"为主，出现国号加年号、吉语等具特殊意义的钱文。唐以后，钱文以年号加"某宝"为主。书法艺术贯穿古代铸币始终，篆书、隶书、行书、草书、楷书都曾用于钱文。纪念币、开炉钱、镇库钱等民俗钱币具有丰富的文化内涵。明及以前各朝的金、银铸币多为非流通币。清朝引进西方技术后制造的金、银币多为货币，乾隆五十七年（1792年）宝藏局打制的乾隆宝藏，是中国最早由中央政府统一规范的流通银币。光绪十年（1884年），吉林机器官局试制了中国第一套机制银圆；十五年（1889年）两广总督张之洞主持制造的广东光绪元宝银圆，是获清廷批准制造的第一套机制银圆。纸币初现于北宋，历经元、明、清，不断发展完善，现存最早的实物是"中统元宝交钞"。黄金、白银主要用于贮藏、税收、赏赐等大额支付，形制、重量不同，有饼、铤、锭、叶、元宝等形制，汉武帝时期的马蹄金、麟趾金具有特殊的纪念意义。历代钱币及相关文物种类丰富，不仅见证了中国钱币发展史、钱币铸造工艺史、中外钱币交流史，还在钱文书法、造型艺术、冶炼铸造、印刷等方面反映出中国古代科技的进程，并折射出不同时代的经济、物产、民俗状况。

毛笔出现于战国时期，因实用需要，笔头不断改进，笔管也日趋精美。人造墨以松烟为原料，秦时初具雏形。东汉时，制墨已有形制、大小、品种和产地的区别，出现加入香料或其他配料的"香墨"。因烟料不同，墨有松烟、油烟、松油烟等几类。早期制墨中心在北方；五代以后，安徽歙州成为制墨中心；北宋宣和三年（1121年），"徽墨"叫法出现。见诸文献记载的历代制墨名家有百余人。纸出现于西汉，经东汉蔡伦改进得以完善。皮纸、藤纸、麻纸、楮树皮纸、竹纸等体现了造纸原料的丰富，也印证了造纸技术的不断发展。"澄心堂纸""金栗山藏经纸""瓷青纸""羊脑笺"等名纸证明了纸张加工工艺的提高。砚由研磨器演变而来，有石、陶、瓷、玉、象牙、翡翠等多种质地，出现箕形、兽足、抄手、仿生等造型。文房清供包括水盂、砚滴、臂搁等，其多陈设于文房书案，集实用性与艺术性为一体，是文人精神生活的体现。

中国是世界上最早使用漆的国家，浙江余姚河姆渡遗址出土的新石器时期朱漆木碗就是强有力的实物证据。夏商周三代的漆器多为木胎，春秋战国时期出现竹胎、夹纻胎。商周时期，已有彩绘、镶嵌绿松石、贴金箔、镶嵌蚌泡等工艺技法。战国以后，针刻、描金、镶嵌银釦、戗金、贴金银箔、镶嵌螺钿珠宝、犀皮等装饰工艺广泛应用。隋唐时期的嵌螺钿工艺成熟，出现金银平脱和雕漆工艺技术，湖北襄州的"襄样"漆器成为名品。宋元时期以素漆为主，螺钿、戗金、描金、堆金、金银平脱、雕填漆、犀皮等装饰工艺异彩纷呈，出现了张成、杨茂等制作名家。明代，内廷特设果园厂为皇家制作漆器，各地漆器各具特色，主要有扬州百宝嵌、苏州金漆、云南雕漆、山西金漆等；流行单色漆、描金、堆漆、雕填、螺钿、犀皮、剔红、百宝嵌等多种技法结合使用。清代内务府造办处所制漆器集各地漆器之精华，以北京、苏州的雕漆，扬州的薄螺钿、百宝嵌，福州的脱胎等最为著名，有卢葵生等漆器名工。木器大致分为实用器和艺术品，包括建筑、家具和随葬品等。家具起源于新石器时代，早期为低矮式。三国以后，高型家具逐步成熟，至宋元时期，家具制造工艺的结构与形式达到相应的和谐与统一。明代是中国古代家具发展史上的高峰时期，崇尚展示木质自然美。清代自康熙时起，讲究雕作繁缛，出现"苏作""广作""京作""晋作"等不同风格流派。木质艺术品源远流长，不同时期的木雕、木制作品体现着古代木器制作的高超水平。

中国织绣最早可追溯至新石器时代晚期。商周已有罗、绮、锦等品种，可利用媒染剂进行染色，刺绣和提花技术具有较高水平。春秋战国时期织锦装饰纹样，从几何纹向动植物纹等具象纹样转变。秦汉时期的麻、毛织发达，西北出现缂毛织物。魏晋的纹样初现异域风格。隋唐的纬锦应用广泛，"三缬"纺染印花技术名盛天下，流行融贯中西的独特纹样，劈针、直针、钉针等新绣法各领风骚。宋代的缂丝、刺绣向欣赏性发展，出现朱克柔、沈子蕃等缂丝名家。元代，缎正式出现，崇尚加金织物，以"纳石失"的技术和艺术成就最高。明代，绒类和妆花织物代表了丝织技术的进步，京绣、鲁绣、苏绣、粤绣等成为特色绣种，以韩希孟为代表的露香园顾绣最为著名。清代，云锦、宋锦达到很高水平，苏、粤、蜀、湘四种地方刺绣流派繁衍，京绣、瓯绣、鲁绣、闽绣、汴绣等地方绣派各具特色。

骨牙角竹器的历史源远流长。骨器于旧石器时代作为生产工具出现，考古发掘表明，新石器时代骨牙角器数量多、分布广、品种丰富，出现圆雕、透雕、镶嵌松石等多种工艺。河南殷墟出土的嵌绿松石饕餮纹夔鋬象牙杯代表了商代牙雕水平。汉代的线刻彩绘、唐代的拨镂、宋元的套雕等均为具有时代特征的工艺技法。明代郑和出使西洋后，象牙进口增多，牙雕工艺推陈出新。清代，宫廷造办处及广东、扬州等地牙雕闻名遐迩，其中广东牙雕雕工精、色白、抽丝技术高超。犀角制品至迟出现于商周时期，目前所见多以明清两代为主。受原材料限制，明、清角雕以犀角杯为大宗，间杂随形就势的小件装饰，出现鲍天成、尤侃、尤通等著名工匠。竹制器历史悠久，考古所见较早的实物是湖南长沙马王堆西汉墓出土的雕龙彩漆竹勺。魏晋南北朝时期，在竹制笔管上雕刻纹饰、诗词成为时尚。唐代出现"留青"装饰技法。宋代，笔法融入竹雕刀法。明代，出现以濮澄（仲谦）、方洁为代表，以浅浮雕技法为主的"金陵派"和以朱鹤（朱松邻）、朱缨（朱小松）、朱稚征（朱三松）祖孙三人为代表的以透雕和高浮雕技法为主的"嘉定派"。清代，嘉定派竹雕进入鼎盛期，有名的竹刻家达六七十人。骨牙角竹器是中国独具特色的工艺门类。

中国古代铁、铅、锡等金属制作工艺历史悠久。开始使用铁器的年代尚无定论，河北藁城台西商代遗址发现的刃部用陨铁锻制的铜钺，是考古发现的最早的用铁实物证据之一，表明金属铁早在公元前1300年已被中国人认识，已知发现最早的人工冶铁实物是河南三门峡虢国墓出土的玉柄铁剑。南北朝时杂炼生鍒的灌钢工艺问世，标志了具有中国特色的古代冶铁技术体系基本建立。中国用铅历史悠久，大甸子夏家店下层文化墓葬中出土的两件铅制品，是考古发现的最早的铅器。商代铅器多为生产工具和生活用具。西周出现铅制的车马饰和人俑。传统锡器有实用器和明器，常见有酒具、茶具、文具等。珐琅有掐丝、錾胎、画珐琅、锤胎珐琅、透明珐琅等多种工艺，已知最早的珐琅器为唐代产品，明代景泰年间的珐琅器艺术水准最高，清代珐琅器生产贯穿始终，多出自内务府造办处及广州、扬州等地。乾隆时期所制珐琅器技法多样，精品迭出。

古代文献称玻璃器为"琉璃""颇黎"等，现存最早的中国玻璃器是西周强伯墓出土的玻璃珠等。魏晋南北朝时期，始用吹制法。隋代，玻璃器的造型、纹饰融入西方文化元素。元代"瓘玉局"烧造的仿玉玻璃器异常精致。清代内务府造办处的官办玻璃厂以及北京、广州、山东博山等地，玻璃制作异彩纷呈。

第一节　钱币

小孔式铜贝　商代文物。1953年，河南省安阳市大司空村出土的铜贝。

此枚铜贝长1.7厘米，宽1.3厘米。其形制与货贝（也称黄宝螺，一种天然海贝）相似，窄端有小穿孔。货贝初为装饰品，后成为一般等价物的交换媒介。一般认为货贝自夏代开始就承担起了货币职能，因而也被称作贝化。为携带方便，充当货币的货贝背部多琢磨出穿孔，这一特征为铜贝沿用。随着商品经济的发展，天然货贝供不应求，骨贝、玉贝、陶贝、石贝、铜贝等仿制品出现，其中陶贝多作冥币，铜贝具货币与装饰品等多种功用。

铜贝始见于商，是中国最早的金属铸币，流行于商至战国时期。铜贝分为空心无文和实心有文两大类。空心无文铜贝保留了天然贝的特征，腹面仿贝铸出一道凹槽，留有直齿或曲齿。背部隆起，有的带穿孔。空心无文铜贝是商代晚期至战国早期的铸币，铸行于黄河中下游。这类铜贝还具有装饰等用途。实心有文铜贝是春秋晚期至战国晚期的铸币，铸行于楚国，主要作为流通货币使用。考古发掘发现，铜贝背部的穿孔形制经历了由小到大的演变过程，即商代早期穿孔较小，称之为"小孔式"；商代中期至西周中期穿孔逐渐增大，称为"大孔式"；商代晚期至春秋早期演变为磨背式。大司空村发掘的166座商代墓葬中有2座墓葬出土了铜贝，14号墓出土1枚，312号墓出土2枚，该枚即其中之一。这3枚均是小孔式无文铜贝，为早期铜贝的代表，在中国金属铸币史上具有重要意义。

小孔式铜贝存于中国社会科学院考古研究所。

蚁鼻钱　战国时期文物。1957年，近现代钱币收藏家罗伯昭捐献给北京历史博物馆的钱币之一。

蚁鼻钱长1.65厘米，宽1.1厘米，重1.55克。此铜贝为战国时期楚国铸造，呈天然贝形，上大下小，正面微微凸起，背面平坦。钱文"𡆥"字构图随形就势，占钱面大部，𡆥下有一凹于肉面的圆圈。𡆥旧释"陶"或"安"等，近年有学者释为"匽"，认为是地名。春秋战国时期，先后有几个国家以"匡"为地名，其地基本在今河南省境内，宋国的"匡"在今睢县西30里，卫国的"匡"在长垣县西南，郑国的"匡"在扶沟县。西周青铜器禹

鼎铭文中也记载有"匋"地，经学者考证，此"匋"地即在安徽肥西一带，与匋字面文的楚铜贝出现地点完全吻合。匋铜贝主要见于安徽省肥西县和河南省固始县两地，与匋类似的铜贝还有君、忻、行、金等铭文，零星散见于楚国各地。以"匋"字为钱文，表明这种钱的铸地与流通区域，说明楚国与同时期的其他国家一样，铸造的铭文钱中包括纪地钱，纪地表示该钱为流通于某一区域的地方性质的货币。楚国铸造的面带阴文仿贝形铜币，以铭文"𧉖"居多。因有些铜贝其上的文字与外形组合起来看像鼻子上趴着一只蚂蚁或一张鬼脸，故被称为"蚁鼻钱"或"鬼脸钱"。蚁鼻钱是楚国流通货币的主要种类，保留了天然贝的轮廓，以枚计值，使用方便。"匋"等铭文铜贝为蚁鼻钱中少见的种类，是研究楚国疆域的重要资料。

匋蚁鼻钱藏于中国国家博物馆。

小孔式金贝　战国时期文物。1984年，河北省灵寿县西岔头村农民在村北山坡打坯时发现一座战国早期古墓，文物部门闻讯赶到，但墓坑已被破坏，多数文物散失，后经追缴，收回金、铜、玉石、骨、角等36件器物，其中4枚金贝和一盘金丝同置于一铜鼎内。根据文献记载与出土文物特征，确定此为战国时期中山

国墓葬。

此枚金贝为其中之一。长1.1厘米，中间最宽处0.7厘米，厚0.4厘米，重3.14克，含金量92%。金贝仿天然海贝形，造型逼真。正面略凸，中间开有一道纵贯全身的细长直槽，上宽下窄，槽沿两侧对开7对齿纹，齿纹最宽处0.08厘米。背部扁平，靠近狭窄顶端处中间钻有直径不足1毫米的圆孔，与正面槽部相通。

春秋战国时期，因列国争霸和各国政治、经济、文化发展的不同，故形成了不同种类的货币流通体系，贝币系列属于发端最早的货币体系，铜贝初现于商代，到战国时期式微。考古发掘已经发现一定数量的铜贝，但金贝属首次发现。金贝与商代小孔式铜贝形制相近，同墓出土的4枚金贝的形状、大小、含金量大体相同。关于金贝的用途，主要有两种观点：一是赏赐、馈赠之物；二是装饰物。这批金贝为研究中山国货币、民俗文化、铸造工艺等提供了宝贵的实物资料。

小孔式金贝藏于河北钱币博物馆。

磨背式银贝　战国时期文物。1974年，河北省平山县三汲乡的农民在平整农田时发现中山国墓葬群。河北省文物部门对包括王𪩘墓在内的两座王陵进行发掘，出土了大批文物。

此1号墓出土的银贝长3厘米，宽2厘米，重11克，含银量95%。银贝仿天然海贝形模铸而成，平面近椭圆形，正面微凸，中部纵向开槽，两端窄，中间宽，槽两侧有细密的对称锯齿，背中空。

考古发现，春秋时期的中山国墓葬除随葬实用铜器外，还在墓底放置海贝、骨贝或石贝，数量几十枚至近百枚不等。战国时期，随

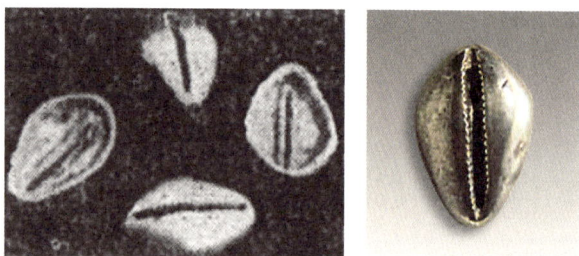

葬贝及各种仿贝的情况不再多见。可见，在墓内随葬贝是中山国的一种葬俗。王䂆是中山国第五代国王，入葬时间约为公元前310年，中山1号墓是其陵墓。银贝出土于王䂆的椁室，同一位置出土的还有金匕、金饰片、银带钩、各种泡饰等。专家根据银贝出土地点及伴出物认为银贝为椁上饰物；也有专家认为银贝是中山国的"中币"，是中山王对贵族及功臣的赏赐之物，仅流通于贵族及大臣之间。王䂆墓共出土5枚银贝，总体形制相同，大小、重量稍异。这几枚银铸贝的发现，对研究先秦时期的贵金属铸币及中山国文化习俗具有重要价值。

磨背式银贝藏于河北钱币博物馆。

青铜铲（原始布）　西周时期文物。1964年，山西省文物管理委员会在太原拣选文物时，发现285件具有重要价值的历代文物，包括铜犁、铜镜、印章、造像、钱币等。其中最珍贵的便是这件青铜铲（原始布），通长13.2厘米，柄长6厘米，腹宽9厘米，厚0.25厘米，长銎，銎中空，与身相交处有一个不规则穿孔，銎两侧外缘凸起，与布身中间圆锥形脊略呈"品"字形排列，圆肩，平刃，刃有多处磕伤，右角尤甚。

青铜铲是一种农业生产工具，用于挖沟掘土、除草播种。青铜铲出现在商代，战国以后，随着铁制农业工具的广泛使用而被替代。青铜铲作为生产工具深受时人青睐，其是上层贵族的随葬品，还是民间交易的媒介，具有货币的职能。它的形制也被早期铸币所仿照。这件青铜铲的形状、尺寸与原始布的形制十分接近，体现了农具与货币间的演变关系。

青铜铲（原始布）藏于山西博物院。

"少曲市南"平肩弧足铜空首布　春秋至战国时期文物。1974年，河南省洛阳市东周王城出土。

此枚平肩弧足铜空首布，通长8.9厘米，身长5.5厘米，肩宽4.8厘米，足宽4.9厘米，重28.8克。长銎中空，平首，平肩，弧足。面、背各有三条垂直竖线平行纵贯布身，面文

四字，两两列于三条竖线之间。面文有多种释读，有"少曲市南""市南少化""市南小货"等。少曲，古地名，河南省孟州市，古时属韩国。释钱文为"市南少化"或"市南小货"的学者认为此空首布为周王畿铸币。

此铜布铸于春秋晚期至战国早期。春秋战国时期，"市"是社会各阶层经济活动的中心。据《周礼·地官司徒》"司市"的记载，当时城里已经是一日三市："大市，日昃而市，百族为主。朝市，朝时而市，商贾为主。夕市，夕时而市，贩夫贩妇为主。"已发现的空首布面文还有"少曲东""少曲市西""少曲市东""少曲市中"等。有学者认为，这些铭文空首布是由管理集市的司市铸造的。平肩弧足空首布有早晚期之分，早期平肩弧足空首布多出土于河南洛阳地区，出土地域和纪地铭文基本在春秋战国时期的周王畿范围内，布上铭文有一字、二字、四字，四字的早期平肩弧足空首布首现于清朝晚期。该"少曲市南"平肩弧足铜空首布为科学发掘所得，是鉴定同类传世钱币真伪的重要依据。

"少曲市南"平肩弧足铜空首布存于河南省洛阳市文物工作队。

"三川釿"斜肩弧足铜空首布　战国时期文物。1959年，近现代钱币收藏家沈子槎捐献给北京历史博物馆的钱币之一。

此铜布长8.8厘米，足宽4.9厘米，重25.15克，平首，斜肩，弧足，銎部呈长方形，肩两端伸出布身如出戟，有外缘。面有两条竖线，呈"八"字形贯穿布身，钱文"釿"置于两条竖线中间。背有三条竖线，中间为直线，两侧为斜线。

钱文旧释"济釿""齐川釿"等，后经学者再度考释，认为释"三川釿"为宜。"三川"为地名，据《战国策》记载，先秦时称靠近黄河、洛河、伊河附近的地区为三川。有学者考证其地为今河南省洛阳市一带，1975年以来，河南洛阳、宜阳等地陆续出土的三川釿空首布可为辅证。三川郡先后为韩国、秦国地名。《战国策·韩策三》："费绁……其家万金，王何不召之，以为三川之守。"《史记·秦本纪》秦庄襄王元年（前249年）"秦界至大梁，初置三川郡"。三川釿斜肩弧足铜空首布为战国时期韩国铸造，铭文清晰可辨，是研究先秦文字、书法艺术、地理地名等珍贵的资料。

"三川釿"斜肩弧足铜空首布藏于中国国家博物馆。

"□□□黄釿"耸肩尖足铜空首布　战国时期文物。1959年，山西省文管会侯马工作站在侯马市晋国遗址考古发掘出耸肩尖足空首布，因其尺寸不同分为特大型、大型、中型和小型四种类型。此枚"□□□黄釿"铭文铜布属于小型。

此铜布通长12.2厘米，身长8.1厘米，肩宽4.8厘米，带銎内范泥重30.7克。长銎，耸肩，平裆，尖足，左足尖部残缺，面文"□□□黄釿"，前三个字漫漶不清，待考。"黄"通作"衡"，"釿"为货币单位，"黄釿"相当于一釿，说明晋国是以"釿"为空首布计量单位的。

耸肩尖足空首布是春秋中期至战国中期铸行于晋国、卫国的货币，由特大型平肩空首布演变而来。长銎，耸肩，弧裆或平裆，尖足，面、背均有三道平行竖线，面文有20余种，包括地名、数字、天干地支等。1955～1959年，山西侯马东周遗址出土大、中型耸肩空首布和大量空首内范，为研究这种布币国别、产地及铸造工艺等提供了重要资料。此"□□□黄釿"耸肩尖足空首布与同时出土的"□□□□□

"釿"布币，未见载于前人著录，一经面世，即引起钱币学界极大的关注。

"□□□黄釿"耸肩尖足铜空首布藏于山西博物院。

"阴晋半釿"铜桥足布　战国时期文物。1955年，国家文物局重金收购、拨交北京历史博物馆的民国时期上海富商、钱币收藏家"金匮室"主人陈仁涛收藏钱币之一。

此铜布长4.3厘米，肩宽2.8厘米，足宽3厘米，重8.1克，平首，平肩，圆裆，桥足，首部有一圆穿。面文"阴晋半釿"，文字劲健有力，光背。阴晋，地名，今陕西省华阴市东南，战国早期属魏。据《史记·赵世家》"（赵肃侯）二年，与魏惠王遇于阴晋。［正义］：地理志云华阴县，魏之阴晋，秦惠文王更名宁秦"可见，魏之阴晋在战国后期归秦国所有，并更名宁秦。

桥足布传统称为"平首弧裆方足布"，是战国早期兴起的一种货币，多铸行于魏国，在三晋两周地区流通。平首，平肩或圆肩，裆部呈半圆或弧形，或有外缘，部分币的首部有圆形穿孔。钱面文为地名和币值单位。因其布身颇似拱桥桥洞，故有"桥形布""桥裆布"之称。又因铭文中多有"釿"字，也称为"釿

布"，有半釿、一釿、二釿三等制。该桥足布为战国早期阴晋城属魏国时铸造。

"阴晋半釿"铜桥足布藏于中国国家博物馆。

"卢氏百涅"铜锐角布 战国时期文物。1959年，近现代钱币收藏家沈子槎捐献给北京历史博物馆的钱币之一。

此铜布长7.1厘米，肩宽4.2厘米，足宽4.5厘米，重19克，平首，首部上宽下窄，顶端两侧成锐角。平肩，平裆，方足。面中间贯穿一条竖线，线两侧分布钱文"卢氏百涅"。背有三条竖线，中间为直线，两侧为斜线。面文"卢氏百涅"旧释"卢氏金涅"。卢氏，古地名，据《汉书·地理志》载，弘农郡有卢氏县，位于今河南省卢氏县境（或三门峡市陕州区东）。卢氏春秋时期属晋国，晋出公十九年（前456），晋国三家之一的韩氏攻取了卢氏城。战国时期，卢氏一度属魏，但大部分时间属韩国。涅，即涅，《方言》卷十三："涅，化也。"化、货通转。有学者深入研究发现，所谓的"金"与中山王方壶中的"百"字相同，"涅"实际是从口（或日）从土，为"涅"字，故再释钱文为"卢氏百涅"。"百涅"即

"百通"，为吉语，是流通天下、百物丰盈的意思。因这种形状铸币的首部顶端两侧设计为锐角形，传统称之锐角布；《中国钱币大系》《中国钱币大辞典》等称为"异形布"。

锐角布是战国早中期铸币，多数只有面文或背文，少数面背均有文。铸行于韩国，在三晋、两周地区流通。该"卢氏百涅"锐角布铸工精整，文字清晰，是颇具特色的先秦铸币。

"卢氏百涅"铜锐角布藏于中国国家博物馆。

"阳仚"铜尖足布 战国时期文物。1959年，近现代钱币收藏家沈子槎捐献给北京历史博物馆的钱币之一。

此铜布长5.1厘米，足宽2.8厘米，重5.4克，平首，平肩，平裆，尖足。面文"阳仚"分布于布身中间的竖线两侧，文字纤细劲健。背面右侧有一近似"I"的符号。"阳仚"旧释阳丘或文阳，在今山西文水县境。今古文字学家参照"贝地"布币钱文的释读，辨认"仚"为"它"的简笔，继而根据"它"在古文字中与"也"同源，释钱文为"阳也"，即阳地，今河南省濮阳市一带。阳地见载于《史记·田敬仲完世家》："夫有宋，卫之阳地危。"裴

驷《集解》："阳地，濮阳之地。"阳地隶属卫国，战国中期一度为赵国攻占，成为赵国领地，此币是阳地为赵国占领时期所铸。

平首尖足布为战国中晚期赵国铸币，流通于三晋、燕、中山等地。平首尖足布是从春秋末期至战国初期晋、赵地区的耸肩尖足空首布演变而来。平首，耸肩或平肩，多平裆，也有弧裆。面、背有周缘。铭文以纪地为主，所铭之地多位于今山西、河北两省，发现并确认涉及地名的铜布多达56种。按形制，平首尖足布可分大、小两种类型。该铜布属小型。

"阳仒"铜尖足布藏于中国国家博物馆。

"离石"铜圆足布 战国时期文物。1957年，近现代钱币收藏家罗伯昭捐献给北京历史博物馆的钱币之一。

此铜布长7.35厘米，肩宽2.9厘米，足宽3.7厘米，重10.4克，圆首，圆肩，圆足，圆裆，有缘。面文"离石"，篆书，布局丰满，文字长阔、劲健。背有两条竖线，呈"八"字状分布，中间铸铭文"十七"。离石，古地名，山西省吕梁市离石区，地处赵、魏、燕三国交界处，是赵国重镇之一。

圆足布是战国中晚期赵国铸币，流通于三晋、燕、中山等地。由尖足平首布演变而来。首、肩、裆、足都呈圆形，有周廓，部分币的首部有圆形穿孔。面文有"晋阳""兹氏""离石""大阴""蔺"等，均赵国地名，背记数为范次标记。有大小两种，大者通长7.1～7.8厘米，重10克以上，此"离石"铜圆足布为大者；小者通长5厘米左右，重6～9克，比较少见。圆足布传世稀少，1957年始，河北蔚县、易县、张家口，山西原平、太谷，内蒙古凉城，陕西子长等地陆续出土。

"离石"铜圆足布藏于中国国家博物馆。

"宋子"铜三孔布 战国时期文物。1983年，山西省朔县出土。

此铜布长5.5厘米，足宽2.8厘米，重6.8克，圆首，圆足，有外缘，首、肩相交处及两足上端各有一圆孔。面文"宋子"，篆书。背文"十二朱"，"朱"通铢，重量单位，十二朱即表示该币的重量。"宋子"，地名，在河北省赵县东北，文献多有记载。《汉书·地理志》："宋子属巨鹿郡，战国中期属中山国，赵惠文王三年（前296年），赵灭中山，宋子归赵。"《史记·燕召公世家》："燕王喜四年（前251年），栗腹伐赵，至宋子，赵国派

廉颇将兵拒燕，在鄗（河北省赵县西南）击败燕军，燕人请和，赵国不许，后由燕相将渠出面以处和，赵听将渠，解燕围。"

三孔布是战国晚期（约公元前3世纪）的铸币，铸行于赵国。由圆足布演变而来，是战国时期三晋布币中最稀少的一种，因布首及两足各有一个圆孔，所以称三孔布。有周廓，面铸地名，已经发现包括此"宋子"在内计29种，所示地基本为太行山东，多在今河北省石家庄市附近。钱文书体多变。背文记重，按钱大小轻重，分别为"两"和"十二朱"。铜布曾有中山国铸币、秦国铸币和赵国铸币等多种说法，今多认同为赵国铸币。此"宋子"铜三孔布是考古发掘出土的，罕见而珍贵。

"宋子"铜三孔布藏于中国国家博物馆。

"安邑阳"铜方足布 战国时期文物。1957年，近现代钱币收藏家罗伯昭捐献给北京历史博物馆的钱币之一。

此铜布高5厘米，肩宽2.8厘米，足宽3.05厘米，重5.75克，平首，平肩，肩微上翘，束腰，方足，有外缘。面中间纵贯一条竖线，两边分布钱文"安邑阳"，文字刚劲、挺拔。背面三条竖线，呈"小"字形。面文"安邑阳"曾被释读

为安阳邑，即安阳，是燕国城邑，位于今河北省顺平县西北。经深入研究，认为释读安邑阳更合理，安邑阳即安邑之阳，指安邑的南面，表示地理位置。安邑是魏国早期的首都，位于今山西省夏县。

方足布铸行于战国中晚期。魏国、韩国、赵国、西周国、东周国和燕国都铸有此类型币，出土、传世方足布数量众多，说明这种布币在当时各国之间贸易往来中广泛使用，是一种流行货币。魏国所铸方足布有"安邑"和"安邑阳"两种铭文，"安邑"较为常见，"安邑阳"罕见。方足布钱文中涉及很多城邑，是研究战国经济和历史地理的宝贵资料。

"安邑阳"铜方足布藏于中国国家博物馆。

"殊布当釿"长身铜方足布 战国时期文物。1955年，由国家文物局重金收购、拨交北京历史博物馆的民国时期收藏家陈仁涛的钱币之一。

楚铜布有"殊布当釿"长身铜方足布、"四布当釿"铜连布与"桡比釿四"铜小布三种。

此方足布高10.2厘米，肩宽3.2厘米，足宽3.5厘米，重28.6克，平首，首部中间有一圆穿；平肩，长身，身呈束腰形；梯形裆，方

足。面文"殊比当斩",曾释"殊布当斩""施布当斩"等,今增释"枕比堂斩"或"桡币当斩"。意为"大币当斩"。背文"僎+",有"十货""七僎""十僎"几种释读,何种解释准确,有待进一步研究。"殊布当斩"长身铜方足布仿中原地区同时期的方足布形,又具有浓厚的楚文化特点,是楚货币文化与中原货币文化相结合的产物。20世纪50~80年代,山东临沂、河南永城、陕西咸阳、湖北天门、浙江杭州、江苏徐州与丹阳、安徽阜阳与宿县等地先后出土过"殊布当斩"长身铜方足布,说明它流通地域广泛。1982年,河南新郑郑韩故城遗址内出土的"殊布当斩"长身铜方足布钱范,为研究这类铜布的铸行国家提供了新的资料。

"殊布当斩"长身铜方足布藏于中国国家博物馆。

"四布当斩"铜连布 战国时期文物。1955年,由国家文物局重金收购、拨交北京历史博物馆的民国时期钱币收藏家陈仁涛的钱币之一。

此铜连布长8.7厘米,足宽2.1厘米,重15.4克,形似两枚足部相连的长身方足布。正面中线两侧为钱文"四币"(一说四布),背面中线两侧为钱文"当斩"。钱文意为此种铜布四枚相当于一斩重,"连布"之谓,源于其形状。"四布当斩"铜连布传世数量很少。1985年,河南新郑郑韩故城遗址内出土的"四布当斩"铜连布钱范,为研究这类铜布的铸行国家提供了新的资料。

"四布当斩"铜连布藏于中国国家博物馆。

"桡比斩四"铜小布 战国时期文物。21世纪初,"桡比斩四"铜小布在安徽省蚌埠市固镇县被发现。长5.27厘米,足宽2.57厘米,重6.5克,平首、平肩、平裆、方足,首部有圆穿,中间有一竖线纵贯穿、裆间,有外缘。面文"桡比斩四"、背文"一僎三僎"均分列于中线两侧。据古文字学家、钱币学家黄锡全解释,面文含义是"桡币一斩为四枚小币";背文记重,含义是"一僎三斩僎"等于"一僎又四分之三僎,亦即1.75僎"。

楚铜布是受中原地区的桥足布、方足布等布币影响而产生的,长身铜方足布和铜小布形状相似,铜连布是两枚小布足部相连状。三者分值配套,自成体系,其中一枚长身铜方足布的币值或重量相当于2个铜连布或4个铜小布。在楚国本土

流通使用过程中，长身铜方足布较多，铜连布和铜小布流通很少。"桡比鈝四"铜小布是楚布中的异品，面、背文字与众不同。

"桡比鈝四"铜小布藏于中国钱币博物馆。

"齐返邦張大刀"铜刀币　战国时期文物。1955年，国家文物局重金收购、拨交北京历史博物馆的民国时期钱币收藏家陈仁涛的钱币之一。

此铜刀币为齐国铸币，长18.2厘米，宽2.9厘米，重45.9克，弧首，弧刃，弧背，有外缘，背部刀身与刀柄外缘一体相连，柄部有两条竖线。面文"齐返邦張大刀"，文字古拙质朴，劲健有力。背面靠近刀首处有三条横线，其下铭"上"。因刀币上有六字铭文，俗称"六字刀"。此刀币面文曾有多种释读，尤其第二个字有"通""徙""途""进""建""造"等诸多解释，今从何琳仪之说，释"返"。"返邦張"，含收复失地之义。由此推断刀币铭文

记录的是燕国灭齐，平安君田单帮助齐襄王复国的历史事件。该刀币也被视为最早的纪念币。另有黄锡全释读"張"为"趄"，训为"拓"，即拓张、扩张之义，钱文释"齐拓邦"。这种解释与战国早期齐威王、宣王两代败魏，击楚威震东方的历史事件有关。该刀币铭文的两种考释都与齐国重大历史事件有关。

六字齐刀出土及传世较少，清人初尚龄所著《吉金所见录》记载了当时发现齐国刀币的总体情况："盖齐刀五种，惟三字者居多，四字者与即墨、安阳间亦有之，此种（六字刀）则百不一见，……偶一见之，即为强有力者携去。""齐返邦張大刀"铜刀币开纪念币的先河，对后世货币文化的发展产生了重要影响。

"齐返邦張大刀"铜刀币藏于中国国家博物馆。

"言刀"铜刀币　战国时期文物。20世纪30年代，初现于山西北部地区，近现代钱币收

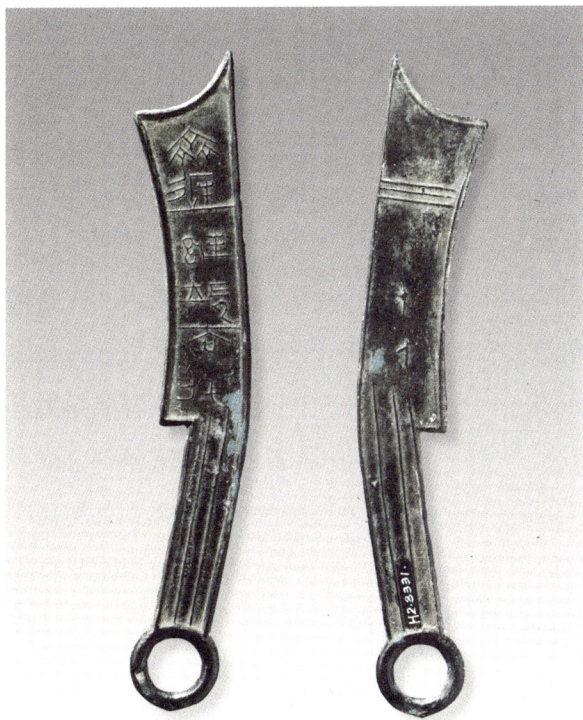

藏家罗伯昭收购于上海。1957年，罗伯昭捐献给北京历史博物馆。

此铜刀币为赵国铸币，长9.36厘米，宽1.16厘米，重8.4克，斜首，直背，直刃，柄端圆环尚存铸币时浇注铜液的残留物，有缘。面文"𠂤"，背无文。面文"𠂤"传统上释读为"晋化""晋匕"或"晋刀"，今释为"言刀"。言为言阳简称，言阳即圜阳，陕西省神木市东。

罗伯昭得到此枚铜刀币后，对此类铜刀做了深入研究，认为此类直形小刀铭文有"晋化""晋阳化""晋阳新化"三种，都是民国时期发现的新品。"晋阳新化"的"新"字是对之前所铸的"晋阳"铜布而言。该枚铜刀为战国时赵晋阳（山西太原）所铸。罗氏结论为钱币界沿用半个多世纪。罗伯昭是最早收藏并研究"言刀"铜刀币者之一，研究成果《晋化刀》发表于1940年《泉币》第一期。类似刀币的钱文不仅有"言""言阳"，还有"言阳刀""言阳亲刀"及"言半"等。据考证，"言阳（圜阳）"地处魏国的上郡，魏国桥足布也有以"言阳"为钱文的。所以一度有学者认为"言刀"出自魏国，但魏国尚无铸造刀币的实例。史料记载"言阳"在战国时期一度属赵，而"言刀"铜刀币的形制确属赵国所铸铜刀种类。专家以此为据，推断"言刀"铜刀币属赵国铸币。

"言刀"铜刀币藏于中国国家博物馆。

"共屯赤金"铜圜钱　战国时期文物。1982年，山西省侯马市乔村出土。

此铜圜钱为魏国铸币，直径4.3厘米，重10.2克，圆形，圆孔，宽肉、狭穿。篆书面文

"共屯赤金"，右旋读。钱文布局匀称，疏密有度，文字笔画硬朗，略呈方正。关于"共屯赤金"曾有不同解释，今一般认为"共"为地名，"屯"为"纯"省，"赤金"为"铜"，钱文含义为"共地铸造的纯铜钱币"。

传世的"共屯赤金"铜圜钱是在清初考据学、金石学及收藏流行的情况下被认知的。清代朱枫于乾隆年间（1736～1795年）编撰的《古金待问录》所载"共屯赤金"圜钱摹本，是此钱的最早资料之一。此后《古泉汇考》《红藕花轩泉品》《古泉汇》《观古阁泉说》《续泉汇》及《古泉拓存》等著录有该钱的摹本或拓本。传世"共屯赤金"圜钱曾被清代金石学家、收藏家李佐贤收藏，转手罗振玉、方若后，归于陈仁涛。但自有著录起，"共屯赤金"圜钱的真伪一直存在两种观点，直到此枚钱出土，为传世"共屯赤金"圜钱鉴定提供了依据，其真实性才被肯定。这是仅有的一枚有明确出土地点、由考古人员发掘出土的"共屯赤金"圜钱实物。魏国是最早铸造圜钱的国家，所铸圜钱有"共""垣""襄阴""共屯赤金""桼垣一釿""桼睘一釿"等。关于这些圜钱出现的先后问题，尚无定论，具体到

"共"与"共屯赤金"，有观点认为"共屯赤金"铸行时间稍晚于"共"字圜钱。此枚"共屯赤金"铜钱的发现具有一定的学术价值。

"共屯赤金"铜圜钱藏于山西博物院。

"西周"铜圜钱　战国时期文物。1957年，近现代钱币收藏家罗伯昭捐献给北京历史博物馆的钱币之一。

此铜圜钱是西周国铸币，直径2.7厘米，重3.3克，圆形，圆孔，面有外缘，内廓，篆书钱文"西周"，对读，平背。

圜钱又称圜金，战国中晚期铸币，由玉璧或纺轮演变而来，最早出现在魏国。圜钱因大小适度、便于携带，很快为各国接受，流行于世。秦、赵、齐、燕及西周国、东周国等先后铸行。圜钱由大到小，从无字发展到有字。各国所铸圜钱铭文内容不同，有地名、重量、地名加重量、吉语等多种。

圜钱是战国时期币制中的体系，更是一种承上启下的货币形态。此"西周"铜圜钱比三晋圜钱薄小，圆穿较大。钱文字体凝重敦厚，与周朝后期青铜器散氏盘的铭文字体、书风相同。西周国是春秋战国之际从周王室分出的诸侯国，据《史记·周本纪》："王赧时，东西周分治。"《楚世家》载："西周之地，绝长补短，不过百里。"西周建国于公元前441年，当时周朝衰微，周王朝的最后一位天子周赧王就寄住在西周国行使天子权。"西周"铜圜钱传世稀少，为研究西周国历史、战国中晚期铸币等提供了不可多得的实物资料。

"西周"铜圜钱藏于中国国家博物馆。

"一珠重一两十四"铜圜钱　战国时期文物。1959年，近现代钱币收藏家沈子槎捐献给北京历史博物馆的钱币之一。

此铜圜钱为秦国铸币，直径3.9厘米，重9.5克，圆形，圆孔，残留注铜支槽遗痕。篆书面文按顺时针方向环圆穿排列，文字古朴苍劲。面文释读，一种释读为"一珠重一两十四"，"珠"即"圜"，物圆称珠，"一珠重一两"即一圜钱重一两，"十四"是一种纪年或发行批次编号。另一种释为"重一两十四珠"连读，谓一枚圜钱重一两十四铢。

战国时期的秦国铸币有圜钱与方孔圆钱两种，圜钱早于方孔圆钱，初现于商鞅变法之后，圜钱铭文标识重量，有"一珠重一两十四""一珠重一两十二"等，陕西西安、凤翔等地曾经出土有"一珠重一两十四"圜钱石范和

"一珠重一两十二"圜钱实物。此"一珠重一两十四"铜圜钱是罕见的先秦时期秦国铸币。

"一珠重一两十四"铜圜钱藏于中国国家博物馆。

"一刀"铜方孔圆钱　战国时期文物。1957年，近现代钱币收藏家罗伯昭捐献给北京历史博物馆的钱币之一。

此铜钱为燕国铸币，直径1.9厘米，重1.7克，圆形，方孔，有外缘、内廓，穿孔较大。面文"一刀"，旧释"一化"，化同货；今释"一刀"，为记值。背文"吉"，位于穿上，吉语。此铜钱铸造工整。

燕国的方孔圆钱铸造于战国晚期燕亡于秦前后，是燕国后期主要的流通货币之一，有"明彡""明刀""一刀"三种面文。"明彡"极罕见，且没有可靠的考古发掘品；"明刀"有一定数量，有可靠的考古发掘品；"一刀"数量庞大，多见载于考古发掘报告。关于这三种铜钱的关系，学术界有不同观点：有认为三者存在三等制关系的，有认为三种钱是先后铸行而产生的减重现象，还有认为三种钱是受不同文化影响产生的。"一刀"钱除了铜质的，还有铅质的，铜、铅钱都有背文"吉"，位置有在穿上、穿下或穿左。此钱具

典型性，是研究燕国晚期货币制度及钱币文化的重要实物。

"一刀"铜方孔圆钱藏于中国国家博物馆。

"文信"铜方孔圆钱　战国时期文物。1957年，近现代钱币收藏家罗伯昭捐献给北京历史博物馆的钱币之一。

此铜钱直径2.4厘米，重4.8克，无外缘内廓，广穿，面穿大于背穿，平背。钱面依穿孔向外作四个直角的曲线呈"艹"状，篆书钱文"文信"，对读，书体坚实端庄。

"艹"纹饰为历代钱币所仅见，根据纹饰的形制，将其称作"四曲文"。有学者认为"艹"不是"四曲文"，而是古文中的"行"字，寓意畅用、流通。"文信"铜钱不见于正史记载，关于此钱的铸主、年代，有秦吕不韦铸、汉初刘交铸等不同说法。相关资料最早的是南宋洪遵《泉志》中引用前人旧谱的描述："形制类半两，肉好无轮廓，面有四曲文外向，有二字，右类'文'，左不可识。"左边文字为"信"，是近现代学者释读的，初为刘体智在《善斋吉金录》中称："秦封吕不韦为文信侯，或其所铸。"山东考古学家王献唐在所著《中国古代货币通考》一书中专列"文信钱"一节，将该文释为"文信"，并对"信"

字做了详尽的考证，推断此钱为文信侯吕不韦所铸。今人根据《史记·吕不韦传》"庄襄王元年，以吕不韦为丞相，封为文信侯，食河南雒阳十万户"的记载，肯定了"文信"是秦相吕不韦的封号。1955年春，中国科学院考古研究所洛阳发掘队在河南省洛阳市西郊河南城遗址内发现一件"文信"钱石范，该钱范的出土地是当年吕不韦的封地领域。文献与考古实物相互印证，确定了"文信"钱是吕不韦为文信侯时所铸。由于传世的"文信"钱很少，因而受到一部分人的质疑。1991年，陕西省西安市北郊汉城砖厂一战国晚期墓葬发掘出土一枚"文信"钱，关于此钱真伪的争议遂告结束。"文信"钱形制独特，历史、文化内涵丰富，是以物证史的珍稀钱币之一。

"文信"铜方孔圆钱藏于中国国家博物馆。

"视金一朱"铜钱牌　战国时期文物。1957年，近现代钱币收藏家罗伯昭捐献给北京历史博物馆的钱币之一。

此铜钱牌为楚国铸币，长13.2厘米，宽3.9厘米，重121克，长方形，通体饰卷云纹，正面卷云纹中央饰一枚圆钱造型，并有钱文"𦦆金半"。钱文旧释"良金一朱"，义指上等黄金一铢或现金黄金一铢。有"视金一朱"与"兑金一朱"两种释读，二者都表示铜币与黄金的比价，前者意为钱牌可视为一铢黄金，后者意为钱牌可兑换一铢黄金。

此类传世楚国铸造的铜钱牌最早发现在清道光年间（1821～1850年），初现陕西，收录在《长安获古编》《古泉苑》等书中，有"一朱""四朱"不同铭文，记重不同，钱牌的大小、重量也不同。20世纪80年代，湖北大冶、

新阳及蕲春等地的战国窖藏中陆续发现这种楚铜钱牌，包括"视金一朱""视金二朱""视金四朱"和"视一"等。这件传世"视金一朱"铜钱牌与湖北大冶战国窖藏发现的楚铜钱牌，在大小、造型、纹饰、重量等方面比较相似，具有典型的楚文化风格，是楚国特有的一种金属铸币。

"视金一朱"铜钱牌藏于中国国家博物馆。

"郢爰"金版　战国时期文物。1986年，安徽省寿县东津乡周寨村发现一批"郢爰"金版。完整的42块，其中38块先后为寿县博物馆征得。

此金版为楚国铸币，长5.5～8.8厘米，宽4.4～8厘米，厚0.2～0.6厘米，重253克，四角凸翘，边内凹成弧状，似龟背甲形，面钤篆书"郢爰"阴文方印。"爰"传统释为"爰"字。"爰"是古代的一种重量名称，同时用作货币单位。有学者认为"郢爰"印记有两层含义：一是记国，郢为楚都，可代表楚国；二是官印标记。

金版是春秋战国时期铸行于楚国的黄金称量货币，有长方形、方形、不规则曲版形、龟背形、圆饼形等，正面钤阴文方印，印文多寡不一，已经发现的有“郢爯”“陈爯”“鄗爯”“専爯”“垂丘”“卢金”及“鈔”等。战国时期楚国都城先后设在鄢郢（湖北江陵）、陈郢（河南淮阳）和郢（安徽寿县）三地，“郢爯”金版在鄢郢和郢这两个不同时期、不同地点均有铸造。至迟于北宋起，“郢爯”金版陆续出土，时称“印子金”。《梦溪笔谈》卷二十一记载：“寿州八公山侧土中及溪涧之间，往往得小金饼，上有篆文‘刘主’字，世传淮南王药金也。得之者甚多，天下谓之印子金是也。”南宋李石《续博物志》将“印子金”释为“刘主”，清末吴大澂著《权衡度量实验考》时，始释其文为“郢爰”，后人认同。“郢爯”金版是中国古代最早的黄金货币之一，是楚国金版中出土数量最多的一种。

“郢爯”金版藏于安徽省寿县博物馆。

银空首布　春秋至战国时期文物。

1974年8月，河南省扶沟县古城村村民在古城西门内挖石灰池时，发现两件锈结在一起的铜器，分别为铜鼎和铜壶。铜鼎在上，内盛18枚银空首布，共重3072.9克；铜壶在下，内盛不同形状的金铸币392件，共重8183.3克。村民将这些金银币上交国家后，河南省博物馆和扶沟县文化馆的同志赶到现场进行了调查和清理，断定金银币出土处为一窖藏。

此空首布通长15.7厘米，身长14.2厘米，身宽5.8厘米，重188.1克。楚国或韩国铸造，银币形制为中原地区平首弧足铜空首布与楚国长身铜方足布的结合体。短銎，銎为实心圆柱状，柱的截面呈椭圆形，布身呈长方形，较长，一面阴刻“㐅”，即古文“五”字。

按钱身长短等特征，出土的18枚银空首布可分为长、中、短三种形制。短型6枚，通长10～11厘米，銎呈圆锥形，钱身为长方形，除1件首部中空外，其他都是实首。中型10枚，通长14厘米左右，銎呈短柱形，钱身为长条形，其中一件钱面刻“五”字。长型2枚，通长均在15厘米以上，銎部较短，钱身瘦长。此枚为长型之一。18枚银空首布的发现是中国钱币史上的一个重大发现。

银空首布藏于河南博物院。

“半两”铜钱　秦代文物。1957年，近现代钱币收藏家罗伯昭捐献给北京历史博物馆的钱币之一。

此铜钱直径4厘米，重15.7克，无外缘内

廓，广穿，篆书面文"半两"。"半"字两点呈"八"字状，"双人"两，平背。

圆形方孔铜钱初现于战国中期，秦、齐、燕等国先后铸行并使用。公元前221年，秦始皇统一中国，废除战国时期各国不同形状、不同计算方式的货币，并将战国时期秦国使用的"半两"铜钱作为法定的统一流通货币推广到全国。关于秦始皇为什么采用外圆内方的钱币形制，有三种主要观点：第一，认为外圆内方的式样与中国古人"天圆地方"的宇宙观有关，所谓"圆方者，天地之形""天圆地方，道在中央"。第二，认为与秦始皇的天命思想有关，秦的祖先起源于西北地区，是天命思想的发源地，所谓"天道圆，地道方，圣王法之，以立天下"。秦"半两"不仅有天地之形，还把天命与皇权融为一体，外圆代表天命，内方代表皇权。"外圆内方"为"天命皇权"的符瑞。第三，是"市圆井方"说，认为圆形方孔在五行学说上为"周流万方"之意，外圆代表城市、国家，内方代表水井、商业贸易。

秦代"半两"铜钱的流通大致分为两个阶段，即秦始皇在位时铸币及秦二世"复行钱"以后铸币。秦始皇铸币较大，标准"半两"钱的钱径在3厘米以上，重7～8克，合秦制12铢左右。"重如其文"是秦始皇统一货币时的努力，但没得到有效执行。实际上，秦"半两"符合"重如其文"的很少，多数轻重大小不一。此枚钱币体积大，形制工整，是秦始皇货币制度的典型代表实物。

"半两"铜钱藏于中国国家博物馆。

"半两"镇库铜钱　西汉武帝时期（前140～前87年）文物。

民国时期发现，初为天津钱币收藏家方若（药雨）所得，经张绚伯、郑家相、郑松馆等泉家鉴赏，先后为丁福宝所著《古钱大辞典》、马定祥编纂《历代古钱图说》收录。20世纪40年代，方氏藏泉转归民国时期钱币收藏家"金匮室"主人陈仁涛收藏。1949年，陈仁涛携所藏钱币定居香港。1955年，国家重金收购，转交北京历史博物馆收藏。

此铜钱直径7厘米，重156克，钱敦厚，无缘廓，外侧面、穿孔侧面均呈坡形。广肉，狭穿。篆书面文"半两"，对读，文字端庄方正，结构疏放，"两"字上横、"半"字下横较长。背平夷。此铜钱为镇库钱，直径、重量远大于普通的流通"半两"铜钱，一度被视为伪作。后经学者陈邦怀考释，认定此钱为西汉武帝时的镇库钱，是真品中的珍品，其观点被学界认同。镇库钱是在正式开炉铸币前特别铸造的大型钱币，寓以纪念、镇灾驱邪等意，并可作为进贡礼品。镇库钱铸量极少。

秦末农民大起义与五年的楚汉战争给社会造成极大的破坏，经济凋敝，物质财富极度匮乏。在这种严峻形势下，刘邦以"秦钱重难用"为由，采取"更令民铸钱"的政策，放弃政府对铸币权的垄断。自高祖刘邦将铸币权下放到民间起，至汉武帝元狩五年（前118年）废除半两制为止，西汉先后铸有榆荚半两、八铢半两、五分半两、四铢半两及三铢半两，反映出西汉半两钱制时期铸币的动荡。这枚镇库钱是已知最早的镇库钱，体现了汉武帝时期对稳定货币制度的祈望。

"半两"镇库铜钱藏于中国国家博物馆。

宫中行乐铜钱　西汉时期文物。1968年，河北满城西汉中山靖王刘胜之妻窦绾墓出土。

这套宫中行乐铜钱共40枚，每枚直径约3.7厘米。铜钱的形制与同时期流行的"半两"铜钱相同，圆形方孔，无外缘内廓。根据钱文分为两类，每类20枚。一类面铸数字，除无"第三"而有2枚"第十九"外，其他依次从"第一"到"第二十"，光背。另一类面铸三字韵语，分别是"圣主佐""得佳士""常毋苛""骄次（恣）己""五谷成""府库实""珠玉行""金钱施""贵富寿""寿毋

病""万匹番""天下安""起行酒""乐无忧""饮其右""乐乃始""饮酒歌""自饮止""畏妻鄙""寿无毒"。"畏妻鄙"与"寿无毒"曾被解释为"田田妻鄙"和"寿夫王母"。除了"骄次（恣）己"和"畏妻鄙"外，都是吉祥语。

宫中行乐钱为西汉早期铸造，专用于宫廷内行酒令时用的酒令筹码钱。在此套铜钱被考古发现前已有传世品，因为不知道钱的用途，前人误将它定为秦初之权钱。这类钱币为王公贵族饮酒行乐时的娱乐道具，属民俗钱，非流通货币。据研究，游戏规则是为助酒兴，参加者每人持一枚记数酒令钱，监酒者将与之相对应的酒筹钱放入筹筒，经摇动后取出一枚，根据上面记数报出持此数字酒令钱的情况，由他决定下面的娱乐活动，包括罚酒、游戏、吟诗、唱歌等。这套宫中行乐铜钱大而厚重，铸造精美，为研究西汉贵族生活、酒文化和民情

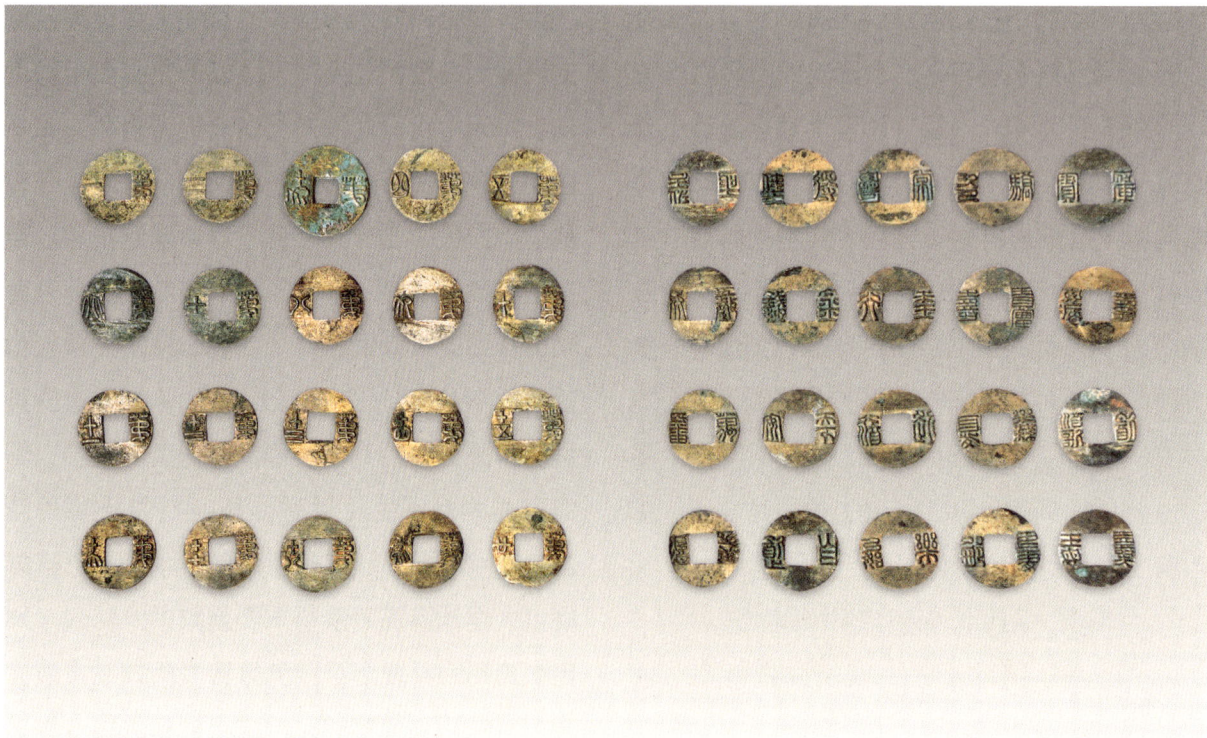

民俗提供了珍贵的实物资料。

宫中行乐铜钱藏于河北博物院。

汉、佉二体文铜钱　公元1～3世纪文物。民国18年（1929年），考古学家黄文弼在新疆和田北的阿克斯比尔采集。

此铜钱正面为汉文，背面为佉卢文，所以称"汉、佉二体文钱"。直径2.4厘米，厚0.4厘米，重14.8克，圆形，无孔，无外缘内廓。正面中央圆圈内是一圆形符号，对此主要有两种解释：一是"月桂树环"；一是汉字的"贝"。圆外是"重廿四铢铜钱（或读铜钱重廿四铢）"六个篆书汉字。背面中央圆内是一昂首立马，圆外为一圈佉卢文字"maharajas araj atiraj asa mahatasa gugramayasa"。这些文字曾被考古学家夏鼐释为"大王，王中之王，伟大者矩伽罗摩耶婆"，今译作"大王、

众王之王、太上秋仁之（钱货）"。秋仁为于阗国王，公元2世纪后期在位。

此铜钱是新疆和田地区于阗国制造的一种地方货币。它以希腊货币德拉马克与四德拉马克为祖型，仿贵霜钱币打压而成；以内地传统的重量单位"铢"为记值单位。有大小两种类型，大钱和小钱按1∶4的比例兑换。中国国家博物馆收藏的这枚钱属大钱。佉卢文是公元前

3世纪至公元5世纪前后流行于中亚一带的民族古文字，中国古代佛经译为"卢虱咤"，简称佉卢文，这种文字源于阿拉伯文字，约35个字母，由右向左横向书写。它是一种文字符号，可用来书写多种语言，在新疆和田、鄯善地区曾发现相当数量的佉卢文书。汉、佉二体文铜钱又称"和田马钱"，因其背面大多打印马形图案而得名。清同治十三年（1874年），英国探险家道格拉斯·福赛斯爵士在新疆和田地区最早发现这种铜钱。之后，这种钱币在和田及其邻近地区不断被发现，计有400余枚，大部分流失海外，多收藏在英国大英博物馆。汉、佉二体文铜钱是已知新疆历史上最早的自铸货币，是于阗国时期出现的东西方两大货币文化交流交融的结晶。

汉、佉二体文铜钱藏于中国国家博物馆。

六泉铜钱　新莽始建国二年（公元10年）文物。此套铜钱是20世纪50年代中国国家博物馆的入藏品，分别来自近现代钱币收藏家陈仁涛、罗伯昭。

此套铜钱6枚，分别指"小泉直一""幺泉一十""幼泉二十""中泉三十""壮泉四十"与"大泉五十"。六泉形制一致，面背均具有外缘内廓，直径和重量略有不同。"小泉直一"直径1.45厘米，重1.28克；"幺泉一十"直径1.7厘米，重2.3克；"幼泉二十"

直径1.95厘米，重3.1克，制作规整，文字布局疏落，离缘接廓；"中泉三十"直径2厘米，重3.4克，制作规整，钱文离缘接廓，其"中"字圆折；"壮泉四十"直径2.4厘米，重4克，窄缘、细字；"大泉五十"直径2.8厘米，重9.3克。

六泉铜钱是王莽第三次货币改制时铸行的钱币。此次币制改革制定了包括五物、六名、二十八品的"宝货制"，六泉即在二十八品"宝货制"之列。"六泉"大小轻重有次第，《汉书·食货志》记载："小钱径六分，重一铢，文曰小钱直一；次七分，三铢，曰幺钱一十；次八分，五铢，曰幼钱二十；次九分，七铢，曰中钱三十；次一寸，九铢，曰壮钱四十。因前'大钱五十'，是为钱货六品，直各如其文。"从出土实物和传世品看，六泉的大小轻重并不完全符合规定，每一面值的钱都有钱径、重量较史载略大而厚重，或略小而轻者。"六泉"中除"小泉直一"和"大泉五十"强行流通外，其余四泉未在民间畅行，铸行不久便自行废止，传世及出土较罕见。此六泉是王莽币制改革的见证物。

六泉铜钱藏于中国国家博物馆。

十布铜钱　新莽始建国二年（公元10年）文物。此套铜钱是20世纪50年代中国国家博物馆入藏品，分别来自近现代钱币收藏家陈仁涛、罗伯昭。十布铜钱为十种面值铜钱，"小布一百"长3.5厘米，肩宽1.9厘米，足宽2厘米，重6.7克；"幺布二百"长3.8厘米，肩宽2厘米，足宽2.1厘米，重9.1克，"幺"字写法类似"幺泉"的"幺"字，但呈圆状；"幼布三百"长4.1厘米，肩宽2厘米，足宽2.1厘

米，重6.2克；"序布四百"长4.4厘米，肩宽2.1厘米，足宽2.2厘米，重12.2克；"差布五百"长4.7厘米，肩宽2厘米，足宽2.3厘米，重12.1克，"五"字写法颇似石鼓文中的"⧖"；"中布六百"长4.8厘米，肩宽2.2厘米，足宽2.3厘米，重11.8克，"中"字异书；"壮布七百"长5厘米，肩宽2.1厘米，足宽2.2厘米，重12.2克；"第布八百"长5.1厘米，肩宽2.1厘米，足宽2.3厘米，重11.4克，"第"字中竖上特作圆点；"次布九百"长5.1厘米，肩宽2.1厘米，足宽2.3厘米，重11.4克；"大布黄千"长5.6厘米，肩宽2.2厘米，足宽2.4厘米，重14.7克。形制仿战国时期的平肩方足布，平首，平肩，方裆，方足。

有周缘，首部有圆形穿孔，面、背正中各有一条竖线。其中"幺布二百""壮布七百""次布九百"和"大布黄千"的竖线通过圆穿直抵首上端，"小布一百"和"第布八百"的竖线止于穿下，"幼布三百""序布四百""差布五百""中布六百"的竖线一面通过圆穿直抵首上端，一面止于穿下，实较罕见。

十布铜钱是王莽第三次货币改制铸行的，是二十八品"宝货制"中的"布货十品"。每种都有法定大小轻重，《汉书·食货志》记载："小布长寸五分，重十五铢，文曰小布一百。自小布以上，各相长一分，相重一铢，文各为其布名，直各加一百。"实物与史载的大小、轻重有差异。十布都有宽首、窄首、大字、小字、粗字、细字等版别。面文数字中，除五、千外，其余都用算筹计数法表示，一至四是横式数码，六至九是纵式数码。据考证，算筹在春秋战国时就已经出现，使用算筹数码铸布钱，体现了王莽的复古思想。除"大布黄千"传世较多外，其余九布少见。该十布铜钱是王莽币制改革的产物。

十布铜钱藏于中国国家博物馆。

"国宝金匮直万"铜钱 新莽时期（公元8～23年）文物。初现于清道光年间（1821～1850年），20世纪传世实物中仅有两枚半是真品，完整的一枚收藏在中国国家博物馆，另有一枚有残，还有一枚仅存上部。此枚"国宝金匮直万"铜钱，传民国10年（1921年）陕西省西安市西北隅原汉未央宫故址出土。几经易主后，为民国时期钱币收藏家陈仁涛所得。1955年，国家文物局出资收购陈氏所藏，并将包括"国宝金匮直万"铜钱在内的17000余件钱币交由

北京历史博物馆收藏。

此铜钱通长6.2厘米，圆部直径3.1厘米，重41.7克，上部形同方孔圆钱，有外缘内廓。穿四周铸篆书"国宝金匮"，对读，缘高于字面；下部方形，中间凸起双线内铸篆书"直万"。此铜钱面文"国宝金匮直万"，也有读作"金匮国宝直万"。此铜钱在史书上无明确记载，最先著录的是晚清泉家鲍康，此后刘喜海（燕庭）在《古泉汇考》中提及。

"国宝金匮直万"铜钱较为罕见，它的用途曾有不同说法：一种认为是王莽时期的货币，古泉家多持此观点；另一种观点认为其形上圆下方，类似古时郊祀天地时所用的金饼和金版，应是新莽郊祀天地所用之物。2000年，陕西省西安市先后有实物出土，但对这批出土的"国宝金匮直万"铜钱的真伪没有统一意见。但该铜钱是王莽执政时期发行的面值最大的货币的观点已被广泛认同。

"国宝金匮直万"铜钱藏于中国国家博

物馆。

"大泉五千"大铜钱 三国时期吴国（222～280年）文物。1959年，近现代钱币收藏家沈子槎捐献给北京历史博物馆的钱币之一。

此铜钱直径3.89厘米，重14.9克，面、背都具外缘内廓，缘宽廓窄，面有篆书钱文"大泉五千"，旋读，离缘接廓，布局疏落有致。光背。

孙吴连年用兵，造成财政困难，为弥补亏空，从嘉禾元年（232年）起，先后铸虚值大钱。见于史籍记载的大钱为"大泉五百""大泉当千"两种铜钱，因屡遭民众反对和拒用，赤乌九年（246年），政府收回大钱。已发现有未见于史籍记载的"大泉二千""大泉五千"铜钱，其中"大泉五千"曾一度被认为是伪作。将它和"大泉五百""大泉当千"进行对比，发现在制作工艺、钱体式样、文字风格、气韵及铜质等方面无异，因此断定为三国吴铸造，大约铸于吴国后期，是在国势衰微、货币严重贬值的情况下铸行的。此枚"大泉五千"铜钱是三国吴铸虚值大钱的实证，填补了吴国铸币史的空白。

"大泉五千"大铜钱藏于中国国家博物馆。

"太夏真兴"铜钱 十六国时期夏（407～431年）文物。初为清代金石家、收藏家李佐贤旧藏，之后几经转手，被民国时期钱币收藏家陈仁涛购得。1955年，国家文物局重金购回、拨交北京历史博物馆。

此铜钱直径2.3厘米，重2.5克。铜钱面、背窄缘，广穿，窄廓，面穿重廓，具有新莽重廓钱遗意。钱文"太夏真兴"，真书含隶意，旋读，钱文布局匀称，文字笔画纤细刚劲。除"太"字撇、捺顺畅，自由奔放外，其他三字端庄规矩，有新莽钱文字韵味。"太""大"相通，"太夏"即"大夏"，为赫连勃勃（407～425年在位）国号；真兴（419～425年）为大夏国年号。"太夏真兴"铜钱不见史籍记载，根据钱制特征、钱文风格等推断为十六国时期大夏真兴年间铸造，是中国古代钱币史上最早以国号加年号为钱文的铸币。十六国时期，西北地区的地方政权前凉也铸有"凉造新泉"。

"大夏真兴"铜钱的文字考证最早见于清乾隆时期（1736～1795年）收藏家翁树培的《古泉汇考》，该书在"六朝货币"一节附录有"太下真兴"钱币。钱币实物现世于清道光年间（1821～1850年），刘燕庭、李佐贤等认为此钱为后世伪造，方若、丁福保、罗振玉等

倾向是真品。罗振玉在获得李佐贤收藏的这枚"大夏真兴"后，考证此泉为赫连勃勃真兴年间（419～425年）铸造。张叔驯在《泉币》第32期刊文介绍其所藏"太夏真兴"铜钱，同时表述了与罗氏相同的见解，罗、张的观点为学界认同。"太夏真兴"铜钱的钱文突破了汉代铢两相称的习惯，首开中国用年号和国号为钱文的先例，在货币文化史上具有重要意义。

"太夏真兴"铜钱藏于中国国家博物馆。

"**永光**"铜钱 南朝时期宋（420～479年）文物。1959年，近现代钱币收藏家沈子槎捐献给北京历史博物馆的钱币之一。

此铜钱为年号钱，直径1.8厘米，重0.9克。钱的形制轻小，面、背都有外缘内廓，广穿。篆书钱文"永光"，布局匀称，文字笔画纤细精美，柔中见刚。

"永光"铜钱不见于史籍记载，据《宋书·前废帝纪》"永光元年春……二月庚寅，铸二铢钱"的记载，以及从钱的大小、重量、钱文书法特征等方面推断，此铜钱为南朝宋前废帝刘子业在位期间铸造，铸行时间在永光元年（465年）二月。因是年八月即改铸"景和"铜钱，铸造时间只有数月，数量少，存世极罕。1998年，北京大学考古系三峡考古队在重庆市忠县南朝刘宋时期砖室墓发掘出土"永光"和"孝建"铜钱，证明南朝宋时期确实铸造过这种钱币。南朝宋自元嘉七年（430年）文帝刘义隆"立钱署，铸四铢钱"起，先后铸造"四铢""孝建四铢""孝建""永光"和"景和"铜钱，"永光""景和"等铜钱传世稀少。"永光"铜钱的钱文书体，在清代乾嘉以来的泉学著作中称为"薤叶篆"。"薤叶篆"，或为"倒薤书"，见载于唐人韦续所撰的《五十六种书》，也是清乾隆帝钦定的32种书体之一。薤，是一种多年生草本植物，叶根粗，叶尖细。"倒薤书"字体修长，起笔粗而收笔细，若薤叶倒飘，因而得名。该枚"永光"铜钱铸造精湛，是同类钱中的佼佼者。其文字书法优美飘逸，吸纳了南朝铸币书法艺术，为研究南朝宋货币制度、铸币工艺、钱文书法等提供了重要实物资料。

"永光"铜钱藏于中国国家博物馆。

"**天兴七年**"金钱 北魏时期（386～534年）文物。传民国14年（1925年）冬，河南省洛阳市北邙山北魏陵寝出土。1955年，国家文物局重金收购、拨交北京历史博物馆的陈仁涛收藏钱币之一。

此金钱直径2.77厘米，重16.4克，体大厚重，表面粗糙不平。面、背都有外缘内廓，缘廓较细，广穿。隶书钱文"天兴七年"，对读，文字细劲挺秀。其钱形、文字特征等与十六国时期的"大夏真兴"铜钱一致。由于此金钱出土于北魏陵墓，属非流通钱币，应为祝贺赏赐之用，或为冥钱。

北魏道武帝（398～404年在位）、隋末刘武周（617～620年在位）和金哀宗（1232～1234年在位）都曾以"天兴"为年号，因此"天兴七年"金钱的铸造者一直存在争议，多数学者认为该金钱是北魏道武帝拓跋珪天兴七年（404年）铸造。据记载，北魏道武帝在404年时已改元天赐（404～409年），此钱之所以还标"天兴七年"，可能是这年前后用过两个年号。该钱曾为方若收藏。"天兴七年"金钱是少见的古代金钱，为研究中国金铸币源流及性质等的重要实物资料。

"天兴七年"金钱藏于中国国家博物馆。

"乾元重宝"当十铜钱 唐代乾元年间（758～760年）文物。1957年，近现代钱币收藏家罗伯昭捐献给北京历史博物馆的钱币之一。

此铜钱直径3.2厘米，重10.7克，宽缘，

窄廓。隶书面文"乾元重宝"，对读，文字连缘接廓，周正规整，"乾（乹）"字左边作"乚"形。背穿上铭"十"。

唐代经济在安史之乱后遭到严重破坏，为支付军费，唐肃宗李亨于乾元元年（758年）开始铸"乾元重宝当十"铜钱。据《新唐书·食货志》："肃宗乾元元年，经费不给，铸钱使第五琦铸'乾元重宝'钱，径一寸，每缗重十斤，与'开元通宝'参用，以一当十，亦号乾元当十钱。"次年，再铸重轮"乾元重宝"铜钱，以其一枚当"开元通宝"小平铜钱五十枚使用。铸币的大幅度减重和严重贬值，造成物价狂涨，只好又把重轮当五十的"乾元重宝"铜钱降为一枚当"开元通宝"小平铜钱三十枚，从而产生虚价与实价两种物价，出现"虚钱"与"实钱"的称谓。"虚钱"指先后铸造的"乾元重宝"当十、当五十大铜钱，"实钱"为"开元通宝"小平铜钱。"乾元重宝当十"铜钱背文多样，有祥云、瑞雀、星、月、穿上"十"等，其中瑞鸟、祥云及穿上"十"者罕见。"乾元重宝"当十铜钱开钱文用"重宝"之先例，背穿上"十"的纪值形式也是后世纪值钱模范。此枚"乾元重宝"当十铜钱为研究唐肃宗在位（756～762年）时期的货币政策与铸币情况提供了实物资料。

"乾元重宝"当十铜钱藏于中国国家博物馆。

"开元通宝"金钱 唐代文物。1970年，陕西省西安市南郊何家村出土。

此金钱直径2.3厘米，重7.74克，仿早期"开元通宝"铜钱形制。宽缘窄廓，缘、廓深峻，穿稍狭。隶书面文"开元通宝"，对读，

字体阔大，连缘接廓；面、背周廓及穿边都有打磨痕迹。

何家村窖藏出土文物地点是唐代长安城兴化坊的邠王府所在，出土文物盛于两个大瓮中，共1000多件，包括金银器、宝玉珍饰、贵重药物、中外钱币等，其中金、银、铜钱币466枚，银铤8件，银饼22件，银板60件。其中"开元通宝"金钱共30枚，这是唐代"开元通宝"金钱的首次发现，也是仅有的一次发现。这批金钱形制、大小相同，但含金量不同。"开元通宝"金钱属于民俗钱，主要有三种用途：一是皇帝赏赐下属之物。《旧唐书·玄宗本纪》记载："宴王公百寮于承天门，令左右于禁下撒金银钱，许中书门下五品以上官，及诸司三品以上官争拾之。"《新唐书·诸帝公主传》记载，岐阳庄淑公主出嫁，宪宗"大赐宾从金钱"。《新唐书·李蔚传》记载，咸通十四年（873年）唐懿宗于凤翔迎佛骨时，"诏赐两街僧金币"。《新唐书·田令孜传》记载，唐僖宗曾"发左藏、齐天诸库金币，赐伎子歌人者日巨万"。二是娱乐工具。五代王仁裕《开元天宝遗事》卷二"戏掷金钱"条记载："内庭嫔妃，每至春时，各于禁中结

伴，三人至五人，掷金钱为戏，盖孤闷无所遣也。"元人骆天骧《类编长安志》引《开元别记》称："明皇与妃子在花萼楼下掷金钱，以远近为限，塞其元掷于地者，以金舩为赏，今里巷犹效之。"三是用于某些仪式，表吉利之意，常用作洗儿钱（初生儿出生后三天或满月时，为其洗身而举办洗儿礼）和婚礼时用作撒帐钱。"开元通宝"金钱主要流行于唐玄宗（712～756年）时期，具有喜庆吉祥色彩，是研究唐代风俗文化不可多得的实物资料。

"开元通宝"金钱藏于陕西历史博物馆。

"开元通宝"玳瑁钱 唐代文物。1987年，陕西省扶风县法门寺地宫后室供养的素面银灯内发现。计13枚。

"开元通宝"玳瑁钱，除一枚直径2.55厘米，厚0.13厘米，其余12枚大小、重量相同。此钱直径2.5厘米，厚0.12厘米，重2.3克。用玳瑁角质甲板雕琢而成，黄中泛青，半透明，表面有褐色斑点，宽缘，窄廓，狭穿，厚肉。隶书面文"开元通宝"，字体阔大，连缘接

廓。因钱文采用双减边手法剔刻而成，具有隆起的效果。背饰阴线刻莲花纹，新颖别致。

法门寺原名阿育王寺，创始于东汉，是安放释迦牟尼指骨的著名寺院之一，李唐时，懿宗、僖宗等都曾亲往法门寺迎佛骨供养。玳瑁又称瑇瑁，海龟类动物，产于我国东南沿海，古代被视为奇珍异宝，供皇亲贵族用。文献资料关于玳瑁的记载均为装饰品或器具，此13枚以玳瑁为材质制作的钱币为考古发掘首次发现，应是唐朝皇帝为迎佛骨而制作的具有特殊含义的供养珍宝。

"开元通宝"玳瑁钱藏于陕西省扶风县法门寺博物馆。

"开平通宝"大铜钱 五代时期后梁（907～923年）文物。发现于20世纪20年代，初为钱币收藏家于泽山（清朝安徽巡抚恩铭之子）所得，后为方若购得。民国23年（1934年春），方氏将包括此泉在内的所藏古钱全部转让给钱币收藏家陈仁涛。1949年，陈氏携带"金匮室"藏品离沪赴港。20世纪50年代，在周恩来总理的直接关心下，国家重金收回陈氏藏泉，交由北京历史博物馆保管。从此，这批包括"开平通宝"大铜钱在内的古泉稀世珍品归国家所有。

此钱直径3.5厘米，穿0.66厘米，重14.1克，面、背有外缘内廓，宽缘，窄廓，狭穿。隶书钱文"开平通宝"，旋读，文字舒畅、率真。此钱是年号钱，铸于后梁太祖朱温开平年间（907～911年）。马定祥在《历代古钱图说》中称："仅见，日本有一改刻之旧钱。"

907年，朱温建立梁朝，史称后梁，从此中国进入后梁、后唐、后晋、后汉和后周五个政权更迭交替的五代时期。五代时期几个政权存在的时间不长，最长的后梁只有17年，后汉只有4年。各个政权铸有自己的货币。这些货币有些未被收录于文献记载，"开平通宝"大铜钱即属此类。所以它具有以物证史、填补史籍空白的重要意义。

"开平通宝"大铜钱藏于中国国家博物馆。

"大蜀通宝"铜钱 十国时期后蜀（934～965年）文物。1957年，近现代钱币收藏家罗伯昭捐献给北京历史博物馆的钱币之一。

此铜钱直径2.2厘米，重2.3克，面中缘，窄廓，隶书钱文"大蜀通宝"，对读，文字笔画较粗壮。光背，宽缘，宽廓。

后唐末年，东川节度使孟知祥趁乱据有四川。应顺元年（934年），在成都称帝，自称大蜀皇帝，国号蜀，史称后蜀。后蜀铸有"大

蜀通宝"和"广政通宝"两种小平钱。"大蜀通宝"铜钱未见于史籍记载，以往泉家或有将其隶为前蜀钱者。今据其钱文、形制、书体特征及大小轻重等风格，隶定为后蜀铜钱，铸于后蜀明德年间（934～937年）。后蜀铸币存世稀少，此"大蜀通宝"铜钱具有以钱补史阙的意义。

"大蜀通宝"铜钱藏于中国国家博物馆。

"天策府宝"大铜钱　十国时期楚（907～951年）文物。1955年，国家文物局重金收购、拨交北京历史博物馆的民国时期钱币收藏家陈仁涛收藏钱币之一。

此铜钱直径4.13厘米，重32.2克，宽缘，窄廓，狭穿。楷书钱文"天策府宝"，旋读，文字端庄凝重。光背。"天策府宝"铜钱尺寸差别明显，大小不一，此枚铜钱为较大者。

"天策府宝"铸造于后梁乾化元年（911年），是楚王马殷为纪念后梁太祖册封其为天策上将军而铸。马殷曾经是唐朝武将，被委任为潭州刺史派驻湖南。五代混乱时期，马殷乘虚而入，攻占长沙。他自知当时没有实力称帝建国，遂依附后梁朱温，被封为楚王。后马殷上书朱温，请求依照唐太宗故事设立"天策府"，拜其为"天策上将军"，朱温满足了他

的要求。于是，马殷以自己的官府"天策府"为文，铸造"天策府宝"铜钱，用以赏赐、馈赠亲朋好友和宾客使节。

有关"天策府宝"大铜钱的记载初见于北宋，董逌《钱谱》载："马殷据湖南八州地，建天策府，因铸天策府宝。"洪遵《泉志》："天策府宝径寸七分，重三十铢二三，铜质浑重，子（字）文明坦。""天策府宝"有铜、铁两种质地，共同特征是体大厚重，有大样、小样两种形制，属纪念币。此钱传世稀少，是研究五代十国时期铸币及国家关系的实物资料。

"天策府宝"大铜钱藏于中国国家博物馆。

"乾元重宝"大铜钱　十国时期南楚（907～951年）文物。1955年，国家文物局重金收购、拨交北京历史博物馆的民国时期钱币收藏家陈仁涛收藏钱币之一。

此铜钱直径4.2厘米，重44.3克，面窄缘，宽廓，背缘、廓宽窄相近，光背。隶书钱文"乾元重宝"，对读，文字笔画粗壮浑厚，连缘接廓，"元"字下横右挑。此铜钱色黄如金，形制与唐代的"乾元重宝"迥然不同，是十国时期南楚马殷在位时期（907～930年）所铸的大钱。

马殷建立楚国后，重视商业经济发展，对

外商采取优惠政策，吸引他们前往楚国贸易，同时采纳大臣高郁的建议，铸造铅、铁钱，以十当铜钱一枚，在境内流通。由于铅、铁钱价低、笨重，携带不便，且外来商人把这些钱带出楚国也没有用处，因此多以贸易货款购买楚国货物运往他地销售。马殷的经济政策使得楚国成为十国时期唯一成功使用铅、铁钱的国家。楚国境内流通铅、铁、铜三种质地钱币，流通货币有铅质"开元通宝"和铜、铁"乾封泉宝"当十钱。铜钱较少，一般10枚铅钱或铁钱等同1枚铜钱。"乾元重宝"大铜钱分两种，一种直径在3.5厘米左右，另一种直径在4厘米以上，此枚钱属后者，存世极少。

"乾元重宝"大铜钱藏于中国国家博物馆。

"保大元宝"背"天"大铜钱 南唐保大年间（943～957年）文物。1955年，国家文物局重金收购、拨交北京历史博物馆的民国时期钱币收藏家陈仁涛收藏钱币之一。

此铜钱直径3.4厘米，重16.5克，宽缘，窄廓，缘较宽，呈漫圆状，穿狭于肉。面文"保大元宝"，楷书含隶意，柔中带刚，文字布局疏落有致，离缘离廓。背穿上铭"天"字。该铜钱形制厚重，制作良好。

"保大元宝"大铜钱是年号钱，南唐元宗李璟（943～961年），辽天祚帝耶律延禧（1121～1125年）都曾经以"保大"为年号。"保大元宝"铜钱未见载于史籍，面世后，关于它的铸造时间、铸主等问题一度困惑钱币学界。钱币学家根据明代王圻《稗史汇编》"保大元宝，南唐元宗铸"及董遹《钱谱》"保大元宝，江南王（李）璟铸"等资料记载，结合民国23年（1934年）和民国36年（1947年）湖南长沙两次出土的保大元宝实物，断定它是十国时期南唐所铸钱币，始铸于元宗李璟保大元年（943年）。"保大元宝"铜钱因传世极少，曾被部分古钱学家质疑真伪，直到湖南长沙出土实物后，才被普遍承认。"保大元宝"有铜、铁两种质地，铁钱直径3.4厘米，重15.5克，与铜钱大小、形制、风格相类似，但穿略小，钱文的"保""大"二字较小。无论铜、铁钱，均极罕见。

"保大元宝"背"天"大铜钱藏于中国国家博物馆。

"开元通宝"背"闽"大铁钱 十国时期闽（909～945年）文物。1959年，近现代钱币收藏家沈子槎捐献给北京历史博物馆的钱币之一。

此铁钱直径4.25厘米，重27.4克，宽缘，窄廓，狭穿。隶书面文"开元通宝"，对读，

文字粗壮。背穿上"闽"，穿下月纹。据北宋陶岳《货泉录》："王审知铸大铁钱，阔寸余，甚粗重，亦以开元通宝为文，仍以五百文为贯，俗谓之铹，与铜钱并行。"《十国春秋·闽太祖世家》："龙德二年，铸大铁钱，以开元通宝为文。"此铁钱当铸于后梁龙德二年至闽通文四年（922~939年）。

"开元通宝"大铁钱的背纹主要有两类，一类是背星纹，一类是背穿上"闽"、穿下月纹或穿上星纹、穿下月纹。钱币研究者根据出土实物的地点、钱文风格、钱币大小等不同特征，推断背有星纹者是南唐元宗李璟在福建建州设置的永丰监铸造，并在该区域流通的南唐铸币。这类钱币的文字粗率，背穿上饰有巨星，面文"开"字既有从"门"和"开"者，也有从"门"和"井"者，"元"字的第二横有右挑、左挑等不同写法。闽国所铸"开元通宝"面文中的开字从"门"和"井"，"元"字第二横不挑。但背为星纹的部分钱币，钱文特征与闽国所铸开元通宝铁钱相同，说明南唐、闽国都铸造了背穿上饰有巨星的"开元通宝"铁钱。

"开元通宝"背"闽"大铁钱藏于中国国家博物馆。

"淳化元宝"草书小平铁母铜钱　北宋淳化年间（990~994年）文物。1957年，近现代钱币收藏家罗伯昭捐献给北京历史博物馆的钱币之一。

此铜钱直径2.55厘米，重4.7克，宽缘，窄廓，广穿，光背。面文草书"淳化元宝"，旋读，文字粗壮质朴。

罗伯昭收藏此钱后，研究认为此钱为铁

母，并撰文《淳化元宝》发表于《泉币》第2期。铁母是铸造铁钱用的母钱，采用翻砂法铸造时，需以特制钱模翻砂型，这种钱模即为母钱。"淳化元宝"小平铜钱是最早的御书钱，始铸于北宋太宗淳化元年（990年）。御书钱是指钱文出自皇帝之手者，宋太宗赵炅（976~997年）开创御书钱先例，以后宋朝多位皇帝都亲手书写过钱文，其中宋徽宗赵佶（1101~1125年）的瘦金体钱文代表了宋代货币文化的最高水平。"淳化元宝"有真、草、行三种书体，都出自宋太宗之手。自此钱起，始见行书、草书钱文。此枚"淳化元宝"小平铜钱具有丰富的钱币文化内涵。

"淳化元宝"草书小平铁母铜钱藏于中国国家博物馆。

"熙宁通宝"折二铜钱　北宋熙宁年间（1068~1077年）文物。1957年，近现代钱币收藏家罗伯昭捐献给北京历史博物馆的钱币之一。

此铜钱直径2.93厘米，重8.4克，宽缘，窄廓，狭穿。面文真书"熙宁通宝"，旋读，文字端庄秀美，离缘接廓。光背，背穿有流铜。"熙宁通宝"只有铁钱，分小平、折二两种币值。此铜钱是铁范铜钱，铁范铜钱是钱币学的专有名词，特指两宋时期铸造的一种形制

和钱文特征与铁钱完全相同的铜钱。这种铜钱是铸造铁钱的砂型制好后，首先浇铸出一批铜钱，以便观察砂型效果。因为铜钱是为检验铁钱砂型铸钱效果而造，所以称"铁范铜钱"。

宋代铸币自宋元通宝开始，钱文"通宝"多对读，钱文"元宝"多旋读，"熙宁通宝"首开钱文"通宝"旋读先例。此枚"熙宁通宝"折二铜钱是宋代铸币工艺程序的重要实物资料。

"熙宁通宝"折二铜钱藏于中国国家博物馆。

"应运通宝"小平铁钱　北宋（960～1126年）文物。民国28年（1939年），四川省简阳市胡家场出土。1957年，近现代钱币收藏家罗伯昭捐献给北京历史博物馆的钱币之一。

此铁钱直径2.3厘米，重3.7克，宽缘，窄廓，狭穿，光背。面文隶书"应运通宝"，旋读，文字方正。光背。宋太宗淳化五年（994年），李顺率领四川农民起义军攻占成都建大蜀国，改元"应运"后铸此钱币。

"应运通宝"小平铁钱被罗伯昭视为珍稀钱，为钱量身定做红木盒，并请钱币学家郑家相将关于该钱的考释刊刻于盒盖："钱中铮

铮：宋淳化中，西川农民王小坡、李顺起义，讨官僚地主，淹有全川，建元应感、应运，不幸年余覆亡，无工人领导之革命必败，此又一证也。铜应感余有之，铜应运称元宝，方、张各有其一铁钱，前所未闻，廿年前出土简阳。应感得自成都杨介仁，应运则罗希成所贻。"这一考证让后人了解了应运通宝钱。小平铁钱是中国历史上农民起义政权最早的铸币。

"应运通宝"小平铁钱藏于中国国家博物馆。

"太平通宝"金钱　北宋太平兴国年间（976～984年）文物。民国25年（1936年），农民在浙江省杭州市古荡乡宋墓获得的，几经转手，为近现代钱币收藏家罗伯昭收藏，并于1957年捐献给北京历史博物馆。

此金钱直径1.88厘米，重3.6克，含金60%～70%，面窄缘、宽廓，背宽缘、宽廓。狭穿。面文楷书"太平通宝"，对读，光背。

宋代延续前朝习俗，大量铸造金银钱，作为赏赐、祭祀、布施、馈赠、殉葬等用品。宋代金、银钱主要分为三种类型：第一，形制与流通的铜、铁钱相同；第二，在流通的铜、铁钱形制基础上加以变化，如附加纹样等；第

三，完全摆脱流通钱币窠臼而铸以吉语等内容。此枚"太平通宝"金钱属于第一类，是研究宋代社会风俗的珍贵实物资料。

"太平通宝"金钱藏于中国国家博物馆。

"淳化元宝"金钱　北宋淳化年间（990～994年）文物。1988年，山西省忻州市五台山出土。

该钱直径2.4厘米，重12克，含金90%以上，宽缘，窄廓，狭穿。面文行书"淳化元宝"，旋读。背面铸有两尊精巧的造像，一尊为观音菩萨跏趺坐像，一尊为韦驮立像。两像之下均有莲花座和祥云，两像之间的缘处錾刻"二"。造像五官清晰，应是在金币铸造成形后再镌刻而成的。

"淳化元宝"金钱是北宋皇室赐给五台山中顶寺的供养钱，秘密埋于佛教圣地宝塔中。这批总数近2000枚的供养钱被发现后，流散于社会，其中1343枚被公安部门追回，交由中国国家博物馆收藏。未追回者，部分流失海外。这批钱的正、背面形制基本一致，仅背面缘上数字不同，有"一""二""三""四"和无錾刻数字五种形式。宋代所铸金银钱币不是流通货币，主要用于赏赐、祭祀、馈赠、供奉及一些民俗如"撒

帐"等活动。"淳化元宝"金钱的发现进一步证实了宋代金钱形式多样，用途不一。

"淳化元宝"金钱藏于中国国家博物馆。

"建炎元宝"篆书小平铜钱　南宋建炎年间（1127～1130年）文物。1957年，近现代钱币收藏家罗伯昭捐献给北京历史博物馆的钱币之一。

此铜钱直径2.36厘米，重3.6克，面中缘、窄廓，背缘、廓相近，狭穿，光背。钱文篆书"建炎元宝"，旋读。"建炎"为年号，此钱是年号钱，是南宋高宗赵构（1127～1162年在位）于南京应天府（河南省商丘市南）即位后所铸。

罗伯昭重视这枚珍稀钱币，量身定做红木盒，并请郑家相在盒盖刊刻题识："建炎元宝

传世最希，隶书国内存二品，篆书一品随张七（钱币收藏大家张叔驯）出国，不知存亡。此品篆书，出汉口，高莘原所售，铁色美丽，为海内孤品。"此题识记录了这枚"建炎元宝"铜钱流传经历，具有重要史料价值。"建炎"年号钱有"元宝""通宝"和"重宝"三种，南宋王应麟《玉海》有"建炎元年七月，工部发运司催督铸钱，输运"的记载，但《玉海》未说明催督与输运的"建炎"钱钱文。清毕沅《续资治通鉴》则有"建炎元年九月，诏江、池、饶、建州所铸钱，以建炎通宝为文"的明确记载。依据史料推测可知，高宗赵构于建炎元年（1127年）五月即位，七月催督铸钱，九月才以"通宝"为文诏颁铸钱，在五月至九月之间钱监应遵先朝成规，改元铸钱，以"元宝"为文，所以"建炎元宝"应铸于高宗即位之后、诏颁铸钱之前。九月以后，"建炎元宝"钱停铸。南宋初年的钱制沿袭北宋惯例，钱文同时采用几种书体，而且成对。"建炎元宝"小平钱就有篆、隶二体书的对钱。该种对钱为南宋珍稀钱品，其中有篆书者尤为罕见。

"建炎元宝"篆书小平铜钱藏于中国国家博物馆。

"嘉定元宝"背"利州""伍"折五铜母钱 南宋嘉定年间（1208～1224年）文物。1955年，国家文物局重金收购、拨交北京历史博物馆的钱币收藏家陈仁涛收藏钱币之一。

此枚铜母钱直径3.6厘米，重13.8克，面中缘、窄廓，背中缘、中廓。广穿。面文楷书"嘉定元宝"，旋读，文字劲健，其中"嘉""定""宝"三字连缘接廓，"元"字连缘离廓。背文楷书"利州""伍"，分列穿上

下，穿上"利州"，指利州绍兴监（四川省广元市），穿下"伍"，代表嘉定五年（1212年）铸。此铜钱为铸造铁钱时用以翻模的母钱。

中国国家博物馆尚收藏有一枚罗伯昭捐献的"嘉定元宝"铁钱，其形制特征与该枚母钱相同，可以看出两枚钱的母子关系。南宋宁宗赵扩（1195～1224年在位）所铸"嘉定"铁钱名目繁多，除传统的"元宝""通宝""重宝"外，还有"永宝""安宝""万宝""全宝""崇宝""正宝""真宝""新宝""洪宝""珍宝""隆宝""泉宝""封宝""之宝""大宝""兴宝""至宝"等20种。关于这些钱文的含义，主要有三种说法：一是研究者将它归纳，排列得出"永安万全""崇正真新""洪珍隆泉""封之大兴"的吉语，所以钱文具有祈祝的含意；二是嘉定年号使用17年，"嘉定"钱币特有17种钱文，每一钱文代表一个年份，反对者则认为嘉定钱币还有"元宝""通宝""重宝"3种传统钱文，这样"嘉定"钱币的钱文达20种，所以钱文与纪年无关；三是嘉州因宁宗庆元二年（1196年）潜藩升为嘉定府，改元嘉定后，州府与年号称谓相同，因以钱文应祥瑞。此枚铜母钱的背文刻有纪监名和年份，为研究南宋铸币工艺、货币

制度等提供了实物资料。

"嘉定元宝"背"利州""伍"折五铜母钱藏于中国国家博物馆。

"招纳信宝"铜钱 南宋绍兴年间（1131～1162年）文物。1955年，国家文物局重金收购、拨交北京历史博物馆的钱币收藏家陈仁涛收藏钱币之一。

此枚铜钱直径2.7厘米，重4.8克。面窄缘、窄廓，背宽缘、窄廓，缘廓平夷。狭穿。面文楷书"招纳信宝"，右旋读，文字阔大。背穿上铭文"使"，穿下押文，形似倒写的"丁"。此铜钱是信物钱，为南宋御前巡卫军都统兼江东宣抚使刘光世于江州（江西省九江一带）铸造，为策反、瓦解金兵，招降纳叛之用。

南宋高宗建炎四年（1130年），刘光世镇守镇江，与金朝左监军完颜昌率领的部队隔江对峙。据《宋史·刘光世传》记载，刘光世得悉金兵不服南方水土，且久离故土、兵无战心的情况后，采用策反计，下令铸造金、银、铜三种质地的"招纳信宝"钱币，对俘获的金兵礼而待之，劝他们离开金营、解甲归乡，并按其级别送金、银、铜不同质地的"招纳信宝"钱币作为出境信物，凡执有此类钱币渡江还乡的金兵，一律不受阻挠，安全放行。通过

此计，瓦解金兵数万，从而导致完颜昌退兵。

"招纳信宝"钱见载于《宋史》《永乐大典》等史籍，清翁树培《古钱汇考》、倪模《古钱略》等钱谱有收录。"招纳信宝"铜钱是刘光世抗金的珍贵实物资料。

"招纳信宝"铜钱藏于中国国家博物馆。

"临安府行用"铜钱牌 南宋文物。1957年，近现代钱币收藏家罗伯昭捐献给北京历史博物馆的钱币之一。

此铜牌是南宋末年临安府（杭州）发行的一种地方性质货币，也称"牌""夸牌""大牌"。有三种面值："准贰佰文省"长6.4厘米，宽1.9厘米，重21.4克；"准叁佰文省"长6.8厘米，宽2厘米，重22.6克；"准伍佰文省"长7.9厘米，宽2.6厘米，重35克。其形基本为长方形，四角略有变化，有上端折角、下端弧形、上端弧形、下端直角等不同样式。周边有缘，上端有圆形穿孔，面、背文均楷书，直读，字体浑厚庄重、劲健有力。面文均为"临安府行用"，说明钱牌的使用范围仅限于临安府。背文分别为"准贰佰文省""准叁佰文省"和"准伍佰文省"三种面值，"准"为相当或者权充的意思，"伯"即佰、陌，通百，"省"即"省佰"，又称"短陌"。

南宋末年铸铜钱的数额大为减少，纸币会子也滞行，因而铸造钱牌与纸币会子、铜钱同时流通。铜牌面额为"贰佰文"者，权会子贰佰文者，当铜钱一百五十四文；面额为"叁佰文"者，当铜钱二百三十一文；面额"伍佰文"者，当铜钱三百八十五文。

"临安府行用"铜钱牌藏于中国国家博物馆。

"准拾捌界壹百江州行使"铅钱牌　南宋文物。1993年，江西省九江市老城区八角石一带"大中大商厦"出土。

此枚铅钱牌为权钞钱，长5.8厘米，宽2.4厘米，厚0.2厘米，圆首碑形，上端有一圆穿，正、背均有铭文。正面铭文"准拾捌界壹百江州行使"，自右而左分成两纵列。由铭文可知，此钱牌为江州地区的代用币，一枚可折换第拾捌界会子纸钞一百文。背面上部刻"使"字，"使"字右下方为阴文"口（权）宜便民"四字，再下部有一形似"片"字的花押。有钱币学家认为，这里的"使"意指当地的转运使或转运副使，说明钱牌为官铸。

南宋政府于绍兴三十年（1160年）始发行会子纸钞，初以一贯为一会；乾道四年（1168年）规定所发行的会子以三年为一界（届），

界满后印行新钞，第拾捌界会子始于端平三年（1236年），止于咸淳三年（1267年）。此钱牌"准拾捌界壹百"之铭文说明了钱牌铸行时间。此件铅钱牌为研究宋代货币史特别是宋代地方货币提供了不可多得的实物资料。1995年，国家文物鉴定委员会将它定为国家一级文物。

"准拾捌界壹百江州行使"铅钱牌藏于江西省九江市博物馆。

"天赞通宝"铜钱　辽代天赞年间（922～926年）文物。1955年，国家文物局重金收购、拨交北京历史博物馆的民国时期钱币收藏家陈仁涛收藏钱币之一。

此枚铜钱直径2.8厘米，重3.4克，色青黄，面宽缘、窄廓，背宽缘、宽廓，缘廓浅平。狭穿，穿部有铸造残缺。面文隶书"天赞通宝"，右旋读，文字连缘接廓，大气丰满。"通"字末笔收笔时向上挑起，呈虎尾状，俗称"虎尾天赞"。背穿上饰仰月。

"天赞通宝"铜钱是辽代早期年号钱，辽太祖耶律阿保机（916～926年在位）所铸。辽代九帝共建23个年号，至今发现并能确定的分三种情况：一是见于史书记载的年号钱；二是不见史书记载而有文献资料记载，有实物出土面世的年号钱；三是不见史书文献资料记载，

也不是年号钱。"天赞通宝"铜钱属第二种情况。南宋洪遵《泉志》记载："契丹国天赞钱，《五代史·四夷附录》曰：'契丹主阿保机僭号，名年曰天赞。'余按此钱，径九分，重三株六絫，文曰天赞通宝。"这是所能查到的关于"天赞"钱的最早记录。清以后有关"天赞通宝"的记载渐多，但实物少见。20世纪90年代起，辽宁省、吉林省等辽故地陆续发现数枚"天赞通宝"。这枚铜钱具有辽代铸币的典型特征。

"天赞通宝"铜钱藏于中国国家博物馆。

"大康六年"大铜钱 辽代大康六年（1080年）文物。1972年，吉林省哲里木盟库伦旗奈林公社前勿力布格屯1号辽墓出土。

此枚铜钱直径4.85厘米，厚0.4厘米，重47.8克，面、背缘、廓宽窄相当，面文"大康六年"，右旋读，文字稚拙。光背。此铜钱出土于辽代契丹贵族墓地。

"大康六年"铜钱的钱文兼用年号与纪年，这样的钱文在中国钱币史上极为少见。除了北魏的"天兴七年"金钱外，"清宁二年"铜钱、"大康六年"铜钱、"大康七年"铜钱和"寿昌二年"铜钱等钱币都是辽道宗时期（1055～1101年）铸造的，体现了辽代钱币文

化的独特之处。

"大康六年"大铜钱藏于吉林省博物院。

契丹文"寿昌永福"鎏金铜钱 辽代寿昌年间（1095～1101年）文物。1957年，近现代钱币收藏家罗伯昭捐献给北京历史博物馆的钱币之一。

此铜钱是吉语钱，直径2.4厘米，重2.7克，鎏金，仿汉钱形制。面中缘、窄廓，背中缘、中廓，狭穿。面文"**钬末捹铱**"。罗伯昭根据辽陵石刻文字，考释此钱文为"寿昌永福"。光背。

"**钬末捹铱**"为契丹小字，与1973年内蒙古昭乌达盟喀喇沁旗永丰公社出土的契丹文八角铜镜铭文完全相同，仅排列顺序有异。朝鲜也曾出土过契丹文铜镜。在未知有钱、只知有镜的情况下，中外学者考释铜镜上的四个契丹文字之中必有"镜"字。后根据契丹文最新研究成果，对这四个契丹文字重加考释，一致认为：**钬**作"寿"解；**末**作"永远""长久"解；**捹**作"福"解。但对**铱**字的释读有分歧，其作"德"或"昌"解。（左）字以"德"解，钱文对读（上下右左）释为"寿长福德"。以"昌"解，钱文右旋读（上右下左）释为"寿福永昌"；右上左下读释为"福

寿永昌"；左旋读（上左下右）读释为"寿昌永福"。辽国建立不久，先后创制了契丹大字和契丹小字。契丹文字仿效汉字，由汉字的偏旁或笔画增损而成。契丹文作为辽国的官方文字，统治集团上层使用较多，契丹文在钱币方面也未能得到广泛应用，仅出现在辟邪祈福的厌胜钱币上。此枚钱币即为厌胜钱中的一种祈福吉语钱，也是罕见的契丹文钱币。

契丹文"寿昌永福"鎏金铜钱藏于中国国家博物馆。

西夏文"贞观宝钱"铜钱　西夏贞观年间（1101～1113年）文物。1955年，国家文物局重金收购、拨交北京历史博物馆的民国时期钱币收藏家陈仁涛收藏钱币之一。

此枚铜钱直径2.74厘米，重6.4克，形制大小同折二型钱。面、背均宽缘、窄廓、狭穿。面文"𘁨𘃡𗼃𘀋"，汉译为"贞观宝钱"，右旋读，穿上、穿右为年号"贞观"，穿下、穿左为"宝钱"。光背。

西夏仿效宋，铸币也用年号，但西夏的年号钱少有连贯性。西夏皇帝所铸钱币有三种情况。一是在位期间曾使用多个年号，但仅铸造某一个年号钱。如毅宗李谅祚（1049～1067年在位）先后使用"延嗣宁国""天佑垂

圣""福圣承道""奲都""拱化"五个年号，但所见铸币只有西夏文"福圣宝钱"；惠宗李秉常（1067～1086年）先后使用"乾道""天赐礼盛国庆""大安"等年号，所见铸币只有西夏文"大安宝钱"和汉文"大安通宝"。二是在位期间使用多个年号，仅铸造了部分年号钱。如崇宗李乾顺（1086～1139年）曾先后以"天仪治平""天祐民安""永安""贞观""雍宁""元德""正德"和"大德"为年号，所见铸币只有西夏文"贞观宝钱"，汉文"元德通宝""元德重宝"及"大德通宝"等钱；仁宗李仁孝（1140～1193年）先后以"大庆""人庆""天盛""乾祐"为年号，所见铸币有"天盛元宝""乾祐元宝"；襄宗李安全（1206～1211年在位）以"应天""皇建"为年号，仅铸有汉文"皇建元宝"。三是皇帝在位时只用一个年号，即铸有一种钱。如桓宗李纯祐（1194～1206年在位）仅有"天庆"一种年号，铸有西夏文"天庆宝钱"和汉文"天庆元宝"。神宗李遵顼（1211～1223年在位）以"光定"为年号，铸币仅汉文"光定元宝"铜钱。此西夏文"贞观宝钱"铜钱为稀见的西夏文年号钱之一，是研究西夏铸币及民族关系的重要实物资料。

西夏文"贞观宝钱"铜钱藏于中国国家博物馆。

"泰和通宝"折十铜钱　金代泰和年间（1201～1208年）文物。1959年，近现代钱币收藏家沈子槎捐献给北京历史博物馆的钱币之一。

此铜钱直径4.4厘米，重19.7克，缘、廓窄且深峻，狭穿。面文"泰和通宝"，楷书，对读，文字笔力遒劲，端庄秀美。光背。

"泰和通宝"铜钱史籍无载。20世纪30年代，两枚"泰和通宝"折十铜钱面世，此枚即其中之一。初现于北平（今北京）钱商冯松泉之手，后为陶心如所得，拓本刊发于《古泉杂志》第一期。此铜钱后归沈子槎收藏，1959年沈氏将包括此泉在内的数千件藏钱全部捐献给中国历史博物馆。另一枚为赵权之收藏，赵氏在《泉币》第二期刊发了藏品拓本，并讲述其得钱经过，以及对钱做了简单考证："泰和通宝折十大钱，十余年前在北平先后出二品，先出者肥缘肥字，为北平泉商冯松泉所得，后归陶心如君，后出者即此细缘细字，亦为冯松泉所获，余以四百金易得之。"赵氏还在《泉币》第三期上对"泰和通宝"作了考证。

"泰和通宝"铜钱的记载始自清乾隆时期陈莱孝《历代钟官图经》、沈学诗《历代钱法备考》、翁树培《古泉汇考》等，后收录并关注、考证"泰和通宝"铜钱的资料渐多，包括清人初尚龄编撰的《吉金所见录》、杨守敬整理编辑的李宝台拓本《古泉薮》、倪模的《古今钱略》、李佐贤的《古泉汇》、李佐贤与鲍康的《古泉汇 续泉汇》等。"泰和通宝"折十铜钱稀少，一向受到钱币学家、收藏家的关注。早在陶心如得泉时，郑家相就给予其藏品"圆钱以折十楷书泰和为最"的好评。"泰和通宝"折十铜钱罕见，是补史载缺佚的重要钱币。

"泰和通宝"折十铜钱藏于中国国家博物馆。

"崇庆元宝"折五铜钱 金代崇庆年间（1212年）文物。1955年，国家文物局重金收购、拨交国立北京历史博物馆的民国时期钱币收藏家陈仁涛收藏钱币之一。

此枚铜钱直径3.5厘米，重11.2克，宽缘、窄廓，狭穿。面文"崇庆元宝"，玉筋篆，旋读，字体古朴遒劲，结构匀称，"宝"字的长冠写法是金代钱文特征之一。光背。

"崇庆元宝"铜钱发现于20世纪40年代，据郑家相在《中国古币考》称："崇庆铸钱，史无明文，前谱亦未载，近年先后发现三种，皆辽出土。"郑氏所记载的三种崇庆钱，分别是"崇庆通宝"小平铜钱、"崇庆通宝"折二铜钱和"崇庆元宝"折五铜钱。此铜钱不见于史籍记载，是以钱币实物补史之缺的重要文物资料。

"崇庆元宝"折五铜钱藏于中国国家博物馆。

八思巴文"大德通宝"折三铜钱　元代大德年间（1297～1307年）文物。1957年，近现代钱币收藏家罗伯昭捐献给北京历史博物馆的钱币之一。

此枚铜钱直径3.11厘米，重15.2克，色青黄，宽缘，窄廓，狭穿。面文为八思巴文"大德通宝"，与汉文钱的对读一样，按上下右左顺序释读，钱文布局紧凑，离缘接廓。光背。此铜钱文字是元世祖忽必烈（1260～1294年在位）时期由国师八思巴创制的蒙古新字，世称"八思巴蒙古新字"，它的创制与推广在一定程度上推进了元代社会的文明进程。

"大德通宝"铜钱有汉文钱文和八思巴文钱文两种，存世稀少。汉文铜钱有小平小样（比正常小平钱小者）、小平大样（比正常小平钱大者）、折二、折三等，小样小平钱稍多；八思巴文铜钱只有折三一种。此枚八思巴文"大德通宝"折三铜钱为元代铸币佳品。

八思巴文"大德通宝"折三铜钱藏于中国国家博物馆。

"延祐三年"铜钱　元延祐三年（1316年）文物。1957年，近现代钱币收藏家罗伯昭捐献给北京历史博物馆的钱币之一。

此枚铜钱直径2.18厘米，重3.7克，颜色青黄晦暗，宽缘，窄廓，方穿，穿孔广大。面文"延祐三年"，对读，背文"宝钞平一"，旋读，钱文均为楷书，文字结构松散，肉面起伏不平，制作欠精整。

"延祐"是元朝第四位皇帝仁宗孛儿只斤·爱育黎拔力八达（1312～1320年在位）的第二个年号，先后使用7年（1314～1320年）。"延祐"年间铸造有多种带"延祐"年号的供养钱，包括"延祐通宝""延祐元宝""延祐贞宝""延祐三年"等。中国历史博物馆专家组鉴定认为此枚"延祐三年"铜钱罕见而珍贵，具有重要的历史价值和文物价值，将其定为一级文物。关于此铜钱的性质有权钞钱、行用钱、供养钱等说法。综合考察，以供养钱之说为是。供养钱是寺院敬佛、礼佛所用的金属钱币，有官铸、民铸之分，盛行于元代。"供养钱"之谓，初见于清代戴熙《古泉丛话》，戴氏认为，元代流通交钞、宝钞等纸币，鲜铸铜钱，"钱或为供养之用"，"供养钱"由此而起。此铜钱可视为元代钱币的一个专门种类，为研究元代供养钱提供了实物资料。

"延祐三年"铜钱藏于中国国家博物馆。

"洪武通宝"背"广二"铜钱　明代洪武年间（1368～1398年）文物。1955年，国家文物局重金收购、拨交北京历史博物馆的民国时期钱币收藏家陈仁涛收藏钱币之一。

此枚铜钱直径2.85厘米，重4.9克，面宽缘、窄廓，背中缘、中廓，狭穿。面文"洪武通宝"，楷书，对读，文字精整。背文楷书"广二"，分列穿左右。"广"是记局，表示钱为广东钱局铸；"二"是记值，表示此钱折合二枚小平钱。

"洪武通宝"沿袭了元末明初所铸"大中通宝"铜钱的五等钱制，分光背和背记值、记重、记重兼记值、记局、记局兼记值6种。记值者有"一""二""三""五""十"，皆铸于穿上。记重者有"一钱""二钱""三钱""五钱"，记值兼记重有"十，一两"等，记局者有"京""济""桂""豫""北平""浙""广""福""鄂"等。记局兼记值的有"桂一""桂二""广二""二福""桂三""三福""桂五""广五""五福""京十""北平十""广十""鄂十""济十""桂十""十豫""十福""十浙"等。这类钱币因铸地不同，铭文位置也有别，又因缺乏铜材，铸钱兼用废钱及旧铜器为原料，以致同等钱成色、大小、轻重有差异。此枚"洪武通宝"广折二钱制作精良，传世较少。

"洪武通宝"背"广二"铜钱藏于中国国家博物馆。

"永乐通宝"折三铜钱 明代永乐年间（1403～1424年）文物。民国18年（1929年），钱币收藏家王荫嘉以500银圆巨资购自苏州一位收藏家，数十年后转归上海博物馆收藏。

此枚铜钱直径3.35厘米，重12.5克，钱右上角残缺，中缘，中廓，狭穿。面文"永乐通宝"，楷书，对读，文字笔画粗壮、敦厚，端庄凝重。背文楷书"三钱"，位于穿右侧。

"永乐通宝"铜钱铸造于明永乐六年（1408年）和永乐九年（1411年），根据《明会典》记载："永乐六年铸永乐通宝钱，九年令差官于浙江、江西、广东、福建铸永乐钱。"《明史·食货志》记载"成祖九年铸永乐钱"，可知浙江、江西、广东、福建四地是在永乐九年以后铸行"永乐通宝"的。文献资料未记载永乐通宝铜钱的大小、等级，面世的"永乐通宝"（包括东沙、西沙群岛出土的）均为小平钱，所以有钱币学家认为"永乐通宝"只有小平钱一种。此枚"永乐通宝"折三铜钱弥补史书记载之不足，对研究明成祖时期（1403～1424年）的钱制具有重要意义。

"永乐通宝"折三铜钱藏于上海博物馆。

"万历通宝"背"矿银四钱"银钱 明代万历年间（1573～1620年）文物。1957年，近现代钱币收藏家罗伯昭捐献给北京历史博物馆的钱币之一。

此枚银钱直径3.1厘米，重13.9克，面、背均宽缘，窄廓，狭穿。面文"万历通宝"，背文"矿银四钱"。

此钱是明神宗万历时期历时20余年之久的"矿税之役"的产物。万历后期，朝廷奢侈浪费、战争用兵等大额开支动用国库白银，致使白银日绌，"官民两竭"。为解决国用与内用的窘迫，明神宗自万历二十四年（1596年）起，派遣内官作为矿使，去全国各省督开矿银，并将其所得以"矿税"（银锭、银饼、砂）之名进奉内库。另外，矿使还铸有矿银钱，与"矿税"同时进奉内库。万历四十八年（1620年）神宗殁后，"矿税之役"结束，才"尽罢天下矿税"。"矿税之役"给明代社会造成深重灾难，史学家都指责这是明后期苛政之一。矿银钱的铭文不同，除了面文"万历通宝"、背文"矿银四钱"外，还有面文"万历通宝"、背文"矿银"；面文"万历年造"、背文"二钱"（记重）；面文"万历矿银"，背文"四钱"（记重）等。矿银钱出自不同地区，数量少，存世少见，是研究明代矿税制度的实物资料。此枚银钱是"矿税之役"的珍贵实证。

"万历通宝"背"矿银四钱"银钱藏于中国国家博物馆。

"西王赏功"银钱 张献忠大西政权（1644～1646年）文物。1957年，近现代钱币收藏家罗伯昭捐献给北京历史博物馆的钱币之一。

"西王赏功"钱是明末农民起义军首领张献忠据四川、称大西王时，为赏赐有功之臣特意铸造的纪念币，有金、银、铜三种质地的传世品，大小、形制基本相同。此枚银钱直径5.27厘米，重36.2克，宽缘，窄廓，光背。面文楷书"西王赏功"，对读，文字稚拙敦厚。

清朝光绪末年，"西王赏功"钱发现于四川省成都市。最初面世的是一枚金钱，至民国时期金、银、铜三种质地的钱币皆有发现，包括2枚金钱、2枚银钱和数枚铜钱。银钱先后发现4枚，清末民初金石收藏家申砚丞的藏品、甘肃省武都县出土者此2枚下落不明。第3枚原为古泉藏家汪夷白旧藏，后被浙江湖州市古泉收藏家陈达农获得。第4枚即此枚发现于四川省成都市，据罗伯昭记述，此钱是四川富顺胡氏修房时，在房梁上发现的，胡氏去世时把钱

留给经学家宋芸子，后宋氏中落，其侄孝齐把钱带到重庆出售，被钱币收藏家蒋伯埙看上，因售价太高未成交。民国22年（1933年）3月，经钱商介绍，罗伯昭以重金购得这枚"西王赏功"银钱。

"西王赏功"钱的真伪曾遭到一些专家怀疑，直到进入21世纪，四川省彭州市"江口沉银"出土了数以百计的"西王赏功"钱，西王赏功金、银钱的真实性才成为定论。

"西王赏功"银钱藏于中国国家博物馆。

"顺治通宝"宝泉大铜钱 清代顺治年间（1644～1661年）文物。1957年，近现代钱币收藏家罗伯昭捐献给北京历史博物馆的钱币之一。

此枚铜钱直径3.15厘米，重9.2克。宽缘，窄廓，狭穿。面文楷书"顺治通宝"，对读，文字中规中矩。背满文"宝泉"，分列穿左右。

清顺治皇帝即位后，先后在户部设宝泉局、工部设宝源局、各省设钱局开始铸钱，不同时期所铸钱币的背文特征不同，共有五式。第一，仿古钱，铸于顺治元年（1644年），背面特征有光背、星纹、月纹几种，光背居多。第二，汉字记局钱，铸于顺治初年，背面铸汉文钱局简称，共22个局，位于穿上或穿右者

居多，偶见位于穿左者。第三，叫一厘钱，铸于顺治十年至十七年（1653～1660年），背穿右铸汉字钱局简称，共17个局，穿左铸文"一厘"（表示制钱一文值银一厘）。第四，满文钱，背面铸满文"宝泉"或"宝源"（满文为新满文）。第五，满汉文记局钱，背面以满、汉两种文字标出铸钱局简称。此铜钱属于四式，但钱径大、体重，为罕见的大钱。

"顺治通宝"宝泉大铜钱藏于中国国家博物馆。

"乾隆通宝"宝源铜祖钱 清代乾隆年间（1736～1795年）文物。1955年，国家文物局重金收购、拨交北京历史博物馆的民国时期钱币收藏家陈仁涛收藏钱币之一。

此枚铜钱直径4.6厘米，重56.5克，黄铜质地，缘廓工整深峻，雕制精湛。面文楷书"乾隆通宝"，对读，文字俊秀、挺拔。背满文"宝源"，文字劲健有力。

祖钱，以优质黄铜雕凿而成。据《清文献通考》："凡铸钱之法，先将净铜錾凿成重二钱三分者，曰祖钱。"祖钱又称雕母，是用于翻砂铸造母钱的钱模，雕母钱为手工雕刻而成，钱周侧面呈弧状，轮廓显露锋芒，钱文字口深峻，交叉弯折处呈倾角，笔画与钱肉相接

处能看出雕凿痕迹。用于雕凿祖钱的"净铜"质地细腻，精整光洁。此枚"乾隆通宝"小平铜祖钱佐证了文献记载。

"乾隆通宝"宝源铜祖钱藏于中国国家博物馆。

"祺祥重宝"宝源当十铜祖钱 清代咸丰十一年（1861年）文物。1955年，国家文物局重金收购、拨交北京历史博物馆的民国时期钱币收藏家陈仁涛收藏钱币之一。

此枚铜钱直径3.6厘米，重20.3克，铜质细腻，色泽金黄，手工雕刻而成。宽缘，未开金口（即尚未凿穿）。面文"祺祥重宝"，楷书，对读。背面汉文"当十"列于穿上下，满文"宝源"横列穿左右，钱文端庄周正，工精字美。

"祺祥"钱币是预制的年号钱。咸丰十一年七月，年仅6岁的皇太子载淳即位后，总摄朝政的8位顾命大臣载垣、端华、肃顺等议定于次年改元"祺祥"，旋即敕令户部、工部依照惯例铸造"祺祥通宝"和"祺祥重宝"新钱。九月三十日，太后慈禧与奕䜣等人联合发动"辛酉政变"，废"祺祥"年号，改元"同治"。"祺祥"钱于当年八月开铸，十一月废"祺祥"年号即停铸，未及发行就被禁止，回炉改铸"同治"新钱。因有少量"祺祥"钱被铸匠或经办人私自留存，才使得这种预留年号钱流传至今。"祺祥重宝"钱承载了"辛酉政变"这一重大历史事件，具有重要的历史文物价值。

"祺祥重宝"宝源铜祖钱藏于中国国家博物馆。

"同治重宝"宝桂当十铜样钱 清代同治年间（1862～1874年）文物。1955年，国家文物局重金收购、拨交北京历史博物馆的民国时期钱币收藏家陈仁涛收藏钱币之一。

此枚铜样钱直径3.2厘米，重14.5克，宽缘，窄廓，广穿。面文"同治重宝"，楷书，对读，文字周正规矩，凝重端丽。背面汉文"当十"列穿上下，满文"宝桂"分穿左右。样钱可分两类，一类是由主管造钱机构制作，呈送皇帝审批的，称为"进呈样钱"；一类是由户部或工部制造，颁发至各地钱监或铸钱局作为铸钱榜样的，称为"部颁样钱"，此枚属于部颁样钱。

"同治重宝"有折四、折五、折十三等值，面文楷书、对读，背穿左右满文记局、上下汉文记值。自清雍正（1723～1735年在位）开始，钱币背文统一为满文局名，但在钱币实

物中，仍见有满汉文局名的。同治重宝铜钱形制雷同，文字如出一人之手，标准化程度高，体现出当时的铸币水平。此枚"同治重宝"宝桂当十铜样钱反映了清代铸币流程。

"同治重宝"宝桂当十铜样钱藏于中国国家博物馆。

"安阳"方足布石范　战国文物。1958年，内蒙古包头市麻池乡战国遗址出土。

此石范为子范，面范，通长9.3厘米，上宽5.2厘米，下宽9.3厘米，厚约1.5厘米。石料呈灰绿色，右侧边缘部分残缺。近似梯形，立式直流分注式，浇注口近似梯形，其下两条浇注道与布首相连。范上有2枚平首方足布钱模，并行排列，略呈"八"字。钱模通长5.1厘米，肩宽3厘米，足宽3.3厘米，深约0.2厘米，左侧钱模部分残损。钱为方首、方足，面文大篆"安阳"、反书阴文。钱模凹于范面约0.2厘米，范背刻饰不规则菱形纹。

钱范包括铸钱用的范和模，根据材料可以分成陶范、石范、铜范、铁范、铅范等；根据用途可以分为模即祖范、母范、子范几种类型。子范是由母范翻制或直接雕刻而成，是用于铸钱的范。方足布范是战国中晚期赵、燕等国铸币用范，已知有石、陶两种质地，曾在内

蒙古、山西、河北等地都有发现。内蒙古包头市麻池乡战国遗址出土方足布石范3件，除此件面范外，还有2件背范。其中一件背范的上部、右下角残损，只残留2枚钱模的大半，从其范的宽度、钱模型腔位置特征等可以判定其整体形状与此件面范相同，两件或是一套合范。另一件背范残存右侧一半，留有1枚钱模型腔与相连浇注道支槽。此件石范弥补了先秦时期铸钱用范实物稀缺的不足，为研究先秦铸币工艺提供了重要的实物资料。

"安阳"方足布石范藏于内蒙古博物院。

"半两"铜范　西汉文物。1955年，国家文物局重金收购、拨交北京历史博物馆的民国时期钱币收藏家陈仁涛收藏钱币之一。

此铜范曾为近现代收藏家刘体智的《小校经阁金文》收录。长18.8厘米，宽10.1厘米，厚1.5厘米。卧式叠铸式母范，长方盘形，浇铸口居于范的中心部分。铜范以浇注口为界分为两个区域：一个区域设有钱模，同面范；一个区域光素，同背范。在面范区域，钱模分布在浇注道两侧，每排3枚。钱模有外缘、广穿，钱径2.5厘米，文字清晰，笔画方折。"半"字两横。此铜范的形制及钱模特征显示出它是汉文帝刘恒前元五年（前175年）至武

帝建元元年（前140年）间铸钱使用范。

卧式叠铸工艺是将两子范片对成合范，与地面平行，层层叠放到一定高度后用草拌泥包裹好，放入窑中烘干后，从共享的浇注口和直浇道中注入金属液，一次浇注就能得到数十至数百铸件的方法。西汉时期出现的卧式叠铸工艺用于铸造钱币，是母钱翻砂法铸钱出现之前的一种主要铸钱方法。"半两"钱范在陕西、河南、山东等地都有发现，有石、铜、陶几种质地，石范居多。钱范多呈长方形平板式，单面范比较多见，基本是子范。这种形式的钱范多是在一条主浇道两侧分布有相同行数的钱模，有1行的，也有2行的，多对称排列。此件母范翻制出的子范铸钱时，采用中流散铸与直流分铸相结合的浇注形式，这在西汉"半两"钱范中仅见，为研究西汉前期钱币铸造工艺提供了重要资料。

"半两"铜范藏于中国国家博物馆。

"元凤六年"五铢陶范 西汉元凤六年（前75年）文物。1957年，近现代钱币收藏家罗伯昭捐献给北京历史博物馆的钱币之一。

此件陶范为母范，残长15.5厘米，残宽15.2厘米，厚3.5厘米，由祖范模印而成，青

灰色，有明显烧烤痕迹。从浇道分布形式看，为直流分铸法浇注。残存3枚钱模，其中1枚完整。钱型为面有外缘者，缘宽而平缓，略向外倾斜，穿中心有定位点。钱模径2.5厘米，制作规整。钱文篆书，"五"字瘦长，与横交接处在两端内侧，"铢"字"金"头呈三角形。范首有"元凤六年九月戊寅造"铭文，反书，"寅""造"二字稍残。从钱模文字的磨损程度看，此陶范使用频率较高。

西汉"五铢"铭文陶钱范主要出自陕西省，钱范上刻写的铭文题字，以纪年为多。清道光末年收藏家李佐贤《古泉汇》收录的西汉"五铢"陶钱范中，带有纪年题字的钱范共10种，最早为元凤元年（前80年），最晚是永始三年（前14年），前后持续60余年。这些带有铭文题字的钱范以汉宣帝刘询（前73～前49年）时期为最多，"本始""地节""元康""神爵""五凤""甘露"等年号都有发现。此陶范为判断昭帝时期五铢提供了可靠的依据。

"元凤六年"五铢陶范藏于中国国家博物馆。

"契刀五百、大泉五十"陶范 新莽时期（公元8～23年）文物。1955年，国家文物局重金收购、拨交北京历史博物馆的民国时期钱币收藏家陈仁涛收藏钱币之一。

此件陶范为母范，是王莽于汉居摄二年（公元7年）第一次货币制度改革时铸币用范，残长16.7厘米，宽17.1厘米。残缺大半，尚存的陶范部分残留7个钱模，4枚"契刀五百"，3枚"大泉五十"，完残不一。从钱模排列形式、浇注道走向分析，此范是一件

平板立式顶注式范。将两种钱模设计在一块范上，节约了范的空间，这在王莽时期的钱范上多有体现。

母范是用来翻制子范的，有陶、铜等质地。母范有两种制作方式，一种是像祖范一样用手工镌刻，另一种是利用祖范翻成。陶母范有两种制式，一种是与此件陶范一样，直接在范上设置浇注道、支槽与钱模相连；另一种只有浇注道，要翻子范后再加刻支槽，没有支槽的母范较少见。王莽时期钱范种类、形制多样，有祖范、母范、子范，还有立式单铸式范、叠铸范等。钱范质地丰富，已经发现的有铜、陶、石、铁等。陶范有母范和子范两种，多为立式单注式范，即主浇道居中，两侧设数行钱模的范型。范上钱模排列形式有两种，一种是相邻钱模的首尾相对，一种是浇注道一侧的钱模平行排列。此件"契刀五百、大泉五十"陶范是以"契刀五百"钱模为主，"大泉五十"钱模则合理利用了不足以放置"契刀五百"钱模的地方。此类陶范发现很少，是新莽时期充分利用钱范有限空间的典范。

"契刀五百、大泉五十"陶范藏于中国国家博物馆。

"建武十七年"五铢铜范　东汉建武十七年（公元41年）文物。1959年，近现代钱币收藏家沈子槎捐献给北京历史博物馆的钱币之一。

此铜范为母范，长13.3厘米，宽8.4厘米，重433.2克，卧式叠铸式，圆角长方形。中流散铸法浇铸，浇道居范中心，两侧分布钱模，正、背各4枚，交错分布，外侧的4枚与邻近浇道的边缘相连，以缘处连接点做支槽。钱模直径2.6厘米，穿宽约1厘米。面模宽缘，呈漫圆状，背模略窄。钱模字文清晰，文字特征被视为鉴定东汉"五铢"钱的依据。范边缘内侧有合榫，呈乳丁状，大小共5对。范背面有凸起十字加强筋；左侧上下两格内刻铭文"建武十七年三月丙申大仆监掾苍考工令通丞或令史凤工周仪造"，隶书，分两行排列，文字刚劲挺拔，浑厚有力；右侧两个格内各有一山形凸起纹。铭文中提及的考工，西汉时属少府；东汉时改隶太仆。据《后汉书·百官志·太仆卿》载其下设"考工令"一人，其主要职能是"主作兵器弓弩刀铠之属"和"主织绶诸杂工"，并无铸范制钱之责，推测是因其长期负责金属兵器的制作，有丰富冶铸经验，而赋予的临时之责。"掾"是副官佐或官署属员

的通称，"太仆监掾"官名不见史书记载，但在出土的东汉铜器铭文中屡有所见，如延熹五年（162年）铜弩机铭文就有"太仆监掾廓登监作"。"丞"和"令史"均是"考工令"的属吏，钱范铭文表明东汉延续了战国时期"物勒工名"的传统，以保证范模铸造的质量。"建武五铢"钱范铭文中的"✚✚"，清代曾有人释读为"二十"，认为钱范铸造于建武二十年（公元44年），这一说法为民国时期的钱币学家沿用。后经学者考释，确认"✚✚"为"十七"。

此件"建武十七年"五铢铜范为东汉官范定式，铸造精致，体现了东汉铸范工艺水平，是研究东汉时期铸币的重要实物资料。

"建武十七年"五铢铜范藏于中国国家博物馆。

"永隆通宝"陶范　十国时期闽国永隆四至五年（942～943年）文物。

20世纪，福建省泉州市承天寺出土。20世纪70年代起，福建省泉州第三中学和承天寺的基建工地先后发现一些"永隆通宝"钱范。2002年4月初，经国家文物局批准，由福建省博物馆主持，开始对承天寺西围墙一带进行科学考古发掘，这次发掘范围约3200平方米，出

土了数以千计的"永隆通宝"陶钱范及其他铸币工具。2003年按照上级批复，除了将部分出土钱范分配给中国钱币学会、福建省钱币学会、泉州市钱币学会和泉州市博物馆收藏，其余装箱封存于福建省博物院。

此套陶范为子范，直径6～7厘米，厚约1.5～2厘米，圆形，不甚规整。只有一个钱模型腔的面范和背范，面、背模型腔完全对称，外缘均有浇注道。面范钱模窄缘、窄廓、狭穿，钱文"永隆通宝"，隶书，对读，字画反书，文字欠工整。背范钱模外缘稍宽，穿上铭"闽"，字迹不清，下饰仰月纹饰。

"永隆通宝"陶范是迄今发现的五代十国时期唯一一种钱范，不仅证明了五代十国时期依然使用范铸钱币工艺，更为研究"永隆通宝"钱币的铸造工艺和五代十国时期泉州社会经济提供了内涵丰富的实物资料。

"永隆通宝"陶范藏于福建省泉州市博物馆。

"中统元宝交钞"伍佰文纸钞　蒙古中统元年（1260年）文物。1986年，在宁夏贺兰县拜寺口双塔发现。

此件纸钞是元代早期发行的纸币。长方形，长28厘米，宽18厘米，灰黑色棉麻桑皮纸，左下角残缺，周缘磨损，钞体中间部分有残破漏洞。正面复线边栏外粗内细，内分两大部分，上部横栏长16.5厘米，宽2厘米，内书"中统元宝交钞"。下部外为云气纹花栏，内为长方框，框内上部中间楷书"伍伯文"，下面横列五串钱图。左右两旁为"中统元宝诸路通行"，书体为汉字九叠篆，其下分别横列"字料""字号"字样，字料、字号上各有一符号。下部为钞文，分

十行排列，内容为："行中书省奏准印造中统元宝交钞，宣课差发内并行收受，不限年月，诸路通行，元宝交钞库子攒司，印造库子攒司，伪造者斩，赏银伍定，仍给犯人家产，中统　年　月　日，元宝交钞库使副判，印造库使副判，行中书省提举司。"钞面上下各加盖一方红色印章，上方印边长7厘米，下方印边长8厘米。右上边还加盖半方墨色长方形骑缝印，位于花框与篆文"诸路"之上，印文也是九叠篆。钞面所钤三印的印面已经模糊难认，仅骑缝印"宝"字可辨。钞背面中部是一长方形单线框墨印，上部楷书"伍伯文"，字体较正面票额"伍伯文"大，笔画也略显粗壮。下为钱串图。墨印以上部分和钱串图上，各加盖一方红色印章，字体为九叠篆汉字，字迹已漫漶不清。下方印戳仅残存部分红色痕迹，左上部有半方黑色长方形骑缝印。

据文献资料记载，"中统元宝"交钞始

发行于元世祖中统元年，秋七月诏造，冬十月初行。"中统元宝"交钞先后印造于两个时期：一是中统元年（1260年）到至元二十四年（1287年）；二是至大四年（1311年）到元末。此间印钞又分至大四年（1311年）到至正十年（1350年）年钞及至正十年后加盖"至正印造元宝交钞"印钞两个阶段。该钞为早期发行的纸币，是元代货币制度和中国历史上纸钞刊行等研究的珍稀资料。

"中统元宝交钞"伍佰文纸钞存于宁夏回族自治区文物管理委员会。

"至元通行宝钞"贰拾文纸钞　元至元二十四年（1287年）文物。1985年，湖南省沅陵县双桥元代黄澄存夫妇合葬墓出土。

此件纸钞长18.2厘米，宽11厘米，桑皮纸，灰黑色，钞面长方框内上部横额为钞名"至元通行宝钞"，钞名下设双云雷纹花栏边框，框内由双线分成上、下两部分。上部中间

楷书钞值"贰拾文"，钞值下饰与面额等值的4组20枚铜钱图案，左右两侧为八思巴文"至元宝钞""诸路通行""字号"及"料号"，下部为行钞令文："尚书省奏准印造至元通行宝钞，宣课差发内并行收受，不限年月，诸路通行，宝钞库子攒司，印造库子攒司，伪造者处死，首告者赏银伍定，仍给犯人家产，至元年 月 日，宝钞库使副判，印造库使副判，尚书省提举司。"钞面上、下各钤盖朱红官印一方，印文为八思巴文，分别为"宝钞总库之印"和"提举诸路通行宝钞印"。

至元二十四年，元朝复置尚书省更造"至元通行"宝钞，与"中统"交钞并行流通。据《至元宝钞通行条画》："宝钞分十一等，即五文、十文、二十文、三十文、五十文、一百文、二百文、三百文、五百文、一贯、二贯和中统钞并行，至元钞一贯当中统钞五贯，两贯当白银一两，二十贯当黄金一两……"其中新增了"五文"面值小钞。此枚"至元通行宝钞"所有者黄澄存生于南宋绍定元年（1228年），死于元大德九年（1305年），黄氏曾代理辰州刺史，官至知州，其墓出土的随葬品共133件，包括服装鞋帽、被衾、成幅的绢、锦、绫等织绣，金、银、铜、漆、木、瓷等器物以及面值"贰拾文""叁拾文""壹百文""叁佰文""伍佰文""贰佰文""伍拾文"的"至元通行宝钞"纸币各一枚。上述"至元通行宝钞"是罕见的元代钱币实物。

"至元通行宝钞"贰拾文纸钞藏于湖南省沅陵县博物馆。

"大明通行宝钞"贰佰文纸钞 明代洪武八年至洪武十三年（1375～1380年）文物。20

世纪山西博物馆清理文物时偶然在一本古籍中发现的。

此件纸钞长27厘米，宽16厘米，由青灰色桑皮纸印制。钞面为复线长方形框，外粗内细，分为上下两部分。上部横书"大明通行宝钞"，两侧印有云气纹。下部边缘以凤纹与缠枝花卉纹为栏，栏内又分上下两栏。上栏为楷书钞额"贰伯文"和两串铜钱图，两侧篆书"大明宝钞""天下通行"。下栏为楷书的钞令文："中书省奏准印造大明宝钞，与铜钱通行使用，伪造者斩，告捕者赏银贰伯伍拾两，仍给犯人财产。洪武 年 月 日。"钞面上下各加盖红色官印一方，上方为"大明宝钞之印"，下方为"宝钞提举司印"。钞背上部为红色方印："印造宝钞局印"，下部为一长方形墨印。墨印四边为缠枝叶脉纹花栏，栏内上部横书"贰伯文"，下部为二串钱图。

"大明通行宝钞"主要包括洪武八年（1375年）中书省印制版、洪武十三年（1380年）户部印制版、洪武二十二年（1389年）小面值印制版、洪武三十五年（建文四年，1402

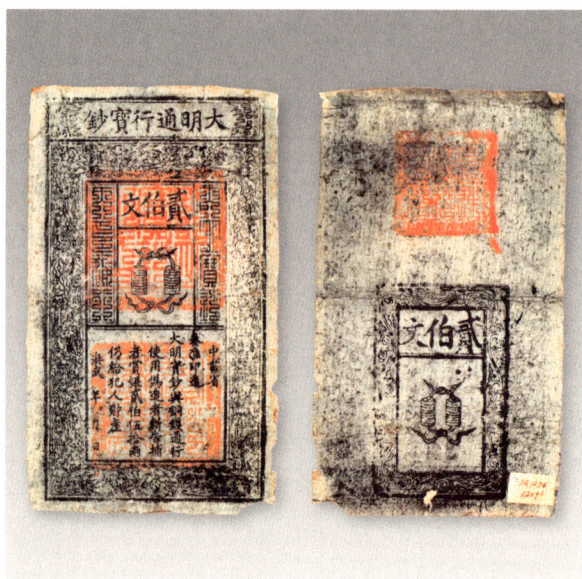

年）印制版，崇祯十六年（1643年）印制版等，共有11种面值，分别为"一贯""五百文""四百文""三百文""二百文""一百文""五十文""四十文""三十文""二十文"和"十文"。其中，中书省印制版文献资料记载较为详尽。《明史》卷八一记载："七年，帝乃设宝钞提举司。明年始诏中书省造大明宝钞，命民间通行。以桑穰为料，其制方，高一尺，广六寸，质青色，外为龙文花栏，横题其额曰大明通行宝钞。其内上两旁，复为篆文八字，曰大明宝钞，天下通行。中图钱贯，十串为一贯，其下云'中书省奏准印造大明宝钞与铜钱通行使用，伪造者斩，告捕者赏银二十五两，仍给犯人财产'。"（《会典》《太祖实录》作告捕者赏银二百五十两）由于纸币贬值，洪武二十二年（1389年）增发的小钞在宣德时（1426～1435年）已不再流通，到弘治（1488～1505年）、正德（1506～1521年）年间，纸钞实际已经废止，使用纸钞也仅限"一贯"，其他不复流行。以上原因造成"大明通行宝钞"存世量稀少，特别是中书省印钞和小面值钞尤其少见。此件纸钞由中书省印造，洪武八年（1375年）诏中书省造"大明通行宝钞"，"贰佰文"面值的钞币是诏令后刊印的早期纸币，所见极少。

"大明通行宝钞"贰佰文纸钞藏于山西省博物院。

"大明通行宝钞"肆拾文纸钞 明代洪武二十二年（1389年）文物。1957年，近现代钱币收藏家罗伯昭捐献给北京历史博物馆的钱币之一。

此件纸钞长22厘米，宽13.5厘米。纸钞呈青

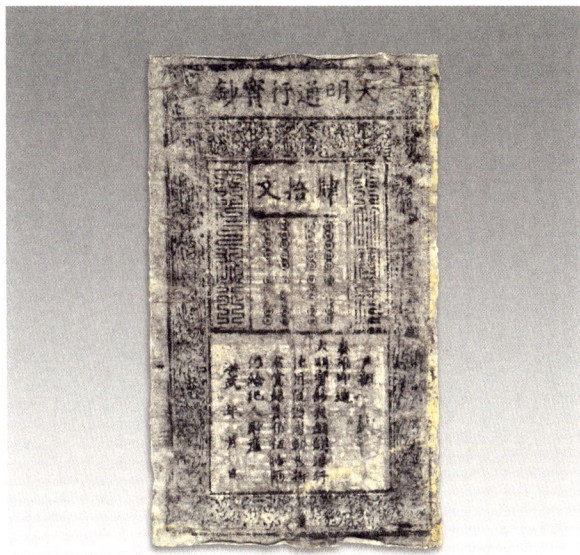

灰色，由桑皮纸印制。纸钞边缘不甚整齐，磨蚀较重。钞面为复线长方形框，外粗内细，分为上下两部分。上部的左右饰云气纹，中间横书钞名"大明通行宝钞"，其中"明"字小，"宝"字大，文字笔画稍粗。下部四周是由龙纹和缠枝花纹交织组成的栏界，内分上下两栏。上栏的上侧中央横书"肆拾文"，下侧装饰表面值的40枚钱串图，两侧篆书"大明宝钞"和"天下通行"。下栏为敕文："户部准奏：印造大明宝钞，与铜钱通行，使用伪造者斩，告捕者赏银贰佰伍拾两，仍给犯人财产。洪武 年 月 日。"钞面上下两栏各钤印一方红色官印，上部为"大明宝钞之印"，下部为"宝钞提举司印"。印泥脱色严重，几乎不辨。纸钞背面的上部钤一方红色"印造宝钞局印"，下部为长方形墨印。墨印四周为花栏，内有"肆拾文"面值文字和表面值的40枚钱串图。

据《明史·食货志》记载，洪武二十二年（1389年）"更造小钞，自十文至五十文"，可知此钞为洪武二十二年（1389年）以后印行。由于发行过量而迅速贬值，小钞在宣德

（1426～1435年）时期已不再流通。存世的小面额"大明通行宝钞"稀少。此"大明通行宝钞肆拾文"纸钞尤为罕见。

"大明通行宝钞"肆拾文纸钞藏于中国国家博物馆。

光绪二十一年"台南官银票"壹大员　清代光绪二十一年（1895年）文物。1958年，近现代钱币收藏家康际武捐献给北京历史博物馆的文物之一。

此件银票长24.6厘米，宽12.5厘米，棉纸质，钞面为梯首长方形双线框，框内装饰多方连续的松、梅、竹"岁寒三友"图案，框内分为三栏。上面两栏内分别横书"台南""官银票"五字，下面一栏直书三列文字，中间一列大字为"凭票支付平银壹大员照"，左右两列小字分别是"官银钱票总局"和"光绪二十一年七月初九日余字四百三十五号"。框外左右骑缝处为"余字列第肆佰叁拾伍号勘合"，字样留半。票面的面值、日期、字列号为墨笔临时填写，票面加盖数方朱红色印。钞面多处字迹模糊，经与存世银票资料比照得知印章包括：满、汉合文"镇守福建台湾总兵官之关防""台南府印""台南府城官银钱票局董事之钤""不法棍徒，行用假票，军法究治"等。

光绪二十一年（1895年）日军入侵台湾时，清军爱国将领刘永福领导台湾人民共同抵抗外来侵略，为筹划军饷，设立台南官银钱总局，发行一种具备通用性质的银圆票。台南官银钱总局分"护理台南府正中堂"和"官银钱票总局"两个发行机构。此张"台南官银票壹大员"票为"官银钱票总局"发行版。宋代发明和使用纸币，币值单位几经演变，金、元、明的币值单位是当制钱，清代纸钞"大清宝钞"银票和"户部官票"银两票及各省的地方典当业钱票或当制钱，或当银两，只有"台南银圆"票是当银圆使用，而且是一种足兑银圆的官银票。"台南官银票"是以《千字文》的天、地、玄、黄、宇、宙、洪、荒等为编号字列，每一字列自一号至一千号，日期一律用清光绪年号记时。此版别的银圆票，最早的签发日期为"光绪二十一年六月十九日（1895年8月9日）"，最迟的签发日期为七月十七日（1895年9月5日），流通时间很短。"台南官银票"是中国的第一张银圆票，具有重要的历史意义。

光绪二十一年"台南官银票"壹大员藏于中国国家博物馆。

"行在会子库"铜钞版　南宋时期（1127～1279年）文物。1955年，国家文物局重金收购、拨交北京历史博物馆的民国时期钱币收藏家陈仁涛收藏钱币之一。

此铜钞版是印制纸币"会子"所用的印

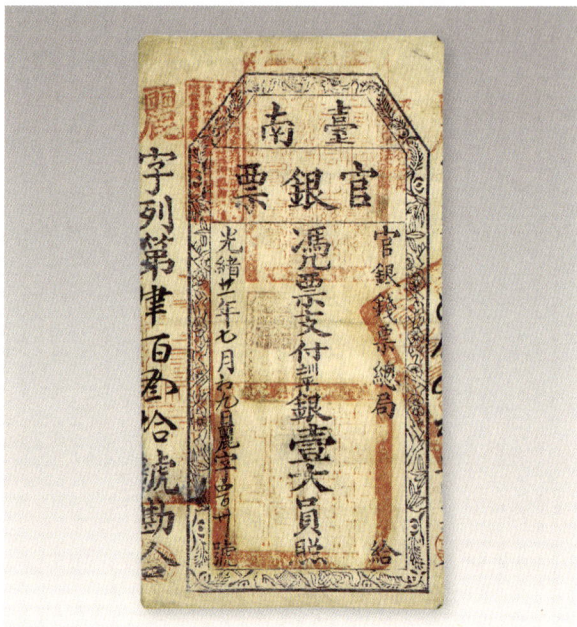

版，纵17.8厘米，横12厘米，厚1.7厘米。钞面图文分为上中下三部分，表示不同的内容。上部周边饰连绵的云纹环，中间双线方框内直书防伪赏格，计7行56字："敕：伪造会子犯人处斩，赏钱壹仟贯，如不愿支赏，与补进义校尉。若徒中及窝藏之家能自告首，特与免罪，亦支上件赏钱，或愿补前项名目者听。"这与《宋史·食货志》记载的伪造会子法："犯人处斩，赏钱千贯，不愿受者补进义校尉。若徒中及庇匿能告首，免罪受赏，愿补官者听"基本一致。框外左侧为表钞值的"大壹贯文省"，右侧为表料号的"第壹百拾料"，其中"壹贯文"和"壹百拾"是活字，可任意抽换。钞面中部为"行在会子库"，楷书，横排，阳文，反书，这是"会子"的发行机关。行在，即临安，南宋都城。会子库的前身为会子务，是会子的发行机关。有关会子务、会子库的文献资料记载很多，如《宋史·食货志》：绍兴三十年，"户部侍郎钱端礼被旨造会子，储见钱，于城内外流转……明年，诏会

子务隶都茶场"；乾道四年（1168年）"以户部尚书曾怀同共措置，铸提领措置会子库印"。钞面的下部为宝藏图，也有说为"左藏库"。

"行在会子库"铜钞版最早见于民国30年（1941年）中国泉币学社出版的《泉币》杂志第九期，在发表张䌹伯《行在会子考》的同时，在扉页上刊登了钞版原大拓图，并于文末作编者按语介绍："'行在会子钞版'出自北地，民国二十五年夏，北地泉商（指崔季高、崔家平父子——引者）寄拓本与陈君仁涛，索价甚巨，陈君不能决，当致函附拓寄金陵，邀余决定。余一见叹为稀世之珍，即作复，力劝陈君购之，虽价过巨，毋吝惜。陈君从余言，遂以五千金购之，亦可谓豪举。"钱币学家王荫嘉在次年3月出版的《泉币》杂志第十一期撰文，对钞版的铸造时间、纹样、钞文进行了描绘及解释。"行在会子库"铜钞版是世界上现存最古老的钞版，具有重要的历史、学术价值。

"行在会子库"铜钞版藏于中国国家博物馆。

"壹拾贯"贞祐交钞铜钞版　金代贞祐三年（1215年）文物。1955年，国家文物局重金收购、拨交北京历史博物馆的民国时期钱币收藏家陈仁涛收藏钱币之一。

此铜钞版纵20.5厘米，横13.9厘米，厚1厘米，版面呈不规则形，由长方形主体与不规则外缘两部分构成。外缘上部为横置"壹拾贯"三字，阳文，反书；左侧外缘直书"每纸工墨捌文足，纳旧换新减半"；右侧外缘斜排五方合同印，自上而下分别是"中都（北京）合同""南京（河南开封）合同""京兆府（陕西西安）合同""河中府（山西永

印及行钞令文标明的准许流通区域几乎包括了金代后期管辖的整个区域，这是迄今已知流通最广的合同交钞印版。

"壹拾贯"贞祐交钞铜钞版藏于中国国家博物馆藏。

大清银行壹百元兑换券钢版 清代宣统元年（1909年）文物。1955年，中国人民银行拨交北京历史博物馆。

此钢版纵13.8厘米，横24.3厘米，厚0.4厘米，凹版，由面、背两件模版组成。面版图案以长方形隔栏为界分内外两部分，内部雕刻图案。栏内纹样丰富：天空乌云翻卷，一条巨龙翱翔其间，远方海水跌宕起伏，岸边的农人或挥镐或担水或施肥劳作，近处浪花飞溅，簇拥椭圆形框内的摄政王载沣七分脸侧面胸像。长方形隔栏的上、下两边中间分别雕刻文字"大清银行兑换券"和"凭券即付银币佰圆全国通用"，文字两边及四个外角的菱花形开光内均为"100"。钢版背面纹样较简单，花形

济）合同"及"潞州（山西长治）合同"。长方形主体四周有一圈多方连续的荷花、莲叶装饰纹带，内分上下两部栏。上栏中间直书钞额"壹拾贯八十足陌"，右侧为"字号"，左侧为"字料"，字料上方有一孔，供置换活字。每印一千张换一次字，所用字取以《千字文》顺序填加。在字号与字料的外侧分别有篆书文字，分别为"赏钱万贯文"与"伪造交钞处斩"。下栏为行钞规定，"通行交钞内陕西东路、中都、南京交钞库、京兆府、河中府、潞州省库倒换钱钞。攒司暨专副、副使、库使。伪造交钞者斩，赏钱壹万贯。贞祐三年 月 日造库子右库司，印造钞引库副使，库使。尚书户部勾当官。"

金代交钞始印行于贞元二年（1154年），最初由南京置局印造，限黄河以南地区使用，流通期限为7年，到期兑换新钞。后期演变为由中央与地方联合发行，分路管辖，其中一路发行的交钞，加盖其他路合同印后，就可以在有合同印的相关路区流通。此钞版右栏合同斜

开光中间做两重椭圆形开光，开光中分布中英文"壹百圆"、英文"大清政府银行"及阿拉伯数字"100"，花形开光的四个直角上、下饰蹲兽，环花瓣上分别散落"＄100"及"100"。

1909年，清政府先后以重金聘请美国钞票公司的著名雕刻技师海趣、手工雕刻技师格兰特等5人到度支部印刷局，由海趣任主管，设计一套大清银行兑换券。这套兑换券包括一元、五元、十元和一百元四种，正面主图案均为摄政王载沣像、飞龙海水纹，辅图略有不同，一元为大海帆船图，五元为八骏骑士图，十元为长城图，百元为农民耕地图。主体图案摄政王载沣像、云龙、风景等出自海趣之手，为使画面中的摄政王形象逼真，海趣特意前往王爷府拜见载沣。这套大清银行兑换券钢凹版雕刻成功后，于1910年8月印制出样票。此件"大清银行兑换券"钢版是中国第一套钢凹版，其图案美观，景物逼真，雕刻精密细致，开启了中国采用现代钢凹版印制钞票的先例，对中国印钞及凹印技术的发展具有重要意义。

大清银行壹百元兑换券钢版藏于中国国家博物馆。

"昏烂钞印"铜印 元至元二十五年（1288年）文物。1955年，浙江省杭州市西湖出土。

此铜印通高8.5厘米，印长15.9厘米、宽5.1厘米，纽高7厘米、宽4.1厘米，长方形，印文"昏烂钞印"，楷书间隶意，背纽右侧阴刻用印机构"江东道宣慰使司"，左侧刻铸印日期"至元二十五年三月□日造"。在杭州西湖疏浚工程中，先后发现4件"昏烂钞印"，

分大、小两种，两两形制相同，印的正面均为阳文楷书间隶意的"昏烂钞印"，背款刻用印机构信息"江东道宣慰使司（其中一方小印为江东道宣慰司）"及制造年月"至元二十五年三月□日造"字样。此方大印由中国国家博物馆收藏，其余3方藏于浙江省博物馆。

元朝制钞所用桑皮纸，质地粗糙，缺少韧性。此种纸钞流通时间稍长就会出现折叠和磨损，导致纸币上印刷的图文及加盖的印戳漫漶不清，难以辨认，甚至松软残破。时人将这种磨损纸币称为"昏烂钞"或"昏钞"。为加强对"昏烂钞"的管理，元朝政府采取了相应措施，规定可持破损的"昏烂钞"到行用库倒换新钞，每贯交纳工费三分。为了防止要销毁的纸钞回流到社会中，在倒换回库的"昏烂钞"上需加盖"昏烂钞印"。凡有"昏烂钞印"戳记的纸币，表示其已经注销作废，不能流通，将由专门设立的烧钞库负责集中烧毁处理。据《通制条格》卷十四《仓库·倒换昏钞》记载：在民间，"诸行买卖人等将元宝交钞，贯伯（佰）分明，微有破损，不肯接使"。为解决阻碍纸币流通的"昏烂钞"问题，中书省于至元二十四年（1287年）奉旨增补至元十九年（1282年）制定的行钞法"通行条画"，特别

添加有关倒换昏钞"条画"一款"民间将昏钞赴平准库倒换至元宝钞，以壹折五，起工墨钞止依制每贯三分"。大德二年（1298年）三月，中书省又制定昏钞倒换体例，依据昏钞的损毁程度，划分25种类别，按例倒换。"昏烂钞印"的出土，印证了文献资料中有关元朝钞法管理的史实。

"昏烂钞印"铜印藏于中国国家博物馆。

"十五两廿二铢"马蹄金 西汉文物。1974年，陕西省西安市西南郊汉上林苑遗址发现。

此枚马蹄金长径6.6厘米，短径5.3厘米，前壁高4.1厘米，周壁厚0.1～0.2厘米，重251.9克，含金量97%。底部为椭圆形，中心处内凹，铭刻"十五两廿二铢"，表示自身重量。身部中空，前高后低，以正面中心为坐标向上斜收。开口小，底面大，形如马蹄。

马蹄金之称始于西汉武帝（前140～前87年在位）时期，据《汉书·武帝纪》太始二年诏书："往者朕郊见上帝，西登陇首，获白麟

以馈宗庙，渥洼水出天马，泰山见黄金，宜改故名，今更黄金为麟趾、褭蹄，以协瑞焉。"马蹄金是奉皇帝之命特为赏赐、馈赠诸侯王等而铸造的，非流通货币。马蹄金的出土，证实了文献之说。汉上林苑遗址共出土6枚马蹄金，对确定汉代一斤的标准重量具有重要意义。其出土地距地面深约10米。因为出土时马蹄金外部锈结约2厘米厚的黑土，其中1枚被弃置，直到1975年6月才被发现。这批马蹄金中有4枚底部为椭圆形并在底部刻有文字，2枚底部为圆形，其中1枚文字在后壁，1枚文字在后壁和底部两处。

"十五两廿二铢"马蹄金藏于陕西省历史博物馆。

麟趾金 西汉文物。2011～2015年，江西省南昌市海昏侯墓出土。

此件麟趾金高5.6厘米，形似动物脚趾，中空，斜壁前长后短，狭长窄尖，底部截面为尖圆形；表面打磨光洁，内壁呈平坦的麻砂状；椭圆口，口沿外饰一圈黄金掐丝纹，后侧有一个金丝攒成的花状突凸，有学者认为是所附小趾；口沿内侧有四个近似对角分布的凸出楔形榫头。

海昏侯墓出土了大量黄金货币，有金饼、马蹄金、麟趾金、金版等，其中麟趾金25枚，重量为76.12克～83.36克。其形制基本相同，口沿外侧饰有7组或8组黄金掐丝纹，底部有铭字和无字两类，铭字分别为"上""中""下"。1973年河北定县40号汉墓出土的2件掐丝贴花镶琉璃面大小马蹄金、1件掐丝贴花镶琉璃面麟趾金等，使学界对马蹄金、麟趾金有所认识。海昏侯墓发掘出土马蹄金和麟趾金，都为

立体、中空的动物蹄形，侧壁有如金属熔液自然流动的纹路。传统认为，马蹄金与麟趾金大同小异，马蹄金底面呈椭圆形，空腔广大，敞口偏斜；麟趾金底面呈圆形，空腔下大上小。结合文献考察，确定海昏侯墓、定县40号汉墓出土的掐丝贴花镶琉璃面的兽蹄形、兽趾形金才是汉武帝太始二年（前95年）"以协祥瑞"铸造的马蹄金、麟趾金。

麟趾金存于江西省文物考古研究所。

天宝十年杨国忠进五十两银铤　唐代天宝十年（751年）文物。1956年，陕西省西安市东北郊唐大明宫遗址出土。

此件银铤为长方形，长33.5厘米，宽7.7厘米，重2100克，浇注成型后锤击而成，中间厚，边缘薄，表面细腻光滑。正面中部錾刻铭文"专知诸道铸钱使兵部侍郎兼御史中丞知度支事臣杨国忠进"；背面刻铭文"宣城郡和市银壹铤伍拾两""青""专知官大中大夫使持节宣城郡诸军事守宣城郡太守上柱国臣苗奉倩"和"天宝十载四月廿九日"。从铭文可知，此银铤是宣城地方政府于天宝十年（751年）上缴国库的"和市银"，被身兼数职的唐明皇宠臣杨国忠进奉给宫廷内库。据《新唐书》记载，杨国忠于天宝七年（748年）

擢给事中兼御史中丞、专判度支，天宝十一年（752年）六月为御史大夫。银铤铭文冠之"御史中丞"，说明进献时间在天宝十年至十一年六月之间。进奉是唐代中央或地方官吏出于自身的利益诉求和目的，以"税外方圆"或"用度羡余"为借口，送给皇帝各种财物。进奉是给皇帝的额外贡献，纳入内库，供皇帝私人使用。进奉物品包括金银、钱帛等各种财物，据《资治通鉴·唐纪》记载，进奉的财物一般来自"割留常赋""增敛百姓""减刻利禄"和"贩鬻蔬果"等，杨国忠进奉的"和市银"或即属于"割留常赋"。

天宝十年杨国忠进五十两银铤藏于中国国家博物馆。

"寺桥贾四"一两金铤　南宋文物。

1999年，浙江省杭州市西湖大道三桥址

河下出土了3件金牌、32件金铤，都是南宋遗珍。除1枚金牌光素无文外，其他金牌、金铤均錾或钤有铭文，内容包括黄金成色、金银铺号、铸造工匠或店铺主人姓名、店铺所在地以及押记，其中32枚金铤的背面均有"**古**"押记，此为其中一件。

此金铤为长方形，长11.8厘米，宽1.4厘米，厚1.3厘米，重40.9克，面、背均有铭文。正面上下两端横錾"寺桥贾四"，中间竖钤"寺桥贾四赤金"，背面并有"宋宅"及"**古**"。寺桥，地名。据《淳祐临安志》记载，南宋时期的京城内外有两百余座大大小小的桥，其中毗邻寺院命名的有仙林寺桥和灵芝寺桥。但灵芝寺桥地处城外西湖边，距城内商贸中心较远，而仙林寺桥在城内大河（即盐桥河）上，与城中金银铺集中区域很近。因此，专家推测"寺桥"指仙林寺桥。贾四，是金银铺主人。赤金，指含金量。宋宅，金银铺商号。"**古**"，为这家金银铺的特殊记号，即所谓的押记。押记也称押字或花押，起源于唐代，最初为文书上的草书签名或代替签名的特定符号。

包括此件在内的这批金牌、金铤是20世纪南宋黄金货币最重要的一次发现，为研究南宋黄金货币提供了重要的实物资料，对探讨南宋黄金的货币化程度具有重要意义。

"寺桥贾四"一两金铤藏于浙江省博物馆。

"韩四郎十分金"一两金叶子　南宋文物。

1992年4月23日，浙江省温州市鹿城区人民路水仓巷基建工地挖掘出一件宋代的酱釉瓷罐。出土地点位于市区水仓巷、五马街南的小南门一带，是南宋都城繁华区之一。瓷罐内盛

金叶子、银铤等贵金属货币，以及金凤凰、金银钗、金银钏、银戒指等装饰用品，其中金叶子共4件，3件铭有"霸北街西""韩四郎十分金"。此件是保存最完整的一件，长10.15厘米，宽7.5厘米，叠加厚度0.07厘米，重37.9克，长方形，薄如纸，皱褶密布。对折，形似书页。前页正面錾铭文，分布在左、右两个区域。左边部分的右角处，可见有两处"霸北街西"印痕。右边部分的上下左右四角各錾"霸北街西"，中央錾"韩四郎十分金"，戳记皆宋体阴文。后页无字，但页面有"霸北街西""韩四郎十分金"的印痕。"霸北街西"是制造此金叶子的金银铺所在地，据《咸淳临安志·界分》记载，霸北位于今杭州西湖以东、吴山以北的修义坊附近。其在市西坊北，西通将军桥，俗称菱椒巷，是南宋临安府肉市所在地，有肉市巷之名。"韩四郎"为金银铺店主，据《都城纪胜》《梦粱录》等记载，南宋都城临安城有上百家金银铺，韩家是其中之一。"十分金"为金叶子的成色。

2005年，温州博物馆工作人员对馆藏文物档案进行细化整理时，发现这批文物中定名"金箔"的装饰物很像彭信威《中国货币史》中提及的金叶子。经查阅相关资料并向有关专

家求证，确定此4件"金箔"就是南宋时期的金叶子。金叶子，也称叶子金，较早见于元代佚名所著《居家必用事类全集》，叶与页相通，义指这种货币形如书页。南宋金叶子只有记载，未见实物。1992年开始，浙江杭州、湖州、温州及安徽合肥等地才陆续出土10余件金叶子。上述这些金叶子，为研究南宋时期货币种类及流通状况提供了宝贵的实物资料。

"韩四郎十分金"一两金叶子藏于浙江省温州博物馆。

"军资库银"十二两半银铤 北宋文物。

1955年5月14日，湖北省黄石市大冶钢厂水利工程指挥所在西塞山下取土时，挖出一个高32厘米、口径48厘米、底径14厘米的黄釉陶缸，内盛292件银铤、银锭，全部保存完好。其中就有此"军资库银"十二两半银铤。

这件银锭长9.04厘米，两端宽6.14厘米，中间宽4.18厘米，厚1.25厘米，重459克，两端弧首，束腰，面大于背。面周边有5圈不规则凸棱，近中部有一纵向长条凹痕。凸棱内錾刻铭文，右侧为"霸北街西 苏宅韩五郎 霸北街西"，中间为"军资库银"，左侧为"霸北街西 重十二两半 霸北街西"，铭文标明了银铺所在地的街道、银铺招牌、银铤重量、

银铤性质等。关于"军资库银"及"军资库"的性质。虽有不同观点，但大都认同"军资库银"指用于军队的专门费用，而"军资库"为地方财政库藏。

陶缸内的银铤、银锭大小轻重不一，大致分为五十两、二十五两、十二两半、十两、七两半和三两6种类型。五十两最大者重1919克，三两最小者重114.5克。其中115件带有铭文，文字或模印，或刻写，内容包括铸造银铤、银锭的店铺所在地街道、招牌和银铤、银锭的重量、成色、性质用途以及有关人员的名字等。标注"军资库银"的银铤有3件，都是重十二两半的型号，并且都出自霸北街西的苏宅。另外，标号268的一枚银锭刻有"淳祐六年"纪年铭文。湖北省黄石市西塞山出土的宋代银铤、银锭的数量最多，为研究宋代白银货币的情状及其使用提供了极为珍贵的实物资料。

"军资库银"十二两半银铤藏于湖北省博物馆。

"万历四十二年云南布政司上解"十两金锭 明代万历四十二年（1614年）文物。1958年，北京市昌平区天寿山明定陵出土。

此枚金锭面长6厘米，首宽3.7厘米，腰宽3厘米；底长5厘米，首宽3.5厘米，腰宽2.5厘

米；高2.3厘米，重384.5克，含金97%。锭形似元宝，弧首，束腰，周边起沿，两端外沿翘立。锭面有水波丝纹数层，中心微凹，锭底錾刻铭文"云南布政使司计解万历肆拾贰年份足色金重拾两计壹锭；委官李钟、黄纲"。铭文注明了金锭的来源、年代、成色、重量及负责官员的姓名。明代银锭发现很多，金锭尚少见。

定陵始建于1584年，是明神宗朱翊钧（1573～1620年在位）及孝端、孝靖两位皇后的合葬陵，这里出土金锭103枚、银锭65枚。金锭有大小两种，大者十两，小者五两。其中孝端皇后墓中出土的十两金锭都是万历四十六年（1618年）大兴与宛平二县的，万历皇帝墓出土的金锭均为云南布政使司收解的，年代自万历二十七年至四十五年（1599～1617年），皆为十两的九成金。这件金锭，佐证了《明史》等文献记载，为研究明代税制的重要实物资料。

"万历四十二年云南布政司上解"十两金锭藏于中国国家博物馆。

"咸丰三年山东运司张荩堂五十两"银锭 清代咸丰三年（1853年）文物。1957年，近现代钱币收藏家罗伯昭捐献给北京历史博物馆的钱币之一。

此件银锭长12.4厘米，高8.5厘米，重1860克，马鞍形，圆首，束腰，两端起翼。翼中间交接处作凹凸波浪起伏状，内侧有多重波纹。表面外侧下部布满蛛网状筋纹，俗称"牛肚纹"。小平底布满细小蜂窝状气孔。面有三行阳文戳记，分布于三边。横书"山东运司"置于窄边，纵书"张荩堂"和"咸丰三年　月　日"分列左右长边。运司，也称盐运使，即都转盐运使司，官署简称。据《清朝文献通考》"直省解银，由布政使司起解者曰地丁银，由运司起解者曰盐课银，由关监督起解者曰税银"的记载可知，此银锭为盐课银。清朝盐法沿袭明制，实行引岸制度，盐商运销食盐，必须向盐运使司交纳盐课银，领取"盐引"即运销食盐的凭证，才可以到指定的产盐地区买盐，贩往指定的行盐地区。

清代五十两银锭有马蹄银、元宝、宝银等多种称谓，银锭铭文大都为砸印阳文，一般有6～12字，分列数行。其中官银比较注重纪年，商银比较注重商号。此枚"咸丰三年山东运司张荩堂五十两"银锭表明了铸造时间、铸造者、银锭性质和银匠姓名，是研究清代赋税制度的实物资料。

"咸丰三年山东运司张荩堂五十两"银锭藏于中国国家博物馆。

四川省造光绪元宝当三十铜圆 清代光绪年间（1875～1908年）文物。1957年，近现代钱币收藏家罗伯昭捐献给北京历史博物馆的钱币之一。该铜圆为民国29年（1940年）罗氏从四川钱币收藏家施孝先手中购得。

此枚铜圆为试制样币，黄铜质，直径3.65厘米，重20.09克。正面饰两圈联珠纹，联珠

密集相连。里圈联珠纹内中心饰芙蓉花，花外环绕"光绪元宝"四字。两圈联珠纹之间的上下分别书"四川省造"和"当三十"，中间左右分列满文"宝源"。背面中间为游龙戏火珠图案，龙形为所谓的立龙（水龙），龙上部为英文"SZECHUEN"（四川），下部为阿拉伯数值及英文"30CASN"（三十文），中间左右分列六瓣星花。

四川铜圆始铸于清朝光绪二十八年（1902年），初铸币均为黄铜质，面文为汉文"四川官局造光绪元宝"加币值，中心处为满文"宝川"，有当五文、当十文、当二十文三种面值。光绪三十年（1904年），由于"四川官局造"铜圆发行后大受欢迎，铜圆项目获利丰厚，四川省局遂决定扩大铸币规模，并于光绪三十年二月起铸造新版铜圆。这种铜圆是在湖北铜圆样式的基础上加以改变而成的，将以往四川铜圆面文的"四川官局造"改为"四川省造"，中间的满文"宝川"改为芙蓉花朵，背面的坐龙改为立龙（水龙）和飞龙。除了铸造五文、十文和二十文三种传统面值的流通币外，还试铸了少量当三十文的样币送交户部。"四川省造光绪元宝当三十"铜圆有红铜、黄铜两种质地，有"立龙（水龙）"和"飞龙"

两种版别，立龙版的龙纹外没有联珠圈，飞龙版的龙纹外有一圈联珠纹。关于"四川省造光绪元宝当三十"铜圆的铸造时间主要有光绪三十年（1904年）和三十一年两种观点。出处有湖北局代铸、四川铜圆新厂建成后自铸及委托国外铸造几种说法。由于按照户部的要求，各省制造铜圆的成色、图案及面值均以广东省铜圆为标准，而广东铜圆币值只有五文、十文和二十文三等，三十文铜圆不符合户部币制规定，所以"四川省造光绪元宝当三十"铜圆未获准发行，仅存数枚试铸样币。

四川省造光绪元宝当三十铜圆藏于中国国家博物馆。

光绪十年吉林机器官局监制厂平七钱银圆　清代光绪十年（1884年）文物。1957年，近现代钱币收藏家罗伯昭捐献给北京历史博物馆的钱币之一。

该银圆直径3.9厘米，重25克。面外缘饰串珠圈纹，中间为一方框栏。框栏内篆书"光绪十年吉林机器官局监制"12字，框栏上为圆形篆书"寿"字。框栏外左右各饰一曲身向上之螭纹，两螭呈相对状，欲夺框栏上之"寿"字。背外缘也饰串珠圈纹，中央设一方框栏。框栏内为汉文"厂平七钱"，框栏外为满文

"厂平七钱"，满文间并饰祥云。"厂平七钱"为币值，"厂平"是当时吉林的重量单位，因清代初年曾在此设造船厂，所以用"厂平"记值。这是中国银圆中唯一冠以"厂平"者，此后各省发行银圆均改称"库平"。

光绪十年（1884年），吉林省因制钱欠缺，市场萧条。时任吉林将军希元奏报清廷，请从军饷中提用5000两银子，委托吉林机器官局制造银圆，未待清廷批复，就着手试铸"吉林厂平"银圆。"吉林厂平"银圆一套5枚，分别为"厂平一两""厂平七钱""厂平半两""厂平三钱"和"厂平一钱"。据光绪十年十月二十三日吉林机器局总办宋春鳌写的《机器制造局申请粮饷处奉谕发来银两制造银钱已完竣解交》后所附清单，其时已经用粮饷处交给机器局的2000两银子铸造了198枚一两银圆、1071枚七钱银圆、1420枚五钱银圆、866枚三钱银圆、825枚一钱银圆。据钱币学家张绚伯考证，"吉林厂平"银圆文字"皆出自吴清卿（吴大澂）太史手书，图案亦太史所绘"。这套银圆是中国第一套机制银圆，代表了先进铸币工艺的出现。

光绪十年吉林机器官局监制厂平七钱银圆藏于中国国家博物馆。

广东省造库平七钱三分光绪元宝银圆　清代光绪十五年（1889年）文物。为当时两广总督张之洞呈送清廷的10套样钱中的一枚，直径3.9厘米，重27.2克。面珠圈内为汉、满两种文字的"光绪元宝"，珠圈外左右分列四瓣星花，花上下分别为"KWANGTUNGPRO-VINCE""7MACEAND　3CANDAREENS"，即"广东省"和"七钱三分"。背中间为团龙戏珠

图，龙上为汉文"广东省造"，下为"库平七钱三分"。

光绪十三年（1887年），两广总督张之洞深感中国币制危机严重，上奏朝廷，提出在广东试铸银圆，被户部以"四弊"说为由拒绝。光绪十五年，张之洞再次上奏清廷，对户部提出的"四弊"说逐一提出解决方案，并随上奏呈送10套由英国伯明翰喜敦造币厂购置机器制造的银圆样币。样币分装于题有"广东拟铸银圆式样"标签的两个黄色锦匣内。这套银圆按重量分为五种，主币为库平七钱三分，辅币分别为库平三钱六分五厘、库平一钱四分六厘、库平七分三厘和库平三分六厘五。"广东省造库平七钱三分光绪元宝"银圆是清代正式获准制造的第一套机制银圆，其成色好、质量高，刚投入社会就成为收藏、熔毁的对象，无法进入流通领域。为使广东银圆与外国银圆的重量和成色相同，且便于流通中兑换，张之洞建议清廷采纳香港汇丰银行的意见，开铸重量分别为七钱二分、三钱六分、一钱四分四厘、七分二厘和三分六厘的银圆，此为广东钱局所铸第二套银圆。由于这两套银圆上的英文设计都在银圆的正面，与后来所铸银圆英文一律放在银圆背面的定制相反，俗称"七三反（蕃）

版""七二反（蕃）版"。"七二反（蕃）版"银圆样币呈送清廷后，因英文设计在正面而被禁止发行。因此两套反（蕃）版银圆的铸量、存世极少，成为清末币制改革进程的珍贵物证。

广东省造库平七钱三分光绪元宝银圆藏于故宫博物院。

京局制造光绪元宝库平一钱四分四厘银圆　清代光绪二十六年（1900年）文物。光绪二十五年，为实现中央政府控制造币权，清政府决定在北京筹建造币厂。筹建中的京局造币厂选址于北京大清银行旁，由广东造币厂总工程师爱德华·怀恩任主管，招募武昌造币厂技术人员，调用杭州造币厂机械，由伦敦怀恩家族公司雕刻钢模，需补充的机件机器由英国伯明翰造币厂供应。二十六年，京城先是义和团运动，又遭八国联军掠夺，内外交困之中，造币厂未待正式投产就倒闭了。在筹备过程中，曾铸造少量二角和一角样币，所以有一角和二角样币流传出来。八国联军入侵北京，京局造币厂被烧，源自德国的银圆钢模被抢出。除1件一角钢模流出，最终为沈阳市博物馆所得外，其余钢模（一元、半元、二角、一角）和二角、一角样币被方若收购。方若经张绚伯介绍，将所藏转售上海陈仁涛。陈氏将钢模借给

环球钱币店主王守谦，利用钢模私铸了几套银圆，包括一元、五角和五分三种。1948年，陈仁涛和王守谦移居香港后，又铸几套银圆售给外国钱商及收藏家。1955年，国家文物局以重金购回陈氏藏泉，转交北京历史博物馆收藏。

此枚银圆直径2.26厘米，重5.8克，中部珠圈内为满、汉文"光绪元宝"，满文居中央，汉文环其外。珠圈外上环铸"京局制造"，下环铸记值"库平一钱四分四厘"，左右分列"庚子"。背面圈珠内饰正面坐龙，圈珠外龙首上面为英文"PEKING"，下面为英文银两数值。"京局"指北京银圆局，或称北京造币厂。庚子为天干地支，代表农历纪年。库平一钱四分四厘为记重，等于二角。

"京局制造光绪元宝"银圆有五种面值，分别为库平七钱二分（一元）、库平三钱六分（五角）、库平一钱四分四厘（二角）、七分二厘（一角）和三分六厘（五分），其中二角、一角的试铸币最为珍稀。京局造币厂生不逢时，未待建成即毁于一旦。

京局制造光绪元宝库平一钱四分四厘银圆藏于中国国家博物馆。

陕西省造库平七钱二分光绪元宝银圆　清代光绪二十五年（1899年）文物。光绪二十五年，陕西巡抚魏光焘奏请在西安自行设局铸造陕西省银圆的同时，委托英国伯明翰喜敦造币厂代制钢模并试铸数套样币，计有库平七钱二分、三钱六分、一钱四分四厘、七分二厘、三分六厘币值。其中3套置于喜敦造币厂博物馆中，其他样币喜敦造币厂存档。后存档样币流失，其中数枚先后出现在国内外钱币拍卖会上。因魏光焘的奏请未被批准，陕西设局铸造

银圆计划没能实施，奉清廷命，从英国定制的钢模和设备运回中国，送到湖北银圆局。由英国伯明翰喜敦造币厂试铸的样币"陕西省造光绪元宝"银圆只有几套，其中一套为民国时期钱币收藏家陈仁涛获得。1955年，国家文物局重金收购陈氏藏泉、拨交北京历史博物馆收藏。

此枚七钱二分银圆为陈氏藏泉之一，钱直径4厘米，重27克，面珠圈内为满、汉文"光绪元宝"，珠圈外左右分列六瓣星花，花上汉文"陕西省造"，花下汉文"库平七钱二分"。背中间为团龙戏珠，龙两侧分列六瓣星花，花上下分别为英文"SHAN-SI PEOVINCE"和"7 MACE AND 2 CANDAREENS"。陕西省七钱二分银圆为中国银币十珍之一。

陕西省造库平七钱二分光绪元宝银圆藏于中国国家博物馆。

京局制造光绪庚子七钱二分银圆钢模 清代光绪二十六年（1900年）文物。1955年，国家文物局重金收购、拨交北京历史博物馆的民国时期钱币收藏家陈仁涛收藏钱币之一。

此钢模一套2件，由面模、背模组成，是"京局制造光绪元宝"银圆的模具。面、背模直径均5厘米，厚3.8厘米。面珠圈内为满汉文"光绪元宝"，满文较小，位于中心；汉文较大，环绕满文四周。珠圈外上为汉文"京局制造"，下环汉文"库平七钱二分"，两侧分列'庚子'（即光绪二十六年），阴文，反书。背中间饰蟠龙，龙首正面，前额伸出，龙尾上卷，外围英文"PEKING"，记值重量与币面相对应，上缘左右分列卷云纹，下缘为英文记值"7MACEAND2CANDAREENS"。陈氏所藏"京局制造光绪庚子"银圆钢模有4种面值，共计8件。四种面值分别为"库平七钱二分""三钱六分""一钱四分四厘"和"三分六厘"。

光绪二十五年（1899年），北京筹建京局造币厂，将杭州造币厂的机械转移到北京，由伦敦怀恩家族公司雕刻的钢模及英国伯明翰造币厂供应的机件也运抵中国。原计划由京局铸造银圆，钢模有七钱二分（一元）、三钱六分（五角）、一钱四分四厘（二角）、七分二厘（一角）和三分六厘（五分）五种面值。二十六年6月，八国联军侵占北京，造币厂遭焚毁。有人抢出七钱二分、三钱六分、一钱四分四厘和三分六厘4套钢模出售给钱币收藏家方若。方若将全部收藏品转手给上海藏家陈仁涛。该套钢模为京局造币厂的幸存珍贵遗物。

京局制造光绪庚子七钱二分银圆钢模藏于中国国家博物馆。

第二节 文房用具

毛笔 战国文物。1954年，湖南省长沙市左家公山楚墓出土。

毛笔出土于墓葬的漆笥内。漆笥位于棺椁之间的头厢，笥内装有天平、砝码、木梳、竹管（内藏毛笔）、小竹筒、竹片、铜削等，而毛笔与竹片、小圆竹筒、铜削同放竹笥内，位置相近，似为整套书写工具。由于毛笔装在竹管中，当时并没有被发现。整理这批出土文物时，工作人员在洗净竹管上的泥土后，意外发现竹管两端是空的，管内还有一小木杆，用镊子拔出后，发现竹管内还有一支完好的毛笔。

此笔管长21.2厘米，管径0.4厘米，笔头长2.5厘米。笔管为竹制，笔头用兔箭毛制成，毫毛围绕在笔管的一端，并以细丝线缠住，外面施漆胶固定。这种毫毛用丝线捆扎在笔管一端的方式是毛笔原始制作方式的体现。此笔可称为中国早期毛笔的重要实物。

经当时湖南长沙制笔行业的技师鉴定，这支毛笔的制作方法与现代不同，笔头由上好的兔箭毛制成。该支毛笔的结构，应是晋崔豹《古今注》卷下所载的"兔毫竹管"毛笔："牛亨问曰：'自古有书契以来，便应有笔，世称蒙恬造笔，何也？'答曰：'蒙恬始造，即秦笔耳。以柘木为管，鹿毛为柱，羊毛为被，所谓苍毫，非兔毫竹管也。'"除了这支"兔毫竹管"毛笔外，河南信阳长台山楚墓、湖北荆门包山楚墓都有毛笔实物出土。这些考古发现证实了蒙恬是秦笔的始造者。但在秦笔问世之前，战国晚期已经有了制作简单的毛笔，这是中国毛笔发展的早期阶段。

毛笔藏于中国国家博物馆。

兔毫毛笔 西汉文物。1985年，江苏省连云港市陶湾黄石崖西廓宝墓出土。

此笔管长22厘米，管径0.7厘米。笔管为木制，笔头由兔毫制成，长度约3.2厘米，根

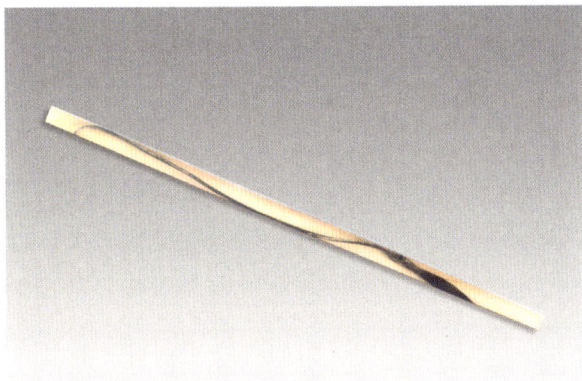

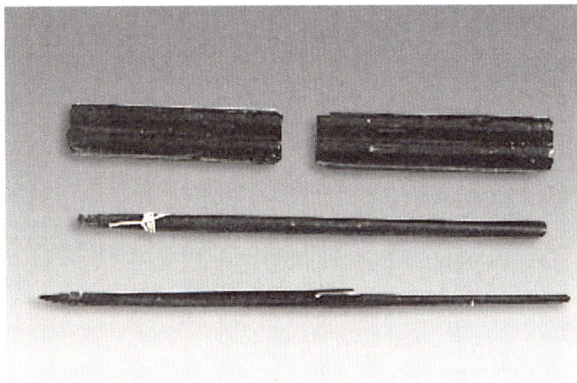

部0.7厘米。此笔的笔毛是先用丝线缠绕，然后纳入中空的笔腔。笔头与笔管联结的方式与《齐民要术》卷九记录的制笔方法相同："痛颉，内管中宁随毛长者使深，宁小不大，笔之大要也。"痛颉是指扎束紧实，这样可以更好地增加笔头的储墨量，适宜快速、连续书写大量文字。

战国、秦汉之际，毛笔的笔头与笔管联结方式发生改变，促进了毛笔形制的革新。出土实物显示，战国以前的毛笔制作方法是将笔头之毛裹在笔管外围，再用丝线捆扎并涂漆固定。战国以后则将笔管的一端钻洞，镂空成腔体，可将笔头纳入中空的腔体（也称为毛腔、笔膛）。笔头纳入笔膛的制作方式虽没有改变毛笔的形式，但笔头不似前期那样易于分叉，更加有利于书写。毛笔是中国古代特有的书写、绘画工具，不易保存，实物资料较少。湖南省长沙市左家公山战国楚墓、湖北省随州市战国曾侯乙墓、河南省信阳市长台关战国楚墓都出土过竹管毛笔。秦汉以后，则有木管毛笔出土。人们将毛笔的笔杆称为笔管，因此毛笔别名为"管城子"。早期，对笔管的要求不多，只要挺直、适宜手握即可。汉代不仅笔管的材质有所增加，笔管的装饰也日益丰富。由于不同的需求，笔头的制作日益考究，笔头除使用兔毛外，还使用羊毛、鹿毛、狸毛、狼毛等。同时，利用不同毛类的软硬特性进行搭配，有利于书写的稳定性。

兔毫毛笔藏于江苏省连云港市博物馆。

"白马作"毛笔　东汉文物。1972年，甘肃省武威市磨嘴子东汉墓出土。

此笔管长21.9厘米，管径0.6厘米，笔头

长1.6厘米。笔芯为紫黑色硬毛，外覆黄褐色软毛。笔头残留有墨迹，根部纳入笔腔。笔管竹制，中空，上刻"白马作"三字，笔管末端削成尖形、髹漆。"白马"是制作工匠的名字，反映了汉代"物勒工名"的手工业制度。

此笔头由硬、软两种毛类制成，硬毛做中心笔柱，软毛披覆在笔柱之外。这样制成的笔头圆浑劲健，不易分叉，有尖锐的笔锋，且蓄墨量大，适宜快速、大量书写。这种笔头的结构证明汉代制笔已出现"披柱法"，即使用较硬的毛毫作为中心笔柱，外覆较软的披毛。笔头使用两种不同材质的毛料，说明人们已经意识到利用不同毛毫的软硬特性进行巧妙搭配，以达到最佳使用效果。此笔的笔管细长、上端削尖，这是秦汉时期毛笔的基本形制。出土的汉代毛笔的笔管长度约23厘米，约合汉1尺，同《论衡》卷十三中"一尺之笔"的记录相吻合。笔管的上端削尖，便于簪发，与当时生活习惯相适应。秦汉以前，人们席地跪坐，书写时无高桌、高椅作为凭借，为搁置便利，人们常将未沾墨或洗净的毛笔插入发中或冠上，以便随时取用，俗称"簪白笔"。笔管细长和末端削尖就是为簪插便利而作，史料和图像中都有关于簪笔习俗的记载。此笔出土于墓主人头

部左侧，大概就是入殓时簪于头部，也印证了汉代官吏的"簪白笔"之制。两汉以后，笔管的长度变短，簪笔的习惯也消失。虽然还能够看到簪笔的图像，但簪笔已由实用形式过渡为礼仪制度，官员头上的簪笔已不是实用之笔。

"白马作"毛笔藏于甘肃省博物馆。

毛笔及笔套　前凉时期（320～376年）文物。1985年，甘肃省武威市旱滩坡出土。

此毛笔管长25.5厘米，笔管径2厘米，笔头长4.9厘米，笔帽长25厘米，口径3.4厘米，笔管由松木制成，中空，从前端向后端逐渐缩小。笔头留有墨迹，由羊毛所制，根部用丝线捆扎并髹漆后纳入中空笔腔。笔帽由两片松木黏合而成，底部有少量墨迹。此笔的形式继承了汉代笔制，将一端削尖便于簪发。但是，两汉时期的毛笔多为笔头较小、笔管细长、笔管上端较尖，而此笔的笔头长、笔管粗，似为书写大字用。

魏晋时期，毛笔的制笔技术逐渐完善。在文房四宝中，毛笔看似形制简单，但选料与制作都有一定难度，不仅要懂得毫料特性，还要有毫毛搭配的经验，才能制作出适合书法家偏好的毛笔。这一时期，北方地区的"韦诞笔""韦昶笔"深受文人青睐，南方地区出现了陈氏、诸葛氏等制笔高手，显示了中国古代制笔工艺进入了新的发展阶段。披柱笔是汉晋时期毛笔的主流形式，笔性较硬，"韦诞笔"是代表之一，其由汉晋时期书法家、制笔墨专家韦诞制作。贾思勰在《齐民要术》卷九《笔方》介绍了"韦诞笔"的制作方法和特色："以所整羊毛中截，用衣中心，名曰笔，或曰墨池、承墨。复用毫青衣羊青毛外，发作柱法，使中心齐，亦使平均。"可见，"韦诞笔"笔毫的制作特色明显，即在笔头中间用硬毫制成柱心，四周辅以副毫，即"强毫为柱，柔毫为被"，也称为"三副二毫笔"。这种笔的笔头圆劲，适宜书写劲健硬朗的字。魏晋时期的书法墨迹《伯远帖》，笔法强健，但"折笔处往往提起再下"。由此推知，这一时期毛笔的中心较硬，转侧不灵便，无法使用提按、顿的方式，从侧面说明使用的毛笔应当有柱芯。

毛笔及笔套存于甘肃省考古研究所。

毛笔　宋代文物。2006年，江苏省常州市常宝钢管厂宋墓出土。

此毛笔通长26.1厘米，笔管径1.1厘米，笔帽径1.6厘米。笔管和笔帽竹制。笔头由细长柔软的紫毫（兔毛）制成，根部以麻纸缠绕后纳入笔腔中。此笔头采用早期的有芯缠纸法

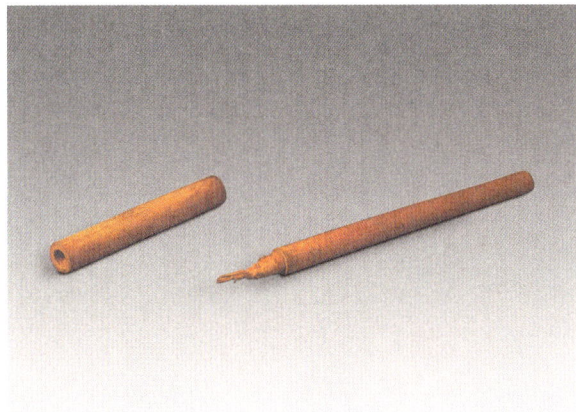

制作而成，即先以紫毫（兔毛）制成笔芯，再用麻纸将笔芯根部缠绕固定、仅露出笔毫尖端，又在麻纸外面裹一层紫毫，最后将笔头下端以丝带缠绕后植入笔腔。这种以丝帛缠绕笔头的形式有利于固定笔根、塑造笔形，利于控制墨量，防止笔尖臃肿。

缠纸法是晋唐时期最普遍和重要的制笔工艺。制笔时，以较硬的兽毛制成柱心，用麻纸紧裹柱心毛毫的根部，外面再加覆披毛，最后整个纳入笔腔，一般笔管外的笔头较小。这种方式制作的毛笔笔头较硬，可使书写有力、笔锋劲道，便于书写者控制笔锋的使用范围；紧裹麻纸既可以巩固笔头，又可以控制墨水流速，增长书写时间，提高书写效率。而且，缠纸法制作的笔头不需黏合剂固定，可以随时取出更换，也有利于节约成本。1993年，江苏省江宁市东晋墓出土了一枚束有丝帛的笔头，这是晋代"缠纸法"制笔的实例。日本正仓院收藏有奈良时代（710～794年）的毛笔实物，该笔的制作工艺深受唐制影响，笔头近根部也裹有麻纸。随着行书、草书的盛行，缠纸法制作的毛笔劣势渐显。笔头短而尖锐，不便于大幅度的提按、顿挫，不适合书写行草书，柳公权《谢人惠笔书》批评这种笔"出锋太短，伤于劲硬"。为适应书写者的需求，锋长、柔软的散卓笔出现，但以缠纸法制作的毛笔并未彻底退出历史舞台，仍为部分使用者所喜好。

毛笔藏于江苏省常州博物馆。

毛笔 宋代文物。1988年，安徽省合肥市宋太师舒国公孙马绍庭夫妇墓出土。

此毛笔通长20.5厘米，笔管径0.8厘米。笔管和笔帽竹制，笔头已朽，仅残存炭化成黑

色的笔芯，似为硬毫与麻纤维裹制成的柱心笔芯。从残留的笔芯长度判断，此笔属于长峰柱心笔。笔管未见雕饰与笔工姓名，体现了宋代制笔不尚奢华的特征。

长峰柱心笔，属于柱心笔向散卓笔的过渡阶段。唐代以前的毛笔多为柱心笔，即笔头中间有用硬毫制成的笔芯，四周覆盖副毫为被。但这种毛笔的笔头较小，吸墨量少，在墨将尽时会出现破峰、开叉的现象。而且，柱心笔的笔头较小，写字时仅笔尖着纸，转侧不便，不能使用提按、顿挫的笔法。北宋熙宁年间（1068～1077年），散卓笔兴起。制笔时，不再制作柱心，直接选用一至二种兽毛散扎而成。同时，将笔毛理得长一点，把笔头的大半部分插入笔管里面，既可以扎得坚实牢固，又可以避免柱心笔吸墨不足的弊病。散卓笔不需要通过笔芯来支撑笔形，而是通过配料等技术塑造笔形。笔形可根据需要者的要求可大可小。散卓笔的出现，标志着中国制笔工艺的一次突破性转折。

唐宋时期，安徽宣州是全国制笔中心，宣笔选料精、制作细，受到官府和皇室的重视而成为贡品。宣笔主要利用当地的特色原料，以兔毫和竹杆制笔，所制紫毫笔最为珍贵。诸

葛和陈氏家族是宣州著名的笔匠，诸葛笔更是宣笔的代表。诸葛家族自晋代到北宋一直从事制笔，技艺深厚，品质稳定，为当时文人所推崇。此笔出土于安徽宣州地区，是宣笔黄金时代的产物，为研究宣笔制作技艺的演变提供了实物资料。

毛笔藏于安徽省博物院。

朱漆描金夔凤纹管兼毫笔　明代文物。清宫旧藏。

此笔管长19.8厘米，管径1厘米，帽长9.6厘米。笔管为竹制，通体以朱漆为底绘描金夔凤纹，间饰缠枝莲纹。笔头呈兰花蕊状，以羊毫为柱，紫毫为披。此笔制作精致，纹饰精美，是典型的湖笔。

湖笔是继宣笔之后出现的名笔，以浙江吴兴的善琏镇为制造中心。南宋偏安杭州，全国的政治、经济、文化中心随之南移，制笔中心由安徽宣城转移到浙江吴兴地区，从此湖笔名扬天下。历史上，湖州文人荟萃，有利于笔匠与需求者之间的沟通，在一定程度上促进了制笔技术的提高。而且，这里拥有丰富的原材料，上好的兔毫，优质的羊毫，丰富的竹子，为湖笔的生产提供了物质条件。

湖笔多采用披柱法制作。笔头的毫料采用分层扎束的形式。毛笔的笔头从里到外分为笔芯、副毫和披毫三部分。笔芯的毛毫长度和披毫相齐，两者之间的副毫为5～10层由短到长的毛毫呈阶梯状扎束而成。湖笔选料讲究、工艺精湛，从选料到制作，需120多道工序。为适应不同书画家的需求，笔匠们不断改变材料，生产出不同品种的毛笔。元明时期以兔毫、狼毫为主，兼及羊毫、兼毫，清代则以羊毫为主，兔毫、狼毫、兼毫也有较多应用。此外，还制造了多种大小、长短及造型不同的毛笔，对书法风格的转变产生了影响。湖笔不仅符合外表"光、白、直"的特点，还具有笔之尖、齐、圆、健"四德"的特点：尖是指笔毫有锋芒，即使饱含墨汁，笔锋仍是尖形；齐是指笔头铺平后，内外的笔毛长短一致；圆是指选毛纯净，捆扎后，笔头圆浑匀称；健是指笔毫富于韧性，有弹力。湖笔制作讲究，宫廷贡笔多由吴兴提供，故宫旧藏的明清贡笔多为湖笔。

朱漆描金夔凤纹管兼毫笔藏于故宫博物院。

玳瑁管紫毫笔　明代文物。清宫旧藏。

此笔管长24.3厘米，管径2.2厘米，帽长9厘米。笔管以玳瑁制成，表面有黄色与褐色相间的片状斑纹。笔管与笔帽的顶部及帽口镶嵌

镀金饰物，精致华丽。笔头由紫毫制成，表面为黑色，有光泽，呈细腰葫芦状，长锋出尖。该样式的笔头是明代湖笔的创新样式，可书写小楷字，但久用之后，笔头腰部容易散开而无法再用，因此这种细腰葫芦状笔头渐被弃用。

此笔的笔管较为珍稀，制作原料玳瑁是一种海龟科动物的背甲，由于它生长速度缓慢、周期漫长，属于稀缺性资源。玳瑁表面光滑，具有黄、褐相间的自然花纹，色彩浓郁但不艳丽，极具装饰性，因此弥足珍贵。《戒庵老人漫笔》记述："朝廷用笔每月十四、三十日，两次进御，各二十管。冬用绫裹管，里衬以绵。春用紫罗，至夏秋用象牙、水晶、玳瑁等，皆内府临时发出制造。"宫廷用笔会根据季节变化选用不同的笔杆材料，玳瑁性凉，是夏秋所用之笔管。

文房四宝中，毛笔的制作难度较大，古人提出"笔贵在毫"的观点，即制笔难在择毫和笔毫的制作，只有将毫毛进行合理搭配，才能制出刚柔相济、尖齐圆健的理想之笔。紫毫坚硬而有弹性，是硬性毫料中的最佳选择。紫毫为兔毛，因色泽呈紫黑色而得名。制笔所用的兔毛采自野山兔。兔毛分成若干种，后脊背上最长的针毛称为"兔颖"。"兔颖"分为紫毫、白毫两种，紫毫的尖部和腰部呈黑色，根部为灰色，白毫的尖部呈淡黄色，腰部为黑色，根部呈灰色。紫毫笔就是以这两种"兔颖"为主要原料制作的毛笔，黑色，有光泽，根部较细，腰部较粗，锋颖尖锐。但"兔颖"的产量较少，常将"兔颖"与羊毫等混合制成兼毫笔。此笔的笔头为难得的紫毫，笔管更使用珍稀材质，所以十分珍贵。

玳瑁管紫毫笔藏于故宫博物院。

雕漆紫檀木管貂毫提笔 明代嘉靖（1522～1566年）文物。清宫旧藏。

此笔管长25厘米，管径1.6厘米，斗长2.5厘米，无笔帽。笔头由貂毫制作，饱满、圆润、坚挺光亮，根部与腰部粗细均匀，尖部丰满，形如笋状。笔斗为紫檀木制成，呈圆锥状，口沿部位雕刻"大明嘉靖年制"。笔管以红色雕漆、紫檀木和酱色雕漆拼接而成，上端红色雕漆部分雕刻龙纹，中间紫檀木有凸起的束结纹，下端酱色漆上雕刻锦纹，使毛笔具有实用性和观赏性双重价值。笔头由名贵稀有的貂毫（紫貂毛）制作，弹性好，含墨性强，多用于书写大字。

此笔是传世的明嘉靖年提笔孤品。提笔为毛笔的一种，是明代为适应巨幅书写而出现的新毛笔形制，专门用于书写匾额大字。因书写大字时，需悬腕提笔挥毫，故称为提笔。又因书写的字如斗方大小，又称斗笔。提笔的笔头较长，既有纯毫笔，也有兼毫笔，兼毫笔多用羊毫、马毫、狼毫等制作。由于提笔的形制较大，笔头多用散卓法制成。提笔的笔杆下端镶有笔斗，笔头栽于笔斗内。此笔的笔管制作方式独特，深浅两色雕漆配以色调深沉的紫檀

木，使整支笔管呈现出质朴之美，用料珍贵、制作精致，凸显了使用者地位的高贵。明清时期流行漆笔管，笔管虽细小，却也涵盖了漆工艺的各种手法。漆笔管是以竹、木为胎，在上面髹以彩漆、金漆、黑漆，有的还在漆管上用雕漆、填漆、剔犀的手法描绘图案。此笔管即采用雕漆的方式描绘图案，将漆层层髹于竹、木胎上，每次上完漆后再剔出深浅的花纹。

雕漆紫檀木管貂毫提笔藏于故宫博物院。

斑竹留青雕花蝶纹管紫毫笔 清代乾隆时期（1736～1795年）文物。清宫旧藏。

此笔管长20.1厘米，管径1.1厘米，帽长9.8厘米。笔头为紫毫，呈兰蕊式。笔管为斑竹所制，笔管顶及笔帽口均镶嵌象牙。管身雕饰留青折枝花卉，蝴蝶飞行于菊、梅之间。此笔管的纹饰雅致精细，斑纹别具趣味，为毛笔增添了典雅书卷之气。

此笔的笔管为斑竹，是竹中珍品。竹是制作笔管的常用材料，与其他材质相比，具有较大实用优势。第一，竹子分布广泛，取材容易，价格低廉。第二，竹子的自然形态接近于笔杆的形状，更易于加工。笔管纤细、坚韧、圆直的竹子十分符合"心圆管直"的要求，从而降低了笔管的加工难度。浙江天目山北麓

的鸡毛竹高仅15厘米，节稀杆直，杆内有小空心，稍作加工即可成为笔管，湖笔常被选用来做笔管。水竹（烟竹）高1.5米左右，直径3～5毫米，坚韧细直，也是制作笔管的天然材料。第三，竹子轻巧，便于使用。人们在长期的书写过程中意识到，只有笔管轻巧，才能运笔自如，更好地挥毫泼墨。第四，竹子制作的笔杆表面光滑，杆圆而直，淡雅朴素之气也符合文人所讲求的气质。明文震亨《长物志》卷七记载："古有金银管、象管、玳瑁管、玻璃管、镂金、绿沉管，近有紫檀、雕花诸管，俱俗不可用。惟斑管最雅，不则竟用白竹。"斑竹主要产于浙江、湖南、广西等地，茎匀杆直，配以紫褐色的圆斑纹，具有独特的自然美和艺术魅力，成为毛笔的理想材料。此斑竹毛笔简洁典雅，曾是皇帝御用的毛笔。

斑竹留青雕花蝶纹管紫毫笔藏于故宫博物院。

象牙雕八仙人物图管狼毫笔 清代乾隆时期（1736～1795年）文物。清宫旧藏。

此笔管长18.6厘米，管径0.9厘米，帽长8.8厘米。笔头由狼毫制成，呈兰蕊式，色泽油润，挺拔坚硬。笔管与笔帽由象牙制作。笔帽上下均镶嵌酱红色象牙环扣，雕刻传统吉祥

纹样"海屋添筹"图。笔管顶端原有镶嵌已失，通体线刻图纹，线内戗墨彩，雕刻有隐没于云雾中的仙台楼阁及神态各异的八仙人物图。在如此狭小的空间，雕刻出众多人物精细图纹，显示了高超的雕刻水平。

此笔的笔管、笔帽以象牙制成，凸显了使用者的身份地位。明清时期，象牙雕刻十分普遍，并形成了以北京、扬州、广州为中心的生产基地，但象牙笔管、笔帽留存不多。中国早在汉代已有在毛笔笔管上雕刻文字、纹饰的做法，甘肃省武威市东汉墓出土的毛笔笔管上刻有"白马作""史虎作"等工匠名字。据《西京杂记》卷一说汉制"天子笔管，以错宝为跗"，可见对笔管装饰的重视。元陆友仁《研北杂志》卷上载"袁伯长有李后主所用玉笔，管上有镌字、文镂甚精"，即在笔管上有赏心悦目的雕刻。此笔的笔头由狼毫制成，属于硬毫笔。狼毫，即黄鼬的尾毛，坚韧润滑而有弹性，虽刚性不及兔毫，也是普遍使用的毫料之一。人们曾称狼毛制作的毛笔为狼毫笔，由于没有实物流传而难以确认。有研究者认为，"鼠须笔"是以黄鼬尾毛所制的笔毫，也就是后来所说的狼毫笔，甘肃省武威市出土的东汉毛笔就是以黄鼬尾毛为披毛。古代狼毫笔多选用雄性黄鼬尾毛作笔柱，雌性黄鼬尾毛作披毛，香狸尾毛、山羊毛作衬垫。狼毫笔的尖部具有羊毫笔的柔性，但刚于羊毫笔，腰部比紫毫笔柔软，耐磨性好，使用寿命长，被赐予刚柔相济的美称。

象牙雕八仙人物图管狼毫笔藏于故宫博物院。

檀香木彩绘福寿纹管紫毫笔 清代乾隆年间（1736～1795年）文物。清宫旧藏。

此笔管长17.2厘米，管径1厘米，帽长9厘米，笔头以紫毫制作，根部较细，腰部凸起，呈兰蕊式，饱满圆润。笔管与笔帽均以檀香木制作，两端镶嵌象牙环扣。笔管通体彩绘描金灵芝、蝙蝠、寿桃、万年竹等象征福寿万年的吉祥纹饰，并饰以朱、绿、绛等色彩。此笔彩绘精美，装饰华丽，制作精细，还散发着淡淡香气，是清宫最具观赏和使用价值的毛笔之一。此笔的笔管使用名贵的檀香木制成。檀香木又名"旃檀""白檀"，原产于印度、澳大利亚、非洲等地，木材奇香，不仅可以制木器、念珠、扇骨等，还用于香料、颜料、药品等。檀香木栽种困难，生长缓慢，产量有限，需求量大，为名贵木材。

笔管使用木作为材料的历史较为悠久。"笔"字从竹，秦以前多使用竹为笔管。秦以后出现了木制笔管，民国20年（1931年）西北科学考查团在内蒙古额济纳（汉称居延）河边发现的"汉居延笔"，即木制笔管。此后，木

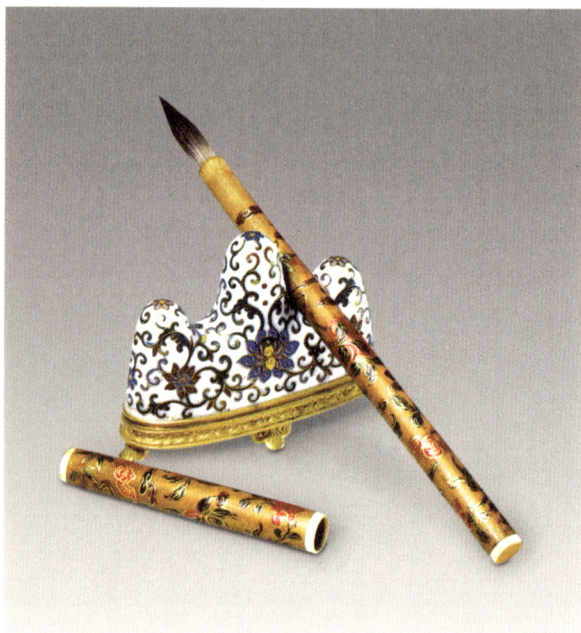

制笔管增多，材质也越来越丰富，乌木、楠木、檀香木、沉香木、鸡翅木、花梨木等贵重木材都曾用来制作笔管。这些木材质地坚硬细腻，花纹精美，有的还带有浓郁的香味，因而成为上等笔管材料，但将这些木料加工成笔管却不是件易事，这也是此类笔极具价值的原因之一。明清时期，对笔管的装饰达到顶峰，不仅会选用美观、高雅的材料，还会通过雕刻、镶嵌、描金、彩绘等不同艺术手法雕镂装饰，使毛笔具有实用性和观赏性，而使用名贵木材制作笔管，既能突出毛笔的华丽贵重，又能显示使用者的身份地位。

檀香木彩绘福寿纹管紫毫笔藏于故宫博物院。

珐琅管羊毫提笔　清代文物。清宫旧藏。

此笔管长12.2厘米，笔斗径2.8厘米，笔头为羊毫长锋，狭长饱满。笔管为铜胎掐丝珐琅，通体施花卉图案，浅蓝色底上点染白、黑、粉等珐琅釉彩。此种珐琅管毛笔传世极

少。笔管的图案与釉色显现出该笔是清代晚期民间珐琅工艺的风格，笔斗与笔管也是清代晚期提笔的造型特点。

此笔的笔头为羊毫制成，羊毫是常用的毛笔材料之一，具有柔软耐用、使用寿命长、吸墨量大、价格低廉等特点。北宋以前，羊毫主要用作披毛和副毫等辅助部位，用以调节毛笔的弹性，达到蓄墨和调和笔性的作用。宋代，散卓制笔法出现以后，羊毫笔逐渐产生了影响。但由于羊毫笔较为柔软，书写效果绵柔，上层文人对羊毫笔的评价不高。元代，虽然出现著名的"羊毫兰蕊"笔，但文人对羊毫笔接纳程度仍不高。明代以后，随着巨幅书法的兴起，羊毫成为制作大笔的主要原料。湖笔更是发挥了羊毫的长处，让羊毫笔得到文人们的重视。清乾隆、嘉庆年间，长锋羊毫笔更是盛行。羊毫笔是初学书法者的选择，也是羊毫笔流行的原因之一。古人练习书法时重视对笔力的控制，即协调指力、腕力、肘力，经过笔端达到纸面上的一点一画之间。硬毫笔可依靠笔毫的劲健达到效果，而软毫笔无此凭借，仅能运用手指、手腕和肘的功能，可为书法初学者进行笔力练习打下稳固的基础。因此，初学者多以羊毫笔进行练习。羊毫笔按照笔头的长短可分为长锋、中锋和短锋。长锋羊毫的锋颖长，锋腹柔软，蓄墨多，笔锋出水较慢，书写者只有熟练掌握性能，才能表现出圆劲遒婉的笔姿和枯湿浓淡的墨韵。根据笔头的形状，羊毫笔有笋尖形、兰蕊形。兰蕊形笔头是湖笔的典型特征。按照大小不同，羊毫笔又有小、中、大三类及提笔、楂笔等。

珐琅管羊毫提笔藏于故宫博物院。

墨丸 西汉文物。1983年广东省广州市南越王墓出土。

此批墨丸直径0.81～1.31厘米，厚0.32～0.42厘米，出土时重876.75克。墨丸形状大同小异，圆饼形，一面周边凸起似边框，一面平夷。经研磨发现，其色黑中泛红。南越国是秦朝末年南海郡尉赵佗兼并桂林郡、象郡后建立的，是岭南地区的第一个郡县制国家，先后两次臣属于西汉，汉武帝元鼎六年（前111年），被汉帝国所灭。南越国共传五代王。这座南越王墓位于广州市解放北路的象岗山上，是赵佗之孙、第二代王文帝赵眜（前137～前122年）的陵墓。墓内随葬品丰富，品类繁多，出土金银器、铜器、铁器、陶器、玉器、琉璃器、漆木器、竹器、墨等数以千件文物。

南越王墓出土的这批墨丸总计4000余颗，盛于木胎漆盒中。出土时，漆盒已经腐朽，只剩些残片，但堆积其内的墨丸大都保存完好。至今，经考古发掘出土的秦汉时期人工制墨只有数例。1975年，湖北省云梦县睡虎地4号战国秦墓出土一锭秦代人造墨（藏于湖北省云梦县博物馆），其墨纯黑，直径2.1厘米，长1.2厘米，呈丸形，颗粒粗糙，具一定的原始性。同年，湖北省江陵市楚故都纪南城内凤凰山168号汉墓发现的西汉墨（藏于湖北省荆州市博物馆），出土时已经风化为大小不等的5块碎片，将其中两块较大的墨拼合在一起后称量，长1.5厘米，最宽处1.1厘米，近似瓜子状，墨色纯黑，质地较前面云梦睡虎地出土的秦墨细腻。据同墓出土竹简记载，该墓主人是西汉文帝十三年（前167年）埋葬的，所以此墨制作时间至迟不会晚于这个时间。该西汉墨与云梦睡虎地秦墨皆属确切年代可考的古墨实例。南越王墓出土的这批墨丸是考古发掘出土的人工制墨中数量最多的汉墨，其质地优良、形状完好，反映了西汉人工制墨的水平。

墨丸藏于广东省南越王墓博物馆。

松塔形墨 东汉文物。1974年宁夏回族自治区固原县西郊鸦儿沟汉墓出土。

此墨高6.2厘米，直径3厘米，由墨模压制而成，形仿松塔，顶部稍残，底部略有倾斜，表面鳞片犬牙交错，光滑致密，纹理清晰，鲜有剥蚀龟裂。

汉代制墨主要集中在陕西扶风、隃麋（今

千阳）、延州等地区，而以隃糜所产最为著名。此松塔形墨出土地距离隃糜不远，有专家推测它是隃糜所产墨。此墨烟细胶清，黑腻如漆，虽然埋藏地下近两千年，依旧完好如初，说明此墨烟、胶配比适度，质量上乘。秦、西汉墓出土的人工墨形态类似，用法相同，即将墨放在砚石上注水，用砚杵压住研磨。东汉时，手工墨出现了模制墨。除这件松塔形墨外，河南省陕县刘家渠东汉墓出土的五锭残墨、甘肃省武威市磨嘴子出土的墨丸等也都是用墨模压制成锭的。东汉末年应劭《汉官仪》"尚书郎起草，月赐隃糜大墨一枚、隃糜小墨一"，晋人张敞《东宫旧事》"皇太子初拜，给香墨四丸"等史料的记载，说明制墨技术在东汉时期已有相当高的水平，出现了形制、大小、品种和产地的区别，数量以"枚""丸"相记，供尚书令用的隃糜墨即官方指定用墨。而墨模的出现，在中国制墨史上具有划时代的意义。此后，墨的制作有了定式。虽然不同时期制墨工艺有所不同，但以模制墨的基本技术一直沿袭下来。东汉时期模制墨已经有一定体积，可以直接用手把握，在砚上研磨，不需用砚杵研磨，这是制墨工艺的一个重大发展。此枚松塔形墨的墨质坚实，造型讲究，兼顾实用与美观。

松塔形墨藏于中国国家博物馆。

"松心真"墨　唐代麟德元年（664年）文物。1972年新疆维吾尔自治区吐鲁番阿斯塔那县唐墓出土。

此墨长11.4厘米，宽3.1厘米，厚1.4厘米，松烟墨，椭圆形，墨锭正中白地上铭文"松心真"，楷书，阴文。松心指此墨所用原料源自上党（今山西长治），是唐代最名贵的制墨原材料。据宋晁贯之《墨经》记载，"汉贵扶风、隃糜、终南山之松""晋贵九江、庐山之松""唐则易州、潞州之松，上党松心尤先见贵"。雍正年间编纂的《山西通志》卷十九也称"上党松心为墨，曰隃糜，极佳"。上党松心所制墨在唐代备受青睐，李白在诗《酬张司马赠墨》中，就用"上党碧松烟，夷陵丹砂末。兰麝凝珍墨，精光乃堪掇"赞誉上党松烟墨。

唐代制墨在前代的基础上有了进一步发展。墨的体积增大、种类增多，崇尚装饰，有墨者名款、制墨年代、墨的用途、墨品题名等铭文。宋何远《春渚纪墨》记载的唐朝镇库墨，重2斤多，题铭为"永徽二年镇库墨"。元陆友《墨史》记载，宋元符年间，米芾游京师，于相国寺罗汉院见载："阳冰供御墨一，巨铤，其制如碑，高逾尺而厚二寸，面蹙犀文，坚泽如玉，有篆款曰文华阁。中穴一窍，下画泰卦于麒麟之上，幕篆六字，曰翠霞，曰臣李阳冰。左行书'大历二年二月造。得旨降入翻经院'。"可见，墨上不仅刻绘装饰图案，还有墨者名款等。墨种类增多，王象晋《群芳谱》记载唐玄宗李隆基"以芙蓉花汁调香粉做御墨"。随着制墨业的发展，墨被赋予更多文化内涵，有很多称谓，"元光""青松子""松滋侯"都成为墨的雅号或戏称。此外，墨还有"爵号"，据唐冯贽《云仙杂记·墨封九锡》云："稷（薛稷）又为墨封九锡，拜松燕督护、玄香太守兼亳州诸郡平章事。"

唐墨存世稀少，此锭松心真墨是罕见的唐墨实物。此外，1978年安徽省祁门县北宋墓出土一锭唐代"大府墨",墨长方形,正面楷书阳文"大府",背面残留"制"字。《唐书·艺文志》载:"玄宗命左散骑常侍,昭文馆学士马怀素为修图书使……既而太府月给蜀郡麻纸五千番,季给上谷墨三百三十六丸。"太、大,古代通用,太府即大府。此墨与文献记载相吻合,只是由于被水浸泡,字迹模糊,出土时为了拍照用白粉勾画字边,结果将"大"勾成"文",所以有人称"唐文府墨"。

"松心真"墨藏于新疆维吾尔自治区博物馆。

"九华朱觐墨"墨 北宋文物。1988年安徽省合肥市郊城南乡五里冲宋代马绍庭夫妇合葬墓出土。

此墨长21厘米,最宽处3.4厘米,窄处1厘米,平均厚0.7厘米,湿重69克,脱水后重39.2克,含水率为43.19%。松烟墨,模制而成,近似椭圆形。墨面题识"九华朱觐墨",楷书,阳文。墨背中间饰阴线枣核形边框,框内为舞凤图案,框外上下端凹进的圆圈内,各为一模印的阳文"香"字。九华,指安徽九华山,宋代松烟墨原材料产地之一。朱觐,北宋

制墨家,元陆友《墨史》记载:"朱觐,九华人,善用胶做软剂出光墨。滕元发作郡日,令其手制,铭曰爱山堂造者最佳。"此墨的出土,佐证了陆友的记载。

此墨出土于马绍庭夫妇合葬墓的妻棺内。根据墓志可知该墓所立墓碑时间为"政和戊戌三月甲申",即墨应制作于宋徽宗政和七年(1117年)前。此墨出土时有多条裂纹,右上角边缘有一小块残缺,干燥后稍一触碰即成碎块。经文物修复专家多次试验后,采用2∶3聚乙酸乙烯酯溶液与聚甲基丙烯酸丁酯的混合液,经32小时的渗透加固完成墨的修复。除"九华朱觐墨"外,在马绍庭棺内还出土一锭题识"歙州黄山张谷男处厚墨"的大墨,也是松烟墨,梭形,长25厘米,宽5厘米,厚1.4厘米,脱水后重109.6克。"九华朱觐墨"是已经发现的北宋有名款、尺寸最大的模制墨之一。虽经数百年埋藏,出土时仍较完整,而且名款俱全,为研究制墨史提供了重要资料。

"九华朱觐墨"墨存于安徽省合肥市文物管理处。

"东山贡墨"墨 宋代文物。1995年江苏省宝应县出土。

松烟墨,模制而成,类似椭圆形(传统谓之牛舌形)。此墨长14.9厘米,宽3.9厘米,厚1厘米,残重40克。正面靠近墨边缘装饰阳文平行双线长方框,框内题识"东山贡墨"四字,楷书,阳文,文字遒劲雄健。背面光素无纹。此墨烟料极细,表面遗留有漱金痕迹,但出土时残断为四块,下端右侧残缺,后文物保护专家对其进行修复。东山是墨的原料产地,地处山东。宋晁贯之《墨经》记载:"兖、

沂、登、密之间山，总谓之东山；镇府之山，则曰西山。自昔东山之松，色泽肥腻，性质沉重，品惟上上。"此锭"东山贡墨"与《墨经》所载的时代、性质都吻合。

1995～1997年，宝应县先后发现两处北宋墓葬群，时间在北宋真宗至神宗前期的七八十年之间，墓主人身份为城市士绅阶层。经抢救性发掘，共清理墓葬21座，出土瓷器、漆器、金银器、铜器、木器、骨器、石器、陶器、砚、墨等文物200余件。此锭"东山贡墨"出土于宝应县城中心的11号宋墓。除了"东山贡墨"外，其他墓葬还出土有"千岁用墨""烟细墨"等铭文墨，都是罕见的宋代松烟墨。此墨为贡墨，是进呈给朝廷或地方政府的墨。贡墨起源于何时尚不确定。贡墨出自名家之手，多有制墨者姓名等内容的题识。"东山贡墨"仅标出墨的产地，也是贡墨的一种类型。这种类型的墨有相关记载，宋罗愿《新安志》记载张遇制墨"易水贡墨为上，供堂次之"，可见"易水贡墨"也是以产地命名的贡墨。"东山贡墨"印证了文献记载，证明山东东山所出制墨原料上乘，曾经是指定的贡墨生产地。

"东山贡墨"墨藏于江苏省宝应县博物馆。

"中书省"龙纹墨　元代（1206～1368年）文物。1958年山西省大同市宋家庄元代冯道真墓出土。

此墨长24.8厘米，最宽处5.5厘米，厚0.7厘米。模制而成，椭圆形（传统谓之牛舌形），采用墨模压制而成。墨面题识"中书省"，篆书，阳文。墨背装饰阳文游龙戏珠图案，龙左曲右扭，蜿蜒腾空，朝向空中宝珠，此纹饰的构图与雕刻艺术具有宋代风格。

冯道真（1189～1265年），全真教道官，道号青云子。据墓志记载，冯氏为龙翔万寿宫宗主，被封以"清虚德政助国真人"。此墨出土时放在长方形榆木盒中，除墨外，盒内还有1件石砚台、1把玉质小刀。因长期在地下受潮气侵蚀，出土时墨已经断裂，黏合后基本完整。冯道真殁于至元二年（1265年），因而此墨为至元二年前物。由于多种原因，元代墨罕见，此中书省龙纹墨的出土，填补了元代墨的空白。五代时期，由于北方战乱不断，墨的产地开始向南方转移，南唐李廷珪父子的崛起标志着制墨业重心南迁初露端倪。北宋时期，北方制墨仍有相当实力，洛阳潘谷、易水张遇、真定刘宁、关中蒲大韶等制墨名家，堪与南方制墨相比并。直到元代，南方墨工才在数量、名声等方面占据优势。元代制墨基本承传自宋代，史载著名的制墨工匠有11人，其中朱万初所制之墨最为有名。据明李日华《六研斋笔记》记载，朱氏制墨，"纯用松烟，盖取二三百年摧朽之余，精英之不可泯者，非常松也"。元代陆友的《墨史》收集了历代130余位制墨名家的事迹，这些墨家均为宋代及宋以前墨工，少有元朝墨家及制墨情况的载录，反映出元代制墨业的不景气。

"中书省"龙纹墨藏于山西博物院。

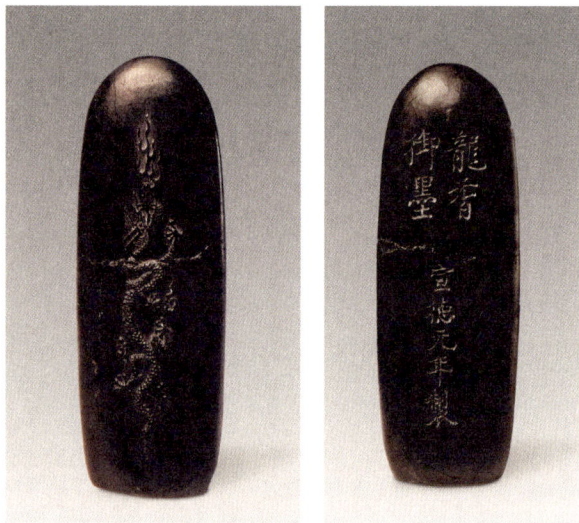

龙香御墨 明宣德元年（1426年）文物。清宫旧藏。

油烟墨，模制而成。此墨长9.1厘米，宽3.3厘米，厚2.5厘米。椭圆形，下端因使用消耗已磨平。墨面为题识，上部墨名"龙香御墨"，两列分布，中下部镌制墨时间"宣德元年制"，均楷书，阴文。墨背饰飞龙戏火珠图案，龙昂首伸爪，追逐烈焰腾空的火珠。墨文端庄秀丽，纹样刻画细腻，是明代早期御墨精品之一。

龙香为龙香剂略称，据元陶宗仪《辍耕录》记载："宋熙丰间，张遇供御墨，用油烟入脑麝、金箔，谓之龙香剂。"此墨为御墨，是古代专门供奉皇帝书写绘画用的墨。早在唐代，宫廷就开始设立墨务官专门负责制作御墨。玄宗时创立集贤院，并在易州设立墨务官专门负责此项工作，制墨名家祖敏被委以重任，开制御墨先河。王象晋《群芳谱》关于唐玄宗"以芙蓉花汁调香粉做御墨"的记载，佐证了御墨的存在。明代御墨的形制、题识、纹样都比较简单，基本宗旨是体现出使用者即皇帝的威势，尤其是明代早期，多在椭圆形或圆柱形上饰龙纹。直到嘉靖、隆庆、万历时期，才有饼状、方形、如意首等变化。明代御墨端庄厚重，雍容大度。明代制墨主要集中于安徽地区，由于商品经济的发展，资本主义萌芽的刺激，制墨行业也出现了激烈竞争。当时制墨业人才济济，名工辈出。据明末麻三衡《墨志》记载，明代徽州地区墨工已有120余人。随着徽州商业的繁荣，徽商的辛勤努力，徽墨声名远扬，产品行销海外。明墨不仅质量精良，墨谱的图式、墨模的雕刻也各尽其美，就连装墨的漆盒也都十分精致。

龙香御墨藏于故宫博物院。

"小华逸史 一池春绿"墨 明代嘉靖年间（1522～1566年）文物。清宫旧藏。明代四大制墨名家之一罗小华制。

此墨直径8厘米，厚1.3厘米，圆饼形，双面有边框，表面漱金。墨面题识"一池春绿"，阳文，草书遒劲有力，挥洒自如。墨背图案为一条螭龙在微波荡漾的水中嬉戏，画面大气丰满，静动相宜，纹饰精细生动。墨两侧是阳文楷书款"云水居制"和"小华逸史"。"一池春绿"为此墨之名，由南唐词家冯延巳《谒金门》中的"风乍起，吹皱一池春水"而来。"漱金"是在墨表通体涂金的一种装饰形

式，始于宋元，盛行于明清。

此墨见载于明孙承泽《砚山斋杂记·墨谱》，一度为清康熙时期"十大才子"之一的宋荦收藏，据其《漫堂墨品》记载，此墨是"以粤纱易之米编修紫来"的。米紫来，名汉雯，明代书画家米万钟之孙。罗小华，明成化至嘉靖时安徽歙县人，名龙文，字含章，号小华，别号山泉、客道人、小华逸史，斋名水云居。世宗时，做过中书舍人。为严世蕃（严嵩子）宾客，严世蕃获罪，罗小华受殃及。罗氏为歙派制墨代表人物，他继承古代传统的制墨方法，并且加以改进。在用料上"易松膏以桐液"，并杂以"玉屑金珠"，所制墨有"坚如石，纹如犀，黑如漆，一螺值万钱"之誉，颇受时人与后世称道。有罗小华铭记的真墨很少，现在所见多为清人仿品。"小华逸史　一池春绿"墨是罗小华所制名品，也是罕见流传有绪的罗氏墨。

"小华逸史　一池春绿"墨藏于故宫博物院。

"邵格之监制"碑形墨　明代文物。1960年购自北京琉璃厂庆云堂。

此墨长10厘米，宽4.4厘米，厚1.1厘米，重60克。汉碑式，圆首，平底。墨面上方为阳文隶书题识"禹碑释文"，下为楷书

碑文："承帝曰咨：翼辅佐卿，洲渚与登，鸟兽之门。参身洪流，而明发尔兴。久旅忘家，宿岳麓庭。智营行折，心罔弗长。往求平定，华岳泰衡。宗疏事衰，劳余神禋，郁塞昏徙，南渎衍亨。衣制食备，万国其宁。窜舞永奔。"墨背阳文楷书"邵格之监制"。邵格之（1506～1566年），名正己，自号青丘山人。墨肆名玄石山房，嘉靖、万历年间的制墨名家，擅制集锦墨，所制墨品有"梅花妙品""文玩""世宝""功臣券""元黄天符""乾坤一气"等。此墨烟细胶清，见于袁励准的《中舟藏墨录》，被列为明墨第一品，誉为"已超腧糜上谷而据期生，非隆万制墨家所能及也"。禹碑，又称岣嵝碑、禹王碑，春秋战国时期刻石。碑文的具体内容一直被古文字学家争议考证了几百年。自明嘉靖以来，释文者众多，但文义出入很大，邵格之墨上所选为明嘉靖年间杨慎的释文。

此墨制作者邵格之，是休宁墨派的主要创始人。休宁，前身为休阳县，始建县于东汉建安十三年（208年），隋文帝时，钦定县名为"休宁"，含"吉庆平宁"之义。休宁的名家名墨是徽墨的一个重要组成部分。入明以后，随着经济发展，徽州墨业的发达，休宁籍制墨者逐渐增多，形成了制墨风格近似的手工业者群体，谓之"休宁派"。休宁派中，大多数是无权无势、墨工出身的普通劳动者，优势是制墨经验丰富，技艺超群。除了讲究质量，还在装饰上下功夫，将实用性和装饰性结合，不断地推陈出新，先后制作出一批品牌墨。邵格之所制集锦墨冠绝一时，明末黄宗羲《思归录》将邵格之与方于鲁、罗小华并列。

"邵格之监制"碑形墨藏于中国国家博物馆。

程君房"癸卯解元"墨　明代万历二十九年（1601年）文物。清宫旧藏。明代四大制墨名家之一程君房制。

此墨宽3.1厘米，高7.2厘米。上圆下方。一面圆形中楷书阳文铭"癸卯解元"，铭文上方有米珠遗痕；方形中楷书阳文"古歙岩镇程君房制"。另一面圆形中饰以玉兔蹲卧树下图案，方形中楷书阳文："夜光维河，顾兔在腹，冉冉天相，逮尔场屋。幼博。"一侧楷书阳文"辛丑年造"。"癸卯解元"说明此墨是为癸卯年（万历三十一年，1603年）解元特制的。解元是科举考试乡试第一名的称谓；"幼博"为程君房的字；"辛丑年"为万历二十九年（1601年）。

程君房是明代著名的制墨大师，名大约，字君房、幼博，号筱野、独醒客、玄玄子等，安徽歙县岩寺镇人。明代太学生，善古文，曾仕鸿胪寺序班。程君房精于制墨，选料严格，善于创新，墨肆先后称还朴斋、宝墨斋、玄玄室。他制墨不受陈法约束，博取众家之长，讲究配方、用料。他所制最著名的墨品是"玄元灵气"和"寥天一"，墨以"坚而有光，黝而能润，舐笔不胶，入纸不晕"为特色。程君房制墨有《程氏墨苑》一书，共6部13卷，520余式，按"玄上、舆图、人宫、物华、儒藏、缁黄"等分为六类，此墨为《程氏墨苑·物华》卷8下中的一品。

程君房"癸卯解元"墨藏于故宫博物院。

方于鲁"文犀照水"髹彩墨　明代万历二十九年（1601年）文物。明代四大制墨名家之一方于鲁制。

此墨直径12.7厘米，厚1.6厘米，圆饼形，双面均髹紫色边框，通体漆衣。墨面中间红色长方框内为墨名"文犀照水"。墨背饰文犀照水情景：峰岚危耸，波涛翻滚，犀角火焰熊熊，温峤与仆人伫立矶上，目睹现身水面的魑魅魍魉，画面氛围紧张，动感强烈，山水人物、妖魔鬼怪等髹以红、绿、金等色彩，颇为明艳绚丽。两侧落款，一侧为"万历辛丑（1601年）方于鲁造"，一侧为"菉竹居监制"，阳文楷书。文犀照水之"文"通"纹"，指有纹理的犀角。文犀照水，比喻能洞察事理，典出"燃犀温峤"的故事。据《晋书·温峤传》记载，东晋名将温峤至牛渚矶，

"水深不可测，世云其下多怪物。峤遂毁犀角而照之。须臾，见水族覆火，奇形怪状，或乘马车着赤衣者"。当天夜里，温峤梦见一人责问他："与君幽明道别，何意相照也？"温峤介意此梦，之后不久患病辞世。宋代王安石的《牛渚》诗丰富了此故事内容，并以"阴灵秘怪不欲露，毁犀得祸岂偶然"解释温峤之死的因果。

方于鲁初名大澉，后改名建元，字于鲁，号太玄，徽州歙县人，万历时期歙派制墨的代表人物之一。墨斋称佳日楼、如如室，书室名美荫堂。方氏制墨独创意识较强，敢于大胆试验，诸如"取烟不以稀膏而用桐液""和墨不以漆而用广胶""解胶不以梣皮而用灵芝"等，对制墨工艺的进步起到了促进作用。他辑有《方氏墨谱》，收385种墨图，很多与程君房的墨同名、同图。方于鲁制墨注重装饰，首创髹彩墨和漆衣墨，所制髹彩墨传世稀少。此"文犀照水"髹彩墨，墨质缜密，雕镂精湛，色彩丰富，为方氏所制髹彩漆墨的代表作。

方于鲁"文犀照水"髹彩墨藏于天津博物馆。

方于鲁"文彩双鸳鸯"漆衣墨 明代万历时期（1573～1620年）文物。清宫旧藏。明代四大制墨名家之一方于鲁制。

此墨直径9.6厘米，厚1.6厘米，是《方氏墨谱》第二卷《国华》中的第54式。圆形，通体漆衣，双面饰纹，周围凸起边棱涂金的装饰手法，为典型的明墨特征。正面中央长方形栏框开光髹绿彩，内题识阳文行书"文彩双鸳鸯"5字铭文；开光外左侧近边缘处为阳文楷书"方于鲁制"名款，右侧为阳文楷书"画一星"三字。背面雕饰鸳鸯嬉戏图，一对鸳鸯立

于江岸礁石上，头尾交错，相互凝视，鸳鸯身上髹饰红、绿、金三色彩羽。墨的侧边，镌墨名"大国香"，阳文，楷书。"文彩双鸳鸯"引自《东汉古诗·客从远方来》的"文彩双鸳鸯，裁为合欢被"。鸳鸯是中国著名的观赏鸟类，经常出现在中国古代神话传说和文学作品中，是爱情的象征。此墨墨质细腻坚硬，雕刻精致，纹样华美，为方于鲁传世漆衣髹彩墨的典型之作。

漆衣又称漆皮，是方于鲁首创的一种制墨装饰工艺。此工艺是在成墨上进行刮磨，使之发出光泽。方于鲁制墨精工细作，集实用与艺术为一体，深受时人与后世喜爱，方氏的漆衣、漆衣髹彩为明清徽墨的重要装饰形式。

方于鲁"文彩双鸳鸯"漆衣墨藏于故宫博物院。

孙瑞卿龙凤纹"神品"墨 明代万历时期（1573～1620年）文物。国家文物局拨交故宫博物院。

此墨长19.5厘米，宽6厘米，厚1.4厘米，收录于《四家藏墨图录》。汉碑形，圆首，平底，通体漆衣。墨面饰舞凤图，朵朵祥云间一对凤凰上飞下舞，相对嬉戏；墨首部中间阴文楷书题识"神品"，髹金；左侧边缘近中部阳文楷书"孙瑞卿制"名款，髹蓝彩。墨背饰双龙戏珠图：波涛滚涌，祥云飞翔，两条巨龙腾空翻滚，争夺焰火熊熊的宝珠；龙凤、云水由金、蓝、绿、白、银等多色相间填充而成，金碧辉煌，绚烂多彩。墨的四个侧面为凸起的梅竹纹饰，上部侧面顶端有阳文楷书"孙玉泉"名款。此墨坚硬如玉，纹样生动活泼，动感十足，代表了孙瑞卿的制墨水平。

孙瑞卿，号玉泉，万历时墨工，徽州歙县人，大致与程君房、方于鲁为同时代的制墨名家。所制墨"质如漆，斑驳陆离，似太学石鼓"，墨品有"寥天一""玄精""龙凤""杏花燕子"等，传世墨有"洞天秋月""千镫寸玉"等。孙氏所制墨庄严伟丽，

造诣深厚，对后世影响很大。孙瑞卿开创墨上文字图案作阴文之例，丰富了墨的装饰形式。此锭龙凤纹"神品"墨上的龙凤以阳纹线条表现，饰纹的整体轮廓凹陷于墨面的装饰方法，为中国墨装饰阴纹的肇始之作，是徽州墨业制作工艺中的一个里程碑。

孙瑞卿龙凤纹"神品"墨藏于故宫博物院。

孙隆清谨堂乐女墨 明代万历时期（1573～1620年）文物。清宫旧藏。

此墨高6厘米，最宽2.2厘米，厚1.3厘米，重12克。油烟墨，漆衣，雕作女伶形象。正面乐女背倚太湖石，怀抱阮咸（中国古代乐器的一种，传为"竹林七贤"之一的阮咸所造），低眉垂首，作弹拨状。背面嵯峨的太湖石上部题识楷书阳文"清谨堂制"，"清"字偏旁略有磨损。

此墨是太监孙隆为讨神宗欢喜，请名墨家制作，奉献给皇帝的贡墨。孙隆（1530～1609年），字东瀛，直隶三河人。嘉靖年间入宫，万历初为司礼监太监。受神宗皇帝宠爱，两次奉命钦差苏杭等府提督织造，并兼任苏、松、常、镇四府税监。他所监制的"清谨堂"墨多

见于明代文献资料，如刘若愚《酌中志》云："（孙隆）所造清谨堂墨，款制精巧，犹方于鲁、程君房，而剂料精细，为殊胜焉。神庙最重之，今不易得也。"沈德符《万历野获编·新安制墨》曰："孙司礼隆在江南所造清谨堂颇精，以出内臣手，不为银泓所贵。"贡墨是进呈给朝廷或地方政府的墨，按照来源不同，贡墨又可以划分为两种：一种是地方官吏为讨好皇帝，不惜工本托付墨家特制的；另一种是封建国家将它作为"方物"，向一些特定的地方省份强行征要，且须按年份向朝廷进贡的，称为例贡。孙隆清谨堂制墨属于前者。此墨式样新颖，做工精细雅致，系明墨精品。

孙隆清谨堂乐女墨藏于故宫博物院。

"金凤元家藏珍珠香墨"墨　明代文物。清宫旧藏。

此墨长8.7厘米，宽2.5厘米，厚0.7厘米，重25.5克。漆衣，圭形，中间纵向装饰扉棱，面凸背凹。墨面题识分布扉棱两侧，一侧为"龙飞宣德岁次甲辰宫在应钟鉴"，一侧为"撰新安金凤元家藏珍珠香墨"，楷书，阳文。墨背扉棱两侧上端分别为祥云托日、祥云托月图，日内金乌飞翔，日下刻铭"定州惟幕有"；月内玉兔捣杵，月下刻铭"安社稷之勋"，均楷书阳文。应钟是明代苏州、无锡地区木板刻工；"宣德"是指宣扬皇帝的德化。此墨为漆衣墨，又称漆皮墨，即在墨的表面髹一层漆皮增加亮度与美感。漆衣墨肇始于明代万历年间（1573～1620年），由制墨名家方于鲁所创，兴盛于清代乾隆时期。漆衣墨不但表面润滑，黝黑光亮，质量也较好。

此墨为文人自制墨，也称文人自怡墨，是文人墨客、社会名流等根据个人情趣喜好，请墨家制作的专用墨。文人自制墨这一风俗由东魏韦诞（仲将）开风气之先，历代沿袭，至清不衰。南唐韩熙载所制造的"麝香月"墨、宋苏轼制造的"雪堂义墨"，都是早期文人自制墨的代表作。至明清，文人自制墨达到高潮。明代方于鲁为吴万化制的"写经图"墨、程君房墨店代吴申伯制的"百老图"墨都是为文人制墨的例子。因是按需定制，这种墨所用烟料讲究，刻饰图案、花纹精致，做工细腻。自制墨的工料、图案、形式由委托者审定，因而形式多样，品质优良，是艺术墨中的佼佼者。从题识上看，文人自制墨有几种：本人委托制墨者所做的自怡性墨；嘱托制墨者定做的馈赠亲友之墨；记事咏怀及数人相约委托制墨等。在委托制墨转赠他人的自制墨中，有一种题识为"某某制呈"的字样，是专门用于送礼的，为明清会考制度的衍生物。其时一些新中进士返乡省亲时，通常将自己中进士的文章刊印出来，再配上笺、墨，以及其他土特产，拜访沿途经过的府县官员及地方显贵，请求关照与帮忙。

"金凤元家藏珍珠香墨"墨藏于故宫博物院。

程君房"题丁南羽百爵图"墨　明代天启元年（1621年）文物。

此墨直径12.3厘米，厚1.7厘米，重314克，绿色彩墨，圆饼形，边缘凸起。墨面为百雀图，山石间梅竹为友、百雀云集，或觅食，或嬉戏，或攀枝喁喁，千姿百态。梅花绽开，翠竹摇曳，奇石峻峭。整幅画面层次分明，动静咸宜。因"雀"字谐音"爵"字，所以名叫"百爵图"。墨背为楷书阳文"题丁南羽百爵

图"七言诗："丁生画手妙入神，间画禽鸟皆逼真。顷余墨苑收名笔，却看百爵图中出。图式如规径尺余，群飞群啄仍萧疏。一时见者殊惊异，咸说林良远不如。百爵联翩谁作长，无竟未须愁俯仰。鲲鹏变化本逢时，九万排云能直上。圣朝将相多才贤，盖世勋名四海传。期尔丹青都市里，为图高阁拟凌烟。"钤"程幼博"篆书长方印，填金。侧面阳文隶书"天启元年程君房制"款。

制墨名家程君房卒年不详，此墨在《程氏墨苑·物华》卷八下有记载。程君房制墨纪年多为万历时期（1573～1620年），此锭绿色彩墨为天启者甚少见。中国国家博物馆收藏的"非烟程君房监制"百爵图墨直径12.9厘米，厚2厘米，纹饰图案与铭记，与此件"题丁南羽百爵图"墨相同，但墨落款为"程大约"，并钤"幼博"二字印。

程君房"题丁南羽百爵图"墨藏于安徽博物院。

吴去尘"墨光歌"墨 明代崇祯时期（1628～1644年）文物。清宫旧藏。

此墨长8.7厘米，宽4.2厘米，厚0.9厘米。本色墨，圆角长方形。墨面有边框，框内为《墨光歌》："品茶欲白墨欲黑，古人风雅千秋隔。于今谁复弄苍烟，扫尽寒灯夜无色。神工和剂甚苦心，捣兰屑玉用意深。千声敲冷春山月，四壁寒凝丹鼎金。空斋清昼陈帘里，新水才添白玉洗。宣州石砚雪洒残，翰走烟云儿卤起。古香微觉染罗衣，银屏激射桼影寒。酒徒醉眼夺岩电，美女双鬟败碧辉。坡仙雪堂数千铤，昔间欣赏同彝鼎。只从边上付鱼吞，忍使玄心类秋种。湛晴老铁讵可齐，坚光未许李廷珪。淋漓床上书千卷，却笑胡人黑暗屋。梅花阁里春得老，斗茶试墨成峦讨。归来不入黑甜乡，为君题就墨光草。"其后有"为去尘兄词作光歌""钱塘社弟潘之淙无声甫"及"之淙"长方小印。墨背上部方形开光

内题识："崇祯元年八月朔始，至三年春二月望止，共采烟一百六十三两，炼墨八十九锭止一。"钟鼎文，阳文，记叙吴去尘两年多时间中制墨情况。侧面题识"延陵吴去尘藏墨"，篆书，阳文。此墨细腻坚硬，铭文字小如粟，端丽清晰，代表了吴去尘的制墨水平，墨背铭文对研究吴氏制墨颇有价值。

吴去尘，名拭，一名名望，号逳道人，生卒年不详。明末清初制墨家，休宁人。工书画，兼善制墨，墨肆名浴砚斋。康熙版《徽州府志》记载他"生平制墨及漆器精妙，人争宝之，其墨值白金三倍"。吴去尘制墨不加漆衣，深得唐宋遗意，在天启、崇祯时"始为博古，新样品目至六十余种"，主要墨品有"无名朴""袭明""国宝""紫金光聚""写经墨""不可磨"等。但传世品中，赝品多于真品。吴氏制墨因"坚硬锐利""磨口截然，如昆刀之切玉"，备受文人士大夫喜爱。

吴去尘墨光歌墨藏于故宫博物院。

"叶玄卿世藏真赏定武兰亭"墨　清代康熙时期（1662～1722年）文物。国家文物局拨交故宫博物院。

此墨直径12.5厘米，厚1.7厘米。圆形，边缘凸起。墨面饰"兰亭修禊"景象：层峦起伏，幽涧回环，茂林修竹，文人墨客散坐其中，参与曲水流觞之会。墨背铭阳文楷书"定武兰亭"，序文末署"叶玄卿世藏真赏"款识。

此墨面"兰亭修禊"图源自东晋的兰亭集会，东晋永和九年（353年）三月三日，东晋书法家王羲之与谢安、孙绰等41人，在山阴兰亭"修禊"时饮酒赋诗，王羲之乘兴写下了《兰亭序》。兰亭集会的题材不仅成为书画的

表现内容，墨、砚等文房用具也雕饰此类图案。"定武兰亭"为《兰亭序》帖石刻名，唐太宗喜爱晋王羲之父子书法，得到王羲之《兰亭序》真迹后，命书法家欧阳询摹本拓刻于学士院。五代梁时，帖石移置汴都，后因战乱遗失。北宋庆历年间发现帖石，置于定州州治，后将石刻移于宣和殿存放。北宋亡，石也散失不传。因宋时定州属定武郡，所以称此石刻及拓本为"定武兰亭"，或"定武石刻"。叶玄卿，休宁人，生卒年不详，万历时期徽州制墨家，别号如道人、玄玄子，斋号苍苍室。叶氏原为桑林里墨斋手下工匠，后自立门户，成为休宁派中的后起之秀，名声仅次于程君房、方于鲁。子孙继承其业，仍以"叶玄卿"为名，一直活跃到康熙时期。由于避康熙皇帝讳，不仅他后代所制墨将"叶玄卿"改为"叶元卿"，他本人作品也有被毁，有的则改"玄"为"元"，所以墨品流传至今者较少。

"叶玄卿世藏真赏定武兰亭"墨藏于故宫博物院。

吴天章"龙宾十友"墨　清代康熙时期（1662～1722年）文物。国家文物局拨交故宫博物院。

此套为集锦墨，盛于长方形天包地式黑

色漆盒中，盒面上部题识"龙宾十友，结契文房，金兰胶漆，既坚且芳"，侧钤"倬印""天章印"两方印章，下部彩绘花瓶、花盆等博古图。龙宾为守墨之神，是墨的雅称；十友指与墨共存的文房用品：琴、砚、纸、笔、镇纸、臂搁、竹简、剑和书。"龙宾十友"墨共10锭，大小不同，造型各异，包括"宣和御砚""谁梦此李谪仙""一床书""开卷有益""筑阳石""竹臂搁""古竹策""峄山桐""丰城双剑"和"龙纹"。

"宣和御砚"墨为长方形，长7.5厘米，宽3.3厘米，厚0.8厘米；墨面为砚形，四周饰云龙纹，上端题篆书铭"宣和御砚"，涂金；墨背行书四言诗"鸲眼鲜明，端溪上品，久伴龙香，尚存余渖"，墨顶楷书"天章氏仿古"。

"谁梦此李谪仙"墨为委角长方形，长5.6厘米，宽3.6厘米；墨面题识行书"谁梦此李谪仙"，下有"吴倬""天章"两方印；墨背刻绘书案，案上置文房用具。"一床书"墨为长方形，长5.4厘米，宽3.2厘米；通体漱金，墨面上端题楷书识"一床书"，下部饰床榻，上叠放书籍；墨背四边饰云雷纹，内题行书识

"天章"，填绿。"开卷有益"墨为委角方形，长3.6厘米，宽3.5厘米；墨面上部题隶书"开卷有益"，下有"天章"填金椭圆印；墨背饰卷轴书卷图。"筑阳石"墨为长方形，长4.8厘米，宽3.5厘米；墨面上部右侧题楷书"筑阳石"，填蓝，下部饰筑阳石图；墨背题行书"贞坚自有分，戴叔伦句"，填蓝、填金。"竹臂搁"墨为长方形，长10.4厘米，宽3.4厘米；墨面上部饰翠竹图，下端右下角为□□长方印，填金；墨背行书"龙蛇飞舞，挥洒方浓，左宜右宜，维君之功，天章氏"。"古竹策"墨为委角长方形，长11厘米，宽1.5厘米；墨面隶书"古竹策，吴天章摹"；墨背行书"左之策，以漆书，天章墨，漆弗如"，其下为"叶良仪赞"及"简崖"椭圆形印。"峄山桐"墨为古琴形，长11.03厘米，宽2厘米，厚0.9厘米；墨面上部楷书"峄山桐"，填绿，下部饰缠枝牡丹图；墨背饰牡丹花卉图案，纹样均髹彩。"丰城双剑"墨为长方形，长10.3厘米，宽1.4厘米，厚0.8厘米；墨面上部楷书"丰城双剑"，填金，下部饰双剑图；墨背篆书"物华天宝"，填金。龙纹墨为长条形，长13.5厘米，宽1.3厘米；墨面饰漱金龙纹，墨背楷书"美哉良琛，产于玄圃，追逐其章，永珍册府，天章氏鉴制"。

"集锦墨"是指由多锭墨构成的成套墨，一般几锭、十几锭为一套，也有几十锭为一套的。集锦墨初现于明嘉靖时期（1522～1566年），是制墨发展到一定程度，墨作为商品被极端装饰化的产物。明天启年间（1621～1627年），歙县潘嘉客借鉴并仿效休宁派的做法，涉足集锦墨，拉开了歙派制作集锦墨的序幕。

入清以后，集锦墨成了王公贵族、文人雅士的馈赠佳品、文玩新宠，有了更加广阔的市场前景。无论休宁派还是歙派，都以精制集锦墨为能事，制作精良，百般花样的集锦墨风行一时。到了康熙年间（1662～1722年），集锦墨的制作进入鼎盛期，名家辈出，名品多现。

吴天章，名倬，休宁人，清初制墨家，肆名青琅轩、阗然室。所作集锦墨广泛流行，传世作品较多，但有纪年的稀少。此套集锦墨用料考究、墨质坚细，墨模的雕刻、绘图、题识，以及装墨的囊匣等都十分精致，代表了清初集锦墨的工艺水平，也展示了相配套的多个方面的艺术成就。

吴天章"龙宾十友"墨藏于安徽博物院。

曹素功"紫玉光"白岳图墨　清代康熙六年（1667年）文物。

此套为集锦墨，一套20锭，长5.9厘米，宽2.2厘米，厚0.8厘米，清代四大制墨家之一曹素功所制。每锭附白绫题识，分别为五老峰、罗汉影、玉屏峰、紫玉屏、剑峰、万寿山、狮子峰、香炉峰、沉香洞、天柱峰、拱日峰、珍珠帘、一天门、展诰峰、白岳峰、碧霄峰、栖真岩、桃源洞天、云龙潭、环峰拱秀。长方形，其中五老峰、罗汉影、玉屏峰、紫玉屏、剑峰、拱日峰、珍珠帘、一天门、展诰峰、白岳峰上端为折角。20锭墨的装饰形式相同，通体糁金。正面左侧上部为楷书的墨品名"紫玉光"，阴文填蓝。中部、右侧为题识与印章，包括阳文楷书"天都曹素功制""新安曹素功鉴定""古歙曹素功珍藏""艺粟斋主人仿古法墨"；阴文填蓝楷书"康熙丁未年制"年款；"白岳铺翠""曹素功藏""不可无""陶朱主人""笙簧文苑""玉堂清赏""子孙宝之""艺粟斋""曹素功氏""曹素功墨""艺粟斋藏"等长圆形、方形印。背面上端为楷书的景观名，阴文填蓝，

下部镌刻其景致图。

曹素功（1615～1689年），名圣臣（原名孺昌），字昌言，一字荩庵，号素功，安徽省歙县岩寺镇人。为清代四大制墨名家之首，有"天下之墨推歙州，歙州之墨推曹氏"之誉。肆号艺粟斋，著有《曹氏墨林》，载曹氏所制的18种名品墨分别为"紫玉光""天琛""苍龙珠""天瑞""豹囊丛赏""青麟髓""千秋光""笔花""岱云""寥天一""薇露浣""非烟""香玉五珏""文露""紫英""漱金""大国香"和"兰烟"。曹素功擅制集锦墨，所制的18种名品墨如"紫玉光""天琛""苍龙珠""天瑞""豹囊丛赏"等都是集锦墨。他早期继承明末吴叔大的玄粟斋，用吴氏的墨模制墨，后避康熙讳改"玄粟斋"为"艺粟斋"。曹墨承传了十三世，经历发展壮大、盛极而衰的三个阶段。

"紫玉光"墨是曹素功18种墨中的第一品，不仅是曹氏的得意之作，也为同时代人称道，最初的"紫玉光"墨为"黄山图"和"白岳图"两个题材的集锦墨。"黄山图"共36锭，以黄山36峰风景为主题，一锭一景，合起来构成一幅完整的"黄山图"；"白岳图"共20锭，以白岳20景为主题。"紫玉光"是曹素功艺粟斋世代传承的重点墨，虽然随着时代发展，墨的设计、制造有所创新变化，但都没有超越康熙时期曹素功所制，所以此套墨是曹素功最具代表性的作品之一。

曹素功"紫玉光"白岳图墨藏于安徽博物院。

汪近圣"青麟髓"墨 清代（1644～1911年）文物。

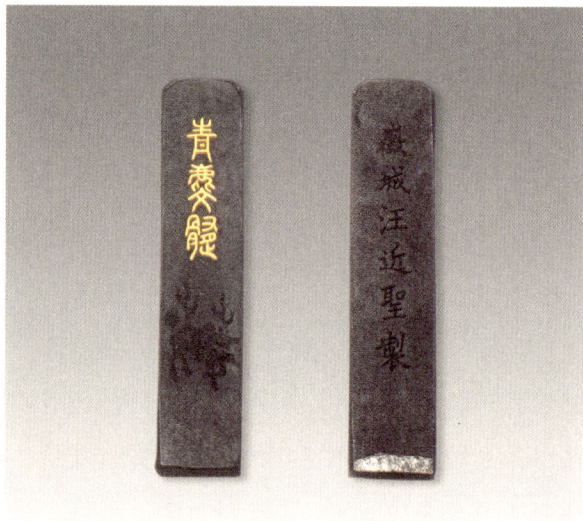

此墨为一套两锭的集锦墨，清代四大制墨名家之一汪近圣所制。两锭墨形制、大小相同，均长5.9厘米，宽1.2厘米，厚0.5厘米，委角碑形。墨面上部为篆书填金阴文"青麟髓"，下部饰一麒麟；墨背为楷书阳识"徽城汪近圣制"。此墨黝黑亮泽，为汪氏制墨佳品之一。"青麟髓"为明代徽州制墨家推出的墨品之一，初现于方于鲁制墨，后为明清徽州制墨家们沿用继承。

汪近圣，清代制墨名家，名元林，字鉴古，徽州绩溪县尚田村人。汪氏原为曹素功家墨工，康熙末年在徽州府城自立门户，开设鉴古斋墨店。所制墨"光可鉴人，锋可裁纸"，质精艺绝，得到乾隆皇帝褒扬，称他"得真法"。有"今之近圣，昔日之廷珪也"之誉，为徽州制作御墨的名家之一。儿子惟高（兆瑞），孙炳宇、君蔚、穗岐，曾孙天风均好制墨。乾隆六年（1741年），清廷向徽州征召"制墨教习"，兆瑞应诏，赴京教习内务府墨官制墨，传世乾隆时期内务府制作的御墨有出自汪惟高之手者。孙子汪炳宇将汪氏制墨辑录为《鉴古斋墨薮》4卷，收录近圣、惟高父子所制墨88种，其中很多为御制墨品。

汪近圣"青麟髓"墨藏于安徽博物院。

汪节庵"名花十友"墨　清代（1644～1911年）文物。

此墨为集锦墨，一套10锭，长方形，长10.7厘米，宽4.4厘米，清代四大制墨名家之一汪节庵制墨。墨面雕饰描金折枝花并加花名题识，分别为桂花"仙友"、菊花"佳友"、梅花"清友"、莲花"浮友"、海棠花"名友"、酴醾"韵友"、茉莉花"雅友"、沈丁花（瑞香）"殊友"、蔷卜（即蔷卜，梵语，花树名，栀子花，一说郁金香）"禅友"、芍药"艳友"。墨背均为"名花十友"墨品名题识，为真、草、隶、篆四种书体。墨左侧面为"汪节庵仿制"阳文楷书落款。此套名墨采用阳线与浅浮雕相结合并加饰描金的装饰手法，使花卉生动俏丽、雍容华贵，体现了清代墨艺的审美情趣与风格。

汪节庵，名宣礼，字蓉坞，号节庵，徽州岩寺镇信行村人。墨肆名函璞斋，与曹素功艺粟斋、汪近圣鉴古斋并驾齐驱。曹素功墨店迁移苏州后，汪节庵取而代之，成为徽州制墨业杰出人才，所制墨常被官吏选作贡品。汪节庵擅制集锦墨，所制名品墨有"兰陵氏书画"墨、"名花十友"墨、"御题西湖十景诗"墨、"新安江大好河山"墨等。

"名花十友"为墨之纹样的装饰题材出现于明代《方氏墨谱》："昔宋曾瑞伯以十花为十公友，谓桂仙友……蔷卜禅友，各为之词。张敏叔又以十二花为十二客，各赋以诗。余因戏辑为诸墨，一曰名花十友，一曰名花十二客。"

汪节庵"名花十友"墨藏于故宫博物院。

"大清乾隆年制"四库文阁诗墨　清代乾隆时期（1736～1795年）文物。清宫旧藏。

四库文阁是为贮存四库全书而建。乾隆三十七年（1772年），朝廷组织编纂大型图书《四库全书》，书成后分抄7套，专门建造南北7座书阁存放，此套墨所选为北方四阁，即故宫内的文渊阁、圆明园内的文源阁、热河（承德）的文津阁及沈阳的文溯阁。

此集锦墨为徽州汪近圣鉴古斋制品。一套5锭，分别是文渊阁墨、文津阁墨、文源阁墨、文溯阁墨和十二地支墨，5锭墨边框均凸起，文字描金。文渊阁墨为磬形，长15.6厘

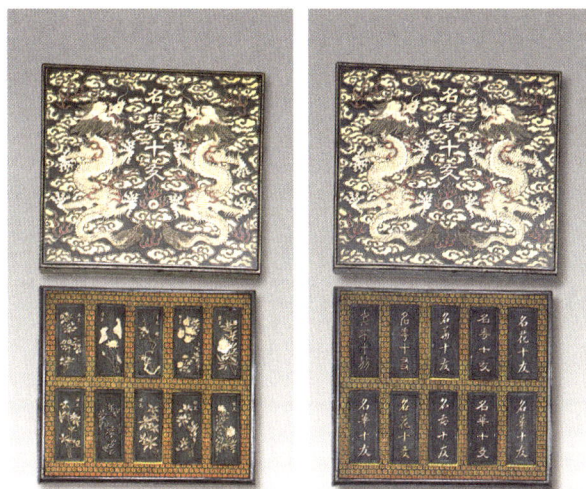

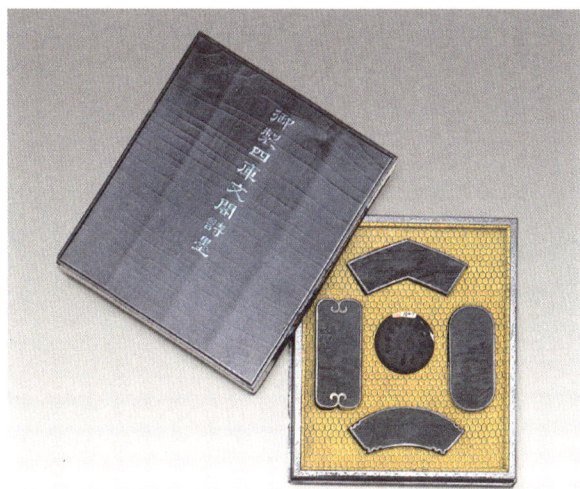

米，宽4.9厘米，厚1.9厘米，正面楷书御题文渊阁诗，背面镌刻文渊阁图景，右侧阳文楷书"文渊阁墨"。文津阁墨作圆角长方云头形，长13.8厘米，宽6.2厘米，厚1.9厘米，正面楷书御题文津阁诗，背面镌刻文津阁图景，右侧阳文楷书"文津阁墨"。文源阁墨作牛舌形，长13厘米，宽5.8厘米，厚1.9厘米，正面楷书御题文源阁诗，背面镌刻文源阁图景，右侧阳文楷书"文源阁墨"。文溯阁墨作扇形，长15厘米，宽4.9厘米，厚1.9厘米，正面楷书御题文溯阁诗，背面镌刻文溯阁图景，右侧面阳文楷书"文溯阁墨"。四锭墨正面的御题诗后都有"臣彭元瑞敬书"题识，左侧面均有阳文"大清乾隆年制"年款。十二地支墨作圆形，直径7.6厘米，厚1.6厘米，正面中心圆形开光中央为篆书"御制"二字，其外环螭纹，开光外分别环以楷书十二地支名和乾隆皇帝御制七言诗，背面雕饰十二生肖。彭元瑞，字辑五，江西南昌人，乾隆年进士，官至工部尚书。此套墨质地细腻，装潢精美，是乾隆时期制墨的代表作。

"大清乾隆年制"四库文阁诗墨藏于故宫博物院。

胡开文"大富贵亦寿考"五色墨　清代文物。清宫旧藏。

此彩色集锦墨是清代四大制墨名家之一胡开文墨店制品。一套5锭，装于黑漆描金彩色双龙戏珠纹漆盒内，盒盖面中央有描金隶书"大富贵亦寿考"。五锭墨分别为红、蓝、绿、白、藕荷五色，除颜色外，大小、形状、规格、图案完全相同，长方形，长16.3厘米，宽3.6厘米，厚1.2厘米。墨面阳文隶书"大富

贵亦寿考"，填金，下方为"仿易水法造"填金印款；墨背雕饰涂金牡丹异石图案，寓富贵寿考之意。"大富贵亦寿考"典出唐将郭子仪，他因平息安禄山叛乱有功，升至中书令，后又进封汾阳王。戏曲作品中，郭子仪有七子八婿，都是朝廷命官，郭子仪寿高84岁，人们羡慕其官高位显，儿孙满堂而长寿，恭维他是"大富贵亦寿考"。

胡开文（1742～1808年），原名胡正，字柱臣，号在丰。徽州绩溪县上庄乡人，清代制墨名家、墨业创始人之一。胡开文出生于商人家庭，乾隆二十年（1755年），到休宁县城内汪启茂墨店当学徒，被汪启茂招为女婿。乾隆四十七年（1782年）接替汪启茂家老店经营墨业，取南京贡院内悬挂的"天开文远"匾额中的"开文"二字作为店号，将"汪启茂墨店"改为"胡开文墨庄"。胡墨以"拈来轻，嗅来馨，磨来香"见长，一度被誉为"中国的墨柱"。胡氏所制的仿古墨，质地坚实，黝黑光洁，具有代表性的品种有"苍佩室墨""千秋光""乌金"等，所制集锦墨长期作为贡品。胡开文是清代极有影响的制墨大师之一，与曹素功、汪近圣、汪节庵并称清代四大墨家。民国4年（1915年），胡开文后人所制的"地球

墨"获巴拿马博览会金奖，使胡开文墨业又一次大放光辉。后世所见题以"苍佩室"墨的墨品工艺精湛，配方讲究，多以胡家老法制造。

胡开文"大富贵亦寿考"五色墨藏于故宫博物院。

汪心农"菊香膏"墨 清代乾隆五十六年（1791年）文物。1958年收购。

此套为本色墨，盛于天包地式黑漆长方匣内。一套8锭，长方形，顶端为圆弧状，长9厘米，宽1.5厘米，厚0.8厘米。墨面上端中央嵌一粒米珠，下为楷书阴文墨名"菊香膏"，填蓝；墨背楷书阴文"乾隆辛亥心农制"，也填蓝。此套菊香膏墨为汪心农传世墨的代表作。

菊香膏是明代一种具有菊花香味的胶，据清代徐康所著《前尘梦影录》记载："（汪心农曾经）得明季阿胶一巨篚，嗅之有菊花香，遂自制墨。最上乘者曰白凤膏，背'心农氏制'；其次曰菊香膏。"可见，汪心农用菊花香阿胶所制墨即菊香膏墨。前述两种外，汪氏所制菊香膏墨还有两种，分别为"知其白""心农氏制"和"知其黑""心农氏制"。随园主人袁枚曾经托汪心农用菊香膏料制墨，包括"秋帆尚书吟诗之墨随园袁枚制""思元主人吟诗之墨随园叟袁枚恭

制""敬斋相公吟诗墨仓山叟袁枚制""雨窗先生吟诗之墨随园叟袁枚制"和"丽川中丞吟诗之墨随园叟袁枚制"数锭。嘉庆中期，菊香膏胶料用尽，菊香膏墨不复存在。汪心农，名谷，字心农，号琴田，安徽休宁人。精书法，善制墨，肆名试砚斋。汪心农墨赝品很多，但长方形、厚阔边两面皆作漆、面铭"五百斤油"、背题"冬心先生造"的多为真品。

汪心农"菊香膏"墨藏于故宫博物院。

"新安詹成圭仿古制"瓦砚墨 清代文物。

此墨形仿古瓦形砚。长8厘米，宽3.5厘米，厚0.6厘米，形似汉代瓦砚形。圆形砚堂内填金行草书"纹如犀，质如玉，法沿于超，迈于谷"，下钤"从先"印；墨背楷书"新安詹成圭仿古制"。

詹成圭，原名詹玄生（1679～1765年），字成圭，为避康熙皇帝名讳，改"玄"为"元"或"兹"。避讳是中国传统文化中特有的一种现象。为避免直接说出或写出君主或祖先尊长的名字，书写时凡遇到应避讳的字，就要缺笔或易字，如汉文帝名"恒"，就改"恒山"为"常山"。说或读到要避讳的字时也要改变原音。明代制墨家的人名、墨品或墨肆名，常用到"玄"字，如"玄元灵气""九玄

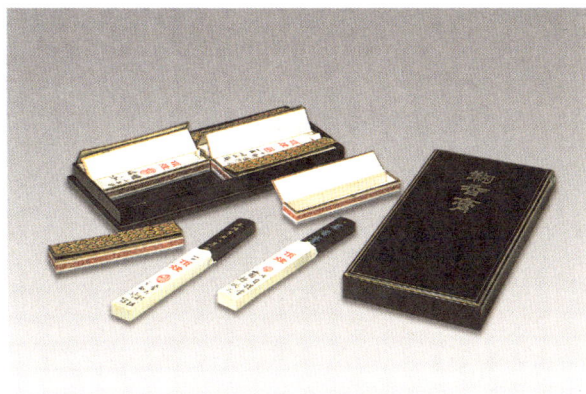

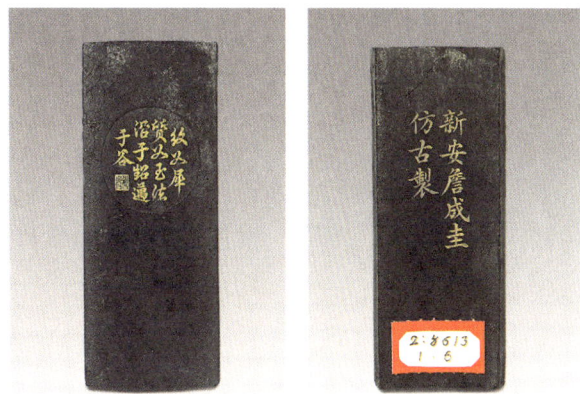

三极""玄粟斋""叶玄卿""方谵玄"等等。到了清代康熙皇帝时，由于其名玄烨，为避讳"玄"字，遂将有"玄"字的改为"元"字，或将"玄"字最后一笔去掉。在处理有"玄"字的明代墨时，或挖去"玄"字，或直接将墨毁掉。明清两代凡有"玄"字的墨如不是仿造假品，就是康熙以前的作品。如"玄"改写"元"或缺一笔当是康熙以后的作品，"玄"字成为判定墨的年代的重要依据。道光皇帝名旻宁，为避讳其名，休宁派治墨名家特将所制墨题识中的"休宁"改作"休城"或"休邑"。所以休宁派作品题识"休宁"的制作属于道光前，作"休城"或"休邑"的制作于道光后。詹元生出身婺源制墨世家，是婺源派制墨业代表人物之一。墨业传四世，延续200余年。此瓦砚墨的"新安詹成圭仿古制"为詹成圭家族制墨常用款识。

明清两代安徽制墨分歙派、休宁派与婺源派，婺源派集中在詹姓家族，百余家的婺源墨铺中，詹姓占据80多家，其中詹成圭家族制墨跨明清两代，经久不衰。

"新安詹成圭仿古制"瓦砚墨藏于安徽博物院。

肩水金关纸　汉代文物。1973～1974年，甘肃省居延考古队对金塔县甲渠候官、甲渠塞第四隧和肩水金关三处遗址进行了发掘，在肩水金关遗址出土了2片麻纸。

此纸长21厘米，宽12厘米，较大一片麻纸色泽白净，薄而匀，质地细密坚韧，含微量细麻线头。与这片麻纸同一处出土的简牍最晚年代是宣帝甘露二年（前52年），此纸的年代应与之相近。另一片麻纸为暗黄色，质地较为稀

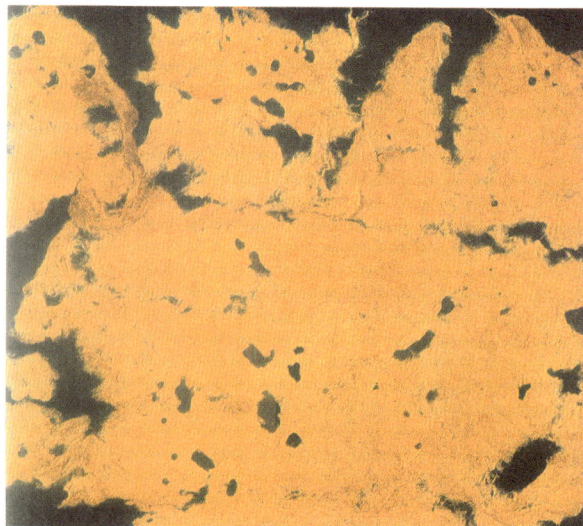

松，含麻筋、线头和碎麻布块，出土地层属于哀帝建平（前6～前3年）以前。轻工业部造纸研究所对这两片麻纸进行了分析检验，证明这两片麻纸是由白色的废旧麻絮、绳头、线头、布头并混入少量丝质材料制成。从纸的结构来看，这两片纸在制作过程中经过了初步舂捣和一定程度切断，但没有经过正式的荡料抄造过程，质地粗糙松弛，表面凹凸不平，纤维束多并起毛。从造纸历史角度分析，这两片纸可以视为纸的雏形和原始纸。由于居延一带的烽燧在西汉和东汉时期都在使用，且这一带战事频繁，对地层和器物的埋藏会造成干扰，因此不能确定此纸为西汉时期所制。

据文献记载，中国在西汉时期已有絮纸。人们在煮漂蚕丝的过程中，将蚕丝置于竹席上打絮，打出的上乘者为绵，剩在竹席上的残絮晾干后取下，成为一层薄薄的絮片，即为絮纸。《汉书·外戚传》中提到用包药的赫蹏写字，赫蹏就是一种絮纸。絮纸是一种丝质纸，其成形主要依靠本身所含有的丝胶，而后代植物纤维造纸则需要经过锉、沤、煮、洗、捣、抄、脱水、干燥等工序才能成形。人们仿用古

代制造丝絮纸和其他漂絮的方法，将麻絮、绳头等槌洗，经晾干后收集起来，可以获得一种较为平坦的效果，这就是纸的雏形。这种纸经过了切断和槌洗的过程，但没有对纤维作充分舂捣、分散，没有抄纸、定型、干燥等过程，因而纸的结构松弛，强度低，表面凹凸不平，多麻筋、线头，满足不了书写的要求。这种纸是从絮纸到蔡侯纸的中间产物，尚不能作为书写材料，但已为纸的发明奠定了基础，其价值不可小视。

肩水金关纸藏于甘肃省博物馆。

马圈湾纸　汉代文物。1979年，甘肃省博物馆文物队与敦煌文化馆组成汉代长城调查组，对马圈湾汉代烽燧遗址进行试发掘，共出土实物337件及1200多枚简牍。其中出土麻纸8片，出土时均已被揉皱，颜色有黄色、土黄色和白色，质地有的细匀，有的粗糙。

此纸长32厘米，宽20厘米，麻纸，纸面呈白色，纸片结构较松弛，纤维分布均匀，略现麻布纹。根据同地出土的简牍年代判知，这批麻纸残片的年代最早为元康元年（前65年），最晚为王莽地皇二年（公元21年）。轻工业部

造纸研究所对其中两片麻纸样品进行了分析检验：马圈湾出土的古纸片具备了相应的使用价值，而且这种纸显示了明显的纸结构现象，并非采用简单生产方法制作而成，而是运用了加填、涂布等加工工艺。由此推断，这批麻纸应是东汉蔡伦发明造纸术后所制作的纸张。

西汉时期，雏形纸已出现。东汉时期的蔡伦总结西汉以来造麻纸的经验，发明一套完整的工艺方法，制造出一种真正意义上的纸。蔡伦，东汉桂阳人，曾任主管御用器物的尚方令，是造纸术的发明者。他将经过处理的树皮和渔网增加到新的造纸原料中，进一步提高了麻纸的质量，后人将蔡伦改进后制造的纸称为"蔡侯纸"。《东观汉记·蔡伦传》和《后汉记·蔡伦传》中明确记载了蔡伦造纸所用原料，即树皮、麻头、敝布、旧渔网等。这种纸的成本低，产量大，书写方便，是造纸技术的一次飞跃。马圈湾纸的结构表明，当时已使用加填、涂布等纸张加工工艺，纸张的性能得到改善。可见，这一时期的纸张品质得到了提高，完全达到书写的要求，也预示着书写材料的变革即将来临。

马圈湾纸藏于甘肃省博物馆。

"大般涅槃经第八如来性品"白麻纸　北朝时期（386～581年）文物。在甘肃敦煌藏经洞中发现。

此经纸纵27.6厘米，横332厘米，经文抄写在白麻纸上，纸面呈白色，较为光滑，质地细薄。经文由8幅麻纸连接而成，每幅纸上书写经文27行，每行17字。该经由专门的写经人抄誊，字体端正。这是大乘佛教的五大经典之一，主要宣说如来常住、涅槃常乐我净、一切

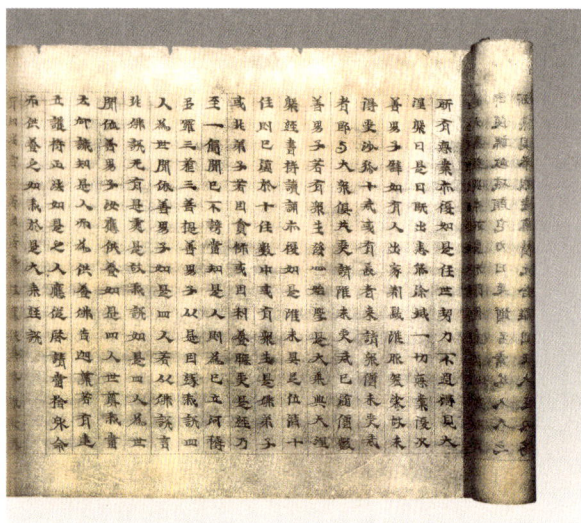

众生悉有佛性等教义，在中国佛教史上具有较高地位。

　　麻纸的名称源自造纸原料，根据颜色有白麻纸和黄麻纸两种，其质地坚韧，耐久性强。麻是最早被使用的造纸原料，考古发掘的早期纸张多为麻纸。麻在中国有着悠久的栽培历史，商周以来在黄河流域多有种植，为纺织和造纸提供了原料。在植物纤维中，麻类纤维的性能最佳，适宜造纸，处理过程简单。自造纸术发明以后，麻纸在纸产品中一直占有主导地位。随着造纸技术的提高，麻纸的表面由粗糙变得平滑洁白，质地细薄，结构较紧密，纤维束较少，并有明显的帘纹。早期麻纸，受到纸槽、抄纸帘、抄纸技术等因素的限制，纸幅不大。如需大幅纸张，则要将多张纸粘接起来，此写经就是由8幅麻纸连接而成。甘肃敦煌莫高窟藏经洞中发现的纸质文件多半为佛经，人们也将用于抄写佛经的纸张称为写经纸。在南北朝时期，人们尊崇佛教的主要表现形式是雕造佛像和抄写佛经。隋唐时期，抄写佛经的风气日盛，佛教僧侣也鼓励信徒大量抄写佛经，或从寺院购买抄写好的佛经，以得到佛的保佑。因而，作为佛经载体的纸张被保留了下来，才让人们得以了解早期纸张的情况。

　　"大般涅槃经第八如来性品"白麻纸存于甘肃省敦煌研究院。

　　"二娘子家书"白麻纸　唐代文物。民国2年（1913年），文物鉴赏家许承尧在甘肃发现。

　　许承尧是光绪二十年（1894年）举人，光绪三十年（1904年）进士，点入翰林。应甘肃督军张广建之邀到甘肃任职，曾受命到敦煌莫高窟藏经洞鉴定和整理文物资料。在整理一件残破的经卷时，他发现经卷裱褙上有文字。待将纸张剥离后发现，这是唐人在破卷上补贴的一张纸条。

　　该张纸条是一名唐代女子写给母亲的家书，因书写者是"二娘子"，所以称为"二娘子家书"。许承尧得到此家书后，兴奋异常，称之为稀世珍宝，并在"家书"上钤印自己的收藏印章"歙许苣父，游陇所得"。许承尧将这封"家书"带到北京，与同乡好友和学者吴承仕、汪鞠友、程炎震、李景堃、何振岱等共同鉴赏研究，后分别题跋、吟咏，并装裱成同样大小的三页，连同"二娘子家书"一起合装成册。1953年，许承尧后人将这件书信捐献给安徽省博物馆。

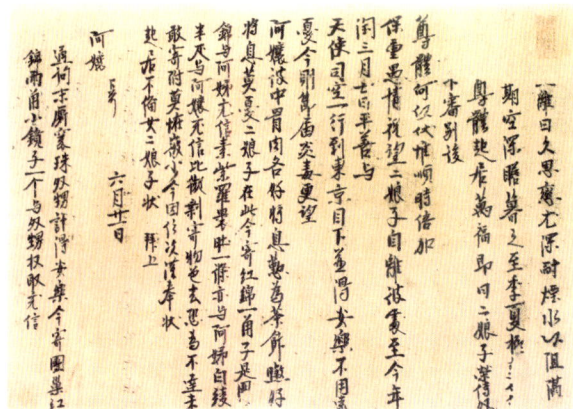

此纸纵32厘米，横43.4厘米。书信所用纸张为白麻纸，因年代久远略呈褐黄色，纸面较为粗糙，质地较硬。该信是一位自称"二娘子"的女人写给母亲的家书，她跟随为官的丈夫离家抵达东京（洛阳）后，写家书报平安，表达对家人、家乡的思念之情，告知她为家人寄送礼品的事。此书信自左至右共19行文字，240余字，字体清晰，结构略长，似仿欧阳询风格。

此书信用纸的纸幅比前代已有所增大，这是唐代造纸业发展的表现。晋唐以前，因为技术上的限制，只能造小幅纸张，所以当时流传的书法纸帖多为尺幅之类。两晋时期，纸幅大多为纵23～27厘米，横41～52厘米。隋唐以后，由于使用了竹帘抄纸，加工技术进步，可以制作纵25～55厘米，横36～86厘米的纸张。宋代以后，可以制作纵80厘米，横90～1600厘米的纸张。

"二娘子家书"白麻纸藏于安徽博物院。

"太玄真一本际经道性品卷第四"硬黄纸　唐代显庆元年（656年）文物。甘肃省敦煌出土，1954年收购入藏。

此经卷纸张纵26.3厘米，横463.4厘米，由经生梁玄抄写，字体均为楷书，略带行书笔意。经卷由11张麻纸接裱而成，每张纸长47厘米。经卷所用纸张是专供书法、写经使用的硬黄纸，以麻为主要原料，纸面呈黄色，表面光滑，厚实平整。

硬黄纸是唐代著名的染色加工纸之一，是在前代染潢纸的基础上，再进行涂蜡、烫平、研光等加工后呈半透明的加工纸。造纸术出现以后，染色加工纸也随之出现。黄麻纸是最为常见的染色加工纸，是将麻纸浸入黄檗汁后染制

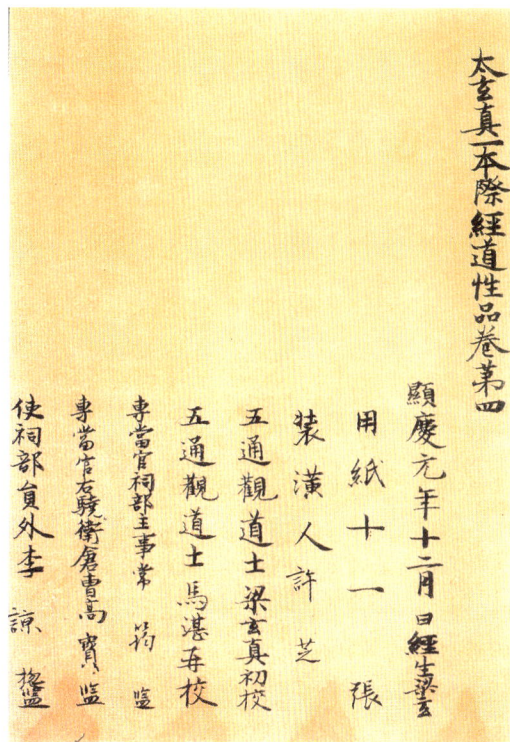

而成。黄麻纸不仅改变了纸张的色泽，而且因黄檗具有杀虫性能，纸张也具有了防虫避蠹的功用，易于久藏。这种染色技术也被称为"染潢""入潢"，古代的"装潢"一词也由此演变而来。唐代，在黄麻纸的基础上还制造了具有防蛀、抗水性能的硬黄纸。硬黄纸主要以麻为造纸原料，也有以桑皮为原料的。硬黄纸的制作工序一般是先将纸张用黄檗汁染成黄色的染黄纸，再以黄蜡进行涂布，最后经研光处理。经过这一系列工序，纸张变得质地硬密，色泽黄艳、莹滑，并呈现出半透明状态。初唐至中唐时期，硬黄纸的制作达到鼎盛，是当时的名贵纸品之一，多为皇家、贵族及抄写佛经之用。硬黄纸的质地坚硬，表面光滑，呈浅黄色或深黄色，且有薄厚两种类型，厚者用于写经，薄者用于摹拓，此经卷使用的即硬黄厚纸。

"太玄真一本际经道性品卷第四"硬黄纸藏于安徽博物院。

"阿毗达摩法蕴足论第一"金粟山藏经纸 宋代绍兴三年（1133年）文物。1957年，安徽省文化局拨交。

此手卷纸张纵27.8厘米，横859厘米。该手卷所用纸张为"金粟山藏经纸"，以楮皮为造纸原料，由15张经纸粘连而成，每张纸长60厘米，每幅纸心钤印"金粟山藏经纸"朱文椭圆形印。纸面坚挺平滑，呈黄色，具有光泽，无帘线痕迹。此纸制作精细，品质极佳，虽历经千年沧桑，纸面仍黄艳硬韧。

金粟山藏经纸是宋代名纸，简称金粟纸，或金粟笺纸，是唯一以寺院命名的藏经纸。金粟山位于浙江省海盐县，山下的金粟寺始建于吴赤乌年间（238～251年）。宋太祖赵匡胤提倡佛教，抄印佛经之风盛行全国。金粟寺抄写的经文被称为"金粟山藏经"，所用纸张称为"金粟山藏经纸"。此纸承唐代硬黄纸余绪，除染色外，还采用了内外加蜡、砑光等加工工艺。双面加蜡工艺是宋代造纸工艺的创新，无疑提高了纸张质量，使纸张变得坚挺平滑，抄写的文字"墨光黝泽如髹漆可见"。据记载，

金粟山藏经纸有黄、白两色和厚、薄两种。根据记载，主要有四地制作金粟山藏经纸。一是苏州，以桑皮为原料，专供寺庙写经之用，制作于宋治平年间（1064～1067年）或更早的一段时间，"纸厚重，纹理稍粗，精细莹滑，久存不朽，书写效果绝佳"。二是金粟寺僧侣自建纸坊制作，以桑皮、楮皮为造纸原料，使用施蜡和砑光的加工工艺，质量极佳。三是安徽歙县制作，以桑和麻为原料，纸质厚重，经染黄涂蜡，表面莹润，隐约现斑竹纹，书写效果尤佳。四是民间出资捐造，虽也钤印"金粟山藏经纸"之名，但纸张的质量欠佳。这些金粟山藏经纸主要用于抄录"金粟山大藏经"，遗存有20余卷，主要收藏在中国国家图书馆、上海图书馆、南京图书馆、故宫博物院、贵州省博物馆、安徽博物院、吉林省博物馆、辽宁省博物馆、天津艺术博物馆等地。由于金粟山藏经纸具有极好的书写效果，乾隆时期还曾制作"乾隆仿金粟笺藏经纸"。

"阿毗达摩法蕴足论第一"金粟山藏经纸藏于安徽博物院。

"观世音菩萨普门品"经册瓷青纸 明代成化七年（1471年）文物。1953年入藏安徽省博物馆。

此经册共计53开，每开纵37.5厘米，横24.3厘米。经册扉页绘有说法图和年号，末页绘韦驮护法神形象，中间采用连环画的形式表现观音菩萨救苦示现的事迹。该经用纸为瓷青纸，经文与插图均用赤金粉写绘。纸面呈蓝黑色，光如缎玉，纸质坚硬润滑；经文、图像金光烨烨，色泽鲜亮。此经距今已500余年，仍簇亮如新，毫不败色。

瓷青纸是明代宣德年间（1426～1435年）生产的一种染色加工纸，质地厚重，纸质坚韧，颜色与青花瓷色相似，所以称"瓷青纸"。明代，加工纸生产技术达到较高水平。特别是明宣宗朱瞻基在位十年期间对制作的纸张质量要求极高，他经常亲自抽查各省送来的贡纸，并监督和支持官纸局生产各种名贵宫笺。这些名贵宫笺被统称为"宣德宫笺"，同宣德瓷、宣德炉一起被誉为"宣德三宝"。"宣德宫笺"有五色粉笺、蜡笺、洒金笺、瓷青纸等10余个品种，瓷青纸即其中具有代表性的名贵纸品。它以桑皮为原料，使用靛蓝染料进行多次染色而形成深青色，再经加蜡、研光后制成。此纸用料考究，工艺精湛，经久耐用。瓷青纸是当时价格最为昂贵的纸张之一，被王侯公卿、文人名士等喜爱和收藏。瓷青纸是"顶级"写经纸，多用于金银泥书写佛经、文牒等。金色的字迹与蓝黑色的瓷青纸形成明暗对比，营造出肃穆祥和的氛围。在瓷青纸出现以后，为使佛经可以长期保存，免遭虫蛀，将窖藏后的羊脑和顶烟墨涂抹在瓷青纸上，再经研光后制成了更为名贵的羊脑笺纸。

"观世音菩萨普门品"经册瓷青纸藏于安徽博物院。

竹纸 明代文物。清宫旧藏。

此竹纸纵42.1厘米，横56.7厘米，纸质单薄、柔软，呈半透明状。因存放时间较长，纸面有多处黄迹。

竹纸是明清时期大量使用以嫩竹为原料的纸张。中国竹纸制造业历史悠久，一般认为晋代是嫩竹造纸的萌芽和初创阶段。到了宋代，竹纸生产发展迅速，但由于技术尚不成熟，从制浆到成纸，存在色泽暗淡、纸质脆弱、不堪折叠等弊病，尚无上乘之品。明代中叶，随着竹纸制造技术的改进和完善，竹纸质量得到很大提高。明宋应星在《天工开物·杀青》中完整记载了竹纸的生产过程，还绘制了竹纸生产过程中砍竹浸沤、蒸煮竹料、荡帘抄纸、烘纸等主要工序图，标志着竹纸生产技术的成熟。原料处理时，由原来的"生料"改用"熟料"；为使纸面光滑、细薄，采用了反复蒸煮和漂洗的方式提高纸浆中纤维的纯度；将原料长时间放置在露天环境中，使用"天然漂白法"来增加纸张的白度。通过一系列的技术改进，明代竹纸的质量超过了前代，其品质堪与皮纸相媲美，完全能够满足各种需要，出现了被朝廷指定为贡品的江西铅山生产的玉版纸和江西、福建生产的用于印刷书籍的"连史""毛边"竹纸，标志着竹纸生产技术全面成熟。清代，竹纸生产技术又有所改进，通过不断改进蒸料、洗料工序，延长日光暴晒时间和增加翻料次数等方法，进一步提高了竹纸的白度。到了清代后期，漂白竹料的技术得到了极大提高，竹纸质量又有所提升。由于竹子的产区广，造纸原料成本低廉，竹纸的吸墨性好，明清时期竹纸生产跃居手工纸的主导地位。

竹纸藏于故宫博物院。

曹寅恭进黄纸　清代康熙时期（1662～1722年）文物。清宫旧藏。

此纸纵61.5厘米，横138厘米，纸质细腻、薄厚均匀。纸面呈明黄色，两侧隐现暗纹，一侧是弯曲的梅枝和翻飞的喜鹊，另一侧是松、竹图案。卷轴式装潢，卷轴外附朱红色封签，上题"清康熙四十八年七月一日曹寅进黄色素笺纸十张"。

此纸是曹寅（1658～1712年）向皇帝恭进的纸张。曹寅是康熙时期的名臣，曾任苏州织造、江宁织造、巡视两淮盐漕监察御史等职，他的后裔曹雪芹所著《红楼梦》为后人熟知。清代宫廷批阅公文、书写绘画、印刷书籍、生活装潢等都需要使用大量纸张，各地需要承办

进贡纸品数量巨大。康熙至同治时期，宫廷用纸均按宫廷样式特制，由江宁织造、苏州织造、杭州织造承办制作，还有一些是由两淮盐政等各地巡抚大臣朝贡而来的名纸佳笺。此纸以上等皮纸为原料，采用砑花工艺制作而成，它将绘画技巧与造纸工艺融为一体，是纸张典雅之美的体现。砑花工艺制成的纸张有明花纹和暗花纹两种形式，此纸属于暗花纹类。明花就是用雕版或色线在纸张上印出各种花纹图案，其制作相对简单。暗花纹类纸张制作较为复杂，是在两块木板上刻出相同的图纹，一块制成凸出的阳文，一块制成凹入的阴文，将抄出的纸张放在两板之间，用力挤压，板上的花纹以凹凸的状态留在纸上，呈现出清新、淡雅的风貌。据记载，宋代已有运用砑花工艺制作的"砑花笺"。明清两代，砑花纸的制作日臻完美，一些书画家也参与到纸面图案设计，提升了纸张的内在美。

曹寅恭进黄纸藏于故宫博物院。

仿明仁殿画金如意云纹粉蜡纸　清代乾隆时期（1736～1795年）文物。清宫旧藏。

此纸纵53厘米，横121.5厘米，纸面平滑匀细，质地较厚。正反两面粉色，正面以泥金

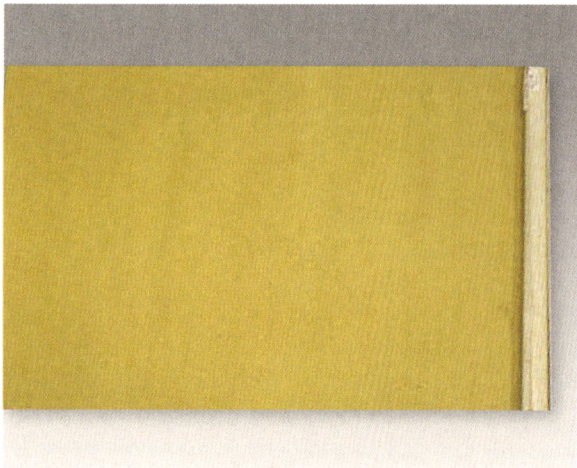

画如意云纹图案，背面则洒金片，纸张正面右下角有朱色隶书印章"乾隆年仿明仁殿纸"。

此纸以桑皮为原料，先制成粉蜡纸，再将两面涂粉、加蜡、砑光后加工而成，使用了染色、填粉、施蜡、砑光、泥金等纸张加工工艺，融汇了色笺、粉笺、蜡笺等制作技术。此纸制作精良，质地敦厚，纸面平滑莹润，纸质挺括，还具有防水、防蛀的特点，适宜长久保存，是清代造纸工艺发展到顶峰的代表。因其制作精致，造价较高，只供宫廷御用。

"明仁殿纸"是元代专供宫廷内府使用的艺术加工纸，其名源自存放纸张的元代宫殿。元代大都内府设有专门的造纸坊，将贡纸或加工后专供皇帝使用的纸张都存放在明仁殿。因明仁殿是皇帝审阅奏章的地方，所以这些纸张被命名为"明仁殿纸"。这种纸是将优质皮纸染色后，再进行双面涂蜡、砑光处理，然后在正面泥金描绘图案，并钤印"明仁殿"印章。明仁殿纸因制作费工、费时，造价极高，以至这种纸极为珍稀，只供皇帝使用。元代以后，人们只知明仁殿纸之名，不见其物。清乾隆皇帝喜爱名纸，曾命人遍访名纸并加以仿制，其中就有"明仁殿纸"。

仿明仁殿画金如意云纹粉蜡纸藏于故宫博物院。

鹿皮宣纸　清代文物。

此纸长367.9厘米，宽144.9厘米，纸面呈白色，细润光净，迎光可见飞奔的白鹿。因其具有较强的韧性，是珍贵的书画用纸。

鹿皮宣纸是元代名纸，产于江西，传为龙山写篆之纸。其幅阔而长，称为"大白篆"，后更名为"白鹿"。纸面上的白鹿形象是在进

行纸张加工时，采用特殊加工技术，使纸内结有特殊暗纹，犹如群鹿奔驰。纸有碧、黄、白三品，白色受墨柔和，宜于大幅书画。由于这种纸产量较少，极为罕见，故价格昂贵，成为书画用纸中的珍品。"宣纸"的名称最早出现于唐张彦远《历代名画记》："好事家宜置宣纸百幅，用法蜡之，以备摹写。"关于"宣纸"之名，存在不同说法。第一，因地名而得名。唐代古宣州和徽州地区生产的上乘纸张，多以楮皮为原料，这些纸张因产于宣州而被称为"宣纸"，也称为"古宣纸"。第二，因宣德年号而得名。明宣德年间（1426～1435年），宣纸制作工艺日臻完善，宣纸原纸和以其为原纸的加工纸成为纸中精品，这些纸张被命名为"宣纸"。第三，因使用的造纸原料而得名，但不同时期，原料成分不同。宋元宣纸是指以青檀皮为主要原料的纸张，元明以后是以青檀树皮和沙田稻草为主要原料，按照一定比例进行搭配。通常说的宣纸主要产于安徽泾县小岭，是以青檀树皮和沙田稻草为主要原料，按照一定比例进行搭配，经过浸泡、灰腌、蒸煮、晒白、打料、加胶、捞纸、烘干、整纸等18道工序，108项操作，历时300多天，方可制

成，堪称中国皮纸生产高峰时期的代表作。根据不同的原料配比，宣纸有特净皮、净皮和棉料三大品种，其中特净皮（含青檀皮80%，沙田稻草20%）的品质最好；根据纸张的性能，宣纸分为生宣、熟宣和加工宣三种；根据不同的重量分为单宣、夹宣、二层贡、三层贡等。宣纸的纸面光洁如玉、坚柔耐久，受墨性好，特别宜于书写、绘画。更因宣纸便于长期保存，有"纸中之王""纸寿千年"的美誉。

鹿皮宣纸藏于安徽省博物馆。

石砚和研石　秦代文物。1975年湖北省云梦县睡虎地秦墓出土。

此石砚长6.8～7厘米，宽5.3～6厘米，高2厘米；研石高2.2厘米，石砚和研石都是由鹅卵石打磨加工而成，石砚呈外方内圆状，研石呈圆柱状，石砚和研石都有使用过的墨痕迹。这套研磨墨的工具是已知最古老的石砚实物，也是早期石砚与研石组合使用的直接证据。

砚是根据中国传统书写和绘画需要而产生的文房用具，但砚最初的汉字表示不是"砚"，而是"研"，从"研"到"砚"反映了其形制演变的过程。砚的前身是原始研磨器，在陕西省西安市临潼姜寨发现过一套完整的绘画工具，包括石研、研磨棒、陶水杯及颜料。整套研磨

器的形制与日常生活使用的研磨器相似，但它的主要功能是研磨颜料，可知砚是从早期研磨器演变而来的。由于早期墨呈不规则形状，不便于用手直接研磨，需要借助研石将墨块在石砚上研磨成粉，再加水调和后才能使用，因此形成了石砚与研石组合使用的形制。这套石砚造型比较原始，近乎研磨器，没有任何纹饰雕刻，主要以满足实用功能为主，选材也是源自天然石块。到了汉代，出土大量的石砚与研石组合形式的研磨用具，石砚的造型已摆脱了原始研磨器的形式，逐渐变得规则，制作也相对精致，较为典型的是山东省临沂市金雀山西汉墓出土的长方形漆盒石砚。东汉许慎《说文解字》出现了"砚"字，预示着砚的雏形已形成。"研"与"砚"的最大区别是砚对石材具有一定要求，"研墨者曰砚"，就是衡量砚台好坏的标准——是否发墨。魏晋时期，砚逐渐脱离了研石，墨块可以直接在砚面研磨。隋唐时期，砚完全脱离了研石，而且在材质、雕饰方面有了较高的要求。

石砚和研石藏于湖北省孝感市博物馆。

圆形三足石砚　西汉文物。1956年安徽太和县李阁乡汉墓出土。

此石砚高14.3厘米，砚面直径15.6厘米，

足高2.7厘米，此砚由青石制成，分为砚盖和砚身两部分。砚的盖面上采用高浮雕手法镂雕成相互盘绕的双龙，龙首高昂，吻部相接形成四个圆形小孔，缠绕的项部透雕成两个大圆孔，自然形成提梁。双龙通体阴刻鳞片，砚盖边缘阴刻方格纹和锯齿纹。盖内正中有一凹窝，周边则凸起，与砚面边缘微凹处相扣合，平面部分阴线雕刻祥云、奔马、飞鹿、鱼等纹饰。砚身扁平，砚面稍起呈平台状，边缘微凹，与砚盖的凸起相吻合。砚底平坦，底座下承接砚体的是三个浮雕的熊首柱足。此砚造型古朴生动，构思巧妙，将浮雕与线刻的技艺融为一体。特别是龙颈部的提梁设计，独具匠心，使石砚具有实用性和观赏性的双重价值。

砚的历史可以追溯到新石器时代的石制研磨器。秦以前，石砚与研石是早期砚的组合形式。汉代，石砚在选材与加工技术有了很大的进步，在造型、色彩上也赋予了更多的审美色彩。选材注重砚材的坚实，多选用石、陶等材质，也出现了玉砚、漆砚。石砚不再是单一的圆形，出现了与砚面相切合的砚盖，底部则雕刻出三足。三足石砚是两汉石砚的代表形制，不仅适应了古人席地而坐的习惯，还增加了石砚的稳定性。砚足多为兽面、人面等，是汉代雕刻工艺在石砚雕刻上的应用。石砚或有盖，或无盖，一般砚盖的盖面上镂雕或浮雕龙、鸟等。此件高浮雕动物盖的三足石砚是汉代石砚的巅峰之作。

圆形三足石砚藏于安徽省博物馆。

鎏金兽形铜盒石砚　东汉文物。1970年江苏省徐州市土山1号东汉墓出土。

此砚高10.5厘米，长25厘米，宽14.8厘米，

此砚由兽形砚盒、长方形石砚和圆形研石三部分组成，石砚嵌于兽形砚盒的腹内，研石置于石砚之上。石砚为扁长形，石质光滑，出土时砚堂尚存墨迹。兽形砚盒通体鎏金，并镶嵌红珊瑚、青金石、绿松石等饰物，使砚盒显得格外华丽。砚盒以兽腹为界分为上下两部分，上部为盖，下部为座，前伸的下颌处呈凹弧形，形成贮水墨池。此兽可能为蟾蜍，头上耸立双角，双目呈三角形，下颌前伸，兽口张开露齿，兽腹圆鼓，身体两侧有羽翼，尾巴卷曲，四足呈蹲伏状。古人以蟾蜍象征长寿富贵，多将其作为水注、砚台等文房用具的造型。

汉代砚，无论传世的还是出土的，都以陶、石为主，也出现了漆砚、木砚等。与前代相比，汉砚的形式和装饰都有很大变化，出现了雕饰精美的圆形石砚和长方形石砚，有的还加有三足、四足或多足。东汉以后，墨质渐优，研墨时可以不用研石相助，研石渐趋消失。汉代还出现了装置石砚的砚盒，不仅有保护石砚的功用，还具有较高的观赏价值。砚盒的质地主要有漆、银、铜等，这件石砚放置在铜质砚盒之中，盒盖采用了鎏金、镶嵌等工艺；江苏扬州邗江甘泉乡汉墓出土的长方形石砚放置在漆木盒内，盒盖上绘有云纹及飞禽走兽。

鎏金兽形铜盒石砚藏于南京博物院。

青瓷人形三足砚　西晋太康二年（281年）文物。1984年，浙江省杭州市半山地区出土。

此砚高4.2厘米，砚面直径16.7厘米。砚面呈圆形，中间微凸，边缘凸起一周，应为子口，当与砚盖相扣合。这圈凸起既可以起到固定砚盖的作用，还可以围护墨汁。砚的底部较厚，底缘处有等距离蹲踞状的人形三足承托砚盘。砚外壁及底足遍施青灰泛黄釉，砚面无釉，但有9个紫红色泥点支烧痕迹。此件青瓷人形三足砚的釉色清纯亮泽，造型简洁，三足的设计精巧，体现了这一时期青瓷制作的高超水平。此砚为越窑烧制的青瓷，圆形砚盘，三足且砚足较小是西晋时期典型的瓷砚造型。

魏晋时期是文房用具的变革时期，由于纸张使用的推广，制墨技术的提高，砚成为常用的文房用具。制作砚台的材料除石、陶外，随着三国两晋南北朝时期青瓷制造业的发展，瓷砚的制作也渐趋较多。实际上，在瓷器生产早期阶段的东汉时已烧制瓷砚。1988年，浙江省宁波市汉代窑址出土有三足圆形瓷砚。但瓷砚不如石砚的发墨效果好，因此唐代以后，随着优质石材不断被发现，瓷砚逐渐减少。三国两晋南北朝时期的瓷砚有的是实用器物，有的则是烧制的随葬明器。

青瓷人形三足砚藏于浙江省杭州历史博物馆。

石雕方砚　北魏（386～534年）文物。1970年山西省大同市南郊出土。

此砚高8.5厘米，长21.2厘米，宽21厘米。此砚用浅灰色细砂岩雕刻而成，砚面为正方形，下有四足承托。砚堂居于砚面中心，微凸，呈正方形，边缘饰有联珠纹和莲花纹。在砚堂四周下凹处，间饰各种器物与图案。砚堂两边各有一相对的方形笔搁和耳杯形水池，水池两侧各有两只饮水的水禽，笔搁两侧是乐舞图、角抵图、仙人骑兽图等纹饰。砚堂对角分别雕刻有莲座形笔插和圆形笔搁，砚身外壁四面分别雕刻力士、云龙、朱雀、水禽衔鱼等图案，砚足雕刻禽鸟纹。砚底中心雕有一莲花，四周雕刻8朵莲花装饰。此砚集中了文房用具的多种功能，砚堂、笔搁、笔插、水池等巧妙布局于砚面之上，适用于早期小型书案。石砚的雕饰繁复，融圆雕、浮雕、线刻于一体，代表着北朝时期雕刻艺术的水平。

南北朝时期，石砚仍普遍流行，多采用天然石材制作砚台。这一时期石砚的制作方式已从单纯使用磨制方法，改为雕刻与磨制相结合

的方式。石砚的造型与装饰打破了以往仅重视器物功能的宗旨，将器物的实用性与艺术性融为一体。该石砚装饰精美，纹饰具有汉地与外来艺术风格融合的特色。鸟兽鱼龙是中原地区常用的装饰纹样，莲花与力士则是外来纹饰，两种艺术风格巧妙地融合在一起，是北朝时期文化交融特色的表现，具有较强的时代风貌。此砚出土于北魏皇宫遗址，反映了北魏鲜卑统治者对汉文化的吸收。此石砚不仅是一件精美的文房用具，更是石刻艺术的佳作。

石雕方砚藏于山西博物院。

白瓷多足砚　隋代文物。1981年河南省巩义市出土。

此砚面直径25厘米，通高7厘米。砚面为圆形，自边缘向中间倾斜凸起，高度与外壁持平，凸起的砚面与外壁间形成一周较浅的贮墨凹槽，下面有多个等距离水滴状砚足承托砚体。砚面无釉以便于研墨；除砚面和砚底无釉外，通体施白釉。此砚胎质细腻，釉色光润，器形优美，展示了隋唐时期白瓷精湛的烧制技艺。

瓷砚是中国的砚材品种之一，从汉魏至唐代的600余年间，在中国文化发展史上发挥着重要作用。魏晋南北朝时期的青瓷砚、隋唐时期的白瓷砚都曾风靡一时。瓷砚形制延续早期磨制石砚的形式，以多足、圆形较为常见。汉魏流行三足或四足青瓷圆砚，南北朝时期则发展到五足至十足，甚至更多，隋唐时期还出现了多足连台、带有环形底圈的多足砚。砚足的造型多样，有蹄形足、兽面足、水滴足、锥形足、爪形足等形式。有人认为，这种圆形多足砚是隋唐时期流行的辟雍砚的前身，也有人认为是属于辟雍砚的一种。

隋唐时期砚的整体形制变化不大，但砚面的局部区域有所改变。早期砚台多为圆形平面，在砚面上就可以满足研墨、搋笔和贮墨的需要。随着时代的发展，砚面有所升高，呈现斜直凸起的趋势，逐渐出现了砚面与墨池的区别，将贮墨与搋笔的功能分开。此砚属于中间过渡样式，墨池区域尚不明显，与此后出现的辟雍砚造型相似，但砚面明显升高，且砚面与砚壁间形成了明显的"U"形断面墨池，将砚台的贮墨和搋笔功能彻底分开。

白瓷多足砚藏于河南博物院。

洪州窑青瓷兽足双管辟雍砚　唐代文物。江西省丰城市洪州窑遗址出土。

此砚直径16厘米，高5.5厘米。砚身通体施黄褐釉，色泽晶莹光亮，造型美观。圆形砚面与口沿齐平，砚堂微凹，周边环绕"U"形

贮墨槽。砚身周围环绕一圈兽蹄形砚足，一侧有两个管状笔插，也可兼做笔架。此砚兼具砚与笔插双重功能，将文房用具设计成一物两用，可谓独具匠心。兽蹄形砚足雕塑细腻，增加了砚台装饰的生动性。此砚是唐代洪州窑为满足文人雅士需求烧制的新器形，胎质细腻，釉色柔和，釉层均匀透明，具有玻璃质感，体现了唐代洪州窑炉火纯青的烧制技艺。

辟雍砚是隋唐时期流行的砚式，因砚面呈圆形且周边环水如辟雍而得名。辟雍，原指周王朝为贵族子弟所设的大学，校址为圆形，四面围以水池，前门外有便桥。东汉以后，历代皆有辟雍，作为尊儒学、行典礼的场所。陶瓷工匠模仿辟雍设计了经典的辟雍砚样式，体现了人们对文化教育的尊崇，也与砚台的功能相吻合。其基本形式是圆形砚面居中，砚堂与墨池相连。砚堂高高隆起用以揸笔，四周环以深槽用以贮墨，以便书写者润笔蘸墨。其下有多个砚足承托砚体，有的砚足上还有纹饰。东晋时期，已出现辟雍砚的雏形，南北朝时期基本定型，隋唐时期十分流行这种砚式。但这种瓷砚制作比较费工，且发墨性差，故大量优质石砚材料被发现后，多足圆形辟雍砚的数量急剧减少。

洪州窑青瓷兽足双管辟雍砚藏于江西省丰城市博物馆。

箕形端石砚 唐代文物。1965年，广州市动物园出土。

此砚长18.9厘米，宽12.6厘米，高3.3厘米。砚的石质坚硬，呈深紫色，表面隐见青苔斑。砚体呈簸箕形状，首尾翘起，砚首较窄呈弧形，砚尾平阔，砚底有两梯形砚足。此砚的

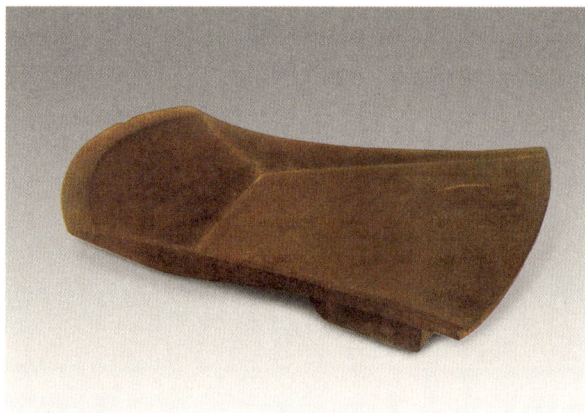

线条简练流畅，四周采用弧线，左右两侧的弧线内弯，前后两端的弧线外扩，线条比例合适，视觉效果佳。砚面的折痕处自然下凹，以利贮墨。此砚造型简单，讲究实用，是唐代典型箕形砚形状。箕形砚因砚体形似簸箕而得名，晋代已有此种陶砚，隋唐时期成为砚的基本形式。

此砚由端石制成，石质温润如玉，磨墨无声，贮水不耗，发墨而不坏笔，宜做高档砚材，被誉为"天下第一砚""群砚之首"。端石出产于广东肇庆（唐代肇庆属端州，故名端砚）羚羊峡斧柯山端溪水一带，这里分布着老坑、麻子坑、宋坑等数十个端砚名坑，水岩是最著名的砚坑，又名老坑（晚唐时期该坑砚石所制之砚被列为贡品，清朝称水岩为老坑）。水岩出产的砚石为所有砚坑中的最优砚材，呈紫蓝色，石质细腻润滑，致密坚实。老坑砚质地坚硬耐磨，但含泥质较多，缺少铿锵之声。麻子坑位于老坑的南边，石质坚实，细腻润滑，石色接近于老坑砚，有蕉叶白、鱼脑冻、火捺等石色，还有许多石眼，适于制作高档雕花石砚。宋坑的砚石呈紫红色，含有特殊的"金星点"，其发墨比老坑、麻子坑要快。端砚制作始于唐代，以箕形砚为多，主要重视对

石材纹饰、色泽、手感、声音等方面的选择，较少进行雕饰，而突出表现端砚上鱼脑冻、青花、蕉叶白、金星点、冰纹等天然花纹。

箕形端石砚藏于广州博物馆。

箕形红丝石砚　唐代（618～907年）文物。1926年，山东青州出土。

此砚体长13.7厘米，前宽4.3厘米，后宽4.8厘米，高2.7厘米，石质细腻，呈紫红色。砚体为前窄后宽的箕形，砚首尾均为弧形，砚首稍窄，砚面下陷。砚底有两矩形足支撑。

箕形砚没有砚堂与墨池的区分，堂池相连，前浅后深，可多聚墨，也便于捹笔。唐代箕形砚有两种形式：一种是砚首储墨处如捣臼状，称为"臼池箕形砚"；另一种是有"勒成痕"的箕形砚，称为"有折箕形砚"，即池底有折痕线，线两端向砚首和砚尾放射两道折痕，如四块砚石拼接之状。两晋以后，随着纸张的大量使用，制墨技术日趋完善，人们更加注重砚台的发墨效果，并以此来衡量砚材的优劣。红丝石砚的质地坚润，研墨时容易出墨，且发墨均匀。唐宋时期，其与端石、歙石、洮石并称为四大名砚，深得文人墨客推崇。红丝石产地主要分布于山东青州、临朐等地，西晋时就有开采，唐中和年间（881～885年）开采

频繁。宋人唐询（彦猷）喜藏名砚，在青州为官时曾组织工匠开采红丝石。他在《砚录》中将"红丝石"列为十一品砚石之首，记录了红丝石开采之难。南宋李之彦的《砚谱》："苏易简作《文房四谱》……谱中载四十余品，以青州红丝石砚为第一。"但红丝石储量不大，生产时断时续，甚至有时停采不出，因而弥足珍贵。红丝石的石质细腻，软硬适中，制砚既不沁墨，又不滑墨、拒墨，且能与墨相亲，发墨如油，凝墨似漆，润笔护毫，因此成为砚石之首选。红丝石还有红地黄丝、黄地红丝、红地红丝、黄地红点、黄地紫带等纹理之美和清亮悦耳的声音之美。

箕形红丝石砚藏于山东博物馆。

"风"字形歙砚　唐代文物。

此砚长22.2厘米，宽13.5厘米，厚3.3厘米，石质细润，色泽清纯，有细直眉纹。砚体外形如"风"字，砚堂呈前低后高的坡状，在近砚首处形成凹陷的墨池。砚背为插手式，砚首处细边落地支撑砚体。此砚造型规整，线条简洁流畅，刀法娴熟，是早期歙砚珍品。

"风"字形砚出现于晚唐时期，形制基本继承了唐代箕形砚的造型。但其整体由瘦长向宽矮发展，砚首加宽，额边的宽度变窄，砚足

变矮，或向圆足、垂裙足发展，后期逐渐演变为浑厚的墙足，成为后世长方形抄手砚的前身。

"风"字形插手砚造型简单，且便于放置和手持，造型上更具有蓄墨和储墨量大的优势，因此受到文人墨客的喜爱。此砚以歙石为原料，位于婺源与歙县交界处的龙尾山所产歙石最优，所以歙砚又称龙尾砚。唐时，这一地区属于歙州，故名歙砚。歙砚从唐代开元年间开始取材制砚，及至五代南唐时，将歙砚作为贡品进献，深得李后主的喜爱，其专设砚务官，搜求美石为御府制砚，歙砚开始盛行。歙砚的石质细腻坚硬不滑，多带有牛毛纹、罗纹、龙尾纹等，还有的带有金星、银星。由于歙石属板岩结构，不易雕饰，意在突出石材纹理之美。眉子砚是歙砚的名贵品种，石材上隐现眉毛纹，"纹若甲痕，如人画眉，遍地成对"。金星石也是歙砚的佳品，石中含有金色的纹理，光照之下闪闪发光，久磨不褪，且越磨越亮。

"风"字形歙砚藏于安徽省歙县博物馆。

"天策府制"箕形澄泥砚　唐代文物。

此砚体长33.5厘米，宽26.3厘米，高5.9厘米，质地细润坚硬，色紫泛黄。砚呈箕形，砚面平整。砚首为方形，砚体两缘对称外撇，砚背有三足，中央阴刻行书"唐天策府制"。

此砚造型古朴，是唐代澄泥砚存世的珍品。

天策府曾是唐太宗李世民的府邸，唐武德四年（621年）秦王李世民因立国有功，唐高祖封他为"天策上将"，准其在洛阳开建府署，即"天策府"以养兵置官，后来还开设文学馆，招贤纳士。此砚疑为天策府自制，或定制于其他砚坊。此砚为澄泥砚，质地致密坚硬，耐磨且不易渗水，具有"贮墨不耗，积墨不腐""发墨而不损毫"的特点。澄泥砚得名于制作工艺，是名砚中难得的非石质砚台。它是从砖、瓦、陶砚的制作工艺得到启发，将细沙用清水过滤，加入适当的添加剂，再经加工磨制、雕刻、入窑炼烧而成。经过自然演变，澄泥砚可以幻化出不同的色彩，以朱砂红、鳝鱼黄、蟹壳青、豆沙绿、檀香紫为上乘颜色。由于澄泥砚是人工烧制而成，其优劣很大程度上取决于烧制技艺。因澄泥砚的制作技艺特殊，其可以呈现出不同的色调，也可以雕饰不同的图案，塑造多样的造型，因而比其他石砚具有更强的观赏性与艺术性。但澄泥砚的制作工艺繁复，产量低，因此早期澄泥砚流传较少。澄泥砚的初制年代众说纷纭，至迟在唐代，澄泥砚的制作达到较高水平，在文房用品中占有一定地位，与端砚、歙砚、洮石砚一起并称为四大名砚，史称"三石一陶"。

"天策府制"箕形澄泥砚藏于故宫博物院。

越窑青瓷砚　宋代嘉祐八年（1063年）文物。1986年，浙江省慈溪市白沙天东群丰村古墓出土。

此砚口径5.6厘米，底径5厘米，高1.7厘米，砚面为圆形，砚堂稍鼓略有倾斜，砚底也呈倾斜状。砚体外壁呈弧形，一侧开口。青瓷

硯胎体呈灰白色，除开口一侧无釉，其余遍施青釉，釉面莹亮，外壁面釉下题刻"嘉祐捌年十月二十二日造此硯子东海记"。此硯是少有的带有宋代明确纪年的瓷硯，十分珍贵。

青瓷硯常见于三国两晋南北朝时期，隋唐时也一度被广泛使用。入宋以后，由于瓷硯的瓷胎过硬，磨墨时容易打滑，且不易下墨，其使用价值不如石硯，生产量相对减少。越窑是烧制青瓷硯的窑口之一，以精湛的制作工艺和如冰似玉的釉色赢得了文人墨客的赞赏。此硯属于圆硯，是汉唐时期流行的样式。汉魏时期三足圆硯较多，唐代则以多足辟雍硯为典型样式。唐中期以后，随着箕形硯的兴起，圆硯衰落。两宋时期的圆硯款式超过了晋唐时期，硯体呈现出上大下小的特点，硯面直径大于底面，圆周起边，硯堂微隆，硯底有平底、环底、穹庐底等。在圆硯的基础上，宋代还出现了"马蹄样"圆硯及在圆硯中雕"风形硯"的独特形式。

越窑青瓷硯藏于浙江省慈溪市博物馆。

熙宁八年抄手石硯　北宋熙宁八年（1075年）文物。1978年，江苏省常州市武进寺墩出土。

此石硯长18.4厘米，宽11厘米，高2.7厘米。此硯为抄手式，色呈灰褐色。硯体呈梯形，硯面为椭圆形，硯堂稍鼓而倾斜，较深的一侧为贮墨的硯池。硯背呈"风"字形，上面阴刻"熙宁八年十月宗院记"。"熙宁八年"是宋神宗的年号。北宋刻有年款的硯台不多，此硯出土于宋代寺庙遗址，且有确切纪年铭文，是北宋抄手石硯的标准器形。此硯造型简约，线条流畅，没有过多的装饰，代表了宋代石硯简约古朴的时代风格。

抄手硯是宋代常见的硯形，可从一端将手伸进硯的底部，提拿方便，故名抄手硯、插手硯。宋代将抄手硯的形式称为"官样"，鉴于"太史"是历史上官职名称，因此抄手硯也称为太史硯。一般正面为长方形，截面为梯形，硯首略窄，硯尾略宽。硯底从硯尾向前端挖空，两侧留边，从而形成一个带有三侧壁的弧形或斜坡状的空间，也有抄手硯从硯尾向硯底弧凹。抄手硯出现于五代时期，至宋代发展出4种不同的抄手硯形式。北宋早期到南宋初期，流行斜坡状硯堂的抄手硯。北宋中晚期以后，抄手硯的硯堂渐趋平坦，元明清时期的抄手硯就是在此基础上发展起来的。北宋晚期还出现了一种带有边框、硯尾呈开口状且带有拦水线的抄手硯，可以防止墨汁外溢。此硯属于

北宋中期出现的第四种抄手砚形式，砚堂呈椭圆形并倾斜。抄手砚在功能设计上同前代相比有所变化，砚池与砚堂成为两个独立的空间。砚池既可用于存放供磨墨之用的清水，也可存放磨好的墨汁。砚堂部位的面积增大，即使在平缓的斜坡上，也可以磨墨。抄手砚不仅继承了唐代石砚不事雕饰的遗风，在造型上更趋向厚重方正，寓意着堂堂正正、稳重内敛的文人品格。

熙宁八年抄手石砚藏于江苏省常州市博物馆。

百一眼端砚 北宋文物。

清宫旧藏，见载于乾隆四十年（1775年）成书的《西清砚谱》卷11，后散失民间。20世纪30年代初，文物收藏家苏宗仁在北京琉璃厂用70元购得此砚。"文化大革命"期间，砚被康生据为己有，1984年复归苏家。据《西清砚谱》记载，石砚左上方原镌刻篆书"陆氏家藏"，右侧刻乾隆皇帝七言律诗："犹是端溪老坑石，縻何人兮为琢刻。近千年矣文房侧，斑驳墨绣黔而泽。上颒下昂依古式，有义

存焉应物格。颒戒其骄昂拱辟，复示象焉在周易。损上益下其名益，覆手列柱数百一。各具眼寓四门辟，休琏作诗怀周客。我曾效彼体吟什，难中惟是人情惕。即今绛几居其北，松烟染翰批简尺，百恐一失凛君德。"并有"古香""太璞"二印。砚交还苏家时，前述题诗刻印等均已不见，只镌刻有"康生"。苏家感叹砚失而复得，于1986年将此端砚佳品捐给中国历史博物馆。

此砚长18厘米，宽10厘米，高5厘米，又称百一砚，取自广东肇庆端溪老坑石，长方形，砚池深广，中部微凹，一侧隐现数点翠绿石斑。背依石眼雕琢圆柱，共101个，高低参差，横竖随形就势。

端砚是中国古代四大名砚之一，宋代时已名扬天下，有"琢为时样供翰墨，十袭包藏百金贵"美誉。端砚以带有石眼者为佳，石眼指端石上特有的圆形石斑，有翠绿、橙黄等多种颜色，形似眼球，有晕有瞳，石眼越多越名贵，此砚是存世有眼端砚中的翘楚。

百一眼端砚藏于中国国家博物馆。

琴式澄泥砚 宋代文物。1992年福建南平市东门基建工地宋墓出土。

此砚长22.4厘米，宽11.1厘米，高2.8厘米，长方形，色呈灰黄色，胎质细腻。砚面如琴状，刻有七个星点，侧面形如鱼状。墨池呈椭圆形，自砚首向砚尾倾斜。出土时，墨池残留有墨迹。砚背有篆书"三堂"二字。"三堂"应为制作该砚作坊的堂号，表明宋代在制作砚台时已出现标明产地、制砚者印款的现象。此件琴式澄泥砚造型奇特而罕见，是研究砚史的珍贵资料。

宋代是澄泥砚制作的兴盛时期，被视为"砚中第一"。人们在用泥土做砚及使用的过程中，逐渐摸索整理出一套制作方法，《文房四谱》中详细介绍了澄泥砚的制作方法。澄泥砚的材质不同于石砚，拥有四大独特之处：第一，质地坚而细，与石无异，持久耐磨；第二，澄泥砚细腻如泥，发墨性强，且不渗水；第三，澄泥砚的色彩千变万化，颜色纯正大方，这是其他石砚无法比拟的；第四，澄泥砚的造型生动，可以将圆雕、浮雕、透雕、线刻等雕刻技法皆运用于砚台的制作中，集实用性和观赏性于一体。此砚形制仿照古琴造型，是宋代砚式多样化的表现。宋代砚式千姿百态，特别是仿生砚的制作进入兴盛时期，出现了琴样、动物样、玉兰样等各种形式。此时的仿生砚多为神似，不注重精雕细琢，样式呈现了古琴修长的外形和优美的弧线，将古琴的高贵典雅与澄泥的纯净温润融为一体。

琴式澄泥砚藏于福建省南平市博物馆。

兰亭集会图洮河石砚　宋代文物。吴拭旧藏。

此砚长22.4厘米，宽13.5厘米，高6.8厘米，由洮河石制作，石质细腻，纹理如丝，呈豆绿色。砚为长方形，砚面及四周浅浮雕兰亭修禊图，砚背雕刻浴鹅图。砚额处浅刻祥云环

绕、重峦叠嶂、亭台楼阁，小亭内两人对坐，其中一人呈执笔疾书状。砚面中部为曲水，深凹的曲水部分作墨池，池上横贯两座小桥。小桥伸向一处宽阔平坦之地，即圆形砚堂所在处。砚背呈斜坡状，雕刻6只大鹅，两鹅一对，或在水中嬉戏，或在岸上休憩。砚身四侧壁环刻文人修禊图，40余人或坐立于林间溪边，作烹茶、赏画、读书、沉思等自得其乐之状。砚的一侧阴刻篆书"遹道人"三字，下有阳文篆书"元□"长方印。遹道人即吴拭，字去尘，是明末清初安徽休宁制墨名家，说明此洮河石砚曾由吴拭珍藏。

此砚面雕刻内容源自东晋的兰亭集会，东晋永和九年（353年）三月三日，书法家王羲之与谢安、孙绰等41人，在山阴（今浙江绍兴）兰亭修禊时饮酒赋诗，王羲之乘兴写下了"天下第一行书"《兰亭序》。兰亭集会也成为文人雅集的常见题材，书画、砚面上都有所表现。此砚将绘画与雕刻融为一体，有情有景，呈现了砚台制作追求的艺术境界。此砚石材产于甘肃洮河之滨，属古洮州，因此得名洮砚、洮河石砚。古人采集洮河石非常困难，需要潜入激流深处才能得到，因此洮河石砚的传世品极为罕见。洮河石由于常年被水浸蚀，肤

理缜润，蓄墨不易干涸，贮墨不变质，发墨不损毫，因此成为上好的砚材。洮河石砚不仅质地细腻，莹洁如玉，还具有天然的波状纹理，或如云海翻滚，或如卷云缥缈。洮河石砚有绿洮和红洮两个品种，以绿洮最为名贵，且有墨绿、碧绿、翠绿、淡绿、灰绿等变种。洮河石砚的生产历史悠久，唐代即已成为名砚，宋代则作为贡品进奉朝廷。

兰亭集会图洮河石砚藏于故宫博物院。

八角形三彩砚 辽代咸雍六年（1070年）文物。1992年内蒙古宁城县头道营子乡埋王沟墓出土。

此砚直径22厘米，高12.6厘米，砚呈盒状，中空，分为两部分，平面作等边八角形。砚面呈箕形，由一侧边缘呈倾斜状延伸至器物中心位置，边缘作云角弧曲形。每个侧面均饰花草纹，纹饰自然规整。此砚釉色鲜亮，以橘黄色为主，间隙补填绿、白釉。胎质较粗，造型庄重典雅，是辽代三彩的典型器物。

关于此器的具体用途，有学者认为这是一套砚与笔洗相扣组合的文房用具，使用时需将两者分开。也有学者认为，这是一种暖砚，笔洗内放置木炭或热水，导热至砚面，以防止墨冻结。在寒冷的季节，北方地区书写时会使用暖砚，以保证挥毫流畅、书写自如。还有学者认为，此器并不是文房用具，而是用于放置物品的高座盘，是辽代常用器皿。辽三彩是继唐三彩之后烧制和使用的一种低温铅釉多彩陶瓷，是契丹人借鉴中原文化，并结合本民族的文化与生活特点而烧制的陶瓷器。它的烧制技术受到唐三彩的影响，先烧制素胎，再进行施釉、装饰挂粉衣，然后二次入窑烧制完成。辽三彩的胎质粗硬，釉层较厚。它的装饰色彩主要以黄、绿、黑、白为主，纹饰多以自然界中的动植物为主，体现了契丹人贴近自然、崇尚自然的情感。

八角形三彩砚存于内蒙古文物考古研究所。

汪廷讷铭眉纹歙砚 明代万历二十年（1592年）文物。

此砚面长32.4厘米、宽20厘米，砚底长31厘米、宽18.5厘米，高7.5厘米。形呈倒置的梯形，石内含有眉纹，为长方形抄手砚。砚池较深，砚左侧边镌隶书铭文："龙池烨烨，峙镇斋中，斯文千载，以草玄同。万历壬辰无如主人汪廷讷铭。"及双行篆书印文"环翠斋图书记"。由铭文可知，此砚曾由汪廷讷收藏。汪廷讷（1573~1619年），明代戏曲家。早年经营盐业致富，万历年间曾任南京盐运使、宁

波同知等职，是一位集商人、官员和文人身份于一身的人物，一生雅爱文艺，尤其醉心戏曲创作，著有《人镜阳秋》《环翠堂集》等。

歙砚是中国四大名砚之一，始制于唐代，宋代达到高峰。根据开采时代的先后，眉子坑自上到下分为上、中、下三坑。下坑也称为唐坑，石质细腻滋润，银黑色之中泛着青灰色，具有较高价值。中坑也称宋坑，质地比下坑稍粗，色泽为银黑、银白。上坑是明清以后沿宋代开采的，硬度较低，少数可以成为精品砚材。歙砚不仅石质细腻坚硬，下墨效果好，而且纹理丰富。歙砚石材中有许多自然形成的色彩和纹理，主要有罗纹、眉纹、金星、金晕、鱼子等五大类，眉纹是歙砚独特的纹理。眉纹即形如美丽的眉毛，以简洁的线条变化构成砚石表面的图案，有"眉纹称绝"的说法。眉纹歙砚以江西婺源龙尾山下部眉子坑出产的歙石最佳，其形如群雁翔集，似笑眉绽放。眉子坑出产的眉纹形式多样，有阔眉、细眉、枣心眉、鱼子、短眉、雁湖眉等。雕砚家可以因材琢砚，将砚石中的自然纹理融入古朴典雅的造型之中，实现天工妙手合一、交相辉映。中国的制砚工艺发展到明清时期，一方面讲究自然，另一方面重视精雕细琢，讲究年代、石坑、题铭等内容，是兼具实用性与观赏性的艺术品。一些使用、收藏者会在砚台上雕刻铭文，这些砚铭成为了解砚台流传经历的重要线索，也体现了收藏者的审美取向和收藏理念。

汪廷讷铭眉纹歙砚藏于安徽省歙县博物馆。

碧海腾蛟铜暖砚　明代正德时期（1506～1521年）文物。清宫旧藏。

此砚长23.7厘米，宽11.4厘米，高11厘

米，由黄铜制成，分为砚身、暖屉和砚盖三部分。砚面上部有"碧海腾蛟"图，砚身四面立壁分铸"月中折桂""枫宸献策""玉陛趋朝"和梅花图，并配诗文。砚身下面是暖屉，用于燃烧炭火，或放置热水，以防止砚面墨汁在冬季冻结。砚盖上雕刻"鱼跃龙门"图，另有楷书阳文七言绝句："山腰有石千年润，海眼泉无一日干。天下苍生望霖雨，神龙休向此中蟠。"署"正德己卯秋九月吉，赐戊辰进士同知扬州事，平湖孙玺命工铸"。孙玺，字朝信，浙江平湖人，明正德进士，曾任福建兴化知府等职。传世暖砚以清代居多，明代十分少见。此砚铭文中记录了砚主人身份与制砚时间，十分珍贵。

暖砚得名于其功用，可以将炭火或热水放置在砚体内，使砚面的清水或墨汁不冻结。一般在砚身下面装活动插板，将插板取出，可以任意放暖屉。这是在传统砚台发展过程中形成的一种特殊功用的新型砚式，是为了防止笔墨在寒冬时节被冻结而产生的。暖砚出现的时间可上溯至唐代，"笔锋晓冻，墨池夜结，香炭潜燃，推寒致热"，这是唐人张说《张燕公集》中《暖砚铭》书写的暖砚使用情况。最早的暖砚实物是甘肃省灵台县北宋墓出土的陶

暖砚，砚堂中空可放置炭火。北京市丰台区南苑出土的元代三层盒式暖砚由砚盖、砚体和炭火盘三部分组成，后世暖砚多采用这种造型。暖砚的材料，人们曾选用过石材，但石材经火燃烧后易爆裂，效果不好。后来，出现过瓷暖砚、铁暖砚和铜暖砚，铜暖砚使用效果最好。

碧海腾蛟铜暖砚藏于故宫博物院。

"顾从义摹"石鼓文砚　明代文物。

清乾隆四十六年（1781年），歙县曹荠原收藏了此件石鼓文砚，视为曹家的镇斋之宝，曾自名书房为"石鼓砚斋"。道光二十一年（1841年），其孙曹绍樀将此砚转给清代学者朱善旗。朱氏之后，此砚沉寂了一段时间。1936年，收藏家徐世章的堂兄徐世襄在北京访得此砚下落，并得知收藏在北京李氏处。几经协商，1937年，徐世章得到此砚并带回天津收藏。1954年，徐世章捐献给天津博物馆。

此砚高10厘米，径18厘米，砚为圆柱体，呈墨黑色。砚面雕琢月牙形水池及弧形砚堂，水池上方刻"内府之宝"方印。砚背中部有一长方形凹面，凹面内上刻隶书"石鼓"两字，中间篆书"子子孙孙用之永保"8字，下落楷书"东海顾从义摹勒上石"。砚面、砚背及环周分刻"石鼓文"10首，分别为"而师""马

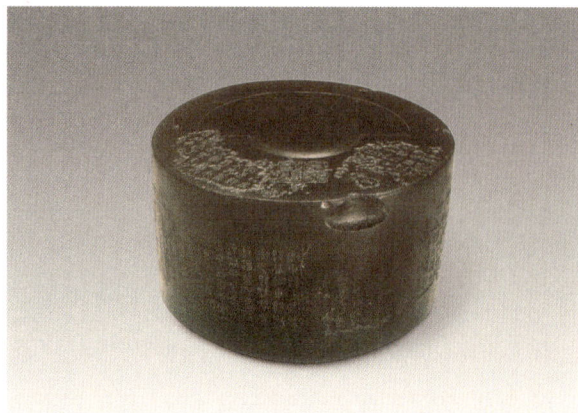

荐""吾水""吴人""吾车""汧殹""田车""銮车""霝雨"和"作原"，共存434字。顾从义（1523～1588年），字汝和，号研山，明代书法家、藏书家，精于鉴别书画及碑帖，曾将多种古帖摹刻于石。

徐世章（1889～1954年），字端甫，号濠园，其堂兄徐世昌曾任中华民国总统。他曾在交通、铁路等部门任职，1922年离职回到天津寓居。他在政务之余，特别是去职以后，致力于文物收藏。他平日生活俭朴，但每年购古物却花费逾万元，收藏有大量质地精良的古砚，且多为名家题识、名家收藏、名工雕刻。他还特别重视砚台拓本，所收藏的砚台，大部分都经过传拓。此件"顾从义摹石鼓文砚"的拓本是由篆刻、传拓专家周希丁、傅大卣师徒所拓，其拓本也收藏于天津市博物馆。徐世章临终前立遗嘱将所藏全部捐献给国家，其后人将此砚及其他藏品共计2549件全部捐献给天津博物馆。这些藏品，特别是古砚奠定了天津博物馆藏砚的基础。

"顾从义摹"石鼓文砚藏于天津博物院。

荷鱼朱砂澄泥砚　明代文物。1954年，收藏家徐世章捐献。

此砚长24厘米，宽15.4厘米，高5厘米，厚2.2厘米，泥质细腻，呈朱红色，鲜艳华美。正面雕琢成鱼形，背面以黑色荷叶衬托，黑红相映，对比强烈。砚背隶书"给谏公赏""初颐园大司马赠，宋开莱藏"。小字行书铭"离尘垢，伴文人。腹中书满，同上龙门"。落款"宋开蒅"。"谏公"即宋澍，与初彭龄（颐园）同为清代乾嘉时期的官员、学者，也是同乡好友。宋开蒅是宋澍的长子，工诗文，也精

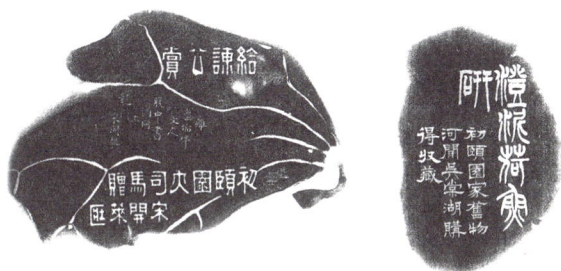

通书画、篆刻。宋开莱，是宋湁的三子。此砚初为彭龄赠送给宋家，并得到珍藏。宋开龚所作砚铭寄托了文人满腹经纶、携手出仕的美好愿望。荷叶象征着出淤泥而不染，代表君子超凡脱俗、洁身自好的品质，是文人雅士终生的追求。此砚质地上乘，造型生动，雕刻精细，线条流畅自然，融质、色、雕等诸多特色为一体，是一件罕见的文房艺术珍品。

澄泥砚的烧制工艺在宋代已成熟，明清时期更为精湛细腻，呈现出玻璃化质感。澄泥砚需入窑烧制，经窑变而幻化出不同的色调，以朱砂红、鳝鱼黄、蟹壳青、绿豆沙、玫瑰紫为上乘颜色，其中以朱砂澄泥砚最佳。据清朱栋《砚小史》中记载："澄泥砚中最上者鳝鱼黄……然不若朱砂澄泥之妙。"由此可知，朱砂澄泥是澄泥砚中的稀有珍品。此砚的砚盒上刻有铭文曰："澄泥荷鱼研初颐园家旧物，河

间吴棠湖购得收藏。"可知，此砚曾为清末书画家、收藏家吴浔源收藏。

荷鱼朱砂澄泥砚藏于天津博物馆。

松花江石海水龙纹长方砚　清代康熙时期（1662～1722年）文物。

此砚长18.5厘米，宽12.6厘米，高3.2厘米，呈碧绿色。砚面的前端开墨池，池内嵌带有五色光彩的螺钿，犹如旋转的水涡；池四周凸雕流云海水山石，右侧雕一螭龙隐身于云海之中，取寿山福海之意。砚池下方是平坦的砚堂，其上隐约可见黄、白色横向纹理，有使用痕迹。砚背阴刻楷书："寿古而质润，色绿而声清。起墨益毫，故其宝也。"下有阴刻篆书"康熙""御铭"联珠方印。此砚配有绛紫色砚盒，盒面嵌玻璃，四周雕夔龙纹。此砚以两色松花江石制成，极为考究，是御用珍品。

松花江石，又名松花玉，是中国名贵石砚材料之一，是清代早期至中期御用石砚中的重要珍品，备受康、雍、乾三朝皇帝的喜爱。松花江石主要产于东北长白山松花江流域，由于松花江区域是清代满族发祥之地，所以松花江石制成的石砚为清皇室所珍视。松花江石有浅绿、深绿、绛绿三种基本颜色，有些则紫绿相间或带斑点丝纹，属于砂岩或岩石板岩，

细腻温润，坚硬致密，宜于制砚。此石具有天然斑斓的纹理和沁人心脾的亮绿色，但其硬度偏高，光滑有余，润泽不足，所以多用于御批或朱批。康熙帝在位时，要求内务府造办处开始琢制松花江石砚。当时的制砚石材皆由东北运至北京，砚的款式先由宫中画家设计图样，再由砚匠琢制而成。因石材产地处于清始祖发祥地，为保护祖陵，清廷封禁了松花石的产地——长白山，不再开采，加之此砚多为宫廷御用，所以松花砚流入民间很少，极为珍贵。康熙朝制作的松花江石砚除了御用外，还赏赐群臣。大臣们将能够得到皇帝御赐的松花江石砚视为隆遇，奉为至宝，吟诗作赋以谢圣恩，这也有推广松花江石砚、宣传清代文治和光宗耀祖的多重作用，把松花石砚的功能发挥到了极致。康熙年制作的松花江石砚有"寿古而质润，色绿而声清。起墨益毫，故其宝也"和"以静为用，是以永年"两种砚铭。

松花江石海水龙纹长方砚藏于故宫博物院。

澄泥乾隆御制赏砚　清代乾隆时期（1736～1795年）文物。

此套赏砚由6方砚组成，盒长40厘米，宽44厘米，高9厘米，为澄泥烧制而成。六方砚造型仿古，分别呈瓦当形、椭圆形、八角形、圆

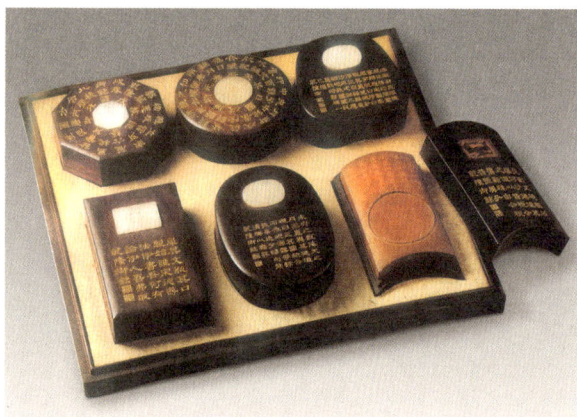

形、"风"字形、长方形，名称以仿汉、唐、宋砚命名。瓦当形砚长15厘米，宽8.5厘米，高2厘米，砚顶楷书"仿汉石渠阁瓦砚"，砚堂上为御制诗，下方为圆形砚堂。椭圆形砚长14.2厘米，宽9.7厘米，高2厘米，砚侧阴刻"仿汉未央砖海天初月砚"，砚面有新月形砚池，砚背阴刻御制诗。八角形砚对边长9.8厘米，高2厘米，砚侧阴刻"仿唐八棱澄泥砚"，砚面中间有砚池，池与砚缘间饰有鱼、马，砚背楷书御制诗。圆形砚直径10.8厘米，高2厘米，砚侧阴刻"仿宋玉兔朝元砚"，砚面围一周阳线，没有砚池，砚背中部下凹，浮雕玉兔望月。"风"字形砚长12.4厘米，宽12厘米，高2厘米，砚面开弯月形砚池，砚背楷书御制诗。长方形砚长14.5厘米，宽8厘米，高2厘米，砚顶刻有"仿宋德寿殿犀文砚"，砚面中央有一瓶，瓶后深雕，用作砚池，四周雕犀牛纹，砚背为御制诗。每方砚装于紫檀木嵌玉佩匣内，匣盖上均刻阴文填金乾隆御制诗一首。六方砚装于楠木盒内，盒面填金隶书"萃珍含润"。砚是清代流行的宫内赏赐用品，常用端石、歙石制作，较少使用澄泥制作，此砚因此珍贵。早期制作澄泥砚时，先以利刀削制成砚，再入窑烧，砚形、墨池、覆手、纹饰上都能看出明显痕迹。到了宋代，澄泥砚的烧制工艺已成熟，制作更为精湛。明代以后，无论是质地还是制作上，澄泥砚已接近石砚的感觉，制作工序多为烧制砚坯成型后再打磨，但是随着制作日益精细光润，澄泥砚失去了早期制作所展现的原始质朴气质。

澄泥乾隆御制赏砚藏于故宫博物院。

顾二娘作端砚　清代文物。清初制砚名家

顾二娘雕琢。曾是清代学者吴大澂旧藏。

此砚长14厘米，宽8.14厘米，高1.9厘米，由整块椭圆形端石雕琢而成，配螺钿灰漆盒。砚呈荷叶状，四周边沿雕刻成微卷的荷叶。砚背雕刻叶脉纹，自然凹处阳刻篆书"二娘"印款。砚堂光洁平整，石质细腻。此砚的做工不多，却意蕴浓郁。

砚是中国古代特有的文房用具，砚的品质除了具有上好的砚材外，雕琢工艺也很重要。古代制砚以民间为多，技艺传承以心传口授为主。历代出现过不少优秀的制砚工匠，他们因材制砚，随形雕琢，达到浑然天成效果。顾二娘是清代雍正、乾隆时期苏州著名的琢砚家，所制石砚镂刻精细，刀法明快干净，细节雕刻纤微圆润，具有女性温婉柔美的气质。顾二娘是苏州制砚高手顾德麟的儿媳，继承了顾家古雅的制砚风格，其名望甚至超过顾家前人，以致当时文人以觅得顾二娘砚珍藏为快事。顾二娘所制砚台，雕琢不多，以清新质朴取胜，镂剔精细而又纤细合理，她还能根据砚石上的纹理精心雕刻，巧若神工。顾二娘平生制砚不满百方，传世石砚多为2～3寸的小品端石砚，精细纤巧，格调雅致，自成一家。清代诗人、藏砚家黄任收藏多方顾二娘制砚，并赋诗赞：

"古款微凹积墨香，纤纤女手切干将。谁倾几滴梨花雨，一洒泉台顾二娘。"

顾二娘作端砚藏于南京博物院。

"万斯同铭"端石瓜式砚　清代文物。清宫旧藏。

砚长20.4厘米，宽18.9厘米，高3.1厘米，石质细腻温润，色似猪肝紫，随材成形。砚堂为丰满的瓜形，砚边雕饰肥大的叶子，叶上有斑斑蛀痕，瓜蒂处镂雕出砚池。砚背阴文篆书："维彼瓜瓞，载咏绵绵。根深蒂固，于万斯年。"末属阴文楷书"万斯同铭"，并镌"季""野"篆书印；左下镌篆书"山阴吴氏珍玩"款。此砚配有嵌玉紫檀木盒，当属清宫旧藏。万斯同，字季野，号石园，浙江鄞县人，是明末清初史学家、经学家，著有《明史稿》等。山阴吴氏是此砚另一位收藏者。此砚是根据石质自然形态采用深浅雕刻与圆雕相结合的雕刻刀法，构思巧妙，颇具情趣，质朴随意中表现出工匠纯熟的雕刻技艺，反映出明末清初的制砚风格。

端砚在制作和使用初期，侧重于砚的实用性，即"砚之用，在于发墨不损毫"，因此早期端砚的砚面较少纹饰，砚形以箕形砚和抄手砚为主。宋代是端砚的兴盛时期，兼重实用性

观赏性，砚面雕刻简练的线条纹饰，经由对砚材的构图和适当雕琢凸显雕工与石材的融合。端砚式样也渐趋丰富，出现了荷叶、琴、琵琶、钟、龟等古朴雅致的砚式。明清时期，砚台的制作进入鼎盛时期，但它的功能由实用性为主转变为以艺术性为主，成为文人墨客的收藏品。特别是清代，砚台形制发展至无规定可循，形成了讲求石材、重视雕工、讲究式样的特色。此砚完全符合这些标准，是一件珍贵的仿生端砚。

"万斯同铭"端石瓜式砚藏于故宫博物院。

"千金猴王"端砚 清代文物。

清两广总督张之洞主持在肇庆开发砚台。何蓬洲是张之洞的幕僚，负责组织开坑、挖石、造砚，每逢挖到好端石，他就命人制成砚台呈送张之洞。一日，他到坑地视察，收到三块花纹绚丽的端石。何蓬洲聘请制砚大师郭兰祥依据三石各自的特点进行制作。因三方端砚均有酷似猴子、鹤、卧牛的花纹形象，自然天成的花纹与工匠的巧琢天工使三方端砚成为稀世珍品。何蓬洲十分喜爱而不舍得交给张之洞，便私自珍藏起来。据说，何氏后人在抗战时期将"千金猴王"砚卖给一古董商，后被汪精卫之妻收藏。日本投降后，此砚被国民党接

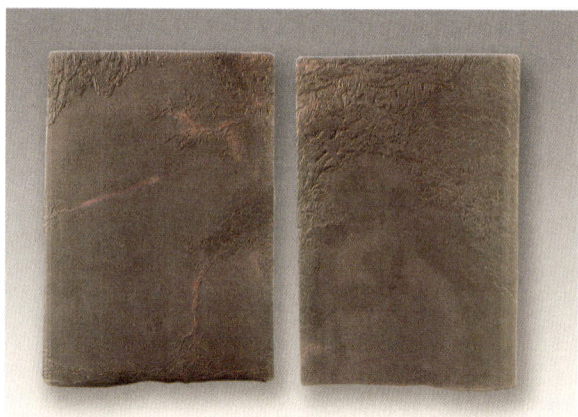

收大员私侵。1951年，"千金猴王"砚收藏者到广东古董店出售此砚，恰遇中山大学教授商承祚。商承祚买下此砚，后转让给广东省文管会收藏。广东省博物馆建立后，正式收藏了"千金猴王"砚，此砚成为该馆的镇馆之宝。

此砚长25.5厘米，宽17.6厘米，高2.7厘米，石质致密细腻，色呈紫蓝略带青苍。砚堂中心有发白的斑纹，形似一只蹲坐的猕猴，眼睛、鼻子、嘴巴和前足清晰可见，周围环以火捺纹。砚额、砚缘、砚侧采用浅雕的方式雕琢出崇山峻岭、流泉飞瀑、桃树等纹饰，与下面的猕猴相配，犹如《西游记》中猕猴栖息的花果山水帘洞，可谓巧夺天工。砚体右侧隶书铭"千金猴王砚。光绪壬辰禺山何氏闲叟珍藏"，左侧铭"郭兰祥作砚，项信南刊字"。此砚汇集了多种端石名品，中心发白的斑纹像鱼脑，被称为鱼脑冻；周围的花纹似火烧后留下的印迹，被称为火捺纹；还有微尘青花、玫瑰紫和金线等，这些自然形成的花纹，完整保留在石砚之中。

此砚使用端溪老坑砚石雕刻而成，砚石上具有天然的花纹。清代，老坑出产的端石最为名贵，石质细腻致密，发墨效果好，深得帝王将相和历代文人的喜爱。

"千金猴王"端砚藏于广东省博物馆。

卢葵生款漆砂砚 清代文物。

此仿古形制砚长13厘米，宽9.4厘米，厚3.4厘米，为薄胎漆砂所制，胎体轻薄，色似澄泥。其质感细腻，形如橄榄，仿宋抄手砚。两侧内敛，砚背有凸起的圆柱眼。砚一侧隶书"宋宣和内府制"，其下为"葵生"二字小印；另一侧楷书铭"恒河沙，沮园漆，鬃而成，研同金石，既

寿其年，且轻其质，子孙宝之，传奕奕。稽留山民"，并有"寿门"印款。

此砚题铭者是清代扬州八怪之一金农（1687～1764年），"葵生"是清代制砚名家卢葵生。卢葵生，扬州人，清代著名漆工卢映之孙，擅长制作漆器镶嵌和雕漆。他制作的仿宣和漆砂砚工艺精湛，造型别致，为后世所称颂。此砚形式仿古，构思精巧，美观耐用。

漆砂砚胎质轻巧坚细，耐磨耐用，可与石砚媲美，有"成于漆，胜于石"的美称。它多以木材为胎，裹以麻布及丝织品，然后涂上一层漆灰，经晾干打磨后，再配以金刚砂的生漆髹成砚面，使其具有轻便美观的特色。除木胎外，漆砂砚也有以纸、瓷为胎的。西汉时期，已有漆砂砚。1985年，江苏省扬州市邗江汉墓出土了一件漆砂砚，砚面髹黑漆，饰有精美纹饰。宋宣和年间（1119～1125年），宫廷内府也有制作漆砂砚，此后制作工艺失传。清康熙三十六年（1697年），扬州漆工卢映之在市肆内购得一件标有"宋宣和内府制"款识的砚台，重量极轻，入水不沉。他意识到这种漆制品是清代未有的漆器品种，于是加以仿造，后传技于子孙。卢葵生作为其孙，逐渐完善了这项技艺，让漆砂砚成为既实用又美观的精美艺术品。

卢葵生款漆砂砚藏于故宫博物院。

鹿形嵌贝鎏金青铜镇　汉代文物。内蒙古呼和浩特市赛罕区八拜乡汉墓出土。

这对青铜镇均高5.2厘米，其一长10.5厘米，宽7.6厘米；另一长10.3厘米，宽7.0厘米。青铜镇呈卧鹿状，鹿的头、角、身为青铜铸造，腹部中空，背部镶嵌一贝壳。鹿身表面鎏金，眼、颈、角部绘有红彩。鹿作昂首屈足伏卧姿态，双目前视、炯炯有神，鹿角分支呈珊瑚状向后延伸。此镇造型生动，采用了铸造、鎏金、镶嵌等工艺，将器物的实用性和装饰性完美结合，体现了汉代工匠的高超技艺。

鹿作为一种神兽，象征着长寿、祥瑞，在中国古代文化中具有独特的内涵。鹿与禄谐音，代表着利禄，将镇做成鹿形，既是对这种灵性动物的喜爱，也寄托了人们对功名利禄、长寿祥瑞的追求。镇是一种小型"压物之器"，主要用来镇压席子的四角。秦汉时期，床、榻等家具及室内地面就座之处多铺席，为避免起身落座时席角折卷，需使用镇来压席四隅。这种镇常做成虎、豹、羊、鹿等动物形状，造型简洁洗练，优美生动。为防止牵掣衣物，这些动物姿态多呈卷曲蟠伏状，器物的轮

廓近似圆浑。镇的形体虽小，但制作精致，反映了中国古代雕塑以小见大的艺术特色。汉代以后，作为压席之用的镇已较少出现。随着纸张应用的普及，席镇渐入文房，用于压放纸张或绢帛的边缘，以保持纸张平稳舒展，便于用笔。作为文房用品的镇，按照器形可分为镇纸和压尺两类。镇纸也称为书镇，以圆浑的动物造型居多；压尺多为长条形，也被称为镇尺、书尺。

鹿形嵌贝鎏金青铜镇存于内蒙古文物考古研究所。

石雕犀牛镇纸　南宋文物。1981年浙江省诸暨市董康嗣夫妇墓出土。

此对镇纸的大小、造型一致，长9.2厘米，宽3.1厘米，高5厘米，通体黝黑，石质细腻光滑，表面有铁锈色沁斑。犀牛呈蹲伏姿态，四肢蜷屈，昂首凸目，头部伸出一独角，向后倾斜，角尖朝上，口鼻上翘，两耳耸立，作警觉状。犀牛的躯体浑圆壮实，蹄足粗壮有力，尾巴紧缩于臀后并搭至后腿。古人将犀牛视为瑞兽，作为文房用具形象时，寓有心有灵犀之意。黄庭坚写有"海牛压纸写银钩"的诗句，即指犀牛镇纸。有学者指出，此犀牛的形象与自然界的犀牛相差很大，特别是犀牛的角是长

在鼻子上的，而此犀牛角生长在头顶上，它可能是镇水神兽"井木犴"，代表着天上的井宿星座，这种神兽远比犀牛更具有灵性和神性。

镇纸又称纸镇、文镇、书镇等，是在早期席镇影响下出现的文房用具。唐宋以后，随着坐具的改变，席镇也逐渐改变用途，成为压纸用具。古人曾将一些前代的席镇、玉剑饰以及玉兔、玉牛等圆雕饰物当作镇纸使用，用来压放书写、绘画用纸或绢帛的边缘。唐代，已有狮形、蛙形、异兽形的独立镇纸出现。宋代以后，镇纸更为普遍，且器形丰富，尤以兽形镇纸的造型最为生动。兽形镇纸多为各种瑞兽祥禽，如犀牛、狮、虎、羊、兔、蟾蜍、辟邪等，且造型多为蹲坐或伏卧状。镇纸的造型小巧灵动，只占书案的方寸之地，但因有一定分量而具有很强的实用性。因此，镇纸的材质多选用铜、石、玉、瓷、玛瑙、水晶等分量较重的材质。此对犀牛镇纸形象生动，是诸暨市博物馆的镇馆之宝。

石雕犀牛镇纸藏于浙江省诸暨市博物馆。

黄花梨嵌玉犬镇尺　明代文物。1966年上海市宝山区顾村朱家巷朱守城夫妇墓出土。

此镇尺长28.2厘米，宽3厘米，高1.8厘米，镇尺为长方形，黄花梨木所制，中央嵌一

玉犬。玉犬形态温顺，呈卧伏状，圆目尖嘴，双耳下耸，前肢右爪搭于左爪上，腹部肋骨凸出，尾部下垂。从玉犬的造型与工艺来看，应为宋元时期的旧物。在黄花梨木上镶嵌前朝旧物的做法，体现出明代晚期尚古、用古的社会风尚。

镇尺也称为压尺、书尺或界尺。在它出现以前，压纸之物是由席镇演变而来的镇纸。唐宋之际，随着造纸技术的进步，纸张幅面增大，浑圆小巧的动物造型镇纸已不能满足需求，出现了与镇纸功能相似的镇尺。这一时期，书案的增大也为镇尺提供了放置空间。镇尺呈长条形尺状，中间做出立体装饰，以为捉手，捉手造型以兽形居多，也有素面或雕刻文字、纹饰简单的长方形尺。这种镇尺多成对使用，可以镇书，也可以压纸，还可以当作书写时界划行间距离的参照。一般长约一尺，宽约半寸，分量较重，常以玉、石、铜、瓷等材料制成。陕西、福建、江苏等地曾出土宋代铜镇尺、铁镇尺，形式较为简单。明清时期的镇尺制作愈为精致讲究，既是实用的文房用具，也是案头雅玩。此件镇尺虽然使用了名贵的海南黄花梨木制作，但素面无纹，充分彰显了木质的自然纹理。其上的玉犬由白玉制成，具有温淳朴实之美。两种不同的材质完美结合在一起，将奢华与简约融为一体，古朴中透出典雅，在一定程度上体现出明代文人特有的内敛气质。

黄花梨嵌玉犬镇尺藏于上海博物馆。

石雕笔架　南宋文物。1981年浙江省诸暨市董康嗣夫妇墓出土。

此笔架长26.8厘米，宽2.9厘米，高5.9厘米。笔架色泽黝黑，石质细腻光滑。通体雕琢为错落有序的山峦，中部峰峦拔地而起，巍然屹立，边缘则呈绵延起伏状。在山峰与山峰之间有弧形山坳，以供搁笔之用。笔架造型呈现了层峦叠嶂、逶迤连绵的雄姿，体现出制作者对山体形状观察的细致入微。整个笔架构图繁密，画面充实，犹如一幅美丽的山水画，在技法及艺术表现力上达到极高的水准，是一件极为罕见的石雕艺术品。

笔架又称笔格、笔搁、笔山，是放置毛笔的用具之一。秦汉以前，尚未出现专门的置笔器具。东汉以后，出现了笔架与水盂共器的情况。南北朝时期，有利用水盂、砚台一角来插笔，也有独立的储笔插架。但是，这些笔插都是笔头向下插在架的开孔之内。到了唐代，随着中国古代家具由低变高，笔架形式也发生变化，出现了斜卧式的置笔用具。这种笔架改变了以往由上向下的插笔形式，采用笔头略微架高的平卧方式，避免了笔毫上所蘸墨汁滴落。为了防止笔杆滚动，笔架上还开出若干凹槽。唐宋时期，笔架已成为文房的常设之物。宋代，远山笔架成为常见形式，笔架高低起伏犹如群山连绵，将笔架的实用性与艺术性完美地结合起来。因此，笔架又有笔山之名。此件石

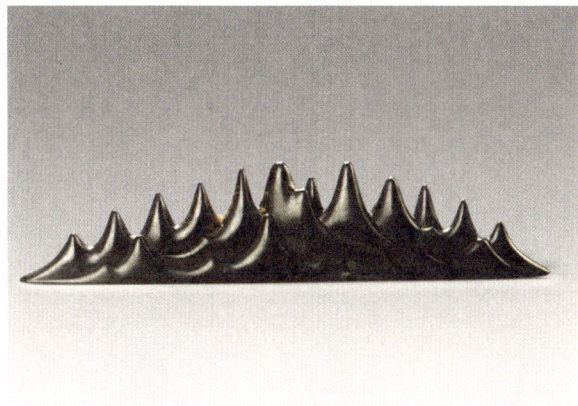

雕笔架是浙江省诸暨市博物馆镇馆之宝，著录于《国宝大观》《古玩鉴赏》等书中。

石雕笔架藏于浙江省诸暨市博物馆。

青花楼阁人物图五峰笔架　明代正统时期（1436～1449年）文物。

此笔架高8.5厘米，宽14.5厘米，厚4.2厘米，横向弯曲，呈半月状。通体施白釉，釉色泛青，釉下绘青花纹饰。笔架上端为五峰山形，以中间顶峰为中心，对称排列。山峰之间的弧形山坳为搁笔之处，可放置4支毛笔。笔架正面绘一老者坐于深山之中，远处云雾弥漫，宛若仙山楼阁之境，体现了明代文人对文房用具典雅气质的追求。背面绘三只海马跳跃于波涛之间，画风潇洒活泼。

笔架釉色中出现多处黑色结晶斑，表明是使用进口苏泥麻青料所绘。根据画面与陶瓷原料判断，此件笔架是明代青花瓷器空白期（正统、景泰、天顺三朝，未发现官窑款瓷器，有断代价值的民窑瓷器也很少，这段时期被陶瓷史学者称为空白期）的代表器物。笔架是在书写间歇时，放置湿毛笔的文房用具。其形制一般为底端平直，上端设若干搁笔的凹口以便于搁笔。山峰形笔架为常见样式，有三峰、五峰、十二峰等形式。广东省广州市黄花岗唐墓

中出土过一件滑石笔架，上面有三个搁笔的凹槽，三个凹槽似乎无意间形成了四个峰峦，可视为最早的山形笔架。宋代，出现了真正意义上的山形笔架，搁笔的凹槽演变成高低起伏的自然山峦，多以五峰为主，但五峰不是生硬的对称形式，而是将搁笔处错落排列成自然状态的山峰。五峰笔架的形式不一，有的是两近峰为主体，三个远峰作陪衬，有的则是一字排开，交相呼应。明代青花瓷盛行，出现了象征性的五峰笔架，山峰已不再强调自然状态，仅是象征性的山峰，一般以中间山峰为中心对称排列，山峰上描绘图案纹饰。

青花楼阁人物图五峰笔架藏于天津博物院。

粉彩瓷笔床　清代乾隆时期（1736～1795年）文物。1973年安徽省长丰县出土。

此笔床高2.3厘米，长8.5厘米，宽3.9厘米，长方形，形似卧床。床面两端各有三个弧形搁笔凹槽，床面与床腿相连，床腿中部镂空。床面用浓淡不一的绿彩描绘山水、树木、小亭，搁笔凹槽分别用红、黄、绿三色绘描金梅花纹。笔床底部施绿彩，中间用红彩篆书"乾隆年制"4字款。此笔床造型小巧，制作精致，代表了清代文房用具小巧雅致的风格。

笔床是一种平卧式的置笔用具，使用时将

笔管的两端嵌入搁笔凹槽内。据记载，南北朝时期，笔床已出现。徐陵的《玉台新咏》中言及笔床："琉璃砚匣，终日随身。翡翠笔床，无时离手。"《东宫旧事》："皇太子初拜，给漆笔四枝，铜博山笔床一副焉。"唐宋时期，也有关于笔床的记载，但流传下来的实物较少。浙江省杭州市南宋墓出土的漆笔床，但笔床的搁笔凹槽已不清晰。笔床存世较少，与具有相同功能的笔架相比，笔床在造型及使用上都处于劣势。

粉彩瓷笔床藏于安徽博物院。

吴之璠黄杨木雕东山报捷图笔筒　清代文物。清宫旧藏。

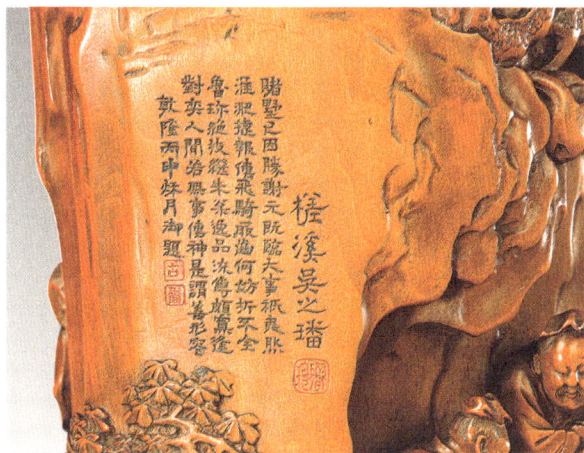

此笔筒高17厘米，口径13.5厘米，鹅黄色，黄杨木雕刻而成，口沿与底座镶嵌紫檀木，黑黄相间，颇具古意。外壁以高浮雕技法表现东晋淝水之战的故事，以峭壁为界，刻画了两个场景。峭壁的一侧是在苍松翠柏之下，二人对坐于石桌两侧对弈，另一人观棋，三名侍女站立在一侧，持花细语，一小童捧盘从石后转出。峭壁的另一侧是在茂林溪谷间，两骑飞驰，前来报捷，其中一人高举令旗。笔筒上方的崖壁上阴刻隶书"槎溪吴之璠"款，下有阴刻填红篆书"鲁珍"圆角印。此笔筒运用深雕、浅雕、镂雕等技法，将人物刻画得惟妙惟肖，山石、树木层次分明。虽然纹饰密铺外壁，但布局妥帖，层次井然，特别是疾驰而来的信使与镇静的弈者形成了强烈的动静对比，由此衬托出弈棋者谢安从容潇洒的气度与运筹帷幄的镇定。乾隆皇帝十分欣赏这件笔筒，题诗一首："赌墅已因胜谢元，既临大事只夷然。淮淝捷报传飞骑，展齿何妨折不全。鲁珍绝技继朱松，逸品流传颇寡逢。对弈人间若无事，传神是谓善形容。"后有"乾隆丙申秋月御题"款识及楷书"古""香"二小印。

吴之璠，字鲁珍，号东海道人，嘉定（上海）人，后移居天津，活跃于康熙时期，是清初嘉定竹刻的代表人物。吴之璠早年师法"嘉定三朱"，多用深浮雕或透雕方法。后经潜心研究和实践，开创了薄地阳文刻竹，具有深浅透视效果，层次更加丰富。吴之璠的传世作品有20余件，都是精湛之作，此件黄杨木笔筒运用多种雕刻技艺，工艺考究，堪称完美之作。

吴之璠黄杨木雕东山报捷图笔筒藏于故宫博物院。

景德镇窑唐英款粉彩人物笔筒　清代乾隆时期（1736～1795年）文物。

笔筒高15.9厘米，口径19.9厘米，底径19.3厘米。圆柱形，矮圈足，通体施白釉。器外壁一面绘粉彩"米老研墨图"，苏轼坐于园林中，笑容满面地赏砚磨墨，米芾立于一侧，回首望向苏轼，旁边童子托盘、执壶侍立。另一面题行书七言诗："玉砚莹然出尚方，九重亲赐米元章。不因谈吐珠玑力，安得瑶池到玉堂。"落款为"沈阳唐英"。引首有"片玉"矾红文长方印，款后是"翰""墨"矾红、白文联珠印。底有胭脂紫篆书"乾隆年制"4字款。笔筒的画面及画后题诗皆出自《东坡诗话》，人物描绘细腻。

此笔筒的监制者唐英，是雍正、乾隆年间知名的督陶官，他所监制的瓷器极为精美。唐英能文善画，精通制瓷，负责管理景德镇官窑瓷器生产20余年。他还亲身致力于陶瓷工艺的创新与实践，创新了釉上彩、釉下彩、颜色釉等工艺，将制瓷工艺与诗、书、画、印相结合，创作出精美的瓷器图文。笔筒是常见的置笔器具，也是文人书案的常设之物。据文献记载，三国时期出现了用于置笔的竹木笔筒，但形制不详。明清时期，笔筒成为主要的置笔用具。其材质十分丰富，涉及竹、木、陶瓷、象牙、玉、铜等多种材质；器形多变，圆柱形、方形、竹节形、树瘤形等；装饰技法丰富，有刻、镂、雕、绘等。笔筒的外壁面积较大，可以装饰人物故事画，或山水风景画，以反映文人的格调与追求。瓷笔筒传世较多，清代康熙时期的青花笔筒、雍正时期的墨彩笔筒和乾隆时期的粉彩笔筒体现了相应时期的烧制水平和艺术水平。

景德镇窑唐英款粉彩人物笔筒藏于上海博物馆。

紫砂仿皮雕山水笔筒　清代文物。

此笔筒高15.3厘米，口径15.3厘米，底径14.7厘米，呈圆柱状，底内凹成浅圈足。内壁施深紫色砂浆，外壁用黄、赤褐、紫黑等色泥料堆绘出一幅山水人物画面。整个画面颇有意境：远处群山连绵，江心有一小岛，岛上树木环绕着一座木屋。江上有一叶小舟，一位老翁头戴斗笠坐于船内，悠然垂钓。底面中心有阳文篆书"杨季初"方形印款。此件笔筒色泽古朴，图案勾勒出老者对超然尘世的生活追求，符合古代文人淡泊、超脱的审美要求。

随着文房用具制作的兴盛，清代宜兴紫砂制作高手也开始参与烧制文房用具。紫砂是利用江苏宜兴的特殊陶土制成的陶器，陶土中含有水云母、高岭土、石英、云母屑、铁质等矿物质成分，特别是铁、硅含量较高，烧制后呈现紫红色，所以称"紫砂器"。紫砂器的烧制始于唐宋，盛行于明清，主要有茶具、文具、日用品等。

此笔筒制作者杨季初（1723～1795年），江苏宜兴人，清雍正、乾隆年间的紫砂名家，是宜兴紫砂器制作的佼佼者。他不仅擅长制作菱花壶，还精于笔筒的制作，是紫砂色泥堆绘艺术的创始人。此件紫砂笔筒利用不同配比的紫泥，采用堆贴花的装饰方法塑出山水人物，再经火烧定型后，形成具有山水绘画效果的图案。在竹刻工艺中，留青竹刻也被称作皮雕，是在竹子表面的竹青上雕刻图案。此件笔筒的图案呈现出竹刻的浅浮雕特色，因此被称为仿皮雕，也显示了紫砂制作者的高超技艺，堪称宜兴紫砂器中的精品。

紫砂仿皮雕山水笔筒藏于苏州博物馆。

白玉荷叶洗　南宋文物。

1974年11月，浙江省衢州市柯城区王家公社农民吴天才在菜园地挖土时碰到一座双穴砖室墓，并将出土文物全部搬回家。事后，吴天才将出土的金银器送到银行检验金银含量，银行人员意识到这些金银器为出土文物，将情况报告文物管理部门。经动员，吴天才将出土的40余件文物上交国家，其中7件为国家一级文物。白玉荷叶笔洗的用料讲究，造型别致，雕琢精致，被确定为一级文物，也是衢州博物馆的重要藏品之一。

此荷叶洗长11.5厘米，宽9.8厘米，高3.1厘米，荷叶洗的玉质莹润，俯视呈两片张开的荷叶，大片荷叶制成弧状体，小片荷叶铺陈在一侧。洗内壁阴刻叶脉纹，背部雕有荷叶及盛开的荷花，透雕卷曲的茎蔓做成洗足和环形柄。此笔洗器形新颖，采用了镂雕、圆雕、浮雕等工艺，简洁自然，雕琢精细，且出土于纪年墓葬，是南宋时期的玉器珍品。根据荷叶洗的造型，出土文物的内容及墓主人的生平经历，多数学者认为这是一件难得的宋代笔洗，但也有的学者认为它是盛水用的玉杯。

笔洗是文房用具中的浣笔用具，主要用于盛水洗笔。笔洗的产生应与书写同步，因为蘸有墨汁或颜料的毛笔需要清洗才能重新使用。笔洗的材质较多，有瓷、玉、铜、珐琅、竹等材质。两宋至明清时期，瓷笔洗颇为流行，许多瓷窑都有烧制，常见器形包括圆形洗、三足洗、五足洗、葵花洗、折沿洗、荷叶洗、桃形洗等。玉笔洗传世也较多，唐代有流云纹单柄洗，南宋有荷叶形洗，元代有桃形洗，明清时期则以荷叶形、桃形、瓜形等植物样式玉笔洗为多。

白玉荷叶洗藏于浙江省衢州市博物馆。

青釉龙首龟身水注 元代文物。2002年内蒙古乌兰察布市察右前旗集宁路古城遗址的"王宅药铺"院内窖藏出土。

此水注长10.6厘米，宽8.2厘米，高7.2厘米，通体施青釉，作卧龟形。龙首高昂，口微张衔莲梗。双目凸出，点褐彩。下颌胡须卷曲，腮和颈后有鳍，腮鳍向两侧参开。龟背甲的边缘呈曲波状，上有多片六边形小甲片，每片甲片内阴刻一"王"字。龟背上负莲花和荷叶，背部正中的荷叶上有一进水圆孔，与龙口处的注水孔相通。四肢前屈，坚实有力。尾巴上翘，贴于甲背。腹部、四肢饰有鳞片。水注造型生动小巧，釉色青翠亮丽，是一件精美的青瓷艺术品。它的造型与鳌十分相似，具有"金榜题名，独占鳌头"的寓意，寄托了古人对考取功名的追求和向往，也是古人将文具的使用功能、造型与寓意完美结合的体现。

水注是贮水用具，专门用来滴水入砚，有进水孔和注水孔。使用时，水由进水孔灌入，从注水孔流出滴于砚面，且可以通过按压进水孔来控制水流。水盂作为文房用具的小型贮水用具出现较早，但水盂的口较大，给砚台添水时，往往因倒水过多而影响书写效果。水注的注水孔小，又可以人为地控制水流量，弥补了水盂功能的不足。汉代，已出现铜质动物形水注。三国两晋时期，动物形青瓷水注流行。唐代以后，水注的器形渐趋丰富，出现了葫芦形、动物形、瓜棱形、舟形等多种生动活泼、富有情趣的造型。此水注在陶瓷研究史上具有重要的研究与学术意义，其产地有两种说法，一种认为是龙泉窑的作品，元代的水注以龙泉窑青釉为多；另一种认为是韩国全罗南道康津郡沙堂礼窑址生产的高丽青瓷，是中外商品流通的产物。

青釉龙首龟身水注存于内蒙古考古研究所。

异兽衔杯铜砚滴 东晋文物。1998年江苏省南京仙鹤观东晋墓出土。

此砚滴长16.6厘米，宽7.2厘米，高6.4厘米，砚滴表面鎏金，圆雕成伏卧状异兽。兽口衔椭圆形耳杯，兽口中央小孔与耳杯相通。异兽头部的双耳直竖，双角后垂，背部及腹侧雕有丰满的羽翼，长尾下垂，四肢雄劲有力，呈弯曲状，五爪着地。异兽的背部有一柱形管，腹部中空，内可盛水。此砚滴雕琢精美，设计独特，是一件精巧的文房用具。

砚滴是研墨时用来添加砚水的文房用具，为了提高书法艺术，人们更加注重对墨浓度的调试，需要借助小型贮水工具来控制滴入砚池

的水量，以更好地展现书法技艺。

存世砚滴有两种形式：一种是带吸管式砚滴，通过虹吸原理来控制水量，以宋元时期的瓷砚滴为代表；另一种是口部衔杯式砚滴，从入水口注水，使用时将砚滴微微倾斜，让体腔内的水从口部倒出，流入口中的衔杯，然后根据使用量注入砚面。这种口衔杯式砚滴多以神兽造型为主。在考古发掘汉墓出土的瑞兽衔杯砚滴中，有的在背部入水口中插有长管式塞，这个长管类似于吸管，使用原理与后代带吸管式砚滴相近。另外，有专家认为这种形式的器物不是用于盛贮研墨用水的器具，而是油灯，后成为一种文房雅玩。宋赵希鹄《洞天清禄集》中提及这些器物，"今所见铜犀牛、天禄、蟾蜍之属，口衔小盂者，皆古人以之贮油点灯，今误为水滴耳，正堪做几案玩具"。可见，关于这类器物的使用功能还需进一步研究。

异兽衔杯铜砚滴藏于南京博物院。

影青人物瓷砚滴 北宋文物。1975年，安徽省太平县出土。

此砚滴通高10.5厘米，长7.8厘米，宽5.4厘米，砚滴分为两部分，上层与底座间以子母口相合。上部堆塑一仰坐童子像，侧头仰望旁侧的花瓶。花瓶内中空，可盛水。圆柱形瓶盖

中间有一小孔，可从瓶中吸水滴至砚石上研墨。底座为长方形，色呈青白色，是宋代影青瓷器的代表作。此砚滴造型精巧，具有较高的艺术观赏价值。

砚滴又称水滴、书滴，是因滴水入砚研墨而得名。砚滴可视为另一种形式的水盂，一般带有吸管，主要利用虹吸原理来提水，具有一定的科学性。《西京杂记》中有关于砚滴的最早记录："晋灵公冢甚瑰状，其物器皆朽烂不可别，惟玉蟾蜍一枚，大如拳，腹空容五合水，王取以为水滴。"唐代始有砚滴之称，宋时砚滴也称为"盛滴器"。宋赵希鹄《洞天清禄集》有"水滴辨"记载砚滴。明陶宗仪《说郛》中说明了砚滴的使用方法："捻其窍，则水不滴，放之则滴。"说明砚滴不但能提水滴入砚，还可以控制滴水量。汉代以后曾有陶、瓷、玉、铜等不同材质的砚滴，多以兽形为主。明清宫廷有瓷、玉、水晶、铜质砚滴，制作精美，造型生动。砚滴和水注都是为砚池添水的文房用具，但二者的器形和使用方式不同。砚滴出现较晚，一般有吸管，设计时采用虹吸原理利用水位、水压的物理原理来提水。水注则有进水和出水两个孔，出水的水流细而缓，多为仿生造型。

影青人物瓷砚滴藏于安徽博物院。

白釉瓜棱形三足水盂 唐代文物。1958年，河南省三门峡市唐墓出土。

此水盂高4.5厘米，口径3.5厘米，通体施白釉，釉层薄且均匀。腹部扁圆，外壁瓜棱形，平底下附带三足。此水盂的造型是唐代典型的形制，器形浑圆饱满，瓜棱形的修饰使器身简单的造型出现了变化。

水盂，又名水盛、水丞、水中丞，是注水研墨的器具。文献记载，"丞"有辅佐之意，是笔墨书写时的辅助工具。研墨时，需从器皿中取水注于砚，为方便取水，还往往附有花生大小的小水勺，贮水十余滴，适宜一次研墨。水盂多为小巧的敞口容器，既是实用的小型贮水器具，也是置于书案供观赏的陈设之物。水盂虽然是小型器物，但制作精巧，被称为"文房雅玩之臻，文人雅趣之魂"，甚至有"丞兄""丞友"的雅号。盂原是一种小型圆口的饮食器具，后来从中分离出来作为文房用具。关于水盂出现的时代，有不同说法，或认为战国时期，或认为汉魏时期，存世较早的出土器物是江苏省南京市栖霞寺汉墓出土的青釉蛙形水盂。三国两晋南北朝时期，青釉蛙形水盂成为流行的文房器具，多为圆形，肚大口小，器外壁以刻划和堆塑的手法装饰出蛙头、蛙腿，整体似一只蹲踞欲跃的青蛙。唐宋时期，水盂器形趋向丰满，以敛口、球形腹为主，黑白釉色和褐彩较多，造型古朴生动。宋代以后，瓷器发展日新月异，各种釉色的水盂都有存世，其制作精细雅致。明清时期，各种质地的水盂成为文人雅士常用的注水用具，器形有圆形、方形、棱形、瓶形、动物形等形式，制作得更加精巧雅秀。

白釉瓜棱形三足水盂藏于中国国家博物馆。

雕花石印章盒　北宋文物。1993年，江苏省仪征市白沙二村工地出土。

此印章盒高11厘米，边长5.8厘米，印章盒为长方体，外壁呈淡褐色，分为三层，以子母口层层扣合。盒盖为盝顶形，盖面以斜格纹为地，高浮雕莲花和莲叶纹，斜坡面雕刻莲瓣纹。三层印章盒外壁雕饰不同的图案：第一层四面在菱形格内雕刻对称的莲花纹，第二层以网格纹为地雕刻孔雀穿牡丹纹，第三层雕刻鱼戏水藻纹。底座四壁刻覆莲瓣纹。在第二层印章盒中间有一隔层，上开一长方形孔，以便于放置印章，隔层四壁墨书"明道二祀岁次癸酉上春书府□□高阳"。此印章盒与两枚私印同出，应是专为放置印章所制。此印章盒设计精巧，纹饰雅致，雕刻技法娴熟，实用性和观赏性兼具。

此盒是专门贮藏、保管印章之用。中国古人非常重视印章的作用，无论是古代帝王还是普通百姓，都将其作为身份凭证和行使权利的工具。印章的起源很早，甲骨文中就出现了"印"字，历代留存有大量不同材质、造型的

印章。为了携带方便，人们制作了专门放置印章的盒子。一般为长方体结构，盒内分层，可以放置印章、印泥，且具有良好的私密性。宋代印章盒制作简单，侧重于实用性。安徽省合肥市出土有宋代端石印章盒，其造型、纹饰与此盒相似。清代，人们讲究印章盒的制作，许多文人雅士将其作为把玩欣赏之物，因此会请手艺精湛的工匠精心制作印章和印章盒，工艺日益精细，用材有牛角、木、银、铜等，既具有实用价值，又是新奇精致的艺术品。

雕花石印章盒藏于江苏省仪征市博物馆。

沉香木雕菊花臂搁　清代文物。

此臂搁长26.9厘米，宽7.6厘米，厚2厘米，长条状拱形，呈深褐色，纹理清晰。表面凹凸不平，犹如老树枝干状，但入手光滑圆润。正面下部浮雕一块湖石，其上伸展出数株菊花和若干杂花。湖石、花卉雕刻自然精致，将色泽深沉的沉香木映衬得更加古朴凝重。沉香木是中国较为珍贵的木材之一，看起来其貌不扬，但芯料是贵重的熏香原料，奇特的香气与古朴的色泽为人们所推崇。明清以来，人们崇尚用沉香木制成各种文房器物。

臂搁多为长条拱形状，上部凸起呈弧状以利于置腕，下部内凹以防压字。在使用毛笔

时，将臂搁衬垫于腕臂之下，可以避免手腕与字迹相触而污损纸面。由于古人写字时使用毛笔，自右向左书写，衣袖容易沾到墨迹，因此出现了搁放腕臂的文房用具。此外，由于古人写字多为悬腕书写，易于劳累，使用臂搁可增加悬腕的舒适度。夏季，将臂搁衬垫于手臂之下，不但有避暑的功效，还可以避免汗水洇纸，因而人们将竹臂搁称为"竹夫人"。臂搁的材质较多，如竹、玉、水晶、瓷、象牙、紫檀、黄杨、沉香等，尤以竹雕最为常见。其造型除矩形外，还有竹节形、书卷形、古琴形等。宋代已有关于臂搁的记录，当时称为笔儿。传世臂搁多为明清之作，流行在臂搁上雕刻竹叶、书画、诗词、仕女等图案，颇具书画意境，是文人雅士最为喜爱的文房用具之一。

沉香木雕菊花臂搁藏于故宫博物院。

第三节　其他（杂项类）

朱漆木碗　新石器时代河姆渡文化（前5000～前3300年）文物。1977年，浙江省余姚县河姆渡遗址出土。

此碗口径长10.6厘米，宽9.2厘米，底径长7.6厘米，宽7.2厘米，高5.7厘米，木质，旋挖而成，略呈椭圆形。碗壁较厚，口沿内敛，腹部较深，有数条瓜棱凹线，圈足较高，略向外撇。碗壁外侧有一层薄薄的朱红色涂料，微有光泽，剥落较甚。此件木碗造型古朴，给人以厚重之感。

河姆渡文化是长江流域下游以南地区的新石器时代文化，因1973年初次发现于浙江省余姚市河姆渡镇而得名。河姆渡遗址总面积约4万平方米，已发掘面积2800平方米，出土陶器、石器、骨器、木器等各类文物6700余件，为研究中华文明的起源提供了丰富的实物资料。1979年，中国科学院植物研究所专家在木碗的一块脱落物上进行取样，对表面涂料进行科学分析，确定木碗涂料为天然生漆。此碗是中国目前发现最早的漆器之一，是中国漆器工艺史上一个划时代的发现，为研究中国漆器的起源与发展提供了重要实物资料。

朱漆木碗藏于浙江省博物馆。

彩绘高柄漆木豆　新石器时代陶寺文化（前2500～前1900年）文物。1978年，山西省襄汾县陶寺遗址出土。

此豆盘径57厘米，底径30厘米，通高25厘米，木胎，斫制而成，由豆盘、豆柄、豆底三部分构成。敞口，斜折沿，盘沿残缺，盘心微凹。柄上下宽，中间窄，呈束腰状，喇叭形底座，表面涂红漆，绘白色纹饰。木豆出土时，木胎已经腐朽，彩皮剥落呈卷状，与漆皮相似，经对涂料进行化验确定为生漆。这一发现，对揭示中国古代北方漆器的祖源具有重要意义。

陶寺遗址位于山西省襄汾县陶寺村南，

东西约2000米，南北约1500米，面积280万平方米。是以龙山文化陶寺类型为主的遗址，遗址发现有城址、宫殿、王墓、世界最早的观象台、独立的仓储区、官方管理下的手工业区等。漆豆属于最早的漆器种类之一，初现于新石器时代，多用于盛放腌菜、肉酱等调味品，也有作为礼器的。此件彩绘高柄木豆是考古发现时间最早的漆豆。

彩绘高柄漆木豆存于中国社会科学院考古研究所。

漆木牺尊　西周文物。2008年，山西省临汾市翼城县大河口村1号墓6号壁龛出土。

牺尊长70厘米，最宽处17厘米，高50厘米，木胎，作昂首蜷伏静卧负物状，由首、冠饰、双翼、躯干、四肢及背上所载瓿形器等组成。其由圆木雕琢而成，冠饰、两翼及所负器物为雕琢后以榫卯结构与兽合为一体。翼之外的轮廓似兔，长耳直立，双目圆睁，凸吻，肥臀，短尾上翘，足部有爪，棱线分明。肩部左右伸展出宽大的两翼，翼长24厘米，宽70～76厘米。头顶中部饰花冠，身负敛口、圆腹、圈足之瓿形器。彩饰大部分剥落，纹饰依稀可辨：冠饰中间陀螺形立柱，两边对称的花瓣为红、绿相间两色，红色为漆，绿色是含铜70%左右的矿石粉；耳部线条勾勒黑漆；双翼正面、胸部、前肢与足尖以黑漆勾勒成雷纹；头、背部、耳背、翼背以红漆为地，上饰黑漆、绿色涂料所绘纹饰；瓿形器口、颈、圈足髹红漆，腹部黑、红漆地上以绿色勾勒卷尾盘龙，龙首凸起似浮雕。

大河口墓地是西周封国——霸国的墓地，考古发掘工作始于2007年秋，共发现西周墓葬577座，车马坑24座，出土青铜、玉石、陶器、象牙、漆木等大量珍贵文物。霸国为西周时期的诸侯国，但不见于文献记载，大河口墓地的发现，填补了文献记载的缺失，因而被评为"2010年度全国十大考古新发现"。此漆木牺尊出土的1号墓属西周早中期，墓主人是霸国首任国君霸伯。

漆木牺尊存于山西省考古研究所。

彩绘狩猎纹漆樽　战国文物。1952年湖南省长沙市颜家岭乙35号墓出土。

此樽高12.5厘米、口径11.2厘米、底径11.4厘米，褐色漆地上朱绘三道变形凤鸟纹，并将整体纹饰分隔为上下两部分。上部主要反映猎人勇斗野牛的情景：前一人持长戟刺向野牛，后一人作引弓待发状，牛则低首扬角、拼死抵御。下部绘有老者牵狗、猎犬追鹿、凤鸟

飞和两鹤啄食等四组图案。此器物图像繁而不乱，无论人物还是鸟兽都排列井然，犹如剪影。纹饰构图生动活泼、故事情节紧张激烈，仿佛再现了楚王云梦之猎的精彩场面。狩猎纹最早出现于春秋晚期铜器上，流行于北方地区，南方楚地罕见。

这种筒状且一侧置鋬的三足器物，过去有称之为"卮"，直至一件自带"酒樽"铭文的类似器物出土，学术界才得知它真实的器名与用途。樽为古代盛酒之器，漆樽在楚墓中尤为多见。战国时期，中国古代漆器制作出现了卷木胎新工艺，即用薄木板卷成筒形，在衔接处用漆液黏合、木钉铆接，再装上把手，黏接厚木胎底，既轻巧又牢固。"狩猎纹漆樽"即采用此法制作而成，其底有铜箍和三个小铜质蹄，这种工艺反映了楚人对木质材料的深刻感悟与非凡巧工，反映了楚国制漆技术的高超水平。

彩绘狩猎纹漆樽藏于湖南博物院。

彩绘龙凤纹漆皮盾　战国文物。1952年，湖南省长沙市五里牌406号墓出土。

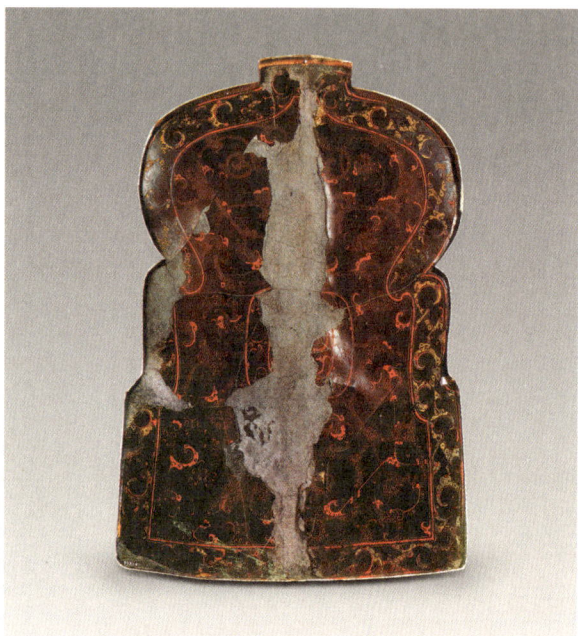

此盾长64.50厘米，宽45.50厘米，压模方法制成，器形整体略似葫芦形，上圆下方。盾上面两角为圆形，下面两角方形中脊稍起有棱，并附有嵌镶的铜盾鼻，两端错银铜饰。内面木质把手（已脱落）上附有嵌银装饰。内外两面都施黑漆，中心饰红漆云纹及变形鸟纹，周边饰红、黄色变形龙纹等。

该盾造型优美，方中见圆，具有变化之感。黑地上用红、黄彩绘龙凤纹饰，色彩对比强烈。龙纹凤纹夸张抽象与云纹索回连贯，具有飞动流韵之美，反映了楚人的髹漆工艺水平。盾属防御装备，与戈、戟、剑等兵器配合使用。由于重量问题，历代盾牌以藤、木或皮质为主。分为步用和车用，步盾长大，利于防御刀箭等和维持阵列，车盾短窄利于车上使用，《释名·释兵》："狭而短者曰子盾，车上所持者也。子，小称也。"战国时，用于近战的双弧形方盾盛行，纵中线凸起的形状，有利于防护。背后有握持的把手，作战时，可将盾用皮带系在一只手臂上，或执其把手；行军时，以盾内侧的皮带挂在身后。楚国实战用的盾以皮革制成，用赭、黄色漆绘出生动的龙凤纹和云纹，表面髹漆可防潮腐。此彩绘龙凤纹漆盾为皮革制，造型纤巧细致，可能是用于乐舞的舞具。

彩绘龙凤纹漆皮盾藏于湖南博物院。

彩绘牛马图漆扁壶　秦代文物。1978年，湖北省云梦县睡虎地44号墓出土。

此扁壶为贮酒器，腹宽24.2厘米，厚7.8厘米，高22.8厘米，木胎，采用挖、斫等制成对称的两个半边后，再经黏合成型。蒜头口，短颈，圆弧肩，扁腹近似椭圆形，平底，长方

形圈足。扁壶外表遍髹黑漆地，口内侧、颈、圈足各饰一条红色条纹带，腹部两面红色椭圆形开光内，绘红、褐彩漆纹样。一侧是奔马飞鸟图，马屈颈扬尾、奋蹄飞奔，鸟在其上空展翅翱翔；另一侧为站立的犀牛，双目圆睁，嘴微启，前腿直立，后腿弯屈欲发力腾跃。两侧面分别饰以变形的鸟纹。此扁壶形制典雅，工艺精湛，绘图生动，展示了秦代漆器的风貌。

彩绘牛马图漆扁壶藏于湖北省博物馆。

彩绘黑地漆棺　西汉文物。1972年，湖南省长沙市马王堆一号墓出土。

此棺长256厘米，宽118厘米，高114厘米，为此墓四层内棺的第二层，棺为梓木材质，用整板拼合构成。挡板两侧做成三个半肩式榫头，与左右侧板两端相应的套榫方眼扣接。棺内髹朱漆，右侧板内壁中上部的朱漆面上，用黑漆勾勒出奔马和人。棺外髹黑漆为地，用朱、白、黑、黄、绿等色漆堆绘出各种纹饰。盖板四侧边缘满饰带状卷云纹，棺主体四周的带状云气纹间由107个形态各异的瑞兽、仙人、朱雀等组成50多幅立体感很强的画面。盖板主要为神怪吞蛇、仙鹤啄蛇、仙人降豹、神怪衔蛇、神怪操蛇、仙鹤啄食、怪兽人立、赤豹伏地、巨鸟衔鱼等场面，其中神怪和仙人衣着短袖露肘。头板主要绘神仙对舞，神怪弹奏，赤豹捕枭，神怪射鸟、捕鸟，两兽逐鹤等狩猎场面。引人注目的足板主要内容为怪兽相逐，神怪休憩、腾云、射鸟场面。左侧面绘神怪双舞、对奏、骑马、格斗、独舞、捕鸟、捕兔、逃奔，仙人斗怪等内容，右侧面绘神怪奔驰、鸾鸟独立、多尾异兽、怪兽骑鹤、仙人静坐、

神怪相斗、怪兽追豹、仙人张弓、神怪缚鹤、怪兽斗牛、仙人骑兽，怪兽食鸡、斗豹、捕猎等场面。画面上出现最多的，是一种面部似羊非羊，似虎非虎，顶竖长角，兽身有尾的神怪，计57个，形象栩栩如生。

马王堆一号墓是西汉初期长沙国丞相、轪侯利仓妻子的墓，墓中出土大量珍贵文物，并有记录随葬品种类数量的"遣策"竹简。黑地彩绘棺复杂多变的纹饰反映了汉代漆器的装饰风格，代表了西汉漆器制作的最高成就，为研究汉代绘画艺术与神话故事提供了珍贵的实物资料。

黑地彩绘漆棺藏于湖南博物院。

彩绘云纹漆鼎 西汉文物。1972年，湖南省长沙市马王堆一号墓出土。

此鼎高24厘米，腹径24.7厘米，旋木胎，有盖。盖呈球面形，上设3个橙色环形纽，盖与鼎身作子母口扣合。鼎身口微侈，鼓腹，底略呈圜形，两平直长方形耳，三兽蹄形足。外表髹黑漆，内髹红漆。盖面中心绘一变形龙纹，龙纹周围用朱、灰绿漆绘"S"形卷云纹、涡纹，卷云纹间绘有变形鸟纹，盖边沿朱漆绘宽、细弦纹各一道；器身两耳有图案9组，都在黑漆地上用朱漆绘勾云纹，口沿外侧

在两朱色弦纹之间绘一道竖条纹间饰小锯齿纹，腹上部在宽、窄两道朱色弦纹之间绘一道菱形、水波纹组成的几何纹装饰带，腹下部在朱色弦纹间用朱、灰绿漆绘几何云纹、涡纹，云纹间绘变形鸟纹；足部用朱漆绘兽面纹。器外底朱漆书"二斗"。底部和盖内有戳印。器腹内留有明显的旋削痕迹。器底光素无纹饰。

马王堆一号墓共出土漆鼎7件，器形大小相同，彩绘纹饰相近，遣策简165"髹画木鼎七皆有盖盛羹"即指此。鼎是先秦祭祀宴享时用以盛肉食的礼器，马王堆一号墓的7鼎反映了轪侯家享有"诸侯七鼎"的礼制规定。此鼎保存完整，出土时盛半鼎藕片，后因空气氧化作用和搬运产生的震荡，藕片迅速溶化于水不复存在。

彩绘云纹漆鼎藏于湖南博物院。

君幸食九升狸猫纹漆盘 西汉文物。1972年，湖南省长沙市马王堆一号墓出土。

此盘高6.2厘米，口径27.8厘米，斫木胎，宽沿，浅弧腹，平底。通体髹黑漆，盘内中心朱漆单线勾勒的狸猫，涂灰绿色漆。内壁近底处三道朱色细弦纹之间朱绘一圈五道水波纹和四横条构成的菱形相间的图案。盘内壁及底用朱、灰绿二色漆绘卷云纹，间饰涡纹，卷

云纹处等距离点缀三个朱色凤鸟纹。腹壁三组连续卷云纹之间饰有两狸猫纹、一乌龟纹，狸的形象与底中心所绘狸纹基本相同。盘内、外腹上壁近口沿处在两朱色细弦纹之间以朱、灰绿色漆绘一周带状几何云纹，间饰点纹、谷芽纹。口沿平唇和口沿外侧在两朱色细弦纹之间朱绘三道竖条纹、五点纹及四横条构成的菱形相间的图案。盘内底狸纹的下方、卷云纹之间朱漆书"君幸食"三字；盘外朱书"九升"与"轪侯家"。"君幸食"是劝君进食之意。"九升"指该盘的容量。"轪侯家"指盘之所属。该盘纹饰组合颇具特色，除漆器上常见的云纹之外，还有狸与龟两种动物纹，其中狸纹做装饰并不多见。同墓所出简188所记"髹画食般（盘）径（径）一尺二寸廿枚"（汉代一尺二寸，约合28厘米），知此盘有20件，而墓中只出土10件，器形大小、形制相同。

君幸食九升狸猫纹漆盘藏于湖南博物院。

针灸经脉漆木人　西汉文物。1993年，四川省绵阳市永兴镇双包山2号汉墓出土。

此木人残高28.10厘米，呈站立状，约为正常人体的六分之一，头、颈、躯干及四肢各部分尺度比例合理，出土时身着数层红色纺织品，左手、右脚残失。光头，面部五官清晰，双臂垂于两侧，右手四指平伸，拇指弯屈。通体髹黑漆地，其上用红漆线描绘针灸经脉，可见头部纵线5条、横线2条，身体正面8条、背面5条。李学勤认为此墓的时代应在汉武帝之前，大致相当于文帝与景帝（前179～前141年）时期。

据有关专家研究，木人共有19条纵向上下循行的主脉，其中人体正中线的1条循行路线

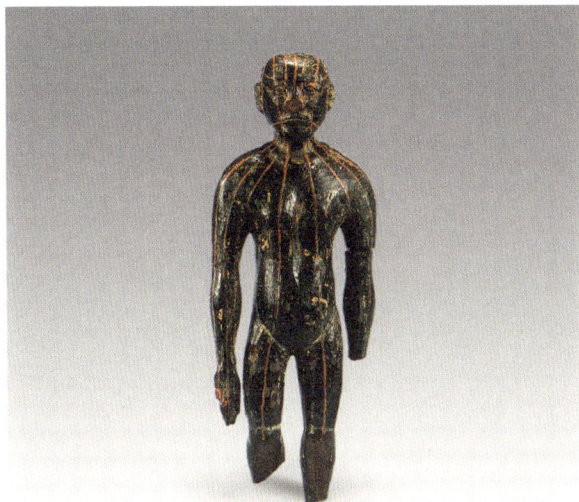

与《难经》《黄帝明堂经》及《针灸甲乙经》等记载的督脉基本相同，身体两侧左右对称分布各9条循行路线与《灵枢·经脉》所记的十二经脉中的9条经脉分布原则和方式基本一致。漆木人体态匀称，脉络清晰，骨、肌腱、五官、乳、脐及皮肤表面的褶皱等体表特征明显，写实性强，是考古发现的最早的人体经络实物资料，是中国医学历史上最古的针灸经脉教学模型，对中国古代科技史、医学史研究有很高的价值，也是汉代木雕艺术的高超之作。

针灸经脉漆木人藏于四川省绵阳博物馆。

元始三年朱绘对鸟纹漆耳杯　西汉元始三年（公元3年）文物。1958年，贵州省清镇县琊珑坝汉墓出土。

此耳杯口径长16.6厘米，宽11厘米，高3.8厘米，夹纻胎，椭圆形，底心微凹，新月形双耳，耳缘嵌鎏金铜扣。杯内底髹黑漆，内壁髹朱漆；外底髹黑漆，外壁黑漆地上绘饰朱色纹样：两耳朱绘雷云纹，杯壁纹样自口沿而下成圈带排列，分别朱绘旋涡纹、圈带纹、对鸟纹等，其间绘一条黑漆带。黑漆带上针刻隶书铭文："元始三年，广汉郡工官造舆髹氻画木黄

耳榷。容一升十六龠。素工昌、休工立、上工阶、铜耳黄涂工常、画工方、汨工平、清工匠、造工忠造，护工卒史恽、守长音、丞冯、橡林、守令史谭主。"除"护"字有裂纹外，其余字迹保持完整。铭文记载了耳杯制造的时间、工匠、工序、制作耳杯的管理机构及相关的负责官吏，这是汉代同类漆器中铭文记事最完备者之一。铭文详细记载了此类耳杯制作需要经过造型、制胎、打磨、髹漆、嵌铜件鎏金、绘图、清理等诸多工序，为研究汉代漆器制造工艺、制作生产状况等提供了重要资料。

耳杯是一种饮酒或盛食物的器皿，以杯耳得名。始见于战国，盛行于两汉至魏晋时期，有漆、铜、金、银、玉、陶等各种材质，漆木质地的居多。

元始三年朱绘对鸟纹漆耳杯藏于贵州省博物馆。

彩绘贴金银箔嵌玛瑙珠七子漆奁 西汉文物。1985年，江苏省邗江县甘泉乡姚庄101号汉墓出土。

此奁口径22.5厘米，高14.5厘米，是用于盛放化妆品和首饰等的梳妆用品盒，木胎，圆筒形，有盖，盖顶凸起，呈漫圆状，子母口，奁内套装7件子盒，便于盛放不同的化妆品和

首饰。盖顶端凸起银质六瓣柿蒂，柿蒂中心、蒂瓣分别镶嵌圆形、鸡心形红玛瑙珠，中心的一颗直径达1.8厘米，脱落殆尽；柿蒂外围3条银釦带（包括立面与斜面交接处一条）、3条金银箔饰带相间排列，金银箔饰有羽人踞坐操琴、羽人骑狼等图案，清晰可辨。盖侧、奁身周壁由4条银釦圈隔成四条图案带，图案由金银箔贴成，构图相似，在山水纹、云气纹和菱形几何纹间描绘羽人祝寿、车马出巡、狩猎、斗牛、六博、听琴等生活场面。奁外底饰四个相交叠压的同心圆，其中描绘夔龙游走、燕子飞翔。奁内髹朱漆，口沿、内底等处饰云气纹、涡纹及几何纹等，并有金银箔饰图案。奁内的7件子盒有长方、正方、圆、椭圆、马蹄等不同形状，盒表嵌银釦，镶玛瑙，饰金银箔贴羽人、孔雀、锦鸡、熊、虎、马、羚羊等动植物。西汉中晚期，漆器流行的装饰技法之一就是用金银做釦、做箍与镂刻金银饰片贴花，这类漆器在甘肃、陕西、广西、云南、安徽、贵州、江苏等地多有发现。

此奁集银釦镶嵌、绘画、金银片镂刻花纹镶嵌等装饰艺术于一身，体现了汉代漆器装饰的艺术水平。

彩绘贴金银箔嵌玛瑙珠七子漆奁藏于扬州

市博物馆。

木独角兽　汉代文物。20世纪，甘肃省武威市磨咀（嘴）子汉墓出土。

此独角兽通长57厘米，由独角、双耳、躯体、四肢及尾部分别雕刻后连缀而成，作角斗状。低首，独角前伸，长尾高高竖立，前腿呈"八"字，后腿一前一后略弯屈。整体造型呈现出身体趋前，四足用力撑地，勇猛进攻之态。通体施白粉地，其上用黑、土红两种颜色绘饰兽毛，有斑点、条状等不同花纹状。独角兽本名"獬豸"，又称"解"或"獬"，是古代传说中的一种神兽。关于其形、其性有许多记载，如许慎《说文解字》："解，兽也，似牛，一角。古者决讼，令触不直者。象形，从豸省。"王充《论衡·是应篇》："解者，一角之羊也，性知有罪，皋陶治狱，其罪疑者，令羊触之，有罪则触，无罪则不触。"可见，古人心目中，独角兽是抵触邪恶、识别奸佞、明别是非曲直的正义之兽。

木独角兽是甘肃省武威市磨咀子汉墓颇具特色的随葬品，通长50～60厘米，高45～50厘米，制作大同小异，都是角、身、腿、尾等分别雕刻

后黏接榫合成型，再彩绘纹样，风格简练古拙。虽然不同墓葬出土的独角兽整体造型相近，但局部细节各具特色，因而有的威严，有的和善、稚拙。该件木独角兽刀法洗练，造型生动，堪称汉代木雕艺术作品中的上乘之作。

木独角兽藏于甘肃省博物馆。

彩绘铜饰木轺车　汉代文物。1972年，甘肃省武威市磨咀子48号汉墓出土。

此套轺车为明器，马长78.8厘米，高88.2厘米，车长96.5厘米，高95.2厘米，御者高33.6厘米。木轺车由马、车舆、伞形盖和御者组成，马的耳、头、颈、身、腿、尾为分别雕制再用榫卯连接及粘连组合而成。马匹彩绘红、白、黑三色，马首饰铜当卢，口衔嚼子，颈上套轭，双耳直立，俯首张嘴，挺胸扬尾。车舆以黑色为主，双辕，辕首端波折如蛇头昂扬，尾端与舆底相连；车厢体为长方形，呈"凹"字状，安置于双轮之间的横轴与辕交接处；舆下垫两只卧兔，内右侧底部略高起，饰以红色的坐垫；车轮的轮毂为瓶形，置16根竹质辐条。御者头戴黑色高帽，身着玄衣，踞坐车厢左侧，作双手持缰状。圆柱伞形盖竖立于

车舆箱体中间，伞盖为黑色；伞把由两截组成，下截偏长，两截相接处匝以铜箍；杆顶装圆形盖，由16根弯曲的竹弓做伞骨，骨上绷皂缯。车舆整体保持完好，出土时车轮尚能转动。辎车是中国古代由一马驾驶的轻便车，据汉代制度，不同级别官吏所用辎车的伞形盖材质、颜色不同。据《后汉书·舆服志》"千石以上皂缯覆盖"的记载，此车当属千石官员所用辎车模型，据此判断48号墓主为千石官吏。

磨咀子汉墓群位于甘肃省武威市凉州区新华乡磨咀子村，20世纪50年代起，武威市文物考古研究所进行数次大规模发掘，清理近百座两汉时期墓葬，出土一批重要文物，木辎车为其中之一。该套彩绘铜饰木辎车是出土的汉代同类辎车中形体最大、保存最完好的一件，结构复杂，制作精细，是汉代辎车的真实体现，为研究汉代的辎车形制及舆服制度提供了珍贵的实物资料。

彩绘铜饰木辎车藏于甘肃省博物馆。

彩绘季札挂剑图漆盘　三国时期文物。

1984年，安徽省马鞍山市纺织厂在扩建工程中发现三国吴大将朱然墓，出土随葬器物140余件，其中漆器80余件，部分漆器的底部有"蜀郡作牢"的铭文，显系当时蜀郡（四川

成都地区）所造。

此盘直径24.8厘米，木胎，出土时部分残损，修补复原。敞口，口沿嵌鎏金铜釦，浅腹，平底，宽圈足。通体髹漆，盘底彩绘两组图案。盘底中间圆形开光内黑漆地上绘"季札挂剑徐君冢树"故事：身着红袍的季札双手作祝祷状，默立于斜挂宝剑的树前，两位侍从紧随其后，相对而视，其中一人伸出双手作困惑不解状；远处山峦中浮现着季札与徐君昔日相交甚欢的情景；近处三人旁边，两只野兔一前一后奔跑，前边的大兔回首相望，后面的小兔紧紧相随。此故事出自《史记·吴太伯世家》："季札之初使，北过徐君。徐君好季札剑，口弗敢言，季札心知之，为使上国，未献。还至徐，徐君已死，于是乃解其宝剑，系之徐君冢树而去。从者曰：'徐君已死，尚谁予乎？'季子曰：'不然。始吾心已许之，岂以死倍吾心哉！'"挂剑图生动地描绘了这一感人故事。盘底开光外的圆环部分以朱漆为地，其上描绘水波荡漾、水藻蔓卷的池塘，荷花待放，莲蓬如伞，鱼儿畅游，白鹭啄食，童子挥拳向猎物，一派生机勃勃的景象。盘内壁以黑红漆为地，上绘狼奔豕突的狩猎纹。盘外侧髹暗红色漆，底部书朱漆铭文"蜀郡造作牢"5字。朱然墓出土漆器质地有木胎、篾胎、皮胎等，器形有案、盘、耳杯、槅、盒、壶、樽、奁、匕、勺、凭几、尺、砚、屐、箅等种类，工艺技法有髹涂、描油彩绘、戗金、犀皮漆、镶嵌等，这些漆器填补了三国时期漆器工艺史的空白。

彩绘季札挂剑图漆盘存于安徽省文物考古研究所。

犀皮鎏金铜釦皮胎漆耳杯　三国时期文物。1984年，安徽省马鞍山市朱然墓出土。

此耳杯长9.6厘米，宽5.6厘米，高2.4厘米，皮胎，椭圆形，双耳，浅腹，耳及口沿镶嵌鎏金铜釦。内里髹黑漆，外表以犀皮技法饰黑、红、黄三色相间云斑纹饰，表面光滑，纹样流畅，匀称而富有变化。

犀皮又称西皮、犀毗、菠萝漆、虎皮漆或斑纹漆，属于填嵌类。其做法是先在胎体上涂稠漆，使胎表形成凹凸不平的表面，再将漆推出一个个凸起的小尖。阴干后，涂不同颜色的漆，漆干后通体磨平，使器表隐现出不同纹理。唐代赵璘《因话录》最早谈及犀皮，以往据此认为犀皮始于唐代。朱然墓中犀皮耳杯的发现，证明最迟三国时期就已经有了犀皮工艺，对中国漆器工艺发展史研究具有找寻源头的价值。

犀皮鎏金铜釦皮胎漆耳杯存于安徽省文物考古研究所。

木坞堡　魏晋时期文物。1958年，甘肃省高台县新坝乡许三湾村墓地出土。

此坞堡长72厘米，宽65厘米，高67厘米。院落呈长方形，院顶封闭；四周环院墙，正面墙上开有两扇门；院落中间建一高高矗立的重檐望楼，四隅角墩上各建一角楼，望楼及角楼屋顶覆盖梯形瓦，呈四面坡形，每个角楼开一正一侧两扇门，作为出入坞堡的通道。坞堡通体饰彩绘：正面院墙外表用黑、红色绘以戈、矛、剑、削等兵器；角楼墩部绘黑鸟栖于红色树上；角楼两个外侧面绘红色田字格；望楼与角楼屋顶的四面坡为红檐白棱黑瓦。许三湾村墓地为汉至唐时期（前206～907年）遗址，是这一时期河西地区重要的历史遗址。

坞堡，又称坞壁，是一种防卫性建筑。王莽天凤年间（公元14～19年），社会动荡不安，为求自保，豪门望姓纷纷聚族而居，构筑封闭式院落，坞堡初露端倪。东汉建立后，汉光武帝曾下令摧毁坞堡，但禁而不绝。三国两晋南北朝时期，战火纷飞，天下大乱，坞堡盛行。当时坞堡因拥有人实力不同而大小有别，大者如村落，小者同宅院，堡中生活设施一应俱全，有些还有猪圈等辅助建筑。考古发掘有很多坞堡相关的实物资料，如壁画、各种质地的模型等。坞堡模型以陶瓷质地居多，木制坞堡极为少见。此件木坞堡是研究魏晋时期西北地区建筑形制的重要实物资料。

木坞堡藏于甘肃省高台县博物馆。

金银平脱镶金四鸾衔绶纹漆背铜镜　唐代文物。1965年，陕西省西安市东郊长乐坡村出土。

此铜镜直径22.7厘米，厚0.9厘米，青铜质，圆形，圆纽有穿，镜沿内侧有立壁。镜背为黑漆地，其上以镜纽为中心装饰莲叶、同心结、鸾鸟等金银平脱纹样。大小两周圈带将镜背纹样分成内外两区，圈带由金丝同心结串联而成；内区镜纽四周环绕银片装饰的莲叶，筋脉清晰逼真；外区为主体纹饰，4只口衔绶带的金鸾鸟与4组银折枝花相间排列，鸾鸟昂首展翅、自由飞翔，羽毛以毛雕工艺刻划，细致入微，生动逼真。鸾鸟是古代中国传说中凤凰一类的神鸟，因生长在古时候的鸾州（河南省栾川县）而得名，是能够带来幸福的吉祥鸟，"绶"与"寿"谐音，因而鸾鸟衔绶蕴意着幸福长寿；同心结寓意永结同心，可见此镜背纹样充满吉祥寓意。

金银平脱是体现唐代髹漆技法水平的工艺之一，选材昂贵，做工精细，做成的器物极尽华美，因此深为皇亲国戚、达官贵人所喜爱。唐代金银平脱漆器品种繁多，小到盘、匙，大到舟船，精彩纷呈。但考古发掘出土的金银平脱漆木器只有数十件，而此件金银平脱镶金四鸾衔绶纹漆背铜镜是已出土的唐代平脱镜中最精致、最完整的一面。

金银平脱镶金四鸾衔绶纹漆背铜镜藏于陕西省历史博物馆。

金银平脱漆瓷碗　唐代文物。1987年，陕西省宝鸡市扶风县法门寺地宫出土，出土报告称之"鎏金银棱平脱雀鸟团花纹秘色瓷碗"。

此碗口径23.7厘米，高8.2厘米，瓷胎，五曲花形，敞口，斜腹，圈足，口沿与圈足镶嵌银釦。碗内施黄色釉，略有开片。外壁黑漆地，腹部饰金银平脱图案：腹部五曲内饰五朵银质团花形开光，开光内银质花卉蔓卷，鎏金鸾鸟嬉戏，花叶表面、鸟羽翅等地方用毛雕加以修饰，刻画生动入微。

金银平脱装饰手法源于汉代漆器的贴金银工艺，制作方法是用漆胶把雕镂好形状、纹样的金银饰片平贴于碗壁，在空白处多次填漆，待漆与所贴金银纹样厚度相同后，用漆将碗壁通体覆盖，经反复研磨，进一步使金银饰片纹样与空白处所填漆面齐平。金银平脱采用的金、银箔片一般在0.01毫米以内，对工艺技术要求极高。金银平脱装饰工艺是唐代漆器的特色，盛行于开元、天宝年间。安史之乱后，唐王朝日渐衰落，国家财政窘迫，耗资高昂的金银平脱工艺也随之衰落。法门寺地宫出土两只金银平脱漆瓷碗，尺寸、形制大体相同。根

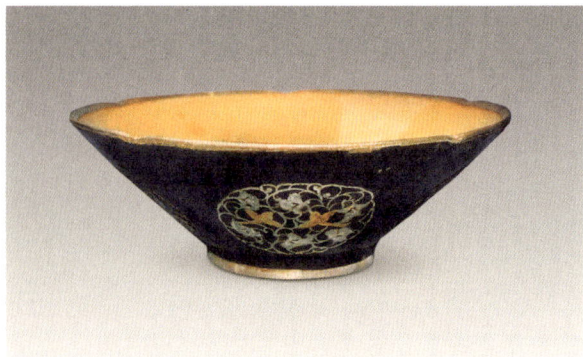

据地宫内《大唐咸通启送岐阳真身志文》和《监送真身使随真身供养道具及恩赐金银衣物帐》碑铭与文献记载，碗为咸通十四年（873年）为迎、送"佛指"而做。碑铭称银棱瓷秘色碗。"银棱"源于西汉的"银钿"装饰，即在碗、盘等器物口沿上镶嵌金属箍，多为镀金或镀银铜箍，名之"银口黄耳"，或"宝口器"。"银棱"乃仿效"银钿"工艺，改铜箍为银饰。此两只碗是考古发现最早的瓷胎金银平脱漆器（也有称金银装饰瓷器）实例，对于研究中国古代漆器装饰工艺具有重要意义。

金银平脱漆瓷碗藏于陕西省法门寺博物馆。

银平脱梅花瓣形漆奁 唐代文物。2005年，吉林省和龙市龙头山古墓群渤海国王室墓地出土。

此奁直径29厘米，高2.8厘米，木胎，八瓣梅花形，子母口，盖、身等高，盖、身口沿及底沿镶嵌铜钿，胎骨上糊裹织物。通体髹深褐色漆地，地上饰银平脱图案，有龙凤、祥云、孔雀、蝴蝶、蜜蜂、植物、花卉、人物、禽兽等，呈圈带状分布。在龙、凤、植物等形象上饰以毛雕纹饰，纹饰突出龙凤呈祥、吉祥如意等主题，充满喜庆气氛。

此件漆奁出土时残破严重，胎体已腐朽殆尽，仅剩粘连一起、残缺不全的两层漆膜。漆膜也已经严重开裂，有脱落、扭曲变形、酥粉等现象，铜钿件、部分银饰花纹与漆膜整体脱离。为了这件珍贵文物能恢复原貌，工作人员将漆奁从考古现场带泥土整体取出，交由湖北省博物馆文保部进行修复整理。湖北省博物馆漆器脱水与修复工作人员经过分析研究，制定了详细的修复方案。首先对器物残片进行整理、编号，并对器物的外形、纹饰、残损、酥粉部位的细节情况等进行多角度拍照，建立漆奁修复档案。然后根据电脑绘制的1∶1线图、三视图，选用与器物年代相近的古木材制作木胎，逐一将对应的漆膜图案用拷贝纸复制在木胎上。在复制漆膜图案时，使用手术刀将上、下两层相连的漆膜分离。因上层漆膜正面有银纹饰片，只能采用蒸馏水刷洗表面的杂质，再用树脂修正器和手术刀刮去坚硬的污垢和漆膜反面胎体腐烂织物。粘接时，需选用无色、透明、高黏接强度、耐老化并且在室温条件下便于操作的黏合剂，按编号将奁盖、器身线图上的漆膜拷贝到已完成的木胎相应位置上，用修补剂进行粘贴。此外，还要使用加有不同颜色的腻子补配部分漆膜粘接、整合之间留下的粘接细缝和残缺部分；要矫正断裂、变形的铜构件，将其复原到修复完成的器物上。最后，要用小型专用打磨器对修复过程中形成的毛糙、凸凹不平进行修整，以硝基漆原料为主给漆奁上色。经过一年多的努力，漆奁恢复了原貌。此件银平脱梅花瓣形漆奁设计精巧，平脱纹饰繁缛复杂，寓意丰富，为研究唐代金银平脱漆器工艺、唐代中央政府与地方政权的关系及唐代的民俗文化等提供了重要的实物资料。

银平脱梅花瓣形漆奁存于吉林省延边州文物保护中心。

嵌螺钿人物花鸟纹铜镜 唐代文物。1955年，河南省洛阳市涧西唐墓出土。

此铜镜直径23.9厘米，边厚0.5厘米，铜胎，镜背中心铸圆形纽，周围嵌螺钿人物花鸟纹样：落叶满地的庭院中，一轮明月高悬天空，枝繁叶茂的花树上，喜鹊登枝，鹦鹉翻飞，一只小猫蹲在树下，凝视前方；镜纽左右有两位老者，隔鼎、壶而坐，一人手持酒杯浅斟，身后女童双手捧盒侍奉；一人手持阮咸神情自若地弹奏，形态与唐代流行的"真子飞霜"镜中的弹琴人物有异曲同工之妙。人物下方仙鹤起舞，小鸟驻足湖石上观望。人物的须发、衣纹和禽鸟的羽翼等线条流畅，刻画细腻入微。该铜镜的螺钿纹饰一直被认为是漆胶工艺，今有学者研究认为它是虫胶粘接而成。

嵌螺钿镜是唐代特种工艺镜，是在青铜镜的背面用漆或虫胶粘贴螺钿贝壳图案，流行于盛唐和之后一段时期，因成本昂贵，过于奢华，唐肃宗和代宗时期被禁止。此件铜镜的嵌螺钿纹样结构疏密得当，布局层次起伏，人物花鸟神态各异、彼此呼应，充分体现了唐代嵌螺钿工艺的高超水平。

嵌螺钿人物花鸟纹铜镜藏于中国国家博物馆。

嵌螺钿花鸟纹黑漆经箱 五代十国时期文物。1978年，江苏省苏州市瑞光寺塔第三层塔心窖穴内发现。

此经箱长35厘米，宽12厘米，高12.5厘米。当初称它"嵌螺钿藏经漆匣"，也有学者取名"黑漆嵌螺钿花鸟纹经箱"。木胎，长方形，由盖、身和须弥式台座三部分组成，身与台座相连，用合体法镶榫制作而成。盖为盝顶，子母口，箱体与台座间有凸起弦纹。内壁髹朱漆，外壁通体髹黑漆、饰螺钿纹样。盖面顶部为三朵并联的团花纹，每朵团花由20余片大小不同的贝片组成，团花外环以散花；花心、部分花瓣分别镶嵌有珍珠、水晶和彩色宝石，嵌物出土时多脱落散失，从钻孔发现中间团花的花心所嵌宝珠直径近2.3厘米。盖、身、台座四周边缘各有一圈带状纹饰，由花蕾、四瓣花、叶形、菱形等细小贝壳嵌成。盖周壁为花叶、飞鸟；箱身周壁为石榴、牡丹、叶脉、飞鸟纹、蛱蝶纹等；台座的两长边为多方连续的花叶纹，两短边为平列壸门，壸门内贴金箔嫩芽、外环五瓣花形图案。经箱的镶嵌图案使用700余片小贝片，单片厚度仅约0.1毫

米，全部由夜光螺锯磨成，部分贝片边缘留有锯齿，并饰毛雕。

关于经箱的制作时代有两种说法。第一，根据箱中经卷题记最早为吴杨溥大和三年（931年），视为五代制品。第二，根据同时发现的珍珠舍利宝幢木函上的墨书"大中祥符六年（1013年）"题识，定为北宋大中祥符年间（1008～1016年）。此件经箱属于已发现的唐以后盛行的嵌螺钿木胎漆器中最早的实物，为研究唐以来中国螺钿工艺发展提供了重要资料。

嵌螺钿花鸟纹黑漆经箱藏于江苏省苏州市博物馆。

堆漆描金檀木经函　北宋庆历二年（1042年）文物。

1966年，几位农民在浙江省瑞安县仙岩寺被拆毁的慧光塔塔壁里发现69件文物，除3件为清康熙年间修塔时放入的以外，其余均为北宋庆历三年（1043年）以前的文物。其中，此套经函出自温州工匠之手，外函长40厘米，宽18厘米，高16.5厘米，内函长33.8厘米，宽11厘米，高11.5厘米。该套经函由外函和内函两件组成，形制相同，长方形，盝顶，须弥座。两函内均施酱褐色漆，表面通体装饰堆漆描金图案。外函表面为褐色漆地，其上满饰描金祥云鲜花、飞禽走兽、神仙乐女等地纹图案，函的顶部、坡面、四壁及须弥座处采用堆漆工艺塑出不同花形开光，开光内堆塑形态各异的坐佛、神兽、飞鸟、花卉等造型，开光边缘嵌饰珍珠。函底有金书题记一行，字迹模糊不清，仅有"大宋庆历二年"等字尚可辨识。内函表面为朱漆地，其上遍饰忍冬、缠枝菊花、菱花等地纹，四壁开光内饰凤凰穿花团花纹、仙鸟

神兽纹等，须弥座部分如意云头内花朵剔除轮廓线呈浮雕状。此套经函的金色花纹是以金粉调胶后，直接用笔画到漆面上，颇类工笔描金，绘画风格与函内经卷的缥头相近，运笔挺拔自如，精工细腻。据"建塔助缘施主姓名"记载，函内所放金字《宝箧印陀罗尼经》经卷为永嘉县施主严士元所舍。堆漆是一种漆器装饰技法，即用漆或漆灰在器物表面堆出花纹。此套堆漆描金檀木经函的外函色泽凝重、内函光彩艳丽，经函表面装饰图案精致，髹漆工艺高超，是北宋时期采用堆漆描金工艺装饰漆器的仅有实物，反映了宋代温州漆器有"全国第一"之称的真实制造水平。

堆漆描金檀木经函藏于浙江省博物馆。

竹胎包银剔犀云纹碗　北宋文物。1974年，江苏省沙洲县（今张家港市）杨舍镇戴港村东横泾头宋墓出土。

此碗口径13.8厘米，底径7.1厘米，壁厚0.29厘米，高6.8厘米，重153克，侈口，卷唇，圈足，足下有一衬托。外壁以剔犀工艺装

饰，紫黑色漆面下为红、黄、紫黑三漆相间，雕饰8组如意云纹，上下各4组。从漆面刀锋的断面上可以清晰地看出红、黄、紫黑颜色漆的层层交叠，漆层肥厚，漆色光润。据出土墓志记载，墓主为王氏，逝于北宋大观元年（1107年）正月二十日，说明其随葬品应为大观元年之前物。竹胎包银剔犀云纹碗为一对，其中一只破损，从破损处发现碗的胎骨结构是以3毫米宽的薄篾竹片盘绕、黏合成型，内包银胎，外髹彩漆。

此碗出土时完好，但由于漆工艺自身的特点，以及出土后保存环境的变化，碗表面陆续出现裂纹，后经南京博物院文保所协助修复，这对漆碗得以重现昔日风采，为研究北宋时期的雕漆工艺提供了不可多得的实物资料。

竹胎包银剔犀云纹碗藏于江苏省张家港市博物馆。

戗金人物花卉纹莲瓣形朱漆奁　南宋文物。1977年，江苏省武进县村前乡蒋塘村南宋墓出土。

此奁通高21.3厘米，直径19.2厘米，木胎，十二棱莲瓣形，由盖、盘、中盒、底盒四部分套装而成，盖口沿、盘、中盒的口沿和底沿、底盒的口沿均镶嵌银釦。此奁出土时，盘内盛菱花边形铜镜，中盒内放木梳、竹篦、竹剔签、银釦镶口的圆筒形漆粉盒，底盒内置小锡罐和小瓷盒。通体髹朱漆，器表满饰细钩戗金图案。盖面为园林仕女图；盖壁为折枝花卉图案；盘、中盒与底盒的表面刻有上下对称的荷叶、莲花、牡丹、山茶和梅花等折枝花卉图案。盖内刻"温州新河金念五郎上牢"款。这种起棱分瓣的花式造型起源于唐，流行于宋，有葵瓣式、莲瓣式等。

戗金工艺初现于汉代，至宋代达到炉火纯青的程度。元代陶宗仪《南村辍耕录》卷30戗金银法中对此有详细描述："凡器用什物，先用黑漆为地，以针刻画，或山水树石，或花竹翎毛，或亭台屋宇，或人物故事，一一完整，然后用新罗漆。若戗金，则调雌黄；若戗银，则调韶粉。日晒后，角挑挑嵌所刻缝罅，以金簿或银簿，依银匠所用纸糊笼罩，置金银簿在内，逐旋细切取，铺已施漆上，新绵揩拭牢实，但着漆者自然粘住。其余金银都在绵上，于熨斗中烧灰，坩埚内融锻，浑不走失。"此奁为宋代戗金漆器的代表作，代表了南宋戗金工艺的最高水平。

戗金人物花卉纹莲瓣形朱漆奁藏于江苏省常州市博物馆。

戗金填朱漆斑纹地柳塘图长方形黑漆盒 南宋文物。1978年，江苏省武进县村前乡南宋4号墓出土。

此盒长15.4厘米，宽8.3厘米，通高11厘米，木胎，采用合题法制作。有子口，口部套一浅盘，盒、盖、浅盘扣合后严丝合缝。表面黑漆攒犀地上饰戗金图案。盒盖上面为一幅柳塘小景图：池塘中，水波荡漾，荇草漂移，浮萍簇簇，鱼儿嬉戏；坡岸上，一棵粗大的柳树干分两支，斜向而生，茂密的柳枝婀娜多姿，垂向水面。盒盖与盒身四周外壁饰以枝叶繁茂、正在盛开的月季、菊花、荷花、海棠、梅花等四季花卉及卷草，其间填满朱漆斑纹，作攒犀处理。盒内髹黑漆，盒盖内侧朱书"庚申温州丁字桥巷廪七叔上牢"款。出土此盒墓的墓主为一男性，从随葬品铭砚"叶茂实制"墨推测，漆盒大致出于南宋理宗时期（1225～1264年）。此盒出土时浸泡水中，盒盖右上方一块漆皮被剐蹭掉，肉眼看盒表面基本完好，但在显微镜下观察发现盒的漆皮布满裂纹，有不同程度腐蚀，含水量也不同，如果处理不当，必导致漆盒受损。为此，国家文物局特委派上海博物馆文物保护专家对此盒进行修复，经专家多次探讨研究，最终针对漆盒特点，采用了聚乙二醇（PEG）浸渍阴干法脱水后，在漆盒表面施一层大漆进行保护的修复办法。处理之后，漆盒完好如初。该黑漆盒的填漆方法较特殊，一般的填漆戗金是在漆地上刻出花纹轮廓填彩漆，再于填好漆的花纹上雕刻纹理、戗金，而此盒的填漆是先钻出一个个密集的小圆孔，于孔内填漆。据明代黄成《髹饰录》第一百六十条《戗金间犀皮》记载，这种做法称之为"攒犀"。

两宋时期，温州漆器制作业发达，其产品不仅在本地销售，还大量销往开封、杭州、常州等地，深受人们喜爱。温州漆器主要有两大类：一类为戗金、识文描金、雕漆等讲究装饰华丽的漆器；另一类是朴实无华的单色素漆，以素漆为主。此盒为首次发现的戗金与攒犀地工艺相结合的髹漆器实物，工艺精湛，是南宋时期温州漆工匠的成功之作，为研究中国古代漆器工艺技法提供了珍贵资料。

戗金填朱漆斑纹地柳塘图长方形黑漆盒藏于江苏省常州市博物馆。

剔红东篱采菊图圆盒 元代文物。

1952年4月，江苏省青浦县龙固区章堰乡北庙村和淮海乡高家台农民在田间劳动中偶然发现元代任氏家族墓葬，有文物出土。经上海

市文物管理委员会及有关部门收集，将出土而流散的文物归藏博物馆，此剔红圆盒就是其中之一。

此盒高3.9厘米，径12厘米，木胎，蔗段式圆盒，子母口，平盖面，采用剔红工艺刻饰而成，通体髹枣红色朱漆，盒内及底部髹黑漆。盖面中间雕一老者，头戴风帽，身着袍服，右手执杖，伫立在竹篱虬松下；身后跟随一侍童，双手捧一盆盛开的菊花，景物下方以流畅的曲线表现河面上的波纹。整个画面表现的是陶渊明"采菊东篱下，悠然见南山"的意境。盒壁上雕有连续"回"字形纹饰。剔红，又名"雕红漆"，雕漆品种之一。其做法是用天然漆料层层髹涂在胎骨上，待髹漆达到一定厚度，用刀雕刻纹饰。根据雕漆颜色的不同，分为剔红、剔黄、剔黑、剔彩等，其中又以剔红漆器最为常见。

雕漆技术始于唐代，成熟于宋元，兴盛于明清。发现的元代雕漆有10余件，其特点为堆漆肥厚，藏锋不露，雕工圆润。以山水人物为题材的元代雕漆器一般用不同锦纹表现天、水、地。此盒刀锋犀利，盖面景物下仅以流畅的曲线表现行云流水，地面不设锦纹，有别于以张成、杨茂为代表的元代雕漆装饰风格。因此，此盒具有重要的历史文物价值，更为研究元代手工业、传世剔红漆器的断代提供了可靠的依据。

剔红东篱采菊图圆盒藏于上海博物馆。

杨茂造剔红花卉纹尊　元代文物。清宫旧藏。

此尊又称"渣斗"，高9.4厘米，径12.8厘米，木胎，撇口、短颈、鼓腹、圈足。通体

黄漆素地，上雕朱漆花纹，口内外及腹部雕花卉纹三匝，由桃花、菊花、栀子、牡丹、茶花等组成，花间点缀着含苞欲放的花蕾。器底髹黑漆，左侧近足处，针划"杨茂造"竖行款。

元代是中国雕漆工艺发展的一个高峰时期，以浙江嘉兴地区最为有名，其中又以张成、杨茂为代表人物。其雕漆工艺对明清漆器的发展产生深远的影响，对其他美术工艺方面也有着重要贡献。杨茂擅长雕漆，以剔红器最为闻名，纹饰多以花卉和山水人物为题材。已知存世杨茂的作品仅3件，此剔红花卉纹尊为其中之一，是杨茂的代表作。此件器物雕刻刀法精细，磨工圆润，具有元代雕漆作品的显著特征。但其髹漆不厚，与同一时期的张成作品有较大区别。整个作品以黄漆为地，上压朱漆花纹，体现了元代雕漆工艺中以花卉为题材的作品特点。因此，"杨茂造"剔红花卉纹尊是研究元代剔红工艺、杨茂雕漆作品的珍贵资料，具有重要的历史、艺术价值。

杨茂造剔红花卉纹尊藏于故宫博物院。

"张成造"剔犀云纹圆漆盒　元代文物。1956年，安徽省屯溪市张新吾捐献。

此盒直径14.5厘米，通高6厘米，木胎，圆形，子母口。器表通体用黑、红二色漆分层

髹饰而成，黑面，盒盖及底周缘均雕云纹三组，堆积肥厚，刻工圆润，中露朱漆三层。盒底左侧边缘有"张成造"针画款。

剔犀，又称"云雕"，为雕漆工艺的一种，是用两种或三种色漆（多为黑、红二色）在胎骨上有规律地逐层髹涂，积累至一定厚度，用刀斜刻出云纹、回纹、卷草纹等几何规律图案。由于在刀口的断面显露出不同颜色的漆层，与犀牛角横断面的效果极其类似，因此得名。元代漆工艺成就最高的是雕漆工艺，张成、杨茂以剔红器享誉海内外，但剔犀器却极为稀少，存世仅见此剔犀圆盒和故宫博物院藏剔犀云纹盘2件。从此件具款的剔犀圆盒可知，张成不仅是剔红高手，剔犀技巧也精湛至极。此盒堆漆肥厚，雕刻刀法精细，磨工圆润，具有元代雕漆作品的显著特征。因此，"张成造"剔犀圆漆盒为研究元代剔犀工艺及张成的雕漆作品提供了可靠而精美的实例，是元代剔犀工艺的代表性器物。

"张成造"剔犀云纹圆漆盒藏于安徽博物院。

"张敏德造"剔红赏花图圆盒　元代文物。清宫旧藏。

此盒口径20.4厘米，通高7.5厘米。圆形，平顶，直壁，子母口。盖面以曲折的栅栏为界，界内以多重窄长的回纹锦为地，雕饰殿阁人物图，殿阁高耸，湖石环抱，阁内二童子在备膳，庭院中二人在赏花，一人手指花卉作指点状，一人双手相抱而立；庭院外以方格花卉锦纹为地，上饰山石、竹子等。盖壁与盒身黄漆地上雕饰俯仰相间的各种花卉。盒内及地髹黑漆，盖内左侧针画"张敏德造"四字直行款。

张敏德，元末雕漆名匠，生平事迹待考。据其作品的工艺风格及刻款特征，与元代张成雕漆的风格相同。据此推断，他可能是张成的后辈，此盒是其唯一的传世之作。据文献记载，元代雕漆的基本特征为"藏锋清楚，隐起圆滑"。此件作品完全体现了这种特征，为元末雕漆的一件杰作。

"张敏德造"剔红赏花图圆盒藏于故宫博物院。

剔红花卉纹盏托　明代永乐时期文物。清宫旧藏。

盏口径12厘米，托外径21厘米，足径11.4厘米，高10厘米。茶盏似钵，坐于托盘上；托盘圆托较矮，葵瓣形外围上翘，形似盘，高圈足外撇，托内、外口沿，圈足边缘浑圆，予人

厚重感。托内至足空心部分髹赭色漆，外表髹黄、红两色漆，黄漆为地，地上髹红漆并雕刻花纹，盏、盘、足纹饰相同，都是俯仰相间的牡丹、菊花、石榴、栀子、茶花等花卉纹，花间夹以硕叶。足内右侧针刻行书"大明永乐年制"款，永乐朝漆器款识一般刻在器底左侧，刻在右侧的少见。

存世的永乐款漆器有两种情况：第一，确为永乐时期制作，制作漆器同时题刻年款，或制作漆器时未落年款，题识为后人加刻；第二，并非永乐时期制作而被当作永乐朝漆器加刻题款的。题款有针刻楷书、行书，填金、刀刻填金等形式。永乐朝的存世漆器以剔红居多，剔红花卉纹盏托，为永乐时期剔红漆器的经典之作。

永乐朝御用漆器多出自皇城内棂星门之西的漆器作坊——果园厂。因永乐皇帝偏爱元末剔红名匠张成之子张德刚，于是将其召入宫，管理漆器作坊。其时所制剔红漆器细腻精美，风格多样，代表了明代漆器工艺的最高水平，是当时赠予日本等国的国际礼品，对之后的剔红漆器制作也产生了深远影响。

剔红花卉纹盏托藏于故宫博物院。

剔彩林檎双鹂图捧盒　明代宣德时期（1426～1435年）文物。清宫旧藏。盛食物用器。

此捧盒口径44厘米，高20厘米。圆形，由盖、盒两部分组成，圈足。采用剔彩和磨显填漆等多种工艺制成，通体采用红、绿、黄、黑四色交替髹漆，自下而上依次为红、黄、绿、红、黑、黄、绿、黑、黄、红、黄、绿、红，共13层，每层漆色涂到一定厚度，刻饰剔彩纹样。盖顶平面圆形开光，内雕红漆斜格锦地，在锦地纹上雕有宋人笔意的林檎双鹂图。枝叶繁茂、硕果累累的林檎树枝间，彩蝶、蜻蜓、黄鹂飞舞其间，图案上端框内刀刻楷书填金"大明宣德年制"六字款。盖斜壁，盒近圈足处剔刻桃、石榴、葡萄、樱桃等水果。口沿、立壁等处雕饰缠枝花卉、钱纹等。图案色彩绚丽，花纹脉络清晰明朗。

剔彩即《髹饰录》所谓的"雕彩漆"，也称"剔彩漆"，是雕漆工艺之一。做法是在器物上髹不同颜色的漆，根据纹饰需要经剔刻显露出所需要的颜色。因髹漆方式不同，又有"重色雕漆"与"堆色雕漆"之分。"重色雕漆"是将不同颜色的漆分层涂到一定厚度，剔

除覆盖于需要颜色上的漆层，在露出的需要漆层上刻花纹，这种方式又称"横色"。"堆色雕漆"是在局部填一种颜色漆，根据需要剔刻出花纹后，于纹样凹槽充填所需颜色的漆，这种方式又称"竖色"。剔彩林檎双鹂图捧盒是已知最早的剔彩漆器，为"重色雕漆"的代表性佳作。

剔彩林檎双鹂图捧盒藏于故宫博物院。

剔红五老祝寿图圆盒　明代嘉靖时期（1522～1566年）文物。清宫旧藏。

此盒口径24.4厘米，高12厘米。圆形，平盖，子母口。内髹黑漆，外通体绿漆云纹锦地上，雕刻朱漆纹样。盖面为五老祝寿图，松云山石、飞花落叶间，五位分别捧桃实、扬花枝、举葫芦、握宝瓶、持灵芝，朝向云间若隐若现的寿星，起自灵芝的一缕青烟蜿蜒向上升腾，至空中盘绕成草书"寿"字，点出群仙祝寿主题。盖、盒侧壁分别雕饰云龙纹和海水云纹。足内正中刀刻填金楷书"大明嘉靖年制"款。

明嘉靖皇帝笃信道教，宫内漆器纹样多刻意体现与道教相关的内容，五老祝寿祥瑞图就是深受其影响。圆盒雕漆风格独特，从造型、色彩、髹漆方法到雕工、纹样题材都是创新多

于继承，圆盒漆层薄，以绿色作锦纹地搭配红色图案，以及雕刻陡峻、见棱见角等特点都为嘉靖朝始现。

剔红五老祝寿图圆盒藏于故宫博物院。

戗金彩漆龙凤纹银锭式盒　明代嘉靖时期（1522～1566年）文物。清宫旧藏。

此盒长25.2厘米，宽24.2厘米，高11.7厘米。木胎，银锭形，有盖，子母口，圈足。盖、盒内壁及圈足外底髹黑漆，表面朱漆地上遍饰黄、绿、黑、赭、灰等色彩漆戗金纹样。盖面黑色随形银锭开光内饰祥云朵朵，"卍"字高悬，龙凤隔海水江崖对舞；盖壁斜面仙气十足的波浪卷云与圆形开光内的八卦纹相间排列；盖与盒口沿饰四、六边相间的团花格锦纹；足壁饰斜格勾云锦纹，足底镌刻填金楷书"大明嘉靖年制"款。

明嘉靖皇帝朱厚熜（1522～1566年在位）受父母影响，自幼信奉道教，是虔诚的道教信徒，其在位时，宫内外道教氛围浓郁。由于皇帝笃信长生不老、祥瑞和天赐之物，嘉靖年间漆器时兴表现长生、升仙、福寿、吉祥的纹饰题材。该戗金彩漆龙凤纹银锭式盒造型独特，以珊瑚、篆书万字、龙凤、海水江崖和八卦等

图案装饰，具有浓郁的道教思想意识，是嘉靖年间戗金彩漆的代表作。

戗金彩漆龙凤纹银锭式盒藏于故宫博物院。

填彩漆双龙纹长方盒　明代万历四十一年（1613年）文物。清宫旧藏。

此方盒长38.5厘米，宽23.3厘米，高14.7厘米。木胎，委角长方形，随形圈足，盖、盒各边外缘线均起凸棱。盒内与盒外底髹黑光漆，表面通体雕填彩漆图案。盖面倚凸棱作长方形黑色开光，开光内"卍"字锦纹地上饰以填彩海水江崖、珊瑚祥云、祥龙戏珠、宝瓶戟磬等各种吉祥纹样，寓意吉庆平安、福如海、寿如山。盒盖与盒立面斜壁凹成的开光内为黄漆地，彩色缠枝莲花。口沿、委角饰串枝花。足边饰云纹，足外底上缘黑漆地上镌刻横排的填金楷书"大明万历癸丑年制"款。癸丑年为万历四十一年（1613年）。

万历时期漆器构图崇尚繁缛、细腻，严谨工整，花纹和锦地注重细节，即使以缠枝小朵花做各种边饰图案，也要将花、叶的筋纹脉络刻饰清楚。该盒造型端庄大方，比例适度，纹饰由红、黄、赭、绿、黑等多种颜色构成，图案丰富多彩，填饰细腻，纹理清晰，不但纹样、雕刻技法上具有万历漆器的特点，其边角

破直线为曲线的委角造型更是万历朝首创，是万历时期代表作品。

填彩漆双龙纹长方盒藏于故宫博物院。

滇南王松造剔红文会图委角方盘　明代文物。清宫旧藏。

此方盘口沿边长25.5厘米，圈足边长19厘米，高3.9厘米。委角方形，委角呈波折状，侈口，随形圈足。通体雕饰纹样，外壁为前后呼应的卷草，圈足为云雷纹，内壁雕饰形态各异的奇花异草，底部双线纹随形开光，内剔刻楼阁庭院，行云流水，其间数十人或于庭院投壶游戏，或在室内临窗宴饮、观画，楼前影壁上刻"滇南王松造"字款。此盘雕刻工艺、装饰图案，以及空中飘浮的流云纹等都是典型的明中期风格。云南漆器生产与制造的历史悠久，东晋常璩《华阳国志·南中志》就有云南郡"出其金、银、丹、漆、耕牛、战马给军国之用"的记载。

肇始于唐代的雕漆，更以四川和云南大理为主产地。据明代沈德符《万历野获编》记载："唐之中世，大理国破云南，劲掳百工以去。由是云南漆织诸技，甲于天下。"沈氏同时对明代云南雕漆特点做了总结："今雕漆什物，最重宋剔，其次则本朝永乐、宣德间，所

谓果园厂者，其价几与宋埒。间有漆光黯而刻纹拙者，众口贱之，谓为旧云南。"

明人高濂《遵生八笺》谈到云南制漆业时，称"云南以此为业，奈用刀不善藏锋，又不磨熟棱角，雕法虽细，用漆不坚……"这些史料记载勾勒出云南漆器制造历史的发展轨迹及其所制雕漆器特点。根据明人的记载，有研究者将传世明代漆器中光泽暗淡、刀法欠精、民间气息浓郁的一类定为云南制品。此件标明出自云南工匠之手的委角方盘漆色好、雕工较细，特征与上述说法相异，因而成为研究明代云南雕漆风格、云南风物进贡制度等的重要实物资料。

滇南王松造剔红文会图委角方盘藏于故宫博物院。

"时大彬造"剔红山水图执壶　明代文物。清宫旧藏。

此执壶口径7.6厘米，腹边长8.9厘米，通高13.2厘米。紫砂胎，圆口，盖上设圆形莲花纽，直颈，方体，"C"形柄，曲流，壶门足。壶表通体髹朱漆，在龟背菊花、"卍"字锦纹地上雕饰纹样。盖面与肩部雕饰吉祥杂宝和乐器纹；壶身四面开光内雕刻山水人物故事图。主体为山石、巨松、灵芝与两老者组成的

采芝图，山石、巨松、茶桌、倚坐老者、提壶侍立小童构成的饮茶图；壶柄与流雕饰相互照应的飞鹤流云纹；壶底髹黑漆，漆层之下隐现红漆楷书"时大彬造"款。壶造型规矩稳重，朴素大方，为时大彬制壶的风格。此壶髹漆较薄，雕刻技法多用直刀，图案线条略显陡峻，为明晚期剔红漆器的典型特征。

经检索，时大彬制紫砂壶胎雕漆器仅此一例。此壶曾经被定为明宣德时期（1426～1435年）作品，故宫博物院研究员李久芳在编辑《故宫博物院藏元明清雕漆》时发现其特征并非宣德时期的时代风格，经研究后发现隐藏于壶底黑漆中的时大彬款，从而确定此壶为明晚期器物。时大彬，字少山，江苏宜兴人，生卒年不详。宜兴紫砂壶艺术宗师，所制紫砂作品在明嘉靖后期至万历时期，其壶艺在明代就享有盛誉，多见于文人记述。因时大彬所制壶所存无几，因此壶流从根部断掉无法修复得完好如初，但是在黏合后作为剔红漆器的器胎保存下来，还是弥足珍贵的。

"时大彬造"剔红山水图执壶藏于故宫博物院。

金漆夹纻女官像　明代文物。

金漆夹纻女官像原为民国时期古董商岳彬所有，后被收归国家，1957年，国家文物局将其拨给故宫博物院。

此像高153厘米，宽54厘米。空心夹纻胎，由麻布将漆层层粘裹而成。女官头戴幞头，身着窄袖袍衫，外套圆领半臂，服饰遍髹金漆。头微右倾，双臂弯于胸前，左上右下，持物伫立（手中物遗失），表情谦顺恭谨。

夹纻，又称脱胎或干漆，是在层层布帛

和漆堆出造型和轮廓基础上加工完成。夹纻是中国漆工艺中最为独特的技术之一，初现于4世纪前后，流行于唐代，主要用于制作空心塑像，以制作宗教造像为主。因夹纻工艺费工耗时，造价昂贵，其实物遗存颇少。1960年，由杨伯达、步连生、唐兰组成专家组对该夹纻金漆女官像进行鉴定，通过对女官像造型、夹纻工艺、服饰等综合考察分析，将其定为一级文物。此夹纻金漆女官像神态生动、线条流畅、比例恰当，体现了明代夹纻工艺水平，是研究明代雕塑艺术和服饰不可多得的珍贵资料。

金漆夹纻女官像藏于故宫博物院。

填漆戗金云龙纹葵瓣式盘 清代康熙时期（1662～1722年）文物。清宫旧藏。

此碗口沿短径23.4厘米，长径26.7厘米，高2.9厘米。葵瓣形，浅沿，平底，圈足。盘内外表面施黄漆地，其上遍饰红、绿、赭、黑

等色填漆花纹。盘内底黑色葵瓣形开光，其内波浪汹涌，山岩耸立，红色巨龙于祥云、珊瑚间张牙舞爪，虬曲舞动，追逐火球，与明代寓意江山永固、皇帝一统天下的纹样设计一脉相承。盘内外壁饰填漆朵云纹。盘足底髹黑漆，中心刻填金楷书"大清康熙年制"3行6字款。康熙款是已知清代漆器最早的年款，见于填彩戗金和嵌螺钿两类漆器。

此盘纹饰所采用的填漆戗金技法，即《髹饰录》"斒斓"类中的"戗金细钩填漆"。填漆有两种方法：第一，磨显填漆，是在漆地上用稠漆堆出凸起的花纹，将低凹处填漆至与花纹等高，然后打磨平整；第二，镂嵌填漆，是在漆地上刻出纹样，于纹样内填漆后再打磨，这种方法运用较多，该盘采用的即这种工艺。此盘纹样色彩鲜艳，填漆饱满清晰，打磨平滑光亮，为康熙时期填漆戗金漆器的标准器，为填漆漆器断代提供了参考标准。

填漆戗金云龙纹葵瓣式盘藏于故宫博物院。

黑漆描金百寿字碗 清代雍正时期（1723～1735年）文物。清宫旧藏。

此碗口径15.5厘米，足径5.7厘米，高6.5厘米。1925年典查号为"丽"字，据《故宫博物院院藏文物编号代字汇编》所记，"丽"字

号的原藏地点是古董房，可见此碗之珍贵。杉木卷胎，圆形，撇口，圈足。通体髹黑漆地，地上采用传统的中国描金漆技法描绘花纹。碗内以团花纹为主，底部中心有一朵，碗壁有4朵，团花间杂团"寿"字，相互对称。碗外壁书不同写法的"寿"字，计有100个，这些"寿"字沿碗壁分四圈排列，字数自下而上依次为17个、23个、29个和31个。足部饰一周涡云纹，足底中心描金双线长方框内楷书"大清雍正年制"款。

描金漆指在单色漆地上用金绘饰花纹的工艺，最多者为黑漆地，其次是朱漆地或紫漆地。据清宫档案记载，雍正时期盛行制作描金漆器。描金技法有两种：第一，中国传统的描金法；第二，仿日本洋漆即称之为"莳绘"的技法。"莳绘"发明于9世纪，12～14世纪发展到高峰。传入中国后，因制胎和用金工艺上技艺独到，受到雍正皇帝的喜爱，敕令内务府以仿洋漆工艺制作漆器。雍正皇帝钟爱黑色，因此以黑色为基色的仿洋漆工艺品得到很好发展，成为辨别雍正时期文物的重要参考依据。此碗上的描金纹样与"寿"字秀美华丽，璀璨耀眼，是雍正时期黑漆描金漆器的代表作品之一。

黑漆描金百寿字碗藏于故宫博物院。

描金彩漆包袱式纹长方形盒　清代雍正时期（1723～1735年）文物。清宫旧藏。

此盒长22厘米，宽11.5厘米，高12.1厘米。木胎，长方形，盒外系锦袱纹，在盒盖中央处打结。包袱皮其实系用漆灰堆起雕琢而成，表面髹银灰色漆，用红、绿、黄等色漆描饰锦纹、寿字、团花。盒盖四角袒露之处采用黑漆描金技法装饰佛手、石榴、寿桃等纹样，分别寓意多福、多子、多寿。盖内及盒内洒金，盒底髹银灰色漆。

描金彩漆是描金与描彩漆两种漆器工艺的结合，在一件器物之上综合运用多种漆工艺是清代漆器的特点之一。描金，又名泥金画漆，指在漆地上画出花纹，待干后用金色描绘花纹，此种装饰方法以黑漆地最为常见，朱色或紫色地次之。描彩漆简称描漆，是在光素的漆地上用各种色漆描绘花纹的装饰方法。在《养心殿造办处各作成做活计清档》中有制作包袱式漆盒的记录："雍正十年二月二十七日，首领萨木哈持出洋漆包袱盒二件，皇上传旨：此盒样式甚好，照此再做一些黑红漆盒。""洋漆"据记载是明代从日本传入的，实际早在战国时期我国就已经掌握了描金加彩漆的技法，

应是隋唐时期传往日本，在日本得到了高度发展，进而明朝又派漆工前去学习。因此，清代宫廷档案中将描金彩绘称为"洋漆""仿洋漆"或"洋金"。根据档案记载可知，此盒为外地官员进贡，制作年代为雍正十年（1732年）之前，由于其造型奇特，构思巧妙，制作细致，盒外系的锦袱、皱褶、结花极其逼真，受到雍正皇帝的喜爱。此盒虽无款识，但是与档案记载相吻合，为研究同类漆器的断代提供了有力的依据。此盒为清代描金彩漆工艺的代表作，具有重要的历史、艺术价值。

描金彩漆包袱式纹长方形盒藏于故宫博物院。

剔彩百子晬盘 清代乾隆时期（1736～1795年）文物。清宫旧藏。

此晬盘长58.7厘米，宽32.7厘米，高5.6厘米。长方形，浅沿，斜壁外撇，垂云短足，表面通体髹彩漆雕刻纹样。口沿顶面为红色雷云纹；内底长方形开光内雕饰百子嬉戏图，池塘两岸儿童云集，有舞龙灯、赛龙舟、骑竹马、放风筝、吹奏、杂耍、跳绳等等，一派欢天喜地景象；盘壁内外饰连续云头纹。外底髹黑光漆，中央刀刻填金楷书"大清乾隆年制"单行款，款下刻"百子晬盘"四字双行器名。盘内纹样自下而上依次髹涂草绿、紫褐、黄、绿、红五色漆后，以剔彩方式完成，呈现出五彩斑斓效果。据养心殿造办处档案记载，乾隆七年（1742年）正月命造办处做百子晬盘木样，交苏州织造照样做雕漆晬盘5件，现存盘有2件。

百子为虚数，指画面中数十孩童。"晬"通"晬"，古代婴儿满一周岁谓之"晬"。据宋人谢维新所辑《古今合璧事类》解释"周岁陈设曰晬盘"，婴儿周岁生日（或满百天）时，要进行"抓周"，在孩子面前摆放一盘，盘中置放各种器物，任其抓取，从所抓之物判断孩子未来的命运。剔彩百子晬盘就是清代宫廷在皇子、公主周岁时陈放各种器物用于"抓周"的器具。盘设色绚丽，雕刻细腻，体现了乾隆时期苏州剔彩工艺的高超水平。

剔彩百子晬盘藏于故宫博物院。

脱胎朱漆菊瓣式盘 清代乾隆时期（1736～1795年）文物。清宫旧藏。

此盘口径14厘米，足径9.4厘米，高3.5厘米，是苏州工匠仿明永乐朱漆菊花盘制作而成。菊瓣形，敞口，浅腹，平底，圈足。通体髹朱漆，内底刀刻填金隶书乾隆《咏仿永乐朱漆菊花盘》御题诗："吴下髹工巧莫比，仿为或比旧还过。脱胎那用木和锡，成器奚劳琢与磨。博士品同谢青喻，仙人颜似晕朱酡。事宜

师古宁斯谓，拟欲摛吟愧即多。"诗后署"乾隆甲午御题"及"乾""隆"二方印章，甲午为乾隆三十九年（1774年）。外底髹黑漆，刀刻填金"大清乾隆仿古"楷书款。

在清宫旧藏漆器中，有少量盘、盒等是采用脱胎技艺制作的。脱胎即"夹纻胎"，纻即麻布，做法是以木、泥、石膏等材料做成器物模型（或谓内胎），在模型上以涂漆灰的麻布等裱糊若干层，干实后，去掉模型，用麻布壳为胎髹漆作器。乾隆时期是漆器制作的黄金时期，各种工艺蓬勃发展，推陈出新。此盘是以绸布为胎，在皇帝的要求下制作而成。据造办处档案记载，乾隆四十二年（1777年）以后多次敕令苏州织造制作脱胎朱漆器，包括菊瓣式盘、盒与盖碗。这些奉旨制作的脱胎漆器送抵皇宫后，一部分先于懋勤殿刻御制诗，一部分直接送到乾清宫、淳化轩、宁寿宫、乐寿堂、画舫斋等宫殿陈设。此盘质地细润，色泽纯正，体现了乾隆时期脱胎漆器的高超工艺水平，所铭御题诗文也说明乾隆皇帝认为当时的漆器工艺水平已经超越前朝。

脱胎朱漆菊瓣式盘藏于故宫博物院。

识文描金瓜果纹套盒　清代文物。清宫旧藏。

此套盒直径18.2厘米，通高28厘米。由上中下三层套盒（底层盒内盛有5个子盒）、长方形盒罩和方形座三部分组成，盒罩四面各饰一个镂空圆形开光，方形座为束腰、壶门券口、内翻马蹄足。套盒通体髹紫漆地，地上洒金地并饰识文描金纹样。盖面是由石榴、桃子、佛手组成的"三多图"；盒壁四面为缠枝葡萄、瓜瓞、葫芦纹；底层内的5个子盒饰以蝙蝠与"寿"字；套盒的图案组合分别寓意多子、多寿、多福和福寿连绵。盒罩金漆地，四面及顶部饰以牡丹、宝相等缠枝花卉。底座为紫漆地，上饰描金水波纹、缠枝花卉纹及如意云头纹等。

识文描金是在用漆堆成的花纹上洒屑金、贴金或上金，使花纹具有浮雕感，此套盒所饰纹样充分体现了这一特征。识文描金瓜果纹套盒造型新颖，装饰华丽，工艺精湛，为清代传世识文描金类器物的典型代表。

识文描金瓜果纹套盒藏于故宫博物院。

"卢葵生制"百宝嵌雄鸡图长方形漆砂砚盒　清代道光时期（1821～1850年）文物。清宫旧藏。

此砚盒长22.6厘米，宽15厘米，高5.7厘米，长方形，漆砂地，通体髹八宝灰。盖面用岫

岩玉、螺钿、红珊瑚、绿松石、象牙、玳瑁等嵌饰一幅写生图，凸立的奇石间，一枝菊花自由伸展，蓬勃绽放，石间空地上，两只雄鸡并立低头觅食，还有一只在昂首眺望。砚盒底部中心红漆篆书"卢葵生制"阳文方印。盒内附一长方形漆砂砚，砚侧刻隶书"道光甲辰春日江都卢葵生监制"。此盒、砚选料制作精细，尤其是盖面色彩淡雅，布局简洁，饶有生趣。

卢葵生，名栋，嘉庆至道光年间人，祖籍江都，其祖父卢映之、父亲卢慎之都以髹漆技艺名重当时。卢葵生继承家学，善治漆器，百宝嵌、雕漆、填漆、刻漆、绿沉漆等无所不精，还独创了八宝灰制品，漆砂砚尤见重于时。顾千里《漆砂砚记》赞卢氏漆砂砚："有发墨之乐，无杀笔之苦，庶与彼二上品（端砚、澄泥砚）媲美矣。"因有"漆砂砚以扬州卢葵生家所制为最精"之誉，当时仿制其砚很多，以至卢葵生不得不在砚匣内夹入防伪单。卢葵生一生勤劳不辍，创作颇丰，给后人留下了众多的漆艺精品。他的作品涉及工艺门类之多、品类之全，为见于载籍的漆器艺人之翘楚。他注重艺术形式的提升，将诗书画印融于极具艺术特色的漆器工艺中。他的传世作品以各式漆砂砚和砚盒、文具盒为多，尤以百宝嵌漆砂砚为最精。百宝嵌，又名"周制"，因明末扬州周姓漆匠所创而得名。百宝嵌由嵌螺钿工艺发展而来，是用珍珠、玛瑙、宝石、象牙、珊瑚、绿松石等珍贵材料制成各种形象后，镶嵌于漆器之上，构成完整的图案。由于材料的特质，百宝嵌的图案花纹会随着照射光线角度的变化，发出绚烂的光彩，从而达到突出构图主题和强化装饰效果的目的。漆砂砚是用轻细金刚砂调和的色漆，髹涂于木制砚上。漆砂砚历史悠久，江苏省邗江甘泉乡姚庄101号汉墓出土有彩绘嵌银铂漆砂砚，安徽寿县荣庵马甲古堆汉墓出土有夹纻胎漆砂砚，说明最迟在汉代，人们已经开始制作漆砂砚。由于漆砂砚是以天然生漆为主要原材料，大多以"夹纻"或"木胎"工艺制成，制作耗时费工，相比于石质砚其价格昂贵，因此流传不广，记载鲜见，宋代以后失传。直到清代，卢葵生祖父卢映之无意中发现一件宋宣和内府所制的漆砂砚，并照其仿制，消失了几百年的漆砂砚才重现于世。卢葵生继承了漆砂砚的制作工艺，并在砚盒的制作上有所创新，在实用性和艺术性上臻至完美统一。

"卢葵生制"百宝嵌雄鸡图长方形漆砂砚盒藏于故宫博物院。

彩绘几何纹木案　新石器时代陶寺文化文物。1978年，山西省襄汾县陶寺遗址2001号墓出土。

此木案长99.5厘米，宽38厘米，通高17.5厘米。出土时，案上正中放有一件折腹陶斝，说明此案是用于放置酒器的。案斫削而成，长方形，案面略有塌陷、变形，其下的支架形腿足近似"凹"字形。案面和支架形腿足外表涂

成赭红色，周边绘两条3～5厘米的白色条带边框，边框内绘白色几何勾连纹图案，已斑驳不清。经检测，彩绘颜料多为天然矿石。

陶寺遗址发掘于1978～1983年，其大型墓葬中出土的彩绘木器成为陶寺文化的一个特色。在保存尚可的木器中，彩绘木案数量较多。这些木案有长方形或圆角长方形，长90～120厘米，宽25～40厘米，形制大同小异，多与此彩绘几何纹木案形制相似，也有在一长边中点设一圆柱形支脚的。这是考古发现最古老的木家具，将中国木质家具的历史提前至公元前2000多年，其结构与造型奠定了后世同类家具的基础。

彩绘几何纹木案存于中国社会科学院考古研究所。

彩绘漆木俎 春秋文物。1988年，湖北省当阳市赵巷4号墓出土。

此木俎通长24.5厘米，宽19厘米，高14.5厘米，面呈长方形，四边起棱，两端起翘。俎面底部开四个卯孔，以榫卯安接四个曲尺形足。俎面髹红漆，余处髹黑漆，并用红漆描绘12组计22只瑞兽和8只珍禽。其中俎面板两长侧面各有神兽3只，两短侧面各有神兽4只，四足宽侧面各有神兽2只，窄侧面各有珍禽2只。

神兽形态基本相似，鹿头长尾，长腿蹄足，身饰珠点纹。兽也有细微差别，有大小耳区别，也有枝杈状角和无角之分，还有匍匐与弓背的不同，图案优美。

当阳市赵巷4号墓出土了3件此类漆木俎，形制相同，花纹类似。俎是先秦贵族祭祀、宴享时用于载牲的食案。俎常与鼎、豆配套使用，是祭祀活动中的重要礼器。楚墓出土的大量的漆鼎、漆俎和漆豆，是与先秦时期的礼仪活动密切相关：祭祀时，人们用匕从鼎中取出牲体，用俎载之，因此称"载俎"。豆也常与鼎、俎组合使用，所以"俎豆之事"常被用作祭祀的代名词。在楚墓中常以奇数鼎和俎表示身份等级，以偶数豆的多少表示荣华富贵，因此又有"鼎俎奇而笾豆偶"的说法。当阳春秋楚墓群多属中等以下贵族墓，用俎数不超过5件，成一、三、五组合，符合文献"鼎俎奇"的记载，这在一定程度上反映了楚人对周礼的遵从。

彩绘漆木俎藏于湖北省宜昌博物馆。

彩绘旋涡圆圈纹矮足漆案 战国文物。

1975年初，湖南省湘乡县城关公社社员发现一些古墓和文物，湖南省博物馆闻讯前去调查，发现包括牛形山1号墓在内的一批古墓群。1号墓规模宏大，从其封土规模、墓深、椁棺配置、列鼎件套等特征判定，墓主应为士大夫。1号墓共出土223件随葬品，包括漆器、木器、铜器、玉器、陶器、竹编织器等，其中漆器为62件，木胎，多残破，此件彩绘旋涡圆圈纹矮足漆案是其中保存完好的少数漆器之一。

此案长125厘米，宽51厘米，通高10厘米，木胎，案面为长方盘形，浅沿，兽蹄足，

案面与足间以足托相连。通体髹漆，案面黑漆地，周边围以三角形云雷纹，内饰红、黄漆旋涡圆圈纹，旋涡均由6朵云雷纹组成，圆圈纹共24个，分3排8行平行排列，图案整齐且兼有律动气韵，具明显的楚漆器装饰特征。

案属几类，是楚国常见的家具之一，依足高低不同，分高足、矮足两类。因中国古代席地而坐的习俗，高、矮只是相对而言，30厘米以上即属高。案有三种用途，第一，进食用；第二，憩坐用；第三，放置物品用。此件彩绘旋涡圆圈纹矮足漆案案面宽大，腿足低矮，体现了楚国家具特征，为研究中国古代早期的家具、风俗礼仪提供了重要实物资料。

彩绘旋涡圆圈纹矮足漆案藏于湖南博物院。

彩漆凤鸟纹木雕漆座屏 战国文物。1965年，湖北省江陵望山1号墓出土。

此座屏长51.8厘米，屏宽3厘米，座宽12厘米，通高15厘米，由屏面和屏座构成，屏面竖嵌于屏座之上。整器以透雕、圆雕和浮雕相结合的手法，刻画出凤、鹿、蛇、蛙、兽等55只形态各异的动物，各类动物相互穿插交织，并在黑漆地上，用红、蓝、黄等色漆彩绘凤鸟的羽毛、鹿的梅花斑、蟒蛇的鳞片等纹饰，外框两侧彩绘变形凤纹、鸟头纹和几何纹等。屏面以双凤争蛇造型为中心，左右雕刻双鹿和朱雀衔蛇，屏框旁各有凤鸟啄食蟒蛇图案，屏座由盘绕纠结的蟒与蛇组成。这组雕像在极为有限的屏面空间内，高度浓缩了自然界万类相竞、生生不息的壮观场面，其中凤鸟战胜毒蛇的主题被表现得淋漓尽致。由于南方楚地气候潮湿，人们时常受到毒蛇攻击，因此座屏以凤鸟攻克毒蛇为构图核心，反映了楚人崇善抑恶的理性追求。此器构图奇巧生动，雕刻栩栩如生，为体现楚人雕刻艺术的一件瑰宝。

此类座屏常见于大型楚墓之中，以往人们都认为它是陈设用具。直到九连墩楚墓发掘出土时座屏置于琴瑟之下，才明确得知它是放乐器的支架。

彩漆凤鸟纹木雕漆座屏藏于湖北省博物馆。

彩绘木雕虎座凤鸟纹漆架鼓　战国文物。2000年，湖北省荆州市天星观2号墓出土。

此架鼓长156厘米，高150厘米。此器先分部雕刻再以榫卯连接并用漆粘接而成，由一鼓、二凤鸟、二虎和一长方形木板器座组成。此鼓以两只四肢屈伏、背向而踞的卧虎为底座，虎背上各站立一只昂首修长、背向而立的英姿凤鸟为支架，在双凤之间悬挂大鼓。凤鸟曲项长颈，喙唇朱红，双目圆睁，注视前方，凤冠直立，凤冠后部各安铜质挂钩，用以悬挂大鼓。凤鸟双翅紧收，弯曲微垂，鸟腿直立，足爪张开，攫住虎背。双凤鸟为分体雕刻而成，鸟身与翅膀连体为整木雕制，凤鸟腿、颈与身用榫卯相连。通体髹黑漆为地，用红、黄、灰等彩绘虎斑、鸟羽等花纹。在凤鸟的翅膀外侧还绘有一只展翅卷尾的小凤鸟，相隔两千多年，它们却依然绚丽灿烂。此器基本完好，是考古发现的最精美的虎座凤鸟漆木架鼓。

虎座凤鸟架鼓是流行于楚国中心地带的一种广泛用于祭祀、宴享和战争的悬鼓，其寓意深刻。此种乐器以虎为座、凤鸟为架，以铿锵有力的鼓声烘托出神圣的气氛，突出"凤鸣九天"的威严。这种乐器出土于楚国贵族大墓，可知当时只有楚国王室及高级贵族才能享有。它造型别致典雅，设计巧妙，融声、色、形于一体，表现出楚人绝妙的想象力和高超的艺术表现力。此虎座凤鸟架鼓不仅是精美乐器和艺

术佳品，更成为灿烂楚文化的象征性器物。

彩绘木雕虎座凤鸟纹漆架鼓藏于荆州博物馆。

彩绘二十八宿图漆衣箱　战国文物。1978年，湖北省随县曾侯乙墓出土。

此衣箱长82.8厘米，宽47厘米，高44厘米，器身和盖由整木剜凿而成，盖两侧各有凸形把手，便于开启与搁置。器内髹红漆，器表髹黑漆。通体彩绘，环篆文"斗"字一周书二十八宿名称，字迹清楚。二十八宿名称按顺时针方向排列：角、堥、氐、方、心、尾、箕、斗、牵牛、婺（？）女、虚、危（？）、西萦、东萦、圭、娄女、胃、矛、毕、此佳、参、东井、与鬼、酉、七星、张（？）、翼、车。在箱盖的两边分别绘有四象中的青龙及白虎。在青龙之首、尾，盖的边缘处，分别阴刻"止（之）匿""后匿"，字内填以红漆。与"青龙"相对应的一端，绘大蘑菇状云，另有

1917

两个"十"字形纹和几个圆点纹。与"白虎"相对应的一端，绘蟾蜍，周围点缀着圆点纹。木箱一侧绘两兽相对，周饰圆点和云彩纹，另一侧没有纹饰，仅边缘绘一道红带。

二十八星宿是古人观察日、月、五星位置的坐标，也是古人测定岁时季节和择日处事的重要依据。古人把二十八宿根据方位所属七星连缀的图形，分别配属为东苍龙、南朱雀、北玄武（龟蛇）、西白虎等四种动物形象，即四象。这件衣箱通体彩绘，环"斗"字一周书二十八宿名称，是中国发现记有二十八宿全部名称，并与北斗、四象相配的最早的天文实物资料，说明至少在战国早期就已形成二十八宿体系。它也证明中国是世界上最早创立二十八宿体系的国家之一。

彩绘二十八宿图漆衣箱藏于湖北省博物馆。

凭几　东晋文物。

1997年9月，在南昌火车站站前广场施工时，相继发现6座东晋墓葬，因施工单位挖掘失当，除4号外，其他5座墓遭到严重破坏。江西省文物考古研究所、南昌市博物馆闻讯后立即赶到现场，对墓葬进行了抢救性发掘，出土一批瓷器、铜器、漆器和木器，此凭几为其中之一。

此凭几的几面弦长66厘米，宽11厘米，通高30厘米，木胎，斫制而成，腿足与几面采用榫卯结构相连。几面为弯月弧形，下承三腿，腿呈外撇状、上粗下细，兽蹄足，其中一足残失。表面髹漆脱落无遗，但几面皆残留凹凸不平的砂底。

凭几，又称隐几或几，是中国古代席地而坐时用以凭倚的一种家具，见载于《诗》《书》《周礼》等。两汉以前的凭几，多为两足、几面平直或中间微凹。三国两晋南北朝时期，三足、几面如弯月者成为流行时尚，长江下游地区大中型墓葬出土的凭几多为这种形制，只是细节处小有不同。此凭几形体较大，上承三国，下启南北朝，体现着当时家具的审美情趣，为研究中国古代家具演变提供了重要的实物资料。

凭几藏于江西省南昌市博物馆。

杏木六角盆架　金代文物。1973年，山西省大同市闫德源墓出土。

此盆架为明器，通高13.8厘米，盆座面板外沿为六边形，内中空处为椭圆形；长束腰，环绕6块长方形围板，围板透雕"卍"字纹，每块围板的左右两侧与下端设桄；6条扁棱彭牙三弯腿，自上而下渐窄，钩形足外翻，腿足与束腰凸起的竖桄为一体，由整块木板通制而成；壸门牙条两端做向内翻卷的如意云头。外表髹朱漆，已经基本剥落。此盆架与山东省高唐县金代虞寅墓壁画《侍女图》中六角形盆架大同小异，说明这种形式是金代流行式样。

盆架是承托盆等容器的架子，所见最早的形象资料为河南省禹县宋墓墓壁所绘《梳妆图》中女仆身后的一件。此件杏木六角盆架造型美观，制作精细，反映了金代家具的审美情趣。其束腰三弯腿形式沿袭北宋，对明清家具产生重要影响。闫德源墓位于山西省大同市城西约1公里处，发掘出土的随葬品以木制家具明器为主，共20件，包括影屏、巾架、榻、茶几、盆架、桌椅等。这些仿自日常生活的明器木家具小巧玲珑，制作精细，为研究中国古代木制家具的造型、工艺、发展演变提供了珍贵

的形象资料。

杏木六角盆架藏于山西省大同市博物馆。

木条案　元代天历三年（1330年）文物。1958年，河南省内乡县县衙博物馆自内乡县王店镇显圣庙村征集。

此条案长265厘米，宽70厘米，高117厘米，木质不详，长方形。案面两端对称凸起，上端加工成向外翻的卷轴状，立面刻饰平行弦纹；四方腿，前面两腿表面加饰粗壮宽大的变形鱼龙纹样，鱼龙夸张的尾部与案面相交，不仅美观，更起到牙条加固作用；两腿间有桄，桄上装饰有透雕图案。左侧后腿上内刻文字："天历三年岁次庚午五月末旬，显圣庙西住人王，祈保家眷清吉，六畜平安，田畴丰稔吉祥。"天历是元文宗图帖睦尔的年号，文宗先后两次在位，第一次是1328年10月至1329年2月，第二次是1329年9月至1332年9月，在位时间共计4年。此铭文清楚地记述了此条案是1330年河南省内乡县王店镇显圣庙村村民王某为家人、家业祈福捐献给显圣庙的。

元代家具是蒙古贵族固有的审美趣味与宋代文化相结合的产物，上承宋代家具种类形式，又将蒙古族的游牧生活方式中的粗犷豪放、喜好动物等因素融合其中，出现了动物曲

线形腿脚，以及动物纹样的装饰。条案体大厚重，线条简洁，雕刻粗放，是研究元代家具及风土民情不可多得的实物资料。

木条案藏于河南省内乡县衙博物馆。

饯金云龙纹朱漆盝顶木箱 明代洪武时期（1368～1398年）文物。1971年，山东省邹城市九龙山明鲁王朱檀墓出土。

此木箱应为内廷作坊制作的明器，边长58.5厘米，高61.5厘米，方形，盝顶，子母口，由厚1厘米的木板榫卯拼合，经合缝、梢当、布漆、垸漆、糙漆和朱髹、墨样、戗划、施金、磨光等多道工序加工而成。箱外涂朱漆，保存状况较好。箱体遍饰戗金图案，盖顶及四壁纹样相同。外缘作委角方形开光，委角作波折起伏状，内外勾勒如意云、火焰及卷云纹；开光中间团花与如意形卷云间，一龙曲颈弓身，张牙舞爪，游弋于云间。箱盖斜面饰如意云纹带，立面饰忍冬纹带。箱内髹黑漆，共计三层，上、中层为套斗，下层为抽屉，出土时各层分别放置九旒冕、弁、袍、靴等，九旒冕是目前发现的唯一一件明代王冠实物。木箱前后两面各设提手，分置于四角附近，活页、穿鼻、提手、扣吊及锁钥等铁件均饰减金

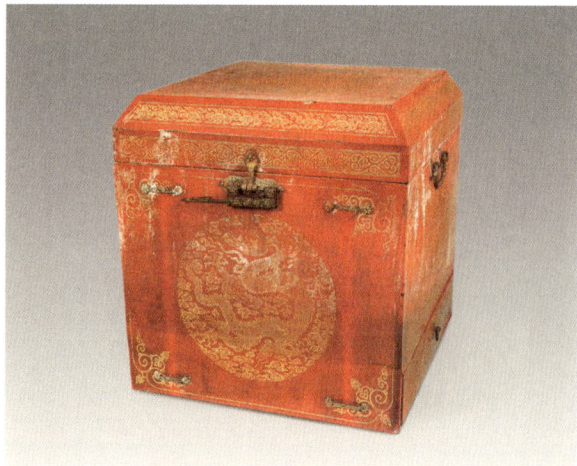

工艺。减金工艺是在铁胎上錾出凹线槽后，把金箔锤于槽内，使之嵌于铁胎中而表面平滑。这种工艺多用于豪华带饰、马具和仪仗用具，盛行于元代。西藏地方的法器和供具很多都用减金工艺。此木箱的减金铁件是所见最早的明代减金铁件。据《明史》记载，鲁王朱檀是太祖第十子，生于洪武三年（1370年），生两月而封鲁王。洪武十八年（1385年），就藩于兖州。朱檀迷恋长生不老之学，炼制仙丹吞服，因丹毒而致双目失明，后病入膏肓，不治身亡，谥号"荒"。他死后按照亲王礼制在山东省邹城市东北25里的九龙山南麓修建陵寝。按明制，亲王不仅具有"禄之终身"的待遇，还享有"丧葬于费"的特权，鲁王墓随葬品应是明内廷作坊制造。

鲁王墓随葬的漆器是明初纪年墓中唯一的一批实物，是研究明初漆器的宝贵资料。除此件木箱代表了明初戗金工艺的最高水平而被评为国宝级文物外，还有剔黄兼泥金笔管和沥粉贴金盝顶匣，填补了漆器专著《髹饰录》中关于漆器制作工艺记载的空白。此件戗金云龙纹朱漆盝顶木箱在考古发掘报告中名之"盝顶描金漆箱"。

戗金云龙纹朱漆盝顶木箱藏于山东博物馆。

朱漆石面木长方桌 明代洪武时期（1368～1398年）文物。1971年，山东省邹城市九龙山明鲁王朱檀墓出土。

此桌为酒桌，长110厘米，宽71.5厘米，高94厘米，石面心长94厘米，宽56厘米，长方形，结构如案，木质朱漆架骨。桌面木边框内嵌砺石面心，四周设有拦水线，桌底由三块木板拼接而成，其下设四条穿带加以固定；夹头

其中4张镶嵌砾石桌心，4张纯实木桌，石面桌稍大于木桌。这种长方桌是明代最常见的式样，大体可分小长方桌、大长方桌和条桌三种类型。小长方桌一般用于饮酒用膳，桌面长80～120厘米，宽40～60厘米，朱檀墓的8张长方桌均属此类。明代宴饮礼节一般是主宾对坐，如果宾客多，则每人各用一桌。朱檀墓出土8张小长方桌，正是这种习俗的反映。此朱漆石面木长方桌的造型美观，装饰简洁典雅，保存状况良好，是明代早期家具的代表作。

朱漆石面木长方桌藏于山东博物馆。

黄花梨独板围子罗汉床　明代文物。清宫旧藏。

长218.5厘米，宽114厘米，高79厘米。三屏风式床围，由三块黄花梨整板加工制作，委脚，后围高，左右两侧围稍低。床身为四面平式，藤编软屉，冰盘沿；束腰，壶门券口，牙条正中雕饰如意形灵芝；鼓腿膨牙，牙腿沿边起灯草线，内翻马蹄，兜转有力。

榫，四直腿微外撇，前、后面两腿间为壶门券口；牙条与牙头为一木连做，形似"一腿三牙"式，牙头透雕卷云纹，罗锅枨脊部直抵牙条，枨两端刻饰圆雕卷叶纹；左右两侧为双横枨；桌腿、罗锅枨、横枨均刻饰委角线。桌子表面以"披麻挂灰"方式通体髹朱漆。"披麻挂灰"是一种髹漆工艺，即先以白麻缠裹木胎，在麻上抹一层砖灰泥，之后再上大漆。这种方法多用于柴木家具，在保护木料的同时美化家具。

朱檀为明太祖朱元璋的儿子，卒于洪武二十二年（1389年）。其墓共出土8张长方桌，

罗汉床专指左右及后面装有围栏的床，又称"榻"，由汉代的坐具榻演变而来，成为可卧可坐的多功能家具。罗汉床形制有大有小，大的叫罗汉床，小的称榻，又称"弥勒榻"。

罗汉床一般摆放于厅堂，供小憩或待客，相当于现代的沙发。明清两代罗汉床流行，深得上自王公贵族，下至文人墨客的喜爱，是陈设于厅堂十分讲究的家具。此黄花梨独板围子罗汉床造型质朴简练，通体采用黄花梨，用料厚重，整体光素，不加雕饰，各部位所选黄花梨纹理生动，充分突出黄花梨木质的天然特征与纹理，为黄花梨独板围子罗汉床中的佳作。

黄花梨独板围子罗汉床藏于故宫博物院。

黑漆嵌螺钿花鸟纹罗汉床　明代文物。20世纪50年代，北京琉璃厂古玩店从山西收购运回北京，后被故宫博物院征集。

此罗汉床为晋式家具，长182.50厘米，宽78厘米，高86厘米，木胎，四面平式。三扇屏风式围子由三块整板构成，后背稍高于左、右两侧。床面为活屉板，壶门券口，牙板与床侧面齐平、与床腿交接处加工成波折曲线状。方形腿，内翻马蹄足。通体髹黑漆地，嵌饰螺钿纹样。围板长方形折枝花开光内嵌硬螺钿山石、树木、花鸟；牙板及腿镶嵌折枝花卉。明

代大到箱柜床案，小到桌椅板凳都流行嵌螺钿家具，工艺达到相当高的水平。

晋式家具是指山西地区所制家具。这类家具形成于明永乐以前，以漆木家具为主，用料大气，造型敦厚，结构严谨，做工精细华丽，崇尚局部木雕装饰。此罗汉床即为典型的晋式家具精品。

黑漆嵌螺钿花鸟纹罗汉床藏于故宫博物院。

紫檀雕莲荷纹宝座　明代文物。清宫旧藏。

此宝座长78厘米，宽98厘米，通高109厘米。宝座通体紫檀木，靠背和扶手呈七屏风式围子状，自搭脑向两侧阶梯形递减，相连处为拼版对缝式，以活榫连接。座面方中带圆，光素无饰。座面下冰盘沿，打洼束腰，鼓腿膨牙。牙板、四腿采用抱肩榫结构，内翻马蹄足，足下带托泥，座前附脚踏。除座面、束腰外，通体雕饰荷莲纹。搭脑为一舒展翻卷、自然垂落的大荷叶；椅背莲蓬昂头，荷花俯首，荷叶蔓卷；扶手荷叶简单圆润，牙口及圈足花、叶交相呼应；荷叶形脚踏满饰荷花纹。宝

座凝重大方，沉穆雍容，鼓腿、膨牙及内翻马蹄为明式家具的典型做法，周身各处纹饰刀法圆熟，雕刻细腻，章法严谨，体现了明代雕刻艺术风格。

宋代以后，皇帝御用坐具皆称宝座。宝座在宫中通常安放于正殿明间正中，周围辅以屏风、宫扇等，凸显"君父之尊"。此紫檀雕莲荷纹宝座取材厚重，造型浑圆，工艺精湛，所饰荷花、莲藕、叶脉、枝梗舒展流畅，形态自然。

紫檀雕莲荷纹宝座藏于故宫博物院。

黄花梨画案 明代万历时期（1573～1620年）文物。

画案的原收藏者雷允上（1686～1779年），清代医学家，号南山，祖籍江西南昌，自幼读书习医。雍正十二年（1734年），雷允上在苏州阊门内专诸巷天库前周王庙弄口开设诵芬堂药铺，始创雷允上药业，雷氏药业历经300多年不衰。中华人民共和国成立后，雷允上药业先后被公布为中华老字号、国家级非物质文化遗产等。其后人雷传贞将"雷允上药材

店"所用之物捐赠给南京博物院。

画案长143厘米，宽75.1厘米，高82厘米，长方形，夹头榫，圆柱腿，双直枨，无托泥。一足上方镌刻楷书铭文："材美而坚，工朴而妍，假尔为凭，逸我百年。万历乙未（万历二十三年，1595年）日允庵叟识。"

苏州是制作明式黄花梨家具的主要产地，产品多作为商品运至北方，当地反而少见。民国之后，做工质朴、可以拆作原料卖的明式家具遭到大量损毁，得以完全保存下来者凤毛麟角。此黄花梨画案造型简洁大方，结构科学，体现了明式家具的特点，它的铭文题识为研究明式家具断代等问题提供了重要依据。

黄花梨画案藏于南京博物院。

填漆戗金云龙纹琴桌 明代万历时期（1573～1620年）文物。清宫旧藏。

此琴桌长97厘米，宽45厘米，高70厘米。桌面长方形，束腰，面与束腰内侧之间镶嵌雕有两个镂空钱纹的屉板，与桌面形成一定距离空隙，以便弹琴时琴音在桌面下空间产生共

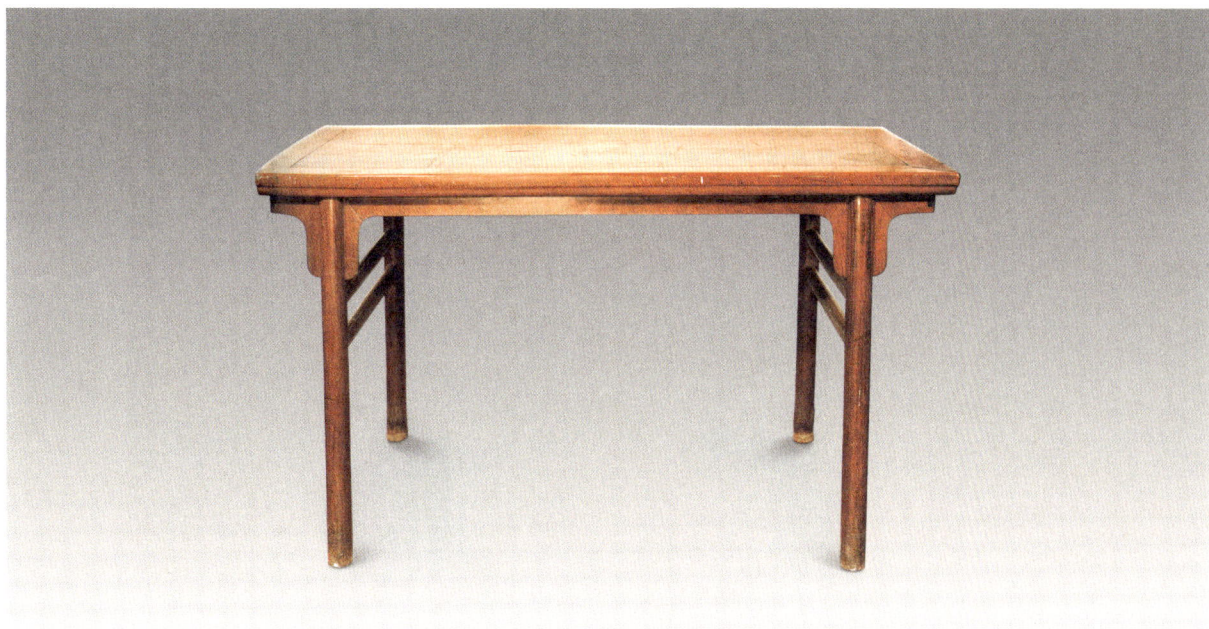

鸣，提高音色效果。四面壶门券口、牙条，直腿，内翻马蹄足，通体红漆地上装饰多彩图案。桌面长方形开光内以黑方格锦纹为地，锦纹地上雕填海水江崖、彩云及戗金双龙戏珠；开光外的长方框内以金方格锦纹为地，周环八朵葵花式开光；葵花式开光内饰云龙，外间杂八宝吉祥纹。桌面侧沿为填彩朵云；束腰饰戗金填彩折枝花卉；牙条作戗金双龙戏珠；腿外侧黑"卍"字方格锦纹地上饰戗金填彩赶珠龙、内侧为素地填彩朵云；屉板髹黑漆。

琴桌，放置古琴的桌子，琴桌最迟在宋代出现。宋徽宗赵佶的《听琴图》中所绘琴桌，从整体到局部细节均交代清晰；宋人赵希鹄的《洞天清录集》，对琴桌做了详细描述："琴桌须作维摩样，庶案脚不碍人膝，连面高二尺八寸，可入膝于案下，而身向前。宜石面为第一，次用坚木厚为面，再三加灰漆，亦令厚。"此填漆戗金云龙纹琴桌即属赵氏所云的"再三加灰"者。明代琴桌有石面、厚木面、填漆面等，大体沿用古制，也有以空心砖为面

创新的。此件填漆戗金云龙纹琴桌附有音箱，设计科学合理，造型简洁，装饰华丽富贵，不仅具有使用价值，还有很高的艺术价值，为明万历时期的艺术佳作。

填漆戗金云龙纹琴桌藏于故宫博物院。

黑漆百宝嵌婴戏图立柜 明代文物。清宫旧藏。

此立柜长126厘米，宽61厘米，高186厘米。一封书（四面平）式，双开门。柜内安装一层堂板，两个抽屉。门下正面裙板作壶门式牙条形，左右侧面加横枨，方足外罩如意云头铜套。连接门与框的合页、双门的把手铜质，作团花状，花边缘有小波浪纹，把手上还有桥形纽与长方形镂空饰件。柜表黑漆地，嵌百宝纹，不同部分的内容也有别。正面边框穿插在方格锦地纹、圆钱锦地纹间的菱花形开光内，嵌各种折枝小花卉；柜门由小方格构成的长方形开光内嵌不同季节、不同内容的婴戏图；壶门式牙条处左右两条夔龙张牙舞爪，相对攫向中间一朵盛开的荷花；两个侧面边框开光，壁

板开光内、外嵌多姿多彩的花卉；柜背光素无纹。柜里髹红漆，抽屉为黑漆地上绘彩色折枝花卉。

百宝嵌是以翡翠、玛瑙、玉石、象牙、珊瑚等珍贵材料镶嵌于器表作为装饰图案的镶嵌工艺。初现于明代嘉靖年间，因由扬州漆器工匠周翥开其先例，又名"周制"。据清钱泳《履园丛话》："周制之法，惟扬州有之。明末有周姓者，始创此法，所以名为周制。其法以金、银、宝石、真珠、珊瑚、碧玉、翡翠、水晶、玛瑙、玳瑁、珲（车）渠、青金、绿松、螺甸（钿）、象牙、密（蜜）蜡、沉香为之，雕成山水、人物、树木、楼台、花卉、翎毛，嵌于檀、梨漆器之上，大而屏风、桌、椅、窗槅、书架，小则笔床、茶具、砚匣、书箱，五色陆离，难以形容，真古来未有之奇玩也。"百宝嵌主要用于家具及工艺美术品，是漆器中独树一帜的品类。此立柜所嵌图案生动活泼，色彩丰富，为传世明代百宝嵌家具之珍品。

黑漆百宝嵌婴戏图立柜藏于故宫博物院。

黑漆描金云龙纹药柜　明代万历时期（1573～1620年）文物。清宫旧藏。

此药柜是皇家御制药柜，存放于太医院御药局御药库，为太医院御药房专用，原为一对，1959年此件调拨中国历史博物馆，另一件藏于故宫博物院。

药柜长80厘米，宽57厘米，高95厘米。一封书式，对开长方形双门，两门中有立柱，门下接三个明抽屉，腿间嵌拱式牙板，方足，足包裹铜套。柜内中心设置八方旋转式药屉80个，两侧各设长屉10个，每屉分3格，全柜共设药屉140个。屉面贴泥金标签上墨笔写的药名依稀可见。柜门、抽屉均设环形铜把手，柜门采用球形铜合页。通体髹黑漆，上饰描金图案。顶面饰"壬"字形凌云纹；正面及两侧主体部分相同，为锦地菱花形开光内双龙戏珠，龙首尾相对，呈所谓"升降龙"之态；柜背面主体部分饰松、竹、梅岁寒三友图，上边缘为泥金填书"大明万历年制"款。双门里面主体部分饰奇石山茶飞蝶图；抽屉外面饰双龙戏珠纹。

一封书式是明清家具的一种定式，较为常见。关于其形状，有认为外形似线装书者，有认为是无束腰、无牙子形状者（或谓四面平式）。《清宫内务府造办处档案总汇》也有诸多关于书式家具的记载，有炕桌、床、底座等。此药柜设计巧妙，做工精细，装饰华丽，是明代大漆家具精品。

黑漆描金云龙纹药柜藏于中国国家博物馆。

流云天然榆木根槎　明代文物。

此槎是坐具，出自明代扬州工匠之手，弘治十五年（1502年）状元、扬州新城康海（康对山）的康山草堂收藏。清朝乾隆初年，康海后世败落，康山草堂易主扬州盐商商总江春（江鹤亭），此槎为江氏千金购得。道光二十年（1840年），阮元返扬州老家定居，发现木槎已经尘封蛀蚀，多处破损，重金购回修复，并于二十二年（1842年）赠给时任江南河道总督的鳞庆。鳞庆将木槎运回北京老宅，添配楠木云纹木座，陈放在紫禁城外东北角的半亩园

（鳞庆家花园）中，并著录于其编著的《鸿雪因缘图记》。中华人民共和国成立后，鳞庆后人王衡永于1958年将木槎捐献给故宫博物院。

此槎长320厘米，宽257厘米，通高86.50厘米。由天然木根随形就势修整雕琢而成，形如船，架于6块楠木透雕流云座上。槎面右上侧凸起处为明代赵宧光的填绿篆书题识"流云"，"云"字旁边署"赵宧光"款及"凡夫"白文印。与赵氏题识比邻的是董其昌诗作："散木无文章，直木忌先伐。连蜷而离奇，仙查（槎）与舟筏。明代画家董其昌题。"查董其昌的《容台集》，收有《枯木》一首："直木无文章，中林有先伐。连蜷而离奇，仙槎与舟筏。"其他还有4处题识、题言，分别是明代陈继儒的"搜土骨，剔松皮，九苞九地，藏将翱将，翔书云乡，瑞星化木告吉祥。眉公□继儒作"；阮元的"道光廿二年，节性老人赠见亭年大人"；完颜鳞庆的"贯月挂星，来从天上，乘风破浪，游遍人

间。丁巳初夏半园主人题"；王衡永的"康山故物片云留，屈指未明数百秋。节性老人题寄赠，当年佳话忆扬州。己卯九月衡永谨题"。槎，本意指木筏。此槎造型用典出自晋人张华《博物志》中的"仙人乘槎"故事。

此件流云天然榆木根槎集艺术与实用于一体，体现出明式家具的文人情结，流传至今近500年，蕴含浓郁的艺术气息与丰富的文化内涵。

流云天然榆木根槎藏于故宫博物院。

铁梨象纹翘头案　明代崇祯十三年（1640年）文物。原为北京琉璃厂古董店论古斋萧姓老板所有，1950年故宫博物院购藏。

此案长343.5厘米，宽50厘米，高89厘米，木料重大，翘头、案面与两端堵头系用一条厚约10厘米的独板联袂制成。为减少案身重量，同时保留大案予人厚实的感觉，案板底面内侧铲挖4～5厘米的圆拱形凹槽，槽内正中阴刻"崇祯庚辰仲冬制于康署"款。长直牙条贯通两腿，以夹头榫结构与案腿相连，牙头于案腿左右两侧作对称曲边卷云形，云上浮雕象纹，象鼻微卷。案腿素混面，足下带托泥，腿间上部设横枨，四角镶嵌云纹角牙，角牙中间挡板雕大朵如意云，呈垂悬倒挂状。有专家认为，此案题识为购置案的买主所示纪念之意，"崇祯庚辰"为崇祯十三年（1640年），康署为今广东省德庆县。

铁梨木即铁力木，是云南、广西特有的树种，因材质坚硬粗大，多用于制作大件家具，不假雕琢，桌案中常见独板芯。明清两代都有铁梨木家具传世，似此铁梨象纹翘头案造型浑朴凝重、气度非凡、巧于纹样设计，且带年款者稀少。

铁梨象纹翘头案藏于故宫博物院。

红漆嵌珐琅面梅花式香几　明代文物。清宫旧藏。

香几面径38.5厘米，通高88厘米，采用多种工艺制作而成。通体髹红漆，几面为五瓣

梅花式中心嵌饰珐琅。高束腰间置5根矩形短柱，将腰围分为5份，嵌以绦环板，绦环板中间镂空成长条菱花形；束腰下设圆肩托腮与壶门式牙条衔接；5条腿加工成三弯腿式，中下部装饰云纹翅，外翻卷草如意云头足；足下设须弥座结构形托泥，几足与托泥台座面间以圆珠相连，托泥台座底端刻饰浮雕图案。台座面和束腰与几面和束腰的样式一致，体现了明式家具讲究整体呼应的风格特点。

香几是用以承放香炉的家具。焚香最初主要用于祭祀，唐宋时期开始演变为人们日常生活的一部分，香几遂成为必备的家具之一。香几的制作、使用都有一定的规制，仅书房中的香几，就要求"高者二尺八寸，几面或大理石、岐阳、玛瑙等石，或以豆瓣楠镶心。或四、八角，或方，或梅花，或葵花，或慈菰，或圆为式"。香几多放置于四无依傍的位置，所以其形制基本采用曲线形结构，美观别致，无论造型还是装饰都很好地诠释了香几的传统文化理念。

红漆嵌珐琅面梅花式香几藏于故宫博物院。

黑漆嵌螺钿楼阁仕女屏风 明代文物。

早年流传无绪，至清光绪年间，始归江苏省苏州市吴县巨富张履谦所有，传至其孙张逸侪，1952年捐献给国家。

此屏风为杉木胎，十二扇屏折叠式立屏风，出自明代福建雕漆名家之手。

单扇长41.7～42厘米，厚1.6厘米，高248厘米，每扇屏风上下端70厘米处凿通卯，卯内贯以木穿带；屏面上端挖倒梯形槽口，封抹头，以竹钉固定；相邻两屏间以铰链相连。通体髹黑漆地，饰螺钿加金银片纹样。正面为软螺钿镶嵌的通景园林仕女图。先由工笔画法描绘成图，再以厚约0.07厘米的螺钿、金银片精心镶嵌。背面扇屏整体构图相同：四周雕饰由回纹构成的边框，框内上、下各饰一条缠枝花带，将屏心分成三部分，上、下部分内分别嵌饰博古图、花卉、花鸟鱼虫；中间部分装饰一景，景旁题识，自左向右分别是"落阳潮声""凤麓春晓""星湖夏芳""清源鼎峙""紫云双塔""雨岭留云""笋江月色""三州芳草""金鸡晓渡""紫帽凌云""罗裳积翠"和"古戍重镇"。从题识可知，屏风展现的是包括泉州十景在内的风景名胜。

泉州位于晋江下游，笋江回环，城北倚清源山、朋山，城西靠紫帽山，城南耸立罗裳山，风光秀美壮丽。《大清一统志》谓之："川逼溟渤，山连苍梧，闽粤奥区，地带岭海。表以紫帽龙首之峰，带以金溪石笋之阻，北枕清源，西拱紫帽……北负洛阳，南面晋江。"屏风图景生动地诠释了《大清一统志》的描述。

屏风做工精致，装饰典雅宏丽，是明代漆器鸿篇巨作之佳品。

黑漆嵌螺钿楼阁仕女屏风藏于南京博物院。

黑漆嵌螺钿圈椅 清代康熙时期（1662～1722年）文物。清宫旧藏。

此圈椅长64.5厘米，宽48.5厘米，通高107厘米。圆弧形靠背与扶手，笏式靠背板，圆柱形立枨左右相对，与靠背板相邻的两立枨左右嵌有牙条。藤编座面。正面腿间为壸门券口，两侧腿间为方券口。腿足间安步步高管脚枨，四腿侧脚收分明显，具明式风格。通体髹黑漆，靠背板、券口等处镶嵌螺钿图案。靠背板纹样分三部分，上、下部均为碎花与卷云，中间圆珠构成的长方形开光内饰仕女园林小景。壸门券口饰左右对称的折枝花卉，采用的螺钿为薄如纸的蚌壳内表皮，做工颇为精细。黑漆嵌螺钿圈椅造型简洁流畅，圆转委婉，五彩斑斓，熠熠生辉。

圈椅初现于明代，由交椅演变而来。主要用于室内，座面以上保留交椅形状，座面以下将交椅腿的可折叠结构改为固定的四足。明代圈椅有两种做法：一种是前腿与扶手下的立枨、后腿与后背的立枨为同一根木材一次制成，座下三面装有壸门式券口，这类圈椅风格

简朴但制作难度大；另一种是腿与立柱分别制成，座下采用面板、束腰、托腮、牙板、三弯腿、足下设托泥的结构形式，因立柱与腿分离，腿与牙条、管脚枨垂直相交，制作相对容易。此圈椅的造型具有前一种明式圈椅制作工艺的特征，有专家推测其为明代制品，传至清康熙时期重新装饰。清代圈椅沿袭明式样，由于圈椅制作工艺难度大，形制简洁但缺少装饰，与清代的奢靡豪华陈设风格不符，所以制作数量减少。此件圈椅工艺精良，装饰颇为讲究，堪称佳作。

黑漆嵌螺钿圈椅藏于故宫博物院。

楠木雕花框镶银刻比例表炕桌　清代康熙时期（1662～1722年）文物。

炕桌是炕上使用的矮形桌案，因形体不大，四足较低，又称为矮桌。这件炕桌为清宫旧藏，经多领域学者、专家共同鉴定，认为此炕桌为清宫内务府造办处制造，是康熙皇帝晚年的专用学习设备。

此炕桌为长方形，长96厘米，宽64厘米，高32厘米，分别为清代的三尺、二尺、一尺。桌面四边框内嵌三块银板，均可以装卸；中间为方形，边长56.5厘米；两边为长方形，长56.5厘米，宽16.5厘米。桌面下设膛，膛内置7个大小不等的长方形木匣，木匣底部刻各种

不同形状浅槽，用于存放计算和绘图用具，但木匣所盛器具已荡然无存。牙条略呈"几"字形，其上浮雕蟠螭纹；方腿，内翻蹄足。桌面左、右两边长方形银板上刻有十几个数、理用表，其中一块银板上是可以精确到千分之一的分厘尺、开平方比例尺、求圆半径比例尺、相比例面表、圆线内外各形比例表、定面尺寸表、开平方面表；另一块上是开立方比例尺、求球半径或米堆比例尺、相比例体表。表中画有圆锥、棱锥、圆柱、棱柱和球的图形及这些图形所对应的数值，金、银、铅、红铜、锡、铁、石、水的斤两数据，从一斤到五千斤的金、银、铅、铜"见方轻重一面之线"表、开立方体表、从一斤到三千斤的铁、锡、石、水"见方轻重一面之线"表等。各种数学、比重表等一目了然，可供随时查阅。

此炕桌设计巧妙，制作精细，是研究18世纪数、理学科在中国发展情况的史料。

楠木雕花框镶银刻比例表炕桌藏于故宫博物院。

紫檀缂丝宝座　清代雍正时期（1723～1735年）文物。清宫旧藏，内务府造办处制作。

此宝座长121.5厘米，宽89.5厘米，通高70厘米，座高18.5厘米。七屏风式靠背扶手，紫檀框，镶裱缂丝屏心。座背三扇，扶手两扇，阶梯状渐次减低，各屏独自凸出部分加工成起伏的委角状。缂丝屏心装饰极具帝王之气，明黄色地上，海浪翻卷，江崖耸立，祥云缭绕，火珠旋转，靠背中间屏心一龙凌空飞舞，将圆形"寿"字捧在头上，两侧屏心的六条龙左右翻腾，奔向捧寿之龙。鼓腹宝瓶形四腿，下设托泥，矩形横枨上接座板，下联托

泥，通体透雕蟠螭纹。座、横枨、腿足衔接紧密，浑然一体，犹如须弥座。

此宝座座面高度低于一般宝座，须弥座式连为一体的横枨、腿、足设计形式尤为独特。查清代内务府档案，有"雍正四年（1726年）五月十二日，太监王安传旨，着做船上用的矮宝座一张"的记载，其与此件紫檀缂丝宝座座面低矮、以宝瓶为足相一致，且此座的龙纹与云纹形制、特征与雍正时期其他器物一致，推测此宝座就是档案记载的"船上用的矮宝座"。

紫檀缂丝宝座藏于故宫博物院。

酸枝木雕云龙纹架子床　清代文物。清宫旧藏。

此床长256厘米，宽169厘米，高240.5厘米。床身四角及正面左右两端附近竖立六柱，柱上承床盖，床盖上饰床帽（或谓毗庐帽），下安床楣，楣下附牙条。围绕六柱设围屏式床围，床屉为藤心，束腰，壶门券口，床牙正中垂注堂肚，内翻马蹄足。床通体雕饰，不同位置纹样不同。毗庐帽、床楣、楣下牙条和床围

等透雕云龙纹；立柱高浮雕、浅浮雕如意云纹；床屉周边浅浮雕云龙八宝纹；壶门牙条、马蹄足高浮雕、浅浮雕交织的海水江崖、云龙戏珠纹，纹饰图案疏密有度，形象生动。

此架子床的床帽称为毗庐帽，又称"毗罗帽""毘卢帽"，泛称僧帽。据明代黄一正《事物绀珠》："毗罗帽、宝公帽、僧迦帽、

山子帽、班咤帽、瓢帽、六和巾、顶包，八者皆释冠也。"因毗罗帽两端翘起，中间起伏的形状颇似佛堂神龛顶部装饰，所以将宗教场所、宫殿建筑中类似的装饰物称作毗庐帽。用于建筑装饰物的毗庐帽一般轮廓似船，两端翘起，中间凹凸起伏，做成如意头形或冠叶形，表面浮雕祥云、龙凤、宝相花等各种吉祥纹样，并彩绘贴金。清代康熙朝以前的家具大都保留着明代简洁大方的风格，到乾隆皇帝时期发生巨大变化，开始讲究气势、装饰，不惜成本追求奢靡。此床形体高大厚重，用料奢华，工于设计，精于镂雕，充分体现出清代中期受乾隆兴趣爱好影响的清式家具的时代特征与当时家具制造的水平。

酸枝木雕云龙纹架子床藏于故宫博物院。

黄花梨边座雕鸂鶒木染牙山水楼阁座屏风 清代乾隆时期（1736～1795年）文物。清宫旧藏。

此屏风长212厘米，高211厘米。单扇独座插屏式，屏心略呈"凸"字形，屏帽处阶梯边框作格角形状，宽出屏框，格角雕回纹打洼起线，底部左右两侧、立框前后设透雕回纹站牙抵夹；须弥座，束腰，十字头，带龟脚，云头足。此屏风精于装饰，屏心为天青色釉地，镶嵌鸂鶒木、染色牙骨及玉等雕琢的山水图：天空湛蓝，峰峦叠嶂的山间，白云缭绕，树木葱郁，溪流淙淙，楼阁亭台、小桥流水错落其间，栈道及山路上，有人赏景，有人玩耍，有人缓步而行……屏座束腰上下边缘浮雕莲瓣纹花带，束腰嵌木雕菱花纹卡子花，云头足上饰卷云。制作庄严凝重、大气磅礴的屏风展现了能工巧匠采用多种雕刻、镶嵌技法巧夺天工的工艺水平。

鸂鶒木产于海南琼州岛、云南西双版纳等地，因其纹理颇似鸂鶒鸟羽毛而名之，今人多称之"鸡翅木"。鸂鶒木有老、新之分，老鸂鶒木树现已绝迹。入清以后，百宝嵌发展成为家具制作的重要镶嵌技术之一，该屏风形制别致，镶嵌华美，是清乾隆时木雕镶嵌精品的代表作。

黄花梨边座雕鸂鶒木染牙山水楼阁座屏风藏于故宫博物院。

紫檀边菠萝漆面圆转桌 清代乾隆时期（1736～1795年）文物。清宫旧藏。

据内务府档案"乾隆十八年（1753年），九江关务唐英进紫檀菠萝漆面圆转桌成对"的记载，可以确定此桌为安徽省九江海关的唐英进贡，早在清代中期就已经进入宫廷。

此件转桌面径118.50厘米，高84厘米。紫檀框架，圆形桌面，桌面沿边缘装饰镂雕如意云头，桌面正中镶板装饰菠萝漆（犀皮漆）。桌面下正中置圆柱式独腿，分上下两节，上节与桌面为一个组成部分，下节与底座为一个组成部分。柱腿中心安铁轴，六条横枨自中心向外伸展与边框连接，通过各枨的夔纹托角牙将桌面与圆柱腿固定；圆柱腿顶端中间设圆孔，承接桌面圆柱上的铁轴，将桌面立柱的铁轴插在底座立柱的圆孔中，就可以根据需要来左右转动桌面。底座略呈葵瓣形，带束腰，如意云头足，黑漆心，底座立柱以夔纹站牙加以固定，上下夔纹角牙相互对称呼应，弥补桌腿造型简单的不足。

此桌结构严谨，做工精湛，渊源清楚，为研究清代漆木家具制作，以及地方官员的进贡制度提供了实物资料。

紫檀边菠萝漆面圆转桌藏于故宫博物院。

紫檀嵌画珐琅云龙纹柜格 清代乾隆时期（1736～1795年）文物。清宫旧藏。

此柜格集多宝格、抽屉、双门柜于一体，长96厘米，宽42厘米，高185厘米。齐头立方式，紫檀边框。上部为多宝格，架格当中设5个大小不一的小格，有长方形、方形、曲尺三种形式，高低错落，不规则排列。正面、左右两侧面及后背板的两侧透空，宝格各透空面都镶嵌有拐子纹及番莲纹的画珐琅壶门券口牙子，外侧立面底边还安装有铜制卡子花围栏，

后背板上镶有玻璃镜子。中间有2个长方形抽屉，每个抽屉中间嵌圆形铜拉手；正中为长方形铜开光，内镶嵌镂雕番莲花纹铜饰，番莲花自中心向两侧对称蔓延；抽屉侧面中间嵌画珐琅装饰板，以浅蓝色为地，上饰红、黄、蓝、绿、粉、白等多种颜色吉祥云与蝙蝠。下部为双开门柜，边框内镶嵌画珐琅装饰板，宝蓝色地上朵朵祥云五色斑斓，云海中，两条金龙一上一下，追逐嬉戏，两扇门嵌画珐琅装饰板所饰纹样相同，但上部两条龙首相对，下部两条龙首相背；门框合页、面叶与拉手均为铜质，其中合页与面叶为委角长方形，上錾锤云龙纹，拉手为菱花形，中间錾锤卷云纹；柜的两个侧面镶嵌与抽屉侧面装饰纹样相同的画珐琅云蝠纹绦环板。双开门柜下的正面、侧面有缠枝画珐琅花卉纹牙条；足有錾云龙纹铜套。

广式家具指广州地区制作的家具，是中华

传统文化与西方文化融合的产物，具有较高的艺术文化价值，是清代宫廷家具的主要来源。形制秀美、装饰华丽、工艺精湛的柜格，体现了清乾隆时期广式家具制作精选好料、注重装饰、雍容奢侈、精益求精的特点。

紫檀嵌画珐琅云龙纹柜格藏于故宫博物院。

紫檀边嵌金桂树挂屏　清代乾隆时期（1736～1795年）文物。清宫旧藏，是乾隆年间两广总督李侍尧进献于乾隆皇帝的贡品。

此挂屏长163厘米，宽118.5厘米，委角长方形，紫檀边框内外起线，中间遍饰浮雕夔龙纹。屏心木胎蓝色漆沙地上饰由锤打成型的黄金及由绿、紫、褐等彩漆构成的金秋美景图，皓月当空，流云朵朵，奇秀的山石间，芳草舞动，鲜花盛开，高耸的桂树枝叶繁茂，桂花满头，月圆桂香的金秋美景，洋溢着富贵吉祥。屏面左上角空白处嵌李侍尧抄录的乾隆皇帝御制《咏桂》七言诗一首："金秋丽日霁光鲜，恰喜天香映寿筵。应节芳姿标画格，一时佳兴

属唫（吟）篇。赓歌东壁西园合，风物南邦北塞连。幽赏讵惟增韵事，更因丛桂忆招贤。"诗下有"臣李侍尧恭录"落款。

李侍尧，字钦斋，汉镶黄旗人，户部尚书李元亮之子。先后出任军机处章京、热河副都统、工部侍郎、户部侍郎、广州将军、两广总督等职，"优于办贡"。据董建中《李侍尧进贡简论》统计，在乾隆十九年（1754年）至乾隆五十四年（1789年）之间，仅见于《宫中进单》所录的进贡就有155次，贡品总数2413件。此件挂屏出自广东工匠之手，是李侍尧为乾隆皇帝精心准备的贡品之一。其用材讲究，做工华美，御诗与屏中景物呼应，相得益彰，是清宫挂屏中的上乘之作。

紫檀边嵌金桂树挂屏藏于故宫博物院。

紫檀嵌竹丝梅花式凳　清代乾隆时期（1736～1795年）文物。清宫旧藏。

此凳面径34厘米，高46厘米。凳面呈梅花形，面侧沿下部浮雕两条凸起弦纹。高束腰，

束腰下有托腮、牙条，五条直腿，腿间上、下各有一道硬角罗锅式横枨，牙条和横枨都随凳面形状做成梅花式。面侧沿凸起弦纹间，以及托腮、横枨及腿部中间所铲挖的凹槽中均镶嵌竹丝；束腰上浮雕纵横交错着冰裂纹与梅花纹。此凳小巧秀气，造型优美，紫檀与竹丝色彩搭配和谐，堪称清中期苏式家具佳作。

苏式家具是指以苏州为中心的长江下游一带生产制造的家具。其典型特征是造型优美、线条流畅、用料节俭、尺寸适度、素洁文雅、格调大方。但受时代风气影响，苏式家具逐渐向烦琐、华而不实转变，类似此凳秉承苏式家具传统的已属少见。

紫檀嵌竹丝梅花式凳藏于故宫博物院。

丝带 新石器时代良渚文化文物。

1956～1958年，考古工作者在浙江省湖州市钱山漾遗址进行了两次较为全面的发掘，第二次发掘在22号探方坑内发现一个竹筐，筐内盛有一些绸片、麻片、丝线和用丝线编织的丝带等物品。

此丝带残长2～4厘米，宽0.5厘米，1958年钱山漾出土。丝带是由四根单丝并捻成股丝，再编结成丝带。在有些丝带的片段上可以看到，一面是编组结构，另一面有平纹组织，还有些两面均为平纹组织。由此推测，丝带是贯穿在平纹组织之间的织物。经检测，此丝带是以桑蚕丝为原料制作。中国社科院考古研究所对这一地区出土的材料进行了碳十四检测，发现其年代距今已有4700多年的历史，间接证明了此丝带是中国考古发掘中年代最早的一批丝织物。

1960年和1979年，浙江省纺织科学院和

浙江纺织专科学校（今浙江理工大学）先后两次对这些纺织品进行了鉴定，其中部分纤维为麻，部分为丝，有些纤维的横切面则呈典型的钝角三角形，证实丝线以桑蚕丝为原料制成。2005年，考古工作者对钱山漾遗址进行了第三次发掘，发现了一团长约7厘米的丝线，根据同坑出土文物判断，属距今约3500年的马桥文化时期。钱山漾遗址的三次发掘，出土了良渚、马桥文化不同时期的丝织物遗存，表明生活在这里的人们已使用丝织品，且缫丝和丝织技术达到一定水平，奠定了湖州钱山漾作为中国丝绸文化发祥地的历史地位。

丝带藏于浙江省博物馆。

舞人动物纹锦面衾 战国文物。1982年，湖北省荆州市马山1号墓出土。

此面衾长332厘米，宽234厘米，为包覆尸体的衣衾包裹，位于整个包裹的最外层。出土时其锦面朝下，绢面朝上，平铺于各层衣衾之下，四周长于衣衾包裹的部分向中间折叠，长度不及之处以另一块锦补盖，并用线缝合成为一个整体。

面衾平面呈"亚"字形，彩锦为面，深黄绢里。绢料平素细薄，经密48根/厘米，纬密38根/厘米。锦为平纹经重组织，经线有深

红、深黄、棕三色，S向弱捻，经密156根/厘米；纬线为棕色，纬密52根/厘米。花纹经向长5.5厘米，纬向宽49.1厘米，幅宽50.5厘米，幅边宽0.7厘米。锦纹样采取横向布局形式，完整的花纹循环由纬向排列的7组纹样组成，各组纹样之间以波折条纹分隔开来，连续延伸横贯全幅。纹样自右向左依次为：第一组，对龙，长颈，口吐长舌，扭身作爬行状，后拖长卷尾，两龙中间上方饰一S形几何纹。第二组，对舞人，头戴冠，冠尾后垂，身着长袍，系腰带，其上配有饰物。舞人周旁填S形、菱形等几何纹。第三组，对凤，头顶高冠，展翅相对而立，身拖长卷尾。两凤中间上方饰一杯纹。第四组，对龙，共两对，均长颈，长尾，作爬行状，中间两条大龙竖向，两旁两条小龙横向。对龙中间饰一抽象几何花纹。第五组，对兽，张嘴吐舌，身有花纹，长尾卷曲，相向作对峙状。两兽头填饰曲折纹。第六组，对凤，仰首展翅，长尾散垂。第七

组，对龙，长颈，长卷尾，作横向爬行状。对龙中间上方饰组合菱形纹。用以分隔各组图案的波折条纹中也填有细小的龙纹和几何纹。第七组图案左侧的波折条纹有错综现象，属于织造技术上的瑕疵。

面衿上的舞人动物纹锦反映了战国时期先进的丝织技术水平。锦是古代十分贵重的提花织物，早期的锦为经线显花，织造时按照设计图案通过提花技术控制经线的沉浮织出花纹，花纹越大，提花技术越复杂。受织造工艺所限，此前织物上的装饰纹样主要为各种几何形状。舞人动物纹锦的图案突破这一成规，在几何框架中加入了人物、动物等丰富的内容，这是已知战国时期纹绣图案较复杂、花纹单位较大的织锦，说明当时已具备先进的提花装置。织锦纹样结构严谨，形象生动的舞人及姿态各异的龙、凤等灵活地与波折条纹结合，规整之中又充满变化，堪称战国时期织锦装饰的典范。

舞人动物纹锦面衿藏于湖北省荆州博物馆。

龙凤虎纹绣罗单衣　战国文物。

1982年1月，湖北省江陵县发现马山1号墓。荆州博物馆等文物考古单位对墓葬进行了抢救性发掘，获得一批珍贵的战国时期丝织品和其他文物，包括棉袍、单衣、夹衣、裙、裤、鞋、帽等多种类型的服饰。这些服饰大部

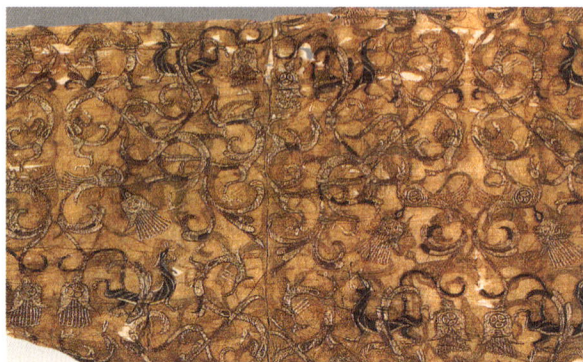

分出自棺中，或穿着在墓主身上，或用于包裹尸身。

此绣罗单衣是作为13层衣衾包裹中自外而内的第6层，其领部与包裹头端平齐，略内折，两侧衣襟各自向内对折，右侧衣襟再盖于左侧衣襟之上，未缝装的两袖叠置于右襟下侧。此绣罗单衣身长192厘米，展袖宽276厘米，衣身以灰白色四经绞罗为绣地，经纬线均加S向强捻，经密40根/厘米，纬密42根/厘米，通身用锁绣法绣龙凤虎纹。三角形领，直裾，长袖，袖下微凸呈弧状，双袖未装缝。领、袖、外襟、下摆均镶有菱纹锦边。上衣六片，其中正身两片，各宽40厘米；两袖各两片，分别宽46厘米、46.5厘米；下裳六片，宽25～45厘米，外襟缘宽12厘米。

此绣罗单衣最突出的是刺绣部分，采用锁绣法，在轻薄的罗地上，以红棕、棕、黄绿、土黄、橘红、黑、灰等多色绣线，绣制繁密规整的花纹。为了适应薄软的绣地，绣线的锁扣拉得较长，以减少针脚，使绣品保持平整。刺绣纹样以凤鸟为中心，由龙、凤、虎三种动物组成。龙凤虎纹绣罗单衣是马山1号墓出土纺织品中极富代表性的一件珍贵实物，对战国时期服装样式、纺织技术、刺绣工艺，以及楚地文化等方面的研究具有重要的参考价值。

龙凤虎纹绣罗单衣藏于湖北省荆州博物馆。

直裾素纱襌衣　西汉文物。

1972年，湖南省博物馆组织专业人员对长沙市马王堆1号汉墓进行发掘，发现棺椁周围有四个边厢，内装随葬品，包括纺织品、漆器、木俑、竹木器、乐器、陶器、竹简等，计1000余件。此素纱襌衣发现于西边厢中的竹笥

里，保存较为完整。

此襌衣身长128厘米，通袖长190厘米，袖口宽30厘米，腰宽49厘米，下摆宽50厘米，领缘宽5.5厘米，袖缘宽5.5厘米，交领，右衽，直裾，袖平直，为上下分裁缝合的衣裳相连形式。上衣部分正裁四片，宽各一幅；下裳部分正裁四片，宽各大半幅。

素纱襌衣出土后，由湖南省博物馆收藏保护，并作为马王堆考古发现的代表文物在馆内展出。1983年10月，一名窃贼潜入博物馆盗取了包括素纱襌衣在内的38件珍贵文物。案发后，其母为掩盖儿子的罪行，将被盗文物或丢弃于公共场所，或焚烧，曲裾素纱襌衣因此被毁。而此件直裾素纱襌衣虽幸免于难，但被窃贼用于包裹其他器物而遭部分损毁，至今衣服上仍可见当时撕裂的痕迹。襌衣是没有衬里的单衣。《说文解字》："襌，衣不重也。"《释名·释衣服》："襌衣，言无里也。"此襌衣以未染色的平纹方孔素纱为料，领襟、袖

口处装饰几何纹绒圈锦缘边。全衣重仅49克，被赞为薄如蝉翼，轻若烟雾，其轻透纤薄为世所罕见。经测算，这件襌衣用纱料约2.6平方米，不计相对厚重的领襟、袖口等处的装饰锦边，重量仅有25克左右，折叠起来可放入火柴盒；实验者透过多层纱料仍可清晰辨认读出报纸上的文字。国家文物局曾开展对素纱襌衣的复制研究，受委托单位运用先进的科技手段，历经6年时间才制作出比较令人满意的复制品，但在重量上仍然超出原件0.5克。专业人员在研究中发现，素纱襌衣之所以如此轻薄，是因为汉代的蚕为三眠蚕，体型较小，吐出的丝比现代四眠蚕的丝更纤细，工匠由此以纤度极细的丝束织造出令人惊叹的轻薄纱料，充分显示出西汉初期养蚕、缫丝和织造技术的高超水平。

直裾素纱襌衣藏于湖南博物院。

五星出东方利中国锦护膊　东汉文物。

1995年10月，中日尼雅遗址学术考查队成员在新疆维吾尔自治区和田地区民丰县尼雅遗址1号墓地8号墓进行例行考古挖掘时，打开一座男女双人合葬墓。男墓主上身右侧放置有弓、箭、弓袋、箭箙及一支木枴，这件锦护膊即与刀鞘、锦帽、梳篦袋、黄绢袍服等随葬品一起绕系在木枴上。其工艺精细，色彩绚烂，纹饰独特，意蕴神奇，一经发现就引起了人们的广泛关注。

此护膊长18.5厘米，宽12.5厘米，整体呈长方形，长边两侧各缝缀三条长约21厘米、宽1.5厘米的黄绢系带，其中部分残断。护膊主体以彩锦做面，两块黄绢拼缝衬里，四周以白绢镶边。锦为纬二经五重平纹组织，经密220根/厘米，纬密24根/厘米，最右侧保留着幅边，蓝地，黄、绿、白、红四色显花，经向花纹循环7.4厘米。锦的装饰纹样是东汉织锦中富于特色的云气禽兽纹与铭文，起伏连绵的云气横向贯通全幅，其间穿插茱萸纹及象征太阳与太阴星辰的两色同心圆纹。云气之中，可见3组形态各异的珍禽异兽。云气禽兽纹的空隙中，夹以篆书"五星出东方利中国"8字铭文，铭文笔画匀称工整。

"五星出东方利中国"锦护膊的装饰具

有十分深刻的历史和文化含义。织锦共有5种颜色，与中国传统文化中的五行、五色、五方以及铭文中的"五星"相对应。"五星"之语最早应出自战国时期魏国星占家石申已佚的著述中，但在《大唐开元占经》中有部分引述。更确切的记载见于《史记·天官书》："五星分天之中，积于东方，中国利；积于西方，外国用（兵）者利。五星皆从辰星而聚于一舍，其所舍之国可以法致天下。"之外，《汉书》《晋书》的《天文志》中也有相关记述。所谓五星，即太白星、岁星、辰星、荧惑星和镇星；阴阳五行学说兴起后，人们又分别将其对应为金星、木星、水星、火星和土星。五星各有自己的运行轨迹和周期，其同现于一处的天象概率甚小，因此五星会聚在中国古代星占术中被赋予了重要意义，常与朝代更迭、王权改易、战争胜负、年景丰歉等政治、军国大事的预兆联系在一起。与此"五星"锦一同出土的还有一件织有"讨南羌"3字铭文的织锦残片，在色彩、图案和织物结构方面皆与"五星"锦相同，二者应是出自同一块锦料。经缀合复原，得到"五星出东方利中国……讨南羌……"的文句，由此推测，这一织锦铭文可能是以天象占辞祈祷对羌军事行动成功的吉语。"五星出东方利中国"锦在结构上采取1:4的表里经比，通过分区换色的方法显示出5种色彩，工艺与同时期的汉锦相一致，应产自中原地区无疑。另一方面，在古代中国，星占学和历法天文学由皇家职官专门掌管，中央王朝对历法和天象拥有绝对权威的解释权，私自论及"天机"者会被处以极刑，"五星"锦将包含重要星占用辞的吉语作为装饰铭文，表明这件织锦是由皇家官营机构专门织造的。精绝国遗址中出土的这件带有特殊信息的汉式织锦，对于研究汉锦的织造工艺、汉代谶纬思想和星占学的社会影响，以及汉晋时期中原王朝与西域地区的政治、经济、文化关系等都具有重要的参考作用。

五星出东方利中国锦护膊藏于新疆维吾尔自治区博物馆。

尼雅出土的蓝色蜡染棉布残片　东汉文物。1959年，新疆博物馆考古队在塔克拉玛干

大沙漠中的民丰县尼雅遗址1号墓，发现一具男女合殓棺木。棺木中出土的随葬服饰和纺织品中有2件蓝染棉布。一件印有人像，另一件饰网格和圈点纹。棉布出土时盖在盛有羊骨的木碗上，可能是祭坛物品上的用物。

此布残长85厘米，宽48厘米，蓝地，上印白色花纹。中心框格内的主体纹样已残失，仅余一人足和一狮子的爪及尾。中心框左侧为一道由蓝白交错的小方格纹组成的边饰，下方还有一道横向长条边饰，内饰鸟兽纹。两道边饰左侧有一处完整的方格区域，其中填饰一半身人物像，人物袒胸，颈戴项链，头、身后饰有背光，双手捧着一长筒角杯，显示出明显的异域特色。

此件印花棉布上的花纹采用蜡缬工艺制作，即以刀或笔蘸蜡在织物上绘制纹样，然后将织物染色，在蜡的防染作用下，被蜡覆盖的区域难以上染，脱蜡后即可见花纹。这种印花装饰方法较多见于少数民族地区织物。东汉时期，棉花种植在内地尚未普及，棉纺织生产主要分布于西南、西北地区。因此，这块棉布很可能是新疆当地制造的，或是出自西域的产品。关于棉布上的人像，学界有多种观点，或根据其身上的背光推断为菩萨，或认为是中亚地区流传的主管生殖的阿娜希塔女神，也有说是犍陀罗文化中专司守护儿童的护法神鬼子母等。可以肯定的是，这一人物形象并非中国本土所有，而是某位异域神灵的表现，反映了汉晋时期外来文化对丝绸之路沿线少数民族地区的深远影响。

尼雅出土的蓝色蜡染棉布残片藏于新疆维吾尔自治区博物馆。

红地对人兽树纹罽袍　东汉文物。

1995年年底，新疆文物考古研究所对尉犁县营盘墓地进行了抢救性清理发掘，清理被盗墓100余座，出土、采集文物约400件。15号墓是此次发掘墓葬中保存情况最好、最具特色的一座，出土有纺织品、陶罐、铜镜、五铢钱等诸多文物。此件红地对人兽树纹罽袍为墓主身着服装之一。因墓所处地势较高，加之环境气候干燥，这件罽袍色彩鲜艳如新，除后背局部有损朽外，整体基本完好。

此袍长110厘米，通袖长185厘米，下摆宽100厘米，交领，右衽，下摆两侧开衩至胯。袍面主体由红地对人兽树纹罽缝制而成，左下襟部接有一块狭长三角形的红地卷藤花树纹罽，两袖下半部接缝彩条纹罽，袍内衬淡黄色绢里。罽是古代一种精细的毛织物，主要产于西北地区。可用作冬衣衣料，或经剪绒制成毡毯。

此罽袍为双层两面纹织物，由红、黄两色经纬1:1各自以平纹交织，形成重叠的上下两层，两层组织在花纹的边缘处接结换层，形成两面花纹相同，但颜色互异的效果，表面以红色为地黄色显花。经线，合股，S捻。纬线，并股，Z捻。经密14×2根/厘米，纬密44×2根/厘米。

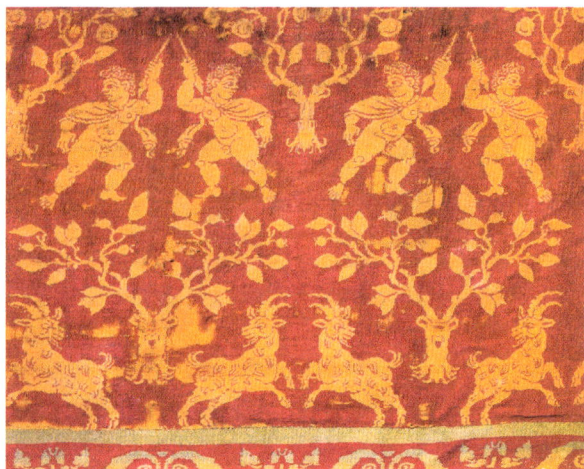

屭面纹样按照循环划分成区，各区图案上下对称。每一区由上下顺次排列的6组图案组成，每组图案都以石榴树为中心，成对的人物或动物纹样在其左右呈轴对称式分布。人物形象均为卷发、高鼻、深目、裸体、肌肉发达、身形健壮的男性，具有明显的异域特征。6组图案分别以二方连续的形式横贯全幅。袍下襟及两袖处几块较小的接缝屭料也很特别。屭料采用逐层晕色的手法，在红地上以绿色、深黄色和浅黄色织出四方连续的几何曲线形卷藤，卷藤当中又填织不同样式的花树。花树的花心部分采用"挖梭"技法显花，同一横向的花心分别使用黄、蓝两色彩纬，使织物表面的色彩更加绚丽丰富。红地对人兽树纹屭袍制作精细，织造工艺高超，纹饰富有异域特色，对于研究汉晋时期西域边疆地区的服装样式、织物的织造技术、组织结构、装饰风格，以及丝绸之路沿线中西文化交流情况等方面都具有重要的学术价值，是世所罕见的纺织珍品，被列入国家文物局2013年发布的《第三批禁止出国（境）展览文物目录》。

红地对人兽树纹屭袍存于新疆文物考古研究所。

刺绣佛像供养人　北魏时期太和十一年（487年）文物。1965年，考古工作者为配合甘肃省敦煌莫高窟加固工程对洞窟进行清理时，在125～126窟前的石缝发现绣品残片。

此件残长约49.4厘米，残高约29.5厘米；另有一条刺绣边饰，残长约59厘米，残宽约13厘米，残损较为严重，残存部分刺绣内容由说法图、发愿文及供养人三部分组成。说法图居上，当中为一坐佛。佛像大部分残缺，仅见其半身红色袈裟、左脚三趾及身下的覆莲莲台。其胸部右侧隐约可见一段绿色衣边。佛左侧胁侍菩萨，上身仅余右手，半握置于胸前，下半身残存，跣足立于莲台之上，身着绿裙，腿间垂落一红色长带，身两侧有红色帔巾飘垂。佛与菩萨之间，装饰有三瓣花、忍冬等纹样。坐

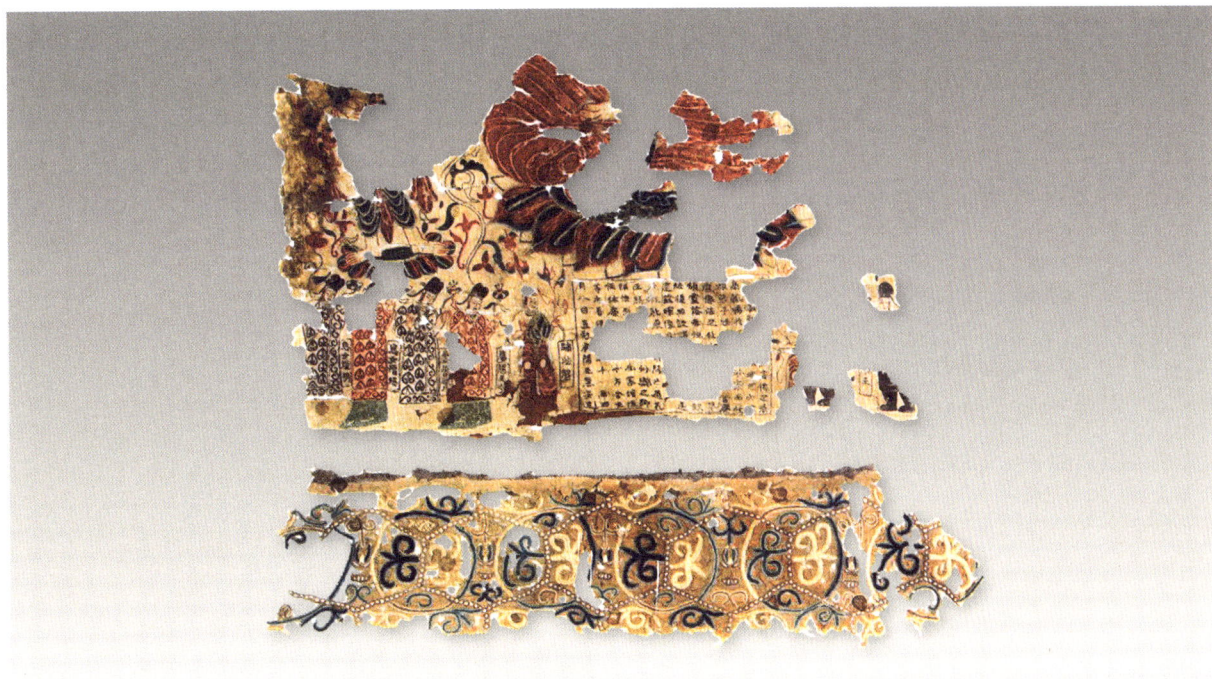

佛右侧的绣纹全部残失。发愿文与供养人位于说法图下方,发愿文居中,以单线条矩形框框出,自右至左纵书14列,每行列11字,残存者约有半数,文末可见"□□十一年四月八日直勤广阳王慧安造"的题款。发愿文右侧列男性供养人,内容大部分残失,只存一人残留红衣一角,形似袈裟;一人头部和足部,人身前题名榜书存最下一"王"字;一人足部残片。发愿文左侧列女性供养人,共5人,保存相对完好,右起第一人为供养比丘尼,光头,着红色袈裟,左肩披搭蓝绿色偏衫,袒右肩,右手掌心向外置于胸前,左手持莲,足穿乌靴,榜书题名"师法智";第二至五人姿态与第一人一致,四人穿戴服饰相同,俱头戴紫褐色高冠,冠顶向下微凹,脑后垂带,身穿窄袖对襟长衫,衣上饰竖向排列的桃形忍冬及卷草忍冬纹,内着曳地长裙,榜书题名依次为"广阳王母""妻普贤""息女僧赐""息女灯明"。此绣品还附带有一条刺绣边饰,纹样以圆形和联珠六边龟背形相互交叠构成骨架,骨架内及周边添饰忍冬纹。

此件刺绣佛像供养人具有很高的考古价值。关于绣品的年代和施主,发愿文中有

"□□十一年四月八日直勤广阳王慧安造"的表述,通过说法图中一佛二菩萨的布局、供养人穿戴衣冠的样式、女供养人衣服及刺绣花边上的纹饰等线索与已知确切时代的类似物相比较,可推断绣品的大致年代为北魏时期。据《魏书·世祖太武帝纪》及《魏书·太武五王传》记载,发愿文中提到的广阳王前后有四人,发愿文中提到的广阳王是元嘉,发愿文中提到的"慧安"当为其法名,该绣品则应是元嘉一家施舍于寺庙的供奉。另外,经对比发现,刺绣供养人的服饰在敦煌壁画中找不到同例,却与云冈石窟中太和时期供养人的穿戴极为类似,因此该绣品很可能并非敦煌当地生产,而是在北魏都城平城绣制好后带到敦煌的。这件刺绣佛像供养人是中国已知发现年代最早的表现佛教题材的装饰性满绣绣品,在研究南北朝时期的佛教艺术及刺绣工艺等方面都有重要的参考意义。

刺绣佛像供养人存于甘肃省敦煌研究院。

红地云珠太阳神纹锦 北朝至隋代文物。

1982～1985年,青海省文物考古研究所对都兰县热水墓区中规模最大的1号大墓及其附属遗迹进行发掘,获得大量有极高研究价值的丝织品。此件红地云珠太阳神纹锦发现于1号大

墓封堆2号陪葬墓中，与其缝在同一幡上的另有两块锦残片，图案也以簇四卷云联珠环为骨架，环内饰多组成对的人兽射猎搏击纹样，环外宾花同样有云气纹、圆点、对动物纹及汉文"昌"字。从锦的色彩、构图形式、纹样风格判断，三者应是出自同一织物。通过其组织结构、纹样形式等方面与新疆吐鲁番地区出土的有确切纪年的类似织物比对，可以认定此锦的年代在北朝晚期至隋阶段，相当于6世纪末。

此锦长48厘米，宽28厘米。其为幡上的残片，为1:1经重组织，以红、黄两色经丝构成双层结构的复式平纹，红色为地，黄色显花。图案由卷云联珠纹环构成骨架，水平、竖直方向分别以兽面及小团花作纽连接，联珠纹环内饰太阳神乘车出行纹，联珠纹环外装饰有螺旋状云气纹、规则排列的圆点、汉文"吉"字及动物纹。整体纹饰结构严谨，形象生动。

此锦的纹饰带有浓郁的异域艺术风格。人物乘车的主题和形式与古印度、波斯萨珊及希腊文化都有很深的渊源，在其工艺美术装饰中多有表现。佛教将之借用于太阳神，在密教经典中称为日天，中文汉译作苏利耶，意译为日神。佛经中对于日天的形象有许多记载，如般若力译《迦楼罗及诸天密言经》："又于梵天、帝释次上，画日、月天。日天作天王形，被甲于金车上交胫而坐，以四匹花骢马驾之，马首两左两右。"《成菩提集》卷四引《梵天七曜经》："其形准梵本如菩萨身住赫奕日轮中，面门含笑，顶上圆光，五色间杂，坐宝莲花，花底以五碧宝马驾车……首戴宝冠，无花鬘严身，跏趺而坐，合掌持莲花。"其中的描述与此太阳神锦纹样甚为相合。另一方面，

锦纹中还表现出了许多中国化元素，如汉字"吉""昌"，人物所戴的幞头等，再结合织锦结构所采用的中国传统平纹经重组织，可以推测，此锦是由中国织工以来自西方的太阳神图像为基础又融合了中国本土文化因素而制作的，后来流传到了青海地区。作为东西方文化交流的产物，都兰出土的这件锦为该地区曾是丝绸之路上的重要驿站提供了有力依据，同时也是研究魏晋隋唐时期中外文化往来、边疆少数民族与中央王朝之间关系的宝贵资料。

红地云珠太阳神纹锦存于青海省文物考古研究所。

烟色地狩猎纹印花绢　唐代文物。1973年，新疆吐鲁番阿斯塔纳墓地119号墓出土。

此绢长42厘米，宽29厘米，由四块拼对而成，经密纬疏，图案呈纵向循环。烟色地，骑马狩猎纹样呈现出白色或微黄色。骑马者身穿翻领对襟猎装，腰佩剑，右手持弓，左手搭箭拉弦，回首作射箭状。马四蹄平伸，作奔驰状。马前肩有一火印，是当时官马的标记。猎物狮子位于马匹后面，前肢双举、后肢单立，张牙舞爪呈前扑状。在山石丛中，猎犬追逐着奔跑的野兔和惊飞的小鸟。此图是唐代具有代表性的狩猎纹图样，生动再现了狩猎场景，极富生活气息。狩猎纹图案具有一定的绘画效果，再现了唐代印染工艺与艺术的完美结合。

此绢上的狩猎纹图案采用了灰缬防染印花技术印制而成，这是中国古代印染主要工艺之一。方法是将防染灰浆涂在丝织物上需描绘的地方，被灰浆覆盖的部分仍保留织物原有的颜色，其余部分则会染上染料的颜色。此印花绢上部分花纹因纤维化形成孔洞，说明在印染过

程中，该绢使用了含碱性的防染剂。因所含重碱没有充分溶解，印浆含碱浓度不均，以致局部纤维化。唐代碱剂以草木灰或石灰为主，因此被称为灰缬，这是古代"染缬"印染工艺之一。由此绢花纹可知，唐代印染工艺已经相当成熟，可以印制绚丽多彩的图案。

对比图案中重复出现的骑马人物、飞鸟、兔子、山石元素，造型和细节基本相同，故大致是由相同的"版"印制而成。元素中细节很多，线条纤细，且与四周不相连，若用灰缬工艺制作，则需要在镂空版下粘贴蚕丝网，才能实现画面效果，工艺繁琐。元素造型完整，没有因刮置防染糊镂空版错位产生的痕迹。织物上有一些小点，可能是防染物飞溅所致，这种

现象在灰缬的工艺中较少出现。左下角山石的上面叠加了其他元素，这样的处理也与灰缬刮浆后不直接叠压的做法不同。综合考虑，该织物的工艺可能为凸版印防染剂（防染剂可能是蜡，也可能是碱剂，因为部分花纹因纤维化出现孔洞，可能因防染剂中的碱剂所致），再染色而成。

烟色地狩猎纹印花绢藏于新疆维吾尔自治区博物馆。

联珠对马纹锦　唐代文物。

1959年10～11月，新疆维吾尔自治区博物馆东疆文物工作组在吐鲁番阿斯塔纳墓葬区发掘6座墓葬，都有纪年文字发现。其中302号墓出土有唐高宗永徽四年（653年）墓志，墓主为一男二女。此锦与另一件联珠对马纹锦发现于同一女尸身上，为其覆面及衣物胸部处的装饰。

此锦原长18厘米，宽19厘米，已残，留存的部分图案可见两排作四方连续排列的联珠团窠，窠内填饰两种对马纹样。马的肩背处均

生有双翼，上排对马的颈项及四足上系有绶带及花结类装饰物。头略低，前蹄扬起，呈两相对峙姿态。马头上方饰有成对的花结，马足下踏一花台，花台由中央的一莲蓬形物、下垂的三片莲瓣及两侧蔓生的卷叶纹共同组成。下排对马中间立一花树，马低头作饮水或觅食状，其脚下的地面装饰有短线交错形成的纹路。联珠团窠之间以八瓣小朵花连接为簇四形式，团窠外的空地上则填有十样花纹。锦为斜纹经重组织，橙黄地显白、藏青、浅绿色花纹，经密108根/厘米，纬密34根/厘米。

联珠对马纹锦的纹样形式带有明显的异域特色，显示出外来文化对唐代织绣装饰的影响。唐代，中外往来交流频繁，中亚、西亚乃至欧洲等地的各种文化纷纷以不同形式、不同途径流传至中国。织绣方面，以来自波斯萨珊王朝的影响最为显著。联珠纹样是波斯萨珊艺术中典型的装饰形式，广泛用于纺织品、雕塑、建筑等领域。翼马的形象一般被认为与萨珊朝的琐罗亚斯德教有关，是太阳与光明之神密特拉的化身。一些波斯织锦上在联珠环内有单匹翼马图案，马颈及腿上大多系有绶带。这种纹样传入中国后，又经过本土化的改造，融入卷草、十样花等中国元素，使之更符合中国传统的审美观念。类似的联珠对马纹锦在新疆吐鲁番、青海都兰等地发现有多件，是唐代东西方文化交流的实物例证，体现了唐代织绣装饰艺术的多元性和丰富性。

联珠对马纹锦藏于新疆维吾尔自治区博物馆。

绛红罗地蹙金绣随捧真身菩萨冥衣模型 唐代文物。1987年，陕西省扶风县法门寺

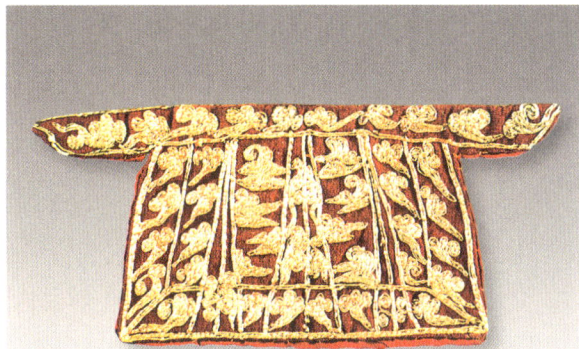

地宫中发现。法门寺位于陕西省扶风县城以北约10公里的法门镇，始建于东汉末桓灵年间，因供奉有释迦牟尼佛指骨舍利而成为著名的佛教圣地。唐代尊法门寺供奉佛指舍利的佛塔为护国真身塔，曾有多位皇帝以隆重礼节迎佛骨至皇宫供养，谓为一时盛事。这套供奉冥衣衣物模型出土时存放在漆盒内，与一尊唐懿宗咸通十二年（871年）所造鎏金银捧真身菩萨像同处于地宫中室北侧，可能是为其特制的微型衣供。地宫内自然环境条件较差，致使大部分出土纺织品发生黏结、炭化或糟朽，而这组冥衣模型历经千余年仍旧色泽光鲜、绣纹清晰、外观完好，实属罕见。

此模型1套5件，其包括夹半臂1件，通袖长14.1厘米，身长6.5厘米；夹裙1件，裙腰长16.5厘米，裙长7.2厘米，下缘宽11.5厘米；袈裟1件，长11.8厘米，宽8.4厘米；案裙1件，长10.2厘米，宽6.5厘米；拜垫1件，长7.5厘米，宽7.1厘米。都是绛红罗地蹙金绣面，内衬绢里。夹半臂通身以捻金线盘钉绣折枝花，花心钉珠作蕊。其形制为典型的唐式女半臂上衣，对开襟。按其比例，衣长仅过胸。夹裙上遍饰蹙金绣云纹，裙幅三边设缘，并用金线界出裙褶。袈裟四周设缘，中部界成水田格，四

角各饰一"卐"字纹，缘边及界边内饰蹙金绣云纹，水田格内盘绣折枝花。案裙三边设缘，缘边内及中部饰不同形态的云纹，背面有襕一道。坐垫四周设缘，内饰云纹，中部盘绣一朵宝莲，花蕊钉珠饰，花周环以云纹，四角各饰一"卐"字纹。整套衣物模型保存状况良好，红地与金彩交相辉映，装饰风格富丽堂皇。

此套衣物模型所采用的蹙金绣，是一种将特制的金线按绣样图稿盘绕排布成纹，再以绣线钉固的绣法。在这种绣法中，金线完全附着于织物表面，不需往复穿透织物，由此避免了拉拽过程中产生的磨损，同时金线能够最大限度地展现于外，显金效果突出。古代织绣上用金装饰的做法在汉代就已出现。桓宽《盐铁论》中即有"闇衣金缕"的记载。其后《隋书·何稠传》也载："波斯尝献金绵锦袍，组织殊丽，上命稠为之。稠锦既成，逾所献者，上甚悦。"至唐代时，织绣用金的情况更为普遍。唐诗词中可见"绣罗衣裳照暮春，蹙金孔雀银麒麟""罗裙窣地缕黄金，奏清音"等句。而法门寺地宫中出土的以此套衣物模型为代表的诸多蹙金绣和织金锦，是唐代织绣用金的实物例证。研究发现，这些织绣中所用金线为"S"向捻金线，是将金锤打成金箔，再裁切为条状缠绕在蚕丝芯线上制成的，其直径小者仅为125微米，制金工艺极为精湛。作为出土织绣中保存最好的唐代蹙金绣品，此套衣物模型为研究唐代的刺绣工艺、服装样式乃至礼佛规仪等提供了典型的实物资料，具有十分重要的学术价值。

绛红罗地蹙金绣随捧真身菩萨衣物模型藏于陕西省扶风法门寺博物馆。

簇四盘雕纹锦袍　北宋文物。

1951年11月，解放军驻新疆焉耆区婼羌县骑兵团在修筑岗哨掩体时发现一洞墓，"墓内陈长尸一具，约一公尺九，头部蒙白丝织品，穿蓝绣龙袍，袍下裙为米黄色丝绣波纹。头戴红幞头（因年久周围均烂，仅剩头顶），上束一撮红雉羽。"所谓的"蓝绣龙袍"，后经检查确认为双鸟团花图案，即本件簇四盘雕纹锦袍。一同发现的还有两具马尸，以及瓷碗、木盆、箭具、鞍具等。人、马遗体被转移到发现地以西100米重新掩埋。1956年初，自治区文化局派阿不利孜·哈立克赴婼羌实地调查，再次对洞墓进行清理，并将发现的衣物等一批纺织品带回。故宫博物院对这批纺织品进行了整理和鉴定，此簇四盘雕纹锦袍随后入藏故宫，其余则由新疆维吾尔自治区博物馆收藏。

该锦袍袍身长138厘米，通袖长192厘米，袖口宽15厘米，下摆宽81厘米。交领，掩襟，右衽，收腰，窄袖，后身开衩。袍以簇四盘雕纹锦为面，浅棕色素绢为里，两袖端各拼接一块对雀栏干纹锦，袍领处镶有一条团花双雀纹锦。簇四盘雕纹锦以簇四圆环为图案骨架，主体圆环内填饰花树及对雕纹样，两雕相背而立；辅助环内为四瓣朵花、两两相对的四鸟等图纹。大小圆环层叠相连，花纹繁密细致，装饰效果和谐统一。对雀栏干纹锦是在驼色与湖蓝相间的竖向条纹上排列相对而立的雀鸟。团花双雀纹锦按照规则散点方式对主题圆环进行排布，圆环内织有四朵团花和两只飞翔在花间的雀鸟，圆环外围绕以细密的花卉。

这件锦袍的发现地位于宋代古丝绸之路南道沿线，临近于阗国，袍服的纹饰图案、织物组织、剪裁方法、服装样式等都表现出明显的异域特征，具有很高的研究价值。簇四盘雕纹锦中的对雕、花树、四瓣朵花等图案及联珠环的样式与中国传统织物装饰存在很大差别，显示出较强的波斯、拜占庭艺术风格。织锦的夹经丝线采用中等强度的"Z"捻，不同于中国纬锦经线不加捻或加"S"向弱捻的通常做法，是中亚、西亚地区织锦的常见特征。该锦袍具有交领、窄袖、收腰、后身开衩等特点，这与西域胡人的衣着颇为相符，类似的服装样式在唐代的胡人俑上也有表现。而该墓木乃伊头骨高鼻深目的面部特征显示出的其西域胡人的身份，也与锦袍为异域产物的属性相一致。

簇四盘雕纹锦袍藏于故宫博物院。

缂丝紫鸾鹊谱图轴 北宋文物。

此图原题为"鸾封奕叶图"，曾是文物

收藏家陈介祺藏品。民国19年（1930年）春，"中国缂丝收藏第一人"朱启钤在北京琉璃厂海王村的博韫斋购得此物。民国13年（1924年）前后，日本实业巨头太仓喜八郎提出以100万银圆收购朱氏藏品，被拒绝。民国18年（1929年），朱启钤因经费原因，以20万银圆的低价将这批藏品转让给张学良。张学良将这批缂丝精品寄存于东北边业银行金库中。九一八事变后，这批缂丝精品随边业银行一起落入日本正金银行之手，并被带到长春存放。东北沦陷后，这批藏品归伪满洲国政府，并被放置在奉天满洲国立博物馆中。日本投降之后，这批文物暂存原地。后在宋美龄、宋子文等人的关照下，这些无价之宝从长春完整无损地空运到北京，暂存故宫博物院。1949年后，这批缂丝刺绣珍品重返关东大地，保存于东北

博物馆（今辽宁省博物馆）。

此图轴纵132厘米，横55.6厘米。以原色为经线，紫色为纬线，在紫色地上以深蓝、浅蓝、绿、白、暗黄、浅黄等彩色纬丝缂织出花卉、鸾鹊等装饰纹。纹样由两组图案组成，每组包括五横排花鸟组成的连续纹样。文鸾、仙鹤、锦鸡、孔雀等禽鸟口衔瑞枝展翅飞翔于折枝花卉丛中，花卉以牡丹、莲花为主，衬以折枝荷花、海棠等纹饰，寓意着"富贵如意"。经面以单丝戗缂为主，间以齐缂，花鸟部分采用双套缂的创新工艺，极富立体感及装饰性。图案色彩古朴淡雅，在高雅的紫色地上用藏青、浅蓝、月白、土黄、浅黄、浅绿等深浅不同的色彩搭配，表现出花鸟的线条与丰富的层次，显得更加生动、立体。"缂丝紫鸾鹊"图案在宋代非常流行，多用于珍贵书画作品的装裱。装裱使用的缂丝一般先织成整幅，再根据需要裁剪，这幅图轴保持了原来缂丝匹料的风貌，高雅大方，品相完整，可称稀世之宝。

缂丝，又名"刻丝"，是以本色生丝为经，彩色熟丝为纬，使用专门的小梭子，根据纹样的轮廓或色彩变化，以不断换梭和局部回纬的方法织制图案，形成"通经回纬"的效果。缂丝的纬线是以花纹色彩为单位来回挖织，不贯穿整个画面，花纹的边缘会产生缂口，使花纹轮廓清晰，具有较强的立体感。一般是由一个人独立完成，为使画面色彩丰富，在织造过程中需频繁变换色彩，纬线完全需要手工织造，因此费时费工，所以有"一寸缂丝一寸金"的说法。缂丝技艺至迟在唐代就已出现，两宋时期达到巅峰。北宋时期，缂丝多用作书画包首或经卷封面，也有用于贵族妇女的衣物。这一时期，以书画为稿本的缂织将缂丝由日常实用品推向观赏性艺术品，也将缂丝艺术推向顶峰。

缂丝紫鸾鹊谱图轴藏于辽宁省博物馆。

朱克柔缂丝莲塘乳鸭图 南宋文物。曾为近代书画收藏家庞元济所藏，1952年，由其后人庞秉礼、庞增和、庞增祥捐赠给上海博物馆。此图是一幅生动的莲塘乳鸭小景图，高107.05厘米，宽108.8厘米。画面中荷莲盛放，萍草繁茂，一对野鸭悠闲地浮游于池中，雄鸭毛羽华丽，昂首在前，雌鸭神情殷殷，紧随其后，另有两只稚拙乳鸭在旁追逐嬉戏。近处岸坡上草木扶疏，湖石玲珑，两只白鹭一隐身于石后，凝视水面，一伫立于岸上，转首若有所思。周围翠鸟停栖，燕子低飞，蜻蜓草虫自得其乐，一派生机盎然的景象。湖石边侧缂有织款"江东朱刚制莲塘乳鸭图"及"克柔"朱文印，画面左下角又有"朱克柔印"一方。作品构图得当，疏密有致，物象描摹细腻传神，俨然一幅工整精丽的院体画作。

莲塘乳鸭图的缂工精细，丝缕分明，缂织

技法极为高超。全幅以黄丝为地，各色彩纬缂织图案，配色雅致和谐。为了细致地展示物象形貌，该图中综合运用了多种缂织技法，如表现荷花、荷叶上深浅色彩的渐变时，大量采用"长短戗"缂法，即通过调整缂丝线条伸展的长短，使深浅不同的色纬之间相互参差穿插，实现色彩的平缓过渡，从而得到自然逼真的晕色效果。这种"长短戗"缂法系朱克柔首创，因此又称"朱缂"，一直为后世所沿用。除了"长短戗"以外，缂织中还用到木梳戗、结、盘、掼、勾、绕、搭、子母经等多种技法。各种技法根据物象的表现需要而灵活转换，变化自如，将禽鸟飞虫、山石花草的自然形态描摹得惟妙惟肖，充分体现出创作者精湛的缂丝技艺和深厚的艺术修养。

朱克柔，字强，一字刚，女，宋代云间人，"以女红行世，人物、树石、花鸟精巧疑鬼工，品价高一时"，其缂织技法精熟绝妙，运丝如运笔，状景摹物栩栩如生，将中国古代缂丝艺术引领至一个全新的高度。朱克柔作品存世仅7件，除此图外，还有台北"故宫博物院"收藏的山雀图、鹡鸰红蓼、花鸟、梅花画眉，以及辽宁省博物馆收藏的牡丹图和山茶蛱蝶图，皆为精妙之作。庞元济《虚斋名画录》、朱启钤《丝绣笔记》对此作均有著录。

朱克柔缂丝莲塘乳鸭图藏于上海博物馆。

沈子蕃缂丝梅花寒鹊图轴　南宋文物。清宫旧藏。

图轴纵104厘米，宽36厘米，依写生工笔花鸟画稿缂织而成。画面中一株虬曲苍劲的老梅，枝头梅花团簇绽放，两只寒鹊相偎栖停于树干之上，一只将头埋在翅膀中休憩，另一只

则在张眼四望，树下几丛翠竹枝叶斜出，显现出一片寒冬将去、万物回春的盎然景象。图左中下部缂"子蕃制"织款及"沈氏"方印。此图上钤"乾隆御览之宝""乾隆鉴赏""三希堂精鉴玺""宜子孙""石渠宝笈""石渠定鉴""宝笈重编""养心殿鉴藏宝""嘉庆御

览之宝"等多方印记，玉池还有乾隆帝御题"乐意生香"四字墨书，可见其在清代皇室藏品中的重要地位。

这幅梅花寒鹊图的缂工极为精细，其丝线经密20根/厘米，纬密44～46根/厘米，织面平整匀顺。缂画以十余种色线相互搭配，综合采用平缂、子母经、木梳戗、长短戗、包心戗、搭梭等多种技法，将梅树、花枝、寒鹊、竹叶等物象刻画得栩栩如生、细腻传神。各种技法根据图像表现的需要而灵活施用，且变化自如。如寒鹊胸部的羽毛采用长短戗缂织，晕色和谐自然，体现出蓬松柔软的毛茸质感；而背部的羽翅则用包心戗，以深浅不一的黑灰色彩从四周向中心围拢逐渐加深，使羽毛显得饱满而立体。整幅作品缂织精美，技法多样，设色典雅，物象刻画生动细致，线条自然流畅，风格清丽淡雅，完美地体现了原画稿的笔意气韵，而肌理质感之美更胜画作，是宋代欣赏性缂丝的杰出代表作品之一。

织作者沈子蕃为南宋缂丝名家，吴郡（江苏苏州）人，一说河北定州人，生卒年不详。其缂丝作品多以山水、花鸟画稿为粉本，深入揣摩原作的笔法画意，根据表现物象的特点采用不同的缂丝技法进行刻画，对有些缂工不能及的细微之处，还会以少量笔墨加以点染，同时注重色彩的搭配与过渡变化，缂工精巧细致，风格清远优雅，充分显示出沈氏娴熟的缂技功底和深厚的绘画艺术素养。《石渠宝笈续编》中著录了沈子蕃缂丝花鸟、梅花寒雀、山水、秋山诗意、梅鹊等数部作品。

沈子蕃缂丝梅花寒鹊图轴藏于故宫博物院。

紫灰绉纱镶边女夹衫 南宋淳祐三年

（1243年）文物。

1975年10月，福州市第七中学在浮仓山上扩建操场时，发现一座三合土结构的石圹墓。福建省博物馆闻讯后，即派工作人员前往实地清理。由墓志铭文可知，女性墓主人黄昇为宋理宗年间朝散郎黄朴之幼女，16岁嫁于将仕郎赵与骏为妻，次年即淳祐三年（1243年）亡故。其墓中出土了大量丝织品，包括袍、衫、背心、裙、裤、鞋、袜、佩绶、被衾等服饰用品及匹料、零料等共计354件，且大部分保存完好。

此件女夹衫身前长123厘米，后长125厘米，通袖长147厘米，腰宽53厘米，袖宽25厘米，袖口宽28厘米，下摆前宽57厘米，后宽59厘米。直领，对襟，窄袖，下摆左右开衩至腋下。领、襟、袖、下摆缘均镶有4厘米宽的彩绘百菊几何纹花边，衣襟另镶一道1.2厘米宽的印金芙蓉菊花纹花边。夹衫面料为平纹素织纱，经纬丝均加强捻，形成表面皱缩的效果，经纬密度40×22根/厘米；里料为经纬无捻的平纹素纱，经纬密度41×32根/厘米；花边底

料为二经绞素罗。织物的色染匀透，光泽、手感和弹性等均良好。

此女夹衫样式美观大方，是宋代女性居家或外出时皆可穿着的一种常服。其形制一般为长衣，直领，对襟，下摆左右开衩，襟上无纽袢或系带，穿着时往往两襟敞开。北宋画家刘宗古所作《瑶台步月图》、河南省禹州市白沙宋墓壁画、河南省偃师区九流沟宋墓出土砖雕中均有穿着这种外衫的女性形象，可见此服式在宋代的流行。女夹衫的用料讲究，做工精细，尤其是领、襟、袖等部位镶滚的花边，富于装饰效果。花边的制作采用了凸版印花彩绘工艺，即根据设计好的纹样，先用木板雕刻出阳纹图案，然后涂上涂料色浆或蘸以泥金，将图案底纹翻印在丝织物上，花纹中再描绘敷彩，最后用白、褐、黑等色或泥金勾勒轮廓，细化局部而成。这种凸版印花与彩绘相结合的方法，部分地代替了单纯的手工绘花，使生产效率得到提高。以此工艺制成的条饰花边纹样布局匀称，花式序列均衡，特别是印金敷彩的芙蓉菊花纹花边，更是金彩辉映，绚丽非常。通体素地纱料的夹衫上镶饰这些花边，显得高雅别致又不失华贵，充分展示出宋代女子服饰的秀美风姿。石圹墓出土的这些服饰织物品种丰富，样式繁多，反映出宋代织造工艺技术的高超水平，为研究中国古代纺织史，以及印染、刺绣、纹样、服饰等科学技术发展史提供了珍贵的实物资料。

紫灰绉纱镶边女夹衫藏于福建博物院。

雁衔绶带纹锦袍　辽代文物。1991年9月，内蒙古兴安盟科右中旗考古人员清理代钦塔拉3号墓，在木椁室内的尸床左下角地板上

发现了6包保存基本完整的丝绸服饰，雁衔绶带纹锦袍即包含在内。

袍衣长147厘米，通袖长188厘米，领宽15厘米，袖口宽16厘米，下摆宽176厘米。交领，左衽，窄袖，宽摆，内、外襟领下均有一纽扣分别与两腋下的纽袢相扣。袍内夹绵，以绮作里。袍料为辽式缎纹纬锦，黄褐色地，以蓝、绿、白、黄、红等七色彩纬织雁衔绶带纹样。织锦单位图案为一对昂首展翅的大雁，口中共衔一挂花结绶带，分立于花座之上。大雁的形象刻画得细致逼真，羽毛纹理清晰可辨，姿态优美而生动。图案经向高约40厘米，纬向宽约66厘米，循环图案间距约4.5厘米。

中国早期的传统织锦一直以经线显花的平纹经锦为主，北朝至隋代开始向斜纹经锦转变。初唐时，随着西方纺织技术的传入，具有纬线显花和斜纹组织结构的斜纹纬锦开始流行，并在唐代中后期基本取代了经锦的位置，成为主流织锦类型。唐代纬锦可以分为全明经和半明经两类，前者的明经总是露在纬丝的表面，后者则不完全外露，有时被夹在各色彩纬

中间，起着半明经半夹经的作用。辽代织锦继承了唐代的织锦技术，尤其是这种半明经型纬锦，大多发现于辽代墓葬中，因此被称为辽式纬锦。此袍料所用雁衔绶带纹锦也属于辽式纬锦，但其半明经与纬线在交织时以五枚二飞缎纹代替了通常的斜纹，形成了一种新式的半明经型缎纹纬重组织。这种辽式缎纹纬锦的发现证明中国于元代明确出现的缎织物在宋辽时期已初具雏形，为缎织物的起源研究提供了可靠依据。此件锦袍在剪裁上为了尽可能保持雁纹的完整性，制作者对其位置进行了巧妙的设计。袍服正面的里、外襟上各用三对大雁，肩领部则以碎料拼接。背部共享四对大雁，上面两对大雁上下两端的间隙被裁去，以保持与前身一致的长度，又使后背的图案看起来基本完整。袍服下摆的左右侧面也安排了完整的对雁，每侧各有两对，后身下摆的两个三角形区分别用一只雁。此外，两只袖子上也是较完整的对雁，每袖前后各一。由此算来，这件锦袍上共排布有20对雁纹，所用锦料长度约达10米，在当时应是十分奢侈的。辽代的袍服多为圆领缺胯袍，其形制为左衽，圆领，窄袖，紧身，下摆开衩，以便于骑马等活动。但此件锦袍却有所不同，虽然采用了左衽这一北方少数民族服饰的惯用样式，但如交领、宽摆等设计其更多显现出的是中原汉服的风格。衣上的雁衔绶带纹样，承袭于唐代官服的装饰图案规制。这件雁衔绶带纹锦袍虽出自辽墓，但从其精细复杂的织造工艺来看，应是产于中原地区。

雁衔绶带纹锦袍藏于内蒙古博物院。

红罗地绣联珠骑士纹经袱　辽代文物。1989年，内蒙古赤峰市辽代庆州白塔塔顶覆钵内出土大量精美的辽代晚期文物，其中有包括本件骑士纹经袱在内的大小丝织品200余件。

经袱长27.50厘米，宽27.70厘米。近正方形，红罗绣面，白绢夹层，一角缝有绢带。刺绣以红色四经绞罗为地，采用平绣铺针为主要技法表现纹样。绣面上下各设一道宽1.4厘米的双排联珠条带作栏，蓝地铺底，上饰白珠。两栏当中为一联珠团窠环，外径15.5厘米，环上黑地白珠，黑色绣线大部分已脱落。团窠内绣一骑士，其体形健壮，面容方正，腮边生须，有两绺向两边翘起，可能为鬓发或帽饰。骑士双手高擎猎鹰两只，所乘马匹身带披挂，马尾扎成花状，作奋足奔驰状。团窠内除了主体纹样外，空隙处还散布有犀角、双钱、竹磬、法轮、珊瑚等杂宝纹样，以及白色小圆点若干，内容十分丰富。

中国古代刺绣中以锁绣针法出现最早，至唐末宋初时，平绣开始逐渐流行，并成为后世应用最广泛的一种绣法。这件经袱是已知发现年代较早的平绣实物之一，其主体铺针技法中蕴含了平铺、直铺、斜铺等不同的绣线方向变化，用以表现不同的对象纹理。图案中的骑士、马匹和猎鹰均由多个色块拼合而成，相

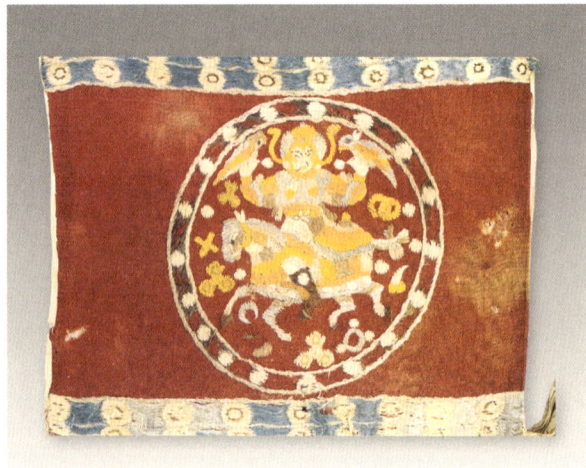

邻色区之间留有水路，有些色区内还使用套针以相近的色彩进行晕色过渡，说明辽代的平绣技巧在表现手法上所达到的水平。从纹样内容可见，骑士的装扮及鹰猎题材表现出明显的辽地特色，散布的杂宝纹样既与佛教相关，又带有世俗化的吉祥意味，而联珠团窠纹样则承袭唐代遗风。多元化的文化元素集中于同一刺绣纹样中，反映出辽代织绣装饰艺术的多样性。这些丝织品种类丰富，涵盖了织花、染缬、刺绣等常见丝织工艺，织物结构有绢、绌、绫、罗、锦等多种，且大都保存良好、色彩鲜艳、制作精良，是研究辽代丝绸生产状况的珍贵实物资料。

红罗地绣联珠骑士纹经袱藏于内蒙古赤峰市巴林右旗博物馆。

印婴戏莲纹绢 西夏文物。1986年，宁夏贺兰山拜寺口双塔出土。同地出土两块印花绢，大小近似，图案纹样完全相同。

此绢长87厘米，宽29.7厘米，整个图案采用四方连续纹样，由两组基本图案构成，一组为圆形花环，另一组为菱形花框。在圆形花环内有四朵小白花，花环中心位置是四片大小相等的叶子簇拥在一起，花环外环绕有一圈白色联珠纹。菱形花框中间也有四朵小白花，其周围环绕莲纹，菱形花框由黑色的弧形波浪线构成。圆形花环与菱形花框错位排列，其间印有婴戏花卉图。婴童的造型和大小近乎相同，面颊丰腴，带桃形项圈和环形手镯，几近裸体，肚皮上围着黄色肚兜，双手持花卉枝条，右手上举，左手下垂，双腿腾空跃起作飞天状。整个纹样设计工整，动静结合，具有独特的风格。图中婴儿胸前的肚兜具有中原特色，而婴

儿的发饰则有西夏民族的特点，体现了文化融合的特征。婴戏纹是宋代以后的常用纹样，反映了人们对美好生活的向往。印花绢的色彩淡雅柔和，使用了黑、白、红三种色彩，黑彩勾画人物、花卉枝条和弧线纹，红色为地，并用绢质的自然白显现花卉图案，体现了西夏织物"淡雅秀气"的特征。

此绢面的婴戏莲纹采用了凸版印花和手工敷色相结合的印染方式。此图使用了红色和墨色两套凸版印花。红色花版凹面雕刻联珠、花卉和童子形状，刷红后印于织物上，每两块相邻的花版在印制时旋转90度。墨色花版印出童子轮廓、枝藤轮廓、莲纹和弧线，童子的肚兜、项圈乃用毛笔敷涂黄色。这种印染方式在宋辽之后才开始流行。

印婴戏莲纹绢藏于宁夏博物馆。

联珠菱格四合花纹纳石失辫线袍 蒙古汗国时期文物。1978年，内蒙古包头市达茂旗大

苏吉乡明水墓出土。水墓为成吉思汗建国前蒙古汪古部的一处墓地。这件袍服原为夹衣，带有里衬，出土时被乡民撕落，致使袍内与里襟胸部现有紫绢系带相对应的两条系带也一同脱落，但袍服外观基本保持完好。

袍长142厘米，通袖长246厘米，下摆宽115厘米，袖口宽14厘米。交领，右衽，窄袖口，下摆宽大，腰部缀饰一条宽16.50厘米、围长96厘米的辫线束腰，其右侧有六对由黄色绢带制成的系带。里襟胸部有两条紫绢系带。袍服主体面料为黄褐色联珠菱格四合花纹织金锦，采用一上三下纬二重组织结构，由捻金线及一组黄色绒丝显花。图案以夹饰联珠纹的双线条构成四方连续的菱格骨架，当中交替填饰两种四合花纹。袍服双肩处的锦料上分别可见一条横向延伸的二方连续条纹带，图案为严密规整的变体几何花纹。这种条状纹样是纬锦在变换段序时的过渡带，为纬锦所特有。袍服的右衽底襟及左下摆夹层部分换用方格团窠对狮纹织金锦。该锦组织结构与联珠菱格四合花纹

锦基本一致，图案以方格为结构骨架，方格内套以朵瓣形团窠，窠中两两相背的狮子作人立状，彼此回首对望。狮子人面，背生双翅，头上佩戴王冠。团窠内狮子周围，以及方格和团窠的空隙处还填饰有各式卷草花卉，整体纹饰繁密丰满，再配以织金工艺特有的显花效果，风格华贵。

元人尚金，其织物也大量采用加金工艺进行装饰。在元代各种加金纺织品中，以织金织物所谓"纳石失"者最具时代特色。纳石失是波斯语"Nasich"的音译，也作纳什失、纳失失，或纳赤思等。元代的官营织造局院中设有生产纳石失的专门机构，其织作者主要来自我国新疆，或中亚、西亚的穆斯林工匠，因此纳石失大都带有强烈的异域色彩，与普通的织金织物有很大区别。此件袍服锦料上的狮身人面纹样即源于西方装饰艺术中一种称为"斯芬克斯"的怪兽形象，表现出明显的外来风尚。纳石失纹饰华丽，深受贵族阶级喜爱，被广泛用于衣帽、被褥、帐幔等生活用品的制作。辫线袍是元代纳石失锦服中比较流行的一类服饰，其袖端窄小，紧身束腰，下摆宽大，皆为适合马上骑射的设计。最具标志性的特征是其腰间的辫线，一般为丝线或绢纱织物搓捻成辫形后钉缝在衣料上。此件袍服腰部的辫线共54对，每条辫线由三股S捻丝线加金线以Z捻并合为一股，直径约1毫米，两条辫线为一组，缝缀于袍服锦料之上，表面不露一丝针迹，做工精细考究，为元代辫线袍的典范之作。

联珠菱格四合花纹纳石失辫线袍藏于内蒙古博物院。

印金团花纹罗夹衫　元代文物。1976年，

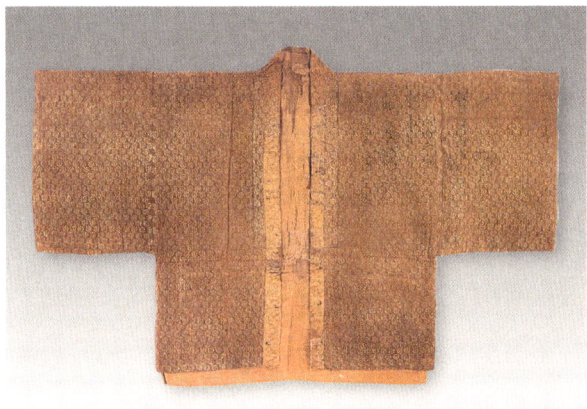

内蒙古乌兰察布市察右前旗元代集宁路故城内发现窖藏丝织品，印金团花纹罗夹衫为其中之一。

该夹衫前身长59厘米，后身长62厘米，袖长43厘米、宽33厘米，腰宽53厘米。直领，对襟，袖短而宽，前身比后身稍短。前襟镶有宽2.5～3厘米的花边，上饰蔓草小花。夹衫以棕色素罗为面，米黄色素绢为里。罗织物为四经绞组织，经纬密80×19根/平方厘米，遍身饰印金冰裂团花纹样，团花直径8～9厘米。

元统治者对黄金有着非同寻常的热爱，常在织物中加入黄金进行装饰，印金即当时一种主要的加金工艺。这件夹衫上的金花是先利用雕有图案的凸板将黏合剂印于织物上，然后粘贴金箔，待其干燥固化后再剔除多余的金粉或金箔修形而成。衣服边沿接缝处有些显露的金花并不完整，说明印金工序是裁制之前在整匹织物上完成的。冰裂团花纹样分布细密规整，金光璀璨，十分富有装饰性。这种块状的小花纹也被称为搭子，有时称答子，是指一种面积较小，具有一定外观形状并呈散点式排列的图案，在元代织绣装饰中有广泛应用。如此夹衫以印金方法装饰搭子纹样，就是所谓的金答子。与夹衫一同发现的一件提花绫残片上有繁体墨书的"□集宁路达鲁花赤总管府"字样，

可以推测这批丝织品或与集宁路总管府有关。达鲁花赤为元时期特设的一种监治官职，由蒙古人或色目人担任，拥有所在地方、军队、官署等各级行政机构的最高裁定权。元代集宁路为下路，其达鲁花赤及总管的品秩为从三品，服用金答子如印金团花纹夹衫者，是符合当时服饰制度的。这些丝织品涉及绫、罗、锦等不同种类，工艺以刺绣和印金为主，形式上则包括有被面、袍、衫、鞋等多种，为元代纺织和服饰研究提供了重要的实物资料。

印金团花纹罗夹衫藏于内蒙古博物院。

棕色罗刺绣花鸟纹夹衫　元代文物。1976年，内蒙古乌兰察布市察右前旗元代集宁路故城窖藏出土。

此夹杉前身长60厘米，后身长62厘米，袖长43厘米、宽34厘米，腰宽53厘米，下摆宽54厘米。对襟直领款式，直筒宽袖，前身稍短于后身，领、襟处镶有缘边，棕褐色四经绞素

罗为面，经纬密60×16根/平方厘米，衣内衬有米黄色绢里。夹衫通身遍饰绣纹，图案多达99组，在衣上作散点式排列，大小内容各不相同。其中最大的图案分布在两肩，长37厘米，宽30厘米，表现的是荷塘水景主题。画面中两只白鹭一立一翔，嬉戏于碧波流云之间，周围莲荷盛开，水草繁茂，一片生机盎然的景象。其他较小的纹样包括各种动、植物，如凤凰、野兔、角鹿、蝴蝶、鲤鱼、乌龟、牡丹、兰花、灵芝、百合等，其中尤以牡丹的造型变化最为多样，或正向，或侧向，俯仰转曲，婀娜多姿，十分生动。此外，还有数组表现人物故事的图案，富于趣味。如有一女子端坐池旁树下，观赏水中游鹅；一女子骑驴扬鞭，穿行在草木林间；一男子头戴幞头，悠闲栖坐于枫树之下；一人戴帽执扇，携撑伞侍从泛舟湖上等。刺绣技法以平针为主，同时在局部变换运用了打籽针、辫针、戗针、鱼鳞针等不同针法，使纹样的表现更加生动逼真。

此件夹衫上的荷塘水景图案，是元代织绣中一种常见的装饰题材，称为"满池娇"。这类纹样在宋代就已出现，元代愈加流行，甚至得到统治者的喜爱，被作为御衣装饰。时人对其多有吟咏，如柯九思《宫词十五首》曰："观莲太液泛兰桡，翡翠鸳鸯戏碧苕。说与小娃牢记取，御衫绣作满池娇。"柯氏自注云："天历间，御衣多为池塘小景，名曰满池娇。"另一名元代诗人张昱的《宫中词》也有："鸳鸯鸂鶒满池娇，彩绣金茸日几条。早晚君王天寿节，要将着御大明朝。"而集宁路出土的这件夹衫，则为"满池娇"纹样在元代服饰上的应用提供了典型的实物例证。此夹衫被发现时，外观基本保存完好，兼之其绣纹内容丰富、形式设计独特、绣工精美细致，是已知元代刺绣服饰中较为重要的一件佳作。

棕色罗刺绣花鸟纹夹衫藏于内蒙古博物院。

织成仪凤图卷 元代文物。清皇宫藏品，流出宫外，被近现代名人朱启钤收藏，1949年成为东北博物馆（辽宁省博物馆前身）的藏品。

此图卷纵53.5厘米，横548厘米，卷面织有凤凰和百鸟纹样，凤凰形体较大，显示出百鸟朝凤的主题。全图由两幅缀合而成，图案相同，所用色线不同。图中以桃红色缎为地，使用五彩丝线织出百鸟朝凤和玉兰花树，以捻金线织出鸟的羽毛和玉兰枝的轮廓。画面中一蓝一白两只凤凰对角凌空飞舞，蓝凤凰展翅回首，白凤凰盘旋俯冲，喜鹊、白鹤环绕上下，右角伸出的玉兰树枝头盛开着玉兰花，小鸟盘绕于周边，呈现出一派祥和欢快的景象。画面上钤有"肃世子之章"和"仁育万物"的印章。该图布局精巧，工艺娴熟，展示了元代高超的丝织工艺，而捻金线的应用使画面显得金光灿灿、雍容华贵，体现了元代织金工艺的成熟。从此图的织技、色彩和纹饰方面可以看出

元代织工的高超技艺，如此大幅的织成锦是传世织成锦中的稀世珍品。

织成，是中国古代一种特殊的织造工艺。《后汉书·舆服志下》："衣裳玉佩备章彩，乘舆刺绣，公侯九卿以下皆织成，陈留襄邑献之云。"唐杜甫《太子张舍人遗织成褥段》诗："客从西北来，遗我翠织成。"织成多是指按照成品样式设计图案，根据设计的图纹进行织造。因其工艺极为繁复，即使是技艺高超的工匠也需耗费大量工时才能完成一件高级丝织品。织成既能织出绚丽多彩的图案，又将艺术美和实用性结合起来。

织成仪凤图卷藏于辽宁省博物馆。

缂丝东方朔偷桃图轴　元代文物。清宫旧藏。

此缂丝图轴纵58厘米，横33厘米。画面上方缂织着结满仙桃的枝条，下面缂织灵芝、水仙和竹石，寓意"芝仙祝寿"，中间则是面带微笑、手捧仙桃、边走边回头偷看的东方朔。画面左右两侧分别钤"乾隆御览之宝""乾隆鉴赏""三希堂精鉴玺""宜子孙"和"秘殿珠林"五印。此图轴曾著录于《秘殿珠林初编》和朱启钤《清内府藏刻丝书画录》中。此图源自东方朔偷食西王母蟠桃的传说，据说西王母的蟠桃三千年一熟，食一枚，寿与天齐，所以"东方朔偷桃图"常被用于寿辰庆贺。

此图轴以浅米色为地，配以石青、宝蓝、浅蓝、月白等色调，鲜明而素雅。运用了齐缂、构缂、饻缂等缂织技法，使画面具有较强的质感和鲜明的装饰效果。以齐缂作色块平涂，在纹样边缘或二色相交处，则使用构缂进行勾勒。在山石、衣服、胡须等处采用长短饻

缂进行调色过渡，形成晕色效果。寿山石用深蓝、蓝和浅蓝三晕色饻缂，突出山石的立体感。此画还使用了以两种色丝捻合的"合色线"技法，如东方朔的手指缝用黑、白两色丝，灵芝的茎部用石青和米色丝，较好地表现出物象糙涩的质感。

元代缂丝艺术风格不同于宋代，不再追求形似和纤巧的风格，而以粗犷豪放、古朴苍劲和浑朴写实为主。缂丝内容多为佛教和祝寿题材，工艺精细，娴熟运用平饻、长短饻、木梳饻、掺和饻等缂丝技法，精确传神地刻画出人物的表情。此件作品将东方朔偷桃疾走时心怀

志忐而面露窃喜的表情巧妙地表现出来。存世的元代缂丝作品数量少。此图轴是元代缂丝品中工艺水平较高的一件,弥足珍贵。

缂丝东方朔偷桃图轴藏于故宫博物院。

刺绣观音像图轴　元代至大时期(1308～1311年)文物。元代女画家管仲姬(1262～1319年)作品。

此刺绣图轴纵105厘米,横50厘米。采用发绣与丝绣相结合的技法织就,绣品以咖啡色绫为地,采用套针、滚针等针法绣制手持佛珠、赤足站立的观音像。观音的头发、眉毛与眼黑部分采用发绣而成,细腻清晰,其余部分采用丝绣,特别是观音的面貌、手、足、佛珠、衣纹等处,绣工极为精细。画面右下绣"元至大己酉六月八日吴兴赵管仲姬拜画",下绣"魏国夫人赵管"印。此图轴技法娴熟,绣工细密而写真,是一幅具有文人气息的元代绣品。

管仲姬,原名道升,字仲姬,一字瑶姬,吴兴人,元代书画家赵孟頫之妻。元仁宗延祐四年(1317年),赵孟頫被封为魏国公,管仲姬也被加封为魏国夫人。她擅长作诗、绘画,还精于刺绣,这幅带有款识的绣品是其代表作品。元代传世绣品极少,管仲姬的刺绣作品更为罕见,由于管氏是画史有记载的女画家,诗、书、画皆有很高的造诣,因而此件绣品在中国刺绣史上占有重要地位。

发绣是使用人类天然发丝作为绣线,以针为工具,使用多种针法绣制作品的传统绣种。古代仅用黑发进行刺绣,其效果近似于墨绘,故又称"墨绣"。头发弹性好、光泽强,用其刺绣出来的作品给人以贴近自然的真实美

感。头发具有坚韧不朽、色泽经久不褪的特殊性质,也使得发绣作品经历岁月而不朽。据记载,唐代已有发绣,主要是一些佛教信仰者为表示对佛的虔诚,剪下自己的头发来刺绣宗教题材的绣品,如南宋发绣《东方朔像》,此件刺绣观音图轴运用精湛的绣技完美表现了观音形象,是一件难得的佳作。

刺绣观音像图轴藏于南京博物院。

黄色四团金龙纹织金缎袍　明代洪武二十二年（1389年）文物。1971年，山东省邹县明鲁王朱檀墓出土。

此缎袍身长130厘米，领围44.5厘米，两袖通长220厘米，袖口宽15厘米，下摆宽138厘米。袍面料为米黄色缎，圆领，右衽，窄袖，直腰，右腋下有三对系带。在胸、背及肩部织有四团云龙戏珠纹，胸前、后背为团形升龙图案，肩部为团形降龙图案。明代规定，只有皇室家庭成员的衣物上才能装饰龙纹，象征着其家族受命于天。明鲁王朱檀是朱元璋的第十子，封地在兖州府，其墓中出土龙袍多件。根据《大明会典》有关"皇太子冠服""常服"的记载，"袍赤色，盘领窄袖，前后及两肩各金织蟠龙一，带用玉，靴皮为之"，此袍的纹饰完全符合形制规定。按照制度规定，袍服颜色应为赤色，但此服为黄色，说明这件袍服或为御赐，或未严格遵守典章制度。此件织金缎袍是一件地下出土且保存完整的明初亲王等级的常服袍。

此袍的胸、背及肩部使用织金饰团龙图案，即将金线织入丝绸，以金线显花的图案装饰技法。丝织物用金装饰的做法在辽、金、元时期已极为兴盛，金线制作技术十分成熟，明代继承了这些传统技术，并加以发扬光大。由于黄金制成的金线成本高，因此多用在最能显示效果的部位，如此袍使用织金龙纹装饰于胸背及肩部，这主要沿用了元代胸背纹饰的形式。胸背纹饰是织绣主要在衣服的胸背处，为一种极富装饰性的纹样。唐代武则天时期，曾将饰有动物纹样的袍服赐给文武官员。元代，也曾出现在胸前和后背装饰图案的袍服。明初及中期，多将纹饰织或绣在袍服之上。明代晚期，出现了"补子"的称谓，呈圆形或方形，通过缝缀的形式将花样固定在官服上，也是官服品级的标志。

黄色四团金龙纹织金缎袍藏于山东博物馆。

缂丝十二章福寿如意纹衮服　明代万历时期（1573～1620年）文物。

1955年，北京市昌平区定陵出土。定陵为明代万历皇帝神宗朱翊钧及其孝端、孝靖两位皇后的合葬陵墓，随葬大量珍贵文物，其中纺

织品占很大比重。据《明定陵考古发掘报告》统计，定陵中出土各种匹料、袍料、服饰共644件，大部分为丝织品，个别有棉毛织品。这些织物主要出自帝后棺内，少数置于椁上。此缂丝衮服发现于万历皇帝棺内西端南侧，叠压于万历皇帝尸身下的数层陪葬物品中间，出土时带有一枚墨书绢制标签，上残存"万历四十五年（1617年）……衮服……"字样。衮服衣长136厘米，通袖长233厘米，袖宽55厘米，袖口宽18厘米，下摆宽105厘米。衮服残损较甚，经拼复可辨识形制为盘领，右衽，大袖窄袖口，全身分作左右衣身、左右两袖接片及前襟接片五大部分。领右侧钉纽襻扣一对。大襟、里襟与左右腋下各有罗带。衣身后片腰部两侧钉有带襻。衮服里外共三层，缂丝为面，黄色方目纱为里，中间衬层以绢、纱、罗织物拼缝而成。衣面遍身缂织"卍"字纹、"寿"字纹、蝙蝠与如意纹，其上又缂十二章纹样。以龙纹最为突出，遍布衮服，共12处。日、月、星辰、山分别在左右两肩、背部圆领下方和肩后；华虫在两袖，每袖各二；宗彝、藻、火、粉米、黼、黻六章纵向分列于前后身三团龙的左右两侧。衮服缂织综合运用了平缂、结、掼、构、盘梭、搭梭、子母经等技法。经丝强捻，密度22根/厘米，纬线彩绒不加捻，密度100根/厘米。

十二章纹是中国古代帝王及诸臣礼服上用以装饰并标示身份等级的十二种图案，依次为：日、月、星辰、山、龙、华虫、宗彝、藻、火、粉米、黼、黻。十二种图案各有取义，按照《周礼注疏》的解释：日月星辰，"取其明也"；山，"取其人所仰"；龙，

"取其能变化"；华虫，"取其文理"；宗彝，因以虎与蜼画于其上，乃取虎之"严猛"及蜼之"有智"；藻，"取其有文"；火，"取其明"；粉米，"取其洁，亦取养人"；黼，为斧形，"近刃白，近上黑"，取其"断割"，即处事果断；黻，为青黑两色相背之形，取其"背恶向善"，也表"君臣有合离之义、去就之理"。据《尚书》记载，舜帝时已用十二章装饰衣服。历史上各个朝代对章纹的使用各有定制，帝王诸臣根据身份等级的高低穿用不同章数的服饰，齐备的十二章纹代表皇权和威仪的等级符号，为最高统治者专享。考古发现中有关服饰上十二章纹样的实物资料很少，定陵缂丝十二章衮服是所见最早的带有完整十二章纹的服饰实例，对于中国古代服饰尤其是明代帝王章服制度的研究具有极高的参考价值，同时也是研究明代缂丝工艺技术的重要资料。

缂丝十二章福寿如意纹衮服藏于定陵博物馆。

金地缂丝灯笼仕女纹袍料　明代文物。1986年，北京市文物局拨交北京艺术博物馆。

此袍料长179厘米，宽133厘米，圆领对襟式，襟缘饰花卉纹镶边，宽袖。衣身以领口为中心作柿蒂形轮廓，柿蒂内缂织灯笼和仕女纹样，间饰湖石、花卉。灯笼分四组呈"十"字形排列，除前身一组灯笼为两挂分列两襟外，其余三组各为一挂，每挂两盏。灯笼为葫芦形状，内有象征富贵、如意、平安、福禄的吉祥图案，顶盖两侧垂挂葫芦、杂宝璎珞，寓意祥瑞喜庆。仕女分散排列于灯笼周围，均上衣下裳，长裙及地，臂挽披帛，衣裳颜色各异，样

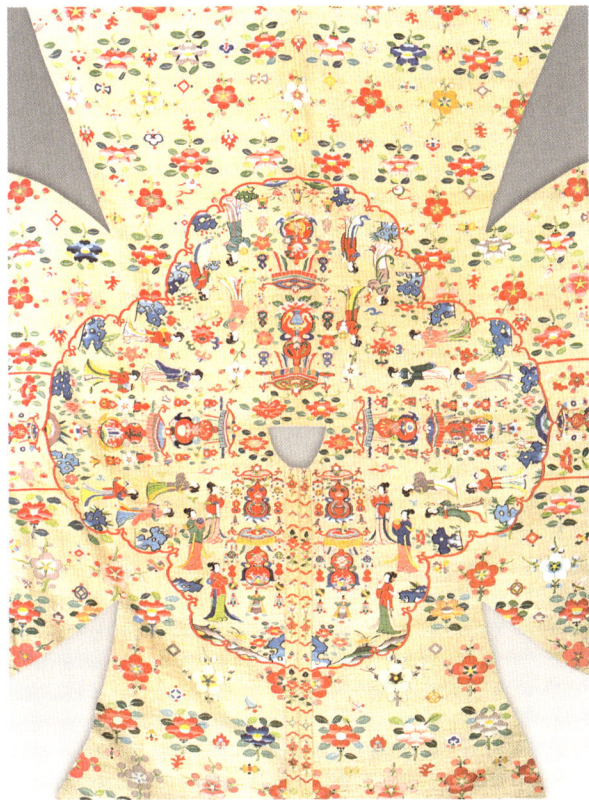

式也不尽相同。她们或束手而立，或作欣赏花灯状，或把玩手中各式杂宝瑞花，姿态娴雅，娉婷婉丽。柿蒂外缂织有折枝牡丹、梅花等纹饰，间隙饰各色杂宝。

中国古代缂丝工艺经唐宋时期的长期发展，至明代已趋成熟。明代缂丝的技法丰富多变，常见如凤尾戗、木梳戗、长短戗、子母经等，能够细致地表现花纹的肌理质感及色彩的明暗变化，其彩纬多采用较细的双股强捻丝，也常加入金线和孔雀羽线，以增强织物的华丽效果。此件袍料即以捻金线缂地，金线直径仅0.2毫米，色纬捻度较强，双股并用，经密16根/厘米，纬密52根/厘米。缂织中使用了长短戗、木梳戗、勾缂等多种表现手法。

明代宫廷中有应时而衣的习俗，随不同的时令节气换穿应季的服装，并根据民间传统，在衣服上装饰各类应景纹样。明代宦官刘若愚

所著《酌中志》一书中对此有详细记载。这种带有灯笼纹样的袍服为宫人在正月十五上元节时所穿。此件袍料用料贵重，缂工细致，质地紧密，色彩搭配和谐自然，华而不俗，纹样设计别具匠心，典雅又不失活泼，充分体现出明代缂丝精湛的织造工艺。

金地缂丝灯笼仕女纹袍料藏于北京艺术博物馆。

韩希孟绣宋元名迹册 明代崇祯时期（1628～1644年）文物。明代顾绣大家韩希孟摹宋元名画所作，曾为广西梧州关伯珩收藏，1960年，其女关瑞梧捐赠给故宫博物院。

此绣册纵33.4厘米，宽24.5厘米。册页以白色素绫为地，8开，每开一幅，各幅均绣有"韩氏女红"朱印，对页为董其昌墨书诗赞。

第一幅摹元代赵孟頫画作《洗马图》，

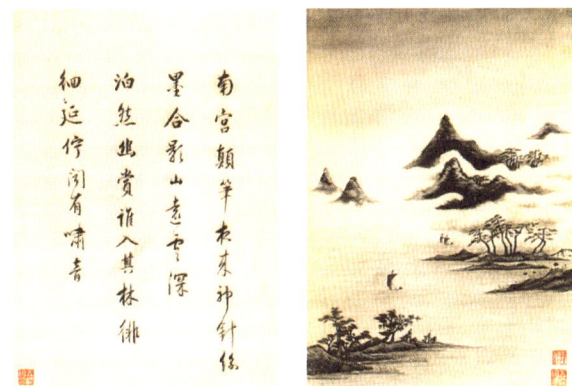

表现驭马人在河中持刷洗马的场景。绣画灵活运用多种针法，以十余种彩色丝线及扁金线，着意摹仿绘画笔意。对页董其昌题赞："一鉴涵空，毛龙是浴。鉴逸九方，风横歊（喷）玉。屹然权奇，莫可羁束。翛电追云，万里在目。"第二幅为《鹿图》，鹿身以集套针绣出，毛发丝丝细密。湖石采用抢针法表现，富于空透雅秀之感。岸边簇石以散套针法为主，辅以点染，仿若水墨效果。对页董其昌题赞："六律分精，苍乃千岁。角峨而斑，含玉献瑞。拳石天香，咸具灵意。针丝生澜，绘之王会。"第三幅为《补衮图》，一女子端坐于圆凳之上，神情专注地缝绣龙纹衣袍。对页董其昌题赞："龙衮煌煌，不阙何补。我后之章，天孙是组。璀璨五丝，照耀千古。姿兮彼姝，实姿藻黼。"第四幅为《鹡鸰图》，鹡鸰毛羽采用施毛针法，脚爪采用钉针针法，对页董其昌题赞："尺幅凝霜，惊有鹡立。毳动毸张，竦峙奇彩。啄唼青芜，风摇露洒。（目帝）视思维，谁得其解。"第五幅为《米画山水图》，摹宋代米芾、米友仁父子笔意，表现烟雨迷蒙的山川之景。此图仅使用了套针、抢针等数种技法，将米氏画作的写意水墨韵味展现得淋漓尽致。对页董其昌题赞："南宫颠笔，夜来神针。丝墨合影，山远云深。泊然幽赏，谁入其林。徘徊延伫，闻有啸音。"第六幅为《葡萄松鼠图》，松鼠皮毛采用集套针法层层铺叠，毛丝纤毫毕现。对页董其昌题赞："宛有草龙，得之博望。翠幄珠苞，含浆作酿。文韶睨之，翻腾欲上。慧指灵孃，玄工莫状。"第七幅为《扁豆蜻蜓图》，绣画运用多种刺绣技法：豆花以平套针和抢针绣制，花色过渡自

然；叶子用散套针，并以不同深浅的青黄色彩反映其荣枯状态；扁豆内缘用滚针勾边表现筋脉，豆籽则采用垫绣手法，突显其隆鼓饱满的立体感。蜻蜓的翼翅用纤毫细丝以冰纹针法绣制，将其轻薄透明的质感表现得惟妙惟肖。对页董其昌题赞："化身虫天，翩翾双羽。逍遥凌空，吸露而舞。豆叶风清，伺伏何所。影落生绡，驻以仙组。"第八幅为《花溪渔隐图》，摹元代王蒙画稿所作。绣品工艺精细，针法多样。绣画右上角题款："花溪渔隐仿黄鹤山樵笔韩氏希孟"。对页董其昌题赞："何必荧荧，山高水空。心轻似叶，松老成龙。经纶无尽，草碧花红。一竿在手，万叠清风。董其昌"钤"董其昌印"朱印。册尾有韩希孟之夫顾寿潜题跋，记述绣品的制成过程。绣册钤有"五峰珍赏""宝奎号五峰""净香室秘玩""秘晋斋印"等多方收藏印鉴。第八开左页题注："嘉庆庚午中秋，用白金六两，购于琉璃厂古画楼田氏铺。"册尾又有记："嘉庆壬申暮春之初，过五峰主人净香室，观顾家希孟氏绣宋元名迹，巧夺天工，虽古所称针神者，当亦不过如是也。"

此《宋元名迹册》为韩希孟的代表之作。朱启钤《丝绣笔记》和《存素堂丝绣录》、徐蔚南《顾绣考》对其有著录。

韩希孟绣宋元名迹册藏于故宫博物院。

缂丝仇英水阁鸣琴图轴　明代文物。

此缂丝图轴纵138厘米，横55.4厘米，以缂丝方式织成。图轴表现了高山流水，桃花盛开，文人弹琴赏景，世外桃源般的生活。近景走廊上，一位男子站立仰望，似在观景，身后两位仆从侧头交谈。中间水阁掩映在高松下，

门窗俱开，一男子坐在榻上抚琴，一男子坐在椅上静听，另一男子倚窗向外眺望，一仆从凭窗而立，另一仆从端盘前行。阁外另一条走廊上，一位仆从双手持物走来。右下角织"实父仇英制"款及"十洲"葫芦印。

仇英（1453～1560年），字实父，号十洲，是明代文人画家，"吴门（今苏州）四家"之一。他长期住在苏州，书画作品为时人推崇，是苏州缂丝艺人摹缂的主要对象。该作品以仇英绘画作品为稿本，采用黄、粉、浅

灰、深灰、褐色、浅褐色、浅蓝、灰绿等多色彩丝缂织而成。除山石、树木、楼阁和水纹轮廓外，其他部分采用织画结合的方法。如柳树和松树为绘画，人物的衣纹用缂织，毛发和五官为绘制，瀑布和亭台楼阁则为织、绘结合。绘画用笔细腻，晕色自然，既保留了原画的韵味，又有立体之感，堪称明代织画结合的经典之作。

明代的缂丝书画通常以当时名家书画为底本，赵昌、崔白、沈周、仇英、祝枝山等人的作品是缂丝匠人经常摹缂的对象。其早期作品织制精细，完全用缂丝技法织制而成，不仅保存原画韵味，光彩夺目，甚至胜于原画。晚期作品在细小部位的处理上会采取画笔补色的方式，将织与画完美结合在一起。明代缂丝书画作品风格受吴门画派影响较深，多模仿江南文人画，状物写实，抒情自然，富于独创性。

缂丝仇英水阁鸣琴图轴藏于辽宁省博物馆。

鲁绣芙蓉双鸭图轴 明代文物。

此鲁绣图轴纵140厘米，横57厘米，其上绣有花卉与浮鸭。画面上方伸出几枝盛开的芙蓉花，中间是如影相随的双鸭浮游于水面，一只仰头高歌，一只低头觅食，画面下方衬以丛生的草木、山石，构成了一幅生机盎然的自然风景。图中画面绣工精细，以针带笔，既有国画般的晕色效果，又具有浮雕般的立体感，双鸭羽毛蓬松、光亮，芙蓉花瓣层层叠叠、色彩娇艳。此画轴以米色地折枝花鸟纹暗花缎为绣地，用双股合捻的丝线作绣线，运用平针、套针、接针、斜缠针、打籽针等多种针法绣制而成。画面针脚细密，线条流畅，使用了20余种彩色丝线，将鲁绣纹饰苍劲豪放、色彩艳丽的

特点发挥得淋漓尽致。画面构图疏朗生动，纹样浑厚，设色浓艳，绣线较粗，针法豪放，体现了鲁绣作为民间刺绣朴素苍劲的特征。

鲁绣是山东地区生产的刺绣品，山东古称"鲁"，所以名为"鲁绣"。鲁绣使用的绣线是较粗的加捻双股丝线，俗称"衣线"，所以又称"衣线绣"。鲁绣出现较早，商周时期已有一定规模。明代刺绣有南绣和北绣之分，鲁绣则是北绣的代表佳作，以花纹粗犷雄健、质地坚实、色彩对比强烈为特点。鲁绣一般

以暗花底料为绣底，这是与其他绣种与众不同之处。作为观赏性作品，常用暗花绫、绸、缎为绣底，使用艳丽的彩色绣线，使主纹与绣底的暗花形成明暗对照，尤其在光照下，具有丰富的层次感和较强的立体感。鲁绣衣线进行绣制，但坚固耐用，刺绣者通过娴熟精巧的绣工为人们呈现出一幅精致细腻、粗中见细、拙中寓秀的作品。

鲁绣芙蓉双鸭图轴藏于故宫博物院。

衣线绣文昌出行图轴 明代文物。

此绣图纵70厘米，横28厘米，是在本色绫地上，用双股捻线彩绣出文昌出行途中小憩

的场景。画面中，主宰功名利禄的文昌君坐在山石上，侍者站立在他的身后，前面的牵马人眺望着远方。该画采用二色间晕的装饰方法，施以平针、套针、平金、钉针、网绣等针法绣制。刺绣者以针代笔，把人物的神态、动作和衣纹皱褶真实地表现出来。构图简练生动，特别是画面中的留白处理，让观者可以有自由的想象空间。该图不仅保持了鲁绣的风格，还将衣线放捻，并把苏绣中常见的劈丝绣线融于作品之中，粗中见细，相得益彰。整幅绣品犹如典雅的设色工笔画，主题突出，绣工精细，是明代衣线绣的代表作品。

衣线绣又称"鲁绣"，因所用绣线是用合股绣线合捻而成，类似缝衣线，所以称"衣线绣"。明代，衣线绣是北方刺绣风格的代表，清代中后期也是地方绣中的翘楚。衣线绣起源于山东，其作品实用性占首位。图案花纹苍劲雄健，质地坚实牢固，可根据图案中不同的内容和要求，采用接针、平针、套针、打籽针、网绣等多种灵活的针法，绣制出拙朴浑厚、工整秀丽的作品。明清时期，衣线绣不仅保留着自身的传统风格，还积极吸收其他绣种的特色。如此件绣品表现出来的精致细腻、色调淡雅的风格以及花纹交接位置留水路的方式就是吸收了苏绣的特点，将不同的两个绣种特色融为一体，从一个侧面表现出明清时期刺绣工艺的发展水平。

衣线绣文昌出行图轴藏于故宫博物院。

顾绣白描十六应真图册 明代文物。清宫旧藏。

此顾绣图册计18开，在《清内府藏刺绣书画录》有著录，纵28厘米，横28厘米。图册

以白描的形式表现释迦牟尼的罗汉弟子们修身养性的场面，每开下方均绣有"皇明顾绣"朱印。画册以米色绫为地，用粗细不同的墨色丝线和滚针技法勾勒出物象轮廓，针对不同的对象采用不同的针法进行刺绣，再用墨及淡彩着色渲染，以达到写实的效果。此图刺绣技艺高超，运针灵活，以滚针技法勾勒轮廓，再运用接针、松针、钉针、刻鳞针、鸡毛针等刺绣各类形象，达到惟妙惟肖的效果。在刺绣过程中，追摹画稿神韵，以针代笔，通过简练的墨线来表现人物的形神，具有明代画家吴彬、丁云鹏的人物画风格。此图册设色古朴典雅，采

用绣、画相结合的表现形式，呈现出顾绣的典型特点。

顾绣是中国唯一以绣师姓氏命名的绣种，产生于明嘉靖（1522～1567年）时期，起源于上海顾氏家族的闺阁绣。嘉靖年间进士顾名世任职多年后归隐家乡上海，在城郊兴建园林，发现一块元代画家赵孟頫题字的"露香池"石头，因此命名为"露香园"，又称露香园绣。顾绣初为闺阁绣，其画品不以营利为目的，纯粹是为欣赏而绣，属大家闺秀所为。顾名世孙媳韩希孟是顾绣的代表人物，她精通书画，所绣作品精妙传神，被世人奉为珍品，时称"韩

媛绣"。顾绣作品以山水、人物、花鸟及佛像为主，尤其以文人书画居多。顾绣作品的绣工精细，可与原画比肩，以针代笔，以线代墨，不仅讲求形似，而且追求绘画意境的体现，素有"画绣"之美誉。顾绣将刺绣艺术与中国传统绘画艺术紧密融合，达到了神形兼备的境界，或先画后绣，巧借画色，或绣后添笔，画绣兼容，最大限度地展现书画之神韵。顾绣使用传统的工艺手法来表现高雅的书画艺术，追求的是笔墨所呈现的超凡脱俗之美。因此，绣者不仅要具备高超的刺绣技巧，还要有较高的绘画素养，殊为难得。顾绣作品流传较少，至今存于国内外博物馆的顾绣藏品有200余件。清中期以后，顾绣逐渐丧失闺阁绣的本色，成为应时的商品绣。

顾绣白描十六应真图册藏于故宫博物院。

柿红盘绦朵花纹宋式锦 明代文物。清宫旧藏。

此锦原为"文徵明墨迹"的装裱丝织品，长142厘米，宽32厘米。锦纹以交叉的同心圆为骨架，在同心圆的中心部位填充梅花、水仙、牡丹花等花纹，在同心圆的四周刻成六出形，与相邻的花纹重叠交切，构成六出形外围的几何纹装饰区，区内嵌连线、锁子、龟背、"万"字曲水、双矩、菱格等细小的几何纹。此锦上的几何花纹包含有万事顺利、富贵长寿等吉祥含义，又将不同季节的花卉与抽象化的几何纹巧妙地组合在一起，造型简练规整，饱含吉祥寓意。锦面的纹样色彩搭配和谐，在柿红地上，配置红、绿、黄、青等色的花纹，并采用淡色相间、金线勾边的形式来达到缓冲对比、统一主调的效果，形成了色彩富丽典雅、

层次分明的构图特色。此锦花纹完整，织工精巧，是苏州生产的明代宋式锦的代表作。

"盘绦"是一种大、中型几何花纹的名称，唐代已有，此锦纹样则是由唐宋几何骨架内填以自然形的传统花式基础上发展而来。宋式锦又名仿宋锦，因纹样特点、色调变化皆模仿宋代织锦而得名，以苏州所产最为精美，素有"锦上添花"的美誉。宋式锦是明代比较有名的织锦品种，多用于装裱饰物或做包装礼物。至明代后期走向奢华风气，逐渐采用大的几何格局与饱满的花卉，并增添了杂宝或小几何纹样，使色彩更加浓郁，庄严中更显富丽，经常用于宫廷家具用品上的装饰。

柿红盘绦朵花纹宋式锦藏于故宫博物院。

明黄缎绣五彩云蝠金龙纹袍 清代雍正时期（1723～1735年）文物。

此龙袍身长144厘米，通袖长211厘米，中腰宽71厘米，底摆宽124厘米。圆领，大襟，右衽，马蹄袖，裾左右开，缀铜鎏金錾花扣五枚，领、袖缘镶饰石青色织金缎及平金绣边，袍内衬月白色暗花绫里。袍服以明黄缎为地，通身刺绣九条金色大龙，间饰五彩祥云、蝙蝠、海水江崖、如意、宝珠等纹样，另在领、襟及袖端绣有八条小金龙。龙袍整体设色丰富而和谐，纹样繁密而层次分明，充分体现了皇权至高无上的威严。

清代的冠服依据不同的穿着场合和用途，可以分为礼服、吉服、常服、行服、便服、雨

服等几大类。龙袍属于吉服的一种，主要用于重大吉庆节日、筵宴以及祭祀活动的开场与结尾时段，其庄重程度仅次于在最隆重场合穿着的朝服，在清代冠服体系中占有重要地位。清代龙袍在形制、纹样等方面都有严格的规定，据乾隆二十四年（1759年）编撰完成的《皇朝礼器图式》载："皇帝龙袍，色用明黄。领、袖俱石青，片金缘。绣文金龙九。列十二章，间以五色云。领前后正龙各一，左右及交襟处行龙各一，袖端正龙各一。下幅八宝立水，裾左右开，棉、袷、纱、裘，各惟其时。"相关规制在此件龙袍上都有体现。清代龙袍上的纹样丰富多样，排布规整有序，寓有深刻的吉祥含义。作为主体纹饰的九条大龙是皇权的象征，其中最显眼的前胸、后背和两肩位置采用正龙纹样，突显王者气势；前后衣襟及里襟的下摆部位使用行龙纹样，龙作飞腾舞动状，排列经过特别的设计。古时称帝王之位为九五至尊，《易经》中有"九五，飞龙在天，利见大人"的说法。由于九是一个奇数，在服装纹样的排列上很难达到对称平衡，所以将一条龙绣织在里襟，这样龙袍的主体龙纹仍为九条，而从正面或背面单独看时，所见又都是五条龙，完美地实现了与九五之数的吻合。龙纹周围环绕的五彩祥云间多穿插有蝙蝠纹样，且一般都被织绣为红色，以取其谐音"洪福"，再加以祥云衬托，寓意"洪福齐天"。龙袍下摆处，斜向排列的弯曲线条称为"水脚"。水脚之上，有起伏翻滚的波浪，波浪上面又立有高耸的山石。这种纹饰俗称"海水江崖"，含有"四海升平""江山万代"的吉祥寓意。这件龙袍用料上乘，做工考究，综合运用了平针、套针、戗针、平金、钉线等多种刺绣技法，将各种复杂纹饰生动写实地刻画出来。其绣工精致平整，晕色自然协调，装饰效果突出，充分体现了清朝织绣技艺的高超水平。

明黄缎绣五彩云蝠金龙纹袍藏于北京艺术博物馆。

缂丝明皇试马图轴 清代乾隆时期（1736～1795年）文物。清皇宫藏品，后流出宫廷。民国时期，为收藏家徐世章获得。徐世章临终前立遗嘱将所藏全部捐献给国家。1954年，徐世章的后人将此图轴与其他藏品共计2549件捐献给天津博物馆。

此缂丝图轴纵104厘米，横55厘米。其以

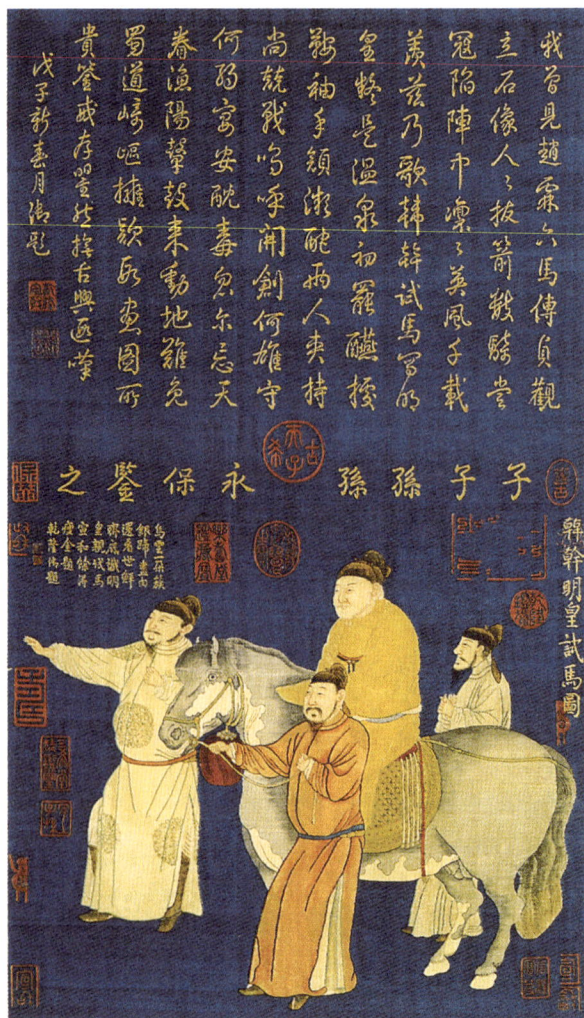

缂丝模拟唐代画家韩幹《明皇试马图》，画面缂工精细工整，人物栩栩如生，是乾隆时期缂丝织品的经典之作。此图轴经线为原色，纬线以蓝色为地。上半部是乾隆御笔行书《明皇试马图题记》12行，中间御题"子子孙孙，永保鉴之"。左边御题行书"乌云一朵簇银蹄，画肉还看世鲜齐，底识明皇亲试马，宣和余得瘦金题"。右边题签"韩幹明皇试马图"。画中钤"乾隆御览之宝""得象外意""鉴古""古稀天子""石渠宝笈"等印鉴。下部画面中有4人和1匹马，唐玄宗李隆基端坐于马背上，马前有2人护卫，其中左侧的人手握缰绳，右侧的人右手指向前方，似在指路，马后侧有1侍从跟随。4人服装颜色与底色形成鲜明对比，不同的神态也勾勒出不同的身份特征，体现了乾隆时期缂工的精巧细致。清代的缂丝工艺在乾隆年间得到了较大发展，缂丝画占有相当大的比例，构图、设色以复杂著称，其缂工大多精致，常施以敷彩渲染，具有很高的艺术价值。

缂丝明皇试马图轴藏于天津博物馆。

孔雀羽穿珠彩绣云龙纹吉服袍　清代乾隆时期（1736～1795年）文物。清宫旧藏。

此吉服袍身长143厘米，肩通袖长216厘米，胸围134厘米。直身，圆领，右衽，大襟，马蹄袖，左右开裾。以蓝色缎为面料，全身以孔雀羽线、米珠、珊瑚珠、捻金线、捻银线、龙抱柱线、五彩绒丝等原料绣成花纹。其绣线品种之多，在传世服装中少见。其用料讲究，是故宫博物院收藏的唯一一件通身结合"铺翠"、串珠绣，及刺绣工艺绣制的吉服。

此袍全身使用串珠绣技法绣制九条五

爪珍珠大龙，袖端、领口等处用丝线绣制了四条正龙，龙纹之间装饰绣有传统吉祥图案"八宝""三多""八吉祥""暗八仙""灵仙献寿""洪福齐天""流火纹""五彩祥云""海水江崖"等传统吉祥纹样。特别是下端的"海水江崖"约占身长的三分之一，具有较强的层次感和立体感，突出了"福山寿海""江山永固"的吉祥寓意。海水波纹中间饰花卉、蝙蝠、山石、祥云，给人吉祥、华丽、灵动且富有活力的感觉。海水的晕色技法采用三晕过渡，由浅而深，使全袍色彩鲜丽又不失柔和，华美又不失雅致。此袍是乾隆时期苏绣的杰作之一，采用了套针、平套针、滚针、网针、打籽针、斜缠针等不同针法，将栩栩如生的龙纹、花卉、吉祥图案立体地展现出来。其绣材丰富，大量运用钉绣工艺，穿珠、金银线、缉线、孔雀羽都是钉绣而成。钉绣是一种另取针线将绣材钉在所需图案上的绣法，可使绣材凸浮在底料表面，有较强的立体感。尤为引人注目的是，此袍大面积使用了孔雀羽铺地，这种工艺被称为"铺翠"。孔雀羽线是绒状的，并不像其他丝线那般顺滑，经钉绣后，绒毛很好地遮盖了底料原有的颜色，给人的感觉仿佛底料就是孔雀绿色，达到了巧夺天工的境界。此袍是清代仅存的应用铺翠工艺绣制的吉服袍珍品，代表着清代刺绣技艺的高超水平，在织绣文物研究中占有重要地位。

孔雀羽穿珠彩绣云龙纹吉服袍藏于故宫博物院。

金银线地玉堂富贵图栽绒壁毯　清代乾隆时期（1736～1795年）文物。清宫旧藏。

此壁毯长647厘米，宽278厘米，穗长11厘米。壁毯制作于北京，图案依据乾隆时期宫廷画稿设计，采用新疆维吾尔族传统的"8"字扣栓头和"抽绞过纬"编织技法，以匀细的金银线和各种丝绒线手工编织而成。毯心使用合股金线、背部使用丝绒线，均编织成横向"人"字纹。正面花纹图案采用丝绒线织成，由玉兰、海棠、牡丹、灵芝、竹子，以及蝴蝶、山石等组成，寓意"玉堂富贵"。毯边为银线栽绒织成，上面饰以玫瑰红色"卍"字纹，组成二方连续纹样。壁毯的画面宽阔，构图大胆，纹样空间处理恰到好处。其编织手法细腻，风格独特，既是贵重的实用品，也是富于艺术性的装饰品。

此壁毯使用的丝毛线颜色经久不褪，其染料是从当地植物中提取制成。根据纹样特点，选用了25种色泽鲜艳的绒线织就图案。在配色过程中，采用两晕色（如灵芝用驼黄配肉粉）、三晕色（如灵芝用浅驼、肉粉配玫瑰红）等间晕的配色方法，形成和谐的晕色效果，丰富了花纹的层次，增强了图案的立体感。为使画面色彩富于变化，更使用了"合色线"栓扣配色的方法。合色线是用两种或三种不同颜色的绒线，合股捻成一条有两色或三色的花线，其色彩以晕色为主。使用这种合色线织成的牡丹、山石等色彩丰富且富于变化。壁毯边缘以染色墨线勾边，使主体图案更为鲜明

突出。此壁毯将中国画晕色写实的艺术手法完美地融合在壁毯配色编织中，反映了清代织毯工艺的高超水平和艺术成就。

金银线地玉堂富贵图栽绒壁毯藏于故宫博物院。

夔龙凤纹天华锦垫料　清代乾隆时期（1736～1795年）文物。

此垫料纵184厘米，横166厘米，是一件细锦垫料，采用三枚斜纹组织。圆形主纹向上下左右及斜角八个方向伸出"米"字形格，内织夔龙夔凤纹。在上下、左右垂直方向的交叉点为方形，内织花卉纹。在斜角方向为团窠形，内织夔龙纹。"米"字格的长方形框内饰夔龙夔凤纹，框外饰以瑞花。此垫料织造工艺精致，图案庄重华美，对称严谨而又富于变化，色彩繁而不乱，具有明丽古雅的特色。垫料的纹样排列匀称规整，层次清晰，将主次纹样处理得恰到好处。

天华锦为宋式锦的一种，是以圆、方、菱形等几何图形做有规律的交错重叠，内饰多种纹样，并在中心处突出较大的花形，形成变化多样的满地锦群纹样，素有"锦上添花"的美誉。这种几何纹是以垂直线、水平线和对角线组成的米字格做基本骨架，在垂直、水平和对角线交叉的中心点套以圆形和方形，又在圆形和方形范围内填画自然形花朵，范围外的空处填绘小几何纹。凡圆形四周有骨架线向上下左右及斜角八个方向相连的，称为八达晕，向六个方向相连的称为六达晕，向四个方向相连的称为四达晕，不留有明显骨架线的称为天华锦。

宋式锦是明清时期的常见织锦，因纹样特点、色调变化皆模仿宋代织锦而得名，以苏

州所产的织锦最为有名，天华锦、八达晕锦是其代表品种。根据织物的结构、薄厚、技艺、用料等，宋式锦分为重锦、细锦和匣锦。重锦最为贵重，质地厚重精致，花色层次丰富，造型多变，主要用于宫廷里的陈设和巨幅挂轴。细锦的质地薄厚适中，可用作衣料、被面、垫料、高档书画或贵重礼品的装饰装帧。匣锦使用真丝和少量纱线编织而成，图案连续对称，用于书画、条屏、锦匣的装裱之用。

夔龙凤纹天华锦垫料藏于北京艺术博物馆。

缂丝加绣乾隆御题三星图轴　清代乾隆时期（1736～1795年）文物。清宫旧藏。

此缂丝图轴纵412厘米，横135厘米，是一幅以福禄寿三星为主题的欣赏性织绣作品，《钦定秘殿珠林续编》有著录。画面中心，在挺拔劲翠的苍松和果实累累的桃树下，寿星一手执杖，

如人物衣纹、鹤鹿躯体等，又辅用钉金绣、散套针和施毛针等刺绣手法加以描摹渲染，人、景、物等诸多物象俱刻画细致，形态传神。画幅上端缂有御笔行书"锡羡增龄"四字，以及韵文《三星图颂》，并摹缂"乾隆御笔""古稀天子之宝""犹日孜孜"印鉴，钤"三希堂精鉴玺""宜子孙"等玺印。整幅作品尺幅巨大，构图饱满，色彩典雅，工艺细致，堪称清代欣赏性织绣中的精品。

此图轴颂文题款记为乾隆壬寅年（1782年），其时乾隆皇帝已年过古稀，自觉尽享人间福、禄、寿之美事，志满意得，因而对福禄寿三星的题材甚为喜爱，曾命苏州织造多次缂绣成画，以为赏用。清内府佛道书画藏品之著录《钦定秘殿珠林续编》收载的织绣三星图多达9轴。故宫博物院尚保存有7轴，其题材相同，表现内容也基本一致，唯尺寸大小有差异，此件作品为其中体量最大者。缂丝本为精细之工，素有"一寸缂丝一寸金"的说法，缂织这样一件大幅画作，所耗费的人力、物力、财力之巨不可胜计。《清宫陈设档案》"年节陈设清册"中的缂丝三星图记录，这幅寓意吉祥的图画是在新年时作为宫内装饰悬挂陈设，以烘托喜庆祥瑞的气氛。

缂丝加绣乾隆御题三星图轴藏于故宫博物院。

彩织重锦西方极乐世界图轴　清代文物。清宫旧藏。

此重锦纵448厘米，宽196.3厘米。《钦定秘殿珠林续编》有著录，是以清宫画师丁观鹏作品为底稿织造而成的一幅"西方净土变"题材的宗教画。佛教净土宗认为，西方净土是

一手托举一枚硕大的仙桃，头微侧，似做展示之态。对面福、禄二星并肩而立，福星头戴官帽，身着华服，一手轻抚身旁仙童头顶，仙童怀捧瓶花，依偎在侧，旁边禄星怀中也抱一仙童。四人俱注目于寿星手中仙桃，神态专注，表情生动。三星周围，有灵鹿追随，红蝠飞舞，仙鹤对鸣，芝兰花卉遍布，远处可见山峦层叠，祥云缭绕，展现出一片浓郁的吉庆祥和氛围。全幅画面配色多达30余种，主体内容为缂织而成，根据不同物象的表现需要，以二至四色间晕与退晕相结合的方法，综合了平缂、长短戗、搭缂等技法进行缂织，色彩丰富，过渡自然；局部细处

永无痛苦忧愁的极乐世界，虔诚的信徒死后可以往生其处。"西方净土变"表现的是西方极乐世界的美好景象。在这幅织锦图中，主尊阿弥陀佛端坐于正中华亭内，宝相庄严，手持定印；其亭左、右又各有一亭，分列观世音菩萨和大势至菩萨，周围环侍十方众菩萨、罗汉等。三尊上方有连绵的楼台高阁，笼罩于无边的佛光之中，下方为七宝莲池，池中充满八功德水，朵朵莲花竞相盛放，花中托承九品往生净土的众生。四周祥云缭绕，宝树、仙草、灵禽遍布，呈现出一派曼妙祥和的极乐图景。钤有"乾隆御览之宝""乾隆鉴赏""三希堂精鉴玺""宜子孙""秘殿珠林""珠林复位""秘殿新编""乾清宫鉴藏宝"8玺，

以及"八征耄念之宝""五福五代堂古稀天子宝""太上皇帝""宣统御览之宝"等多枚印鉴。此图轴尺幅巨大，场面壮观，充分体现了原画稿的艺术风格，可谓清代重锦欣赏性作品中的稀世珍宝，是研究清代织锦技术及佛教艺术的重要实物资料。

重锦属于宋锦的一种。其样式典雅古朴，图式严谨，配色和谐，多作为装饰用锦。重锦是宋锦中最名贵的品种，质地厚重，工艺精细，常以退晕方法配色，并采用捻金线或片金线做花纹包边，花色层次丰富，纹饰生动自然，多见于宫廷内巨幅挂轴，以及各种铺垫、陈设用料等。此锦画为清代宋锦的产地苏州所造。由于幅面巨大，其织作工艺极为繁复，需数名工匠同时上机操作，运用长跑梭技术将20余种色纬金线等按底稿如绘画着色一般铺织于锦面之上，有条不紊，繁而不乱，反映出清代苏州织锦工艺的高超技术水平。

彩织重锦西方极乐世界图轴藏于故宫博物院。

沈寿绣耶稣像　清末文物。民国4年（1915年），沈寿的这幅耶稣像作品参加了美国旧金山"巴拿马太平洋国际博览会"，获一等大奖，为中国赢得了荣誉。1986年，此绣作由张謇后裔张绪武捐赠给南京博物院。

此绣画高55厘米，宽42厘米。清末刺绣名家沈寿以欧洲文艺复兴晚期意大利画家琪特的一幅油画耶稣像为稿本创作而成的，取材于基督教中耶稣殉难的故事，绣画截取了耶稣殉难的瞬间形象。为了准确、细致地表现耶稣的面目神态，绣作者沈寿根据自己多年的实践经验，同时借鉴外来的技法，把西洋画的透视原

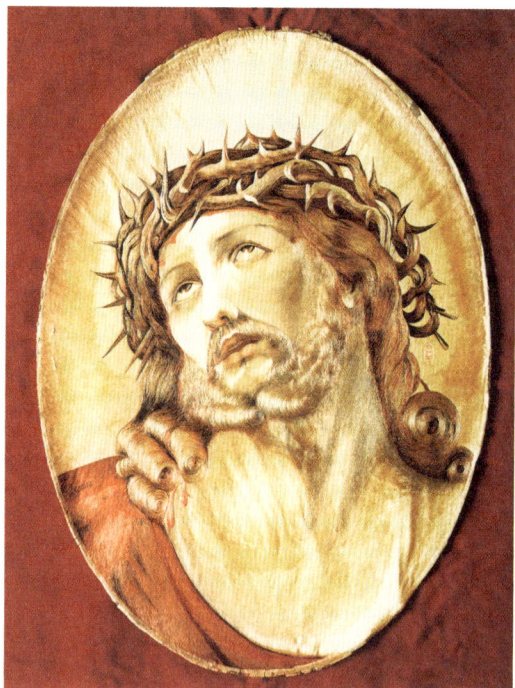

理融合在刺绣中，运用不同明暗深浅色调的色线，灵活变换多种不同的针法进行创作，以求达到形神兼备、惟妙惟肖的艺术效果。如在耶稣肌肤的处理上，沈寿突破传统刺绣惯用的平铺直套方式，创造性地采用旋转丝理，依照肌肉组织的纹理运针，综合运用多种针法加以表现，使其显现出自然、细腻的肌肤质感。眼睛部分则采取虚实结合的手法，黑眼珠用旋针，眼白用虚实针，靠近眼睑处用色稍深，针脚较密，近瞳孔处用色渐淡，针脚变稀，将耶稣强忍痛苦勉力支撑的眼部形神描摹得极为逼真。沈寿还在配色上进行大胆尝试，将数色绣线搭配在一起穿入一针，以旋针、羼针等技法绣制耶稣的头发和胡须，形象地描摹出其蓬松卷曲的发须，十分富有立体感。整幅作品绣工精巧细致，丝理匀顺平滑，光色柔和协调，人物惟妙惟肖，并且通过构图的巧妙设计、丝理的有序排布，以及背景色彩的渐变映衬，耶稣主体与周围环境形成了一种空间感和距离感，无论

从任何角度欣赏，都不会因为丝线反光造成人像变形而影响视觉效果，充分显示出沈寿炉火纯青的刺绣技艺和超凡入圣的艺术造诣。

沈寿（1874～1921年），原名云芝，字雪君，号雪宧，其绣斋名天香阁，所以别号天香阁主人。沈氏生于江苏吴县，自小学绣，16岁时已颇有盛誉。光绪三十年（1904年），其以绣品进献清廷为慈禧太后祝寿，大受慈禧赞赏，手书"寿"字赐之，遂更名为"沈寿"。作为清末民国鼎革时期杰出的刺绣艺术家，沈寿在继承发扬传统刺绣工艺的同时，又吸收借鉴西方素描、油画、水彩、摄影以及日本的刺绣等技法，创造出"仿真绣"，将中国的刺绣艺术推向新的高峰。

沈寿绣耶稣像藏于南京博物院。

仙人洞骨针　距今40000～20000年文物。1983年，考古工作者发掘辽宁省海城县孤山镇青云山仙人洞遗址时，在更新世地层发现5颗人类牙齿，1段幼儿股骨残片，约1000件石制品，6件骨角制品，7件穿孔兽牙装饰品，及大批动物化石。其中包括此件共发现3根骨针。

此骨针由兽骨制成，长7.74厘米，最宽（针眼上方）0.45厘米。骨针出土时折断成三截，后粘接复原。其为动物肢骨，采用刮、磨

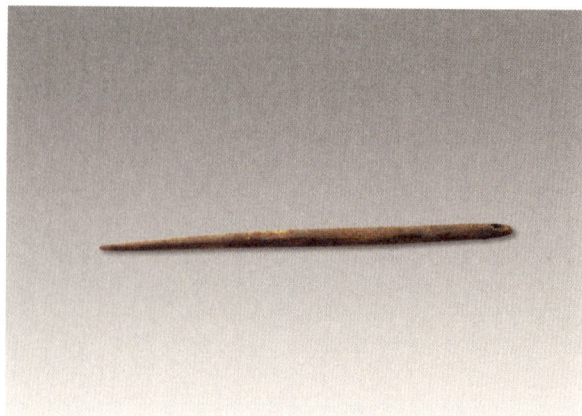

和钻孔方法制作而成，针身光洁，象牙白色，有油脂光泽。针柄有矿物污染造成的灰褐色斑点，针身稍弯，上有三道纵向裂纹，断面大体呈圆形。针眼是将针柄磨薄后由两面对钻而成，针尾采用两面细磨的方法加工使之变薄，针尖有一处崩痕。其他两枚一根长6.58厘米，针柄最宽0.40厘米；另一根长6.90厘米，针柄最宽0.40厘米。由于骨针呈象牙白色，初被认为是由象牙磨制而成，后在显微镜下观察发现，其均为兽骨。首先将肢骨刮制加工针身，然后对钻出针眼，再用磨制的方法磨出针尖和扁薄的尾部。三件骨针的尾部都经两面细磨呈扁平状，以便缝纫时线随针过，不会因线粗卡在针眼处或被磨断。这与今天钢针尾部上的扁槽具有同样的作用，可见仙人洞先民制作骨针技艺已达到相当高的水平。

仙人洞骨针是中国境内发现时代最早的骨针，为研究当时人类生活提供了珍贵资料。

仙人洞骨针藏于辽宁省博物馆。

贾湖骨笛　新石器时代裴李岗文化文物。20世纪60年代，河南省舞阳县贾湖村贾湖遗址发现。1983～2001年，考古工作者先后对贾湖遗址进行7次考古发掘，出土近40只骨笛。此只骨笛是1987年贾湖遗址282号墓出土的，出

土时，骨笛放在墓主人左股骨旁，断为三节，断壁上有两两相对的小孔，一段有3组6个，一段有4组8个，小孔直径约0.1厘米，用穿线缀合骨笛，说明骨笛在墓主人入殓前已有残断并经过精心修理。

此骨笛由鹤类飞禽尺骨骨管制成，长23.6厘米，一端口径1.6厘米，另一端口径2.1厘米，棕褐色，略有斑驳。一侧钻7个音孔，孔径为0.3～0.4厘米，是计算好等分标记后钻孔，试吹之后再做修正的。钻孔圆润规整，通过仪器对音控纹理细部的放大研究发现，这些音孔是用水晶、燧石等钻头旋转而成的。贾湖骨笛多由鸟类尺骨制成，有4～8个音孔不等，六音孔、七音孔居多。由于年代久远，骨笛多有残损，但此只保存较好。

贾湖骨笛不仅在考古学领域有很高的地位，在文化史特别是音乐史，以及古代乐器制作工艺与工具等方面也具有很高的研究价值。

贾湖骨笛藏于河南博物院。

嵌绿松石骨雕筒　新石器时代大汶口文化文物。1959年，山东省泰安市大汶口新石器时代墓地出土。

此筒由兽骨制作而成，高7.7厘米，中空，上部窄，下部宽，纵截面呈梯形，横断面

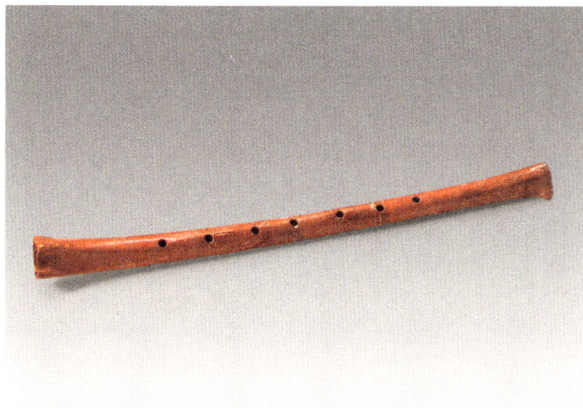

略呈三角形。筒表面以剔地法浮雕三组弦纹带，上下各3圈，中间8圈。三组弦纹带间的两个减地部分钻孔镶嵌绿松石，各为1行5枚。绿松石两两相对，平行位于筒的相邻两个侧面，其中中间1枚居于骨雕筒两个侧面相交处的凸起部位。在骨雕筒的另一个侧面钻有4个穿孔，分上下两排置于骨雕筒的上部，有学者认为是系绳携带之用。

此种形状的骨雕筒为大汶口文化独有，是大汶口文化代表性的器物之一。除骨质地外，还有象牙质地的。骨、牙雕筒多出自随葬器物比较丰富的大中型墓葬中，说明墓主人具有一定的社会地位。骨牙雕筒的形状、制作工艺及装饰风格有一定区别，在墓葬中安放的位置也有所不同，说明它具有不同的用途和功能。关于骨雕筒的用途有多种说法，主要有两种观点：一是象征氏族首领权力的麾等柄部饰物；二是巫师执事时的宗教礼器。

嵌绿松石骨雕筒藏于山东博物馆。

骨雕鹰头　新石器时代新开流文化文物。1972年，黑龙江省文物考古工作队于密山县兴凯湖新开流以东约1.5公里处的新石器时代遗址发掘出土。

此件骨雕鹰头由兽骨制成，长7厘米。制作过程为先将兽骨切割、刮削出雏形，再磨制而成。鹰长喙微启，双目圆睁，作引颈探视状，嘴上下和两侧饰平行短线条，神态颇为生动。骨雕鹰头用途不明，有学者认为可能是某种器物的装饰，具有信仰方面的象征意义。

新开流遗址位于大、小兴凯湖之间的湖岗上，面积2万多平方米，分上、下两层，属于同一文化的不同阶段。遗址清理出新石器时代墓葬32处，鱼窖10座，出土陶器、石器、骨雕、牙雕、角雕等文物2000多件，因该遗址出土文物与其他新石器时代文化遗存有明显区别，被命名为"新开流文化"。新开流遗址是黑龙江流域东部地带发现的一处新石器时代物质文化遗存，学者多认为是肃慎族系较早的物质文化遗存。新开流文化的骨角器制作发达，鱼镖、鱼钩、匕、锥、针等磨制最精，穿针、两端器、带穿孔的骨匕、牙镞、角鱼杈、角穿锥、角梭形器、角两端器、角雕鱼形等形制多样而特殊。此件骨雕鹰头表明，当时生活在这里的原始先民具有猎鹰、驯养猛禽的本领。其造型简洁、形神兼备，说明制作者具有敏锐的观察能力和高超的雕刻技巧。

骨雕鹰头存于黑龙江省考古工作队。

鱼形鱼纹骨匕　新石器时代北阴阳营文化（距今约5800年）文物。1959年，江苏省文物工作队于苏州市吴江县梅堰镇遗址采集。

此件骨匕由动物肋骨加工磨制而成，长24.5厘米，宽1.9～2.1厘米，厚0.3厘米，鱼形，鱼头部分为匕首，鱼尾部分为匕尾。骨匕表面饰阴线刻图案，由圆、斜线、直线、三角纹、圆圈、圆点等组合而成，仿佛整体是一条鱼的骨架与鳞甲，局部似一条大鱼带领一群小鱼排成一队，首尾相接、鱼贯而行。此骨匕构思奇巧，雕刻细腻，制作精致。

1969年，吴江县的梅堰镇又发现大量兽骨和鹿角。江苏省文物工作队遂与苏州市文管会组成联合发掘小组前去发掘，在发掘的15个探坑中，出土石、玉、骨角蚌和陶器等122件，采集遗物4000余件。其中以骨器居多，超过700件，骨匕则有21件。该遗址堆积分为上下两层，上层出土黑陶器，其形制、制法与浙江良渚出土物相似；下层出土的陶、石器与淮安青莲岗、南京北阴阳营下层的出土物相似，属青莲岗文化。骨器大部分出土于下层，此件鱼形鱼纹骨匕是其中精美者之一，为研究北阴阳营文化雕刻工艺提供了珍贵资料。

鱼形鱼纹骨匕藏于南京博物院。

夔首骨笄　商代后期（约公元前14～前11世纪）文物。1976年，河南省安阳市殷墟妇好墓出土。

此骨笄通长22厘米，首长6.5厘米，杆径

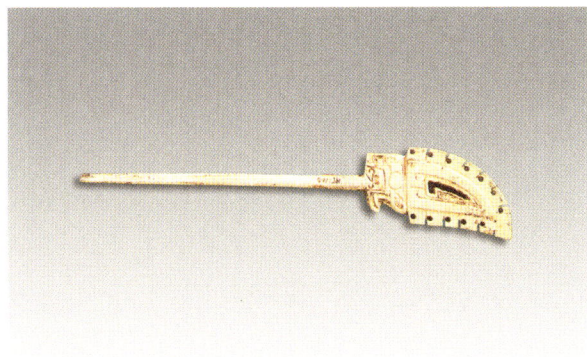

0.50厘米，圆锥形，笄首所饰夔作倒立形，周身刻有锯齿形菲棱。菲棱上钻有排列均匀的小圆孔。夔"目"字形眼，张口露齿，似在吞咬笄杆。

妇好是商王武丁的妻子，是武丁时期杰出的女性。据殷墟卜辞记载，她生前曾主持祭祀，率领军队征战。去世后追谥辛，子辈尊称她为"母辛""后母辛"。妇好墓中出土不同材质的随葬品1928件，其中骨笄发现于墓室中部偏南处，共计499件。按笄头造型，大致分为夔首、鸟首、圆盖形首、方牌形首、鸡首、四阿屋顶首、圆片首笄等7种。鸟首笄最多，达334件；其次为方牌形首笄，有74件；再次为圆盖形首笄和夔首笄，分别有49件和35件；其他的是四阿屋顶首笄3件，鸡首笄2件，圆片首笄2件。除圆盖形首笄散放在木匣之南外，其余装于木匣内，有的零散放置，有的成束放置。这些装饰讲究、制作精美的骨笄说明商代的骨雕技术发达，而且已逐渐成为集实用与艺术于一体的工艺品。该骨笄纹饰布局匠心独运，雕琢精细，为研究商代骨雕工艺、社会风俗、女性发型、配饰等提供了丰富信息。

夔首骨笄藏于中国国家博物馆。

彩绘凤鹿纹骨尺　西汉文物。1983年，甘肃省甘谷县新兴乡七甲庄出土。

此件骨尺由动物肢骨削刻琢磨而成，长23厘米，宽1.8厘米，厚0.5厘米，淡黄色，长条形。正面以5条阴线将尺长均分为5截，内饰"十"字状长花二方连续纹样。背面为黑漆边框，两端作小矩形。矩形内以双线对角分割成4个等边三角形，三角形内绘有圆圈、圆点组成的几组图案，两两相对似变形夔龙。矩形之

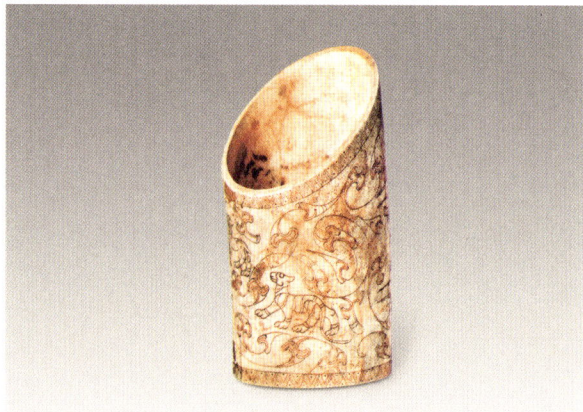

间使用黑、红、绿三色绘就纹样，一对凤鸟在翻卷滚涌的云气纹中相对起舞，凤鸟之后，梅花鹿竞相奔驰、神兽探出水面，整个画面一派生机盎然。

据检索，考古发现的汉代彩绘骨尺已有10余件，主要发现于北方的甘肃、宁夏、内蒙古等地。骨尺彩绘技法、纹样布局、结构等大同小异，基本是以黑彩为主，红彩、绿彩为辅，四周饰边框，框内两端或一端在十字菱形纹内充填不同纹样，中间绘有主体花纹。此件骨尺长23厘米，恰合汉代的一尺。其制作规矩，装饰讲究，是已发现的汉代骨尺珍品之一，为研究西汉的度量衡制度、绘画艺术等提供了重要实物资料。

彩绘凤鹿纹骨尺藏于甘肃省甘谷县博物馆。

刻画填彩云气动物纹骨筒　汉代文物。2000年，陕西省榆林市文管会组织的考古工作队在榆林市走马梁汉墓群发掘出土。

此骨筒高8.5厘米，直径4厘米，圆筒状，中空，筒口一侧高，一侧低，呈倾斜状，筒底齐平，表面布满刻画后填彩的纹样。口、足边缘各饰一圈多方连续的波折纹，由三条平行线构成波折线，波折内饰圆点，上下线填红色，中间线填黑色。波折纹圈带之间，大朵云气纹

回旋盘转，跌宕起伏，云间龙腾虎跃，怪兽奔突，栩栩如生。画面气韵生动，流畅自如，红黑相间的色彩明朗醒目。

走马梁汉墓群比邻汉代龟兹城（当地群众俗称古城滩），是陕西省较大的古墓群之一，当地多次发现汉墓群，并出土有内容丰富的汉代画像石。20世纪末，有群众反映走马梁一带有人盗掘古墓。当地文物部门派员前去调查，发现了这处占地数百平方米的汉墓群，并对其进行抢救性发掘，清理汉墓18座，出土青铜器、骨器、铁器、陶器、漆器等各类文物200余件，其中不乏造型别致、制作精良、纹饰独特、工艺讲究的文物精品。此件骨筒虽然用途不明，但其精美的制作引起广泛关注，相关专家给予高度评价，称其为国内外首次发现。

刻画填彩云气动物纹骨筒存于陕西省榆林市文管会。

嵌螺钿绿松石花果纹骨梳　唐代文物。1987年，甘肃省武威市城南南营青嘴湾唐代吐谷浑王族残墓6号墓出土。

此件骨梳由牛角削刻琢磨而成，长9.3厘米，宽5.3厘米，重20克。梳齿细密均匀，排列整齐。梳背呈弧形；外边缘由绿松石和螺钿镶嵌的联珠纹装饰，绿松石和螺钿相间排列；

主体部分也用绿松石、螺钿镶嵌成桃子、梅花、石榴、飞蝶和蔓草等纹饰。梳背纹样自然流畅，色彩明亮、轻快，是唐代镶嵌工艺水平高超的体现。

据墓志铭记载，吐谷浑王族6号墓墓主是武则天侄孙女、唐朝方军节度副使、燕王慕容曦皓（光）之妻。722年，武氏19岁时嫁给吐谷浑王子慕容曦皓（光）。她在吐谷浑生活13年，开元二十三年（735年）十月二日死于京兆长安延福里地，一年后迁葬于凉城以南30里神鸟县阳浑谷西原（武威南营青嘴湾）。武氏墓历史上曾遭盗挖和破坏，随葬物品损失严重。文物部门进行清理时，除了这件嵌螺钿绿松石花果纹骨梳外，还出土了彩绘陶罐、白瓷樽、彩绘木俑、木马俑、铭文漆器、象牙棋子、莲花铜碗、乐器阮咸等文物。

嵌螺钿绿松石花果纹骨梳藏于甘肃省武威市博物馆。

双鸟朝阳象牙雕板　新石器时代河姆渡文化文物。1977年，浙江省余姚县河姆渡文化遗址中出土。

此雕板长16.6厘米，残宽5.9厘米，厚1.2厘米，圆角平底，上半部残失。正面打磨光滑，雕刻阴线纹图案。中心圆形凹点外，环四重凸凹相

间的同心圆，圆外上半部饰以燃烧状的火焰纹。圆圈两边分别刻划一鸟，圆眼，钩喙，引颈昂首相望，羽翼沿着象牙板的弧状飘扬；鸟首、尾间钻有呈三角形不等距的三个小圆孔，上部两个，下部一个，呈三角形相对排列，右侧上边的两孔间，以弦线间以斜线组成连弧纹。鸟眼和圆圈纹中心凹点以圆锥浅钻而成，6个小圆孔均为对称钻而成。关于同心圆所体现的内容主要有"蛋卵说""水涡纹说""太阳纹说"，因"太阳纹说"更具说服力，为多数学者认同。背面较粗糙，光素无文，中间有长方形凸起，留有砍凿等加工痕迹。

因河姆渡遗址两次发掘出土的30余件石、木、骨等器物的外形似蝴蝶，因而被发掘者称作蝶形器雕刻品，此件雕板也被名之"蝶形器"。随着研究的深入，有学者认为将其称为鸟形器更为贴切。此件雕板的用途、纹饰表现的意图尚不清楚而有待深入研究，是河姆渡人精湛雕刻工艺的体现，也是中国早期的象牙雕刻艺术品之一。

双鸟朝阳象牙雕板藏于浙江省博物馆。

"8"字形纹象牙梳　新石器时代大汶口文化文物。1959年，山东省泰安县大汶口遗址第26号墓出土。

此象牙梳长16.4厘米，宽8厘米，浅黄色，由一段弧形象牙皮雕刻而成。略呈长方形，上宽下窄。梳齿窄薄，长而均匀。梳背长且宽，较厚，布满装饰。上端边沿刻有长方形、三角形小豁口，将边沿分割成5部分；其下并列3个透雕的小圆孔，圆孔下间断地镂雕两道横向长条孔；两侧边沿较窄，镂雕3道近似等长的竖长条孔；上端与两侧的横2纵3长条孔组成一个长方形边框，框内以断续的3条平行线镂雕条孔，回旋构成"8"字或封口的"S"形纹，"8"或称封口"S"的两个圆圈内各有一个近乎横列的"T"形镂雕图案。有学者认为这幅图案近似八卦中的乾、坤二卦和表示上、下的图符。

骨牙雕刻工艺是大汶口文化的典型特征之一，其骨、牙器质量好，数量多，分布广，同时期的其他文化中则较为少见。此件象牙梳代表了大汶口牙雕工艺水平，是一件利用镂雕工艺装饰的象牙梳，也是从原始社会到21世纪保存完好的梳理妆容的工具。

"8"字形纹象牙梳藏于山东博物馆。

嵌绿松石饕餮纹夔鋬象牙杯　商代文物。1976年，河南省安阳市殷墟妇好墓出土。

此杯由象牙根部制成，通高30.5厘米，口径10.5～11.3厘米，壁厚0.9厘米，呈米黄色。象牙杯出土时已被压成一堆碎块，还有部分成了粉末。经中国社会科学院考古研究所技术室工作人员反复论证、周密计划、缜密修复，其得以恢复原貌。杯口侈口，上部较宽，中间腰部微束，底部安有圆形底座。杯体的一侧钻有两个对称的小圆形卯，一个近杯口处，一个近杯底处，与鋬榫结合，将鋬与杯连接成一体。通体雕刻极为细腻繁缛的花纹，自上而下分为四段，各段由绿松石镶嵌的细带纹分隔开；第一段是杯口沿部分，由三组饕餮纹组成；第二段最长，包括颈、腹两个部分，上部为三组饕餮纹，下部正面饕餮嘴下饰一个三角形，三角形两侧各为对称的仰卧夔；第三段位于腹下，为三个变形夔纹；第四段是底部，也是三组饕餮纹，鋬呈夔形，独角，头上尾下，卷尾下垂。夔体遍布鸟兽纹，杯体所有饕餮纹的眼、眉和鼻子都镶嵌绿松石，鸟兽的眼、口、眉等部位也嵌有绿松石。

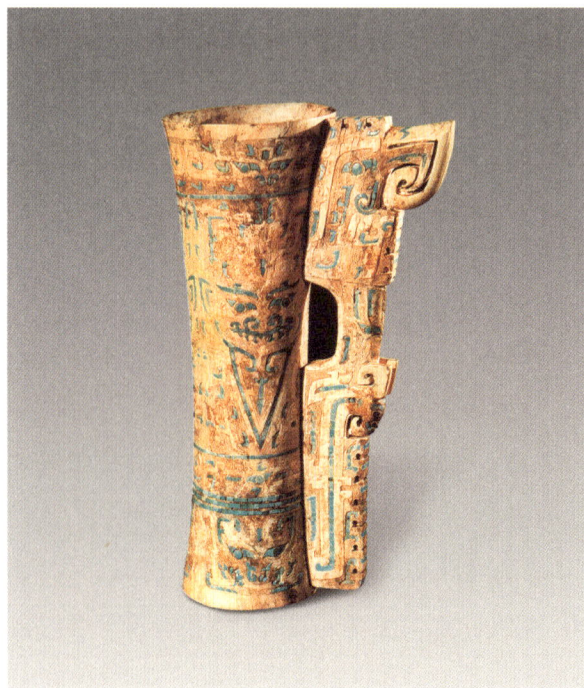

妇好墓共出土3件象牙杯，其中嵌绿松石饕餮纹夔鋬象牙杯为一对2件，另一件为带流虎鋬杯。此件象牙杯熟练地运用线刻、浮雕、镶嵌等多种方法，体现了商代雕刻精湛的工艺水平。

嵌绿松石饕餮纹夔鋬象牙杯藏于中国国家博物馆。

夔龙纹象牙匕　西周文物。1955～1957年，中国科学院考古研究所沣西发掘队在陕西省长安县沣西乡客省庄村34号墓发掘出土。1959年，拨交于中国历史博物馆。

此件象牙匕通长29厘米，柄长25.8厘米，宽1.8厘米，出土时残断为数段，黏合后尚有小缺。此匕利用象牙的自然形状切割磨制而成，细长，扁平，自上而下由厚变薄。勺部呈舌状向内弯曲，光素无文。柄自下而上内敛，略呈梯形，内侧靠上部分刻划纹饰。两条平行的波折纹上刻有四条夔龙，两两一组，上下排列，每组的两条夔龙首尾相接，上组夔龙眼睛被巧妙地设计成柄端的圆形穿孔。

客省庄又称开瑞庄，该村的北、西、南都有丰富的古代文化遗存。村北的遗址分上、下两层，下层是仰韶文化，上层是客省庄二期文化，夔龙纹象牙匕就发现于客省庄二期文化的

西周墓葬中。夔龙纹象牙匕设计巧妙，制作精细，纹饰简练生动，自然流畅，体现了西周牙雕工艺水平。

夔龙纹象牙匕藏于中国国家博物馆。

蟠螭纹象牙剑鞘与剑柄　春秋时期文物。1954年，河南省洛阳市中州路西工段2415号春秋早期墓出土。

此套剑具中的剑鞘长29.4厘米、宽4.8厘米、厚2.6厘米，剑柄长11.2厘米、厚3.2厘米。剑鞘是春秋时期流行的装剑的囊，此剑鞘和剑柄都用整段象牙雕刻而成。剑鞘横剖面呈菱形，中间凿挖与同时出土的柱脊式铜剑形状相同的空间，恰好纳入剑身，当为此铜剑量身定制的附件。剑鞘正面上部以减地法挖出一个长方形凹槽，从而在顶端形成凸棱（璏）。凸棱（璏）上并列三个小孔，孔中遗留朱色痕迹。有学者认为："这表明原用朱色绦带贯孔佩剑，是目前所知公元前8世纪后期，已使用佩剑的实例，证明这种佩剑方式确为中国所创造。"剑鞘表面刻饰繁缛细腻的蟠螭纹，分为上、中、下三组，中间一组纹饰下面饰有倒"山"字纹样。剑柄呈圆柱形，柄首横剖面略呈椭圆形，尾部与剑鞘相连处横断面为菱形。颈部内敛，柄身与剑鞘形状大体相同，中心钻

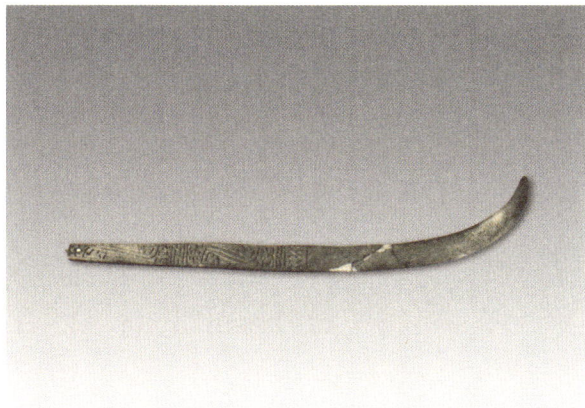

有孔柱，表面采用减地法装饰凸起的四圈平行弦纹，弦纹间遍布密集的蟠螭纹。蟠螭纹象牙剑鞘与剑柄做工精细，体现了东周象牙雕刻工艺的高超水平。

蟠螭纹象牙剑鞘与剑柄存于中国社会科学院考古研究所。

金釦象牙卮　西汉文物。1983年，广州市解放北路象岗山南越王墓出土。

此件金釦象牙卮高5.8厘米，口径6.3厘米，此卮由盖、身和金座三部分组成，盖、身的象牙表面遍布针刻纹样。卮盖由象牙剪裁而成，圆饼形，边缘钳釦金箍，表面饰三个逗号形金纽，呈"品"形分布，下部圆环的一边嵌入象牙中。盖外面边缘饰一圈绳索纹，中心为空心圆，圆外环以双线勾勒出三瓣柿蒂花和三只展翅飞翔的大雁，花与雁的空白处，布满针刺的点纹。盖里面刻饰一只神采飞扬的凤鸟。卮身为厚约0.3厘米的象牙筒，上下沿箍金釦，靠上沿的一侧为圆筒形金手柄，柄外侧附矩形长尾。金座为圆形，中空，下设三个兽蹄足。卮身纹饰分为三部分，上、下是各宽1.1～1.2厘米的边饰带，纹样相同，均为点纹底上饰多方连续的曲尺状几何纹样，间填以朱、蓝色；中间主体部分为刻划与针刺结合

勾勒而成的4只独角兽，都作屈肢耸臀，口衔绶带回首望向卮柄状，独角兽身躯也相间填以朱、蓝两色。

此件金釦象牙卮出土时放在一个漆木酒杯内，最初发现时，卮盖、身部分的填色清晰可见，稍后松散开裂成碎片，不复存在。此卮将针刻填色工艺应用于象牙制作，是西汉象牙工艺品的典型代表作品。

金釦象牙卮藏于广东省西汉南越王墓博物馆。

象牙笏板　隋代文物。1982年，陕西省西安市东郊廓家滩罗达墓出土。

这件象牙笏板长27.5厘米，上宽3.2厘米，下宽3.3厘米，长条板形，略有弧度，上圆下方，下缘折角呈漫圆状，光素无文，首尾两端有土浸遗痕。

笏板又称朝笏或朝板，是古代官员朝觐时的手持用具，可记录君命或旨意，也可书写奏事要点。执笏上朝始自商周，终于明代。不同等级的官员所用笏板质地不同，据《礼记·玉藻》记载："笏，天子以球玉，诸侯以象，大夫以鱼须文竹，士以竹，本象可也。"《隋书·礼仪七》载："晋、宋以来，谓之手板，此乃不经，今还谓之笏，以法古名。自西

魏以后五品以上，通用象牙，六品以下，兼用竹木。"《唐会要》卷二十二载："武德四年八月十八日诏，五品以上执象笏，五品以下执木笏，一例上圆下方。"可见，象牙笏板自始至终为高级官员使用，是身份地位的象征。墓主罗达不见于史书记载。据墓志铭，他是代郡桑干人，益州刺史罗尚之后，主要活动于北周时期。隋朝建立后，任使持节行军总管、齐州刺史，陪葬象牙笏板说明罗达位居五品以上。这是陕西地区隋唐墓中首次发现的象牙笏板实物，为墓主罗达身份地位的确定，也为研究隋唐职官制度提供了实物资料。

象牙笏板藏于陕西历史博物馆。

拨镂鸟兽花卉纹象牙尺　唐代文物。1953年，上海博物馆购自古董商人叶叔重。

此尺长30.25厘米（合今0.3米），宽3厘米，厚0.55厘米，尺表面白中泛黄，两面均刻单线边栏，栏内刻双线等分十格，每格一寸，即3厘米，表面饰满镂刻花纹。尺的边缘及等分格双线内为小朵海棠花，等分格内雕刻不同图案，一面单数等分格内浅刻写实的鸟兽：一寸格内主体为一对鸳鸯，雄鸳在前，雌鸯尾随于后，鸳鸯头上有三只小鸟自由翱翔；三寸格内为一头象征祥瑞的麒麟；五寸格内为一只衔

嘉禾飞翔于朵朵祥云中的鹭；七寸格内主体为一对梅花鹿，穿梭于绽放的花儿中，雄鹿极目远眺，雌鹿回首顾盼，空中四只小鸟飞翔；九寸格内为两只鸠相对而立于鲜花之间，一只低头寻觅，一只昂首小憩，悠闲自得，三只蜜蜂穿行于花丛间；二、四、六、八的复数等分格内刻饰飞蝶、翔鸟，或如意云拥簇的团花。另一面刻饰纹样布局与前面相同，其中一、四、五、七、九、十这六个等分格内为各种飞禽，二、八两个等分格内为走兽，三、六两个等分格内为亭台楼阁建筑。此尺的20个等分格所刻纹样内容丰富，形象生动，体现了盛唐牙雕艺术的高超水平。

象牙尺是唐代地方每年给中央进奉的贡品之一，据《大唐六典·尚书令》注云："每年二月二日进镂牙尺及紫檀尺。"有些进贡的尺子还成为皇帝赏赐之物，白居易《谢中和节赐尺状》所记赐尺事，即其实例之一。象牙制作的尺子在唐朝时已流传到日本，其中一件藏于奈良正仓院，与此件象牙尺可谓有异曲同工之妙。

拨镂鸟兽花卉纹象牙尺藏于上海博物馆。

象牙雕佛传造像　公元6～8世纪文物。

民国14年（1925年），陶瓷专家陈万里曾在榆林窟大佛洞见末署"光绪三十一年六

月"的墨书功德榜，叙述此造像在安西县流传始末。据其所载，该佛传造像是"清初时某僧于积沙中获之。同治回乱，踏实一带均被蹂躏，道士星散，牙佛亦遂失踪。乱平，遍觅之，始悉已移置金塔。初奉于塔院寺，寻在梁贡士家，后为盛居士所供养。地方人民即醵金推代表，往金塔求之，往返半年，几费唇舌，居然佛归原处，此光绪三十年冬间事也"。陈万里在甘肃安西芒皋县署目睹了象牙雕佛传造像，记于《西行日记》："本来这件造像为榆林窟寺中所藏，县长认为为安西古物，移至县署保管，故派专人从寺中道士处索来收藏。"此后，造像几经磨难，特别是民国初年，造像险遭西北军阀马步芳部劫掠，在道士郭言恒的舍命保护下才幸免于难。中华人民共和国成立后，郭元亨将象牙雕佛传造像交给人民政府，1959年入藏中国历史博物馆，定为国家一级文物。此件象牙雕佛传造像是印度巴拉王朝的作品，也有学者认为是中亚、西域的作品，为僧侣或信众随身携带之物。此造像早期流传经过不详。

此件象牙雕佛传造像高15.8厘米，厚7.5厘米。由整块象牙一分为二制成，将一边切割成直线后，再用折叶将两片连缀成闭启自如的一体。造像双面雕刻，表面闭合后为璎珞满身、手持宝塔、骑坐在大象身上的菩萨，菩萨前后、大象腿的空隙中雕有举止神态各异的胁侍。打开后，两片分割为对称的27个不同形状的小格，每个格内浮雕一则佛传故事，其中有人像、动物、车、塔近300个造型，部分人物加以施彩、点墨、涂朱装饰。

此件造像构思巧妙，内容丰富，具有较高

的艺术水平和研究价值，为研究佛教东渐及中西文化交流提供了珍贵资料。

象牙雕佛传造像藏于中国国家博物馆。

象牙雕蹴鞠图笔筒 明代文物。1973年，安徽省长丰县下塘公社龚姓村民出售。

此笔筒高16～16.2厘米，口径11厘米，侈口，侈足，无底，中部略细。筒壁上厚下薄，颜色微黄，留白之地象牙纹路清晰，笔筒正面阴刻蹴鞠场景。凉亭高立，山峦起伏，中间蹴鞠场上，四位参赛者身着短衫，足蹬皮靴，各据一角，倾身盯着场地中央的蹴鞠，跃跃欲试，旁边一个身着官服的人神情严肃，挺胸而立。笔筒的背面阴刻一幅射雁图，在天空中，两排大雁排成"人"字形前行；地面上，两个人仰头张弓搭箭，瞄向大雁。两幅图都采用线雕和毛雕相结合的雕刻工艺，勾勒出一幅生动激烈的比赛场景。

蹴鞠也叫"蹋鞠"，是中国一项古老的体育运动。刘向《别录》载："蹴鞠者，传言黄帝所作。""蹴""蹋"都是用脚踢的意思，"鞠"即球，蹴鞠就是踢球。1973年，湖南省长沙市马王堆3号西汉墓出土的帛书《十大经·正乱》篇记述黄帝战胜蚩尤一事时，就涉及蹴鞠："黄帝身禺（遇）之（蚩）尤，

因而（擒）之。（剥）其□革以为干侯，使人射之，多中者赏。剪其发而建之天，名曰之（蚩）尤之（旌）。充其胃以为（鞠），使人执之，多中者赏。"战国时，蹴鞠成为流行的体育活动。据《战国策·齐策》记载："临淄甚富而实，其民无不吹竽、鼓瑟、击筑、弹琴、斗鸡、走犬、六博、踏鞠者。"到了西汉，蹴鞠有了定式，《汉书·枚乘传》颜师古注："蹴，足蹴之也；鞠以韦为之，中实以物，蹴蹋为戏乐也。"当时蹴鞠在军队中广泛流行，成为训练士卒、提高战士身体素质的一种手段，汉人著有《蹴鞠二十五篇》。隋唐时，蹴鞠的军事意义逐渐退居次要地位，技巧娱乐性质日渐突出。宋元时，蹴鞠进一步在民间流行，成为纯娱乐的竞技活动。此件蹴鞠图笔筒描绘了古代蹴鞠场面，表现了当时的竞技规则，为研究中国足球史的发展提供了珍贵的实物资料。

象牙雕蹴鞠图笔筒藏于安徽博物院。

象牙雕麒麟纽关防印章料 明代文物。

此章料出自明朝宫廷工匠之手，高8.9厘米，底长8.8厘米，宽5.4厘米。麒麟身上鳞甲密布，凸目圆睁，龇牙咧嘴，鬃毛上扬，右前腿屈曲点地，昂首向天蹲伏于长方形印台座

上，形象颇为生动。

麒麟是中国古代神话传说中的一种长命祥兽，性情温和，有神通，具"不履生虫，不折草木"秉性，是儒家理想中"仁"的象征。此章料的尺寸、印纽麒麟具有典型的明代特征。章料形同印章，尺寸与《明史》《明会典》等直纽铜关防"阔一寸九分五厘，长二寸九分，厚三分"的记载相近；明王圻《续文献通考》中《王礼考·赐印》记："国朝文武臣领敕行事者，俱给关防，以铜为之，其模制大小，虽相臣行边，与部属无异。独正德间太监张永征安化王及再督三关用金铸。""嘉靖间，大学士顾公鼎臣居守，用牙刻关防。"此印章料选材特殊，设计讲究，雕琢细腻，为朝廷象牙雕作佳品，也是文献记载明代关防有特赐的实物资料。

象牙雕麒麟纽关防印章料藏于故宫博物院。

编织象牙席 清代雍正时期（1723～1735年）文物。清宫旧藏。

象牙席，广东牙雕艺人编织而成，长216厘米，宽139厘米。长方形，由薄如竹篾、宽不足0.3厘米的扁平象牙条编成。织纹呈"人"字形，纹理细密，光滑平整。席子的背面衬托枣红色绞缎，周沿包裹蓝色缎边。质地

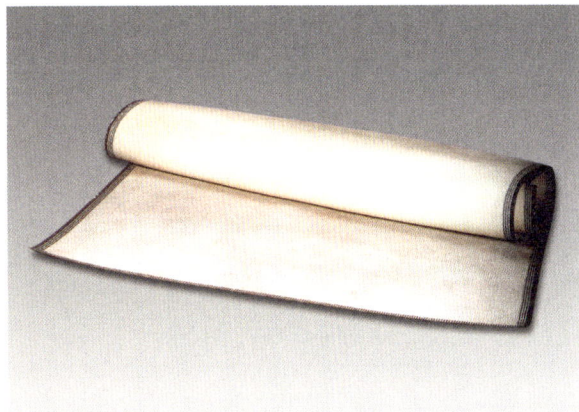

柔软，展卷自如。

象牙席的制作工艺特殊，用料靡费，耗资巨大。首先，需用特制的微酸药水将选好的象牙泡软，再经劈片、抽丝、打磨等几道工序制成洁白细润的牙丝，方能着手编织。据记载，雍正皇帝曾询问安南使臣象牙席的制造成本，得知需数百根象牙才能完成一张牙席后动恻隐之心，表示要停止象牙席的进贡。雍正十二年（1734年）二月二十七日、四月二十五日，广东巡抚杨文斌和广东海关监督毛克明接连贡进四张象牙席，致使以躬行勤俭为名的雍正皇帝于四月二十五日当天颁布谕旨：停止制作象牙席。但仍有一些地方官吏投皇帝所好，据乾隆时期造办处《宫中进单》记载，乾隆五年（1740年），广东巡抚王安国进贡象牙席两张；乾隆十年（1745年），广东将军兼管粤海关补两广总督策楞进贡宝座一尊，附象牙席。清宫收藏的象牙席并未能全部保存下来。据造办处《活计档》记载，雍正时期广东地方前后进奉5条大同小异的编织象牙席，但1960年故宫博物院进行文物定级时，4条编织象牙席下落不明，当时放在珍宝馆的这件象牙席被定为一级文物。此后又发现另外两条雍正时期广东官员进贡的象牙席。一条是山东省烟台地区博物馆征集所得，该象牙席原为清宫藏品。清末，太监将此席偷出宫外，卖给西悦来当铺（该当铺是山东省黄县有"丁百万"之称的丁氏家族在北京开设的），被当铺保素堂的丁宝检带回黄县家中收藏。民国初年，黄县税务局局长孙某从丁家将此席买走，送回老家牟平解甲庄珍藏，后传给女儿孙秀英。1963年，烟台市博物馆馆长史征夫带人到牟平征集文物时，得知孙秀英家中有象牙席，当即将其购回，并曾举办"盛世遗珍"展览。1977年，故宫博物院举办"各省市自治区征集文物展览"，也展出了这条象牙席。另一条是故宫博物院文物保管人员在清理库房文物时，意外发现的。20世纪80年代，中国成为《濒危野生动植物种国际贸易公约》的缔约国，严禁象牙原料进口，古老的象牙雕刻工艺式微，编织象牙席成为代表中国象牙雕刻工艺水平的珍贵实物。

编织象牙席藏于故宫博物院。

象牙镂雕大吉葫芦　清代文物。清宫旧藏。

象牙镂雕大吉葫芦是清朝雍正至乾隆年间（1723～1795年）清宫造办处专职牙雕工匠特为皇室婚礼制作的陈设品，通盖高18.8厘米，口径2.8厘米。葫芦呈"8"字形，上小下大。有纽盖，螺旋套口，腹内特设一条环链，上接纽盖，下连内底，将纽盖与葫芦连为一体。环链上又分出三条各有8个套环的小链，链尾环各套一只叶蔓缠绕的"8"字形小葫芦，小葫芦及链可以全部放进大葫芦腹内。葫芦外壁遍布纹饰，钱纹锦地上，藤蔓环绕，瓜瓞连绵，葫芦丰硕，蝙蝠起舞，彩蝶飞翔。相对两面的腹部，一面是蓝地白

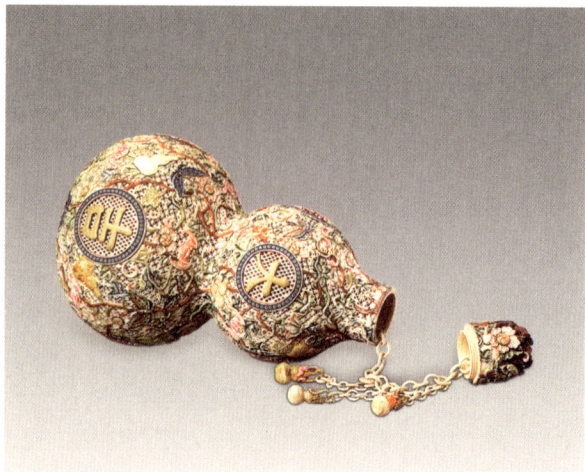

圈联珠纹圆形开光内，白色锦纹地上饰以黄色"大""吉"。另一面是椭圆形蓝色开光内，白色锦纹地上饰以红色"囍"，且"囍"字上下饰黄色花，极尽喜庆之意境。这种以镂雕为主制作复杂活链结构的工艺，主要出自清代中期广东象牙雕刻工匠之手。

清代中期牙雕形成了不同风格特征的流派，此件镂雕象牙葫芦集镂雕、浮雕、透雕和染色等多种工艺于一体，虽无款识，但可以断定是广东籍工匠所制。

象牙镂雕大吉葫芦藏于故宫博物院。

象牙雕月曼清游图册　清代乾隆时期（1736～1795年）文物。

图册是乾隆六年（1741年）清宫内务府造办处的陈祖章、顾彭年、萧汉振、常存、陈观泉五位工匠以乾隆三年（1738年）宫廷画家

陈枚《月曼清游册》画稿为蓝本，以象牙为主材，辅以玉石珠宝镶嵌等雕刻而成。因为这套册页十二场景雕刻的人物有103位之多，初称"百美图"，到乾隆皇帝题诗时定名为"月曼清游"。这是广东、苏州名匠用时百天、携手创作的精工佳作，代表了能工巧匠娴熟技艺的超高水平。

这套图册共计12开，每幅长38.5厘米，宽32.5厘米，厚0.3厘米，是体现宫廷贵妇一年12个月游乐活动的牙雕杰作。按月份的先后顺序，每开表现每月一事。正月月夜赏梅，二月闲庭对弈，三月杨柳秋千，四月庭院观花，五月水阁梳妆，六月碧池采莲，七月桐荫乞巧，八月中秋观月，九月重阳赏菊，十月围炉博古，十一月文窗刺绣，十二月踏雪寻诗。每幅图都采取对开的装帧形式，开启后，左侧镜

盒内为象牙雕刻、嵌以金银珠宝玉石点缀的景物图，右侧宝蓝色漆沙木制页面上，刻乾隆皇帝不同书体的御书自题诗。每幅图的右下角，都铭有参与制作者的名字，最后一幅的右下角"小臣"下，则镌刻全部参与者及分别来自广东和苏州两地的5位工匠的名字。

象牙雕月曼清游图册藏于故宫博物院。

花鸟纹象牙编织扇　清代文物。广东官员进奉宫廷扇。

此织扇通柄长57.5厘米，扇面长33.6厘米。芭蕉式，棕色玳瑁边框，花蝶纹画珐琅柄，柄端嵌骨珠，系明黄丝穗。扇面由洁白细润的象牙丝编织而成，锦地，蒲纹。中线的棕色竹扇骨上，依次为镶嵌铜镀金点翠錾蝙蝠纹护柄、雕宝相花、盘夔纹的蜜蜡护托及金如意云纹护顶。扇骨两侧是由染色象牙镶嵌的一幅花鸟图，牡丹盛开，玉兰绽放，蓝靛鸟踏枝欲舞，雏菊迎风而立，主体图案象征着玉堂富贵的美好祝愿。

此扇采用了象牙劈丝工艺，即将象牙浸泡在一种特制的药水中，使之柔软、坚韧，之后根据需要，将象牙劈成宽不足1毫米的丝缕。象牙劈丝是一门传统技术，明代祝京兆《野记》中有"凡象牙齿之中，悉是逐条纵攒

于内，用法煮软，牙逐条抽出之，柔韧如丝，以织为席"的描述，证明了这项技艺的存在。清代广东牙雕工匠掌握了象牙劈丝技艺，编织象牙席、象牙扇等进贡宫廷。由于象牙劈丝耗资耗材，编织象牙席为雍正皇帝明令禁止，编织象牙扇成为广东官员进贡的象牙品之一。象牙编织扇奇丽精巧充分体现了广东牙雕工艺水平。乾隆以后，象牙编织技艺衰落，以致失传。因而，此扇更显珍贵，是传统象牙编织工艺的珍稀物证。

花鸟纹象牙编织扇藏于故宫博物院。

尤通仙人乘槎犀角杯　明末清初文物。

此件犀角杯使用的是非洲犀角，长27厘米，宽8.7厘米，高11.7厘米。此杯依犀角形状，采用圆雕、浮雕等多种技法雕制而成。槎形如古木中空的小舟，槎首有流，形如柱，逐渐内敛，穿过飞溅的浪花冲向空中，流后宽敞处为杯，杯腹中镌刻楷书乾隆御题诗："照诸幸而逅温氏，刻杯仍此遇尤家。河源自在人间世，汉使讹传星汉槎。乾隆御题"及"比德""朗润"二方印。槎底波涛腾涌，托舟前行。杯后槎尾部梅花、牡丹、荷花傲立相拥，缠绕成花篷，一老者，手持如意，架腿翘足，安然倚坐篷下。其后槎尾上翘部分的外壁铭刻

阳文篆书"再来花甲子"题铭，"尤通"款识及"雨源"方框小印。

尤通，字雨源，江苏无锡人，明末清初的雕刻能手，以犀雕为世人所重，当时人称其所制犀角杯为"尤犀杯"。他的雕刻技术为家传，因技艺精湛，康熙时被征入内苑专为皇帝服务。乾隆皇帝十分推崇尤通的雕刻技术，多次亲笔御题诗句赞誉其技能，并对尤通的作品进行考证。此杯以仙人乘槎到天河的神话故事为题材，槎是古代神话传说中在天河中运行的小船。晋代张华《博物志》载："旧说云天河与海通，近世有人居海渚者，年年八月有浮槎去来，不失期。人有奇志，立飞阁于差（槎）上，多赍粮，乘槎而去。十余日中，犹观星月日辰，自后茫茫忽忽，亦不觉昼夜。去十余日，奄至一处，有城郭状，屋舍甚严。遥望宫中多织妇，见一丈夫牵牛渚次饮之。牵牛人乃惊问曰：'何由至此？'此人具说来意，并问'此是何处？'答曰：'君还至蜀郡访严君平则知之。'竟不上岸，因还如期。后至蜀，问君平，曰：'某年月日有客星犯牵牛宿。'计年月，正是此人到天河时也。"此杯光洁莹润，色如浅栗，将犀牛角的自然形制与仙人乘槎巧妙结合，在艺术设计、雕刻技巧上均有独到之处，是尤通的代表作之一，也是明末清初时期犀角器皿中的珍品。

尤通仙人乘槎犀角杯藏于故宫博物院。

云龙纹犀角杯　清代文物。清宫旧藏。

此犀角杯高21.3厘米，口径横向19.5厘米，纵向11.5厘米，足径7.2厘米。红褐色，由犀角的自然形状随形就势雕刻而成。敞口，束腰，窄足，足微外撇，双股柄，外壁遍布剔

地、高浮雕和近乎圆雕技法刻饰的云龙。滚涌的云海中，九条巨龙穿梭于云海之中。二龙腾跃起舞于杯口；五龙相戏于杯壁之上，盘绞翻飞、直冲九霄；一龙昂首卧于杯底；一龙隐身云中沿着杯柄与云缠绕向上直入杯口。

乾隆皇帝十分欣赏这件云龙纹犀角杯，曾题诗曰："犀角兴明代，精传无锡尤。已教创轮铬，未免费雕镂。命匠敦一朴，作杯斥巧浮。云龙述经义，杂说与韩侜。"更将此杯作为"古玩甲等"收藏。此杯纹饰繁缛细腻，雕工精致流畅，具有清代中期雕刻工艺特色。

云龙纹犀角杯藏于故宫博物院。

朱缨透雕刘阮入天台竹香筒　明代文物。1966年，上海市宝山县顾村乡明代朱守诚墓出土。

此香筒高16.5厘米，口径3.6厘米，香筒

有紫檀木制的盖和底，盖、底外表刻有蟠螭纹。香筒上雕刻"刘阮入天台"画面，描绘了二人神仙生活一景。虬曲盘转的古松下，一男一女对坐棋桌两边对弈。男子左手托棋钵，右手将棋子置于枰边，凝神盯着对方右手下的棋枰。女子高髻宽袖，以右手的食指、中指夹持一枚棋子，作欲投状。棋桌的外侧蹲坐一观棋男子，其右手托腮，左手抚须，注视着女郎的右角棋枰。松树后为一敞开的门，一女子手执蕉扇，斜身俯视，若有所思，其脚边围绕着梅花鹿和仙鹤。头顶匾额上赫然刻着"天台"二字，并有阴文"朱缨"和阴刻方印篆文"小松"。香筒又称香插，是古代净化空气的一种室内用具，有竹、黄杨木、紫檀等不同质地。香筒制作考究，工艺精湛，集实用性与艺术性于一体，既是人们生活中的实用品，又是一种清雅的室内陈设品。

"刘阮入天台"是南朝刘义庆《幽明录》所载的志怪故事。东汉明帝永平五年（公元62年），剡县刘晨、阮肇共入天台山，"迷不得返"。后遇二女子，姿质妙绝，见刘、阮，"便呼其姓，如似有旧，乃相见忻喜。问'来何晚邪？'因邀还家。""至暮，令各就一帐宿，女往就之，言声清婉，令人忘忧。"二人半年后返家，只见家乡面目全非，"无复相识"。问讯后，找到他们的七世子孙，这些子孙只知道上代传说祖上有人进山没有回来。到了东晋太元八年（383年）刘、阮二人又不知所往。此故事在不同器物上均有描绘，表现了人们对神仙生活的向往。朱缨（1520～1587年），字清父，号小松，明代书画家、竹刻家，松江府嘉定人，工小篆及行草，刻竹木为

古仙佛像，"鉴者比于吴道子所绘"，著有《小松山人集》。此香筒由透雕、浮雕、留青、浅雕、镶嵌等多种技法雕刻而成，画面景物穿插有序，中心突出，层次分明，特别是人物神态栩栩如生，媲美绘画，堪称嘉定竹刻的典范之作。朱缨所作此件香筒，是有确切出土年代的嘉定竹刻作品，属稀世珍品，为研究明清嘉定竹刻艺术的宝贵资料。

朱缨透雕刘阮入天台竹香筒藏于上海博物馆。

朱三松竹雕仕女图笔筒 明代万历甲寅年（1614年）文物。清宫旧藏。笔筒收入清宫后，得到乾隆皇帝的赞赏，并题诗一首，由勤懋殿的刻工刻在笔筒上。

此笔筒高14.6厘米，口径7.8厘米。色呈棕红色，圆筒状，下承三矮足，外壁有用镂雕、浮雕、阴刻技法雕刻苍松、岩石、仕女等图案。仕女头戴风帽，手持兰花，倚石而立。身旁灵岩壁立，古松穿岩而出。苍松下有石台，台上置有杯、砚、盆景等器。石壁上阴刻行书"万历甲寅秋八月三松作"。另一侧以隶书阴刻乾隆皇帝的七言律诗一首："不期精细期苍古，以朴因之历久存。生面略殊倚修竹，岩兰在手默无言。创为邻鹤有来由，善画而

今画少留。刻竹依然传片羽，可思业亦贵箕裘。"并有"乾隆丁酉新月御题"8字，字下方刻"乾""隆"二方印。此笔筒利用透雕、圆雕、深浅浮雕技法将山石、苍松和仕女的衣纹、神态刻画得恰到好处，颇具画意。

三松，即朱稚征，号三松，明代竹刻家，活跃于明万历至天启年间（1573～1627年），是竹刻"嘉定派"风格的确立者。他与父亲小松（朱缨）、祖父松邻（朱鹤）合称"嘉定三朱"，是竹刻史上里程碑式的人物，以三松的成就最高。朱三松善书画，继承了父、祖的竹刻技艺，将画入竹，不仅富于变化，而且布局合理，代表了明末竹刻艺术的最高水平。他的作品雕刻风格简明精雅，浮雕层次丰富，圆雕形神兼备。其雕刻作品题材有人物、蟹、蟾蜍等，尤以仕女人物为多。除雕刻笔筒以外，还雕有臂搁、香熏等器物。即使在当时，他的作品已属珍贵之物，一件难求。

朱三松竹雕仕女图笔筒藏于故宫博物院。

竹刻松树小壶　明代万历至天启时期（1573～1627年）文物。清宫旧藏。

此竹刻小壶口径8.4厘米，底径8.5厘米，高12.3厘米。陈设品，紫红色，根据竹根的自然形状将壶雕成天然树桩形。壶身为一节满布

鳞皮的松树干；从壶身底部伸出的一松枝，凌空向上，虬曲与壶口沿相交，巧妙成柄；相对一侧壶口沿处枝干斜出，断梗作流；壶盖雕作错落叠加，曲折盘转的一团枝叶，与壶身枝干完美呼应，结为一体。壶柄下方阴刻楷书"仲谦"二字名款。

仲谦，名濮澄，字仲谦，金陵（南京）人，生于明万历十年（1582年），为万历至天启年间"金陵派"竹刻的创始人，其作品以略施刀凿以见自然之趣、于简率中见朴拙之致，清人称它"大璞不斫"。乾隆皇帝多次为濮仲谦竹雕作品御题诗句，盛赞他刻竹圆润、不留锋刃。据明李昭《初月楼见闻录》记载，濮仲谦所制竹器"一塌一要，寸身勾勒数刀便与凡异。然其所自喜者，必用竹之盘根错节以不事刀斧为奇，经其手略刮摩之，遂得重价"。可知，此竹刻松树小壶为濮氏偏爱的造型。这把壶采用高浮雕、浅浮雕、线雕等多种技法依形就势雕琢而成，古朴典雅，匠心独运，是濮仲谦的佳作，也是"金陵派"竹刻的典型代表作。

竹刻松树小壶藏于故宫博物院。

竹雕荷叶式杯　明代万历八年（1580年）文物。清宫旧藏。

此杯曾名之"竹根雕碧筒杯"，依竹根形

状雕琢而成，口径9.5厘米，高8.3厘米。杯身作卷曲成筒的荷叶形，仿佛中空的莲蓬；杯底处一朵荷花莲蓬饱满，花瓣舒展，藏身花瓣中间的小螃蟹，敛螯舒腿，生趣盎然；杯底由荷花及叶茎盘曲而成。杯内壁阴刻隶书五言诗："截得青竹玗，制成碧筒杯。霜螯正肥美，家酿醉新醅。"并有"万历庚辰秋日墨林山人"款。近杯底处刻阳文篆书"望云"印章款。

墨林山人为明代安徽收藏家项元汴的名号；望云即严望云，《蕉窗小牍》载："严望云，浙中巧匠，善攻木，有般尔之能，项墨林最赏重之。望云为天籁阁制诸器，如香几小盒等，至今流传，作什袭古玩。"并提及："又某书记望云为墨林所作竹根杯，如荷叶式，附以霜螯蓬房，巧而雅。墨林题一绝云：截得青琅玗，制成碧筒杯。霜螯正肥美，家酿醉新醅。款署万历庚辰秋日，墨林山人。别有小印曰万云，严或作阎。"文中所述严望云所制荷叶式竹根杯形制、题诗、款识均与此件故宫博物院所藏之杯相吻合。

竹雕荷叶式杯藏于故宫博物院。

于藉秋塘浮游图臂搁　明代万历四十一年（1613年）文物。原为上海竹刻收藏家秦彦冲藏品，2000年，由其子秦秉年捐赠给宁波市天一阁博物馆。

此臂搁长20.3厘米，宽5.8厘米，厚0.6厘米，色呈棕红色，形如仰瓦。正面雕刻山水亭阁人物图，画面以江塘为界形成近景与远景两部分。近景悬崖峭壁上矗立着两棵松树，亭阁建于峭壁一侧，俯视江塘，阁内一人凭栏眺望；江塘有一叶小舟，一人持杆划行，两位老翁在船中相对而坐；江塘对岸怪石嶙峋，拱桥

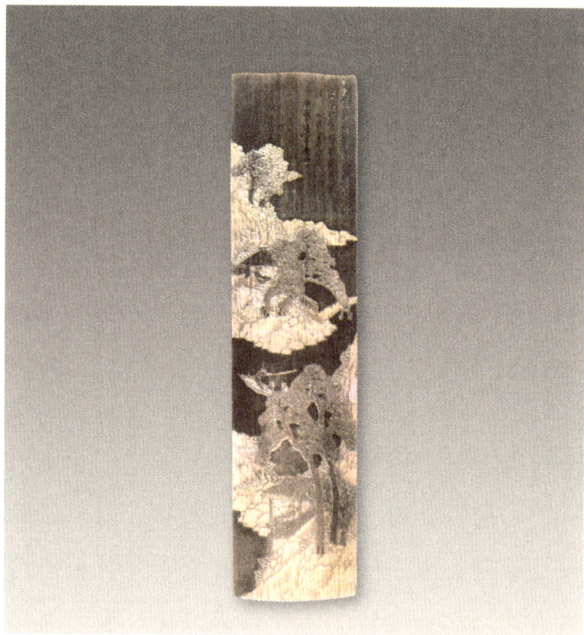

横架。远景处茅舍中独坐一位老妪；远处则是茂密的山林。右上方题刻"久怀浮海意，偶触济川心。一艇方塘绕，杳然秋水深"。款"癸丑之孟冬日，禅学道人无历"，下刻一印。

此臂搁的画面是以留青竹刻技法，即在竹子表面极薄的竹青上浮雕山石、树木、舟船、人物等，然后将纹饰以外的竹青铲去，露出竹青下面淡黄色的竹肌。经年以后，表皮呈淡黄色，竹肌颜色逐渐由浅变深，竹地与图案的颜色深浅分明，形成纹饰的起伏与浓淡变化，从而达到水墨画的艺术效果。留青竹刻将竹刻艺术与书画艺术相结合，利用竹青与竹肌色泽差异的特点，以雕刻的形式在薄如纸张的竹青上创作出不施色彩，但有浓淡变化的中国绘画。明末，张希黄被称为"留青圣手"，是留青竹刻的代表人物。他改进了唐代的留青技法，"藉青筠之全留、多留、少留及不留，以求深浅浓淡之变化，于是绚烂若水墨之分五色矣"。此件臂搁是存世较早的留青竹刻作品，向世人展示了明万历年间留青雕刻技法已处于

变革时期。臂搁的制作者"禅学道人"是明末书画家于藉晚年的字号。于藉，字季蛮，江苏金坛人，活跃于明万历年间。他工山水，善行楷，长篆刻，也印证了留青竹刻技艺需以深厚的艺术修养为基础。此臂搁刻有纪年，在竹刻艺术史上具有里程碑意义。

于藉秋塘浮游图臂搁藏于浙江省宁波市天一阁博物馆。

吴之璠竹雕刘海戏蟾图笔筒 清代文物。笔筒曾为浙江收藏家秦康祥收藏。他出身富商之家，以收藏和篆刻闻名。"文革"结束后，他将部分藏品出售给上海博物馆，这件竹雕即为其当年所藏。他的后人将其收藏的大量珍贵文物无偿捐赠给天一阁博物馆，其中明清竹雕藏品达百余件。

此笔筒高15.3厘米，口径8.1厘米，色呈棕红色，圆柱形，下承三矮足，外壁透雕刘海戏蟾图。刘海蓬头跣足，面带笑容，低头俯视，背手持帚立于松石之间。头顶有一株透雕的苍松，脚下有一只金蟾，昂头与他对视。苍松之旁，一泓清泉奔涌而出，曲折没入山谷间。背面石壁上阴刻行书"笑口常开何所乐，乐生斯世太平时。吴之璠制"。其书法流转有致，刀

法简劲爽朗。器身还刻有"彦冲珍藏"印。

吴之璠，字鲁珍，号东海道人，是清初竹刻家。他活跃于康熙时期，早年师法"三朱"，擅长圆雕、浮雕等多种刻法，将嘉定竹刻的传统样式推进到历史最高峰。此件笔筒的"刘海戏蟾图"是明末清初间嘉定竹刻的流行样式，这是由明代朱三松所创式样，将高浮雕与镂雕相结合。吴氏在继承这一传统经典样式的同时，着重发展了朱小松以来的浅浮雕工艺，并更进一步强化构图效果。吴之璠的作品极重磨工，光滑滋润，此器即为典型。在雕刻工艺上采用了浅浮雕与透雕结合的技法，在传世的吴氏作品中不多见。乾隆时期，吴之璠的竹雕、木雕笔筒贡入内府，得到乾隆皇帝的关注，并由此引发对吴之璠竹雕笔筒的收藏之风。

吴之璠竹雕刘海戏蟾图笔筒藏于上海博物馆。

周颢竹雕竹石图笔筒 清代文物。

此笔筒高12.5厘米，口径5厘米，外壁浅刻竹石图。画面中山石嶙峋，芳草丛簇，数株秀竹傲然挺立于山石之间。画面上端的空白处，阴刻行楷书款："仿柯九思笔。芷若制。"柯九思，字敬仲，号丹丘生，台州人。

元代书画家，博学能文，善写墨竹。此笔筒画面具有柯九思墨竹图之画意，以刀代笔，以绘画之法浅刻了一幅山石竹韵图。

此笔筒的雕刻者为周颢（1685～1773年），字晋瞻，号芷岩、雪樵，是清代雍正至乾隆年间颇具影响的书画家和竹刻家，被誉为"二百余年间首屈一指"的竹刻大师。在周芷岩以前，竹刻家的山水人物多师从北宗，而他"合南北宗为一体"，以刀代笔，以竹为纸，"以画法施之于刻竹"，将绘画艺术淋漓尽致地发挥在竹刻艺术中。在竹刻史上，周芷岩是一位承前启后的关键人物，他在继承嘉定派竹刻技艺的基础上，发展了阴刻刀法，将阴刻与浅浮雕技艺相融合。由于他具有深厚的绘画功底，将绘画与竹刻相结合，使作品既具有书写性用笔的勾皴效果，又不乏嘉定竹刻传统的饱满风貌，是明代中后期竹刻艺术兴起后真正将书画与刻竹融为一体的第一人。他的竹刻作品变化多端，意境深远，擅长采用阴文浅刻和隐起阳文等多种技法，多以一刀剜出，深浅宽窄、长短敧正皆恰到好处，且气韵生动，因而有"绝顶佳品"之称。周芷岩擅长雕刻各种题材作品，尤以山水、竹石表现较多。他雕刻的山水作品或深刻或浅刻，构图上采用传统的"三远"构图法，通过繁密的画面表现深远意境。周芷岩雕刻的竹石绝佳，特别善于表现竹子的风韵。此件笔筒上的竹石图，就是通过秀润淡雅的画面以表现竹子素净高洁内涵的杰作。

周颢竹雕竹石图笔筒藏于南京博物院。

文竹嵌玉炕几式文具盒 清代文物。清宫旧藏。

此文具盒长30.1厘米，宽13.2厘米，通高

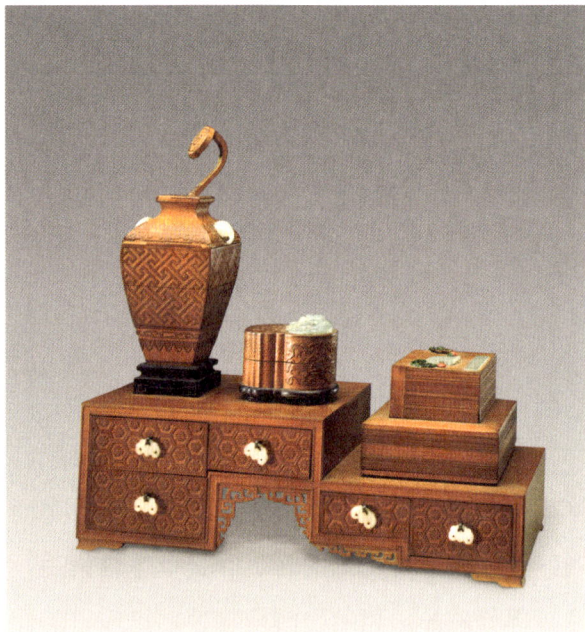

28.5厘米。通体包镶文竹，由炕几式台座、方瓶、椭圆盒和书函式两层盒组成。台座为四足长方几式，分为错落的高低二层。一面有5个小抽屉，抽屉的正背两面嵌贴龟背莲花锦地纹。每个抽屉均装有铜纽，配蝠形白玉片，便于抽拉。方瓶位于高层几的木座上，瓶分四节，可拆成三层小盒，均以子母口相合。瓶口内斜插如意，瓶肩部嵌白玉兽首衔环耳。瓶身上下各贴一圈深色蕉叶纹，中间为"卍"字不断头纹。椭圆盒也置于高层几面上，盒盖顶镶嵌青玉蟠螭饰件，盒身饰缠枝莲花纹。书函式两层盒位于低层几面上，盒盖上有嵌玉书签、青玉雕蟠螭及染牙丝穗玉佩，盒壁粘贴竹丝表现书页相叠状。这种成套文具盒主要用于盛装小件文房四宝及与之相关的文具，专供外出旅途中书写使用。此件文具盒制作工艺精湛，造型多变且具装饰性，展现了文竹工艺的独特美感。

文竹是清代出现的一种新的竹刻工艺，盛行于清乾隆以后。文竹又称"贴黄"或"翻簧"，以楠竹为材料，将新鲜的竹筒分节锯

开，取出竹筒内薄薄的竹黄，经过煮、晒、压平后，贴在木胎器物上，然后磨光，再于上面刻饰各种纹样。这种工艺始创于湖南省邵阳地区，所制器物多朴素少纹。后被江浙地区工匠改进，辅以典雅精致的纹饰。清乾隆皇帝南巡，对文竹器十分喜爱，为供他随时观赏，文竹器成为南方各地行宫不可缺少的陈设摆件。文竹制品不仅成为宫廷贡品，一些优秀工匠还被招进清宫造办处，为皇帝定制喜爱之物。竹黄打磨后，其色如年代久远的象牙，与乌木、紫檀等深色木料结合使用，更突出明暗对比分明、花纹显著的特点。

文竹嵌玉炕几式文具盒藏于故宫博物院。

乳丁纹铁刃铜钺　商代文物。1972年，河北省藁城县台西村遗址墓葬出土。

此件铁刃铜钺残长11.1厘米，阑宽8.5厘米，方内，中部有一圆形穿。两阑，阑短而窄。钺身呈长方形，钺身近阑两面装饰两排乳丁纹，一面两排均为6枚，另一面分别为7枚和8枚，平行排列。援前半部嵌铁刃，铁刃已断失，残存后段部分夹于铜钺身内，夹入深度约1厘米，厚约0.2厘米。

经过冶金部钢铁研究院对残存的铁刃进行化学成分定量分析、金相观察、电子探针微区分析、X射线透视后，确认铜钺的刃口部分系熟铁经过加热锻打成型，在铸铜钺时，将铁刃的后部包入器内。后经北京钢铁学院（北京科技大学前身）会同有关单位再度对这件器物进行全面的科学考察，断定刃部是将陨铁锻打成薄刃后，浇铸青铜柄部而成。1949~1977年考古发掘出土2件铁刃铜钺。除此件外，另一件是1977年北京市平谷区刘家河商代中期墓葬发现的。此件乳丁纹铁刃铜钺说明早在公元前14世纪，中国人民就对铁的属性及特征有初步认识，掌握了铁的热加工性能和一定的锻打嵌制技术，将中国用铁的历史，从春秋时期提早到了商代中期。

乳丁纹铁刃铜钺存于河北省文物研究所。

弦纹铁鼎　春秋文物。1977年7月，长沙市窑岭湖南省京剧团工地15号春秋晚期楚墓出土。

此件铁鼎残高21厘米，口径23厘米，腹深26厘米，重3250克，敞口，环形直耳，口沿下饰有一道凸起弦纹，深圆腹，圜底，扁棱形腿，腿有残失。

经中南矿冶学院、北京钢铁学院金相检验，鉴定此鼎为白口铁（生铁的一种）铸件，这是中国考古发现的最早的铸铁容器，推测为实用器。文献记载与考古发掘均证实，春秋

伊始中国已经可以冶铁，并铸造铁器。《左传·昭公二十九年》："晋赵鞅、荀寅帅师城汝滨，遂赋晋国一鼓铁，以铸刑鼎，着范宣子所为刑书焉。"此件弦纹铁鼎表明早在春秋晚期就已经能够铸造出重达6.5斤的铸铁件，这是中国冶金史考古的重要发现。

弦纹铁鼎藏于湖南博物院。

嵌松石金柄铁剑　春秋文物。1992年，陕西省宝鸡市南郊益门村2号墓出土。

此件金柄铁剑通长35厘米，身长24.6厘米，肩宽3.7厘米，柄长10.4厘米，短剑，剑身呈柳叶形，柱状脊，直刃，与柄分制榫卯。剑身为铁榫，可以插入金柄的卯内。柄为金质，略呈"工"字形。格部为一变形兽面，茎两侧饰互相缠绕的镂空蟠虺纹。蟠虺向左右两侧伸展，形成七对凸齿，蟠虺目为圆柱形小管，上嵌绿松石。

益门村2号墓出土大批金器、玉器、铁器、铜器等珍贵文物，是秦国考古的又一重大发现。在该墓出土文物中，有20余件铁器。据研究，此墓铁器发现之前，秦国境内铁器的出土数量较少，多为王室或上层贵族所有。这座小型墓出土如此多的铁器，说明墓主人身份地位非同一般。经陕西省文物保护研究中心鉴定，这批铁器为人工加工的冶炼铁，说明秦国在当时处于铁器冶炼应用的领先地位。在这批铁器中，包括此剑在内的3件制作颇为精致的金柄铁剑是学术界关注、热议最多的。

嵌松石金柄铁剑存于陕西省宝鸡市考古工作队。

错金银云龙凤鸟纹铁带钩　战国文物。1965年，湖北省江陵县望山1号墓出土。

此件带钩长46.2厘米，宽6.5厘米，厚0.5厘米。钩头作龙首形，龙的眼、耳、鼻、嘴皆用金片、金丝镶嵌成形，龙颈两侧用金丝嵌以卷云纹，颈背用金片和金丝饰圆圈等纹样。钩身为长方形，腹部扁平宽薄，弯曲成弧状。正面用金丝镶嵌长方形边框，框内以中间线为界，分成左右两部分，用金片、金丝、银片分别镶嵌一幅大同小异的图案。流动的卷云间，龙腾跃，凤翔翔，鸟飞舞，一派生机勃勃的景象。其中左侧图为一龙四凤，右侧图为一龙一凤三鸟，凤、鸟均穿插于卷曲的龙躯体间。背面铸有两个圆形纽，分列左右两侧，边缘也用金丝镶嵌周栏，栏内中间大部分光素无纹，但两个圆形纽上用金丝嵌圆圈纹、银丝嵌云纹。钩首附近用金丝、金片镶嵌几何纹、圆圈纹，钩尾附近用两道银丝勾勒出4个菱形纹、6个三

角纹，其内用金片、银片、金丝、银丝错成圆圈等多种图案。侧面用金丝错成卷云纹等图案。整个带钩纹样气韵生动，复杂多变，金光灿烂，银光闪烁，美丽华贵。

带钩，是古人所系腰带的挂钩，既为日常所需要，又是身份地位的象征。带钩出土时通常位于死者的腰部，说明是死者腰间革带的带扣，但是这件带钩是在死者头部发现的，其用途有待深入研究。这件带钩，体积大，制作精美，是研究楚国错金工艺和艺术风格的珍贵实物资料。

错金银云龙凤鸟纹铁带钩藏于湖北省博物馆。

右廪双镰铁范　战国文物。

1953年10月17日，河北省兴隆县农民吴琢在自家住房侧面搭建牲口棚，夯打木桩时，发现地下20厘米处有物体阻碍，挖掘发现共87件黄锈斑斑的铁范，上下交叉叠摞成垛。吴琢将铁范取出，并将发现经过报告政府。得知此事，河北省文化厅派人前去了解情况并将铁范全部带回。为进一步了解铁范的发现经过，省博物馆筹备组于1954年8月上旬派人到出土铁范的地方进行调查和发掘，确定了出土所在地是战国时期燕国的冶铁遗址。此地发现的87

件铁范共40副，多为农具用范，包括锄、镬、镰，其次是工具用范，包括斧、凿及车具范。其中，此铁范是用于铸造金属镰刀的模具，长32厘米，宽11.3厘米，厚0.9厘米，子范，弯曲成弧状，形如镰。范面设两个平行排列的镰模，范背有弓形把手。镰模形如弯月，截首，自首端向柄部逐渐加宽，装柄部凸起横棱，柄前端铸铭文"右廪"。"右廪"为铸铁工匠的职位和名字。浇注口位于镰柄的尾端，每镰一个，与传统铸造工艺中典型的立式分流分注式浇注法单范范式相同。范轮廓与铸件相同的形制仅见于战国时期，据研究，范与铸件形制相同，注入金属液体时范的各部分散热较为均匀，可以延长范的使用寿命。战国冶铁技术的重大创造是采用铁范铸造铸件，这在中国冶金史和铸造史上具有十分重要的意义。

右廪双镰铁范存于河北省文物保护中心。

铁胄　战国文物。1965年，河北省易县燕下都武阳台村44号墓出土。

此件铁胄高26厘米，宽24厘米。胄，即头盔，秦汉以前称胄，以后称它兜鍪。发现时铁胄叶片部分被扰动，因铁胄顶部、脑后部及侧面的大部分叶片保存良好，得以顺利复原。圆形，平顶，形似头颅，将裁剪好的铁叶片用

丝线或皮条自上而下以上层压下层、前片压后片的方式编缀而成。从顶到底共7层，第一层即平顶由两片半径6厘米的半圆形铁叶片叠缀成圆形，其他各层铁叶片有圆角长方形、半圆形、"T"形和矩尺形等形式。"T"形只有1片，位于第四层面部护额部分，矩尺形位于第七层护颊处，其他均为大小不等的圆角长方形，二、三、四层各用16片，五、六、七层各用13片。六、七两层有3片散失。铁叶片边缘穿孔，表凸里凹，有弧度，穿孔多少和弧度大小由其所在铁胄部位而定，铁胄里面残留有织物朽痕，说明铁胄内曾衬有垫套。

武阳台村44号墓是一座多人合葬墓，墓内无葬具，发现的断首离肢遗骸有22具，被认为是武士丛葬坑。墓内出土遗物1480余件，最多的是货币，1360余枚；其次是铁器，79件，其中包括此件铁胄在内的铁兵器达51件，有纯铁或钢制品，说明当时燕国的冶铁技术和工艺已经达到相当高的水平。文献关于春秋战国时期铁制兵器的记载，多为楚国制品。以往的考古发现，也以南方出土居多，从而形成战国时期南方铁器较北方先进，楚国铁制兵器在锻钢技术方面更为进步的观点。武阳台村44号墓的发现则证明至少战国晚期，燕国的铁制兵器已经有了相当发展，制作技术和使用程度堪比楚国。此件铁胄是考古发现的较为完整的铁胄实物。

铁胄存于河北省文物研究所。

铁犁铧冠 战国文物。1950年，河南省辉县固围村出土。

此件铁犁铧冠宽23.6厘米，叶长17.5～18厘米，叶中宽3.9～4.5厘米。铁犁铧冠是套在铧头上保护铁犁铧不受损害的同时起到犁地作

用的配套用具，因为当时的脱碳技术有限，铁犁铧坚硬程度不高，遇到田中沙石，容易断裂，为避免损坏铁铧而浪费大块铁料，发明了随时可以更换的铧冠。铁犁铧冠出土地为三家分晋后的魏地，与今山西省的上党地区相连，应是当时冶铁中心上党的产品。这种加铧冠的铁犁铧一直延续使用到秦汉时期。

春秋战国以后，随着牛耕和铁器的出现，人们开始大范围制造和使用铁犁铧，进而为精耕创造了条件，是农业技术进步的体现，它不仅提高了生产效率，还有利于土地的开垦。

铁犁铧冠藏于中国国家博物馆。

嵌铜诏版铁权 秦代文物。1973年，山东省文登县苘山公社新权村出土。

此件铁权底周长80厘米，直径24.7厘米，高20.5厘米，重32.5公斤。铁权锈蚀斑驳，铜

版略呈孔雀绿。类马蹄形，平底，半环形纽。腹侧嵌一块铜版，位于纽下端，铜版近长方形，长11.08厘米，最宽处8.5厘米，版上阴刻秦始皇二十六年（前221年）诏书："廿六年，皇帝尽并兼天下诸侯，黔首大安，立号为皇帝，乃诏丞相状、绾，法度量，则不壹，歉疑者，皆明壹之。"诏文篆书，共40字，分9行纵列于铜版之上。

公元前221年，秦王嬴政完成兼并六国的霸业，建立起中国历史上第一个统一的专制主义中央集权国家。为适应大一统国家的需要，秦始皇在政治、经济、文化等方面实行了一系列改革，推行了统一文字、统一度量衡、统一货币等一系列重大举措。此件铁权所嵌铜版上的文字，是秦始皇在全国范围内颁发的统一度量衡标准的诏书。秦二世即位后，再度颁布统一度量衡诏书。这些诏书有的直接刻在不同质地的权、量上，有的刻在青铜版上后再嵌于度量衡，嵌铜诏版铁权即属后者。权即秤锤，重量单位有1斤、5斤、8斤、16斤、20斤、24斤、30斤（1钧）和1石（120斤，4钧）。按照秦代衡制，1斤约为250克。此件嵌铜诏版铁权重32.5公斤，为4石之重，是已知两件最重的秦权之一（另一件1956年出土于山西省左云县威鲁乡，重31.5千克，藏于中国国家博物馆）。此件嵌铜诏版铁权是秦代统一度量衡的物证，为秦代衡制研究提供了可贵的重量计量资料。

嵌铜诏版铁权藏于山东省烟台市博物馆。

铁剑 西汉文物。1994～1995年，江苏省徐州市狮子山楚王墓出土。

两铁剑长短不等，一把长87厘米，一把长

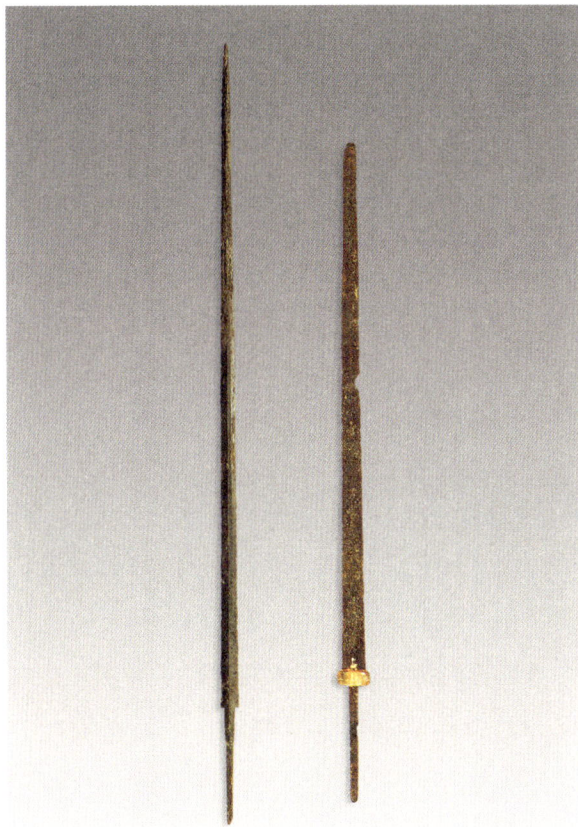

103.5厘米。两剑中间起脊。短者剑身宽而厚，剑身与剑柄之间装有椭圆形玉剑格，剑茎所缠丝缑已失，但纹理尚存。长者剑身窄而长。

狮子山楚王墓西面第1侧室北端共出土25把铁剑。铁剑分两捆放置，出土时锈蚀严重，原配的夹纻胎漆剑鞘腐朽殆尽。该墓还出土了大量铁器，有铁刀、铁戟、铁矛，护身甲胄等武器，釜、垫铁片、封门器，刀、凿、撬等生活用具。经过对这批铁器进行金相学分析，表明西汉时已经有白口铁、块炼铁、块炼渗碳钢、铸铁脱碳钢和炒钢。这些铁器为研究徐州地区汉代冶铁技术与铁器制作技术提供了丰富资料，说明此地在西汉早期铁器已获蓬勃发展。

铁剑藏于徐州市博物馆。

嵌金片铁匕首 西汉文物。1968年，河北省满城县中山靖王刘胜墓出土。

此件匕首通长36.7厘米，身宽4.3厘米，柄（茎）宽3.1厘米。匕身呈柳叶形，双刃，刃部经过局部淬火工艺加工提高了硬度。中脊隆起，脊梁两侧嵌金质花纹，一面是向上升腾的火焰纹，一面是回旋的卷云纹，火焰和卷云均为多方连续并对称列于中脊两侧。柄（茎）扁宽，呈长方形，两侧边缘凸起，剖面呈"凹"字形。扁圆格，环首，格与环首用银基合金铸造并焊接，格与首、柄（茎）交界处分别饰以兽面，呈相对而视状，环首镂空卷云纹，兽面、镂空卷云纹表面均嵌以金片。

刘胜墓出土铁兵器共14种，490件，包括剑、匕首、刀、戟、矛、镞、铠甲等。匕首是一种短兵器，形如剑，因其首形状似匕（一种古人取食的器具）而得名，有青铜、钢、铁等多种质地。嵌金片铁匕首采用表面渗碳和局部淬火技术铸造而成，工艺复杂，制作精湛，说明西汉中期炼钢和热处理技术有明显进步，为研究汉代冶炼、热处理及铸铁工艺等提供了重要的实物资料。

嵌金片铁匕首藏于河北博物院。

武阳传舍比二铁炉　东汉文物。1958年，

贵州省赫章县可乐镇农民挖地时发现。

此件铁炉通高21.8厘米，口径22厘米，底径21厘米，托盘直径25.7厘米，出土时炉内残存木炭，内壁炭火熏灼的烟痕明显，说明铁炉为实用器。此铁炉由生铁浇铸而成，分为炉子与托盘两部分，炉子用以烧炭或煤，托盘用以盛灰及隔热。炉身呈圆筒形，口沿有三个等高、等距离的近似半圆形小凸起（一说为支钉或锅撑），其中一个残损。外壁上部饰有两圈平行的凸起弦纹，弦纹间两侧设对称鼻纽，纽上衔接活动自如的环形提手，其中一环已缺失。弦纹下竖立12个等距离的长条形镂孔，内壁上部接近口沿处铸有一行铭文"武阳传舍比二"，隶书，阳文，字高2～3.5厘米，宽4厘米，文字反书。炉下承托兽蹄形三足，其与口沿凸起的支钉位置呈直线对应。炉底开等距离对称分布的四个直角形镂孔，其中间饰三道凸起弦纹。托盘敞口，平底，三兽蹄足剖面呈半圆形。此件铁炉厚重坚实，提携方便，不但设计合理、实用，也注重形式美观，是集实用性与艺术性为一体的佳作。

此铁炉铭文中的"武阳"是西汉所设犍

为郡的属县，始建于汉武帝建元六年（前135年），故址位于四川省成都市以南彭山县。东汉至六朝时期，这里为犍为郡治所在地。"传舍"是古代官府在交通沿线上设置的食宿站或招待所，用于接待过往的官吏、驿传人员等公差。汉武帝降夜郎、平南夷后，为保证朝廷与边远民族地区的联系，于元光六年（前129年）在南夷地区设置邮亭，"自僰道、南广有八亭，道通平夷"，一条北起犍为，南至平夷，沟通川、滇、黔的交通线路即告开通，位于黔西北乌蒙山脉中的可乐镇正处于这条交通线上。"比二"表示同样的炉子有两件。此件铁炉是汉代驿传交通制度的实物资料，说明汉代传舍制度已推行到西南少数民族地区。

武阳传舍比二铁炉藏于贵州省博物馆。

光和七年错金铁书刀　东汉光和七年（184年）文物。1957年，四川省成都市天回山出土。

此件书刀通长18.8厘米，宽1.7厘米，弧首，直身，环柄残损成钩状。柄鎏金，与柄相接的刀身部分嵌金丝装饰，一面为隶书铭文："光和七年，广汉工官□□□。服者尊，长保子孙，宜侯王□，宜□。"文字纤丽秀美，颇具装饰性。另一面为图案，流云中，几只凤鸟

或翻跹起舞，或展翅翱翔，祥和自在，其乐融融，整幅图案布局疏密有序，线条流畅自如，凸显了工匠的高超技艺。

书刀是一种文具。在中国古代没发明纸以前，以竹、木简为书写材料，削制、修治竹木简用的工具是一种小刀。初以青铜为材料，后来改用铁质材料。到了汉代，这种小铁刀被称为书刀。因书刀多用带子系于腰间，又称它为"佩书刀"。四川出土的授经画像砖上儒生腰间悬挂的环柄小刀是书刀的形象资料。汉代最著名的书刀是四川省广汉郡工官制作的"金马书刀"。文献记载的"金马书刀"大同小异。东汉李元的描述为："巧冶练刚，金马托形，黄金错镂，兼勒工名"，三国曹魏如淳记述为"金马书刀……作马形于刀环，内以金镂之"，晋人晋灼的说法是"金马削刀者，以佩刀形，金错其拊"。此件书刀形制与文献所载大致相符，铭文内容丰富，对研究汉代广汉郡工官制作书刀情况具有重要意义。

光和七年错金铁书刀藏于中国国家博物馆。

乾宁四年嵌金书钱镠铁券　唐代文物。此件铁券也称金书铁券，是唐昭宗李晔于乾宁四年（897年）八月四日赐给时任镇海镇东军节度使钱镠（852～932年）之物。

此金书铁券长52厘米，宽29.8厘米，厚0.4厘米。褐色，形如覆瓦，上嵌唐昭宗的金字诏书24行。铁券锈蚀严重，金字多有剥落，有的漫漶不清，有的无法辨认。今所释文字，辑录自《全唐文》所载诏书，其内容包括赐予诏书时间，钱镠的爵衔、官职、邑地、受封原因，钱氏本人可以免除死罪的次数，子孙后代可以免除死罪的次数以及其他豁免权。

　　铁券是一种文书，初为皇帝与功臣、重臣之间信守的凭证。隋唐以后，铁券增加了被赐者享有免死或其他特权的内容，唐昭宗赐钱镠的这件铁券是存世已知最早的铁券。钱镠，字具美，杭州临安人，曾为董昌偏将。乾宁二年（895年），董昌在越州称帝，封钱镠为两浙都将。钱镠反戈，将董昌所为上报朝廷并申请讨逆，将董昌献给朝廷。为嘉奖钱镠忠于朝廷，镇压叛乱的功绩，唐昭宗特赐予他有诸多特权的铁券，因为文字嵌以黄金，又称它金书铁券，有关这件钱镠铁券见载于诸多历史文献资料。

　　钱镠消灭董昌后，据有两浙，先后被唐廷封为越王、吴王。朱全忠篡唐，钱氏向后梁称臣，于开平元年（907年）五月被封为吴越王。自钱镠时起，唐昭宗所赐的这件铁券就被视为吴越国国宝加以珍惜。钱镠为吴越王，将铁券珍藏在王宫之中。北宋太平兴国三年（978年），时为吴越王的钱镠之孙钱俶审时度势，"举族归于京师"，向宋归降，赵宋以礼相待，诏令钱俶居住开封，并承诺铁券的优遇和免罪特权依然有效。钱俶移居开封之初，铁券及历代所赐的竹册、玉册、诏诰等留在杭州的钱氏祖庙中供奉。淳化元年（990年），铁券被送往京师，宋太宗观赏后，将铁券赐予钱俶之子钱惟浚保管。钱惟浚去世后，铁券先后由其弟钱惟演、钱晦、钱景臻收藏。"靖康之变"后，钱氏举家携铁券南逃至浙江台州，铁券由景臻长子钱忱保管。南宋德祐二年（1276年），元兵迫近台州，钱忱后裔钱书澣带着铁券等传家宝南逃，途中不幸坠河遇难。元至顺二年（1331年），有渔夫在浙江省黄岩县南泽库附近撒网打鱼时，打捞出铁券。因长时间浸泡在水中，铁券已经变黑，嵌于铁券的后半段的金字大多剥落。渔夫不知道铁券的珍贵，把它丢弃在一边。一个偶然的机会，铁券被钱氏黄岩官渭别墅邻近村里的一个学究看到，出钱买下。得知此消息，钱书澣之弟钱世珪以十斛谷物将铁券换回，铁券再次回到钱氏子孙手中。明清两朝，多位皇帝敕命钱镠后人携带铁券入京观览。明太祖朱元璋观赏后，命礼部照样翻制成木刻雕模。清乾隆皇帝第三次南巡时在常州观看铁券后，把他亲题的《观钱镠铁券歌》刻在安置铁券的木盒宝匣上赐给临海钱氏。此后，铁券转由居住在临海东门外50里白石山下岭外钱村（今浙江省临海市大田办事处岭外村）的钱文川家保管。

清代后期，铁券屡遭不测。咸丰十一年（1861年），太平军攻入台州，钱氏子孙把铁券沉放于水井中。捞出后，铁券上的金字剥落愈甚。据晚清学者王舟瑶《光绪台州府志·金石略》记载，"今文字完者仅一百八十余"。光绪三十年（1904年），藏在岭外钱村宗祠里的铁券不翼而飞。后出现在嵊县，为时任嵊县县令的常熟人徐印士出400银圆购得。数年后，清末举人、民国时曾任中国驻旧金山领事馆领事的钱氏后裔钱文选得知此事，通过正在浙江办公的哥哥与嵊县长乐乡一大批钱氏族人的帮助，终以原价从徐印士手中赎回铁券，由该乡的钱氏三房轮流保管。1938年，嵊县长乐乡被日军占领，为防止铁券遗失，钱氏后人将铁券包裹好藏于钱赓麟家的深井。直到1945年抗日战争胜利后，钱赓麟夫妇把铁券取出来，送到商会会长钱元瑞家中保藏。1951年，铁券从长乐乡的钱家祠堂取出，移送到浙江省文物管理委员会保管。鉴于铁券的重大历史文物价值，1960年转交中国历史博物馆。

此件金书铁券的流传经历充满了传奇色彩。其为研究秦汉以后的铁券制度提供了第一手实物资料。

乾宁四年嵌金书钱镠铁券藏于中国国家博物馆。

龙凤纹四兽面铺首铁桶　北宋建中靖国元年（1101年）文物。陈设在山东省泰山岱庙天

贶殿前东西两侧石台上的铁桶，铸于北宋徽宗建中靖国元年五月，计2件。

此铁桶口径180厘米，底径110厘米，高120厘。贮水器，可盛水3立方米，为岱庙大殿防火之用。圆锥形，敞口，桶壁上侈下敛，平底。自口沿而下设4道凸起弦纹，弦纹之间的四层装饰不同纹样。口沿所在的第一层分为6个长方形边框，框内或为缠枝花卉纹，或铸楷书铭文，铭文分别为："大宋国兖州奉符县献铁桶，会首李谅。谅窃以神功默运，潜持祸福之权；妙用无穷（私），密握生成之造。伏见国家尊崇庙宇，百物鼎新，而圣帝庙前阙少水桶二只。""今纠到敬神之众，共结良缘。具姓名如后。"后杂书姓名及施钱之数，内有王助教妻贾氏、孙向母张氏施钱五，及永静军梅恕等字，末云匠人万洁弟昱真一桶，杂书施钱人姓名，内有"樊竧及莱芜监扣（铜）施冶李冕铸"等字。末云："右众会人并发虔心，谨舍净财，共成胜缘，伏望圣慈俯照察。建中靖国元年五月吉日。会首李谅等献。"铭文注明铁桶的铸造年代、铸造人等内容。第二层为凤穿牡丹，其间分布4个狮头铺首。第三层为8条

游走于祥云中的行龙。最下边的第四层为形态各异的狮子等瑞兽。铭文中的"莱芜监"是北宋时期全国冶铁中心之一,监管包括铜务冶炼等的十八冶。

此铁桶是中国较早的大型金属贮水器,反映了北宋冶铁铸造工艺水平,是研究北宋时期冶铁业及民俗信仰的珍贵历史实物。

龙凤纹四兽面铺首铁桶藏于泰安市博物馆。

八思巴文虎纹铁符牌 元代文物。1965年,甘肃省兰州市废金属仓库拣选。

此件铁符牌高18厘米,圆径11.7厘米,重249克,如意云形首,两面饰虎纹。虎呈伏卧状,前爪搭于符牌隆起的边缘,怒目圆睁,毛发上扬,面目凌厉狰狞。首上端连接可以自由活动的圆环,以为佩系。圆腹,周边凸起缘线,正面圆腹内距边1厘米处,有一圈镀银的弦纹。弦纹内镶嵌凸起的元代朝廷通行的八思巴文正体字,分五行排列,自右至左、自上而下排列,有两种释文:一是"长生天,气力里,皇帝圣旨,不从者治罪";一是"长生天底气力里,圣旨,如不虔敬者治罪。"背面为汉文"公务急速,持此长行,宣慰使司都元帅

府"及符牌编号"玄字拾号"。此符牌的文字和虎纹毛发镀银。

元代符牌主要有长方形和圆形两种。长方形符牌除了用于军务外,还可以用于政务及其他事务。圆形符牌大多用于驿站传递军务,圆形符牌又称"圆符",以铁质为多,按等级划分,大体包括海东青符牌、虎头圆符牌、普通金字圆符牌、普通银字符圆牌四类。符牌上文字分饰金、饰银两种。据《元史·兵志》记载:"遇军事之急,则又以金字圆符为信,银字次之。"此符牌为虎头银字圆符牌,对研究元代行政管理、军事制度等具有重要意义。

八思巴文虎纹铁符牌藏于甘肃省博物馆。

龙凤纹兽足铁香炉 明代万历时期(1573~1620年)文物。

万历元年(1573年),沈藩镇康王和山西潞安府长治县的信士共同出资,为祈福泰山碧霞元君铸造香炉,安置于山东省泰山岱庙天赐殿前。

香炉通高180厘米,长方形,宽沿,直颈内缩,双耳外撇,长方腹,腹部略鼓,圜底,兽腿,蹄足。口沿雕饰纹样,正面为双凤朝阳,背

面为二龙戏珠，两侧面为花卉图案。腹部四面铸铭文，正面为"东岳泰山碧霞元君圣前""大明国万历元年菊月""山西潞安府长治县铸"，背面为"沈藩镇康王施造"，两侧面为信士题名。香炉表面有明显的铸造接缝痕迹。

沈藩镇康王朱恬烆，是第一代沈王朱模的第六代孙。朱模为明太祖第二十一子，洪武十三年（1380年）生，二十四年受封，永乐六年（1408年）就藩潞州。宣德六年（1431年）死，谥曰简。其位传九世八王，至明亡乃绝。此炉是明代皇室宗亲至泰山进香祈福之物，保持完好如初。

龙凤纹兽足铁香炉藏于泰安市博物馆。

赵南星铁如意　明代文物。为万历年间曾任吏部尚书的赵南星所制，相传是赵南星预备用以痛击魏忠贤的，后人对它题咏很多。1947年，华东野战军司令陈毅将它送给中共中央工作委员会常委董必武。1951年，董必武将其捐赠给中央文化部文物局保管，后文物局拨交北京历史博物馆。

此铁如意长51.5厘米。四瓣花形首，柄部一端细一端宽，正面有凸起的棱线，两侧各有错银小篆铭文一行，存铭文26字："其钩无钛，廉而不刿，以歌以舞，以弗若自折，维君子之器也。赵南星。"字迹多有剥蚀。背面有错银文字，剥蚀不可辨认。赵南星（1550～1627年），字梦白，号侪鹤，别号清都散客。高邑人。万历二年（1574年）进士，官至吏部尚书。明末东林党重要人物，时与邹元标、顾宪成称为"三君"。天启年间反对魏忠贤专权斗争失败后，谪戍代州，病卒。崇祯时，谥忠毅。

"错金银"是中国古代金属细工装饰工艺

的一种，是在金属器表面铸出浅凹，或用硬度较大的工具在金属器表面錾刻出浅槽，然后在浅槽内嵌入细薄的金银片或金银丝，再用厝石将所装饰的金属器表面打磨平滑，从而使金银与金属器映衬出各种不同的纹饰色彩。据载，错金银工艺多施用于青铜器上，约始于春秋晚期，盛行于战国中晚期至西汉，至明清时多为文人精雅的几案间物。此件铁如意为明晚期政治斗争的见证，具有重要的历史和文物价值。

赵南星铁如意藏于中国国家博物馆。

平南王铸铁钟　清代顺治九年（1652年）文物。1975年，广州市博物馆在广州汽车修理厂发现。

此件铁钟通高124厘米，口径92厘米，重约500公斤，双兽纽，口沿外撇，上、下缘处各有两条弦纹带，下部弦纹带中夹有双层连续不断的水波纹，水波峰谷中饰以乳丁纹。钟表面有三匝铸痕及长篇铭文："今上龙飞之七年，平南王奉命恢粤，二月初六师抵五羊城北白云山，结营山阿，凡九阅月。将士奋腾，兵马无恙。期间铸炮制药，随手而应，阴有神助，是年十一月初二日恢省，追溯不忘，乃捐资建造太平庵，内塑佛像。爰勒之钟鼎，以志佛力于不朽，仍镌以铭。铭曰：镈鸣肃旅，以

事南征。缘岩列帐，依岫分营。百举汇应，乃克坚城。爰塑佛力铸钟铭，用以永播其芳声。顺治壬辰三月吉日，平南王建。广州府督捕通判周宪章监造。"

平南王尚可喜（1604～1676年），字符吉，号震阳，辽宁海城人。明代天启三年（1623年）从军，天聪八年（1634年）弃明归降后金。清顺治三年（1646年）被封为平南王，前往岭南。此铁钟是他率清军攻占广州城后铸造的，一则记载占领广州的经过，一则希望借助佛教力量平复汉人反清民族情绪。钟铸成后，一直悬于为尚氏记功而建的白云庵内，直到20世纪白云庵被拆毁，此铁钟被移走。该铁钟铸刻精良，是岭南铁钟的典型代表，其铭文具有重要的史料价值。

平南王铸铁钟藏于广州市博物馆。

康熙丁酉铁剑　清代康熙五十六年（1717年）文物。1988年，山东省兖州泗河底发现。

此铁剑长7500厘米，重1539.8公斤，圆尖，双刃，中脊隆起。圆格，格上雕饰睚眦。剑茎（柄）呈椭圆柱形，较长，约占通长的四分之一，柄上铸铭文："康熙丁酉二月知兖州府事山阴金一凤置。"剑首作如意云形。康熙丁酉，即康熙五十六年。睚眦是中国古代传说

中龙的九子之一，龙身豺首，嗜杀成性，总是口衔宝剑，怒目而视，作为克煞一切邪恶的化身，常被雕镂于刀环、剑柄等部位。

此剑的铸造者金一凤，山阴（浙江省绍兴市）人，任兖州知府期间，建城门楼、修桥、疏通河渠、主持编修《兖州府志》等，做了很多惠民的事。铸造康熙丁酉铁剑缘于治理泗河水灾，据《滋阳县志》记载：康熙五十一年（1712年）夏天，泗河洪水泛滥，冲垮兖州通往鲁南的南大桥中间三个桥洞，给当地百姓带来特大灾害。兖州知府金一凤体恤民情，率先慷慨解囊捐资修桥。桥修成后，为提防水患，镇住传说在泗河中兴风作浪的蛟龙，金氏再捐一年薪俸，铸造铁剑。铁剑铸成后被立在南大桥中洞外侧，用以镇水。但洪水无情，不知何时，铁剑被湍急的大水冲倒，沉于河底300余年，直到1988年才重见天日。经查核，康熙丁酉铁剑重量、长度都是剑中之最，被誉为"天下第一剑"。

康熙丁酉铁剑藏于山东省兖州博物馆。

饕餮纹铅建筑构件　商代早期文物。1985年8月，河南省郑州市西郊师家河农民平整土地时发现。经专家研究确定为建筑构件。

此建筑构件长21.6厘米，宽18厘米，高

21厘米，重8.50千克。长方形，平面呈"凹"字形，各侧面有长方形边框，边框宽5厘米，其上刻划0.6厘米宽的"山"形浅槽。正面边框内为双线条的饕餮纹，左右两侧面各开一个宽6厘米、高8.5厘米、平均厚度0.5厘米的长方形窗孔，其两侧纹饰相同，均为夔龙纹。饕餮、夔龙线条疏散。此构件的装饰纹样与河南省郑州市张寨出土的同时期青铜方鼎装饰风格颇为相似。

商代是铅冶炼和铸造获得巨大发展、逐步走向成熟的时期，已经发现的商代铅器有早期的建筑构件，中晚期的鼎、簋、瓿、爵、戈、刀、镞、锛、凿、锥等。由于铅在空气中极易氧化，出土的商代铅器大多已碎成粉末，这一建筑构件保存如此完整殊为难得。饕餮纹铅建筑构件是考古发现的制作考究、时代最早的商代铅制品，为研究中国商代铅的冶炼和使用提供了罕见的实物资料。

饕餮纹铅建筑构件藏于河南博物院。

夔凤纹提梁铅卣 西周文物。1954年6月，河南省洛阳市3号墓出土。

此件提梁铅卣为明器，通高25厘米，足径15厘米，椭圆形，垂腹，有提梁和盖，提梁略呈"几"字形。盖顶如覆钵，其上饰云蝉纹，顶部中心有瓜棱纹圆纽；盖壁束腰，周饰夔龙纹与腹部的夔龙纹遥相呼应。垂腹凸鼓，腹部正背面各凸起一个小兽头。圈足，上有三道弦纹。洛阳3号墓主人随葬品中的器物出于墓室北端、墓主人头前，以8件铅明器为主，包括鼎、尊、卣、爵（2件）、瓿、觯、斝等，种类如此齐全的铅礼器颇为罕见。

铅制作的器物作为随葬品，在河南省安阳市殷墟等商代墓葬就有发现，但只是普通的随葬品。随着生产力的发展，铅器的制作工艺有了很大提高，用铅同样可以做出如青铜器一样精美的器物，因此西周早期人们就对铅器偏爱有加。河南省洛阳市北窑西周早期172号墓中出土5件铅戈，每件戈上都有墨书人名。经考证，这些人的身份地位较高，且不属于一个家族。该墓葬出土铅爵与铅觯各1件，表明铅明器的凸显地位。河南省洛阳市3号墓出土了成组作为主要随葬品的8件铅明器，进一步说明周人对铅器的喜好程度。由于铅在低温时易于粉化，此件夔凤纹提梁铅卣保持得如此完整实属少见，也见证了3000年前中国制作铅器的水平。

夔凤纹提梁铅卣藏于中国国家博物馆。

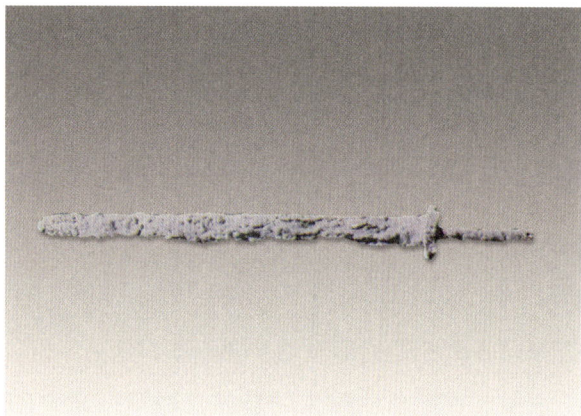

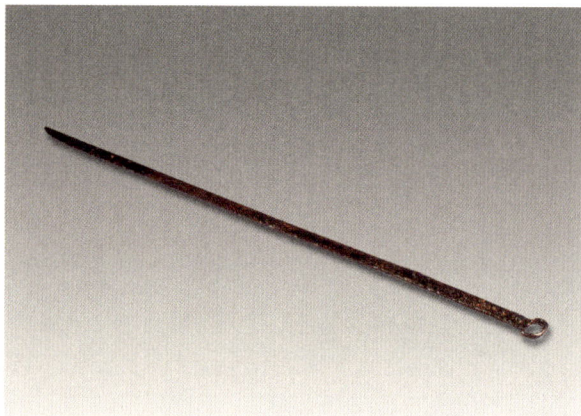

钢剑　春秋文物。1976年，湖南省长沙市杨家山芙蓉区65号墓出土。

此钢剑用块炼铁法（从固态还原得到的铁）经渗碳锻造而成，身长30.6厘米，宽2～2.6厘米，脊厚0.7厘米，茎（柄）长7.8厘米，格长0.9厘米、宽4.6厘米，表面氧化，近似柳叶形，剑首残，双刃，中脊隆起，茎（柄）作圆柱体，剑格侧面作棱形，含于剑身。通过放大镜可从剑身断面看出经过反复锻打共有7～9层。在离剑锋约3厘米处取样鉴定，金相为含有球状碳化物的碳钢铁素体组织，基体晶粒平均直径约0.003毫米，沿一定方向成串，属于含碳量0.05左右经退火处理得到的碳钢。由此说明，当时的工匠已经能用块炼法生产铁，再经渗碳锻造制成钢件，并且根据钢件性能进行适当的热处理，得到球化体组织。这把钢剑的出土是中国冶金史考古上的重要发现，它把中国出现碳钢的时间从战国晚期提到春秋晚期。

钢剑藏于湖南博物院。

永初六年钢刀　汉代永初六年（112年）文物。1974年，山东省苍山县出土。

此钢刀长111.5厘米，直刃，端部尖锐，窄身，身直挺细长，环首。背顶端饰火焰纹，火焰纹下铸铭文"永初六年五月丙午造卅湅大刀吉羊（宜子孙）"，隶书，凝重端庄，布局规整。火焰纹、文字均错金。

经检验，制刀所用钢含夹杂物细小，与现代熟铁相似，钢的金相组织比较均匀，经过淬火，说明这件钢刀是用炒钢锻造的。炒钢是把生铁加热到熔化或基本熔化后，不断吹风搅拌，借助空气中的氧把铁溶液中的碳氧化掉，通过对温度和搅拌过程的控制，得到所需的熟铁料或钢料。炒钢所制兵器坚硬锋利，抗腐蚀性强。铭文中的"卅湅"是指制刀时需将钢块折叠锻打30次。经百倍显微镜观察，此刀断面分层明显，在30层左右，与铭文基本一致。这种反复加热叠打，可以使钢的组织致密，成分均匀，杂物减少，质量提高。"永初六年钢刀"是证明东汉时期用炒钢制作兵器的工艺技术已达到成熟水平的重要的科学技术物证。

永初六年钢刀藏于中国国家博物馆。

兽耳锡簠　春秋文物。1975年，湖北省当阳市赵家湖8号墓出土。

此簠通高18厘米，口径16.4厘米，腹径20.3厘米，腹深9.6厘米，圆形，尖唇，敛口，窄折沿，内折成子口，鼓腹较深，高圈足，双兽耳。覆钵形盖，盖中央有喇叭形握

手。簋腹部及盖的表面分别饰以四圈凸起的弦纹，简洁大方，不失庄重。

赵家湖古墓群分布在湖北省当阳市河溶镇赵家湖周围，由赵家塝、金家山、杨家山等5个墓群组成。1973年，先后发掘315座古墓葬，出土文物万余件，有陶器、铜器、锡器、铁器、玉器、石器、料器、水晶器、漆木器、竹器及丝麻织品等，铜器、陶器和玉器居多，其中不乏楚文化断代的标准器。赵家湖古墓群出土文物对研究楚国的政治、经济、文化提供了丰富的实物资料。赵家湖8号墓出土2件锡簋，大小形制相同，此为其中之一。经北京科技大学冶金史研究室进行成分分析及组织鉴定，发现此簋的含锡量高达95.51%，为春秋中期出土实物中少见。此件锡簋是专为随葬而制作的明器，为研究古代锡器的使用和铸造技术、随葬制度及风俗等提供了珍贵资料。

兽耳锡簋藏于湖北省宜昌市博物馆。

宝塔形尖顶活链锡盖壶　元代文物。1991年，广西田阳县百峰乡发现。

此壶通高26厘米，口径9.1厘米，足径9.2厘米，塔形盖，盖顶作葫芦形纽，盖与把手之间用8个连环节活链相连，链长8厘米。壶身为短颈、鼓腹，腹上部相对两侧分别为弯曲的流和六折几何形把手。圈足。此壶造型大气规整，具有草原民族的粗犷风格。

锡是"五金"（金、银、铜、铁、锡）之一，以锡为器的历史久远，至迟于商代晚期即已出现。锡器制作需要经过多道工序，包括熔锡、制模、裁剪、焊接、磨光等。锡易热、延展性好，有利多样化造型设计。壶是集大成的锡制品之一，最早见于宋代的文献资料，有酒壶、茶壶、暖手壶、温酒壶、炭烧壶、倒流壶、砚滴壶等诸多种类。酒壶为主，茶壶次之。明代锡壶制作形成规模，实用外，出现多种用途制品，如各种工艺壶。至清代达到高潮，出现集多种工艺为一体的创新品，如包镶紫砂锡壶。此件宝塔形尖顶活链锡盖壶属酒壶或茶壶之列，其造型独特，朴实无华，以制作工艺取胜，是已发现的元代锡器精品之一，为研究元时期的锡器制造工艺提供了重要实物资料。

宝塔形尖顶活链锡盖壶藏于广西田阳县博物馆。

桃式锡倒流壶　清代文物。清宫旧藏。

锡壶以瓷壶为蓝本制作，通高12.9厘米。壶体造型独特，为一个饱满的鲜桃置身数片桃叶中。壶流、壶柄做成形状各异的桃枝丫状，以卷曲桃叶自然地贴在桃身上，十分逼真。腹部刻铭文，一侧为诗句"武陵如可问，载酒任怡情"，另一侧则有"一枝娇欲助"及"王胜万制"名款。壶底有通圆口心管，为液体注入口。

倒流壶起源不详，存世已知最早的实物是五代时期耀州窑烧造的瓷壶。倒流壶的内部设计采用物理学中"连通器液面等高"的虹吸原理，从而实现了在壶底部开口，液体从壶底注入，从壶嘴倒出的"倒流"功能。因壶上无口，使用时需先将壶倒置，由壶底的圆口注入液体，再翻转过来往杯中倒，因而得名"倒流壶"，又称倒灌壶、倒装壶或内管壶。据有关资料记载，倒流壶在宋代最为出名，基本造型为枝叶寿桃，装饰蝙蝠、鹿、寿星、童子、松

树等吉祥图案。

桃式锡倒流壶藏于故宫博物院。

掐丝珐琅缠枝莲纹鼎式炉　元代文物。清宫旧藏。

此炉通耳高28.4厘米，口径17厘米，足距9厘米，造型仿古代青铜鼎。圆形，垂腹，圜底，双冲耳，三柱足，耳侧、口沿、柱足下端为铜镀金，外表通饰单线掐丝珐琅花卉纹。腹上部饰一道镀金弦纹，弦纹以上部分施墨绿珐琅地釉，上饰12朵浅蓝色叶衬托的白色菊花；弦纹以下腹部施浅蓝色珐琅地釉，上饰6朵盛开的缠枝莲，具红、黄、白、紫色，相间排列，串联的枝叶间夹以墨绿、紫、红、黄、白等色构成的叶脉、花蕾。圜底部分为浅蓝色珐琅地釉，彩色菊花。双耳、柱足为浅蓝色地釉，红、黄、白、绿等色菊花和梅花。

掐丝珐琅俗称景泰蓝，大约于13世纪由阿拉伯地区传入中国。由制胎、掐丝、点蓝、烧蓝、磨光和镀金等多道工序组成，由于掐丝珐琅器工艺复杂、技术严格、成本高，初现于中国时就为皇家垄断。此炉是元代掐丝珐琅器的代表作之一，造型端庄凝重，器表纹饰构图疏朗流畅，釉色透明光泽。缠枝莲纹主题图案是

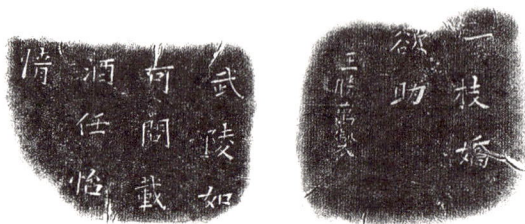

元代掐丝珐琅器的代表性图案，莲花的枝叶肥厚，花朵饱满，并衬托有小花蕾，具有典型的时代特征。此炉釉色中的紫、草绿、绛黄、大红等色，为元代珐琅器的釉色特点。

掐丝珐琅缠枝莲纹鼎式炉藏于故宫博物院。

掐丝珐琅折枝花卉纹玉壶春瓶 明代文物。清宫旧藏。

此瓶为明宫廷御用监制作，高27.1厘米，口径7.4厘米，足径9厘米。盘口、细颈直长，垂腹，铜镀金兽首衔活环双耳，圈足。口沿、圈足边缘镀金。颈部两道镀金弦纹，弦纹中间紫色珐琅地釉上饰相间排列的红、白两色灵芝纹；弦纹外浅蓝色珐琅釉地上，遍饰红、白、黄、蓝、宝蓝等色缠枝花卉，包括栀子、梅花、菊花等，各种花卉均以墨绿釉为叶。腹部下端饰一圈红色莲瓣纹。圈足饰相间排列的红、白两色灵芝纹，圈足内为楷书阳文"景泰年造"双行款。此玉壶春瓶所有纹样均为单线掐丝，造型端庄秀美，表面打磨细腻光亮，珐琅釉色明艳鲜亮，五彩斑斓，折枝花纹星罗棋布，繁而不乱，是明代早期掐丝珐琅的代表作。瓶肩部的铜镀金兽首衔活环双耳和口、足均为清代后配，景泰年款也是后刻。

玉壶春瓶是中国瓷器造型中的一种典型器形，由唐代寺院里的净水瓶演变而来。瓶的造型定型于宋代，独特造型为后世广泛用于不同材质制品，此掐丝珐琅瓶就是典型实例。

掐丝珐琅折枝花卉纹玉壶春瓶藏于故宫博物院。

掐丝珐琅七狮戏球纹长方盘 明代宣德时期（1426～1435年）文物。清宫旧藏。

此盘为内廷御用监制造，盘长53.2厘米，宽33厘米，底座长54.6厘米，宽34.5厘米，通高15厘米。其由盘与座两部分组成。盘直壁，口沿、底边及棱角部分嵌镀金铜边。盘壁外四周开光，长边三个，宽边两个。开光外浅蓝色珐琅地釉上饰红、黄、白等色的卷草、折枝小花，开光内宝蓝色珐琅地釉上饰红、黄、白茶花、菊花、荔枝、牡丹、石榴、芙蓉等折枝花果纹。盘内壁浅蓝色珐琅地釉上饰红、黄、蓝等色的菊花、牡丹、茶花等四季花卉纹，花卉周围点缀绿叶。盘内底长方形开光以宝蓝色珐琅釉为地，其上饰球形锦纹，两长边的中间分别錾嵌镀金半圆形环，环左右镶嵌圆形白色螺钿，左右各6枚，共24枚。盘内浅蓝色珐琅釉上饰菱形锦纹，锦纹间为七狮戏球图案。中心

处3只狮你争我夺忙于戏球，外角处4只狮子不甘落后，口衔绶带遥为助威。座为长方形，束腰，裙边，波浪纹券口，卷云足，足下设长方形托泥。上边沿、托泥边缘等处装饰铜镀金，束腰处作壸门开光，开光内墨绿地釉上饰红、黄、白等花卉，其余部分均在浅蓝色珐琅地釉上饰各色花卉。

此长方盘器形大而规整，铜胎厚重，釉色温润，图案生动形象。其造型为明早期珐琅器所仅见，锦纹地在珐琅器中也属少见，镶嵌螺钿在珐琅器中更是罕见，这一宣德时期御用监所制掐丝珐琅重器堪称明早期掐丝珐琅的代表作。

掐丝珐琅七狮戏球纹长方盘藏于故宫博物院。

掐丝珐琅缠枝莲纹觚　明代景泰时期（1450～1457年）文物。清宫旧藏。

觚高14.5厘米，口径7.9厘米，底径4.1厘米。喇叭形敞口，柱身，圈足，足外撇。口

沿、圈足镶嵌镀金铜套，口沿部分的铜套边缘錾刻回纹，内里錾刻缠枝宝相花纹。由于铜套边缘与觚本身衔接不严，依稀可见觚原口沿和底槽，经考证镀金铜套是清康熙时期后配的。觚通体施浅蓝色珐琅地釉，以双股锤合的粗铜丝掐枝梗，以细丝勾叶片，饰红、黄、白、蓝、绿等色掐丝缠枝莲八朵。觚身中间偏下处嵌以长方形鎏金铜片，上镌刻阴文楷书"大明景泰年制"款。

故宫博物院存有景泰年款的掐丝珐琅百余件，款识分4字、6字两种，基本为后世所为。此件经检验鉴定，有专家认定器物、款识确系景泰内廷同时制作完成，应是景泰时期掐丝珐琅器。

掐丝珐琅缠枝莲纹觚藏于故宫博物院。

掐丝珐琅龙凤纹盘　明代嘉靖时期（1522～1566年）文物。20世纪60年代，故宫博物院征集品。

此盘口径24.2厘米，足径16厘米，高5.1厘米，圆形，撇口，圈足，浅蓝色珐琅釉掐丝勾云纹锦地上饰以龙、凤为主体的纹样。盘内壁黄色巨龙蜿蜒回旋于流云间；盘边凤鹤飞舞；背边龙翔凤飞鹤舞于云间；足底鎏金，正中镌刻填金"大明嘉靖年制"6字双直行款。因土蚀较重，盘上的珐琅釉色和镀金表面光泽已经消退，但红、黄、绿、白、蓝等珐琅釉色仍不失纯正艳丽之美，尤其是镀金，仍有个别地方可见光泽闪烁。

开光是中国传统装饰技法之一，先在器物需要突出表现的部位勾勒出扇形、蕉叶形、菱形、心形、桃形、圆形等各种轮廓形状，再于其内的空间饰以图纹，丰富装饰纹样。这种

装饰手法广泛用于珐琅、漆器、瓷器等的纹饰上。此盘通体掐丝工整流畅，填釉准确，是不多见的有明确嘉靖款的掐丝珐琅器，堪为标准器，弥足珍贵。

掐丝珐琅龙凤纹盘藏于故宫博物院。

掐丝珐琅花卉纹菊瓣式烛台　明代万历时期（1573～1620年）文物。清宫旧藏。

烛台为内廷御用监制作，盘口直径18厘米，足径13.3厘米，高9.6厘米。鎏金铜胎，圆盘形，折边，边缘作菊瓣式。烛台置于盘中心，作宝瓶形，上承长钉。长钉、宝瓶上下沿以及盘座上下沿均有鎏金。盘内外天蓝色珐琅地釉上饰红、黄、白、绿等多彩掐丝珐琅纹样，包括折叠几何纹、缠枝菊花纹、勾云纹等，盘底中心绿地长方框内为朱红楷书"大明万历年造"款。

烛台为照明用具，其历史悠久。早在战国时即有各式精美的铜烛台；三国两晋时期随着制瓷工艺发展，出现形制多样的瓷烛台，并逐渐取代了铜烛台；隋唐时期烛台的种类、造型更加丰富，为后世沿袭。此件烛台是万历年间掐丝珐琅的标准器皿之一，作为佛前供器，制作尤为讲究，共享了红、紫、宝蓝、天蓝、海蓝、白、黄、绿、墨绿、藕荷等十余色釉料。

掐丝珐琅花卉纹菊瓣式烛台藏于故宫博物院。

画珐琅桃蝠纹瓶　清代康熙时期（1662～1722年）文物。清宫旧藏。

此瓶为内务府造办处珐琅作制造，高13.6厘米，口径4.1厘米，腹径7.4厘米，足径4.1厘米。侈口，束颈，鼓腹，圈足，口沿、足边镀金。瓶面以白色珐琅釉为地，其上以蓝、绿、褐、紫红、白等色珐琅釉描绘一幅寓意福寿的吉祥通景图。天空中，流云朵朵，蝙蝠盘

旋，涡旋的水边，翠竹青青，岩石错落有致，一株桃树倚石虬结而生，参差的枝丫左伸右延，舞动的桃叶中，桃实丰硕，桃花娇艳，蝙蝠飞舞嬉戏其中。圈足内也是白色珐琅釉地，其上作宝蓝色双线方框，内为楷书"康熙御制"落款。此瓶画面图案疏朗清逸，色彩柔和雅丽，还具有珐琅器釉薄，表面平滑、无气泡，光泽温润柔和等诸多优点，是康熙晚期画珐琅工艺成熟期的代表作之一。

画珐琅是在铜胎上涂一层白色珐琅釉掩盖胎体的金属色并使器物表面平滑光净后，再用彩釉描绘图案，经焙烧、打磨、镀金而成的工艺。画珐琅起源于法国，康熙年间引入中国，成为宫廷新兴的工艺品种之一。康熙时期既是中国画珐琅的初创期，也是高度发展的成熟期。这一阶段的画珐琅婉丽优雅，品质卓越，存世稀少，在有清一代画珐琅工艺史上占有极其显赫的地位。

画珐琅桃蝠纹瓶藏于故宫博物院。

画珐琅八宝纹法轮　清代雍正时期（1723～1735年）文物。清宫旧藏。

此法轮为内务府造办处珐琅作制造，高22厘米，底座直径10厘米。它由法轮、立轴和座三部分组成。法轮中心圆毂绘菊花纹，毂四周环围8组不规则几何形辐条，辐条两面饰珐琅彩绘法轮、法螺、宝伞、白盖、莲花、宝瓶、金鱼、盘长八宝纹，轮内缘8组如意云头与辐条相间排列，外缘饰相间排列的云头式和叶片式齿。立轴做花叶形衔接轮与座，覆莲藕形圆底座饰莲瓣纹。座底蓝色楷书"雍正年制"4字款。

法轮又称梵轮，为八宝之一，是佛教礼仪

的供器之一。以法轮转动比喻佛法如轮能碾破众生诸罪恶、佛说法如轮永不停息，以及佛法圆满无缺。此器造型别致，法轮形上再以八宝纹为饰，设计奇巧，为雍正时期画珐琅器的代表作。

画珐琅八宝纹法轮藏于故宫博物院。

画珐琅缠枝牡丹纹五供　清代雍正时期（1723～1735年）文物。

五供，是雍正十年（1732年）皇帝赐给曲阜孔庙用以祭祀孔子的礼器，由养心殿造办处珐琅作制造，由一个香炉，两个花瓶，两个烛台组成，都是铜胎镀金。香炉通高71厘米，口径36.2厘米，腹径47厘米，圆形，直口，束颈，鼓腹，圜底，三兽蹄足，肩部伸出朝冠耳一对。表面黄色珐琅地釉上，遍饰紫、蓝、绿、白等各色缠枝花卉纹，颈、耳为缠枝莲，腹、足缠枝牡丹中间饰多种小花。炉内施浅蓝色釉，腹底中心为白地蓝双框，框内为蓝色楷书"雍正年制"款。花瓶通高70.5厘米，口径23.8厘米，腹径21.3厘米，近似瓠形，喇叭

口，长颈，鼓腹，高圈足，足外撇，双龙耳，龙口衔瓶沿，尾抵瓶腹，作蜿蜒升腾状。表面黄色珐琅地釉上，遍饰紫、蓝、绿、白等各色缠枝牡丹和莲花纹，口沿及腹部上下并饰6道镀金凸弦纹。内施浅蓝色釉，底沿蓝色双龙纹长方框内为红色楷书"雍正年制"款。烛台通高72厘米，上盘直径12.8厘米，下盘直径33.4厘米，圈足直径29厘米，双托盘，顶部托盘中间置蜡扦，高圈足底座，圈足外撇。

五供也称"五献"，是后人用于祭祀先人的五种供品，有不同品类，香炉、花觚和烛台是清朝宫廷所设五供之制。据《曲阜县志》《圣门礼制》等文献资料记载，与此铜胎画珐琅缠枝牡丹纹五供同时赐予的还有一件珐琅香盒、五件金龙朱漆几等，但只有这套铜胎画珐琅缠枝牡丹纹五供得以保存下来。此套雍正朝五供制作严谨，釉色明亮饱满，纹饰华美富贵，代表了雍正时期画珐琅的水平。

画珐琅缠枝牡丹纹五供藏于曲阜孔子博物院（孔府文物档案馆）。

金胎掐丝珐琅嵌画珐琅执壶　清代乾隆时期（1736～1795年）文物。

此执壶为清宫内务府造办处制作。通高39厘米，口径7.3厘米，腹径28厘米，足径11.7～12.3厘米。盘口，细颈，垂腹，圈足，蒜头盖，龙首流，钩形曲柄，壶盖与柄以金活链相连，流、首间以曲折横梁相连，流、柄、横梁与壶体焊接处皆作张口龙首造型，横梁与壶体交接处自上而下分别錾饰缠枝花卉、如意

云头莲瓣纹，将流、壶、壶柄结合成完美的一体。盖顶圆托内镶嵌红珊瑚珠，梁、壶柄所饰花托内分别镶嵌青金石和绿松石。壶体以蓝色珐琅釉为地，上饰多种颜色的掐丝珐琅西番莲纹。盖、颈、肩、腹、足等处分别作如意云形、委角方形、八瓣花形、委角长方形、折角长方形等大小形状各异的对称开光，开光内饰画珐琅山水、花卉、仕女、庭院等图案。壶底双栏方框内錾刻楷书"大清乾隆年制"款。肇始于康熙时期的画珐琅工艺，经雍正年间的发展，到乾隆皇帝时达到异彩纷呈的高峰，珐琅器以铜胎居多，金胎相对少见。此壶制作同时运用了掐丝珐琅和画珐琅两种工艺，画珐琅图案色彩柔和，绘饰精美，以中国人物、景致为题材，用西洋绘画技法表现，是一件中西合璧的皇家艺术珍品。

金胎掐丝珐琅嵌画珐琅执壶藏于故宫博物院。

掐丝珐琅锦地扁壶　清代乾隆时期（1736～1795年）文物。清宫旧藏。

扁壶高12.4厘米，口径3.8厘米，腹长13.5厘米，足长8厘米、宽4厘米。圆口，扁圆腹，长方形圈足，双螭耳。口沿、圈足及双螭

耳均镀金，口沿錾饰云雷纹，足上边錾饰云头纹。壶通体施蓝色珐琅地釉，颈部地釉上饰一圈红色为主的掐丝如意云头纹，腹部沿轮廓线饰铜镀金开光，开光内施铜镀金横、竖栏线，将壶的表面分割成规矩有序、犬牙交错的长方形、三角形、梯形等格，开光、栏线饰以多方连续的錾花蔓草纹，格内蓝色珐琅地釉上饰掐丝绿叶红色菊花锦地纹。足内中间镌楷书阳文"乾隆年制"四字双行款。

此壶胎壁厚重，光亮如新，金光灿烂的铜镀金錾花几何纹与多彩的掐丝珐琅菊花锦地纹，错落有致地排列组合，凸显出铜镀金的富丽堂皇。乾隆时期珐琅器的特点是集不同的工艺制作技法于一体，此件铜胎掐丝珐琅锦地扁壶是其代表作之一。

掐丝珐琅锦地扁壶藏于故宫博物院。

掐丝珐琅仿古凫尊　清代乾隆时期（1736～1795年）文物。清宫旧藏。

此尊通高30.5厘米。尊作凫驮瓶形，凫短喙微启，长尾内卷，背驮椭圆形尊，昂首挺胸伫立。凫首、腿爪、尊盘口、圈足边缘为铜镀金，凫身浅蓝色地釉上饰各种形状的金、红、黑、宝蓝等色羽纹，凫翅、尾锤錾成夸张的浪花形。尊身浅蓝色地釉上饰黄、粉、黑、宝蓝等色缠枝莲花等花卉及太极图。凫，水鸟，俗称"野鸭"，飞翔栖于沼泽及芦苇间。

清朝的掐丝珐琅制品制作除宫廷内务府造办处珐琅作外，还有广州、扬州等生产基地。两地烧制的掐丝珐琅器，一种是按皇家样款烧制、供内廷所需，一种是供海内外市场。受地域影响，其产品从造型到装饰带有明显的地方特色，扬州掐丝珐琅线条纤细，技法娴熟，器

物造型多标新立异，图案装饰形式多样，珐琅釉色偏冷，色彩对比强烈，与内廷风格迥异，此件掐丝珐琅仿古凫尊应是扬州掐丝珐琅的代表作。

掐丝珐琅仿古凫尊藏于故宫博物院。

画珐琅开光提梁壶 清代乾隆时期（1736～1795年）文物。清宫旧藏。

提梁壶为养心殿造办处珐琅作制造，通梁高37.8厘米，口径8.8厘米，足径13.3厘米。仿西洋壶造型式样，八棱形，短颈，鼓腹。提梁、流、八棱纽、八棱盖均为铜镀金，提梁上部握手处用金星玻璃塑造成双瓶形状，便于隔热与把握。盖、颈、腹均沿棱线作随形开光，内饰不同风格纹样。盖、颈及流与壶身相交处以黄色珐琅釉为地，上饰绿叶繁茂的多彩大卷叶花，腹部开光内白色珐琅釉地上饰设色山水和花鸟图，各四幅，相间排列。壶底白色珐琅釉上施蓝色珐琅双栏，栏内为"乾隆年制"二直行仿宋体款。壶下做配套的铜镀金八棱形油炉托架，托架4个鎏金蔓草形足，足身伸出内

卷叶脉，承八棱形托盘。托盘上置八棱扁瓶油缸，用以燃火加热，油缸开光边缘饰蓝色雷云纹框，框内黄色珐琅地釉上饰褐色菊花与缠枝纹，底部也有"乾隆年制"款。此铜胎画珐琅开光提梁壶集金属制作、画珐琅和玻璃加工为一体，形仿西洋，图案用中国传统的山水花鸟，融东西方文化为一体，设计巧妙，做工精细，绘画用笔工致讲究，是乾隆时期画珐琅器的罕见珍品。

画珐琅开光提梁壶藏于故宫博物院。

广珐琅缠枝花纹面盆 清代文物。清宫旧藏。

此面盆出自广州工匠之手，口径47.5厘米，底径16.5厘米，高2.7厘米。铜胎，圆形，敞口，折边宽阔，平底微凹。口沿镀金，通体以金、银片贴饰纹样。内壁、折边錾水波纹，遍饰贴银片折枝菊花等花卉纹。内底饰圈带状分布的叶纹，贴金片花、绿釉相间。外壁以银片花纹为主，花纹之上通体罩宝蓝色透明珐琅釉。

　　"广珐琅"是广东制作的透明珐琅器的简称，是从欧洲传入中国的一种工艺，初现于清代乾隆年间。其主要做法是在金属胎上錾花，贴饰金、银片花纹，再罩涂透明的珐琅釉料烧制而成，因在广东制作，故名广珐琅。广珐琅为内务府指定的进贡器物，有些器物的造型、装饰花纹、款识等为清宫造办处珐琅作指定。此面盆制作精细，是广珐琅的上乘之作。

　　广珐琅缠枝花纹面盆藏于故宫博物院。

　　錾胎珐琅太平有象香熏　清代乾隆时期（1736～1795年）文物。乾隆四十一年（1776年）两广总督李侍尧进贡，香熏运抵紫禁城后，曾安放在用以祭祀玄天上帝的钦安殿内。

　　此香熏为一对，出自广东工匠之手，长100厘米，宽55厘米，通高170厘米。铜胎，以錾胎珐琅与掐丝珐琅两种工艺结合制作而成，象颈披璎珞，卷鼻垂尾，四足直立，背驮宝瓶式香熏，站立于束腰长方形基座上，造型题材寓意"太平有象"。各部分装饰风格不同：象为月白色珐琅地上锤鍱起线錾刻勾云纹；宝瓶、鞍鞯、鞍垫及长方形座为天蓝色珐琅釉地上饰掐丝填珐琅纹样，除常见吉祥纹外，还有莲花、法螺、法轮、宝伞、白盖、宝瓶、鱼及盘长等佛教八宝纹。

　　錾胎是金属胎珐琅制作工艺的品种，又叫"内填珐琅"，是先在已制成的金属胎上按照图案设计要求描绘出纹样轮廓线，然后运用雕錾减地，使纹样轮廓线凸显出来，之后于凹处点施珐琅釉料，经焙烧、磨光、镀金完成。香熏展现了广州錾胎珐琅的高超技艺。

　　錾胎珐琅太平有象香熏藏于故宫博物院。

　　錾胎珐琅牺尊　清代乾隆时期（1736～1795年）文物。清宫旧藏。

此尊系内务府造办处珐琅作制造，高19厘米，长21.2厘米，宽9厘米。仿战国错金铜牺尊形制，牛形，双角、双耳向前平展，凸目圆睁，作伫立回首凝望状。四肢短小，躯体肥硕，背负书函一，圆筒二，书函正面有阳文楷书"乾隆仿古"款识。墨绿色珐琅地釉上遍饰大小不一、形状各异的镀金、彩釉勾边卷云纹，颈下、腹部、足部及尾部等数处并饰毛纹。

錾胎珐琅是珐琅工艺中的一种，约在13世纪中后期传入中国。清代錾胎珐琅的制造和生产，有南北之别，南方以广州所制的清新淡雅风格为代表，此件牺尊造型古朴稳重，色泽深沉华贵，为乾隆时期宫廷内务府造办处錾胎珐琅器的代表佳作。

錾胎珐琅牺尊藏于故宫博物院。

画珐琅花卉纹执壶 清代嘉庆时期（1796～1820年）文物。清宫旧藏。

此执壶为清宫内务府造办处珐琅作制造，口径4.4厘米，底径7.1厘米，高23.9厘米。束腰长颈，垂腹，外撇圈足，曲颈高流，钩形如意头执柄，蒜头纽覆钵形盖。盖纽、流上部及柄均为光素镀金，黄色珐琅釉地，地上描饰粉、蓝、绿、白等彩色纹样，呈圈带状分布。盖绘牡丹，颈饰四朵折枝莲花，肩作垂云，腹画牡丹，足作双重垂叶；足内施白釉，中间蓝色双栏方框内署"嘉庆年制"楷书款。

执壶为一种酒器，出现于中唐时期，最早为瓷质，当时称注子。此执壶呈玉壶春瓶式，这种造型始于元代。传世珐琅器中，有嘉庆款者极为罕见。该壶造型典雅，釉色滋润，仍保持乾隆时期珐琅制作的高水平，是嘉庆早期画珐琅器的优秀代表作。

画珐琅花卉纹执壶藏于故宫博物院。

谷纹玻璃璧 战国文物。

璧直径11.3厘米，内径4.4厘米，厚0.3厘米。乳白色，半透明。在靠近缘和好处各有一周弦纹，弦纹之内饰谷纹5圈，排列疏朗，谷纹之间可见深黄色的沁痕。反面粗糙，有明显的方格纹。这件玻璃璧采用模铸成型，形制、纹样与战国时的玉璧相同。

在战国至两汉时期出土的玻璃器中，有一部分玻璃器的色泽、透明度都近似于玉，且其形制、纹饰也是仿照玉器制作而成，这类玻璃器最典型的品种主要有璧、环、璋、璜、剑饰、猪等。璧是中国传统礼仪用器，其大小和拥有数量，与贵族的等级有关。玻璃璧在湖南、广东、广西、陕西等地都均有出土，是当时较为流行的玻璃制品。湖南东周时期重要的木椁墓中皆用玉璧随葬，但中小型墓则普遍使用玻璃璧随葬，每墓一般只出1件，位于墓底头端中部，应是当时置于棺挡上作为装饰用的。据统计，长沙地区1300座东周墓有71座出土73件玻璃璧。这些玻璃璧即为当时玉璧的仿制品，反映出玉器对中国早期玻璃器产品的影响。这些玻璃璧的形制和纹样变化不大，纹饰比较简单，只有谷纹和云纹两种，有的在璧内外缘加一道弦纹。从化学成分上看，楚国人为了制造出类似玉的质地的材料，采用了含钡的矿物作为制造玻璃的主要原料之一，创造出世界上独一无二的铅钡玻璃体系。由于中国古代的铸造业十分发达，玻璃制品多以铸造成型，并成为这一时期玻璃器制造工艺上的突出特点。玻璃璧至汉代逐渐衰落，两汉以后则销声匿迹。

谷纹玻璃璧藏于湖南博物院。

玻璃耳杯　西汉文物。1968年，出土于河北省保定市满城区中山靖王刘胜墓。

刘胜是汉景帝刘启的儿子，武帝刘彻的庶兄。墓中共出土各类文物1万余件，其中包括2件玻璃耳杯和1件玻璃盘。耳杯高3.4厘米，长13.5厘米，宽10.4厘米，呈湖绿色，微透明。椭圆形，两侧耳微向上翘，假圈足。

耳杯是西汉、东汉最常见的器物，为中国独有，其作为随葬品十分流行。经光谱鉴定分析，玻璃耳杯和玻璃盘主要成分是硅和铅，并含有钠和钡，属于中国传统的铅钡玻璃系统。制作方法同当时大量生产的玻璃璧、玻璃带钩相同，都是铸造法，只是工艺上更复杂一些，属于通体打磨。由于采用铸造而成的工艺，胎体显得较厚重，外表不甚光滑，因此部分表面附白色风化层，部分表面因腐蚀而凸凹不平，反映了中国早期玻璃器皿质地轻脆、易腐蚀的特点。

汉代仿玉玻璃器除了璧、蝉、带钩、剑饰、玉衣片等小件制品外，还有仿玉高足杯、玉卮、玉盘等玻璃器皿。玉耳杯也不乏出土的例子，如徐州狮子山楚王陵出土的玉耳杯、吉林省集安市出土的玉耳杯、台北"故宫博物院"藏汉代玉耳杯等。这件玻璃耳杯的形制与同时期漆、铜、陶、玉耳杯一致，色泽更接近于玉，应是汉代的仿玉制品。

玻璃耳杯藏于河北博物院。

淡绿色玻璃杯　西汉文物。1987年，广西合浦县文昌塔70号墓出土。

此杯高5厘米，口径7.3厘米，腹径8.3厘米，呈淡绿色，半透明，表面光滑。口部向内

收，口沿微向外卷，腹上部较直，并向内斜，中部有折棱，并设3道凸出的弦纹，下腹圆弧内收，圆底，底的中部稍向内凹。内外壁有同心圆磨痕。

　　广西是汉代玻璃集中发现的地区之一，尤其是在左江—邕江—郁江沿岸，以及北部湾沿岸的桂南地区更有较多发现。其玻璃制品主要分为装饰品和器皿两类，装饰品数量较多，主要是串珠、耳珰及多种形状的饰件。器皿类较少，玻璃杯13件，玻璃盘2件。据科技分析，广西出土的汉代玻璃器主要包括7种成分体系，分别为钾硅酸盐玻璃、铅钡硅酸盐玻璃、铅硅酸盐玻璃、钠钾铅硅酸盐玻璃、钠铅硅酸盐玻璃、钠钙硅酸盐玻璃和钠钙铅硅酸盐玻璃，以钾玻璃数量最多。

　　经技术分析，这件玻璃碗含氧化硅79.69%、氧化钾16.22%，属于钾硅酸盐玻璃，色彩清新淡雅，透明度较高。无论是器形、装饰和颜色都独具特色，脱离中国早期玻璃器仿玉、漆、陶和铜器的模式。碗腹壁中部的折棱，在广西地区出土的西汉、东汉时期玻璃碗、杯中常见，可视为当地玻璃器皿造型上的特征。但此杯化学成分与其他玻璃杯不同，腹中部三道弦纹等特点与阿里卡梅度发现的玻

璃残片相似，有学者认为其来自印度。广西合浦和贵县是古代海上丝绸之路的出海口，在汉代与国外有文化和贸易上的交往是无疑的。除直接输入的钾玻璃器外，对外来玻璃技术的吸收和发展，以及以此为节点向外传播的影响更为深远。

　　淡绿色玻璃杯藏于广西壮族自治区博物馆。

　　玻璃杯　公元3～4世纪文物。

　　1985～1998年，新疆维吾尔自治区博物馆和巴音郭楞蒙古自治州文管所、且末县文管所相继发掘且末县托格拉克勒克乡的扎滚鲁克墓葬167座，其中49号墓出土了1件玻璃杯。

　　此杯口径68.45毫米，底径18.05毫米，壁厚3～3.4毫米，高66.64毫米，重61克。直口，斜身，无足，腹部自上而下磨琢加工了3排椭圆形的切面，上、中排各13个椭圆，下排7个，上下交错排列。底部为磨制的单圆纹。内壁光滑，外部稍有风化，口沿附近有土沁和虹彩斑驳，玻璃杯局部呈土黄色。玻璃的质地很好，气泡少见且呈圆形，未见到狭长形的气泡。透光效果较好，通过一个切面可透视对面的多个缩小的切面。

　　根据玻璃的化学成分分析结果，可以判断样品属于钠钙体系的玻璃，不同于中国的铅钡

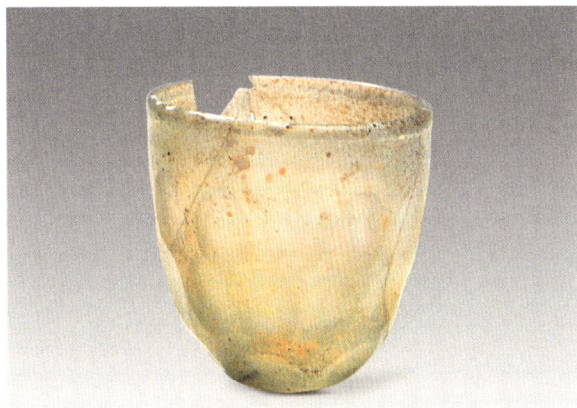

玻璃，显然这是一件具有古代西方玻璃特点的器皿，可能属于罗马帝国后期叙利亚——巴勒斯坦海湾的产品。此外，1995年考古学家在新疆尉犁县营盘遗址9号墓也发现了1件玻璃杯，该杯黄白色，半透明，喇叭口，平唇，下腹斜收成平底。下腹部饰两周圆圈纹，圆圈表面略内凹。上周12枚圆圈呈椭圆形，下周7枚呈圆形。另外，斯坦因在营盘遗址墓葬中也曾发现过一件完整的玻璃杯，据报告描述该杯为淡绿色，小平底，平唇。器壁饰有椭圆纹。靠近底部的一排圆饰为7个，上再有两周椭圆纹。这3件玻璃杯出土地域邻近，且都表现出极为相似的特征。它的年代可能在3~4世纪。

玻璃杯藏于新疆维吾尔自治区博物馆。

玻璃钵 南北朝北魏时期文物。1964年，河北省定州华塔塔基下出土了"大代太和五年"舍利石函。函内装有诸多供养物，包括7件玻璃制品和波斯萨珊银币41枚，这些都是定州与西方交往的直接物证。其中就包括这件玻璃钵。

此玻璃钵高7.9厘米，口径13.4厘米，壁厚0.2~0.5厘米，重315克。这7件玻璃器皿，制作工艺属于同一个来源，其中制作工艺水平最高的是此件玻璃钵，呈天蓝色，半透明。敛

口圆唇，鼓腹，圜底。器壁较薄，玻璃体内有细密的气泡，表面有银白色的风化层。采用无模吹制的方法制成。口沿采用烧口技术，使口部规整、圆滑。

这件玻璃钵为北魏时期少见的大型玻璃器皿，制作较规整，工艺水平较高。玻璃钵的烧口技术是罗马、萨珊传统技术，在中国出土的北魏以前的玻璃器中从未见过，北魏以后却一直延续下来。《魏书·大月氏传》载："（魏）世祖时，其国人商贩京师，自云能铸石为五色琉璃，于是采矿山中，于京师铸之。既成，光泽乃美于西方来者。乃诏为行殿，容百余人，光色映彻，观者见之，莫不惊骇，以为神明所作。自此中国琉璃遂贱，人不复珍之。"可知，公元5世纪中亚地区的工匠已将无模自由吹制玻璃技术传到了中国。这件玻璃钵为中国的传统器形，是采用西亚吹制技法制造的玻璃器皿，代表了当时玻璃制造的技术水平。

玻璃钵存于河北省文物研究所。

磨饰玻璃碗 南北朝北魏时期文物。1987年，出土于大同市电焊器材厂107号墓。

此玻璃碗高7.5厘米，口径10.3厘米，腹径11.4厘米，吹制而成，无色透明，稍泛黄色，内含气泡很少。直口，外壁口沿下凹成一

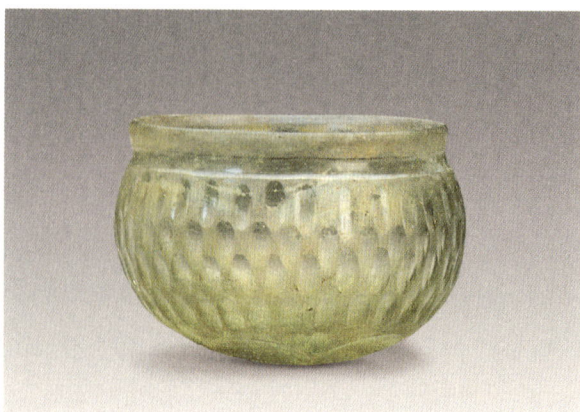

周沟状、鼓腹、圆底。腹部磨出交互排列的4排，每排35个椭圆形的纹样。底部也在正中磨出一个大的凹球面磨饰，四周绕以6个较小的圆形。这些纹饰都是采用冷加工工艺磨琢抛光而成。

西方继罗马玻璃之后兴起的波斯萨珊玻璃，继承了罗马玻璃工艺的特点，特别是发展了冷加工的磨琢工艺，在玻璃碗上磨琢出凹下或凸起的凹球面，形成一个个小凹透镜。这类器物广泛出土于中国的新疆、宁夏、陕西、江苏等地。在日本、朝鲜半岛也有出土。但这种类型的玻璃碗在伊朗高原出土最多，流行时间最长，据统计出土有100余件。这件磨饰玻璃碗保存状况较好，除外壁略有风化斑点外，其余部分光洁如新。1984年，江苏省句容市春城镇袁相村元嘉十六年（439年）刘宗墓出土了1件磨饰玻璃碗，侈口、球腹、圆底、颈部微收。腹部有6排小凹球面有规律地相互错叠，碗的底部也有一个外缘呈五边形的凹球面。器形和纹饰同107号墓玻璃碗基本相同。

大同107号墓同时还出土了银罐、鎏金刻花银碗、金耳环、玻璃珠等，都表现出很强的异域特色。依据出土陶器和墓葬形式，该墓年代应早于孝文帝执政，即不晚于公元5世纪中叶。山西大同是北魏前期的首都平城所在地，北魏政权在平城近百年的经营中，占领并控制了河西地区，使丝绸之路向东延伸。这件磨饰玻璃碗说明了北魏与西亚的密切关系。

磨饰玻璃碗藏于山西省大同市博物馆。

波纹碗　南北朝北魏时期文物。民国37年（1948年），河北省景县封氏墓群出土4件玻璃碗，现存2件，一件为封魔奴墓出土，另一

件即祖氏墓出土的淡绿色波纹碗。

此碗口沿内翻成圆唇，底部缠玻璃条成矮圈足，平底，底部有疤痕。腹部缠贴3条波纹作为装饰，每条波纹有10个波峰，3条波纹互相衔接形成网目纹。此碗高6.7厘米，口径10.3厘米，足径4.6厘米，壁厚0.2厘米。

玻璃碗器壁很薄，内壁光滑，外壁有明显的水平纹理，说明是采用有模吹制法成型的。有模吹制法是用吹管把料泡吹成适当形状和大小，再放入模子里吹制成型，再经冷却制成。用这种方法吹制的器皿比无模自由吹制的器皿更为规整，内壁是自由表面，很光滑；外壁与模子接触，料泡放进模子的同时要不停旋转，所以形成水平纹理。装饰技法与祖氏墓波纹碗相似的玻璃器在国外发现较多，黑海北岸公元5世纪的罗马遗址中出土过许多波纹、网纹玻璃残片，制造工艺和装饰技法与祖氏墓波纹碗相似。另外韩国庆州的瑞凤冢和皇南洞98号古

坟，也出土了风格相似的波纹碗。祖氏墓玻璃碗经X射线荧光定性分析，质地以硅、钙为主，氯、钾元素较多，没有铅元素，应属钾、钠玻璃制品，与罗马玻璃的一般组成元素相符。所以，祖氏墓和韩国庆州的玻璃器皿，可能都来源于罗马时期的黑海北岸。魏晋南北朝时期，南方的东西交通继承了两汉的传统，南京地区出土大量罗马玻璃碗和外来文物，说明仍然以水路运输为主。而这个时期的北方，玻璃器多依靠陆路传入中国，这与新疆发现多处罗马玻璃残片相符。景县封氏族系，是北魏、北齐间的上层贵族，封魔奴曾作为北魏的使臣出使过张掖，推测封氏墓地出土的玻璃器是从陆路丝绸之路传入的。

波纹碗藏于中国国家博物馆。

鸭形玻璃器　东晋北燕时期（407～436年）文物。1965年9月，在辽宁省北票县西官营子冯素弗墓中出土了5件玻璃器。最使人感兴趣的是一件形状似鸭的器物，由于它用途不清楚，暂定名鸭形器。

此鸭形器长20.5厘米、腹径5.2厘米，重70克，淡绿色，透明，外表有白色风化层，部分地方有蓝紫色的虹彩。以吹管法成型，横长身，扁嘴如鸭，长颈鼓腹，细长尾。成型后，

再用玻璃液拉出玻璃条，在冷却前粘贴在器身上作为装饰。颈部为一周锯齿纹，背上贴出双翼，腹下粘出折线的双足，腹底粘一个平整的玻璃饼，使圆腹得以平稳放置。

冯素弗为北燕文成帝冯跋之弟，曾任北燕范阳公、辽西公、车骑大将军、大司马，卒于415年，因此这件玻璃器当不会晚于此时。这种动物造型的玻璃器皿在中国仅出土此一例，且无与之相似的器物，但在西方玻璃器中却有一些可比较的线索。如公元1～2世纪地中海地区流行一种鸟形玻璃器，与这件鸭形器在形态上有相似之处。颈腹部缠绕玻璃条也是罗马玻璃上经常采用的做法，阿富汗贝格拉姆（Begram）遗址中发现的公元2～3世纪的罗马玻璃的装饰技法与之相似。与这件鸭形玻璃器同时出土的还有玻璃碗、杯、钵和残器座共4件，胎体中气泡和杂质很少，均采用无模自由吹制成型，口沿微向内卷，有的贴玻璃条为装饰，所采用的制作技术都是罗马玻璃常见的制造工艺。其中玻璃钵经成分分析，为钠钙玻璃，与罗马玻璃的基本组成相似。公元五六世纪或更早一些，中国北部通往西方诸国的草原丝绸之路很畅通，冯素弗墓出土的这些玻璃器便是由西方经中亚传入中国的罗马系统的玻璃器。

鸭形玻璃器藏于辽宁省博物馆。

磨饰玻璃碗　北周天和四年（569年）文物。1983年，宁夏固原县南郊李贤夫妇合葬墓出土。

此玻璃碗高8厘米，口径9.5厘米，最大腹径9.8厘米，碗壁厚约0.4厘米，重245.6克，呈淡黄绿色，胎体内含有小气泡，透明度好，直口深腹，矮圈足。口沿有水平磨痕，外壁分

布有上下两圈凸起的圆饰，上圈8个、下圈6个交错分布，底部也是1个直径较大的圆饰。玻璃碗体和圆形凸起纹饰为一次吹制而成，之后再经打磨加工，使得圆饰更加突出，圆饰表面也经过后期打磨形成凹球面。此玻璃碗透亮又具有多个球面，从任何角度观赏都是晶莹剔透且富于光泽变化，极大地发挥了透明玻璃的特点，在当时是非常珍贵的物品。

这类装饰风格的玻璃器被研究者判定为从波斯萨珊王朝传入的产品，原产于伊朗高原，在王朝疆域内流行于4～7世纪。中国境内发现的李贤墓玻璃碗和西安东郊清禅寺玻璃瓶出土于有纪年的墓葬（569年）和遗址（589年），为此类风格玻璃器传播至中国提供了更加精确的时间——6世纪后半期。日本冲之岛也发现过凸起圆饰玻璃器的碎片，制作工艺和风格与该件玻璃碗相同。除凸起圆饰的玻璃器外，其他类型的萨珊玻璃在中国新疆、宁夏、陕西、山西、北京、江苏、湖北都曾被发现。包括凸起圆纹饰玻璃器在内的多类萨珊玻璃器的广泛分布，再现了丝绸之路上物质文化的传播和交流。历史重镇原州（今宁夏固原）是丝绸之路东段北道的必经之地，西方文明、中原文明和草原游牧文明在此交会贯通。李贤家族是封地

在陇西的军人世家，其墓是典型的中原特色墓葬，但其中出土有深目高鼻的彩绘胡人陶俑38件、彩绘陶载物骆驼2件、萨珊的鎏金银胡瓶和玻璃碗各1件、西亚的嵌宝石金戒指1枚、最早在波斯出现的带鞘环首铁刀1把。如此众多异域文化特色的物品汇集一墓，不仅证明了当时原州丝路商贸的活跃，也表明了北朝统治阶层对异域奢侈品的喜爱和追逐。

磨饰玻璃碗藏于宁夏回族自治区固原博物馆。

椭圆形绿玻璃瓶　隋代大业四年（608年）文物。1957年，陕西省西安市玉祥门外西李静训墓出土。

此玻璃瓶高12.5厘米，口径3.8厘米，足径4.9厘米，瓶直口，卷唇，溜肩鼓腹，扁体，玻璃条缠圈足和口沿。吹制成型，器底有疤痕。绿色透明，气泡和结石很少，器壁极薄，晶莹玉润。此瓶的形制特征中最突出的是呈扁体、形制相似的瓷器扁壶，北齐、隋代的墓葬中时有发现。

李静训家世显赫，曾祖父李贤是北周骠骑大将军、河西郡公。母亲宇文娥是北周宣帝与皇后杨丽华的女儿，而杨丽华又是后来的隋文帝杨坚与独孤皇后的长女、隋炀帝杨广的大

姐。大业四年（608年）六月的一天，李静训死于宫中，年仅9岁。隋文帝杨坚与独孤皇后及杨丽华都十分悲痛，特地将她安葬在离皇宫不远的皇家尼姑庵——万善尼寺内，以寄托思念之情。墓室内安置着当时只有一品以上的皇室成员和有特殊贡献的大臣才能享有的石棺椁，并随葬许多金银珠宝。李静训墓出土了24件玻璃制品，包括杯、罐、扁瓶、无颈瓶、管状器、卵形器、小珠等，器类较多，年代明确，反映了隋代玻璃的制作水平。隋代生产的玻璃器，一种是在中国传统工艺的基础上发展而来的铅玻璃；另一种是受西方影响用新技术生产的含钠钙成分较高的钠钙玻璃。李静训墓出土的椭圆形玻璃瓶经X荧光分析，为纳钙玻璃。但国外没有出土过相似器形的玻璃瓶，应是受西亚技术影响的国产玻璃。

钠钙玻璃、铁棒技术、粘贴玻璃条装饰是西方玻璃工艺的特征，中国本土生产的早期玻璃器中很少见到这些现象。高铅玻璃和钠钙玻璃共存，是隋代玻璃突出的特点，特别是质地为钠钙玻璃、造型为中国特色的器物，表明隋代已经全面掌握了上述外来工艺，既能制造高铅玻璃，也能制造出质量较高的钠钙玻璃，器物形态则采用传统样式，中国玻璃制造进入了一个新的发展时期。

椭圆形绿玻璃瓶藏于中国国家博物馆。

凸圈纹玻璃杯　唐代文物。1970年，陕西省西安市南郊何家村唐代窖藏遗址出土。

此玻璃杯高9.7厘米，口径14.3厘米，底径10.3厘米，稍泛黄绿色，透明度较高。侈口，直壁略斜，平底。口沿外卷成圆唇，下有一周凸起的弦纹，腹部有8组圆环纹。

圆环采用玻璃条粘贴技术，是将熔融的玻璃条挑出，趁热贴压在杯身上，属热加工装饰工艺。粘贴玻璃条为装饰的技术早在罗马玻璃中已经出现，萨珊玻璃工匠继承发展了这一技术。这件凸圈纹玻璃杯是1件典型萨珊玻璃器。唐代类似的玻璃器皿也有发现，陕西临潼县庆山寺出土一件平底玻璃瓶，器肩也有一周凸起的弦纹，腹外壁粘贴不规则的凸起弦纹。陕西扶风法门寺地宫出土的贴花玻璃瓶，腹部粘贴四排同心圆装饰、不规则的五角星饰、花蕊形饰和水滴形饰。唐代之前，如河北景县北朝晚期祖氏墓出土的玻璃碗，封魔奴墓出土的玻璃碗，都属于同样风格的作品。此外，韩国庆州松林寺砖塔出土的环纹玻璃杯和日本正仓院保存的蓝色环纹玻璃杯，虽然在器形上与何家村窖藏玻璃杯不一样，但工艺及装饰手法是类似的。此外，在甘肃敦煌莫高窟第159窟供养菩萨手持的蓝色凸圈纹玻璃碗，新疆库木吐喇石窟第23窟的凸圈纹玻璃碗，与何家村窖藏的凸圈纹玻璃碗十分相似。这些玻璃碗经检测分析，为纳钙玻璃。何家村窖藏遗址的埋藏年代在8世纪后半期，但此件玻璃杯的制作年代可能是7世纪。这些西亚贴玻璃条为装饰的玻璃器皿，从伊朗高原，经中国大陆传至朝鲜半

岛和日本，是丝绸之路畅通东西方贸易和文化交流的物证。

凸圈纹玻璃杯藏于陕西历史博物馆。

八瓣团花描金蓝玻璃盘 唐代文物。1987年，陕西省扶风县法门寺地宫后室出土。

此盘高2.3厘米，腹深1.7厘米，重141克，深蓝色，透明，有小气泡。盘沿外折，腹壁斜收，浅腹，平底。因使用铁棒技术，盘底心微凸。盘内装饰为三重结构的刻花：中心有描金圆形规范，内刻八瓣莲花状花叶围成的团花一朵；圆形规范外一周刻出双圈水波纹，内、外波纹之间填充果实纹饰。最外层为两个同心圆组成的描金环带。三重结构装饰内的余白处，均填刻细密的平行线，并描金。

法门寺唐塔地宫后室出土20件玻璃器，是中国考古发现数量最多、保存最好的玻璃器。其中茶盏、茶托采用中国传统器皿的样式，为中国制造，其余大都是伊斯兰玻璃器。地宫内还出土了咸通十五年（874年）镌刻的"应从真寺随真身供养道具及恩赐金银器物宝函等并新恩赐到金银宝器衣物账碑"，其中提到"瑠璃钵子一枚，瑠璃茶椀柘子一副，瑠璃叠子十一枚"。其中"瑠璃叠子十一枚"无疑是指地宫中的11件玻璃盘，这是唐皇室赐予法门寺

的珍宝。玻璃盘中有6件以植物的枝叶和几何图案为主题纹样，采用了刻纹技法，风格细密繁缛，不曾见于中国传统纹样，正是伊斯兰玻璃纹样中最常见的。刻纹是用比玻璃坚硬的材料，在冷却后的玻璃表面刻划出的各种线条的工艺技法。这些刻纹盘原料成分属于钠钙玻璃，含较多的钾，均无模自由吹制成形，属于伊斯兰玻璃。此件玻璃盘线条中描金色，华丽夺目，为伊斯兰玻璃器中的精品。

八瓣团花描金蓝玻璃盘藏于法门寺博物馆。

刻花玻璃瓶 北宋文物。1969年，河北省定州市静志寺塔地宫出土。

此瓶高9.8厘米，口径3.5厘米，腹径6.5厘米，底径5.8厘米，呈蓝色，透明，表面光滑，部分杯体上有白色风化层。直口，圆唇，斜直壁，平底。底部有疤痕，无模吹制而成。纹饰为刻制，颈周饰排列均匀的6个竖长方形，下饰凹弦纹一周，腹的上下部各饰凹弦纹一周，中饰几何纹样。

太平兴国二年《重修静志寺真身舍利塔铭》记："开宝九年（976年）岁次丙子三月中旬，申上欲开塔基，重取舍利，寻蒙太尉俞允，即日于塔身内取得银棺子一所……又于地宫内石函中取得银塔子一、琉璃瓶二枚……"

地宫内出细颈瓶2件，直颈、折肩、鼓腹，透明度较好。一件略呈黄色，与日本唐招提寺所藏传由鉴真和尚携去的西国琉璃瓶相似。另一件就是这件刻花琉璃瓶。这种杯的形制在中国少见，陶瓷器中也无类似器物，而在伊朗高原9～10世纪的遗址中经常发现。经X荧光检测分析，成分为钠钙玻璃，并含有一定量的钾，应是一件伊斯兰玻璃制品。与静志寺刻花玻璃瓶相似的器物还有两件。一件出土于浙江瑞安慧光塔，另一件出土于安徽无为舍利塔基。另外，在印度尼西亚井里汶沉船中出土大量完整或残缺的玻璃器皿，其中一种玻璃瓶与静志寺出土玻璃瓶如出一辙，与认为这些外国玻璃可能来自海上丝绸之路的观点不谋而合。僧人对舍利的供养中，香水沐浴是必不可少的环节。装有蔷薇之水的香水玻璃瓶，是佛教舍利供养中重要的器具，静志寺塔基地宫出土的细颈玻璃瓶，应是这种储存香水的玻璃容器。

刻花玻璃瓶藏于河北省定州市博物馆。

玻璃净瓶 北宋文物。2008年，南京市考古研究所发掘北宋大中祥符四年（1011年）长干寺地宫，出土了七宝阿育王塔、金棺银椁、佛骨舍利，以及丝绸制品、玻璃、香料等珍贵文物。玻璃器共4件，保存完好，其中2件玻璃

瓶直接出土于铁函内；玻璃盏和玻璃净瓶则发现于铁函内的七宝阿育王塔中。

此净瓶高13.8厘米，口径5.7厘米，底径6厘米。玻璃净瓶出土时在饱水状态下呈翠绿色，干燥后渐呈蓝色。内盛一丝袋，以丝织品封口，丝袋内为银色小颗粒和丁香。瓶体口微侈，宽平沿，长直颈，斜肩，直腹略斜收，平底。纹饰皆为凹刻，颈部两周弦纹间饰四个长方形竖点，肩部饰一周弦纹，肩腹相交处饰一周水滴纹，腹部两周弦纹间饰四个壶门状纹饰，其内皆有两个横长点，壶门间除一处加饰两条竖弧线外，余均刻划上"三"下"八"形纹饰。

国内出土类似形制的玻璃瓶有内蒙古奈曼旗辽陈国公主墓（1018年）出土的刻花平沿细颈玻璃瓶、天津蓟县独乐寺白塔（1058年）出土的刻花平沿细颈玻璃瓶。这些玻璃瓶与伦敦维克多利亚和阿尔伯特博物馆保存的伊朗磨刻花平沿细颈玻璃瓶、伊朗德黑兰考古博物馆收藏的乃沙不耳（Nishapur）出土的10世纪水瓶，以及德国派加蒙博物馆收藏的伊朗9～10世纪玻璃瓶的器形十分类似，具有鲜明的伊斯兰玻璃风格。据检测分析，这件玻璃颈瓶的化学成分与同时代的国产铅玻璃体系截然不同，且铝含量明显更高，接近于伊斯兰某些钾铅玻璃的配方，应为伊斯兰玻璃，是当时中国和阿拉伯文化交流的物证。

玻璃净瓶藏于江苏省南京市博物馆。

包金珠白色玻璃杯 南宋文物。2004年3月，浙江省金华市陶朱路舒公墓出土4件玻璃器，其中此件包金珠白色玻璃杯最为精致。

此件玻璃杯高1.6厘米，长8.7厘米，宽7.2厘米，圜底无足，平折沿，且一侧平出如

意云状宽边，有指垫之意，但无下接的半环耳。全器沿边包以镂空的银鎏金棱，宽边棱为联珠组成缠枝花卉纹，极为精细，显然在当时是十分珍贵的产品。

北宋中期以后，中国烧造的玻璃容器在数量、品种上较隋唐以前有一定增加，玻璃制作的技术也较为普及。如，苏轼有《独酌试药玉酒盏》诗言："镕铅煮白石，作玉真自欺。琢削为酒杯，规摹定州瓷。"说明掺有铅料而烧成类玉的作品，其形式模仿定窑瓷器，酒盏应是白色不透明的玻璃产品。这种药玉器皿还远渡日本。《中华名物考》一书中提到：江户时代初期的笑话集《醒睡笑》中，列举了十几种杯的名称，其中之一叫"药玉船"，显然是中华制的杯子，其时就舶到日本。苏东坡《二月三日点灯会客》云："试开云梦羔儿酒，快泻钱塘药玉船。"南宋王式朋注云："药玉船，以药煮石使似玉者，可作杯。"东坡之后，南宋初期的诗歌中往往出现此杯的名字。例如，杨万里《秋凉晚酌》诗有云："者稀尚隔来年再，且醋今宵药玉船。"药玉船，可能是器口呈横长纵短体近椭圆的形状，即模仿古代卮的形状。

包金珠白色玻璃杯存于浙江省金华市文物局。

乳丁纹高颈玻璃壶 辽代文物。1986年，内蒙古自治区奈曼旗陈国公主墓出土。

此壶高17厘米，口径6厘米，腹径9.5厘米，底径8.7厘米，双唇，侈口，漏斗形细高颈，宽扁把手，球形腹，喇叭形高圈足。腹壁饰五排小乳丁饰。花饰镂空把手用10层玻璃条堆砌，底外部有粘棒疤痕。表面有风化层。

陈国公主墓共出土7件玻璃器，除了这件玻璃壶外，还有2件带把玻璃杯、1件刻花玻璃瓶、1件乳丁纹玻璃盘和2件高颈瓶。出土时多数玻璃器已破碎，只有带把玻璃杯和乳丁纹玻璃盘完整，另外4件可复原，1件不可复原。复原工作由中国社会科学院考古研究所技术室进行。据出土墓志记载，墓主人于辽开泰七年（1018年）下葬，也意味着这批玻璃器不会晚于11世纪初。这种器形在伊斯兰世界比较普遍，与之类似的器物在英国维多利亚与艾尔伯特博物馆、美国康宁玻璃博物馆、美国纽约大都会艺术博物馆都有收藏，其出土地点分布较广，埃及、伊朗等地都有出土。玻璃壶把手为

玻璃器的热加工技术制作，玻璃工匠充分掌握了熔融玻璃液在温度下降时由软变硬的特点，逐步堆砌起这种镂空的花式把手。该种装饰技术多见于埃及、叙利亚等地出土的玻璃器中。此壶经化学检测，氧化钠的含量为20.66%，也与埃及和叙利亚的玻璃成分相近，可能是埃及或叙利亚的作品。陈国公主墓出土成批西方玻璃器，并非孤立现象，属于中国北方地区的辽宁朝阳市等地也曾有所发现，说明在唐代兴盛一时的丝绸之路之后，中国北方通往中亚、西亚的交通路线却依然保持着繁荣，这批西方玻璃器正是研究此一时段中西文化关系问题的重要实物证据。

乳丁纹高颈玻璃壶存于内蒙古自治区文物考古研究所。

高足玻璃杯　辽代文物。

2003年3月，内蒙古文物考古研究所发掘了科尔沁左翼后旗吐尔基山辽墓，在棺床前的漆案上发现大量金银器和一件玻璃高足杯。

此玻璃杯高12.5厘米，口径9.4厘米，底径3.9厘米，透明微泛绿光，质地细腻，手感很轻，是辽墓出土玻璃器中保存情况最为完好的一件。

吐尔基山辽墓墓主人戴的冠帽、缀挂的铜

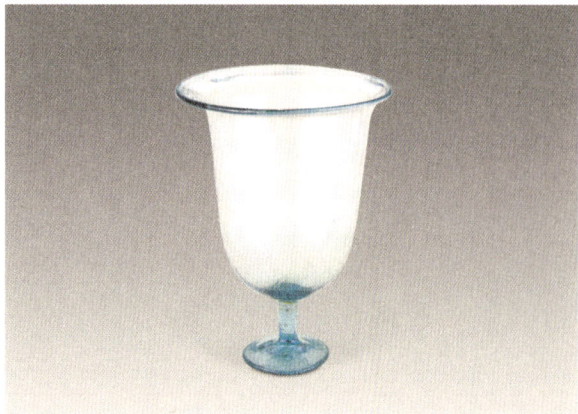

铃、佩带的流苏与鄂温克族、达斡尔族等的萨满相似，可以确定其身份是契丹萨满。墓主人使用金质神帽，肩上有日月图案的金牌，衣服上有"天""朝"等文字，其通神活动与国家命运相关，可能是服务于辽皇室的大萨满。从萨满在氏族内部继承、墓内有珍贵器物随葬分析，墓主可能来自贵族。

高足杯为西方的传统器形，汉唐时期就曾传入中国，广西钦州市久隆隋唐1号墓出土一件玻璃高足杯，经鉴定为国产的铅玻璃。国外一些博物馆收藏有玻璃高足杯，但与吐尔基山辽墓所出玻璃杯存在较大的差异。如美国康宁玻璃博物馆、大都会艺术博物馆等收藏有几件产自伊朗地区的伊斯兰玻璃高足杯，在杯足与杯身的交接处存在一圆形的托盘。罗马帝国时期玻璃制作技术发达，地中海东岸出土的罗马风格玻璃高足杯器形与吐尔基山辽墓高足杯存在较多相似性，但二者年代相差甚远，不可能有直接的联系。地中海东岸在罗马帝国统治时期是世界玻璃器生产的中心之一，后来阿拉伯帝国兴起并占领了该地区，在继承前代玻璃制作技术的同时，又不断发展产生了新的风格特征，称为伊斯兰玻璃。从器形及玻璃制作技术的发展史来考查，吐尔基山辽墓出土的玻璃高足杯具有罗马玻璃的一些特征，出自地中海东岸地区可能性较大。

高足玻璃杯存于内蒙古文物考古研究所。

玻璃莲花盏托　元代文物。1979年，甘肃省定西市漳县汪世显家族墓出土的这套盏与托器物。

此件托高1厘米，口径12.5厘米，厚0.1厘米。平折口，边沿作八瓣莲花形，腹壁略向外

撇呈正八边形，平底。色呈深蓝，胎内含气泡较多。盏口、腹呈七瓣莲花形，假圈足，底心略凹。高4.8厘米，口径8.6厘米，底径3.2厘米，厚0.8厘米。与托同色，但胎内含气泡较托少。盏置于托上，自然形成有层次的盛开莲花。造型新颖美观，色彩稳重浓郁。

至元十五年（1278年），元朝政府设立瓘玉局，归属为皇家造作的将作院系统，专门生产仿玉玻璃器。在当年的益都颜神镇，则发现了元末明初的玻璃炉遗址，产品主要为钾钙玻璃。意大利旅行家马可·波罗《马可·波罗行记》描述元大都宫殿时写道："窗上玻璃的装置也极为精致，犹如透明的水晶。"可见，元代宫廷建筑已使用玻璃窗。但元代玻璃器发现极少，代表作品有江苏苏州市张士诚母曹氏墓中出土数百粒玻璃珠和1件玻璃圭。玻璃珠的成分经分析，属于钾铅玻璃。圭长42.6厘米，为中国古代所知形体最大的玻璃器之一。另一件元代玻璃器即此件盏托，出土地点和时代明确，工艺精湛，为元代玻璃的代表作品。关于这件玻璃盏托的出产地，学界多有不同观点，有学者认为其可能从西方传入。但有学者认为不论实物还是文献，都无法证明伊斯兰玻璃器风靡元上层社会。汪氏是金、元、明时代陇西望族，墓主人汪惟贤是汪世显的孙子，是元代"故荣禄大夫、大司徒"，此套玻璃盏托可能来自瓘玉局的赏赐。

玻璃莲花盏托藏于甘肃省博物馆。

凤穿花卉纹玻璃碗　明代文物。江苏省南京市中华门外出土。

高5厘米，口径9.2厘米，底径3厘米，似青玉色质，有沁痕。直口，深腹，矮圈足。碗外口沿为一周几何纹，腹部饰海棠花、芍药、萱草、石榴等花卉纹，一只展翅飞舞的凤凰穿行于花叶之中。

与两宋相同，明朝疆域内的玉材相当匮乏，所以药玉也成为真玉的替代品，进入舆服制度。其时的百官朝服，三品以上可佩玉，四品以下则可佩药玉。1978年，在江苏省扬州市梅花岭史可法衣冠冢出土一套玻璃带板，涅白色，应是明代的药玉带饰。其他地方出土的明代玻璃器有四川成都梁家巷出土的玻璃珠，山东梁山的玻璃杯，山东邹县明朱檀墓出土的玻璃棋子和玻璃带板，北京护国寺西舍利塔出土的玻璃盘、碗，以及北京天宁寺出土的玻璃盘等。明代玻璃器产地主要有山东益都县颜神镇和淮北一带。颜神镇发现有元末明初的玻璃炉遗址，清理出大批玻璃炉、玻璃原料、玻璃

器。经对玻璃器和玻璃原料的检验表明，其绝大多数成分是钾钙玻璃。明嘉靖四十四年（1565年）的《青州府志》记载颜神镇玻璃原料以"马牙、紫石为主，法用黄丹、白铅、铜绿焦煎成"。当时，颜神镇玻璃的地位愈为重要，主管营造的内官监还在该地设外厂，"取彼水晶，和以回青"，为郊坛裪殿的门窗制作蓝色的玻璃帘幌。明代宋应星的《天工开物》上记述了玻璃制作的全过程，方以智的《物理小识》中也有关于玻璃的记载，表明玻璃生产在明代已十分成熟。从此二碗可知，明代玻璃配方与烧造工艺均比前朝有所改进，已能烧造饮食用器皿。此器外饰阴线凤穿花纹，也是精巧之作，足以代表明代玻璃工艺的高超水平。

凤穿花卉纹玻璃碗藏于南京博物院。

透明玻璃水丞　清代康熙年间（1662～1722年）文物。清宫旧藏。

该水丞高7厘米，口径2.8厘米，底径6.5厘米。水丞小口，带器盖，斜壁，平底。器盖琢磨成六棱多面状，器体琢磨出八瓣微有凸凹起伏的花瓣。器物底部阴刻"康熙御制"双竖行篆书款识。制法是先将熔融的玻璃料吹成扁圆形，然后按琢磨玉器的方法进行加工。此水丞无色透明，质地纯净，为清宫养心殿造办处

玻璃厂制造。

康熙三十五年（1696年），康熙亲自传谕在蚕池口设立玻璃厂，后属内务府养心殿造办处，专门为皇室制造各种玻璃器。为区别烧造琉璃砖瓦的琉璃厂，取名为玻璃厂。在筹备过程中，曾聘请日耳曼传教士纪瑞安神父为总设计师。在建厂之初，还有广东工匠程向贵和周俊两人曾在内廷供职。玻璃厂的建立，为清代皇家玻璃的生产奠定了物质和技术基础。康熙朝是清代官造玻璃的首创时期，但清宫造办处汉文档案起于雍正元年（1723年），止于宣统三年（1911年），没有康熙朝的记录，难以了解康熙朝造办处玻璃制作情况。而可识别为康熙朝御窑的玻璃器只有两件，具有代表性的就是此件玻璃水丞。这种透明玻璃是模仿水晶制作的，也称水晶玻璃，其时颜神镇已能烧造。但其形制是西方的墨水瓶，其装饰也是采用西方的磨琢玻璃手法。因此水丞可能是采用日耳曼波希米亚玻璃配方在玻璃厂烧制而成，但"康熙御制"款应是由中国玉匠碾成，可视为纪瑞安和程向贵在玻璃厂精诚合作的结晶。

透明玻璃水丞藏于故宫博物院。

白套红玻璃云龙纹瓶　清代乾隆年间（1736～1795年）文物。清宫旧藏。

此玻璃瓶高29.5厘米，口径9.5厘米，底径11.7厘米，吹制而成，喇叭口，细颈，圆腹下垂，矮足，平底。以涅白色玻璃作胎，外套紫红色玻璃纹饰，瓶口饰弦纹一周，颈部饰仰蕉叶纹，肩部饰蔓草纹和如意云纹，腹部为云龙戏珠图案，近底处饰莲瓣纹。瓶底楷书刻"大清乾隆年制"6字款。该瓶由清宫玻璃厂烧造，花纹繁缛，胎体厚重，是乾隆时期套色

玻璃器皿中较大件作品之一。

乾隆元年至三十年（1736～1765年）是皇家玻璃厂大规模生产时期，也是清代玻璃制作的高峰期。除康、雍两朝已有的玻璃品种继续制作外，还烧造出若干新的玻璃品种。整个乾隆朝制作的玻璃器有数万件，存世数量也是最多的，品种有生活用品、陈设品、佛堂用品、文房用品、装饰品等。按其制作工艺，大致可分为单色玻璃、套玻璃、画珐琅玻璃、金星玻璃、刻花玻璃、戗金玻璃、搅玻璃、缠丝玻璃、描金玻璃等。套玻璃始烧于康熙年间，是乾隆朝玻璃中的主要品种。套玻璃是指以白色玻璃为器胎，其上热贴其他色彩玻璃，黏合后再碾琢图案，呈现多彩的鲜艳效果。颜色以白套红，白套蓝为主，也有色玻璃地套色玻璃。套玻璃有套一色与套多色之分。乾隆朝套玻璃器工艺技术成熟，雕工精湛，基本上采用套一色玻璃，再按所需图案进行雕琢的方法。广泛流行于民间的套二色、三色，甚至最多达套八色的玻璃器，在造办处玻璃厂几乎未见。套玻璃器是玻璃烧造技术与雕琢工艺的复合品，其雕刻技术与同时期的漆、玉、牙、角等雕刻技术有异曲同工之妙。此瓶与元时景德镇窑生产的青白釉刻花云龙纹玉壶春瓶的造型相似，花纹也与其几近一致，反映了古代各种器物在造型与纹饰之间的相互借鉴。

白套红玻璃云龙纹瓶藏于故宫博物院。

第九章

近现代文物

中国是一个有着5000多年悠久历史的东方大国，中华民族以自己的勤劳和智慧，曾经创造了世界领先的古代文明，对人类发展做出过重大贡献。近代以来，由于帝国主义列强的入侵和清朝封建统治的腐败，中国从封建社会逐步沦为半殖民地半封建社会。为了反抗帝国主义侵略和封建主义的压迫，中国人民进行了长期不屈不挠的斗争。民国10年（1921年），中国共产党成立，开辟了中国革命的新纪元。中国共产党领导全国各族人民，进行了新民主主义革命，建立了人民当家做主的中华人民共和国；进行了社会主义建设和改革开放事业，走出了中国特色社会主义道路，在政治、经济、军事、外交、科技、文化等多个领域取得了辉煌成就。中华民族迎来了从站起来、富起来到强起来的伟大飞跃。

中国的近现代史，是指道光二十年（1840年）以来中国的历史。其中，从道光二十年（1840年）鸦片战争爆发到1949年中华人民共和国成立前夕的历史，是中国的近代史；1949年新中国成立以来的历史，是中国的现代史。在这一百多年的历史中，中国社会发生了翻天覆地的变化，留下了许许多多珍贵的历史遗存。本章按照文物所属历史时期，分为近代文物和现代文物两节，以时间先后为序予以记述。

道光二十年（1840年），鸦片战争爆发开启了中国近代史。为了改变对华贸易的不利局面，西方列强凭借坚船利炮向中国走私鸦片，严重损害了中国人的身心健康，摧残了社会生产力。清道光十九年五月二十五日（1839年7月5日），钦差大臣林则徐主持收缴英美等国的鸦片，在虎门海滩销毁，并会同两广总督邓廷桢等向道光皇帝呈奏折，详述销烟经过。接着，帝国主义列强连续发动数次侵略中国的战争。由于清政府的腐败，历次战争都以失败而告终，被迫签订不平等条约，割地、赔款。崇厚发给法国天主教传教士（海河楼崇禧观）永租执照、上海公共租界界碑碑心、京城各国暂分界址全图等，都是西方列强侵略中国的罪证。

中国人民进行了长期的反帝反封建斗争。广东人民缴获的英军甲衣等，见证中国人民风起云涌的反侵略斗争。冯子材部扼守镇南关城全图、北洋舰队镇远舰上的铁锚、庚子战役前大沽炮台图等，见证了清军广大爱国官兵的浴血疆场。太平天国农民革命运动和义和团反帝爱国运动，给了外国侵略者和中国封建统治势力以沉重打击。太平天国天王玉玺是太平天国政权的重要标志，"坎"字旗是义和团的团旗之一。代表民族资产阶级的知识分子站在救亡图存的前列。严复翻译了赫胥黎的《天演论》，以"物竞天择，适者生存"等生物进化理论阐发救亡图存的观点。以康有为、梁启超、谭嗣同等为代表的资产阶级维新派，发动了变法维新运动。康有为自撰年谱手稿、谭嗣同的书信，都是研究戊戌变法的珍贵文献史料。

以孙中山为代表的资产阶级革命派开展了以推翻清王朝专制统治为目的的革命斗争。辛亥革命取得胜利，孙中山当选资产阶级共和国——中华民国临时大总统。隆裕皇太后以宣统皇帝名义发布的"退位诏书"，标志着清王朝统治的覆灭和中国两千多年帝王专制的终结。由于中国民族资产阶级的软弱性，辛亥革命的成果很快被封建军阀篡夺。民国2年（1913年）10月10日，北洋军阀袁世凯就任中华民国正式大总统。民国4年（1915年）12月，悍然称帝。蔡锷等首先在云南起兵讨袁，护国战争正式爆发。袁世凯的中华民国正式大总统证书和蔡锷在护国战争中用的军刀等作为历史见证被保存了下来。

民国6年（1917年），十月革命一声炮响，给我们送来了马克思列宁主义。民国9年（1920年）8月，陈望道翻译的《共产党宣言》第一个中文全译本的出版，极大地促进了马克思主义在中国的传播。民国10年（1921年）7月，中国共产党成立后，立即担负起领导中国革命的历史重任。萍矿总局、株萍矿局与安源路矿工人签订的十三条协议、湖南劳工会成立宣言、开滦矿工罢工布旗、林祥谦在京汉铁路工人罢工时用的怀表等，都是这场轰轰烈烈的革命运动的成果和见证。民国13年（1924年）1月国民党一大的召开，标志着国民党改组的完成和第一次国共合作的正式形成。反映这一事件的文物有国民党一届中执委和中监委第一次全会签名录、国民党改组后广州大本营特别出入证、黄埔军校第一期学员蔡昇熙的卒业证书、广州农讲所第六期学员李赤雷的日记等。民国16年（1927年），蒋介石、汪精卫相继叛变革命，许多共产党人和革命群众惨遭屠杀。李大钊狱中自述表达了一个共产党人对革命事业的无限忠诚，杀害李大钊等革命者的绞刑架表现了斗争的残酷。

民国16年（1927年）8月1日，中国共产党领导发动了南昌起义，打响了武装反抗国民党的第一枪。根据八七会议确定的土地革命和武装斗争的方针，又发动了秋收起义和广州起义等近百次武装起义，开辟了井冈山根据地等革命根据地，掀起轰轰烈烈的土地革命。朱德在南昌起义时使用的手枪、陈毅安在秋收起义军于文家市会师时写给未婚妻的信、黄麻起义时做武器用的红旗尖等真实反映这一历史事件。民国20年（1931年），中国第一个全国性红色政权——中华苏维埃共和国临时中央政府在瑞金成立。作为红色政权标志的中华苏维埃共和国中央执行委员会印章、福建省苏维埃政府执行委员会印章等历经艰险流传下来。民国23年（1934年）10月，第五次反"围剿"失利，中央红军被迫长征。随后，其他革命根据地的红军也先后出发长征。红军长征经过了14个省，沿途留下了许许多多革命文物和遗迹，如《川陕省苏维埃政府布告》石刻、红军留在贵州的木板标语、贺龙为归化寺题写的"兴盛番族"绸匾等。见证遵义会议这一中国革命伟大转折时刻的挂钟依然悬挂在原处。

民国20年（1931年），九一八事变爆发，日本发动侵华战争。中国共产党积极促成西安事变和平解决，推动了国共两党的第二次合作。民国26年（1937年）7月7日，中国全面抗战爆发。中革军委主席团发布命令，准备开赴前线增援并配合友军，消灭日军。在国共两党第二次合作下，中国抗日战争成为全民族的反侵略战争。平型关战役中缴获日军的钢盔见证中国军队在抗日战场上的首战告捷。台儿庄战役遗留的弹痕墙、淞沪保卫战参战者张秋明的"抗日负伤荣誉证书"见证了战斗的激烈和中国将士的英勇。满洲农业移民入植图、侵华日军七三一部队的细菌培养基箱、日本制造"无人区"地图等，是日本侵略中国、残害中国人民的铁证。面对日军对抗日根据地的疯狂"扫荡"，根据地军民在中国共产党领导下，利用地道战、地雷战等多种战法，有效地打击了日军。以诺尔曼·白求恩为杰出代表的外国友人，为中国人民的解放事业作出贡献，白求恩用的X光机被辗转保存下来。侵华日军总司令冈村宁次投降时呈缴的军刀、中国陆军总司令何应钦在南京受降仪式上签字用的文具、《远东国际军事法庭审判书》底稿、国民政府委派董必武为出席联合国成立大会代表的特派状等，见证了中国人民取得近代以来第一次反抗外来侵略战争的胜利。

抗日战争胜利之际，国共两党就中国未来的发展前途在重庆举行谈判。双方达成《政府与中共代表会谈纪要》即《双十协定》。民国35年（1946年）6月，蒋介石撕毁协定，悍然发动全面内战。人民解放军先后粉碎国民党军队的全面进攻和重点进攻，取得辽沈、淮海、平津三大战役的胜利，并于民国38年（1949年）4月发起渡江战役，解放国民党统治中心南京。这一时期的代表性文物选有：彭德怀、习仲勋签署的青化砭战斗命令，在孟良崮战役中缴获的卡宾枪，刘邓大军挺进大别山时刘伯承用的望远镜，毛泽东在西柏坡使用的办公桌，董力生在淮海战役中支前用的独轮车，渡江战役中最先到达长江南岸的先锋船等。

在解放战争即将取得全面胜利之时，各民主党派及海内外爱国民主人士响应中国共产党的号召，齐聚北京，共商建国大业。全国政协第一届全体会议代表签名册是中国共产党与各民主党派、无党派民主人士民主协商、共同建国的真实记录。

1949年10月1日，中华人民共和国开国大典标志着中国现代史的开端。毛泽东在开国大典上升起了新中国第一面国旗，使中国历史翻开了崭新的一页。中华人民共和国中央人民政府印章、政务院印章是新生人民政权的标志。

中华人民共和国成立后，中国共产党领导全国各族人民，巩固新生人民政权，在战争废墟上恢复国民经济，确立社会主义基本制度，开始社会主义工业化建设，建立独立的比较完整的工业体系和国民经济体系，发展科教文卫事业，建设现代化正规化国防军。中央人民政府和西藏地方政府签订的《关于和平解放西藏办法的协议》，实现了除台湾和少数岛屿及香港、澳门外的国家统一。抗美援朝战争的胜利，使中国东北边疆得到巩固。飘扬在上甘岭阵地的红旗，王海驾驶的米格-15歼击机，朝鲜政府授予彭德怀、黄继光、邱少云等志愿军英雄的勋章，无不承载着志愿军将士的光辉业绩和国际主义精神。

1953年，中国开始执行发展国民经济的第一个五年计划。期间，新中国第一个汽车生产基地长春第一汽车制造厂建成投产，使中国结束了不能制造汽车的历史。鹰厦铁路对巩固东南海防，发展国民经济，具有重要的军事与经济意义。在实施"一五"计划时，中共中央正式提出党在过渡时期的总路线。对资本主义工商业的社会主义改造，是过渡时期总路线总体布局中的重要一翼。1956年1月30日，全国工商界在献给中共中央的报喜信中，报告了全国主要城市资本主义工商业已经全行业地转变为公私合营经济的喜讯。随着国家经济的恢复和发展，中国人民解放军的正规化、现代化建设有了坚实的政治和物质的基础。1955年，开始实行军衔制度。朱德等十人被授予元帅军衔和一级八一勋章、一级独立自由勋章和一级解放勋章。

在社会主义革命和建设中，取得许多科技成果，涌现出许多模范人物。1965年，中国首次人工全合成牛胰岛素晶体，在世界上处于领先地位。证明这一成果的实验记录纸和国家鉴定书由中国国家博物馆收藏。数学家陈景润证明的、被国际数学界誉为数学皇冠上可望而不可即的"明珠"的"哥德巴赫猜想"，该论文手稿由其夫人捐赠给原中国革命博物馆。袁隆平带领科研团队首次育成强优势的三系杂交水稻组合，被誉为"杂交水稻之父"。大庆1205钻井队队长王进喜、山西省昔阳县大寨村党支部书记陈永贵，是中国工农业战线上的旗帜性人物。

20世纪70年代，继中国恢复在联合国的合法地位后，中美两国关系开始走向正常化的道路，中日两国结束了长期敌对的历史。美国总统尼克松、日本首相田中角荣赠给毛泽东主席的礼品，见证了中国外交取得的成就。

"文化大革命"结束后，以邓小平为核心的中央领导集体，作出把党和国家工作重心转移到经济建设上来、实行改革开放的历史性决策。1977年8月，高校招生考试制度的恢复，使大学新生质量有了很大提高，为中国的经济建设和各行各业的发展培养了大批优秀人才。

1978年12月，安徽凤阳小岗生产队社员自发订立大包干合同（"红手印"），开启了农村改革的先河。率先向社会公开发行股票的上海飞乐音响公司成为全国首家股份制试点企业。引进国外先进技术设备的上海宝山钢铁公司高炉点火出铁，标志着中国钢铁工业在现代化的道路上跨出重要一步。中星微电子公司自主研发的"星光中国芯"系列产品，取得了八大核心技术的突破和大规模产业化的一系列重要成果，使中国在PC图像输入、移动多媒体两大重点应用领域取得了全球领先地位。"当代毕昇"王选首创的"汉字信息处理"核心技术的研制成功和应用，使中国报业和印刷出版业进行了一场技术革命。这项技术获得欧洲专利。中国极地考察活动取得突破性进展。1985年，中国首个极地考察站长城站落成，五星红旗第一次飘扬在南极大陆上空。1999年7月至9月，首次北极科学考察圆满完成预定任务。

在邓小平"一国两制"构想的指引下，中国政府和英国、葡萄牙两国政府分别签署关于香港、澳门问题的联合声明，中国政府于1997年和1999年恢复对香港、澳门的主权。中、英两国政府代表签署关于香港问题的联合声明时用的签字笔和中葡两国政府在北京签署关于澳门问题的联合声明时用的两国国旗摆件，作为这一历史事件的见证由中国革命博物馆收藏。1988年，第一个台湾返乡探亲团，身着书有"想家"等字样的统一夹克衫完成了大陆破冰之旅。

中国的体育事业取得很大发展。在1984年第23届奥运会上，中国运动员取得金牌总数第四的好成绩。许海峰获得中国运动员首枚奥运金牌，实现了中国奥运史金牌榜和奖牌榜上"零的突破"。中国女子排球队顽强拼搏，夺得奥运会冠军，实现中国女排在国际大赛上夺得的"三连冠"，中国女排精神成为中华民族精神的象征。

中国的核武器事业从无到有、从小到大，中国的航天技术已拥有完整的地地、地空、海防导弹武器系统，从研制探空火箭到具备发射各种卫星和载人飞船的能力，中国的载人航天事业和探月研究——"嫦娥工程"都取得突破性的进展。东风一号近程地地战略弹道导弹、中国第一枚运载火箭仪器舱外壳、第一枚洲际导弹备用数据回收舱、邓稼先领导研制中国第一颗原子弹用的手摇计算机、姚桐斌的"两弹一星"功勋奖章、"神舟"五号返回舱、根据"嫦娥1号"传回的影像数据制成的全月球影像图等都反映了中国航空航天和核武器事业的成就。

中国综合国力不断增强。科威特政府奖给中国灭火队的奖牌、宣布中国加入世界贸易组织（WTO）的"入世槌"、青藏铁路建设者使用的高压锅、刘淇签订第29届奥运会举办城市合同用的签字笔等，都是中国综合国力增强的最好见证。

这些文物，或涉及中国近现代史重大历史事件，或与重要历史人物有关，或反映了政治、军事、经济、文化、艺术等某个方面。每一件文物，都有一个精彩的背后故事，从不同侧面展现了中国人民在民主革命时期和社会主义革命和建设时期的奋斗历程，以及改革开放后所取得的辉煌成就。

第一节　近代文物

林则徐、邓廷桢、怡良合奏虎门销烟完竣折　清道光十九年五月二十五日（1839年7月5日）文物。清亡后，大批清宫档案流入民间。林则徐、邓廷桢、怡良合奏虎门销烟完竣折曾由章士钊收藏，后赠予中国历史博物馆。1959年，拨交中央革命博物馆筹备处。

此折纵21.7厘米，横10厘米，纸质，毛笔书写。

在19世纪初，西方资本主义不断发展，要求开拓和掠夺东方市场。以英国为首的资本主义国家，向中国大量走私鸦片，使中国白银不断外流，财政面临崩溃危机。清廷朝野要求查禁鸦片，呼声日高。1838年底，道光皇帝任命主张严禁鸦片的主要代表人物林则徐为钦差大臣，节制广东水师，赴广州查禁鸦片。林则徐（1785～1850年），字元抚、少穆，福建侯官（闽侯）人。1839年3月，林则徐到达广州后，与两广总督邓廷桢、广东水师提督关天培等反复商议，得到地方文武官员的竭诚支持，雷厉风行发动禁烟斗争。经深入调查，仅两三

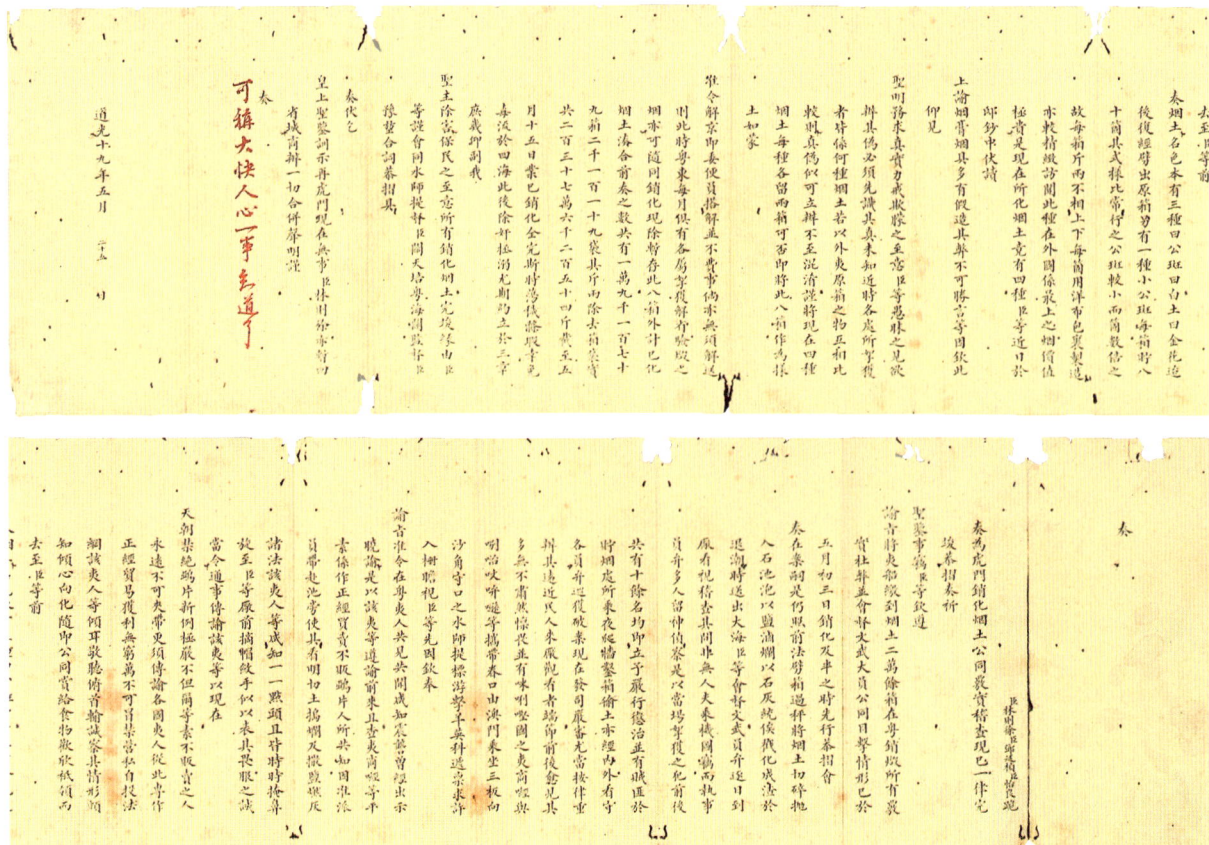

个月，即收缴英、美等国商人鸦片约两万箱。并从6月3日起，在林则徐主持和监督下，用20余天时间，在虎门海滩将2376254斤鸦片当众销毁，并要求外国商人具结不再走私鸦片。7月5日，林则徐会同两广总督邓廷桢、广东巡抚怡良向道光皇帝（旻宁）呈递虎门销烟完竣折，文中详述销烟经过。道光皇帝阅后，在折尾朱批"可称大快人心一事，知道了"。

此奏折是中国近代史重大历史事件见证物，反映中国人民查禁鸦片、捍卫国家主权的坚定决心，是中国近代史上极为珍贵的档案文献。奏折书写工整，字体秀丽，在书法作品中亦属难得珍品。

林则徐、邓廷桢、怡良合奏虎门销烟完竣折藏于中国国家博物馆。

广东佛山民众缴获的英军甲衣　清道光二十一年（1841年）文物。英军甲衣原藏故宫博物院。1965年，拨交中国革命博物馆。

广东佛山民众缴获的英军甲衣长87厘米，呢质，挂铁甲片。

道光二十年夏（1840年6月下旬），英国远征军封锁广州珠江口，鸦片战争爆发。由于清军武备废弛、敌情不明、指挥混乱，所以屡战屡败。二十一年（1841年）2月，英国舰队逼近广东虎门，英国驻华商务总监督、海军上将义律趁靖逆将军奕山未到之机，先发制人，大举进攻虎门一带。广东水师提督关天培率部在靖远炮台奋力抵抗，壮烈牺牲。镇守炮台将士全部战死，虎门要塞落入敌手。3月，奕山到达广州，拒不听取林则徐恢复海防设施的建议，仓促对英开战。5月下旬，奕山在广州与英军作战，英军先后攻陷泥城、四方炮台，向

广州城内开炮。奕山被迫派广州知府余保纯出城向英军求降，在未经清廷同意情况下，与英国侵略者签订《广州和约》。5月28日，盘踞在龟冈炮台英军先后几次拦河抢劫从广州开往佛山的渡船，激起佛山民众愤慨。士绅吴璧光等人出资，招募义勇300余人，在佛山一带防堵。吴璧光率义勇将英军劫掠载有迁往佛山之妇女的数只渡船追回，并于当夜分乘快艇，四面围攻龟冈炮台，并顺风向炮台施放毒烟，攻克英军所占龟冈炮台，毙伤英军数十人，缴获船只、武器、服饰、旗帜等物品。7月14日，靖逆将军奕山、参赞大臣齐慎、两广总督邓廷桢上奏朝廷报告此役经过，并将部分缴获品上送京城呈验。广东佛山民众缴获的英军甲衣即其中之一。

广东佛山民众缴获的英军甲衣藏于中国国家博物馆。

马克思主编的《新莱茵报》终刊号（第301期） 1849年5月19日的文物。1959年，德意志联邦共和国共产党代表团应邀参加中华人民共和国成立十周年庆典时，将马克思主编的《新莱茵报》终刊号（第301期）赠送给中共中央。1959年11月27日，中共中央对外联络部将马克思主编的《新莱茵报》终刊号（第301期）拨交中央革命博物馆筹备处。

《新莱茵报》全称《新莱茵报·民主派机关报》（Neue Rheinische Zeitung. Organ der Demokratie），1848年6月1日创刊，1849年5月19日被迫停刊，共出版报纸301期。《新莱茵报》，德文，共2张。大张纵63厘米，横47厘米；小张纵31厘米，横47厘米。纸质，红色油墨铅印。

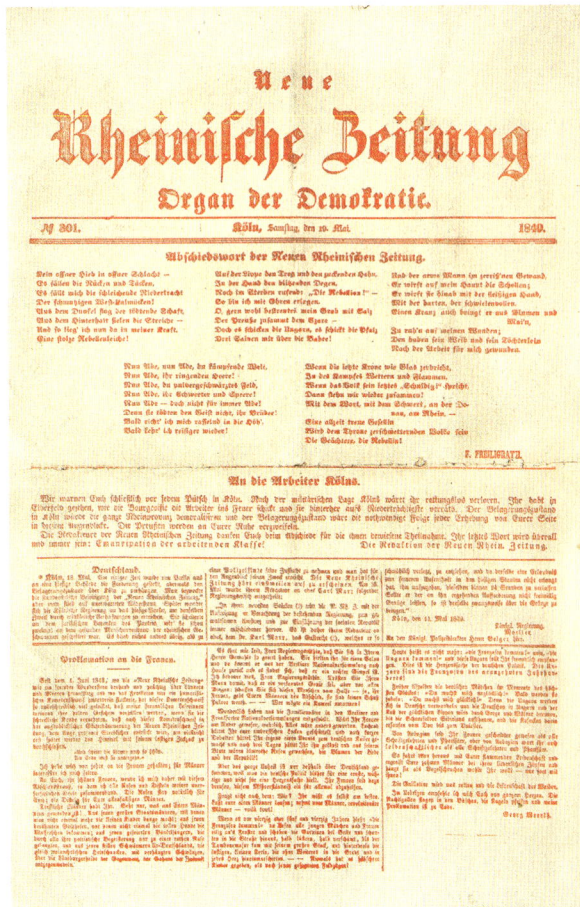

1848年，德国三月革命爆发，马克思（Karl Marx）、恩格斯（Friedrich Engels）决定从巴黎返回德国，投身革命，指导斗争。为团结共产主义者同盟盟员，指导革命运动，6月1日，马克思、恩格斯在德国科隆市创办大型政治性日报《新莱茵报》，以别于6年前被查封的马克思任主编的《莱茵报》。为解决办报资金问题，马克思把刚得到的一笔遗产绝大部分贡献出来，而恩格斯从自己生活费中挤出钱作为办报经费。作为《新莱茵报》组织者和领导者，马克思任总编辑，恩格斯任编委会委员。除负责报纸出版、发行等事务外，马克思、恩格斯还亲自为报纸撰写大量文章，坚持把民主革命进行到底和支持一切民族解放斗争，抨击普鲁士反动政府，宣传共产主义者同盟革命思想，指导无产阶级革命斗争。在马克思、恩格斯领导下，《新莱茵报》始终高举革命旗帜，忠实代表人民群众利益，热心充当人民喉舌，受到人民群众热烈拥护与欢迎。仅3个月，印数就达到5000份。因此，《新莱茵报》引起普鲁士反动政府的极端仇视与恐惧。1848年9月底，反动派在科隆实行戒严，严查《新莱茵报》。普鲁士政府多次以各种借口企图用法律手段制裁报纸，在刊行不到一年的时间里，报纸先后被起诉23次之多。1849年5月，普鲁士反动政府找不到查封《新莱茵报》借口，竟然把马克思当作"外国人"驱逐出境，迫使《新莱茵报》停刊。19日，报纸被迫停刊前，出版数千份用红色油墨印刷《新莱茵报》终刊号即第301号。报纸编辑在致科隆工人告别书中说："无论何时何地，他们的最后一句话将始终是：工人阶级的解放！"

《新莱茵报》在无产阶级报刊史上树起一座丰碑。正如恩格斯后来所评价的,《新莱茵报》不愧是"革命年代德国最著名的报纸",因为"没有一家德国报纸——无论在以前或以后——像《新莱茵报》这样有威力和有影响,这样善于鼓舞无产阶级群众"。

马克思主编的《新莱茵报》终刊号(第301期)藏于中国国家博物馆。

太平天国天王洪秀全玉玺 太平天国时期(1851~1864年)文物。

太平天国天王洪秀全玉玺原存于南京天朝宫殿内。同治三年(1864年)7月19日,天京(南京)失陷,太平军突围,玉玺被湘军掳去,同时掳获有幼天王玉玺和金玺各一方,由曾国藩送交清政府军机处,存于方略馆。次年,金玺被军机处章京监守自盗熔毁。清朝灭亡后,太平天国天王洪秀全玉玺、幼天王玉玺移交民国政府国务院保存。民国12年(1923年),民国政府将玉玺拨交国立历史博物馆收藏。民国20年(1931年)九一八事变后,东北三省沦陷,平津受到威胁。为保护文物免遭战火破坏和落入敌手,行政院代理院长宋子文下令,包括历史博物馆在内的北京诸家文物保管单位将重要文物南迁。太平天国天王洪秀全玉玺和幼天王玉玺是历史博物馆第一批南迁文物。民国22年(1933年)2月27日,历史博物馆筹备处主任裘善元将包括太平天国两方玉玺在内的36件重要文物带到上海,并由中央研究院上海办事处接收保管,存放于上海浙江兴业银行保管库,一直保存至中华人民共和国成立。1950年1月15日,中央博物院工作人员将原历史博物馆寄存在浙江兴业银行的珍贵文

物,从上海运回南京。其中太平天国天王洪秀全玉玺和幼天王玉玺已被上海市文物管理委员会征集。文化部文物局随即派人赴上海市文物管理委员会洽取,并于10月11日带回北京,移交中央革命博物馆筹备处。

太平天国天王洪秀全玉玺,印面纵20厘米,横20厘米,连纽通高10.1厘米,重3850克,青白玉石质。玉玺纽背刻云纹,纽侧刻双凤朝阳纹。玺文四周上作双凤朝阳纹,左右作龙纹,下作立水纹。玺文为宋体正书,镌刻朱文反形字,共44字。读法为:"太平玉玺,天父上帝,恩和辑睦,天王洪日,天兄基督,救世幼主,主王舆笃,八位万岁,真王贵福,永定乾坤,永锡天禄。"其中"天王洪日"的意义,因天王洪秀全自称为太阳,所以叫洪日;"天兄基督"是指耶稣;"真王贵福"是指幼天王;"八位万岁"指"爷、哥、朕、幼、光、明、东、西",即上帝、耶稣、洪秀全、幼天王洪天贵福、洪秀全第三子光王、第四子明王、东王杨秀清、西王萧朝贵。

咸丰一年（1851年）1月11日，洪秀全在广西桂平县金田村率众起义，建号太平天国。3月，洪秀全在武宣县东乡称"天王"。三年（1853年）3月，太平军占领南京，改南京为天京，正式定都，建立起与清王朝对峙的农民政权。此玉玺为太平天国政权的重要标志。

太平天国天王洪秀全玉玺藏于中国国家博物馆。

太平天国《天条书》手抄本　太平天国初期文物。

道光二十三年（1843年），洪秀全与冯云山创立拜上帝会，秘密进行反清革命活动。二十五至二十七年（1845～1847年），冯云山在广西桂平紫荆山区发展会员两三千人。二十七年（1847年），洪秀全到达紫荆山，与冯云山一同制订《天条书》，内容包括拜上帝会各种宗教仪式和十款天条，作为会员守则。民国23年（1934年），著名历史学家罗尔纲在北京旧书摊上访得太平天国《天条书》手抄本，为国内孤本。1951年，罗尔纲将太平天国《天条

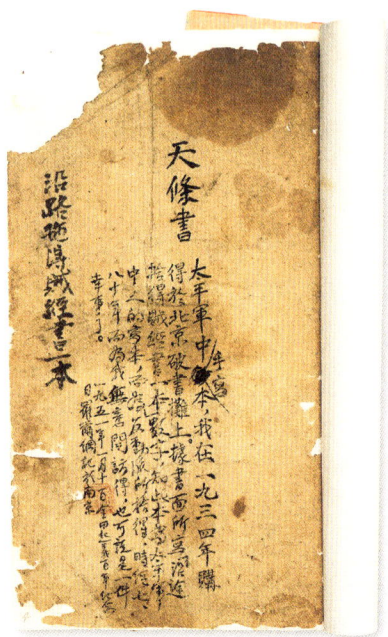

书》手抄本捐赠给国家。1959年，由南京太平天国纪念馆拨交中央革命博物馆筹备处。

太平天国《天条书》手抄本，纵23.7厘米，横14.7厘米，纸质，毛笔书写。全书共11页，正文页缝处标有页码。第四、五页，由罗尔纲据相同柏林藏本补抄。封面上写有"沿路拖得贼经书一本"9个字。罗尔纲鉴定，"拖"字当为"拾"字之误。由此说明，此书为太平天国手抄本，在战斗中被文化程度不高清军下层官兵所获。另有罗先生题记："太平军中手写本，我在一九三四年购得于北京破书摊上。据书面所写'沿途拾得贼经书一本'数字，知此本为太平军中人的写本，而为反动派所拾得，时经七八十年，而为我无意间访得，也可说是一件幸事了。一九五一年一月十一日金田起义百年纪念日罗尔纲记于南京。"并盖印朱文"罗尔纲"印一枚。内文第一页盖有白文"罗尔纲章"。

《天条书》是拜上帝会重要经典之一。为仿自《旧约全书·出埃及记》第20章"摩西十戒"，是太平天国宗教的重要仪式及戒条。通过祷告仪式把人们日常生活与上帝联系起来，集祸福大权于上帝。太平天国把这种宗教仪式作为一种组织群众的重要方法，在太平天国革命运动中起到较大作用。《天条书》在太平军中人手一册，并限令日夜学习。由于进军途中印刷条件有限，而太平军扩充迅速，所以在军中大量使用手抄本。咸丰二年（1852年）后，《天条书》才大量刊行，成为太平天国军民必读且必须熟记的课本。

太平天国《天条书》手抄本藏于中国国家博物馆。

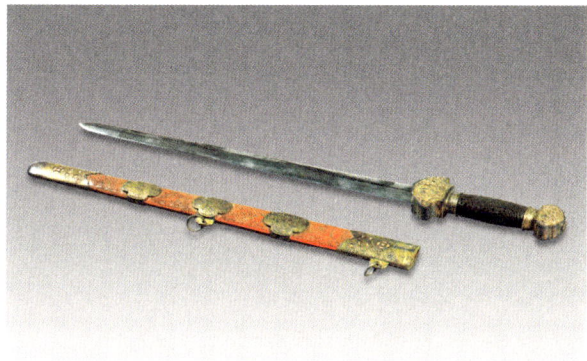

太平天国忠王李秀成的宝剑 太平天国时期文物。

据文物档案记载，1960年，英国太平天国史专家、伦敦大学东方学院历史系教授柯文南在一本英文历史书中发现，曾参加镇压太平天国革命运动的英帝国主义分子、当时"常胜军"首领戈登于同治三年（1864年）在江苏溧阳获得忠王李秀成宝剑。1961年，柯文南又在大英博物馆所藏戈登手写的《备忘录》中获悉，这把宝剑是太平天国天王洪秀全赐给李秀成的宝剑。李秀成（1823～1864年），广西藤县人。太平天国后期著名将领，被封忠王。咸丰六年（1856年），太平天国内部发生自相残杀内讧，致使太平天国实力大减。洪秀全被迫提拔重用李秀成等一批年轻将领。李秀成东征西讨，六解天京之围，立下赫赫战功。在最后一次回救天京时，将这把剑交给其堂弟侍王李世贤。同治三年（1864年），侍王在张渚镇（溧阳东南）作战时，溧阳守将吴人杰据城叛变。戈登洋枪队得以入溧阳，在侍王府中掳得此剑，携回英国。后戈登将该剑赠予维多利亚女王堂兄弟、英国陆军总司令剑桥公爵。经辗转访求，英中友好协会委员、太平天国问题研究者柯文南在1961年3月寻得太平天国忠王李秀成的宝剑，并出钱买下，将其运回中国。1962

年8月30日，柯文南将太平天国忠王李秀成的宝剑赠予中国政府，由文化部文物局拨交中国革命博物馆。

太平天国忠王李秀成的宝剑，连鞘长84厘米，剑身长62厘米，鞘长63.5厘米，铁质。鞘用楠竹制成，上包镀金银鞘箍。剑身上镌有"李秀成"三字，剑把执手内侧刻有"张玉书造"四字，剑柄处另刻"张造"两字。剑柄、剑鞘上精雕以龙凤为主花纹，有单独龙和凤，也有"二龙戏珠""双凤朝阳"。此外，还配有"鹤鹿同春""鹊雀登梅""瓜瓞绵绵"等象征吉祥图案。

据专家考证，太平天国忠王李秀成的宝剑形制不见于明清时代刀剑典制，但和太平天国其他文物上图案相对照，发现有许多相同特点，因此可断定为太平天国遗物，且符合忠王李秀成人物身份使用。

太平天国忠王李秀成的宝剑藏于中国国家博物馆。

太平天国合挥 太平天国时期文物。1954年1月，在浙江省绍兴市三秀庵墙壁中发现太平天国合挥与另一份龙凤合挥。据发现者考证分析，应为太平天国失败时，其中某位新娘出家为尼时所藏。1954年1月，太平天国合挥被发现后，由浙江省博物馆征得。1959年7月，拨交中央革命博物馆筹备处。

太平天国合挥，纵29.6厘米，横12厘米。纸质，墨笔楷书。"合挥"两字在中央，上盖"太平天国……"双龙纹朱印；仅存左边一半。上竖书夫妻二人姓名、年龄、籍贯，"翟合义，年十八岁安徽省庐州郡书（舒）城县人，癸好三年十月十二日在本地入营"，"祝大妹，年十五岁，浙江省绍兴郡珊阴县人"。在右边翟合义姓名上面有"绮天预官佺（职）"5字，左边祝大妹姓名上竖书"配妻"两字。合挥左下方有"元字□十七号"字样。合挥，即结婚证。一分为二，中央盖政府龙凤大印，竖写"合挥"二字。右半份为存根，由政府留存；左半份交给新郎新娘保管，太平天国合挥应为新郎新娘保管的左半。有的合挥上印有龙凤图案，又称"龙凤合挥"。据专家考证，因此合挥主人翟合义官职低，签发者为"天预（豫）官佺（职）"，只是写在普通毛边纸上，并无"龙凤"，可能是战争时期，基层官兵结婚只能一切从简。

咸丰一年至同治三年（1851～1864年），洪秀全建立太平天国。初期，曾实行男女合营，咸丰五年（1855年），即恢复正常家庭生活，保护女权，实行"一夫一妻"制，并专设婚娶官专门负责婚姻登记并颁发合挥。"合"乃结合，"挥"源于粤语，即凭证。据考，在咸丰三年（1853年）颁布的太平天国纲领文件中，规定废除封建买卖婚姻，"天下婚配不论

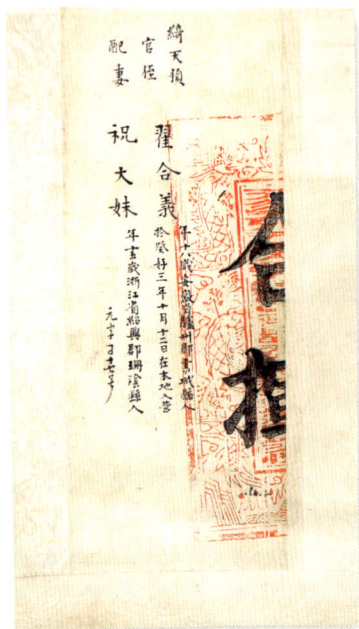

财势"，一夫一妻，但要通过婚娶官登记核准，发给绘有龙凤图记合挥，方为合法有效，受到法律保护。合挥上只登记署明男女新人姓名、年龄、籍贯，女方名字上写有"配妻"二字，免除惯用生肖及出生时辰，表明"天国"婚姻，不受算命、卜测及"合婚"等迷信束缚。但男方必须标明职业职务，以便日后验查"夫家"职责。合挥表明太平天国婚姻制度严肃性，对婚姻实行宽容和革新，在一定程度上稳定太平军大龄未婚将士军心。而在广西发现的陈在田四张合挥，均有龙凤纹饰。因陈在田是一等义爵，签发者为"殿前正婚娶官"，即太平天国最高婚姻负责人。

太平天国合挥藏于中国国家博物馆。

太平天国将领罗大纲、吴如孝致英使文翰函 太平天国癸好三年三月二十三日（1853年4月27日）文物。

咸丰三年（1853年）2月，太平军进军南京，英国委派香港总督兼驻中国公使文翰由香港抵达上海，探查北方叛乱（指太平天国）消息是否可信。3月，太平军攻占南京，英国侵略者不得不采取"中立"态度，暂时放弃与清政府勾结。英国政府为决定下一步行动，亟须了解太平天国的真实情况及对外政策。4月，英国驻华公使文翰及随行人员乘"何木斯"号战舰赴天京访问，了解太平天国对外政策，并企图使太平天国承认《南京条约》，结果遭到拒绝。文翰所乘舰船途经镇江时，太平天国重要将领、金田起义参加者、太平天国殿前左一指挥、太平军镇江守将罗大纲，木官正将军吴如孝，特写此函致意，申明太平天国外交政策。太平天国建都南京后，罗大纲、吴如孝与林凤

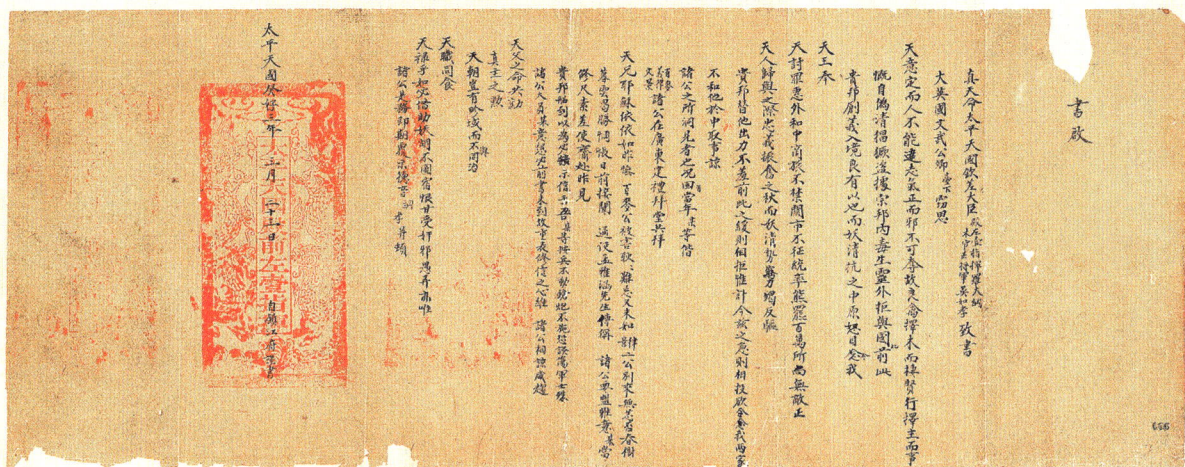

祥、李开芳一起攻克镇江、瓜州、扬州等地，随后奉命镇守镇江，并参与办理对外事务。因文翰舰直奔天京，未在镇江停留，此信未得递送。直到文翰5月3日返沪路过镇江时，才得送达。此函原藏英国驻华外交机构。1978年12月，由北京市公安局拨交中国革命历史博物馆。

太平天国将领罗大纲、吴如孝致英使文翰函，纵26.1厘米，横69.6厘米，纸质，毛笔书写。盖有"太平天国殿前左壹指挥"印，另有二印字迹无法辨认。

此函中明确表明太平天国初期"惠外和中，商旅不禁"的对外政策，奉劝英国不要帮助清政府。并严正指出：如果英国"甘受奸邪愚弄"为清政府出力，那也听其自便，只须明白见告即可。此函展示了太平天国外交政策的一个侧面，反映出太平天国希望在独立自主基础上与英国建立友好关系的愿望，是研究太平天国外交政策的重要史料。

太平天国将领罗大纲、吴如孝致英使文翰函藏于中国国家博物馆。

太平天国榨坊照凭 太平天国己未九年四月初六日（1859年5月8日）文物。

咸丰三年（1853年）3月，太平军占领南京，改南京为天京。正式定都后，为解决军需和发展生产，制定了一些适应经济发展的政策，并设置机构对工商户加以管理和监督，规定一切店铺作坊均由地方当局发给执照方准正式营业。执照分"印照"和"印凭"，开业前发"印照"，待正式开业后发"印凭"。"印凭"又有"卡凭""店凭""商凭""照凭"等名称。太平天国榨坊照凭是太平天国己未九年四月初六日（1859年5月8日）安徽省文将帅

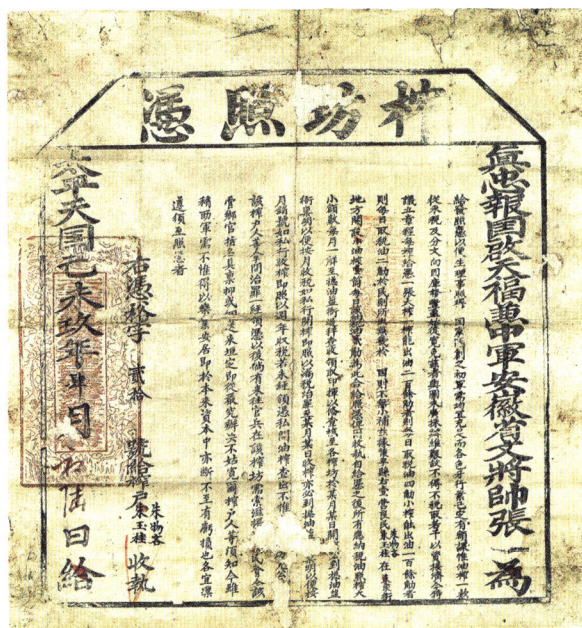

张潮爵发给怀宁县榨户朱玉桂、朱物齐的榨坊照凭，原称"工业照凭"，即工业执照。此照凭载明："每榨给凭一张，大榨一榨能出油二百余斤者，则每日取税油四斤；小榨能出油一百余斤者，则每日取税油二斤。"税油"每月一解"。如私行开榨，照周年收税。榨户领凭后受到保护。至1864年，天京陷落，取消照凭。1953年，太平天国榨坊照凭由安徽省博物馆拨交中央革命博物馆筹备处。

太平天国榨坊照凭，纵46.7厘米，横40厘米，纸质，木刻印，毛笔书写。钤盖"太平天国真忠报国启天福兼中军安徽省文将帅张朝爵"双龙纹大朱印。

太平天国在安徽等设立乡官地区，对工业进行清查和登记，发给照凭，按其规模大小征税，加以保护和监督。榨坊照凭规定："各色牙行业已定有额课，惟油榨一款，从未税及分文。向因库帑丰盈，姑从宽免，兹者舆图未广，采办维艰，故不得不税取若干，以资接济。今特议立章程，每榨给凭一张。"各色牙行业不仅指商业上代客买卖的牙行，而且把手工业作坊也包括在内。太平天国榨坊照凭可看出太平天国政府对手工业采取监督管理的政策，使太平天国时期手工业得到一定程度发展。

太平天国榨坊照凭藏于中国国家博物馆。

天下第一票号"日昇昌记"方形印章 清末时期文物。1964年12月，天下第一票号"日昇昌记"方形印章由山西财经学院捐献，1965年入藏山西省博物馆。

"日昇昌记"印章，呈上窄下宽四棱体状。高4.9厘米，印面长2.9厘米，宽2.3厘米，顶部长2.3厘米，宽1.9厘米。牛角质，印

面凸雕一方形鼎，有盖，上雕一蹲兽，鼎腹部刻朱文反形"日昇昌记"。为防止伪造汇票给票号造成损失，票号商人创造性地使用许多防伪方法，加盖特制质地精良、图案精致的印章便是其中之一。票号印章上都会刻有自家字号名称，按不同要求加盖在不同票据上。日昇昌票号经常使用这枚"日昇昌记"印章，纹饰繁复，制作精良，不易仿冒。

明清时期，山西商业发展较快，成为中国经济最活跃地区，原有现银运送、现银结算，不能适应商品经济发展需要，中国第一家专营存款、放款、汇兑业务的私人金融机构"日昇昌"票号应运诞生。日升昌票号前身为平遥县城西大街"西裕成"颜料庄，由掌柜雷履泰说服财东李大全于清道光四年（1824年）出资30万两银，改为专营存款、放款、汇兑业务的票号，名曰日昇昌。其名字中有四个"日"字，即取其"旭日东升、繁荣昌盛"之意。"日昇昌"是中国现代银行的雏形，曾以"天下第一""汇通天下"而闻名，分号达35处之多，

汇兑业务遍及全国各大城市。在"日昇昌"带动下，至光绪中期，晋商票号发展达到鼎盛，最多时达到30家，分号达400余家，遍布中国各省85个重要城镇，远及俄罗斯、朝鲜、日本、韩国及东南亚一些城市，构成海内外四通八达金融汇兑网络。在光绪三十一年（1905年）清户部银行成立前，曾为清政府重要金融工具。日昇昌的诞生与发展，有利促进了全国金融流通，加速资本周转，对清末民初商业贸易及近代工业发展起到极大促进作用，对研究晋商文化和中国近代金融史具有重要史料价值。

天下第一票号"日昇昌记"方形印章藏于山西博物院。

贵州白莲教起义军发布的"誊黄"告示 咸丰十一年（1861年）文物。1955年，贵州白莲教起义军发布的"誊黄"告示在贵州省思南县胡家湾乡三台寺庙宇楼上被发现。由贵州省思南县文化馆拨交贵州省博物馆收藏。

贵州白莲教起义军发布的"誊黄"告示，纵112.7厘米，横187厘米，木版印刷。所用纸张为印江合水出产的构皮纸。告示系白莲教起义军立朱明月为秦王后，于大明江汉八年（1861年）发布檄文。因沿袭臣下用黄纸誊写皇帝诏令公之于世的形式发布，故称"誊黄"。告示正文每字一寸见方，正文四周为群龙聚会及云水图案。上方正中是"龙首正位"，下方正中为"旭日东升"，上下左右表示东南西北四方，刻有"八龙拱卫"，构思精巧。正文末尾年号上盖有20厘米见方的朱红大印。

19世纪中叶，在太平天国运动影响下，贵州各族农民起义不断。咸丰四年（1854年）杨龙喜在黔北桐梓起义（后建立江汉政权），至八年（1858年），共有30余支起义军揭竿而起，出现"千里苗疆，莫不响应""全黔遍地皆贼"的斗争形势。八年（1858年）后，太平

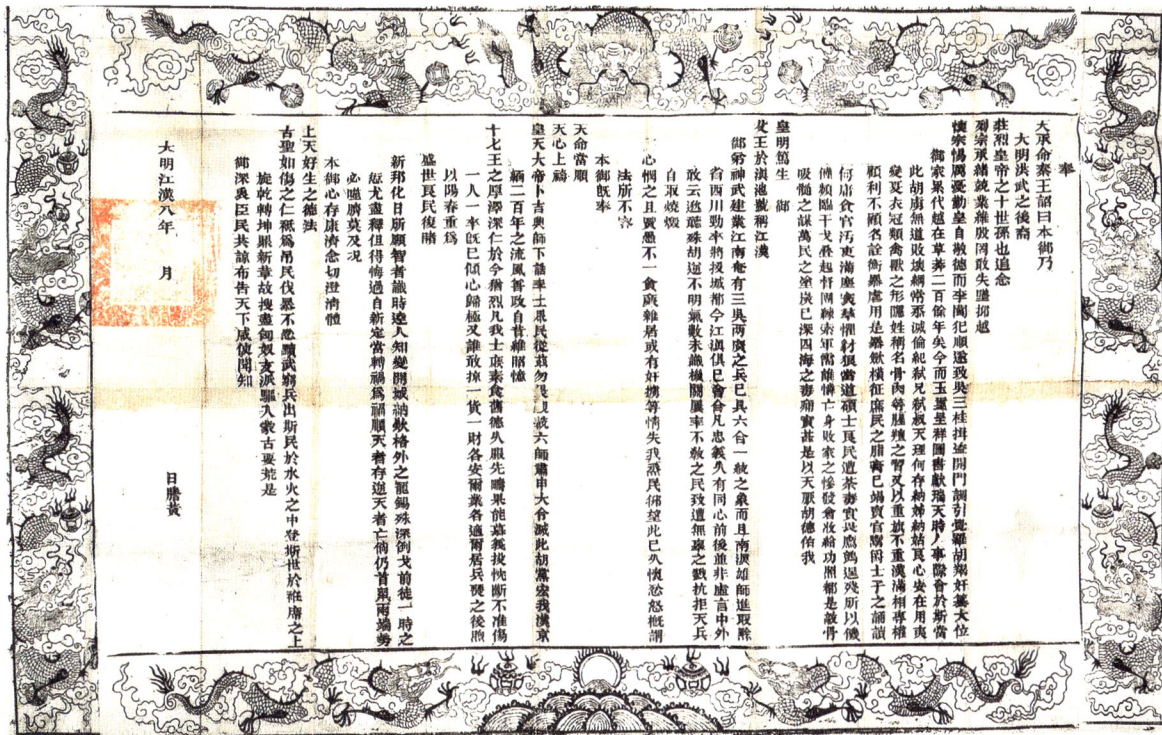

军五次入黔，把贵州各族农民起义不断推向高潮。白号军起义便是其中之一。七年（1857年），贵州思南境内白莲教支派灯花教教主刘义顺与秦魁榜、何冠益等在鹦鹉溪起义。因起义军人人头包白巾为标志，故称"白号"。起义军聚兵数十万，纵横千余里，持续十余年，打遍半个贵州，建立大小几百个营垒。九年（1859年）4月，贵州遵义人张保山起义，并往见刘义顺等人，自称崇祯皇帝第十代孙，姓朱，名明月。于是，起义军拥立朱明月为大明秦王，沿用杨龙喜的江汉年号，顺时为江汉六年。刘义顺、秦魁榜为左、右丞相。起义军以秦王朱明月名义发布"誊黄"告示。同治四年（1865年），白号军迁都秦魁榜老家思南秦家寨，朱明月又被拥立为大明皇帝，改元"嗣统"，又称"嗣统真主"，并铸嗣统通宝铜钱。七年（1868年），白莲教起义失败，朱明月、刘义顺等相继牺牲。贵州白莲教起义军发布的告示主要内容为号召农民、联合友军、反清复明。沉重打击清王朝封建统治。

三口通商大臣崇厚发给天主教传教士的永租执照　清同治元年（1862年）文物。三口通商大臣崇厚发给天主教传教士永租执照一直作为档案留存。

此执照为三口通商大臣崇厚发给法国传教士的海河楼、崇禧观租地执照。执照中认定，此地为官地15亩余，用途为法国传教士建造天主堂。每亩每年租金为大制钱1050文，共计大制钱15870余文，定于每年12月15日由领事官将来年租金送交三口通商大臣入官。1952年，三口通商大臣崇厚发给天主教传教士的永租执照由天津市人民政府地政部门拨交天津市历史博物馆。

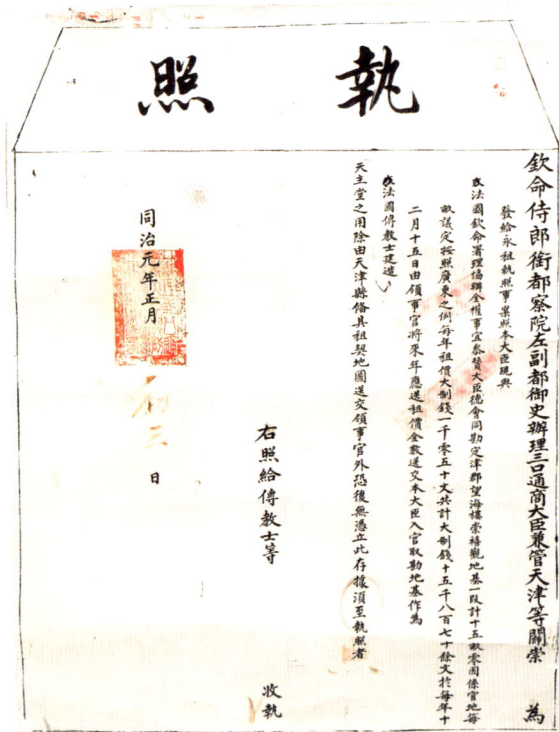

三口通商大臣崇厚发给天主教传教士的永租执照，纵66厘米，横52厘米，纸质。上书"本大臣现与法国钦命署理协办全权事宜，参赞大臣德，会同勘定津郡望海楼崇禧观地基一段计十五亩零，因系官地，每为议定，按照广东之例每年租价大制钱一千零五十文，共计大制钱十五千八百七十余文，于每年十二月十五日由领事官将……作为大法国传教士建造天主堂之用"。执照左钤满汉文"办理三口通商大臣关防"朱红印文，落款日期为"同治元年正月初三"。右侧正文上盖有两方长条形印文，字迹模糊。

第二次鸦片战争后，咸丰八年（1858年），清政府与英、法、俄、美等国分别签订不平等的《天津条约》，其中允许基督教、天主教传教士在中国自由传教，并要求地方官员厚待保护传教之人。十年（1860年），清政府代表在北京又与英、法代表分别签订《北京条

约》。其中，中法《北京条约》文本第七款为
"法国传教士在各省租买田地建造自便"，
此为担任翻译的法国传教士擅自在中文本条
约中增加的。这一条款，为法国传教士在中
国传教活动提供保障。同治元年（1862年），
法国传教士卫儒梅从三口通商大臣崇厚手中，
租下天津三岔河口北岸海河楼、崇禧观及周边
15亩土地。八年（1869年），法国神父谢福音
拆毁海河楼和崇禧观，建起天津第一座天主堂
"圣母得胜堂"，俗称望海楼教堂。九年，天
津人民因不满传教士借修建教堂之机，拆除大
片民居及欺压百姓恶行，引发"天津教案"，
望海楼教堂被焚毁，俗称"火烧望海楼"。清
光绪二十三年（1897年），望海楼教堂在原址
重建。没过三年，又在义和团运动中烧毁。
二十九年（1903年）复建。

三口通商大臣崇厚发给天主教传教士的永
租执照藏于天津博物馆。

京师同文馆门额 清同治元年至光绪
二十七年（1862～1901年）文物。咸丰十一年
（1861年），负责办理洋务的恭亲王奕䜣奏准

开办同文馆。同治元年（1862年）8月24日，
在北京正式设立京师同文馆，附属于总理各国
事务衙门，以培养翻译和外交人才，以英籍传
教士包尔滕担任首任总教习。以后，又在上
海、广州等地开办同类学堂。京师同文馆，简
称同文馆，是清末第一所官办外语的专门学
校，也是中国最早的外国语学堂。京师同文馆
原馆址位于北京北河沿大街南口。其大门上木
质雕花京师同文馆门额原由第一机械工业部保
存，1960年拨交中国革命博物馆。

京师同文馆门额，长250厘米，高60厘
米，厚3厘米，木质，雕刻。呈圆弧形，原镶
嵌在大门上方青砖中。门额上图案雕刻精美，
寓意深刻。中间是一本厚厚的书籍形式，封面
刻有"天下同文"四个篆字，表明其学校性质
及追求目标；书籍右下是一面三角形清朝龙
旗，提示学校的官办身份。从书籍边沿部位残
留颜色看，其原本为绿色，由于岁月侵蚀，现
只呈现原木本色。

咸丰十年（1860年），第二次鸦片战争
以清政府失败告终。为拯救统治危机，清朝统

治集团内部一些较有眼光的人，试图在不改变腐败政治体制的前提下，学习西方先进科学技术，开展洋务运动。兴办近代教育是洋务运动一个重要组成部分，而教育近代化起步的重要标志当属京师同文馆的设立。同文馆最初只设英文馆，第二年增设法文馆和俄文馆，各招收10名八旗子弟。后逐渐将招生范围扩大至汉人，以及30岁以下的秀才、举人、进士和科举正途出身五品以下满汉京外各官。后又陆续增加德文、日文及天文、算学等馆，从专门培养外语人才学校发展为综合性新式学堂。同文馆由总理各国事务衙门总税务司、英国人赫德任监察官，经费、人事等权都控制在赫德手中。京师大学堂先后培养500余名学生，许多人日后成为翻译家、科学家和外交官。光绪二十六年（1900年），同文馆因八国联军入侵北京而解散。二十八年（1902年），并入京师大学堂（北京大学），成为京师大学堂最早组成部分之一。

京师同文馆门额藏于中国国家博物馆。

江南织造部堂发给金陵官府织匠的领机执照 清同治四年（1865年）十月初六文物。江南织造部堂发给金陵官府织匠的领机执照，由江苏省南京市市民苏寿山捐赠给南京博物院。

清代在江宁（南京）、苏州和杭州三处设立专办宫廷御用和官用各类纺织品的织造局，是在明代久经停废的三处织造局的基础上恢复的。江宁织造局恢复于清顺治二年（1645年）；杭州局和苏州局均于清顺治四年（1647年）恢复。咸丰元年（1851年）确立"买丝招匠"的经营体制，并成为有清一代江南三织造局的定制。清代江南织局生产是由织局选定领机机户，发给机张执照（又称机单、执照、机帖），作为领机凭据。同时，织局备好丝料，责令领机机户雇募工匠进局织造，缎匹织成后由机户负责缴还织局。

江南织造部堂发给金陵官府织匠的领机执照，纵49.4厘米，横42.9厘米。纸质，石印、毛笔填写。其内容："钦命督理江南织造部堂兼管龙江西新关税务祥 为给发执照事。照得金陵省城被贼窃据十有余年，从前织匠逃散他方，文卷册档遗失，无凭查考。本部堂奉命莅任，整顿织务，改建机局，事同创始，理合择选熟谙各项织务匠人，另行取具，切实保结。发给执照，填写年貌籍贯，作为官匠，月给米粮。遇有事故，随时追缴更换，以杜朦混冒滥等弊。须至执照者。□系上元县人年五十五岁□身□面□须□麻汉府堂总柳天培名下，上用暗花缎机壹张，右给领机苏炳散匠，陈之、戴玉。准此。"落款日期"同治四年十月初六日"。执照盖有长方形公章。

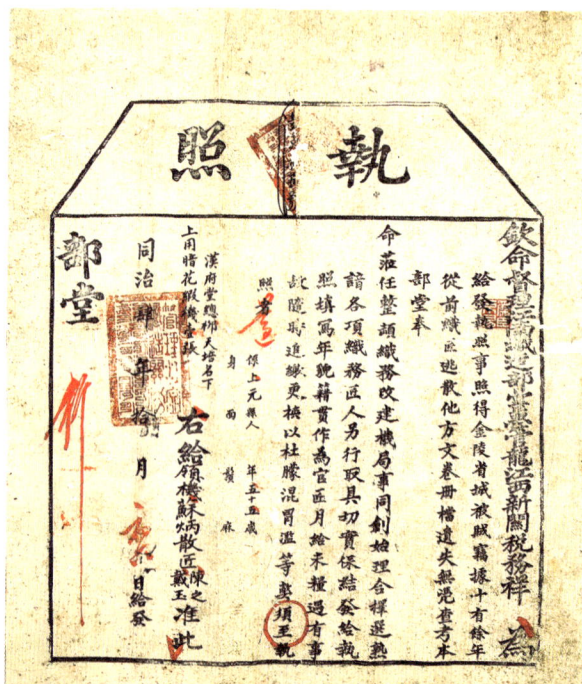

由于清廷长期进行大量搜刮缎匹，已使内务府和户部两处缎匹库存达饱和状态，不论是上用缎匹还是赏赐缎匹都已过剩，其中仅以积存杭细一项，就足支百年之用。从道光二十四至二十五年（1844～1845年）起，江宁局生产已处于缩减状态，需要清政府发布奏准添设机张，领取执照。江宁织局恢复后，也严格按照设机一张，发给印谕入卯前例行事。当年，设机百张，织局便分别"刊发执照谕单，造册存案，以杜朦混等弊"。到同治十三年（1874年），共陆续添设织机到294张，此法一直实行不辍。而且，均是一机一帖，机张与谕帖相符。领匠承领机张后，凡遇工程，即从官局领取丝料，雇募工匠进局织作。如有拖欠贻误、织品不符要求等情形，织局便"追销机单，不准复充"。这种领匠，就是领机机户；接承谕帖（单）从而承领机张，就是局中织机。

江南织造部堂发给金陵官府织匠的领机执照藏于南京博物院。

巴黎公社为公社成立告人民书（法文）（NO.44）　1871年3月29日文物。

1871年3月28日，巴黎公社宣告成立。巴黎公社为公社成立告人民书（法文）（NO.44），是公社成立后发布的告人民书，宣告新型国家政权建立，人民成为自己命运的主人，揭露反动派阴谋，公布已经和将要采取的革命措施，呼吁人民积极支持公社革命行动，并保证公社成员履行自己的职责。巴黎公社为公社成立告人民书（法文）原由比利时友人达尔曼保存，后赠送中国。1974年5月14日，由国家文物局拨交中国革命博物馆。

巴黎公社为公社成立告人民书（法文）

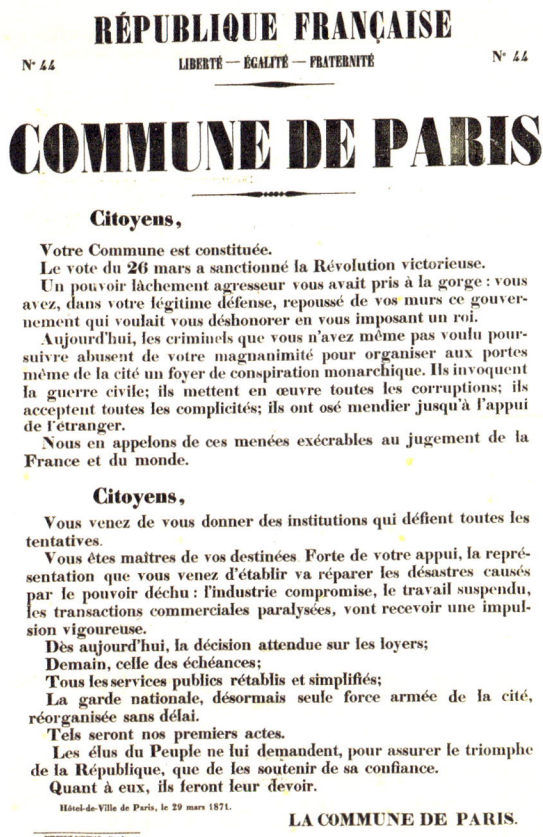

RÉPUBLIQUE FRANÇAISE
N° 44　　LIBERTÉ — ÉGALITÉ — FRATERNITÉ　　N° 44

COMMUNE DE PARIS

Citoyens,

Votre Commune est constituée.

Le vote du **26** mars a sanctionné la Révolution victorieuse.

Un pouvoir lâchement agresseur vous avait pris à la gorge : vous avez, dans votre légitime défense, repoussé de vos murs ce gouvernement qui voulait vous déshonorer en vous imposant un roi.

Aujourd'hui, les criminels que vous n'avez même pas voulu poursuivre abusent de votre magnanimité pour organiser aux portes même de la cité un foyer de conspiration monarchique. Ils invoquent la guerre civile ; ils mettent en œuvre toutes les corruptions ; ils acceptent toutes les complicités ; ils ont osé mendier jusqu'à l'appui de l'étranger.

Nous en appelons de ces menées exécrables au jugement de la France et du monde.

Citoyens,

Vous venez de vous donner des institutions qui défient toutes les tentatives.

Vous êtes maîtres de vos destinées. Forte de votre appui, la représentation que vous venez d'établir va réparer les désastres causés par le pouvoir déchu : l'industrie compromise, le travail suspendu, les transactions commerciales paralysées, vont recevoir une impulsion vigoureuse.

Dès aujourd'hui, la décision attendue sur les loyers ;

Demain, celle des échéances ;

Tous les services publics rétablis et simplifiés ;

La garde nationale, désormais seule force armée de la cité, réorganisée sans délai.

Tels seront nos premiers actes.

Les élus du Peuple ne lui demandent, pour assurer le triomphe de la République, que de les soutenir de sa confiance.

Quant à eux, ils feront leur devoir.

Hôtel-de-Ville de Paris, le 29 mars 1871.

LA COMMUNE DE PARIS.

（NO.44），纵79.8厘米，横52厘米，纸质，铅印。题目为"法兰西共和国""自由—平等—博爱""巴黎公社"。落款为"巴黎公社，1871年3月29日于巴黎城市酒店"。

1871年，法国在普（鲁士）法战争中失败，社会矛盾极度尖锐。3月18日，巴黎工人举行起义，夺取政权，以梯也尔为首的资产阶级政府逃往凡尔赛。经过选举，28日巴黎公社宣告成立。5月下旬，凡尔赛资产阶级政府在普鲁士军队的帮助下，血腥镇压巴黎公社。巴黎公社是法国无产阶级建立的工人革命政府，是世界历史上第一个无产阶级专政政权，也是无产阶级掌握政权的第一次尝试，为日后无产阶级革命提供宝贵经验教训。马克思在《法兰西内战》一文中指出，公社的真正秘密就在于，它实质上是工人阶级的政府。

巴黎公社为公社成立告人民书（法文）（NO.44）藏于中国国家博物馆。

程璧光的望远镜　清光绪六年至民国七年（1880～1918年）文物。

程璧光（1859～1918年），广东香山（中山）人。近代海军将领。福州船政学堂毕业，曾留学英国学习海军。这只单筒望远镜是程璧光在英国留学时所购，是其珍爱之物，一直相伴左右，直至去世。1988年，程璧光之孙程慕尧将程璧光的望远镜捐赠给中国革命博物馆。

程璧光的望远镜，为单筒，直径3.6厘米，长42.9厘米，主体以铜铸造，镜身为纯牛皮手工制作。

程璧光英国留学回国后，任广东水师广丙号舰管带等职。光绪二十年（1894年），从广东带广甲、广乙、广丙三舰赴北洋会操，适值中日甲午战争爆发，所部获准编入北洋舰队，9月17日参加中日黄海大战，广丙舰曾发炮击伤日舰西京丸号。程璧光在广丙舰上指挥作战时，腹部受伤，血染内衣。

民国2年（1913年），程璧光任袁世凯政府陆海军统率处参议，后任海军总长。民国6年（1917年），参加孙中山护法军政府，出任

该政府海军总长。民国7年（1918年）2月26日，在广州遇刺身亡，后被追授为海军上将。

程璧光的望远镜藏于中国国家博物馆。

清军冯子材部扼守镇南关城全图　光绪十一年（1885年）文物。

冯子材（1818～1903年），字南干，号萃亭。广东钦州（后属广西）人。抗法名将，民族英雄。曾任广西、贵州提督，帮办广西关外军务。多次领兵赴越南平乱。清军冯子材部扼守镇南关城全图，形象展示镇南关战役期间清军布防情形。1959年，由中国历史博物馆拨交中国革命博物馆筹备处。

清军冯子材部扼守镇南关城全图，纵34.6厘米，横57.7厘米，绢本，彩绘。经托裱。图右侧用毛笔竖写"广西镇南关城全图"。图中详细画出各炮台的位置及驻军情况。其中，左上角凤尾山炮台为最大炮台，驻勇1200名，其余炮台驻勇100名和200名不等。炮台、望楼和营盘上均明确标示与关门距离为一里、一里半、二里、三里、四里和五里不等，且"督"旗飘扬。位于中下部关门上"镇南关"三字赫然入目。

光绪九年（1883年）12月，法军向进驻越南山西的清军发起进攻，中法战争正式爆发。清军接连失利，一路溃败。法军占领镇南关并炸毁关门后退出。十年（1884年）12月，年近七旬并已退休回家的老将冯子材，奉命帮办广西军务并组建钦州萃军18营9000人，誓师开赴广西前线。冯子材在镇南关关前隘（隘口南）地区筑起一道长达1.5千米、高过2米、宽逾1米的土石长墙，横跨东西两岭之间，墙外挖掘出1米余深堑壕；并在东西两岭上构筑数座大型堡垒，占据主要山头，形成较为完整的

廣西鎮南關城全圖

山地防御体系。光绪十一年（1885年）3月23日晨，法军兵分三路，再次大举进犯，越过镇南关，直逼关前隘。冯子材亲自指挥，在苏元春、王孝祺、王德榜等部配合下，经过两天顽强激战，清军一举歼敌1000余人，缴获大批枪炮弹药。并乘胜出关追击，一直打到谅山。镇南关—谅山大捷扭转整个中法战局，打击了侵略者的气焰，法国茹费理内阁也因此倒台。

清军冯子材部扼守镇南关城全图藏于中国国家博物馆。

上海华盛纺织厂用的动力头道粗纱机 清光绪二十年（1894年）文物。

光绪十六年（1890年），中国首家棉纺厂上海机器织布局开工，拥有纱锭3.5万枚，布机530台。从弹花、纺纱到织布全部设备均从美国引进，并请美国技术人员担任总工程师。自投产之日起，上海机器织布局生意兴隆，获利丰厚。十九年（1893年）夏，李鸿章决定扩充纺纱，致信在英国任公使的薛福成，请他从英国订购机器。十九年（1893年）9月，刚步入正轨的上海机器织布局，不慎失火，损失惨重。二十年（1894年），盛宣怀奉李鸿章之命，会同上海海关道聂缉椝负责恢复织布局。9月19日，新的规模更大的纺织厂在织布局旧址重建开工，取名华盛纺织总局，即华盛纺织总厂。投资纱锭64556枚，布机750台。盛宣怀先后将该厂改名为又新、集成、三新。至民国20年（1931年），因亏损太大，出售给汇丰银行。后几经转手，地基归美商大来轮船公司，机器归申新纺织公司。申新开工两年后，又将机器运到沪西建厂，改名申新九厂。1959年，上海华盛纺织厂用的动力头道粗纱机由上海历史与建设博物馆拨交中央革命博物馆筹备处。

上海华盛纺织厂用的动力头道粗纱机，长831厘米，宽110.5厘米，高143.5厘米。铁质，铸造。为英国1894年制造，是华盛纺织总

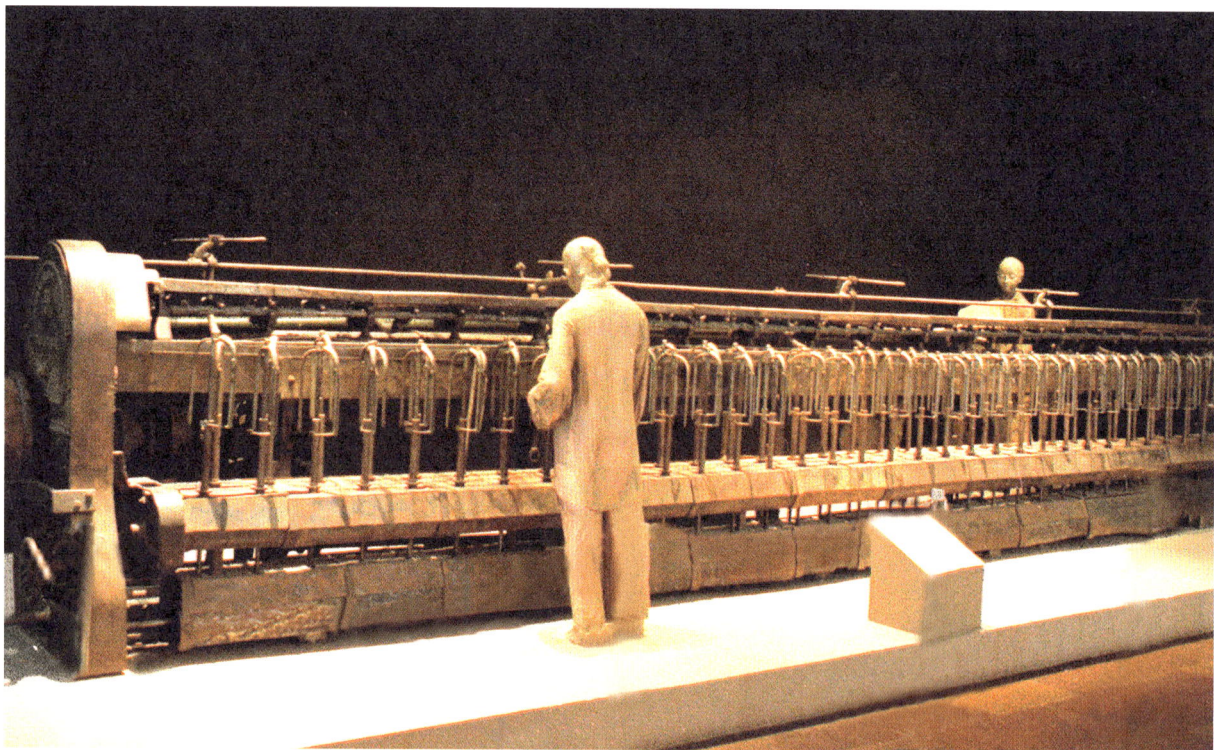

局原有设备之一，是中国存世使用最早的动力纺织机器。

　　近代外国输入中国商品中，除鸦片外，棉纺织品所占比重最大，利润丰厚。清政府中，一些洋务派官员提出自行设厂生产纺织品的建议，作为富国的一项措施。光绪六年（1880年），李鸿章派学者、实业家郑观应为总办，到上海筹建机器织布局。郑拟定《上海机器织布局招商集股章程》，规定该局为官督商办，奏准专利十年。后因股银亏损严重等原因，织布局主要负责人几经更换。

　　上海华盛纺织厂用的动力头道粗纱机藏于中国国家博物馆。

　　北洋舰队镇远舰铁锚　清光绪二十一年（1895年）文物。19世纪中叶洋务运动时期，李鸿章委派李凤苞等人从德国采购大型主战铁甲舰镇远舰，该铁锚为镇远舰铁锚之一。1959年，中国人民解放军海军有关部门将北洋舰队镇远舰铁锚拨交中国人民革命军事博物馆。

　　北洋舰队镇远舰铁锚，长420厘米，宽198厘米，高112厘米，重4吨。铁质。

　　镇远舰是定远级铁甲舰中的一艘，和定远舰同为北洋水师两艘主战军舰，均为德国伏尔铿船厂制造，排水量均为7670吨，航速15.4

节。光绪十一年（1885年）6月10日，清政府电谕在德国造好的定远、镇远两舰迅速回国。10月，抵达天津大沽口，编入北洋水师。镇远舰和定远舰的列装，使清政府海军实力跃居亚洲第一、世界第六，镇远舰和定远舰也成为当时中国海军实力的象征。二十年（1894年）7月25日，中日甲午战争爆发。9月17日，在黄海海战中，镇远舰虽全力奋战，终因多处受伤，驶回威海港口，又不慎触礁，无处修理，丧失战斗力。二十一年（1895年）2月，日军占领威海港，镇远舰被日军掳去，编入日本舰队，成为日本海军第一艘铁甲战列舰，曾参加过日俄战争，服役日本海军17年。民国元年（1912年）4月6日，被拆解出售。日本政府为夸耀其战绩，将掳掠的镇远和靖远两舰铁锚竖立于东京上野公园，又将镇远舰主炮弹头10颗置于舰锚周围，弹头又焊上镇远舰锚链20寻，形成一露天参观所，并将甲午海战经过刻于旁边石碑上，极力羞辱中国海军，多年来令参观上野公园的中国侨胞、留学生，特别是海军将士倍感耻辱。

抗日战争胜利后，中国为血洗国耻，要求索回铁锚，但驻日盟军以铁锚不在盟军总部规定的第二次世界大战战时之内，屡次拒绝国民政府要求。民国36年（1947年）2月，国民党政府调派国防部第二厅海军少校参谋钟汉波，作为中国驻日代表团军事组海军首席参谋，专办索还事宜。为说服盟军总部，钟汉波决定从盟军规定的法理上寻找突破口，以驻日盟军总部主旨为从根源上铲除日本军国主义为依据，说服盟军总部第二组组长柏斯上校。5月1日9时，镇远、靖远舰锚2个及锚链20寻、炮弹弹头10颗交还签字仪式在东京芝浦码头举行，由钟汉波少校代表签收。5月4日，第一批20寻锚链、炮弹弹头10颗，由中华民国海关缉私舰飞星号运返上海。10月23日，第二批2个舰锚，由中华民国商船隆顺号运返上海。随后均由海军总部转运青岛海军军官学校校园陈藏。

北洋舰队镇远舰铁锚藏于中国人民革命军事博物馆。

严复译赫胥黎《天演论》手稿 光绪二十二年（1896年）文物。1961年2月，严复译赫胥黎《天演论》手稿由中国历史博物馆移交中国革命博物馆。

严复译赫胥黎《天演论》手稿，纵22.7厘米，横25.5厘米。纸质，毛笔书写。

光绪二十一年（1895年），甲午战争惨败后，中国被迫与日本签订《马关条约》，中华民族面临生死危亡关头。民族灾难促使中国人民民族意识觉醒，一些代表民族资产阶级知识分子群体站在救亡图存的前列，中国近代资产阶级启蒙思想家、翻译家严复就是其中之一。严复（1854～1921年），字又陵，福建侯官（闽侯）人，福州船政学堂第一届毕业生。光

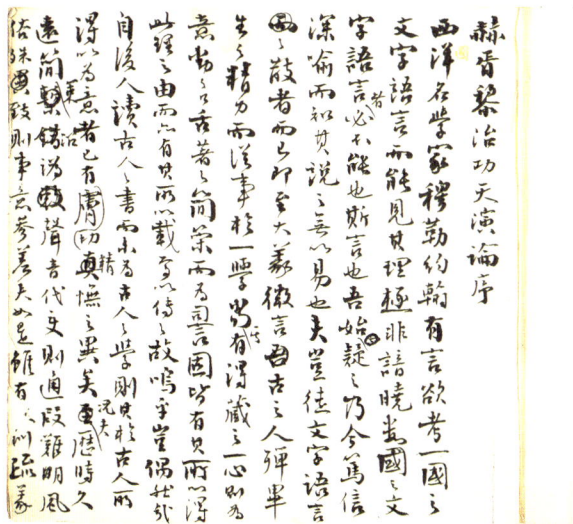

绪三年（1877年），赴英国海军学校留学，曾广泛涉猎达尔文、卢梭、孟德斯鸠、赫胥黎等西方资产阶级社会政治学说。五年（1879年）回国后，任福州船政学堂教习，后任天津北洋水师学堂总教习、总办等。甲午战争后，面对国家积贫积弱、国土被列强瓜分、民族尊严丧失殆尽的危急局面，严复反对顽固保守思想，倡导变法维新，疾呼"今日中国，不变法则必亡"。二十一年（1895年）后，严复先后翻译《天演论》《原富》《法意》《名学》等论著，系统地将西方资产阶级政治经济学说和思想文化制度等介绍到中国。

《天演论》原名《进化和伦理》，是英国生物学家赫胥黎论文集，宣传达尔文进化论。严复选译其中前两篇，改名《天演论》。1896年，翻译出初稿。严复根据桐城派作家、清末散文大家吴汝纶等人意见，对译稿进行修改，此手稿中留有圈改痕迹。光绪二十三年（1897年）底，严复译《天演论》连载于《国闻汇编》。光绪二十四年（1898年）初，吴汝纶为《天演论》作序。6月，慎始基斋版本《天演论》出版刊行，这是《天演论》第一个正式通行本。严复翻译并不是纯粹直译，而是加入自己的评论。严复以赫胥黎的"物竞天择，适者生存"等生物进化理论，阐发救亡图存观点，号召国民"与天争胜"，走富国强军之路，改变落后挨打被动局面，在当时思想界引起极大震动，产生积极深远影响。维新派领袖康有为见此译稿后，发出"眼中未见有此等人"赞叹，称严复"译《天演论》为中国西学第一者也"。

严复译赫胥黎《天演论》手稿藏于中国国家博物馆。

康有为自撰年谱手稿　清光绪二十四年（1898年）文物。年谱完成后不久，康有为便离开日本，前往欧美各国游历，康将手稿交其弟子罗普（孝高）保存。民国16年（1927年），康有为去世。民国22年（1933年），罗普携带年谱手稿至上海、广州、香港等地，请康有为诸弟子及再传弟子传阅，并题写注文及跋语。罗普请人将这些题字裱在年谱正文后面。1949年，罗普去世。罗氏后代罗静宜、罗晓红将此手稿捐献给国家。1961年4月，康有为自撰年谱手稿由文化部文物管理局拨交中国革命博物馆。

康有为自撰年谱手稿，纵24.9厘米，横17厘米，厚约3厘米。纸质，毛笔书写。正文88页（原稿并未标注页码），竖写在红格宣纸上。每页两面，22行，每行约20字，无标点，无段落。整部年谱共3万余字，分为5卷。手稿

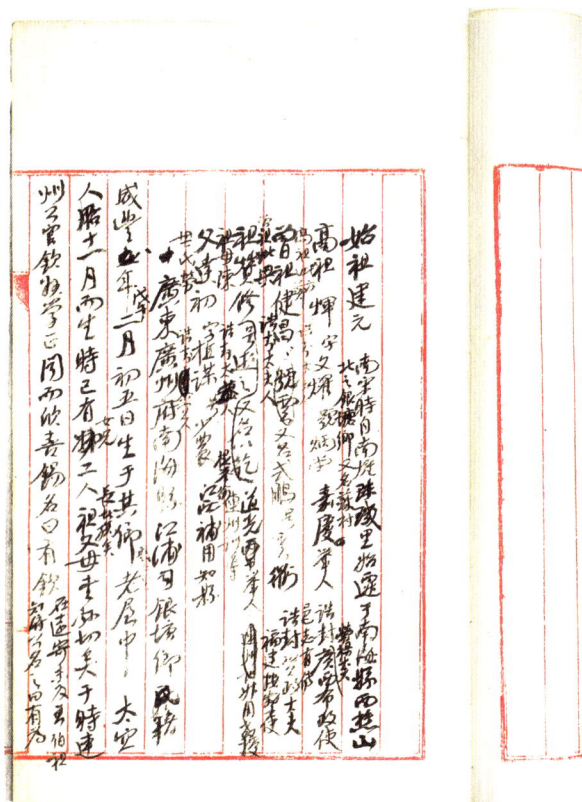

原无名称。原稿为毛笔书写，字里行间有多处修改。在年谱正文后，有康门弟子韩文举注文，另有叶湘南、伍庄、刘翰棻、孔昭焱、钟玉文、吴恒炜、郑雪庵、鲍文、张砚瑜、叶衍华、孔昭鑫等人题跋11篇。其中前10篇写在白版纸上，最后一篇孔昭鑫的跋语写在白宣纸上。

康有为（1858～1927年），广东南海人。中国近代政治家、思想家、教育家，发起"公车上书"，组织强学会，鼓吹变法维新思想，帮助光绪皇帝进行戊戌变法，是公认的戊戌维新运动领袖。光绪二十四年（1898年）9月21日，慈禧太后发动宫廷政变，囚禁光绪皇帝，尽废新法，守旧派重新掌权，谭嗣同等"戊戌六君子"被杀，康有为逃亡国外，持续百余日的戊戌变法宣告失败。康有为在避难日本时，写下《康南海自编年谱》，也称《我史》，简述康氏家族自始祖建元至其父康达初的各代概况，详述从其出生到戊戌变法失败后逃亡日本（1898年）近40年的人生历程（按当时人记岁方式，为虚岁41岁）。

年谱对戊戌变法运动过程描述尤为详尽，是研究康有为和戊戌变法运动的重要史料。由于原收藏者是康门弟子罗孝高（名普，原名文梯，字熙明，号孝高，又号披发生），又被称为"罗本"。手稿原为散页，后收藏者将其托裱并装订成册。绝大部分为康有为亲笔，只有光绪二十四年从"时上频命枢臣催所著各国变政书"至"条陈请皇上东游日本痛抑守旧一折"共10页（卷四），为康有为口授，康门弟子韩文举记录。

康有为自撰年谱手稿藏于中国国家博物馆。

谭嗣同遗墨集 光绪五至二十四年（1879～

1898年）文物。据文献记载，谭嗣同被捕前，曾将多年积累下来文稿、书信，托付前来探望的梁启超带走保存。谭嗣同遗墨集共收入谭嗣同遗墨15件。其中谭嗣同给蓟云手札，由湖南省博物馆1956年从浏阳民政科征集入藏；其余各件均系同年10月湖南省文物管理委员会从长沙市南区公安分局征集，拨交湖南省博物馆。1957年2月，湖南省博物馆将其以册页形式汇装成《谭嗣同遗墨集》，并书跋附后，以志收藏经过。这些书信、手稿是研究谭嗣同及戊戌变法的珍贵的文献史料。

谭嗣同遗墨集，纵30.5厘米，横37.5厘米。其中信札大小不一。共收入谭嗣同遗墨15件，有给夫人李闰书3通，给邹岳生札1通，狱中遗札3通，给张蓟云札1通，给大伯父谭继昇夫妇4通，《送别仲兄泗生赴秦陇省父》

七律4首，木版印名刺1束。后附题跋6件。册页装订。遗墨所用笺纸长短宽窄不一，颜色各异，白色居多，亦有红、绿、黄诸色。香樟木板夹封。

谭嗣同（1865～1898年），字复生，号壮飞，湖南浏阳人，中国近代资产阶级政治家、思想家，维新志士。少时师从欧阳中鹄，后加入维新派。主张中国要强盛，只有发展民族工商业，学习西方资产阶级政治制度；公开提出废科举、兴学校、开矿藏、修铁路、办工厂、改官制等变法维新主张，撰文抨击清政府的卖国投降政策。光绪二十四年（1898年），参加领导戊戌变法，曾密会袁世凯，策动其以武力支持维新变法。变法失败后，谭嗣同决心以死殉变法事业。同年（1898年）9月28日，在北京宣武门外菜市口刑场英勇就义。同时被杀害的维新人士还有林旭、杨深秀、刘光第、杨锐、康广仁，并称"戊戌六君子"。谭嗣同临刑绝命词曰："有心杀贼，无力回天，死得其所，快哉快哉！"生平遗著编入《谭嗣同全集》。留有名句："我自横刀向天笑，去留肝胆两昆仑。"

遗墨集中部分信札，为谭嗣同奉诏进京襄助戊戌变法途中及狱中写给夫人与仆从的书信。清光绪二十四年（1898年）农历七月初五，谭嗣同由浏阳而长沙而武汉而南京，经大半个月舟车劳顿，长途辗转，终于到达北京。谭嗣同到京后，于七月十一日在北京崇文门外北半截胡同浏阳会馆给李闰写的最后一函信。谭嗣同在信中说："朝廷毅然变法，国事大有可为。我因此益加奋勉，不欲自暇自逸。"表示为维新事业不懈努力的决心。信中提到唐次

丞便是谭嗣同至交好友唐才常。《女学报》是中国女学会主办刊物，开创中国妇女报刊先河。女学会是在康有为、梁启超等人支持下由维新派妇女组织起来的社会团体，当时颇有影响。李闰为中国女学会倡办董事。

谭嗣同遗墨集藏于湖南省博物馆。

上海公共租界界碑碑心 清朝光绪二十五年三月二十九日（1899年5月8日）文物。1949年5月27日上海解放后，上海市人民政府将散布在市区租界界碑拆除，收入上海历史与建设博物馆。1959年9月，该馆将上海公共租界界碑碑心拨交中央革命博物馆筹备处。

上海公共租界界碑碑心，纵136厘米，横76.1厘米，厚1.6厘米。铁质，铸造。右下角残缺。碑文为中、英文两种文字对照。其中

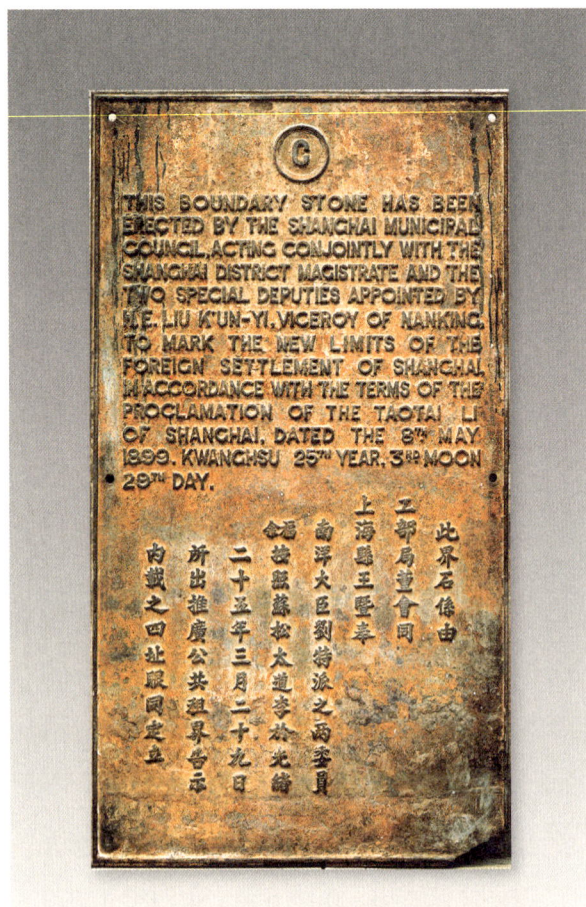

英文书："THIS BOUNDARY STONE HAS BEEN ELECTED BY THE SHANGHAI MUNICIPAL COUNCIL CONJOINTLY WITH THE SHANGHAI DISTRICT MAGISTRATE AND THE TWO SPECIAL DEPUTIES APPOINTED BY H.E.LIU K'UNYI, VICEROY OF MANKING, TO MARK THE NEW LINITS OF THE FOREIGN SETTLEMENT OF SHANGHAI MACCORDANCE WITH THE TERMS OF THE PROCLAMATION OF THE TAOTAI LI OF SHANGHAI, DATED THE 8TH MAY 1899.KWANGHSU 25TH YEAR, 3RD MOON 29TH DAY."中文书："此界石系由工部局董，会同上海县王暨奉南洋大臣刘特派之两委员余、福，按照苏松太道李，于光绪二十五年三月二十九日所出推广公共租界告示内载之四址，限同定立。"上海公共租界碑碑心序号为C，四周有圆孔，可安装在大租界石背面。碑文中"工部局董"是工部局总董斐伦，"南洋大臣刘"即两江总督、南洋大臣刘坤一，"上海县王"是上海知县王豫照，"两委员福、余"分别系美国人、南洋公学校董福开森和江苏苏松太道余联沅，"苏松太道李"系上海苏松太道李光久。1899年5月8日，也就是碑文中光绪二十五年三月二十九日，双方确定租界扩充后的范围为：四至东自杨树浦桥起，至周家嘴角止；西自泥城桥起，至静安寺镇止，又由静安寺镇划一直线，至新闸苏州河南岸止；南自法租界八仙桥起，至静安寺镇止；西自虹口租界第五界石起，至上海县北边界线止，即上海、宝山两县交界之线。经这次扩展，上海公共租界增加到33503亩（22平方千米），租界划分为中、北、东、西4个区。

租界是近代中国沦为半殖民地半封建社会后，西方列强设立的外国人在中国的居住区域。在租界内，西方列强设立市政机构工部局、警察机构巡捕房进行管理，不但拥有行政自治权，还拥有领事裁判权。居住在租界的外国人，完全不受中国法律约束。因此，近代中国租界，被称为西方列强在中国的"国中之国"。道光二十二年（1842年），鸦片战争中国战败，英国逼迫清政府签订《南京条约》，规定中国开放广州、福州、厦门、宁波、上海为通商口岸，并准许英国人携带家眷居住。二十五年（1845年）11月，签订《上海租地章程》，英国租得外滩附近837亩土地，在此建筑房屋，英国人陆续进驻。上海英租界是第一个外国在华租界，此后美租界、法租界相继辟设。咸丰四年（1854年）7月，英、法、美三国成立联合租界。同治元年（1862年），法租界从联合租界中独立。同治二年（1863年）9月，上海英美租界合并为"公共租界"，由两国共同管理。上海公共租界成立后，英美不断拓展租界面积，至光绪十九年（1893年）上海公共租界面积猛增至10676亩。二十一年（1895年），上海公共租界以"不足以供界内华洋居民使用"为由，再次要求拓界。经数年交涉，至光绪二十五年（1899年），双方签订《上海公共租界扩界条约》，实地测量并竖立上海公共租界界碑，作为界至标示。扩展后的租界线上，竖立有多块界碑。界碑分大小两种，大的为长方体，正面刻"公共租界石"，背面用中、英文字刻竖立界碑机构及时间等，立于重要地段；小的为三棱柱形，立于次要地段。

上海公共租界界碑藏于中国国家博物馆。

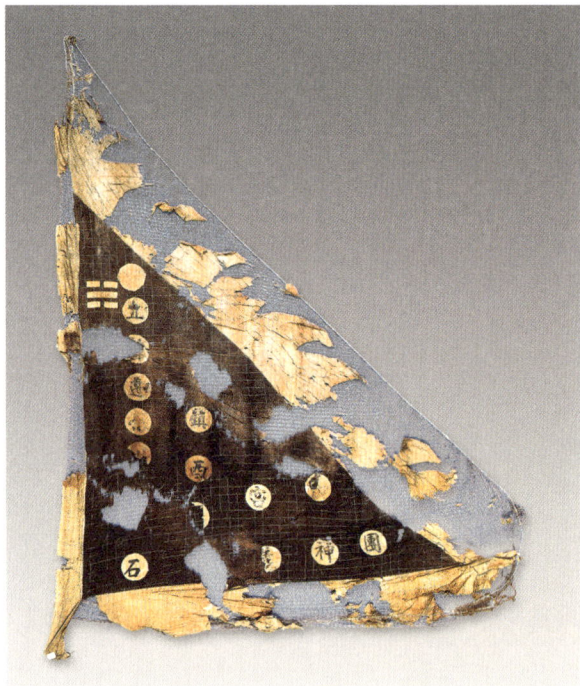

义和神团"坎"字旗　光绪二十六年（1900年）文物。

在八国联军入侵中国时，德军将义和神团"坎"字旗等一批义和团物品掠去。1955年，德意志民主共和国总理格罗提渥访华时，将一批义和团文物送还中国，此旗为其中之一。1959年6月，义和神团"坎"字旗由中国历史博物馆拨交中央革命博物馆筹备处。

义和神团"坎"字旗，高145厘米，底边长151.5厘米，棉布质，缝制。有字"直隶遵化城石门镇西门天仙宫义和神团"。

光绪二十六年（1900年），在西方列强划分在华势力范围、华北频繁发生教案、天灾频仍及宫廷权力斗争激化情况下，义和团反帝爱国运动爆发。义和团原本是长期流行在山东、直隶（河北）一带民间秘密会社，参加者多为农民、手工业者。义和团在民间秘密结社，采取设立神坛、画符请神等方式，秘密聚众，称为义和拳。坛是义和团基层单位，又称坛口。天津设有"坎"

字总团，为坛的一级单位。总坛的一级单位，按照八卦方位分为八门（团）。义和团分乾、坎、艮、震、巽、离、坤、兑等八门（八卦）。其中"乾"字号和"坎"字号声势最大。"坎"字为八卦之一，代表水。最初，义和拳以"反清复明"为口号，反对清朝统治。随着西方帝国主义入侵，义和团开始支持清朝抵抗西方列强，口号也改为"扶清灭洋"，将矛头直指外国宗教势力和侵略者，发展成为保国保种暴力运动。义和团运动后期也有部分清军参加。在八国联军和中外反动势力联合镇压下，义和团运动以失败告终。光绪二十七年（1901年），清政府被迫同八国及比利时、荷兰、西班牙等11国，签订丧权辱国的《辛丑条约》。义和团运动阻止了帝国主义列强瓜分中国的野心，沉重打击了清政府腐朽统治。

义和神团"坎"字旗藏于中国国家博物馆。

清军大沽炮台军事布防图　光绪二十六年（1900年）前文物。1962年，清军大沽炮台军事布防图由天津市文化局拨交天津市历史博物馆。

清军大沽炮台军事布防图，纵64厘米，横89.5厘米，纸本设色，未注比例，无题签。其方位标注明确，上东下西，左北右南，采用平立面结合鸟瞰式形象画法，描绘大沽海口军事布防情况。此图绘制简洁，着色轻浅，陆地和炮台一部分建筑颜色为浅粉色，海水表现为淡蓝色，部分建筑表现为深蓝色，表明其质地为砖或石质。图中有黄签"贴说"25处，详细注明领兵将领、驻防兵种、人数和武器配备等情况，还详细标出河口内外拦港沙、暗沙线、红表、黑表及河道内防御设施的具体位置。

晚清以来，清政府在进行海防建设中，

逐步将北洋海防建设作为重点。大沽口位于现天津东南50千米海河入海口处，西北距离北京170千米，东濒渤海，西为海河平原，隔河与塘沽相望；为南北运河、永定、大清、子牙五河入海处，北连辽东，有旅顺、大连为左翼，南走登莱，有威海卫为右翼，是北洋第一重镇，军事地位极为重要。明初已于大沽海口筑墩设炮，咸丰八年（1858年）更于大沽口建炮台5座，设防兵2.5万人。八年、九年和十年（1858年、1859年和1860年），清军与英法联军曾进行过三次大沽口战役。因此，李鸿章加强北洋海防，首先就是整治大沽口炮台。同治九年（1870年），李鸿章出任直隶总督兼北洋通商大臣之初，就认识到天津地位的

重要性，自从各国在华通商开埠后，公使进驻北京，天津成为外国人往来进出北京的要道，形同京师门户，关系极重，而要保卫天津门户，"大沽海口南北炮台最为扼要"，必须重新修建，加强布防。十年（1871年）10月，李鸿章改革大沽协营制度，拟定新营制章程，规定将天津厘捐每年收入作为修整大沽、北塘海口炮台专用经费，除每年常修以外，规定每10年大修一次，每5年小修一次。同年秋，开始大沽炮台大规模整修工程。至19世纪80年代，大沽炮台改造工程日益完善，布局更为周密，在水上藏伏水雷，配备水师兵船，与陆路新式炮台相互呼应，不仅巩固大沽炮台防御力量，且扩大炮台防御范围。据专家考证，清军大沽

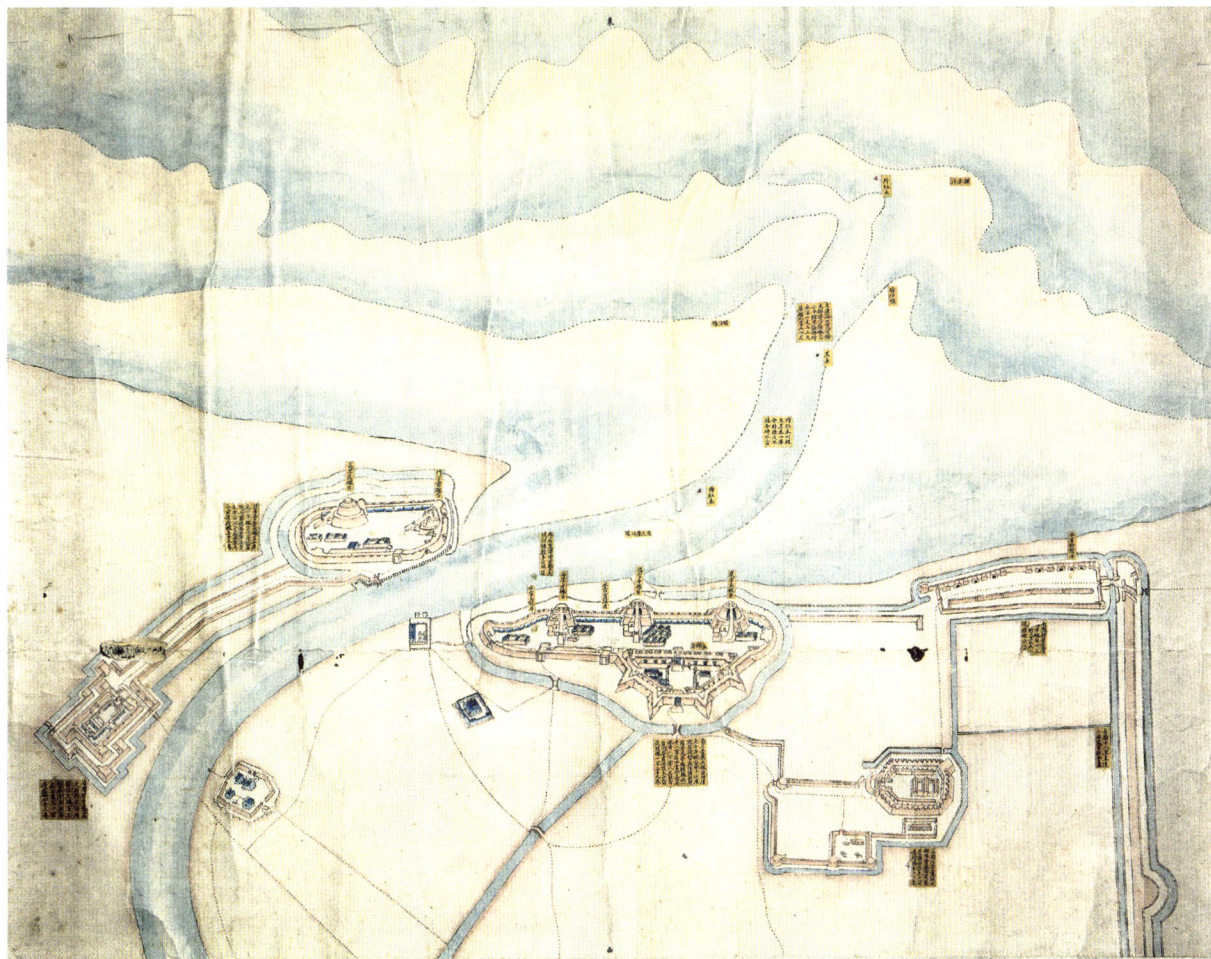

炮台军事布防图绘制时间，应在光绪十至十四年（1884～1888年）。大沽炮台自同治十年（1871年）李鸿章首次巡查大沽、北塘炮台，计划仿效西方炮台式样，重新修筑两地海口炮台始，经十几年的扩充完善，已形成较先进坚固的防御设施、周密布防的格局。清军大沽炮台军事布防图直观、形象展现出李鸿章多年经营大沽海口炮台的军事防务成果。

清军大沽炮台军事布防图藏于天津博物馆。

京城各国暂分界址全图 清光绪二十六年至二十七年（1900～1901年）文物。京城各国暂分界址全图原由故宫博物院藏。1960年4月，

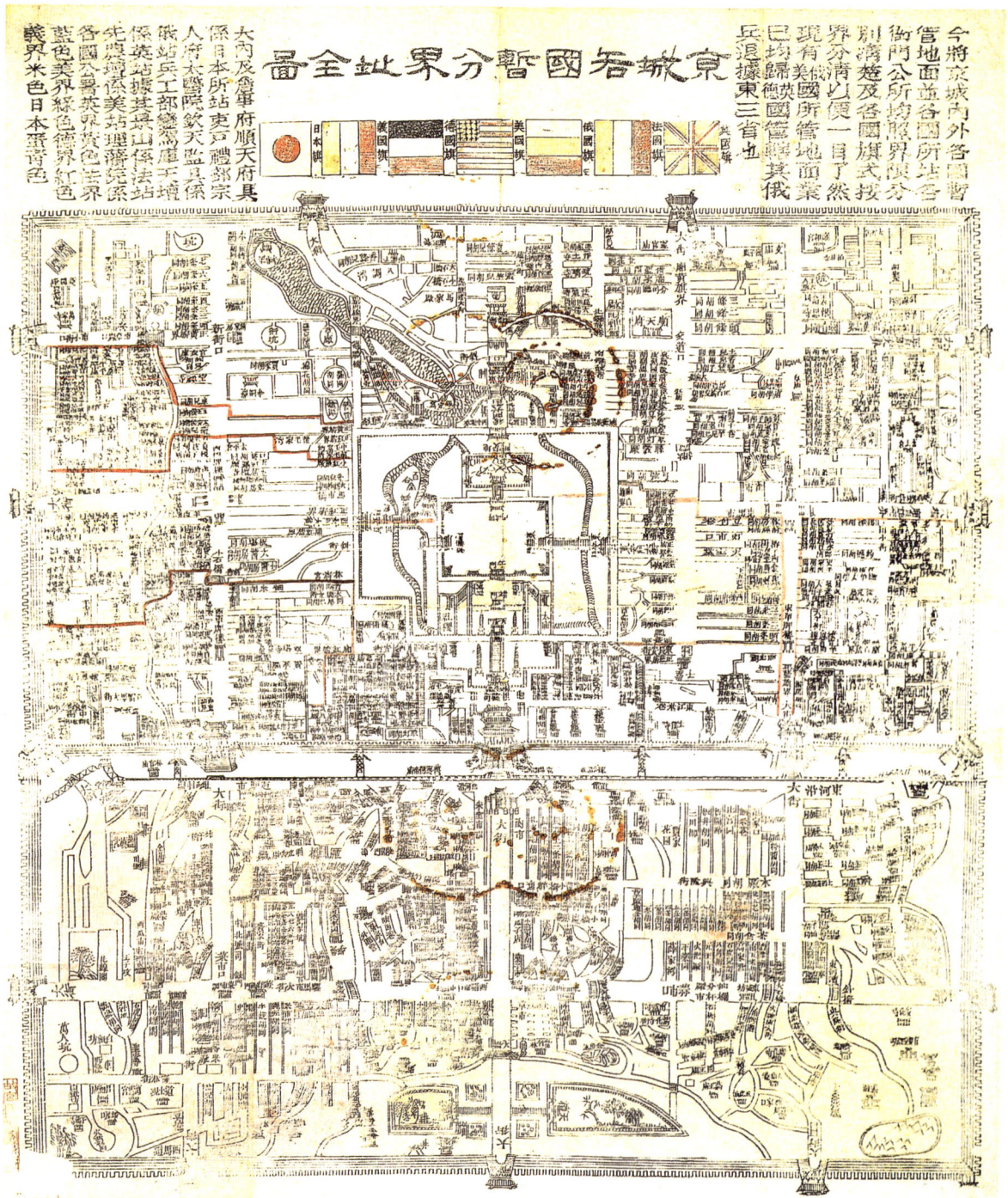

拨交中央革命博物馆筹备处。

京城各国暂分界址全图，纵62.7厘米，横54厘米，纸质。图上中部隶书"京城各国暂分界址全图"10字，字下方自右至左依次为英国、法国、俄国、美国、德国、义（意大利）国、日本7国的国旗图案。图右上角有说明文字："今将京城内外各国暂管地面并各国所站（占）各衙门公所，均照界限分别清楚及各国旗式按界分清。现有俄、美国所管地面业已均归英、德国管辖，其俄兵退据东三省也。"图左上角说明文字为："大内及詹事府、顺天府具系日本所站（占）；吏户、礼部、宗人府、太医院、钦天监具系俄站（占）；兵工部、銮驾库、天坛系英站（占）据；其景山系法站（占）；先农坛系美站（占）；理藩院系各国公署。英界黄色，法界蓝色，美界绿色，德界红色，义（意）界米色，日本蛋青色。"

清光绪二十六年（1900年）6月，为镇压义和团运动和所谓"保护使馆"，英、美、法、俄、德、日、意、奥等国组成八国联军，在英国海军中将西摩尔率领下，由天津向北京进犯。7月14日，攻陷天津。8月2日，集结2万余兵力沿运河两岸向北京进发，在廊坊受到义和团围攻，遂加大兵力，一举占领廊坊。8月14日凌晨，联军开始进攻北京城，至16日晚基本占领北京全城，开始疯狂烧杀抢掠。15日晨，慈禧太后、光绪皇帝和亲贵大臣仓皇逃往西安。8月16日，各国侵略军头目召集会议，决定在北京城划分势力范围，实行分区占领。直至光绪二十七年（1901年）9月签订《辛丑条约》，八国联军占领北京达一年之久。京城各国暂分界址全图用黄、蓝、绿、红、米色及蛋青色分别代表英、法、美、德、意和日本等国在京城所占区域。根据图上说明，俄、美国所管地面已归英、德国管辖，俄兵退据东三省，因此，图中没有俄国管辖范围。

京城各国暂分界址全图藏于中国国家博物馆。

章太炎"汉"字徽和式外褂 清光绪二十八年（1902年）文物。章太炎"汉"字徽和式外褂一直由章太炎夫人汤国黎精心收藏。1981年，在辛亥革命七十周年纪念活动期间，由其长子章导捐赠给中国革命博物馆。

章太炎"汉"字徽和式外褂，长111厘米。绸、布质。黑色。为避开清政府监视，易于开展活动，特请日本工匠制作的。

章太炎（1869～1936年），初名学乘，后改名炳麟，字枚叔，别号太炎，浙江余杭人。近代民主革命家、思想家、国学大师。周恩来评价其"学问与革命业绩赫然"。光绪二十三

年（1897年）任《时务报》撰述，因参加维新运动，被通缉，流亡日本。二十六年（1900年），面对日益深重的民族危机，章太炎剪掉辫发，立志革命。二十八年（1902年），章太炎在日本结识孙中山，积极投身资产阶级革命运动。为避开清政府监视而易于开展活动，特请日本工匠制作这件"羽织"——和式外褂。按照日本风俗，为彰显家族身份，习惯在衣服的肩袖部印或绣上家徽图案。章太炎书写篆体"汉"字代替家徽图案，以示不忘祖国、不忘民族的爱国情怀。在日本期间，章太炎结识许多留日学生，共同进行反清活动。在章太炎鼓动下，留日学生决定在同年农历三月十九日利用明朝灭亡日子召开亡国纪念会，章太炎为大会起草宣言书。同年7月，章太炎从日本回国，在上海积极宣传革命思想。二十九年（1903年），在《苏报》上发表《驳康有为论革命书》等文章，驳斥保皇派改良主义谬论，宣传革命，引起清政府极大恐慌。6月，清政府与帝国主义勾结，制造"苏报案"，章太炎被捕入狱。三十二年（1906年），出狱后，受孙中山邀请，再赴日本，主编《民报》，与改良派展开论战。民国2年（1913年）7月15日，黄兴在南京竖起讨袁大旗。为声援黄兴讨袁大军，章太炎在上海发表伸张民族正义的《讨袁檄》。袁世凯对章太炎痛恨至极，便计诱章太炎进京，将其软禁于北京龙泉寺。面对袁世凯的软硬兼施、威逼利诱，章太炎毫不屈服，愤而绝食，并写信寄"汉"字徽和式外褂给夫人汤国黎作为诀别，以表誓死斗争到底的决心。袁世凯死后，章太炎才恢复自由，重新回到上海。

章太炎"汉"字徽和式外褂藏于中国国家博物馆。

西藏人民抗英钢剑　　光绪三十年（1904年）文物。西藏人民抗英钢剑原由藏族群众白马结古保存，后捐献给国家。1959年10月，由国家文物局拨交中央革命博物馆筹备处。

西藏人民抗英钢剑，长82.9厘米。有鞘，主体为钢质，锻造，木柄，镶金、银、铜。

光绪二十七年（1901年）《辛丑条约》签订后，帝国主义列强掀起瓜分中国狂潮。二十九年（1903年）7月，英军上校荣赫鹏率领庞大武装使团，由麦克唐纳少将指挥，从印度、经锡金由亚东进入西藏，开始对中国西藏地区进行第二次大规模武装侵略。12月12日，英军偷越则利拉山口。13日，进驻仁进岗。21日，占领帕里。三十年（1904年）1月，英军又相继占领堆拉、戈吾等地，矛头直指江孜，以江孜人民为主的西藏人民拉开第二次抗英战争的序幕。4月，英国侵略军600人从亚东向北入侵江孜，达赖十三世下令西藏军民抵抗，江孜境内16～60岁男丁被紧急征召抗英。英军在宗山受到江孜军民和白居寺僧侣拼死抵抗。江

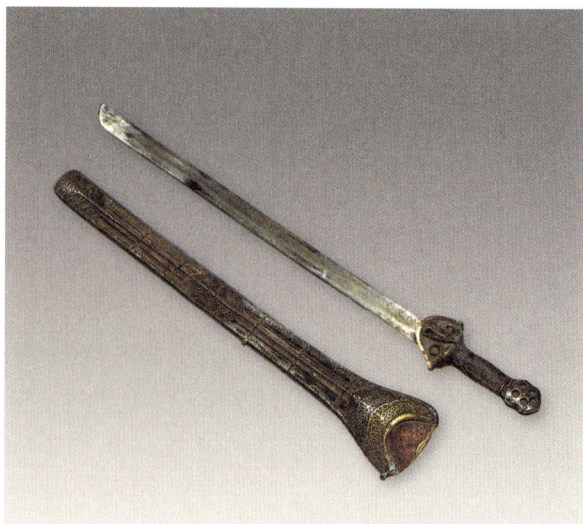

孜人民在宗山上筑起炮台，用土炮、土枪"乌躲"、刀剑、梭镖和弓箭等劣势武器，与以洋枪洋炮武装的入侵者展开了3个多月英勇血战。西藏人民抗英钢剑就是江孜人民抗英用的武器之一。光绪三十年（1904年）6月底，在后续部队增援下，英军用大炮猛轰宗山炮台，并展开逐村逐屋争夺战，江孜军民在紧急关头，以石头做武器，拼死抵抗三天三夜，最后弹尽援绝，全体勇士宁死不屈跳崖殉国。8月3日，英军占领拉萨。9月7日，荣赫鹏强迫西藏地方政府部分官员签订《拉萨条约》（又称《英藏条约》），企图把西藏划入其势力范围，遭到中国人民坚决反对，清政府坚持不予批准。三十二年（1906年）4月，中英重新签约，英国承认西藏是中国不可分割的一部分。

西藏人民抗英钢剑藏于中国国家博物馆。

京汉铁路落成铁碑 光绪三十一年十月十六日（1905年11月12日）文物。1967年4月18日，郑州铁路局将竖立在黄河铁路桥南岸的京汉铁路落成铁碑拆除，移交武汉铁路分局武汉二七纪念馆。

京汉铁路落成铁碑，纵139厘米，横60厘米，厚4厘米。铁质，铸造。碑文用中、法两种文字分上下两部分镌刻。上半部边框铸有两龙飞舞的图案，中间为中文："大清国铁路总公司建造京汉铁路由比国公司助理工成之日，朝廷特派太子少保前工部左侍郎盛宣怀、二品顶戴署理商部左丞唐绍仪行告成典礼，谨镌以志。时在光绪三十一年七月十六日。"碑下半部为法文，内容与中文对照。因盛宣怀身兼数职，其名字以"太子少保前工部左侍郎"头衔镌刻于铁碑之上。

京汉铁路，最初称卢汉铁路（卢沟桥至汉口）。民国17年（1928年）后，也称平汉铁路，是甲午中日战争中国战败后清政府为发展近代工业准备修筑的第一条铁路。光绪二十一年（1895年）年底，光绪帝发出一道谕旨，提出救亡图存六项"力行实政"，修铁路被列为首项。清政府决议兴建卢汉线，原打算铁路实行"官督商办"。但由于清政府信誉不佳，华商无人问津，不得已只好举借外债。二十二年（1896年）10月，直隶总督王文韶、湖广总督张之洞奏请设立铁路总公司，以大官僚买办、天津关道盛宣怀为督办大臣，统筹卢汉铁路修建。二十四年（1898年）6月，清政府与比利时人签订《卢汉铁路比国借款续订详细合同》《卢汉铁路行车合同》。根据合同，清政府向比利时公司借款450万英镑，30年还清。筑路工程由比利时公司派人监造；所需材料除汉阳铁工厂可供应外，都归比利时公司承办，并享受免税待遇。在借款30年间，一切行车管理权均归比利时公司掌握，这为日后外国利用债权关系掠夺中国铁路权开了恶劣先例。二十四年（1898年），京汉铁路破土动工。三十一年（1905年）建成。11月12日，郑州黄河铁路大桥建成，京汉铁路全线竣工。京汉铁路落成铁碑被立于黄河桥头，以志纪念。京汉铁路督办大臣盛宣怀亲自到现场主持黄河大桥竣工典礼。朝廷派来出席郑州黄河大桥典礼的中央代表是袁世凯亲信唐绍仪，以"二品顶戴署理商部左丞"之衔代表清政府参加典礼。三十二年（1906年）4月1日，全长1200余千米的卢汉铁路全线通车，正式运行。因力主修建这条铁路才被派任湖广总督的张之洞与直隶总督袁世凯一道验收工程后，改卢汉铁路之名为京汉铁路。京汉铁路全线贯通，改变武汉在近代中国经济布局中的格局，更有力地推动汉口商业贸易发展。在义和团运动影响和全国人民纷纷要求收回铁路主权压力下，清政府几经周折，于宣统元年（1909年）1月，拨官款500万两白银和借英国汇丰、法国汇理银行款5万英镑，还清京汉铁路借款，把铁路赎回，收回京汉铁路管理权。京汉铁路落成铁碑成为帝国主义掠夺中国筑路权和清政府腐败无能丧权辱国的见证。

京汉铁路落成铁碑藏于武汉二七纪念馆。

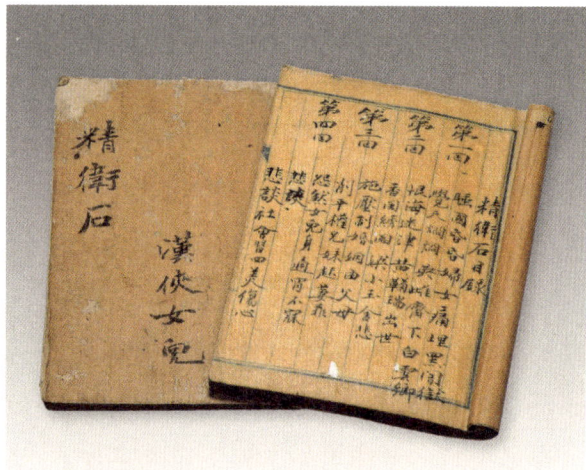

秋瑾弹词《精卫石》手稿　光绪三十一至三十二年（1905～1906年）文物。1956年12月，秋瑾堂侄孙秋绳武将秋瑾弹词《精卫石》手稿捐赠给浙江省文物管理委员会。1959年，由浙江文管会拨交浙江省博物馆。

秋瑾弹词《精卫石》手稿，纵18.5厘米，横13厘米。纸质，毛笔书写。仅有第一回至第五回，分装两册，均为线装，共134页。封面为橘红色，左上角写有"精卫石"三字，中下部写有"汉侠女儿"四字，均为繁体汉字，北魏体，系作者亲笔题签。后仅存《序》《目录》和前五回正文及第六回残件。其中第1册为第一至第三回，第2册为第四至第六回（残）。手稿正文目录为：第一回，睡国昏昏妇女痛埋黑暗狱，觉天炯炯英雌齐下白云乡；第二回，恨悔迷津黄鞠瑞出世，香闺绣阁梁小王含悲；第三回，施压制婚姻由父母，削平权兄妹起姜菲；第四回，怨煞女儿身通宵不寐，悲谈社会习四美伤心；第五回，美雨欧风顿起沉疴宿疾，发聋振聩造成儿女英雄。

秋瑾（1875～1907年），字璿卿，号竞雄，又号鉴湖女侠，近代民主革命志士。祖籍浙江绍兴，生于福建，光绪十六年（1890年）

随父亲来湖南。嫁湖南人王廷钧。二十九年（1903年），携子随夫居北京。三十年（1904年），自费赴日本留学，发起组织中国第一个妇女反清团体共爱会，宣传反清革命，男女平权。三十一年（1905年），加入光复会和中国同盟会，被推为同盟会评议部评议员和浙江主盟人。三十二年（1906年）回国，在上海创办中国公学。第二年，创办《中国女报》，提出创办宗旨为"开通风气，提倡女学，联感情，结团体，并为他日创设中国妇人协会之基础"，并写《发刊词》，号召女界为"醒狮之前驱""文明之先导"，宣传妇女解放思想。后去绍兴主持大通学堂，联络会党，组织光复军与徐锡麟策划浙皖两省同时起义，徐锡麟在安庆起义失败后被害。7月14日，秋瑾被捕。次日，就义于绍兴轩亭口，年仅32岁。秋瑾《精卫石》主要以长沙弹词形式写成，其篇章以唱为主。弹词是清代民间很流行的兼有说唱曲艺形式，最早在苏州出现，后传入湖南，形成长沙弹词。弹词《精卫石》手稿是秋瑾留下唯一一部长篇自传体作品，淋漓尽致地写出秋瑾革命意识觉醒过程。根据内容，第一至第三回写于日本，第四至六回写于国内。据秋瑾同父异母弟秋宗章回忆，原有4册，存目二十回，现仅存2册六回，只写到黄鞠瑞等人在日本加入光复会止。从存目看，秋瑾还准备写黄鞠瑞等人投身革命的英勇事迹，写四万万男女无分彼此同建共和的壮举。《精卫石》原拟在《中国女报》逐期连载，后因故并未刊登。秋瑾在弹词《精卫石》手稿中，历数妇女苦痛，民族压迫，帝国主义侵略，意在唤起同胞争取民族解放和国家独立，这些都通过作品主人公

秋瑾的化身——黄鞠瑞的苦闷、彷徨、奋起展开。《精卫石》除反映现实人民的生活与斗争外，还大量反映历史人物和神话人物的生活与斗争，从中汲取斗争力量，激励秋瑾自己从事斗争，标示出斗争的合理性，因而也使作品笼罩着神秘色彩，具有积极浪漫主义精神，是一部没有完成的又有散佚的自传体作品。

秋瑾弹词《精卫石》手稿藏于浙江省博物馆。

詹天佑测绘京张铁路线的仪器 光绪三十一年至三十五年（1905～1909年）文物。詹天佑勘测京张铁路线的仪器原由其家属保存，后捐献给国家。1959年4月，由中国历史博物馆拨交中央革命博物馆筹备处。

詹天佑勘测京张铁路线的仪器，长38厘米，宽33.5厘米，高21厘米。铜质。刻有詹天佑英文名字缩写"T. Y. JEME"。

詹天佑（1861～1919年），字眷诚，广东南海（广州）人。中国近代第一位杰出的铁路工程师，被誉为"中国铁路之父"。同治十一年（1872年），考取清政府选派首批赴美留

学。光绪七年（1881年），毕业美国耶鲁大学土木工程系。十四年（1888年），任中国铁路公司工程师，参与修建津沽（天津至塘沽）铁路。在修筑津榆（天津至山海关）铁路时，采用"压气沉箱法"打桩，顺利完成滦河大铁桥桥梁基础工程，解决外国工程师未能解决的难题。二十八年（1902年），被委派独立主持新易（高碑店至易县）铁路工程，为中国自建京张铁路做了先期准备。三十一年（1905年）5月，京张铁路总局和工程局成立，詹天佑先后任京张铁路总工程师兼会办、总办，主持修建中国自建的第一条铁路干线——京（北京）张（张家口）铁路，全长360华里。建设难关在关沟，关沟一带层峦叠嶂，地形复杂，坡度极大，达33%，而当时火车最高爬坡率仅为25%，南口和八达岭高度相差180丈（合600米），工程之难世所罕见。詹天佑根据地形在山腰处巧妙将铁轨铺成"人"字形，降低坡度，又用两台大马力机车调头互相推挽的办法，解决坡度大、机车牵引力不足的问题，迂回往返，依次而上，以达青龙桥，使路线比原计划缩短一半。在京张铁路全线施工过程中，采用爆破法，开通4座隧道。其中八达岭隧道全长1091米，开凿时，采用直井法施工，加快进度，山洞打通，几无差异，使京张铁路提前两年建成，三十五年（1909年）9月全线通车。詹天佑修建京张铁路期间，厘定各种铁路工程标准，并上书政府要求全国采用。中国一直使用的四尺八寸半标准轨、珍氏自动挂钩等，都是出自詹天佑的提议。

詹天佑测绘京张铁路线的仪器藏于中国国家博物馆。

孙文（中山）题赠彭泽民的"博爱"手迹 清光绪三十二年（1906年）文物。

孙中山题赠彭泽民的"博爱"手迹，跟随彭泽民夫妇辗转多地。民国30年（1941年），日军占领香港。日本总督矶谷廉介颁布命令，重金收购孙中山墨迹。彭泽民夫妇为保护"博爱"手迹免遭强盗之手，冒险连夜乘小木船，渡海到荃湾，用油纸将层层包裹后，放进大缸，埋藏在朋友菜园一枯井中。直到日本投降后，"博爱"手迹才得以重见天日。1950年，彭泽民举家回到北京。随身带回包括孙中山题赠彭泽民的"博爱"手迹在内一批珍贵革命史

料。1956年10月18日，彭泽民病逝。11月12日，恰逢孙中山先生诞辰90周年，为筹办纪念展览，民革中央向彭泽民家属征集到孙中山题赠彭泽民的"博爱"手迹等一批珍贵文物。展览结束后，这批文物由北京图书馆接收。1959年2月，孙中山题赠彭泽民的"博爱"手迹由北京图书馆拨交中央革命博物馆筹备处。

孙中山题赠彭泽民的"博爱"手迹，纵35厘米，横80.5厘米，纸质，毛笔书写。

孙中山把"博爱""天下为公""世界大同"视为理想最高境界和追求最远目标，"博爱"是其政治学说的一个核心思想。孙中山在《中国同盟会革命方略》中提出："所谓国民革命者，一国之人皆有自由、平等、博爱之精神。"并一生不遗余力宣传博爱思想，多次题写"博爱"赠给国际友人、海外侨胞和革命志士，赢得世人好评。这幅题赠（彭）泽民横匾是孙中山众多"博爱"题词中的一幅。彭泽民（1877～1956年），原名彭泽文，字锦泉，广东四会人。国民党左派元老，爱国侨领。光绪二十八年（1902年），漂泊到马来西亚吉隆坡谋生。三十一年（1905年），中国同盟会（以下简称"同盟会"）在日本东京成立，孙中山被推为总理。三十二年（1906年）起，同盟会发动萍浏醴起义。孙中山远赴南洋宣传革命，筹措资金。8月7日，抵达马来亚吉隆坡，受到当地华侨热烈欢迎。在孙中山指导下，同盟会吉隆坡分会于当日成立。彭泽民被推举为书记，成为吉隆坡分会负责人之一。三十二年（1906年），加入中国同盟会。是中国农工民主党创建人之一。1949年，代表中国农工民主党，受邀参加中国人民政治协商会议第一次全体会议，并当选为全国政协常务委员和中央人民政府委员。孙中山在马来西亚期间，彭泽民一直形影不离，伴随左右，给孙中山留下深刻印象。孙中山亲笔题写"博爱"二字相赠，并建议彭将原名"泽文"改为"泽民"，取"厚泽于民"的含义。彭泽民欣然接受，并享用终生。于是，孙中山题词上就有了"泽民先生嘱"几个字。

孙中山题赠彭泽民的"博爱"手迹藏于中国国家博物馆。

孙中山在镇南关起义时戴的帽子 清光绪三十三年十月二十九日（1907年12月3日）文物。

民国29年（1940年），南京汪伪政府派陈伯蕃为特使赴日参加"皇纪2600年"庆典之际，池亨吉将孙中山在镇南关起义时戴的帽子作为礼品，托陈伯蕃转赠汪精卫。1949年，中华人民共和国成立后，上海市文物管理委员会征集到孙中山在镇南关起义时戴的帽子。1959年，拨交中央革命博物馆筹备处。

孙中山在镇南关起义时戴的帽子，帽口周长54.8厘米，呢、布质地。帽里上有毛笔书写"镇南关占领，高野"字样。

光绪三十一年（1905年），中国同盟会成立后，在中国多地组织起义，试图推翻清政府。三十三年（1907年）12月，孙中山策划发动广西镇南关（友谊关）起义。12月2日，受孙中山委派，同盟会员黄明堂等率乡勇80人，携带快枪42支，潜袭镇南关。起义军在部分守军接应下，不久即攻克镇南、镇中、镇北三个炮台。捷报传来，身在越南河内的孙中山决定亲赴战场。3日晚，孙中山率黄兴等一行10余人，抵达镇南关前沿阵地，亲自登上炮台指挥发炮射击，数门大炮齐鸣，清军胆战心惊。因见弹药缺乏，决定暂回河内筹款购置以接济。后因清军援军赶到，孙中山筹款未果，起义军粮弹不继，起义失败。随行英文翻译、日本友人池亨吉从越南回国前夕，孙中山颁给池亨吉证明书，授予全权"执行为中国革命事业筹款事宜，并为同一目募集粮秣和军需品"，并特别说明"一九〇七年十二月四日当我率领党人炮击镇南关炮垒时，他曾与我并肩作战"。孙中山并应池亨吉请求，将所戴制帽相赠，作为此行纪念。在帽里书写"镇南关占领"字样，签名"高野"。孙中山流亡日本时，因仰慕日本幕府时代一位维新志士高野长英，因取日本名字"高野长雄"，简称"高野"。

孙中山在镇南关起义时戴的帽子藏于中国国家博物馆。

京师大学堂总监督关防 清光绪三十四年至宣统二年（1908～1912年）文物。1959年，京师大学堂总监督关防由中国历史博物馆拨交中央革命博物馆筹备处。

京师大学堂总监督关防，印面纵9.5厘米，横5.7厘米，印台高1.5厘米，为长方形；

印纽高10.2厘米，为柱形长柄；阔边，铜质铸造。印面刻满、汉文对照字样"京师大学堂总监督关防"，右半边作汉文篆书，左半边作满文九叠篆，满文从上到下、自左向右铺排。一侧款为"光字两千三百八十二号"，另一侧款为"光绪三十四年三月"。背面镌刻满、汉文对照"京师大学堂总监督关防礼部造"字样。

京师大学堂，即北京大学前身。光绪二十四年（1898年）6月，作为百日维新第一项改革措施，由光绪皇帝在《明定国是诏》中下令创办。7月，在孙家鼐主持下成立。京师大学堂是戊戌运动中诞生的中国近代第一所国立综合性大学，不仅是当时中央官办最高学府，也是全国最高教育、行政管理机关。最初，计划设道学、政学、农学、工学、商学等10科。戊戌变法失败后，京师大学堂成为唯一保留下来的新政措施。但在顽固派统治下，只办诗、书、易、礼四堂及春秋二堂，每堂不过10余人，性质与旧时书院相差无几。二十六年（1900年），八国联军侵占北京，京师大学堂被迫停办。二十八年（1902年）复校。1910年，京师大学堂开办分科大学，分经、法政、文、格致、农、工、商共7科，设13学门，一个近代意义综合性大学初具规模。光绪三十年至民国元年（1904～1912年）5月，京师大学堂负责人称总监督，专管学堂事宜，其所用印鉴称"关防"。"关防"亦称"大印""关防大印"等，正式作为官印始于明朝初年。光绪二十四年至民国元年（1898～1912年），京师大学堂四次请领大学堂"关防"。前三次均为木质，最后一次为铜质。据相关史料记载，光绪三十三年（1907年）11月7日，时任京师大学堂总监督朱益藩请奏学部，称"本学堂总监督向系兼差，例用木制关防。现经定为实官，自应遵章换用印信"。请"另铸铜质印信一颗，颁发启用"。12月9日，学部奏准京师大学堂总监督关防由木质改铜质折，并称"拟请饬下礼部，按照品秩另铸铜质关防一颗，文曰京师大学堂总监督关防"。同年底，刘廷琛任京师大学堂总监督。光绪三十四年（1908年）4月21日，刘廷琛派大学堂庶务提调吕道象持具印领赴学部请领新铸铜质关防。4月24日，刘廷琛报呈学部，已领到由礼部颁发新铸京师大学堂总监督铜质关防一颗，定于农历三月二十四日（当日）开用。并将旧颁木质关防及总教习木质钤记两颗，派员呈送缴销。京师大学堂总监督关防至辛亥革命后停用。民国元年（1912年），民国政府批准京师大学堂改名为北京大学。

京师大学堂总监督关防藏于中国国家博物馆。

黄兴赠方声洞的诗幅　宣统元年（1909年）5月文物。黄兴赠方声洞的诗幅原由方声洞夫人王颖保存。20世纪50年代，王颖赠予其侄外孙汪清。1981年10月，纪念辛亥革命70周年时，汪清、张素云夫妇捐赠给中国革命历史博物馆。

黄兴赠方声洞的诗幅，纵59.5厘米，横50厘米，丝绸质，毛笔行书。上书七绝诗："飞扬遥想汉将军，下马还书露布文。风卷黄沙歌出塞，燕然山畔纪功勋。己酉清和节黄兴。"诗尾"己酉"，指宣统元年（1909年）；"清和节"指暮春初夏时，古代将农历四月作为夏，即夏季第一个月，"清和"以农历四月为主。

黄兴（1874～1916年），字克强，湖南善化（长沙）人，近代民主革命家，中国同盟会主要领导人之一。方声洞（1886～1911年），字子明，福建侯官（闽侯）人，中国同盟会会员。宣统三年（1911年）4月，参加广州起义（黄花岗起义），不幸阵亡，是黄花岗七十二烈士之一。黄兴盛赞方声洞"以如花之年，勇于赴战"。光绪三十四年（1908年）5月，云南河口起义失败后，8月黄兴赴日本，继续积蓄革命力量。此时，方声洞正在日本千叶医学校学习，积极从事革命活动，与黄兴等人来往密切。

宣统元年（1909年）初夏，方声洞前往东京拜访黄兴。黄兴以东汉窦宪、耿秉在燕然山（蒙古国杭爱山）抗击匈奴事迹为题，在一块白色丝绸上写下七绝诗一首相赠，抒发其为推翻帝制、创建民国而建功立业的志向和爱国救国情怀。

黄兴赠方声洞的诗幅藏于中国国家博物馆。

南洋劝业会金牌执照　宣统二年（1910年）文物。南洋劝业会金牌执照是江苏陆万昌送展"葵云十方仿宋锦"获得金牌执照（即证书）。为南京博物院旧藏。

南洋劝业会金牌执照，纵47厘米，横62厘米。纸质。正面印有"南洋劝业会金牌执照"白色篆体空心大字，四周边框中印有六条龙彩色图案。内容："农工商部为发给执照事案，照南洋第一次劝业会定于宣统二年四月二十八日开会，经本部附奏将会场陈列各品评定甲乙给予褒奖。奉旨知道了，钦此。钦遵在案原奏内称最优等者给予超等文凭，次优等给予优等

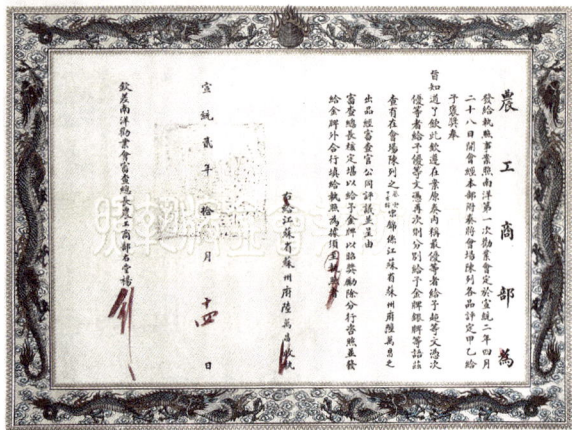

文凭，再次等则分别给予金牌银牌等语。兹查有在会场陈列之'葵云十方仿宋锦'系江苏省苏州府陆万昌之出品，经审查官公同评议并呈由审查总长核定，堪以给予金牌，以昭奖励，除分行咨照并发给金牌外合行填给执照为据，须至执照者。"落款："宣统贰年拾月十四日，钦差南洋劝业会审查总长农工商部右堂杨士琦。"执照盖有公章。

南洋劝业会是中国历史上首次以官方名义主办的国际性博览会，由时任两江总督端方于清宣统二年（1910年6月5日）在南京举办，历时半年，共有中外30余万人参观，会址南起丁家桥，北至三牌楼，东邻丰润门（玄武门），西达将军庙口，占地700余亩。南洋劝业会借鉴英国、法国、美国举办万国博览会经验。除各省设立展馆外，还邀请南洋诸国参加和欧美国家观摩，展品有上百万件，其中评出一等奖60余件，二等奖200余件，三等奖400余件，分别颁发奖牌。南洋劝业会旨在"以振兴实业、开通民智"，展品多轻工、农副、工艺品、农桑、电器、医药、化学、冶金、水产等442类，几乎涵盖当时社会生活各方面。会展盛事规模空前，客观上推动国民经济发展，对中国近代工业发展起到积极作用。

南洋劝业会金牌执照藏于南京博物院。

黄花岗烈士林觉民致妻陈意映遗书　宣统三年（1911年）3月26日文物。

林觉民被捕消息传回家乡福州，林家便变卖宅邸，搬至三坊七巷南头早提巷一小院，闭门度日。一天清晨，发现有人从门缝中塞进来小包裹，内为两封遗书，是林觉民分别写给父亲和妻子的绝笔书。两年后，陈意映患忧郁症

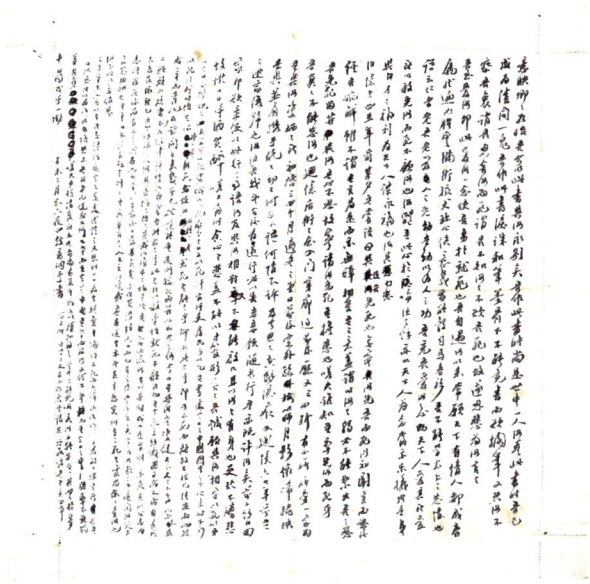

病逝。林觉民家人一直将两封遗书珍藏。1959年，林觉民次子林仲新将黄花岗烈士林觉民致妻陈意映遗书手帕捐献给福建省博物馆。

黄花岗烈士林觉民致妻陈意映遗书，原无名，林家后人为之起名称《与妻书》，纵42.5厘米，横41.5厘米。绢质，墨书。全文1300余字，写于一方白色手帕上。林觉民致妻陈意映遗书，"我非常希望能和你白头到老，但是纵观黑暗政治，天灾人祸，兵荒马乱，列强瓜分，看天下之人不该死而死去的，不愿意分离而失散的，真是不计其数，国家兴亡，匹夫有责，为了解救天下人的痛苦，觉民要赴汤蹈火，百死不辞"。林觉民在遗书最后，对妻子嘱托："面对死亡，我绝无遗憾，这次起义不论成功与否，都自有革命同志前赴后继。我死后希望你好好抚育我们的孩子，……一定要教他继承父志，做第二个林觉民。"

林觉民（1887~1911年），字意洞，福建闽侯人。与林文、林尹民（三人同年生，同年为创建民国而捐躯），并称黄花岗"三林"英烈。少年时，即接受民主革命思想，推崇自由平等学说。20岁赴日本留学，加入中国同盟会，积极投身反帝反封建斗争。宣统二年（1910年）广州起义失败，中国同盟会内部被失败主义情绪笼罩。孙中山却提出"愈不可为，愈为"，并在当年11月决定翌年广州再起义计划。宣统三年（1911年），革命形势日益紧迫，同盟会在各地秘密挑选敢死队员，策划在广州发动新的起义。林觉民第一批来到香港参加起义筹备工作。按照黄兴指示，林觉民回福建召集革命志士，赴广州聚义，此行是林觉民与老父亲、妻陈意映和孩子的最后一别。林觉民曾想告诉陈意映起义之事，然而"及与汝相对，又不能启口，且以汝之有身也，更恐不胜悲"。两人在无法明言痛苦中，即成永别。4月24日（起义前3天）深夜，林觉民负责组织运送起义人员和武器弹药，抱定为革命捐躯的决心，在香港滨江楼，奋笔写下致父、妻绝笔书。天亮后，交给一位朋友说："我死，幸为转达。"宣统三年（1911年）4月27日下午，广州起义爆发。林觉民随黄兴攻入广州总督衙门。战斗中，林觉民奋勇当先。焚烧总督衙门后，起义军与清巡防营大队人马相遇，双方展开激烈巷战。起义军孤军奋战，寡不敌众，林觉民腰部受伤被俘。几天后，在广州天字码头被枪杀，年仅24岁。林觉民遗骸与其他烈士合葬在黄花岗上，史称"黄花岗七十二烈士"。

光绪三十一年（1905年），林觉民与陈意映成婚。婚后，虽聚少离多，却情深意笃。正如遗书中所描述"初婚三四月，适冬之望日前后，窗外疏梅筛月影，依稀掩映，吾与汝并肩携手，低低切切，何事不语，何情不诉"。林觉民留给妻子的遗书，情真意切，慷慨激昂，表达对妻儿深情的爱，表现出革命者大无畏的革命英雄气概和坚定的革命信念。黄花岗烈士林觉民致妻陈意映遗书并被选入中学课本。

黄花岗烈士林觉民致妻陈意映遗书藏于福建博物院。

秋瑾男装像　清末时期文物。秋瑾男装像，为秋瑾存世两张男装照之一，在湖南省长沙走马楼二我轩照相馆拍摄。光绪三十三年（1907年）7月27日，与秋瑾被捕就义文字报道一起刊登于上海《申报》。1961年5月，谢宗周捐赠给中国革命博物馆。

秋瑾男装像，纵22.5厘米，横14.5厘米。蛋白相纸洗印，上书"秋女烈士"。照片中，秋瑾头戴鸭舌帽，身着深色翻领外套，手持文明棍，身体微微前倾，神情自若，英姿飒爽。

秋瑾生性豪爽慷慨，为人潇洒磊落，渴望挣脱礼教加诸女性身上的桎梏，能像男性一样

投身革命洪流，并发出"身不得男儿列，心却比男儿烈"的感叹。秋瑾致力于女权革命，提出"天赋人权原无别，男女还需一例担"的主张，因此喜练文习武，爱男装。东渡日本后，更是常年以男装示人。曾赋诗《自题小照男装》："俨然在望此何人，侠骨前生悔寄身。过世形骸原是幻，未来景界却疑真。相逢恨晚情应集，仰屋嗟时气益振。他日见余旧时友，为言今已扫浮尘。"抒发自己即将洗去旧时代浮尘、脱胎换骨的决心和勇气。

秋瑾男装像藏于中国国家博物馆。

四川人民逐条批驳的清政府镇压保路运动布告　清宣统三年七月（1911年9月）文物。四川人民逐条批驳的清政府镇压保路运动布告原为四川省图书馆藏，1959年拨交中央革命博物馆筹备处。

四川人民逐条批驳的清政府镇压保路运动布告，纵25.7厘米，横64.3厘米。纸质，木版印制，毛笔书写。布告右侧上、下部，各有一方"四川省图书馆故藏印"朱文印章。布告尾部印有"告示　实贴　晓谕勿损"字样，并盖有一枚方印，字迹模糊不清。四川群众用毛笔驳斥的内容逐条写在布告上。

宣统三年（1911年）5月，清政府借铁路国有名义，将已归商办川汉、粤汉铁路收归国有，旋又将铁路修筑权出卖给英、法、德、美四国银行团。这一卖国措施激起湘、鄂、川、粤人民反对，各省群起罢工、罢课、罢市，并组织保路团体。四川省尤为激烈，保路同志会遍及全省。至9月，全省保路运动形成高潮，抗粮、抗捐、农民暴动，此伏彼起。清政府预感危机，严令镇压。9月7日，四川总督赵尔丰

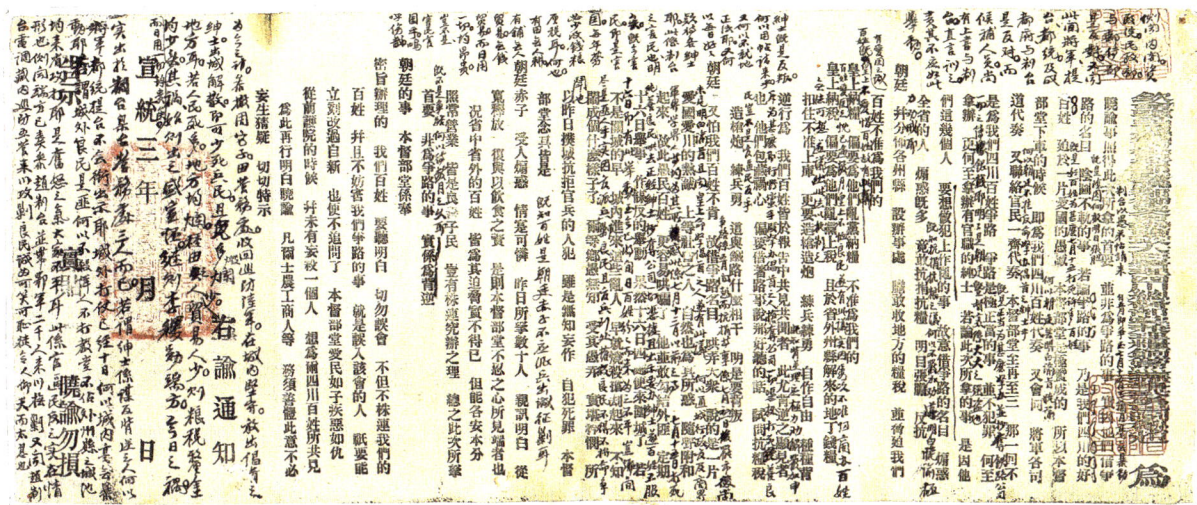

诱捕蒲殿俊、罗纶等保路同志会9名代表，并开枪射杀手无寸铁的请愿群众30余人，伤者不计其数。次日，发布告，颠倒黑白，诬蔑参加保路的四川人民，极力掩盖其血腥罪行。四川群众愤怒已极，遂在布告上据理予以逐条批驳，揭露事实真相。如布告上写道："争路是极正当的事，并不犯罪。"群众批驳："既是正当，为什么挐（拿）办并抄夺铁路公司一切之簿据、银钱？明明是朝廷暨督宪系大大之强盗也。"布告写道："（他们）并胁迫我们百姓，不准为我们的皇上纳粮，偏要为他们乱党上税。"群众批驳："百姓爱国之忱已逾数月，皇上不恤良民，遂有此议。实因屡次不准归商办，百姓无法可想，遂议出此法以抵制之。"指出保路斗争的原因是官逼民反。9月25日，荣县宣布起义，随后彭山、眉州、青神和成都、川西、川南、川东北等地相继响应，形成全省人民反清起义。保路运动由保路同志会文明争路演变成四川人民武装大起义，进而成为辛亥革命的导火索。

四川人民逐条批驳的清政府镇压保路运动布告藏于中国国家博物馆。

方声洞致父绝笔书 清宣统三年三月（1911年4月）文物。宣统三年三月二十八日（1911年4月26日）广州起义前一日，方声洞写下致父亲和妻子的绝笔书。方声洞夫人王颖一直细心珍藏至1949年中华人民共和国成立。1959年7月，王颖将方声洞致父绝笔书捐赠给中央革命博物馆筹备处。

方声洞致父绝笔书，纵21.5厘米，横106.2厘米，白色丝绸质，毛笔书写。遗书中写道："窃自满洲入关以来，凌虐我汉人，无所不至，迄于今日，外患逼迫，瓜分之祸，已在目前。满洲政府犹不愿实心改良政治，以图强盛，仅以预备立宪之空名，炫惑内外从观听，必欲断送汉人之土地于外人，然后始大快于其心。是以满政府一日不去，中国一日不免于危亡。故欲保全国土，必自驱满始，此固人人所共知也。儿蓄此志已久，只以时机未至，故隐忍未发。迩者与海内外诸同志共谋起义，以扑满政府，以救祖国。祖国之存亡，在此一举。事败则中国不免于亡，四万万人皆死，不特儿一人；如事成，则四万万人皆生，儿虽死亦乐也。只以大人爱儿切，故临死不敢不为禀告。但望大人以国事为心，勿伤

儿之死，则幸甚矣。"

方声洞（1886～1911年），字子明，福建侯官（闽侯）人，黄花岗七十二烈士之一。出身富商家庭。光绪二十八年（1902年），随兄长东渡日本留学，进入东京成城学校学习军事，后考入日本千叶医学校，学习化学，研究制造炸弹。光绪三十一年（1905年）8月，随兄方声涛、姊方君瑛、嫂曾醒等加入中国同盟会，积极从事革命活动，成为同盟会早期骨干之一。方声洞在日期间，曾任中国留学生总代表、同盟会福建支部部长等职，经常秘密回国联络党人，为革命运送军火。宣统二年（1910年）11月，孙中山、黄兴等策划广州起义。1911年3月，方声洞从日本秘密运送军火入广州，并毅然留下参加起义。4月26日（起义前一日），写下致父亲和妻子的绝笔书，表达反清决死必胜之志，并为不能向父亲尽孝而抱憾。4月27日，广州起义爆发。黄兴率领方声洞、林觉民、喻培伦等百余人组成敢死队，向两广总督署发起进攻。但遭优势清军阻击。战斗中，方声洞身中数弹，英勇牺牲，年仅25岁。方声洞遗体安葬于广州黄花岗七十二烈士墓。方声洞牺牲时，妻子王颖有孕在身。家人怕其承受不了痛苦，直到4个月后，才将方声洞牺牲消息告诉王颖。

方声洞致父绝笔书藏于中国国家博物馆。

武昌起义军周文才劈开臬台牢门用的刀

清宣统三年八月十九日（1911年10月10日）文物。辛亥革命后，周文才退伍回乡，将武昌起义时他劈开臬台牢门用的刀带回保存。1949年中华人民共和国成立后，周文才以此刀有功于革命，深具纪念意义，捐献给国家。1959年7月，湖北省博物馆将武昌起义军周文才劈开臬台牢门用的刀拨交中央革命博物馆筹备处。

武昌起义军周文才劈开臬台牢门用的刀长74.3厘米。铁制，锻造。

为镇压保路运动，清政府派湖北新军入川。在同盟会影响下，已在湖北新军和会党中积蓄力量的革命团体文学社和共进会主要领导蒋翊武、孙武等人，宣统三年（1911年）七八月组成共同领导机构，决定在武汉发动起义。八月十八日（10月9日），因一次意外爆炸，起义消息泄漏，革命党人遂自行联络发动起义。十九日（10月10日），新军第八镇工程第

八营的革命党人熊秉坤等首先发难，率众占领楚望台军械库，打响武昌起义第一枪。当晚，新军21混成协（旅）工程11营士兵周文才随队参加起义。在攻入藩台衙门（清代负责一省财政、民政机构）时，藩衙内清朝官吏已闻风而逃，周文才发现门侧墙上挂着刀，即取下作为武器。起义军占领臬台衙门（清代负责一省司法、刑狱机构）后，周文才等即去劫狱。在同伴掩护下，周文才用此刀砍断牢门木栅栏，救出被囚革命志士300余人。此后，周文才又持此刀参加保卫武汉战斗。

武昌起义军周文才劈开臬台牢门用的刀藏于中国国家博物馆。

中华民国临时大总统孙文（中山）《告海陆军士文》 民国元年（1912年）1月1日文物。中华民国临时大总统孙文《告海陆军士文》原

由中国同盟会会员、南社社员、江苏吴江人费公直保存。民国14年（1925年），费公直寄赠同乡好友、南社领导人、临时总统府秘书柳亚子。1950年，柳亚子将中华民国临时大总统孙文《告海陆军士文》捐赠给上海市文管会，由上海革命历史纪念馆收藏。1959年，该馆将中华民国临时大总统孙文《告海陆军士文》拨交中央革命博物馆筹备处。

中华民国临时大总统孙文《告海陆军士文》，纵63.8厘米，横93.5厘米。纸质，石印。文告尾部盖有正方形红色"中华民国临时大总统印"。左下角竖写两行毛笔小字："费公直藏，十四年五月十六日寄赠，柳亚子保存。"并盖有费公直的两方印"秋明阁""一瓢"。中华民国临时大总统孙文《告海陆军士文》由中华民国临时总统府秘书处起草。

宣统三年八月十九日（1911年10月10日），武昌起义爆发，各省纷纷响应。为商讨光复后政局，宣布独立的17省派代表到武昌组成代表会。南京光复后，代表会迁往南京。十一月初十（12月29日），各省代表在南京召开会议，根据《临时政府组织大纲》，选举临时大总统。直隶、奉天、山东等17省代表45人参加选举，孙文（孙中山）获17张有效票的16票，当选为中华民国第一任临时大总统。民国元年（1912年）1月1日，孙中山在南京总统府宣誓就职，并下令定国号为中华民国，改用公历纪年，定都南京。并发布《临时大总统宣言书》《告全国同胞书》及《告海陆军士文》等，宣布中华民国对内对外施政方针。在《告海陆军士文》中，孙中山告诫军士"弗婴心小忿而酿阋墙之讥，弗藉口共和而昧服从之义，弗怠驰以遗远寇，弗骄矜以误事机"，而应"拥树民国，立于泰山磐石之安"。1月3日，选举黎元洪为副总统，确定临时政府组成人员，中华民国临时政府成立。1月22日，孙中山发表声明，若清朝内阁总理大臣袁世凯宣布赞成共和体制，将辞去临时大总统职位，并推举袁接任。25日，袁世凯和各北洋将领通电支持共和。2月12日，在袁世凯等人劝说下，隆裕皇太后接受优待条件，发布清帝退位诏书"将

统治权公诸全国，定为共和立宪国体……为一大中华民国"。至此，共和政体中华民国正式取代与继承大清帝国，延续两千余年的君主专制制度宣告终结。次日，孙中山辞去临时大总统一职。2月15日，南京临时参议院选出袁世凯为临时大总统。3月10日，袁世凯在北京宣誓就职。4月1日，南京临时政府迁往北京，孙中山正式解除临时大总统职务。

中华民国临时大总统孙文《告海陆军士文》藏于中国国家博物馆。

清朝宣统皇帝溥仪退位诏书　民国元年（1912年）2月12日（清宣统三年十二月二十五日）文物。清朝宣统皇帝溥仪退位诏书后由原内阁中书张朝墉收藏。张殁后，由北京师范大学校长陈垣购得。1975年，由北京师范大学历史系拨交中国革命历史博物馆。

清朝宣统皇帝溥仪退位诏书，纵21.5厘米，横53厘米。纸质，毛笔书写。与同时发布两道诏书和2月3日授权谈判诏书合称《逊清四诏》，裱为一卷。诏书释文为："朕钦奉隆裕皇太后懿旨：前因民军起事，各省响应，九夏沸腾，生灵涂炭。特命袁世凯遣员与民军代表讨论大局，议开国会、公决政体。两月以来，尚无确当办法。南北暌隔，彼此相持。商辍于途，士露于野。

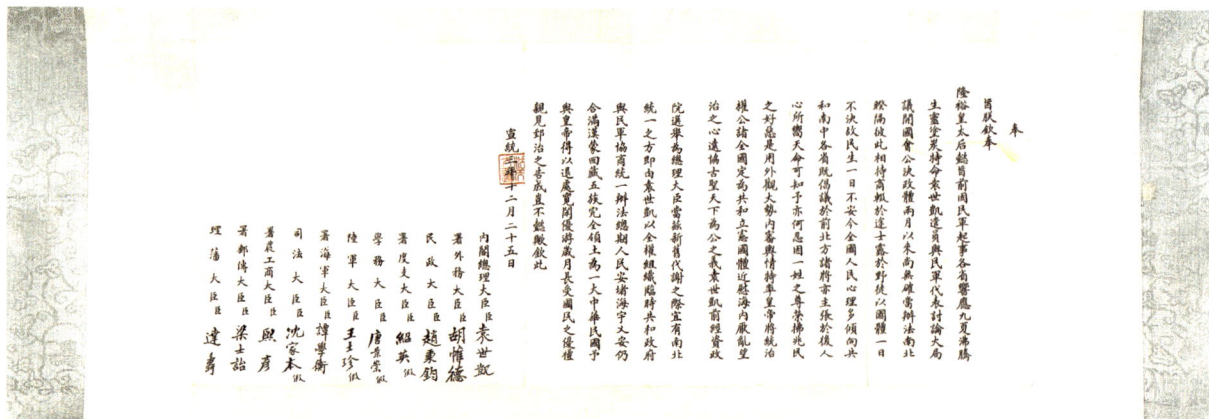

徒以国体一日不决，故民生一日不安。今全国人民心理，多倾向共和。南中各省，既倡议于前，北方诸将，亦主张于后。人心所向，天命可知。予亦何忍因一姓之尊荣，拂兆民之好恶。是用外观大势，内审舆情，特率皇帝将统治权公诸全国，定为共和立宪国体。近慰海内厌乱望治之心，远协古圣天下为公之义。袁世凯前经资政院选举为总理大臣，当兹新旧代谢之际，宜有南北统一之方。即由袁世凯以全权组织临时共和政府，与民军协商统一办法。总期人民安堵，海宇乂安，仍合满、汉、蒙、回、藏五族完全领土为一大中华民国。予与皇帝得以退处宽闲，优游岁月，长受国民之优礼，亲见郅治之告成，岂不懿欤！钦此。宣统三年十二月二十五日。"宣统三年（1911年）辛亥革命爆发，清政府起用袁世凯主掌军政大权，以镇压革命。袁世凯利用西方列强压力和革命党人内部纷争矛盾，使孙中山被迫允诺，只要清帝退位，宣布共和，孙中山就辞去临时大总统之职，转由袁世凯担任。袁世凯得到承诺后，遂加紧逼宫。在袁世凯授意下，许多省督和驻外官员纷纷电奏朝廷，要求实行共和。民国元年（1912年）1月29日和30日，清政府连开御前会议，决定"逊位"，同意接受共和，以换取优待条件。袁世凯与孙中山为首的南京临时政府几经协商，确定八项优待条件，主要内容为清帝退位后尊号不废，民国政府以优待外国君主之礼相待；清帝退位后，民国政府每年拨给白银400万两用费；清帝退位后暂居宫禁。八项优待条件得到隆裕皇太后认可。民国元年（1912年）2月12日，因宣统皇帝溥仪年仅6岁，便由隆裕皇太后以宣统皇帝名义，在养心殿朝仪上，

连发三道懿旨，宣布大清皇帝辞位，实行立宪共和国体。三道懿旨颁布，标志清王朝统治的覆灭，中国两千余年封建社会终结。其中第一道懿旨被后人称为"退位诏书"，钤有宣统用印"法天立道"，后有内阁总理大臣袁世凯、外务大臣胡惟德、民政大臣赵秉钧、度支大臣绍英、学务大臣唐景崇、陆军大臣王士珍、海军大臣谭学衡、司法大臣沈家本、农工商大臣熙彦、邮传大臣梁士诒、理藩大臣达寿签名，其中度支大臣绍英、学务大臣唐景崇、陆军大臣王士珍、司法大臣沈家本为代签。清朝宣统皇帝溥仪退位诏书，由清末状元张謇拟稿。经南京临时参议院讨论后，由袁世凯转交清廷昭告天下。诏书是清廷退位与民国政府极为重要的法律文书和档案文献。

清朝宣统皇帝溥仪退位诏书藏于中国国家博物馆。

苏联《真理报》创刊号（俄文） 俄历1912年4月22日（1912年5月5日）文物。1969年11月9日，苏联《真理报》创刊号（俄文）系葡萄牙共产党员弗雷拉赠给毛泽东的礼物。1970年2月10日，由中共中央对外联络部拨交中国革命历史博物馆。

苏联《真理报》创刊号（俄文），纵39.3厘米，横53.6厘米。纸质，铅印。为对开大报，共4版，无图片和插图，只登文字稿。主要内容有：编辑部的话，说明为什么出版这样一份工人报纸；揭露沙俄时代"国家杜马"实质；报道沙皇军队枪杀连纳金矿工人事件及抗议枪杀事件有关罢工消息。

1905年，俄国资产阶级革命后，社会、阶级矛盾异常尖锐。1912年1月，在俄国社会

民主工党全国代表会议上，以列宁为首的布尔什维克（多数派）和孟什维克（少数派）正式决裂。并决定将1910年12月创刊，每周三期的《明是报》改为日报。为团结广大工人群众，阐述布尔什维克革命主张，1912年5月5日，根据列宁指示，真正代表俄国民众意愿的政治日报——《真理报》在彼得堡创刊。报纸首任主编斯大林，亲自撰写创刊词，指出《真理报》政治纲领是：在劳动群众中，散播关于工人阶级的朋友和敌人的真理，保卫工人事业的利益。创刊号经费来源于工人们的捐款，是一份真正意义上的工人报纸。《真理报》创刊后，在社会上，特别是在工人阶级中产生巨大影响，曾被封闭8次，先后改用《工人真理报》《劳动真理报》《真理之路报》等名出版。十

月革命胜利后，《真理报》达到鼎盛时期。1918年3月，迁至莫斯科出版。至1991年8月，一直是俄共（布）（后为苏联共产党中央委员会）机关报。《真理报》在实践和斗争中，不断发展壮大，成为世界上发行量最大、影响最广的报纸之一，曾是苏联报业的一面旗帜。鉴于其权威性，《真理报》创刊的5月5日后来成为苏联新闻节。

苏联《真理报》创刊号（俄文）藏于中国国家博物馆。

袁世凯当选民国正式大总统证书　民国2年（1913年）文物。袁世凯当选民国正式大总统证书原由天津市南开区人民政府收藏，后由天津市文化局拨交天津市历史博物馆。

袁世凯当选民国正式大总统证书，纵47厘米，横57厘米，纸质，墨笔手书"兹依大总统选举法选举袁世凯为中华民国大总统"，钤"总统选举会之章"朱印，日期为"中华民国二年十月六日"。

袁世凯（1859～1916年），字慰亭（又作慰庭），号容庵，河南项城人。中国近代政治家、军事家，北洋军阀首领。辛亥革命期间，袁世凯一面逼清帝溥仪退位，以和平方式推翻清朝；一面逼革命党让位于己，成为中华民国临时大总统。民国2年（1913年）3月，在第一次国会选举中获胜的宋教仁被暗杀，孙中山发动二次革命，却被袁世凯武力镇压，袁此时已权倾天下。民国2年（1913年）8月5日，为攫取正式大总统职位，袁世凯指使黎元洪、冯国璋、段祺瑞等19省区军事长官，通电主张先选总统，后制宪法。进步党为讨好袁世凯，竭力捧场，国民党也不敢抗命。9月5日，参、

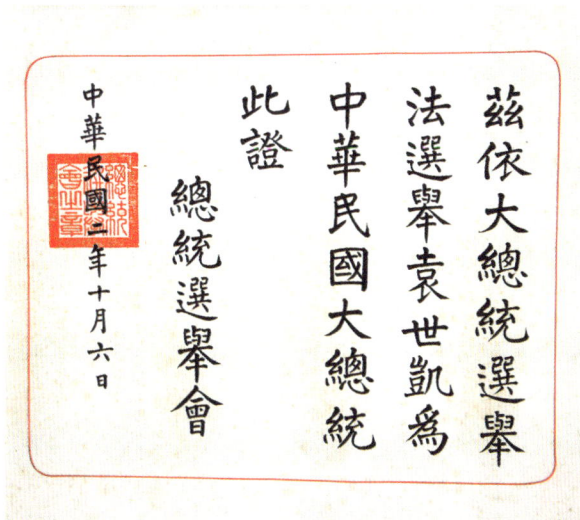

众两院决议通过先选总统案。10月4日，宪法会议赶制出《大总统选举法》。为赶在武昌起义两周年纪念日登上大总统宝座，袁世凯胁迫国会6日仓促进行大总统选举。一早，袁世凯派出拱卫军司令李进才率数千军警、流氓、地痞，改穿便服，打着"公民团"旗号，把国会围得水泄不通，声称"非将公民所属望的总统于今日选出，不许选举人出会议场一步"。袁世凯亲信梁士诒高价收买100余名议员组成御用公民党。更是积极搞拉票活动。从8时拖至22时，议员们忍饥挨饿，连续投票3次，终以703票中507票赞成，选出袁世凯为中华民国第一任正式大总统。总统选举会向袁世凯签发当选民国正式大总统证书。10月10日，袁世凯在太和殿宣誓就任中华民国大总统。此后，袁世凯在独裁专制路上越走越远。民国4年（1915年）12月，袁世凯悍然称帝，建立中华帝国，遭到全国人民反对，多方势力讨伐。民国5年（1916年）3月22日，袁世凯称帝83天，被迫宣告退位。6月6日，病逝。

袁世凯当选民国正式大总统证书藏于天津博物馆。

孙文（中山）为重建革命党给黄兴的信及黄兴的复信稿 民国3年（1914年）5月29日文物。孙中山信及黄兴复信底稿被装裱在一起，由黄兴家人收藏。1962年，黄兴长子黄一欧将孙文（中山）为重建革命党给黄兴的信及黄兴的复信稿交中国革命博物馆收藏。

孙文（中山）为重建革命党给黄兴的信及黄兴的复信稿，纵18.3厘米，横152.5厘米；黄兴复信，纵18.8厘米，横56厘米。均为纸质，毛笔书写。黄兴，字克强。因此，孙中山信开头称黄兴为"克兄"。孙中山，原名文。因此，信末署名"孙文五月廿九日"。黄兴复信开头没有称谓，信末没有署名和日期。

孙中山和黄兴是辛亥革命时革命党两大领袖。1913年，革命党骨干宋教仁在首次国会大选国民党获胜即将组阁之际，被反对派收买的流氓暗杀后，孙、黄在讨伐袁世凯策略问题上发生分歧。黄兴一度主张法律解决，不赞成孙中山迅速起兵讨袁的主张。之后，黄兴在"二次革命"中态度消沉，在尚未完全失败之际，竟丢下三军，一走了之。因此，"二次革命"失败后，孙中山和一些革命党人对黄兴多有批评。孙、黄之间在总结"二次革命"教训和今后革命策略问题上，仍存在严重分歧，一时难以沟通解决。加之一些革命党人节外生枝，对黄兴肆意攻讦，黄兴心情愤懑，旋即前往美国，脱离党内纷争漩涡。民国3年（1914年）5月29日，孙中山致函在美治病的黄兴。在此信的结尾，孙中山写道："弟所望党人者今后若仍承认弟为党魁者，必当完全服从党魁之命令，因第二次之失败全在不听我之号令耳，所以今后弟欲为真党魁，不欲为假党魁。"阐明革命党必须"事权统一，中国尚有救药也"观点，希望消除误解。黄兴随即拟稿复函，陈述自己主张，坦率表明对孙中山不满之处。

孙中山（文）为重建革命党给黄兴的信及黄兴的复信稿藏于中国国家博物馆。

吴观岱绘《南海子流水音图》手卷　1914年文物。1962年5月，中国革命博物馆在悦雅堂文物商店购得吴观岱绘《南海子流水音图》手卷。

吴观岱绘《南海子流水音图》手卷，纵28.8厘米，横132厘米。纸质，毛笔绘。此手卷分三个部分，第一部分为吴芝瑛为此画题字"南海子流水音图甲寅六月"，并盖有"吴芝瑛印""写经室"等4方印；第二部分为吴观岱绘《南海子流水音图》，画的右侧盖朱文"延陵""观岱五十以后作"和白文"祖归道子"3方印章，左侧盖朱文"江南布衣"印；第三部分有洪宪"皇帝之宝""中华帝国之玺"两印销毁时所留印样。民国12年（1923年），廉泉请人在画的后面题跋。其中，有10月10日俞复录、汤用宾、袁振黄等写的"洪宪法皇帝金玺销毁案"。12月，吴敬恒（稚晖）、汪兆铭（精卫）、章炳麟、李煜瀛（石曾）、于右任等批驳袁世凯复辟帝制题字。

吴观岱（1862～1929年），初名宗泰，别名观道，字观岱、念康，40岁改字观岱。江苏无锡人。近代画家，被称为中国现代在中国画内部引导中国画风转型的典范。曾随无锡画家潘锦学习人物仕女肖像画，被誉为近代无锡仕女画三大高手之一。后结识无锡名士廉泉，并随之赴京。廉泉（1868～1931年），字惠卿，号南湖，又号岫云、小万柳居士。无锡人。其夫人吴芝瑛是秋瑾好友、安徽桐城人。光绪二十年（1894年），中举人。翌年在京会试时，参与康有为"公车上书"。后任户部郎中。好交游，曾结识李石曾等革命党人。后辞职南下。光绪二十八年（1902年），在上海创办文明书局。精诗文，善书法，嗜书画、金石，并以其诗文书画交游于王公贵人之间。吴观岱到北京后，住在廉泉家中，由廉泉引荐，结识一大批书画名家，得以互相切磋画艺。而廉泉收藏的历代名画更使吴大开眼界。此间，吴观岱画艺大进，画风也有较大改变。经廉泉推荐，吴入清宫如意馆当供奉。曾为光绪帝绘制课本故事，后又在北京大学讲授画学。光绪三十二年（1906年），在文明书局做美术编辑。北伐胜利后，回到无锡，继续从事国画创作。此时，吴观岱名声大振，人们尊称其为"江南老画师"。吴观岱作品无论花卉、山水、人物，意境开阔，苍健浑朴。晚年，以书体入画，所画水墨梅竹，更是别有一番情趣，在无锡画坛独树一帜。无锡名家诸健秋、秦古柳等，均出自其门下。光绪三十三年（1907年），廉泉帮助吴芝瑛将秋瑾遗骨葬于杭州西泠桥畔时，曾请吴观岱作《西泠寒食图》。民国3年（1914年），吴观岱应廉泉之请所作《南海子流水音图》，描绘北京南海子流水音（中南海流水音亭）风景，画中人物为袁世凯家人与来宾，左二高个长袍者或为袁克文，左四、五有胡子者或为廉泉、吴观岱。廉泉是袁世凯次子袁克文师执辈诗友藏友，廉泉南下后，袁克文常往来于京、沪间，诗文唱和极多，吴观岱亦曾与袁克文相会。廉泉请吴观岱绘《南海子流水音图》，应是追忆与袁世凯家人在流水音雅会往事。

吴观岱绘《南海子流水音图》手卷藏于中国国家博物馆。

汉阳兵工厂界碑 民国3～27年（1914～1938年）文物。1981年，由湖北省博物馆将汉阳兵工厂界碑拨交刚建成的辛亥革命武昌起义纪念馆。

汉阳兵工厂界碑，纵180厘米，横34厘米，厚15厘米。麻石质，雕刻。碑额上端从右至左，阴刻楷书"汉阳"二字，碑面纵向阴刻楷书"兵工厂界"字样。是汉阳兵工厂筹建时，划定厂址用地面积标志。

汉阳兵工厂是晚清洋务运动代表人物、时任湖广总督张之洞主持创办的新式军工企业。光绪十八年（1892年）筹建，选址在汉阳龟山北麓，面对汉水，位于现汉阳区琴台大道一带。光绪二十年（1894年）建成，光绪二十一年（1895年）开工生产，当时只生产仿德式步枪、子弹和炮弹。后逐步发展成制造枪械、火炮、弹药的大型综合兵工厂。原名湖北枪炮厂，光绪三十年（1904年）改名湖北兵工厂，

民国3年（1914年）改称汉阳兵工厂。由于斥巨资从德国引进当时最先进的制造连珠毛瑟枪和克虏伯山炮的设备，生产汉阳79式步枪、快炮等比较先进的武器，汉阳兵工厂也成为晚清规模最大、设备最先进的军工企业，为中国近代军火工业生产打下一定基础，推动民用工业发展。汉阳兵工厂仿德国88式毛瑟步枪，即汉阳79式步枪，是"汉阳造"代表作。"汉阳造"步枪，枪身较长，是唯一能在白刃战中与日本三八式步枪抗衡的，在抗日战争中扮演极为重要的角色。民国28年（1939年），汉阳兵工厂迁往重庆，与迁至重庆的河南巩县兵工厂合并，是抗日战争时期最为重要的兵工厂。民国36年（1947年），抗日战争胜利后，该兵工厂解散。

汉阳兵工厂界碑藏于辛亥革命武昌起义纪念馆。

孙文（中山）为重组革命党及在美洲物色同志事致黄芸苏的信　民国2年（1913年）10月23日文物。孙中山为重组革命党及在美洲物色同志事致黄芸苏的信一直由黄芸苏珍藏，爱如拱璧。1983年5月11日，由黄芸苏之女黄佩玫捐赠给中国革命博物馆。

孙中山为重组革命党及在美洲物色同志

事致黄芸苏的信，纵23厘米，横12.5厘米。纸质，毛笔书写。共4页，两页粉色，两页黄色。信纸上印陶渊明"逸想不可掩"诗句，并有"怡春堂"印。

黄芸苏（1882～1974年），字魂苏，广东台山人。1908年，考入两广游学预备科馆，肄业一年，被选为第一批公费留学美国。广州起义失败后，在旧金山组织少年学社，任社长，创办《少年周报》。宣统二年（1910年）7月，黄芸苏创《少年中国晨报》，任主笔。宣统三年（1911年）4月，孙中山在《中国晨报社》为中国同盟会成立中华革命军筹饷局，后改洪门筹饷局，黄芸苏被委为同盟会美洲支部长。南京临时政府成立后，黄芸苏由美返国，任临时大总统特派广东宣慰委员。民国元年（1912年），孙中山辞去大总统职务后，黄芸苏奉命返美继续学业，先后就读华盛顿大学、哥伦比亚大学。其间，袁世凯独裁，宋教仁被暗杀，国民党被解散，二次革命失败。孙中山在国内难以立足，被迫东渡日本，并于民国2年（1913年）7月组建中华革命党。此时，海内外许多同志一时陷入彷徨焦虑之中，许多人脱党。黄芸苏一面想方设法维系美国同志人心，一面致函流亡日本的孙中山，加以慰勉，并表示自己对革命党忠贞不贰的决心。孙中山在给黄芸苏的复信中，有"自袁杀宋教仁君之后，弟始决心不助袁"肺腑之言；并初步总结"二次革命"失败原因，"乃吾党分子太杂，权利心太重，互相利用，互相倾轧"。表示要合集仅存之"纯净之分子，组织纯粹之革命党，以为再举之图，务期达到吾党之纯粹之革命目的，即民权民生主义"。并委托黄芸苏在美洲物色革命同志，重整革命大业。此信为陈述二次革命失败后，孙中山建立革命党和讨袁决策，具有重要史料价值。

孙中山为重组革命党及在美洲物色同志事致黄芸苏的信藏于中国国家博物馆。

袁世凯手批"二十一条"汉文原稿 民国4年（1915年）文物。1953年，夏寿田后人将其保存的一批文物资料（包括袁世凯手批"二十一条"汉文原稿）捐献给国家。1959年，袁世凯手批"二十一条"汉文原稿由湖南省文化局拨交中央革命博物馆筹备处。

袁世凯手批"二十一条"汉文原稿，纵27.3厘米，横15.4厘米。纸质，墨笔书写，袁世凯用朱笔批改。全文分为五号，共二十一条（款）。第一号（四款），承认日本继承德国在山东一切权益，山东省不得让与或租借他国；第二号（七款），承认日本人拥有在南满和内蒙古东部居住、往来、经营工商业及开矿等项特权。旅顺、大连租借期限并南满、安奉两铁路管理期限，均延展至99年为限。第三号（两款），汉冶萍公司改为中日合办，附近矿山不准公司以外人开采。第四号（一款），所有中国沿海港湾、岛屿概不租借或让给他国。第五号（七款），中国政府聘用日本人为政治、军事、财政等顾问。中日合办警政和兵工厂。武昌至南昌、南昌至杭州、南昌至潮州之间各铁路建筑权让与日本。日本在福建省有开矿、建筑海港和船厂及筑路优先权等。

日本趁第一次世界大战欧美列强无力东顾之机，借口对德国宣战，窃取在中国权益，出兵强占胶济路和青岛。民国4年（1915年）1月18日，日本以支持袁世凯称帝为诱饵，向中国政府提出《对支那政策文件》，即"二十一条"草案。后以《对华交涉训令提案》为名，获内阁会议通过。民国4年（1915年）初，日本政府以支持袁世凯称帝为引诱手段，向中国政府正式提出交涉。在"二十一条"谈判、交涉中，形成系列文本，其中袁世凯手批"二十一条"汉文原稿为其中之一。原保存者夏寿田，湖南桂阳人，清朝榜眼，民国元年（1912年）任总统府内史。袁世凯称帝时的制诰多出自其手，失败后逃匿天津租界，任曹锟机要秘书，后定居上海。"二十一条"条文经25次交涉，至民国4年（1915年）5月7日，日本政府发出通牒，要求除第五号准许以后再议外，其余条款限48小时完全应允，并以武力相威胁。袁世凯政府一面与日本谈判，一面暗中泄露谈判内容，期望借助欧美列强和民众压力让日本有所让步。5月9日，袁世凯政府复文，提出除侵犯中国主权最多的第五号"容日后协商"外，其余大部接受。5月25日，双方在北京签订《中日民四条约》及"换文"。《中日民四条约》严重损害中国主权，企图将中国政治、军事、财政控制在日本手中。此举立即引

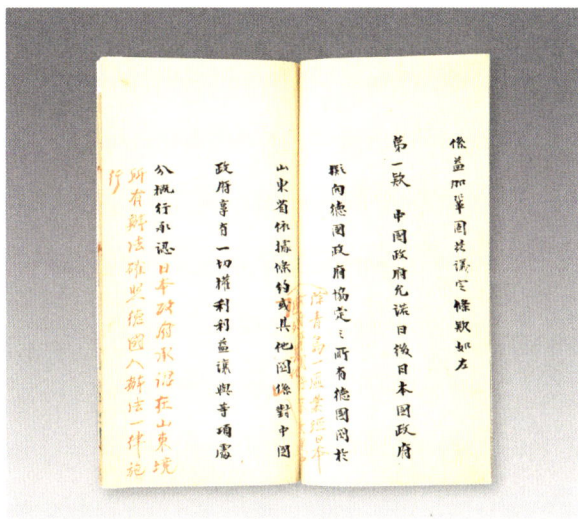

起全国极大震动，遭到全国人民一致反对。民国11年（1922年），华盛顿会议废除其部分内容。民国34年（1945年），彻底废除。

袁世凯手批"二十一条"汉文原稿藏于中国国家博物馆。

梁启超劝阻袁世凯称帝的亲笔信　民国4年（1915年）10月7日文物。民国4年（1915年）10月7日，劝阻袁世凯称帝的亲笔信是梁启超写于天津寓所，通过邮电局发往北京大总统府的。后由徐世昌收藏。1949年中华人民共和国成立后，徐世昌家属捐赠给天津历史博物馆。

梁启超劝阻袁世凯称帝的亲笔信共5页，有信封。亲笔信纵12.5厘米，横23.2厘米；信封纵28厘米，横23.1厘米。玫红信笺，毛笔书写。信封上竖写"北京公府／大总统钧鉴""梁启超谨呈／由天津发十月八日""快呈"字样。并盖有邮戳。

梁启超（1873～1929年），字卓如，号任公，又号饮冰室主人，广东新会人。中国近代国学大师，资产阶级政治家、思想家、宣传家，著有《饮冰室合集》。早年热衷于改良，和康有为一起倡导变法维新，成为舆论界"骄子"。戊戌政变后，流亡日本，开始接受并大力宣传西方资产阶级社会、政治、经济学说。梁启超一生致力于教导国民、实现立宪政治、匡救中国的事业，尤其是在袁世凯复辟帝制逆流中，表现出极大的勇力和魄力。民国4年（1915年）8月20日，梁启超在上海《大中华》月刊发表《异哉所谓国体问题者》，以舆论为武器，对帝制言论予以迎头痛击，成为反帝制"急先锋"。9月，袁世凯认为复辟时机已到，加快复辟步伐，但迫于舆论压力，取缔筹安会；又变换手法，指使亲信梁士诒组成"请愿联合会"，搞起推戴把戏。在严峻政

治形势下，梁启超更坚定反帝制勇气和决心，利用和袁世凯的私人关系，继续上书，劝阻帝制。梁启超写此信时，帝制已不可逆转，政治形势非常严峻，他以国家民族利益为重，不计个人安危荣辱，利用一切机会，劝阻帝制，在社会上影响很大。在信中，梁启超首先询问是否收到《异哉》一文，随即解释写作动因，是为斥责"筹安会"鼓吹帝制的居心叵测，以解总统多年知遇之恩，不承想引起总统不满，自己感到非常不安。其次，进一步阐明仍坚持"国本的安危不系于国体，而系于政象"的政治观点，表示不欺己欺人苟同闹得沸沸扬扬的帝制舆论，认为改变国体并不能解决内忧外困的局面，最后表达自己"忧国之诚，末由自制"急切心情，希望总统能不避直言，将竭其所能，贡献菲薄之力。此信，在梁启超所有反帝制言论中，虽算不上是最激烈、最有针对性，但能反映出当时的政治形势，梁启超心态及梁、袁私人关系等情况。在多次上书未果情况下，梁启超深感"摇笔弄舌"不能解决任

何问题，便毅然秘密策动蔡锷在云南独立，举起武装反袁旗帜。梁启超也于民国4年（1915年）底到上海，投身护国运动。

梁启超劝阻袁世凯称帝的亲笔信藏于天津博物馆。

胡开文制地球墨　民国时期文物。1957年，胡开文制地球墨入藏安徽省博物馆。

胡开文制地球墨直径12.2厘米，厚1.5厘米，重365克。油烟质。扁圆体地球形，中部微凸，边缘略薄，通体漱金，局部填朱彩绘。墨两面为世界地图，分别代表东西两半球。刻有六大洲（无南极洲）、五大洋（太平洋、大西洋、印度洋、北冰洋、南冰洋）及清晰的经纬线，并用隶书和楷书标注许多国家国名等。在亚洲部分可清晰看到"中国""安徽省"字样。边侧刻有大写英文款识：A MEMORIAL FOR PANAMA EXHIBITION U.S.A,1915 MANUFACTURED BY HU KAWEN, THE FIRST ESTABLISHED FACTORY HSIO-NIN, ANHUI, CHINA. 即1915年（民国4年）中国安徽休宁胡开文第一制墨厂为纪念美国巴拿马展览会制。

胡开文（1742～1808年），字柱臣，号在丰，安徽绩溪人。与曹素功、汪近圣、汪节庵并称中国清代四大制墨名家，"胡开文"墨业创始人。师从徽州休宁汪启茂，为休宁派墨匠后起之秀。乾隆三十年（1765年）承顶汪启茂墨店。取徽州府孔庙"天开文苑"金匾中间两字，冠以姓氏，打出"胡开文墨庄"店号，在墨坊林立、名家高手层出不穷的制墨业中脱颖而出，独占鳌头。后在屯溪、歙县、扬州、杭州、上海、汉口、长沙、九江、安庆、南

京等地，或设分店，或开新店。后代沿用此老字号。

胡开文制墨，集各家之长。墨在选模、用料、做工上都精益求精。既坚持按传统易水法制，又有所创新。并在墨的款式、造型、图案上标新立异。地球墨是胡开文墨业生产精品之一。造型美观，构思精巧，雕模精湛，制作精美。民国4年（1915年），胡开文制地球墨在巴拿马万国博览会上展出，并荣获金奖。

胡开文制地球墨藏于安徽博物院。

蔡锷在护国运动中用的指挥刀　民国4～5年（1915～1916年）文物。民国12年（1923年），民国大总统黎元洪下令，拨北海公园快雪堂作为馆址，建立松坡图书馆，梁启超出任馆长。馆内设有"蔡公祠"，悬挂蔡锷及护国之役烈士遗像，玻璃柜中陈列军服、军刀、勋章等遗物。1949年北平和平解放后，松坡图书

馆由华北人民政府接收，并于国立北平图书馆（北京图书馆前身）。1959年，北京图书馆将原陈列在"蔡公祠"的蔡锷遗物，拨交中央革命博物馆筹备处，指挥刀即为其中之一。

蔡锷在护国运动中用的指挥刀长93.2厘米，有鞘，钢制，锻造。

蔡锷（1882～1916年），字松坡，湖南

宝庆（邵阳）人。民国初年杰出军事领袖。光绪二十五年（1899年），东渡日本，先后入陆军成城学校、东京陆军士官学校学习。三十年（1904年），毕业返国后，先后任江西随军学堂监督、湖南教练处帮办、广西新军总参谋官兼总教练官等。三十七年（1911年）7月，被清政府任命为新军第19镇第37协协统（旅长）。10月，率部积极响应武昌起义，被推为云南都督。主政云南期间，积极更新人事，革除弊政，整顿财政，裁减军队，兴办教育，开发实业，使云南呈现出一派生机勃勃景象。民国2年（1913年）10月，奉调回京，任全国经界局督办。民国4年（1915年）12月，袁世凯宣布接受帝位，下令取消民国，改用洪宪年号。蔡锷从北京潜回云南，与唐继尧等人于12月25日通电宣告云南独立，并组织护国军，起兵讨袁，护国战争正式爆发。蔡锷自任护国军第一军总司令，发兵入川，与袁军在泸州一带鏖战数月，屡获胜利。在敌强我弱形势下，护国军牵制住敌军主力，阻止敌军推进，配合其他方向军队行动，推动全国护国运动发展壮大。民国5年（1916年）3月22日，袁世凯被迫宣布取消帝制。袁世凯死后，继任大总统黎元洪任命蔡锷为四川督军兼省长。由于数月艰苦转战，蔡锷积劳成疾。同年8月，经上海赴日本医治。11月8日，医治无效，病逝于日本福冈，年仅34岁。遗体归葬湖南长沙岳麓山。蔡锷病逝后，其恩师梁启超为纪念其讨袁功勋，在上海举行公祭和私祭，并倡议创办松坡图书馆。

蔡锷在护国运动中用的指挥刀藏于中国国家博物馆。

孙中山与宋庆龄婚姻誓约书 民国4年（1915年）10月25日文物。

孙中山和宋庆龄的婚姻誓约书一式三份，分别由孙中山、宋庆龄和律师和田瑞各保存一份。抗日战争时期，保存在上海孙中山故居的两份孙中山与宋庆龄婚姻誓约书，被日军掠去。1962年，中国历史博物馆从私人手中征集到孙中山与宋庆龄婚姻誓约书，应为其中之一。8月11日，中国历史博物馆将誓约书照片寄给宋庆龄，请鉴定真伪。不久，宋庆龄通过秘书室给予答复，确定此婚约书系真品。1980年3月18日，中国革命历史博物馆又将孙中山与宋庆龄婚姻誓约书原件，送宋庆龄题字。宋庆龄欣然在卷尾余纸上题写"此系真品"四个字，并签名盖章。宋庆龄秘书室将上述原件退还中国革命历史博物馆时，附函作说明，结婚日期是10月25日，而誓约书上日期为10月26日，是按照日本旧俗，以双日为吉日，所以接受律师建议，将25日写为26日。宋庆龄在婚姻誓约书上用'琳'字是因为'琳'字容易写。当时，从美国去日本，没有图章，因此婚约书上只有宋庆龄签名，没有盖章。

孙中山与宋庆龄婚姻誓约书，纵37厘米，横65厘米。纸质，日文，毛笔书写。上有宋庆龄字："此系真品，宋庆龄，一九八零年三月十八日。"并盖朱文"宋庆龄"印。婚姻誓约书如下：

此次孙文与宋庆琳缔结婚姻，并订立以下誓约：

一、尽速办理符合中国法律的正式婚姻手续。

二、将来永远保持夫妇关系，共同努力增进相互间之幸福。

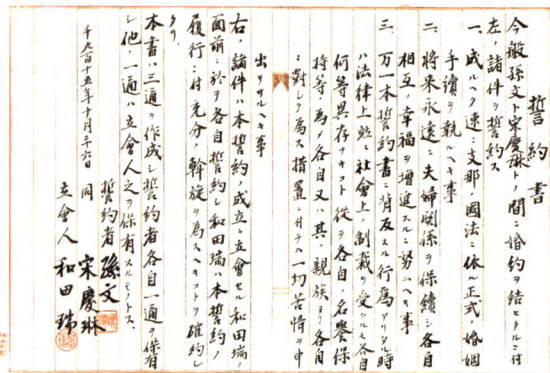

此系真品
宋庆龄
一九八零年三月十八日

三、万一发生违反本誓约之行为，即使受到法律上、社会上的任何制裁，亦不得有任何异议；而且为了保持各自之名声，即使任何一方之亲属采取何等措施，亦不得有任何怨言。

上述诸条誓约，均系在见证人和田瑞面前，各自的誓言，誓约之履行亦系和田瑞从中之协助督促。

本誓约书制成三份：誓约者各持一份，另一份存于见证人手中。

誓约人：孙文（章）
宋庆琳
见证人：和田瑞（章）
千九百十五年十月二十六日

民国2年（1913年），二次革命失败后，孙中山被迫于8月初逃往日本。孙中山在日本重新集结革命力量，组织中华革命党，准备发动讨袁世凯的"三次革命"。此时，宋庆龄父亲宋嘉树和姐姐宋霭龄正在东京为孙中山处理英文信件，宋庆龄刚从美国梅肯苇斯莱茵学院毕业，来东京看望父母亲。民国3年（1914年），宋霭龄回上海与孔祥熙结婚后，宋庆龄接替姐姐做孙中山的英文秘书。这一期间，在日常接触和革命斗争中，宋庆龄与孙中山建

立起深厚的友谊和感情。民国4年（1915年）3月，孙中山将分居多年的夫人卢氏从澳门接到东京，经协议办理离婚手续。后来，孙中山写信给已回上海的宋庆龄，问她是否愿意来日本共同生活，并参加革命工作，宋庆龄欣然同意，并不顾父母反对，设法从上海家中出走。民国4年（1915年）10月24日，重返东京，住在日本朋友头山满先生家。第二天（民国4年，1915年10月25日），孙中山和宋庆龄在东京律师和田瑞家举行婚礼。两人委托律师和田瑞到东京市政厅办理结婚登记，并由律师和田瑞主持签订婚姻誓约书。

孙中山与宋庆龄婚姻誓约书藏于中国国家博物馆。

《新青年》杂志第二卷第一号　民国5年（1916年）9月1日文物。中国国家博物馆旧藏。

《新青年》杂志第二卷第一号纵25.9厘米，横17.8厘米。纸质，铅印。16开本。封面构图由三部分组成，最上面（自右至左）为刊名"新青年"，刊名下方标注法文"LA JEUNESSE"（新青年）及"陈独秀先生主撰"字样。中间为该号"要目"。最下面书写"上海群益书社印行"。刊有陈独秀《新青年》、

李大钊《青春》及胡适小说《决斗》等文章。

《新青年》初名《青年杂志》。民国4年（1915年）9月15日，由陈独秀在上海创办。《青年杂志》出版第一卷后，因故停刊6个月。民国5年（1916年）9月复刊后，杂志自第二卷第一号始，更名为《新青年》，封面醒目印有"陈独秀先生主撰"。民国6年（1917年）8月，《新青年》在出版第三卷第六号后，一度陷入停顿之中。从第四卷第一号起，由北京大学6位教授轮值编辑，使该杂志转型复活。至民国15年（1926年）7月终刊，该刊共刊行11年，经历月刊、季刊、不定期刊三个阶段，并先后在上海、北京、广州等地出版。自创刊初始至民国8年（1919年）五四运动前，《新青年》是宣传资产阶级民主革命思想刊物，高举"民主"和"科学"大旗，反对封建文化和封建礼教，提倡新文学，反对旧文学。从五四运动前后至中国共产党成立之初，该刊逐步成为宣传马克思主义刊物。民国7年（1918年）11月，李大钊在第五卷第五号上发表《布尔什维克主义的胜利》和《庶民的胜利》两篇文章，赞扬十月革命，标志着中国先进分子已开始接受马克思主义。民国8年（1919年）5月，李大钊又在第六卷第五号上发表《我的马克思主义观》一文，在中国第一次对马克思主义做比较系统完整的介绍。民国9年（1920年）9月1日起，该刊成为上海共产主义小组公开出版机关刊物。从中国共产党成立起，《新青年》成为中共中央理论性机关刊物，大量登载介绍国际共产主义运动及苏俄革命经验等方面文章，为中国革命提供有益借鉴。该刊对中国共产党在民主革命时期纲领、策略等问题，在理论上也做出初步探讨。《新青年》代表五四时期先进文化前进方向，在中国现代社会转型过程中曾起到重要精神桥梁作用。

《新青年》杂志第二卷第一号藏于中国国家博物馆。

唐继尧拥护共和纪念金币 民国7年（1918年）文物。唐继尧拥护共和纪念金币原由云南省昆明天文站天文学家陈展云收藏。1969年11月25日捐赠云南省博物馆。

唐继尧拥护共和纪念金币分为甲种纪念金币，重10克，直径2.5厘米；乙种纪念金币，重5克，直径2厘米。均为金质。两种金币纹饰基本相同，正面均为唐继尧头像及"军务院抚军长唐"字样，背面中央镌五角星及交叉之五色旗与铁血十八星旗，外围镌"拥护共和纪念金币"。甲种金币背面镌"当银币拾圆"，双旗下镌"1"字，乙种金币背面镌"当银币伍圆"，双旗下镌"2"字。

唐继尧（1882～1927年），字蓂赓，云南会泽人。日本士官学校毕业。光绪三十一年（1905年）加入中国同盟会。宣统三年（1911年）任云南新军管带，同年在昆明参加起义，

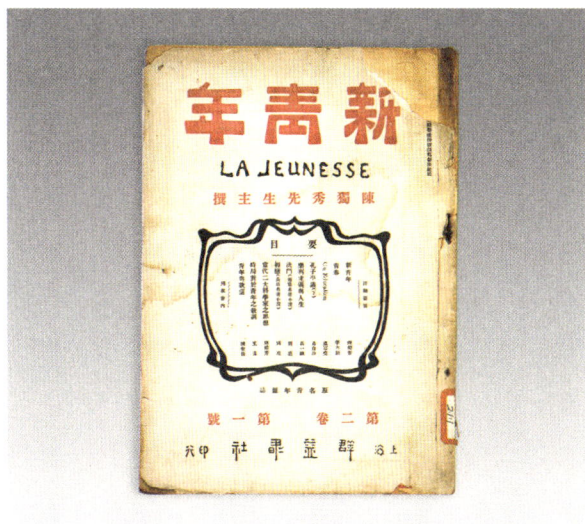

任云南军政府军政次长。民国元年（1912年）率滇军占领贵阳，为贵州都督。民国2年（1913年）调任云南都督。民国4年（1915年）12月，窃取中华民国大总统职位的袁世凯在北京宣布接受帝制，激起全国人民的愤恨和反抗。12月25日，蔡锷、唐继尧、李烈钧等在云南宣布独立，组成护国军，讨伐袁世凯。岑春煊等南方各省都督群起响应。民国5年（1916年）3月22日，在全国人民讨伐声中，在护国军北进巨大压力下，袁世凯宣布撤销帝制，企图退保总统地位，但遭到各方拒绝。5月18日，南方独立各省军人在广东肇庆成立护国军军务院，作为各省护国军统一指挥机构，领导继续同袁世凯斗争。唐继尧被推举为军务院抚军长。6月6日，袁世凯病逝。7月14日，军务院撤销，护国运动结束。

为纪念唐继尧护国有功，云南造币厂铸造"拥护共和纪念金币"。金币面市后，受到欢迎。民国7年（1918年）一战结束，美国宣布禁止白银出口，造成世界范围内银荒风潮。云南省长官公署趁机以大锡换回黄金30余万两，交由富滇银行大量铸造"拥护共和纪念金币"，分为"当银币拾元"和"当银币伍

元"两种，分别于民国8年（1919年）和民国9年（1920年）发行，其图案与铭文均与民国5年（1916年）发行纪念金币一致，只是重量不一。纪念金币在市面上广泛流通，受到昆明市民追捧，政府因此获利。民国11年（1922年），世界金价回升，金币大多被金铺收购销毁。富滇银行预期收毁金币时，市面上已所存无几。

唐继尧拥护共和纪念金币藏于云南省博物馆。

廖仲恺、朱执信用的英文打字机　民国7～8年（1918～1919年）文物。这台英文打字机是廖仲恺、朱执信在上海协助孙中山工作时用的。后由廖仲恺的长女廖梦醒保存。1950年捐赠给中央革命博物馆筹备处。

廖仲恺、朱执信用的英文打字机纵29厘米，横31.5厘米，高18.5厘米，金属、塑料制。

廖仲恺（1877～1925年），原名恩煦，又名夷白，字仲恺。广东归善（惠阳）人，生于美国旧金山。中国近代民主革命家、国民党左派领袖，中国共产党的朋友。光绪二十九年（1903年），廖仲恺和夫人何香凝在日本结识并追随孙中山建立中国同盟会。曾参加二次革命和护法运动。是孙中山改组国民党、实行国共合作的积极参与者和忠实支持者。先后任国民政府委员、国民党中央工人部长、省港大罢工委员会顾问等职，积极支持工农运动，奉行联俄联共扶助农工三大政策。朱执信（1885～1920年），名大符，字执信。祖籍浙江萧山，出生于广东番禺。中国近代民主革命家、思想家。光绪三十年（1904年），官费留学日本，结识孙中山、廖仲恺等革命党人。

光绪三十一年（1905年）8月，朱执信被选为中国同盟会评议部议员兼书记。先后担任《民报》《建设》等刊物编辑，主要从事资产阶级革命理论宣传工作，协助起草《建国方略》，是孙中山的笔杆子。民国9年（1920年）9月21日，朱执信前往虎门时被反动军阀杀害。孙中山对朱执信这位忠实亲密战友的牺牲，十分痛惜，称"使我党失此长城"，并称赞朱执信是"最好的同志""为中国有数之人才"。

民国7年（1918年），护法运动失败后，廖仲恺、朱执信等随孙中山来到上海，协助进行革命活动和理论著述，整理翻译孙中山用英文写作的《实业计划》等著述，还翻译美国学者威尔科克斯著《全民政治》等，并用英文记录、打印大量文件。

廖仲恺、朱执信用的英文打字机藏于中国国家博物馆。

李大钊书赠杨子惠对联　民国7～16年（1918～1927年）文物。

李大钊在北京大学任职期间，生活稍安定，借用杨继盛第二次被诬陷下狱临刑前在狱中题壁述志诗句"铁肩担道义，辣手著文章"，改"辣"为"妙"，置于座右，以资策励。并常在空闲时，以此诗句撰写一些条幅、对联赠予亲友，李大钊书赠杨子惠对联即其一。1957年，李大钊之长女李星华将李大钊书赠杨子惠对联，捐赠给中央革命博物馆筹备处。

李大钊书赠杨子惠对联，纵122.3厘米，横31.5厘米。纸质，毛笔书写。内容为"铁肩担道义，妙手著文章"，上款"子惠仁兄正之"，落款"守常李大钊"。

李大钊（1889～1927年），字守常，河北乐亭人。中国共产主义先驱、伟大的马克思主义传播者，中国共产党主要创始人和领导人之一。光绪三十三年（1907年），考入天津北洋法政专门学校。民国2年（1913年），东渡日本，入东京早稻田大学学习，开始接触社会主义思想和马克思主义学说。民国5年（1916年）回国后，积极参与新文化运动，宣传民主和科学精神。民国6年（1917年）俄国十月社会主义革命胜利后，李大钊逐步明确站到马克思主义的立场上来。民国9年（1920年）3月，李大钊在北京先后发起组织马克思学说研究会和共产主义小组。民国10年（1921年）中国共产党成立后，李大钊代表中共中央指导北方工作。当选中共二大、三大、四大中央委员。民国13年（1924年），在广州参加国民党第一次全国代表大会领导工作，为建立国民革命统一战线，实现第一次国共合作做出重大贡献。民国14年（1925年）五卅运动中，李大钊领导北方党组织发动群众，在北洋军阀统治的北方地区，开展轰轰烈烈的反帝反军阀斗争。民国16年（1927年）4月6日，李大钊被奉系军阀张作霖逮捕，并于28日英勇就义，年仅38岁。杨子惠，是李大钊夫人赵纫兰的二姐夫。

此对联出自"铁肩担道义，辣手著文章"一联，明代杨继盛所作。杨继盛（1516～1555年），字中芳，号椒山，直隶容城人。明嘉靖二十六年（1547年）中进士，官至兵部员外郎，是有名的谏臣。三十二年（1553年），杨继盛上书状告严嵩"十罪五奸"。后入狱，三十四年（1555年）遇害。明穆宗继任后平反。据说，在杨继盛第二次被诬陷下狱，临刑前在狱中墙壁上题了两句述志诗："铁肩担道义，辣手著文章。"李大钊深爱此联，亦十分推崇杨继盛的品德。早在民国2年（1913年）主编《晨报》副刊时，就在创刊号上选刊"铁肩担道义"一句作为本期警语。民国5年

（1916年），李大钊在北京创办《晨钟报》，并设计每出一期都要写上一句警语。在第六号《晨钟报》上，曾写过"铁肩担道义，妙手著文章"警语。李大钊巧改"辣"为"妙"字，体现李大钊为人谨慎、写文章严谨的特点，使人有耳目一新之感。此联亦是李大钊一生精神风范写照，也是李大钊存世不多书法作品之一，具有较高艺术价值。

李大钊书赠杨子惠对联藏于中国国家博物馆。

周恩来书赠张鸿诰横幅 民国8年（1919年）3月文物。1977年初，在周恩来逝世一周年时，张鸿诰将周恩来书赠张鸿诰横幅送交邓颖超，由邓颖超捐赠给中国革命历史博物馆。

周恩来书赠张鸿诰横幅，纵30厘米，横91.5厘米。纸质，毛笔行书。无题，内容为："大江歌罢掉头东，邃密群科济世穷。面壁十年图破壁，难酬蹈海亦英雄。"并有周恩来自跋："右诗乃吾十九岁东渡时所作，浪荡年余，忽又以落第返国图他兴，整装待发，行别诸友，轮扉兄以旧游邀来共酌，并伴以子鱼，幕（慕）天，醉罢书此，留为再别纪念兼志吾意志不坚之过以自督耳。"并有3枚闲章。

周恩来（1898～1976年），字翔宇。江苏淮安人。民国6年（1917年）9月，周恩来于南开学校毕业后，东渡日本，拟考官费留学。在备考期间，由于大部分时间都用于"辟新思想，求新学问，做新事情，积极投入爱国运动，探讨革命真理"。加之家庭变故等原因，无暇备考。因此，未能考中东京高等师范学校、第一高等师范大学等官费学校。民国8年（1919年）3月，恰逢五四运动前夕，周恩来的母校南开学校扩建成大学，正在招生，周恩

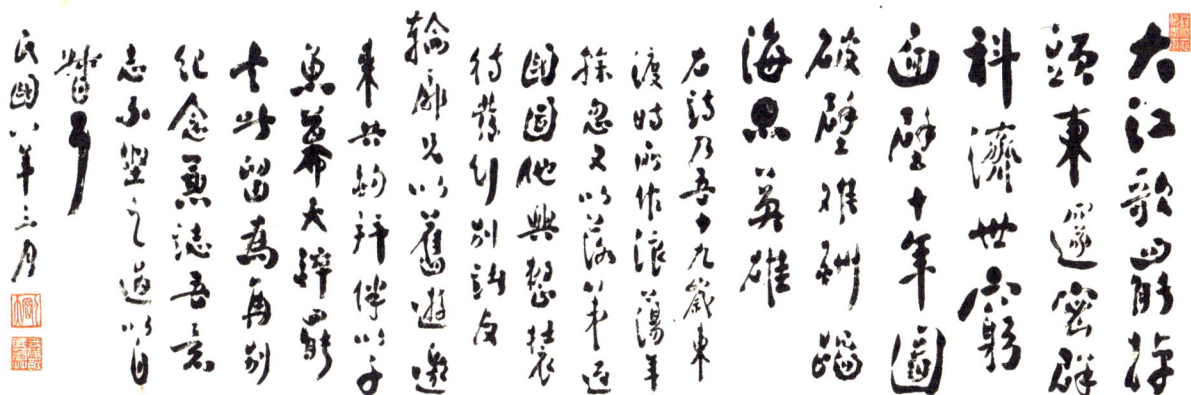

来遂决定弃学"返国图他兴"。这样既可以继续读大学，又可投身反帝反封建运动。临行时，与周恩来一起留日的南开同学张鸿诰，邀约南开留日同学王子鱼、穆慕天一起，为其饯行。席间，用事前准备好笔墨纸砚，大家互相题词留念。周恩来挥毫写下这首东渡日本时叙志诗赠予张鸿诰（轮扉）。写完后，又用小一点字体写下跋语，说明写此诗缘由。与周恩来分别后，张鸿诰一直精心珍藏诗作。抗日战争时期，为防不测，将"弟恩来"三字落款裁去重新裱糊起来，并盖上3方闲章以遮人耳目，使这幅诗作得以保存下来。

周恩来书赠张鸿诰横幅藏于中国国家博物馆。

李大钊致胡适的亲笔信稿 民国8年（1919年）4月文物。1957年，李大钊之长女李星华将李大钊致胡适的亲笔信稿捐赠给中央革命博物馆筹备处。

李大钊致胡适的亲笔信稿，纵15厘米，横24.2厘米。纸质，毛笔书写。共7页，信纸为"国立北京大学用笺"。

李大钊生于光绪十五年（1889年），比胡适大两岁。民国5年（1916年）5月，李大钊从日本留学回国，先后在北京编辑《晨钟报》

《甲寅》等刊物。民国7年（1918年）初，经章士钊推荐，李大钊正式进入北大并担任图书馆主任。胡适比李大钊早几个月进北大，由美国留学回国，担任北大文科教授。当时，由陈独秀和胡适倡导，以《新青年》杂志为核心，北京大学已成为宣传新思潮新文化运动中心。不久，李大钊也加入《新青年》编辑部，并与胡适、陈独秀等经常在一起研究讨论《新青年》事宜。胡适与李大钊虽是朋友，但却在政治观点上有很大分歧。同年12月，陈独秀和李大钊等在胡适回家为母奔丧时，共同创办《每周评论》，从而实现两人谈政治的愿望。《每周评论》鼓动反帝反军阀反封建，初步介绍社会主义思想，为五四运动做重要思想准备。为了也办个刊物来谈文化，胡适民国8年（1919年）5月参与创办《新中国》杂志。对《每周评论》创办，除胡适外，《新青年》同人多不

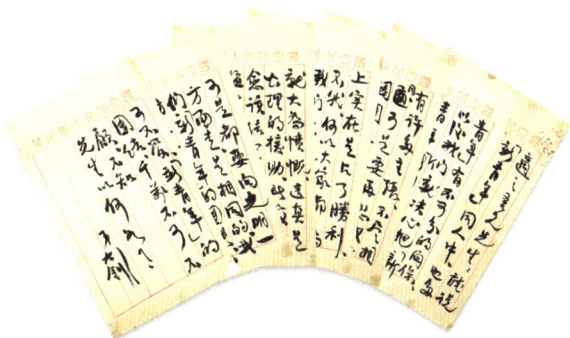

反对；而对胡适创办《新中国》，情况则正好相反。在创办《新中国》前，胡适曾同李大钊商量并邀其参加，但李大钊经过一段时间考虑后，表示不同意。李大钊在给胡适信中说："听说《新青年》同人中，也多不愿我们做《新中国》，既是同人不很赞成，外面又有种种传说，不办也好。"面对大敌当前的形势，李大钊向胡适建议："我的意思，你与《新青年》有不可分的关系，以后我们决心把《新青年》《新潮》和《每周评论》的人结合起来，为文学革新的奋斗。"最后，李大钊恳请胡适：无论外面讲什么都可不管，但"《新青年》的团结，千万不可不顾"。对李大钊如此诚恳劝告，胡适似乎也不无触动，虽仍参与创办《新中国》，并与陶孟和一起发过稿，但其主要精力却仍放在《新青年》上。

李大钊致胡适的亲笔信稿藏于中国国家博物馆。

廖仲恺译孙中山著《实业计划》手稿　民国8年（1919年）文物。孙中山著《实业计划》手稿，由廖仲恺、朱执信等翻译，后由廖仲恺之子廖承志保存。1977年捐赠给中国革命历史博物馆。

廖仲恺译孙中山著《实业计划》手稿，纵36厘米，横44.7厘米。青山三河星制竖格纸，毛笔书写，有修改。

二次革命和护法运动失败后，民国7~8年（1918~1919年），孙中山回到上海。孙中山认为，革命党人应首先解决思想认识问题。为此，开始将酝酿多年的全面振兴中国经济思想进行系统梳理，最终撰成《实业计划》一书，绘就一幅发展国民经济总计划和振兴中国实业

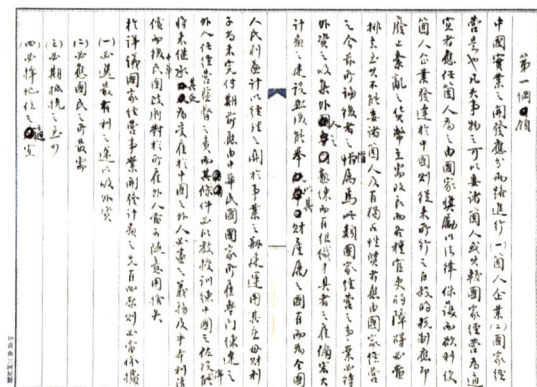

的宏伟蓝图。《实业计划》由孙中山用英文写成，定名为《The International Development of China》，民国9年（1920年）7月完稿。旨在提供解决国际战争、商业战争、阶级战争三大问题的方法，并提出发展中国实业途径、原则和建设北方大港、东方大港、南方大港、五大铁路系统等6大计划，其中首次提出修建三峡大坝设想。撰写中，部分章节曾先期发表于上海英文杂志《远东时报》六月号。同年，上海商务印书馆最先出版该书英文版。《实业计划》中文稿由廖仲恺、朱执信、林云陔、马君武等人翻译。民国8年（1919年）3月7日，上海《民国日报》最先刊发该文（篇首部分）中文稿。8月起，《实业计划》中文稿，开始在《建设》杂志第一卷第一号上连载。民国10年（1921年）10月，上海民智书局出版廖仲恺、朱执信等翻译中文版，定名为《实业计划》，后编为《建国方略之二：物质建设》。孙中山《实业计划》是近代中国内容最丰富、最系统、最完整的实业发展方案，标志孙中山振兴实业的思想臻于成熟。

廖仲恺译孙中山著《实业计划》手稿藏于中国国家博物馆。

周恩来编写的《警厅拘留记》手稿 民国9年（1920年）6月文物。1951年，文化部社会文化事业管理局副局长王冶秋在琉璃厂效贤阁访得周恩来编写的《警厅拘留记》手稿，并送周恩来鉴定确认。1976年转交中国革命历史博物馆。

周恩来编写的《警厅拘留记》手稿，纵20厘米，横32.8厘米。纸质，毛笔书写。扉页上题"警厅拘留记，一九二〇、一、二三——一九二〇、四、七飞飞二〇、六、十五"。飞飞，是周恩来笔名，青少年时代写文章常用。

民国8年（1919年）5月4日，五四运动全面爆发。天津学生、工人和爱国商人等各界人士积极响应，开展抵制日货运动。民国9年（1920年）1月23日，天津查封日货学生被违法商人殴打的事件发生后，北洋军阀当局逮捕查禁日货和参加请愿学生及各界爱国人士，并查封天津学生联合会。1月29日，周恩来等学生代表到直隶省署请愿，遭军阀当局镇压。周恩来、于方舟（兰渚）、张若名、郭隆真四名学生代表在准许进省署交涉时被捕，被非法拘押于天津警察厅。4月7日后，移送天津地方检察厅。周恩来等与同时被捕20余名各界代表在狱中坚持斗争，并以绝食抗议。后经社会各界

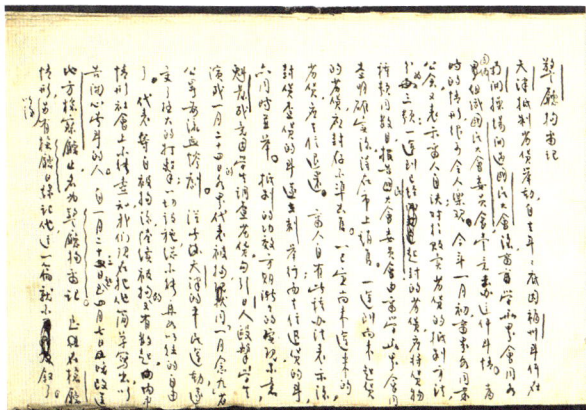

营救及天津学生联合会委托刘崇佑律师在法庭据理力争，7月17日，当局不得不将周恩来等被拘捕学生和爱国人士以羁押、罚款而释放。《警厅拘留记》是周恩来在被关押期间撰写的，记述了1月23日至4月7日天津抵制日货爱国运动发生的原因、经过，天津各界被捕代表被关押在警察厅75天的斗争情况及各界爱国人士声援爱国运动的情况等。当时，难友们被隔离关押，互相消息不通，外界消息也被完全隔绝。4月7日，被移至检察厅后，经几番斗争才有一点点自由。周恩来开始投入大量时间和精力，将自己的日记和难友们回忆进行整理、记录。6月初完成，共3万余字。12月，《警厅拘留记》在天津《新民意报》连载，后由该报社辑印成册发行。

周恩来编写的《警厅拘留记》手稿藏于中国国家博物馆。

陈望道译《共产党宣言》中文全译本 民国9年（1920年）8月文物。

陈望道译《共产党宣言》中文全译本原保存者是济南早期共产党员张葆臣。当年，张葆臣在济南道生银行供职，并负责党内图书发行工作。道生银行总部设在上海，其经常往来于济南和上海之间。期间，从上海带回很多进步书籍，其中包括这本《共产党宣言》。后张将此书送给济南女子职业学校女教员、新共产党员刘雨辉。民国14年（1925年）冬，刘雨辉和在济南从事革命活动的刘子久、延伯真一同回乡省亲时，将这本《共产党宣言》送给广饶县刘集村党支部，由该支部第一任书记刘良才保存，供大家学习使用。《共产党宣言》中文全译本历经战火、多次躲过敌人搜查，由共产

员刘世厚保存下来。中华人民共和国成立后，刘世厚将已散页的《共产党宣言》中文全译本修整好，并在首页左上角盖上朱文"刘世厚印"，与右下角之白文"葆臣"印遥相呼应。1975年秋，广饶县文管会派人到刘集村征集革命文物时，刘世厚将此书捐献给国家。

陈望道译《共产党宣言》中文全译本，纵17.8厘米，横12.3厘米。纸质，铅印。初版，平装。封面除书名外，自右至左横排印有几行小字"社会主义研究小丛书第一种""马格斯安格尔斯合著""陈望道译"，书末版权页除写明著者及翻译者外，还竖排印有几行字"一千九百二十年八月出版""定价大洋一角""印刷及发行者社会主义研究社"。封面印有红色水印马克思微侧半身肖像，是马克思1875年在伦敦拍摄肖像。该书无扉页、序言和目录，内文56页，每页11行，每行36字，采用

繁体字和新式标点，用3号铅字竖版直排，页侧印有"共产党宣言"，页脚注汉字小写页码。由于排版疏忽，封面书名"共产党宣言"错印成"共党产宣言"。马克思、恩格斯被译为"马格斯、安格尔斯"。民国9年（1920年）9月，《共产党宣言》中文全译本再印1000册，封面书名更正为《共产党宣言》，马克思肖像底色改成蓝色，书中正文只字未动。至民国15年（1926年）5月，共发行17版。

《共产党宣言》是马克思、恩格斯为共产主义者同盟起草的纲领，完整而系统阐述了科学社会主义原理，提出战斗口号："全世界无产者，联合起来！"这标志着马克思主义理论的诞生。1848年在伦敦首次出版后，成为社会主义文献中传播最广、最具国际性的著作。俄国十月社会主义革命胜利后，马克思主义传入中国。民国8年（1919年）五四运动前后，中国出现许多介绍和讨论《共产党宣言》的文章。中国一批具有初步共产主义思想的知识分子，确定马克思主义方向，创建中国共产党早期组织，并与中国工人运动相结合，深入到劳苦民众中，马克思主义在中国得到更广泛传播。《共产党宣言》中文全译本的出版，为中国共产党成立做了思想上、理论上准备。

陈望道（1891～1977年），中国当代语文学家和教育家，浙江义乌人。民国8年（1919年）底刚从日本留学回国不久，陈望道在浙江杭州接到上海《星期评论》编辑部邀其翻译约稿信和一本日文版《共产党宣言》。民国9年（1920年）春节前，陈望道回到家乡浙江义乌县城西分水塘村，开始全身心投入秘密翻译《共产党宣言》工作。在翻译中，陈望道主要

依据光绪三十二年（1906年）幸德秋水、堺利彦合译《共产党宣言》日文版，并参照陈独秀提供的英文版。由于《星期评论》停办，使在该刊连载《共产党宣言》计划无法兑现。民国9年（1920年）5月，陈望道的学生俞秀松将译稿转交给陈独秀。陈独秀、李汉俊将译稿校阅后，决定出版单行本。8月，在共产国际特使维经斯基资助下，上海共产党组织以"社会主义研究社"名义秘密出版由陈望道翻译的《共产党宣言》第一个中文全译本。书初版印制1000册，全部送人。

陈望道译《共产党宣言》中文全译本藏于山东省东营市历史博物馆。

贺果在留法勤工俭学期间的日记 民国9年（1920年）8月16日至民国10年（1921年）8月21日文物。1982年，贺果携在留法勤工俭学期间的日记进京，请李维汉审阅。在李维汉建议下，贺果将日记捐赠给中国革命历史博物馆。

贺果在留法勤工俭学期间的日记纵16厘米，横10厘米。纸质，钢笔写在"LONGMAN"笔记本上。封皮上方用钢笔写有"1920～1921在法日记""（八月16日起）（八月2日止）"。

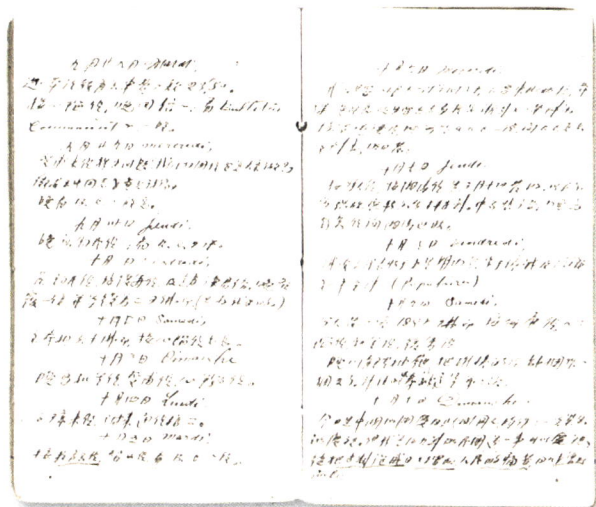

民国8年（1919年）前后，为寻求救国图强真理，学习改造社会知识，并受到工读思潮影响，中国大批青年投入赴法勤工俭学运动。当时，湖南新民学会积极赞助，组织会员和湖南青年参加，蔡和森、毛泽东曾为此奔走联络。中国少年学会和天津觉悟社也都有成员参加。民国8～9年（1919～1920年），中国留法勤工俭学运动达到极盛，总人数达1600余人。其中一批先进分子，在强烈的爱国主义和马克思主义思潮的影响下，逐步走上立志为共产主义事业奋斗终身的道路，日后许多人成为著名共产党人，为中国革命做出杰出贡献。贺果（1896～1990年），字佩钦，号培真，湖南邵东人。民国2年（1913年），考入湖南省第四师范，后并入湖南一师，与毛泽东同班。民国8年（1919年）10月31日湖南一师毕业后，与李维汉、李富春、李立三等人，同赴法国勤工俭学。在法期间，积极参加新民学会和工学世界社等进步团体组织活动，并结识周恩来、赵世炎、邓小平等人。民国13年（1924年），加入中国共产党。同年底，遵照党组织指示，赴莫斯科东方大学学习。民国14年（1925年），回国从事革命工作。

民国10年（1921年）9月下旬，为争取"生存权，求学权"，反对里昂中法大学校长吴稚晖置1000余名在法中国勤工俭学生于不顾、另招中国学生来法及停发勤工俭学生费用之举，法中国勤工俭学生代表大会组成百余人的"先发队"，齐聚里昂，占领里昂中法大学。法国政府听信中国公使馆一面之词，在将"先发队"代表因禁28天后，蛮横地用武力押送回国。贺果为"先发队"一员。由于时间仓促，学生们来不及携带行李，于11月底返抵上海。之后，法国政府将学生行李运回中国，贺果将行李运回湖南邵阳，寄存在大哥贺曼真家。"文化大革命"中被查抄。直到1982年，邵阳地委将仅存抄家物品经其弟贺绿汀转交贺果。其中包括贺果在留法勤工俭学期间日记。日记记录的是民国9年（1920年）8月下旬至民国10年（1921年）8月下旬贺果在法国求学和参加革命活动的经历。这一年，是留法勤工俭学运动活动最多的一年，也是最重要的一年，贺果日记为研究留法勤工俭学运动提供了宝贵的第一手资料。

贺果在留法勤工俭学期间的日记藏于中国国家博物馆。

湖南劳工会成立宣言　民国9年（1920年）11月21日文物。

湖南劳工会成立宣言原保存者王光辉，湖南湘潭人。民国6年（1917年），毕业于湖南甲种工业学校染织科。民国9年（1920年），参与组织湖南劳工会，任总务主任兼驻会干事。黄爱、庞人铨被害后，赴上海成立湖南劳工会驻沪办事处，并被推选为书记委员，继续发行《劳工周刊》，开展反帝反军阀斗争。1949年中华人民共和国成立后，曾任湖南人民军政委员会参议室参议、湖南省人民委员会参事室参事。1953年7月25日，王光辉将湖南劳工会成立宣言捐赠给湖南省博物馆筹备处。

湖南劳工会成立宣言，纵27.4厘米，横55.1厘米。纸质，铅印。横长方形，行文直行宋体字。右侧印墨绿色花边框"湖南劳工会的宣言"。后面印有发起人和机械工、纺织工、色染工等百余人。

湖南劳工会是20世纪初湖南著名的工人组织，也是第一个单纯的工人团体。主要发起人为黄爱和庞人铨。黄爱，光绪二十三年（1897年）生，湖南常德人。民国2年（1913年）考入湖南甲种工业学校机械科，后又考入天津直隶专门工业学校。五四运动爆发后，在天津积极参加反帝爱国斗争。庞人铨，光绪二十三年（1897年）生，湖南湘潭人。民国6年（1917

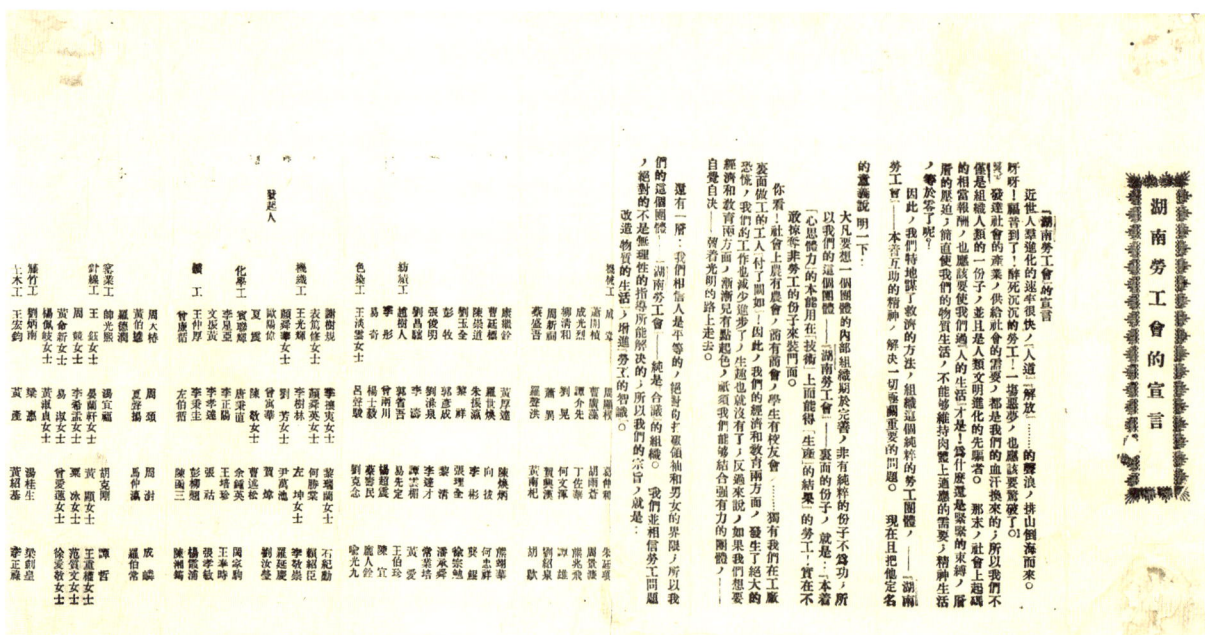

年），毕业于湖南甲种工业学校。民国9年（1920年）9月，黄爱从天津回到长沙后，和庞人铨开始创立劳工会活动，联络各工厂湖南甲种工业学校学友，组织甲工学友会。以学友为骨干，分头联络工人筹建湖南劳工会。先后于10月10日、24日和11月7日，召开三次筹备会议，推举黄爱、庞人铨、王光辉等8人为筹备员，讨论通过劳工会简章、宣言，颁布劳工会员证，并组成评议部。11月21日，举行湖南劳工会成立大会。大会公推黄爱为主席，黄爱在大会上宣读湖南劳工会简章。大会选出第一届领导机构，黄爱任驻会干事和教育部主任，庞人铨任出版部主任。该会以"团结工人，改造物质的生活，增进劳工的知识，谋求工人福利"为宗旨，本着铲除"人类剥削人类之制度，与夫社会中各阶级之区别"，使"劳动者解脱牛马的生活"，实现"理想的公平之社会"愿望和主张，代表湖南劳工，参加省自治问题讨论，领导大规模纱厂公有运动和五一劳动节纪念活动，创办《劳工》月刊、工人夜校、女子职业学校，会员发展到7000人。湖南劳工会初期曾受无政府主义影响，后在中共湖南早期党组织的帮助下，黄爱和庞人铨由倾向无政府主义转而信仰马克思主义，于民国10年（1921年）加入中国社会主义青年团。11月，对湖南劳工会进行改组，从此纳入中共湖南党组织指导的工人团体之列，标志着湖南工人阶级由自在阶级转为自为阶级。民国11年（1922年）1月13日，湖南第一纱厂工人罢工，遭军阀政府残酷镇压。1月16日夜，军阀赵恒惕派兵包围湖南劳工会，逮捕黄爱和庞人铨。未经审讯，便于次日凌晨，于长沙将黄爱等秘密杀

害。同时，强行封闭湖南劳工会。湖南劳工会仅存一年零一个多月，但在促进湖南工人阶级觉醒、组织由自发经济斗争走向自觉革命运动方面，起到开创性历史作用。

湖南劳工会成立宣言藏于湖南省博物馆。

《新民学会会员通信集》 民国9～10年（1920～1921年）文物。

民国9年（1920年）底至民国10年（1921年）初，毛泽东将民国7～10年（1918～1921年）新民学会会员间重要通信50封及起草的启事、前言、序言、评述等，汇编成一套3集的《新民学会会员通信集》，并为一些信加的标题和按语。并从长沙邮寄给毛泽东在长沙第一师范学校时的老师黎锦熙。1953年，毛泽东60大寿时，黎锦熙将自己保存的毛泽东寄的《湘江评论》和《新民学学会员通信集》作为礼物送给毛泽东。1959年，由中共中央马恩列斯著作编译局拨交中央革命博物馆筹备处。

《新民学会会员通信集》，纵22厘米，横14厘米。纸质，铅印。共有3集，由长沙文化书社印发。封面上均有黎锦熙印章和亲笔签名。第1集封面上另有黎锦熙写题记："这是一九二〇～二一（年）毛主席从长沙邮寄给我的，先后计三册。是革命的好文献，抗日战胜回北京，所藏书刊散乱，今日才找出来。特记。一九五三、十、廿，黎锦熙。"并盖有"锦熙"白文方章一枚。

新民学会是五四时期成立较早、影响较大的革命团体。民国7年（1918年）4月17日，新民学会由毛泽东、蔡和森发起组织，于湖南长沙成立，宗旨是"改造中国与世界"。长沙许多学校进步教师和学生纷纷加入，会员逐步发

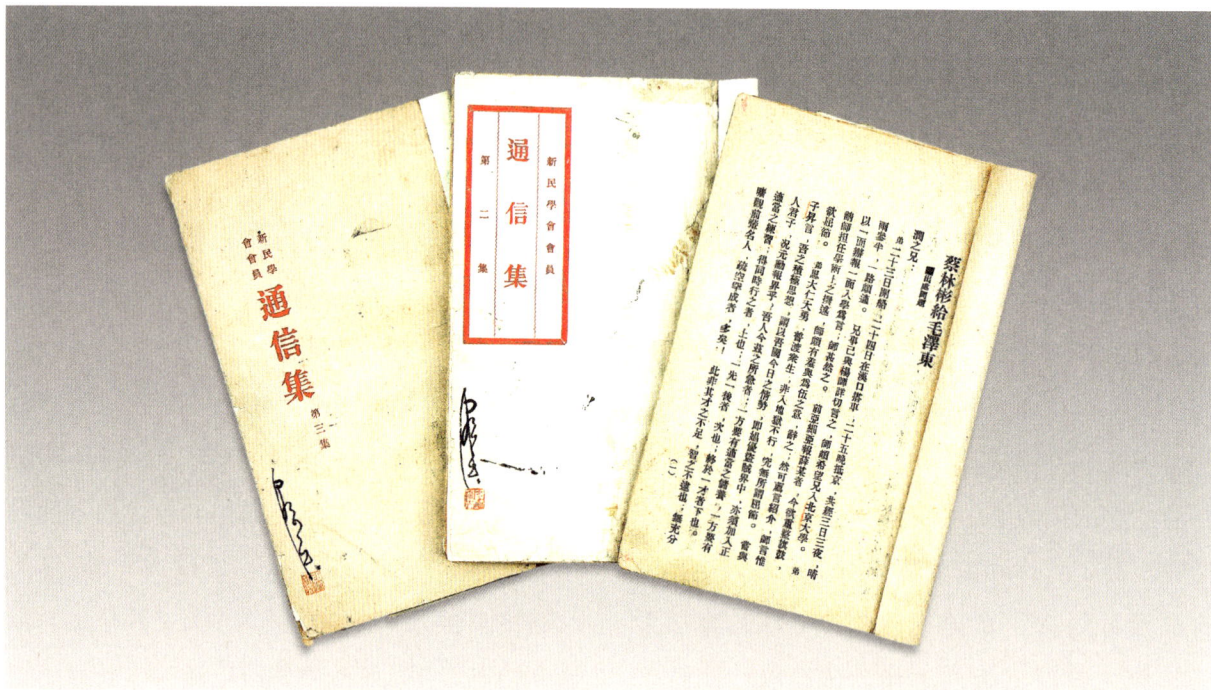

展到七八十人，成为湖南革命运动核心。许多会员后来成为中国共产主义运动的著名人物。除毛泽东、蔡和森外，还有萧子升、何叔衡、罗章龙、李维汉、谢觉哉、向警予、杨开慧、蔡畅、夏曦、萧三、郭亮等。新民学会还积极倡导留法勤工俭学运动。近三分之一会员赴法留学。学会成立后，会员以定期开会和通信方式，探寻改造社会与国家的途径。其中，蔡和森（林彬）民国9年（1920年）8月从法国写给长沙毛泽东信中，提出必须建立中国共产党，"革命运动、劳动运动，才有神经中枢"。毛泽东回信"表示深切赞同"。两人一致认为，中国现在就要准备组织共产党，作为"革命运动的发动者、宣传者、先锋队、作战部"。《新民学会会员通信集》是研究五四时期马克思主义传播和中国共产党创建的重要资料。

《新民学会会员通信集》藏于中国国家博物馆。

聂荣臻在比利时留学时写给父母亲的信 民国11年（1922年）6月3日文物。聂荣臻在比利时留学时写给父母亲的信原收藏于聂荣臻家乡。1979年，由其亲属托人带给聂荣臻。1981年12月21日，聂荣臻将此信捐赠给中国革命历史博物馆。

聂荣臻在比利时留学时写给父母亲的信，纵21厘米，横27.2厘米。纸质，钢笔书写。共2页，牛皮纸裱，第1页上端有钢笔字"此信估计是民国11年（1922年）6月发自比利时"。

聂荣臻（1899～1992年），四川江津（重庆市江津区）人。中国无产阶级革命家、军事家、政治家，中国人民解放军创建人之一，中华人民共和国元帅。民国8年（1919年）12月9日，远赴法国勤工俭学。民国10年（1921年）10月，转入比利时沙洛瓦劳动大学，学习化工专业。民国13年（1924年）10月，赴苏联莫斯科东方劳动者共产主义大学学习，后转入苏联红军学校中国班学习军事。民国15年

（1926年）9月回国，任黄埔军校政治部秘书兼政治教官。中华人民共和国成立后，任国务院副总理、中共中央军委副主席。聂荣臻通过勤工俭学实践和对马克思主义理论学习，抛弃"科学救国"想法，走上为共产主义事业奋斗道路。民国11年（1922年）6月3日，在得知"川战复起""二十一条之否认被拒绝"等时事之后，聂荣臻在给父亲聂鸿志和母亲唐氏的信中，表达了强烈的忧虑和愤慨："水深火热之家乡，父老之苦困也何堪！""私位饱囊之政府，只知自争地盘，拥数十万之雄兵，无非残杀同胞，热血男儿何堪睹此！"聂荣臻立下誓言："男也，虽不敢云以天下为己任，而拯父老出诸水火争国权以救危亡，是青年男儿之有责！况男远出留学，所学何为！决非一衣一食之自为计，而在四万万同胞之均有衣有食也。亦非自安自乐以自足，而在四万万同胞之均能享安乐也。此男素抱之志，亦即男视为终身之事业也！"聂荣臻在比利时留学时写给父母亲的信，正是聂荣臻世界观转变的见证。两个月后，聂荣臻加入旅欧中国少年共产党（后称中国社会主义青年团旅欧支部）。民国12年（1923年）春，经赵世炎、刘伯坚介绍加入中国共产党。从此，聂荣臻坚定走上为四万万同胞谋福祉的革命道路，将自己生命融入中国革命滚滚洪流，为祖国和人民奉献一生。

聂荣臻在比利时留学时写给父母亲的信藏于中国国家博物馆。

萍矿总局、株萍铁路（局）、安源路矿工人签订的十三条协议 民国11年（1922年）9月18日文物。1963年12月5日，中共萍乡矿务局委员会宣传部将萍矿总局、株萍铁路（局）、安源路矿工人签订的十三条协议，拨交中国革命博物馆。

萍矿总局、株萍铁路（局）、安源路矿工人签订的十三条协议，纵27.8厘米，横47.6厘米。纸质，十三条协议为铅印件，附"相关萍矿制造处注意事件"，为毛笔书写。萍矿总局、株萍铁路（局）、安源路矿工人签订的十三条协议在谈判签字后，矿长发给矿局制造处，令其研究执行。制造处根据以上十三条协议，制订十三条注意事项，并附后。两件裱在一起。

民国11年（1922年）5月1日，安源路矿工人俱乐部在中共湘区委员会湖南共产党组织的领导下成立。9月初，毛泽东到安源考察，针对路矿当局拒发拖欠工人工资和企图解散工

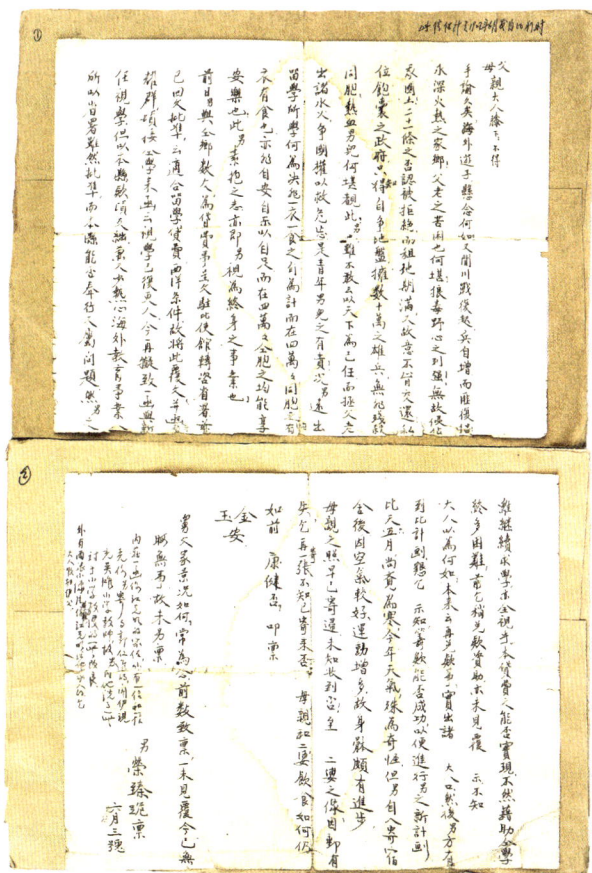

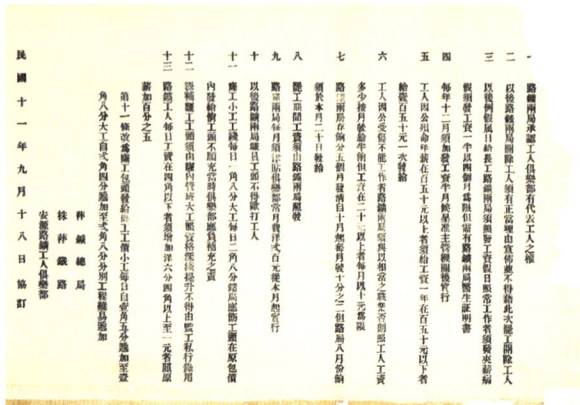

人俱乐部等情况，决定组织罢工。14日，在李立三（能至）、刘少奇直接领导下，1.7万余名路矿工人举行大罢工。俱乐部主任李立三任总指挥，刘少奇为工人总代表，发布罢工宣言，提出保障工人权利、改善待遇和增加工资等17项条件。路矿当局被迫接受谈判。刘少奇代表工人在与路矿两局谈判中坚持原则，据理力争。18日上午，萍矿总局、株萍铁路与工人俱乐部代表、罢工总指挥李立三签订十三条协议，承认工人提出大部分要求。其中规定，路矿两局承认工人俱乐部有代表工人之权，开除工人须有正当理由，提高工人工资。并规定工人因病、伤、死亡等情况，工资及抚恤金发放办法。如工人月工资由27元涨到37元，生活有很大改善。安源路矿罢工胜利，显示出中国工人阶级伟大力量。

萍矿总局、株萍铁路（局）、安源路矿工人签订的十三条协议藏于中国国家博物馆。

开滦赵各庄矿工罢工时持的布旗　民国11年（1922年）文物。开滦赵各庄矿工人为参加总同盟罢工，特意绘制开滦赵各庄矿工罢工时持的布旗。1959年7月，由河北省档案馆拨交中央革命博物馆筹备处。

开滦赵各庄矿工罢工时持的布旗，纵90厘米，横83.7厘米。棉布质。旗帜中心图案为黑色菱形代表煤块，双环中一环代表开平，一环代表滦州，双环套在一起表示两矿务公司合作。此图案为开滦煤矿矿徽。五矿同盟罢工时，赵各庄矿工人在原开滦煤矿矿徽图案上，添加锤和镐两件劳动工具，作为罢工旗帜标志。

河北开滦煤矿由唐山、赵各庄、林西、马家沟、唐家庄五矿组成，有矿工5万人，创办于清朝末年，曾是中国规模最大和最早采用的新式技术开采煤矿之一。由中国官僚资本创办，后名为中英合办，实被英国资本所控制。矿工们过着地狱一般生活，毫无生命安全保障。一天劳动时间达16小时，工伤事故频繁发

生，每年被绞车轧死就有400余人。饱受欺侮压榨的工人们，内心深处蓄积反抗怒火。民国11年（1922年）10月16日，开滦五矿俱乐部向矿局提出增加工资、改善待遇等6条要求，遭矿局无理拒绝，并扣押工人代表。开滦矿工忍无可忍，23日，在中国劳动组合书记部特派员彭礼和、共产党员王尽美、邓培等人指挥下，举行总同盟罢工。工人们在《罢工宣言》中提出，增加工资、改善待遇等要求。工人的斗争引起外国资本家和中国军阀政府的恐惧。26日，罢工受到军警开枪镇压，50余名工人被打死打伤，工人俱乐部被查封。工人们不屈不挠，仍然将罢工持续20余天。开滦五矿工人反帝大罢工，是中国共产党领导的中国第一次工人运动高潮中北方最著名的罢工，在工人运动史上留下光辉一页。

开滦赵各庄矿工罢工时持的布旗藏于中国国家博物馆。

"江岸京汉铁路工会会员证"章 民国11～12年（1922～1923年）文物。据有关史料记载，江岸京汉铁路工会会员约两三千人，在二七大罢工时，曾佩戴会员证章，有银、铜两种，但存世量稀少。1954年1月，此证章由中

国工人画刊社拨交中央革命博物馆筹备处。

"江岸京汉铁路工会会员证"章，直径3.5厘米，银质。整体呈圆形，顶部铸有圆孔并连有圆环，正面外圈铸有"江岸京汉铁路工会会员证"字样，中心有中国铁路早期徽志"双翼车轮形"等图案和"劳工神圣"字样。背面压"汉同丰"，当为汉口同丰堂银号所制。

民国10年（1921年）中国共产党成立后，首先集中力量领导工人运动。在中国劳动组合书记部的帮助下，京汉铁路（京广铁路北段）江岸、长辛店等16个站点，相继组织工会分会（时称工人俱乐部）。民国11年（1922年）4月，京汉全路第一次代表会议在长辛店召开，决定筹备成立京汉铁路总工会。不久，工人俱乐部全部改为分区工会，10月江岸京汉铁路工会成立。民国12年（1923年）2月1日，京汉铁路总工会在郑州召开成立大会，遭到军阀吴佩孚的明令禁止，总工会会所被捣毁，各地代表被驱逐。当晚，总工会办公地点移至汉口江岸。为抗议军阀暴行，4日，总工会发出总罢工指示，江岸分工会委员长林祥谦领导江岸工人率先举行大罢工。接着，罢工浪潮沿京汉铁路线迅速向北蔓延，实现2万余工人参加的全线总罢工，1200余千米铁路陷入瘫痪。这是中国共产党领导的第一次在工人运动高潮中影响较大的罢工。7日，吴佩孚在帝国主义支持下，调动大批军警对郑州、江岸等地工人罢工进行血腥镇压，各地工会遭到封禁，林祥谦和江岸工会法律顾问施洋等数十人惨遭杀害，数百人受伤，造成震惊全国的"二七"惨案。

"江岸京汉铁路工会会员证"章藏于中国国家博物馆。

京汉铁路工人罢工时林祥谦用的怀表 民国12年（1923年）2月4日文物。民国12年（1923年），林祥谦牺牲后，其夫人陈桂贞从林祥谦遗体上找到这块怀表并珍藏起来。1960年，捐赠给武汉二七纪念馆。

京汉铁路工人罢工时林祥谦用的怀表，直径4.5厘米，厚1.8厘米，重0.085千克。铜质，瓷表盘。该怀表为圆形，表盘芯文字为瑞士生产的罗斯科波夫品牌，表盖注有"日内瓦1896年生产，货号435193"等文字。

林祥谦（1892～1923年），福建闽侯人，中国工人运动先驱，京汉铁路大罢工领导人之一。民国11年（1922年），加入中国共产党，不久当选江岸分工会委员长。民国12年（1923年）2月1日，京汉铁路总工会在郑州召开成立大会，遭军警阻挠和破坏。为争取成立总工会的自由和工人阶级的人权，总工会决定2月4日举行全线总同盟大罢工。指定林祥谦为江岸地区罢工总负责人。2月4日，当这块怀表时针指向9时整（另一说法为9时20分），林祥谦指挥拉响京汉铁路大罢工汽笛，全路客、货及军用列车一律停驶。工人们高举铁棍、木棒，涌出各厂、段、站。由中国共产党领导的这场政治

大罢工，从江岸开始，沿着全长2000余华里的京汉铁路向北迅速蔓延，不到3小时，胜利实现全路总罢工。2月7日，军阀吴佩孚对罢工实行血腥镇压。在和敌人英勇搏斗中，江岸分会纠察团副团长曾玉良和30余名铁路工人壮烈牺牲，200余人受伤。林祥谦和60余名工人不幸被捕。林祥谦被绑在江岸车站电线杆上，刽子手逼迫其下令复工，林祥谦宁死不屈，英勇就义，年仅31岁。

京汉铁路工人罢工时林祥谦用的怀表藏于武汉二七纪念馆。

孙中山题赠邓演达（择生）的对联 民国12年（1923年）5月文物。

1965年5月28日，北京图书馆将孙中山题赠邓演达（择生）的对联等文物拨交中国革命博物馆。

孙中山题赠邓演达（择生）的对联，纵132.5厘米，横32.8厘米。纸质，毛笔书写。上款"泽生同志属"，内容"养成乐死之志气，革去贪生之性根"，下款"孙文"，并钤有白文"孙文之印"。

邓演达（1895～1931年），字择生，广东惠阳人。中国同盟会会员。宣统元年（1909年），入广东陆军小学，曾参加辛亥革命。后在广东陆军速成学校、武昌陆军第二预备学校、保定军官学校学习军事科学。邓演达竭诚拥护孙中山先生"联俄、联共、扶助农工"三大政策，受到孙中山先生的器重。民国9年（1920年），25岁的邓演达担任粤军第一师参谋兼步兵独立营营长，从此，成为孙中山的积极追随者。蒋介石发动四一二政变后，邓演达极力主张东征讨蒋，遭蒋忌恨，被迫流

養成樂死之志氣 革去貪生之性根

澤生同志屬

孫文

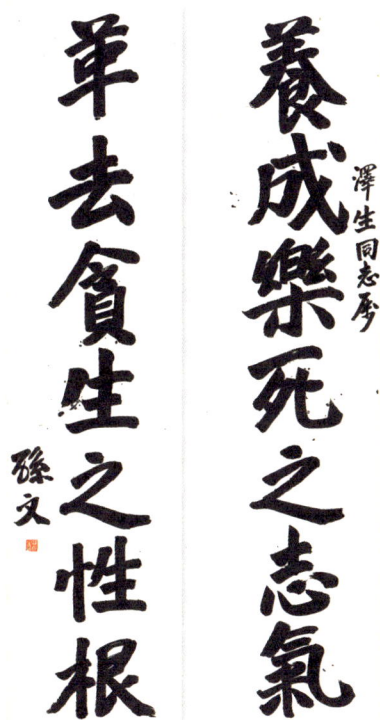

亡欧洲。民国12年（1923年）5月，邓演达打垮进犯广州沈鸿英叛军后不久，杨如轩、杨池生又在广州叛变。孙中山急调邓演达团拱卫陆海军大元帅府大本营。6月，鉴于邓演达战功卓著，孙中山授予其少将参军职务，并题赠其半身照片一帧、对联一副，即"养成乐死之志气，革去贪生之性根"。由孙夫人宋庆龄将照片及对联递交邓演达。邓演达一直将此联语作为座右铭。孙中山认为，"革命党人的精神没有别的秘诀，就是不怕死"，就是"为国牺牲"，"舍性命来救国"。此后几个月，孙中山几次调邓演达解救急难。孙中山督师讨伐陈炯明，两次致书驻守广西梧州邓演达，要其率部同征。邓演达不负孙中山殷殷期望，率部驰援，坚守博罗城，喋血惠州，给陈炯明部以沉重打击。此时，邓演达已被孙中山视为足资倚重、堪托生死的股肱良将。孙中山说："干革命，有两达，革命有希望。"邓演达即为"两

达"之一；另一"达"为粤军猛将张民达，民国14年（1925年）遇难。民国19年（1930年），邓演达归国。后组建农工民主党，仅15个月，就在14个省发展分部。民国20年（1931年），邓演达被蒋介石逮捕，旋遭杀害。1949年中华人民共和国成立后，邓演达被追认为烈士。在南京雨花台烈士陵园纪念馆邓演达烈士半身塑像两侧，镌刻着孙中山先生手书题赠邓演达（择生）对联。

孙中山题赠邓演达（择生）的对联藏于中国国家博物馆。

高君宇给石评梅的亲笔信　民国12年（1923年）10月15日文物。石评梅去世后，高君宇写给石评梅的11封信，由石评梅舅父李士美带回山西保藏。后因变乱，李士美又托好友苏庆祥保藏。1949年中华人民共和国成立后，苏庆祥将高君宇给石评梅的亲笔信捐赠给山西省博物馆。

高君宇给石评梅的亲笔信，纵21厘米，横36.5厘米，红格竖栏信纸，行体毛笔手书。

高君宇（1896～1925年），原名高尚德，山西静乐人。是中共早期政治活动家，山西党团组织创建人之一。民国8年（1919年），作为北京大学学生会负责人参加领导五四运动。民国9年（1920年），加入北京马克思主义研究会，11月任北京社会主义青年团书记。民国10年（1921年），加入中国共产党，民国11年（1922年）7月和民国12年（1923年）6月在中共二大和三大上当选中央委员。民国12年（1923年）2月，京汉铁路工人举行大罢工，受党委派，领导长辛店工人开展反对军阀斗争，为此遭到通缉。中共三大后，曾兼任孙中山秘

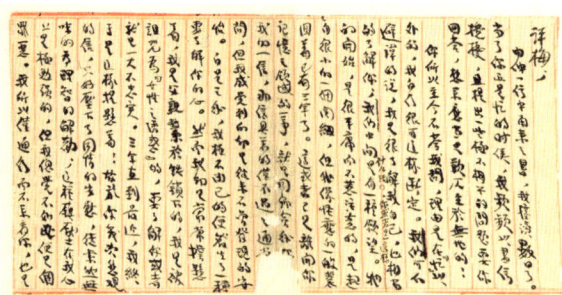

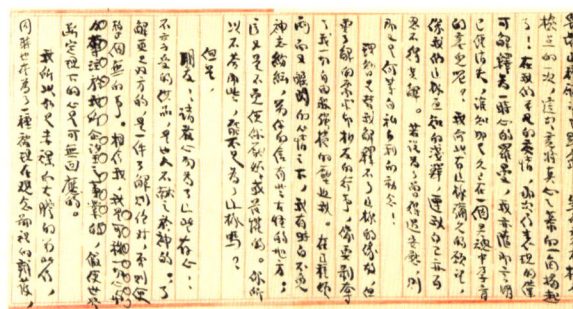

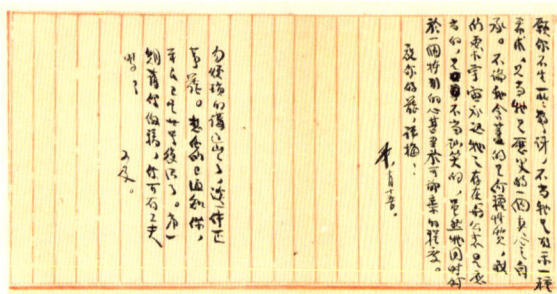

书，为实现国共合作而奔波。

民国9年（1920年）冬，高君宇在北京山西会馆结识北京女子高等师范学校的学生石评梅。当时，石评梅已是北京诗坛上颇有声名的女诗人，而高君宇是石评梅父亲石鼎承的学生。两人初见之后都以"识荆"为喜，从此书信往来频繁，友情日深，高君宇被石评梅的思想和才情所深深吸引，对石评梅产生爱慕。高君宇几次写信给石评梅，表露爱慕之情，但始终未得到回应。民国12年（1923年）10月15日，高君宇再次写下给石评梅的亲笔信。这封信充满对爱的追求，是高君宇对石评梅炽热爱情的大胆流露。信中，高君宇倾诉相识三年来，两人交往及自己思想、情感上的变化，希望石评梅可以接收

他的一片真心，这是高君宇"弥久的愿望"，是"历史的一个真心之自承"。并表示，在得不到评梅爱情时，他将"移一切心与力专注与我所期盼之事业"，表明忠于崇高革命事业的决心。

民国14年（1925年）3月，高君宇因积劳成疾，在北京病逝，时年29岁。石评梅写下"碧海青天无限路，更知何日重逢君"的挽联。后由其胞弟高全德和石评梅将高君宇安葬在北京陶然亭畔。石评梅题写碑文："我是宝剑，我是火花，我愿生如闪电之耀亮，我愿死如彗星之迅忽。这是君宇生前自题像片的几句话，死后我替他刻在碑上。君宇，我无力挽住你迅忽如慧（彗）星之生命，我只有把剩下的泪流到你的坟头，直到我不能来看你的时候。评梅。"三年后，石评梅亦因悲伤过度病逝，时年26岁。其好友根据石评梅的遗愿，将石评梅葬在高君宇墓旁，完成石评梅和高君宇"生不能成宗室亲，死但求为同穴鬼"的心愿。高、石的爱情也成为民国最凄美的爱情故事。

高君宇给石评梅的亲笔信藏于山西博物院。

国民党一届中执委和中监委第一次全会签名录　民国13年（1924年）1月31日文物。1964年8月1日，由政协上海市委员会拨交中国革命博物馆。

国民党一届中执委和中监委第一次全会签名录，纵29.5厘米，横42.3厘米。纸质，毛笔书写。有石瑛、汪兆铭（精卫）、廖仲恺、林森、茅祖权、谢持、毛泽东、林祖涵、王法勤、丁惟汾、张知本、沈定一、彭素民、张苇村、傅汝霖、恩克巴图、邹鲁、谭平山、瞿秋白、李大钊、柏文蔚、居正、邓泽如、刘震寰、张秋白、李宗黄，共26人。末端写有"一

行委员会委员和中央监察委员会委员第一次全体会议，选举中央常务委员会，决定成立中央党部，并派遣中央执委员会委员分赴上海、北京、汉口、哈尔滨和四川等地，建立地方执行部。这是廖仲恺、汪精卫等26位出席会议委员的签名录，其中有共产党人毛泽东、林祖涵（林伯渠）、沈定一、谭平山、瞿秋白、李大钊（按签名顺序排列）的亲笔签名。

国民党一届中执委和中监委第一次全会签名录藏于中国国家博物馆。

孙中山（文）为《民族主义》目录自序手稿 民国13年（1924年）3月30日文物。

何友逊，早年参加中国同盟会，是中国民盟成员，中共党员。曾任国民政府广州大本营东江安抚使，国民党中央农民部干事、秘书，广东省农会执委，广东省农会惠州办事处主任。1949年，赴北京参加筹办侨联工作，任全国政协联络秘书。后被选为广东省归国华侨联合会第一、第二届副主席。中华人民共和国成立初期，何友逊以很大代价获得孙中山为《民族主义》出版写的自序手稿。1964年，曾托廖梦醒请宋庆龄、何香凝鉴定，并参加中国革命博物馆筹办的"孙中山先生一百周年诞辰纪念展览"。1965年，何友逊于广州病逝。1974年6月，根据何友逊生前愿望，其女何波妹将孙文为《民族主义》出版写的自序手稿捐赠给中

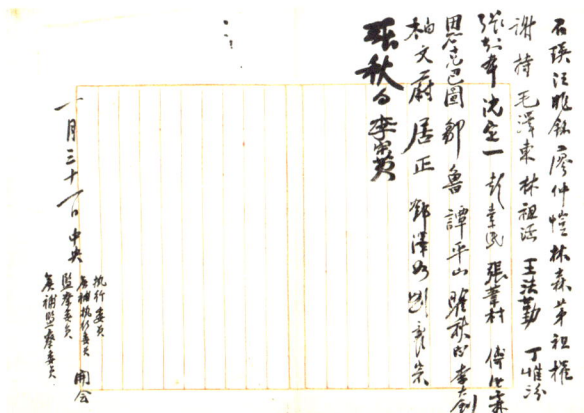

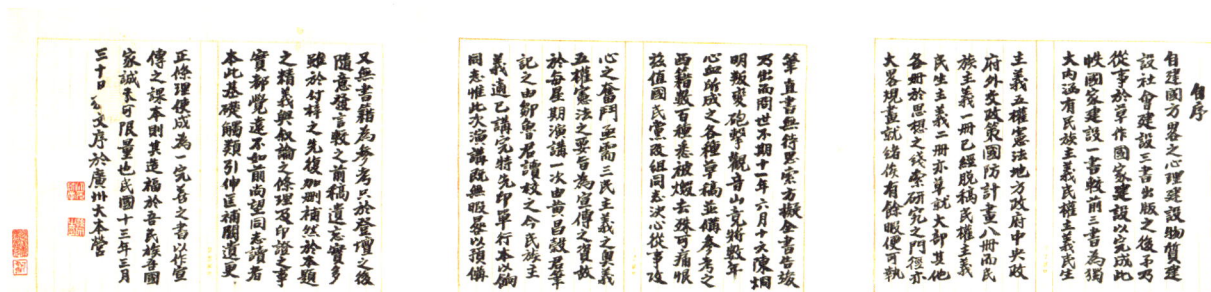

月三十一日，中央执行委员、候补执行委员、监察委员、候补监察委员开会"字样。

民国13年（1924年）1月20～30日，中国国民党第一次全国代表大会在广州召开。孙中山在共产国际和中国共产党帮助下改组国民党，接受中国共产党提出的反帝反封建主张，并允许共产党人以个人名义加入国民党。会议通过《宣言》，重新解释三民主义，事实上确立"联俄、联共、扶助农工"三大政策，标志着国共两党合作实现和革命统一战线建立，成为新的革命高潮起点。大会根据新党章规定，选举中央执行委员24人，候补中央执行委员17人。其中有中共党员10人，有李大钊、谭平山、于树德、毛泽东、张国焘、瞿秋白、林伯渠、韩麟符、沈定一、于方舟，约占委员总数的四分之一。改组后的国民党基本上成为工人、农民、小资产阶级和民族资产阶级的革命联盟。31日晚，孙中山主持召开中央执

国革命历史博物馆。

孙中山为《民族主义》出版写的自序手稿，纵26.8厘米，横38.7厘米。纸质，毛笔书写。用纸为竖行红格纸。左下方有盖"大元帅章""孙文之印""何友逊"等四方印章。

孙中山完成《建国方略》后，便着手写作《国家建设》，其规模宏大，包含《民族主义》《民权主义》《民生主义》等8册。至民国11年（1922年），《民族主义》一书已经脱稿，《民权主义》《民生主义》亦草就大部。不料，6月16日陈炯明叛变，炮击观音山，孙中山数年心血所成之各种草稿及参考书籍悉数被焚毁。中国国民党全面改组后，急需以三民主义理论指导全党同志。因此，孙中山便自民国13年（1924年）1月27日起，每周赴国立广东高等师范学校演讲一次，系统地讲述三民主义。从1月至8月，共讲述"民族主义"6讲，"民权主义"6讲，后因准备北伐，"民生主义"只讲述4讲。"民族主义"先于3月2日讲完。因革命宣传亟需，国民党执行委员会根据黄昌谷笔记，由邹鲁读校，再经孙中山本人加以删补后，先于广州出版《民族主义》单行本。3月30日，孙中山自作序，对其成书过程加以说明，并谦虚地称其演讲稿"于本题之精义与叙论之条理及印证之事实"，都远不如遭焚毁之前稿，望读者触类引申，匡补阙遗，更正条理，使之成为一完美之书。

孙中山（文）为《民族主义》出版写的自序手稿藏于中国国家博物馆。

孙中山批改的《国民政府建国大纲》稿本 民国13年（1924年）文物。

孙中山批改的《国民政府建国大纲》稿本，原由潘震亚收藏。潘震亚，光绪三十四年（1908年），参加中国同盟会。民国9年（1920年），加入中国国民党。民国13年（1924年），任国民党一大会议秘书处议事科科长。后在上海复旦大学任教，参与发起上海救国会。民国23年（1934年），潘震亚加入中国共产党。上海解放后，参加接管复旦大学工作，担任复旦大学校委会常务委员兼法学院院长。民国38年（1949年）9月，作为自由职业界民主人士首席代表出席中国人民政治协商会议第一次全体会议。中华人民共和国成立后，历任中央人民政府监察委员会副主任，政务院监察部副部长，江西省副省长、省政协副主席等，一至五届全国人民代表大会代表，政协第一届全国委员会委员，第五届全国政协常委。1949年中华人民共和国成立后，潘震亚将孙中山批改的《国民政府建国大纲》稿本捐献给国家。1964年8月，由政协上海市委员会拨交中国革命博物馆。

孙中山批改的《国民政府建国大纲》稿本，纵30厘米，横21.2厘米。纸质，毛笔书写。共4页。首页右上有孙中山手批："第十九号，已印，改正本，廿二日"。另有"此大纲未议"。右下有白文"潘震亚印"。经孙

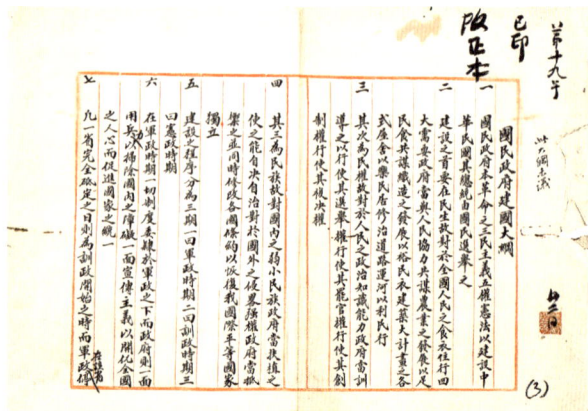

中山批改的《国民政府建国大纲》稿本与后来正式发表建国大纲内容相同,文字略有出入。

民国13年(1924年)1月20日,国民党一大开幕当天,通过由临时中央执行委员会提出《组织国民政府之必要案》,孙中山作关于提案的说明,强调成立政府之必要,指出此次大会任务之一,就是立即将大元帅府改组为国民政府。并指出要将建国大纲表决后广泛宣传,使人民了解其内容。4月12日,孙中山改组国民党后,便制定《国民政府建国大纲》,简称为《建国大纲》,全文二十五条,概述三民主义和五权宪法。这是中华民国成立后,孙中山针对国家建设所提出的规划方案。大纲中以选举、罢免、创制、复决作为人民应有之"权",以行政、立法、司法、考试、监察作为政府施政的"能",权能区分,造成"万能政府",以实现三民主义。建国大纲将建设国家程序分为三个阶段,即军政时期、训政时期与宪政时期。

孙中山批改的《国民政府建国大纲》稿本藏于中国国家博物馆。

中国国民党改组后广州大本营特别出入证 民国13~14年(1924~1925年)文物。民国13年(1924年)1月,国民党一大召开,标志着国民党改组完成和第一次国共合作形成。大本营建立初期,工作人员使用方形党徽图金属出入证章。国民党改组后,大本营出入证改为圆形金属章。1986年7月,郑隆夏将中国国民党改组后广州大本营特别出入证捐赠给中国革命博物馆。

中国国民党改组后广州大本营特别出入证,直径3.7厘米,铜质。圆形,有挂链。正面

图案为红、蓝、白三色组成空心五角星。背面有"大本营特别出入证"和"№067"字样。

民国12年(1923年)2月,西南将领驱逐叛军陈炯明后,孙中山被邀返粤,重新在广州组织政府,任海陆军大元帅。21日,孙中山抵达广州,在东部设立大本营,就任大元帅职,以大元帅名义统帅海陆各军。3月2日,陆海军大元帅大本营在广州农林试验场成立。大本营下设5部2局1处1库。谭延闿任内政部长,程潜为军政部长,廖仲恺为财政部长,邓泽如为建设部长,伍朝枢为外交部长,古应芬为法制局长,刘纪文为审计局长,朱培德为参军处长,杨庶堪为秘书长,林云陔为金库长。并设立财政和宣传委员会。正值国共两党酝酿合作时期,大本营中也有共产党人担任职务,如陈独秀任宣传委员会委员长,谭平山为委员。大本营是孙中山第三次在广东建立的政权,是最高军政权力机关。4月1日,海陆军大元帅府迁至广州河南士敏土厂办公。根据国民党一大通过《组织国民政府之必要案》,民国14年(1925年)6月14日,国民党中央政治委员会第十四次会议决定将原大元帅大本营改组为国民政府。15日,国民党中央执行委员会全体会议通

过，由代理大元帅胡汉民27日发布改组政府令。7月1日，第一届国民政府宣告成立。

中国国民党改组后广州大本营特别出入证藏于中国国家博物馆。

杨闇公日记 民国13～15年（1924～1926年）文物。杨闇公日记一直由其夫人赵宗楷保存。1985年，修复杨闇公故居时，在老屋房梁下面发现杨闇公日记。由杨闇公子女杨绍中、杨赤花捐赠给重庆市博物馆。

杨闇公日记共3本，民国13年（1924年）、民国14年（1925年）、民国15年（1926年）各1本。民国13年（1924年）日记本，纵19厘米，横14厘米，厚2.1厘米；民国14年（1925年）日记本，纵20.5厘米，横16厘米，厚0.7厘米；民国15年（1926年）日记本，纵19厘米，横13.3厘米，厚2厘米。均为纸质，钢笔书写。起讫时间为民国13年（1924年）1月1日至民国15年（1926年）1月21日。其中民国13年（1924年）为全年，民国14年（1925年）只记到3月17日，民国15年（1926年）只记到1月25日。民国13年（1924年）和民国15年（1926年）为黑色硬壳本，民国14年（1925年）为灰色软面练习簿。

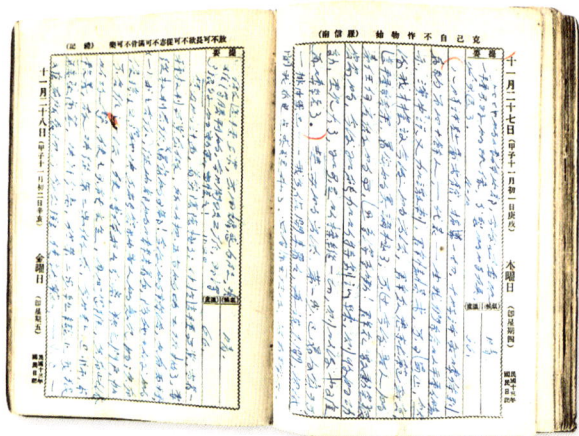

杨闇公（1898～1927年），名尚述，字闇公，又名琨，四川潼南（重庆市潼南区）人。中国共产主义运动先驱者之一，四川党团组织主要创建人和大革命运动的主要领导人之一。民国6年（1917年）留学日本，民国11年（1922年）加入中国社会主义青年团。民国13年（1924年）冬加入中国共产党。民国14年（1925年）10月，任中共四川地方委员会书记。民国15年（1926年）2月，任中共重庆地方执行委员会首任书记兼军委书记。12月上旬，为配合北伐战争，与刘伯承、朱德一起领导四川泸（州）顺（庆）起义。民国16年（1927年）3月31日，四川军阀刘湘在蒋介石指使下，制造"三三一惨案"。4月4日，杨闇公被捕，在敌人严刑逼供下，大义凛然，宁死不屈，被秘密杀害，时年29岁。杨闇公牺牲后，其夫人赵宗楷携杨闇公三本日记和其他遗物从重庆回到潼南县双江镇，藏于自家阁楼墙洞里，经历国民党当局多次搜查，始终未果。后赵宗楷一直在潼南教书。1949年11月双江解放，赵宗楷将三本日记取出，随身携带，先后在重庆、成都工作。1962年，赵宗楷提供其珍藏的《杨闇公日记》，由重庆人民出版社首次出版，注明"试排本"。后藏于故居。1971年，赵宗楷因受杨尚昆一案牵连，含冤去世。日记记述杨闇公革命生活和四川党早期活动的情况，是研究烈士生平和四川地区和重庆地区革命斗争史的珍贵历史文献。

杨闇公日记藏于重庆中国三峡博物馆。

黄埔军校第一期学员蔡昇熙的卒业证书 民国14年（1925年）3月1日文物。1953年4月22日，中国人民解放军中南军区政治部组织部将黄埔军校第一期学员蔡昇熙卒业证书拨交中央革命博物馆筹备处。

黄埔军校第一期学员蔡昇熙卒业证书，纵40.1厘米，横55.2厘米。纸质，石印，毛笔填写。边框上部正中印有孙中山像和交叉中华民国国旗和中国国民党党旗。四角印有"三民主义"。黄色底层印有"革命尚未成功，同志仍需努力""陆军军官学校毕业证书"。落款盖有"陆军军官学校关防"印，并署海陆军大元帅、陆军军官学校总理孙文，校长蒋中正，党代表廖仲恺。并盖有"蒋中正""廖仲恺印"。

民国13年（1924年）5月，在苏联政府和中国共产党帮助下，国民党创办培养革命军事干部陆军军官学校，因设在广州附近黄埔岛上，故亦称黄埔军校。孙中山自任军校总理，委任蒋介石为校长，廖仲恺为党代表。11月，周恩来担任军校政治部主任。中国共产党从各地选派大批党、团员和革命青年到军校学习。第一期645名学生中，有蒋先云、陈赓、左权、许继慎、徐象谦（徐向前）、蔡申熙等共产党员和青年团员五六十人，约占学生总数的十分之一。由于革命形势发展迅速，第一期学生入学仅半年便毕业，名为卒业。

蔡申熙（1906～1932年），原名升熙，或昇熙，湖南醴陵人。中国工农红军高级将领。民国12年（1923年）底，考入孙中山大元帅府军政部陆军讲武学校，编在第一期学生第六队。后转入黄埔军校第一期步兵科学习。民国13年（1924年），加入中国共产党，毕业后留校教导团工作。曾参加平定广州商团叛乱、讨伐军阀陈炯明的两次东征和北伐战争。先后任国民革命军第四军营长、第二十军团长。参加"八一"南昌起义和广州起义。曾任师参谋长。参与组建中国工农红军第十五军，任军长，后任中国工农红军彭扬军事政治干部学校校长红二十五军军长等职。民国21年（1932年）7月，因张国焘军事指导方针错误，红二十五军在鄂豫皖革命根据地第四次反"围剿"作战中严重受挫。蔡申熙于危难之际任第二十五军军长，重整部队参加反"围剿"作战。9月，率部担负掩护红四方面军西撤任务。10月9日，在湖北黄安河口镇战斗中，蔡申熙腹部中弹，仍坚持指挥作战，直至壮烈牺牲。

黄埔军校第一期学员蔡昇熙的卒业证书藏于中国国家博物馆。

安源路矿工人俱乐部工人学校《工人读本》 民国14年（1925年）3月文物。1955年4月12日，在湖南省博物馆筹备期间，湘潭县十三区人田乡李桂荣将安源路矿工人俱乐部工人学校《工人读本》捐赠给湖南省博物馆筹备处。

安源路矿工人俱乐部工人学校《工人读本》，纵19厘米，横13厘米。纸质，石印。小32开本，共16页。封面印有红色书名"工人读本第二册"（《工人读本》共一套3册）及出版单位"安源路矿工人俱乐部工人学校

出版"，毛笔书写"乙丑年夏月立""桂荣记"，为工人学校学生李桂荣用过的课本。封底印有红色五星、镰刀、铁锤图案。课文为墨绿色楷体。

安源路矿是萍乡煤矿和株萍铁路合称，由中国封建买办官僚勾结德日帝国主义经营。安源路矿工人在帝国主义、封建势力和官僚买办压榨下，过着悲惨生活。民国10年（1921年）秋，为落实中共一大精神，中共湘区委员会书记、中国劳动组合书记部湖南部主任及湖南工团联合会总干事毛泽东以串亲访友的名义，来到安源。毛泽东下矿井，进工棚，与工人促膝谈心，宣传革命道理。回到长沙后，毛泽东决定把安源作为开展工人运动和工人教育的立足点，先后派李立三、刘少奇、蒋先云、黄静源等到安源工作。12月下旬，李立三在安源创办平民学校。民国11年（1922年）1月，又在平民学校内创办工人补习学校。通过识字教育，向工人宣传革命思想，为建设党组织、开展工人运动做思想上和组织上的准备。随后，李立三着手在工人中发展党员。2月，安源路矿党支部很快建立起来，由李立三任书记，这是中共在全国产业工人中建立的第一个党支部。党支部集中力量组织工人俱乐部。5月1日，成立安源路矿工人俱乐部。9月，在李立三、刘少奇领导下，安源路矿工人大罢工取得胜利。俱乐部获得空前发展，会员达1.3万人。补习学校建立新校舍，于民国12年（1923年）1月扩大到三校，人数增加到200余人。凡是工人俱乐部成员都可入工人学校，不收学费，书籍用品自备，讲义由补习学校发给，每期5个月，课程设有国语、常识、政治、笔算。按文化程度分为两组，使用自编教材。在安源工人俱乐部领导下，工人教育开展得生机勃勃，至民国13年（1924年）10月创办7所工人学校，在校学生600余人。

安源路矿工人俱乐部工人学校《工人读本》藏于湖南省博物馆。

黄湖的省港罢工工人凭证 民国14年（1925年）9月14日文物。黄湖的省港罢工工人凭证，是罢工委员会发给意诚工商工会罢工工人黄湖的凭证，凭此证可享受罢工委员会规定领取饭券等权利。1959年4月，由广州中华全国总工会旧址纪念馆拨交中央革命博物馆筹备处。

黄湖的省港罢工工人凭证，纵12.3厘米，横7.7厘米。纸质，铅印，毛笔书写。封面在长方框内有"省港罢工工人凭证"字样。证内右面自右至左竖印（写）有"中华全国总工会省港罢工委员会/发出岁字第11-11号凭证给与/意诚工商工会/工友黄湖执照/民国十四年九月十四日发给"。证内左面上方有照片及凭证编号，并盖有紫色八边形"中华全国总工会省港罢工委员会凭证图记"。

民国14年（1925年）6月29日，为支援上海人民五卅反帝爱国运动，广州、香港工人在中国共产党领导下，举行规模宏大的省港大罢工。上旬，中共广东临时委员会指派邓中夏、黄平、杨殷、杨匏安、苏兆征组成"党团"，到香港组织罢工。6月中旬，中共广东区委派李森（李启汉）、刘尔嵩、冯菊坡、施卜、林伟民、陈延年组成"党团"，到广州沙面发动工人罢工。在中共广东区委领导和全国总工会公开指挥下，6月19日，香港海员、电车、印务等工会首先宣布罢工，其他工会随即响应，并成立全港工团联合会作为统一领导罢工的指挥机构。6月21日，广州沙面洋务工人和广州市内各洋行工人宣布总罢工。23日，罢工工人和各界群众10万余人在广州东校场集会，追悼上海死难同胞，抗议帝国主义暴行。当游行队伍途经沙基路时，突遭沙面租界英法军警机关枪扫射和停泊在白鹅潭英、法军舰开炮轰击，造成惨重伤亡。各界群众纷纷声讨帝国主义罪行，更多工人加入罢工队伍。6月27日，中华全国总工会和中共广东区委发动罢工工人选出代表，组成省港罢工工人代表大会，作为罢工

最高议事机关；代表大会选举苏兆征为罢工委员会委员长，作为最高执行机关。至6月底，省港两地参加罢工人数达25万。广州国民政府在廖仲恺主导下，省港罢工委员会组织2000人纠察队，从经济上封锁香港。民国15年（1926年）6月底，国民政府与港英当局谈判解除对港封锁。10月，省港罢工委员会根据形势变化，接受共产国际建议，宣布罢工结束。罢工坚持16个月之久，在中国工人运动史上是空前的，在世界工人运动史上也属罕见。

黄湖的省港罢工工人凭证藏于中国国家博物馆。

李大钊狱中自述 民国16年（1927年）文物。1957年，李大钊之长女李星华将李大钊狱中自述捐赠给中央革命博物馆筹备处。

李大钊狱中自述，纵23.1厘米，横156.2厘米。纸质，毛笔书写。当时，李大钊在狱中亲笔写下自述，曾三易其稿。这是最后一稿，即定稿。全文共2818个字。

李大钊（1889～1927年），字守常，河北乐亭人。中国共产主义先驱、伟大马克思主义传播者，中国共产党主要创始人和领导人之一。大革命时期任中共北区执行委员会书记。积极领导北方党组织发动群众运动。民国15年（1926年）3月，李大钊在极端危险和困难的情况下，领导并亲自参加三一八运动，并号召人们用五四精神、五卅热血反抗帝国主义联合进攻，反对军阀卖国行为。民国16年（1927年）4月6日，奉系军阀张作霖和帝国主义勾结，在苏联驻中国使馆内将李大钊等人逮捕。在狱中，敌人对李大钊进行多次审讯、逼供，并施用电椅、老虎凳等酷刑，最后竟残忍地拔

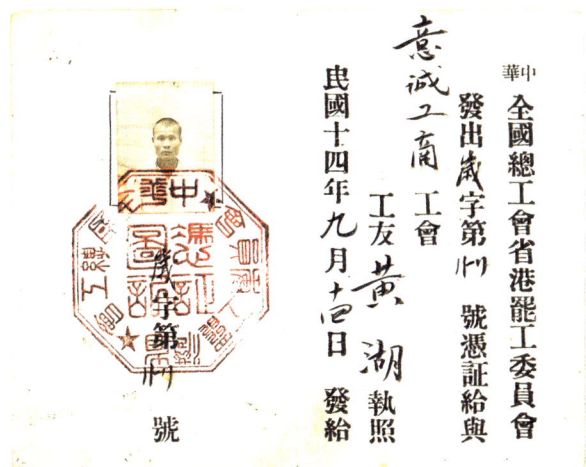

去李大钊双手指甲。李大钊始终坚贞不屈，严守党的秘密。4月28日，张作霖不顾社会舆论强烈抗议和谴责，下令将李大钊等20位革命志士秘密押解到北京西交民巷京师看守所刑场，施以绞刑。李大钊从容不迫、大义凛然，第一个走上绞刑台，英勇就义。李大钊在自述中，回顾自己壮烈、革命一生，抒发革命者高尚情怀，字里行间表现出大义凛然的英雄气概。李大钊身陷囹圄，仍然一心为民族解放，为"再造"和"振兴中国"，继续阐述其革命主张，表达坚定信仰和伟大抱负。为保护被捕其他同志，李大钊在自述中表示，自己"负其全责"，要敌人"对于此等爱国青年，宽大处理，不事株连"。自述最后，李大钊自豪地说："钊自束发受书，即矢志努力于民族解放之事业，实践其所信，历行其所知，为功为罪，所不暇计。"李大钊自述，既是一篇光辉的革命文献，又是李大钊对革命事业无限忠诚的历史见证。

李大钊狱中自述藏于中国国家博物馆。

广州农讲所第六期学员李赤雷日记本 民国15年（1926年）文物。

广州农讲所第六期学员李赤雷日记本一直由李家保存。1949年后，李赤雷家人从阁楼上翻出。1974年10月，广西平南县文化馆从李赤雷侄儿李明廉处征集到，转交广西壮族自治区档案馆。后由该馆拨交广西壮族自治区博物馆。

广州农讲所第六期学员李赤雷日记本，纵11.5厘米，横7.5厘米。纸质，钢笔、铅笔书写。封面封底残缺，纸张发黄，共133页。李赤雷日记中，记录其在广州农讲所第六期学习期间学习心得、读书笔记，及在广西开展农民运动一些情况。其中有关团支部、新学生社的日记为民国15年（1926年）4月23日补记。

李赤雷（1905～1929年），广西平南人。民国8年（1919年）五四运动爆发后，参加平南青年学生声援北平学生活动。民国12年（1923年）在上海游学期间，购买《共产党》月刊等进步书刊，并带回家乡，开始接触并传播马克思主义。民国14年（1925年）11月，考入中国国民党广西省立宣传员养成所。民国15年（1926年）1月，加入中国共产党。广州农民运动讲习所，简称"农讲所"，是第一次国共合作时期在广州开办的培养农民干部学校。从民国13年（1924年）7月至民国15年（1926年）9月，共开办六期。毛泽东任第六期所长。民国15年（1926年）4月，李赤雷考入广州农民运动讲习所第六期。本期农讲所开设有三民主义、中国国民党史、中国史、各国革命史等课程。毛泽东、周恩来、恽代英等授过课。农讲所第六期学员人数最多，规模最大，

影响最深，有来自全国20个省318名学员。毕业后，奔赴全国各地从事农民运动，成为农运骨干力量。同年10月，李赤雷被委为广西农民运动特派员到玉林，组织农民武装，开展农民运动。民国18年（1929年），李赤雷参加邓小平、张云逸领导的百色起义，在一次渡河战斗中牺牲。

广州农讲所第六期学员李赤雷日记本藏于广西壮族自治区博物馆。

宣侠父修改的"藏民请愿书" 民国15年（1926年）文物。1960年，拉卜楞事件当事人之一黄正清将宣侠父修改的"藏民请愿书"捐赠给甘肃省博物馆。

宣侠父修改的"藏民请愿书"，纵32厘米，横62厘米。薄桑皮纸质，色褐黄，石印，毛笔书写。"藏民请愿书"以原石印文书《甘边藏民后援会宣言》为底本，复以墨笔勾画、添加、修改而成。文后特别写有"缮过"二字，当为成稿。文稿末手书"谨呈总指挥刘（郁芬）、总司令冯（玉祥）"，并其"十五

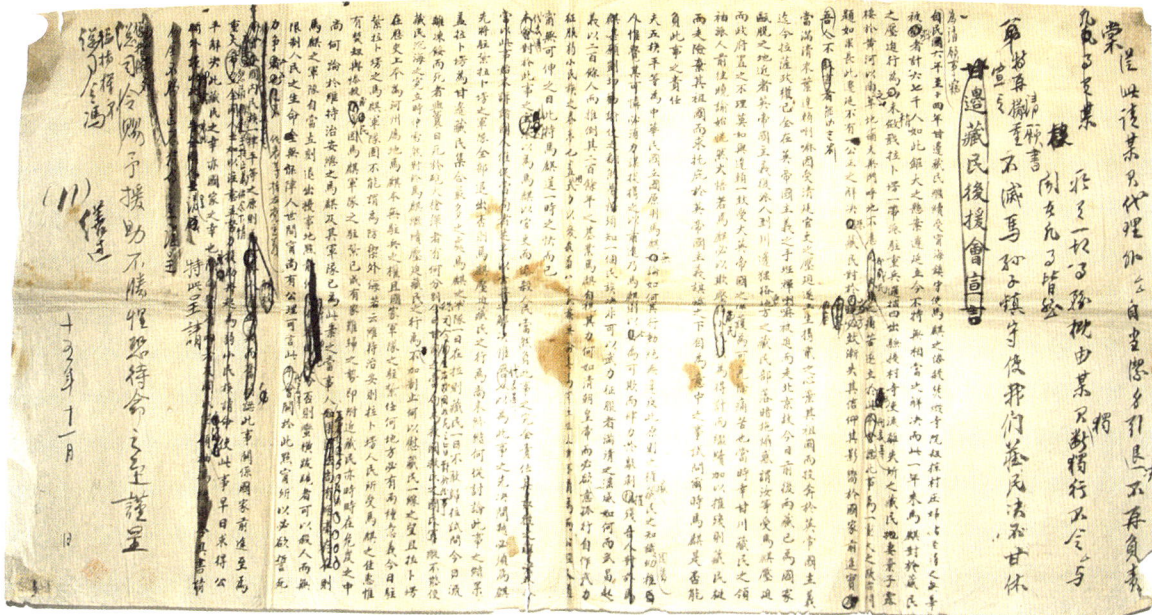

年十一月"时年款。此外，正文前空白之处亦写有部分散乱文字。如"从此请某君代理外，△△自当洁身引退，决不再负责""所有一切事务，概由某君独断独行，不令△与闻者，凡事皆然""不灭马孙子镇守使，我们藏民决不甘休"等，与"藏民请愿书"正文并无关联，当为随意性题论或酝酿性文字。

宣侠父（1899～1938年），号剑魂，浙江诸暨人。民国5年（1916年），考入浙江水产学校，毕业后公费留学日本。期间接受马克思主义思想，参加留日学生开展反帝反封建革命斗争。民国12年（1923年），加入中国社会主义青年团，不久转为中共党员。曾入黄埔军校一期，因反抗蒋介石专制被开除。民国14年（1925年）9月，受中共北方局和李大钊委派，到冯玉祥国民军中做政治工作，并随国民军第二师从张家口来到兰州，一面贯彻党的统一战线，开展思想政治工作；一面与早先已在兰的甘肃榆中籍共产党员张一悟等，共同创建甘肃最早的党组织——中共甘肃特别支部，并任委员。在党组织直接领导下，甘肃大革命运动蓬勃发展起来。宣侠父深入甘南藏区，调查研究，发动成立甘青藏民大同盟，并为该同盟起草《甘青藏民后援会宣言》，后在兰州付印时更名为《甘边藏民后援会宣言》。民国14年（1925年）10月，宣侠父在兰州结识甘南僧俗赴兰请愿代表黄正清（藏名罗桑泽旺）等人。为解决反动军阀甘边宁海镇守使马麒炮制并拖延长达10年的拉卜楞事件，宣侠父帮助起草"藏民请愿书"，呈递国民军总司令冯玉祥、驻甘肃总指挥刘郁芬，恳请"主持正义，俯念下情，使此事早日求得公平解决"。"藏民请

愿书"列举军阀马麒派兵强占拉卜楞，抢掠枪支、财物，屠戮无辜藏民，焚烧村寺，炮制拉卜楞事件一系列罪行；分析该事件业已造成或产生重大影响，以及可能出现更为严重的政治问题；表明甘南藏族人民要求驱逐马麒，尽快解决拉卜楞事件的决心和愿望。宣侠父的介入和积极参与，为拉卜楞事件最终解决，支持甘南藏民反抗军阀马麒压迫，争取民族解放斗争胜利做出了特殊贡献。

宣侠父修改的"藏民请愿书"藏于甘肃省博物馆。

醴陵第十区第十一乡农民协会木牌　民国15年（1926年）8月文物。

民国15年（1926年）8月，醴陵第十区第十一乡农民协会木牌在该乡农民协会成立时制作并悬挂。民国16年（1927年）5月21日，"马日事变"后被迫取下隐藏。8月15日，安源工人纠察队与醴陵农军发动起义，醴陵第十区第十一乡农民协会木牌再次公开悬挂。至民国17年（1928年）春，再次被取下，由农民藏匿于当地大王庙菩萨身后。1950年，中国农村土地改革时，农民将木牌取出公开悬挂。1957年，醴陵县白兔潭乡古塘农业社将醴陵第十区第十一乡农民协会木牌捐献给湖南省博物馆。

醴陵第十区第十一乡农民协会木

牌，纵158厘米，横24厘米，厚4厘米。木板制成，上方有铁质挂钩。黑底，上面有阴刻楷体淡白色"醴陵第十区第十一乡农民协会"字样。

随着国民革命发展和对国情认识加深，中国共产党对农民运动逐渐重视起来。民国14年（1925年）1月召开的中国共产党第四次全国代表大会，通过《对于农民运动之议决案》，指出不解决农民问题，希望中国革命成功是不可能的。并第一次提出工农联盟问题。2月，毛泽东在从上海回到湘潭韶山家乡养病200余天里，在附近农民中组织雪耻会，推动在韶山、银田寺一带组织乡农民协会。"到10月间，所成立之乡协达二十余处，人数达千余"。在北伐军占领地区，农民运动得到更大规模发展。北伐军大举进入湖南后，湖南农村掀起一场迅猛异常的革命大风暴，攻击矛头直指土豪劣绅、贪官污吏，以及各种宗法思想和制度。许多地区地主政权、地主武装被打得落花流水。那些打倒地主政权的地方，农民协会成为乡村唯一权力机关。民国15年（1926年）11月，毛泽东担任中共中央农民运动委员会书记后，决定以湖南、湖北、江西、河南为重点开展农民运动。至11月底，湖南省有54个县已建立农民协会组织，会员达107万人。北伐军经过醴陵县，农民协会会员已达5万人以上。

醴陵第十区第十一乡农民协会木牌藏于湖南省博物馆。

张作霖杀害李大钊等革命志士用的绞刑架 民国16年（1927年）4月28日文物。

民国38年（1949年）2月，北平（北京）和平解放。北平军事管制委员会文化接管委员会文物部副部长王冶秋等，负责接管文物工

作。不久，王冶秋便组织寻觅张作霖绞死李大钊等革命志士用的绞刑架。4月20日前后，得知曾装置在京师看守所内绞刑架，于抗日战争时期被移至德胜门外第二监狱刑场，王冶秋便派人前去寻找，终在第二监狱西北角找到。经拆散后运回，存于午门。1951年2月，移交中央革命博物馆筹备处。这是北平市文物接管组接收的第一件革命文物。

张作霖杀害李大钊等革命志士用的绞刑架由底座和架子两部分组成。其中底座长239厘米，宽174厘米，底座连架子通高234厘米。整个绞刑架由钢铁制造。绞刑架是清末封建统治者从国外进口。一种说法是德国制造，另一种说法是由比利时或意大利制造。绞刑架可同时绞杀两人。被绞人双足站在铁板上，架子上面的绳套套在其脖子上束紧，然后刽子手扳动闸把，两块铁板便同时翻下去，下面是3米余深的大坑，被绞人悬空吊在深坑里。大约15分钟后，行刑结束。然后，用铁链子缠到死者身上，用钩杆将尸首钩起。

民国16年（1927年）4月6日，奉系军阀张作

霖在帝国主义支持和协助下，逮捕中共北方区委负责人李大钊等共产党人和国民党左派。4月28日上午，在位于西交民巷京师看守所刑场，将李大钊等20位革命志士实行绞刑。李大钊第一个走上绞刑台，态度从容，正气凛然，英勇就义，年仅38岁。一同被杀害的还有谭祖尧、邓文辉、谢伯俞、莫同荣、姚彦、张伯华、李银连、杨景山、范鸿劼、谢承常、路友于、张挹兰、阎振山（三）、李昆、吴平地、陶永立、郑培明、方伯务、英华。张挹兰是最后一个登上绞刑架的，也是其中唯一女性。李大钊就义细节有不同说法，其中曾目睹李大钊受刑的时任京师高等审判庭推事何隽说法较为可信。中华人民共和国成立初期，何隽写下《李大钊殉难目睹记》，文中说："李大钊等二十人在京师看守所内刑场绞决。被绞之前夕，余即至看守所接洽参观。见新式行刑之绞机矗立刑场之中央。晨九时，指挥行刑官莅场查阅判决书，命提李大钊及另一受刑人到场，旋由行刑人蜂拥至前。李大钊意气轩昂，胸襟爽朗，不知其为铁窗人也。指挥行刑官告之：'此案经特刑庭判决，你等均处死刑，当已收到判决书？'答：'收到，已准备上诉。'（指挥行刑官）又云：'此案系按特殊程序处理，并无上诉办法。现奉上官命令，今日执行。你等对于家属如何处分事件，可缮函代为转交。'李大钊云：'我是崇信共产主义者，知有主义不知有家，为主义而死夕也，何函为？'旋经行刑人拥登绞台左绞绳下铁盖上，面南而立，一位行刑人反接两手，缠缚全身并折绳结环，神色自若不变。最后，李大钊高呼'为主义而牺牲'，毅然延颈就环。"何隽是受李大钊思想

影响的进步青年，回忆应真实可信。

张作霖杀害李大钊等革命志士用的绞刑架藏于中国国家博物馆。

汉口长江书店出版的毛泽东著《湖南农民革命（一）》 民国16年（1927年）4月文物。毛泽东著《湖南农民革命（一）》原由湖北省咸宁高中教员余遂生保存，中华人民共和国成立初期，捐赠给湖北省博物馆。1959年5月，为支援中央革命博物馆建馆，湖北省博物馆将《湖南农民革命（一）》拨交中央革命博物馆筹备处。

汉口长江书店出版的毛泽东著《湖南农民革命（一）》，纵18.5厘米，横13厘米，32开。纸质，铅印。是由毛泽东《湖南农民运动考察报告》和瞿秋白《湖南农民革命序》组成的单行本。封面有毛笔书"献给湖北省博物馆，咸高教员余遂生"，并盖"余遂生"章。

民国16年（1927年）1月4日至2月5日，中央农民运动委员会书记毛泽东为支持正在蓬勃兴起的农民运动，深入湖南农村，在湘潭、湘乡、衡山、醴陵和长沙等县考察农民运动，召集农民和农运工作者开各种类型调查会，获

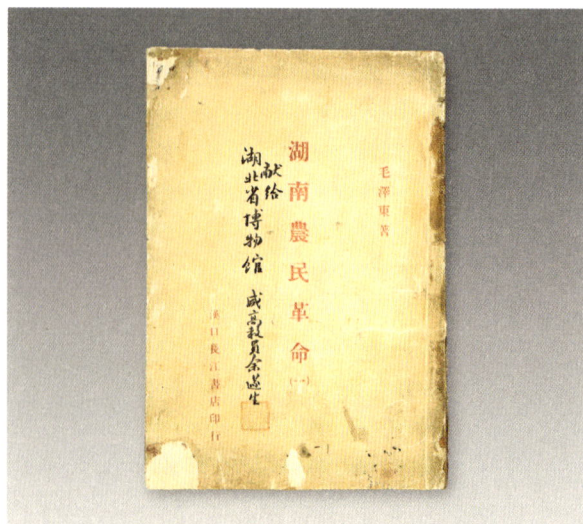

得大量第一手材料，写成《湖南农民运动考察报告》。3月，在中共湖南省委机关刊物《战士》周报上公开发表。报告中，毛泽东热烈赞颂农民群众打翻乡村封建势力伟大功绩"好得很"，尖锐批驳党内外责难农民运动"糟得很"等各种谬论，阐明农民斗争同革命成败密切关系，提出"推翻地主武装，建立农民武装"。主管中共中央宣传工作的瞿秋白很重视毛泽东的报告，3月在《向导》上发表《湖南农民运动考察报告》前两章。民国16年（1927年）4月，中共领导的汉口长江书店，将《湖南农民运动考察报告》出版为单行本，并更名为《湖南农民革命（一）》。其中，包括瞿秋白4月12日为此文所写序言。序中热情赞扬湖南农民革命斗争，高度评价毛泽东的考察工作。瞿秋白明确指出："中国革命家都要代表三万万九千万农民说话做事，到战线去奋斗，毛泽东不过开始罢了。中国革命者个个都应当读一读毛泽东这本书，和读彭湃的海丰农民运动一样。"书名中"（一）"是书店出版时安排添加。《湖南农民运动考察报告》是第一次国内革命战争时期党领导农民革命的科学总结，是党在民主革命时期领导农民运动的重要文献。

汉口长江书店出版的毛泽东著《湖南农民革命（一）》藏于中国国家博物馆。

朱德在南昌起义时使用的警用型毛瑟手枪 民国16年（1927年）8月1日文物。

民国16年（1927年）7月31日晚（南昌起义前夜），为牵制住敌人指挥官，朱德在远离驻地一家知名馆店，设宴"款待"南昌驻军军官。席间，一副营长来向南昌驻军军官报告共

产党准备起义秘密。朱德将此突发情况报告前委，遂决定起义提前两小时，打了敌人一个措手不及。毛瑟手枪是朱德在南昌起义中使用。1959年，中国人民解放军政治学院将朱德在南昌起义时使用的警用型毛瑟手枪拨交中国人民革命军事博物馆筹备委员会。

朱德在南昌起义时使用的警用型毛瑟手枪，为7.63毫米毛瑟M1896式短管手枪，德国生产。长26.8厘米，管长10厘米，口径7.63毫米，枪号592032。枪身钢质，通体黑色发蓝，握把护木木质。为纪念南昌起义这一伟大历史时刻，朱德请人在枪身左侧铭文："南昌暴动纪念，朱德自用""592032 MAUSER"，右侧铭文"WAFFENFABRIK MAUSER OBERNDORF A. NECKAR"。该手枪是德国毛瑟M1896式手枪变形版，生产于第一次世界大战之后。发射7.63毫米毛瑟手枪弹，初速400米/秒，有效射程50米，表尺最远射程标注为1000米，使用10发桥夹供弹，弹仓为固定式。中国在战争年代曾称它为"三把"手枪，属于驳壳枪的一种。

朱德（1886～1976年），四川仪陇人。无产阶级革命家、政治家、军事家，中国人

民解放军主要缔造者之一。中华人民共和国开国元勋。宣统元年（1909年），考入云南陆军讲武堂，同年加入中国同盟会。先后参加辛亥革命、护国战争、护法战争。民国11年（1922年），加入中国共产党。民国16年（1927年），参加并领导八一南昌起义。民国19年（1930年）起，任中国工农红军第一军团军团长、第一方面军总司令、中国工农红军总司令。抗日战争时期，任中央军委副主席，八路军总指挥（后改称第十八集团军，任总司令）。解放战争时期，任中央军委副主席，中国人民解放军总司令。协助毛泽东组织指挥辽沈、淮海、平津三大战役，为夺取全国胜利做出巨大贡献。中华人民共和国成立后，任中央人民政府副主席、中华人民共和国副主席和中国人民解放军总司令。

民国16年（1927年）7月中旬，中共中央决定在江西南昌举行武装起义。南昌起义，朱德刚回国，根据党的指示，到第三军（原滇军）任军官教育团团长，后又出任南昌市公安局局长。8月1日凌晨，在以周恩来为首前委领导下，贺龙、叶挺、朱德、刘伯承等率领在党直接掌握和影响下军队2万余人，举行南昌起义。经四个多小时的激烈战斗，起义军全歼守敌3000余人，占领南昌城。南昌起义打响武装反抗国民党反动派的第一枪，标志着中国共产党独立领导革命战争、创建人民军队和武装夺取政权的开始，具有重大历史意义。

朱德在南昌起义时使用的警用型毛瑟手枪藏于中国人民革命军事博物馆。

陈毅安在秋收起义军于文家市会师时写给未婚妻李志强的信 民国16年（1927年）9月

20日文物。

民国16年（1927年）9月9日，毛泽东领导的湘赣边界秋收起义爆发。原计划以陈毅安所在警卫团（编为秋收起义军第一团）为主力，与平（江）浏（阳）农军、萍乡煤矿工人武装一起，会攻长沙，但因前线失利而未能实现。9月19日，秋收起义军在湖南浏阳文（家）市会师时，陈毅安写给妻子李承勋（志强）的信，说"本想回长沙来……但是又无缘了"。这封信，记录秋收起义军第一团与毛泽东所在第三团民国16年（1927年）9月19日在湖南浏阳文家市会师的确切日期。民国19年（1930年）8月7日，在掩护军团政治部撤退时壮烈牺牲，年仅25岁。李志强一直将陈毅安的54封信件仔细珍藏，即使在战争年代颠沛流离环境下，也始终带在身边，并曾冒生命危险，躲过国民党当局多次盘查，将信件保存下来。1963年9月，李志强将陈毅安在秋收起义军于文家市会师时写给未婚妻李志强的信捐赠给中国革命博物馆。

陈毅安在秋收起义军于文家市会师时写给未婚妻李志强的信，纵25.6厘米，横17.5厘米，纸质，钢笔书写。

陈毅安（1905～1930年），中国工农红高级将领。湖南湘阴人。民国9年（1920年），

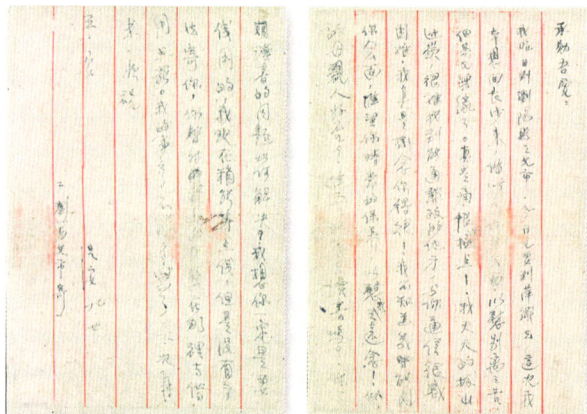

就读于湖南省立第一甲种工业学校。民国11年（1922年），加入中国社会主义青年团，民国13年（1924年），转入中国共产党。民国15年（1926年），黄埔军校第四期军官班毕业。任国民革命军第二方面军总指挥部警卫团三营七连党代表。民国16年（1927年）9月，参加毛泽东领导的湘赣边界秋收起义，任中国工农革命军第一师第一团第一营副营长、营长等职，参加创建井冈山革命根据地斗争。民国17年（1928年）4月，任红四军三十一团副团长兼一营营长，指挥黄洋界保卫战。民国18年（1929年），任红五军副参谋长、参谋长。民国19年（1930年）7月，任红三军团第八军第一纵队司令兼任长沙战役前敌总指挥。民国11年（1922年），陈毅安结识在长沙稻田女子师范就读的李志强。由于革命事业需要，两人聚少离多，书信成为交流思想和表达情感主要方式。两人通信长达8年，写下数十封家书。为革命事业"先立业，后成家"，两人一再推迟婚期，直到民国18年（1929年）10月陈毅安回家乡养伤期间，才完婚。

陈毅安在秋收起义军于文家市会师时写给未婚妻李志强的信藏于中国国家博物馆。

谭延闿赠李富春的怀表　民国15年（1926年）文物。1975年6月20日，李富春夫人蔡畅将谭延闿赠李富春的怀表及一批李富春遗物捐赠给中国革命历史博物馆。

谭延闿赠李富春的怀表直径4厘米，金属、玻璃质。瑞士制造"浪琴"牌。怀表表壳为18K金。表正面是一大套两小白底黑字计时表盘，分别为12小时、30分钟和60秒钟计时表盘。三个表盘指针都是黑色，大表盘正中偏上

有"LONGINES"字样，为品牌名称。

国民革命军北伐出师前，在周恩来主持下，建立北伐军总政治部和各级政治部，共产党骨干大多被分派到各军负责政治工作。李富春（1900～1975年），湖南长沙人。无产阶级革命家，党和国家卓越领导人。民国8年（1919年），赴法勤工俭学。民国11年（1922年），加入中国共产党旅欧支部。民国14年（1925年）7月回国后，任中共广东区委以国民党中央名义主办"中国国民党政治讲习班"理事兼班主任，为国民革命培养政治干部。民国15年（1926年）1月，李富春受组织派遣，以国民党党员身份加入国民革命军第二军，任副党代表（实际负党代表责任）兼政治部主任、军法处处长。国民革命军第二军是湘军中分化出来的一支部队，军长为谭延闿。李富春到任后，迅速采取有力措施，改造旧军队带来军阀习气和作风，建立各级党代表制度，组建军、师两级政治部，在全军形成从上到下坚强有力的政治工作队伍。7月，第二军出师北伐。11月，攻占江西南昌后，谭延闿将这块

瑞士产LONGINES牌怀表赠送给搭档李富春，留作纪念。谭延闿是湖南茶陵人，与陈三立、谭嗣同并称"湖湘三公子"，曾任两广督军，湖南督军、省长兼湘军总司令等职，后又担任南京政府主席、行政院院长等职。谭延闿精于书法，擅颜体，著有《祖庵诗集》等，是中国近代史上风云人物。李富春收到怀表后，十分珍惜。不论是在革命战争年代，还是在和平时期，始终将怀表带在身边。一直使用到1975年初逝世。怀表是国共合作的历史见证。

谭延闿赠李富春的怀表藏于中国国家博物馆。

"九月暴动"时程昭续用作武器的旗杆尖　民国16年（1927年）文物。1965年，湖北省红安县七里坪镇熊家咀村熊家咀湾程怀良将"九月暴动"时程昭续用作武器的旗杆尖捐献给国家。

"九月暴动"时程昭续用作武器的旗杆尖，通长33厘米，宽2.6厘米，厚0.7厘米，铁质。由两部分组成，前端为柳叶状刃尖，刃尖后端连接方条形锥状体，锥状体中段两侧有对称刺钉。

程昭续（1904～1929年），湖北黄安（红安）人，出生于一个穷苦农民家庭。民国15年（1926年），加入中国共产党。民国16年（1927年），中共八七会议总结大革命失败教训，确立实行土地革命和武装起义方针。八七会议精神传达到湖北黄安后，程昭续响应党的号召，首举义旗。9月11日深夜，程昭续发动熊家咀农民300余人，举行暴动，处决恶霸地主程瑞林。"九月暴动"揭开黄麻起义序幕。10月，程昭续任中共黄安县委委员。11月13

日，率领程仆畈农民义勇队，参加黄麻起义攻打县城战斗。起义胜利后，当选为黄安县农民政府委员。后随军转战黄陂木兰山。民国17年（1928年）2月，列席湖北省第二次工人代表大会。7月，任中国工农红军第十一军三十一师第四大队大队长兼黄安县农民委员会主席、中共黄安县委常委。10月，鄂东特委重建，任特委执行委员。民国18年（1929年）2月18日，红军驻地柴山堡地区遭敌十八军的疯狂进攻，程昭续率领第四大队指战员与敌激战，后为掩护大部队突围，带三名战士在阻击敌军进攻时，不幸身负重伤被俘。3月18日，在七里坪遭敌人杀害。

"九月暴动"时程昭续用作武器的旗杆尖藏于湖北省红安县博物馆。

韦拔群写给黄大权的亲笔信　民国16年（1927年）文物。1976年，广西壮族自治区凤山县革委会副主任罗玉廷将韦拔群写给黄大权的亲笔信捐赠给广西壮族自治区博物馆。

韦拔群写给黄大权的亲笔信，纵25.4厘米，横14.8厘米。蓝墨水钢笔写在红栏毛边纸上。与信封裱在一个折页上。内文："子衡同志，来函知道，事既如此仍望你死守，社更收容队伍，候谭同志全部到齐再为打算，胜败兵家常事，望勿恢（灰）心为盼。现在敌情如何仍望再报。"钤"韦拔群"朱文椭圆小印。信封印有宽行红签，钢笔墨水竖书："飞送平乐探交黄指挥子衡巴里总部。"

韦拔群（1894～1932年），壮族，曾用名韦秉吉、韦秉乾、韦萃。广西东兰人。广西农民运动的先驱，中国工农红军第七军和广西右江革命根据地领导者之一。民国9年（1920年），在广州加入改造广西同志会，次年回东兰从事农民运动，先后组织改造东兰同志会（称农民自治会）和国民自卫军（后称农民自卫军）。民国14年（1925年）初，入广州农民运动讲习所学习，结业后回东兰继续从事农民运动。民国15年（1926年），加入中国共产党。民国18年（1929年）参与领导百色起义，建立右江根据地，任右江苏维埃政府委员、红七军第三纵队司令员、第二十一师师长。民国19年（1930年）11月，红七军主力北上，离开右江根据地，他奉命留在根据地，发动群众，重新组建部队，在极其艰苦的条件下坚持游击战争。民国21年（1932年）10月19日，被叛徒杀害于广西巴马。黄大权（1898～1933年），壮族，字子衡，广西东兰人。在韦拔群影响、帮助下，走上革命道路。民国10年（1921年），与

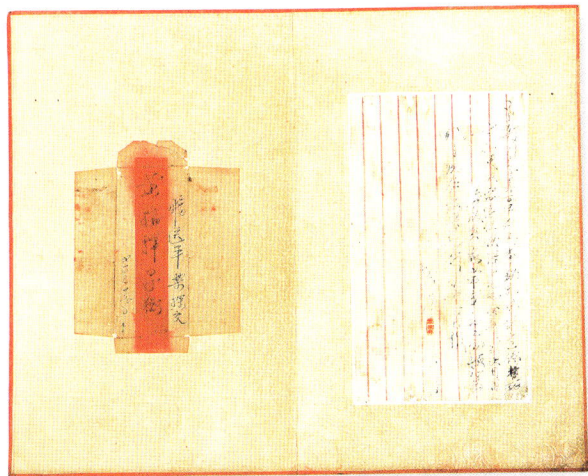

韦拔群一起发起组织改造东兰同志会，号召穷苦人民起来革命。民国11年（1922年），负责在兰木、泗孟一带进行革命宣传活动，动员劳苦大众起来革命，组织农民自治会和国民自卫军。民国16年（1927年）8月，任右江农民自卫军第一路军第二团总指挥。民国18年（1929年）8月，加入中国共产党。民国19年（1930年）11月，担任红七军第二十一师参谋长。民国22年（1933年）6月，被叛徒出卖被捕，8月英勇就义。

民国16年（1927年）8月，黄大权奉命率领第二路农民自卫军在凤山县平乐区阻击进攻敌人，由于敌我兵力悬殊，战斗受挫。韦拔群接到战斗失利的报告后，写此信给黄大权，劝慰其"胜败兵家常事"，鼓励"勿恢（灰）心"，坚持继续战斗。这是韦拔群烈士留下的极少墨迹之一，反映了他和战友在广西革命活动情况，具有重要史料价值。

韦拔群写给黄大权的亲笔信藏于广西壮族自治区博物馆。

贺龙签署的《国民革命军独立第十五师布告》 民国16年（1927年）5月文物。1980年10月，河南省罗山县涩港公社群众在拆房时发现贺龙签署的《国民革命军独立第十五师布告》，上交县文化馆。1985年，罗山县文化馆将布告移交河南省博物馆。

贺龙签署的《国民革命军独立第十五师布告》，纵26.8厘米，横37厘米，黄麻纸，油印。长方形，竖排版。内容："照得河南红会，本系人民团体；农民武装自卫，实合本党目的；本军奉令北伐，为谋民众利益；凡革命军所到，军纪格外严明；免除苛捐杂税，土地

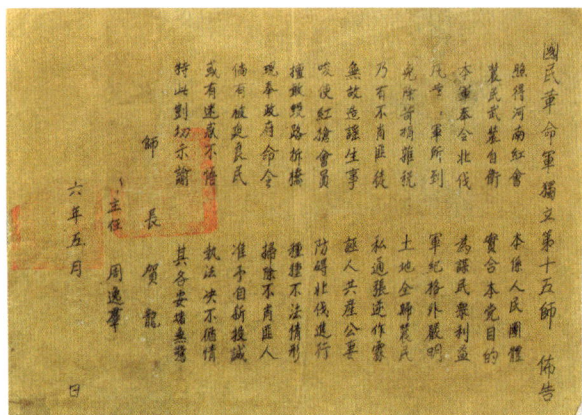

全归农民；乃有不肖匪徒，私通张逆作霖；无故造谣生事，诬人共产公妻；唆使红枪会员，防（妨）碍北伐进行；擅敢毁路拆桥，种种不法情形；现奉政府命令，扫除不肖匪人；倘有被迫良民，准予自新投诚；或有迷惑不悟，执法决不徇情。"署名"师长贺龙、（政治部）主任周逸群"，日期"（中华民国十）六年五月"。钤"国民革命军第十五师师长之印"和"国民革命军独立第十师政治部钤记"两方红色大印。

民国16年（1927年）4月19日，奉系军阀进兵河南南部，企图进攻武汉国民政府。武汉国民政府在武昌举行第二次北伐誓师大会，宣布继续进行北伐。决定与西北冯玉祥国民军配合，先打奉军，再东征讨蒋。国民革命军独立第十五师贺龙率部，编入第一集团军张发奎指挥的第一纵队，任务为同第四军和第十一军共同担负右翼进攻。贺龙率部进入河南时，不仅面临敌强我弱的严峻形势，且政治形势也相当复杂。河南长期处于北洋军阀统治和连年战争中，中原大地政治黑暗，经济衰败，匪盗出没，民不聊生，人民生活苦不堪言。奉军为阻止北伐军，利用土豪劣绅控制豫南"红枪会"，在豫鄂两省交界地区聚集上万人，破

坏交通，造谣生事，企图阻止北伐军北上。4月23日，贺龙率部在豫鄂交界三里城对"红枪会"展开强大政治攻势，对不明真相群众加以劝导，对造谣生事、阻碍北伐军北上的"红枪会"进行武力镇压。至4月24日傍晚，在京汉铁路广水至信阳段活动的"红枪会"被肃清，残余势力向罗山境内逃窜，为国民革命军北伐扫除障碍。在这种背景下，国民革命军独立第十五师师长贺龙和政治部主任周逸群，共同签署《国民革命军独立第十五师布告》。布告阐明北伐目的、国民革命军纪律和革命政府政策，对动员群众支援北伐战争，起到积极作用。

贺龙签署的《国民革命军独立第十五师布告》藏于河南博物院。

写有"六项注意"的包袱皮 民国17年（1928年）文物。

1959年5月，江西省博物馆将写有"六项注意"包袱皮拨交中央革命博物馆筹备处。包袱皮是井冈山斗争时期工农革命军战士使用的，部队行军时，战士用包袱皮包物品，宿营时挂起来，时刻不忘红军纪律。包袱皮上"六项注意"是战士们根据记忆书写，与原文内容和前后顺序稍有出入。

写有"六项注意"的包袱皮，纵85.7厘米，横94厘米，棉布质，毛笔书写。内容："□□注意（1）□□草，（2）上门板，（3）买卖公平，（4）言语和气，（5）借东西要还，损坏要赔偿，（6）不准乱翻东□。"由于墨迹污染，有些字迹已无法辨认。

民国16年（1927年）9月29日，毛泽东率领秋收起义部队到达江西永新县三湾村，正值

红薯收获季节。在助民劳动中，有的官兵挖老乡红薯。10月3日，毛泽东在枫树坪向工农革命军指战员宣布行军纪律："说话要和气，买卖要公平，不拿群众一个红薯。"10月22日，工农革命军在遂川大汾镇遭地主武装的突然袭击，23日，毛泽东率部队撤退到井冈山西南荆竹山下。为部队能与王佐部队搞好团结，防止违反群众纪律。24日，毛泽东在荆竹山村前给部队讲话，首次明确提出人民军队最早的三项纪律："第一，行动听指挥；第二，打土豪款子要归公；第三，不拿老百姓一个红薯。"民国17年（1928年）1月4日，工农革命军进占遂川县城。根据前委命令，部队分兵下乡，深入发动群众。1月25日，出发前，毛泽东在遂川县城李家坪对部队进行纪律教育，宣布工农革命军最早的六项注意："第一，上门板；第二，捆铺草；第三，说话要和气；第四，买卖公平；第五，不拉夫，请来夫子要给钱；第六，不打人，不骂人。"3月，工农革命军南下到达湖南桂东沙田村，毛泽东将过去提出的纪律和注意事项合在一起，并加以修改补充，

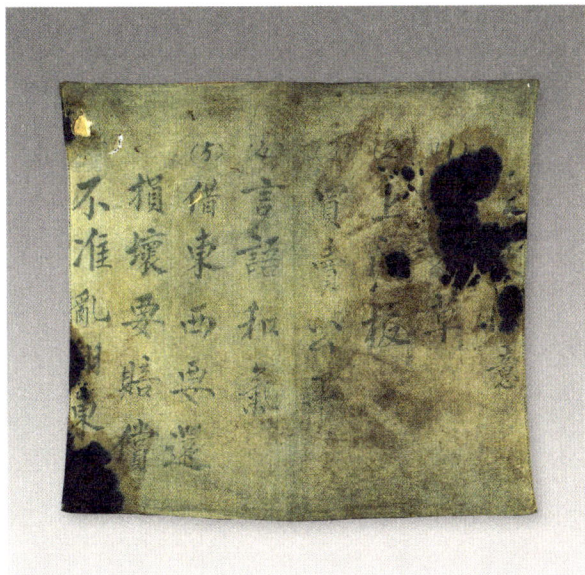

正式定为"三条纪律六项注意"。三条纪律是："第一，行动听指挥；第二，不拿工人农民一点东西；第三，打土豪要归公。"六项注意是："一，上门板；二，捆铺草；三，说话和气；四，买卖公平；五，借东西要还；六，损坏东西要赔。"民国19年（1930年）5月，针对部队野外大小便等坏习惯，毛泽东对六项注意做修改，增加"七，不得胡乱屙屎；八，不搜敌兵腰包"两项，并写入9月25日红一方面军颁布的《红军士兵会章程》。至此，"三大纪律八项注意"被完整提出。此后，三大纪律八项注意条文措辞略有改动，并成为全军和地方武装纪律。民国36年（1947年）10月10日，毛泽东起草《中国人民解放军总部关于重行颁布三大纪律八项注意的训令》。从此，内容一致的"三大纪律八项注意"就以命令形式固定下来，成为全军统一纪律。

写有"六项注意"的包袱皮藏于中国国家博物馆。

杨开慧自传手稿 民国17年（1928年）10月文物。20世纪八九十年代，修缮杨开慧板仓故居时，先后两次发现大批杨开慧留下的文字材料，包括散文、诗及写给亲朋好友书信等，在一些信、文、诗主标题后写明"没有发去（出）"，表明杨开慧写作手稿时，只为长久匿藏。1982年3月，在杨开慧故居卧室后山墙距地面约两米高的泥砖缝中，发现12页珍贵手稿，包括杨开慧自传《从六岁到二十八岁》及诗、文、信函。其中自传写在3页纸上，可独立成篇，其余均首尾连接，形成一纪事体文稿。5月，杨开慧自传手稿由湖南省文化厅文物处拨交湖南省博物馆。

杨开慧自传手稿题为《从六岁到二十八岁》，共3页。纵24.3厘米，横51.8厘米。纸质，毛笔书写。官堆纸，横长形，行文系毛笔自右至左直行书写，行草字体，字迹清秀有力。

杨开慧（1901～1930年），号霞，字云锦。湖南长沙板仓（长沙县开慧镇）人。是毛泽东老师杨昌济之女。民国9年（1920年）1月，时任北京大学教授杨昌济不幸病故，杨开慧随母亲返回长沙。民国9年（1920年）下半年，加入中国社会主义青年团。同年冬，与毛泽东结婚，育有三子。民国10年（1921年）加入中国共产党后，一直追随毛泽东从事革命活动，在极为艰苦、险恶条件下，从事党的机要和交通联络工作，开展农民运动、工人运动、妇女运动和学生运动。大革命失败后，在严酷

的白色恐怖中，杨开慧按照党的安排，带着孩子回到板仓开展地下斗争。在与上级组织失去联系情况下，参与组织和领导长沙、平江、湘阴边界的地下武装斗争，努力发展党组织，坚持斗争。民国19年（1930年）10月，杨开慧被捕。面对敌人威逼利诱，严刑拷打，杨开慧坚贞不屈，大义凛然，拒绝退党和声明与毛泽东脱离关系。11月14日，杨开慧英勇就义于浏阳门外识字岭，年仅29岁。杨开慧与毛泽东结婚后，长期从事秘密工作。杨开慧知道，毛泽东发动秋收起义上井冈山后，夫妻再见面就更难。杨开慧把对毛泽东的忠诚与思念，倾注在字里行间。在杨开慧自传手稿中，叙述从6岁到28岁人生经历和思想变化。其中用一大部分笔墨坦述自己对恋爱与婚姻的见解，更生动记述与毛泽东自由恋爱经过和对毛泽东深深的思念之情。

杨开慧自传手稿藏于湖南省博物馆。

徐悲鸿绘《田横五百士》油画　民国17～19年（1928～1930年）文物。

民国16年（1927年）秋，徐悲鸿留法学成回国，有感于祖国遭受连年战争创伤，统治阶层腐朽无能，创作油画《田横五百士》。此幅油画为徐悲鸿油画代表作，场面宏大、人物众多。1953年徐悲鸿去世后，夫人廖静文将其全部作品及收藏共1万余件艺术作品，全部无偿捐献给国家，《田横五百士》是其中之一。同年，徐悲鸿纪念馆在徐悲鸿故居基础上建成，这批画作由徐悲鸿纪念馆收藏并展出。

徐悲鸿绘《田横五百士》油画，纵197厘米，横349厘米，亚麻布质。2001年，经法国专家修复后现状完好，色彩明晰，人物刻画准

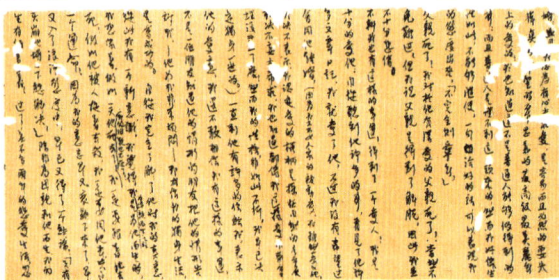

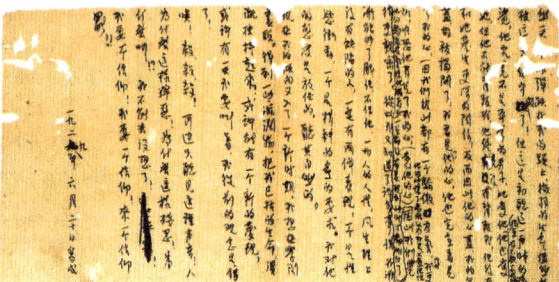

确生动。《田横五百士》取材于《史记·田儋列传》，战国时期齐国旧王族田横在秦末农民起义中曾起兵恢复故国。刘邦统一天下后，田横率众五百人逃亡海岛，刘邦派人招降，恩威并施，许以封王或侯，田横不得不告别众人赴洛阳，途中深感羞愧而拔剑自刎，五百壮士闻之也全部自杀殉节。《田横五百士》着意选取田横与五百壮士惜别的戏剧性场景，身着暗红紫袍的田横昂首挺胸，肃然拱手与众人告别，众壮士或摩拳擦掌，或低头饮泣，气氛悲壮。

徐悲鸿（1895～1953年），原名徐寿康，江苏宜兴屺亭镇人。中国现代画家、美术教育家，中国现代美术奠基者。幼年随父学画，民国8年（1919年）赴巴黎入法国国立高等美术学校，精研素描与油画，并先后去英、德、法、意及瑞士观摩学习，吸取世界艺术精华。民国16年（1927年）归国后，致力于美术教育。先后任教于中央大学艺术系、北京大学、桂林美术学院，后任北平艺专校长。中华人民共和国成立后，任中央美术学院院长，中华全国美术工作者协会主席。1953年9月26日，病逝。徐悲鸿一生致力于中国画改良，创作数以千计的中国画、油画和素描作品，在中国近现代艺术史上占有重要地位。特别是现实主义油画克臻上乘，在透视、解剖、造型、色彩等方面俱皆精擅，达到"尽精微，致广大"的境界，成为中国油画界的权威。徐悲鸿油画《田横五百士》，借历史故事表达对当时反动统治和社会黑暗的愤恨，以及对"富贵不能淫，威武不能屈"高尚民族气节的歌颂。

徐悲鸿绘《田横五百士》油画藏于徐悲鸿纪念馆。

东古平民银行发行的铜圆票 民国18年（1929年）8月文物。

林伯渠，曾任中华苏维埃共和国财政人民委员。红军长征到陕北后，兼任中华苏维埃共和国国家银行西北分行行长。东古平民银行发行的铜圆票为林伯渠在延安时收集。1961年2

月，由林伯渠夫人朱明捐赠给中国革命博物馆。

东古平民银行发行的铜圆票，纵6.8厘米，横12.6厘米。纸质，油印。正面图案、文字为蓝色。票面上端印有横书"东古平民银行"行名。中间环内整体图案为旭日在山脉大海中升起。图案上盖有一方形红色"东古平民银行之图章"。左右两侧，竖椭圆形花纹框内有票面值"拾枚"字样。票四角各有斜书"拾"字，票下端有两行竖读"凭票即付当拾铜元拾枚"字样。票右边有竖读"行字第2803号"字样，其中阿拉伯数字为红色蘸水钢笔手书。票背面图案、文字为红色，中间椭圆形花纹框内有"共同生产 共同消费"字样。其两侧竖椭圆形花纹框内有阿拉伯数字"10"，四角也各有斜书阿拉伯数字"10"。上端左右各有蓝色"东"字，下边两侧各有一方形蓝色水油印章，右侧为"东古平民"，左侧为"银行之章"。

民国17年（1928年），为打破敌人经济封锁，活跃根据地经济，中共东固区委决定加强与白区贸易，成立东古平民银行。民国18年（1929年）8月，在东固工农革命委员会领导下，东古平民银行在东固镇成立，行长黄启绶。银行成立后，即发行东古平民银行铜圆票。东古平民银行铜圆票，是中央根据地最早

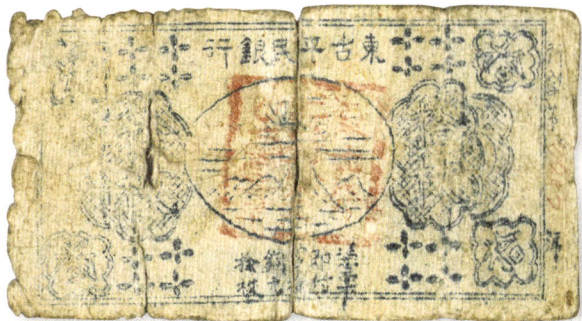

期的货币，流通于东固根据地。东固根据地是第二次国内革命战争时期中国共产党创建最早的农村革命根据地之一。以青原区东固镇为中心，北至吉水县水南、白沙，永丰县罗坊；西至青原区富田，泰和县中洞、桥市；南至兴国县崇贤、枫边；东至永丰县潭头、沙溪等地；全盛时期面积达2000平方千米，人口约15万。民国19年（1930年），东古平民银行改组为东古银行后，东古平民银行铜圆票即停止发行。因流通时间短而珍稀。铜圆票是用蜡纸刻版印制。铜圆票仅见到十枚一种。十枚，即合当十铜圆十枚。

东古平民银行发行的铜圆票藏于中国国家博物馆。

《兴国苏维埃政府土地法》 民国19年（1930年）3月文物。1959年5月，为支援中央革命博物馆建馆，江西兴国县文教局将《兴国苏维埃政府土地法》拨交中央革命博物馆筹备处。

《兴国苏维埃政府土地法》，纵18.7厘米，横12.6厘米。石印。印发单位为江西兴国县革命委员会。

土地革命是中国新民主主义革命的一项基本任务。民国17年（1928年）5月22日，毛泽东在湘赣边界党的第一次代表大会上阐述深入土地革命对开展武装斗争、建立红色政权、巩固革命根据地的重要性和迫切性。红军和革命根据地发展到哪里，就在哪里发动农民，开展土地革命。在总结民国16年（1927年）冬到民国17年（1928年）土地革命斗争经验基础上，1928年12月，毛泽东制定中共党史上第一部土地法《井冈山土地法》。民国18年（1929年）4月，毛泽东率红四军第三纵队到达兴国后，

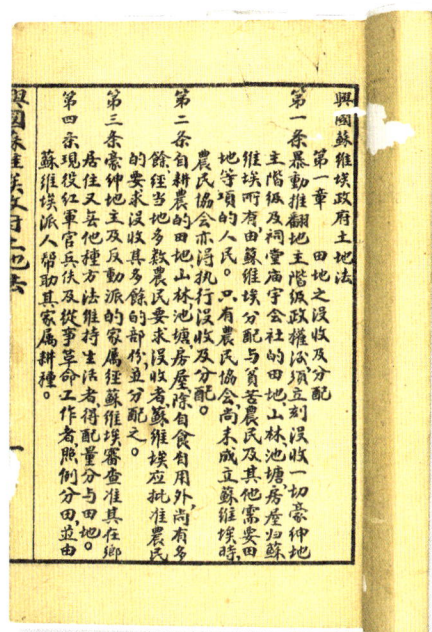

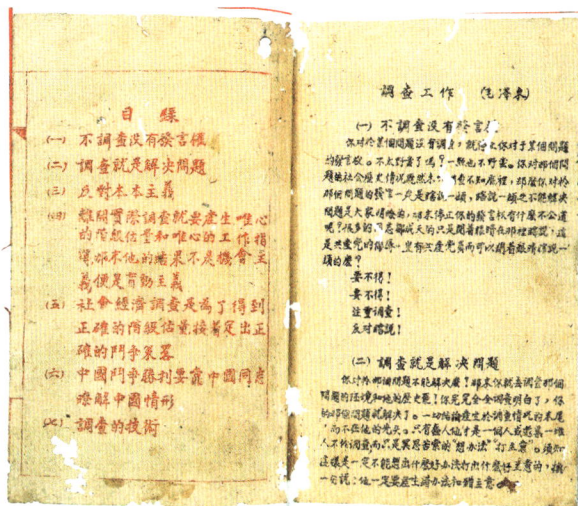

指导中共兴国县委建立县革命委员会，帮助制定《兴国县革命委员会政纲》。并根据六大决议和调查了解情况，制定《兴国苏维埃政府土地法》，即《兴国土地法》，全文8条，其内容有一点重要修改，即将《井冈山土地法》规定"没收一切土地"归苏维埃，修改为"没收一切公共土地及地主阶级的土地"归工农兵代表会议所有，分给无田地及少田地农民耕种。毛泽东说，这是"一个原则性的修改"，有利于依靠和团结多数，孤立和打击少数，对中央苏区土地革命健康发展起到重要作用。在毛泽东领导下，赣南掀起土地革命热潮。中共地方党组织和地方武装得到迅速发展。至民国19年（1930年），赣南革命根据地已初具规模。

《兴国苏维埃政府土地法》藏于中国国家博物馆。

毛泽东著《调查工作》小册子　民国19年（1930年）8月21日文物。

1959年2月，中央革命博物馆筹备处工作人员在福建龙岩专署文教局征集到毛泽东著

《调查工作》小册子。原保存者赖茂基，曾任闽西苏区代英县粮食科科长，是中共地下交通员。在红军兵工厂奉命撤离时，上级党组织将《调查工作》小册子交给赖茂基保存。赖茂基视若珍宝，用数层油纸包裹后，放在一专门订制的小木匣里，藏在居室泥墙中保存。在战争年代，赖茂基冒着生命危险，历经国民党军和民团多次搜剿，将《调查工作》小册子保存下来。1957年2月，上交组织。1959年2月，从福建省龙岩地委文教局拨交中央革命博物馆筹备处。

毛泽东著《调查工作》小册子，纵18.4厘米，横12.6厘米。纸质，石印。

民国19年（1930年）5月，毛泽东在江西寻乌进行20天社会调查。为总结调查研究经验，反对党内和红军中教条主义倾向，毛泽东撰写著名的《调查工作》一文。文中总结调查研究经验，提出"没有调查，就没有发言权""中国革命斗争的胜利要靠中国同志了解中国情况"的科学论断，指出调查研究就是认识问题和解决问题的过程，初步提出和表述党的思想路线问题，丰富和发展了马克思主义理

论，在毛泽东思想发展史上占有重要地位。8月21日，中共闽西特委将毛泽东《调查工作》一文翻印装订成册，发给苏区军民学习，曾在红四军中和中央苏区广泛传播。毛泽东十分重视《调查工作》一文，遗憾的是在战争环境中散失，毛泽东一直感到很惋惜。1960年，中央政治研究室把《调查工作》小册子借走，由毛泽东秘书，中央革命博物馆筹备处陈列筹备领导成员之一的田家英送交毛泽东。毛泽东见到散失近30年的《调查工作》，非常激动，如同找到丢失多年的孩子。1961年3月11日，毛泽东将《调查工作》印发参加广州会议同志时，把题目改为《关于调查工作》，文字上也稍加修改。毛泽东还特别加批示："这是一篇老文章，是为了反对当时红军中的教条主义思想而写的。那时没有用'教条主义'这个名称，我们叫它做'本本主义'。写作时间大约在民国19年（1930年）春季，已经三十年不见了。1961年1月，忽然从中央博物馆里找到，而中央博物馆是从福建龙岩地委找到的。看来还有些用处，印若干份供同志们参考。"1964年，经毛泽东同意，在《毛泽东著作选读》甲种本公开发表，文章题目改为《反对本本主义》。1991年，又编入新版《毛泽东选集》第二卷。

毛泽东著《调查工作》小册子藏于中国国家博物馆。

柔石（赵少雄）写给冯雪峰的信　民国20年（1931年）1月24日文物。1951年7月，文化部文物局副局长王冶秋将柔石（赵少雄）写给冯雪峰的信转交中央革命博物馆筹备处。

柔石（赵少雄）写给冯雪峰的信，纵19.5厘米，横5.6厘米。原信是用铅笔写在一条碎

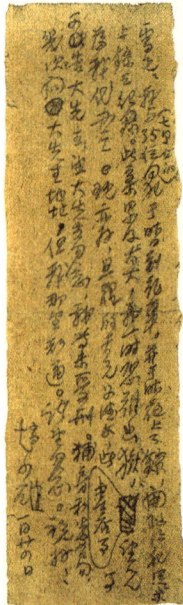

边纸上，贴在一张白纸上，再用毛笔在空白处抄录一遍。柔石在信中，报告与殷夫等35人在狱中情况。信尾署名"赵少雄"，为柔石被捕后用的化名。信中提到"大先生"就是鲁迅。

柔石（1902～1931年），原名赵平复，浙江海宁人，左翼青年作家，左联五烈士之一。民国10年（1921年），柔石与冯雪峰相识于浙江第一师范学校，柔石比冯雪峰高三个年级，虽不同班级，但出于对文学共同爱好，又同为晨光社骨干，两人关系比较亲密。民国17年（1928年），与鲁迅等创办朝花社。民国19年（1930年）2月，参与并发起组织中国自由运动大同盟。3月中国左翼作家联盟在上海成立后，任常务委员兼编辑部主任，主编《萌芽》刊物。5月，柔石加入中国共产党，冯雪峰为其入党介绍人。民国20年（1931年）1月17日，柔石与何孟雄、李伟森等在上海汉口路东方旅社参加党的秘密会议时被捕，英租界法庭不顾在租界内发生案件应该在租界

内审理的规定，很快把柔石等人引渡给国民党当局，被关押在龙华监狱，并钉上沉重铁镣。在狱中，柔石设法秘密送出几封信，其中包括写给冯雪峰的信，由同乡、鲁迅的邻居、中共党员王育和转交。因柔石被捕时，口袋中有一张鲁迅与北新书局的合同，捕房几次逼问鲁迅地址。因担心鲁迅安危，在信中，柔石3次提及鲁迅，为的是要冯雪峰速去通知鲁迅转移，鲁迅为此全家避居到日本人开设的花园庄旅社。鲁迅接到信后，将原信粘在一张白纸上，在旁边空白处用毛笔将信的全文亲笔抄录一遍珍藏起来。冯雪峰和鲁迅为营救柔石等5位"左联"作家，通过互济会等关系多方设法，鲁迅还亲自拜访蔡元培请求援助。但为时已晚，柔石等同志于2月7日深夜，被秘密杀害于上海龙华监狱。鲁迅在《为了忘却的记念》一文中，曾引用此信全文，控诉国民党当局杀害青年作家的罪恶行径。鲁迅在引用时将"雪兄"二字删去，"大先生"换成"周先生"。

柔石（赵少雄）写给冯雪峰的信藏于中国国家博物馆。

贺页朵的入党誓词　民国20年（1931年）1月25日文物。1951年，中央人民政府南方老根据地访问团分团长谭余保率访问团到达江西

永新，贺页朵将自己的入党誓词亲手交给访问团。1951年11月，中共中央宣传部将贺页朵的入党誓词拨交中央革命博物馆筹备处。

贺页朵的入党誓词，纵26.5厘米，横74厘米。棉布质，毛笔书写。内容为："中国共产党员贺页朵，地点：北田村。牺牲个人，言（严）首（守）秘蜜（密），阶级斗争，努力革命，伏（服）从党其（纪），永不叛党。一九卅一年一月廿五号。"誓词上部C.C.P.为中国共产党英文缩写。誓词左、右下方，分别画有五角星，正中为镰刀斧头图案，五角内侧写有"中国共产党"字样。由于贺页朵没上过几天学，在26字誓词中，写错5个字。

贺页朵（1886～1970年），江西永新人。民国16年（1927年）参加革命，曾任村农民协会副主席和湘赣边区苏维埃第六乡政府财粮干事，管理过文件印章。在井冈山革命斗争时期，以榨油职业为掩护，积极为红军搜集情报，运送食盐、粮食和弹药。贺页朵曾参加红军攻打永新县城的战斗，积极救护伤员。民国20年（1931年）1月，中共永新县四区区委根据贺页朵的要求和表现，同意吸收他入党。25日，在榨油坊举行贺页朵入党仪式。后贺页朵在土布上写下入党誓词。从此，六句入党誓词就成贺页朵的座右铭。无论斗争多残酷，环境多险恶，贺页朵都勇敢地站在斗争第一线，用实际行动践行入党誓词。民国23年（1934年），红军长征离开苏区，贺页朵留下坚持斗争。在国民党白色恐怖时期，贺页朵冒着被杀头的危险，将入党誓词用油布包裹，珍藏在屋檐下。民国38年（1949年）8月，贺页朵家乡解放，珍贵的入党誓词得以

重见天日。

贺页朵的入党誓词藏于中国国家博物馆。

中华苏维埃共和国中央执行委员会印章 民国20年（1931年）文物。1959年9月中央革命博物馆筹建期间，林伯渠将中华苏维埃共和国中央执行委员会印章捐献给中央革命博物馆筹备处。

中华苏维埃共和国中央执行委员会印章为圆形，直径10.8厘米，银、木质。原有木柄，仅存银箔裹木印面。由图案和文字组成，印面外圈錾朱文隶书反形字"中华苏维埃共和国中央执行委员会"。中间为由稻穗、麦穗环绕镰刀、锤子、地球等组成图案。

民国20年（1931年）11月7～20日，中华苏维埃第一次全国代表大会在瑞金召开。大会宣告中华苏维埃共和国临时中央政府成立。这是土地革命战争时期中国共产党领导创建的第一个国家政权。大会选举产生由毛泽东等63人组成的中央执行委员会，作为闭会期间最高政权机关。11月27日，在中华苏维埃共和国中央执行委员会第一次会议上，毛泽东当选为中央执行委员会主席，项英、张国焘为副主席，朱德为军事人民委员，中华苏维埃共和国临时中央政府宣告成立，"中华苏维埃共和国中央执行委员会"印章也随之制成并生效。印章由中央政府经济部部长兼财政部部长林伯渠掌管。民国23年（1934年）10月，随着中央红军的战略转移，中华苏维埃共和国成了"马背上的共和国"。西安事变后，国共第二次合作已成为不可抗拒的大势。民国26年（1937年）7月8日，根据斗争形势变化，中共中央决定，取消中华苏维埃政府，改称陕甘宁边区政府

（1937年11月至1938年1月曾改称陕甘宁特区政府）。印章也随之停用，由陕甘宁边区政府主席林伯渠保管。民国36年（1947年），国民党胡宗南部队进攻陕甘宁边区，中共中央决定主动撤离延安。撤离前，部队要求轻装，林伯渠烧掉保存多年的日记，却留下中华苏维埃共和国中央执行委员会印章。为便于携带，林伯渠把印章木柄锯掉，只留下印面。林伯渠说："革命的印把子，是永远不能丢掉的！"

中华苏维埃共和国中央执行委员会印章藏于中国国家博物馆。

中华苏维埃共和国中央执行委员会人民委员会革命军事委员会印章 民国20年（1931年）11月文物。

1959年，中国人民革命军事博物馆筹建时，林伯渠将中华苏维埃共和国中央执行委员会人民委员会军事委员会印章捐赠给该馆。

中华苏维埃共和国中央执行委员会人民委员会革命军事委员会印章为圆形，直径9.5厘米，高2厘米，银、木质。原有木柄，仅存银箔裹木印面。由图案和文字组成，印面外圈錾朱文隶书反形字"中华苏维埃共和国中央执行委员会人民委员会革命军事委员会"，中间由稻

穗、麦穗环绕镰刀、锤子、地球等组成图案。

根据中华苏维埃第一次全国代表大会决议和中央执行委员会的命令，民国20年（1931年）11月25日，中华苏维埃共和国中央革命军事委员会（简称"中革军委"）成立，朱德、彭德怀等15人为委员，朱德任主席，王稼祥、彭德怀任副主席。中革军委既是党的又是苏维埃政权的军事领导机构，负责掌管革命根据地工农红军组织、给养、教育和训练，指挥工农红军作战行动。随着最高军事领导机构诞生，中华苏维埃共和国中央执行委员会人民委员会为中革军委制发此印章。印章随中央红军领导机关经历第四、五次反"围剿"和长征，长征中由军委总司令部作战局（一局）负责保管，为方便随身携带，手柄被去除。民国26年（1937年）8月22日，中革军委改为中共中央革命军事委员会，印章与其他苏维埃共和国印章一起，上交陕甘宁边区政府。民国36年（1947年），中共中央撤离陕北时，由林伯渠携带保管。

中华苏维埃共和国中央执行委员会人民委员会革命军事委员会印章藏于中国人民革命军事博物馆。

中华苏维埃共和国中央执行委员会财政人民委员印章 民国20年（1931年）文物。中华苏维埃共和国中央执行委员会财政人民委员印章（简称"财政人民委员印章"）辗转由迭部县电尕镇麻古村安高家得到。"文革"期间，安高的奶奶将财政人民委员印章藏在屋梁上。1989年夏，安高家在翻修房子时，从房顶上发现财政人民委员印章，后得知是红军长征时遗留之物。安高将财政人民委员印章上交电尕乡

政府。迭部县文化馆征得安家和乡政府同意后，将印章收藏。

财政人民委员印章为圆形，直径10.5厘米，高1.8厘米，柄长9.7厘米，银、木质。印面为银箔裹木。印面由图案和文字组成，外圈錾朱文隶书反形字"中华苏维埃共和国中央执行委员会人民委员会财政人民委员"，中间由稻穗、麦穗环绕的镰刀、锤子、地球等组成图案。

民国20年（1931年），中华苏维埃共和国临时中央政府在江西瑞金成立。首任财政人民委员（部长）是邓子恢。民国21年（1932年），林伯渠从苏联学成后回国。民国22年（1933年）3月，林伯渠进入中央苏区，出任中华苏维埃共和国临时中央政府国民经济人民委员（部长）。8月，接任财政人民委员后，执掌财政人民委员印章。民国23年（1934年）2月，在中华苏维埃第二次全国代表大会上，林伯渠当选为中华苏维埃共和国中央执行委员会委员、中央执行委员会主席团委员，任中央政府财政人民委员。民国23年（1934年）10月，林伯渠被编入中央军委第二纵队，随红一方面军主力开始长征，财政人民委员印章也随之踏上征途。在行军途中，林伯渠担任红军总

政治部地方工作部没收征发委员会主任并兼红军总供给部部长，首要职责是为红军筹集、运输和分配粮食，保障部队供给。民国24年（1935年）9月，红军长征进入川北和甘南交界处藏族地区。由于要严格执行党的民族政策和红军纪律，林伯渠带领工作人员在甘南迭部县下迭部崔谷仓筹粮时，得到藏族卓尼杨土司暗中支持，使部队得到粮食补给。林伯渠除支付苏区货币外，还留下一张盖有财政人民委员印章的借粮字据。9月12日，林伯渠去迭部俄界参加中共中央政治局扩大会议后，因军情紧急，匆匆随军离开，财政人民委员印章不慎遗失。

中华苏维埃共和国中央执行委员会财政人民委员印章藏于甘肃省迭部县博物馆。

刘天华二胡独奏曲《光明行》工尺谱手稿 民国20年（1931年）文物。

1989年，江苏省江阴市政府为纪念中国现代文化名人刘半农、刘天华、刘北茂三兄弟，将刘氏后裔捐赠的祖籍故居，改建为刘氏兄弟纪念馆。在筹建期间，刘天华之女刘育和将刘天华二胡独奏曲《光明行》工尺谱手稿捐赠给刘氏兄弟纪念馆。

刘天华二胡独奏曲《光明行》工尺谱手稿

共4页，纵27.8厘米，横分别为22.1、21.1、21.2、20.8厘米。纸质，毛笔、钢笔书写，铅笔修改。竖排，右侧有题目及署名："光明行，刘天华，一九三一年春，北平。"

刘天华（1895～1932年），原名寿椿，江苏江阴人。中国近代作曲家、演奏家。自幼受家乡丰富民间音乐熏陶。辛亥革命时，曾参加江阴反清青年团，执掌军号。民国元年（1912年），随兄刘半农去上海，参加开明剧社，并学习钢琴和小提琴等西方乐器，开始接触西洋作曲理论。民国3年（1914年）返乡，在中小学任音乐教员，并向周少梅、沈肇洲学习二胡、琵琶。民国11年（1922年），被推荐到北京大学音乐研究会任琵琶导师，后被聘为北京大学音乐传习所和北京艺术专科学校音乐系二胡、琵琶教授。民国21年（1932年），于北京病逝，年仅37岁。刘天华毕生致力于民族音乐创作、演奏、教学和民族器乐改革，是中国现代民族音乐事业开拓者，中国现代民族音乐的一代宗师。在五四运动影响下，刘天华为民族音乐发展开辟新的道路。刘天华在创作上既能掌握民族音乐创作规律，又能巧妙吸收借鉴西洋技法。在中国音乐史上，是第一个沿用西方五线谱记录、整理民间音乐的人，第一次将二

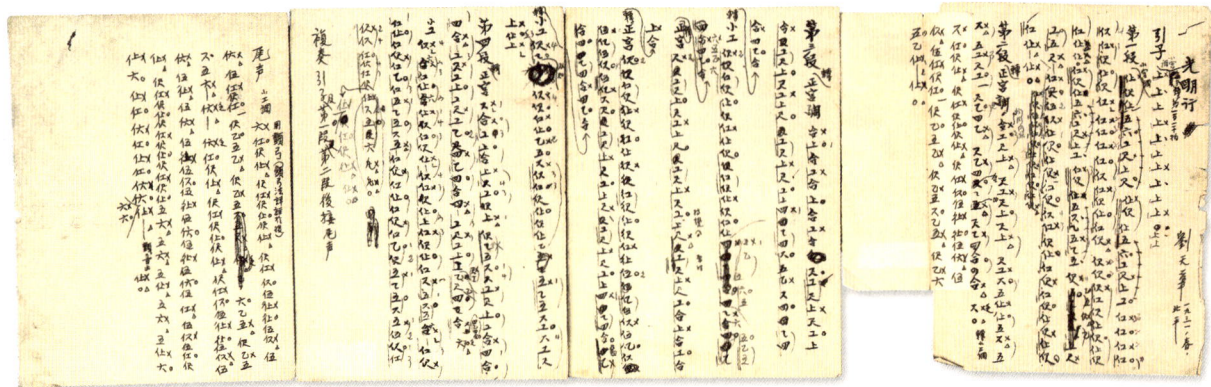

胡、琵琶表现力发挥至前所未有的境地。首次将五线谱一些记谱法，如节奏、指法、强弱等记号，带入工尺谱中。刘天华推进了二胡等民族乐器现代专业化发展进程，创立中国二胡学派，不仅创作了《光明行》《病中吟》《良宵》等不朽名曲，而且还培养了大批二胡、琵琶演奏传人。《光明行》是刘天华创作的一首二胡独奏曲，此曲从民国15年（1926年）开始酝酿，民国20年（1931年）创作完成，民国21年（1932年）正式发表。期间，刘天华遭受生活打击，又由于国内靡靡之音流行。他并未沉浸在悲伤哀叹中，而是以乐观态度，表达对光明的渴望和向往及努力实现国乐改革理想的决心。全曲共分四段，另有引子和尾声。在中国民族音乐循环变奏的基础上，采用西洋复三部曲式特点，结构严整。乐曲运用进行曲节奏，使擅长表现忧伤、悲愤情绪的二胡奏出热烈、雄壮音乐，成为二胡音乐创作风格上的一次突破。《光明行》在民国21年（1932年）发表后，引起强烈反响，给鄙视民族音乐、认为二胡只能表现"萎靡不振"情绪的谬论以有力驳斥。刘天华创作此曲时曾说："因外国人都谓我国音乐萎靡不振，故作此曲以证其误。"

刘天华二胡独奏曲《光明行》工尺谱手稿藏于江苏省江阴市博物馆。

鲁迅题写《自题小像》诗手稿 民国20年（1931年）2月16日文物。

民国25年（1936年），鲁迅去世后，为鲁迅遗物安全起见，夫人许广平曾把鲁迅题写《自题小像》诗手稿等重要遗稿保存在当时英国麦加利银行。1950年2月25日，许广平及其子周海婴把位于北京市西城区阜成门内宫门口西三条21号鲁迅故居、鲁迅题写《自题小像》诗手稿及遗物等，全部捐献给国家。1950年6月12日，中央文化部向许广平及其子周海婴颁发奖状。1956年，北京鲁迅博物馆竣工，许广平母子捐赠的鲁迅遗物由北京鲁迅博物馆收藏。

鲁迅题写《自题小像》诗手稿，整体纵183厘米，横45.5厘米。版心纵60.5厘米，横33厘米。纸质，毛笔书写。立轴，双色裱。正文："灵台无计逃神矢，风雨如磐暗故园。寄意寒星荃不察，我以我血荐轩辕。"题款：

"二十一岁时作，五十一岁时写之，时辛未二月十六日也。"上钤"鲁迅"白文印一枚。

鲁迅（1881～1936年），原名周树人，字豫才，浙江绍兴人。伟大的文学家、思想家、革命家和教育家。民国7年（1918年）5月，首次以"鲁迅"作笔名，发表中国现代文学史上的第一篇白话小说《狂人日记》，奠定了新文学运动的基石。五四运动前后，参加《新青年》杂志工作，成为五四运动的主将。鲁迅著作以小说、杂文为主，现代诗歌和旧体诗也脍炙人口。毛泽东高度评价鲁迅，是"文化战线上代表全民族大多数，向着敌人冲锋陷阵的最正确、最勇敢、最坚决、最忠实、最热忱的空前的民族英雄"，"鲁迅的方向，就是中华民族新文化的方向"。

光绪二十八年（1902年）1月，鲁迅从南京矿务铁路学堂毕业。4月，由江南督练公所派赴日本留学，先在东京弘文学院补习日文。鲁迅在日本留学期间，正值新旧时代交替，国内掀起"剪辫风"。光绪二十九年（1903年）3月的一天，鲁迅在江南班第一个剪掉象征民族压迫与清朝统治的辫子。剪辫后，即拍照留念。并把照片当即送给同在日本留学的浙江籍同学许寿裳一帧。据许寿裳在《我所认识的鲁迅》一文中回忆道："鲁迅对于民族解放事业，坚贞无比，在光绪二十九年（1903年）留学东京时，赠我小像，后补以诗，曰：'灵台无计逃神矢，风雨如磐暗故园。寄意寒星荃不察，我以我血荐轩辕。'"表达鲁迅对祖国命运深切关怀和爱国青年报国之志。此诗原本没有题目，鲁迅死后，许寿裳首次披露这首诗时，为此诗添加题目《自题小像》。民国27年

（1938年），复社版《鲁迅全集·集外集拾遗》正式采用"自题小像"题目，成为这首诗的通称。民国20年（1931年），鲁迅51岁时，曾两次重录这首自作诗《自题小像》。此条幅为其中之一，一直由鲁迅夫人许广平保管。

鲁迅题写《自题小像》诗手稿藏于北京鲁迅博物馆（北京新文化运动纪念馆）。

"中华赤色邮政湘赣省总局"局牌　民国20年（1931年）10月至民国23年（1934年）10月文物。

"中华赤色邮政湘赣省总局"局牌原保存者陈介福（1902～1933年），原名陈致万，江西莲花人。民国15年（1926年）参加革命，并加入中国共产党。民国20年（1931年），任中华赤色邮政湘赣省总局局长。民国22年（1933年），在"肃反"扩大化中，陈介福在永新被错杀。中华人民共和国成立后，被追认为革命烈士。陈介福牺牲前，将"中华赤色邮政湘赣省总局"局牌交给妻子刘娥姬。刘娥姬冒着生命危险将其保存下来，中华人民共和国成立后献给国家。

"中华赤色邮政湘赣省总局"局牌，纵346厘米，横79厘米。底为丝绸绫类提花织物，幅面轧有"中华赤色邮政湘赣省总局"11个字，字长21厘米，宽16厘米左右，面料为机器织造粗斜纹黑布，缝线为黑色棉线，用缝纫机轧制。

民国16年（1927年）11月，毛泽东率领秋收起义部队踏上井冈山后，曾利用原国民党邮局，创建井冈山革命根据地的第一个赤色邮局。民国20年（1931年）8月1日，中共湘赣边临时省委和省苏维埃政府在永新县城成立，

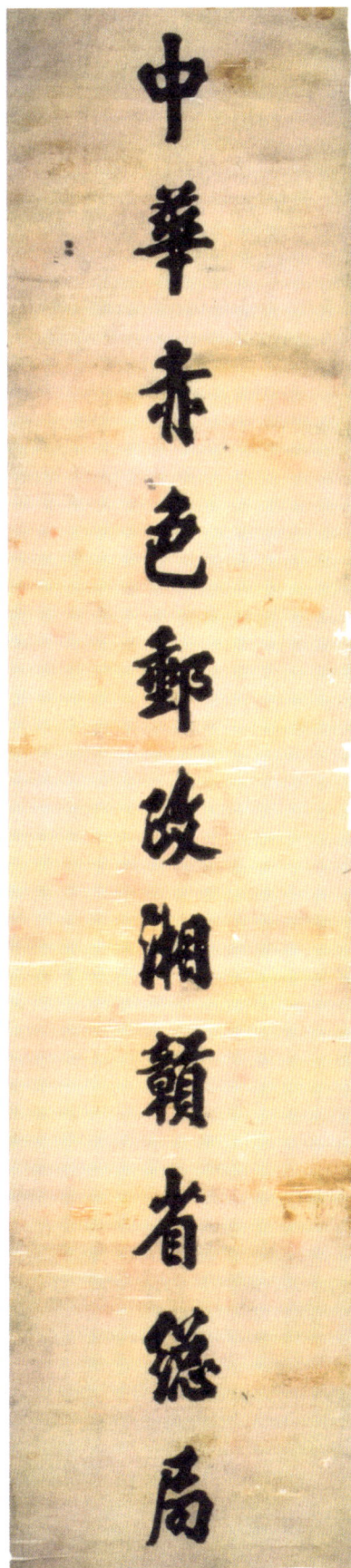

中华赤色邮政湘赣边省总局也在永新设立。9月，总局印发《赤色邮务须知》，发行湘赣边省赤色邮票。10月，中共湘赣省委和省苏维埃政府在永新县城正式成立。中华赤色邮政湘赣边省总局改称中华赤色邮政湘赣省总局，局长先后由陈介福、黄炳忠等担任。苏区邮政主要为党政军服务，也为群众服务。寄平信一封，无论远近，只贴红色邮票两分，红军家属寄信一律免费。中华赤色邮政湘赣省总局成立初期，在永新县护城河边上一栋楼里办公。民国21年（1932年）年底，迁至禾川镇一座三层小楼办公。首任局长陈介福用打土豪缴来的丝绸做成"中华赤色邮政湘赣省总局"局牌，悬挂在门前墙壁上。民国23年（1934年）2月，国民党军攻占永新县，湘赣省委和省政府被迫转移，邮政业务停止办理，工作人员也随之撤离。

"中华赤色邮政湘赣省总局"局牌藏于江西省莲花县一枝枪纪念馆。

兴国县高兴区苏维埃政府设立的"控告箱" 民国20～23年（1931～1934年）文物。

民国20年（1931年），中央苏区江西兴国县高兴区苏维埃政府工农检察部控告局设立的控告箱，在兴国县高兴区苏维埃政府门前挂了3年多，直到民国23年（1934年）红军长征离开苏区，控告箱被苏区群众冒着风险保存下来。1959年6月，由江西省兴国县文教局拨交中央革命博物馆筹备处。

兴国县高兴区苏维埃政府设立的"控告箱"，长方形，顶为斜坡形。通长16厘米，宽18厘米，高18.5厘米。木质。正面用毛笔工整书写"高兴区苏维埃政府工农检察部控告局控告箱"字样，左、右侧面及上面分别写着控告方法和原

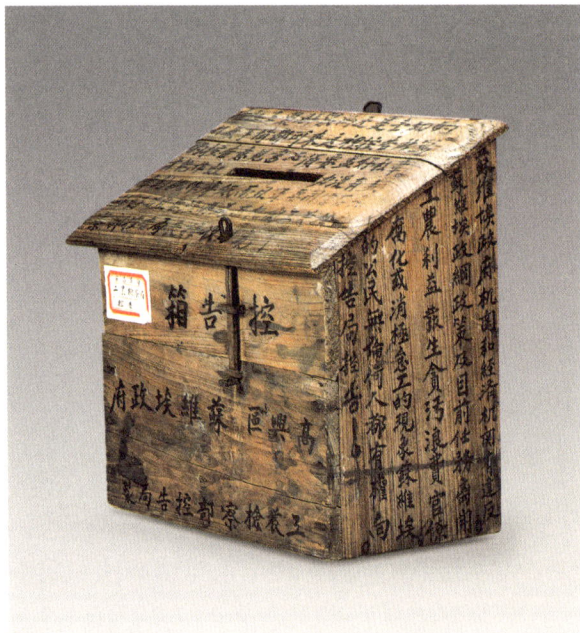

则："苏维埃政府机关和经济机关有违反苏维埃政纲政策及目前任务、离开工农利益、发生贪污浪费、官僚腐化或消极怠工的现象，苏维埃的公民无论何人都有权向控告局控告。"

民国20年（1931年）11月7日，中华苏维埃共和国临时中央政府在江西瑞金成立，主席毛泽东，下辖九个部。为清除和杜绝苏区党和政权中的官僚主义、腐败等现象，借鉴苏联监察制度经验，在临时中央政府中下设工农检察人民委员部，何叔衡为第一任人民委员（部长）。地方各级政府也设立工农检察部或科。经何叔衡提议，毛泽东批准，各级工农检察部或科之下设立控告局，"接受工农劳苦群众对苏维埃机关或国家经济机关的控告及调查控告的事实"，"人民向控告局控告，可用控告书投入控告箱内或用邮件都可，不识字的可以到控告局口头控告，有电话的地方也可用电话报告控告局"。为便于广泛收集工农群众意见，控告局在各机关单位、街道路口等群众较集中的地方，设置各种形式控告箱，控告局调查员

负责每天从控告箱中收集控告信。

兴国县高兴区苏维埃政府设立的"控告箱"藏于中国国家博物馆。

中华苏维埃共和国福建省苏维埃政府执行委员会印章　民国21年（1932年）3月文物。

民国23年（1934年）10月，福建省苏维埃政府转移时，中华苏维埃共和国福建省苏维埃政府执行委员会印章不慎丢失。印章被濯田乡省苏维埃干部王克成拾得，藏于龙田大山石缝里。1958年3月，王克成将中华苏维埃共和国福建省苏维埃政府执行委员会印章捐献给长汀纪念馆，后转送福建博物院。

中华苏维埃共和国福建省苏维埃政府执行委员会印章，圆形，直径9.9厘米，高1.5厘米，银质，空心。印面由图案和文字组成，外圈錾朱文隶书反形字"中华苏维埃共和国福建省苏维埃执行委员会"，中间为稻穗、麦穗环绕镰刀、锤子、地球等组成图案。

民国21年（1932年）3月18～21日，福建省第一次苏维埃代表大会在汀州（长汀县城）召开，100余名代表出席大会。中华苏维埃临时中央政府派代表任弼时出席大会，并代表中央作政治报告。闽西苏维埃政府主席张鼎丞作闽西政府年度工作报告。大会通过《土地问题

决议案》《军事工作决议案》《经济财政问题决议案》等重要文件。宣告成立福建省苏维埃政府，张鼎丞当选主席，阙继明、张思垣为副主席。下设土地、劳动、工农检察、财政、内务、文化、粮食、裁判等8个部，不久增加妇女部。福建省苏维埃政府先后管辖永定、上杭、长汀、新泉、宁化、连城、武平、龙岩、清流、归化和汀州等县（市）苏维埃政权，人口达100万。福建省苏维埃政府的建立，使闽西与赣南成为一体，构建起中央苏区主体区域。中华苏维埃共和国福建省苏维埃政府执行委员会印章，是福建省苏维埃政府成立后颁布各项法令、法规的权力凭证。

中华苏维埃共和国福建省苏维埃政府执行委员会印章藏于福建博物院。

辽宁民众自卫军使用的电台　1932年文物。

中华人民共和国成立后，档案部门在吉林省临江县板石沟将辽宁民众自卫军使用的电台挖掘出土，与电台一同发现的还有残破文稿、电瓶和装电台用木箱。后拨交吉林省博物馆。1978年12月，又拨交吉林省革命博物馆。

辽宁民众自卫军使用的电台，纵24厘米，横40厘米，铁、铝等金属质。属旧式电台。收发报系统基本完整，缺少量部件。

九一八事变后，在日本侵略者扶持下，民国21年（1932年）3月伪满洲国宣告成立，激起中国人民极大愤慨。原辽东陆军驻桓仁县团长唐聚五举旗抗日，先后与十余支秘密抗日武装建立联系，商讨起义事宜，决定成立辽宁民众救国会和辽宁民众自卫队。4月21日，唐聚五与二团参谋长孙秀岩、桓仁县公安局长张宗周、大队长郭景山和华北大学学生黄宇宙等

人，在桓仁县誓师组成辽宁民众自卫军。会后推唐聚五为总司令。自卫军下分18路军，以14个县公安大队、警察队、民团、保甲兵和民众自发组织起来的大刀会为骨干，10万余人。活动于通化、集安、桓仁、兴京、柳河、临江、清原、金川、凤城、本溪、抚松、安图、长白、宽甸等14个县境。在唐聚五领导下，自卫军队伍日益强盛，至8月发展到37路，近20万人，与日伪军战斗100余次，收复东边道14个县。唐聚五被张学良委任为辽宁省临时政府（驻通化）代理省主席。辽宁民众自卫军成为东北义勇军一支生力军。为剿灭这支抗日力量，日军一再调集兵力进行"围剿"。民国21年（1932年）10月，在日军的四路围攻下，通化、临江等地相继失守，辽宁民众自卫军一部向热河撤退，相继参加热河和长城抗战，一部留在辽东与抗联协同抗战。辽宁民众自卫军英勇抗战有力打击了日伪统治，为中国共产党领导的抗日游击战争发展奠定了群众基础。

民国21年（1932年）7月中旬，东北民众抗日救国会为支援东北民众抗日斗争，决定从北平给辽宁民众自卫军总部送一部军用电台，唐聚五把接送电台的重要任务，交给第九支队

司令张海川。为避开日军设置的关卡，运送人员将电台用木帆船从烟台运到鸭绿江口，再用小舢板运到南土城子，掩藏在兴隆山上。自卫军总部派人乔装成商贩到兴隆山，把电台装好。在自卫军武装护送下，这部由爱国华侨赠送的军用电台被安全运送到自卫军总部。这部电台在自卫军抗日斗争中，起到重要的通讯联络作用。民国21年（1932年）10月，民众自卫军遭日军重兵围剿。撤离临江时，将电台掩埋在吉林省临江县板石沟。

辽宁民众自卫军使用的电台藏于吉林省革命博物馆。

湘鄂赣省苏维埃执行委员会印章　民国21年（1932年）文物。

民国23年（1934年）1月，国民党军重兵围剿江西省万载县小源（万载县仙源乡），湘鄂赣省委、省苏维埃政府撤离时，省保卫局张春吉和省苏维埃掌管省政府印章的王群等5人组成工作团，留守小源，坚持斗争。在工作团转移时，遭遇敌人。因情况危急，王群将装有湘鄂赣省苏维埃执行委员会印章和其他重要物品的公文包进行掩埋，工作团5名成员先后牺牲。1963年10月，平江籍林业工人郭桃仁、郭兴仁

兄弟在万载县官元山林场作业时，在一小土坑中发现一只黑色皮革公文包，包内土纸文件已腐烂，只有这枚银质印章保存完好。郭氏兄弟将湘鄂赣省苏维埃执行委员会印章上交万载县公安局，后由万载县湘赣革命纪念馆收藏。

湘鄂赣省苏维埃执行委员会印章，圆形，直径10厘米，高1.5厘米，银、木质。印面由图案和文字组成，外圈錾朱文隶书反形字"中华苏维埃共和国湘鄂赣省苏维埃执行委员会"，中间为稻穗、麦穗环绕镰刀、锤子、地球等组成图案。印章侧面等距钻有4个小孔，为安装固定木柄用，木柄已缺失。

民国17年（1928年）7月，彭德怀、滕代远、黄公略等人领导平江起义，创建红五军，并创建湘鄂赣革命根据地，成立湘鄂赣边境特委。次年，建立湘鄂赣革命委员会。民国20年（1931年）11月7日，中华苏维埃共和国在江西瑞金建立。此前，湘鄂赣省苏维埃政府已于9月成立，赖汝樵任主席。湘鄂赣革命根据地进入全盛时期，成为全国六大革命根据地之一。11月，红五军主力进入江西苏区，留下红军支队坚持游击战争。民国21年（1932年）4月5日，由中华苏维埃共和国中央临时政府统一制作颁发的湘鄂赣省苏维埃执行委员会印章启用，是湘鄂赣革命根据地政权的象征。4月，随着革命形势恶化，湘鄂赣省委、省苏维埃政府从修水上衫迁驻距离万载县城50余千米的小源，小源一度成为湘鄂赣省革命根据地的政治、军事、经济、文化中心。中共湘赣省委、湘赣省苏维埃政府领导、指挥湘鄂赣边区30余县数百万军民进行武装割据，牵制国民党60余个团的兵力，有力配合了中央苏区反"围

剿"斗争。民国23年（1934年）1月，在国民党军第五次"围剿"严峻形势下，湘鄂赣省苏维埃政府和省委撤出小源向铜鼓转移。

湘鄂赣省苏维埃执行委员会印章藏于江西省宜春市万载县湘赣革命纪念馆。

鲁迅书赠柳亚子《自嘲》诗条幅 民国21年（1932年）10月12日文物。1954年2月，在全国人民慰问人民解放军活动中，柳亚子将鲁迅书赠《自嘲》诗条幅，作为民革全体同志献给毛主席、朱总司令的礼物献出。

鲁迅书赠柳亚子《自嘲》诗条幅，纵238厘米，横54厘米。纸质，毛笔书写。全文为："运交华盖欲何求，未敢翻身已碰头，旧帽遮颜过闹市，破船载酒泛中流，横眉冷对千夫指，俯首甘为孺子牛。躲进小楼成一统，管他冬夏与春秋。"诗后跋语云："达夫赏饭，闲人打油，偷得半联，凑成一律，以请亚子先生教正。"此诗后来收入《集外集》，加上题目《自嘲》，将原句"旧帽""破船"分别改作"破帽""漏船"。后经柳亚子装裱，于条幅天头题："此为鲁迅先生在上海时亲笔题赠之作，其诗万口争传，对广大人民群众起极大的革命教育作用，具有深远的历史意义，余宝藏至今，悬诸座右。兹逢全国人民慰问人民解放军盛典，中国国民党革命委员会全体同志愿以此幅献之于中央人民政府人民革命军事委员会毛主席、朱总司令，以表崇敬之忱。此举深获我心，引为光荣，特诚奉献并恭志。"

民国21年（1932年）10月5日，郁达夫、王映霞夫妇于聚丰园宴请鲁迅，同席还有柳亚子夫妇等。鲁迅到来时，郁达夫问及其近况，鲁迅即以"横眉冷对千夫指，俯首甘为孺子牛"两句作答。郁达夫打趣地说："看来你的'华盖运'还没有脱。"鲁迅说："给你这样一说，我又得了半联，可以凑成一首小诗了。"因这次谈话，鲁迅有感而作此七言律诗，后应柳亚子之请书赠之。柳亚子将其托裱，并"悬诸座右"，一直珍藏，用以自勉。在诗中，鲁迅以幽默笔调，表达自己在国民党文化"围剿"险恶环境中决不妥协的斗争意志和爱憎分明的阶级感情。

鲁迅书赠柳亚子《自嘲》诗条幅藏于北京鲁迅博物馆（新文化运动纪念馆）。

刘志丹使用的勃朗宁手枪　民国21～25年（1932～1936年）4月文物。

民国21年（1932年），刘志丹率陕甘游击队，在耀县照金镇一带打击国民党地主的武装战斗中，缴获勃朗宁手枪，并一直使用。刘志丹牺牲后，勃朗宁手枪作为遗物曾由陕北一位姓崔的同志收藏。后来，崔将手枪赠予田家丰。民国37年（1948年），田家丰将刘志丹使用的勃朗宁手枪又赠予郑洪轩。1956年，沈阳军区从辽宁农业研究所所长郑洪轩处征集到勃朗宁手枪。经刘志丹当年警卫员于占彪鉴别，确认为刘志丹使用的勃朗宁手枪。1959年，该

枪由沈阳军区转交中国人民革命军事博物馆。

刘志丹使用的勃朗宁手枪，比利时生产。长16.3厘米，管长10.1厘米，口径7.65毫米，枪号592032。钢、塑料质地。枪身左侧刻有"FABRIQUE NATIONALE D'ARMES de GUERRE HERSTAL BELGIQUE BRROWNING'S PATENT BREVETE S.G.D.G"字样，右侧刻有"565970"。民国24年（1935年）春，刘志丹得知北上抗日中央红军已过遵义，万分高兴，用小刀在手枪枪柄两侧刻下"抗日""救国"4个字。1896～1897年，美国枪械设计大师约翰·M.勃朗宁发明M1900式勃朗宁手枪。该枪发射7.65毫米勃朗宁手枪弹，初速290米/秒，有效射程30米，弹匣容弹量7发，自动方式为自由枪机式，发射方式为半自动。民国初年，中国开始仿制勃朗宁枪。因枪身左侧有手枪图案，曾被称为"枪牌撸子"。

刘志丹（1903～1936年），名景桂，字志丹，陕西保安（志丹县）人。西北红军和西北革命根据地主要创建人之一。民国10年（1921年），考入陕北联合县立榆林中学，曾任学生会主席，参与组织领导学生运动。民国13年（1924年）冬，加入中国社会主义青年团。民国14年（1925年）春，转入中国共产党。同年秋，入黄埔军校第四期炮兵科学习。大革命时期，曾任国民革命军第四路军政治处长等职。民国17年（1928年）4月，参与领导渭华起义，任西北工农革命军军事委员会主席。民国20年（1931年）九一八事变后，和谢子长等组织西北反帝同盟军，后改编为中国工农红军陕甘游击队，任总指挥，参与创建以照金、南梁为中心的陕甘边革命根据地。民国24年

（1935年）5月，任二十六军和二十七军前敌总指挥。在刘志丹领导下，陕北、陕甘边根据地连成一片，不断发展壮大，正规红军加上游击队发展到近万人，面积2万余平方千米。为中共中央和各路红军长征提供了一个落脚点。9月中旬，二十六军、二十七军与长征到达陕北的红二十五军合编为红十五军团，刘志丹任副军长兼参谋长。不幸的是，刘志丹等在肃反运动中被捕，险些被杀。中共中央和中央红军到达陕北后，将其解救。此后，刘志丹任西北革命军事委员会后方办事处副主任、瓦窑堡警备司令、红军北路总司令、红二十八军军长等职。民国25年（1936年）初，刘志丹率部参加东征抗日。4月14日，在山西中阳县三交镇战斗中，不幸牺牲，时年33岁。毛泽东为刘志丹题碑："群众领袖，民族英雄。"

刘志丹使用的勃朗宁手枪藏于中国人民革命军事博物馆。

鲁迅撰《为了忘却的记念》手稿　民国22年（1933年）2月7～8日文物。

民国25年（1936年）鲁迅逝世后，为保护鲁迅遗物安全，夫人许广平曾把鲁迅重要遗稿保存在租界的英国麦加利银行。1950年2月25日，许广平及其子周海婴把位于北京市西城区阜成门内宫门口西三条21号鲁迅故居和鲁迅生前遗物全部捐献给人民政府，鲁迅《为了忘却的记念》手稿即捐献遗物之一。

鲁迅撰《为了忘却的记念》手稿，纵28.4厘米，横21厘米。纸质，毛笔书写。浅草绿格稿纸，共15页。

民国19年（1930年），青年作家柔石、白莽（殷夫）、李伟森、胡也频、冯铿加入

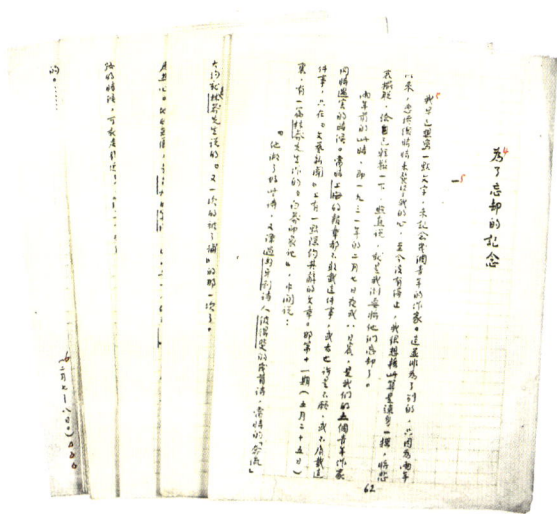

中国左翼作家联盟（简称"左联"），除白莽外，其余4人均为中共党员。李伟森还担任共青团中央宣传部长。民国20年（1931年）1月17日，国民党淞沪警备司令部以"共产分子""宣传赤化"等罪名，将这5位青年作家逮捕。2月7日，秘密枪杀于上海龙华监狱。并有大批"左联"作家被通缉，鲁迅先生也面临被捕危险。民国22年（1933年）2月7～8日，在烈士遇难两周年日子里，鲁迅用饱含血泪的笔，带着无限悲愤感情写下《为了忘却的记念》这篇合悼五位烈士的战斗檄文，着重回忆自己与白莽、柔石在文学事业与生活上多次交往和感触，记叙五位青年作家被捕后的狱中生活及遇害情景，深情颂扬革命青年的革命精神与人品，有力控诉反动派屠杀人民的罪行，并抒发作者怀念烈士、憎爱分明、坚信革命一定胜利的思想感情。4月1日，《为了忘却的记念》在《现代》二卷六期发表，后收入《南腔北调集》。中华人民共和国成立后，曾入选中学语文课本。

鲁迅撰《为了忘却的记念》手稿藏于北京鲁迅博物馆（北京新文化运动纪念馆）。

中革军委授予朱德的一等红星奖章 民国22年（1933年）8月1日文物。1954年，朱德将中央革命军事委员会（以下简称"中革军委"）授予的一等红星奖章捐赠给中国人民解放军政治学院。1959年，中国人民解放军政治学院拨交中国人民革命军事博物馆。

中革军委授予朱德的一等红星奖章，对角线长5厘米，有挂链，金质。形状为两枚大小不同五角星错角相叠而成十角星，象征革命的"星星之火，可以燎原"。中心为红五星和禾穗组成圆形图案，象征工农红军是党领导下工农子弟兵与全心全意为工农解放而服务的宗旨。五角星与禾穗之间，镌刻"红星章"三字。奖章背面竖书"中央革命军事委员会一等红星奖章一九三三、八、一"，横书"第10号"。

民国22年（1933年）7月9日，中革军委发布命令，定于八一建军节颁发红星奖章，表彰有特殊功勋的红军指战员。命令指出，第一等应授予"领导全部或一部革命战争之进展而有特殊功绩的"；第二等应授予"在某一战役中曾经转移战局而获得伟大胜利的"；第三等应

授予"经常表现英勇坚决的"。7月11日，中华苏维埃共和国临时中央政府也作出决议，对"领导南昌暴动的负责同志及红军中有特殊功勋的指挥员和战斗员"授予红星奖章。红星奖章分为三等，一等为金色，二、三等为银色。一、二等形状、图案相同。三等红星奖章形状为五角形，中心图案与一、二等相同。红星奖章仅在民国22年（1933年）和1934年八一建军节颁发过两次。民国22年（1933年）8月1日，周恩来、朱德、彭德怀等被授予一等红星奖章，朱德红星奖章为第10号，周恩来红星奖章为第9号，34人荣获二等红星奖章，53人荣获三等红星奖章。民国23年（1934年）8月1日，红一军团、红三军团、红五军团和红七军团共74人授予奖章，没有一等奖章，二等奖章7枚，三等奖章67枚。荣获奖章者都是表现英勇坚决而有特殊战绩的指战员，上至军团长，下至普通士兵，涵盖部队各层面。红星奖章是土地革命战争时期，中华苏维埃共和国临时中央政府、中革军委对有特殊功勋红军指战员的最高奖励。也是中国人民解放军历史上最早的奖章。红星奖章的颁发极大鼓舞了红军指战员的斗志，激发其革命英雄主义精神，对加强红军队伍建设具有重要意义。

中革军委授予朱德的一等红星奖章藏于中国人民革命军事博物馆。

红三十军刻在四川达县石朝门上的石刻标语 民国22年（1933年）文物。民国22年（1933年）10月21日，红四方面军解放四川省达县城。李先念率红三十军进驻达县梓桐乡。该军政治部设置在伪团总杜光亭的庄园"杜府草堂"内，在石朝门上留下石刻标语。民

国24年（1935年），红四方面军撤离川陕根据地，踏上北上抗日征程。地主还乡后，本想铲除对联，但又怕损伤朝门，破了风水，只得在表面涂盖一层石灰将其掩盖，使红三十军刻在四川达县石朝门上的石刻标语保存下来。四川解放后，石门得以恢复原貌，对联和标语亦重见天日。后来，有关部门将刻有红军标语的石门框，作为革命文物拆下。1959年7月，由四川省达县文教科拨交中央革命博物馆筹备处。

红三十军刻在四川达县石朝门上的石刻标语，通高219.3厘米，通宽173.2厘米，厚37.5厘米。石质。石门两侧门框正面竖行凿刻"斧头劈开新世界，镰刀割断旧乾坤"对联，由红三十军宣传科长何芳泽书。其内侧面刻有"平分土地、阶级斗争"标语。横梁上行楷阴刻"红卅军政治部"单位名称。

民国21年（1932年）10月，由于第四次反"围剿"战争失利，红四方面军不得不放弃鄂豫皖革命根据地艰苦转战。民国21年（1932年）12月29日，红四方面军与当地党组织、地方武装和民众相结合，成立川陕省临时革命委

员会。至民国24年（1935年）4月21日，红四方面军开始长征。红四方面军为宣传马克思主义，宣传中国共产党，宣传红军和根据地党组织、苏维埃政府，制作了大量标语口号。受川东北独有地形地貌等因素影响，红四方面军留在川陕苏区标语多为石刻。据文献记载，民国21年（1932年）12月至民国24年（1935年）4月期间，红四方面军在陕南、川北一带20余个县、市，组织专业队伍镌刻有石刻标语1万余条。经历岁月侵蚀和战争时期的人为破坏，至20世纪30年代尚有7000余条，中华人民共和国成立后统计有4000余条，20世纪80年代文物登记时尚存石刻标语2000余条。这些石刻作品被凿刻在山崖、路基、桥墩、石墙、石门、石碑上，内容丰富，形式多样，有口号、有对联、有漫画、有文献等。川陕苏区红军石刻标语是中国革命史上最具文化的物质现象。

红三十军刻在四川达县石朝门上的石刻标语藏于中国国家博物馆。

《川陕省苏维埃政府布告》石刻 民国22年（1933年）文物。

民国22年（1933年），为宣传苏区土地政策，川陕省苏维埃政府组织钻字队，在石板上刻写《川陕省苏维埃政府布告》，竖立在川陕省苏维埃政府机关大门外（巴中市巴州区巴州镇南泉寺街），告示广大群众及各级干部学习、贯彻，为土地革命而斗争。民国23年（1934年）红军北上后，当地民众将《川陕省苏维埃政府布告》石刻就地掩埋，保护起来。1953年，巴中县（巴中市巴州区）城内修整大街，在颜公庙、巴中中学校门口、大堂坝等地

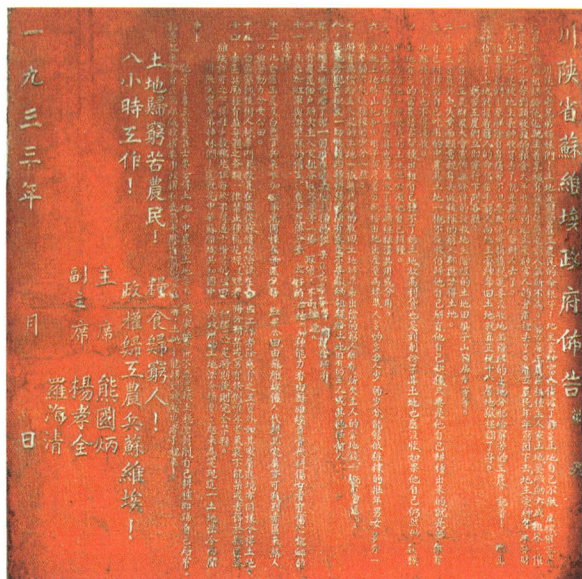

发现散落的《川陕省苏维埃政府布告》石板，由巴中县人民文化博物馆分别收集入馆。石板损毁严重，后进行复原处理，补刻31个字，陈列于川陕革命根据地博物馆。

《川陕省苏维埃政府布告》石刻，纵227厘米，横224厘米，厚7厘米。石质，錾刻。石刻表面接近正方形，竖排版，白文，楷体，字径约为4厘米×4厘米。全文共14条，主要内容是公布省苏维埃政府分配土地的政策、原则和办法，末尾为"土地归农民！粮食归穷人！八小时工作！政权归工农兵苏维埃！"四条口号。落款为"主席熊国炳，副主席杨孝全、罗海清，一九三三年　月　日"。

民国22年（1933年）2月中旬，川陕省第一次工农兵代表大会在通江县城召开，选举产生以熊国炳为主席的川陕省苏维埃执行委员会，成立川陕省苏维埃政府。大会后，省苏维埃政府为贯彻大会决议，以《全国苏维埃第一次代表大会土地法草案》为依据，以消灭封建剥削及彻底改善农民生活为目的，结合川陕边区土地斗争实际，制定川陕省土地法，并以主席熊

国炳，副主席杨孝全、罗海清署名的《川陕省苏维埃政府布告》形式，张榜于全苏区。《川陕省苏维埃政府布告》的颁布，在苏区掀起轰轰烈烈的打土豪、分田地的土地革命运动。

《川陕省苏维埃政府布告》石刻藏于四川省川陕革命根据地博物馆。

冯玉祥的"民众抗日同盟军总司令印"章　民国22年（1933年）文物。

民国37年（1948年），冯玉祥应中共邀请回国参加新政协会议，所乘游轮在途经黑海时，因船舱起火，不幸遇难。20世纪50年代，冯玉祥夫人李德全将冯玉祥遗物分批捐赠给中央革命博物馆筹备处。1954年，李德全捐赠冯玉祥的"民众抗日同盟军总司令印章"等冯玉祥遗物。

冯玉祥的民众抗日同盟军总司令印章，印面长9.8厘米，宽10.9厘米，柄长9.4厘米。木质，自左至右竖刻朱文篆书反形字"民众抗日同盟军总司令之印"。

民国22年（1933年）1月初，日军攻占山海关。中国守军奋起反击，拉开长城抗战序幕。3月初，日军攻取承德，热河全省沦陷。驻守长城中国守军，在全国人民抗战热潮推动下，与装备精良日军进行80余天的浴血奋战，重创日

军。但由于蒋介石坚持"攘外必先安内"的方针，准备与日军签订停战协定，使中国守军得不到有力支援，长城抗战以失败告终。后日军继续南下，侵占多伦、沽源等地，进逼平津。在民族危机日益严重的情况下，国民党爱国将领冯玉祥多方奔走，通电呼吁团结抗日，反对蒋介石不抵抗政策，谋求与共产党合作，组织抗日同盟军。5月26日，在中国共产党推动和影响下，冯玉祥与其旧部吉鸿昌（中共党员）、西北军将领方振武等，于张家口成立察哈尔民众抗日同盟军（亦称察绥抗日同盟军）。冯玉祥宣布就任同盟军总司令，并通电全国。抗日同盟军主要由冯系西北军旧部、流浪进关的东北抗日义勇军、察省地方武装及平津救亡学生组成，先后达七八万人。6月11日，在中共帮助下，抗日同盟军第一次军民代表大会在张家口召开，确定政治纲领，通过军事、财政、政工及军委组织大纲等决议案。成立由冯玉祥、吉鸿昌、方振武等35人为委员的军事委员会。会后，冯玉祥任命方振武、吉鸿昌为北路前敌总司令、总指挥，率部北上，抗击进犯察东日伪军。抗日同盟军连克康保、宝昌、沽源三县城。7月12日，收复察东重镇多伦，乘胜将日伪军驱逐出察哈尔省全境，全国人心为之大振。但由于国民党政府先采取阻挠破坏手段，继而调动大军"围剿"，加之日伪军大举进攻，抗日同盟军内部出现分化，终归失败。8月5日，冯玉祥在内外夹击、腹背受敌情况下，被迫辞去总司令职务，离开张家口去泰山隐居并通电宣布察哈尔军政大权交察哈尔省主席宋哲元办理，随后撤销抗日同盟军总部。冯玉祥的民众抗日同盟军总司令印章是冯玉祥担任察哈尔民众抗日同盟军总司令期间使用。

冯玉祥的"民众抗日同盟军总司令印章"藏于中国国家博物馆。

川陕省苏维埃机关报《苏维埃》第十一期 民国22年（1933年）10月24日文物。

川陕省苏维埃机关报《苏维埃》第十一期，四川博物院旧藏。纵36.5厘米，横53厘米。纸质，油印。四开，两版。署名"川陕省苏机关报"。第一版内容，有张国焘的《平分土地和改造苏维埃》《中央苏区苏维埃大学庆祝红军伟大胜利》《赣州工农猛烈斗争》等；第二版内容，有《改造苏维埃加紧平均分配土地》《赤江县扩大红军成绩》《赤江县苏维埃学校廿五日我军占领万源宣汉两县城绥定指日可下》《反对不读报纸》。

《苏维埃》前身是《川北穷人》。民国21年（1932年）底，中国工农红军第四方面军从鄂豫皖革命根据地战略转移到川陕边，创建以通（江）、南（江）巴（中）为中心的川陕革命根据地，是全国第二大苏区。《川北穷人》是川陕根据地第一张报纸。民国22年（1933年）1月创刊，报头上署"由赤（江县）红江县苏维埃出版"。2月7日、2月中旬，中共川陕省委员会和川陕省苏维埃政府相继成立后，

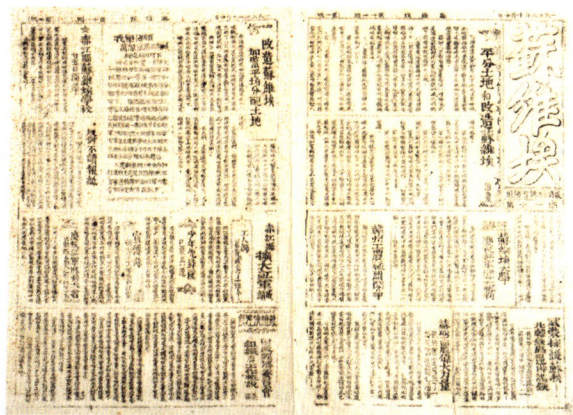

决定将《川北穷人》报，改为中共川陕省委和省苏维埃联合出版，报头署"川陕省委、省苏机关报"。6月25日，中共川陕省委在通江召开第二次党员代表大会，决定省委单独出版机关报《共产党》，而《川北穷人》则作为省苏维埃政府机关报继续出版。8月，川陕省第二次工农兵代表大会决定，将《川北穷人》更名为《苏维埃》，作为川陕省苏维埃政府机关报。主要报道中华苏维埃中央政府、川陕省苏维埃政府及其他各级苏维埃政府工作，及苏区经济文化建设成就和人民群众踊跃支前、红军在前线奋勇杀敌等内容。《苏维埃》因存世数量有限，具有极高的历史价值。

川陕省苏维埃机关报《苏维埃》第十一期藏于四川博物院。

中革军委授予王诤的二等红星奖章 民国23年（1934年）1月文物。1971年，解放军通讯部将中革军委授予王诤的二等红星奖章拨交中国革命历史博物馆。

中革军委授予王诤的二等红星奖章对角线长4厘米，银质，有挂链。背景、形制同中革军委授予朱德的一等红星奖章。背面竖书"中央革命军事委员会二等红星奖章一九三三、八、一"，横书"第37号"。

中革军委，全称中央军事委员会，为土地革命战争时期中央苏区的军事领导机关，1931年11月成立，1936年12月改组为中华军委会。王诤（1908～1978年），原名吴人鉴，江苏武进人。中国人民解放军无线电通讯事业创建人之一，中国电子工业开拓者和卓越领导人。民国17年（1928年），考入黄埔军校第六期通讯科，1930参加中国工农红军。此后，长期从事

红军无线电通讯工作，任中国工农红军总司令部电台大队长，无线电总队总队长等职。民国20年（1931年）1月，他利用缴获的一部半电台建立了红军电台。在中央苏区第二次反"围剿"中，王诤通过对敌台进行监听、破译，获得珍贵情报，使红军取得歼敌两个师的重大胜利，粉碎敌人第二次"围剿"，还缴获一部大功率电台，与上海党中央取得联络。王诤还为第三、四次反"围剿"胜利，提供可靠保障。毛泽东曾称其是全军通信事业"开山鼻祖"。鉴于王诤为开创红军无线电通讯事业和为反"围剿"战争做出的突出贡献，民国23年（1934年）1月，周恩来在中华苏维埃第二次代表大会上，代表中革军委将这枚二等红星奖章授予王诤。

中革军委授予王诤的二等红星奖章藏于中国国家博物馆。

中华苏维埃共和国国家银行银币券石印版 民国23年（1934年）文物。民国23年（1934年）10月，中央红军撤出中央根据地，

开始战略转移。国家银行印钞厂工作人员在转移前，将印制设备分散掩埋深藏，但国民党军进占苏区后，大多被挖出毁坏。中华苏维埃共和国国家银行银币券石印版为少数存世者之一。1953年3月，由中共华南分局宣传部拨交中央革命博物馆筹备处。

中华苏维埃共和国国家银行银币券石印版，长38.5厘米，宽31厘米，高8厘米。石质。印版上方为4张银币券正面图案，上端正中横印"中华苏维埃共和国国家银行"楷体字，四角有"壹"字，票面正中为列宁头像，下端有"凭票即付银币壹圆"字样，四周装饰有花纹。印版下方为4张银币券背面图案，为长方形花纹框，框四周边角处均印有"壹"字，上端横印"国家银行"隶书体字，中间为扁圆形花纹图案，中心印有英文"ONE"，下端横印发行时间"A1934"字样。

民国20年（1931年）11月，中华工农兵苏维埃第一次全国代表大会在瑞金叶坪召开，中华苏维埃共和国临时中央政府成立。民国21年（1932年）3月，根据全苏一大会议通过的《中华苏维埃共和国的经济政策》规定，统一苏区货币，整顿金融市场，成立中华苏维埃共和国国家银行，隶属中华苏维埃共和国临时中央政府财政人民委员会，资本由国库于预算中拨给。毛泽民为国家银行首任行长，李六如为副行长。行址设在临时中央政府所在地瑞金叶坪村一普通农舍。7月起，国家银行印发纸币，面额有伍分、壹角、贰角、伍角、壹圆五种，流通于中央苏区以瑞金为中心的21个县。民国23年（1934年）10月，中央苏区第五次反"围剿"失败后，红军主力撤离中央根据地，开始长征后，随即停止发行。国家银行和各分行所发行纸币为银币券，实行银本位制，纸币与银圆、银角自由等值兑换。因此，苏维埃国家银行发行壹圆银币券上，印有"凭票即付银币壹圆"字样。国家银行纸币在瑞金印刷，在中央苏区广泛流通，为支援苏区生产和经济建设作出巨大贡献。

中华苏维埃共和国国家银行银币券石印版藏于中国国家博物馆。

林伯渠在长征时用的马灯 民国23～24年（1934～1935年）文物。1960年，林伯渠去世。翌年2月，林伯渠夫人朱明将林伯渠在长征时用的马灯捐赠给中国革命博物馆。

林伯渠在长征时用的马灯高24厘米。铁、玻璃质。灯座上有"赛马牌"和英文"中国制造"等字样及飞马图案。

林伯渠（1885～1960年），原名祖涵，湖南临澧人。中国共产党德高望重领导人之一。早年加入中国同盟会、中华革命党。1921年，加入中国共产党。在帮助孙中山制定"三

大政策"和改组国民党工作中起重要作用。民国16年（1927年），参加八一南昌起义，后去苏联学习。民国22年（1933年），进入中央革命根据地，先后任中华苏维埃共和国临时中央政府国民经济部部长、财政部部长。民国23年（1934年）10月，50岁的林伯渠随红一方面军参加长征，是中央红军参加长征的"五老"之一。长征时用的马灯伴随林伯渠走过长征中艰难路程。黄镇为林伯渠画过一帧题为"夜行军中的老英雄"素描，画中林伯渠高举马灯，阔步前行，真实再现了长征中的林伯渠。女战士李坚真称赞林伯渠"山高水深何足惧，手举马灯照万人"。到达陕北后，马灯仍继续发挥作用，每当夜晚开会或外出工作时，林伯渠都利用马灯照明。

林伯渠在长征时用的马灯藏于中国国家博物馆。

遵义会议会议室挂钟　民国24年（1935年）1月文物。

1954年，中共遵义地委、行署经多方调查考证，确认遵义会议是在国民党黔军第二十五军第二师师长柏辉章私邸二楼小客厅召开，位于遵义老城子尹路96号，是遵义城内最好的建筑。会址是幢砖木结构、通体用灰砖砌成的两层楼房，建于20世纪30年代。会议在公馆主楼二楼东走道一可容纳20余人小客厅举行。客厅中间放着一张长方形桌子，20把椅子摆成一个半圆形。挂钟挂在会议室东面墙壁上。据柏辉章家奶妈及帮工刘仲康等回忆，红军走后，柏辉章家佣人回柏公馆时，看见楼上挂钟等都在原处（遵义会议会议室）未动。后来，柏辉章家办了一所小学，挂钟被抬到小学使用。解放初期，柏家办的小学停办，挂钟移交给朝阳小学使用。1955年，朝阳小学将遵义会议会议室挂钟拨交遵义会议纪念馆。

遵义会议会议室挂钟，长50厘米，宽22厘米，厚11厘米。为一架自鸣木壳机械摆钟，刻度为罗马数字，钟顶饰有变形植物图案木雕，底部系倒梯形木座，钟面有玻璃门，门四周为木质雕花边框。钟已不运行，时针、分针和钟摆已不存在。

民国24年（1935年）1月15～17日，中共中央在贵州遵义城召开中央政治局扩大会议，出席会议的政治局委员有毛泽东、张闻天、周恩来、朱德、陈云、博古，候补委员王稼祥、刘少奇、邓发、何克全（凯丰）及红军总部和各军团负责人刘伯承、李富春、林彪、聂荣臻、彭德怀、杨尚昆、李卓然，中央秘书长邓小平。李德、伍修权列席会议。会后，张闻天起草《中共中央关于反对敌人五次"围剿"的总结的决议》（遵义会议决议），民国24年（1935年）2月8日政治局会议通过。《决议》批判"左"倾机会主义军事路线，重新肯定以毛泽东为代表的正确军事路线，确立毛泽东在红军和中共中央的领导地位，逐步形成以毛泽东为核心的党的第一代中央领导集体，从组织上保证了中国共产党的正确路线和政策的贯彻执行。遵义会议是中国共产党历史上开始独立自主解决中国革命和革命战争重大问题的会议，是中共历史上一个生死攸关的转折点，意义十分重大。

遵义会议会议室挂钟藏于贵州省遵义会议纪念馆。

方志敏手稿《清贫》《可爱的中国》 民国24年（1935年）文物。

民国24年（1935年），方志敏在牺牲前夕，将《清贫》《可爱的中国》等一卷手稿托付给同牢难友、原江西省高等法院院长胡逸民（胡咢人），请其秘密带出监狱并转交鲁迅。方志敏牺牲后，胡逸民将烈士遗稿藏在床板背面，用绳子牢牢缚住，瞒过狱警多次检查。民国24年（1935年）秋，胡逸民出狱时，将烈士遗稿藏在行李中携出。民国25年（1936年）

春，胡逸民辗转到达上海。11月，因寻找鲁迅未果，将手稿转交救国会负责人章乃器的夫人胡子婴，请代为转交中共党组织。胡子婴为手稿安全起见，转托共产党员章秋阳交给宋庆龄，由宋庆龄再转交给冯雪峰。冯雪峰看到方志敏手稿后，作批语交"小K"（潘汉年）。冯雪峰又遵潘汉年嘱，转给文学青年谢澹如，将方志敏手稿保存在上海。1951年，在上海出版方志敏《可爱的中国》一书，就是根据从监狱转出的文稿编辑而成。1953年11月，中共中央办公厅将方志敏手稿《清贫》《可爱的中国》拨交中央革命博物馆筹备处。

方志敏手稿《清贫》《可爱的中国》，纵27厘米，横21厘米。纸质，钢笔、毛笔书写。

方志敏（1899～1935年），江西弋阳人。民国11年（1922年）8月，加入中国社会主义青年团。民国13年（1924年）3月，转入中国共产党。民国17年（1928年）1月，参与领导横峰、弋阳农民起义，创建赣东北苏区，领导组建中国工农红军第十军。先后任赣东北省、闽浙赣省苏维埃政府主席，红十军、红十一军政委，中共闽浙赣省委书记。民国20年（1931年）11月，当选为中华苏维埃共和国临时中央政府执行委员。民国23年（1934年）11月，方志敏奉命率红军抗日先遣队北上，任红十军团军政委员会主席。民国24年（1935年）1月，在江西玉山陇首村与国民党军作战时被俘。5月26日，方志敏在《清贫》中写道："清贫，洁白朴素的生活，正是我们革命者能够战胜许多困难的地方！""敌人只能砍下我们的头颅，决不能动摇我们的信仰！因为我们信仰的主义乃是宇宙的真理！为着共产主义牺牲，为

着苏维埃流血，那是我们十分情愿的啊！"方志敏在狱中坚贞不屈，为揭露国民党黑暗统治，总结革命斗争经验，利用敌人企图从其笔供中得到苏区情报机会，写下10余万字文稿和书信。8月6日，在南昌英勇就义，时年36岁。

方志敏手稿《清贫》《可爱的中国》藏于中国国家博物馆。

东五区苏维埃政府颁发的"自由结婚证"章 第二次国内革命战争时期文物。1979年，东五区苏维埃政府颁发的"自由结婚证"章在"福建省革命文物展览"中展出后，由福建省博物馆收藏。

东五区苏维埃政府颁发的"自由结婚证"章，纵7.3厘米，横3.8厘米。铜质，刻制。证章中央刻五角星，五星内刻铁锤、镰刀；五星上方自右至左横刻楷书"东五区""苏维埃政府"两行字，环绕五星的是"自由结婚证"5字。证章上边沿中间钻一小孔，一条铜链悬于其上。

闽西革命根据地开辟后，各级苏维埃政权颁布一系列有关婚姻的法律法规，建立起一套与旧婚姻观念、旧习俗迥然不同的新式婚姻制

度。民国17年（1928年）8月，永定县溪南区苏维埃政府首先颁布婚姻条例。随后，龙岩、上杭、永定县委及闽西苏维埃政府也都先后颁布婚姻条例。民国19年（1930年）3月25日，闽西第一次工农兵代表大会通过《婚姻法》。这是苏区建立初期比较成型的婚姻法律文件，主要内容包括结婚、离婚、离婚后妇女的田地及生活及子女抚养等方面的规定9条。《婚姻法》确立包括寡妇再婚自由在内的结婚自由（双方同意）原则，建立结婚登记制度，以取代订婚制度，从而将个人婚姻行为纳入政府管理中。在离婚处理上，列出准予离婚11项条件，包括身体疾病、家庭压迫、夫妻矛盾、家庭身份、违背一夫一妻制情况等。《婚姻法》的规定，是当时婚姻绝对自由的思想在法律上的体现。民国20年（1931年）11月28日，中华苏维埃共和国中央执行委员会第一次会议通过《婚姻条例》，12月1日公布实施。《婚姻条例》共分7章23条，根据《宪法大纲》有关规定，确立婚姻自由、一夫一妻制两大原则，明确规定废除一切封建包办、强迫和买卖的婚姻制度，禁止一夫多妻。

东五区苏维埃政府颁发的"自由结婚证"章藏于福建博物院。

聂耳的小提琴 第二次国内革命战争时期文物。

民国24年（1935年）7月17日，聂耳在日本海滨意外溺水身亡。8月底，聂耳遗体和遗物由其亲友护送回上海。民国25年（1936年），聂耳三哥聂叙伦将聂耳遗骨接回家乡。1960年10月，聂耳二哥聂子明将聂耳的小提琴献给国家，由云南省博物馆收藏。

聂耳的小提琴通长60.5厘米，通宽21厘米，通高6.5厘米；弓长74.5厘米。木、马尾质。由德国制造。

聂耳（1912～1935年），云南玉溪人。近代作曲家，小提琴演奏家。20世纪初，小提琴传入中国，聂耳开始了解小提琴并产生兴趣。民国19年（1930年），聂耳只身从云南来到上海。民国20年（1931年）初，聂耳因帮助朋友租赁电影拷贝，邮寄回昆明放映，而获得100元酬金。聂耳将这笔钱一半汇给母亲，剩余的购买了一把廉价的二手小提琴、几本乐谱和一件冬衣，小提琴在聂耳的音乐创作之路上开启一扇新的窗户。4月，聂耳考入黎锦晖主办的明月歌舞剧社，任小提琴手。民国21年（1932年）11月，聂耳进入联华影业公司，参加苏联之友社音乐小组，并组织中国新兴音乐研究会，参加左翼戏剧联盟音乐组。民国22年（1933年），经田汉介绍加入中国共产党。8月，聂耳用这把小提琴，为电影《母性之光》作曲，创作出其第一首表现人民大众斗争生活的电影歌曲《开矿歌》。民国22～24年（1933～1935年），聂耳创作《大路歌》《毕业歌》《卖报歌》等数十首充满战斗激情和富于劳动人民感情的歌曲，被誉为"人民音乐家"。其中，最为著名的是民国24年（1935年）为影片《风云儿女》谱曲的主题歌《义勇军进行曲》，是鼓舞千千万万中华儿女投身到抗日救亡洪流的绝唱。1949年9月27日，政协第一届全体会议通过决议，在中华人民共和国国歌未正式制定前，以《义勇军进行曲》为国歌。1982年12月4日，第五届全国人民代表大会第五次会议通过决议，正式将田汉作词、聂耳作曲的《义勇军进行曲》定为中华人民共和国国歌。聂耳的小提琴始终伴随其为音乐奋斗生涯，是成就聂耳为人民音乐家的不可或缺之物。

聂耳的小提琴藏于云南省博物馆。

红军在长征中写于贵州省仁怀县的木板标语　民国24年（1935年）3月文物。1955年4月，遵义会议纪念馆以拆换方式征集红军在长征中写于贵州省仁怀县的木板标语。1959年4月，拨交中央革命博物馆筹备处。

红军在长征中写于贵州省仁怀县的木板标语，纵78.1厘米，横45厘米。木质，毛笔书写。标语内容为："红军到，乾人笑，绅粮叫；白军到，乾人叫，绅粮笑。要使乾人天天笑，白军不到，红军到；要使绅粮天天叫，白军弟兄拖枪炮。拖了枪炮回头跑，打倒军阀妙妙妙。"标语中"乾人"为四川土话，即穷人，"绅粮"即富人。

红军在长征途中，到处开展宣传鼓动工作，通过写标语、贴布告等形式，向沿途群众宣传革命道理，宣传党的政策。遵义会议后，红军总政治部于民国24年（1935年）2月27日发布命令，要求各部队加强革命宣传工作，并

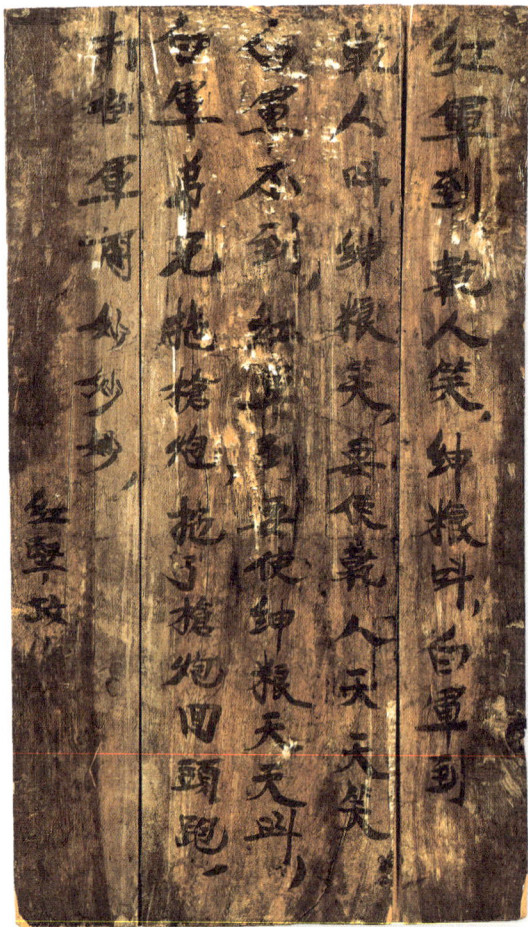

拟订12条通俗易懂、易于流传的宣传材料一并印发，要求各部队："动员自己部队中凡能写字的，用木炭、用毛笔、用大字、用小字，在屋壁上，在门板上，遍写下列材料十二条，做到每人每天至少写一条。"红军经过的一些地区房屋墙壁、板壁上仍能清晰地看到当年红军书写的标语口号等。红军在长征中写于贵州仁怀县的木板标语是遵义会议后，红一方面军红一军团政治部（代号"坚"）在贵州省仁怀县（茅台县）长岗山乡大园子村一位老乡家的木板壁上书写的。以通俗易懂、寓意深刻、朗朗上口的歌谣形式，宣传红军是穷人的队伍。

红军在长征中写于贵州省仁怀县的木板标语藏于中国国家博物馆。

红一军团政治部出版的《战士》报 民国24年（1935年）5月26日文物。

1951年7月，红一军团政治部出版的《战士》报由中央军委文化部拨交中央革命博物馆筹备处。

红一军团政治部出版的《战士》报，纵23厘米，横32.5厘米。纸质，油印。由中国工农红军第一方面军第一军团"坚"政治部出版，第一八四期。其中以《十七个强渡的英雄》为题，报道红军勇士强渡大渡河英雄事迹。

民国24年（1935年）5月，中央红军长征通过凉山彝族地区后，即向大渡河挺进。大渡河是四川境内一条峡谷河流，水深流急，地势险要。蒋介石一面派兵追击红军，一面调集军队增强大渡河防御，企图使红军重蹈太平天国翼王石达开的覆辙。为粉碎敌人企图凭借天险消灭红军阴谋，中央红军先以一支部队在越西县（现属石棉县）安顺场强渡大渡河，再沿左岸北上，与红军主力合围夺取泸定桥。5月24日，红一军团一师一团（团长杨得志，政委黎林）在先遣队司令员刘伯承、政委聂荣臻的率领下，出击安顺场，占领南岸渡口。25日，一营营长孙继先挑选17名勇士，组成奋勇队强渡大渡河。孙继先把人分成两组，第一组由连长熊

尚林带队，第二组由营长孙继先带队，用缴获的一条小船分两次进行强渡。奋勇队冒着敌人枪林弹雨，依靠每人配备一把大刀、一支冲锋枪和一支手枪，及五六枚手榴弹，成功登上彼岸。奋勇队在炮火掩护下，一齐冲锋，迅速占领北岸渡口，击溃守敌一个营，为大部队渡河和沿左岸北上打开一条通道。第二天，红一军团（代号"坚"）政治部出版《战士》报第184期，以《十七个强渡的英雄》为题，对渡河战斗经过做详细报道。由于营长孙继先未报自己名字，所以报道中只写了17勇士。这篇报道使红军勇士强渡大渡河的英勇事迹世代相传。

红一军团政治部出版的《战士》报藏于中国国家博物馆。

抗日联军第一军军长兼政委"杨靖宇印"章 民国25年（1936年）前文物。

抗日联军第一军军长兼政委"杨靖宇印"章，为杨靖宇在民国25年（1936年）前使用印章。民国22年（1933年）10月27日，杨靖宇领导东北人民革命军第一军独立师，南渡辉发江开辟新的抗日游击区。11月，到达金川县河里地区，建立河里抗日游击根据地，中心在通化县兴林镇境内。民国25年（1936年）秋，日伪军派重兵进行"东边道独立大讨伐"，杨靖宇率部

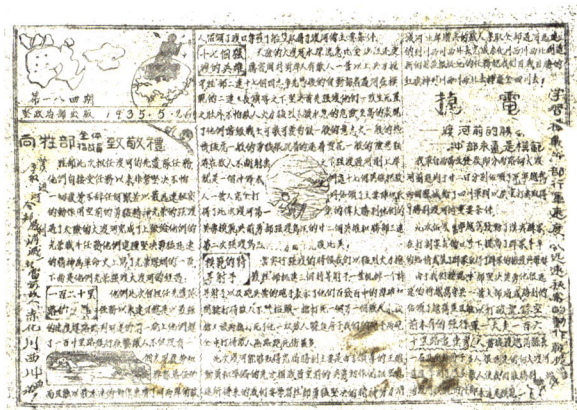

离开河里，转战于老岭山区。此印章约于民国25年（1936年）8月前后，失落于吉林省通化县兴林镇丛家沟一带。后省委秘书处处长李永浩曾前往该地寻找，但无果。1967年夏，通化县兴林镇农民柳明章和张元聪在大荒沟铲地时，发现此印章。柳明章当即汇报，并由民兵连长赵京秀送至中国人民革命军事博物馆。

抗日联军第一军军长兼政委"杨靖宇印"章，边长1.5厘米，高3厘米。铜质狮纽方印，又称"蹲狮子烈火印"。印文为朱文隶书反形字"杨靖宇印"。

杨靖宇（1905~1940年），原名马尚德，字骥生，河南确山人。抗日英烈，东北抗日联军的主要创建者和领导者之一。民国15年（1926年），加入中国共产主义青年团。民国16年（1927年）5月，加入中国共产党。参加领导确山农民暴动和刘店秋收起义。任确山县农民革命军总指挥、确山县农民协会委员长和临时治安委员会代理主席、豫南特委委员兼信阳县委书记。民国18年（1929年）春，前往东北，化名张贯一，历任中共抚顺特别支部书记、中共哈尔滨市委第一任书记、满洲省委委员兼满洲省委军委代理书记。民国22年（1933年）秋，组建东北人民革命军第一军独立师，任师长兼政委。民国23年（1934年），任东北抗日联合军总指挥部总指挥、东北人民革命军第一军军长兼政委。民国24年（1935年），任抗日联军第一军军长兼政委等职。民国25年（1936年）6月起，任抗日联军第一路军总司令（后为总指挥）兼政委。同年，组织反日伪军"讨伐"作战，率警卫旅转战于濛江一带。终因敌强我弱，陷入困境。因叛徒出卖。民国29年（1940年）2月23日，在吉林濛江三道崴子牺牲。

杨靖宇生前使用印章共有2枚传世，除此印章外，还有一枚收藏于东北烈士纪念馆，印文亦为"杨靖宇印"，该章是料质无纽方印，可能是在铜质狮纽方印失落后重刻，由杨靖宇警卫员贴身保管。民国29年（1940年）2月18日，杨靖宇警卫员朱文范、聂东华在下山寻找食物时，与敌人遭遇牺牲，料质无纽方印落入日伪军手中，后几经辗转，被东北烈士纪念馆收藏。

抗日联军第一军军长兼政委"杨靖宇印"章藏于中国人民革命军事博物馆。

中华苏维埃人民共和国西北抗日红军大学招生布告　民国25年（1936年）2月文物。

中华苏维埃人民共和国西北抗日红军大学招生布告原保存者贺长光，陕西神木人，民国25年（1936年）2月参加红军，任神府特区苏维埃政府通讯员。民国26年（1937年）春，任神府特委无线电台电报员，红军独立师师部电报员。后转入地方，历任神木县太和寨区委书记、横山县委书记、靖边县县长、佳县县委书记等职。1952年，贺长光将跟随自己多年的中

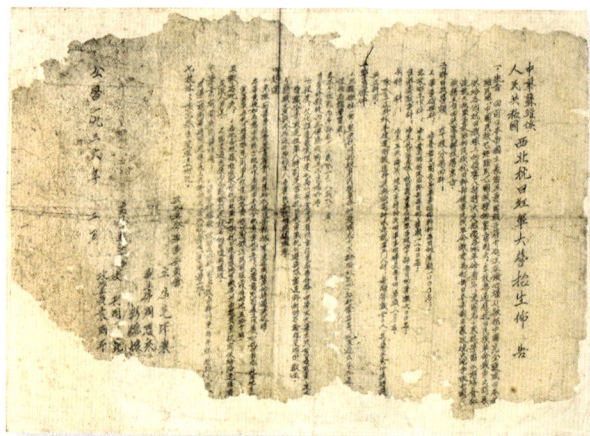

华苏维埃人民共和国西北抗日红军大学招生布告捐赠给延安革命纪念馆。

中华苏维埃人民共和国西北抗日红军大学招生布告，纵37.3厘米，横52.3厘米，麻纸质，油印。布告为横式长方形，已托裱。文字从右至左纵式排列，正文有29列。落款为"西北革命军事委员会主席毛泽东，副主席周恩来、彭德怀，西北抗日红军大学校长周子昆、政治委员袁国平"。左上角盖有红色圆形印章，字迹已无法辨认。

西北抗日红军大学前身，是民国20年（1931年）创建于江西瑞金的中国红军学校。民国22年（1933年），扩建为红军大学。民国23年（1934年），随中央红军长征，改称"干部团"。红军长征到达陕北后，红军干部团和陕北红军学校合并，组成中国工农红军学校，不久改称西北抗日红军大学，简称"红大"，周子昆任校长，袁国平任政治委员。民国25年（1936年）2月，西北军委发布《中华苏维埃人民共和国西北抗日红军大学招生布告》，指出学校宗旨：为适应抗日民族革命战争之开展，"培养和造就大批军事政治的民族抗日干部，领导民族战争，打倒日本帝国主义，收复失地，争取中国民族独立与彻底解放"。并规定学习科目，学员条件及待遇等。民国25年（1936年）6月1日，红大在保安举行开学典礼。民国26年（1937年）1月20日，红大随中共中央迁入延安，更名为中国人民抗日军事政治大学，简称"抗大"。至民国34年（1945年）8月，抗大共举办8期，创办12所分校，先后培养10余万德才兼备的抗日军政人才，为中国人民解放事业建立了不可磨灭的历史功勋。

中华苏维埃人民共和国西北抗日红军大学招生布告藏于陕西省延安革命纪念馆。

中国人民红军抗日先锋军总政治部赠给洪洞县白石村小学的风琴 民国25年（1936年）春文物。民国25年（1936年）2～5月在东征时，红一军团司令部曾驻扎在山西省洪洞县白石村，村里小学教学条件十分简陋。红军来到校园，用缴获敌人的风琴教孩子们唱抗日歌曲。红军离开时，将风琴以中国人民红军抗日先锋军总政治部名义留给学校。1956年，白石村小学将中国人民红军抗日先锋军总政治部赠给洪洞县白石村小学的风琴献给国家，由山西省博物馆收藏。

中国人民红军抗日先锋军总政治部赠给洪洞县白石村小学的风琴，通高104厘米，通宽94.5厘米，厚38.2厘米。木质。雅马哈牌，日本滨松生产。琴盖上刻有"中国人民红军抗日先锋军总政治部赠白石村两级小学校留念"。琴身有"YAMAHA ORGAN"品牌名和"HAMAMATSU"厂商名。

民国24年（1935年）12月，中央政治局在瓦窑堡召开扩大会议，制定抗日民族统一战线方针政策，把红一方面军行动和苏区发展主要方向，放在东边的山西和北边的绥远等省，提出"抗日反蒋，渡河东征"口号。民国25年（1936年）1月15日，以毛泽东为主席的中国工农红军西北革命军事委员会发布《关于红军东进抗日及讨伐卖国贼阎锡山的命令》。2月20日，红军东渡黄河，东征战役开始。为避免内战，保存抗日力量，并促进抗日民族统一战线工作开展，5月5日，中共中央决定红军撤回

河西，结束东征。历时75天的东征作战，在军事上、政治上取得重大胜利，给阎锡山晋绥军以沉重打击。正如毛泽东对东征胜利意义的高度概括：打了胜仗，唤起民众，筹备财物，扩大红军。东征对抗日统一战线形成有重大作用，直接促使阎锡山采取"联共抗日"政策。"中国人民红军抗日先锋军"，是红一方面军在东征期间所用名字。民国25年（1936年）3月10日，彭德怀、毛泽东以中国人民红军抗日先锋军总司令和总政治委员的名义公开发表文告，申明红军宗旨和抗日主张，号召全国爱国民众共同抗日。4月1日，西北革命军事委员会主席毛泽东，副主席周恩来、彭德怀联名签署命令，正式宣布：为执行党中央争取迅速对日作战决定，将第一方面军全部改为中国人民红军抗日先锋军。《命令》规定，以华北五省为抗日先锋军作战范围，在山西创造作战根据地为当前基本方针。

中国人民红军抗日先锋军总政治部赠给洪洞县白石村小学的风琴藏于山西博物院。

红军在宁夏留下的写有革命标语的墙皮 民国25年（1936年）文物。

民国25年（1936年）6月，西征红军进军固原县黑城镇，打下祁家堡子后，便在居住的四合院上房后墙上写下革命标语。一个月后，红军离开祁家堡子东进转移。当地群众在标语上抹上一层麦草泥，将标语保存。天长日久，墙上麦草泥逐渐脱落，红军当年写下标语重见天日。1963年，宁夏回族自治区政府决定将这些标语作为革命文物，派专人加以保护。1974年，宁夏回族自治区博物馆派出文物保护专家到祁家堡子，经实地考察决定对墙皮进行整体揭取，移至博物馆进行修复研究。在对墙皮进行修复、加固后，红军在宁夏留下的写有革命标语的墙皮在宁夏回族自治区博物馆"红旗漫卷"基本陈列中展出。

红军在宁夏留下的写有革命标语的墙皮，纵140厘米，横55厘米。泥土质，墨书。呈长方形，泥质墙皮上墨书汉字，自右至左纵有3列，共20个汉字："不交租、不交粮，打土豪、分田地，牛马衣服分给农民。"墙皮标语经揭取修复，四周加固木质框架，背面有固定龙骨。

民国25年（1936年）5月初，红一方面军东征胜利回师陕北后，中共中央根据形势发展，决定红军向陕甘宁三省边界国民党军事力量薄弱地区西征，巩固和发展陕甘革命根据地，扩大红军，争取西北抗日力量联合。5月18日，中革军委决定以红一方面军的红一、红十五军团和红八十一师、骑兵团等1.3万余人，组成西方野战军西征。彭德怀任司令员兼政治委员。西征部队先以红一军团为左路，红十五军团等部为右路，后来又以红二十八军、红八十一师、骑兵团为中路，于5月下旬至6月上旬相继出发。西征战役历时两个多月，在三省边界开辟纵横200余千米的新区，为策应红二、红四方面军北上，推动抗日民族统一战线起到积极作用。宁夏是红军西征的一个主战场。红军在转战宁夏的半年里，同广大回汉人民亲密相处，宣传党的抗日救国主张和革命道理，做了大量的思想教育和组织工作，建立5个中共县委和4个苏维埃政权，组织发动群众，每攻占一处，便在沿途墙壁上书写标语，向回汉群众宣传党的政策，把宁夏人民革命推向更新阶段。

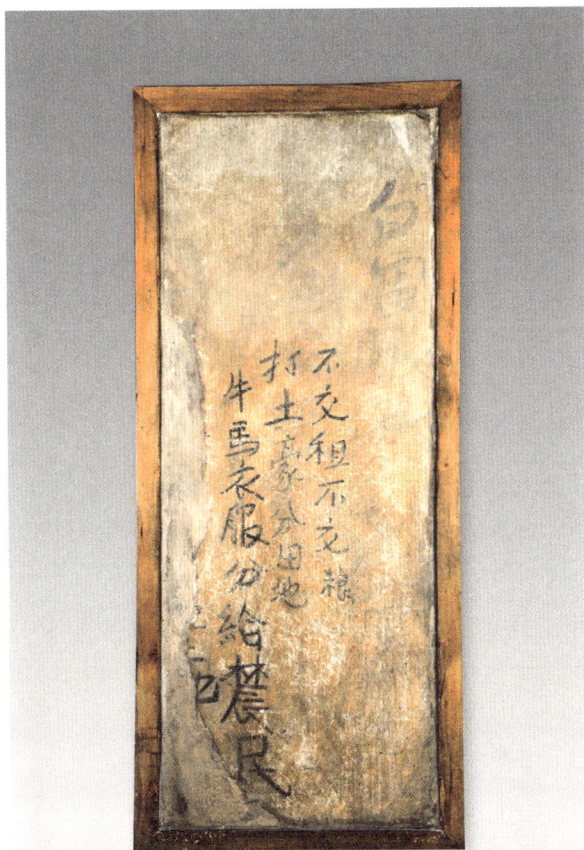

红军在宁夏留下的写有革命标语的墙皮藏于宁夏博物馆。

红军赠予回族大教主的"爱民如天"锦旗 民国25年（1936年）文物。民国26年（1937年），回族大教主洪寿林去世前，嘱咐儿子，要不惜一切将红军赠予的"爱民如天"锦旗保存下来，等待红军回来。洪寿林儿子遵照父嘱，把锦旗用蜡纸包裹，藏在洪寿林"禁房"墙壁里。1958年，洪家后人将锦旗捐献给宁夏地志博物馆筹备处。

红军赠予回族大教主的"爱民如天"锦旗，纵250厘米，横142厘米。长方形，锦缎质，毛笔书写。中间为唐天际墨笔竖写楷书繁体"爱民如天"4个大字，右侧上款书"寿林回族大教主法正"，左侧下款署名"汉族同胞程宗受、唐天际敬赠"。寿林，即洪寿林，又名洪如海，宁夏当地回族教主，在西北地区享有很高声誉。程宗受，即程子华，时任红十五军团政治委员。唐天际，时任红十五军团政治部破坏部部长。

民国25年（1936年）7月，红十五军团西征到达宁夏豫旺县（同心县）时，了解到回族大教主洪寿林的为人和身世，便派联络员秘密和洪寿林接触。在豫旺县红岗子（中宁县喊叫水乡红岗子村）洪寿林家，红军联络员拜访80高龄洪寿林，受到热情接待。为保护红军联络员，洪寿林毅然打破各种禁忌，将红军联络员藏进"禁房"（教主修心盘道之净地，任何人不得进去）7天7夜。白天，由洪寿林夫人送茶送饭；晚上，洪寿林和红军联络员促膝谈话。通过交谈，洪寿林了解到共产党的宗旨、红军是穷人的队伍及抗日救国等道理。此后，洪寿

林向教民宣传红军是人民军队，并说："红军是仁义之师，必定胜利。"动员教民给红军送粮草，做了很多有益工作。为感谢洪寿林对红军的支持和帮助，红十五军团派政治部首长唐天际和回民独立师师长马青年，代表红军向洪寿林赠送150只羊和"爱民如天"锦旗。并聘任洪寿林为民国25年（1936年）10月成立的陕甘宁省豫海县（辖豫旺和海原东部回民聚居地）回民自治政府委员。教主洪寿林向红军回赠羊只、银圆和自制的一面绿色杭缎锦幛（回族崇尚绿色）。亲笔在锦幛上用阿文题词"太阳之光，普照大地"。比喻红军是太阳，将来要照到大地各处。

红军赠予回族大教主的"爱民如天"锦旗藏于宁夏博物馆。

贺龙为归化寺题写的"兴盛番族"绸匾 民国25年（1936年）文物。红军离开后，贺龙题写"兴盛番族"绸匾一直由归化寺保存。1959年，由昆明军区征集并移交中国人民革命军事博物馆。

贺龙为归化寺题写的"兴盛番族"绸匾纵64厘米，横285厘米，丝绸质，毛笔书写。横书"兴盛番族"，上款"中甸归化寺存"，落款"贺龙"。由红二军团司令部第二科科长樊哲祥代笔书写。

归化寺坐落于云南省中甸（香格里拉）县中心镇西北，藏语称"噶丹松赞林"，五世达赖喇嘛时期敕建的藏区十三林之一，是云南地区最大的藏传佛教寺院，被誉为"小布达拉宫"。归化寺，建于1679年，极盛时占地面积500亩以上，所属僧众1500名。归化寺分设詹茸、扎雅等八大康参（八大老僧），掌握中甸县经济和政教大权。

民国25年（1936年）4月25日起，贺龙、任弼时率红二、六军团渡过金沙江，进入中甸县。当地藏族群众由于受到欺骗宣传，纷纷躲入山林，归化寺也紧闭寺门，防范红军。为消除当地僧俗群众疑虑，顺利通过藏区，贺龙、任弼时等要求红二、红六军团执行党的民族政策。还以贺龙名义颁发《中华苏维埃共和国中

央革命委员会湘鄂川黔滇康分会布告》，表明红军"兴番灭蒋，为番民谋利益"之目的，并请求番民"代买粮草"，且"一律以现金按价照付"。经红军开展统战工作，归化寺派出喇嘛夏拿古瓦为代表与红军谈判。5月1日，贺龙在中甸县中心镇经堂接见夏拿古瓦，阐明党的民族政策和宗教政策，并请夏拿古瓦给归化寺八大老僧带信，表明"红军允许人民宗教信仰自由，因此对贵喇嘛寺所有僧侣生命财产绝不加以侵犯"，并请帮助筹集粮秣，"决照价支付金钱"。5月2日，贺龙等应邀拜访归化寺，八大老僧及30余名喇嘛迎接贺龙等人进入大寺直仓（佛厅），并破例为贺龙一行举行"跳神"仪式（每年冬季举行的宗教仪式，以庆祝丰收、祈祷吉祥）。在"跳神"仪式上，贺龙将"兴盛番族"绸匾赠予归化寺。"番"是承袭明清对康区藏人较为传统和普遍的称谓，因此贺龙赠送给归化寺绸匾及红军发布标语、布告中，均将藏族同胞称为"番民""番族"。5月3日，归化寺向红军出售2000余斗（6万余斤）青稞，当地喇嘛藏商也纷纷向红军售卖盐巴、红糖。5月5日，红二、红六军团由中甸县向甘孜进发。临别时，归化寺八大老僧向贺龙赠送茶叶、红糖、大米、猪肉、沙盐等，贺龙等当场支付银圆。

贺龙为归化寺题写的"兴盛番族"绸匾藏于中国人民革命军事博物馆。

埃德加·斯诺在陕北采访时用的摄影机 民国25年（1936年）文物。

民国25年（1936年）10月，美国记者埃德加·斯诺从苏区采访回到北平，将摄影机归还给美联社驻北京记者、时任燕京大学教授詹姆斯·怀特。民国29年（1940年），怀特返回美国休假时，将摄影机还给姐姐D.E.亚历山大夫人。在得知这架摄影机不平凡经历后，亚历山大夫人将摄影机收藏起来。1979年，当D.E.亚历山大夫人得知斯诺夫人将当年那顶红军帽赠送给中国时，便决定将这架代表着中美人民友谊的摄影机作为礼物送给中国。4月27日，亚历山大夫人委托随团来华访问的理查德·扬夫人，将摄影机交给中国人民对外友好协会，转赠中国革命历史博物馆。

埃德加·斯诺在陕北采访时用的摄影机长22厘米，宽5.5厘米，高12.4厘米。玻璃、金属质地。

埃德加·斯诺（1905～1972年），美国作家和新闻记者。民国17年（1928年），以记者身份来到中国。民国25年（1936年）6月，斯诺由北平出发，冲破国民党严密封锁，经西安辗转进入陕北苏区，对红军和根据地进行4个多月采访。临行前，斯诺找到詹姆斯·怀特，借到这架16毫米摄影机，开始陕甘宁之行。这架摄影机伴随斯诺，走遍陕北苏区许多地方，采访许多红军领导人、红军战士，拍摄到反映

根据地军民战斗、生产、生活和工作的影像资料。斯诺从苏区归来后，在英、美报刊上发表许多介绍苏区和红军的通讯报道。之后，斯诺将这些材料编辑成《红星照耀中国》一书，民国27年（1938年）出版中译本名为《西行漫记》。斯诺还将拍摄毛泽东、周恩来等中共和红军领导人形象和红军战士英武军容、边区建设、人民社会生活片段等方面场景的资料片编辑成纪录片，第一次向西方报道中国革命根据地情况，留下非常珍贵的历史资料。

埃德加·斯诺在陕北采访时用的摄影机藏于中国国家博物馆。

毛泽东在陕北戴过的红军八角帽　民国25年（1936年）文物。

1975年9月，在红军长征胜利40周年前夕，斯诺夫人洛伊斯·惠勒·斯诺应邀访问中国。为表达美国朋友对中国人民友谊，全家商定把毛泽东在陕北戴过的红军八角帽送还中国。斯诺夫人把红军八角军帽从银行保险柜里取出，随身携带。10月4日，邓颖超接见斯诺夫人一行，国家文物局局长王冶秋作陪。斯诺夫人将珍藏39年的红军八角帽交给邓颖超。遵照邓颖超指示，王冶秋代表国家文物局将红军八角帽转交中国革命博物馆。

毛泽东在陕北戴过的红军八角帽，帽口周长57厘米，灰色，布质。

民国25年（1936年）6月，美国进步作家和新闻记者埃德加·斯诺由北平出发，经由西安进入陕北根据地进行4个多月的采访。到根据地后，红军发给斯诺和美国医生马海德每人一匹马，一支自动步枪和一套红军军服及军帽。斯诺穿着这套军装参加各种活动，并先后采访过许多中共领导人和红军干部、战士。7月一天，斯诺来到保安（志丹县）采访毛泽东。斯诺想为毛泽东拍摄一幅"官方"像，但毛泽东穿着随意，头发很长，又未戴帽子。斯诺建议毛泽东戴顶帽子，但毛泽东一时找不到帽子，斯诺就把自己戴的帽子摘下，给毛泽东戴上。斯诺按下快门，留下那幅著名的毛泽东头戴八角帽照片《毛主席在陕北》。斯诺离开苏区后，写成《红星照耀中国》（中文初版时名《西行漫记》）。之后数十年，《毛主席在陕北》的照片广为流传。据马海德回忆，斯诺是唯一能让年轻的毛泽东戴帽子的人。拍完照，毛泽东把这顶军帽还给斯诺。斯诺离开陕北后，便把这顶红军军帽珍藏起来，作为永久纪念。为精心保存，斯诺特制了一个十分精致的红木帽盒，盒内衬紫红色丝绒。

毛泽东在陕北戴过的红军八角帽藏于中国国家博物馆。

东北救亡总会会旗　民国26年（1937年）6月20日文物。东北救亡总会会旗一直由该会执行委员高崇民珍藏，后遗留给其长子高存信将军。1996年，由高存信夫人白竞凡捐赠给辽宁省近现代史博物馆。

东北救亡总会会旗，纵94.5厘米，宽

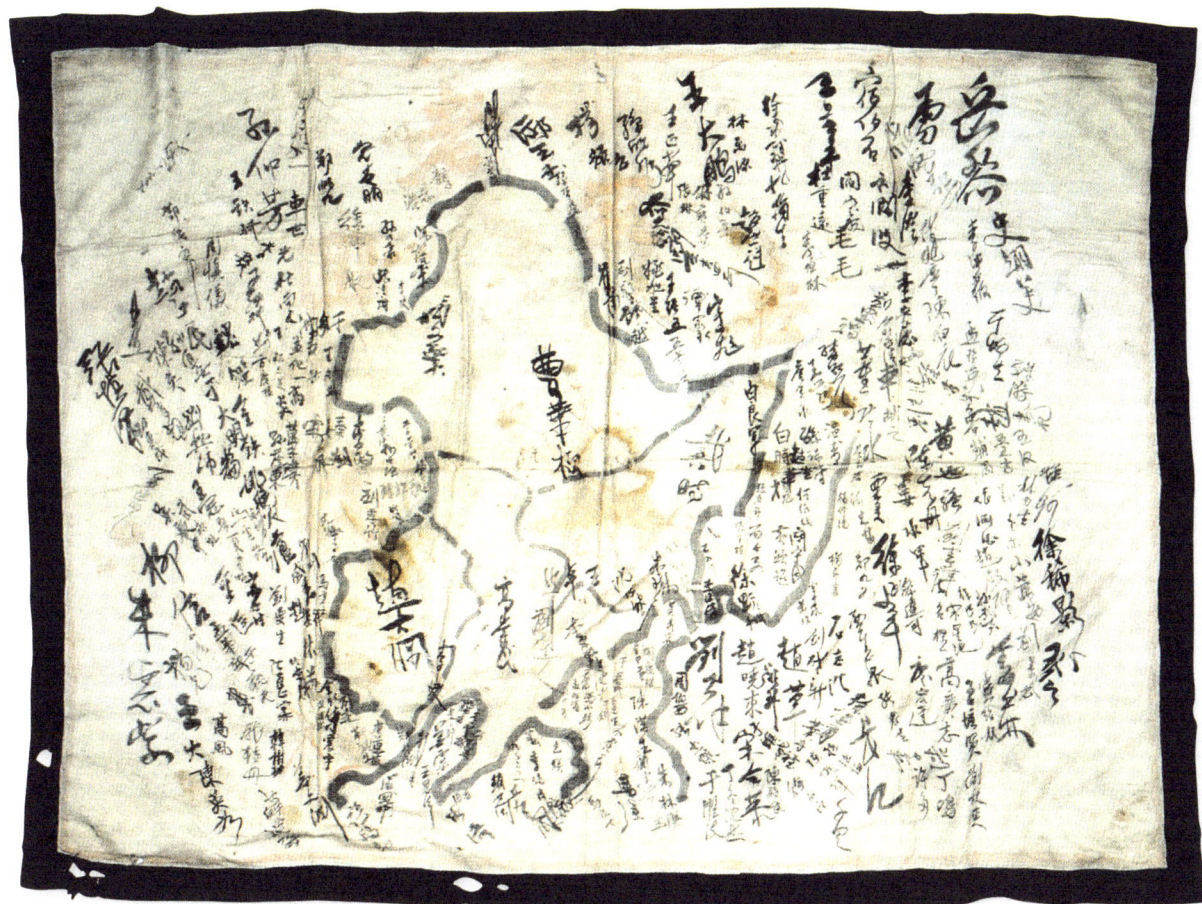

128.2厘米。白色棉粗布，镶蓝边。图案为毛笔绘制的辽、吉、黑、热东北四省地图，沿图形上部边界写着"打回老家去"5个用爱国志士鲜血写成的红色大字。上面有参加成立大会268位代表签名，因此又是签到簿。

东三省沦陷后，大批东北人士流落关内，纷纷组织起来，成立各种民众抗日救亡团体。至民国26年（1937年），在北平东北抗日救亡团体就有16个，其中以东北人民抗日救国联合会（简称"东联"）为最大，且已联合东北妇女救国会、东北旅平青年救国会等团体。民国26年（1937年）3月，周恩来致函北方局书记刘少奇，提出把东北各救亡团体加以整顿，筹备成立救亡团体联合会，开展救亡运动，以人民群众力量推动东北军抗日，并希望由一些在

东北人中有影响的人士出面组织。东北局对这一指示高度重视，经反复磋商，研究决定请在东北民众中较有号召力的高崇民出面筹备。经多次协商，大家一致同意组成东北统一救亡团体，名称为"东北救亡总会"（简称"东总"）。4月，根据周恩来意见，东总筹备会在上海八仙桥召开，会上确定东总任务为：拥护国共合作，共同抗战，共同建国；营救张学良将军；声援东北抗日联军。

民国26年（1937年）6月20日，东北救亡总会成立大会在北平（北京）西城崇元观5号东北大学礼堂召开。高崇民、阎宝航等东北各界爱国人士268人参加大会，并在会旗上签下名字。高崇民致开幕词，大会通过《工作报告》《组织大纲》《宣言》，推选出"东总常委30

多人"，并从常委中选出高崇民、阎宝航、车向忱、陈先舟、卢广绩为执行委员，粟又文为秘书长。东总是中国共产党领导下的抗日民族统一战线组织，是在周恩来直接关怀和领导下东北流亡同胞组成的抗日救亡团体。东总的成立，标志东北人民抗日救亡斗争由自发分散状态走向了有组织有领导的联合斗争新阶段。卢沟桥事变后，东总先后在北平、济南、太原、武汉、重庆等地继续开展抗日救亡斗争。民国31年（1942年），被国民党政府解散。

东北救亡总会会旗藏于辽宁省沈阳市张氏帅府博物馆。

红军长征带到陕北的山炮　20世纪30年代中期文物。1959年，中国人民革命军事博物馆筹建期间，贺龙亲自下令寻找587号山炮。不久，有关部门找到此山炮，并由昆明军区拨交中国人民革命军事博物馆。

红军长征带到陕北的山炮，炮身长105厘米，口径75毫米，放列长323厘米，放列重386千克，初速为280米/秒（榴弹），最大射程4300米。钢、木质。上海兵工厂民国16年（1927年）制造。编号587。炮身有铭文"上海兵工厂　七生五过山炮　中华民国十六

年　五百八十七"。

民国24年（1935年）2月，蒋介石调集湘鄂两省兵力，向湘鄂川黔根据地发动大规模"围剿"。红二、六军团在红二军团军团长贺龙、政治委员任弼时的指挥下，进行英勇反"围剿"作战。红军与国民党军激战近2个月后，决定退出根据地，北渡长江创建新苏区。4月12日，红二、红六军团主力开始转移。国民党军第58师师长陈耀汉急调第172旅截击红军，企图切断红军北移通路。14日，红军在陈家河全歼第172旅。15日，率师部及第174旅大部前来增援的陈耀汉得知此消息后，便率部南撤并在桃子溪宿营。当日黄昏，回师途中红二、六军团萧克部，抓住战机，突然向敌人发起进攻，经2小时激战，全歼国民党军58师师部及第174旅和山炮营，缴获山炮两门，取得姚子溪战斗的胜利。此山炮为缴获品之一。

这门山炮后来装备在红军炮兵营，曾参加忠堡、板栗园等多次战斗，消灭大量敌军。民国24年（1935年）11月，红二、六军团撤离湘鄂川黔根据地开始战略转移。按照上级要求，战士们精简行装，却没舍得丢下这门沉重的山炮。从突破乌江、转战乌蒙山、抢渡金沙江，到翻雪山、过草地……此山炮始终伴随红军战士。为带着山炮，战士们克服重重困难，人抬马驮，始终未丢弃。在过草地时，山炮被拆卸成几部分，抬出草地。红军经过长征，最初携带和配备的一些重型武器装备已所剩无几，红军战士们用鲜血和汗水把587号山炮抬到陕北，成为经过长征被带至陕北的唯一一门山炮。

红军长征带到陕北的山炮藏于中国人民革命军事博物馆。

张学良离陕时给东北军各军师长的手令 民国25年（1936年）12月25日文物。

民国25年（1936年）12月12日，国民党"西北剿总"副总司令、东北军领袖张学良和第十七路军总指挥、西北军领袖杨虎城，为实现逼蒋抗日的政治主张，毅然扣押前往西安督战的蒋介石，发动了震惊中外的西安事变。经中国共产党调解，12月24日，蒋介石被迫接受停止内战、联共抗日等六项协议。为促成国内和平早日实现，25日下午，张学良不顾自身安危，断然决定亲自护送蒋介石回南京，当日抵达洛阳，26日到达南京。蒋介石一到南京，便将张学良扣押，且长达数十年。直到蒋介石死后，张学良才重获自由。

张学良护送蒋介石离开西安回南京前，写下给东北军各军师长手令，还写了一封给杨虎城和于学忠的信，内容大致相同。手令和信交

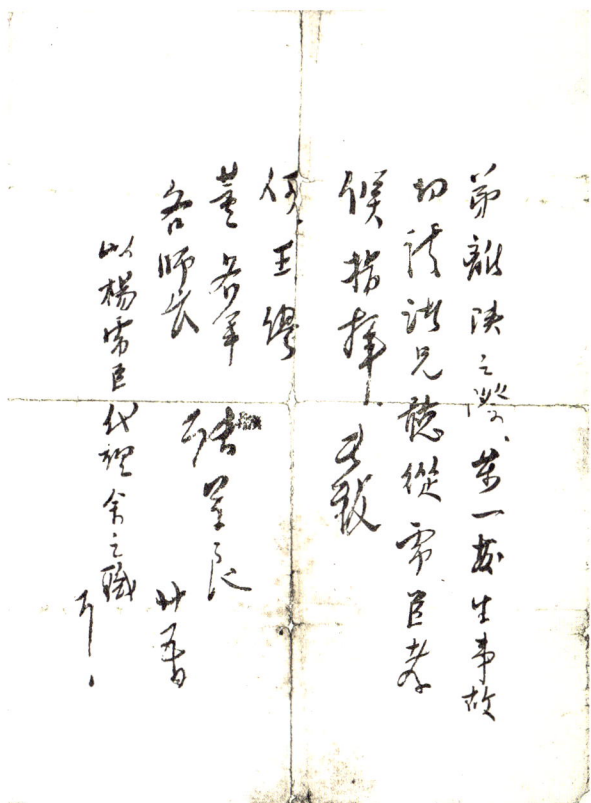

给杨虎城后，立即影印并分送给各有关将领。张学良给东北军各军师长的手令原保存者是曾在大帅府任承启处录事的赵新华，在张学良被蒋介石扣押后，赵新华到于学忠东北军五十一军留守处做事。民国34年（1945年）4月，于学忠调任国民党军事参议院副院长时，赵新华请求弃职回家，于学忠便把张学良离西安时给东北军各军师长的手令及一批照片图册，送赵新华留作纪念。赵新华一直精心收藏，"文革"中上交。1983年，赵新华写信恳请中国革命博物馆派人帮助查找。在新民县委和县档案科协助下，经多方查寻，终于在新民县档案科找到张学良离陕时给东北军各军师长的手令。为此，赵新华十分感动，当即决定将这件见证西安事变的珍贵文物捐赠给中国革命博物馆。

张学良离陕时给东北军各军师长的手令，纵28厘米，横21厘米。纸质，石印。内容为"弟离陕之际，万一发生事故，切请诸兄听从虎臣、孝侯指挥。此致何、王、缪、董各军各师长。以杨虎臣代理余之职"。手令中提及"虎臣"是杨虎城的号。"孝侯"，即东北军五十一军军长、甘肃省主席于学忠。"何"，即东北军骑兵军军长何柱国。"王"，即东北军六十七军军长王以哲。"缪"，即东北军五十七军军长缪澄流。"董"，即抗日联军临时西北军事委员会参谋长董英斌。

张学良离陕时给东北军各军师长的手令藏于中国国家博物馆。

中华军委主席团关于红军改编的命令 民国26年（1937年）7月14日文物。1951年7月，中华军委主席团关于红军改编的命令由中央军委文化部拨交中央革命博物馆筹备处。

中华军委主席团关于红军改编的命令，纵37厘米，横26厘米。纸质，油印。上端盖有"中华苏维埃共和国执行委员会人民委员会革命军事委员会"（简称"中革军委"）印痕。右下端有中华军委主席"毛泽东印"戳。毛笔写"此令谭主任"字样。中华军委，全称中华苏维埃人民共和国中央军事委员会，成立于1936年12月7日，至1937年7月结束。

民国26年（1937年）7月7日，卢沟桥事变爆发，中国第二十九军奋起还击，拉开全国抗日战争序幕。8日，中国共产党通电全国号召全民族抗战。9日，中国工农红军全体将领通电全国，请缨杀敌，愿做抗日先锋。14日，中革军委主席团向红军前敌总指挥部总指挥彭德怀、总政委任弼时，抗日军政大学校长林彪及各部队首长发布"命令"，命令红军"以军为单位，改组为国民革命军编制"，并做好政治思想准备，加强军事训练，准备开赴前线增援并配合友军，消灭野蛮日军。以上各项限在10

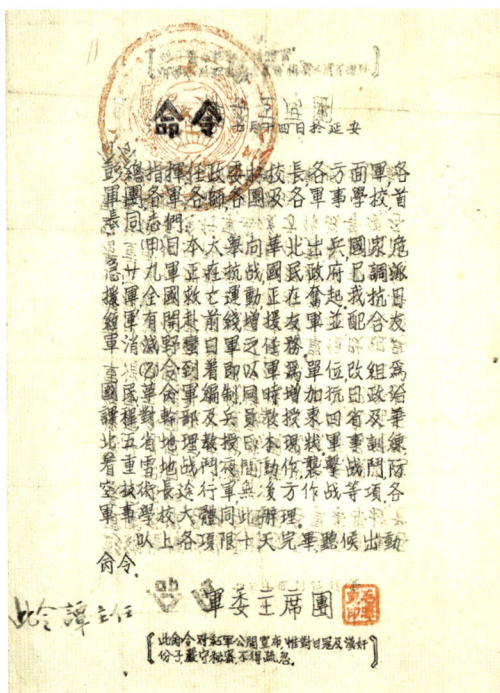

天完毕，听候出动命令。按照国共两党谈判达成协议，8月22日，国民政府军事委员会宣布，原西北主力红军改编为国民革命军第八路军，朱德任总指挥、彭德怀任副总指挥，下辖三个师。25日，中华军委发布改编令，红军主力正式改编为国民革命军第八路军，出师抗日。

中华军委主席团关于红军改编的命令藏于中国国家博物馆。

第八路总指挥关防　民国26年（1937年）文物。1959年，中国人民革命军事博物馆筹建期间，第八路总指挥关防由江西省军区征集并移交中国人民革命军事博物馆。

第八路总指挥关防，长9.2厘米，宽6.6厘米，高3.2厘米。木质。印文为篆书反形朱文"第八路总指挥关防"。

民国26年（1937年）7月7日，卢沟桥事变爆发。8日，中共中央发布《中国共产党为日军进攻卢沟桥通电》，呼吁："筑成民族统一战线的巩固的长城，抵抗日寇的侵略，国共两党亲密合作抵抗日寇的进攻！"14日，中革军委主席团发布红军自行改编命令。22日，国民政府军事委员会宣布改编命令。25日，中革军委向红军部队下达命令，中国工农红军改编为国民革命军第八路军，朱德任总指挥、彭德怀任副总指挥。第八路总指挥关防作为第八路总指挥部发布命令重要凭证开始使用。9月11日，国民政府军事委员会按全国陆海空军战斗序列，命令将八路军改编为第十八集团军，八路军总指挥部改为第十八集团总司令部。朱德改任总司令，彭德怀改任副总司令。14日，朱德、彭德怀发布八路军改编为第十八集团军通令。改编后，除国民政府军委会正式命令称第

十八集团军外，广大指战员和根据地军民在习惯上，仍然称"八路军"。民国27年（1938年）12月，中共中央革命军事委员会（简称"中央军委"）决定成立八路军前方总指挥部，朱德任总指挥、彭德怀任副总指挥。抗战后期，由于延安开始使用八路军总部名义，为区别后方军委总部和八路军总部，八路军前方总指挥部在对内电文中多称为"前总""集总"。抗日战争胜利后，山东等解放区部队先后改称"解放军"，全军在八路军总部基础上成立人民解放军总部，第八路总指挥关防即停止使用。

第八路总指挥关防藏于中国人民革命军事博物馆。

"七君子"题词的折扇面 民国26年（1937年）7月31日文物。1983年12月，中国革命博物馆自陈起云夫人孙静华处购得。

"七君子"题词的折扇面，长19厘米，纸质，毛笔书写。正面是李公朴夫人张曼筠绘制的水墨写意山水图。背面是"七君子"题词，分别是，史良："我们要集中全国一切力量抵抗到底。"章乃器："我们不能有私见，也不能有成见，时时刻刻一举一动都要顾到民族的利益。"李公朴："努力救亡。"邹韬奋：

"同心协力，抢救危亡。"王造时："各尽所能，献与国家。"沙千里："以牙还牙，以血还血。"沈钧儒："还我河山。"

民国25年（1936年）5月，沈钧儒、邹韬奋等响应中国共产党建立抗日民族统一战线的号召，在上海发起成立全国各界救国联合会（简称"救国会"），提出要求国民党政府停止内战，释放政治犯，与中共谈判，建立统一抗日政权共同抗敌等一系列政治主张。救国会成立及其主张得到中国共产党高度评价。救国会成为全国抗战爆发前夕国统区抗日运动的一面旗帜，也因此引起国民党政府恐慌。民国25年（1936年）11月22日夜，国民党政府以"危害民国"罪在上海逮捕沈钧儒、章乃器、邹韬奋、李公朴、沙千里、史良、王造时七位救国会领袖，被称为轰动全国的"七君子事件"。"七君子"被捕后，被关押在江苏高等法院看守所。在押期间，"七君子"健康受损，国民党当局请苏州享有盛名的祖传中医陈起云进行诊治。陈起云敬重"七君子"的民族气节和不屈不挠斗争精神，多次前往看守所诊病。民国26年（1937年）7月，全民族抗战爆发，在社会各界声势浩大营救运动压力下，国民党政府被迫于7月31日释放"七君子"。陈起云喜出望外，前去迎接，并请"七君子"题词留念。7人欣然命笔，留下"七君子"题词的折扇面。

"七君子"题词的折扇面藏于中国国家博物馆。

左权率部开赴抗日前线途中给叔父的信 民国26年（1937年）9月18日文物。1953年4月22日，中南军区政治部组织部将左权率部开赴抗日前线途中给叔父的信拨交中央革命博物馆筹备处。

左权率部开赴抗日前线途中给叔父的信，纵21.3厘米，横15.8厘米。纸质，钢笔书写，共3页。

左权（1905～1942年），原名左纪权，小名自林（字林），湖南醴陵人。民国13年（1924年），进入黄埔陆军军官学校第一期学习。民国14年（1925年）2月，加入中国共产党。11月，到苏联入莫斯科中山大学学习。民国19年（1930年）回国后，到中央苏区工作，参加五次反"围剿"作战。民国23年（1934年）10月，参加长征，参与指挥强渡大渡河、攻打腊子口等战斗。长征到达陕北后，任红一军团代理军团长，率部西征并参与指挥山城堡战役。全民族抗战爆发后，任八路军副参谋长、前方总部参谋长，协助朱德指挥八路军开赴华北抗日前线，开展敌后游击战争。协助彭德怀指挥百团大战，指挥黄崖洞保卫战等。民国31年（1942年）5月在反日军大"扫荡"时，不幸于25日在山西辽县壮烈牺牲，时年37岁。左权的叔父左铭三，早年毕业于长沙师范学校，思想进步，在全乡第一个剪掉辫子，并公开支持孙中山。左权对左铭三十分敬仰，从小爱听其讲革命故事，讲做人道理，左权一生受左铭三影响很大。左铭三也非常喜欢左权，常借书给左权，并资助左权考入县立中学。左权参加革命后，叔侄俩一直保持通信联系。民国26年（1937年）6月1日，左铭三曾写给左权一封家信，告知其大哥左育林的死讯及家中近况。当时，左权身为红军高级将领，工作繁忙，无暇回信。9月18日，左权率部东渡黄河，开赴抗日前线途中，于山西省稷山县写下给叔父的信。信中写道："红军已名为国民革命军，并改编为第八路（军）。""我今日即在上前线的途中。"并表示："我牺牲了，我的一切幸福为我的事业奋斗，请你相信，这一道路是光明的，伟大的。"抒发革命者对自己献身伟大事业的抱负和必胜信念。

左权率部开赴抗日前线途中给叔父的信藏于中国国家博物馆。

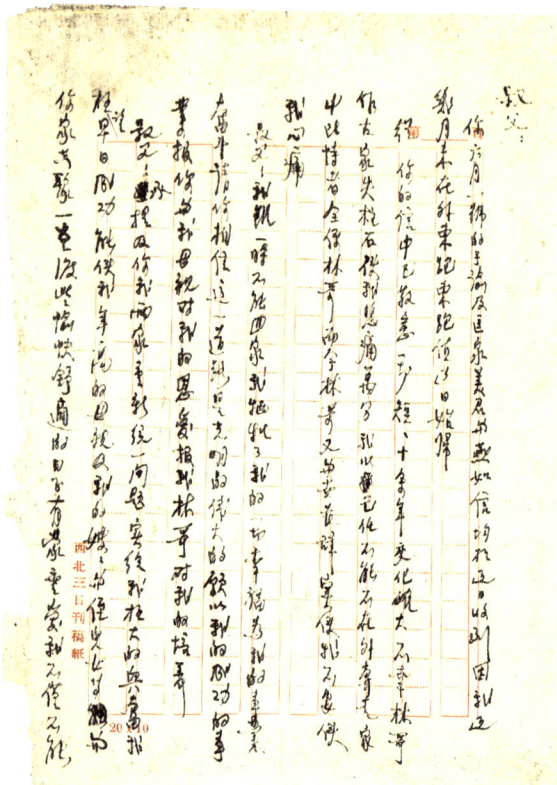

毛泽东给陈伯钧的亲笔信 民国26年（1937年）10月9日文物。1977年，陈伯钧夫人陈琳将毛泽东给陈伯钧的亲笔信捐赠给中国革命历史博物馆。

毛泽东给陈伯钧的亲笔信，纵27.4厘米，横15.3厘米。纸质，毛笔书写。

陈伯钧（1910～1974年），四川达县人。民国12年（1923年），考入万县省立第四师范学校，曾因参加进步学生运动被开除学籍。民国16年（1927年）1月，入武汉中央军事政治学校（黄埔军校第六期）。5月，加入中国共产党。9月，参加毛泽东领导的秋收起义和开辟井冈山革命根据地斗争。民国23年（1934年）10月，跟随中央工农红军参加长征。1955年，被授予上将军衔，荣获一级八一勋章、一级独立自由勋章、一级解放勋章。

在民国16年（1927年）马日事变后，白色恐怖日益加剧，陈伯钧在国民党军中任职的哥哥们曾以"母病危"电报试图将其骗回，陈伯钧坚决不离开革命队伍。民国26年（1937年）7月，卢沟桥事变后，根据国共两党达成的协议，中国工农红军改编为八路军。陈伯钧所属红六军团改编为八路军第一二〇师三五九旅，陈任旅长。9月3日，三五九旅奉命分两路行动，主力部队开赴抗日前线，陈伯钧率七一七团和旅直属营一部留守陕甘宁边区，驻守洛川。此时，陈伯钧二哥、在川军任职的陈笃斋和陈伯钧妻子陈琳携儿子，长途跋涉，赴延安，看望离家10余年的陈伯钧。毛泽东设宴招待川军将领刘湘的代表王干青和陈笃斋。陈笃斋见到共产党领袖人物，看到成长为红军高级将领的弟弟，感受延安朝气蓬勃

的精神风貌，感慨万千。10月，陈伯钧家属返回四川时，毛泽东给陈伯钧写下亲笔信，告知"仅能"送其家属300元旅费，且当时只拿得出100元，余下200元要到西安去取，已写信给林老（伯渠）。在经济困难的延安，这已是竭尽所能。为此，陈伯钧及家属万分感激。陈笃斋也一直记住毛泽东嘱托："利用社会关系，做些可能做的工作。"毛泽东在信中还命令，陈伯钧所部在七天内准备完毕，待国民党军七十四师到庆阳接防后，立即由宜川渡河入晋，开赴华北抗日战场。并嘱咐陈伯钧，不论怎么忙，都要看一点书，

来提高自己，改正自己的缺点。

毛泽东给陈伯钧的亲笔信藏于中国国家博物馆。

朱德写给成都川康绥靖主任公署许小鲁、挹清的复信　民国26年（1937年）12月26日文物。1951年，西南军政委员会文教部将朱德写给成都川康绥靖主任公署许小鲁、挹清的复信拨交中央革命博物馆筹备处。

朱德写给成都川康绥靖主任公署许小鲁、挹清的复信，纵28.5厘米，横20厘米。纸质，毛笔书写。信纸为"国民革命军第十八集团军总司令部用笺"，信封上盖有山西洪洞、武汉、成都邮戳。

民国16年（1927年）朱德参加南昌起义后，就与亲友断绝书信联系。民国26年（1937年）抗日战争爆发后，国共实现第二次合作，朱德得以恢复与四川亲友书信往来。民国26年（1937年）8月25日，红军主力正式改编为国民革命军第八路军（后改称第十八集团军），朱德任总指挥（后改称总司令）。不久，朱德等率领八路军主力部队东渡黄河，开赴华北抗日前线。在转战山西途中，朱德收到老友、成都川康绥靖公署的许小鲁、（刘）挹清来信。许小鲁、刘挹清均系四川仪陇人，是朱德青少年时期同学。三人就学于席聘三先生私塾时，经常听席先生讲述太平天国革命和帝国主义列强侵略中国、八国联军瓜分中国的悲痛历史，从小萌发朴素的爱国主义思想。许小鲁曾任国民党部队旅长，此时许小鲁与刘挹清均在成都川康绥靖主任公署任职。这封信是朱德12月26日于山西洪洞八路军总部写给许、刘二人的复信。信中，勉励二人为驱逐日本出中国，努力做好四川统战工作，以达全民族抗战之目的。从信封邮戳上看，信于民国26年（1937年）12月27日从洪洞寄出，途经武汉，民国27年（1938年）1月26日到达成都。

朱德写给成都川康绥靖主任公署许小鲁、挹清的复信藏于中国国家博物馆。

山西牺牲救国同盟会证章　抗日战争时期文物。山西牺牲救国同盟会证章由山西省博物馆在太原电解铜厂拣选征集。2005年5月，调拨八路军太行纪念馆。

山西牺牲救国同盟会证章，直径2.5厘米。铜、珐琅质。圆形，正面图案为蓝色地

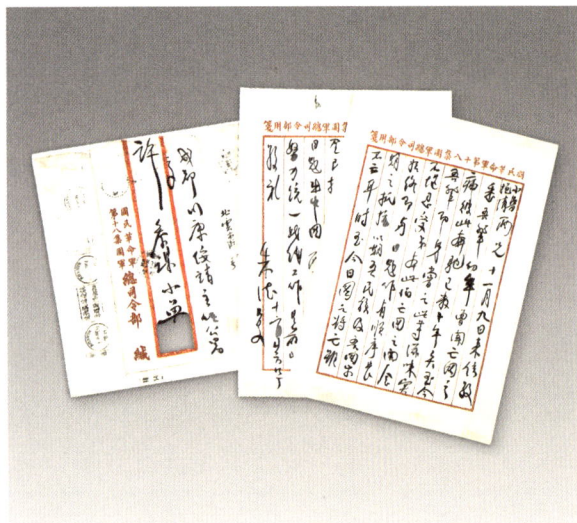

球图底，中间镌中国版图轮廓，其中东三省用红色表示，其余为深绿色，上镌"牺牲救国"4个大字。背面铸有"会员证"及编号"5272"。

民国25年（1936年）5月5日，中华苏维埃人民共和国中央政府和中国人民红军革命军事委员会发表《停战议和一致抗日通电》。山西军阀阎锡山为了能在夹缝中生存，决定与中共建立统一战线，"共策保晋大业"。毛泽东和中共中央积极争取，在民众抗日救亡运动推动下，进步人士杜任之、宋时昌（宋劭文）、戎伍胜（戎子和）等提出倡议，阎锡山9月18日成立山西牺牲救国同盟会（简称"牺盟会"），并担任会长。10月，应阎锡山之邀，中共北方局派薄一波、杨献珍等5人组成中共山西公开工作委员会赴晋工作，薄一波任书记并兼牺盟会常务秘书，主持牺盟会日常工作。牺盟会是山西地方国民党政权与中共合作产物，实际成为中国共产党领导的抗日群众团体。12月起，牺盟会把工作重点放在培养和扩大抗日救亡干部队伍工作上，先后创办临时村政协助员训练班、牺盟会特派员训练班、民政干部训练团和国民兵军官教导团等13个训练机构，训练培养各类干部2万余人，推动山西抗日救亡运动，为中共在山西建立抗日武装，建立政权、创建敌后抗日根据地准备骨干。民国26年（1937年）9月，牺盟会第一次全省代表大会改组总会机构，共产党员在常委和执委中占绝大多数。牺盟会成为中共山西公开工委领导下的特殊形式的抗日民族统一战线组织。牺盟会改组后，在全省开展组建工、农、青、妇等抗日群众团体，组建人民自卫武装，组建山

西新军部队山西青年抗战决死队，组建抗日民主政权，协同八路军开辟抗日根据地等工作。至民国28年（1939年），牺盟会会员发展到89万余人。山西牺盟会会员证章颁发于抗战时期山西各抗日根据地。民国29年（1940年）8月，各抗日根据地政权不断巩固，建立起抗日群众团体，牺盟会完成了历史使命。

山西牺牲救国同盟会证章藏于山西省八路军太行纪念馆。

平型关大捷中缴获日军的钢盔 民国26年（1937年）文物。平型关大捷中缴获日军的钢盔是八路军在平型关战役中缴获日军的，由山西省博物馆拨交八路军太行纪念馆。

平型关大捷中缴获日军的钢盔，通高15.6厘米，铁质。正面铸有一五角星。

民国26年（1937年）8月，国共第二次合作达成协议，红军改编为国民革命军第八路军，编入以阎锡山为司令长官的第二战区战斗序列，山西开始形成国共合作共同抗日局面。9月，日军一路沿平绥铁路推进入山西北部，占领天镇、广灵、大同，后分兵两路进攻雁门关、平型关，进逼太原。阎锡山指挥晋绥军退守雁门关平型关一线。此时，进驻五台的八路

军总部指示第一二〇师，从西面驰援雁门关；第一一五师从东面配合友军作战，对从灵丘进逼平型关之敌实施攻击。9月22日，以板垣征四郎为师团长的日军第五师团一部，先从灵丘向平型关方向进犯，在平型关正面及团城口与中国守军发生激战。9月24日，在林彪、聂荣臻指挥下，第一一五师主力在灵丘乔小寨村至老爷庙公路附近的山地设伏。9月24～25日，担任钳制、阻击任务的第一一五师独立团，截断来源、灵丘之间的交通线，在腰站地区打退日军增援部队多次冲击，歼敌300余人。9月25日晨，日军第五师团第21旅团一部和辎重队进入伏击区。八路军充分发挥近战和山地战特长，居高临下，突然发起猛烈攻击，对陷入混乱的日军实行分割、包围，与日军进行白刃战。至27日，全歼日军1000余人，击毁汽车100余辆，并缴获一批辎重和武器。平型关大捷是华北战场上中国军队主动寻机歼敌的第一个大胜仗，有力配合了正面战场的防御作战。打破日军不可战胜神话，振奋全国人心，提高了共产党和八路军威望。

平型关大捷中缴获日军的钢盔藏于山西省八路军太行纪念馆。

国民政府军事委员会授李宗仁第五战区司令长官委任状 民国26年（1937年）文物。国民政府军事委员会授李宗仁第五战区司令长官委任状，原由李宗仁夫人郭德洁胞弟郭德风（旅居美国）珍藏。1988年，桂林市文物工作队筹办李宗仁文物展览时，由郭德风捐献。1991年8月，李宗仁文物陈列馆于桂林市文明路16号原李宗仁官邸成立，桂林市文物工作队将该委任状等文物全部移交该馆。

国民政府军事委员会授李宗仁第五战区司令长官委任状，纵37.5厘米，横46厘米。纸质，石印，毛笔书写。呈长方形布纹纸，上方有国民党党旗和国旗交叉图案，两旗中间为孙中山头像。编号"管功三字第40号"。有"国民政府军事委员会"印，左下角印有红色"监印姜辅成"。

李宗仁（1891～1969年），字德邻，广西桂林人，国民革命军陆军一级上将，中国国民党"桂系"首领。全民族抗日战争爆发，民国26年（1937年）9月，国民政府军事委员会任命倡导"焦土抗战"的李宗仁将军为第五战区司令长官。民国37年（1948年），国民党行宪，李宗仁当选为副总统。蒋介石下野后，李宗仁一度任代总统，欲以和谈挽救国民政府未果，之后李宗仁出走美国。1965年7月，李宗仁偕夫人郭德洁回到北京。1969年1月30日，在北京逝世。

国民政府军事委员会授李宗仁第五战区司令长官委任状藏于广西李宗仁文物陈列馆。

马本斋的指挥刀 民国26～33年（1937～1944年）文物。马本斋的指挥刀为缴获日军军刀，一直跟随马本斋转战。马本斋牺牲后，由其家属收藏。1954年5月，马本斋之弟马进波捐赠给河北省博物馆。

马本斋的指挥刀，通长81厘米，通宽8厘米。钢质。刀把上刻有"指挥三军"字样。护手为铜质，上有透雕花纹，刀鞘为铁质，上附有三环。

马本斋（1901～1944年），回族，原名马守清，河北沧州献县人。抗日英雄。早年投身奉军当兵，逐级升至团长。民国20年（1931年）九一八事变后，因不满蒋介石的不抵抗政策，毅然弃官返乡。民国26年（1937年），全民族抗战爆发后，在家乡组织回民义勇队，奋起抗日。民国27年（1938年）春，率部参加八路军，所部改编为冀中军区回民教导总队，任总队长。部队很快由800人发展到2000余人。同年，加入中国共产党。马本斋在入党申请书中写道："我甘心情愿把我的一切献给伟大的中国共产党，献给为回族解放和整个中华民族的解放而奋斗的伟业。"民国28年（1939年）10月，教导总队改称冀中军区回民支队，马本斋任司令员，转战于定县、无极、深县及沙河以东、大清河以北广大地区。民国29年（1940年），毛泽东为马本斋题词："百战百胜的回

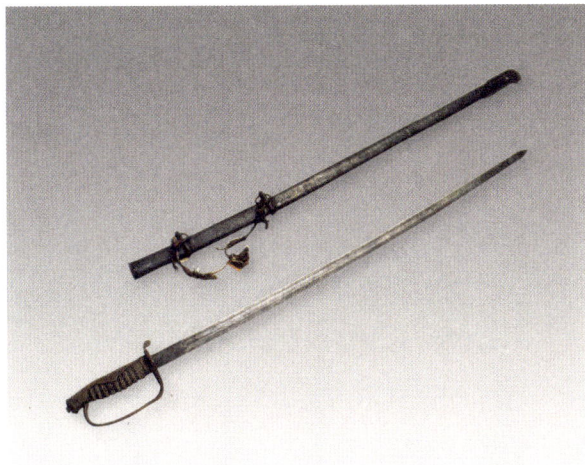

民支队。"民国30年（1941年），日伪军抓走并强逼马母劝降马本斋。后其母不屈绝食而死，冀中军民闻讯莫不感动。民国31年（1942年），马本斋率部转移冀鲁豫边区，开展敌后游击战争。后任八路军冀鲁豫第三军分区兼回民支队司令员。民国26～33年（1937～1944年），马本斋率部经历大小战斗870余次，歼灭日伪军3.6万余人，打得敌人闻风丧胆。马本斋作战勇猛，指挥有方，爱护民众，在回民支队和广大群众中有着很高威望。民国33年（1944年）1月，由于长期艰苦作战，马本斋身患重病，在回民支队奉命开赴延安前，马本斋抱病做最后一次动员报告，叮嘱同志们："要跟着党，跟着毛主席，抗战到底！"2月7日，马本斋不幸病逝，葬于张鲁集。3月16日，延安回族各界代表300余人在清真寺举行马本斋追悼大会，毛泽东、朱德、周恩来等中央领导送挽联凭吊。

马本斋的指挥刀藏于河北博物院。

贺绿汀作《游击队歌》手稿 民国26年（1937年）文物。1961年，上海革命历史博物馆筹备处发出《征集有关革命文物的通告》，贺绿汀将《游击队歌》手稿作为庆祝党的生日礼物，捐献给上海革命历史博物馆。

贺绿汀作《游击队歌》手稿，纵38厘米，横27厘米。纸质，钢笔书写。手稿中，除《游击队歌》词谱外，还有《炮兵团之歌》。

贺绿汀（1903～1999年），原名贺楷，号抱真。中国作曲家、音乐教育家。湖南邵东人。民国11年（1922年），以优异成绩考入长沙岳云中学艺术专修科。民国15年（1926年），回到邵阳任音乐绘画教师，并积极参加

中国共产党在邵阳领导的工农革命运动。同年，加入中国共产党。民国16年（1927年），参加广州起义。民国20年（1931年），考入上海国立音乐专科学校。民国23年（1934年），任明星电影公司音乐科科长，为《四季歌》《天涯歌女》等上百首进步电影谱写插曲。民国26年（1937年）八一三淞沪抗战爆发后，贺绿汀随上海文化界救亡演剧队一队沿沪宁、陇海、同蒲铁路线进行抗日宣传。年底，到达晋西南临汾，住在城郊刘村八路军办事处。通过与指战员接触和交流，了解到游击战争的战略战术，激发创作灵感。在一冰冷煤仓里，通过一夜精心构思，写下《游击队歌》词曲，"献给八路军全体将士"。《游击队歌》旋律部分来自于《英国掷弹兵进行曲》。民国27年（1938年）1月6日，中共中央北方局和八路军总部在山西洪洞高庄召开高级干部会议，朱德、贺龙、任弼时等参加。会议期间，贺绿汀指挥演剧一队队员为会议代表首次演唱《游击队歌》，受到热烈欢迎。歌曲随即在华北各敌后根据地传唱开来，并迅速流传到全国各地。《游击队歌》传开后，贺绿汀将创作手稿珍藏起来。民国32年（1943年），贺绿汀到革命圣地延安。1949年上海解放后，贺绿汀回到母校，任上海音乐学院院长。2015年，《游击队歌》入选国家新闻出版广电总局发布的"我最喜爱的十大抗战歌曲"名单。《游击队歌》歌词内容具有战斗性，音乐形象生动活泼，歌曲的群众性语言和通俗形式，使这首歌一直保持经久不衰的魅力，赢得国内外群众喜爱。

贺绿汀作《游击队歌》手稿藏于上海中国共产党第一次全国代表大会会址纪念馆。

台儿庄战役中遗留的弹痕墙 民国27年（1938年）3～4月文物。台儿庄战役中遗留的弹痕墙移自台儿庄清真寺西小讲堂墙壁。1988年11月，经中共中央统战部批准，台儿庄清真寺将此墙块拨交中国革命博物馆，充实"中国革命史陈列"。

台儿庄战役中遗留的弹痕墙，纵76.5厘米，横92厘米，厚12.2厘米。泥土质地，残留弹孔50余处。

民国26年（1937年）12月13日和27日，日军相继占领南京、济南后，为迅速实现灭亡中国侵略计划，连贯南北战场，决定以南京、济南为基地，从南北两端沿津浦铁路夹击徐州。台儿庄位于枣庄南部，徐州东北大运河北岸，临城至赵墩的铁路支线上，北连津浦路，南接陇海线，西面毗邻南四湖，是南下徐州的最后一道屏障，是日军夹击徐州的首争之地。民国27年（1938年）3月24日，日军第十师团濑谷支队在航空火力支援下，向台儿庄发起猛攻。与中国军队第二集团军展开激烈争夺战。4月2日，随着日军增援计划落空，第五战区司令长官李宗仁下达围歼日军命令。3日，中国军队

向台儿庄地区之日军发起全线反攻，经过四天激战，摧毁日军第五、第十两个团精锐部队，歼灭日军1万余人，缴获大批武器和装备，是中国抗战以来正面战场取得的最大胜利，沉重打击日本侵略者嚣张气焰。台儿庄清真寺，始建于清乾隆七年（1742年）。台儿庄战役打响后，清真寺成为中国军队第二集团军一八六团指挥所，又是向城内纵深挺进的必经之路，成为战斗最激烈的地点之一。日军为阻止中国军队攻击，纵火烧毁寺内大殿。历经战火的清真寺，残垣断壁，满目疮痍，幸存的讲堂、房舍、古柏、门楼及墙壁上亦是弹痕累累。

台儿庄战役中遗留的弹痕墙藏于中国国家博物馆。

伊文思送给延安电影团的摄影机 民国27年（1938年）文物。1979年，中国电影工作者协会将伊文思送给延安电影团的摄影机拨交中国革命博物馆。

伊文思送给延安电影团的摄影机，纵32厘米，横15厘米，厚21.5厘米。金属、玻璃质。为美国造"埃姆"（EYEMO）牌手提式小型摄影机。

伊文思（1898～1989年），荷兰著名纪录电影艺术家，国际主义战士。抗日战争爆发后，伊文思和几位美国朋友组成"当代历史家"影片公司，决定用影片上映所得，购买药品援助中国人民。民国27年（1938年）1月，在爱国华侨资助下，伊文思同两位助手携带大量摄影器材通过美国援华协会，经香港到中国内地，冲破国民党当局重重阻挠和限制，先后到汉口、台儿庄、西安等地，拍摄记录中国人民反对日本帝国主义侵略的大型纪录

片《四万万人民》。其中有台儿庄战役中中国军队与日军展开激战、周恩来与叶剑英等领导人在汉口军事会议上讲话、西安人民举行抗日游行等场面。影片在美国和法国上映后，引起轰动。伊文思一行原计划到延安拍摄八路军镜头，但因受阻未能成行。在汉口期间，经周恩来介绍，得知中国电影工作者袁牧之应周恩来之邀到延安和华北抗日根据地拍摄大型纪录片，伊文思与袁牧之会面后，决定将自己使用的手提埃姆35毫米电影摄影机和几千尺胶片秘密转送袁牧之等，实现自己到延安拍片愿望。后由吴印咸接受。民国27年（1938年）8月，八路军总政治部成立由袁牧之、吴印咸、徐肖冰等组成的"延安电影团"。10月1日，电影团在陕西中部黄帝陵拍摄大型纪录片《延安与八路军》的首个镜头，揭开中国人民电影事业的序幕。中国电影工作者非常爱惜伊文思送给

延安电影团的摄影机。民国28年（1939年）初，在日军对延安一次空袭中，吴印咸曾用身体保护摄影机。之后，电影团又相继拍摄反映大生产运动的《生产与战斗相结合起来》、记录白求恩战斗与生活片段的《白求恩大夫》、反映延安民主政治生活新闻片《陕甘宁边区第二届参议会》《毛泽东在延安文艺座谈会上》等。特别是拍摄了具有伟大历史意义的中国共产党第七次全国代表大会盛况，记录下毛泽东、朱德、刘少奇、周恩来、任弼时等老一辈无产阶级革命家许多珍贵历史镜头，留下极为宝贵的革命历史资料。

伊文思送给延安电影团的摄影机藏于中国国家博物馆。

白求恩用过的X光机　抗日战争时期文物。

白求恩用过的X光机是白求恩率医疗队援华时随身携带的医疗器械之一。民国27年（1938年）5月，白求恩离开延安，到后方医院巡视时，将X光机留在延安。后转由中国人民解放军华北军区后勤部保存。1950年，曾参加全国医疗卫生展览会。3月，由华北军区后勤部拨交中央革命博物馆筹备处。

白求恩用过的X光机，长28厘米，宽21厘米，高16厘米。金属、塑料质地。缺变压器。美国制造。

诺尔曼·白求恩（1890～1939年），国际主义战士，加拿大共产党员，胸外科医师。民国5年（1916年），毕业于多伦多大学医学院。民国11年（1922年），被录取为英国皇家外科医学会会员。民国22年（1933年），被聘为加拿大联邦和地方政府卫生部门顾问。民国24年（1935年），当选为美国胸外科学会会

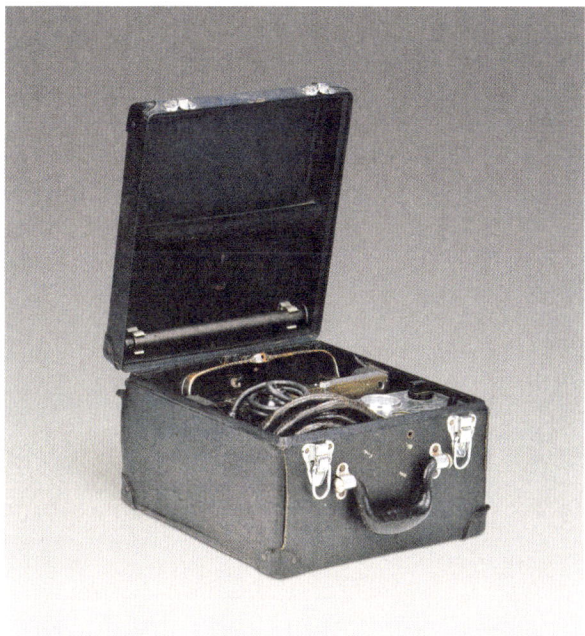

员、理事。民国25年（1936年）冬，志愿去西班牙参加反法西斯斗争。中国抗日战争爆发后，白求恩受加拿大共产党和美国共产党派遣，率领医疗队到中国，支援中国人民解放事业。民国27年（1938年）1月2日，医疗队携带足够装备几个医疗队的药品和器材，乘海轮从温哥华启程，辗转香港、汉口、西安等地，民国27年（1938年）3月到达延安，不久转赴晋察冀边区工作。8月，白求恩任八路军晋察冀军区卫生顾问。民国27年（1938年）11月至民国28年（1939年）2月，白求恩率医疗队到山西雁北和冀中前线进行战地救治，行程750千米，做手术300余次，建立手术室和包扎所13处，救治大批伤员。并创办卫生学校，培养大批医务干部，编写多种战地医疗教材。白求恩以精湛的医疗技术，为中国抗日军民服务，为中国人民解放事业做出卓越贡献。民国28年（1939年）11月，白求恩因抢救伤员感染中毒，在河北省唐县以身殉职。12月1日，延安各界举行追悼白求恩大会，毛泽东亲笔写

挽词："学习白求恩同志的国际精神，学习他的牺牲精神，责任心与工作热忱。"12月21日，毛泽东在为《诺尔曼·白求恩纪念册》撰写《学习白求恩》（后收入《毛泽东选集》，题目改为《纪念白求恩》）一文中，高度赞扬白求恩的共产主义、国际主义精神，称赞白求恩"是一个高尚的人，一个纯粹的人，一个有道德的人，一个脱离了低级趣味的人，一个有益于人民的人"。号召广大共产党员向白求恩学习。

白求恩用过的X光机藏于中国国家博物馆。

朱德、周恩来、彭德怀赠国际纵队中国支队锦旗 民国26年（1937年）文物。朱德、周恩来、彭德怀赠国际纵队中国支队锦旗等文物，曾由谢唯进的父亲保存在四川璧山谢唯进的家乡。1973年，谢唯进将锦旗及一批有关国际纵队中国志愿军的文物史料整理后，捐赠给中国革命历史博物馆。

朱德、周恩来、彭德怀赠国际纵队中国支队锦旗，纵160厘米，横77厘米。红色丝绸底，黄色边框，蓝穗。贴有黄布字（中、英文）："国际纵队中国支队：中西人民联合起来！打倒人类公敌——法西斯蒂！朱德、周恩来、（彭德怀）同赠。"锦旗上"彭德怀"三字在"文革"期间被毁掉。

民国25年（1936年）7月，以西班牙法西斯军官佛朗哥为首的西班牙国民军和长枪党等右翼集团，在德、意法西斯鼓动和支持下发动政变，企图颠覆年轻的西班牙人民阵线左翼联盟民主政府（第二共和国）。西班牙人民开始捍卫共和国的反法西斯民族解放战争。在共产国际号召下，来自世界五大洲54个国家的4万

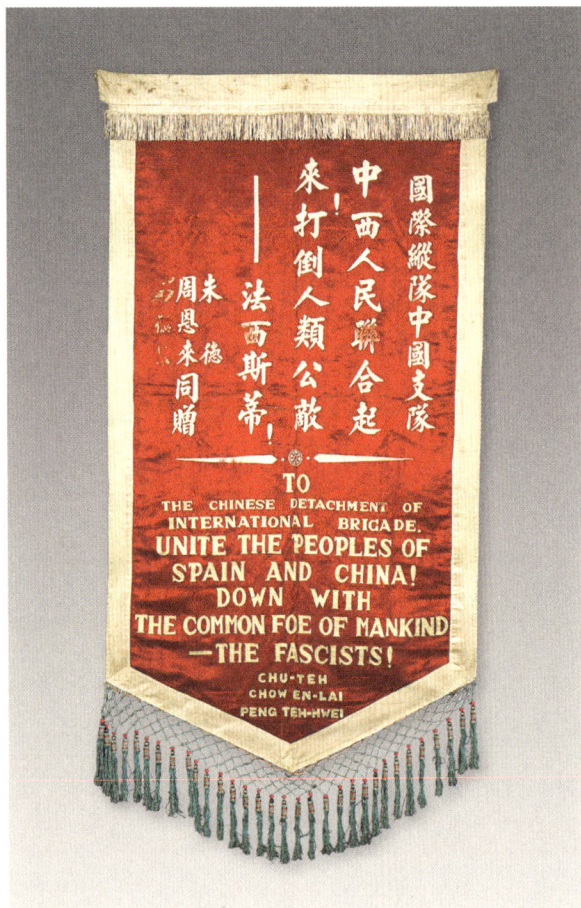

余名反法西斯战士，克服难以想象的困难来到西班牙，组成国际纵队，与西班牙人民并肩作战。旅居海外的100余名华人，响应共产国际号召，志愿加入国际纵队。其中有知识分子和华侨工人，绝大部分是共产党员。战争期间，中国支队分散在国际纵队和西班牙共和国人民军各团队中，担任炮兵、坦克兵、步兵、骑兵、军需运输和医护等工作，参加几乎全部重大战役。无论是在进攻突击或势危扼守中，中国支队都冲锋在前，轻伤不下火线，重伤痊愈后重返战场，谱写许多可歌可泣的英雄事迹。战争后期，大部分中国支队成员牺牲在前线，绝大多数人没有留下姓名。民国26年（1937年），朱德、周恩来、彭德怀代表中国共产党和中国人民向国际纵队中国支队赠送锦旗，上

书："中西人民联合起来！打倒人类公敌——法西斯蒂！"锦旗通过在外轮上服务的中国海员带到法国，民国27年（1938年）初送到西班牙，后转到国际纵队炮兵队，由时任炮兵队政委、原中共旅德支部负责人谢唯进保存。民国27年（1938年）10月后，根据西班牙共和国政府决定，国际纵队陆续撤出西班牙。民国28年（1939年）初，谢唯进随国际志愿军和西班牙共和国人民军被迫撤出西班牙，退入法国境内，先后被囚禁于圣·阿格勒斯集中营和古尔斯集中营。在被囚禁期间，谢唯进一直将锦旗带在身边，并在集中营纪念中国抗战二周年等活动期间悬挂展示。民国29年（1940年），谢唯进获释，设法秘密将锦旗等一批珍贵文物资料带出集中营，带回祖国。据谢唯进日记记载，在西班牙战场上，中国同志分散在国际纵队和西班牙人民军各支队中，并没有一个独立的中国支队。谢唯进在后方医院养伤期间，开始酝酿成立一个中国参战同志组织。后与相遇在集中营的几位中国同志商议，正式成立"西班牙国际义勇军中国参战同志团"。谢唯进回国后，先后在八路军驻重庆办事处、第四野战军特种兵部队、空军工程部等单位工作。

朱德、周恩来、彭德怀赠国际纵队中国支队锦旗藏于中国国家博物馆。

侵华日军第七三一部队使用的石井式细菌培养箱　民国28年（1939年）文物。民国34年（1945年）8月日本投降前后，为毁灭罪证，日军炸毁大部分细菌武器研究生产基地七三一部队建筑。后当地居民杜德清在侵华日军第七三一部队旧址捡到石井式细菌培养箱，又由王永山使用。1984年12月21日，王永山将此箱

捐赠给侵华日军第七三一部队罪证陈列馆。

侵华日军第七三一部队使用的石井式细菌培养箱，长52厘米，宽34厘米，高26厘米，重4700克，铝质。此箱长方形，箱口比箱身宽，箱盖中间由合页连接，两头开启。盖上印有"NTK园田工场14.10纳"字样。箱体两侧有扣手，扣手向上位置有铁夹口，上翻刻扣紧箱盖，箱底四角有三角形足。箱内有8组上下对应插格槽轨，固定槽轨9组附件中间，可插入9个插板，插格、插板已遗失。

石井式细菌培养箱是日本陆军中将、医学博士、侵华日军第七三一部队创办者石井四郎"发明"的细菌生产工具，曾在日本公开申请为专利，特许证号为100615号。该细菌培养箱为民国28年（1939年）园田工场生产的，主要用于生产细菌，在七三一部队广泛使用。侵华日军第七三一部队始建于民国22年（1933年），曾以石井部队、东乡部队、关东军防疫给水部名义从事人体实验、动物实验、生化武器研究生产等战争犯罪活动。民国25年（1936年）起，在哈尔滨平房建立细菌武器研究生产基地，将6.1平方千米土地作为特别军事区域。民国29年（1940年），加茂部队入驻，民

国30年（1941年）5月，改用秘密代号"满洲第七三一部队"，专门从事细菌武器生产和细菌研究，是当时世界上规模最大细菌研究和生产的秘密军事机构。营区内设铁路专用线、飞机场等军事设施。侵华日军第七三一部队用活人进行细菌感染、解剖生化实验，残忍程度令人发指。据不完全统计，有3000余名中国人、朝鲜人、苏联人、美国人、英国人被活生生残害致死。自民国21年（1932年）建立至民国34年（1945年）日本投降撤离，七三一部队在中国黑龙江、湖南、江西、浙江、云南等地，进行惨无人道细菌战，造成数十万人死伤。据原七三一部队细菌生产班队员田村良雄介绍，生产细菌时，将事先准备好辅助材料（包括水、蛋白酶1%、食盐0.3%～0.5%、肉精1%），沿器体内壁注入，注入量为距箱底8毫米处，然后用植付棒（形状如同棉签）取出试管内菌株，并均匀涂抹在轻金属板上，加盖密封后将其置于无菌室，20小时后，取出细菌培养箱。然后，将其打开，取下轻金属板，用搔取棒刮下轻金属板上细菌，放于容器中，细菌生产过程便全部结束。每个细菌培养箱在一个生产周期（20个小时）内，可生产10克细菌，七三一部队在进行细菌生产时，每次至少使用1000个细菌培养箱。石井式细菌培养箱为七三一部队细菌生产提供有效工具，有力证明侵华日军第731部队是一支细菌部队，是七三一部队发动细菌战的重要罪证。

侵华日军第七三一部队使用的石井式细菌培养箱藏于黑龙江省侵华日军第七三一部队罪证陈列馆。

八路军一二九师指战员献给中共七大的绘有抗战捷报图案的降落伞 民国28年（1939年）文物。民国34年（1945年），在延安整风和中共六届七中全会充分准备基础上，中共七大召开。为祝贺中国共产党第七次全国代表大会召开，一二九师美术工作者在缴获日军降落伞上，精心绘制多幅宣传画，作为礼品向中共七大敬献。八路军一二九师指战员献给中共七大的绘有抗战捷报图案的降落伞原由中共中央办公厅保存。1982年，拨交中国革命历史博物馆。

八路军一二九师指战员献给中共七大的绘有抗战捷报图案的降落伞，直径700厘米，高370厘米。丝绸质地，毛笔书写。是从八路军一二九师在民国28年（1939年）10月昔阳安丰村战斗中击落的日本飞机内缴获。由日本藤仓工业株式会社制造，型式为九二式，制造番号8706，制造年代民国27年（1938年）11月10日。降落伞上绘制彩色图案并配以说明文字，形象、真实地记录一二九师在抗日战争中的主

要战绩。彩绘在降落伞上的图案大致分为三个层次，倒置降落伞上方绘有锤子、镰刀交叉图案红色五角星，象征中国共产党领导下工人阶级及其最可靠的同盟军农民阶级。红色五角星周围自右至左写着"以坚持敌后抗战的胜利来庆祝中共第七次全国代表大会"。降落伞中间绘有京津冀晋地区地图，地图上以红色标记有一二九师取得战斗胜利地地名，并图文并茂地重点介绍了一二九师自抗战以来至民国28年（1939年）6次较大战斗胜利的辉煌战绩。降落伞靠近圆心位置，写有"一二九师全体指战员敬赠"字样。底部绘有舵轮图案。

抗日战争期间，一二九师遵照中共中央军委和八路军总部指示，在刘伯承、徐向前、邓小平、张浩等领导下，广泛开展游击战争，建立以太行、太岳山脉为依托的抗日根据地。一二九师共参加大小战斗数千次，部队也在战斗中发展壮大。民国28年（1939年）10月，一二九师独立支队在山西省昔阳县安丰村一次战斗中，击落日军飞机一架，6名机组人员全部丧命。缴获日本飞机上的降落伞。

八路军一二九师指战员献给中共七大的绘有抗战捷报图案的降落伞藏于中国国家博物馆。

上海四行仓库保卫战参战者张秋明的抗日负伤荣誉证 民国28年（1939年）9月29日文物。1986年，张秋明将该证书捐赠给中国革命博物馆。

上海四行仓库保卫战参战者张秋明的抗日负伤荣誉证，纵9.7厘米，横7.8厘米。纸质，石印。封皮上方有双枪交叉图案，图案下方印有红色"军人魂"三字，及白色"抗日负伤荣

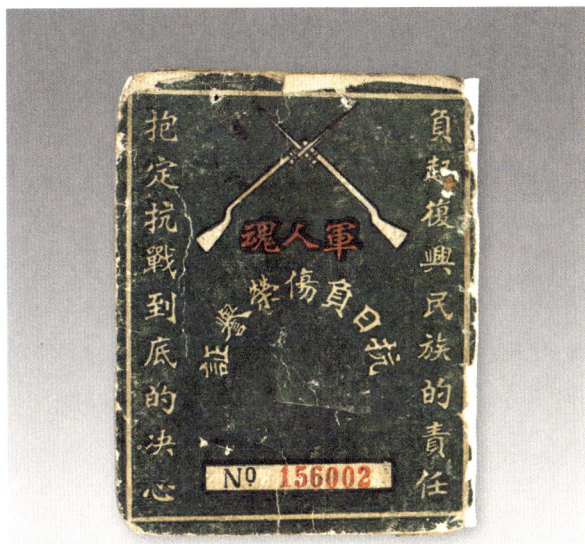

誉证"七字，下方是编号NO.156002。左右两边竖印有"负起复兴民族的责任，抱定抗战到底的决心"等字。

民国26年（1937年）8月13日，日军大举进攻上海。中国驻军和民众奋起抵抗，展开淞沪抗战。10月26日深夜，淞沪抗战守卫闸北的中国驻军第88师324团奉命撤退，该团一营在谢晋元副团长率领下负责掩护，壮士们抱着"与上海共存亡"决心，坚守苏州河畔四行仓库，与日军浴血奋战4昼夜，打退敌人无数次进攻。至11月1日半夜，才撤入公共租界。由于四行仓库与公共租界只一河之隔，整个战斗展现在数万人和西方世界面前，吸引国内外极大关注。

民国26年（1937年）10月30日晚，在淞沪抗战最后一次战斗中，守卫闸北的中国驻军第88师324团机枪手张秋明躲在四行仓库角落麻袋里，巧妙地向敌人射击，打得敌人晕头转向。不料，敌人投来一颗手榴弹，炸断张秋明右臂。经治疗，张秋明民国28年（1939年）9月29日伤愈，在即将归队之际，国民政府军事委员会颁发给张秋明抗日伤荣誉证书，以表彰其抗战功绩。

上海四行仓库保卫战参战者张秋明的"抗日负伤荣誉证"藏于中国国家博物馆。

满洲农业移民入植图 民国28年（1939年）文物。1996年4月，东北烈士纪念馆与哈尔滨市《新晚报》联合举办"龙博杯"近现代文物有奖征集活动。武警哈尔滨指挥学校原副校长孙凤来将自己在废品收购站购买的满洲农业移民入植图捐献给东北烈士纪念馆。

满洲农业移民入植图，纵76厘米，横54厘米。纸质。由日本拓务省出版，日本杉田屋印刷所印刷。用100克凸版纸，红、黑、浅蓝三色胶版印刷。在图正顶端，印有标题"满洲农业移民入植图"。图左下角竖排"拓务省（昭和十四年）"，横排"杉田屋印刷所印行"字样。图右下角印有"凡例"，列有"国界""首都""省公署所在地""集团农业移民""青年义勇队大训练所""铁道自警村""自由移民"等标志和符号。

日本对中国东北移民侵略最早可上溯到日俄战争后。九一八事变前，日本移民侵略尚处在准备阶段，移民数量不多，规模小，范围也局限在所谓"满铁附属地"和"关东州"地区。九一八事变后，日本侵略扩张欲急剧膨胀，移民侵略也更加疯狂。民国26年（1937年），日本发动全面侵华战争，移民侵略也随之更大规模展开。民国26年（1937年）8月25日，日本内阁把在《满洲农业移民百万户移住计划案》基础上重新制订的《二十年百万户移出计划》，确定为日本侵略扩张七大国策之一。根据计划，日本将在20年内，向中国东北

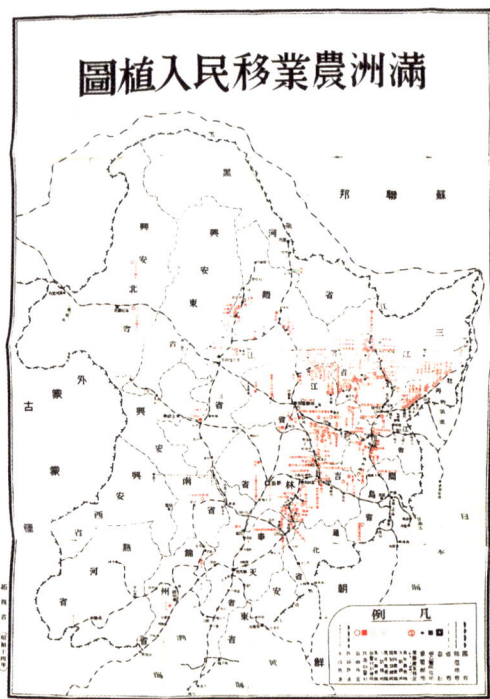

移民100万户500万人，从民国26年（1937年）开始，分4次完成。至民国30年（1941年），第一期五年计划内，进入中国东北日本移民共85086户，是日本移民侵略最猖獗的时期。九一八事变至民国34年（1945年）日本战败投降，日本向中国东北共进行14次移民，日本战犯、伪满总务厅次官古海忠之笔供材料说，共有1.06万户，31.8万人。日本对中国东北移民侵略历时长、危害大，严重侵害中国东北人民的利益，无数无辜东北人民被日本侵略者赶出自己的土地，流离失所，无以生计。日本移民侵略破坏了中国东北地区正常的农业生产活动，是日本进一步吞并东北、全面侵华计划的重要组成部分。民国34年（1945年），随着日本战败，满洲百万户移民计划也最终破产。

满洲农业移民入植图藏于黑龙江省东北烈士纪念馆。

彦涵作套色木刻年画《保卫家乡》 民国29年（1940年）文物。

民国29年（1940年）6月，在太行山区参观的李公朴，受彦涵之托带两套新年画到重庆展览。其中一套李公朴送给美国友人安娜·斯特朗，另一套由李公朴保存。1959年7月，李公朴夫人张曼筠向中央革命博物馆筹备处捐赠文物，彦涵创作的《保卫家乡》即为其中两幅。

彦涵作套色木刻年画《保卫家乡》，右纵36.2厘米，横30.8厘米；左纵34.5厘米，横28.4厘米。纸质，水印，套色。为一副门画。门画是中国民间年画一种特有的形式。过去叫"门神"，含有御凶意思。旧时农历新年，在两扇门上贴一对门神，以祈平安吉祥。

彦涵（1916～2011），原名刘宝森。江苏连云港人。中国艺术教育家、版画家。民国24年（1935年），入杭州艺术专科学校学习。民国27年（1938年），毕业于延安鲁迅艺术学院美术系。同年，加入中国共产党。民国32年（1943年）至1949年，先后任延安鲁迅艺术文学院美术系、华北大学美术科教员。曾任天安门人民英雄纪念碑美术组副组长，并创作《胜利渡长江》浮雕设计图画。中华人民共和国成立后，历任中央美术学院华东分院（中国美术学院）、中央美术学院、北京艺术学院教授。

民国27年（1938年），延安鲁迅艺术学院师生响应中共中央"到前线去，到敌后去"的号召，组织以胡一川为团长的鲁迅艺术学院木刻工作团（简称"工作团"），团员有罗工柳、彦涵、华山。11月，工作团离开延安。年底，到达太行敌后抗日根据地。工作团除举办展览会，还采取创作连环画，为报纸刻插图等多种形式进行宣传。后工作团又吸收当地美术工作者杨筠等人加入。民国29年（1940年）初，为利用春节机会向根据地老百姓宣传党的政策，在中共北方局领导下，工作团以战斗性和群众性为方向，开始筹备创作新年画。春节

前夕，工作团在山西省武乡县关垴村，创作完成首批新年画一套8张。由于条件艰苦，新年画所用纸张仅能买到最便宜的有光纸，颜料是农村老百姓染布用的筒色料，一经日晒极易褪色。新年画汲取民间旧年画中积极因素，采用写实手法，表现出崭新的革命内容，赢得太行山区群众的喜爱。其中彦涵创作的《保卫家乡》，利用传统门画形式，表现根据地军民拿起武器、保卫家乡的生动场面。

彦涵作套色木刻年画《保卫家乡》藏于中国国家博物馆。

南洋华侨赠给冯白驹的怀表 民国29年（1940年）文物。民国28～29年（1939～1940年），琼崖华侨（简称"琼侨"）回乡服务团工作人员将怀表赠予冯白驹。1973年冯白驹去世后，其夫人曾惠予将怀表及冯白驹其他遗物捐赠给冯白驹纪念馆。后因该馆改扩建，交由海口市博物馆保管。2008年4月，为支持海南省博物馆陈列展览，海口市博物馆将南洋华侨赠给冯白驹的怀表调拨给海南省博物馆。

南洋华侨赠给冯白驹的怀表，直径5厘米，表链长24厘米。铜、有机玻璃等质。主体呈正圆形，有表链。表盖内侧有阴刻鹿形图案和英文"CERVINE（鹿）"，为产品标识。表盘白色，时间刻度为罗马数字。

冯白驹（1903～1973年），别名裕球、继周，海南琼山人。琼崖革命武装和琼崖革命根据地创建人，被誉为"琼崖人民的一面旗帜"。民国27年（1938年），琼崖工农红军改编为广东民众抗日自卫团第14区独立队，冯白驹任队长。民国28年（1939年）2月，日军大举侵犯海南岛。冯白驹指挥自卫团第14区独立

队在琼山县潭口渡打响琼崖抗战第一枪。不久，部队扩编为广东省琼崖抗日游击队独立总队，冯白驹任总队长兼政委，并开展独立自主的敌后抗日游击战争，先后取得琼山罗刘桥、罗板铺伏击战，海口长林桥袭击战，那大围攻战等战斗胜利，创建琼文、美合、白沙等根据地，挫败日伪军多次"扫荡"和蚕食。由于国民党在海南岛部署兵力不多，海南人民抗战一开始就注定是孤岛抗战，难有外援。冯白驹多次致函海外侨胞及海南华侨组织，呼吁华侨援助抗日武装。南洋各地琼侨民国28年（1939年）

4月组成琼崖华侨联合总会，为海南抗战捐助钱物、药品、医疗器械等，并组建琼侨回乡服务团，从民国28年（1939年）3月25日至8月底，分5批偷渡到海南岛，援助抗战。先后有100余人为抗日献出生命。团长符克、副团长陈琴牺牲时年仅20余岁。

南洋华侨赠给冯白驹的怀表藏于海南省博物馆。

于右任等题词的"与石居"手卷 民国29年（1940年）5～12月文物。1963年，沈钧儒之女沈谱将于右任等题词的"与石居"手卷捐赠给中国革命博物馆。

于右任等题词的"与石居"手卷，纵28厘米，横443厘米。纸质，毛笔书写。上面依次有于右任、梁寒操、冯玉祥、李济深、黄炎培、郭沫若、茅盾题词。按照题词先后顺序，第一个是于右任题写的"与石居"斋额，时间民国29年（1940年）5月；最后一个是茅盾题词，时间同年12月。特别值得一提的是冯玉祥题字："南方石，北方石，东方石，西方石，各处之石，咸集于此。都是经过风吹日晒，雪侵雨蚀，可是个个顽强，无亏其质。今得先生与石为友，点头相视，如旧相识；且互相祝告，为求国家之独立自由，我们要硬到底，方能赶走日本强盗。"

沈钧儒（1875～1963年），字秉甫，号

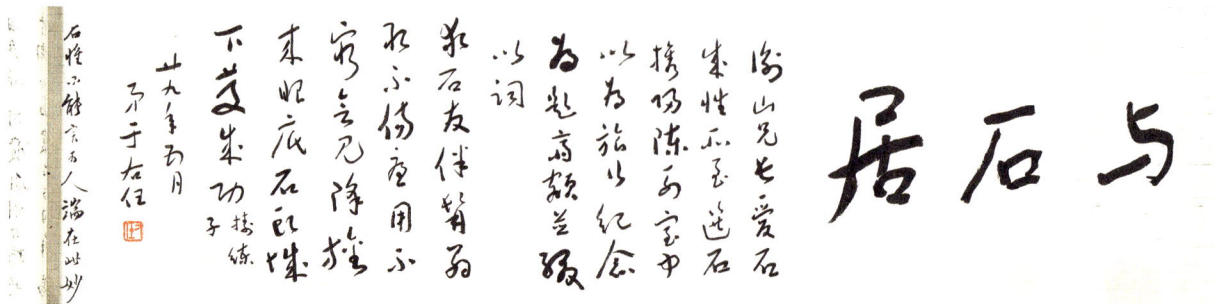

衡山，浙江嘉兴人，爱国民主人士，中国法学家，政治活动家，曾任民盟中央主席、中华人民共和国第一任最高人民法院院长等职。沈家世代爱石，从曾祖父到曾孙七代人都爱石藏石。沈钧儒收藏奇石种类非常丰富，既有天上陨石，也有地下化石。在沈钧儒书斋，除四壁图书外，有几个书架陈设着许多大大小小、形状各异的石头。抗战时期，沈钧儒把书斋命名为"与石居"，并以"吾生尤好石，谓是取其坚"来铭志自己政治上的坚贞。民国29年（1940年）5月，应沈钧儒之邀，于右任为"与石居"题斋额并跋识如下："衡山兄长爱石成性，所至选石携归陈列室中，以为旅行纪念。为题斋额，并缀以词：求石友，伴髯翁，取不伤廉用不穷。会见降旗来眼底，石头城下庆成功！搥（捣）练子。"之后，梁寒操、冯玉祥、李济深、黄炎培、郭沫若、茅盾又相继在手卷上题字或作诗。以石喻人，赏石励志。"与石居"成为爱国志士的聚会之所。

于右任等题词的"与石居"手卷藏于中国国家博物馆。

延安新华广播电台的发射机　民国29～36年（1940～1947年）文物。1954年，延安新华广播电台的发射机在几经辗转后被移交给陕西人民广播电台和西安台。1959年9月，由陕西人民广播电台拨交中央革命博物馆筹备处。

延安新华广播电台的发射机，纵161厘米，横102厘米，厚56厘米，金属质地。发射机系电子管250THkW军用发射机，功率为10千瓦。前后经过3次改装，拨交前恢复原样，个别零件及外壳为后配。

民国29年（1940年）春，中共中央决定

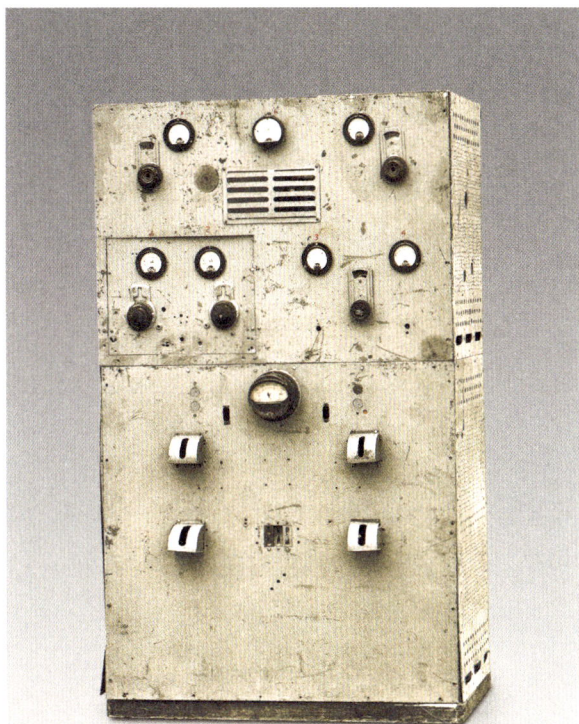

成立广播委员会，由周恩来任主任，着手筹建广播电台工作。3月，周恩来将这台发射机从苏联带回延安，成为延安新华广播电台使用的第一台广播（语言）发射机。发射机由共产国际援助，是苏联第一个五年计划期间产品，技术上比较落后。军委技术人员在缺少装配接线图情况下，根据有限经验摸索装配焊接，12月装配成功。12月30日，延安新华广播电台开始在延安王皮湾试播音，呼号为XNCR，发射功率只有二三百瓦，每天只播出两小时。民国30年（1941年）1月下旬，曾播出毛泽东为中共中央军委起草的《为皖南事变发表的命令和谈话》。民国32年（1943年），由于发射机大型电子管损坏，无法使用，暂停播音。经对发射机改装，民国34年（1945年）9月5日在抗战胜利的凯歌声中，延安新华广播电台恢复播音，每周广播三次，每次广播是在当日下午和晚

上，用汉语和日语各广播一次。在语言广播同时，用国际通码向世界各国播发新华通讯社电讯。延安新华广播电台主要播报中共中央重要文件、《解放》周刊和《解放日报》重要文章社论，国际国内时事新闻，革命故事和抗日歌曲等。延安新华广播电台立足解放区，面向全中国，以国民党统治区人民群众和国民党军队官兵为主要宣传对象。广播内容紧密配合革命形势发展，宣传中国共产党的政策和主张。民国36年（1947年）1月5日，根据中共西北局决定，西北新华广播电台在延安开播。3月13日，国民党军进犯延安，电台发射机房和播音室成为轰炸目标之一。在轰炸中，延安新华广播电台坚持广播到3月14日中午才撤离，迁至陕北子长县山沟继续播音。3月21日，延安新华广播电台改名为陕北新华广播电台，发射机又由陕北新华广播电台使用，直至延安收复后运回。此后，由邯郸新华广播电台使用，先后转移到太行山麓（河北省涉县境内）、滹沱河畔（河北省平山县境内）播音。直到民国38年（1949年）3月25日，邯郸新华广播电台奉命停播，机器运至北平（北京），改称北平新华广播电台，开始具有中央广播电台的性质。9月27日，改称北京新华广播电台。12月5日，更名为中央人民广播电台。延安新华广播电台是中国人民广播事业史上第一座广播电台，是中央人民广播电台前身。

延安新华广播电台的发射机藏于中国国家博物馆。

西北农民银行总行钤记　民国29～37年（1940～1948年）文物。民国37年（1948年）12月1日，西北农民银行并入中国人民银行后，总行钤记即停止使用。1958年，延安人民银行将西北农民银行总行钤记拨交延安革命纪念馆。

西北农民银行总行钤记，长9.5厘米，宽6.5厘米，高5厘米。木质，朱文。印文为反形篆书"西北农民银行总行钤记"10个字，竖排两行。

西北农民银行是中国人民银行前身之一，创建于抗日战争时期。为解决边区财政支出，支援抗日战争，晋绥边区行署以兴县农民银行为基础，民国29年（1940年）5月10日成立西北农民银行，刘少白任经理。边区首先发行西北农民银行币（简称"西农币"），并在经济领域与敌人展开有理有节、针锋相对的斗争。西北农民银行机构体系相当完备，晋西北设有总行，各区设有分行，县有办事处，主要地方还设有代办所，银行受同级政府领导。西北农民银行在抗日战争和解放战争时期，根据中共中央提出"自己动手，丰衣足食"号召，积极开展各项业务，支持农业生产，繁荣根据地经济。中共中央决定从民国36年（1947年）起将陕甘宁边区与晋绥边区统一为西北解放区，西

北农民银行与陕甘宁边区银行合并，统称西北农民银行。合并后，陕甘宁边区银行币停止发行，西农币成为整个西北解放区本位币。民国37年（1948年）底，经中共中央批准，华北人民政府颁布布告，自12月1日起，将西北农民银行和原晋察冀边区和晋冀鲁豫边区的华北银行、山东解放区北海银行合并为中国人民银行，并发行人民币，首先在华北、山东和西北三大解放区流通使用，逐步向全国推广，西农币停止发行并逐渐收回。

西北农民银行总行钤记藏于陕西省延安革命纪念馆。

毛泽东著《新民主主义论》的伪装本《文史通义》 抗日战争时期文物。1954年，河北省涉县文化馆将毛泽东著《新民主主义论》的伪装本《文史通义》拨交中央革命博物馆筹备处。

毛泽东著《新民主主义论》的伪装本《文史通义》，纵17.6厘米，横12.2厘米。纸质，铅印。封面书名"文史通义"，字体较大，居长方形条框上部，"上海广益书局印行"，字体较小，居长方形条框右下。书名页中部竖向印有"文史通义"（字体较封面字体大），右上角和左下角分别竖印"甲申年重梓"和"古愚署耑"。背面有"山阴旧史氏"题记。毛头纸，开本规格略小于现行32开本。黑口，黑鱼尾，装帧朴素大方。

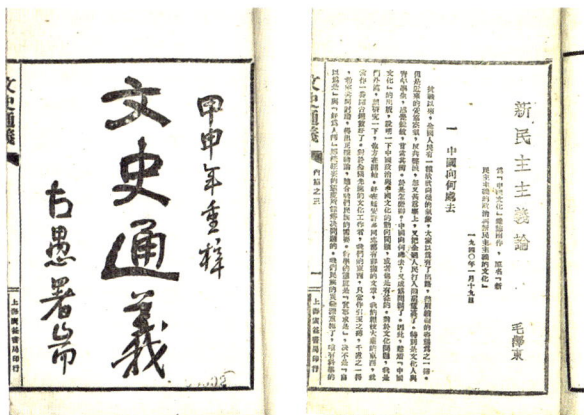

民国29年（1940年）1月9日，毛泽东在陕甘宁边区文化协会第一次代表大会上作题为《新民主主义的政治与新民主主义的文化》的演讲。一个多月后，以《新民主主义论》为题先后刊载于2月15日出版的《中国文化》创刊号，2月20日出版的《解放》第98、99期合刊上。《新民主主义论》第一次系统而深刻地阐述了中共新民主主义革命基本理论，是一部具有严密逻辑、严谨结构和严整体系的著作，也是新民主主义革命时期最具代表性的红色文献之一。《新民主主义论》发表后，不仅在边区受到普遍欢迎，而且在沦陷区和国统区也引起巨大反响。由于日伪政权实行严苛的文化封锁与殖民政策，《新民主主义论》很难通过公开渠道打入沦陷区。皖南事变的发生，国共关系骤然紧张，而国民党当局亦不断强化出版审查制度，使《新民主主义论》在国统区公开传播非常困难。民国30年（1941年）7月，国民党"中央图书杂志审查委员会"公布查禁目录中，《新民主主义的政治与新民主主义的文化》和《新民主主义论》均以"内容荒谬，立论偏激"为由遭到查禁。为冲破国民党文化当局封锁，只得采用伪装本形式。伪装本又称"托名本""伪装书"，是将封面印以其他书名以掩饰其内容的书。这种书刊封面名称，有的采用当时流行书籍名称，有的用谐音制作一个极为普通书名，有的套用国民党军政要员著述书名等。伪装《文史通义》本均为铅印线装，在封面左部印有长方形条框，框内竖向印有书名和出版者。这种以"文史通义"作书名的伪装本，有的在抗日根据地印制，有的在敌占区秘密印制。《新民主主义论》伪装本至少有8种，以《文史通义》为伪装书名出版的《新民主主义论》便是其中之一。

毛泽东著《新民主主义论》的伪装本《文史通义》藏于中国国家博物馆。

八路军总部参谋处绘制的《百团大战战役部署略图》 民国29年（1940年）8月文物。

民国28年（1939年）10月至29年（1940年）5月，民主人士李公朴率抗战建国教学团一行10人，在晋察冀边区参观、考察，访问15个县、500余个村庄，了解边区军事、政治、经济、民运、文化教育等方面情况。后不久，李公朴撰写《华北敌后——晋察冀》一书，客观公正地宣传共产党、八路军。民国29年（1940年）5月14日，李公朴一行访问驻扎在山西省武乡县王家峪的八路军总部，与彭德怀会见。原准备去华中敌后根据地考察，后因皖南事变发生返回重庆。百团大战后，八路军总部参谋处将八路军总部参谋处绘制的《百团大战战役部署略图》送给李公朴作纪念，并附信一封，对图中符号加以说明。1959年7月，由李公朴夫人张曼筠捐赠给中央革命博物馆筹备处。

八路军总部参谋处绘制的《百团大战战役部署略图》，纵64厘米，横57厘米。纸质，毛笔绘。图的方向是上北下南，标注地理范围北达万全，东北达古北口，东及塘沽，东南及济南市，南至开封与郑州，西南至临汾，西至榆林，西北至大同，正是百团大战的主要战场山西、河北两省大部分地区。根据附信中的说明文字可知，红色表示日军，蓝色表示八

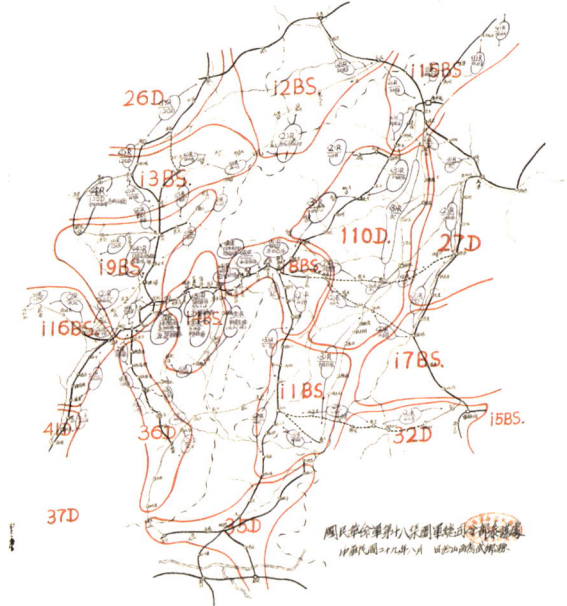

百團大戰戰役部署圖

路军；英文字母"D"代表师，适用于双方军队；"i4BS"代表日军独立第四混成旅团，"N1B"表示八路军新编第一旅，其余类推；"R"代表八路军的团或日军联队；"(1)R"表示八路军一个团，其余类推；"(2)R"即为八路军某旅或某部第二团。图右下角落款为"国民革命军第十八集团军总司令部参谋处中华民国二十九年八月 日于山西省武乡县"，其上盖有"国民革命军陆军第八路军总指挥部参谋处"红色椭圆形印痕。

民国29年（1940年）8月20日至12月，为粉碎日军对华北抗日根据地"扫荡"和分割封锁根据地"囚笼政策"，争取华北及全国战局更有利发展，八路军总部副总指挥彭德怀指挥一二九师和晋察冀军区，从破袭正太铁路（石家庄至太原）开始，随即扩展到除山东以外的整个华北地区和主要交通线，对华北日伪军发动一次大规模以破袭敌人交通线和矿山为重要目标的进攻战役。在地方游击队和民兵配合

下，八路军向华北各主要交通线上的日军和沿线两边敌人据点发动攻击，并配合根据地军民反"扫荡"斗争。八路军参战部队105个团，20余万人，故称"百团大战"。八路军共进行大小战斗1824次，毙伤日伪军2.5万余人，拔除日伪军据点2993个，破坏敌占铁路470余千米、公路1500余千米、桥梁、车站、隧道等260余处，缴获大批武器及军用物资。沉重打击日军侵略气焰，振奋中国人民抗战信心，遏制妥协投降暗流，进一步提高了中国共产党和八路军的威望。

八路军总部参谋处绘制的《百团大战战役部署略图》藏于中国国家博物馆。

冀中白洋淀雁翎队的战斗船 抗日战争时期文物。冀中白洋淀雁翎队的战斗船在张庄、刘庄等多次战斗中使用。1959年7月，中国人民解放军河北军区在当地征集后，拨交中央革命博物馆筹备处。

冀中白洋淀雁翎队的战斗船，长342厘米，宽115厘米，高32厘米。木制。

白洋淀位于保定以东，是天津、保定内河航运的中枢。淀区面积366平方千米，有143个淀泊，淀内有49个村庄。民国28年（1939年），

日军占领安新县城。为强化统治，确保津保水上航线，驻安新的日军指挥官龟本以"献铜、献铁"为名，强迫水区猎户交出猎枪等武器。奉中共安新县委指示，三区区委书记徐建、区长李刚义在大张庄召集猎户开会，揭露敌人收缴猎枪阴谋，号召组织抗日武装队伍，有22名猎人报名参加水上游击队，新入伍猎人组成安新县大队第三小队的一个班。猎人多为打猎世家，对猎枪性能颇为熟悉，为防止猎枪膛内火药受潮，经常在火眼上插上一支雁翎，也由于猎人们以往围雁打猎形成习惯，装载大抬杆小船在淀面上行驶多呈"人"行，如雁群在空中飞翔，故被称为三小队雁翎班。民国29年（1940年）夏，经中共安新县委批准，雁翎班从三小队中分出，被命名为"雁翎队"。雁翎队第一任队长陈万，副队长邓如意，指导员刘森（任贵森），党支部书记赵谦。不久，队伍扩大到40余人，分为3个班。雁翎队武器装备都是自行筹措，队员们每人自带一只枪排子船，即打水禽专用小船，自己配备一种固定在船上打野鸭的猎枪，被称为"大抬杆"。雁翎队巧用淀内湖河港汊有利地形，驾驶小船神出鬼没于白洋淀敌人运输航线上，伏击敌人包

运船，截获敌人军火物资。队员们经常化装成渔民，巧端敌人岗楼，为民除掉通敌汉奸。雁翎队像一把锐利尖刀，插在敌人津保水航线的咽喉上，切断敌人水上运输线，有效地支援了太行山根据地抗日斗争。民国28～34年（1939～1945年），雁翎队发展到100余人，利用水上和冰上优势，与敌人交战70余次，击毙、俘获大批日伪军，缴获大量军火和军用物资，有力支援配合主力部队作战。

冀中白洋淀雁翎队的战斗船藏于中国国家博物馆。

狼牙山五壮士宋学义的"坚决顽强"奖章 民国31年（1942年）文物。民国31年5月，在晋察冀军区第一军分区反"扫荡"胜利祝捷大会上，军分区司令员兼政治委员杨成武代表晋察冀军区政治部，将"坚决顽强"奖章戴在狼牙山五壮士之一的宋学义胸前。后宋学义因腰伤致残，转业到地方工作。1959年，宋学义将"坚决顽强"奖章捐赠给中央革命博物馆筹备处。

狼牙山五壮士宋学义的"坚决顽强"奖章，为五角形，对角线长4.4厘米。铜质，日本炮弹壳手工制作。图案设计者劳神，制作者王

英。图案为人狼搏斗，象征中国共产党领导的人民军队不畏强暴、坚决顽强的革命意志和中华民族不可征服的英雄气概。奖章中下部刻有"坚决顽强 1941 晋察冀军区政治部"字样。

狼牙山位于河北易县西南方向，太行山脉东麓，呈西南—东北走向，包括棋盘陀、莲花峰在内的5坨36峰。民国30年（1941年）8月，侵华日军华北方面军司令官冈村宁次指挥7万余日伪军，对晋察冀边区发动规模空前的秋季大"扫荡"。日伪军以优势兵力，采取远程迂回、分进合击和铁壁合围等战术，企图一举摧毁晋察冀根据地。为躲避日伪军疯狂"扫荡"，八路军晋察冀一分区官兵，地方党政机关干部和群众数万人藏身于狼牙山一带。9月25日，日伪军3500余人多方合围狼牙山区。晋察冀军区一分区某部七连在完成掩护党政机关、部队和群众安全转移任务后，留下六班班长马宝玉等五位战士担负后卫阻击，掩护全连转移。五战士坚定沉着，扼守着东山口要道，打退日伪军多次进攻，毙伤90余人。与日伪军周旋一天后，为不暴露部队转移路线，五战士选择向与主力部队转移方向相反的棋盘陀顶峰撤退，棋盘陀峰顶三面悬崖，无障可凭，无路可退。五战士据险抵抗，子弹打光后，用石块还击，一直坚持到日落。面对步步逼近的日伪军，五战士宁死不当俘虏，毅然毁掉枪支，纵身跳下数十丈深的悬崖。班长马宝玉、战士胡德林、胡福才壮烈牺牲，副班长葛振林、战士宋学义被山腰树枝挂住，幸免于难。马宝玉等五战士的壮举，表现出崇高的爱国主义、革命英雄主义精神和坚贞不屈的民族气节，被人民群众誉为"狼牙山五壮士"。晋察冀军区司令

员兼政治委员聂荣臻，政治部主任舒同、副主任朱良才共同签署颁布《晋察冀军区关于学习狼牙山五壮士的训令》，对马宝玉等五战士英勇顽强的战斗精神给予高度评价。决定授予3名烈士"模范荣誉战士"称号，追认胡德林、胡福才为中国共产党党员；并决定在烈士牺牲地点棋盘陀峰顶为马宝玉、胡德林、胡福才三位烈士建立纪念碑，通令嘉奖葛振林、宋学义，并授予"坚决顽强"奖章。

狼牙山五壮士宋学义的"坚决顽强"奖章藏于中国国家博物馆。

戎冠秀护理八路军伤病员用的碗和勺 抗日战争时期文物。戎冠秀护理伤病员用的碗和勺，一直由其本人保存。1959年2月，捐赠给中央革命博物馆筹备处。

戎冠秀护理八路军伤病员用的碗，口径16.9厘米，瓷质。勺，长13.6厘米，铁质。

戎冠秀（1896～1989年），河北省平山县下盘松村人。民国26年（1937年）全面抗日战争爆发后，戎冠秀参加抗日妇救会，走上革命道路。民国27年（1938年）2月，加入中国共产党，担任下盘松村妇女救国会会长、八路军伤病员转运站站长。戎冠秀带头送3个儿子参

军，带领全村妇女，积极拥军支前，掩护八路军，抢救伤病员，组织妇女做军鞋，缝军装，支援前线。八路军晋察冀军区后方医院驻地距下盘松村只有54米，送往医院的伤病员多要经过这里，不论白天黑夜，刮风下雨，只要有伤病员经过，戎冠秀都立即放下手中活计，组织妇女前去照料。一次，在日军"扫荡"中，戎冠秀冒着危险，掩护一位重伤员到山洞中躲藏。戎冠秀一口水、一口水地送到伤员口中，终使战士苏醒过来，戎冠秀像对待自己亲人一样，给伤病员喂汤喂饭。在戎冠秀精心护理下，不少身负重伤、生命垂危的八路军战士恢复健康，重返前线。戎冠秀爱护八路军伤病员的动人事迹被传为佳话，战士们亲切地称戎冠秀为"子弟兵的母亲"。民国33年（1944年）2月，在晋察冀边区第一届群英大会上，戎冠秀被授予"北岳区拥军模范——子弟兵的母亲"光荣称号。晋察冀军区司令员聂荣臻向戎冠秀颁发锦旗。

戎冠秀护理八路军伤病员用的碗和勺藏于中国国家博物馆。

冉庄农民挖地道用的小锄头 抗日战争时期文物。冉庄农民挖地道用的小锄头为村民李连栋挖地道时使用并保存。1955年4月，捐赠给河北省博物馆。

冉庄农民挖地道用的小锄头，长17.5厘米，刃宽15.4厘米。铁质。小锄头上窄下宽，上部是銎，用于插木柄，下部为刃。

民国30年（1941年）秋，冀中平原抗日斗争进入困难阶段。冀中人民抗日武装为粉碎日伪军日益残酷的"扫荡"，保存力量，长期坚持平原游击战争，创造出新的斗争方式"地

道战"，利用地道与日伪军进行斗争。位于清苑县西南的冉庄，是驻守保定日军南犯必经之地，经常遭日军骚扰和抢劫。为躲避敌人，村民先是在家里隐蔽地方挖洞藏身、坚壁物品，俗称"蛤蟆蹲"。后来，这种单口洞发展成双口洞，形成地道雏形。民国31年（1942年）3月，冀中军区发布《关于开展地道斗争的指示信》，在冀中全区推广地道战。冀中各区掀起挖掘地道高潮。为响应党的号召，冉庄全村男女老少齐上阵，积极投入挖地道活动。村民用双手和铁锹、镐头，一点一点修挖长达16千米的战斗地道网，逐渐形成以十字街为中心的东、南、西、北四条地道干线、支线和联村地道。主干线连接所有高房工事，支线延伸到村里胡同小路，所有村户都能就近钻入地道。地道内设有暗堡、枪眼、指挥部、休息室、陷阱等，卡口、翻板、地堡、暗室等工事按地形和距离定位，锅台、炕面、水井等，都是伪装出入口。冉庄民兵利用地道优势配合武工队、野战军对敌作战157次，歼敌2100余名，冉庄曾荣获"地道战模范村"称号。冀中平原地道式

样有100余种，还可防火、防水、防毒气等有害侵袭，创造了抗日战争史上的奇迹。

冉庄农民挖地道用的小锄头藏于河北博物院。

中央军委总部在延安时期使用的收报机 民国31年（1942年）文物。中央军委总部在延安时期使用的收报机是民国31年（1942年）中央军委三局通信器材厂的产品。在抗战期间，延安中央军委总部用该收报机收到多份关于敌人分割合围抗日根据地的战斗实况、汇报和请示，对中央军委总部掌握斗争情况起到重要作用。1959年，中国人民解放军通讯兵部将该收报机拨交中国人民革命军事博物馆。

中央军委总部在延安时期使用的收报机，长31.5厘米，宽20厘米，高19厘米。木、金属、胶木等质地。

抗战初期，人民军队通信工作的规模较抗战前有数倍增加，通信器材仅靠缴获，已远远不能满足需要。为保证通信正常运转，王诤等领导同志决定自力更生生产通信零件和设备。民国27年（1938年）6月，中央军委三局通信材料厂在延安成立。创建之初，只有皮带车床、手拉牛头刨床、手摇冲床各一台。原材料来源主要通过战争缴获、就地取材和到敌占区购买等方式获得。战争缴获物资包括钢轨、破汽车、汽油桶等；就地取材包括利用杜梨木做刻度盘，用羊角粉做胶木板等；到敌占区购买物资主要包括不能生产的重要零部件。但由于国民党沿途阻挠，到敌占区购买困难很大。在艰难困苦条件下，通信材料厂同志们发挥创造力，至民国29年（1940年），能生产除真空管、电表以外的零部件，生产了部队使用

的70%收发报机。抗战期间，曾生产3W、5W、15W、50W、500W等各种功率发信机，3灯、4灯收信机，5门、10门、20门、50门磁石电话交换机，小型手摇发电机及报话两用机等，保证了全军通信联络工作的需要。在原材料极其短缺条件下，还生产了可变电容和云母电容、可变电阻和碳膜电阻、慢动刻度盘和多种旋钮、发报手键、波段开关、干电池及螺钉螺母、各种锉刀、手工工具、熔炼坩埚等器材。民国29年（1940年）6月，通信材料厂成立两周年，中央军委三局举办通信器材展览会。7月7日，王诤在延安杨家岭向毛泽东主席、朱德总司令汇报通信材料厂生产情况，并带去自制的收发报机。毛泽东、朱德为此题词。毛泽东的题词是："发展创造力，任何困难都可以克服，通讯材料的自制就是证明。"

中央军委总部在延安时期使用的收报机藏于中国人民革命军事博物馆。

王震在南泥湾开荒用的锄头 抗日战争时期文物。1949年中华人民共和国成立后，延安革命纪念馆在当地征集到王震在南泥湾开荒用的锄头。1959年4月，拨交中央革命博物馆筹备处。

王震在南泥湾开荒用的锄头，长16.5厘米，宽19.3厘米，高21.5厘米。铁质。

王震（1908～1993年），湖南浏阳人。伟大的无产阶级革命家、政治家、军事家，党和国家的卓越领导人，上将军衔。民国16年（1927年），加入中国共产主义青年团。同年，转入中国共产党。民国18年（1929年），参加中国工农红军。民国24年（1935年），参加长征。抗战爆发后，历任八路军一二〇师三五九旅副旅长、旅长兼政治委员。民国33年（1944年），任八路军南下支队司令员。抗战胜利后，任中原军区副司令员兼参谋长，参与指挥中原突围，后任西北野战军第二纵队司令员兼政治委员，率部参加延安保卫战、青化砭等战役。1949年，任第一野战军第一兵团司令员兼政治委员，率部进军新疆。中华人民共和国成立后，任中共中央新疆分局书记兼军区代司令员和政治委员、铁道兵司令员兼政治委员，人民解放军副总参谋长，农垦部部长、国务院副总理、中共中央军委常委、中央党校校长。1988年，当选中华人民共和国副主席。

抗日战争进入相持阶段，尤其是民国30年（1941年）后，由于日军疯狂"扫荡"及国民党顽固派的军事包围和经济封锁，敌后根据地财政经济极为困难。民国31年（1942年）底，中共中央提出"发展经济，保障供给"的方针，号召解放区军民自力更生，克服困难，开展以军队屯田和鼓励生产的群众运动，即"大生产运动"。民国30年（1941年）3月，王震率八路军一二○师三五九旅奉中共中央命令和朱总司令指示，陆续开进古木丛生、野兽成群的南泥湾，实行军垦屯田。三五九旅在缺乏生产资金和生产工具的极端困难情况下，发扬自力更生、艰苦奋斗精神，开荒种粮，饲养禽畜，发展小型工业、手工业、商业和运输业。从旅长到公勤人员、随军家属都参加生产。三年，把昔日荒无人烟的南泥湾变成"陕北的江南"，除吃用全部自给外，每年还向政府上缴公粮1万石。王震被边区政府授予"劳动英雄"称号，三五九旅被誉为边区大生产运动的一面旗帜、"发展经济的先锋"，南泥湾精神也是延安精神的重要组成部分。

王震在南泥湾开荒用的锄头藏于中国国家博物馆。

美国陆军部颁发给中国远征军第200师师长戴安澜的军团功勋章和军功荣誉奖状　民国31年（1942年）颁发，1983年补发文物。

在"文革"期间，美国陆军部颁发给中国远征军第200师师长戴安澜的军团功勋章和军功荣誉奖状遗失。1982年，戴安澜之子戴复东前往哥伦比亚大学做访问学者。戴复东写信给美国总统里根，说明戴安澜在缅甸作战经历和获军团功勋章、军功荣誉奖状及遗失等情况，申请补发勋章照片和荣誉状存根复印件。约20天后，戴复东收到里根总统代表、美国陆军部副总参谋长回信，

随信寄来荣誉奖状和美国陆军部功勋档案记录复印件。10天后，美军军事授勋部核准处塞耶尔主任寄来重新铸造的军团荣誉勋章。美国政府补发勋章及荣誉奖状后，戴安澜之女戴藩篱、子戴复东将其捐赠给中国人民革命军事博物馆。

美国陆军部颁发给中国远征军第200师师长戴安澜的军团功勋章为铜镀金。军功荣誉奖状证书，纵28厘米，横21.5厘米。纸质。证书载文：The President of the United States of America, authorized by Act of Congress, July 20, 1942, has awarded the Legion of Merit (Degree of Officer) to MAJOR GENERAL TAI AN LAN CHINESE AEMY for exceptionally meritorious conduct in the performance of outstanding services: MAJOR GENERAL TAI AN LAN distinguished himself exceptionally meritorious service as the Commander of the 200th Division, Chinese Army during the 1942 operations in the Burma. General Tai's exceptional performance of duty was keeping the finest traditions of military service and reflect great credit on him and the Chinese Army.

戴安澜（1904～1942年），字衍公，号海鸥，安徽芜湖人。著名抗日将领。民国13

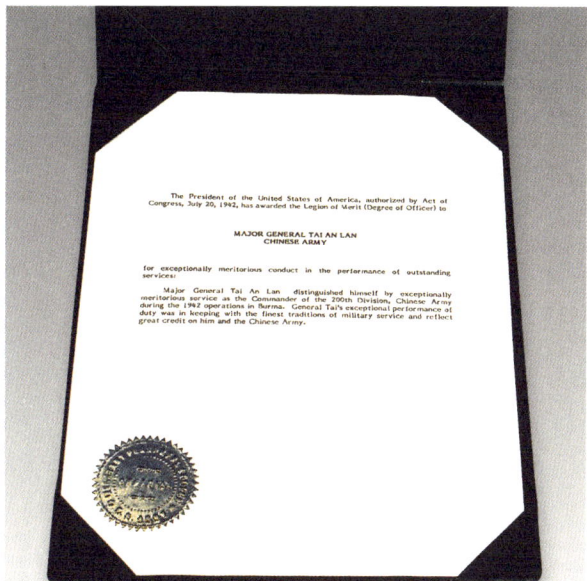

The President of the United States of America, authorized by Act of Congress, July 20, 1942, has awarded the Legion of Merit (Degree of Officer) to

MAJOR GENERAL TAI AN LAN
CHINESE ARMY

for exceptionally meritorious conduct in the performance of outstanding services:

Major General Tai An Lan distinguished himself by exceptionally meritorious service as the Commander of the 200th Division, Chinese Army during the 1942 operations in Burma. General Tai's exceptional performance of duty was in keeping with the finest traditions of military service and reflect great credit on him and the Chinese Army.

年（1924年），加入国民革命军。民国15年（1926年），黄埔军校第三期毕业。同年，参加北伐。民国22年（1933年），参加长城抗战。民国27年（1938年），参加台儿庄战役。同年，在鲁南会战中，率部在中艾山与日军激战4昼夜，因功升任89师副师长。8月，参加武汉会战。民国28年（1939年），任第5军200师师长。12月，参加桂南昆仑关战役，戴安澜指挥有方，顽强进攻，击毙日军旅团长中村正雄少将，取得重大胜利。民国30年（1941年）底，率200师进入缅甸协同英军作战，并成功掩护英军撤退，参加同古（东瓜）堂吉等战斗。民国31年（1942年）5月，在朗科指挥突围战时受伤。5月26日，在缅甸茅邦村因伤重牺牲。7月31日，广西全州上万人为壮烈殉国的抗日英雄戴安澜举行隆重安葬悼念仪式。中国共产党高度颂扬戴安澜将军英雄气概和壮烈事迹，毛泽东题赠挽词："外侮需人御，将军赋采薇。师称机械化，勇夺虎罴威。浴血东瓜守，驱倭棠吉归。沙场竟殒命，壮志

也无违。"周恩来题写挽词："黄埔之英，民族之雄。"10月，戴安澜被国民政府追赠陆军中将。10月29日，美国总统罗斯福签署命令，追授戴安澜军团荣誉勋章。民国34年（1945年），美国总统杜鲁门及陆军部部长史汀生签署荣誉奖状。军团荣誉勋章，又称功勋军团荣誉勋章、功绩勋章、懋绩勋章，民国31年（1942年）7月20日由美国国会设立，授予美国武装部队或盟军中在服役期间功绩卓著的人员。授予美国国民功绩勋章时不分等级，授予外国军人功绩勋章时，依据陆军条例第672—5—1号规定条件，分总司令官级、司令官级、军官级及军团成员级4级。戴安澜所获军团荣誉勋章是军官级。1956年，中央人民政府内务部追认戴安澜为革命烈士。

美国陆军部颁发给中国远征军第200师师长戴安澜的军团功勋章和军功荣誉奖状藏于中国人民革命军事博物馆。

叶挺《囚诗》手稿 民国31年（1942年）11月21日文物。1959年7月，郭沫若将叶挺的信和《囚诗》手稿捐赠给中央革命博物馆筹备处。

叶挺《囚诗》（囚歌）手稿，纵29厘米，横21.7厘米。纸质，毛笔书写。是叶挺将军被囚禁在重庆"中美合作所"集中营时所写，全文为："（为人）进出的门紧锁着，／（为）狗爬走的洞敞开着，／一个声音高叫着：爬出来呵，给尔自由！／我渴望着自由，但也深知到（道），人的躯体那（哪）能由狗的洞子爬出！／我只能期待着那一天，／地下的火冲腾，把这活棺材和我一齐烧掉，我应该在烈火和热血中得到永生。／／六面碰壁居士 卅一、十一、廿一。"

叶挺（1896～1946年），字希夷，广东惠阳人。中国人民解放军创始人之一。民国8年（1919年），毕业于保定陆军军官学校。民国13年（1924年），加入中国共产党。民国14年（1925年），担任国民革命军第四军独立团团长，领导著名的汀泗桥和贺胜桥等战役，获"北伐名将"美誉，为第四军赢得"铁军"称号。民国16年（1927年），先后参与领导南昌起义和广州起义。起义失败后流亡国外脱党。民国26年（1937年）10月，任新四军军长。民国30年（1941年）1月，国民党军队发动皖南事变，叶挺在谈判时被扣。先后被囚禁于江西上饶、湖北恩施和广西桂林等地，后移禁重庆"中美特种技术合作所"集中营。在被关押5年多时间里，敌人对叶挺威逼利诱，软硬兼施。但叶挺始终坚贞不屈，表现出革命者大义凛然的英雄气概。抗战胜利后，经中共中央多

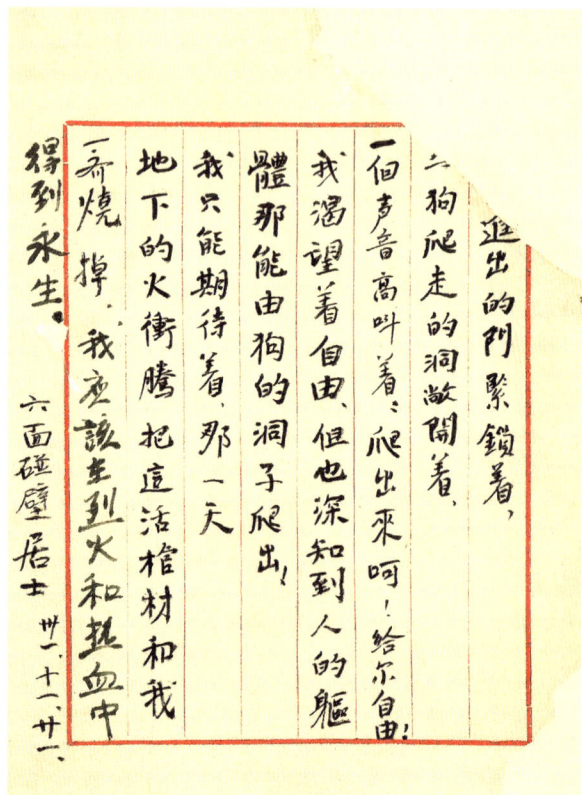

方营救，叶挺于民国35年（1946年）3月4日获释。在叶挺要求下，中共中央决定接受叶挺重新入党。4月8日，叶挺在飞赴延安途中，因飞机失事遇难。毛泽东在《解放日报》上发表悼词说："为人民而死，虽死尤（犹）荣。"

民国31年（1942年）11月16日，是郭沫若50岁寿辰，从事创作活动25周年。在中共南方局和周恩来关怀下，重庆文化界进步人士和民主党派人士举行隆重纪念活动。被关押在重庆"中美合作所"集中营红炉厂囚室的叶挺得知后，制作一枚"文虎章"，托前来探望的夫人李秀文带给郭沫若表示祝贺。"文虎章"是用香烟罐内圆纸片制成，正面正中用钢笔横写着"文虎章"3个字，周围环绕写有"寿强萧伯纳，骏逸人中龙"10个字，背面写着："祝沫若兄五十大庆，叶挺。"不久，李秀文又给郭沫若送去叶挺的一封信，信中将"文虎章"上题诗修改为"寿比萧伯纳，功追高尔基"。信后，附有《囚诗》。郭沫若读后非常激动。但由于当时形势，不允许将被囚禁将军的诗公布出来，郭沫若便将信和诗妥善珍藏。

民国35年（1946年）3月4日，叶挺将军获释当晚，郭沫若前往中共代表团驻地探望。回到家后，郭沫若在"电火光中"反复吟诵这首诗，并提笔写下《叶挺将军的诗》一文，全文介绍《囚诗》。《叶挺将军的诗》发表在《唯民周刊》4月6日创刊号上。文中，郭沫若评价叶挺："他的诗是用生命和血写成的，他的诗就是他自己。"这首著名诗篇一直以来广为传诵。

叶挺《囚诗》手稿藏于中国国家博物馆。

毛泽东著《论持久战》的伪装本《战国策注解》　民国32年（1943年）文物。1975年，

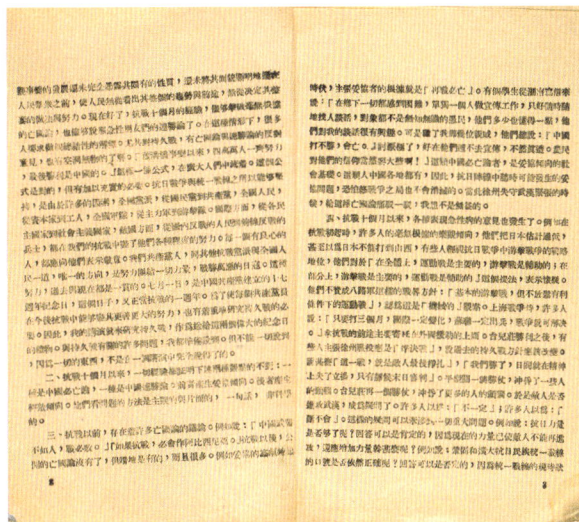

济南市新华书店将毛泽东著《论持久战》的伪装本《战国策注解》拨交中国革命历史博物馆。

毛泽东著《论持久战》的伪装本《战国策注解》，纵19.3厘米，横12厘米。纸质，铅印。封面为浅蓝色，竖写书名"战国策注解"，字体较大，居右侧长方形条框上部；"癸未荷月中浣"，应为出版日期，即民国32年（1943年）6月中旬，字体较小，居长方形条框下部。封面左侧下部印有"知己知彼 百战百胜"字样，最下方横书"北平文化服务社出版"。

全国抗战开始后，由于战争局势的复杂，许多人对战争将如何发展认识不清，"亡国论""速胜论"等观点影响很大。澄清这些错误观点，指明抗日战争的基本走势，是指导抗日战争的中国共产党必须解决的重大课题。早在民国24年（1935年）12月，毛泽东在陕北瓦窑堡党的活动分子会议上就指出：要打倒敌人必须准备做持久战。民国25年（1936年）7月，他在同美国记者埃德加·斯诺的谈话中，就已经估计抗日战争的形势，提出通过持久抗

战争取胜利的方针。为了系统阐明中国共产党关于持久抗战的战略思想，肃清"亡国论"和"速胜论"的影响，毛泽东于民国27年（1938年）五六月间发表了《论持久战》这篇著名演讲。对于为什么中国的抗战是持久的，最后的胜利会属于中国，毛泽东在《论持久战》中给予了明确的回答。

毛泽东全面地考察和论证了中国能够、也必须经过持久抗战取得胜利的客观依据。他指出，"中日战争不是任何别的战争，乃是半殖民地半封建的中国和帝国主义的日本之间在20世纪30年代的一个决死的战争"。在这场战争中，中日双方存在着互相矛盾的四个基本特点：敌强我弱，敌退步我进步，敌小我大，敌失道寡助我得道多助。毛泽东着重阐述了以下四个问题：第一，抗日战争是持久战，最后的胜利属于中国；第二，抗日战争将经过战略防御、战略相持、战略反攻三个发展阶段；第三，争取抗战胜利的唯一正确道路是充分动员和依靠群众，实行人民战争；第四，论述抗日持久战的战略战术原则。毛泽东的《论持久战》科学地论证了抗日战争的发展规律，阐明

了争取抗战胜利的正确道路，批判了对抗战的各种错误认识，从思想上武装了全党、全军和广大人民群众，鼓舞和坚定了全国军民争取抗战胜利的信心。《论持久战》是指导全国抗战的理论纲领，是运用马克思主义的辩证唯物主义和历史唯物主义从具体情况出发解决战争问题的光辉典范。

民国27年（1938年），毛泽东演讲之后，《论持久战》讲稿被整理出来，油印成册，在党内传阅。为了满足广大军民学习的需要，同年7月1日，《论持久战》一文在延安《解放》杂志第43、44期（合刊）正式刊出。当月，延安解放社出版单行本。以后又多次再版。为了应对国民党图书审查机构检查，使《论持久战》在国统区进步人士和爱国青年中广为流传，毛泽东著《论持久战》先后以《文史通义》《战国策注解》等的伪装本出版。

毛泽东著《论持久战》的伪装本《战国策注解》藏于中国国家博物馆。

"实事求是"石刻 民国32年（1943年）文物。

民国36年（1947年）3月国民党军队进犯延安时，中央党校师生为使大礼堂正门上方的毛泽东题字"实事求是"免遭破坏，将四块石刻从墙壁上取出，埋入地下。国民党军占领延安后，中央党校大礼堂被毁坏。1955年，延安师范学校选在小沟坪中央党校旧址建校。在建校劳动中，挖出"实事求是"四块石刻，移交延安革命纪念馆。

"实事求是"石刻为四块，每块纵70.5厘米，横63.5厘米，厚15.5厘米。砂石质地。"实事求是"四字分别阴刻在四块石板上，油漆描红。原镶嵌在延安中央党校大礼堂正门上方，是少见的偏重于楷书的毛泽东书法。

延安中央党校是抗战时期专门培养党的中高级理论干部学校。民国30年（1941年），延安中央党校开学那天，中央党校副校长彭真向毛泽东请示中央党校校训时，毛泽东当即表示：就是实事求是，不尚空谈。同年，毛泽东在杨家岭高级干部会议上，作《改造我们的学习》报告。报告对"实事求是"学习态度做了著名论述："'实事'就是客观存在着的一切事物，'是'就是客观事物的内部联系，即规律性，'求'就是我们去研究。"民国32年

（1943年），位于延安北关外小沟坪，占地1200平方米，可容千余人的中央党校大礼堂落成。有人提议礼堂上边该写几个字，党校请毛泽东为大礼堂题词，毛泽东欣然命笔，在四张二尺见方麻纸上，写下党校校训"实事求是"四个大字。中央党校请来石匠，将麻纸贴在四块方正石板上，照笔画开凿，将毛泽东题写"实事求是"四个大字原样镌刻在石板上。遗憾的是，毛泽东写在纸上的原手迹未能保留下来。从此，这一题词就成为党校学员乃至全党学习研究马列主义座右铭。

"实事求是"石刻藏于陕西省延安革命纪念馆。

毛泽东为电影《南泥湾》题词"自己动手丰衣足食" 民国32年（1943年）文物。毛泽东为电影《南泥湾》题词"自己动手 丰衣足食"由吴印咸保存。1959年，中国人民革命军事博物馆筹建期间，吴印咸捐赠给该馆。

毛泽东为电影《南泥湾》题词"自己动手 丰衣足食"，纵21厘米，横16厘米。纸质，毛笔书写。共2页，内容为"自己动手 毛泽东""丰衣足食 毛泽东"。

王震率八路军三五九旅开垦"南泥湾"，是抗日战争时期陕甘宁边区大生产运动中最为成功和知名典范。民国31年（1942年）12月12日，《解放日报》专门发表《积极推行"南泥湾政策"》社论，总结和推广三五九旅生产经验，指出"今天的南泥湾，已成了陕北好江南"。民国31年（1942年）夏，八路军总政治部延安电影团启动三五九旅开垦南泥湾纪录片拍摄工作，吴印咸主持拍摄，徐肖冰协助。民国32年（1943年）初，纪录影片

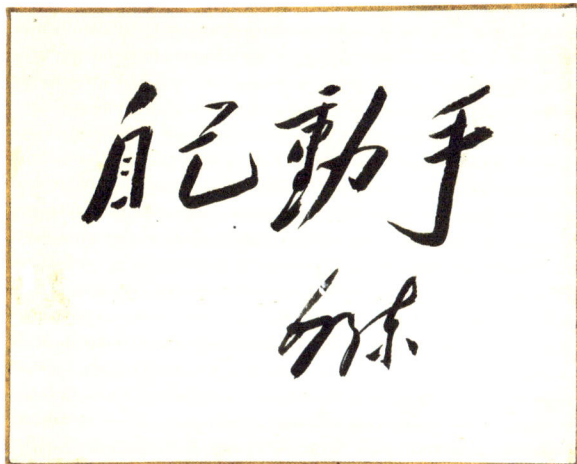

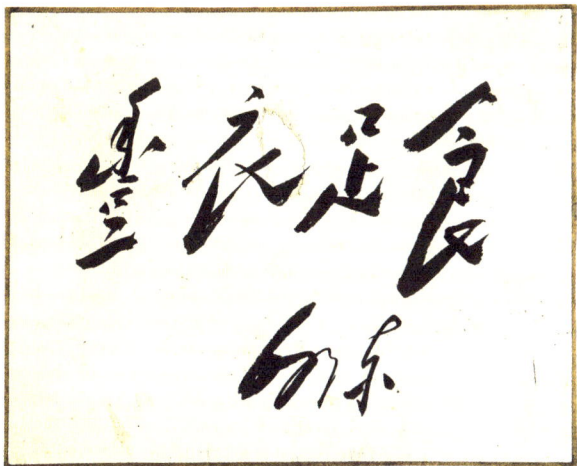

摄制完成，取名《生产与战斗结合起来》。影片拍摄完成后，摄影队长吴印咸来到中共中央驻地枣园，请毛泽东题词。因窑洞内光线较暗，毛泽东便走到窑洞外面，挥笔写下"自己动手""丰衣足食"。吴印咸抓拍下毛泽东题词的宝贵镜头，编在影片开头作为序幕。民国32年（1943年）1月27日，延安《解放日报》报道影片摄制和放映消息，引起边区各界关注。影片先在中央直属机关放映，随后放映队带着仅有的一套影片拷贝，为边区军民放映，受到热烈欢迎。纪录影片后被称作《南泥湾》。

毛泽东为电影《南泥湾》题词"自己动手丰衣足食"藏于中国人民革命军事博物馆。

木刻画《减租会》　民国32年（1943年）文物。1959年，古元将自己创作并保存木刻画《减租会》捐赠给中央革命博物馆筹备处。

木刻画《减租会》，纵13.5厘米，横19.5厘米。纸质，木版印。作者古元。

古元（1919～1996年），广东中山人。擅长水粉、水彩和版画。民国27年（1938年），赴延安。民国28年（1939年），进入延安鲁迅艺术学院（简称"鲁艺"）美术系第三期学习。民国30年（1941年），任鲁艺美术工场木刻组长，兼部队艺校美术教员。民国31年（1942年），参加"延安文艺座谈会"，古元作品参加在重庆举办的全国木刻展览会，引起关注。民国33年（1944年），鲁艺美术工场改为研究室，古元任研究室创作组长。其间，创作出许多反映陕北人民生活作品，被选为陕甘宁边区文教代表，并授予甲等奖。民国35年（1946年），古元任华北联合大学文艺学院美术系教员。1951年，创作的新年画《毛主席和农民谈话》，获文化部颁发的新年画二等奖。中华人民共和国成立后，先后任人民美术出版社创作室主任，中央美术学院教授、院长及中国美术家协会副主席，中国版画家协会主席等职。

民国28年（1939年）冬起，在中国共产

党领导下，各抗日根据地相继实行"二五减租"，使农民得到经济实惠，提高生产与抗战积极性。民国29年（1940年）夏，鲁艺美术系学生古元到陕北延安县川口区碾庄村深入生活，与农民同吃同住同劳动，从农民日常生活中发掘素材，创作大量生动形象的木刻作品，其中一些发表在《解放日报》及国内外杂志上，并在延安、重庆等地展出。《减租会》创作于民国32年（1943年），其素材来源于碾庄村农民在减租减息运动中一次与地主说理斗争会的情形，生动形象地宣传党在抗日战争时期减租减息的土地政策。

木刻画《减租会》藏于中国国家博物馆。

日军在河北兴隆县制造"无人区"的地图　民国33年（1944年）文物。日军在河北兴隆县制造"无人区"的地图由伪热河省公署总务科于民国33年（1944年）9月绘制。1959年，由河北省博物馆拨交中央革命博物馆筹备处。

日军在河北兴隆县制造"无人区"的地图，纵83.2厘米，横76.3厘米。纸质，铅印。比例尺为1：150000。右上角印有红色"秘"字。按照该图右下角"凡例"，图中红色阴影部分为"无住禁作"地带，另有"部落""集团部落"等标识，图中还标有省公署、县旗公署、警察署、警防所等。

民国20年（1931年）九一八事变后，日本侵占中国东北，建立伪满洲国，长城沿线则被称为伪满洲国"西南国境线"。在这一带，日伪强行推行"集团部落"政策，有计划地制造"无人区"，目的是隔离抗日武装同民众联系，摧毁其生存条件，是比"三光"政策更加毒辣的法西斯手段。民国28年（1939

年）秋起，以日本关东军为主，在伪满洲军、伪蒙疆军和华北方面军配合下，在东起山海关以西九门口、西抵赤城县独石口以东老丈坝长城沿线，制造横跨冀东、热河、辽西及察哈尔地区世界罕见的千里"无人区"，并分为三类区域：一类称"无住禁作"地带，二类称"禁住不禁作"地带，三类称"保留并修建集团部落地区"。日军在"无人区"内实行"集家并村"政策，驱赶周围十余里内村民归并成"部落"，周围用两丈高土墙围绕，被称为"人圈"。打下少量粮食统统交给"谷物组合"。每个部落设部落长，下设保长、甲长、牌长，胁迫群众参加伪组织。"部落"五里以外，就是"无住禁作地带"，任凭田园荒芜，群众进入该地，就以"通匪"论处。凡拒绝迁入"部落"村民都遭到烧杀。至民国33年（1944年）春，日伪制造"无人区"计划基本完成。在长约850千米长城线上遍布"无人区"，被"集家"的自然村1.7万余个，建"集团部落"2506座，被赶入"人圈"群众约140万人。其中最大"无人区"西起丰宁，沿滦平、承德、兴

隆、平泉、青龙，东抵凌源，长350千米、宽125千米，面积达43750平方千米。

日军在河北兴隆县制造"无人区"的地图藏于中国国家博物馆。

中共太行区党委奖给李顺达的"组织起来顶机器"锦旗 民国33年（1944年）12月文物。民国33年（1944年）12月，在"太行山区杀敌英雄、劳动英雄和模范工作者大会"上，李顺达被评为一等劳动英雄。中共太行区党委给李顺达颁发"组织起来顶机器"锦旗及奖章、毛巾等，表彰其为互助合作运动做出的贡献。1954年8月，李顺达将锦旗捐赠给中央革命博物馆筹备处。

中共太行区党委奖给李顺达的"组织起来顶机器"锦旗，纵70厘米，横205厘米。丝绸质。黄地蓝花，上贴有紫红色字"赠给边区劳动英雄组织起来顶机器 中共太行区党委"。

李顺达（1915～1983年），全国著名劳动模范。民国19年（1930年），李顺达随母亲从河南林县东山底村逃荒到山西平顺县西沟村落户。民国26年（1937年），全民族抗日战争爆发后，八路军一二九师和山西新军决死队挺进太行山，建立革命根据地。民国27年（1938年）2月，平顺县第一个秘密基层党组织在西沟成立。7月，李顺达加入中国共产党，并担

任山西平顺县西沟村民兵小队长、农会主席，配合八路军抗击日军"扫荡"。民国31～32年（1942～1943年），由于日军推行"三光"政策和自然灾害袭击，华北抗日根据地出现严重经济困难。李顺达响应毛泽东"组织起来，生产自救，组织起来，支援战争"的号召，组织老西沟六户贫农成立全国较早的农业生产互助组织"李顺达互助组"，互助生产，支援抗战，并带领大家在山沟里打坝淤地，在荒山上开荒种粮，发展生产，推广新技术，粮食产量连年增加，既改善人民生活，又支援战争。

中共太行区党委奖给李顺达的"组织起来顶机器"锦旗藏于中国国家博物馆。

闻一多挂牌治印时使用的刻刀　民国33～35年（1944～1946年）文物。民国35年（1946年），闻一多被国民党特务杀害后，闻一多挂牌治印时使用的刻刀由其家属保存。1983年，闻一多儿子闻立鹏将刻刀捐献给国家。

闻一多挂牌治印时使用的刻刀，长15.8厘米。钢质。

闻一多（1899～1946年），湖北浠水人。诗人、学者。早年，就读于清华学校。民国11年（1922年），赴美科拉多州，先研究外国文学，随后进芝加哥艺术学院专攻美术。民国14年（1925年），归国，历任南京中央大学、武汉大学、青岛大学、清华大学等校教授。闻一多因早年学过美术，擅长构图，且对甲骨、金文等古文字进行研究，在篆刻艺术方面也颇有造诣。闻一多刻印，高古清刚，迥异凡俗，受到亲朋好友青睐。民国33年（1944年），抗日战争进入最艰苦时期，也是国民党统治最严酷时期，云南昆明物价飞涨，一度高于全国，币值剧贬，闻一多一家8口人，全靠其一人工资度日，生活极其困苦。在朋友劝说下，民国33年（1944年）5月，闻一多开始挂牌鬻印。闻一多治印润资明码标价，石章每字200元，牙章每字400元，当时昆明城为之轰动，求印者络绎不绝。华罗庚、吴晗等都曾得到过闻一多作品。闻一多把篆刻当作鞭挞时局、抒发情怀、表达友情的最好方式。作为一名大学教授，以鬻印为生，是对国民党统治极大讽刺。

闻一多挂牌治印时使用的刻刀藏于湖北省浠水县闻一多纪念馆。

马海德在延安时使用的手术刀　抗日战争时期文物。民国33～36年（1944～1947年），马海德用听诊器和手术刀为陕甘宁边区军民看病4万余次，占延安总人口的三分之二以上，根据地群众亲切地称马海德为"马大夫"。由于出色工作，马海德多次受到陕甘宁边区政府奖励。1976年，马海德在延安时使用的手术刀及医疗器械和药品入藏延安革命纪念馆。

马海德在延安时使用的手术刀长16.4厘米。钢质，镀铬。德国制造。刀柄上刻"CHROME GERMANY"。

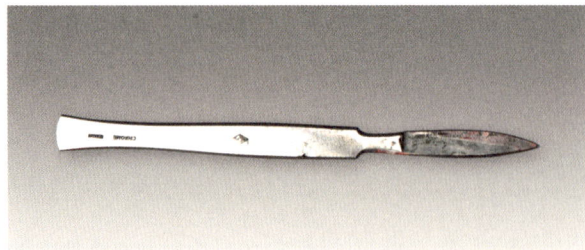

马海德（1910～1988年），原名乔治·海德姆，祖籍黎巴嫩，出生于美国。民国22年（1933年），取得日内瓦医科大学医学博士学位。为考察中国正在流行的东方热带病，民国22年（1933年）来到上海，结识宋庆龄、史沫特莱等进步人士，开始从事革命活动。民国25年（1936年）夏，应中共中央邀请，在宋庆龄推荐下，斯诺和马海德到达陕甘宁边区，考察苏区情况，了解中共抗日主张。在4个月访问后，马海德决定留在陕北，参加红军。在对根据地医疗卫生状况进行实地考察后，马海德写出一份调查报告，并提出改进苏区医疗卫生方法的建议，受到毛泽东高度评价。被任命为中革军委卫生顾问，并取中文名马海德。民国26年（1937年）2月，马海德加入中国共产党。马海德在陕甘宁边区开展长达十余年卫生工作，先后到山西五台山八路军总部和延安国际和平医院从事医疗工作。马海德是最早进入陕甘宁根据地的外国医生。在抗日战争时期，马海德曾先后接待白求恩、柯棣华、巴苏华、米勒等外国医生，并协助外国医生到各抗日根据地开展医疗救护。中华人民共和国成立后，马海德成为第一位获得中国国籍的外国人。并被任命为卫生部顾问，协助组建中央皮肤性病研究所，致力于性病和麻风病的防治与研究，为在中国和世界防治和消灭性病、麻风病做出突出贡献。

马海德在延安时使用的手术刀藏于陕西省延安革命纪念馆。

国民政府委派董必武为联合国大会代表的特派状 民国34年（1945年）3月29日文物。民国34年（1945年）3月26日，国民党政府被迫公布，有中国共产党和中国民主同盟等党派代表的参加"联合国"成立大会的代表团名单，董必武是中国共产党和解放区的唯一代表。国民政府委派董必武为联合国大会代表的特派状一直由董必武保存。1978年2月，董必武夫人何连芝捐赠给中国革命历史博物馆。

国民政府委派董必武为联合国大会代表的特派状（派字第一八号），纵41.3厘米，横50.7厘米。纸质，石印，毛笔书写。有信封。特派状由国民政府主席兼行政院院长蒋中正、代理院长宋子文共同签署，加盖中华民国政府印。正文为"特派董必武为中华民国出席联合国大会代表此状"，左下角印有"监印陈光远校对曾伯球"字样。信封落款为国民政府文官处缄。

董必武（1886～1975年），原名董贤琮，又名董用威，号壁伍。湖北黄安（红安）人。中国共产党创建人之一，卓越的无产阶级革命家和法学家。宣统三年（1911年），参加辛亥革命，同年加入中国同盟会。民国10年（1921年），代表武汉共产主义小组出席中国共产党第一次全国代表大会。民国23年（1934年）10月，参加长征。抗日战争时期和抗战胜利后，任中国共产党同国民党谈判代表。民国34年（1945年），代表解放区参加旧金山联合国制宪会议。中华人民共和国成立后，历任政务院副总理、最高人民法院院长、全国政协副主席、中华人民共和国代主席。1973年8月，当选中共十届中央政治局常委。1975年1月，任第四届全国人大常委会副委员长。

民国33年（1944年）8月21日至10月7日，苏美英和中美英三国代表先后在美国敦巴顿橡树园举行会议，拟成立维护世界和平与安全的国际机构"联合国"。民国34年（1945年）2月，经雅尔塔会议商定，联合国成立大会于民国34年（1945年）4～6月在美国旧金山举行。苏、美、英、中、法五国为发起邀请国。中国应邀参加联合国创建会议，是全中国人民一件极其重要的大事。中共中央提出，中国代表团不能由国民党一党包办，必须包括共产党和民盟代表，并提出中国共产党代表人选为周恩来、董必武、秦邦宪。在来自国内外广大民众呼声和压力下，国民党政府3月26日公布有中国共产党和中国民主同盟等党派参加的代表团名单，国民政府代理行政院长宋子文为首席代表；代表有顾维钧、王宠惠、魏道明、胡适、张君劢、董必武、李璜、吴贻芳、胡霖；高等顾问施肇基。董必武携随员章汉夫、陈家康参加联合国成立大会，并于6月26日在《联合国宪章》上签字。会议期间和会后，董必武一行利用各种机会，向与会各国代表和包括华侨在内的美国各界人士，介绍中国共产党领导下的抗日根据地，在政治、经济、文化等方面的伟大成就，打破国民党对解放区的新闻封锁，争取华侨和国际社会的同情和支持。

国民政府委派董必武为联合国大会代表的特派状藏于中国国家博物馆。

谢觉哉出席中共七大的代表证　民国34年（1945年）文物。民国34年（1945年）4月23日至6月11日，谢觉哉作为中国共产党第七次全国代表大会（简称"七大"）正式代表出席大会，出席七大代表证一直由谢觉哉保存。1972年，由谢觉哉夫人王定国捐赠给中国革命历史博物馆。

谢觉哉出席七大代表证，纵6.7厘米，横4.4厘米。内文为纸质，封面为紫色丝绸质。铅印，钢笔填写。内文左侧印有"中国共产党第七次全国代表大会代表证第三一二号"，右侧印有座号、姓名及注意事项。由七大秘书处印制，盖有红色椭圆形"中国共产党第七次全国代表大会秘书处"印。

谢觉哉（1884～1971年），字焕南，学名维鉴，湖南宁乡人。被誉为"延安五老"之一，中国人民司法制度奠基者之一。民国8年（1919年），参加五四运动。1921年，加入新民学会。民国14年（1925年），加入中国共产

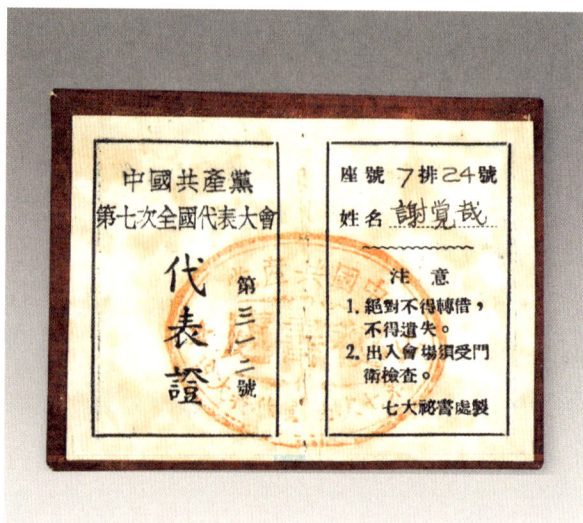

党。民国22年（1933年）4月，到中央苏区工作，先后任中华苏维埃共和国中央政府秘书长、内务部长等职。民国23年（1934年）10月，参加长征。红军到达陕北后，担任中央政府西北办事处内务部长兼秘书长、司法部长兼陕甘宁边区高等法院院长。民国26年（1937年）七七事变后，任中共中央驻兰州办事处代表。9月起，任陕甘宁边区政府高等法院院长、中共中央党校副校长、陕甘宁边区参议会副议长等职。民国37年（1948年）9月，任华北人民政府司法部部长。中华人民共和国成立后，先后任中央人民政府内务部部长、最高人民法院院长。

民国34年（1945年）4月23日至6月11日，七大在延安杨家岭中央大礼堂举行。出席大会正式代表547人，候补代表208人，共755人，代表全党121万党员。大会将代表分为8个团，中直军直代表团、陕甘宁边区代表团、晋冀鲁豫代表团、山东代表团、华中代表团、大后方代表团、晋绥代表团、晋察冀代表团。谢觉哉时任中共中央党校副校长，中共中央西北局副书记兼陕甘宁边区政府秘书长、陕甘宁边区参议会副议长，作为七大正式代表出席大会。七大是中国共产党在新民主主义革命时期极其重要也是最后的一次代表大会，为党领导人民争取抗日战争胜利和新民主主义革命胜利奠定政治上、思想上、组织上的基础。

谢觉哉出席中共七大的代表证藏于中国国家博物馆。

献给中共七大主席团的毛主席像章　民国34年（1945年）文物。

民国34年（1945年）4月23日中共七大开幕，作为七大主席团成员之一，陈毅获赠鲁艺文供社同志们献给七大主席团的毛主席像章。陈毅将毛主席像章珍藏起来，1975年，由陈毅之长子陈昊苏捐赠给中国革命历史博物馆。

献给七大主席团的毛主席像章，直径2.7厘米。锡质。像章正面刻有两个很小的英文字母"LF"，是作者凌子风原名凌风的拼音字母缩写。背面刻有"献给七大主席团鲁艺文供社"。

民国34年（1945年）4月23日至6月11日，中国共产党第七次全国代表大会在延安召开。为表达对党和毛主席的热爱和对七大的期盼心情，各抗日根据地军民纷纷赶制锦旗、纪念章及各种礼品，向七大献礼。延安鲁迅艺术文学院文供社（简称"文供社"）的同志们决定制作一枚毛主席像章，作为鲁艺礼品献给大会。文供社请来多才多艺的鲁艺教员凌子风担任设计。凌子风翻阅各种参考资料，经日夜冥思苦想，精心设计出比较满意的毛主席像图案，用削苹果折叠小刀，在旧砚台上雕刻出像章样品。大家一起动手，从鲁艺后山土坡上挖来上好胶泥，用木槌砸碎碾细，制成模子。又把各自仅有的一点津贴凑在一起，到桥儿沟街头延

安新市场买来锡制香炉、蜡扦，用火熔化后，浇铸在模子里，用刻着"献给七大主席团鲁艺文供社"字样的小石板按在上面，庄严而逼真的毛主席像章就制作完成了。大家又自制十几个火柴盒大小木盒，经粉刷油漆，在盒内衬上红粗布，把毛主席像章端端正正放在里面。4月23日中共七大开幕，文供社同志们将精心制作的15枚毛主席像章，分别赠送给七大主席团15位成员。

献给七大主席团的毛主席像章藏于中国国家博物馆。

新四军淮南新闻电台收抄延安新华社播发毛泽东在中共七大作的《论联合政府》报告的电稿 民国34年（1945年）5月文物。延安新华社新华广播电台向各根据地播发毛泽东《论联合政府》报告，新四军淮南新闻电台在苏北沭阳敌后根据地收抄新华社播发《论联合政府》报告电稿，淮海区党委副书记李一氓曾用此报告电稿向淮海区党委干部进行传达并保存电稿。1950年秋，李一氓将报告电稿重新装订并珍藏。1976年3月24日，捐赠给中国革命历史博物馆。

新四军淮南新闻电台收抄延安新华社播发毛泽东在中共七大作的《论联合政府》报告电

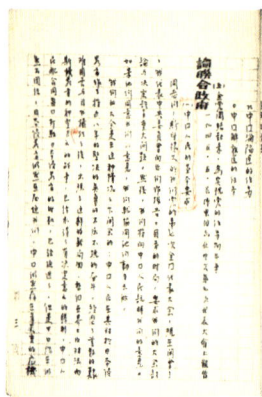

稿，纵27.3厘米，横20.5厘米。纸质，钢笔书写。线装本，封面有毛笔题字"论联合政府／一九四五年收抄于苏北沭阳敌后根据地　五零年深秋"，并盖有"一氓"印章。

民国34年（1945年）4月23日至6月11日，中国共产党第七次全国代表大会在延安召开。4月24日，毛泽东在会上作题为《论联合政府》政治报告。报告明确提出新民主主义的一般纲领，并完整制定现阶段的具体纲领和政策，提出"废止国民党一党专政，建立民主的联合政府"的斗争口号；强调发动农民群众，实行土地改革，并提出准备工作重心由乡村向城市转变，以适应新形势需要；指出加强党的领导是争取革命胜利的关键。报告概括中国共产党在长期革命斗争中形成的三大作风，即理论和实践相结合的作风、和人民群众紧密地联系在一起的作风及自我批评的作风；并指出这是中国共产党区别于其他政党的显著标志，全党要保持和发扬这些作风，更好地团结和率领全国人民，完成党的战略任务。报告是中国共产党打败日本侵略者、建设新中国的纲领性文件，也是加强共产党自身建设的重要文献。《论联合政府》后收入《毛泽东选集》第三卷。

新四军淮南新闻电台收抄延安新华社播发毛泽东在中共七大作的《论联合政府》报告的电稿藏于中国国家博物馆。

侵华日军总司令冈村宁次投降时呈缴的军刀 民国34年（1945年）文物。民国38年（1949年）4月23日，中国人民解放军打过长江，攻占南京，在总统府搜出侵华日军总司令冈村宁次投降时呈缴军刀。1959年，中国人民解放军总后勤部军械部兵器陈列室将此刀拨交

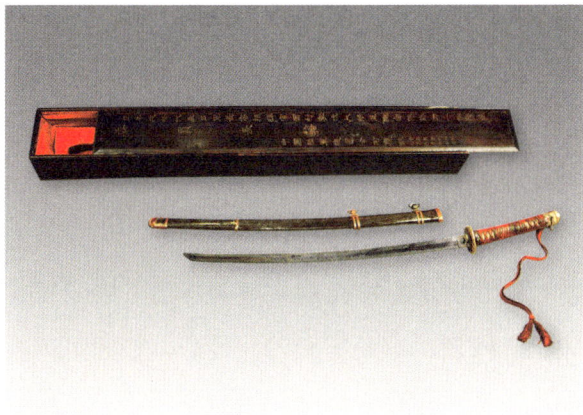

中国人民革命军事博物馆。

侵华日军总司令冈村宁次投降时呈缴军刀，长101厘米。钢、木、铜、蛇皮质地。有刀鞘。为日军高级将领佩刀，刀装为陆军九五式制式刀装，刀略呈弧形，刀身约占全长四分之三。刀身中间起脊，近刀背处有很长血槽。刀尖为侧锋，基部有护套。刀格呈椭圆形。刀柄较长，可供双手持握。两侧分别嵌有8枚铜质镀金日本皇花，外用皮条绑扎。柄首有套，装环，上系长带双缨。刀鞘为木质，外包蛇皮，上有三道箍。鞘两端均饰箍套。头部有铭文，一面为"273913番"，另一面为"实用新案特许"。盒为何应钦为呈蒋介石专门制作，盖上刻有"日本投降代表日军最高指挥官冈村宁次大将呈缴自佩战刀一柄，谨呈委员长蒋，中国陆军总司令何应钦，中华民国卅四年九月九日于南京"铭文。

冈村宁次（1884～1966年），日本侵华派遣军总司令、大将，侵华战争主要战犯。民国21年（1932年），任日本上海派遣军副参谋长，参加一·二八侵占上海的战争。同年，转任关东军副参谋长。民国22年（1933年），兼任驻伪满"大使馆"武官，代表日本政府与国民党政府签订《塘沽协定》。民国23年（1934年），任陆军参谋本部第2部部长。民国24年（1935年），协助华北方面军司令梅津美治郎与何应钦签订侵略中国华北《何梅协定》。民国27年（1938年），任第十一集团军司令，率军攻占武汉。后历任华北方面军司令、第六方面军司令、中国派遣军总司令官。冈村宁次在中国实行极度野蛮的烧光、杀光、抢光"三光政策"，犯下滔天罪行。民国34年（1945年）11月，被列为中国共产党战犯名单第一号战犯。民国34年（1945年）8月15日，日本政府向全世界宣布无条件投降。按照同盟国规定，中国战区受降范围是中国（东北地区归苏联军队受降）和越南北纬16°线以北地区。共划分为平津、广州、上海、南京、台湾、澎湖等16个受降区。各区受降主官接到蒋介石任命后，即开始接受日军投降。8月21日，中日双方派代表在湖南芷江进行洽降，确定9月9日9时，在南京原中央陆军军官学校大礼堂举行中国战区受降仪式，寓意为"三九良辰"。

中国方面出席仪式的有中国战区最高统帅蒋介石的代表、中国陆军总司令陆军一级上将何应钦，第三战区司令长官顾祝同、陆军参谋长萧毅肃等。日本方面人员有中国战区日军投降代表、中国派遣军总司令冈村宁次大将，参谋长小林浅三郎中将、副参谋长今井武夫少将等7人。9时，冈村宁次解下所佩战刀，交由小林浅三郎双手捧呈何应钦，以表示侵华日军正式向中国缴械投降。冈村宁次在投降书上签字，受降仪式结束。

侵华日军总司令冈村宁次投降时呈缴的军刀藏于中国人民革命军事博物馆。

何应钦在南京受降仪式上签字用的文具 民国34年（1945年）9月9日文物。民国34年（1945年）9月9日，南京受降仪式准备两套一样文具，一套为中方代表何应钦接受日军投降签字使用，另一套为日方代表冈村宁次签字投降时使用。民国37年（1948年），国民政府教育部在南京五台山举办战利品陈列展览，展出包括何应钦在南京受降仪式上签字用文具在内的整个受降仪式实物。展览结束后，国立中央博物院筹备处（南京博物院）从五台山陈列馆接收保管。中华人民共和国成立后，南京博物院将受降仪式文物进行整理分类，有的重新登记入藏，有的作为办公用品使用。至1985年抗日战争胜利40周年时，才将受降仪式实物从各办公处收集起来，登记入藏。

何应钦在南京受降仪式上签字用文具盒为木胎漆盒。长42厘米，宽42厘米，高9.7厘米。内含文具一套6件，包括毛笔、墨、笔架、印泥盒、砚台、水盂。由瓷、木、石等材

质制成。

何应钦（1890～1987年），字敬之，贵州兴义人。中华民国陆军一级上将。早年留学日本，就读于陆军士官学校。民国5年（1916年）回国。民国13年（1924年），任广州大本营参议、黄埔军校总教官兼教导第一团团长、旅长、师长、军长等职。北伐后，任国民政府委员、浙江省政府主席、陆海空军总司令部参谋长、军政部部长。民国23年（1934年），授陆军一级上将军衔。抗战时期，任第四战区司令长官、中国远征军总司令、中国战区中国陆军总司令。民国34年（1945年）9月9日9时，南京中国战区受降仪式开始。中方受降代表何应钦将事先拟好的日军投降书中文本两份，交由参谋长萧毅肃转送冈村宁次。冈村宁次阅读后，分别在两份降书上签字、盖章。之后，何应钦在日军投降书上签字受降。9时10分，签字仪式结束。

何应钦在南京受降仪式上签字用的文具藏于南京博物院。

培养人民解放军第一批飞行员使用的九九式高级教练机 1945～1953年文物。民国35年（1946年）7月，东北民主联军航空学校（简称"航校"）飞行甲班学员在牡丹江开始飞行训练。按照世界各国通常组织飞行训练的方法，先飞初级教练机，而后飞中级教练机。航校有4架"英格曼"式初级教练机，但已破旧不堪，中级教练机一架也没有，只有一些日制九九式高级教练机还能使用。航校领导提出大胆想法，打破常规，越过初、中级教练机，直上九九式高级教练机。学员吴元任经教员悉心指导和勤学苦练，只带飞12小

时，就首个顺利单飞九九式高级教练机。培养人民解放军第一批飞行员使用的九九式高级教练机由中国人民解放军空军拨交中国人民革命军事博物馆收藏。

培养人民解放军第一批飞行员使用的九九式高级教练机，全长8.3米，翼展11.8米，高11.64米。钢、铝质地。自重1292千克，最大速度349千米/小时，航程1060千米，上升极限8180米，乘员2名。7.7毫米八九式固定机关铳1挺，九八式450马力九缸星型活塞式发动机1台，教练机由日本立川飞机公司研制，日本称九九式高等练习机。第二次世界大战期间，作为日本陆军高等练习机，是初级教练机与作战飞机之间的过渡机型。民国28年（1939年）7月起，投入使用，在日本立川、川崎工厂累计生产1386架。

民国34年（1945年）8月15日，日本宣布无条件投降。抗战胜利后的国内外形势，为中国共产党创建人民空军提供有利条件。中共中央决定，利用日本投降后在东北留下的飞机、机场和技术，创办一所航空学校，为建立人民空军培养人才。民国34年（1945年）11月中旬至民国35年（1946年）3月初，航空学校进行紧张筹建。在航空委员会领导下，大

家分赴东北各地搜集飞机器材和航空油料，并抓紧赶修飞机，扩大招生。其中，搜集到各型式的破旧飞机120架、发动机200余台、仪表100余箱，油料近千桶，还有不少其他航空器材，在各地人民政府和群众协助下，用肩抬、车拉的办法，把飞机、器材、油料运到吉林通化。民国35年（1946年）3月1日，经过半年艰苦紧张的筹备，东北民主联军航空学校正式宣告成立。航校共有人员631人，包括林弥一郎等日籍留用航空技术人员，各型飞机100余架，其中三四十架经修理可以使用。这是中国共产党领导下人民军队创办的第一所航校，被称为"东北老航校"。航校创建后，抓紧进行飞行训练。此时，国民党军队向东北大举进攻。为避免损失，东北民主联军总部决定通化地区所有军事学校立即向北满转移。民国35年（1946年）5月，航校转至牡丹江。航校将延安带来的一部分干部和航校学员编成两个飞行班，即飞行一期甲班、飞行一期乙班和一个机械班，开展训练。11月，航校北迁至黑龙江兴凯湖畔的东安（密山市）。民国37年（1948年）3月，随着人民解放战争节节胜利，航校由东安迁回牡丹江。民国38年（1949年）3月，又迁至长春。1949年，改称为中国人民解放军航空学校。至民国38年（1949年）7月，航空学校培养出各种航空技术干部560名，飞行员126名，其中包括闻名全国的空军战斗英雄王海、刘玉堤、张积慧等。为建设人民空军、创办和发展新中国航空工业和民航事业奠定基础。

培养人民解放军第一批飞行员使用的九九式高级教练机藏于中国人民革命军事博物馆。

李季作《王贵与李香香》手稿 民国34年（1945年）12月10日文物。民国34年（1945年）12月，宁夏回族自治区盐池县委秘书李季创作出近800行《王贵与李香香》叙事长诗，以王贵和李香香爱情故事为线索，展现三边人民走上革命历程，歌颂陕北人民在共产党领导下翻身闹革命的斗争事迹。民国35年（1946年），在《解放日报》上发表，并在陕甘宁边区广为流传。之后，《王贵与李香香》一版再版，出版多种外文译本。还被改编成戏曲、弹词、说书、影视剧等多种文艺形式。《王贵与李香香》手稿一直由作者李季保存。1966年，作者将之捐赠给延安革命纪念馆。

李季作《王贵与李香香》手稿，纵22.5厘米，横16.5厘米。纸质，钢笔书写，铅笔、毛笔修改。手稿用纸为李季专用稿纸，每页左上角都印有"李季原稿纸"字样。右上角为填写页码和日期处。手稿原封面从左至右共书4列

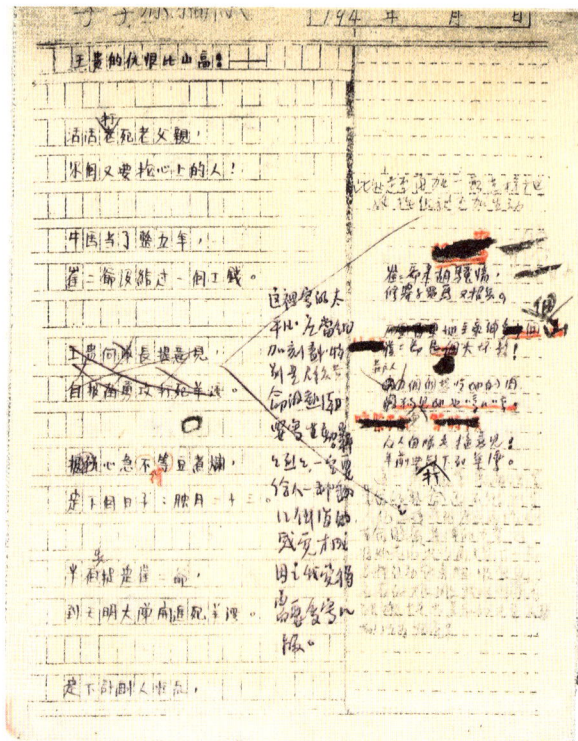

文字，内容为"太阳会从西边出来吗？——三边民间革命历史故事，（顺天游），初稿（封面）"。全诗共分3部12章，共69页。

李季（1922～1980年），原名李振鹏，河南唐河人。现代诗人。民国27年（1938年），在延安抗日军政大学学习。民国28年（1939年），加入中国共产党。民国31～36年（1942～1947年），在陕北三边工作，先后当过小学教员、县委秘书和地方小报编辑。民国31年（1942年），毛泽东《在延安文艺座谈会上的讲话》发表之后，给李季以极大的启示和鼓舞，激发出强烈的创作欲望，并开始进行业余创作。民国34年（1945年），盐池民间歌手王有根据一桩离婚案引发命案的真实故事，用信天游格式和曲调，编成民歌《寡妇断根》。李季在组织安排下，调查此事，受到民歌启发，以陕北民歌"信天游"形式及比兴手法，创作出叙事长诗《王贵与李香香》。《王贵与李香香》具有浓郁地方色彩，是诗歌领域里实践毛泽东文艺路线的首颗硕果，在中国现代文学史上占有重要地位，茅盾称《王贵与李香香》"是一个卓绝的创造，说它是民族形式的史诗也不过分"。

李季作《王贵与李香香》手稿藏于陕西省延安革命纪念馆。

毛泽东赴重庆谈判时戴的太阳帽 民国35年（1946年）文物。

毛泽东赴重庆谈判时戴的太阳帽，原为爱国华侨、青年司机林琼秀从南洋回国参加抗战时带来，后赠给在八路军桂林办事处负责电台工作的郭正。郭正调往八路军重庆办事处（南方局所在地），太阳帽一直被存放在办事处储

藏室。民国34年（1945年），郭正将太阳帽送给周恩来警卫员龙飞虎，龙飞虎转送给周恩来。8月28日，毛泽东赴重庆谈判。临行前，毛泽东换上叶剑英特地为其购买的皮鞋和定做的一套蓝灰色中山装，并戴上一顶借来的礼帽。周恩来看毛泽东戴的帽子有点小，便摘下自己戴的太阳帽递给毛泽东。毛泽东戴着太阳帽登上飞机，前往重庆。并在延安机场留下一张珍贵的头戴太阳帽挥手的照片，并曾以《挥手之间》配图入选中学课文。重庆谈判结束后，毛泽东把太阳帽还给周恩来。民国35年（1946年）5月，周恩来率中共代表团从重庆迁往南京梅园新村。同年秋，爆发全面内战，周恩来撤离国统区回延安前夕，前往南京中山陵祭奠孙中山时，曾头戴这顶太阳帽在中山陵留影。中共代表团撤离南京时，这顶太阳帽被留在当地。中华人民共和国成立后，梅园新村由南京市文保会接收保管。1961年，在原址建成"梅园新村中共代表团办公原址纪念馆"，并对外开放，这顶太阳帽成为该馆藏品，并一直在该馆基本陈列中展出。

毛泽东赴重庆谈判时戴的太阳帽，高17.1厘米，底围91.2厘米，顶围51.2厘米。毛、皮

革、铁等质。

抗日战争胜利后不久，中共中央于民国34年（1945年）8月25日发表《对目前时局的宣言》明确提出"和平、民主、团结"三大口号，阐明中国共产党关于"在和平民主团结的基础上，实现全国的统一，建设独立自由与富强的新中国"的主张。8月28日，根据中共中央政治局决定，毛泽东、周恩来、王若飞等赴重庆，同国民党进行谈判。重庆谈判从8月29日开始，至10月10日结束。在此期间，毛泽东直接同蒋介石就国共两党关系的重大问题进行多次商谈。10月10日，国共双方代表签订《政府与中共代表会议纪要》（双十协定），国民党政府接受中共提出的和平建国的基本方针。不久，国民党当局撕毁协定，悍然进攻解放区，挑起全面内战。

毛泽东赴重庆谈判时戴的太阳帽藏于江苏省南京市博物馆总馆梅园新村纪念馆。

柳（亚子）诗尹（瘦石）画展签名横披

民国34年（1945年）文物。柳（亚子）诗尹（瘦石）画展签名横披一直由尹瘦石珍藏。1984年，捐赠给重庆市博物馆。

柳（亚子）诗尹（瘦石）画展签名横披，纵53厘米，横103厘米。纸质，毛笔书写。横披右侧为柳亚子题："雯卿呼我为诗圣，蟾桂怜君是画师。崛起西南撑一帜，郑虔杜甫本同时。一九四五年十月廿四日柳诗尹画联展开幕于中苏文化协会中文化之家。"落款"亚子自题"，并盖有"柳亚子"印一枚。在柳亚子题字左侧有周恩来、王若飞、王炳南、钱之光、郭沫若、沈钧儒、黄炎培、史良、章伯钧、叶绍钧、老舍、冯雪峰、胡绳、潘梓年、张西

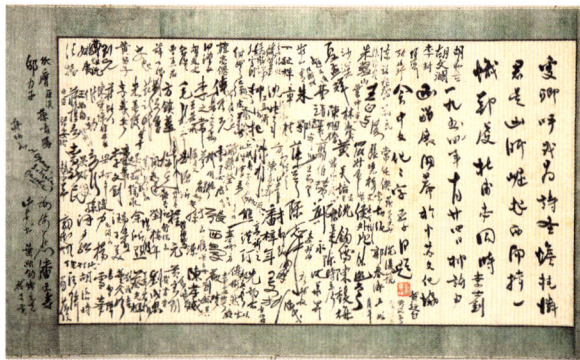

曼、阳翰笙、侯外庐、翦伯赞、萨空了、戈宝权、邵力子、陈铭枢、陈香梅、汪子美等200余各界名人签名。

柳亚子（1887～1958年），江苏吴江人，爱国民主人士、诗人和史学家，南社创始人，国民党左派，中华人民共和国成立后，任中央人民政府委员。尹瘦石（1919～1998年），江苏宜兴人，画家和书法家。民国34年（1945年）8月28日，毛泽东飞抵重庆与蒋介石举行谈判。尹瘦石与柳亚子商量，借国共和谈时机，举办以爱国主义英雄人物为主题的"柳诗尹画联展"。柳亚子是同盟会元老、著名诗人，而尹瘦石是没多大名气的青年画家，两人办联展足见柳对尹的器重和提携。为表达对毛泽东的爱戴和崇敬，经柳亚子介绍，尹瘦石为毛泽东画了一幅写生肖像。此间，毛泽东曾数次会见柳亚子，并于10月7日题赠旧作《沁园春·雪》。10月24日，"柳诗尹画联展"在重庆中苏文化协会举办。展出作品有柳亚子《赠毛润之老友》《赠董必武》《沁园春》《抗战胜利口号》等数十首诗词；尹瘦石《毛泽东画像》《屈原》《正气歌画意》等数十幅画作，其中包括多幅尹与柳合作的诗画配。展出期间，周恩来、王若飞等中共领导亲临参观。柳亚子也亲自来到展厅，向观众讲

解《赠毛润之老友》诗和与尹瘦石合作诗画配《毛泽东画像》，观众反应十分热烈。12月25日，《新华日报》专门为联展编辑特刊，毛泽东为特刊亲笔题写"柳诗尹画联展特刊"刊头。郭沫若、茅盾、沈钧儒、黄炎培等人发表评论，对柳诗尹画给予高度评价。在展厅签名录上，柳亚子题绝句一首，可谓联展"前言"。诗中"雯卿"系指女诗人刘雯卿，"蟾桂"即尹瘦石女友李蟾桂。最后两句"崛起西南撑一帜，郑虔杜甫本同时"是柳亚子自比诗圣杜甫，以唐代画家郑虔喻尹瘦石，意为"绝代双雄"。柳亚子还将二人成功合作比喻为西南大后方文化界的一面旗帜。但在展览第二天，柳亚子换纸重新书写，将末句改为"杜甫曹霸本同时"。柳亚子解释是因为尹瘦石擅画马，改以曹霸（唐代画家，尤擅画马，神胜真马）比喻瘦石，更体现对青年画家的推崇。

柳（亚子）诗尹（瘦石）画展签名横披藏于重庆中国三峡博物馆。

中国人民解放军的第一辆坦克 民国34年（1945年）11月文物。辽沈战役结束后，中国人民解放军的第一辆坦克（"功臣号"）又随第四野战军南下。在解放天津战役中，"功臣号"坦克再立战功。随后，"功臣号"坦克和所在战车团参加北平（北京）入城式和西苑机场阅兵式。在1949年10月1日开国大典上，"功臣号"坦克作为领头车参加阅兵式，接受党和国家领导人检阅。随着中国人民解放军装甲部队装备不断更新，"功臣号"坦克光荣退役。1959年，由中国人民解放军第一坦克学校将中国人民解放军的第一辆坦克移交给中国人

民革命军事博物馆。

中国人民解放军的第一辆坦克，长5.51米，宽2.21米，高度2.28米。战斗全重15750千克，装甲最大厚度40毫米，最大速度35千米/小时，最大爬坡40度，攀登垂直壁高0.5米，涉水深0.8米，47毫米加农炮1门，炮弹104发，7.7毫米机枪3挺，子弹2575发，乘员4人。于民国29年（1940年）由日本研制，被称为100式或九七改中型坦克，主要在形状上有所改进，火炮由原来57毫米短身管火炮改为47毫米长身管加农炮，提高穿甲能力，民国29年（1940年）装备部队。

日本投降后，中共领导的人民军队进入东北。民国34年（1945年）10月，高克、霍舒亭等人按照东北人民自治军总部的命令，负责搜集日军遗留坦克和器材，着手建立坦克部队。高克和助手们在沈阳原日军918坦克装配修理厂搜集到两辆九七改中型坦克。12月1日，在沈阳市郊马家湾子，东北炮兵司令员朱瑞宣布命令，成立东北坦克大队，隶属炮兵学校。全队30人，孙三为大队长，毛鹏云任政治委员，高克等为副大队长，两辆坦克成为坦克大队仅有装备，但后来其中一辆被敌人毁坏。东北坦

克大队是人民解放军首个正式建立的坦克部队，普通日造九七改中型坦克成为中国人民解放军装甲兵史上的第一辆坦克。

至民国36年（1947年）10月，东北坦克大队扩编为东北民主联军战车团时，已有560人，20余辆坦克，40辆装甲车、牵引车，成为一支成建制装甲兵部队。日本造九七式中型坦克加入人民军队序列后，先后参加绥芬河剿匪、三下江南等战役。因其资格老、机件旧，被坦克手亲切称为"老头坦克"。民国37年（1948年）辽沈战役攻打锦州作战中，东北坦克大队首次参加大规模城市攻坚战，"老头坦克"和另外三辆坦克一起掩护步兵突破国民党守军老城外围工事。战斗中，其他三辆坦克被击伤掉进河沟，无法作战，"老头坦克"孤车冲向敌军阵地。由于敌军炮火猛烈，"老头坦克"先后五次负伤，但坦克驾驶员董来扶冒着危险，几次爬出坦克，将坦克修理好，然后再开动继续进攻，坦克手们用坦克炮将敌军火力点逐一消灭，为步兵扫除前进的障碍，一直冲到国民党军城防司令部，迫使敌人投降。战后，第四野战军司令部、政治部命名这辆坦克为"功臣号"坦克，并荣立集体三等功，董来扶和机枪手吴佩龙荣立个人一等功。

中国人民解放军的第一辆坦克藏于中国人民革命军事博物馆。

闻一多撰《一二·一运动始末记》手稿 民国35年（1946年）2月文物。

民国35年（1946年）2月，爱国民主人士、西南联大教授闻一多为一二·一惨案四烈士撰写碑文，即《一二·一运动始末记》，详述惨案经过，并抨击国民党独裁、内战政策。

3月17日，昆明3万余人隆重为四烈士送殡。闻一多主持公葬仪式。烈士遗体被安葬在联大新校舍东北角，闻一多撰写的《一二·一运动始末记》，被镌刻在墓前石柱基座上。民国35年（1946年）春，闻一多将碑文手稿，寄往北平（北京），准备刊入郭沫若等编辑的《文艺工作》创刊号，但该刊一直未能出版。11月，由该刊主编之一、曾与闻一多在昆明一起从事民主运动的光未然题跋并保存。1951年，中共中央办公厅秘书处将闻一多撰《一二·一运动始末记》手稿拨交中央革命博物馆筹备处。

闻一多撰《一二·一运动始末记》手稿，纵21厘米，横27.9厘米。云南全省经济委员会印刷厂稿纸，毛笔竖写。文末有民国35年（1946年）11月光未然（张光年）题跋："……然共同具名编辑之'文艺工作'创刊号者，'文工'月刊因种种困难，始终未能出版，而闻一多先生手泽竟成遗墨矣。"

民国34年（1945年）10月13日，《双十协定》墨迹未干，蒋介石便向国民党部队发出密令，开始对解放区发动军事进攻。蒋介石破坏《双十协定》，挑起大规模内战行径，激起全国人民极大愤慨。反对内战、要求和平，反对独裁、要求民主的群众运动在国民党统治区蓬勃兴起。11月25日晚，云南昆明大中学校6000余名师生，在西南联合大学举行反内战"时事讨论会"，遭到国民党军警包围、恫吓，学校附近被强行戒严，禁止师生通行。次日，昆明3万名学生举行罢课，抗议军警破坏"时事讨论会"暴行，要求取消禁止自由集会的禁令，反对内战，呼吁美军撤离中国。12月1日，国民党云南当局出动大批军警特务，围攻西南联

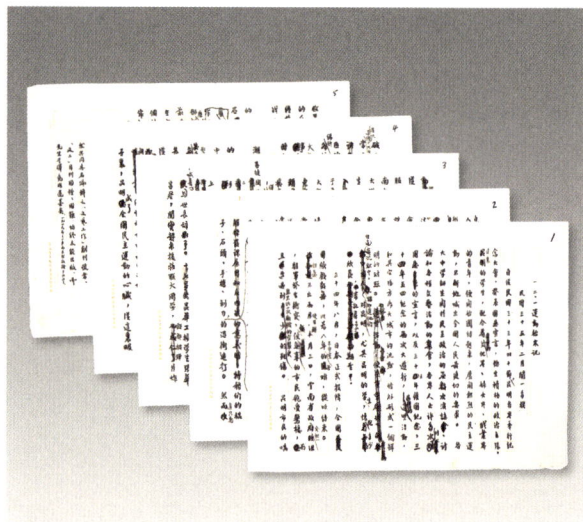

大、云南大学等校，殴打罢课学生，并投掷手榴弹，致使西南联大师范学院学生李鲁连、潘琰（女），昆华工业学校学生张华昌、南菁中学青年教师于再四人遇难，几十人受伤。酿成震惊全国的一二·一惨案。

闻一多撰《一二·一运动始末记》手稿藏于中国国家博物馆。

鲁中参议会和行政公署颁发给冯旭臣一家的"一门忠烈"匾额 民国35年（1946年）文物。民国35年（1946年）5月，为表彰冯旭臣一家6口人殉国壮举，鲁中参议会和行政公署授予冯家遗属"一门忠烈"匾额，并在马鞍山建立纪念碑。1984年12月，冯旭臣之子冯毅之将匾额献给国家。

鲁中参议会和行政公署，颁发给冯旭臣一

家的"一门忠烈"匾额，纵83.5厘米，横196厘米。木质，黑漆。上书"一门忠烈"4个金色大字，上款"烈士旭臣冯老先生暨子女媳孙殉国纪念"，下款"鲁中参议会行政公署敬赠民国十五年四月"。

冯旭臣（1888～1942年），原名保初，山东益都县（青州市）人。曾任长秋乡乡长，益都县民主政府参议长。民国19年（1930年），冯毅之先后在上海、北平参加左联。同年，加入中国共产党，任北平左联组织部长。民国26年（1937年）抗日战争爆发后，冯毅之投笔从戎，回到家乡青州组织抗日武装，后编入八路军第四支队新编第一营任营长。在冯毅之带领下，队伍很快发展壮大起来，成为插进敌人心脏的一把尖刀，打得日军闻风丧胆，被誉为"青州李向阳"。在冯毅之影响下，全家人都参加了革命。父亲冯旭臣当选益都县抗日民主政府参议长。兄长冯登奎任八路军修械所所长，妹妹冯文秀任长秋村、蓼河区妇救会会长，弟弟冯登恺参加八路军，妻子孙玉兰也加入中国共产党。民国31年（1942年）11月，在马鞍山战斗中，一家六口冯旭臣、女儿冯文秀、儿媳孙玉兰与三位孙女冯新年、冯卢桥、冯平洋一同殉国。

鲁中参议会和行政公署颁发给冯旭臣一家的"一门忠烈"匾额藏于山东省淄博市博物馆。

陕甘宁边区发给麦有功的土地所有权登记证 民国35年（1946年）12月24日。陕甘宁边区发给麦有功的土地所有权登记证，宁夏博物馆旧藏。

此登记证纵24厘米，横25厘米。棉麻纸质，铅印、毛笔填写。双线方栏内竖向表格，名称"陕甘宁边区土地所有权登记证"自右至

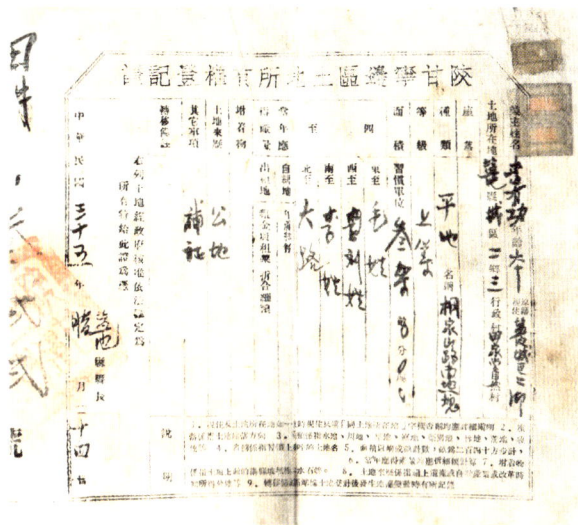

左排列，每个指标项在名称下自右至左竖向排列，指标项包括业主姓名、年龄、原籍、土地所在地、坐落、等级、种类等，表格最下方一栏"说明"共9条，为自左至右横向排列。表格内左侧为落款，盖有盐池县县长印章。登记证左侧为撕开边缘，有半边字叁贰贰号和"陕甘宁边区（财政厅）"之印。

民国35年（1946年）5月4日，根据老解放区农民强烈要求解决土地问题的呼声，中共中央发出《关于土地问题的指示》，即《五四指示》。明确指出："在广大群众要求下，我党应坚决拥护群众从反奸、清算、减租、减息、退租、退息等斗争中，从地主手中获得土地，实现耕者有其田。"《五四指示》发出后，各解放区开展轰轰烈烈的土地改革运动。陕甘宁边区开展比较彻底的查租保佃运动，农民部分利益得到满足，从地主手中分得一定土地。但大部分土地仍集中在地主手中，农民无地耕种或耕地不足现象还普遍存在。为解决农民土地不足问题，边区采取和平购买政策，征购地主土地分配给无地或少地的农民耕种。为使征购地主土地有法可依，民国35年（1946年）12月

13日，边区颁布《陕甘宁边区征购地主土地条例草案》，严格执行条例，征购地主土地分给农民。陕甘宁边区盐池县农民麦有功的"土地所有权登记证"来源一栏写着"公地"，应就是政府统一征购来分给农民的土地，政府依法确定归谁所有，划分四至后，颁发此证为凭。这是陕甘宁边区由减租减息向彻底实行土地改革、废除封建土地所有制转变的一种过渡性土地政策，并在边区取得成功经验，受到中共中央肯定，并向其他解放区介绍。

陕甘宁边区发给麦有功的土地所有权登记证藏于宁夏博物馆。

《远东国际军事法庭审判书》底稿　民国35～37年（1946～1948年）文物。东京审判结束后，中国法官梅汝璈将在审判工作中用过的审判书底稿和在法庭上穿过的法袍随身携带，踏上归国旅途。为防止意外，途经香港时，梅汝璈将珍贵史料交由其亲戚、久居香港的书法家柳颐庵保管，只身返回祖国。1988年，梅汝璈过世15年后，《远东国际军事法庭审判书》底稿和梅汝璈在东京审判时穿过的法袍被交还梅家。1998年，梅汝璈家属将底稿、法袍捐赠

给中国革命博物馆。

《远东国际军事法庭审判书》底稿，纵33厘米，横20.3厘米，通高16厘米。纸质，英文打字。共9册，分为两部分：一部分是《庭长审判》，2册；另一部分是《远东国际军事法庭的审判》，7册。

民国34年（1945年）8月15日，日本接受《波茨坦公告》，宣布无条件投降。12月，苏、美、英三国外长举行莫斯科会议，议定并征得中国同意"设立盟国管制日本委员会"。依据《波茨坦公告》、莫斯科会议决定，民国35年（1946年）1月19日，远东盟军最高统帅麦克阿瑟根据同盟国授权公布《远东国际军事法庭宪章》，宣布在日本东京成立远东国际军事法庭，对日本首要战争罪犯进行审判。2月，根据各国政府提名，成立由中国、美国、英国、苏联、法国、加拿大、澳大利亚、新西兰、荷兰、印度、菲律宾等11国各派一名法官和一名检察官组成国际军事法庭，庭长是澳大利亚威勃爵士。中国派出法官和检察官分别是梅汝璈和向哲浚。梅汝璈（1904～1973年），字亚轩，江西南昌人。法学家。民国13年（1924年），清华大学毕业后赴美留学，先后就读于斯坦福大学和芝加哥大学，获法学博士学位。民国18年（1929年）回国后，先后在武汉大学等多所大学任法学教授，并任国民政府立法院委员，代理立法院外交委员会主席。民国35年（1946年）5月3日，对日本战犯的审判拉开序幕。案情涉及被告28人，开庭818次，法庭记录4.8万余页，判决书长达1213页，宣读判决用时9天。检察方与辩护方共提出证据4336件，双方提供证人1194人，其中出庭作证

证人419人，书面作证证人近800人。民国37年
（1948年）4月，庭审结束，法庭进入起草判
决书阶段。判决书由中、苏、英、美、加等七
国法官共同起草。在梅汝璈积极争取下，法官
们推定由中国法官负责起草判决书中有关中国
的部分。梅汝璈带领中国法官团队搜集大量证
据，在300余页初稿上，倾注大量心血，为国
际军事法庭审判提供强有力的证据，终使日本
战犯矢口否认的南京大屠杀被写进判决书。在
最敏感的量刑阶段，来自已废除或部分废除死
刑且没有遭受日军过多荼毒国家的法官，不赞
成适用死刑。为使侵略者得到应有惩罚，梅汝
璈等与各国法官进行无数次磋商和据理力争
后，终于把东条英机、土肥原贤二、板垣征
四郎、松井石根等7名甲级战犯送上绞架。此
外，28名甲级战犯中有16人被判处无期徒刑，
2人被判处有期徒刑，2人已于庭审过程中病
死，1人因患精神病免予起诉。审判从民国35
年（1946年）5月3日起至民国37年（1948年）
11月12日结束，审判耗资750万美元，是国际
军事法庭史上规模最大的一次审判。

《远东国际军事法庭审判书》底稿藏于中
国国家博物馆。

李公朴烈士的血衣 民国35年（1946年）
7月11日文物。民国35年（1946年）2月10日，
爱国民众人士李公朴惨遭国民党特务杀害。李
公朴被害时，身穿长衫上留有被国民党特务枪
击的弹孔和斑斑血迹。1959年7月，由李公朴
夫人张曼筠捐赠给中央革命博物馆筹备处。

李公朴烈士的血衣，长133厘米。毛呢质
地。中式，大襟。有弹孔。

李公朴（1902～1946年），江苏常州人。

九一八事变后，李公朴致力于抗日救亡运动，
创办《申报》流通图书馆、《读书生活》半月
刊，呼吁建立全民族抗日阵线，反对一切内
战。民国24年（1935年）后，任上海各界救国
联合会执行委员会委员和全国各界救国联合
会执行委员会委员长、常务委员。民国25年
（1936年）11月23日，被国民党政府逮捕入
狱，是全国著名的救国会"七君子"之一。抗
战爆发后，李公朴亲临山西抗战前线，并奔赴
延安，组建抗战建国教学团，深入中国共产党
领导的晋西北、晋察冀边区、晋冀鲁豫等根据
地开展工作。皖南事变后，李公朴在昆明创办
宣传抗战、坚持进步的北门书屋、北门出版
社，参与中国民主同盟昆明支部筹建，并被推
选为民盟云南支部执行委员会委员。民国34年
（1945年）10月，当选为中国民主同盟中央执
行委员会委员。

民国35年（1946年）2月10日，重庆各界
人民在较场口举行庆祝政治协商会议成功大

会，国民党当局派特务捣毁会场，打伤李公朴等60余人，造成"较场口事件"。李公朴返回昆明后继续参加爱国民主运动，被国民党反动派视为眼中钉、肉中刺，被列入暗杀黑名单。7月11日晚，李公朴在昆明街上被国民党特务暗杀，年仅44岁。毛泽东、朱德在唁电中高度评价李公朴："先生尽瘁救国事业与进步文化事业，威武不屈，富贵不淫，今为和平民主而遭反动派毒手，实为全国人民之损失，亦为先生不朽之光荣。"7月15日，闻一多又被特务杀害，被称为震惊全国的李、闻血案。

李公朴烈士的血衣藏于中国国家博物馆。

新疆省联合政府授予阿合买提江的一级解放奖章　民国35年（1946年）文物。民国35年（1946年）9月，新疆省联合政府举行纪念三区革命胜利二周年大会，会上授予阿合买提江等一级解放奖章。1962年，阿合买提江夫人玛依努尔将奖章捐献给国家。

新疆省联合政府授予阿合买提江的一级解放奖章，直径3.3厘米。金质。图案由五角星和月牙组成。

民国33年（1944年）9月，在新疆伊犁、塔城、阿山（阿勒泰）三个地区，不堪忍受国民党反动政府统治的各族农牧民和其他各阶层人民，举行大规模反对国民党反动政府、新疆汉人的武装暴动和割据。经过近一年浴血奋战，占领了伊、塔、阿三区，并以三区为根据地，建立各级政权机构和武装力量民族军和游击队，以武装斗争为主要形式，同国民党反动派展开各种斗争，一直坚持到1949年新疆和平解放，三区民族军并入中国人民解放军。史称新疆"三区革命"。三区革命打击国民党政府

在新疆统治，配合中共领导的解放战争。阿合买提江（1914～1949年），新疆三区革命主要领导人之一。新疆伊犁人，维吾尔族。民国25年（1936年），考入莫斯科东方社会主义劳动大学。民国31年（1942年）回国，因宣传革命被捕入狱。三区革命爆发后，阿合买提江初在报社，后在临时政府办公厅工作。民国34年（1945年）10月，作为三区临时政府主要代表赴迪化（乌鲁木齐）与国民党政府谈判，签订《十一项和平条款》，新疆问题得到和平解决。民国35年（1946年）7月，成立新疆省联合政府，张治中任主席，阿合买提江和包尔汉任副主席。民国36年（1947年），联合政府分裂后阿合买提江返回伊宁，以省政府副主席身份领导三区政府工作，团结进步力量，逐步纠正革命初期在国家统一和民族关系上所犯的错误。民国37年（1948年）8月，组建新疆保卫和平民主同盟，任主席。1949年，阿合买提江等5位新疆代表应中共中央邀请，借道苏联前往北平参加中国人民政治协商会议，因飞机失事不幸遇难。

新疆省联合政府授予阿合买提江的一级解放奖章藏于新疆维吾尔自治区博物馆。

冯玉祥题赠鲜特生的"民主之家"木匾 民国35年（1946年）文物。鲜英（特生）家人一直居住在特园。"文革"期间，达观楼被焚毁，鲜家人被赶出特园。鲜英长子鲜继英舍命将"民主之家"木匾抢出来，藏于床下，使木匾得以保存。1978年8月，鲜英五子鲜继坚将冯玉祥题赠鲜特生的"民主之家"木匾捐赠给红岩革命纪念馆。

冯玉祥题赠鲜特生的"民主之家"木匾，纵65厘米，横138厘米，厚2.5厘米。柏木质。正面漆以枣红色土漆，从右至左横刻隶书"民主之家"四个黑漆大字。匾上款为竖刻隶书"特生先生"四字，并刻有两枚印痕，其中一枚因墨脱落，字已模糊不清；另一枚为篆书"科学"、金文"民主"，落款为竖刻行书"冯玉祥一九四六.五.二"，并有"冯玉祥印""焕璋翰墨"两枚印痕。

鲜英（1885～1968年），原名鲜于英，字特生，四川西充人。光绪三十四年（1908年），加入中国同盟会。后在国民政府中任职。20世纪20年代，鲜英任刘湘川军总司令部行营参谋长兼重庆铜元局局长，买下重庆上清寺嘉陵江畔江西会馆的一块地。民国20年（1931年），在其中建造别墅，名为"特园"，有3座楼房和两个花园。后鲜英将自己

居住的房屋称为"鲜宅"。民国24年（1935年），鲜英通过好友张澜与中共代表张曙时建立联系，参与抗日民族统一战线活动。后辞官寓居特园。民国26年（1937年）底，国民政府迁都重庆。为防止中共与民主进步人士联络搞统战，蒋介石密令重庆公共场所，不许借予共产党做活动园地，使中共南方局对外活动非常困难。民国28年（1939年）初，在董必武陪同下，周恩来到特园与鲜英面晤，商借特园作为中共在陪都对社会各界联络活动场地。鲜英不顾国民党当局限制，毅然向中共敞开大门。在抗日战争和解放战争时期，民主人士、社会名流等常聚于特园或借宿，周恩来等南方局领导人也经常到此共商国是。民国30年（1941年）3月19日，中国民主政团同盟（1944年9月改称中国民主同盟）在特园秘密成立，民盟总部也曾设在这里。因此，董必武为特园起名"民主之家"。抗战时期，冯玉祥租下特园康庄2号作为办事处。在日常交往中，冯玉祥和鲜英结下深厚友谊。在鲜英60大寿时，冯玉祥手书"民主之家"并制成牌匾相赠，不仅表达对鲜英的敬重，也表达自己一生追求民主，建设民主国家的美好愿望。鲜英将此匾挂于鲜宅主楼"达观楼"门口，两旁楹联则同由民主革命家张澜撰写："谁似这川北老人风流，善工书，善将兵，善收藏图籍，放眼达观楼，更赢得江山如画；哪管他法西斯帝压迫，有职教，有文协，有政治党团，抵掌天下事，常集此民主之家。"重庆谈判期间，毛泽东亲赴特园，出席民盟中央常务委员会为中共代表团举行的欢迎宴会。席间，毛泽东说："今天我们聚会于'民主之家'，今后我们共

同努力，生活在民主之国。"

冯玉祥题赠鲜特生的"民主之家"木匾藏于重庆红岩革命纪念馆。

军事调处执行部中国共产党委员会关防

民国35年（1946年）文物。1959年，军事调处执行部中国共产党委员会关防由江西省军区征集并移交筹建期间的中国人民革命军事博物馆。

军事调处执行部中国共产党委员会关防，长9厘米，宽6.5厘米，高3.5厘米。木质。印文为反形篆书朱文"军事调处执行部中国共产党委员会关防"。民国35年（1946年），军事调处执行部共产党方面代表所使用。

民国34年（1945年）12月，美国总统杜鲁门应国民政府之邀，派前陆军参谋长、五星上将马歇尔为特使，到中国调停国共双方军事冲突。马歇尔抵华后，促成由国民党代表、共产党代表、美方代表组成的"三人委员会"，负责进行军事调停，美国代表马歇尔，国民党代表张群（后改为张治中），共产党代表周恩来。为调停各地军事摩擦事件，经各方协商，决定在三人小组之下，在北平成立军事调处执行部（简称"军调部"），办公地点设在协和医院。民国35年（1946年）1月10日，国共签订《建立军事调处执行部的协议》。规定军调部由国民党、共产党、美国各派一名代表为委员组成，一切事宜均须三名委员一致通过，三名委员均有否决权。美方委员罗伯逊中将，国民党委员郑介民中将，共产党委员叶剑英参谋长，对外佩戴中将军衔，美方代表担任主任委员。下设36个执行小组，分赴各地执行停止内战恢复交通任务，禁止双方军队战斗接触，妥善处理双方军队相处与整编问题。军调部人数最多时达9000余人（其中美方6000余人，国方2600余人，共方600余人）。1月13日，罗伯逊、郑介民、叶剑英自重庆飞抵北平。1月14日，军调部正式组建并开始办公。为明确身份和颁布命令，军调处制作了关防并给每位在军调部工作人员配发写有"军调"字样臂章。军事调处执行部中国共产党委员会关防为叶剑英在军调部工作期间使用。1月15日，根据三人小组达成《关于停止国内军事冲突的命令和声明》（停战协定），军调部向全国发布停止一切战斗的"和"字第一号命令，并派执行小组分赴赤峰、集宁、济南等地，监督停战命令执行。1～4月，军调部发布7个"和"字命令。3～6月，国共关系逐渐恶化，内战升级。6月底，国民党发动全面内战，三人小组协调未果。8月，马歇尔表示"调处"失败，随着国民党军攻占张家口和召开国民大会，军调部名存实亡。民国36年（1947年）1月7日，马歇尔奉召返回美国。1月29日，美国宣布"终止其对三人小组之关系和终止对军调部执行总部之关系"，并要求美方人员撤离。2月21日，叶剑英等中共驻北平军调部人员返回延安，军调部撤销。军事调处执行部中国共产党委员会

关防也随之停止使用。

军事调处执行部中国共产党委员会关防藏于中国人民革命军事博物馆。

阎锡山部队杀害刘胡兰等用的铡刀 民国36年（1947年）1月12日文物。民国36年（1947年）1月12日，刘胡兰等7人被阎锡山部队杀害。乡亲们掩埋7位烈士遗体后，将自家铡刀认领回家，其中两把铡刀被领回后重新打造，原刀已不复存在；遗存一把铡刀被村民领回后未再使用。1954年，当地政府以100斤小米为补偿向村民征集阎锡山部队杀害刘胡兰等人用的铡刀。1955年1月8日，由文化部文物局拨交中央革命博物馆筹备处。

阎锡山部队杀害刘胡兰等用的铡刀，长103.5厘米，木座长112厘米。铁质。

刘胡兰（1932～1947年），别名富兰，山西省文水县云周西村人。民国31年（1942年），参加儿童团，先后任云周西村妇救会秘书、区抗联会妇女干事等职。民国35年（1946年），加入中国共产党。刘胡兰积极组织妇女办冬学，帮助烈军属解决困难，发动群众斗地主、送公粮、做军鞋，支援前线。12月，刘胡兰参与暗杀反动村长石佩怀的行动。阎锡山部队和地主"奋斗复仇自卫队"遂实施报复行动，大举进袭文水一带。为保存实力，中共八

地委决定平川地区大部分干部转移上山。刘胡兰主动要求留下来，坚持斗争。

民国36年（1947年）1月12日，阎锡山部一个连和地主复仇队突然包围云周西村，强令全村群众到观音庙集中。刘胡兰因叛徒告密而被捕，一同被捕的还有石世辉、陈树荣等6人。敌人从村民家中搬来3把铡刀，屠杀和威胁群众。审讯中，敌人软硬兼施，企图诱使刘胡兰供出同党，并以土地诱惑。敌人为吓唬刘胡兰，先后将其他6人杀害，但刘胡兰并未屈服，毅然走向铡刀，英勇就义。3月26日，毛泽东率中共中央机关转战陕北途中，听取刘胡兰英勇事迹汇报后，挥笔题词："生的伟大，死的光荣。"

阎锡山部队杀害刘胡兰等用的铡刀藏于中国国家博物馆。

重庆新华日报社职工在被国民党军警查封时抢出的最后两张《新华日报》 民国36年（1947年）2月28日文物。重庆新华日报社职工在被国民党军警查封时抢出的最后两张《新华日报》，由中共驻重庆代表吴玉章带回延安。1959年6月，吴玉章捐赠给中央革命博物馆筹备处。

重庆新华日报社职工在被国民党军警查封时抢出的最后两张《新华日报》，纵52.1厘米，横78厘米。纸质，铅印。

民国26年（1937年），国共开始第二次合作。中国共产党与国民党商定，在南京公开发行中共党报《新华日报》。但由于顽固派阻挠和日军逼近，民国27年（1938年）1月11日，《新华日报》才在武汉创刊。这是由中国共产党长江局领导，抗日战争时期和解放战争初期

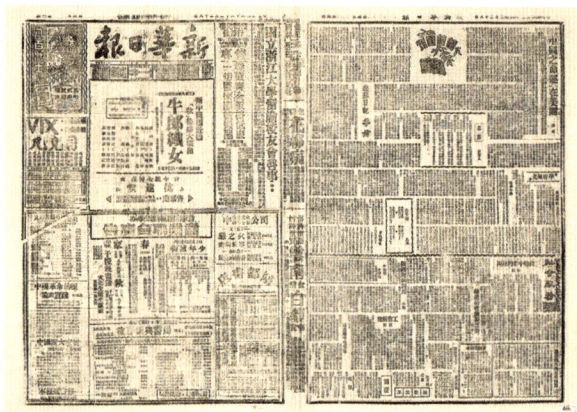

中国共产党在国民党统治区公开发行的大型机关报。10月25日，武汉沦陷，《新华日报》迁往重庆，在中共中央南方局领导下，继续出版发行。民国36年（1947年）2月28日，在重庆被国民党反动派查封停刊。

民国36年（1947年）2月，蒋介石彻底封闭和谈之门，决心内战到底，悍然下令南京、上海、重庆三地中共机关和全部工作人员3月5日全部撤退。2月27日夜，重庆国民党当局突然出动军警强行查封《新华日报》报馆，令28日零时前停止一切活动，并拘押报馆工作人员。2月28日报纸正在排印中，印刷工人趁军警不注意，抢出最后两张报纸，其中一张只印了一面。28日报纸共四版，主要报道人民解放军山东莱芜大捷，活捉蒋军徐州绥靖公署第二绥靖区副司令员李仙洲等消息，转载延安《解放日报》社论《剥开皮来看》，内容是剥开蒋介石的皮，看其反共内战的本质。

重庆新华日报社职工在被国民党军警查封时抢出的最后两张《新华日报》藏于中国国家博物馆。

朱自清日记 民国36年（1947年）5月1日至民国37年（1948年）8月20日文物。1962年11月，朱自清夫人陈竹隐将朱自清日记捐赠给中国革命博物馆。

朱自清日记，纵19.5厘米，横15厘米。纸质，钢笔书写。分别用英、日两种文字写在一个硬皮日记本上。是朱自清民国36～37年（1947～1948年）写的，对国统区学生的爱国民主运动多有记述。

朱自清（1898～1948），浙江绍兴人，西南联大和清华大学教授，现代文学家。《背影》《荷塘月色》等脍炙人口的散文名篇，至今为人们传诵。抗日战争胜利后，在美国支持下，国民党当局不顾人民反战呼声，悍然挑起内战，使中国人民再次陷入战争所带来的疾苦，美国一方面用"洋面粉"等救济物，对中国实施所谓"援华法案"；另一方面又对侵略蹂躏中国达14年之久的日本实行扶持计划，企图复活日本侵略势力。国统区学生为反美扶日掀起爱国民主运动。民国37年（1948年）5月22日，上海大、中学生1.5万余人集会抗议美国扶植日本侵略势力复活。6月18日，北平各大学教授数百人发表宣言，抗议美国扶植日本和拒绝领取"美援"面粉。朱自清虽然身患重病，生活拮据，但积极支持学生爱国民主运动，严正地在各大学教授抗议宣言上签名。朱自清在这天日记中，用英文记述在宣言上签字

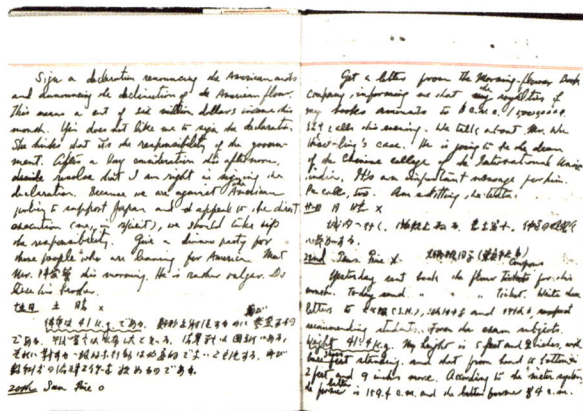

情形："此事意味着每月损失六百万法币，影响家中甚大，但余仍决定签名。因余等既反美扶日，自应直接由己身做起，此虽只为精神上之抗议，但决不应逃避个人责任。"朱自清言出即行，签名后便让家人把领取救济粮的"配给证"退回。8月12日，因贫病交加，朱自清在北平逝世，临终时还嘱咐家人，不要买国民党政府配售的美国面粉。正如毛泽东在《别了，司徒雷登》一文中所称道，"朱自清一身重病，宁可饿死，不领美国的救济粮"，"表现了我们民族的英雄气概"。

朱自清日记藏于中国国家博物馆。

李济深、何香凝写给谭平山等的密信 民国36年（1947年）秋文物。1958年，柳亚子逝世后，其女柳无非、柳无垢将柳亚子遗物捐献给国家。遵照总理周恩来指示，中国革命博物馆派人接收。工作人员在清理遗物时，在一件

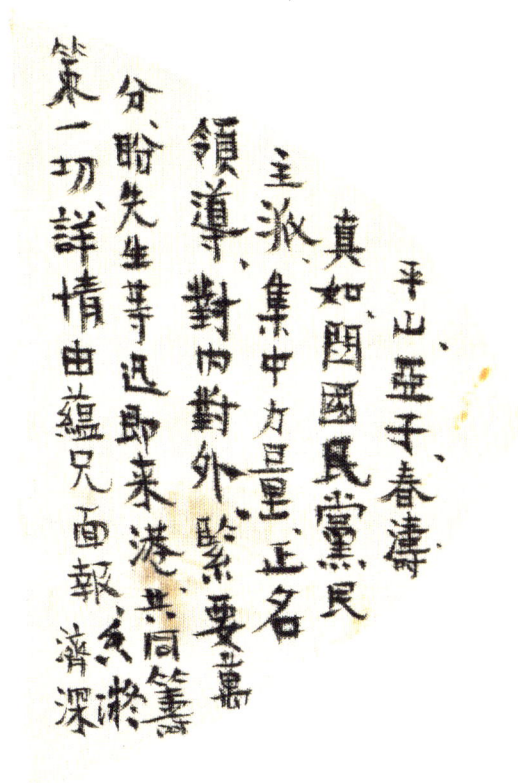

孙中山遗像镜框背板内，发现李济深、何香凝写给谭平山等的密信。1963年，由柳无非、柳无垢捐赠中国革命博物馆。

李济深、何香凝写给谭平山等的密信，纵9厘米，横6厘米。用毛笔写在一块掌心大小白色丝绸上。收信人是（谭）平山、（柳）亚子、（郭）春涛、（陈）真如，信的内文为："关国民党民主派，集中力量，正名领导，对内对外，紧要万分，盼先生等迅即来港，共同筹策一切，详情由蕴兄面报。"落款为"（何）香凝、（李）济深"。信尾没有标明日期。

抗日战争胜利后，国民党内部民主派为促进国内和平、民主，反对蒋介石内战、独裁政策，先后成立三民主义同志联合会（简称"民联"）、中国国民党民主促进会（简称"民促"）等组织。民国36年（1947年）秋，为实行革命联合，在香港的李济深、何香凝联名写信给在上海、南京的谭平山、柳亚子、郭春涛、陈真如（铭枢）等人，邀其来港共筹大计。11月12日，民联、民促和国民党其他爱国民主人士代表齐集香港，举行中国国民党民主派第一次联合代表会议。讨论和决定《中国国民党革命委员会行动纲领草案》《中国国民党革命委员会宣言纲领草案》《中国国民党革命委员会临时组织总章草案》等事项。民国37年（1948年）1月1日，在香港举行中国国民党革命委员会成立大会，讨论政治形势，并通过发表《中国国民党革命委员会成立宣言》《中国国民党革命委员会行动纲领》《中国国民党革命委员会组织总章》及《告本党同志书》，全面阐述民革政治态度和政治立场。大会决定成立中国国民党革命委员会，宣布："脱离蒋介

石劫持下的反动中央，集中党内忠于总理、忠于革命之同志，为实现革命的三民主义而奋斗，并发布行动纲领，愿与全国各民主党派、民主人士携手并进，彻底铲除革命障碍，建设独立、民主、幸福之新中国。"这封信由李济深执笔，李济深、何香凝亲笔签名。原计划由朱蕴山将信带至上海。因信尾有"详情由蕴兄面报"一句话。朱蕴山在启程前一天，突然接到上海友人电报，称朱蕴山若返回上海，一上岸就有被捕危险。考虑到信上所列同志们的安全，经与李济深、梅龚彬等商量，上海之行只得取消。后此信由梅龚彬夫人龚品娟从香港秘密带到上海，送给相关人士传阅。后由柳亚子保存。

李济深、何香凝写给谭平山等的密信藏于中国国家博物馆。

内蒙古自治区政府布告（第一号） 民国36年（1947年）5月30日文物。内蒙古自治区政府布告（第一号），原作为政府档案由内蒙古自治区政府档案馆保存。1956年，拨交内蒙古自治区博物馆。

内蒙古自治区政府布告（第一号），纵52.5厘米，横37厘米。纸质，印刷。题目为蒙、汉文"内蒙古自治政府布告第一号"，落款署名主席乌兰夫，副主席哈丰阿。日期为"民国三十六年五月三十日"。上面有红色印痕，字迹模糊不清。左上角有钢笔小字"人征字601号"。

民国34年（1945年）8月23日，中共中央发出《关于内蒙工作方针》，指出在内蒙古地区实行区域自治的基本方针。11月26日，在张家口隆重召开内蒙古自治运动联合会成立大

会，各盟旗代表79人参加大会。乌兰夫在开幕词中指出，自治运动联合会的成立，"标志着今天的内蒙古，在中国共产党的热忱援助之下，已经开始获得了解放，并且正在大踏步地向着全内蒙地方自治的方向迈进"。乌兰夫在报告中宣布，自治运动联合会是"内蒙民族彻底解放之组织者和领导者，是发动内蒙群众运动之最高统一之领导机关，也是建设内蒙古民主政府必经之桥梁"。大会还通过联合会《会章》《大会宣言》《大会公报》和《给毛主席朱总司令的致敬电》等。会议选举产生25名联合会执行委员会委员及11名常务委员。乌兰夫当选为执委会主席兼常委会主席兼军事部长。经自治运动联合会派出干部分赴各地开展工作，陆续建立各盟旗联合会分会和盟旗民主政权。为内蒙古自治政府成立奠定基础。民国36年（1947年）4月23日至5月3日，内蒙古人民

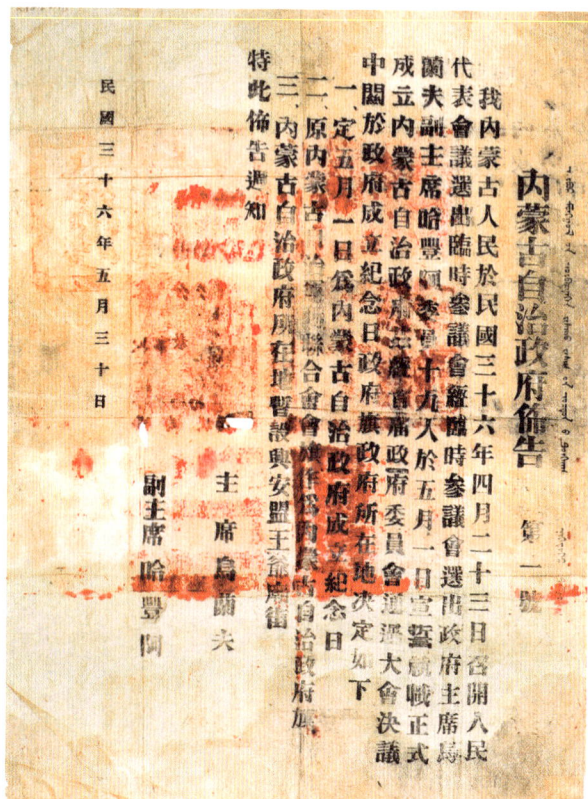

代表会议在王爷庙（乌兰浩特市）举行，来自各盟旗蒙古、达斡尔、鄂温克、汉、满、回、朝鲜等各民族代表393人参加。会议决定，成立内蒙古自治政府，时辖呼伦贝尔盟、纳文慕仁盟、兴安盟、锡林郭勒盟、察哈尔盟等32个旗、1个县、3个县级市，面积54万平方千米，包含察哈尔省、兴安省、宁夏省、热河省、黑龙江省和绥远省部分地区。5月30日，内蒙古自治政府发布第一号布告。决定五月一日为内蒙古自治政府成立纪念日，原内蒙古自治运动联合会会旗作为内蒙古自治政府旗，内蒙古自治政府所在地暂设兴安盟王爷庙街。内蒙古自治政府是中国成立最早的省级少数民族自治区人民政府，标志着民族区域自治首先在内蒙古实现，体现中国共产党提倡民族平等政策。

内蒙古自治区政府布告（第一号）藏于内蒙古博物院。

于右任书"艺并莫高窟，文传庾子山"对联 民国36年（1947年）文物。

民国36年（1947年），于右任秘书冯国瑞胞弟冯国麟，将其兄发表于《燕京大学学报》上的《麦积山石窟志》赠给于右任。于右任读完冯著后，感慨系之，即挥毫题写"艺并莫高窟，文传庾子山"对联。意为麦积山石窟雕塑、壁画艺术足可与敦煌莫高窟石窟艺术媲美；并说麦积山石窟因有南北朝文学家庾信（字子山）铭文而增色不少，庾信铭文却又因麦积山石窟而传之于世。山以文名，文以山传，二者互映生辉，相得益彰。于右任书"艺并莫高窟，文传庾子山"对联由冯国瑞从重庆寄回，初拟摩崖刻石，后因要装裱遂藏于麦积山馆中。20世纪60年代，冯国瑞在兰州被监督

劳动期间，仍心系麦积山，函告儿孙将自己收藏拓片、书画等百余件文物，捐赠给麦积山文物保管所永存，其中包括此副对联。1993年，在两岸同胞共同见证下，楹联被镌刻在麦积山东崖下一座花岗岩石碑上。

于右任书"艺并莫高窟，文传庾子山"对联，纵199厘米，横38.5厘米。纸质。行楷，墨书。下联有天水籍学者冯国瑞题跋："卅六年，于右任先生此联寄兰州，初拟摹刻厓间，因装池仍存麦积山馆中。国瑞记。"并盖朱砂"冯国瑞印"一方。

麦积山是西秦岭山脉小陇山中一座孤峰，很早便是陇右名山。麦积山石窟是中国四大石窟之一，被誉为"东方雕塑馆"。石窟始建于后秦（384～417年），大兴于北魏明元帝、太武帝时期，孝文帝太和元年（477年）后又有所发展，因山形酷似农家麦垛之状，故名。20

世纪40年代初，天水籍学者冯国瑞等在经过对麦积山石窟的艰难考察后，编写完成麦积山石窟研究史上具有里程碑意义的《麦积山石窟志》，让世人第一次认识麦积山石窟的艺术价值。麦积山较早、较翔实记录的庾信所作《秦州天水郡麦积崖佛龛铭并序》，是庾信应秦州大都督李允信（又作李充信）为其亡父在麦积山造七佛阁之请所作铭文，该文以简洁而优美的文字描绘了麦积山所处地理位置，形象描写麦积山秀美的自然风光和险峻的周围环境。文中记述了麦积山石窟开凿造像的历史渊源后，叙写秦州大都督李允信造七佛龛的缘由及七佛龛之雄伟壮观。文中庾信以用典方式，简洁明快地描述了麦积山石窟佛像艺术特色。

于右任书"艺并莫高窟，文传庾子山"对联藏于甘肃省麦积山石窟艺术研究所。

刘邓大军挺进大别山时刘伯承用的望远镜 民国36年（1947年）文物。刘邓大军挺进大别山时刘伯承用的望远镜，一直由刘伯承保存。1975年12月24日，由刘伯承夫人汪荣华捐赠给中国革命历史博物馆。

刘邓大军挺进大别山时刘伯承用的望远镜，长47厘米。玻璃、金属、化学质地。德国制造，"ZEISS"牌，单筒，可变焦。

刘伯承（1892～1986年），原名刘明昭，字伯承。四川开县（重庆开州）人。军事家，中华人民共和国元帅，中国人民解放军缔造者之一。辛亥革命时期从军。民国15年（1926年）5月，经杨闇公、吴玉章介绍加入中国共产党，后相继参加北伐战争、八一南昌起义、土地革命战争、红军长征、抗日战争、解放战争等。中华人民共和国成立后，历任中共中央西南局第二书记，西南军政委员会主席，中国人民解放军军事学院院长兼政委，中央人民政府人民革命军事委员会副主席。1955年，被授予元帅军衔。

民国36年（1947年）6月30日晚，根据中共中央、毛泽东"大举出击，经略中原"的战略决策，司令员刘伯承、政委邓小平率晋冀鲁豫野战军主力12万余人，在山东省临濮集至张秋镇150千米的地段，一举突破国民党军"黄河防线"，发起鲁西南战役。在约一个月内，歼敌4个整编师6万余人，由此揭开人民解放军战略进攻序幕。8月7日起，刘邓大军主力分三路向南挺进，开始千里跃进大别山，直捣国民党统治腹心的壮举。刘邓大军以锐不可当之势，连续突破敌人防线，先后跨越陇海路，涉过黄泛区，渡过沙河、涡河、汝河、淮河等重重障碍。8月末，进入大别山区，完成一次无后方依托、以长驱直进插入敌人战略纵深为特点的进攻行动。至11月下旬，刘邓大军共歼敌3万余人，发动群众建立33个县的民主政权，开辟大别山根据地，牵制大量国民党军，为人民解放军转入全国性战略进攻奠定基础。

刘邓大军挺进大别山时刘伯承用的望远镜藏于中国国家博物馆。

战斗英雄董存瑞荣获的毛泽东奖章 民国37年（1948年）文物。民国37年（1948年）9月，东北烈士纪念馆筹备初期，由东北野战军32师党委将战斗英雄董存瑞荣获的毛泽东奖章捐赠给该馆。

战斗英雄董存瑞荣获的毛泽东奖章，直径6厘米。银质。奖章外缘呈大小八角星光芒四射状，正中为毛泽东侧面头像，外圈是蓝地隶书体"东北人民解放军 毛泽东奖章"字样，背面铸有奖章编号"6695"。奖章上方有红黄两色系带。

董存瑞（1929～1948年），河北怀来人。出身于贫苦农民家庭。当过儿童团长，13岁时曾机智掩护区委书记躲过侵华日军追捕，被誉为"抗日小英雄"。民国34年（1945年）7月，参加八路军，后任某部6班班长。民国36年（1947年）3月，加入中国共产党。在一次战斗中，董存瑞只身俘敌10余人。先后立大功3次、小功4次，获3枚"勇敢奖章"，1枚"毛泽东奖章"。生前为东北野战军第11纵队32师96团2营6连2排6班班长，董存瑞所在的班获"董存瑞练兵模范班"称号。2009年，董存瑞被评为100位"为新中国成立作出突出贡献的英雄模范人物"之一。

民国37年（1948年）5月25日5时，东北野战军打响总攻隆化县城的战斗。96团从城东北进攻，遇到隆化中学守敌顽抗。6班班长董存瑞任爆破组组长，带领战友接连炸毁4座炮楼、5座碉堡，完成规定任务。连队随即发起冲锋，突遭中学北侧旱沟上敌人一隐蔽桥型暗堡猛烈的火力封锁。部队受阻于开阔地带，2班、4班接连两次对暗堡实施爆破，均未成

功。此时，师部严令6连必须在15时30分前拿下暗堡，董存瑞挺身而出，向连长请战："我是共产党员，请准许我去！"毅然抱起炸药包，冲向暗堡。前进中，董存瑞左腿负伤，顽强坚持冲至桥下。由于桥型暗堡距地面超过身高，两头桥台又无法放置炸药包。危急关头，董存瑞毫不犹豫地用左手托起炸药包，右手拉燃导火索，高喊："为了新中国，冲啊！"碉堡被炸毁，董存瑞以自己的生命为部队开辟前进道路，年仅19岁。隆化城解放。民国37年（1948年）6月8日，东北野战军第11纵队党委决定，追认董存瑞为战斗英雄、模范共产党员，并授予毛泽东奖章一枚。"毛泽东奖章"与原"东北民主联军毛泽东奖章"形制完全一样，是中国人民解放军第四野战军最高军功奖章，按规定授予"在战场上起决定作用，一次立三大功者"。

战斗英雄董存瑞荣获的毛泽东奖章藏于黑龙江省东北烈士纪念馆。

彭德怀、习仲勋签署的青化砭战斗命令 民国36年（1947年）3月23日文物。1959年中国人民革命军事博物馆筹建期间，彭德

怀、习仲勋签署的青化砭战斗命令由武汉军区第一军征集并移交该馆。

彭德怀、习仲勋签署的青化砭战斗命令，纵26.8厘米，横20厘米。纸质，蓝色复写。共3页，末页落款处有彭德怀毛笔签字，并钤有"习仲勋"朱文印一方；上方有毛笔写"张司令员""廖政委"。此命令下达了作战任务、兵团部署、注意事项、指挥员位置及联络方法等。此件，应是发给西北野战兵团一纵的。命令尾部张司令是西北野战兵团副司令兼第一纵队司令张宗逊，廖政委是第一纵队政委廖汉生。

民国36年（1947年）3月，国民党军以25万兵力，向陕甘宁边区发起重点进攻。3月13日，胡宗南部集中15个旅约14万人，向延安发起进攻。中共中央及延安各机关18日转移，西北野战兵团19日主动撤离延安。胡宗南部占领延安后，急于寻找西北野战军兵团主力决战。毛泽东预见胡宗南的心理，故在撤出延安前夕，制定部署一部兵力在延安西北方向诱敌深入、主力则隐蔽在东北方向伺机歼敌的方针。21日，胡宗南以整编第1军的整编第1、第90师共5个旅的兵力，由延安向安塞方向急进，企图围歼西北野战兵团主力于安塞东北地区。胡宗南还以整编第27师第31旅（缺第91团）由临真镇向青化砭前进，担任翼侧掩护。西北野战

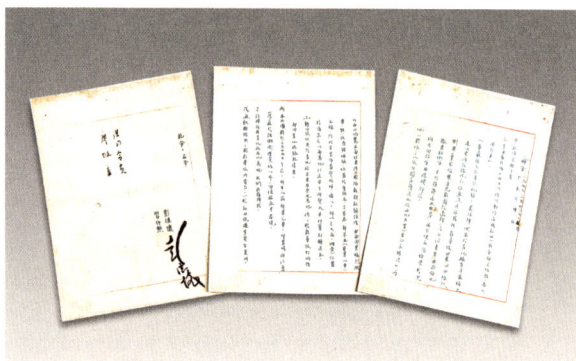

兵团在侦察得知胡宗南部情况后，决定在青化砭组织伏击。3月23日，西北野战兵团司令兼政治委员彭德怀、副政治委员习仲勋联合发布战斗命令，以第二纵队、第一纵队的第三五八旅、教导旅及新编第四旅共5个旅兵力，将整编第27师第31旅为歼击目标，在青化砭周围地区，利用公路两侧山地，隐蔽设下袋形伏击阵地。3月25日，当敌第31旅主力沿咸（阳）榆（林）公路北进至青化砭伏击圈时，西北野战军主力立即展开拦头、断尾和两翼攻击。经过一个余小时战斗，全歼31旅旅部直属部队及第92团2900余人，俘虏旅长李纪云。4月17日，新华社发表经毛泽东修改的社论《战局的转折点——评蒋军一三五旅被歼》，将羊马河战斗与青化砭伏击并称为"模范的战例"。青化砭战斗是中共中央主动撤出延安后仅7天，解放军西北野战兵团在延安东北青化砭对国民党军进行的一次成功伏击战。

彭德怀、习仲勋签署的青化砭战斗命令藏于中国人民革命军事博物馆。

陕甘宁边区《保护各地文物古迹布告》

民国37年（1948年）3月文物。1954年8月，陕甘宁边区《保护各地文物古迹布告》由山西省人民政府民政厅拨交中央革命博物馆筹备处。

陕甘宁边区《保护各地文物古迹布告》，纵57.1厘米，横45.9厘米。纸质，石印。由陕甘宁边区政府主席林伯渠、陕甘宁晋绥联防军区司令员贺龙和中共西北中央局书记习仲勋署名发布。盖有陕甘宁边区政府、陕甘宁晋绥联防军区司令部和中共西北中央局印。

民国36年（1947年）3月，国民党军队20余万人进攻陕甘宁边区。西北野战军在中共中

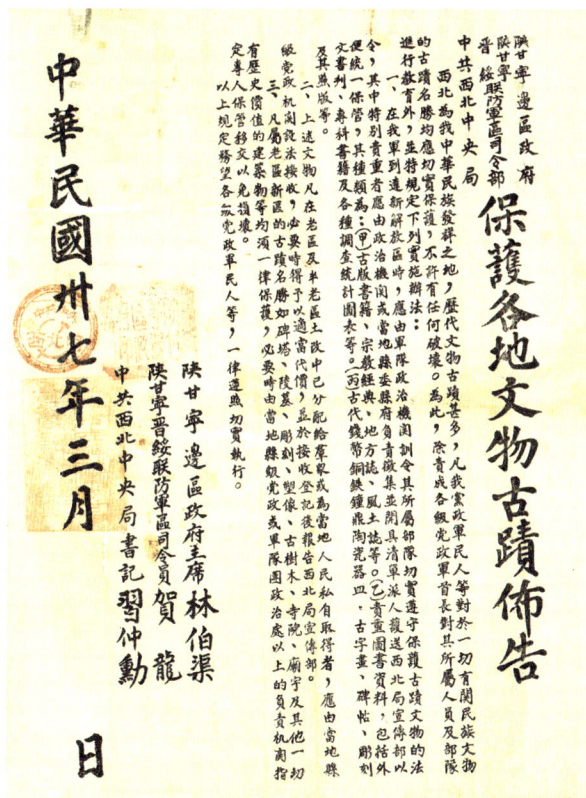

央指挥下，连战连捷，迅速扭转西北战局。民国37年（1948年）2月起，西北野战军由防御转入反攻作战。3月，为在反攻中妥善保护文物古迹，陕甘宁边区政府发布《保护各地文物古迹布告》，指出："西北为我中华民族发祥之地，历代文物古迹甚多，凡我党政军民人等对于一切有关民族文物的古迹名胜均应切实保护，不许有任何破坏。"《布告》除责成各级党政军首长对其所属人员及部队进行教育外，并规定实施办法："一、在我军到达新解放区时，应由军队政治机关训令其所属部队切实遵守保护古迹文物的法令，其中特别贵重者应由政治机关或当地县委县府负责征集并开具清单派人护送西北局宣传部以便统一保管，其种类为：（甲）古版书籍、宗教经典、地方志、风土志等；（乙）贵重图书资料，包括外文书刊、专科书籍及各种调查统计图表等；（丙）

古代钱币铜铁钟鼎陶瓷器皿、古字画、碑帖、雕刻及其照版等。二、上述文物凡在老区及半老区土改中已分配给群众或为当地人民私自取得者，应由当地县级党政机关设法接收，必要时得予以适当代价，并于接受登记后报告西北局宣传部。三、凡属老区新区的古迹名胜如碑塔、陵墓、雕刻、塑像、古树木、寺院、庙宇及其他一切有历史价值的建筑物等均须一律保护，必要时由当地县级党政或军队团政治处以上的负责机关指定专人保管移交以免损坏。"依据布告，西北各解放区征集和保护一大批文献和古物、古迹，中国共产党领导的文物保护工作成为新民主主义文化事业重要组成部分。

陕甘宁边区《保护各地文物古迹布告》藏于中国国家博物馆。

陈毅、粟裕赠给朱德的在孟良崮战役中缴获的卡宾枪 民国37年（1948年）5月文物。民国37年（1948年）5月，朱德总司令代表中共中央赴河南濮阳，参加华东野战军前委扩大会议并部署豫东战役时，陈毅、粟裕将在孟良崮战役中缴获的美制卡宾枪赠给朱德做纪念。1980年4月14日，由中办警卫局保卫处拨交中国革命历史博物馆。

陈毅、粟裕赠给朱德的在孟良崮战役中缴获

的卡宾枪，长91厘米。钢质，木柄。美国制造。

民国36年（1947年）3月，国民党军被迫放弃全面进攻计划，改以陕北和山东解放区为重点进攻，被称为"双矛攻势"。国民党军从徐州、郑州两个绥靖公署调集24个整编师60个旅约45万兵力用于山东战场，企图迫使华东解放军在沂蒙山区与之决战，或逼迫华东解放军放弃沂蒙山地区，北渡黄河，从而达到占领整个山东解放区的目的。华东野战军在司令员兼政治委员陈毅、副司令员粟裕等指挥下，继续执行内线作战方针，4月下旬在泰安歼灭国民党军整编第72师师部及两个旅2万余人后，继续向东北方后退，诱敌深入。果然，蒋介石以为华东野战军后退是无力决战，5月10日下令跟踪进剿。5月中旬，当国民党军整编第74师在其他两个师于左右翼掩护下，突进到蒙阴东北坦埠附近时，早已隐蔽待敌的华东野战军主力五个纵队，向敌人发起猛烈攻击。15日，将该师分割包围于临沂以北的孟良崮山区，经两天鏖战，一举围歼被称为国民党军队"五大主力"之一的、全部美式装备整编第74师等部3万余人，击毙中将师长张灵甫。缴获国民党军山野炮28门，步兵炮和战防炮14门，大小迫击炮235门，轻重机枪987挺，长短枪9828支，火箭筒43具，炮弹7202发，枪弹208万发。此时，敌人援军仅距孟良崮十几千米。孟良崮战役给国民党军队以沉重打击，粉碎国民党军对山东解放区的重点进攻。

陈毅、粟裕赠给朱德的在孟良崮战役中缴获的卡宾枪藏于中国国家博物馆。

毛泽东在西柏坡时用的办公桌　民国37年（1948年）5月～民国38年（1949年）3月文物。

民国38年（1949年）3月23日，毛泽东率中共中央机关离开西柏坡迁往北平后，行政处留守人员与建屏县民政科工作人员对毛泽东办公用品进行登记、列单、移交，并在旧址保存。1958年，因修建岗南水库旧址拆除，该办公桌等被移入库房保管。1970年，中共中央办公旧址复原后，办公桌交西柏坡纪念馆，按照原样陈列在西柏坡毛泽东旧居。

毛泽东在西柏坡时用的办公桌，长165厘米，宽91厘米，高75厘米。木质。为两头沉三组合式，土黄色，桌面上铺一层漆布和玻璃。

民国37年（1948年）3月23日，毛泽东、周恩来、任弼时等率中共中央前委结束陕北艰苦转战，东渡黄河。5月27日，进驻晋察冀解放区所在的地河北省平山县西柏坡村，与民国36年（1947年）7月到达这里的刘少奇、朱德率领的中共中央工委及民国37年（1948年）3月抵达的中央后委会合，西柏坡成为中国革命的领导中心，是中共中央进入北平解放全中国之前最后一个农村指挥所。毛泽东到西柏坡后，住在一个农家小院，办公室是一间16平方米土房，陈设简单，使用的办公桌是解放军在民国36年（1947年）11月石家庄战役中缴获的战利品，

办公室还有一把椅子。在西柏坡期间，毛泽东在这张办公桌上起草了关于辽沈、淮海、平津三大战役的作战方针及发往前线的190余份电报，写下《在中国共产党第七届中央委员会第二次全体会议上的报告》《将革命进行到底》等指导中国革命的纲领性文献。至民国38年（1949年）3月23日，中共中央离开西柏坡前往北平，以毛泽东为首的中共中央在西柏坡指挥具有决定意义的辽沈、淮海、平津三大战役，召开具有重大历史意义的中共七届二中全会。

毛泽东在西柏坡时用的办公桌藏于河北省西柏坡纪念馆。

上海申新九厂栈单 民国37年（1948年）8月23日文物。中华人民共和国成立后，商业部向上海申新第九厂征集上海申新九厂栈单。1959年6月，拨交中央革命博物馆筹备处。

上海申新九厂栈单，纵25厘米，长784.3厘米。纸质，铅印。上面贴有巨额印花税票。

民国37年（1948年），全国解放战争第三年，国民党政府军费急剧增加，滥发货币导致通货膨胀，经济和社会面临全面崩溃。至6月，国民党政府财政赤字高达4345656亿元法币，当月财政收入只占支出的5%，以致印钞厂

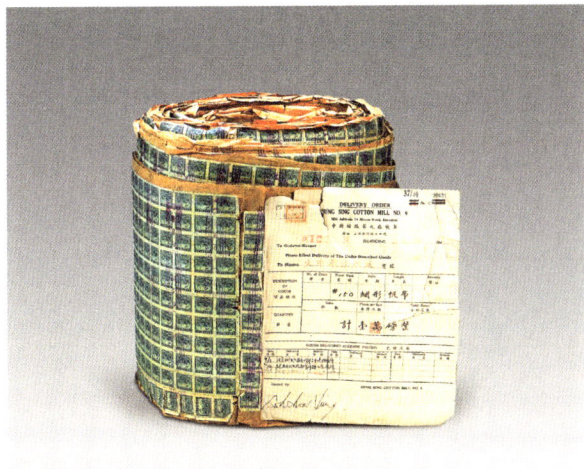

来不及印出当日所需钞票。8月21日，法币发行额由民国26年（1937年）的14.1亿元增至6636946亿元。为挽救经济危局，国民党政府颁布《财政经济紧急处分令》，宣布自8月20日起实行币制改革，废止法币，代之以金圆券，以1元对300万元比价收兑法币，强迫人民把持有金、银、外币换成金圆券，并限制物价。不久，市场上平价局面便被打破，恶性通货膨胀像脱缰野马难以控制。"栈单"即"提货单"，买者凭此单即可向卖者取货，也可卖给第三者。民国37年（1948年）8月23日，上海申新纺织第九厂为大中华橡胶厂开具一张购买1万磅网形帆布的栈单，印花税高达6000余万元。按当时凭证税率为千分之三，开具栈单时须按照印花税则缴纳凭证税。由于物价飞涨，一时来不及印制更大面额印花税票，以至在栈单上贴有6100余张1万元票面额印花税票和1张3万元票面额印花税票，使栈单总长度竟达784.3厘米。反映出国民党统治区经济崩溃、财政金融混乱的状况。

上海申新九厂栈单藏于中国国家博物馆。

朱瑞辽沈战役前写给母亲和哥哥的信 民国37年（1948年）9月8日文物。

民国37年（1948年）10月1日，朱瑞在辽沈战役攻克义县战斗中牺牲，时年43岁。部队领导和战友整理其遗物时，发现朱瑞未寄出的写给母亲和哥哥的家信。民国37年（1948年）10月，东北军区政治部将朱瑞写给母亲和哥哥的这封家信捐献给东北烈士纪念馆。

朱瑞辽沈战役前写给母亲和哥哥的信，纵18.5厘米，宽26.5厘米。红格稿纸，蓝水钢笔书写。共3页。

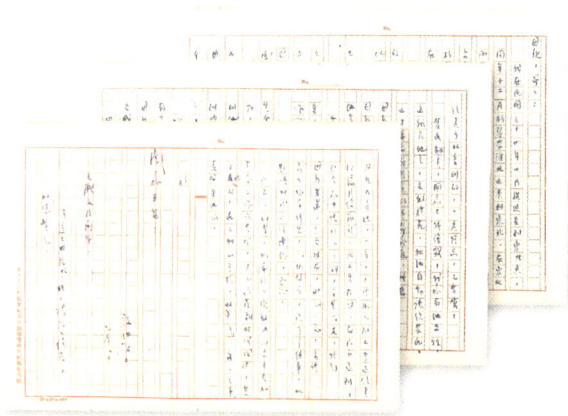

朱瑞（1905～1948年），字毅仲，江苏宿迁人。人民解放军炮兵奠基人。民国15年（1926年），赴苏联莫斯科中山大学学习，后入克拉辛炮兵学校学习。民国17年（1928年），加入中国共产党。民国18年（1929年）回国，历任中央军委作战参谋、中共长江中央局军委秘书长、红十五军政委、红五军团政委、红一军团政治部主任等职，参加二万五千里长征。抗日战争期间，历任中共北方中央局军委书记、山东省八路军一纵队政委、中共山东分局书记等职。民国32年（1943年），到延安中央党校学习。民国34年（1945年），出席中共七大。8月，任延安炮兵学校代理校长，后率炮校迁往东北，任东北民主联军炮兵司令员兼炮兵学校校长，为东北和各解放军部队培养炮兵干部2000余名。民国37年（1948年）7月，在东北军区辽沈战役准备会上，军区领导决定朱瑞留在哈尔滨主持后方工作。但朱瑞坚决要求上前线。9月8日晚，在辽沈战役打响前，朱瑞满怀着胜利信心，给在江苏老家的母亲和哥哥写下家书，这是朱瑞写给家人的最后一封信。信中，朱瑞汇报近年来工作和生活情况，并向家人介绍解放战争形势。告诫家人，农民翻身，国家才能强盛。要把地自动让给农民，

这才算名副其实的革命家庭。希望子侄辈出来参加革命工作或学习，不致落到时代后边。

朱瑞辽沈战役前写给母亲和哥哥的信藏于黑龙江省东北烈士纪念馆。

"重庆"号巡洋舰舰牌 民国37年（1948年）5月19日至民国38年（1949年）3月20日文物。1972年，海军北海舰队装备技术部第四八一八厂到青岛码头装运钢材时，随车将"重庆"号舰牌装车运回，在废品库中保存。1982年，拨交中国人民革命军事博物馆。

"重庆"号巡洋舰舰牌分别为"重"字和"庆"字两块。"重"字舰牌长73厘米，宽51厘米，厚3.5厘米，重125千克；"庆"字舰牌长73厘米，宽57厘米，厚3.5厘米，重139千克。铜质。"重庆"号巡洋舰是英国阿里休萨级轻型巡洋舰，标准排水量5270吨，满载排水量7180吨，主辅机总功率64000匹马力，最高航速可达32节，续航能力4000海里。

民国37年（1948年）5月19日，在朴次茅斯军港举行英国赠给国民党海军"曙光女神"号和"孟狄甫"号军舰交接仪式。"曙光女神"号被重新命名为"重庆"号，"孟狄甫"号被重新命名为"灵甫"号。仪式举行前，新舰牌

被分别安装在两舰舰尾。"重庆"舰曾在第二次世界大战中屡建战功，属当时英国皇家海军巡洋舰中落后的装备，但成为国民党海军排水量最大、火力最强、航速最快主力战舰，被视为"王牌"军舰。10月3～7日，"重庆"舰护送蒋介石至东北边防军东路前敌总指挥部视察和督战。10月9日，开抵秦皇岛，加入内战，协助陆军防务，并炮击平山营一带解放军。"重庆"舰在内战期间主要参与辽沈战役中炮击塔山、协助败退的国民党军队从营口海域撤退等行动。后又驶回上海。民国38年（1949年）初，人民解放战争即将取得全面胜利，在中共影响与策动下，"重庆"舰进步官兵秘密联络，组成重庆舰士兵解放委员会（简称"解委会"），准备起义。与另一批准备起义的18名官兵于起义前取得联络。在"解委会"积极争取下，舰长邓兆祥加入起义队伍。2月25日1时30分，重庆舰600余名官兵在上海吴淞口举行起义，拘捕舰上反动军官。邓兆祥亲自制定航线，下令指挥。"重庆"舰于当日5时45分，快速驶出长江口，转向北上，驶向解放区烟台港。经一昼夜关闭一切无线电联系高速航行，26日6时30分顺利抵达烟台海面，停泊在距海岸1000米海上。随后，"解委会"代表与胶东军区东海军分区取得联系，报告发动起义情况，表达希望接受共产党领导意愿。3月1日下午，人民解放军接管"重庆"舰。3月4日，"重庆"舰驶抵葫芦岛。"重庆"舰的起义，给国民党政府沉重打击。3月18、19日，派出B-29型轰炸机对"重庆"舰轮番轰炸，舰上官兵英勇还击，终因防空火力太弱，舰体严重受伤，6名士兵壮烈牺牲，近20人受伤。根据中共中央保

全"重庆"舰指示，拆除舰上重要设备，3月20日打开海底闸门将"重庆"舰沉于葫芦岛海域。5月，中央决定以"重庆"舰起义官兵为基础，成立中华人民共和国第一所人民海军学校"安东（丹东）海军学校"，邓兆祥任校长。1951年初，国务院、中央军委决定成立"重庆"舰打捞委员会，将"重庆"舰打捞修复。4月27日8时开始，经一昼夜连续作业，"重庆"舰舰体被扶正打捞上来，拖往大连造船厂等待修理。但由于维修费用过高，耗时太长，1954年决定暂不修复。1957年4月，海军向中国人民解放军总参部请示，将"重庆"舰报废，其主机、锅炉、舰体分别出售和调拨给有关单位，"重庆"舰舰体后被拆解变卖。

"重庆"号巡洋舰舰牌藏于中国人民革命军事博物馆。

解放太原的功勋炮 民国37年（1948年）9月至民国38年（1949年）4月文物。

解放太原的功勋炮是八路军在抗日战争时期从侵华日军手中缴获。1959年中央军委决定筹建中国人民革命军事博物馆时，该炮由中国人民解放军总后勤部军械部拨交该馆，后陈列于该馆一层武器大厅。

解放太原的功勋炮为日本九〇式75毫米野炮，口径75毫米，炮管长2883毫米，重量1600千克，配用弹种为榴弹、纵火弹和化学弹，最大射程13890米。质地为钢、橡胶、皮等。民国19年（1930年）大阪陆军兵工厂制造，炮号为NO.376。

民国37年（1948年）7月下旬晋中战役结束后，山西省除太原、大同外均告解放。国民党太原"绥靖"公署主任阎锡山所辖部队已大

部被歼灭，余部收缩于太原及其外围地区，企图依托险要地形和坚固设防进行固守。民国37年（1948年）9月底，华北军区炮兵二旅奉命参加解放太原战役，进驻太原外围东部。在压缩对太原包围后，敌陆路交通已被切断，前线司令部指示炮二旅派炮兵封锁飞机场，切断阎锡山的空中救援之路。炮二旅决定由华北炮兵射程最远的九〇式75毫米野炮组成第一团二营五连执行此任务五连百余名官兵，连长李巨奎，指导员杨致润，装备日本九〇式野炮三门。民国37年（1948年）10月至民国38年（1949年）4月，中国人民解放军华北野战军等部在徐向前的指挥下发起战役，双方陆续投入42万余部队参战。最终中国人民解放军攻克晋系军阀阎锡山控制的山西省会太原，基本占领山西乃至华北全境。在攻打太原战役中，五连指战员克服重重困难，坚守在寒冷的高山阵地上，与敌人斗智斗勇，发射炮弹近千发，先后控制两个机场和一个空投场，毁伤敌机9架，有力阻止敌人的空中救援，为解放太原做

出贡献，并获得第十八兵团奖给的"威震敌胆"和太原前线司令部奖给的"英勇命中 连毁敌机"锦旗。全连记大功一次，75人荣立战功。太原战役胜利，结束阎锡山对山西省长达38年的统治，也标志华北地区的彻底解放，推动了全中国解放战争进程。

解放太原的功勋炮藏于中国人民革命军事博物馆。

淮海战役中董力生支前运粮用的独轮车 民国37年（1948年）11月～民国38年（1949年）2月文物。淮海战役后，董力生支前运粮用的独轮车仍照常使用，后上交人民公社。1959年4月，由江苏赣榆县城头公社拨交中央革命博物馆筹备处。

淮海战役中董力生支前运粮用的独轮车，长190厘米，宽110厘米，高96厘米。木质。

民国37年（1948年）9月12日至民国38年（1949年）1月31日，人民解放军先后发动辽沈、淮海、平津三大战役，歼灭国民党正规军144个师，非正规军29个师，共154万余人，基本摧毁国民党政府赖以生存的主要军事力量。三大战役的胜利，离不开人民群众支援，共动员民工880余万人次，群众出动支前大小车辆141万辆，担架36万余副，牲畜260余万头，粮

食4.25亿千克。其中淮海战役中，从苏鲁豫皖冀5省共调用支前民工543万人次，运送弹药1460余万斤、粮食9.6亿斤。人力运输在后勤运输保障体系中始终发挥重要作用，正如华东野战军司令员陈毅所说："淮海战役的胜利，是人民群众用小车推出来的。"淮海战役是三大战役中起承前启后作用的第二大战役，也是三大战役中在战场兵力对比上敌占相对优势情况下进行的一次战役。历时66天，歼灭国民党军队55.5万人。为解放军渡江作战，解放国民党反动统治中心地带南京、上海创造极为有利条件。

董力生（1922～1990年），女，江苏赣榆县（竹庭县）董家青墩人。自幼家贫，无名，村里人都以"大姐"相称。董大姐14岁随父推车拉脚。民国27年（1938年），家乡解放后，参加妇救会。民国32年（1943年），加入中国共产党。董大姐常推着独轮车，乔装打扮，冲破日军严密封锁，为敌后根据地运送食盐，并借机打探敌人情报。民国35年（1946年），董大姐任村妇救会主任。民国36年（1947年）鲁中战役时，积极报名支前，从战斗开始，到孟良崮战役结束，董大姐在鲁中、鲁南转战两个多月，在火线上抢着背负伤员，帮助救治伤员。民国37年（1948年）淮海战役中，董大姐推着支前运粮用的独轮车长途跋涉，往返两次，为解放军运送粮食，因表现突出，被评为"支前模范"。民国38年（1949年）3月，董大姐光荣出席在北平召开的中国妇女第一次全国代表大会，并被选为大会主席团成员，受到毛泽东接见。据文物档案记载，毛泽东为董大姐取名"董力生"。1950年，在全国工农兵劳动模范代表大会上，董力生被授予"全国劳动模范"称号。

淮海战役中董力生支前运粮用的独轮车藏于中国国家博物馆。

中国人民银行第一套人民币伍圆券石印版 民国37年（1948年）文物。

第一套人民币伍圆券石印版，其石料是用黄金从天津购买，辗转邢台秘密通过国统区运往华北银行前身之一的冀南银行总行所在地涉县索堡村。1958年，河北涉县文化馆从索堡镇政府征集到中国人民银行第一套人民币伍圆券石印版。1978年10月，涉县成立文物保管所，文化馆将石印版转交该所收存。

中国人民银行第一套人民币伍圆券石印版，纵61.5厘米，横46.1厘米，厚6.7厘米。石质。为第一套人民币伍圆券背面图案印版，上方有董必武题写"中国人民银行"行名，图案为花符，绿色调。石印版上共有27个票印。

人民解放军在战场上取得节节胜利，各解放区迅速连成一片。各解放区原行货币种类繁多，比价不定，折算不一，急需用一种统一货币加以取代。民国36年（1947年），中共中

央先后成立以董必武为主任的华北财经办事处和以南汉宸为主任的中国人民银行筹备处。经华北人民政府、山东人民政府、陕甘宁和晋绥两边区政府会商决定，由华北人民政府发布公告，将华北银行、北海银行、西北农民银行合并，民国37年（1948年）12月1日在石家庄成立中国人民银行，南汉宸任总经理。其间发行第一套人民币，首先在华北取代各解放区及原国民政府发行货币，稳定金融秩序和经济活动。民国37年（1948年）冬至1950年8月，生产第一套人民币。第一套人民币共12种面额62个票种，面额分别为壹圆、伍圆、拾圆、贰拾圆、伍拾圆、壹佰圆、贰佰圆、伍佰圆、壹仟圆、伍仟圆、壹萬圆、伍萬圆。华北人民政府主席董必武题写"中国人民银行"行名。票面上两方印章分别为"总经理章"和"副经理章"。但受战争环境和经济条件的影响，第一套人民币采取多个地区分散设计、制版、印制和分地区就近发行的办法，造成票面图案的繁杂多样，既有劳动场面，也有交通运输场景、名胜古迹等。文字由上而下，由右至左（除伍仟元面额"渭河桥"）。大部分先期发行的为民国纪年，一部分晚期发行的为公元纪年。

中国人民银行第一套人民币伍圆券石印版藏于河北省邯郸市涉县文物局。

北平市军管会成立布告（第一号） 民国38年（1949年）1月1日文物。民国38年（1949年）1月1日，中国人民解放军总部在北平郊区良乡成立北平市军事管制委员会，并发布"中国人民解放军北平市军事管制委员会布告第一号"，称："在北平城郊，东至通州，西至门头沟，南至黄村，西南至长辛店，北至沙河的

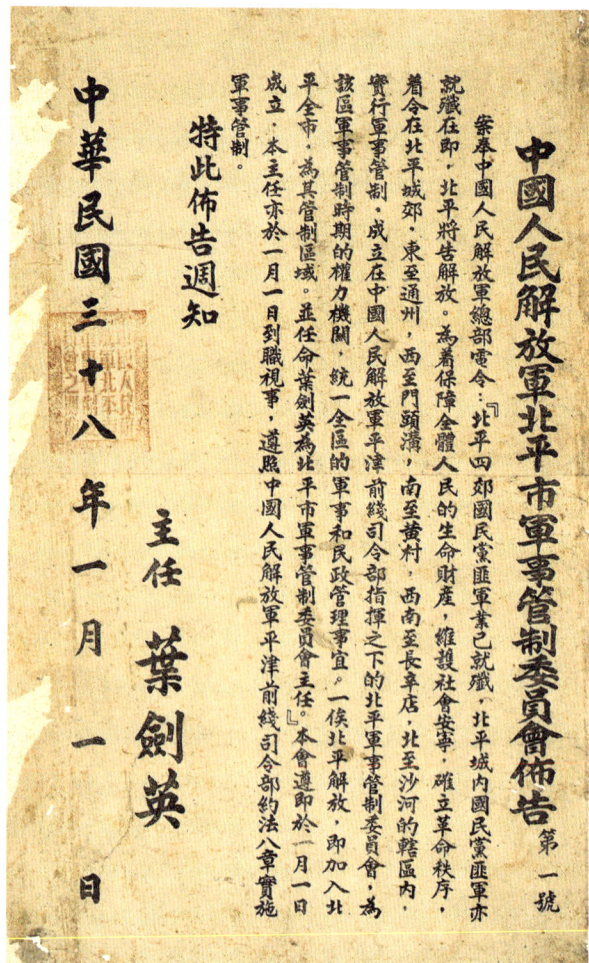

辖区内，实行军事管制。"并宣布："一俟北平解放，即加入北平全市，为其管制区域。"北平市军管会成立布告（第一号）曾张贴，由中国历史博物馆代为征集。1950年，拨交中央革命博物馆筹备处。

北平市军管会成立布告（第一号），纵83厘米，横50.1厘米。纸质，石印。加盖"中国人民解放军北平市军事管制委员会之关防"方形大印，由叶剑英署名发布。

民国37年（1948年）11月29日，人民解放军东北、华北野战军发起平津战役。12月中旬，中共中央决定成立中共北平市委和中国人民解放军北平市军事管制委员会（简称"北平市军管会"），准备接管北平。北平市军管会

在中国人民解放军平津前线司令部的指挥下，叶剑英任主任并兼北平市市长（后由聂荣臻接替），谭政文任副主任，北平市军管会下设警备司令部、各种接管机构和市政府等各职能机关，统一领导城市军政工作。1953年1月，中央人民政府委员会第20次会议通过《关于召开全国人民代表大会及地方各级人民代表大会的决议》，确定在1953年召开由人民用普选方法产生乡、县、省（市）各级人民代表大会，并在此基础上召开全国人民代表大会。地方各级政府权力机构建立后，城市军管制度遂告结束。

北平市军管会成立布告（第一号）藏于中国国家博物馆。

渡江先锋船 民国38年（1949年）4月文物。渡江战役结束后，"渡江先锋船"经张孝华、张友香父子修缮后，保存下来。1959年，由安徽省巢县港木帆船运输合作社拨交中央革命博物馆筹备处。

渡江先锋船，通长1078厘米，通宽248厘米，连桅杆高670厘米。木质。

民国38年（1949年）4月20日，南京国民党政府拒绝在《国内和平协定（最后修正案）》上签字，国共北平和谈破裂。当晚20

时，人民解放军遵照中共中央军委命令，发起渡江作战。广大指战员发扬英勇顽强、有进无退的战斗作风，不顾国民党军队陆海空协同炮火阻击和多次反扑，千帆齐发，以排山倒海之势，在西起江西湖口、东至江苏靖江千里长江战线上，迅速突破国民党军队江防阵地，登上南岸。21日，毛泽东主席、朱德总司令发布《向全国进军的命令》。23日，人民解放军占领南京，宣告国民党政府22年的统治覆灭。各路大军继续向前，先后解放杭州、武汉、上海等京沪杭广大地区。人民解放军百万雄师强渡长江天堑，以木帆船为主要航渡工具，得到广大人民群众无私支援，共筹集木船9400余只，动员万余名船工参战。

民国37年（1948年）冬，安徽巢县钓鱼乡老船工张孝华造木帆船载重七吨，农历腊月下水。民国38年（1949年）4月，张孝华积极报名参加渡江作战，并自告奋勇担任船工小组长。4月20日晚，江面风平浪静，江北岸百船隐蔽待发，对岸敌人毫无察觉。按照作战计划，发起"开船"命令是20时30分。但20时15分，可能是通信员太激动或太紧张原因，将"整理好船只，听令开船！"命令误传为"将船只整理好，开船！"一时间，满江沸腾，船工们熟练地摇起长橹，小船像离弦之箭，飞向对岸。张孝华、张友香父子驾驶"巢县港1065号"木帆船，载着26名勇士，从无为县泥汉镇起渡，向长江南岸疾驰。即将接近南岸时，被敌人发现，遭到敌人猛烈射击，船身被打穿两处，摇橹被打坏，篷帆被打穿20余处，张友香腿部受伤，但父子俩坚毅镇定，仍驾船奋勇前行，最先登陆南岸板石矶渡口。随船勇士跳上江滩，扑向敌堡，占领滩头阵地，为后继部队胜利渡江开辟了道路。渡江战役结束后，张友香、张孝华分别荣获一、二等功，均获"支前模范"称号，并被授予"渡江有功"锦旗。

渡江先锋船藏于中国国家博物馆。

鞍钢用第一炉铁水浇铸的第一号高炉命名纪念牌　民国38年（1949年）7月1日文物。民国38年（1949年）6月27日，鞍山钢铁公司（简称"鞍钢"）原二号高炉点火，翌日出铁。该炉是当时全国已开工炼铁炉中最大的，一次可炼铁400吨。7月1日，该炉被命名为鞍钢第一号高炉，此纪念牌是用命名后第一炉铁水铸造而成。1960年，鞍山钢铁公司将此牌拨交中国革命博物馆。

鞍钢用第一炉铁水浇铸的第一号高炉命名纪念牌，纵55厘米，横74厘米。铁质，浇铸。上面铸字"鞍钢第壹号高炉民国38年（1949年）7月1日命名"。

鞍山钢铁前身为民国5年（1916年）日本人始建的鞍山制铁所和民国22年（1933年）合并建起的昭和制钢所，是中国最大、也是世界少数几个现代化的钢铁联合企业之一，被誉为"新中国钢铁工业摇篮"。民国34年（1945年），日本投降后，鞍钢设备遭到严重损坏、丢失。国民党军撤退时，又对鞍钢进行7次大破坏，使其成为一片废墟，有人认为修复鞍钢需要15～20年。民国37年（1948年）11月，辽沈战役刚结束，鞍钢成立，抽调大量干部。鞍钢工人在中国共产党领导下，开始修复工作。至民国38年（1949年）6月13日，便恢复炼焦生产。7月9日，鞍钢举行开工典礼时，已有一座高炉、两座平炉、三座轧钢机开工生产。之

后，又进行一系列大规模技术改造和基本建设。至1952年底，鞍钢医治好战争创伤，生铁产量和钢产量分别占全国生产总量的80％和90％，为支援全国工业建设发挥重要作用。

鞍钢用第一炉铁水浇铸的第一号高炉命名纪念牌藏于中国国家博物馆。

程潜、陈明仁等军政人员和平起义通电原稿　民国38年（1949年）8月文物。20世纪50年代，程潜、陈明仁等军政人员和平起义通电原稿由湖南省档案馆拨交湖南省博物馆。

程潜、陈明仁等军政人员和平起义通电原稿，纵22厘米，横15厘米。纸质，钢笔书写。

由于南京国民党政府拒绝签订国内和平协定，民国38年（1949年）4月20日晚，人民解放军百万雄师强渡长江，随即解放南京，国民党政府迁往广州。5月中旬，武汉解放，白崇禧20余万部队败退到湖南。7月，人民解放军向湖南进军，先后解放临湘、平江、浏阳、岳阳、湘阴、醴陵、常德、安乡等10余县，对长沙形成钳形包围的态势，白崇禧部退守衡阳、邵阳一线，负隅顽抗。

民国38年（1949年）4月21日，毛泽东主

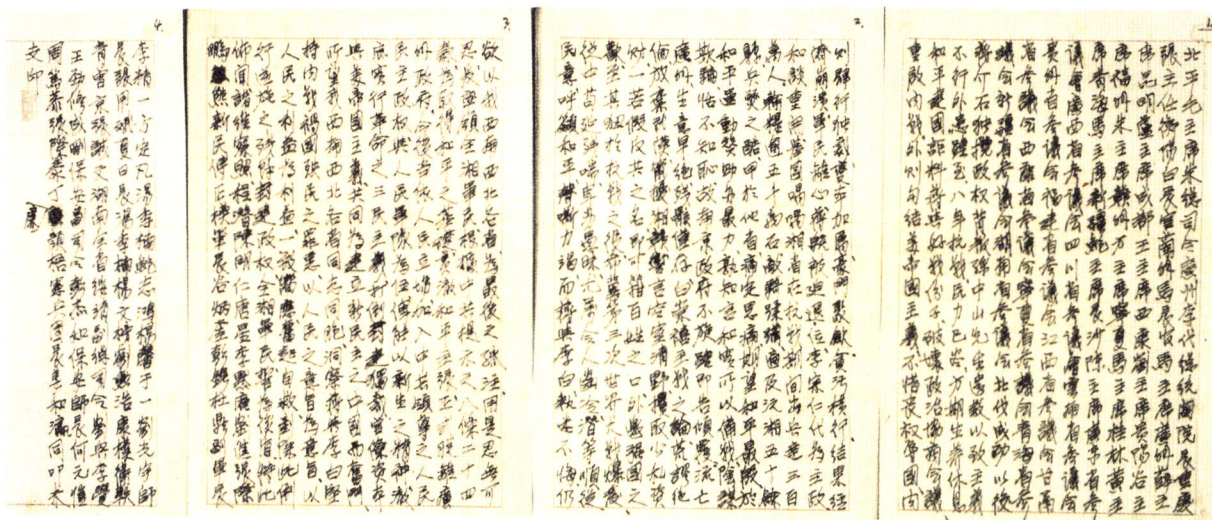

席和朱德总司令发布向全国进军命令。全国大陆解放已成历史必然之时。在中共政策感召下和中共湖南省工委等各方努力下，国民党长沙绥靖公署主任程潜、第一兵团司令官陈明仁等30余名湖南爱国将领幡然醒悟，与蒋介石、白崇禧巧妙周旋，排除阻挠，弃暗投明。民国38年（1949年）8月4日，联名发出起义通电，接受中共提出《国内和平协定》八条二十四款，宣布"正式脱离广州政府""加入中共领导之人民民主政权"，"打倒封建独裁，官僚资本与美帝国主义，共同为建立新民主之中国而奋斗。"8月5日，湖南唐生智、周震鳞、仇鳌等各界知名人士104人发出通电，响应程潜、陈明仁和平起义。5日晚，中国人民解放军举行入城仪式，长沙和平解放。当日，经毛泽东主席、朱德总司令复电同意，由程潜任湖南人民临时军政委员会主任委员，陈明仁任湖南省临时政府主席兼中国人民解放军第一兵团司令官。民国38年（1949年）9月，程潜、陈明仁应中共中央邀请，前往北平，参加第一届中国人民政治协商会议。由于程潜对湖南和平解放的贡献，有幸成为毛泽东亲自到火车站迎接的

两位民主人士之一。中华人民共和国成立后，程潜被任命为中央人民政府委员、中国人民革命军事委员会副主席。1955年，陈明仁被授予中国人民解放军上将军衔。

程潜、陈明仁等军政人员和平起义通电原稿藏于湖南省博物馆。

曾联松设计的中华人民共和国国旗图案原稿 民国38年（1949年）8月文物。

上海解放时，曾联松在中共地下党领导的现代经济通讯社工作。民国38年（1949年）7月13日，新政治协商会议筹备会在全国各大报刊登报公开征集国旗国徽图案和国歌词谱。曾联松，时年32岁。擅长书画，懂得几何制图，加上对中国特征、政权特征的准确把握，成为

设计国旗的有利条件。根据征集启事要求，曾联松设计出五星红旗图案。用一颗中间有镰刀锤子大五角星代表中国无产阶级及其政党中国共产党，四颗小五角星代表四万万中国人民。曾联松用黄色蜡光纸，剪出大小五颗五角星，在红色旗面上反复摆放。当把五颗星放到旗面左上方时，大星在前，小星呈放射状环拱于后，五颗星居高临下，光照大地。国旗图案完成后，曾联松用蜡光纸剪贴8开大小两份图案，附国旗意义和制法说明。一份寄往新政协筹备会，一份留底保存。1994年5月，曾联松得知中国革命博物馆举办"当代中国"陈列急需国旗文物时，毅然决定将"家宝变国宝"，将珍藏多年的国旗图案原稿等文物捐赠给该馆。

曾联松设计的中华人民共和国国旗图案原稿，纵29.8厘米，横45厘米，纸质。以红色蜡光纸为底，上面有用黄色蜡光纸剪贴而成五角星图案。

民国38年（1949年）上半年，随着人民解放军的胜利进军，建立新中国条件已成熟。6月15日，在北平成立新政治协商会议筹备会，下设6个小组，其中第六小组负责拟定国旗、国歌、国徽等方案，这是建立中华人民共和国的一项重要准备工作。7月13日，新政治协商会议筹备会在全国各大报刊登报公开征集国旗国徽图案和国歌词谱。登报后仅1个月零5天，筹备会收到国内外寄来应征国旗稿件1920件、图案2992幅。投稿者有领导干部、社会知名人士、艺术家，也有普通劳动者、军人、学生。来稿由第六小组组员和专家们审阅后，评选出38幅图案编为《国旗图案参考资料》，印发全体政协代表讨论决定。其中复字32号图是曾联松设计的五星红旗图案，其设计构思十分巧妙，动静结合，蕴意丰富，给人以多层次、多角度的美感享受和联想空间。审查组评选时做部分修改，去掉原图案大星中的镰刀斧头，使图案更加简洁美丽。政协代表在分组讨论国旗图案时各抒己见，争论十分激烈。周恩来听取各方面意见后，指示把五星红旗图案放大向毛泽东汇报。9月25日晚，毛泽东召集各方面人士协商国旗国歌方案。大家都倾向曾联松设计的复字32号图案。但对图案中四颗小星代表什么有争议，毛泽东建议把图案说明修改一下，并说这个图案表现中国革命人民大团结，当时要大团结，将来也要大团结，因此，当时也好，将来也好，又是团结，又是革命。毛泽东的意见得到大家一致赞同。9月27日下午，政协第一届全体会议"通过中华人民共和国的国旗为五星红旗，象征中国革命人民大团结"决议案。

曾联松设计的中华人民共和国国旗图案原稿藏于中国国家博物馆。

余祖胜烈士在狱中刻制的心形纪念品　民国38年（1949年）文物。

民国38年（1949年）春节前夕，中国人民解放军胜利抵达长江北岸消息，传到监禁共产党员和革命人士的重庆渣滓洞集中营。监狱地下党组织决定利用春节期间敌人放松监视的

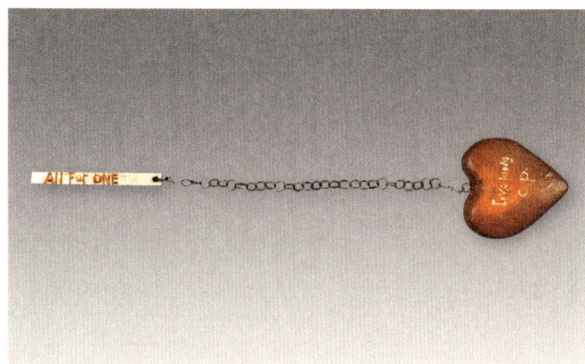

机会，举行庆祝胜利的联欢会，要求每个人都制作一件礼物送给难友作为纪念。余祖胜、汪进仪等搜集到一些破旧牙刷柄和竹片，利用从楼板上拔出的铁钉磨尖制成刻刀，刻制100余颗五角星和红心。红色心形纪念品是余祖胜烈士在狱中刻制，红色是难友们冒着危险从狱中"医官"那弄来的红药水染成。狱友唐弘仁原为民盟中央机关报《民主报》记者，民国36年（1947年）7月入狱。后经组织营救，于民国38年（1949年）4月获释。出狱时，将余祖胜烈士在狱中刻制心形纪念品缝在衣服里带出。1950年8月，唐弘仁调贵州，在省政协和民盟省委工作。1962年，为撰写小说《红岩》，罗广斌、杨益言等到贵阳搜集烈士资料时，唐弘仁将余祖胜烈士在狱中刻制的心形纪念品捐献出来。1962年11月，罗广斌、杨益言将心形纪念品捐赠给中国革命博物馆。

余祖胜烈士在狱中刻制的心形纪念品，长2.7厘米，宽2.5厘米。竹制。为心形，红色。红心上用英文雕刻"Live long C.P.（共产党万岁）"。为迷惑敌人，用细铁丝做成链子，一头挂着这颗红心，另一头挂着一个骨质牙刷柄制成十字架，上面用英文刻着"ONE FOR ALL（我为人人）""ALL FOR ONE（人人为我）"字样。保存下来的已不完整，缺一个横架。

余祖胜，民国16年（1927年）生于湖北汉阳一工人家庭。日军占领武汉后，一家四口人随父迁到重庆。12岁时，因家境贫困辍学进入兵工厂当童工。后入该厂技工学校半工半读。民国36年（1947年），余祖胜与几位进步青年组成读书会，出版《火焰》墙报，并于同年加入中国共产党。《挺进报》事件发生后，因叛徒出卖，于民国37年（1948年）4月7日被捕，囚禁于重庆中美合作所渣滓洞集中营。重庆解放前夕，蒋介石下令屠杀关押在渣滓洞监狱中的革命志士。1949年11月27日，余祖胜在大屠杀中壮烈牺牲，年仅22岁。

余祖胜烈士在狱中刻制的心形纪念品藏于中国国家博物馆。

江竹筠在狱中写给谭竹安的信 1949年10月18日文物。

民国37年（1948年）2月，在参与组织川东暴动前，江竹筠将儿子彭云（小名云儿）托付给丈夫彭咏梧发妻谭正伦（幺姐）抚养。被捕后，江竹筠做好为革命随时牺牲的准备，1949年10月18日（农历八月二十七），江竹筠用棉花灰烬兑水制成"墨水"，用竹筷子削细做成"蘸水钢笔"，给谭正伦弟弟谭竹安写下这封托孤遗书，即著名的"示儿信"。信中说："假若不幸的话，云儿就送你了。盼教以踏着父母之足迹，以建设新中国为志，为共产主义革命事业奋[斗]到底！""孩子们决不要

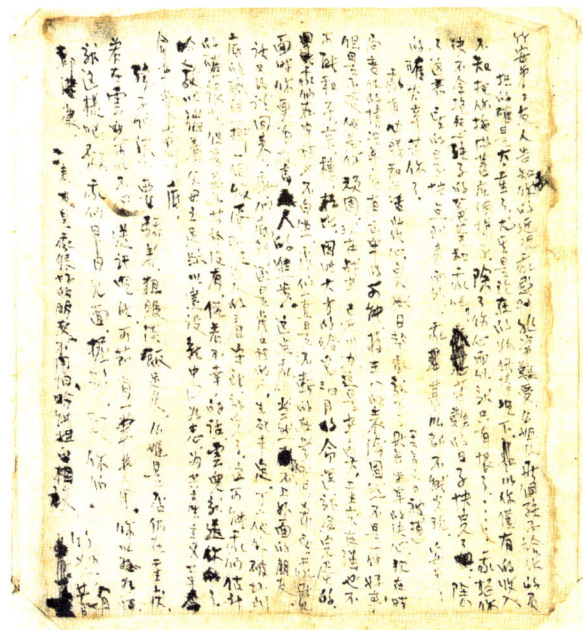

骄[娇]养，粗服淡饭足矣。"表达对亲人无限思念，及对子女关怀和殷切期望。江竹筠在狱中写给谭竹安的信由同情革命的监狱管理员黄茂才带出，秘密送到重庆市育才小学，交给谭竹安。后又转送给谭正伦。1961年，谭竹安将此信献给国家。

江竹筠在狱中写给谭竹安的信，纵14.5厘米，横12.5厘米。毛边纸质，自制"墨水"写。全信共554个字。

江竹筠（1920～1949年），原名江雪琴，人称"江姐"，四川自贡人。民国28年（1939年），在重庆入中国公学，同年加入中国共产党。从事学运工作，曾任重庆新市区区委委员。民国33年（1944年），按照党组织安排，与中共重庆市委第一委员彭咏梧假扮夫妻，以"家庭"作为中共重庆市委秘密机关和地下党员学习辅导中心。民国34年（1945年），与彭咏梧结婚，协助彭处理党内事务和内外联络。民国36年（1947年），受重庆市委指派，负责组织大中学校学生参加"反内战、反饥饿、反压迫"学生运动。并在彭咏梧直接领导下，担任重庆市委机关报《挺进报》联络和组织发行。彭咏梧奉命出任中共川东临时委员会委员兼下川东地委副书记后，江竹筠以川东临委及下川东地委联络员的身份和丈夫一起奔赴斗争最前线。民国37年（1948年）春节前，彭咏梧在组织武装暴动时不幸牺牲。江竹筠强忍悲痛，毅然接替丈夫工作。6月14日，由于叛徒出卖，江竹筠不幸被捕，被关押在重庆中美合作所渣滓洞监狱。国民党军统特务用尽各种酷刑，老虎凳、吊索、带刺的钢鞭、撬杠、电刑……甚至残酷地将竹签钉进江竹筠十个手指。面对敌人严刑拷打，江竹筠始终坚贞不屈，保守党的秘密。1949年11月14日，在重庆解放前夕，江竹筠在渣滓洞监狱英勇就义，年仅29岁。

江竹筠在狱中写给谭竹安的信藏于重庆中国三峡博物馆。

中国人民政治协商会议第一届全体会议代表签名册 民国38年（1949年）9月15日文物。民国38年（1949年）9月21日至30日，在中南海怀仁堂召开的中国人民政治协商会议第一届全体会议，代行全国人民代表大会职权，完成建立中华人民共和国的伟大历史使命。会后，按照代表单位顺序将签到纸装裱成册，留作纪念。1965年10月，由政协全国委员会拨交中国革命博物馆。

中国人民政治协商会议第一届全体会议代表签名册，纵43厘米，横32.5厘米。纸、木质，毛笔、钢笔书写。内容共82页，有644位代表的签名，除宋庆龄签名用钢笔外，其余签名全部为毛笔写。会后按单位顺序装裱成两册。木板封面上镌刻着烫金人民政协会徽和"中国人民政治协商会议第一届全体会议代表签名册 林伯渠 一九四九年九月廿一日北京"字样。

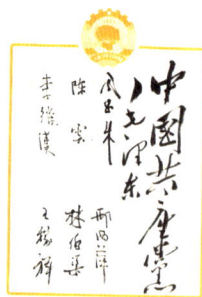

民国37年（1948年），随着人民解放战争转入战略反攻，中共中央于4月30日发布纪念五一劳动节口号，号召"各民主党派、各人民团体、各社会贤达迅速召开政治协商会议，讨论并实现人民代表大会，成立民主联合政府"。各民主党派和爱国民主人士热烈响应中共五一劳动节口号，冲破重重险阻，陆续进入解放区，积极投入召开新政协，建立新中国筹备工作。民国38年（1949年）6月15日，新政治协商会议筹备会在北平成立，由中国共产党和各民主党派、各人民团体、无党派人士23个单位134人组成。会议推选出以毛泽东为主任，周恩来、李济深、沈钧儒、郭沫若、陈叔通为副主任的新政协筹备会常务委员会。为筹备政协会议和建立新中国，新政协筹备会进行近3个月紧张而有效的工作。其中最重要的工作之一，是民主协商确定新政治协商会议（后改称"中国人民政治协商会议"）的代表名单。以李维汉为组长的第一小组根据《关于参加新政治协商会议的单位及其代表名额的规定》，拟定代表名单。名单分为5类，即党派代表、区域代表、军队代表、团体代表和特别邀请人士，前4类共45个单位，代表662人。毛泽东曾称此名单为"天书"。民国38年（1949年）9月15日9时至16时，代表们陆续来到中南海勤政殿签名报到。中国共产党正式代表16人，候补代表2人。陈云是第一个来报到的，在第1页第4行上端签名。首席代表毛泽东最后一位报到。9月17日，毛泽东来勤政殿开会并签到，在第一页第一行写下"中国共产党"后，又在第二行写下"毛泽东"。特邀人士首席代表宋庆龄9月22日上午单独到怀仁堂

签名报到。按规定，代表签名一律用毛笔，第一行写单位名称，由各单位首席代表写；第二行是首席代表签名。但为尊重宋庆龄的习惯，为其签到特备了一支钢笔，代表签名只有宋庆龄一人用的是钢笔，也未在第一行写单位名称。签名册上，唯一没有签名的首席代表是列名缺席的中国人民救国会首席代表李章达（因心脏病复发在会前离开北平），签名册上第二行为李章达空出一个签名位置。特邀新疆代表维吾尔族赛福鼎和乌孜别克族的阿里木江写的是维吾尔文，是仅有两位用少数民族文字签名的代表。一些代表由于当天有事或尚未到达北平，是在以后几天内补签的。如特邀人士代表国民党军起义人员傅作义、邓宝珊，8月下旬到绥远动员组织起义，后于9月22日与孙兰峰同车抵达北平。特邀人士代表开明士绅安文钦9月30日才到会，只参加最后一天会议，签名册最后一页最后一个签名是安文钦。代表签名644位，与662个代表名额相比尚少18人。18人中，有15人因故未能到京，被会议批准列名缺席，有3人为缺额。在全部代表中，共产党员约占44%，各民主党派约占30%，无党派人士约占26%，形成中共与各民主党派、无党派民主人士民主协商、共筹建国大计的政治局面。

中国人民政治协商会议第一届全体会议代表签名册藏于中国国家博物馆。

中国人民政治协商会议第一届全体会议选举用的票箱 民国38年（1949年）9月文物。中国人民政治协商会议第一届全体会议选举用的票箱为选举时用9个票箱之一。1961年，由政协全国委员会拨交中国革命博物馆。

中国人民政治协商会议第一届全体会议

选举用的票箱，长39.8厘米，宽30.3厘米，高62.8厘米。木质。正面贴中国人民政治协商会议会徽。

民国38年（1949年）9月21～30日，中国人民政治协商会议第一届全体会议在北京隆重举行。会议代行全国人民代表大会职权，通过具有临时宪法性质的《中国人民政治协商会议共同纲领》等一系列重要法案和决议。9月30日下午，大会代表在中南海怀仁堂进行庄严选举。当日，出席会议代表638人，其中有选举权的正式代表563人，可递补候补代表14人，实际参加投票代表为576人，符合选举规定。根据会议通过的《中华人民共和国中央人民政府组织法》《中国人民政治协商会议组织法》，全体代表举手通过选举毛泽东等180人组成政协第一届全国委员会。又以无记名联记投票方式，选举毛泽东为中华人民共和国中央人民政府主席，朱德、刘少奇、宋庆龄、李济深、张澜、高岗为副主席，陈毅等56人为委员。投票时，共有9个相同的红色票箱摆放在主席台旁。投票前由大会执行主席刘少奇等6人担任总监督，清点人数后照数发票，并查验票箱是否加锁，另指定60人为监票人，检视票柜。然后，执行主席宣布开始投票，在576名投票人分批投票入箱后，执行主席即当众开启票箱，核对票数无误后，将选票交给监票人。监票人分20组，每组3人，一同开票登记票数。

中国人民政治协商会议第一届全体会议选举用的票箱藏于中国国家博物馆。

第二节 现代文物

毛泽东亲自升起的中华人民共和国第一面国旗 1949年10月1日文物。第一面国旗，曾有人说是一位女工手工缝制的，但其回忆的国旗用料情况及缝制方法，均与馆藏第一面国旗情况不符。据原北京市政府下属永茂公司干部宋树信回忆，按照统一规定，新中国初期北京市国旗全部由永茂公司监制。宋树信曾奉上级指示在西单一家缝纫社监制两面特大号国旗，由于黄缎子不够宽，大五角星的一个角为拼接而成，10月1日凌晨送交开国大典筹备处。宋树信回忆细节与馆藏第一面国旗相吻合。1951年，毛泽东亲自升起的中华人民共和国第一面国旗由中共中央办公厅向北京市人民政府征集，并在当时位于故宫武英殿的中央革命博物馆筹备处举办的"中国共产党30周年纪念展览"上展出。之后，由北京市人民政府拨交中央革命博物馆筹备处。

毛泽东亲自升起的中华人民共和国第一面国旗，纵460厘米，横338厘米。丝绸质。旗面用5幅红绸子拼接轧制而成，5颗黄星是用黄缎子制成，旗面边角略有残破。

民国38年（1949年）6月15日，在北平成立新政治协商会议筹备会，毛泽东、周恩来等任正、副主任。筹备会下设6个小组，其中马叙伦、叶剑英、沈雁冰领导的第六小组，负责拟定国旗、国歌、国徽等方案。新政治协商会议筹备会登报公开征集国旗图案后，收到国内外应征图案近3000幅。经反复讨论、协商，选定曾联松设计五星红旗图案。9月27日下午，全国政协第一届全体会议决议通过"中华人民共和国的国旗为红地五星旗，象征中国革命人民大团结"。有关方面还决定，10月1日开国大典上，由毛泽东主席在天安门城楼上亲手升起中华人民共和国第一面国旗。为此，有关单位分工合作，制作通过地下电缆远方操作电动升旗装置。市建设局工程师们反复试验，制作出用齿轮控速、能与奏国歌同步完成的电动升旗装置。10月1日15时，首都北京30万军民齐集天安门广场，隆重举行中华人民共和国开国大典。毛泽东在天安门城楼上按动电钮，启动电动升旗装置，象征新中国诞生的第一面五星红旗在广场中央22米高的国旗杆上冉冉升起。

毛泽东亲自升起的中华人民共和国第一面国旗藏于中国国家博物馆。

毛泽东题词签名照片　1949年10月2日文物。1949年10月2日，王湘获得毛泽东题词签名照片，并一直珍藏近30年。1976年底，王湘响应中共中央捐献革命文物号召，将照片捐献给国家。1977年5月9日，由文化部办公厅拨交中国革命历史博物馆。

毛泽东题词签名照片，纵10.2厘米，横7.4厘米。纸质。民国33年（1944年）拍摄于延安。拍摄者为摄影家郑景康。照片上面有毛泽东亲笔题词和签名："庆祝中华人民共和国诞生　毛泽东　一九四九年十月二日"。

1949年10月1日，中华人民共和国开国大典在北京天安门广场隆重举行，30万人参加。毛泽东主席向全世界庄严宣告中华人民共和国

中央人民政府成立。王湘作为"中国民主青年代表团"成员，在匈牙利布达佩斯参加第二届世界青年联欢节后，于9月底回国，参加开国大典。其间，王湘得知中央人民政府主席毛泽东等领导人将在第二天接见代表团，便立刻到王府井照相馆购买毛泽东头戴八角帽半身照。10月2日，代表团受到毛泽东、朱德、周恩来、陈毅、刘伯承、粟裕等党和国家领导人亲切接见。在和毛泽东握手之后，王湘拿出照片和钢笔，请他题字。毛泽东欣然命笔，写下题词。毛泽东题词签名照片是从毛泽东与原八路军炮校校长朱瑞合影剪裁而来。民国33年（1944年），毛泽东与朱瑞在延安谈话时，八路军摄影记者郑景康按下快门，抓拍动态瞬间。照片不仅为毛泽东所钟爱，也深受广大人民群众欢迎，在解放区和中华人民共和国成立之初流传甚广，以其为蓝本的宣传画、版画、邮票等也广为传播。中华人民共和国成立时，北京王府井近20家照相馆曾大量印发此照片。开国大典时，天安门城楼悬挂的毛泽东画像，也以此照片为摹本。

毛泽东题词签名照片藏于中国国家博物馆。

刘少奇签署公文用的签名章　1949年10月~1966年文物。刘少奇签署公文用的签名章为刘少奇1949年10月至1966年担任党和国家要职期间使用的。1980年2月，中共十一届五中全会为刘少奇平反，恢复名誉。2月6日，刘少奇夫人王光美将包括此件在内的一批刘少奇遗物，捐赠给中国革命历史博物馆。

刘少奇签署公文用的签名章，长7.5厘米，宽3.5厘米，高1.1厘米，柄长5厘米。铜

质。铜胎上镌朱文毛笔书反形"刘少奇"三个字。附铜质印泥盒。

刘少奇（1898～1966年），湖南宁乡人。无产阶级革命家、政治家、理论家，党和国家主要领导人之一，中华人民共和国开国元勋。民国10年（1921年），到苏联莫斯科东方共产主义劳动大学学习，同年加入中国共产党。民国11年（1922年）回国，不久领导安源路矿工人大罢工。民国14年（1925年）5月，当选为中华全国总工会副委员长。民国16年（1927年），在中共五大上当选为中央委员。民国20年（1931年）1月，在中共六届四中全会上当选为政治局候补委员。同年秋，任中共中央职工部部长、中华全国总工会组织部长。民国21年（1932年）冬进入中央根据地，先后任中华全国总工会苏区中央执行局委员长、中共福建省委书记。民国23年（1934年）10月参加长征。抗日战争爆发后，先后任中共中央北方局书记、中共中央中原局书记、新四军政治委员和华中局书记、中共中央书记处书记和中央革命军事委员会副主席。民国36年（1947年），任中共中央工作委员会书记。主持制定《中国土地法大纲》。中华人民共和国成立后，历任中央人民政府副主席、第一届全国人大常委会委员长、中共中央副主席、中华人民共和国主

席、国防委员会主席。"文化大革命"中，受到错误批判，并遭林彪、江青反革命集团政治迫害和人身摧残。1969年11月12日病逝。

刘少奇签署公文用的签名章藏于中国国家博物馆。

中华人民共和国中央人民政府之印　1949年11月文物。1949年11月，中华人民共和国中央人民政府之印开始使用，是中央人民政府颁布批准有关法律、法令、施政方针、条约、命令和行使其他权力的凭证。1954年9月，第一届全国人民代表大会召开，决定并成立新的中央人民政府——中华人民共和国国务院。中华人民共和国中央人民政府之印完成其历史使命后，即与其他原国家机关、地方政府印章一起，按照规定上缴国务院。1959年5月，国务院秘书厅将中华人民共和国中央人民政府之印拨交中央革命博物馆筹备处。

中华人民共和国中央人民政府之印，边长9厘米，厚2.5厘米，柄长11厘米。又称"开国大印"，由张樾丞刻。方形圆柄，铜胎镌字，整体造型庄重而有气势。印面凿朱文宋体字"中华人民共和国中央人民政府之印"，背款是"中华人民共和国中央人民政府之印，一九四九年十一月一日　第壹号"。印面中，15个字搭配对称、严谨，字体隽秀清晰、美观大气。

民国38年（1949年）6月，新政治协商会议筹备会在北平成立不久，周恩来委托筹备会常务副主任陈叔通，邀请治印名家为即将成立的中央人民政府及所属机构治印。陈叔通指定筹备会副秘书长齐燕铭具体负责治印筹划和研制工作。齐燕铭邀请张樾丞、顿立夫、唐醉

石、魏长青共同研究探讨。其中，张樾丞最擅长刻制铜印，就由张樾丞担当刻制开国大印的重任。张樾丞（1881～1961年），名福荫，以字行，河北新河县南小寨村人。其篆刻技艺誉满京城，当时，北京大学授学位用章、中央银行发行纸币上面的"中央银行总裁印鉴"等许多名印均由其所刻，京津地区名人都以能拥有张氏刻印为荣。张樾丞接受刻制开国大印任务后，共设计隶、宋、汉篆、秦篆4种字体印样，印字都是"中华人民共和国中央人民政府之印"。不久，张樾丞即将印样交给齐燕铭。经新政协筹备会代表们讨论和中央领导人审阅后，齐燕铭通知张樾丞，毛泽东主席已选定宋体字印样。在刻制中，张樾丞之子张幼丞参与对原料的粗加工。之后，张樾丞即开始画样、写字、凿字、修字等工序，约用两天时间。10月31日9时大印镌刻完成上交。按照特殊规矩，大印刻完不许打样留底，且交付时印的四角都要留有高台，待正式使用时磨平，即启封。

中华人民共和国中央人民政府之印藏于中国国家博物馆。

中央人民政府政务院印　1949年11月～1954年9月文物。1954年9月，第一届全国人民代表大会召开，决定并成立中华人民共和国国务院，作为最高国家行政机关。中央人民政府政务院印完成历史使命，与其他原国家机关、地方政府印章一起，按照规定上缴国务院。1959年5月，国务院秘书厅将此印拨交中央革命博物馆筹备处。

中央人民政府政务院印，边长8厘米，厚2.2厘米，柄长9.3厘米。由王景华刻。方形圆柄，铜胎镌字，整体造型庄重而有气势。印面凿朱文宋体字"中央人民政府政务院印"，背款是"中央人民政府政务院　一九四九年十一月一日　第贰号"。

"中华人民共和国中央人民政府之印""中央人民政府政务院印"等45枚新中国最早镌刻和启用的政府印信，被称为"第一批印信"。在第一批印信中，除"中华人民共和国中央人民政府之印"由张樾丞刻制外，其余44枚印信刻制任务均交由中国人民印刷厂（北京印钞有限公司）组织完成。中国人民印刷厂前身为光绪三十四年（1908年）兴建的清政府度支部印刷局，是中国首家采用雕刻钢凹版印刷工艺的印钞企业。民国37年（1948年）前，为国民政府财政部印刷局，称中央印制厂北平厂。民国38年（1949年）1月31日北平和平解放后，该厂由北平市军事管制委员会接管。2

月，改称中国人民印刷厂，被接管前曾设有"活版课"，专门从事刻治印章等业务。10月27日，中国人民印刷厂接受刊铸第一批政府印信任务，厂里集中来自北京琉璃厂的萃文阁和同古堂等商铺19名刻印人员。"中央人民政府政务院印"是政务院颁布一系列指示、命令、决议、条例和方法，批准同外国签订有关协定的凭证。"中央人民政府政务院印"是第一批政府印信（除中央人民政府之印外）中尺寸最大、刻制难度也最大的。刻制任务交给技艺超群的王景华。

中央人民政府政务院印藏于中国国家博物馆。

北京市军管会收回帝国主义兵营地产的布告 1950年1月6日文物。1960年，外交部将北京市军管会收回帝国主义兵营地产的布告拨交中国革命博物馆。

北京市军管会收回帝国主义兵营地产的布

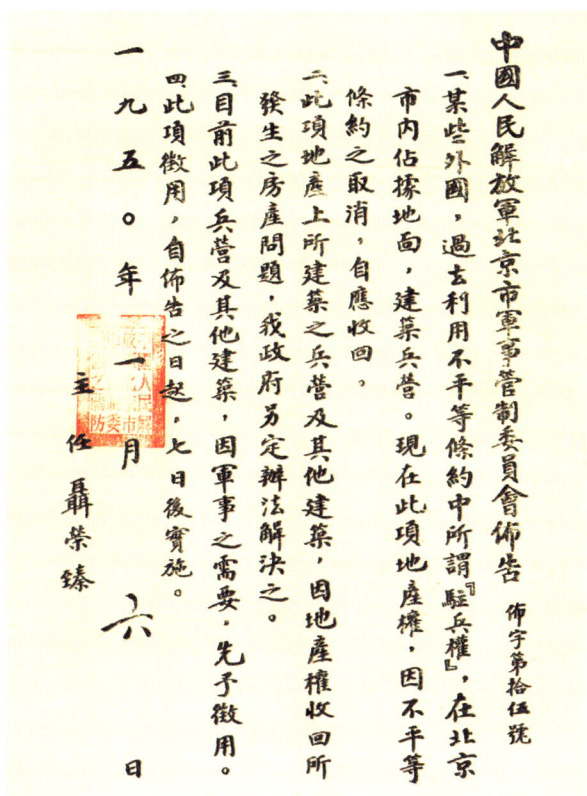

告，纵73.5厘米，横53.2厘米。纸质，石印。末尾署名（北京市军管会）主任聂荣臻，并钤"中国人民解放军北京市军事管制委员会之关防"，背面留有张贴过的痕迹。

光绪二十七年（1901年）9月7日，清政府被迫同列强签订的《辛丑条约》，规定"将东交民巷划为使馆界，界内由各国驻兵管理，中国人概不准居住"。在东交民巷"使馆界"内，单独设立兵营的有美国、法国、德国、英国、意大利、日本、俄国等7国。十月革命后，苏联放弃沙俄在中国驻兵权，兵营改为民房。民国34年（1945年）后，中国收回意大利、日本在中国的兵营，德国兵营后为荷兰占用。中华人民共和国成立，宣告帝国主义列强压迫中国、奴役中国人民的历史彻底结束。为维护国家主权和安全，新中国不承认旧中国与外国签订的一切不平等条约和协定。根据中共中央部署，外交部决定以北京市军管会名义实施接收行动。各方人员联席会议制定"先礼后兵"的行动方针，决定先通过布告和命令，通知对方限期交出兵营，如对方拒不执行，再强制征用。1950年1月6日，中国人民解放军北京市军事管制委员会布告张贴到位于北京东交民巷的原美、英、法、荷等国的领事馆门前。1月6日，英国政府宣布承认新中国。出于策略上的考虑，中共中央决定暂缓征用英国兵营。7日，北京市军事管制委员会向美国、法国、荷兰（占用前德国兵营）前领事发出命令，并指派专人负责，按期腾交其兵营，不得延误。14日上午，北京市军管会代表前往美国领事馆接收原美国兵营，遭到美国前"总领事"柯乐博抗议。在军管会代表严肃警告下，柯乐博答应一天之内将院子交出。由于新中国政府坚决维护国家独立和主权的严正立场，法国、荷兰和美国于14日、16日分别将前法国、德国和美国兵营全部腾出，交给军管会。军管会接收地产是东交民巷22号前美国兵营33亩8分，东交民巷台基厂3条1号前法国兵营33亩6分4厘，东交民巷42号前德国兵营26亩。4月4日，北京市军管会又发布命令，限令英国政府4月11日交出所占兵营。至4月13日，美国先后撤走在华800余名外交人员。6月，天津市军管会征用当地美国和英国兵营。9月，上海市军管会收回当地法国兵营。至此，帝国主义利用不平等条约在中国取得"驻兵权"遗迹被彻底清除。

北京市军管会收回帝国主义兵营地产的布告藏于中国国家博物馆。

中华人民共和国中央人民政府公布中华人民共和国土地改革法的命令　1950年6月29日文物。1959年，国务院秘书厅档案科将中华人民共和国中央人民政府公布中华人民共和国土地改革法的命令拨交中央革命博物馆筹备处。

中华人民共和国中央人民政府公布中华人民共和国土地改革法的命令，纵26.5厘米，横37.5厘米。纸质，打印。盖有"中华人民共和国中央人民政府之印"，附件《中华人民共和国土地改革法》，铅印。

1950年6月28日，中央人民政府委员会第八次会议通过由刘少奇主持制定，经中共七届三中全会和全国政协一届二次会议讨论后提交的《中华人民共和国土地改革法》。6月29日，由毛泽东主席签署此命令，自6月30日正式公布施行。《土地改革法》总结过去土地改革经验教训，对《中国土地法大纲》中若干规定进行修订，最大变动是由征收富农多余土地财产的政策改为保护富农所有自耕和雇人耕种土地及其他财产不得侵犯的政策。《土地改革法》颁布，为新区土改运动提供法律依据和指导方针。1950年秋季起，全国有计划、有步骤开展土地改革，各地严格落实土改总路线和总政策，依靠贫农、雇农，团结中农。没收地主土地，分给无地或少地的农民耕种，同时也分给地主应得一份，让地主自己耕种，自食其力，借以解放农村生产力，发展农业生产。1950年秋至1953年春，占全国人口大多数的新解放区土地改革运动基本完成。全国3亿多无地、少地农民无偿获得7亿亩土地和其他生活资料，免除过去每年向地主缴纳700亿斤粮食的苛重地租。土地改革运动基本完成，直接解放生产力，使农村经济得到迅速恢复和发展。1952年与1949年相比，中国农业生产总值增长48.5%，年均增长14.1%，粮食总产量增长42.8%，年均增长12.6%，超过战前最高年产量的90%。农民政治觉悟和生产积极性空前提高，农业生产迅速得到恢复和发展，农业生产呈现逐年上升趋势。

中华人民共和国中央人民政府公布中华人民共和国土地改革法的命令藏于中国国家博物馆。

中华人民共和国国徽图案石膏模型母模
1950年8月文物。1950年，清华大学营建系副教授高庄完成塑造国徽立体模型（浮雕图案）任务。1959年，高庄翻铸国徽模型用的母模和审查时用的国徽石膏模型（素色、彩色各1）一起由国务院拨交中央革命博物馆筹备处。

中华人民共和国国徽图案石膏模型母模，纵31.9厘米，横31.5厘米，厚1.2厘米。石膏质。

民国38年（1949年）6月15日，新政治协商会议筹备会在北平成立。筹备会下设6个小组，其中马叙伦、叶剑英、沈雁冰领导的第六小组负责拟定国旗、国歌、国徽等方案。7月15日，新政治协商会议筹备会发布征集国旗、国徽、国歌方案。一个多月，收到国内群众和海外华侨国徽应征图案900幅。第六小组邀请设计过政协会徽画家张仃和钟灵，拟制5幅图案，编为《国徽图案参考资料》，但代表们认为图案不成熟。9月27日，全国政协第一届全

体会议只决定了国旗和国歌，没有决定国徽图案。中华人民共和国成立后，马叙伦、沈雁冰根据政协大会主席团指示，在周恩来直接领导下，继续负责制定国徽工作。先后邀请中央美术学院实用美术系主任张仃和周令钊、张光宇，青年艺术剧院张正宇，清华大学营建系主任梁思成和高庄、林徽因、莫宗江等参加国徽图案设计。图案分为3种方式，第一种是原有《国徽图案参考资料》仿政协会徽5幅图案；第二种是张仃、周令钊等新设计的以天安门为主要内容的图案；第三种是林徽因、莫宗江、梁思成等拿出的以大孔玉璧为主要内容的两幅修正图案。1950年6月，经全国政协常委会审议，指示以第二种方式为主，加以修正，另制图案。国徽组会议决定，由清华大学和中央美院专家按这一要求修正和重新设计国徽图案。梁思成领导林徽因、莫宗江、李宗津、朱畅中、汪国瑜、胡允敬、张昌龄等组成的清华大学营建系教师团队，按照政协常委会要求，首先设计出国徽平面图案，其最大特点是在国徽中使用天安门正立面建筑测绘图，上方是变形后的五星红旗。6月20日，经国徽审查组第二次全体会议审定，周恩来提出以清华图案为基础再加适当修改。经对图案细节部分多次修改

后定稿。6月23日，全国政协一届二次会议通过国徽图案。6月28日，中央人民政府委员会第八次会议通过《中华人民共和国国徽图案及对设计图案的说明》。国徽图案主要内容为国旗、天安门、齿轮和麦稻穗，象征中国人民自五四运动以来的新民主主义革命斗争和工人阶级领导以工农联盟为基础的人民民主专政的新中国诞生。平面图案通过后，高庄负责塑造国徽立体模型（浮雕图案）任务。8月28日，国徽浮雕图案在政务院召开的审查会上通过，并报总理周恩来和主席毛泽东同意。1950年9月20日，《人民日报》发表中央人民政府主席毛泽东公布中华人民共和国国徽的命令，并刊登国徽石膏模型照片和"国徽方格墨线图""国徽纵断面图"。高庄翻铸国徽模型用的石膏母模还曾被中国人民银行用于铸造人民币硬币。

中华人民共和国国徽图案石膏模型母模藏于中国国家博物馆。

志愿军在朝鲜上甘岭战斗中用的红旗

1952年10～11月文物。1958年11月，志愿军在朝鲜上甘岭战斗中用的红旗在第二次全国青年社会主义建设积极分子展览会展出。1959年1月，拨交中央革命博物馆筹备处。

志愿军在朝鲜上甘岭战斗中用的红旗，纵79厘米，横134.4厘米。红色丝绸质。上面有白布贴字"英勇前进，将红旗插到解放的阵地上"。

1950年6月25日，朝鲜内战爆发。7月初，美国出兵干涉，发动对朝鲜全面战争，并派遣第七舰队侵入台湾海峡。9月中旬，美军在仁川登陆。10月7日，侵朝美军悍然越过三八线（北纬38度线），将战火烧到中朝边境。为捍卫中朝两国独立和安全，中国党和政府应朝鲜党和

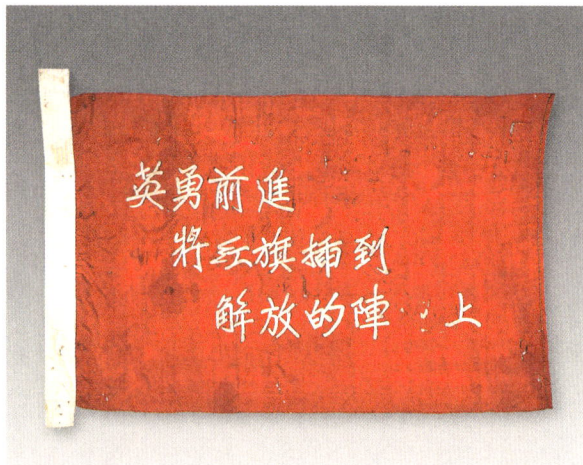

政府的请求，于10月19日派遣中国人民志愿军跨过鸭绿江，开始抗美援朝战争。志愿军入朝后，与朝鲜人民军并肩作战，在极端困难条件下，取得"五战五捷"的胜利，将以美国为首的"联合国军"和南朝鲜军队赶到三八线附近，迫使对方转入战略防御。1951年7月，进行停战谈判。上甘岭战役是停战谈判开始后，志愿军依托坑道粉碎"联合国军""金化攻势"的著名战役。1952年10月，"联合国军"单方面暂停谈判，企图先拿下上甘岭两高地，进而拿下五圣山，压迫志愿军后退，占据谈判中的有利地位。10月14日起，在43天激烈战斗中，美、韩军先后投入兵力6万余人，飞机4000余架次，坦克170余辆。志愿军先后投入4万余人，火炮近500门。志愿军平均每天打退敌人30～40次连续进攻。由于阵地狭小，双方都只能逐次投入兵力，在猛烈火力下，双方伤亡惨重。志愿军及时改变战术，撤入坑道，以坑道斗争与小分队反击为主要手段。在地面部队配合下，在20余天坚持中粉碎敌军用轰炸、爆破、燃烧、烟熏等毒辣手段破坏坑道企图。10月30日夜，与反击部队里应外合。至31日，全歼守敌，恢复阵地。至11月25日，"联合国军"的

"金化攻势"被彻底粉碎。在上甘岭战役中，"联合国军"伤亡2.5万人，志愿军伤亡1.1万人，创造了军事史上依托坑道进行坚守防御的光辉范例。志愿军某部八连插在上甘岭主峰阵地上的红旗，旗面被战火硝烟熏黑，密密麻麻弹孔多达150处，但仍清晰可见"英勇前进，将红旗插到解放的阵（地）上"字样。

志愿军在朝鲜上甘岭战斗中用的红旗藏于中国国家博物馆。

签订关于和平解放西藏办法的协议的文具 1951年5月23日文物。1951年7月，文化部文物局将签订关于和平解放西藏办法的协议的文具拨交中央革命博物馆筹备处。

签订关于和平解放西藏办法的协议的文具含竹质毛笔4支，长30.8厘米；竹质硬笔5支，长28.2厘米；木质笔架2个，长23.5厘米；铜质墨盒2个，15.5厘米见方，厚5厘米；铜质镇尺4个，长28.2厘米，宽4.9厘米。均为中央政府为和平解放西藏办法协议签字仪式特制。制作精美，刻款"和平解放西藏办法的协议签字纪念 一九五一年五月二十三日"。其中毛笔是4位中央人民政府全权代表签字时使用的，5位西藏地方政府全权代表签字用的是西藏民族习惯使用的竹质硬笔。

至1950年6月，除西藏、台湾和少数沿海岛屿外，全部中国领土均已解放。为使西藏人民免受战争创伤，中央人民政府决定采取和平解放西藏的方针。早在1950年1月，中央政府正式通知西藏地方当局派代表到北京谈判。3月，根据毛泽东指示，人民解放军向西藏进军。实际控制噶厦（西藏地方政府）的摄政达扎·阿旺松绕等人，不顾国家和西藏人民利益，拒不接受中央政府和平谈判的号召。10月6日，人民解放军发动昌都战役，打开进军西藏大门。西藏上层人士深受震动，达扎被迫下台，十四世达赖喇嘛提前亲政。达赖于1951年1月致信中央人民政府，表示"决定和平达成人民之愿望"，派代表"向中央人民政府谋求解决西藏问题"。2月，达赖委派噶伦（西藏官名）阿沛·阿旺晋美为首席全权代表，僧官土登列门、第二代本（官名）桑颇·登增顿珠为全权代表，由陆路于4月22日抵达北京；并从亚东派出藏军马基（司令）凯墨·索朗旺堆、僧官土丹旦达为全权代表走海路，赴北京全权处理和中央人民政府谈判事宜。4月27日，班禅额尔德尼·确吉坚赞及随行官员抵京。中央人民政府指派李维汉、张经武、张国华、孙志远为全权代表，并以李维汉为首席全权代表。4月29日，双方代表开始进行西藏和平解放事宜谈判。5月21日，经细致工作和坦率认真讨论，双

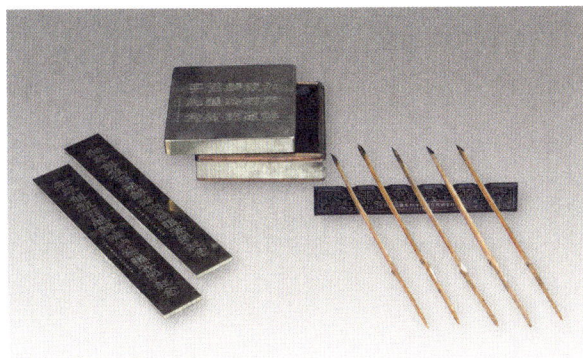

方就有关西藏和平解放一系列问题达成协议。5月23日，《中央人民政府和西藏地方政府关于和平解放西藏办法的协议》（简称"十七条协议"）签字仪式，在北京中南海勤政殿隆重举行。5月24日，毛泽东致信达赖喇嘛，指出协议符合西藏和西藏人民利益，也符合全中国各民族人民利益。"十七条协议"主要内容为西藏人民团结起来，驱逐帝国主义侵略势力出西藏，回到中华人民共和国祖国大家庭中来；西藏地方政府积极协助人民解放军进入西藏；在中央人民政府统一领导下西藏实行民族区域自治；等等。"十七条协议"受到西藏人民的赞成和拥护。根据协议，人民解放军八九月间分四路进藏。10月26日，顺利抵达拉萨，实现西藏和平解放。至此，中国大陆全部解放。10月24日，达赖喇嘛致电毛泽东，表示拥护和平解放西藏的"十七条协议"。

签订关于和平解放西藏办法的协议的文具藏于中国国家博物馆。

王海在抗美援朝作战中驾驶的米格-15歼击机 1951年10月～1953年1月文物。1959年，中国人民解放军空军将王海在抗美援朝作战中驾驶的米格-15歼击机拨交中国人民革命军事博物馆。

王海在抗美援朝作战中驾驶的米格-15歼

击机，长10.8米，翼展10米，高3.4米。铝合金、钢、铜、塑料、橡胶、玻璃等材料制造。武器装备为37毫米航炮1门、23毫米航炮2门。乘员1人，动力装置为1台克里莫夫RD-45型涡轮喷气式发动机，属亚音速飞机。机上9颗红星，代表王海驾驶此机击落击伤敌机9架的战绩。

1950年10月19日，中国人民志愿军跨过鸭绿江，同朝鲜人民军并肩作战，抗击美军武装入侵。随后，志愿军空军也参加抗美援朝作战。至10月底，美国在朝鲜投入空军14个联（大）队，各型战机1100余架。飞行员大部分参加过第二次世界大战，飞行时间多在1000小时以上。此外，还有其他国家100余架飞机参战。而中国人民解放军仅有新组建的2个歼击航空师、1个轰炸机团和1个强击机团，各型作战飞机不足200架。双方空军兵力对比悬殊。中国空军决定采取"边打边建，边打边练，在战斗中锻炼成长"的方针，以实战练习方式分批组织部队参战。1951年10月20日，空三师接替第一轮赴朝作战的空四师入朝作战。1951年10月21日至1952年1月14日，空三师共出动飞机2391架次，进行大小战斗213次，击落美机55架，击伤8架，被美方击落16架，击伤7架。其中王海任大队长的空三师第九团一大队，击落击伤美机15架，战绩特别突出，被志愿军誉为英雄的"王海大队"。1952年2月1日，毛泽东在看了空三师86天作战情况报告后，亲笔写下"向空军第三师致祝贺"批语。苏制米格-15战斗机在朝鲜战争中首次大规模投入空战，显示出优异飞行和作战性能。中苏空军的打击大大削弱美国空军在鸭绿江和清川江之间所谓的"空中优势"。美国远东空军司令威兰中将不得不承认，对交通线进行空中封锁越来越困难。

王海（1926年～），原名王永昌，山东威海人。民国33年（1944年），参加工作。民国34年（1945年），加入中国共产党。1950年，毕业于东北航空学校。1985年，任中国人民解放军空军司令员。1988年，被授予空军上将军衔。在赴朝参战期间，王海一人击落敌机4架击伤5架。志愿军领导机关为他记特等功、一等功各一次，授予"中国人民志愿军一级战斗英雄"称号，荣获朝鲜民主主义人民共和国一级、二级国旗勋章，二级自由独立勋章、军功章。王海所在一大队被命名为"王海大队"，荣立集体一等功。

王海在抗美援朝作战中驾驶的米格-15歼击机藏于中国人民革命军事博物馆。

越南胡志明赠给毛泽东的手表　1952年文物。1952年秋，胡志明托人将此表（附名片一张）赠给毛泽东主席，以感谢中国对越南抗法战争的支持。为保管好象征中越两国人民战斗友谊的手表，10月9日，毛泽东在中央办公厅转送此表便笺上批示："送适当机关保存以作纪念。"越南胡志明赠给毛泽东的手表先存政务院典礼局礼品保管科，后拨交故宫博物院。1975年10月，由故宫博物院拨交中国革命历史博物馆。

越南胡志明赠给毛泽东的手表，直径3.5厘米。钢质，玻璃表蒙，塑料表带。JUVENIA牌。附钤"胡志明印"越文名片一张。

胡志明（1890～1969年），越南劳动党和越南民主共和国的缔造者。早年当过教师、

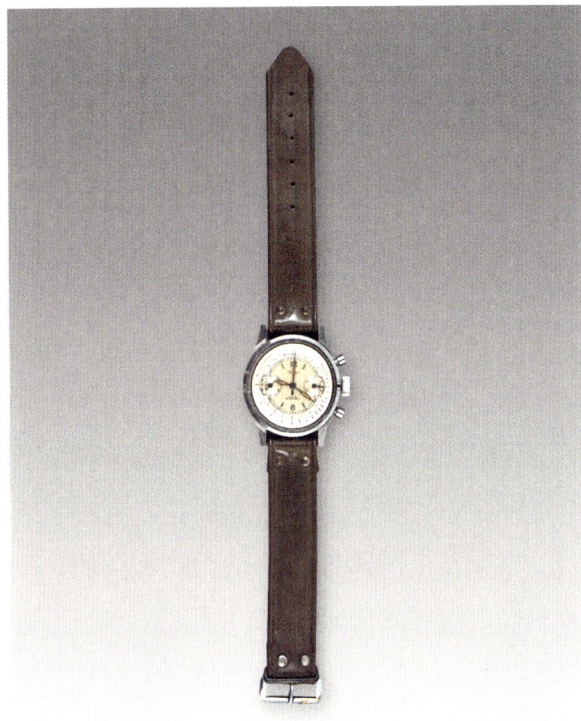

海员和杂役。民国9年（1920年），在法国加入共产党。民国12年（1923年），到苏联学习。民国13年（1924年），参加共产国际第五次代表大会。民国13年（1924年）底至民国16年（1927年），在中国进行革命活动。民国19年（1930年）2月，领导成立印度支那共产党（越南共产党前身）。民国30年（1941年），发起建立越南独立同盟，当选主席，领导越南人民反对法国殖民者和日本帝国主义斗争。民国34年（1945年）8月革命胜利后，胡志明9月2日在河内发表《独立宣言》，宣布越南民主共和国成立，并出任临时政府主席。民国35年（1946年）3月，在越南第一届国会上当选为越南民主共和国主席兼任总理。1951年2月，当选为越南劳动党主席。1945～1954年，胡志明领导越南人民进行抗法救国战争并取得胜利。20世纪60年代，领导越南人民进行艰苦卓绝的抗美战争。胡志明是中国共产党和中国人

民亲密朋友，与毛泽东、周恩来、刘少奇、朱德、陈毅、邓小平等中央领导人有着深厚的友谊，曾多次公开或秘密访问中国。此表是越南人民缴获法国殖民侵略军的战利品。

越南胡志明赠给毛泽东的手表藏于中国国家博物馆。

亚洲及太平洋区域和平会议签到册 1952年文物。1959年，中国人民保卫世界和平反对美国侵略委员会将亚洲及太平洋区域和平会议签到册拨交中央革命博物馆筹备处。

亚洲及太平洋区域和平会议签到册，纵47厘米，横35.8厘米，厚6.7厘米。纸质，毛笔、钢笔书写。封面、封底为木质，包铜角。封面上部镶嵌着铜版腐蚀画毕加索的"和平鸽"。下部镌刻中、俄、英、法四种文字"亚洲及太平洋区域和平会议，1952北京"字样。

由于美国等国片面策划旧金山《对日和平条约》（《旧金山和约》），加速了日本军国主义复活。也由于美国破坏朝鲜停战谈判和在亚洲区域建立军事基地，亚洲及太平洋区域和平和安全遭到严重威胁。1952年3月21日，中国著名和平人士宋庆龄、郭沫若、彭真、刘宁一等11人代表中国人民意志，并根据世界和平

理事会和国际和平保卫者热诚建议，联名电邀亚洲及太平洋区域和平人士，共同发起亚洲及太平洋区域和平会议。6月3～6日，亚洲、大洋洲、北美和拉丁美洲20个国家47名代表，在北京召开筹备会议。10月2～13日，在北京正式举行亚洲及太平洋区域和平会议。出席会议的有亚洲、大洋洲及美洲太平洋沿岸37个国家的正式代表367人，列席代表37人及特邀来宾和工作人员共463人，包括不同社会职业、不同政治信仰和宗教信仰的人士，其中有工人、农民、妇女，学生组织领袖，政、经、法、教育、文艺等各界专家学者和知名人士，有广泛的社会影响力。宋庆龄致大会开幕词，109位各国代表和来宾在大会上发言。会议一致通过《告世界人民书》《致联合国书》《关于日本问题的决议》《关于朝鲜问题的决议》《关于文化交流问题的决议》《关于建立亚洲太平洋区域和平联络委员会的决议》等11项决议。大会报告和决议，反映出16亿人民迫切要求和平，反对战争意志坚强，为各国人民进一步保卫和平的斗争提供了行动纲领。

亚洲及太平洋区域和平会议签到册藏于中国国家博物馆。

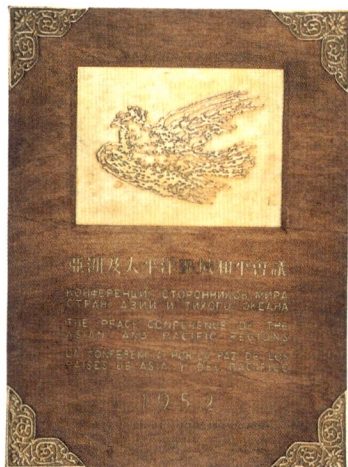

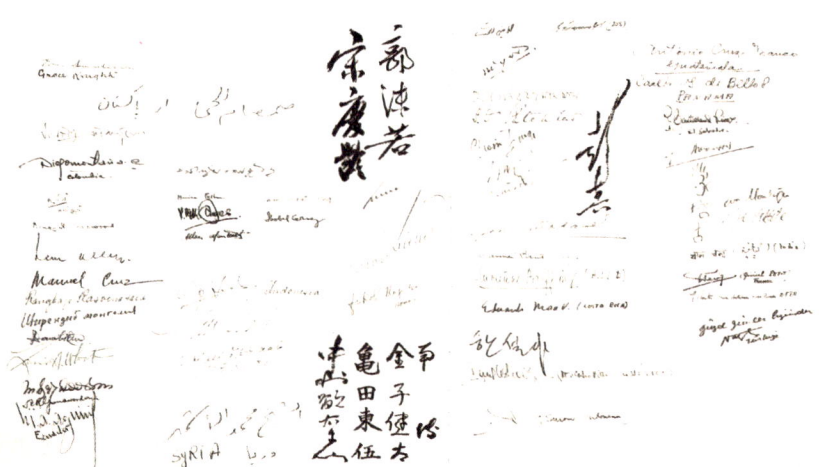

张澜庆贺成渝铁路通车的题词 1952年7月1日文物。1959年，铁道部将张澜庆贺成渝铁路通车的题词拨交中央革命博物馆筹备处。

张澜庆贺成渝铁路通车的题词，纵22.2厘米，横14.9厘米。纸质，毛笔楷书写。是张澜为纪念中国共产党成立31周年成渝铁路全线通车画刊的题词，内容为"四十多年前即为四川人民与满清政府斗争之川汉铁路，迄为反动统治者弃置。西南解放才三年，成渝铁路便修筑完工，于此见人民政府建设之突飞猛进，更足见中国共产党和毛主席领导新中国之胜利成功"。

铁路是近现代国民经济重要命脉。自光绪二年（1876年）英国人建造吴淞铁路通车至1949年，中国大陆仅建成铁路2万余千米。位于中国西南的四川，自古有"天府之国"美称，境内资源丰富，但周边多崇山峻岭、坡陡谷深，除长江水运外，陆上通道几乎都在悬崖峭壁上穿行，人员物资交流十分不便。自20世纪初起，四川民众就一直酝酿修建一条出川的铁路。光绪二十九年（1903年），经留日四川学生倡议，四川总督锡良奏请拟自修川汉铁路。清政府同意修筑成都至汉口的川汉铁路，成渝铁路即为其中四川成都到重庆的一段。光绪三十年（1904年），川汉铁路公司在成都成立，翌年改为官商合办。光绪三十三年（1907年），改为商办有限公司。1909年12月，川汉铁路分路段开工。为筹集筑路资金，四川民众纷纷捐款入股。宣统三年（1911年），清政府受列强贪婪索取和蛮横阻挠，拱手将"筑路权"出卖给英、法、德、美四国，并悍然宣布"干路均归国有"，四川民众为争路权发起"保路运动"，并引发席卷全国的辛

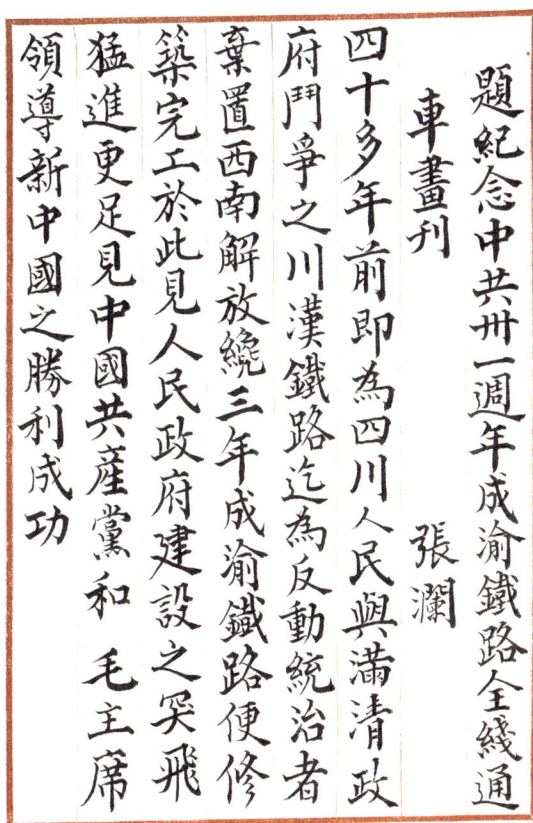

亥革命。8月，修筑近两年的川汉铁路宣告停工。20世纪30年代，四川地方当局曾两度倡议修筑成渝铁路，均因军阀混战未果。民国26年（1937年）6月，国民政府复工修建成渝铁路，又因抗日战争爆发和经费问题停工。至民国36年（1947年），工程陷入瘫痪状态。1949年11月四川解放时，成渝铁路仅完成工程总量的14％。中共中央西南局第一项重大决策就是"以修建成渝铁路为先行，带动百业发展，帮助四川恢复经济"。1950年6月15日，成渝铁路开工典礼在成都举行，中共西南局第一书记邓小平致辞，西南军区司令员贺龙将一面"开路先锋"锦旗，授予由军区直属部队组成的军工筑路第一总队。1952年6月13日，成渝铁路从重庆延伸至成都。7月1日，中国共产党成立31周年之际，成渝铁路提前建成通车。成渝铁

路东起重庆，西至成都，全长505千米。是中华人民共和国成立后，由中国自行设计、自行建造，全部采用国产材料零件修筑的第一条铁路。为庆祝成渝铁路建成通车，毛泽东、朱德、周恩来、张澜、刘伯承、邓小平等领导挥毫题词。张澜（1872～1955年），字表方，四川南充人。民主革命家、教育家。中国民主同盟创建者和领导人。宣统三年（1911年），任川汉铁路股东会副董事长，曾因领导保路运动被捕。成渝铁路建成通车，使四川人民40余年梦寐以求的筑路理想变成现实。中央人民政府副主席张澜感受颇深，为庆贺成渝铁路通车欣然命笔题词。

张澜庆贺成渝铁路通车的题词藏于中国国家博物馆。

喀什市第一次全国基层选举时的选民榜 1953年3月文物。喀什市是新疆南疆第一大城市和经济中心，居民以维吾尔族为主。喀什市第一次全国基层选举时的选民榜，是喀什市第一区第三选区第二登记站在基层普选中张贴过的选民榜。1959年，由国务院秘书厅拨交中央革命博物馆筹备处。

喀什市第一次全国基层选举时的选民榜，纵82厘米，横84.5厘米。纸质，钢笔书写。维吾尔文。下部盖有汉、维两种文字的"喀什市第一区选举委员会印"。

人民代表大会制度是中国的根本政治制度。1953年上半年，为将恢复时期推行的人民代表会议制度过渡到人民代表大会制度，根据中央人民政府《关于召开全国人民代表大会及地方各级人民代表大会的决议》和"选举法"，在全国开展规模空前的基层人大代表选

举（简称"普选"）。经登记，全国选民总数3.2亿人，参加投票选民2.7亿人，占选民总数85.88%，充分表达各族人民群众饱满的政治热情。1954年9月15日，北京召开第一届全国人民代表大会第一次会议。会前，由全国第一次普选产生的人大代表云集北京。再次征求代表们意见，并对宪法草案做最后两处修改。20日，与会代表1197人全票通过宪法草案，中国历史上首部社会主义类型宪法诞生。第一届全国人民代表大会召开和宪法的制定，标志中国社会主义根本政治制度确立，促进社会主义民主和法制建设。

喀什市第一次全国基层选举时的选民榜藏于中国国家博物馆。

齐白石绘赠毛泽东的《松鹤旭日图》国画 1953年文物。1954年12月，齐白石绘赠毛泽东的《松鹤旭日图》国画由中共中央办公厅秘书室拨交中央革命博物馆筹备处。

齐白石绘赠毛泽东的《松鹤旭日图》国画，纵295厘米，横71厘米。纸质，毛笔绘。又称《旭日老松白鹤图》，是齐白石作品中较

大的一幅。旭日象征党的光辉和温暖，把伟大领袖比作红太阳，老松和白鹤则是祝颂毛泽东长寿。题款为"毛主席万岁 九十四岁齐白石"并印有朱文钤印"白石""人长寿"，白文钤印"齐璜之印"。

齐白石（1864～1957年），名璜，字渭清，别号白石山人。湖南湘潭人。现代国画艺术大师、篆刻家、书法家。木匠出身，诗、书、印、画无不卓绝。民国6年（1917年）定居北京后，衰年变法，形成独特的红花墨叶大写意的国画风格，以淳朴民间艺术风格与传统文人画相融合，达到中国现代花鸟画的高峰。中华人民共和国成立后，毛泽东对齐白石老人十分关怀，多次致函询问生活起居，表达敬老崇文之意。1950年，毛泽东邀请其到中南海品茗作诗赏花，共进晚餐，朱德总司令作陪。毛泽东与齐白石均为湖南湘潭人，乡音、湘味格外亲切。毛泽东特意用几样以豆豉为料的湖南菜款待齐白石。席间，二人畅谈甚欢，气氛极其融洽。老人很是激动和兴奋，说那是自己终生难忘的日子。此后，逢人便提起主席诚挚待人，和蔼可亲。1953年1月7日，中国美协和中央美院，为齐白石举办90寿辰祝寿会。文化部授予齐白石"中国人民杰出的艺术家"称号。周恩来总理也于百忙中赶来出席，并致祝寿词。后毛泽东特意派人送去4件寿礼：一坛湖南特产茶油寒菌，一对名家特制长锋纯羊毫书画笔，一支东北野人参和一架鹿茸。祝白石老人福寿康宁。齐白石十分感动，特作两幅画，其中一幅就是《松鹤旭日图》，献给毛泽东。此幅巨画构图狭长。画面以仙鹤、松树、太阳、海水为绘画主体，表达齐白石对社会主义美好生活的歌颂。技法上，齐白石将一生绘画创作的精髓展现得淋漓尽致，将齐派绘画艺术下笔准、落笔狠、行笔壮等艺术特点，都展现在画面中。

齐白石绘赠毛泽东的《松鹤旭日图》国画藏于中国国家博物馆。

董希文绘《开国大典》油画　1953年文物。董希文绘《开国大典》油画，是20世纪50年代由中央革命博物馆筹备处（简称"革博筹备处"）组织创作。为烘托中共党史陈列开国部分的气氛，革博筹备处委托中央美术学院创作一幅巨型油画《开国大典》。中央美院将这项艰巨的任务交给该院教授、青年画家董希文。1953年，《开国大典》油画创作完成后，由该馆收藏，并多次在重大展览中展出。

董希文绘《开国大典》油画，纵230厘米，横405厘米。布面。构图采用中国传统大团圆方式，近景为天安门城楼，城楼上毛泽东居于整个画面靠近中央的位置，其他国家领导人安排在左侧，其中第一排领导人均是中央人民政府副主席，从左至右为朱德、刘少奇、宋庆龄、李济深、张澜、高岗，人物形象既生动传神又洗练概括。画面右边是宽阔的天安门广场，广场上欢腾的人民群众，与城楼上领袖集体遥相呼应。

董希文（1914～1973年），浙江绍兴人，中央美术学院教授，中国现代最早进行油画民族化探索的画家之一。主要作品有《开国大典》《春到西藏》《哈萨克牧羊女》《过草地》《百万雄师过大江》等。董希文接到创作《开国大典》油画任务后，根据中央美院和革博筹备处提供的有关开国大典电影资料片和一些摄影图片开始构思。为体现开国大典所具有的"人民胜利"伟大意义，董希文决定打破写实限制，按自己理解选择画面构图，在这些参考资料中，只选取领导人肖像和神态特征。不到两个月，巨幅油画《开国大典》创作完成。请中央领导同志审查时，毛泽东连连点头称赞道："是大国，是中国。""我们的画拿到国际上去，别人是比不了的，因为我们有独特的民族形式。"1953年5月23日，《人民日报》在头版头条发表油画《开国大典》。10月，《人民画报》发表。随后，人民美术出版社出版发行单幅画页，印数超过100万张。由于政治原因，《开国大典》油画原画几经修改变动。第一次改动是在"高饶事件"后。1955年初，应中央革命博物馆筹备处要求，董希文对《开国大典》进行修改，将画中高岗去掉，补上菊花。第二次改动是刘少奇被开除党籍后。1971年，中国革命历史博物馆筹备党史陈列，董希文按要求把画中刘少奇去掉，在偏后位置画上董必武，把原画中董必武只露出半个脸形象改成一个不确定的人物。1972年，为庆祝毛泽东《在延安文艺座谈会上的讲话》发表30周年，国务院文化领导小组在中国革命博物馆筹备纪念展览时，决定复制油画《开国大典》，请中央美术学院教授靳尚谊、赵域按原作现状复制。其间，董希文带病到现场指导复制。1977年，复制油画《开国大典》在中国革命历史博物馆举办的"伟大的无产阶级革命家、杰出的共产主义战士周恩来同志纪念展览"中展出。1979年，中国革命历史博物馆重新筹备开放"中国共产党历史陈列"。为拨乱反正，恢复历史本来面目，提出恢复油画《开国大典》原貌。在征得家属同意后，委托靳尚谊在《开国大典》复制件上进行修改。后由靳尚谊推荐阎振铎、叶武林两位青年画家负责，并参考《开国大典》油画最早的印刷品和有关照片资料，恢复刘少奇和高岗形象，把董必武恢复到原来位置。

董希文绘《开国大典》油画藏于中国国家博物馆。

朝鲜最高人民会议常任委员会授予彭德怀的金星奖章、一级国旗勋章及证书　1953年7月31日文物。1953年，彭德怀搬入北京中南海永福堂居住。金星奖章、一级国旗勋章及证书也存放于此。1959年9月底，彭德怀因受到错误批判搬离永福堂，将勋章、证书、元帅服等全部上交，由中南海警卫局管理科保管。彭德

怀被平反后，1980年，中国人民革命军事博物馆筹办"朱德、彭德怀、贺龙、陈毅、罗荣桓光辉业绩展"期间，彭德怀夫人浦安修将朝鲜最高人民会议常任委员会授予彭德怀的金星奖章、勋章及证书等文物捐赠给该馆。

朝鲜最高人民会议常任委员会授予彭德怀的金星奖章，纵5.5厘米，横3.5厘米，金质，珐琅彩。一级国旗勋章，纵7厘米，横6.5厘米，银质、鎏金，珐琅彩。勋章证书，纵10厘米，横7厘米，纸质，漆皮。朝文印刷，汉文钢笔书写，钤"朝鲜民主主义人民共和国最高人民会议常务委员会"印及该会秘书长康良煜朱文圆印一枚。

彭德怀（1898～1974年），原名得华，号石穿，湖南湘潭人。无产阶级革命家、军事家、政治家。中华人民共和国元帅，中国人民解放军创建人和领导人之一。中华人民共和国成立后，任中央人民政府人民革命军事委员会副主席，西北军政委员会主席、西北军区司令员，新疆军区司令员兼政治委员。1950年10月，在中共中央政治局扩大会议上，彭德怀坚决拥护抗美援朝决策，出任中国人民志愿军司令员兼政治委员，率领中国人民志愿军跨过鸭绿江，在技术装备落后、后勤供应困难、异国

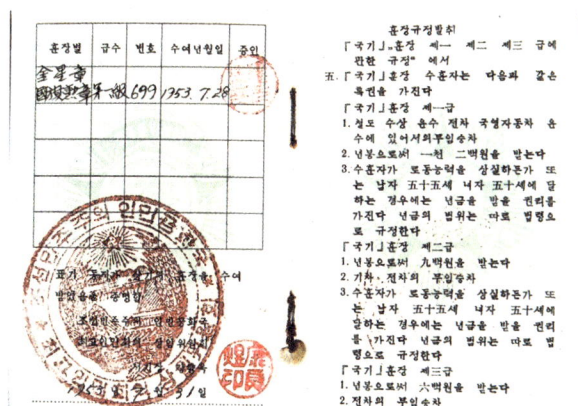

作战、地形生疏等不利条件下，同朝鲜人民军并肩作战，7个月内连续进行5次战役，把以美国为首的"联合国军"赶回到三八线以南，迫使其转入战略防御，接受停战谈判。1952年4月，彭德怀因病回国，痊愈后主持军委日常工作，并兼顾志愿军作战。1953年6月，返回朝鲜前线，组织实施金城战役，歼敌5万余人，促使停战谈判达成协议。7月27日，《朝鲜停战协定》在板门店由朝中方面组成的代表团首席代表、朝鲜人民军大将南日与对方代表团首席代表、美国陆军少将哈里逊先行签字。7月28日，送朝鲜人民军最高司令官、元帅金日成及中国人民志愿军司令员、将军彭德怀，"联合国军"总司令、上将克拉克分别签字。同日，朝鲜民主主义人民共和国最高人民会议常任委员会决定，授予彭德怀"朝鲜民主主义人民共和国英雄"称号及金星奖章、一级国旗勋章。7月31日，在朝鲜平壤举行授勋典礼上，彭德怀被授予金星奖章、一级国旗勋章及证书。金星奖章是朝鲜最高奖章，授予朝鲜民主主义人民共和国英雄。国旗勋章，是朝鲜设立最早的勋章之一，分一、二、三级，主要奖励在政治、科技、文化领域有突出贡献的军民，具有一定党龄并受组织认可党员也可获得勋章。在勋赏制度上，朝鲜参照苏联模式，凡获得"朝鲜民主主义人民共和国英雄称号"个人，授予金星奖章，并颁发一枚国旗勋章。因此，在彭德怀勋章证书上，金星章、一级国旗勋章被合写在一起，编号均为699。

朝鲜最高人民会议常任委员会授予彭德怀的金星奖章、一级国旗勋章及证书藏于中国人民革命军事博物馆。

朝鲜最高人民会议常任委员会追授黄继光的一级国旗勋章及证书 1953年6月25日文物。1965年7月，北京军区将朝鲜最高人民会议常任委员会追授黄继光的一级国旗勋章及证书拨交四川省博物馆。

朝鲜最高人民会议常任委员会追授黄继光的一级国旗勋章，纵7厘米，横6.5厘米，银质，鎏金，珐琅彩；证书，纵10厘米，横7厘米，纸质，漆皮，朝文印刷，钢笔书写，钤"朝鲜民主主义人民共和国最高人民会议常务委员会"印及该会秘书长康良煜朱文圆印一枚。

黄继光（1930～1952年），四川中江人。中国人民志愿军特级战斗英雄。1951年3月，参加中国人民志愿军，赴朝鲜作战。1952年7月，加入中国新民主主义青年团。在上甘岭战役中，黄继光所在营与以美军为首的"联合国军"和南朝鲜军激战4昼夜后，于19日夜奉命夺取上甘岭西侧597.9高地。部队接连攻占3个阵地后，推进到零号阵地的半山腰。此时，山顶上敌人一个集团的火力点，以3挺重机枪、4挺轻机枪的密集火力，控制住制高点，冲击部队受阻。在连续三位爆破组同志牺牲或被困的关键时刻，黄继光挺身而出，带领两名战士

勇敢机智地连续摧毁敌人几个火力点。黄继光在多处负伤、弹药用尽情况下，顽强地奋力扑上去，用自己的胸膛死死地堵住敌人正在喷射火舌的枪眼，壮烈捐躯。黄继光所在部队党委根据其生前申请，追认他为中国共产党党员，追授"模范团员"称号。1953年4月，中国人民志愿军领导机关为黄继光追记特等功，并追授"中国人民志愿军特级英雄"称号。6月24日，朝鲜民主主义人民共和国最高人民议会常务委员会决定，授予黄继光"朝鲜民主主义共和国英雄"称号及金星勋章、一级国旗勋章。6月25日，授勋典礼在志愿军总部驻地朝鲜桧仓举行，黄继光被追授奖章、勋章及证书。一同获奖的还有杨根思、邱少云、孙占元、杨连弟、伍先华、胡修道。

朝鲜最高人民会议常任委员会追授黄继光的一级国旗勋章和证书藏于四川博物院。

朝鲜最高人民会议常任委员会追授邱少云的金星奖章、一级国旗勋章及证书 1953年6月25日文物。1953年，中国人民志愿军在朝鲜桧仓举办展览期间，朝鲜最高人民会议常任委员会授予邱少云的金星奖章、一级国旗勋章及证书被送至志愿军总部，在该展览中展出。1959年，中国人民革命军事博物馆筹建期间，由志愿军政治部移交该馆。

朝鲜最高人民会议常任委员会授予邱少云的金星奖章，纵5.5厘米，横3.5厘米，金质，珐琅彩；一级国旗勋章，纵7厘米，横6.5厘米，银质，鎏金，珐琅彩；勋章证书，纵10厘米，横7厘米，纸质，漆皮，朝文印刷，钢笔书写，钤"朝鲜民主主义人民共和国最高人民会议常务委员会"印及该会秘书长康良煜朱文

圆印一枚。编号1656。

邱少云（1926～1952年），四川铜梁（后属重庆市）人。幼年丧父，四川解放后，邱少云参加解放军。1951年3月，邱少云所属第15军第29师编入中国人民志愿军，入朝作战，参加抗美援朝战争第五次战役。1952年10月，在朝鲜平康前线，邱少云所在第15军29师87团3营9连1排3班接受反击391高地任务。高地与上甘岭同属五圣山地区。11日夜，志愿军借助夜幕掩护进入潜伏位置。邱少云带领爆破组，潜伏在距敌人前沿60米处一个小土坎旁边的蒿草丛中。第二天中午，一枚燃烧弹引燃邱少云身上伪装，火势随即蔓延到全身。为保证潜伏任务顺利完成，邱少云在烈火中强忍疼痛，未做出任何扑救躲避的动作，直至牺牲。当晚总攻开始，志愿军攻克391高地，全歼守敌。17日凌晨，87团侦察参谋梁嵩山奉命找到邱少云遗体，并就地安葬。11月6日，中国人民志愿军领导机关为邱少云追记特等功。1953年2月，邱少云遗骨被运回祖国，安葬于沈阳市北郊抗美援朝烈士陵园。6月1日，追授邱少云"中国人民志愿军一级英雄"称号。6月25日，朝鲜

民主主义人民共和国最高人民会议常任委员会追授邱少云"朝鲜民主主义人民共和国英雄"称号和金星奖章、一级国旗勋章。

朝鲜最高人民会议常任委员会追授邱少云的金星奖章、一级国旗勋章和证书藏于中国人民革命军事博物馆。

徐悲鸿绘赠中国人民志愿军的《奔马图》国画 1953年文物。徐悲鸿绘赠中国人民志愿军的《奔马图》国画，由志愿军六二部六四〇部队二中队送中国人民志愿军总部。1959年1月，中国人民革命军事博物馆筹建期间，由志愿军政治部移交该馆。

徐悲鸿绘赠中国人民志愿军的《奔马图》国画，画幅纵217厘米，横88厘米；画芯纵100厘米，横73厘米。宣纸，毛笔绘。右下角有题跋："山河百战归民主，铲尽崎岖大道平。悲鸿，一九五三年作，献与敬爱的志愿军六二部六四〇部队二中队全体同志。"钤有"徐悲鸿"白文印。

徐悲鸿（1895～1953年），原名徐寿康，江苏宜兴人。画家、美术教育家。中国现代美术奠基者。中华人民共和国成立后，任中央美术学院院长等职。1951年7月，徐悲鸿患脑出血，半身不遂，仍抱病指导中央美术学院教学，并开展创作活动。1953年上半年，徐悲鸿完成两幅具有重要历史意义的《奔马图》，一幅赠给毛泽东，题有"百载沉疴终自起，首之瞻处即光明"；另一幅为志愿军六二部六四〇部队二中队所画，题有"山河百战归民主，铲尽崎岖大道平"。两幅《奔马图》完成不久，徐悲鸿于1953年9月26日病逝。徐悲鸿一生最喜爱并擅长画马，他笔下的马千姿百态，或奔腾跳跃、回首长嘶，或腾空而起、四蹄生烟，外形逼真，神态生动。徐悲鸿画马是以魏碑兼草隶的笔意准确、凝练地勾勒出躯干，以极具古籀金石气的短劲线条奠定神韵之骨架，继而用浓淡有度的水墨，以类似西洋绘画的笔触融合传统绘画手法，将马的肌肉、骨骼结构及其质感表现得既合物理、物情，又合物态。徐悲鸿画马极具精神和动感，体现一种雄健壮美的神韵，散发出英雄主义精神，被誉为"天下画马第一人"。

徐悲鸿绘赠中国人民志愿军的《奔马图》国画藏于中国人民革命军事博物馆。

毛泽东为长春第一汽车制造厂题词基石 1953年7月15日文物。毛泽东为长春第一汽车制造厂题词基石一直由长春第一汽车制造厂保存，并曾陈列于该厂一号门展览室。1987年11月21日，拨交中国革命博物馆。

毛泽东为长春第一汽车制造厂题词基石，

纵70厘米，横120.5厘米，厚5.5厘米，重250千克。汉白玉质地。上面镌刻毛泽东题写的"第一汽车制造厂奠基纪念"。

1950年初，毛泽东、周恩来访问苏联时，商定由苏方援建中国一座年产3万辆中型卡车制造厂，并将这一项目列入"一五"计划苏联援建首批重点项目。1951年春，中共中央确定在长春建厂。1952年12月，"第一汽车制造厂"命名，第一机械工业部任命饶斌为厂长，郭力任副厂长兼总工程师。1953年6月，毛泽东签发《中共中央关于力争三年建设长春汽车厂的指示》，指出"兴建第一汽车制造厂，这对我国国防建设、经济建设……有重要意义"，"中央认为有必要通报全国，责成各有关部门对长春汽车厂的建设给予最大的支持，力争三年内建成"。毛泽东为该厂题词："第一汽车制造厂奠基纪念"。7月15日，该厂正式开工兴建，这块镌刻毛泽东题词的汉白玉基石被植入第一汽车制造厂的黑土中。1956年7月13日，在中共中央、国务院关怀下，在全国各地及有关部门的大力支援下，第一批国产CA10型载重汽车胜利下线。毛泽东为汽车命名"解放"牌。10月1日，第一批国产解放牌汽车在国庆阅兵式上亮相。10月15日，第一汽车制造厂隆重举行竣工验收和开工典礼，解放牌汽车投入批量生产，可年产4吨解放牌卡车3万辆。后经过多次改造，生产能力不断提高。长春第一汽车制造厂成为中国第一个汽车生产基地，结束中国不能制造汽车的历史。

毛泽东为长春第一汽车制造厂题词基石藏于中国国家博物馆。

周恩来参加日内瓦会议时用的公文包

1954年4~7月文物。1976年12月23日，周恩来夫人邓颖超将周恩来在日内瓦会议期间使用的公文包等一批周恩来遗物捐赠给中国革命历史博物馆。

周恩来参加日内瓦会议时用的公文包，纵37厘米，横28厘米。棕色，皮革质地。

1954年1月，根据朝鲜停战协议，在柏林召开苏、美、英、法四国外长会议。2月19日发表公报，建议1954年4月26日在日内瓦举行会议，以期对朝鲜问题取得和平解决，并讨论恢复印度支那和平问题。2月底至3月，为开好日内瓦会议，中国政务院总理兼外交部长周恩来做了大量准备工作。3月31日，周恩来出席中共中央政治局扩大会议，报告关于日内瓦会议的估计及其准备工作。会议批准周恩来报告意见，并委托周恩来先期赴莫斯科同苏共中央

商谈出席会议的有关事宜。4月1日，周恩来一行启程飞往莫斯科。周恩来同赫鲁晓夫等人进行多次商谈，双方达成一致看法。4月26日至7月21日，日内瓦会议在瑞士日内瓦国联大厦举行。会议讨论和平解决朝鲜问题与恢复印度支那和平问题。参加会议的除苏、美、英、法、中五大国和朝鲜双方外，还有澳大利亚、比利时、加拿大等12国。后期还有越南南北方和老挝、柬埔寨参加。中国政府派出以政务院总理兼外交部长周恩来为首席代表，张闻天、王稼祥、李克农为代表的中国代表团。这是中华人民共和国首次以五大国之一的地位和身份参加讨论国际问题的一次重要会议，也是周恩来首次登上国际舞台。周恩来以无产阶级政治家和外交家的气魄和胆略，积极主动、创造性地开展大量国际统一战线工作，团结和争取一切力量，揭露和击退杜勒斯之流对会议的破坏。由于美国阻挠，会议没有就解决朝鲜和平问题达成任何协议。7月21日，与会各国签署《越南停止敌对行动的协定》《老挝停止敌对行动的协定》《柬埔寨停止敌对行动的协定》。会议最后发表《日内瓦会议最后宣言》，实现印度支那停战，结束法国在该地区进行多年的殖民战争，确认印支三国人民民族权利，是印支三国人民争取独立的里程碑。并确保中国南部边境地区相对稳定，明显改善中英关系，架起中美沟通桥梁。

周恩来参加日内瓦会议时用的公文包藏于中国国家博物馆。

周恩来书写的人民英雄纪念碑碑文原稿 1955年文物。1955年，负责人民英雄纪念碑设计工作的刘开渠将打好格子的纸交给周恩

来，请其书写人民英雄纪念碑碑文。为写好人民英雄纪念碑碑文的150个字，周恩来在百忙中，勤奋练习，前后共写了数十幅，选出两幅自己最满意的，送交施工单位北京市房管局雕塑工厂。1960年5月26日，北京市房管局雕塑工厂将周恩来书写的人民英雄纪念碑碑文原稿拨交中央革命博物馆筹备处。

周恩来书写的人民英雄纪念碑碑文原稿，纵102厘米，横35.3厘米。纸质，毛笔行楷书。共150个字，竖排6列，中间无标点。内容为"人民英雄纪念碑／三年以来在人民解放战争和人民革命中牺牲的人民英雄们永垂不朽／三十年以来在人民解放战争和人民革命中牺牲的人民英雄们永垂不朽／由此上溯到一千八百四十年从那时起为了反对内外敌人争取民族独立和人民自由幸福在历次斗争中牺牲的人民英雄们永垂不朽／一九四九年九月三十日／中国人民政治协商会议第一届全体会议建立"。

民国38年（1949年）9月30日下午，中国人民政治协商会议第一届全体会议为纪念在人民解放战争和人民革命中牺牲的人民英雄，一致决定在首都北京天安门前建立一座人民英雄纪念碑，并通过毛泽东起草碑文。当天18时，全体代表在天安门广场举行纪念碑奠基礼。周恩来代表主席团致辞："我们中国人民政治协商会议第一届全体会议为号召人民纪念死者，鼓舞生者，特决定在中华人民共和国首都北京建立一个为国牺牲的人民英雄纪念碑。"之后，全体代表默哀，哀毕，毛泽东宣读碑文。毛泽东和各单位首席代表执锹为纪念碑奠基。此碑文中"三年以来"是指解放战争；"三十

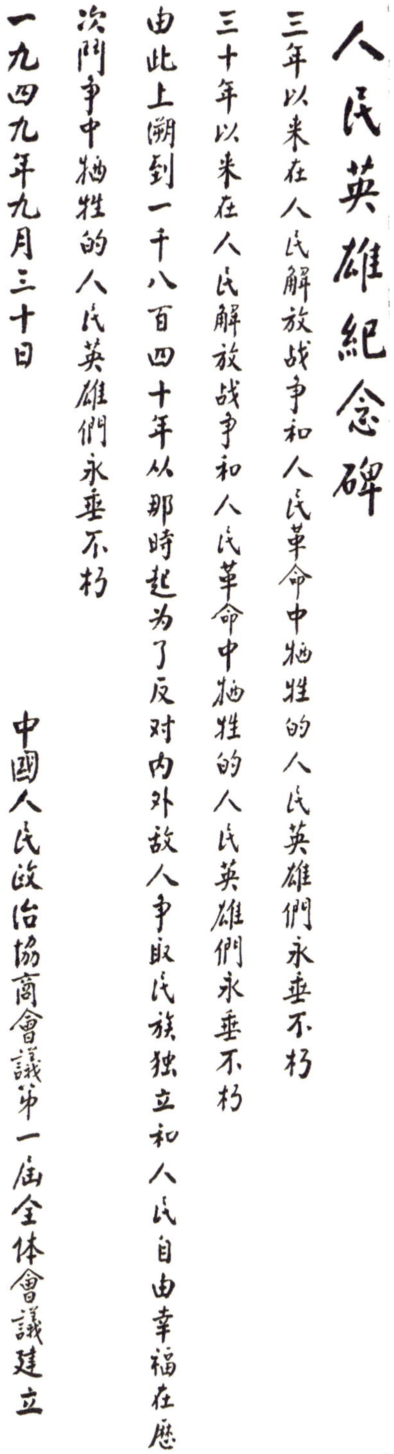

人民英雄紀念碑

三年以来在人民解放战争和人民革命中牺牲的人民英雄們永垂不朽

三十年以来在人民解放战争和人民革命中牺牲的人民英雄們永垂不朽

由此上溯到一千八百四十年从那時起为了反对内外敌人爭取民族独立和人民自由幸福在歷次門爭中牺牲的人民英雄們永垂不朽

一九四九年九月三十日 中国人民政治协商會議第一届全体會議建立

年以来"是指自民国8年（1919年）五四运动起的新民主主义革命斗争至1949年中华人民共和国成立；而道光二十年（1840年）鸦片战争则是中国受侵略的开始，中国从此沦为半殖民地半封建国家。纪念碑是为了纪念以上三个时间段中为中华民族独立和解放不屈抗争的爱国志士。纪念碑于1952年8月1日动工，1958年4月22日竣工。1958年5月1日，在天安门广场举行隆重揭幕仪式。纪念碑外形由梁思成等人仿北海明代"琼岛春荫"石碑设计。碑身正面朝北，与天安门遥相呼应，突破中国传统建筑坐北朝南惯例。这是考虑到人们将从东、西长安街进入天安门广场。毛泽东题写"人民英雄永垂不朽"8个金光闪闪的大字镌刻在纪念碑正面。碑身背面是周恩来书写碑文。

周恩来书写的人民英雄纪念碑碑文原稿藏于中国国家博物馆。

北京市青年志愿垦荒队队旗 1955年文物。北京市青年志愿垦荒队队旗一直珍藏在垦荒队队部，伴随垦荒队走过漫长的创业道路。1958年，黑龙江省博物馆工作人员到北京庄征集文物时，队长杨华代表垦荒队便将此队旗捐赠出来。

北京市青年志愿垦荒队队旗，纵110厘米，横200厘米。红色绸缎质。左边缝有白色棉面旗裤，其余三面镶有金黄色丝绒红穗。旗面贴有黄布剪成繁体仿宋字："中国新民主主义青年团中央委员会授予／北京市青年志愿垦荒队。"日期为"一九五五年八月"。

中华人民共和国成立初期，中共中央把有计划垦荒，扩大耕地面积，作为实现农业生产计划的一个重要措施。为实现"一五"垦荒计划，共青团首先开始探索。1955年4月，召开北京市第三届团代会，号召知识青年到农村去。为响应团中央号召，杨华、庞淑英等5位北京青年自愿发起组织北京青年到边疆垦荒。团中央正式成立领导小组"垦荒筹备组"。8月9日，5位发起人正式向共青团北京市委递交要求赴边疆垦荒申请书。8月12日晚，共青团中央第一书记胡耀邦接见北京青年志愿垦荒队5位发起人和垦荒筹备组成员。8月16日，《中国青年报》等报纸在头版头条全文发表杨华等5位青年的倡议书，在北京等全国各大城市引起强烈反响。十几天后，北京有800余名青年报名参加垦荒队，全国各大中城市几百名青年寄来报名信，各工矿企业团体也组织广大团员、青年捐款捐物。共青团北京市委按照团中央书记处指示，在众多报名者中选拔出60名年轻力壮、思想端正的青年，组成北京青年志愿垦荒队，其中男队员48人，女队员12人。8月28日，成立北京青年垦荒队队部，陈启彬任书记，杨华任队长。30日，北京各界青年为北京青年志愿垦荒队举行欢送大会。胡耀邦作题为"向困难进军"讲话，并把绣有"北京市青年志愿垦荒队"字样的队旗授予队长杨华。9月初，垦荒队到达黑龙江省萝北县，9月10日，

在人迹罕至的萝北荒原，举行简单而隆重的开荒仪式。面对茫茫荒原，垦荒队员站在队旗下，庄严宣誓。1956年五四青年节，北京垦荒队被垦区命名为"北京青年集体农庄"，简称"北京庄"。"北京庄"建在萝北县凤翔镇南10千米北山脚下，盖起7栋住房，一个大食堂，一个马棚。开荒1800亩，加上1955年秋开荒300亩，累计2100亩，共产粮豆14万千克，收入1.5万元，支援了国家经济建设。

北京市青年志愿垦荒队队旗藏于黑龙江省东北烈士纪念馆。

插在一江山岛上的红旗　1955年1月18日文物。1955年5月2日至7月20日，在北京劳动人民文化宫举行"解放台湾展览会"。插在一江山岛上的红旗在展览会上展出后，交中央革命博物馆筹备处。

插在一江山岛上的红旗，纵112厘米，横201厘米。丝绸质。

1949年，中国大陆解放后，国民党军残余部队退至东南沿海部分岛屿，企图利用岛屿，作为拱卫台湾和对大陆实施反攻的基地。一江山岛位于浙东沿海，南距大陈岛11千米。主要由南一江、北一江两个岛屿组成，面积约为1.7平方千米。据守该岛国民党军为"一江山

地区司令部"所辖第4突击大队、第2大队第4突击中队及1个炮兵中队,共1000余人。浙东沿海国民党军所占岛屿的指挥中心和防御重点是大陈岛,而一江山岛是屏障大陈岛的前沿据点。根据这一情况,人民解放军华东军区决定集中兵力,首先攻占一江山岛,尔后再转兵攻取大陈岛,击破国民党军在浙东沿海岛屿防御体系。1955年1月18日,在华东军区参谋长张爱萍指挥下,华东军区部队发起进攻一江山岛的战役。当天出动舰艇188艘,航空兵22个大队,184架作战飞机,并以地面炮兵4个营又12个连、高射炮兵6个营担负火力支援和对空掩护,陆军则以第二十军第六十师第一七八团及第一八〇团约1个团又1个营兵力,乘登陆艇在一江山岛强行登陆。这是解放军首次陆、海、空三军协同作战。至1月19日2时,解放军占领一江山岛,将红旗插上一江山岛。国民党军一江山岛指挥官王生明阵亡,副指挥官王辅弼被俘,其余守军阵亡500余人,被俘500余人。攻占一江山岛战役震惊了台湾国民党当局,也震惊了美国政府,从而迫使国民党军队撤出以大陈岛为中心的台州列岛,浙江沿海岛屿全部解放。

插在一江山岛上的红旗藏于中国国家博物馆。

中华人民共和国主席授予贺龙元帅军衔的命令 1955年9月23日文物。1980年,中国人民革命军事博物馆筹办"朱德、彭德怀、贺龙、陈毅、罗荣桓光辉业绩展"时,贺龙夫人薛明将中华人民共和国主席授予贺龙元帅军衔的命令捐赠给中国人民革命军事博物馆。

中华人民共和国主席授予贺龙元帅军衔的命令,纵28.4厘米,横40厘米。纸质,印刷。

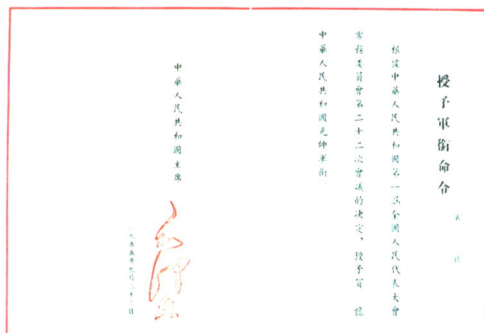

钤有"毛泽东"朱文签名印一方。

贺龙(1896~1969年),原名贺文常,字云卿,湖南桑植人。中国人民解放军创始人和主要领导者之一,中华人民共和国元帅。民国15年(1926年),参加北伐战争,任国民革命军第九军一师师长、第二十军军长。民国16年(1927年)8月,参加领导南昌起义,任起义军总指挥。同年,加入中国共产党。民国24年(1935年),参加长征。抗日战争时期,任八路军一二〇师师长等职。民国34年（1945年），当选为第七届中共中央委员。抗战胜利后，任晋绥军区兼晋绥野战军司令员、第一野战军副司令员、中共中央西北局第二书记、西北军区司令员。中华人民共和国成立后，任中央军委副主席、国务院副总理兼国家体委主任、国防委员会副主席等职。1955年，人民解放军实行军衔制度。9月23日，第一届全国人大常委会第二十二次会议，决定授予朱德、贺龙等10人中华人民共和国元帅军衔。同日，毛泽东签署中华人民共和国主席命令。9月27日17时，在北京中南海怀仁堂隆重举行中华人民共和国主席授予元帅军衔和勋章典礼，毛泽东主席亲自将"授予中华人民共和国元帅的军衔命令"和勋章授予贺龙元帅。

中华人民共和国主席授予贺龙元帅军衔的命令藏于中国人民革命军事博物馆。

朱德的一级八一勋章、一级独立自由勋章、一级解放勋章 1955年9月27日文物。1955年9月27日，毛泽东亲自授予朱德一级八一勋章、一级独立自由勋章、一级解放勋章，由朱德佩戴并保存。1979年10月，由朱德夫人康克清捐赠给中国革命历史博物馆。

朱德的一级八一勋章、一级独立自由勋章、一级解放勋章，通长5.5厘米，通宽5.5厘米。金质。八一勋章图案为红五角星中有"八一"字样，独立自由勋章图案为红星照耀下的延安宝塔山，解放勋章图案为红星照耀下的天安门。勋章编号为02004。有勋章证书。勋章主创设计者是画家、美术设计家周令钊。

1955年2月12日，全国人大常委会第七次会议通过《关于规定勋章奖章授予中国人民解

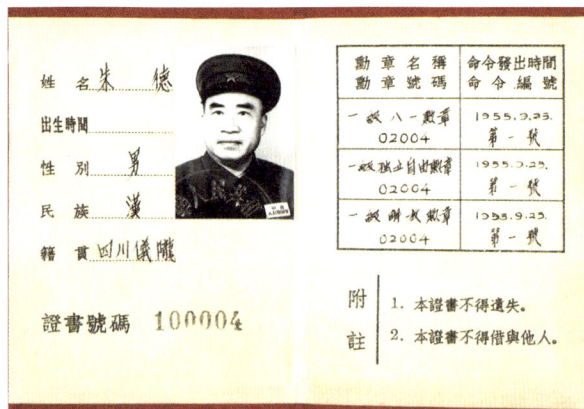

放军在中国人民革命战争时期有功人员的决议》《中华人民共和国授予中国人民解放军在中国革命战争时期有功人员的勋章和奖章条例》，根据宪法第31条第14项规定，八一勋章和八一奖章、独立自由勋章和独立自由奖章、解放勋章和解放奖章分别授予中国人民解放军在中国工农红军时期、抗日战争时期、解放战争时期参加革命战争有功人员。勋章共分三级，一级八一勋章授予师级以上干部，二级授予团级和营级干部，三级授予连级以下干部；一级独立自由勋章，授予八路军、新四军和抗日游击队中旅、支队以上干部，二级授予旅、团级及其相当干部，三级授予营级、连级及其相当干部；一级解放勋章授予军级以上及其相当干部，二级授予师级及其相当干部，三级授予团级和营级及其相当干部。9月23日，全国人民代表大会常务委员会二十二次会议审议周恩来总理提出授予元帅军衔和授予勋章名单，

通过《关于授予中华人民共和国元帅军衔的决议》，决定授予朱德、彭德怀、林彪、刘伯承、贺龙、陈毅、罗荣桓、徐向前、聂荣臻、叶剑英十人为中华人民共和国元帅军衔；通过《关于授予在中国人民革命战争时期有功人员一级八一勋章、一级独立自由勋章和一级解放勋章的决议》。9月27日，中华人民共和国主席授衔授勋典礼在中南海怀仁堂隆重举行。毛泽东亲自授予朱德元帅军衔并授予一级八一勋章、一级独立自由勋章、一级解放勋章。1955年秋，中国人民解放军首次实行军衔制度，并对中国人民解放军在各革命战争时期有功人员颁发勋章奖章。

朱德的一级八一勋章、一级独立自由勋章、一级解放勋章藏于中国国家博物馆。

中华人民共和国国防部授予陈明仁的一级解放勋章 1955年9月文物。1985年，陈明仁将军遗孀、时任湖南省妇幼保健院院长的肖毅将陈明仁的一级解放勋章捐赠给湖南省博物馆。

中华人民共和国国防部授予陈明仁的一级解放勋章，直径6厘米，重52克，金属质，镀金。勋章为五角星状，背面模压"中华人民共和国一级解放勋章 一九五五年北京 02554"等字。证书号码为100105。

陈明仁（1903～1974年），湖南醴陵人。民国13年（1924年）入广州市陆军讲武学校，后转入黄埔军校一期学习。参加过广东革命政府讨伐陈炯明的两次东征。历任国民党军团长、师长、军长，第一兵团司令兼湖南省政府主席。

陈明仁在国民党军队将领中素以勇猛善战著称，尤以率部参加滇西反攻，攻克松山要塞、回龙山，打通中印公路和死守四平城最为著名，被蒋介石视为不可多得的将才。民国38年（1949年）8月4日，与程潜领衔发表"起义通电"，正式宣布脱离蒋介石"广州政府"。陈明仁与程潜领导的湖南和平起义，使湖南省会长沙等数十县获得和平解放。与此同时，华南、西南国民党军政力量因湖南和平起义而分化，极大地削弱了国民党军队的抵抗意志，加速了华南、西南乃至整个解放战争的进程，成为继"北京模式"之后，人民解放战争又一个影响深远的解放模式。

长沙起义后，陈明仁部编入中国人民解放军，先后任湖南省军区副司令员，第四野战军第21兵团司令员，第55军军长，湖南省临时政府主席，中南军政委员会委员。1955年9月，中国人民解放军首次实行军衔制。根据第一届全国人大22次会议决议，由中华人民共和国国防部授予陈明仁中国人民解放军上将军衔，同时根据命令第一号，授予陈明仁"中华人民共和国一级解放勋章"及证书。

中华人民共和国国防部授予陈明仁的一级解放勋章藏于湖南省博物馆。

承德县朝梁子村发展农业生产合作社流水账 1955年文物。1956年，河北省承德县朝梁子村由初级农业合作社改为高级农业合作社时，会计负学中把1955年账本和表格封好，放在小木箱里。"文革"时期，负学中将账本和有关合作社资料藏在自家猪圈棚瓦下，得以保存下来。至1998年，承德县文物保护管理所工作人员下乡征集革命文物时，负学中将账本捐献给该所。

承德县朝梁子村发展农业生产合作社流水账，纵19.7厘米，横27.8厘米，厚1.6厘米。纸质，钢笔书写。长方形账本，黑色硬壳封面。封面无字，布脊上有"日记账"字样。扉页上写明1955年3月25日开始使用，社正、副主任分别为梁普和赵忠芳，记账员为负学中，并盖章。账本中除记录每天的经济往来外，还记录每天劳动工分，入社人员姓名、成分、人口，入社股金、物价情况及劳动报酬等。

朝梁子村坐落在河北省承德县城东北3千米，是当地有名的贫困村。1953年秋，朝梁子村17户村民响应中共中央号召，自愿成立农业生产合作社。至1955年，全村成立3个合作社，100余户农民积极入社，朝梁子村成为全省"红旗村"。热河省委工作组到朝梁子村调研后，写出《应该怎样认识薄弱村的合作化运动》调查报告。12月27日，毛泽东把调查报告标题改为《所谓落后乡村并非一切都落后》，并亲笔批注近600字按语，后收入中共中央办公厅编辑的《中国农村的社会主义高潮》一书。毛泽东批语，贯穿中国共产党相信群众、依靠群众、放手发动群众、充分尊重群众的创造精神、破除迷信、解放思想、支持新事物、努力改变生产关系、发展生产力等一系列指导思想。反映出政治上已获得解放，经济上依然脆弱贫穷的

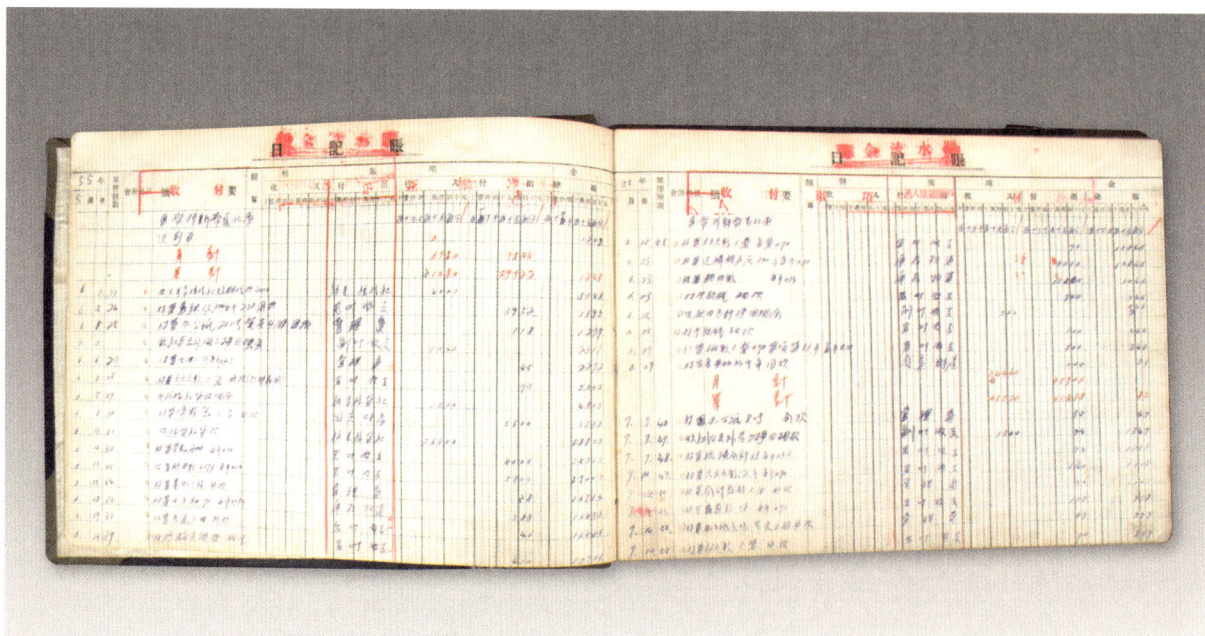

广大劳动人民心声，真正体现出毛泽东和中国共产党对广大农民的信任和爱护，对加速农业生产合作化进程，起到极其重要的作用。

承德县朝梁子村发展农业生产合作社流水账藏于河北省承德县文物博物馆。

全国工商界献给中共中央的报喜信 1956年1月30日文物。1956年11月，中共中央办公厅秘书室将全国工商界献给中共中央的报喜信拨交中央革命博物馆筹备处。

全国工商界献给中共中央的报喜信，纵55.5厘米，横79厘米。粉色花纸。毛笔楷书，抬头为"中国共产党中央委员会"，落款为"全国工商界报喜人李烛尘、盛丕华……"红色洒金纸信封，金色"囍"字边框，毛笔楷书"中国共产党中央委员会"。

1953年，中国实施发展国民经济的"一五"计划，中共中央提出党在过渡时期的总路线，并作为党和国家一切工作的指针。对资本主义工商业社会主义改造，是过渡时期总路线总体布局中的重要一翼。根据中央方针，在一定时期内，有步骤地把一切对国计民生有利而又为国家所需要的资本主义企业，基本上改造为国家资本主义企业，并使初级形式国家资本主义向高级形式国家资本主义发展。条件成熟时，逐步变国家资本主义经济为社会主义经济。对资本主义工商业社会主义改造经历三个阶段：1953年底前，主要是国家资本主义初级形式阶段；1954年至1955年夏，主要是单个企业公私合营阶段；1955年秋至1956年，是全行业公私合营阶段。1956年1月，全国出现对资本主义工商业进行社会主义改造的热潮。1月10日，北京市首先宣布已全部实行全行业公私合营。

月底，全国50余个资本主义工商业比较集中的大中城市相继实现全行业公私合营。1月30日，在全国政协二届二次会议开幕会上，由全国工商界报喜队把由李烛尘、盛丕华、荣毅仁、胡厥文、胡子昂等33位全国工商界知名人士署名的报喜信，献给中共中央。信中做出以下保证：服从领导，守职尽责，搞好生产经营；加强学习，更好地改造思想；努力学会本领，学会社会主义经营管理方法，改造自己成为自食其力的劳动者。至1956年底，全国99%私营工业企业和82.2%私营商业企业实现全行业公私合营，标志着国家对资本主义工商业社会主义改造的基本完成，中国实现从新民主主义到社会主义伟大转变，开始跨入社会主义新时期。

全国工商界献给中共中央的报喜信藏于中国国家博物馆。

天津公私合营钟表厂试制的第一只国产手表 1955年文物。1956年，天津公私合营钟表厂将该厂试制的第一只国产手表拨交天津市历史博物馆。

天津公私合营钟表厂试制的第一只国产手表，表盘直径3厘米，通长20.7厘米。金属、玻璃、皮革质地。表盘为正圆形，时间用阿拉伯数字表示，表带为橘红色皮制，金属签子，是一款国内十五钻机械表。数字"12"下方有一大四小横排5颗金星，金星下边标有"15钻"字样；数字"6"上方有"中国制"3个金字。

天津手表厂是中国手表工业骨干企业之一，前身是公私合营华威钟表厂。这只手表是1955年3月24日，天津手表厂江正银等4位老工人奋战4个月，用手工试制出中国自主生产的第一只手表。

1954年年底，天津市轻工业局批准成立手表试制组，经费仅400元。在天津华北钟厂厂长杨可能、华威钟厂厂长张吉升组织下，工人江正银、孙文俊、王慈民和从美华利表店请来的修表师傅张书文一起，进行中国第一只国产手表研制。手表中140余个零件中最薄的比纸还薄，最细的像针尖，最小的比米粒还小许

多，而孔径、轴径误差比头发丝还小许多，齿轮啮合要靠眼力和手工精细完成。工人们找来一只瑞士制"生达克"十五钻三针手表，一个件一个件地抠制。在经费短缺、设备陈旧的简陋条件下，克服困难，几乎所有零件都靠手工打磨。经4个月奋战，1955年3月24日17时45分，将最后一个零件装配完毕，为试制手表上足发条时，表针开始转动，手表发出均匀而有节奏的"滴答"声，中国自行生产的第一块手表诞生。经有关专家鉴定，走时基本正常。因在五一劳动节前制成，1957年天津轻工业局将表的商标定名为"五一"牌。"五一"牌手表诞生后，受到国家领导人的重视和支持。1958年国庆节前夕，国家投资在天津成立天津手表厂。1969年，天津手表厂研究设计出独特新颖、走时精确度高的"东风牌"薄型手表。1975年，又研制生产出符合国际标准的"海鸥牌"女表，并获得国家银质奖，成为中国第一家有男女手表两个系列多品种的生产厂家。改革开放后，以天津手表厂为主体，16家手表专业生产企业及4家合资企业组成天津海鸥手表集团公司。天津手表从无到有，从仿制到自行设计，从单一品种到多品种生产，从内销到出口，从单个企业到集团化经营，是中国手表业发展缩影。

天津公私合营钟表厂试制的第一只国产手表藏于天津博物馆。

周恩来、陈毅为云南省各民族题词 1955年文物。1955年"云南少数民族文物展览"结束后，周恩来、陈毅为云南省各民族题词由云南省博物馆收藏。

周恩来、陈毅为云南省各民族题词，纵

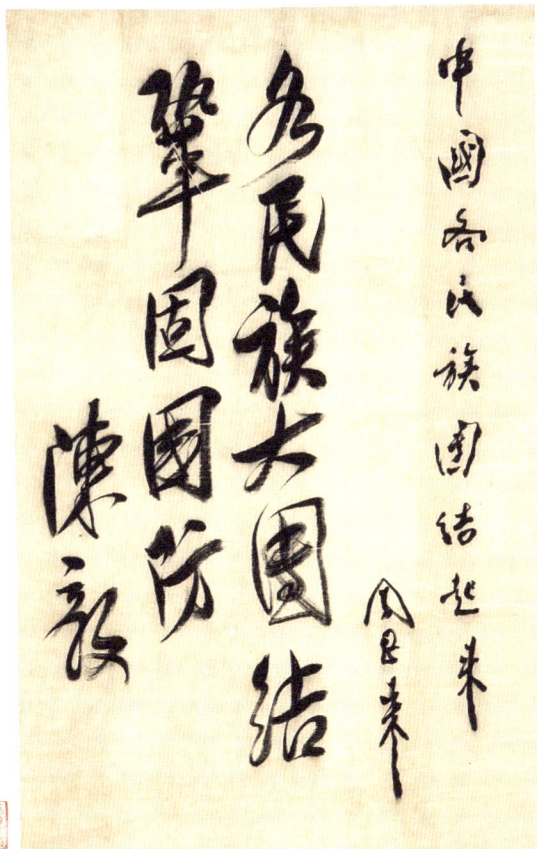

147厘米，横42.5厘米。纸质，毛笔书写。周恩来题词："中国各民族团结起来。"陈毅题词："各民族大团结巩固国防。"裱边上盖有"云南省博物馆鉴藏"印痕。

1955年4月29日，国务院总理兼外交部长周恩来率领中国政府代表团出席在印度尼西亚万隆举行的亚非会议后回国，首次来到云南省昆明市，做短暂停留。4月30日，在云南省省长郭影秋陪同下，周恩来和陪同出访的副总理陈毅等一行前往位于圆通寺的云南省博物馆临时馆址，参观正在举办的"云南少数民族文物展览"。展览共展出1600余件展品，周总理对每件文物、每张照片都认真观看，详细询问。参观期间，周恩来指示，要对少数民族文物开展调查征集，并举办以宣传民族平等团结和传统文化为内容的陈列展览。参观结束后，周恩

来和陈毅应邀为该馆题词留念。

周恩来、陈毅为云南省各民族题词藏于云南省博物馆。

鹰厦铁路最末一段钢轨 1956年文物。1956年12月9日，鹰厦铁路铺轨到达厦门，参加建设的铁道兵铺轨部队从鹰厦铁路最末一段路轨上锯下一节，作为礼物赠送给福建人民。后交福建省博物馆。

鹰厦铁路最末一段钢轨，长16厘米，宽11.4厘米，高14厘米。钢质。钢轨为"工"字形，壁有圆孔。

民国38年（1949年）9月21～30日，在中国人民政治协商会议第一届全体会议上，爱国侨领陈嘉庚向大会提出修建福建铁路提案，并获通过。1952年，为福建发展和战备需要，中央决定投资5亿元修建福建铁路。1953年1月，铁道部中南设计分局进行设计。建设方案确定后，中央决定调集铁道兵入闽，力争用两年时间建成。1955年2月，进驻修建鹰厦线各主要路段铁道兵部队有8个师1个独立团，闽赣两省动员12万民工参加筑路。鹰厦铁路又称鹰厦线，自江西省鹰潭起，经资溪，福建省光泽、

邵武、顺昌、沙县、永安、漳平至厦门，全长697.7千米；另有外洋至南平支线24.2千米，漳州至郭坑支线11.3千米，共733.2千米。除鹰潭至上清、磅口至郭坑、冰厂至厦门约90千米较为平坦外，其余大部分蜿蜒于崇山峻岭、河川峡谷之中。线路要穿越武夷山，通过戴云山，跨越九龙江等水系，还要移山填海，构筑一条跨海长堤，把被大海隔离的厦门岛同陆地连接起来，工程艰巨而复杂。全线共修筑桥梁173座、涵渠1775座、隧道88座，总长63534米，其中大禾山隧道最长，为1460.3米。按照国防部部长彭德怀提前一年建成鹰厦铁路的指示，参加修路官兵、职工、技术人员和民工奋力拼搏，改善设计削减工程数量，集中使用机械保证重点工程，采用大爆破加快施工进度，铺架作业中采取预架梁、预上碴、预铺枕等措施。以"叫高山低头、河水让路"的英雄气概，在施工装备水平低，大部分施工作业要靠人力完成情况下，向重点难点工程发起一次又

一次冲击。经广大军民1年10个月艰苦奋战，1956年12月9日铺轨到达厦门，实现提前一年通车目标。鹰厦铁路曾长期为进入福建的唯一铁路线，也曾长期是华东地区出海的一条铁路干线，作为战备线对巩固东南海防、发展国民经济，具有重要军事与经济意义。

鹰厦铁路最末一段钢轨藏于福建博物院。

雷锋日记 1958～1962年文物。雷锋牺牲后，沈阳军区军史陈列馆将雷锋日记及其他文物移交中国人民革命军事博物馆。1963年3月19日，中国人民革命军事博物馆举办"雷锋同志模范事迹展"，首次展出雷锋日记。2013年，该馆编纂《雷锋在军博》一书，首次以原件照片形式，刊发75篇雷锋日记。

雷锋日记共10本。纵13.3厘米，横9.7厘米。纸质，布、塑料封皮。内容包括雷锋在1958～1962年所写日记、诗歌、散文、格言等。其中9本为雷锋亲笔书写日记，1本是雷锋的学习笔记，雷锋绝大部分日记手稿，都包括

在这9本日记中。

雷锋（1940～1962年），原名雷正兴，湖南望城人。曾担任望城县委通讯员、机要员，望城县治沩工程指挥部通讯员。1957年，加入中国共产主义青年团。1958年，赴鞍山化工总厂工作。1960年入伍，担任运输连驾驶员。同年，加入中国共产党。1961年，雷锋晋升为班长。同年，被选为抚顺市人大代表。1960～1961年，荣立个人二等功一次、三等功两次。1962年8月15日，光荣殉职。1963年1月7日，中华人民共和国国防部命名雷锋生前所在班为"雷锋班"。3月5日，毛泽东亲笔题词："向雷锋同志学习。"

1957年秋，雷锋在望城县委机关工作时，开始学习写日记。雷锋曾向同事彭正元请教，怎么样才能写好日记。1958年4月，团山湖农场办公室干部方湘林曾看过雷锋日记，是最早读过雷锋日记的人。1960年10月底，雷锋日记被发现并得到宣传。雷锋到军区工程兵所属各单位做"忆苦"报告，沈阳军区《前进报》总编辑嵇炳前、新华社军事记者佟希文和李健羽在采访期间，接触到雷锋日记并促成日记发表。12月1日，《前进报》以整版的篇幅摘录发表雷锋日记，标题为《听党的话，把青春献给祖国——雷锋同志日记摘抄》。1963年1月20日，《前进报》以一个半版的篇幅再次发表雷锋日记。《人民日报》《解放军报》《中国青年报》先后转载。

雷锋牺牲后，《前进报》不断接到各大报刊提供雷锋日记摘抄和阅读雷锋日记原件的要求。为满足新闻宣传并保护雷锋日记原件，经上级批准，《前进报》党政组组长董祖修将日记本拆开，逐页排序编码，在军区文化部10名同志协助下，两天内完成雷锋日记抄写任务。雷锋日记本再由军区印刷厂经验丰富的老师傅重新装订。1962年10月，工程兵十团将一间空置营房改建为雷锋遗物陈列室，展出雷锋生前使用的日记本、书刊、衣物、枪支、日用品、节约箱、工具箱等遗物。1962年底至1963年初，10本雷锋日记先后在工程兵部队团党委举办的"雷锋烈士生前事迹展览"、抚顺市工人文化宫举办的"雷锋烈士生平事迹展览"，沈阳军区政治部在沈阳举办的"雷锋烈士事迹展览"中展出。"雷锋精神"是指以雷锋无私奉献精神为基本内涵，在实践中不断丰富和发展的革命精神，对后世产生巨大影响。

雷锋日记藏于中国人民革命军事博物馆。

朝鲜人民致中国人民志愿军官兵和中国人民的感谢信屏风及签名簿 1958年文物。1958年2月27日，为感谢中国志愿军官兵和中国人民给予朝鲜人民的无私援助，朝鲜内阁决定向中国人民志愿军致以由全体朝鲜人民签名的感谢信。6月11日，朝鲜第二届最高人民会议第三次会议通过朝鲜人民给中国人民志愿军官兵和中国人民的感谢信，信中追述和赞扬朝中友谊，特别是志愿军以鲜血捍卫朝鲜的独立自由及中国人民的无私援助和支持。在欢送志愿军时，再次致以全民的衷心感谢。8月，金日成等682.7万余人在签名簿上签名。感谢信由朝鲜最高人民议会常任委员会派专人送达北京，送交中国人民志愿军。1959年，中国人民革命军事博物馆将此屏风及签名簿拨交中央革命博物馆筹备处。

朝鲜人民致中国人民志愿军官兵和中国人

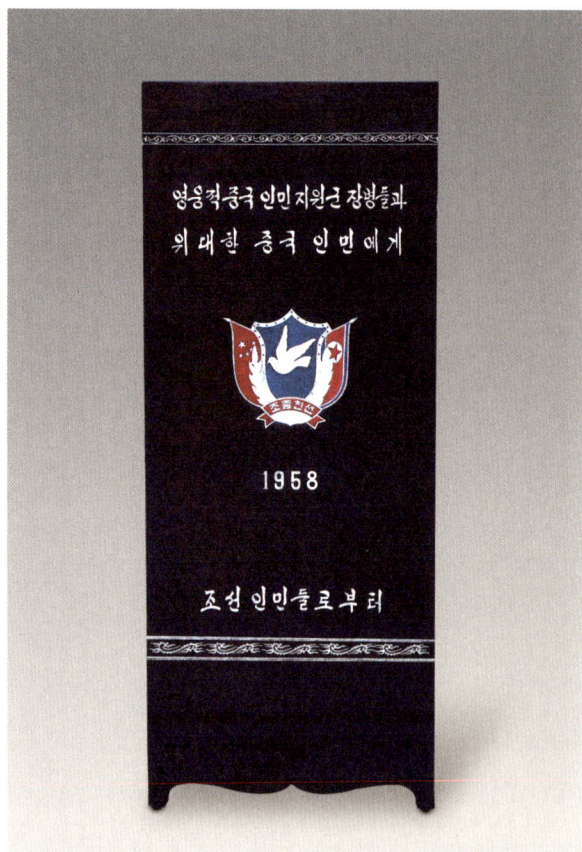

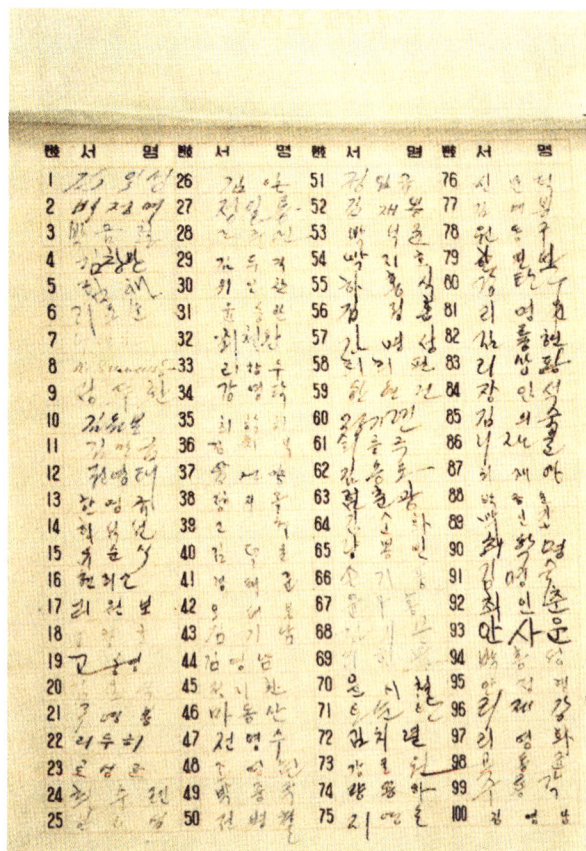

民的感谢信屏风，高120.5厘米，宽48.9厘米。屏风为漆木六联屏，镌刻感谢信全文。签名簿纵35.4厘米，横26.7厘米。纸质，共228本，有682.7万余人签名。朝鲜文和中文，钢笔书写。

朝鲜战争爆发后，为捍卫中朝两国独立和安全，中国党和政府应朝鲜党和政府请求，1950年10月19日，派遣中国人民志愿军跨过鸭绿江，拉开抗美援朝序幕。中国人民志愿军与朝鲜人民军一道，在中朝两国人民和全世界爱好和平人士的支持下，在苏联及社会主义阵营各国的支援下，面对极为艰难条件，扬长避短，以灵活机动的战略战术，同世界上最强大军队以美国为首的"联合国军"进行了艰苦卓绝的作战。在抗美援朝战争中，中国人民志愿军共毙、伤、俘敌71万余人，自身作战减员36.6万余人。志愿军指战员遵照中共中央"爱

护朝鲜的一山一水一草一木，不拿朝鲜人民一针一线"的指示，增强同朝鲜人民的深厚友谊。1953年7月，以美国为首"联合国军"被迫与中朝方面签订《朝鲜停战协定》，朝鲜战争以中朝人民胜利告终。1954年9月至1958年10月，中国人民志愿军分批从朝鲜撤回国内。

朝鲜人民致中国人民志愿军官兵和中国人民的感谢信屏风及签名簿藏于中国国家博物馆。

"武钢一号高炉出铁纪念"浮雕　1958年9月13日文物。1958年9月13日14时，武钢一号高炉提前竣工，并举行开工典礼，毛泽东主席登上一号高炉炉台亲临现场观礼。15时25分，武钢一号高炉第一炉铁水流出，9月13日成为武钢建厂纪念日，武钢职工浇铸制作"武钢一号高炉出铁纪念"浮雕，献给毛泽东主席。1960年，冶金工业部将"武钢一号高炉出铁纪

念"浮雕拨交中国革命博物馆。

"武钢一号高炉出铁纪念"浮雕，纵47.3厘米，横44.7厘米，厚2.5厘米。铁质，浇铸。浮雕主体图案为武钢一号高炉，右侧有红色大"囍"字和竖写"中国人民伟大的领袖毛主席"字样，左侧落款为"武汉钢铁公司全体职工献"，下方横书金字"武钢一号高炉出铁纪念1958.9"。

1949年中华人民共和国成立时，全国钢产量只有15.8万吨。钢铁工业被列为国家建设重中之重。随着鞍钢恢复生产和改扩建工程进行，为改变"北重南轻"钢铁工业布局，国家计划在华中地区、长江流域新建一座大型钢铁企业。武汉位于中国腹地中心，交通便利；还是中国最早、最大钢铁联合企业汉阳铁厂所在地。1954年，中华人民共和国新建首座特大型钢铁联合企业选择落户武汉市东郊青山镇，命名为武汉钢铁公司（简称"武钢"）。武钢是"一五"期间苏联援建"156项工程"之一。

由苏联黑色冶金设计院列宁格勒分院负责设计，苏方提供主要设备和技术指导。1955年10月，武钢一期工程破土动工。1957年6月5日，开工兴建武钢炼铁一号高炉是一期主体工程。一号高炉设计高70余米，炉容1386立方米，预计1959年7月1日建成投产。在苏联和国内多家工厂支援下，武钢建设者发奋努力，一号高炉提前15个月拔地而起，成为当时亚洲第一高炉，日产生铁2000吨以上，在世界也处于领先地位。

"武钢一号高炉出铁纪念"浮雕藏于中国国家博物馆。

周恩来批改审定的《关于发展国民经济的第一个五年计划执行结果的公报》 1959年4月13日文物。1959年，国家发展计划委员会将周恩来批改审定的《关于发展国民经济的第一个五年计划执行结果的公报》拨交中央革命博物馆筹备处。

周恩来批改审定的《关于发展国民经济的第一个五年计划执行结果的公报》，纵26.1厘米，横18.9厘米。纸质，铅印。上有周恩来毛笔修改及批示："请小平同志批发，并请少奇、彭真同志核阅。送新华社办，今晚广播，明日见报。发表后，请彭真同志告人大秘书处，连同一九五八年公报印二千五百本小册子，分发人大代表和政协委员。"

1953年，由周恩来、陈云、李富春等主持制定和组织实施第一个五年计划（简称"一五"计划）。1959年4月，在二届全国人大一次会议召开前，总理周恩来批改审定国家统计局《关于发展国民经济的第一个五年计划执行结果的公报》（1959年3月24日修订稿），将题目改为《中华人民共和国国家统计局关于发展国民经济的第一个五年（1953年至1957年）计划执行结果的公报》。周恩来审阅修改后交负责中央书记处工作的总书记邓小平批发，由刘少奇、彭真核阅。当晚，按照周恩来批示，由新华社全文播发，次日见报，并印发人大代表、政协委员。"一五"期间，全国工业总产值平均每年增长18%，农业总产值增长4.5%。建立起一批为工业化所必需的飞机、汽车、新式机床、发电设备制造业和高级合金钢等基础工业部门，长春第一汽车制造厂、沈阳飞机制造厂、沈阳第一机床厂、北京电子管厂等，都是这一时期建成的具有标志意义的重要工程。"一五"计划是中国有计划、大规模经济建设的开端，为新中国建立独立完整工业体系，实现国家工业化奠定了坚实基础。

周恩来批改审定的《关于发展国民经济的第一个五年计划执行结果的公报》藏于中国国家博物馆。

跃进龙舟牙雕　1959年7月15日文物。1959年，中央革命博物馆筹备处购得跃进龙舟牙雕。

跃进龙舟牙雕，长152厘米，高76厘米，重132.5千克。象牙质。以"跃进龙舟"为主题，舟身用一整根象牙雕刻而成，集圆雕、镂雕、透雕等技法于一身。龙舟舱由三层楼阁和大纛组成。第一层刻画各民族人民身着盛装载歌载舞、欢聚一堂场面；第二层表现小放牛、手鼓舞和刘海戏金蟾等民间舞蹈；第三层为少先队员放气球与和平鸽场景和69个栩栩如生人物等。龙口衔珠，即"龙戏珠"，龙舟前方字屏上有郭沫若题词"乘风破浪"。

中国牙雕艺术有数千年历史，明清时期达到顶峰。中华人民共和国成立后，党和政府关心支持，牙雕艺术发展蒸蒸日上，涌现出许多新题材，呈现新风貌。1958年，北京象牙雕刻厂成立，聚集一大批优秀工艺美术大师，继承传统，开拓创新，使古老牙雕艺术焕发出新活力。跃进龙舟牙雕，由北京象牙雕刻厂著名

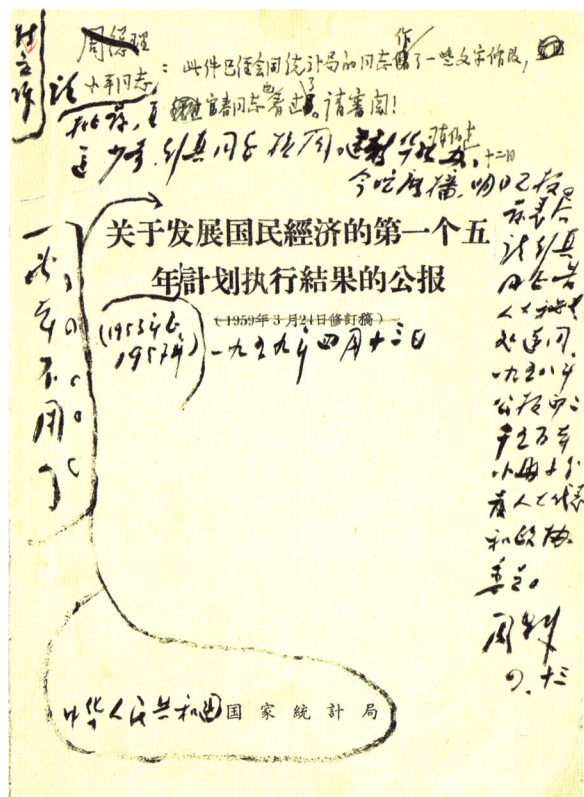

牙雕老艺人崔华轩、老技工孙宝元等33人集体设计创作，历时8个月，1959年7月完工，是北京象牙雕刻厂为庆祝建国十周年献礼之作。牙雕作品整体气势磅礴，朴素大气，局部雕刻细腻，堪称牙雕史上巨制和佳作。

跃进龙舟牙雕藏于中国国家博物馆。

时传祥的英雄牌钢笔 1959年10月文物。"文化大革命"中，全国劳动模范时传祥受到诬陷迫害，后因病含冤去世。之前，时传祥将钢笔交给长子时纯利保管，并嘱咐其继承父志，也做一名环卫工人。时纯利将英雄牌钢笔精心珍藏。1980年2月，中共中央为刘少奇平反。2月21日至3月17日，中国革命博物馆举办"刘少奇同志纪念展览"。时传祥的英雄牌钢笔在展览中展出。4月，时纯利将英雄牌钢笔捐赠给中国革命博物馆。

时传祥的英雄牌钢笔，长13.9厘米。金属、塑料质地。为上海产英雄牌。刻款："奖，全国群英大会，一九五九。"

时传祥（1916～1975年），山东德州人。全国劳动模范，北京市政协委员，第三届全国人大代表。15岁起当淘粪工人。中华人民共和国建立后，成为北京市崇文区清洁队的工人。时传祥把淘粪当作社会主义建设事业的一部分，以苦为乐，"宁肯一人臭，换来万户香"。为把首都变成清洁城市，时传祥工作不怕脏不怕累，是环卫战线的一面旗帜。1954年，时传祥被评为先进生产者。1956年，当选为崇文区人民代表。6月，加入中国共产党。1959年10月26日至11月8日，全国工业、交通运输、基本建设、财贸方面的社会主义建设先进集体和先进生产者代表大会在北京举行，大会

被称作"全国群英会"，是建国十年来最为隆重、最为盛大的劳动模范表彰大会。出席大会的6500余名代表和特邀代表，代表全国近30万个先进集体和360余万名先进工作者。时传祥作为全国先进生产者代表参加大会，并被选为大会主席团成员。开幕式当天，刘少奇、朱德、周恩来等党和国家领导人接见全国群英会代表。刘少奇握住时传祥的手说："你淘大粪是人民勤务员，我当主席也是人民勤务员，这只是革命分工不同。"并鼓励时传祥好好学文化。群英会奖给每位代表一支钢笔。从此，时传祥开始用这支钢笔学写字，学文化。1960年元旦，时传祥用这支金笔，给刘少奇主席写了他平生第一封信，表达"成为有文化的新工人"的决心。

时传祥的英雄牌钢笔藏于中国国家博物馆。

中国登山队从珠穆朗玛峰采集的岩石 1960年5月25日文物。1960年5月25日中国登山队首次登上珠穆朗玛峰（简称"珠峰"）。队员王富洲也是一名地质工作者。由于登上珠峰时还是夜色朦胧，未能拍照。队员们从珠穆朗玛峰顶采集9块珍贵岩石，并于6月底带回北京。当即被北京电影制片厂借去拍摄电影。归还后，由国家体育运动委员会致函中共中央办公厅，将9块岩石献给毛泽东主席。1961年8月8日，由中共中央办公厅拨交中国革命博物馆。

中国登山队从珠穆朗玛峰采集岩石有9块，岩石标本大小不一，形状各异，长度在3～10厘米不等。经铀-铅同位素年龄测定为414百万～515百万年，证明珠峰峰顶石灰岩的地质年代为古生代寒武纪至奥陶纪。

珠峰位于中国、尼泊尔边境，海拔8848.13米，为世界第一高峰。顶峰位于中国境内。由于高山极度缺氧、零下40°严寒、狂风暴雪和数不尽的冰岩绝壁，"地球之巅"珠峰一直是各国登山者望而生畏但又渴望征服的目标。18世纪，登山作为一项现代体育运动在欧洲阿尔卑斯山脉兴起。其后，陆续有一些国家探险家、登山队来到珠峰，探测其奥秘。民国11～27年（1922～1938年），英国探险家曾先后7次试图从北坡攀登珠峰，但均以失败告终。因此，珠峰北坡被称为"死亡的路线"。登山作为一项体育运动在中国起步较晚。1955年5月，由中华全国总工会应邀派遣许竞等4人赴苏联学习登山技术。1956年，史占春成为中国第一支登山队队长。1958年，中国再次派遣王富洲等到苏联学习。1960年3月3日，中国登

山队由214人组成第一支珠峰登山队，进驻珠峰北侧大本营，开始前期准备。3月25日，在海拔6400米建立前进营地。3月27日，侦查北坳冰壁攀登线路。4月12日，修通北坳冰壁路线、突破珠峰北侧攀登的首个技术难关。5月17日，向珠峰挺进，并在海拔8500米处建立"突击营地"。北京时间5月25日4时20分，王富洲、贡布（藏族）和屈银华从北坡成功登上世界第一高峰珠穆朗玛峰的顶端，首次完成人类从北坡征服珠穆朗玛峰的伟大壮举。并在顶峰竖立红色测量觇标，经三天观测，计算出珠峰高度为8848.13米（2005年重新测量为8844.43米）。在此次登山活动中，中国登山队有29人登上珠峰8100米以上高度，16人跨越海拔8500米高度，这在世界登山史上也是第一次。

中国登山队从珠穆朗玛峰采集的岩石藏于中国国家博物馆。

大庆第1205钻井队王进喜用的刹把

1960年文物。大庆第1205钻井队王进喜用的刹把由黑龙江省大庆铁人王进喜同志纪念馆收藏。

大庆第1205钻井队王进喜用的刹把，通长122厘米，通宽7厘米，通高16厘米。铁质。刹把是控制绞车制动手把。起下钻时，制动提升和下放钻具；钻进时，操作刹把控制大钩悬重，以达到钻进时控制钻压的目的。

王进喜（1923～1970年），甘肃玉门人，祖籍陕西大荔。15岁到玉门油矿做童工。1950年春，成为新中国第一代钻井工人，先后任司钻、队长等职。1956年，加入中国共产党。1958年9月，带领钻井队创造当时钻井进尺全国最高纪录，荣获"钢铁钻井队"称号。

1959年，被评为全国劳动模范并出席全国群英会。1960年3月，率1205钻井队到大庆参加石油大会战，组织全队职工用"人拉肩扛"的方法搬运和安装钻机，用"盆端桶提"的办法运水保开钻，不顾腿伤跳进泥浆池，用身体搅拌泥浆压井喷，被誉为"铁人"。4月11日、4月29日，会战指挥部先后两次号召全体会战职工向铁人王进喜学习。王进喜成为大会战树立的第一个典型和大会战的一面旗帜。王进喜先后任1205钻井队队长、钻井指挥部装建大队和钻井二大队大队长、钻井指挥部副指挥、大庆革委会副主任、中共大庆核心小组副组长等职务。1964年12月，出席第三届全国人民代表大会。1969年4月，出席中共九大并被选为中央委员，受到毛泽东和周恩来亲切接见。1970年11月15日，因患胃癌医治无效逝世，年仅47岁。铁人精神是"爱国、创业、求实、奉献"大庆精神的典型化体现和人格化浓缩，是中华民族精神的重要组成部分，得到历届中央领导的充分肯定，深受社会各界的广泛承认和高度评价。

大庆第1205钻井队王进喜用的刹把藏于王进喜纪念馆。

吴努总理在《中缅边界条约》上签字用的钢笔 1960年10月1日文物。1960年10月1日，中国总理周恩来、缅甸总理吴努分别代表本国政府在北京签订《中华人民共和国和缅甸联邦政府边界条约》。条约签字后，吴努总理将其使用的钢笔赠送给周恩来作为纪念。1976年12月23日，周恩来夫人邓颖超将该钢笔捐赠给中国革命历史博物馆。

吴努总理在《中缅边界条约》上签字用的钢笔，长14.2厘米。金属、塑料质。美国"SHEAFFER'S（犀飞利）"牌。上面刻有"吴努总理"字样。

1949年中华人民共和国成立时，中国与许多周边国家都存在历史遗留的边界问题。中缅边界仍有三段存在未决问题。分别是佤佤山区一段、勐卯三角地区和尖高山以北一段。缅甸同中国云南省接壤，其边界线曲折呈南北走向，长2700余千米。1954年6月，周恩来总理访问缅甸时，首次谈及中缅边界问题。1955年11月，中缅军队在民国30年（1941年）线以西黄果园发生武装冲突，使解决边界问题迫在眉睫。1960年1月，经中缅两国艰难曲折的边界问题谈判，在北京签订《中华人民共和国和缅甸联邦政府关于两国边界问题的协定》《中华人民共和国和缅甸联邦之间的友好和互不侵

犯条约》。至1960年9月，中缅双方勘界、划界及定桩任务完成。10月1日，中国总理周恩来、缅甸总理吴努分别代表本国政府在北京签订《中华人民共和国和缅甸联邦政府边界条约》。1961年1月4日起生效。两国政府"根据和平共处五项原则，友好协商、互谅互让，克服种种困难，终于顺利全面解决两国边界问题"。中缅边界条约合理划定了从尖高山到中缅边界西端终点一段的未定界。这一段边界除片马、古浪和岗房地区外，完全按照传统习惯线定界。缅甸方面同意把属于中国的片马、古浪、岗房地区归还中国。中国方面同样根据平等互利和互让精神，并考虑到缅方实际需要，同意把猛卯三角地区移交给缅甸。为照顾历史关系和部落完整，缅甸方面同意把缅甸班洪、班老部落部分辖区划归中国，从而消除这两个部落被人为分割为中缅两部分的不合理状态。《中华人民共和国和缅甸联邦边界条约》是中华人民共和国与邻国签订的首个边界条约。条约的签订是正确处理国与国关系的首次实践，意义深远。中缅两国全部边界正式划定，不仅标志两国友好关系的进一步发展，也对维护亚洲和世界和平做出重大贡献，为中国同邻国解决边界问题提供了良好范例。

吴努总理在《中缅边界条约》上签字用的钢笔藏于中国国家博物馆。

何香凝等合绘、陈毅题跋《长征会师图》国画 1961年春文物。1963年7月，中共中央办公厅特会室将何香凝等合绘、陈毅题跋《长征会师图》国画拨交中国革命博物馆。

何香凝等合绘、陈毅题跋《长征会师图》国画，纵249.5厘米，横124.2厘米。纸质，毛

笔绘。右上角有陈毅题跋："秦陇万重山，白云渺无边。上有无尽之苍松，中有百道之飞泉。铁鹰不能到，敌人追踪难。长征英雄此会师，中国历史新开端。感谢老人如椽笔，写来悬挂人民之心间。香凝老人母子合作长征会师图，一九六一年春陈毅敬题。"盖白文"陈毅""仲弘（陈毅的字）"二印。左下落款"敬祝中国共产党建党四十周年，何香凝、廖承志、胡佩衡、陈半丁、秦仲文合画于北京同贺"，钤白文"半丁老人""佩衡之印"、朱

文"何香凝印"。画右侧边沿另有4方印痕。

1961年春，为庆祝中国共产党成立四十周年，何香凝、廖承志母子和画家胡佩衡、陈半丁、秦仲文在北京合绘巨幅国画《长征会师图》。何香凝（1878～1972年），号双清楼主，中国民主革命先驱，妇女运动领袖，也是杰出美术家。早年于日本东京女子美术学校学习日本绘画。后追随孙中山参加辛亥革命，为革命需要绘制和刺绣军旗、符号、告示和军用票图案等。辛亥革命后，在广州受岭南画派影响，作水墨山水画，其作品渐显中国画"苍劲有力"气魄。民国18年（1929年），与经亨颐、于右任等结成"寒之友社"，多次举办义卖画展，为抗战捐款。1960年，当选中国美术家协会主席。何香凝以梅花和老虎为题材的绘画作品享誉海内外，笔致圆浑细腻，色彩古艳雅逸，意态生动。何香凝等合绘《长征会师图》中，82岁何香凝绘四棵挺拔青松，象征中国共产党及其事业万古长青；廖承志画毛泽东、周恩来等6位红军将领和3位警卫员形象，生动传神，堪称点睛之笔；胡、陈、秦诸画家绘山水花草；陈毅题跋揭示绘画主题。红一、二、四方面军在陕北胜利会师，成为中国历史新开端。

何香凝等合绘、陈毅题跋《长征会师图》藏于中国国家博物馆。

邓稼先领导研制中国第一颗原子弹用的手摇计算机 1963年文物。1999年，北京应用物理与计算数学研究所（前身为二机部九院）将邓稼先领导研制中国第一颗原子弹用的4台手摇计算机中的一台上海通用牌201型老式黑色手摇计算机拨交中国革命博物馆。

邓稼先领导研制中国第一颗原子弹用的手摇计算机，通长28厘米，通宽33.7厘米，通高16.4厘米。金属、塑料质地。上海通用201型第34695号。

邓稼先（1924～1986年），安徽怀宁人。核物理学家，中国科学院院士。中国研制和发展核武器重要技术领导人，为中国成功研制原子弹、氢弹和新型核武器做出重大贡献。1999年党中央、国务院、中央军委追授邓稼先"两弹一星功勋奖章"。

1950年，邓稼先在美国获得物理博士学位后回国。1958年后，任第二机械工业部第九研究院理论部主任等职。面对苏联专家撤走后仅剩残缺不全的核爆大气压数字，邓稼先带头攻关，领导设计部科研人员用4台老式手摇计算机，牌子和颜色都不尽相同，有通用牌和飞鱼牌，有黑色和灰色等，对原子弹爆炸时物理过程进行"九次"模拟计算和分析，解决中国原子弹试验成功的关键性难题。1962年，完成原子弹理论设计方案，迈出中国独立研制核武器第一步。被华罗庚誉为"集世界数学难题之大成"。

邓稼先领导研制中国第一颗原子弹用的手摇计算机藏于中国国家博物馆。

刘少奇访问印度尼西亚时苏加诺总统赠的宝剑 1963年4月文物。1963年11月25日，刘少奇主席办公室将刘少奇访问印度尼西亚时苏加诺总统赠的宝剑拨交中国革命博物馆。

刘少奇访问印度尼西亚时苏加诺总统赠的宝剑，通长68.5厘米，剑长61.5厘米。金属质，柄为金质狮头人身雕像，柄与鞘均镶有宝石、钻石，鞘上有象牙护手。

1963年4月12日至5月16日，中华人民共和国主席刘少奇和夫人王光美在陈毅副总理兼外交部部长等陪同下，先后访问印度尼西亚、缅甸、柬埔寨和越南民主共和国。这是中国国家主席首次出访东南亚，也是新中国领导人第一次携夫人出国访问。出访第一站印度尼西亚，是第一个承认中华人民共和国并与之建立外交关系的东盟国家，也是世界上最早同新中国建立外交关系的非社会主义国家之一。4月12日，刘少奇一行抵达印尼首都雅加达，与印度尼西亚总统苏加诺进行会谈，就许多重大国际问题交换意见。4月19日，苏加诺在雅加达国家宫举行告别宴会。期间，向刘少奇赠送宝剑。此剑是帝王或酋长使用过的"格里斯"（印尼语），即印尼主要民族爪哇人男子佩戴祖传短剑，被认为可辟邪祛秽。帝王、酋长祖传佩剑更是无价之宝，被当作国宝传给后嗣，

或作为礼品赠给友邦元首和君主；既是精美工艺品，又是尊贵的象征。4月20日，刘少奇同苏加诺共同签署《中华人民共和国和印度尼西亚共和国联合声明》，进一步增进中国与印尼联系和交流。

刘少奇访问印度尼西亚时苏加诺总统赠的宝剑藏于中国国家博物馆。

山西省昔阳县大寨村陈永贵使用的铁锹 1963年文物。1965年，山西省博物馆从山西省昔阳县大寨大队征集到1963年陈永贵带领社员自力更生战胜洪灾使用的铁锹。1978年9月14日，该馆正式收藏。

山西省昔阳县大寨村陈永贵使用的铁锹，通长139厘米，宽24.2厘米。铁质。扁体铲形，刃部呈弧形，两肩呈圆形，有木柄。

陈永贵（1915～1986年），山西省昔阳县大寨村人。民国37年（1948年），加入中国共产党。中华人民共和国成立后，先后担任大寨村生产委员、党支部书记、农业社主任，是全国劳动模范、山西省农业模范。曾任中共中央政治局委员、中华人民共和国国务院副总理。1952年，陈永贵接替"主动让贤"的贾进才出任中国共产党山西省昔阳县大寨村支部书记。在被山石包围、环境非常恶劣的大寨村，带领农民制订改造大自然规划，凭着扁担、箩筐、

锄头、铁锤，硬是在土石山上开沟，造地，蓄水，保粮。年底，粮食亩产237斤。1962年，增至亩产774斤。1963年8月，大寨遭受特大暴雨，灾情十分严重。大寨人没有气馁，提出不要国家救济款、救济粮、救济物资，即"三不要"。在陈永贵带领下，大寨人用一年时间，就医治了毁灭性灾害，在逐渐改善社员生活基础上，向国家交售公粮175万斤，每户平均2000斤。1964年2月，《人民日报》刊登新华社记者专题报道《大寨之路》，号召全国农村学习大寨革命精神。同年，毛泽东两次肯定大寨精神。年底，周恩来总理在《政府工作报告》中，特别表扬大寨，并把大寨精神总结为"自力更生，艰苦奋斗"。1966年，中共八届十一中全会公报，第一次向全国发出"农业学大寨"号召。此后，全国掀起"农业学大寨"热潮。陈永贵的事迹被中央政府肯定，成为全国榜样。

山西省昔阳县大寨村陈永贵使用的铁锹藏于山西博物院。

溥仪写的《从皇帝到公民》手稿 1964年文物。1987年7月29日，末代皇帝溥仪遗孀李淑贤将溥仪《从皇帝到公民》手稿捐赠给吉林省伪满皇宫博物院。

溥仪写的《从皇帝到公民》手稿，纵26.5厘米，横19.5厘米。纸质，圆珠笔、钢笔书写。手稿共10页。手稿前两页书写在"北京市电车公司印刷厂印刷"400格稿纸上，圆珠笔书写；后8页书写在（京文一电）400格稿纸上，圆珠笔复写，其中一页一半为钢笔书写一半为圆珠笔书写。

爱新觉罗·溥仪（1906～1967年），字

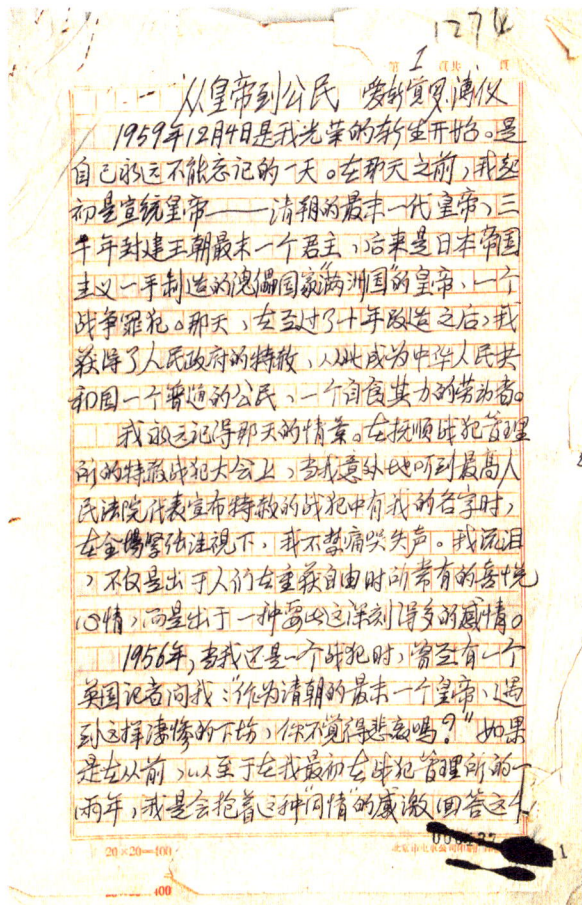

耀之，号浩然。清朝末代皇帝，也是中国历史上最后一个皇帝，也称宣统帝或清废帝。1909～1912年、1917年7月1日至1917年7月12日两次在位。宣统三年（1911年）辛亥革命爆发，民国元年（1912年）2月12日被迫退位，清朝统治结束。九一八事变后，在日本人控制下做伪满洲国傀儡皇帝，年号康德（1934～1945年），又称"康德皇帝"。民国34年（1945年）8月17日，溥仪在沈阳准备逃亡时被苏联红军俘虏，被带到苏联。1950年8月初，被押解回国，在辽宁抚顺战犯管理所学习和改造。1959年9月，国家主席刘少奇颁布《中华人民共和国特赦令》。经最高人民法院批准，决定首批特赦战犯33名，溥仪名列其中。12月4日，抚顺战犯管理所召开首批特赦战犯大会。由辽宁

省高级人民法院代表宣读给特赦人员通知书，当溥仪听到自己名字时"不禁痛哭失声"。这天，是溥仪生命中的一个转折点，从"清朝的最末一代皇帝"，"成为中华人民共和国一个普通的公民，一个自食其力的劳动者"，从思想上真正认识到作为新中国公民的光荣与骄傲。1960年3月，溥仪被分配到北京植物园担任园丁及出售门票工作，成为自食其力的劳动者。1962年4月30日，溥仪与朝外关厢医院护士李淑贤结婚。1964年，调到全国政协文史资料研究委员会任资料专员，并任第四届全国政协委员。8月，溥仪撰写《从皇帝到公民》，对自己三岁登基做皇帝到成为新中国公民一生的总结与反思，其中回顾前半生经历及家庭人员生活、工作情况，自己作为普通公民生活、学习、工作，享受社会主义新中国自由空气，感慨自己的新生活。其中部分内容曾在《中国建设》（英文版）上发表。

溥仪写的《从皇帝到公民》手稿藏于吉林省伪满皇宫博物院。

杨燕秀登记的家庭生活收支明细账簿
1965年5月20日至2000年10月文物。2000年11月28日，上海《文汇报》第一版刊登题为《"豆腐账"见证贫困到小康》通讯。中国革命博物馆工作人员根据记者提供线索，与杨燕秀取得联系，表示愿意征集收藏这套账本。在媒体等多方帮助下，2001年4月，杨燕秀将账簿捐赠给中国革命博物馆。

杨燕秀登记的家庭生活收支明细账簿，纵21厘米，横16.5厘米。纸质。钢笔、圆珠笔书写。共20本。用本为封皮颇具时代特色图案练习簿或工作日记（本）。

家庭生活收支明细账，上海俗称"豆腐账"。杨燕秀是一位普通的上海市民。1965年，杨燕秀是上海国棉十九厂的一名纺织女工，和丈夫育有一男四女5个孩子，还要赡养年迈的婆婆，家庭生活非常拮据。随着孩子们逐渐长大，家里原有住房变得紧张。为翻建住房，杨家向亲戚朋友借款1500元。为尽早还清债务，杨燕秀开始精打细算过日子，随时记下生活每一笔开支，在之后30余年中从未间断过。第一本账从1965年5月20日借款1500元记起。5月22日，小菜0.55元，电费2.64元，煤球一担2.80元，盐一斤0.15元，肥皂2块0.38元……当月，家庭收入53元，总支出38元，欠5.20元。1966年春节，花19.01元，为过春节欠20元。至1980年年初，杨家为买一台465.2元的14吋黑白电视机，还借款200元。1981年起，杨家不但没有欠款，还有第一笔300元存款，第二年又存600元……按照恩格尔系数标准，一个家庭用于购买食品费用在总支出中比例越高，生活水平就越低。上海市统计局城调队专家计算，杨家1965年10月恩格尔系数是79.7%，而2000年10月则是44.4%。小小"豆腐账"，记录的虽是一个家庭生活收支明细账，但却是中国百姓数十年生活变迁的缩影。

杨燕秀登记的家庭生活收支明细账簿藏于中国国家博物馆。

人工合成牛胰岛素实验记录和国家鉴定书 1965年9月13日至10月9日文物。1999年，人工合成牛胰岛素实验记录和国家鉴定书在中国革命博物馆"波澜壮阔50年"展览中展出。2000年5月31日，由上海生物化学研究所正式捐赠给该馆。

人工合成牛胰岛素实验记录和国家鉴定书，纵26.7、横19.3厘米。纸质，钢笔、毛笔书写。共10页，包括实验记录纸7页及《合成胰岛素惊厥法测定结果》报告和国家鉴定书各1页。实验记录用的是"中国科学院生物化学研究所实验记录纸"，报告为"化学工业部上海医药工业研究院"公文纸，国家鉴定书为白纸。

胰岛素是人和动物胰脏内一种岛形细胞所分泌的激素，具有降低血糖和调节体内糖类代谢功能。胰岛素被公认为典型蛋白质。蛋白质是生物体内不可缺少的物质，是人类生命活动最重要的物质基础，攻克人工全合成蛋白质成为各国科学家一个重要的研究课题。1953年，英国生物化学家桑格宣布，破译出由17种51个氨基酸组成两条多肽链牛胰岛素全部结构，是人类第一次搞清一种重要蛋白质分子的全部结构。桑格也因此荣获1958年诺贝尔化学奖。

1958年8月，中国开始牛胰岛素研制，中国科学院（上海）生物化学研究所王应睐、曹天钦、邹承鲁、钮经义、沈昭文等科学家，提出"世界上第一次用人工方法合成的蛋白质在中华人民共和国实现"的宏伟目标。12月起，由上海生化所、中科院上海有机化学研究所和北京大学化学系联合，以钮经义为首，由龚岳亭、邹承鲁、杜雨苍、季爱雪、邢其毅、汪猷、徐杰诚等组成科学攻关小组，开始探索用化学方法合成胰岛素。1965年9月17日，20余位科学家经历600余次失败，200余步化学合成，完成人工全合成牛胰岛素晶体。11月，国家科学技术委员会在上海举行牛胰岛素人工全合成科研成果国家鉴定。中科院副院长吴有训任主任委员、高教部科研司司长吴衍庆任副主任委员，王应睐、邹承鲁、曹天钦、童第周等26位科学家组成国家鉴定委员会，对人工全合成牛胰岛素研究成果进行科学鉴定。在对设计方案、试验方法、原始数据及逻辑推理等方面进行严格审查和严肃学术讨论基础上，得出鉴定结论，证明人

工全合成牛胰岛素具有与天然牛胰岛素相同的生物活力和结晶形状。这是世界上第一个人工全合成蛋白质，标志人类在探索生命奥秘征程中又迈出关键性一步。1982年，人工合成牛胰岛素科研成果获国家自然科学一等奖。1999年，为筹办赴香港"波澜壮阔50年"展览，中国革命博物馆派人向上海生物化学研究所商借人工合成牛胰岛素文物。在数以万计科研档案中，挑选出10页实验记录、《合成胰岛素惊厥法测定结果》报告和国家鉴定书。此10页实验记录和活力检测报告，记录了实验取得成功的关键时刻。

人工合成牛胰岛素实验记录和国家鉴定书藏于中国国家博物馆。

陈景润"哥德巴赫猜想"（1+2）论文手稿 1966年文物。1996年，陈景润因病去世后，中科院数学研究所曾多次查找1973年发表在《中国科学》上的（1+2）简化证明论文手稿下落，却始终未果。1997年初，在进行科技档案整理时，意外发现一份陈景润论文手稿，交给陈景润夫人由昆。经有关权威人士认定，是1966年陈景润在《科学通报》上发表的（1+2）简要论文手稿。当得知由昆有意将陈景润手稿献给国家时，中国革命博物馆即与中科院联系，获得同意。由昆在捐赠委托书中写

道："……景润一生并不富有，但是为了他所奋斗的数学事业，他始终葆有安贫乐道的本色。如有机会我愿意将景润的（1+2）数学论文手稿无偿捐献给国家。"1998年3月19日，手稿捐赠仪式在中国革命博物馆举行。

陈景润"哥德巴赫猜想"（1+2）论文手稿，纵26.5厘米，横29.8厘米。纸质，钢笔书写。题目全称《表大偶数为一个素数及一个不超过两个素数的乘积之和》（1+2）。是陈景润"哥德巴赫猜想"（1+2）最早论文手稿，其中包括中、英文各一份各3页，分为"引言""若干引理""定理证明"和"参考文献"四部分，写在"40×15=600（京文电制）"稿纸上。手稿为1966年4月陈景润投给《科学通报》刊物的论文底稿。

"哥德巴赫猜想"，即（1）任何大于2的偶数都是两个素数之和（表为'1+1'）；（2）任何大于5的奇数都是三个素数之和。是德国数学家哥德巴赫在1742年6月7日给数学家欧拉信中提出，被国际数学界誉为数学皇冠上可望而不可即的"明珠"。此命题乍看容易，但要证明却非常困难。国内外许多数学工作者毕生殚精竭虑，却不得其解。

陈景润（1933～1996年），福建福州人。当代数学家，中国科学院院士。1953年，毕业于厦门大学数学系。1957年，被调到中科院数学所。1963年，经过十年准备和积累，开始向"哥德巴赫猜想"进军。1966年4月，找到解答200余年悬而未决的"哥德巴赫猜想"必由之路，将"哥德巴赫猜想"证明即"《表大偶数为一个素数及一个不超过两个素数的乘积之和》（1+2）"论文投给中科院《科学

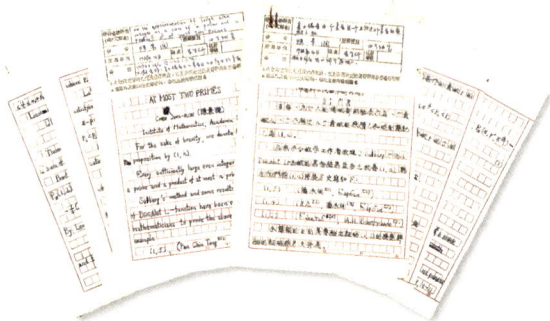

通报》刊物。5月15日，在《科学通报》第17卷第9期上发表简要论文，这是"哥德巴赫猜想"最佳证明结果，成为"哥德巴赫猜想"研究史上的里程碑。但当时并未引起国内外数学界注意。根据北京大学教授闵嗣鹤建议，陈景润开始修改、简化长篇命题证明。1973年，陈景润克服种种困难，完成"哥德巴赫猜想"（1+2）简化证明论文，发表于中科院《中国科学》杂志英文版第16卷第2期。论文证明并改进简要论文中所提及全部结果，受到国内外数学界的高度重视，被称为"陈氏定理"。同年，陈景润当选为第四届人大代表。1977年，破格晋升为研究员。1978年，徐迟撰写的《哥德巴赫猜想》一文发表，使陈景润的事迹家喻户晓。当年，陈景润参加全国科学大会，受到邓小平接见。1980年，陈景润当选中科院院士。

陈景润"哥德巴赫猜想"（1+2）论文手稿藏于中国国家博物馆。

东风一号近程地地战略弹道导弹 1960年11月至1964年2月文物。1964年2月27日晚，"1059"导弹被送到中国人民革命军事博物馆展出。半月后，"1059"导弹按上级指示改名为"东风一号"。后由中国人民解放军第二炮兵部队拨交该馆。

东风一号近程地地战略弹道导弹，全长17.68米，弹径1.65米。金属合金质。起飞重量2.04万千克，最大射程600千米，可携带1300千克高爆弹头，制导方式为惯性+无线电方式，采用一级液体燃料火箭发动机，单级液氧加酒精等液体燃料推进剂，精度千米。东风一号近程地地弹道导弹，是根据苏联P-2导弹

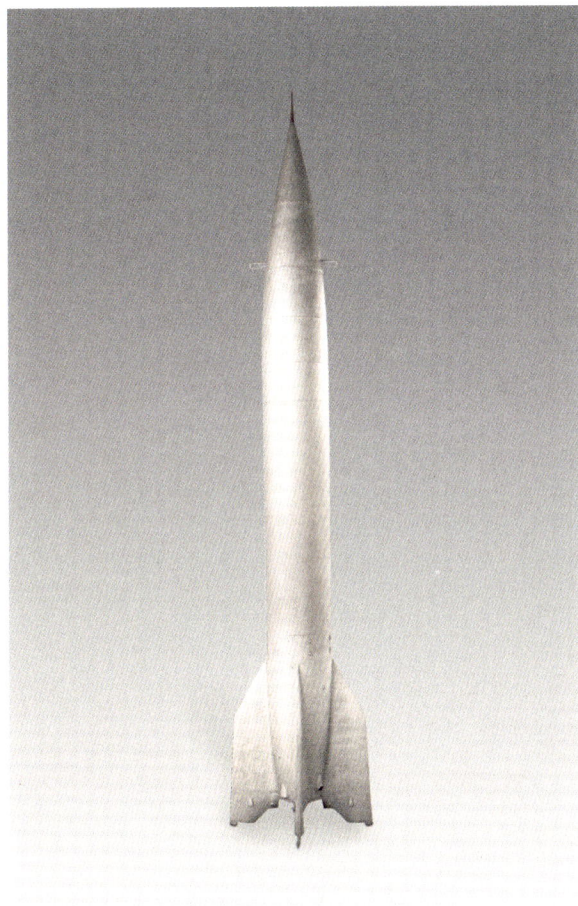

仿制而成，1960年11月5日试射成功。中国通过仿制P-2导弹建立导弹研究体系，培养了一批导弹专家。

1956年10月8日，根据钱学森《建立我国国防航空工业的意见书》，中国第一个导弹研究机构"国防部第五研究院"（简称"国防部五院"）在北京成立。1958年，根据苏联提供的P-2导弹武器系统图纸资料，在苏联导弹专家指导下，国防部五院组织技术人员开始仿制工作。9月，将P-2导弹在中国仿制型号命名为"1059"，表示1959年10月完成仿制，并进行首次飞行试验。由于中苏关系破裂、苏联专家撤离等原因，既定目标未能实现。之后，中国进行独立仿制。1960年2月5日，导弹首个大部件"酒精贮箱"仿制成功。其余7个大部件也

相继完成。3月后，由中国导弹技术人员自行设计的国内第一座大型导弹发动机试车台竣工，并利用苏制P-2导弹发动机成功进行初级点火试车。此时，"1059"导弹发射所用国产推进剂理化性能已分析、测定完成，弹上仪器和地面设备等关键技术也取得重大进展。1960年秋，完成第一枚导弹总装。11月5日9时02分28秒，"1059"导弹点火发射，7分32秒后，准确击中目标。12月，又进行两次发射试验，均获得成功。"1059"导弹仿制成功，标志中国在掌握导弹技术方面迈出关键的第一步，为新型导弹自行设计和生产奠定基础。

东风一号近程地地战略弹道导弹藏于中国人民革命军事博物馆。

美国总统尼克松赠给毛泽东的月球岩石碎片摆件 1971年7月文物。1978年5月31日，中共中央办公厅警卫局和人民大会堂管理局将美国总统尼克松赠给毛泽东的月球岩石碎片摆件拨交中国革命历史博物馆。

美国总统尼克松赠给毛泽东的月球岩石碎片摆件，纵18厘米，横24厘米，高28.5厘米。石、绸、有机玻璃质地。摆件由美国得克萨斯州休斯敦载人宇宙飞船中心技术勤务处制作，主要由嵌在有机玻璃板下的七粒月球表面岩石碎片和美国国旗组成。底座上两块金属标牌上分别用英文写着："美利坚合众国总统理查德·尼克松赠。""这面旗帜曾被阿波罗12号带到过月球，而月球表面的碎石，由载人登月机组于1969年11月带回。"

1969年7月20日，美国"阿波罗11号"宇宙飞船把两名宇航员送上月球，这是人类第一次登上另一个星球。11月19日，"阿波罗12

号"宇宙飞船载3名宇航员再次在月球表面安全着陆，停留32小时。20日，两名宇航员进行两次月球漫步，开展精确测定登月舱位置，采集月球表面岩石和土壤标本，架设科学仪器等月球表面活动。20世纪70年代，国际局势发生巨大变化。中国恢复在联合国合法地位后，中美关系开始缓和。1971年7月9～11日，美国总统尼克松的国家安全事务助理基辛格秘密访问北京，与周恩来等会谈，为尼克松总统访问中国做准备。基辛格代表尼克松向毛泽东赠送月球岩石碎片摆件，由周恩来转交。1972年2月，美国总统尼克松访问中国。其间，尼克松会见毛泽东主席，与周恩来总理就国际重大问题和中美关系举行会谈。中美双方经过反复磋商，终于达成协议。2月28日，中美两国在上海发表《联合公报》。双方同意以和平共处五项原则来处理国与国之间关系，并郑重声明，中美两国关系走上正常化符合所有国家利益。美国承认只有一个中国，台湾是中国的一部分，并确认从台湾地区撤出全部美国武装力量和军事设施的最终目标。中美上海《联合公报》发表，标志中美两国在对抗20余年后，开始走向关系正常化道路。

美国总统尼克松赠给毛泽东的月球岩石碎片摆件藏于中国国家博物馆。

日本首相田中角荣赠给毛泽东的东山魁夷绘《春晓》　1972年9月文物。1984年5月30日，中共中央办公厅警卫局和人民大会堂管理局将日本首相田中角荣赠给毛泽东的东山魁夷绘《春晓》拨交中国革命博物馆。

日本首相田中角荣赠给毛泽东的东山魁夷绘《春晓》，连框纵82厘米，横100厘米。纸质，水粉绘。

东山魁夷（1908～1999年），日本风景画家、散文家。原名新吉，画号魁夷。1931年，毕业于东京美术学校。1934年，留学德国，在柏林大学哲学系攻读美术史。曾旅行北欧，多次访问中国。东山魁夷风景画以西方写实眼光捕捉日本情调之美，善于表现未经现代文明污染的纯洁大自然，其作品在保持平面性的同时增强空间感，在装饰性中抒情寓意，格调高雅蕴藉，充满诗情哲理，透出淡淡伤感。早年，绘画作品《冬日三乐章》《光昏》分获1939年第一回日本画院展一等奖和1956年日本艺术院奖。1969年，获文化勋章和每日艺术大奖。

中美关系的缓和在日本朝野引起巨大反响，舆论强烈要求尽快与中国建交。1972年9月25～30日，刚担任日本政府首相的自由民主党总裁田中角荣在朝野各界推动下，果断决定访问中国。9月29日，中日两国政府签署联合声明，决定即日起建立大使级外交关系，中日建交结束两国长期敌对历史。9月27日，毛泽东主席在中南海会见田中首相，田中向毛泽东赠送东山魁夷绘水粉画《春晓》。描绘京都比叡山风景，破晓时分，各处青翠山峰上，点点樱花映着微薄白光，淡雅色调烘托出亲切和平的气氛，预示中日两国将迎来一个新的充满希望的春天。

日本首相田中角荣赠给毛泽东的东山魁夷绘《春晓》藏于中国国家博物馆。

周恩来致张文裕并转朱光亚的亲笔信
1972年9月11日文物。1977年10月5日，中国科学院将周恩来致张文裕并转朱光亚的亲笔信拨交中国革命历史博物馆。

周恩来致张文裕并转朱光亚的亲笔信，纵21.6厘米，横15.6厘米。纸质，铅笔写，2页，有信封。

"文革"中，中国文教科研事业，尤其是基础科学和理论研究受到很大冲击。1971年后，周恩来在毛泽东的支持下主持中央日常工作，各方面工作出现转机。1972年9月11日，

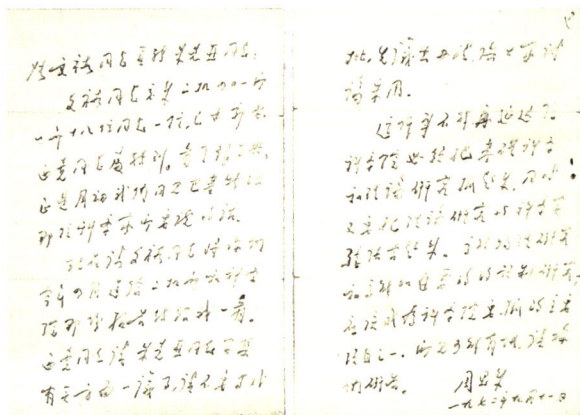

周恩来看到中国社会科学院原子能研究所副所长张文裕转来二机部四零一所18名同志的发展高能物理研究的建议信后，写下致张文裕和国防科工委领导朱光亚的信，指示："科学院必须把基础科学和理论研究抓起来，同时又要把理论研究与科学实验结合起来。高能物理研究和高能加速器的预制研究，应该成为科学院要抓的主要项目之一。"周恩来的信对恢复文教科研部门正常工作有重大影响。1973年2月，根据周恩来指示，在中科院原子能研究所一部基础上，组建高能物理研究所，张文裕担任第一任所长。高能所开创并推动中国粒子物理实验、粒子天体物理实验、粒子加速器物理与技术、同步辐射技术及应用等学科领域的研究和发展。1982年，经邓小平批准，在北京建造一台正负电子对撞机和探测器。工程于1984年10月破土动工。1988年10月16日，实现了正、负电子对撞。1989年对撞机、谱仪投入运行，标志中国有了自己的高能物理实验基地。

周恩来致张文裕并转朱光亚的亲笔信藏于中国国家博物馆。

史云峰在"文革"时期写的标语 1974年11月4日文物。"文革"期间，史云峰以"长春马列小组"名义亲笔写的宣传标语，曾作为

其罪证被政法机关保存。1981年，由吉林省政法委办公室拨交吉林省革命博物馆。

史云峰在"文革"时期写的标语，纵26厘米，横19厘米。纸质，钢笔书写。内容："必须给刘少奇主席恢复名誉！打掉刘少奇主席违反党纪国法！广大干部、党员、工人怀念刘主席！所谓'文化革命'是'极左'路线大泛滥！长春马列小组宣。"

史云峰（1948～1976年），吉林长春人。长春市第一光学仪器厂工人。1973年，加入共青团，并被列为入党积极分子。史云峰带着对"文化大革命"的疑问，学习马列主义著作。并勇敢散发檄文，张贴标语，对"四人帮"迫害老一辈无产阶级革命家罪行进行义正词严的声讨。1974年10月26日，史云峰向吉林省内14个省市党政机关寄出25份传单，内容包括"必须给刘少奇同志恢复名誉""我们信任周恩来

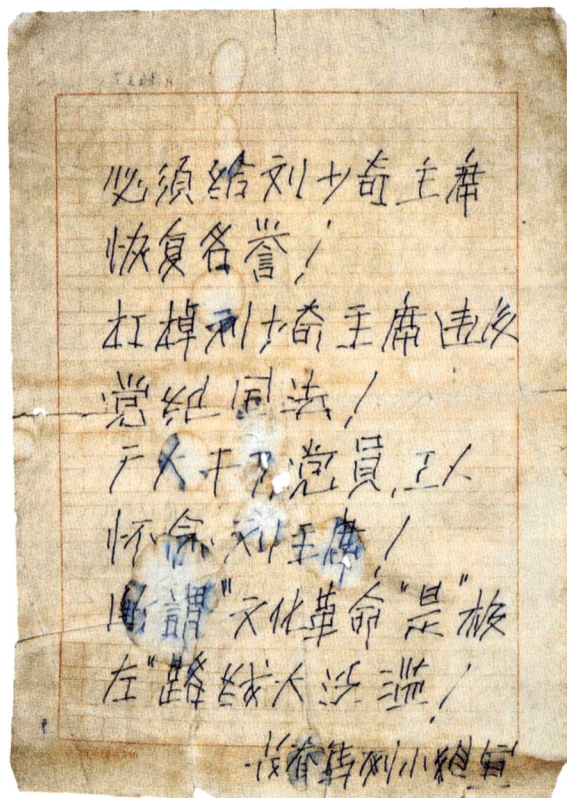

同志"等。10月28日，又在长春市胜利公园门前交通岗楼上贴出标语："广大干部、党员、工人怀念刘主席！所谓'文化革命'是'极左'路线大泛滥！"等，矛头直指"四人帮"。按照王洪文等人指示，公安部门把这一案件确定为特大现行反革命案件，并很快侦破。1974年12月24日，史云峰以现行反革命罪被秘密逮捕。从1974年12月至1976年12月几十次审讯中，史云峰经受巨大精神和肉体折磨，但始终拒不认罪。1976年12月19日，惨遭杀害。1980年3月，中共吉林省委为史云峰平反昭雪，追认其为中共党员、革命烈士，并号召全省共产党员、共青团员、广大干部群众向史云峰学习。

史云峰在"文革"时期写的标语藏于吉林省革命博物馆。

廖沫沙被隔离监护期间写的《咏桔皮花》诗稿 1973年秋文物。1979年8月，廖沫沙被平反后，《咏桔皮花》收入其《馀烬集》。1987年8月，廖沫沙将《咏桔皮花》诗稿捐赠给中国革命博物馆。

廖沫沙被隔离监护期间写的《咏桔皮花》诗稿，纵9.5厘米，横16厘米。用焦火柴梗写在前门牌烟盒纸背面。诗稿内容："一、莲花：法相庄严胜佛身，斑斑荷叶更天真。无非妙道皆般若，净土如来在此心。二、兰草：一株清翠赠湘灵，九畹贞风寄素心。不畏严寒和酷暑，幽岩之下度黄昏。"

廖沫沙（1907～1990年），原名廖家权，笔名繁星。湖南长沙人。作家，杂文家。民国19年（1930年），加入中国共产党。民国23年（1934年），加入中国左翼作家联盟。抗战时期先后在湖南《抗战日报》、桂林《救亡日报》、香港《华商报》晚刊、重庆《新华日报》任编辑主任。抗战胜利后，任香港《华商报》主笔。中华人民共和国成立后，先后任中共北京市委宣传部副部长等职。1961年，北京市委机关刊物《前线》杂志，开辟一杂文专栏《三家村札记》，邀请邓拓、吴晗和廖沫沙轮流撰稿，合署笔名"吴南星"。主要介绍古人读书治学、做事做人、从政打仗等方面的历史知识，以针砭现实生活中弊病。"文革"开始后，北京市委第一书记、市长彭真被打倒，北京市委被改组，吴晗、邓拓、廖沫沙三人因此受到牵连。1966年5月，被错定为"三家村反党集团"，遭到残酷迫害。邓、吴被迫害致死，廖被长期监禁，一大批干部群众也因此受到株连。1968年3月，廖沫沙在北京被隔离监护。因无纸笔，经常用烧焦的火柴梗在烟盒纸背面写诗和读书笔记。1973年初秋，廖沫沙被隔离5年后，允许家属探望。夫人陈海云探监时带来一篓橘子。吃完橘子后，廖沫沙将橘皮掐成莲花、兰草等状自赏，并用焦火柴梗在烟盒纸上，写下诗作《咏桔皮花》，表达其乐观情绪和坚定信念。1975年，廖沫沙被下放到江西分宜芳山林场劳动改造。前来探望的妻儿为

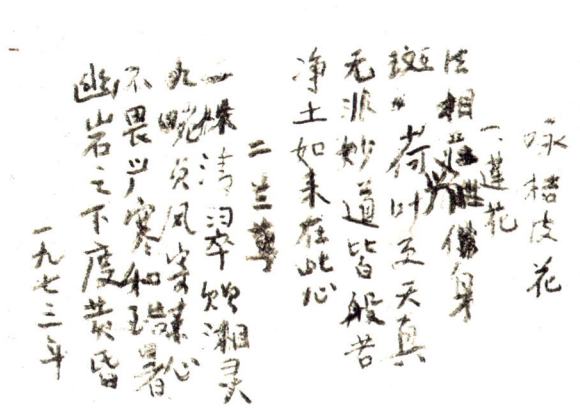

免祸端将大部分诗稿焚毁，此诗稿侥幸留存。

廖沫沙被隔离监护期间写的《咏桔皮花》诗稿藏于中国国家博物馆。

中国科学院群众悼念周恩来的诗牌 1976年4月2日文物。1978年3月10日，以天安门事件为代表的抗议运动——"四五"运动被平反。北京市公安局将中国科学院群众悼念周恩来诗牌发还中国科学院一〇九厂。3月16日，由该厂拨交中国革命历史博物馆。11月，国家科委和中国科学院在首都体育馆举行表彰"四五"运动英雄大会。中央政治局委员、国务院副总理方毅出席。科委副主任武衡代表国家科委和中国科学院宣布《关于为天安门事件中受迫害同志平反和表彰"四五"英雄的决定》，大会授予一〇九厂"'四五'先锋"锦旗。

中国科学院群众悼念周恩来的诗牌，纵237厘米，横44.7厘米。木质，毛笔书写诗

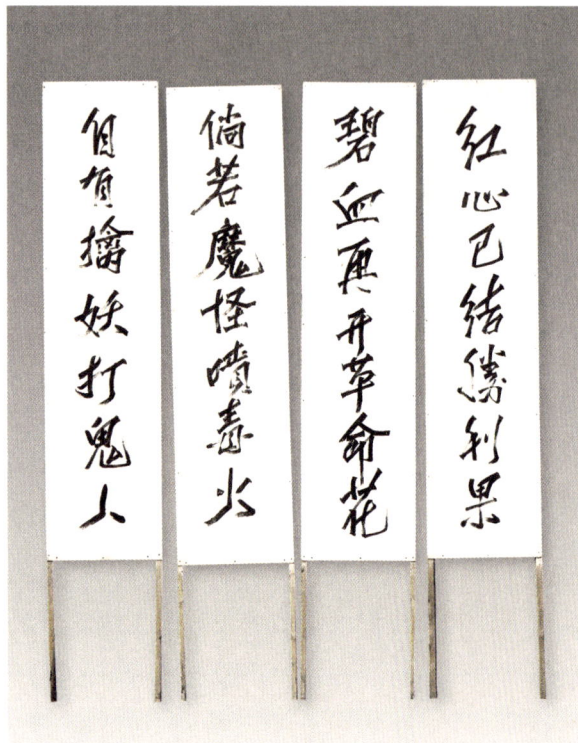

句："红心已结胜利果，碧血再开革命花。倘若魔怪喷毒火，自有擒妖打鬼人。"

1976年1月8日周恩来总理逝世后，"四人帮"竭力压制群众悼念活动。清明节前后，北京、南京、太原、西安、郑州、杭州等地爆发大规模群众性悼念活动。3月30日至4月5日，北京上百万群众自发汇集到天安门广场人民英雄纪念碑前，悼念周恩来总理，愤怒声讨"四人帮"倒行逆施行径。4月2日，中国科学院一〇九厂400余名工人，高举这4块悼念周恩来的诗牌，沿王府井、长安街游行到广场，举行悼念仪式，并将诗牌放置在纪念碑正面碑座显著位置。这首诗迅速传遍北京城，传到祖国各地，极大激发群众斗志，也遭到"四人帮"忌恨。4月3日凌晨，诗牌被"四人帮"下令没收，诗的作者宋胜均被捕入狱。"四五"运动为粉碎"四人帮"奠定了群众基础。

中国科学院群众悼念周恩来的诗牌藏于中国国家博物馆。

袁隆平研究杂交水稻时使用的显微镜 1977年文物。1992年，袁隆平研究杂交水稻时使用的显微镜在中国革命博物馆"奉献者之歌"展览上展出后，由袁隆平捐赠给该馆。

袁隆平研究杂交水稻时使用的显微镜，长14.2厘米，宽6.1厘米，高12.5厘米。金属、玻璃、皮革质地。国产，15倍。

袁隆平（1930年～），江西德安人。被誉为"杂交水稻之父"。1953年，毕业于西南农学院农学系（2005年并入西南大学），主修遗传育种学。后到湖南安江农校任教员。袁隆平一边教书，一边搞科研。1959～1961年三年困难时期，中国被饥饿笼罩，袁隆平深切体会到

什么叫"民以食为天"。此后，袁隆平义无反顾地选定培育杂交水稻的科研课题。1960年，袁隆平开始水稻育种研究。1966年2月，首次提出"通过进一步选育，可获得雄性不孕系、保持系及恢复系，用作水稻杂种优势育种的材料"，即杂交水稻育种"三系法"。1970年，袁隆平团队在海南岛发现一株"野生雄性不育株"（简称"野败"），为杂交水稻事业打开突破口。1973年，袁隆平领导科研协作组实现杂交水稻"三系"的生产应用配套，在世界上首次育成强优势三系杂交水稻组合，成功将水稻亩产量提高到500千克以上。1974年，又研究出一套籼型杂交水稻的生产技术，使中国杂交水稻研究居于世界领先地位。1986年，袁隆平提出杂交水稻育种"三系法、两系法和一系法"三个战略发展阶段构想。1991年，袁隆平被聘为联合国粮农组织国际首席顾问，多次赴越南、菲律宾等国指导发展杂交水稻，为30余个国家培养500余名杂交水稻专家。1995年，袁隆平被选为中国工程院院士，并带领科研团队研究成功杂交水稻育种"两系法"。1996年，又提出中国超级杂交水稻的研究设想并迅速付诸实践，获得重大成功，对中国乃至世界水稻产量提高做出巨大贡献。2000～2012年，完成"中国超级杂交稻计划"的前三期目标，亩产达900千克。2013年9月29日，经农业部测产验收，袁隆平科研团队攻关国家第四期超级稻百亩示范片的"Y两优900"中稻平均亩产达988.1千克，再创世界纪录。2006年，袁隆平获中国首届国家最高科学技术奖。为此，袁隆平先后获得联合国知识产权组织"发明和创造"金质奖章、联合国教科文组织"科学奖"等8项国际大奖。中国人民不仅能养活自己，而且还将生活质量逐年提高；中国不但没有对世界粮食安全构成威胁，还为世界粮食发展做出巨大贡献，袁隆平和其科研团队功不可没。袁隆平用不平凡的科学发现和科技成就，造就用"一粒种子改变世界"的奇迹。

袁隆平研究杂交水稻时使用的显微镜藏于中国国家博物馆。

北京市1977年高等学校招生准考证

1977年文物。1977年全国恢复高考时，在密云县高岭公社插队的刘学红报名参加高考。刘学红高考作文讲述了在林业队与贫下中农一起开山造田、修建大型现代化果园一年的经历，被作为范文刊登在《人民日报》上。刘学红是北京市首个文科高考状元，考入北京大学。2007年恢复高考30年，刘学红将珍藏的高考准考证及学位证等，捐赠给中国国家博物馆。

北京市1977年高等学校招生准考证，纵13.5厘米，横9.7厘米。纸质，铅印，钢笔填写。1977年，全国各省、自治区、直辖市分别组织高等学校招生考试，准考证形式各不相

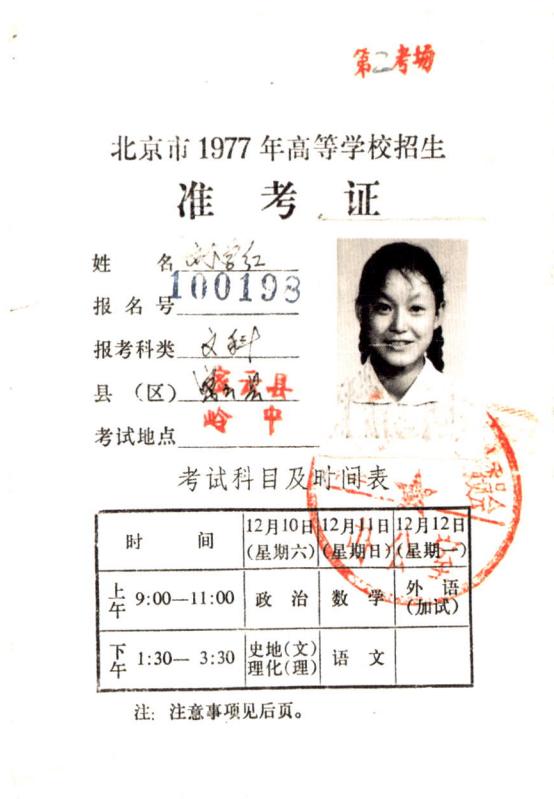

同。此为北京市高等学校招生准考证，竖式。上半部分为考生个人信息，姓名：刘学红；报名号：100198；报考科类：文科；县（区）：密云县；考试地点：岭中。下半部分显示考试科目：政治、数学、外语（加试）、史地（文）/理化（理）、语文。时间：12月10日、11日、12日。

1977年8月，刚复出的邓小平主持召开全国科学和教育工作座谈会，决定恢复中断10年之久的高考制度。10月，国务院批转教育部《关于1977年高等学校招生工作的意见》，恢复高等学校招生统一考试制度。文件规定，高等学校新招生政策，即废除推荐制度，恢复文化考试，择优录取。当年，招生对象为工人、农民、上山下乡和回乡知识青年、复员军人、干部和应届高中毕业生，年龄不超过25周岁，未婚。对实践经验比较丰富，有成绩有专长

的，可放宽到30周岁，婚否不限。还特别规定，允许老三届（1966～1968年高、初中毕业生）报考。文件中，未规定考试具体时间。各地考试时间不一致，但大部分地区定在12月组织高考。1977年冬，全国约有570万青年参加高等学校招生考试，各大专院校从中择优录取27.3万名学生，使新生质量有很大提高，为中国各行各业培养大批优秀人才。

北京市1977年高等学校招生准考证藏于中国国家博物馆。

小岗生产队包干到户合同书　1978年11月24日文物。

小岗生产队包干到户合同书即"红手印"，原由会计严立学夹在一本旧账本里保管。1982年10月，中央新闻纪录电影制片厂编导王映东到小岗村采访时，严立学从账本中取出"红手印"交给王映东。1983年2月，王映东带摄制组再次来到小岗村，拍摄纪录片《来自农村的报告》。由于拍摄需要，召集当事人再现当年签订合同书时场景，仿制出一个"红手印"，当时口头约定内容被写进这份仿制件中。1984年9月，为举办"三中全会以来的伟大成就展览"，中国革命博物馆两次派人去凤阳县征集农业"大包干"文物。当得知"大包干"合同书下落后，找到王映东，征集到王映东拍摄纪录片时仿制合同书，先后在"三中全会以来的伟大成就展览""历史的丰碑——纪念党的十一届三中全会20周年展览"中展出。2005年，王映东将小岗生产队包干到户合同书原件捐赠给中国国家博物馆。

小岗生产队包干到户合同书，纵16厘米，横19厘米。纸质，钢笔书写。字迹为蓝黑色，

手印和印痕为红色，俗称"红手印"。正面写有关廷珠、关友德、严立富、严立华、严国昌、严立坤、严金昌、严家之、关友章、严学昌、韩国云、关友江、严立学、严俊昌、严美昌、严宏昌、严付昌、严加齐、严国品、关友申20人签名，其中12人名上有手印，4个人名上有私章。背面写着生活救济账单，有19人名字和金额。

安徽省凤阳县在历史上是全国闻名的穷地方。改革开放前，梨园公社是凤阳县最穷的公社，小岗生产队又是穷社中最穷的队。中华人民共和国建立初期互助合作时，小岗曾有过几年好收成，农民初得温饱。但随"左"的生产管理体制形成，1957年小岗第一次吃上国家救济粮。此后，一路走下坡，地荒、人穷、集体空，年人均收入不到30元，口粮不到200斤。1959～1961年三年严重困难时期，全队饿死数十人。以后，年年外出逃荒，年年吃救济粮，年年向国家伸手要救济粮、贷款、化肥。1977年6月，万里任中共安徽省委第一书记。1978年，为战胜前所未有的大旱，万里冒着被免职危险，果断决定分给每个农民3分地种菜度荒。同年，安徽省委下发落实农村政策《六条》，凤阳县在全县推行强调生产责任制的"一组四定"，马湖公社还搞"联产计酬"等尝试。为能带领大家度过灾荒年，小岗生产队副队长严宏昌与队长严俊昌和会计严立学商议后，一致认为小岗已穷极梢（穷到极点），不分田到户没办法。由于担心上级不会同意，决定先瞒着干。1978年11月24日夜，全队20户农民18位代表秘密聚集在村民严立华家。经商议，一致同意如果出事，要把队干部孩子养活到18岁，并且要立下字据。18位农民在字据上签上名字，并郑重按上手印。有两户单身汉外出逃荒，由到会亲属代摁手印。合同签订后，小岗队只用几天便分了田，全队20户115人，每人分到4亩半地。1979年，全队粮食产量由上年2万余斤猛增到13万余斤，油料3.5万余斤，相当于1960～1978年的总和，人均收入从20元增至400元。小岗第一次向国家交售粮食、油料，第一次偿还国家贷款。小岗"大包干"做法得到上级领导及时肯定和支持。凤阳县率先推广包干到户，全县粮食产量和农业产值短短几年就翻番。1980年5月，邓小平听取万里的汇报后，肯定安徽肥西县包产到户和凤阳县包干到户做法。9月，中共中央下发《关于进一步加强和完善农业生产责任制的几个问题》。1981年6月，全国实行农民家庭承包生产队已占总数的87%。1983年初，全国实行包产到户、包干到户的生产队达93%。中国经济体制改革首先在农村取得突破性进展。

小岗生产队包干到户合同书藏于中国国家博物馆。

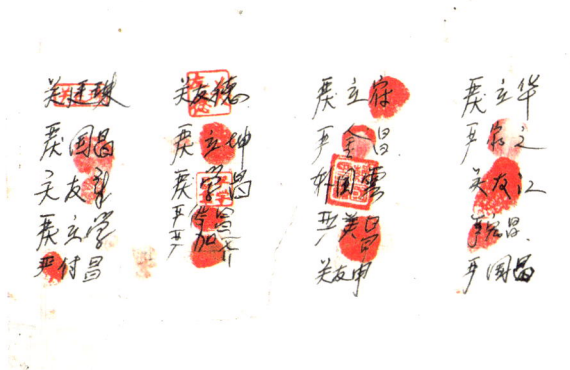

国务院追授蒋筑英的全国劳动模范奖章 1983年文物。1983年，蒋筑英夫人路长琴将国务院追授蒋筑英的全国劳动模范奖章捐赠给吉林省革命博物馆。

国务院追授蒋筑英的全国劳动模范奖章，直径4.5厘米，通长7厘米。铜质。奖章外边沿为多角形，中心有五星、齿轮、麦穗图案，章旗铸有"全国劳动模范"六字。背面铸有"中华人民共和国国务院 一九七九"及编号"567"字样。

蒋筑英（1939～1982年），浙江杭州人，光学专家，中共党员，全国劳动模范。1956年，考取北京大学物理系。1962年，大学毕业时，蒋筑英写信说服母亲，未回杭州或去上海，而是考取长春精密机械研究所王大珩的研究生。蒋筑英在科学研究中勇于探索，刻苦钻研，任劳任怨，在光学机械检测等领域做了大量工作。蒋筑英生前是中国科学院长春光学精密机械研究所副研究员、第四研究室代主任。在老一辈光学专家指导和同志帮助下，研制出中国第一台光学传递函数测试装置，建成国内第一流光学检测实验室。由此成长为在光学传递函数计算、装置、测试及编制程序、标准化等方面的著名专家。蒋筑英特别注意科研成果实际运用，帮助一些光学仪器厂解决许多生产困难。蒋筑英掌握英、德、法、俄、日5门外语，翻译大量外国资料，但从不占为己有；还帮助同事一遍又一遍修改论文，可发表时却不让署自己名字；蒋筑英与其他人共同研究取得科研成果受到光学界重视，被邀请出席学术会做报告时，总是让一起合作同志去，把荣誉让给别人；研究所评职称、

分房子、提工资，蒋筑英都多次主动让给别人。1979年，蒋筑英去西德进修回国时，用节省下来的外汇购买所里急需器材，剩下的全部上交。1982年6月，蒋筑英到成都出差期间，验收X射线天文望远镜空间模拟装置。由于过度劳累，病情恶化，不幸逝世，时年43岁。中共吉林省委根据蒋筑英生前表现和愿望，追认其为中国共产党正式党员。1983年2月12日，国务院决定追授赵春娥、罗健夫、蒋筑英为"全国劳动模范"称号，并分别颁发全国劳动模范奖章和证书。2009年9月14日，蒋筑英被评为100位"新中国成立以来感动中国人物"之一。

国务院追授蒋筑英的全国劳动模范奖章藏于吉林省革命博物馆

邓颖超给范金标的信 1979年文物。邓颖超给范金标的信由范金标捐赠给云南省博物馆。

邓颖超给范金标的信，纵26.5厘米，横19.2厘米。纸质，铅笔书写。"中国民用航空总局"公文信封，上有毛笔竖写"昆明云南省军区范金标同志亲收"，落款"沈图"。信封

右侧钢笔竖写"请民航云南省局转"。

范金标（1916～1996年），福建长汀人。1935年11月，加入中国共产党。民国21年（1932年）5月，参加中国工农红军，历任班长、排长。民国22年（1933年）4月至民国25年（1936年），任周恩来警卫员，跟随周恩来参加二万五千里长征。抗日战争和解放战争时期，曾任营长、团长，参加淮海战役、渡江战役和两广战役。中华人民共和国成立后，曾担任云南省思茅（保山）军分区司令员、云南省生产建设兵团副司令员、云南省军区副司令员等职。1979年7月初，时任云南省思茅军分区司令员的范金标，托民航班机给邓颖超捎去一些芒果。7月4日，邓颖超接到昆明军区电话时，已无法拒绝。第二天，派人取回芒果，并于7月6日，给范金标写了一封回信，并给中国人民民航总局第一副局长沈图、周恩来专机机长张瑞霭写了一封信，请代为转交范金标的信，对托民航带芒果一事表示感谢；并告知这种做法不妥，"涉及到特殊之嫌"，希望以后"不要再这样做为好"，"按我例来处理这类事情原则，附上人民币十元，以作买芒果的价款"。邓颖超还请沈图、张瑞霭转告国内各路班机工作人员，凡是遇到有人托带东西给她

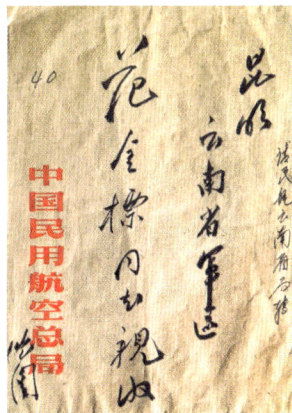

时，请告知对方不允许带，并婉言解释。

邓颖超给范金标的信藏于云南省博物馆。

中国第一枚运载火箭仪器舱 1980年文物。1984年，中国革命博物馆为举办"三中全会以来的伟大成就展览"，向国防科工委商借中国第一枚运载火箭仪器舱外壳参展。1985年11月，由国防科工委拨交中国革命博物馆。

中国第一枚运载火箭仪器舱，高80厘米，直径60厘米。金属质地。这是中国向太平洋预定海域发射的第一枚运载火箭降落后回收的仪器舱外壳。

1980年5月18日上午，中国根据运载火箭全程飞行试验距离，一般为7000～12000千米以上要求，向太平洋南纬7°0′、东经171°33′为中心，半径70海里圆形海域范围内的公海上，发射运载火箭试验。火箭升空后，专家们用几百套国产的现代化测量通信设备，

精确测定、记录和报告火箭在各瞬间的飞行速度、高度和姿态。每秒都有大量测量数据，汇集到测控数据交换中心。在飞行控制中心，自动记录仪在显示板上轻轻描下火箭飞行轨迹曲线，这条曲线，与事前标注的理论弹道曲线紧密吻合在一起，即表示火箭内部仪器工作正常，火箭飞行正常。最终，装有火箭飞行重要参数的仪器舱，自动从火箭头部弹射出来，打开降落伞，徐徐飘落到试验火箭落区——南太平洋所罗门群岛以东约1000千米赤道附近，距离中国东海岸6000余千米的海面上。随即，工作快艇迅速将仪器舱打捞上来。中国第一枚运载火箭在预定海域溅落，火箭发射获得成功。

中国第一枚运载火箭仪器舱藏于中国国家博物馆。

中国成功发射的第一枚洲际导弹备用数据回收舱 1980年文物。1980年10月，经中央军委批准，中华人民共和国七机部一院将中国成功发射的第一枚洲际导弹备用数据回收舱拨交中国人民革命军事博物馆。

中国成功发射的第一枚洲际导弹备用数据回收舱，直径62厘米，高90厘米。合金铝、橡胶等质地。

20世纪60年代，中国掌握核武器技术后，研制洲际弹道导弹被提上日程。1965年3月，中央专门委员会（简称"中央专委"）决定研制洲际导弹，编号命名为"东风五号"（DF-5），并下达主要战术技术指标，要求1971年首飞，1973年定型。1971年3月，第一枚东风五号遥测弹试验和总装完成。1975年，中央军委常委会明确提出必须先抓紧洲际导弹研制，并确定洲际导弹第一步要达到的射程和发射方

式。1977年9月，中共中央批准于1980年进行东风五号全程试验。1980年2月12日，中央专委会议批准国防科委提出的东风五号全程飞行试验方案，试验又被称为"580"试验。5月18日10时00分23.302秒，第一枚DF-5导弹向南纬7°0′、东经171°33′为中心，半径70海里圆形海域范围预定海域发射，取得成功。导弹飞行时间29分57秒，射程9070千米，落点为南纬7°42′23″、东经172°15′36″，落点误差只有250米。当导弹在距预定海面高度还有几千米时，装有导弹飞行重要参数数据舱，从导弹头部射出，降落伞打开，徐徐降落在海面上。海水使数据舱电源接通，气圈开始自动充气，信标机发射电波，航标闪光灯闪亮，海水染色剂把附近海域染成荧光绿色。132舰随即快速驶向数据仓落点保护数据仓，J506救捞船上的船载打捞机172号准时起飞，仅用5分30秒打捞完毕。东风五号弹道导弹是中国研制的第一代洲际弹道导弹，成功发射表明中国国防实力进一步加强。

中国成功发射的第一枚洲际导弹备用数据回收舱藏于中国人民革命军事博物馆。

王选发明汉字激光照排核心技术的欧洲专利申请书手稿 1981年文物。1998年，王选将发明汉字激光照排核心技术的欧洲专利申请书手稿捐赠给中国革命博物馆。

王选发明汉字激光照排核心技术的欧洲专利申请书手稿，纵29.8厘米，横21.5厘米。纸质，钢笔、铅笔书写。为中、英文各一份，共43页。中文稿题目为《高分辨率字符字形在计算机存储器中的压缩表示及其复原设备》。王选在手稿开头写道："本发明是一种能使高分辨率字符点阵的信息显著压缩的技术，以及把压缩表示复原成点阵的设备。这一设备尤其适合于汉字照排机和激光照排机。"之后，手稿分四个部分来阐述本发明，其中详细叙述"参数描述方法""信息压缩和复原及字模存贮"等关键性技术，最后详细列举出21个知识产权项。

第二次世界大战后，人类社会进入信息化时代。要想在中国推广使用电子计算机，首先要解决汉字信息处理问题，让数以万计的方块汉字如26个西文字母在电子计算机中闪电般自由出入，为举世闻名的大难题。王选（1937~2006年），江苏无锡人。中国计算机汉

字激光照排技术创始人。北京大学计算数学教授，中国科学院院士，中国工程院院士。1975年，北京大学数学力学系计算数学专业教授王选承担国家"748工程"中的精密汉字照排系统项目研制。当年，中国还停留在铅印时代，有关方面计划研制二代机、三代机，王选调研后大胆提出具有创造性、先进性和可行性方案，研制世界上尚无成品、最先进的第四代激光照排系统。该系统的字模是以数字化点阵方式存储在计算机中，输出时用激光束直接扫描打点在感光底片上，再经自动处理后可直接胶印，使编辑排版真正实现自动化。1976年，王选针对国内外研制汉字照排系统最尖锐技术问题，即汉字字模存贮量和文字高分辨率问题，发明出世界领先的高分辨率"字形信息压缩和快速复原方法"，并设计出专用芯片。1985年，汉字激光照排系统正式投入市场，创造出巨大经济和社会效益。王选首创"汉字信息处理"核心技术研制成功和应用，为世界上最浩繁最悠久的文字——汉字告别铅字印刷，进入崭新时代、开辟通达大道。从此，中国报业和印刷出版业进行一场"告别铅与火，迈入光与电"的技术革命，引起世界印刷界惊叹。中国在短短几年内实现"无纸编辑和照相排版"新技术，王选被誉为"当代毕昇"。1981年，为使用参数描述来控制字形变倍时的横宽、竖宽，用标记点阵作为轮廓转换成点阵的中间形式，逐段生成汉字和逐段生成版面点阵等多项知识产权得到保护。王选接受中国有关部门和科学界前辈建议，决定申请欧洲专利。由于中国尚未实行专利制度，也不具备向国外申请专利条件，王选在香港发明家黄金富等帮助下，于1982年在香

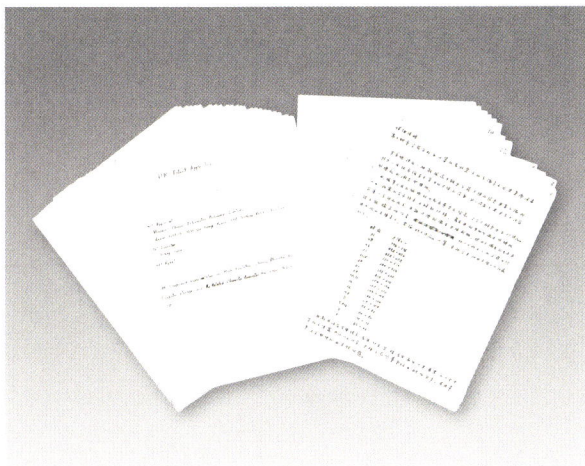

港登记并递交专利申请。1987年3月18日，获准授权，为EP0095536欧洲专利。

王选发明汉字激光照排核心技术的欧洲专利申请书手稿藏于中国国家博物馆。

邓小平在华北检阅军事演习部队时乘坐的轿车

1981年9月文物。2004年，为筹备邓小平同志100周年诞辰纪念活动及邓小平故居陈列馆展览，经中央办公厅批准，中央警卫局将邓小平在华北检阅军事演习部队时乘坐的轿车拨交四川省广安邓小平故居陈列馆。

邓小平在华北检阅军事演习部队时乘坐的轿车，长590厘米，宽195厘米，高160厘米。钢、橡胶、玻璃等质地。该车为加长型红旗牌轿车，全车为黑色，敞篷，后排加宽，安装护杆便于检阅使用，无级变速，中国第一汽车制造厂生产，全手工打造，车头有红旗标志。

1981年9月14日至9月19日，中国人民解放军在华北某地举行现代化装备大规模实兵军事演习，由北京军区部队和空军部队步兵、炮兵、装甲兵、工程兵、空军航空兵、空降兵等军兵种10余万人组成演习部队。9月19日，举行阅兵式、分列式。中共中央军委主席邓小平乘坐敞篷红旗轿车检阅陆、海、空军受阅部

队，并发表讲话。党和国家领导人胡耀邦、赵紫阳、李先念、华国锋及3万余中央和军地干部观摩演习。华北大演习，集中展示人民军队向现代化迈进的战斗英姿和威武阵容，并首次明确提出新时期军队建设总目标，吹响人民解放军向革命化、现代化、正规化进军的号角。1984年，在国庆35周年阅兵仪式上，邓小平在华北检阅军事演习部队时乘坐的轿车作为副车参加检阅，后由中央警卫局保存。

邓小平在华北检阅军事演习部队时乘坐的轿车藏于广安邓小平故居陈列馆。

华罗庚演算数学公式用的折扇

20世纪80年代文物。1994年，为筹备"当代中国"展览，中国革命博物馆从华罗庚长子华俊东处征集到华罗庚演算数学公式用的折扇。1997年10月，正式办理捐赠手续。

华罗庚演算数学公式用的折扇，高24厘米，宽44.2厘米。纸质，钢笔、铅笔书写。白色纸折扇上印有蓝色"中国民航·CAAC"字样。上面有手写数学公式及信稿等内容。

华罗庚（1910～1985年），江苏常州人。数学家，中国科学院院士，美国国家科学院外籍院士。民国18年（1929年）起，在上海《科学》等杂志上发表论文。民国19年（1930年），清华大学数学系主任熊庆来将只有初中文化程度的华罗庚调入清华大学工作。民国25年（1936年），华罗庚入英国剑桥大学学习。在剑桥期间，发表十几篇文章，在国际数学界赢得声誉。民国26年（1937年），先后在清华大学、国立西南联合大学任正教授。民国36年（1947年），华罗庚第一部数学专著《堆垒素数论》在苏联以俄文出版。民国35年（1946年）9月，

应邀赴美讲学。民国37年（1948年），被伊利诺伊大学聘为终身教授。1950年2月，华罗庚毅然放弃在美国优厚待遇，携全家回国。先后任清华大学教授、中国科学院数学研究所所长、中国科学院应用数学研究所所长、中国科学院副院长等职。华罗庚无论在旅途中，还是饭前会后，凡能利用的零星时间，都用来思考数学问题，每有所得，立即动笔，他身边的烟盒、请柬、信封常常被用来记录思索成果。1985年6月1日华罗庚赴日本访问前夕，到北京科学会堂出席中国电子计算机学会成立大会。会议间隙，华罗庚坐在小花园长椅上休息，忽然拿出一把扇子，在上面记下数论方面感悟，留下演算数学公式用的折扇这件珍贵文物。6月12日，华罗庚因心脏病突发，在日本东京病逝。华罗庚把毕生精力投入发展祖国科学事业，特别是数学研究事业之中，足迹遍布全国23个省（自治区、直辖市），用数学解决大量生产中的实际问题，被称为"人民的数学家"。华罗庚是中国解析数论、矩阵几何学、典型群、自守函数论与多元复变函数论等多方面研究的创始人和开拓者，学术论文《典型域上的多元复变数函数论》，获1956年国家自然科学一等奖。

华罗庚研究成果被国际数学界命名为"华氏定理""布劳威尔—加当—华定理""华—王（元）方法"。一生留下200余篇学术论文和专著，10余部科普作品。

华罗庚演算数学公式用的折扇藏于中国国家博物馆。

胡耀邦给华罗庚的信 1982年4月1日文物。1998年，华罗庚长子华俊东、长媳柯小英将胡耀邦给华罗庚的信捐赠给中国革命博物馆。

胡耀邦给华罗庚的信，纵29厘米，横21厘米。纸质，毛笔书写。是中共中央总书记胡耀邦给数学家华罗庚的信。共7页，信封上用毛笔书写"专送 华罗庚同志 胡耀邦"。

20世纪50年代末期，华罗庚走出书斋和课堂，把数学方法创造性地应用于国民经济领域，筛选出以改进工艺问题的数学方法为内容的"优选法"和处理生产组织与管理问题为内容的"统筹法"（简称"双法"）。华罗庚组织和领导数以百万计工人、农民、战士和工程技术人员，参加推广"双法"，使"双法"得到广泛普及和推广。"双法"在国家重点建设项目研究中的运用，不仅节约能源、增加产量、降低消耗、缩短工期，取得显著经济效

益，而且培养了为国民经济服务的科技队伍。1964、1965年，毛泽东两次写信给华罗庚，称赞其"壮志凌云""奋发有为，不为个人而为人民服务"，对华罗庚在科学上的创新给予高度评价。1981年5月20日，中共中央总书记胡耀邦在接见参加中科院第四次学部委员大会代表时作重要讲话，充分肯定科学家们为振兴科学做出的贡献，并提出两点希望，深入生产实际找任务，以主人翁的姿态干工作。华罗庚因故未能到会。事后，华罗庚从报纸上看到胡耀邦讲话，备受鼓舞。1982年3月22日，提笔给胡耀邦写了一封长信，谈自己的心情。4月1日，胡耀邦给华罗庚回复此信，信中充分肯定华罗庚把数学理论应用于生产实践的贡献，希望华罗庚把"一生为科学而奋斗的动人经历，以回忆录的形式写下来，留给年轻人"，号召更多同志投身到新技术、新工艺攻关行列中去，从而把中国四个现代化建设推向前进。并以古代巴比伦人建造通天塔的故事，勉励中国科学工作者齐心协力，团结一致进行科学攻关，建造中国"通天塔"。

胡耀邦给华罗庚的信藏于中国国家博物馆。

戴洪祥在联邦德国卡赛尔首届国际高级提琴制作比赛中荣获的音质金奖牌　1983年10月文物。1987年10月，戴洪祥将在联邦德国卡赛尔首届国际高级提琴制作比赛中荣获的音质金奖牌及证书，捐赠给中国革命博物馆。

戴洪祥在联邦德国卡赛尔首届国际高级提琴制作比赛中荣获的音质金奖牌，直径3.8厘米。金属质。

戴洪祥（1928～2003年），河北房山（后属北京）人。提琴制作大师。1951年，进入北京

乐器厂学习制作提琴。1954年，加入中国共产党。1959年，进入上海音乐学院高级提琴制作班学习。后任北京提琴厂技师，所制作小提琴多次获得国内外大奖，多次作为国礼赠送外国元首。1984年，被授予"提琴制作大师"称号。1983年10月17～22日，为纪念德国音乐家路易斯·施波尔在音乐领域的杰出贡献，德意志联邦共和国提琴制作协会在卡赛尔举办首届路易斯·施波尔国际高级提琴制作比赛。来自世界28个国家、300位制琴师的458件作品同场竞技。中国有20把小提琴、1把中提琴、1支琴弓参赛。比赛先进行初选，尺寸、规格等合格作品进入第二轮比赛。然后，由工艺评委和音质评委分别进行评比。两个评委会均由6人组成，工艺评委由联邦德国、英国、民主德国（2名）、捷克、法国著名提琴制作大师担任；音质评委由保加利亚、意大利、联邦德国、奥地利著名小提琴演奏家，波兰中提琴演奏家、意大利大提琴演奏家担任。10月22日，比赛结果揭晓，金牌总数11枚（小提琴音质并列金奖）。北京提琴厂戴洪祥制作的小提琴（编号10）与美国D.W.史蒂文斯制作的小提琴音质并列第一，获金奖。10月29日，举行授奖仪式。这是中国在大型国际提琴制作大赛中获得的首块金牌。

戴洪祥在联邦德国卡赛尔首届国际高级提琴制作比赛中荣获的音质金奖牌藏于中国国家博物馆。

美国总统里根赠给邓小平的水晶玻璃鹰 1984年4月文物。1985年10月16日,外交部将美国总统里根赠给邓小平的水晶玻璃鹰拨交中国革命博物馆。

美国总统里根赠给邓小平的水晶玻璃鹰,长18.5厘米,宽8.5厘米,高12厘米。水晶玻璃质地。木质底座金属标牌上,用英文书写:"美利坚合众国总统罗纳德·里根赠予中央军委主席邓小平阁下。"白头鹰俗称秃鹰,是美国特有的珍贵鸟类,既是美国国鸟,又是国徽中心图案,是美国的标志。玻璃鹰晶莹透明,色彩斑斓,造型粗犷威猛,线条清晰明快,堪与天然水晶媲美,是美国斯图本玻璃公司潜心研制出的透明铅条水晶玻璃制品。

1979年1月1日,中美两国建立外交关系,实现两国关系的正常化。1984年4月26日至5月1日,作为对中国总理访美回访,美国总统里根应邀对中国进行国事访问。这是中美建交以来首位在任美国总统访华。期间,里根同中国领导人就中美双边关系等问题举行会谈。4月28日,在里根要求下,中共中央顾问委员会主任、中央军委主席邓小平在人民大会堂会见里根,并举行会谈。双方在友好的气氛中,就双边关系和共同关心的国际问题,广泛交换意见。里根访华期间,向邓小平赠送斯图本公司制造的白头鹰水晶玻璃制品。自杜鲁门总统开始,历届美国总统多选择斯图本玻璃器作为国家礼品,馈赠外国领导人。

美国总统里根赠给邓小平的水晶玻璃鹰藏于中国国家博物馆。

中英签署香港问题联合声明时用的签字笔 1984年12月19日文物。1985年12月25日,外交部礼宾司将中英两国政府首脑签署关于香港问题联合声明时用的签字笔拨交中国革命博物馆。

中英两国政府首脑签署香港问题联合声明时用的签字笔,长20厘米;台面纵15厘米,横15厘米。共2支,为国产台式英雄牌金笔。金属、塑料组合质地,台面为石质。

香港自古以来就是中国领土。道光二十年(1840年)鸦片战争后,英国政府先后以《南京条约》《北京条约》《展拓香港界址专条》三个不平等条约,强迫清政府割让香港岛、九龙半岛,并强租新界。此后历届中国政府均不承认英国对香港地区拥有永久主权,并多次进行交涉,但由于旧中国积贫积弱,中国人民收

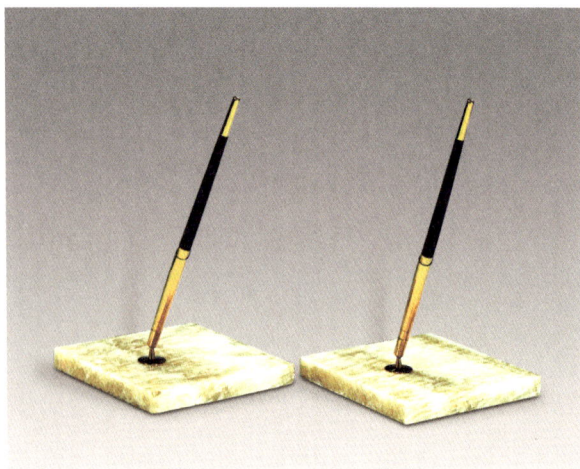

回香港夙愿始终未能实现。中华人民共和国成立后，立即宣布废除所有外国强加给中国人民的不平等条约。但中国政府对香港、澳门问题，在相当长一段时间内，从国内外形势和港、澳居民利益出发，主张在条件成熟时，经谈判和平解决，之前暂时维持现状。改革开放后，邓小平提出"一国两制"构想，为解决香港、澳门问题指明方向。随着1997年"新界"租约届满临近，解决香港问题时机首先到来。1982年9月23日，英国首相撒切尔夫人访华，拉开中英两国关于香港问题谈判的序幕。中方坚持原则性，又有必要的灵活性，对谈判成功起到积极作用。在"一国两制"构想指引下，经中英双方两年22轮慎重和耐心谈判，终于解决中国恢复对香港行使主权问题。1984年9月26日，中英两国关于香港问题联合声明在北京草签。12月19日下午，正式签字仪式在北京人民大会堂西大厅隆重举行。中共中央顾问委员会主任邓小平、中华人民共和国主席李先念出席签字仪式。中国总理赵紫阳和英国首相撒切尔夫人分别代表两国政府，在《中华人民共和国政府和大不列颠及北爱尔兰联合王国政府关于香港问题的联合声明》上签字。确认中国政府

于1997年7月1日收回香港，恢复行使主权，并设立特别行政区，维持其现行社会制度、经济制度、生活方式50年不变。1997年6月30日午夜至7月1日凌晨，中英两国政府香港政权交接仪式在香港会展中心隆重举行。7月1日零时整，中华人民共和国国旗和香港特别行政区区旗在国歌声中徐徐升起。中华人民共和国主席江泽民庄严宣布："中国对香港恢复行使主权，中华人民共和国香港特别行政区正式成立。"

中英签署香港问题联合声明时用的签字笔藏于中国国家博物馆。

中国南极考察队在南极洲升起的第一面五星红旗　1984年12月30日文物。1985年5月16日，国家海洋局南极考察办公室将中国南极考察队在南极洲升起的第一面五星红旗拨交中国革命博物馆。

中国南极考察队在南极洲升起的第一面五星红旗，纵122厘米，横145厘米。亚麻质。由于长年被海风吹拂、阳光照射，已严重褪色、残破，横向比标准尺寸小47厘米。

南极洲位于地球最南端，是地球上最后一处被发现无人定居的大陆。南极洲大陆总面

积1390万平方千米，98％地域终年被冰雪覆盖。平均2000余米厚的冰层下隐藏220余种矿物和诸多科学之谜，开展南极科学考察，对地球环境气候、天文学、地质学、生物学等许多学科具有重要意义。1772年，人类开始对南极探索考察，但至道光二十年（1840年）才发现南极大陆。光绪三十年（1904年），开始建立考察站。1980～1984年，中国曾派出40余人参与考察南极。1983年6月，中国正式成为《南极条约》签约国。1984年6月25日，中国政府决定组建首支中国南极考察队"625"编队，于1984～1985年赴南极建站和科学考察。编队由中国自行设计制造的两艘万吨巨轮组成，一艘是"向阳红"10号科学考察船，一艘是海军J121号远洋打捞救生船。1984年11月20日，满载近百名科学工作者和308名海军官兵，及500吨建站物资的中国首支南极科学考察船队从上海出发。经漫长而艰苦航行，胜利到达南极洲南设得兰群岛海域。12月30日15时16分，队长郭琨率领54名队员，在乔治王岛登陆。郭琨高举五星红旗走在最前面，五星红旗第一次飘扬在南极大陆上空。12月31日，中国首支南极洲考察队在乔治王岛上，隆重举行中国南极长城科学考察站奠基典礼。随后，考察队在有限的夏季时间内，用45天，完成建站任务。1985年2月20日，长城站举行隆重落成典礼。在雄壮的国歌声中，这面鲜艳的五星红旗高高升起。2月下旬，考察编队返航，这面国旗被带回祖国。10月，在布鲁塞尔举行的第13次《南极条约》协商国会议上，鉴于中国在南极建有独立考察站和进行多学科考察，中国正式成为《南极条约》协商国。

中国南极考察队在南极洲升起的第一面五星红旗藏于中国国家博物馆。

上海飞乐音响公司股票 1984年12月文物。1994年，为筹办"当代中国"展览，中国革命博物馆向上海飞乐音响公司征集被称为"新中国第一股"的飞乐音响公司股票。经双方协商，该公司将1984年12月发行的第一批上市的两张股票捐赠给中国革命博物馆。

上海飞乐音响公司股票，纵12.4厘米，横18.6厘米。纸质，印刷，钢笔填写。编号ⅡO004863。票面上显示内容："公司名称：上海飞乐音响公司；创设年份：公元一九八四年十一月；股份总额：壹万股；每股金额：人民币伍拾圆整；股东户名：孟金妹；股数：壹股。一九八四年十二月经中国人民银行上海市分行批准发行。"

中共中央十一届三中全会后，"对外开放、对内搞活"政策方针不断深入，中国股票市场在绝迹30余年后，又重现生机。20世纪80年代初，一些企业为筹措资金，开始借助金融中介机构向社会公开发行债券和股票。1984年11月18日，经中国人民银行上海市分行金融行政管理处批准，上海飞乐音响公司成为全国首家向社会公开发行股票的股份制

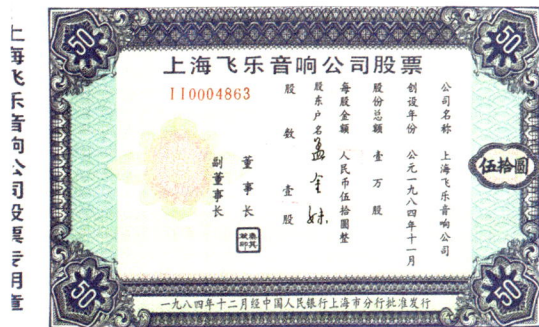

试点企业。11月18日，上海电声总厂发起成立的上海飞乐音响公司开业，以承接音响工程为主，代客设计音响或成套设备配套供应、安装、调试、培训和售后服务等，兼经营进口音响器材设备和国产"飞乐"牌音响设备与器材。在公司开业当日下午，《新民晚报》第一版刊登一则消息，上海飞乐音响公司18日开业接受个人和集体认购股票，发行1万股，每股50元人民币。1986年9月26日，上海飞乐音响公司股票在中国工商银行上海信托投资公司静安证券业务部上市交易，成为全国首批上市流通的股票之一。1986年11月，邓小平会见美国纽约证券交易所董事长约翰·范尔霖先生时，范尔霖向邓小平赠送一枚纽约证券交易所的证章，邓小平回赠给范尔霖一张飞乐音响公司股票。

上海飞乐音响公司股票藏于中国国家博物馆。

许海峰获得的第23届奥运会金牌　1984年7月29日文物。

1984年10月14日，许海峰将获得的第23届奥林匹克运动会（简称"奥运会"）金牌捐献给中国革命博物馆，并说："这块金牌不只是属于我一个人的，我能在那么短的时间里夺得这枚奥运金牌，离不开国家的培养和教练以及队友的帮助。""把金牌放在博物馆里，可以让更多人看到，让更多的人了解历史，我认为这个意义更大。"

许海峰获得的第23届奥运会金牌，直径6厘米，厚0.4厘米。银质镀金。根据国际奥委会奥运会奖牌有关规定设计制作。金牌正面为传统胜利女神奈基像，奈基左手持棕榈叶，

右手举起胜利者月桂花冠，象征胜利和奥林匹克精神。图案由佛罗伦萨艺术家卡西奥里（1865～1942年）设计，并在奥委会组织设计比赛中，被选作奥运会奖牌正面图案，自民国17年（1928年）阿姆斯特丹第9届奥运会起一直沿用多年。正面右方刻有"洛杉矶1984——第23届奥运会"英文字样，背景为古罗马竞技场图案。奖牌背面是群众簇拥获得桂冠的运动员游行场面，背景是奥林匹克体育场。

奥运会起源于古希腊，因举办地在奥林匹亚而得名。现代意义上的奥运会始于1896年。民国21年（1932年），刘长春作为中国体育代表团唯一一名运动员，参加在美国洛杉矶举办的第10届奥运会。之后，中国又参加第11、12、15三届奥运会，均未获得奖牌。此后，由于种种原因，中国长时期未能参加奥运会。直到1979年后，中华人民共和国恢复在国际奥委会合法席位，中国运动员才重返奥运赛场。1984年7月28日至8月12日，第23届奥运会在美国洛杉矶举行。中国派出225名选手组成的大

型体育代表团，这是中国重返奥运大家庭后首次派代表团参加奥运赛事。中国运动员参加16个项目角逐，一举获得15枚金牌，8枚银牌和9枚铜牌，取得金牌总数第四的好成绩。7月29日，中国射击运动员许海峰在男子自选手枪慢射比赛中以566环成绩获得冠军，是本届奥运会的第一枚金牌，也是中国运动员获得的首枚奥运金牌，实现了中国奥运史金牌榜和奖牌榜上"零的突破"。

许海峰成为中国奥运史上首位奥运会冠军。许海峰（1957年～），安徽和县人。自幼喜爱射击运动。1979年，破省射击纪录。1982年，进入省射击队。1983年，破全国纪录，年底入国家队。曾获体育运动荣誉奖章和"全国十佳运动员"称号。

许海峰获得的第23届奥运会金牌藏于中国国家博物馆。

中国女子排球队队员签名的排球　1984年9月18日文物。1984年9月18日，为庆祝中华人民共和国成立35周年，中国革命博物馆举办"三中全会以来的伟大成就展览"。中国女子排球队教练员、队员和工作人员在奥运会时队员训练用排球上题字、签名，排球上签字日期是女排获得第23届奥运会冠军时间。9月19日，中国女子排球队将队员签名排球捐赠给中国革命博物馆。9月27日，在"三中全会以来的伟大成就展览"展出。

中国女子排球队队员签名的排球，直径18厘米。皮革质地。上有"荣获23届奥运会冠军中国女子排球队　一九八四、八、七"及英文"1984年洛杉矶奥林匹克运动会"字样和奥运会会徽图案。另有领队张一沛，教练袁伟民、

邓若曾，队员张蓉芳、郎平、梁艳、朱玲、杨锡兰、侯玉珠、杨晓君、李延军、姜英、周晓兰、苏惠娟亲笔签名。

1984年8月7日晚，第23届奥运会女子排球决赛在美国洛杉矶长滩体育馆举行。中国女排以16∶14、15∶3、15∶9直落三局，战胜东道主美国队，夺得奥运会冠军，为中国奥运代表团再添一枚金牌。在8月3日小组赛中，中国女排曾以1∶3比分负于美国队，但顽强的中国女排队员没有气馁，认真总结经验教训，从逆境中奋起，最终在决赛中获得胜利。这是中国女排自1981年11月日本第三届世界杯女子排球赛和1982年9月秘鲁第九届世界女子排球锦标赛夺冠后，又一次在国际大赛上获得冠军，中国女排在夺得"三连冠"的同时，也成为世界女排运动史上第三个连续夺得世界杯、世界锦标赛和奥运会冠军的排球队。之后，中国女排续写辉煌，在1985年11月日本第四届世界杯女子排球赛及1986年9月捷克斯洛伐克第十届世界女排锦标赛中，又两次获得冠军，获得举世瞩目的五连冠。

中国女子排球队队员签名的排球藏于中国国家博物馆。

上海宝山钢铁总厂一期工程投产的产品样品 1985年9月文物。1985年9月15日，上海宝山钢铁总厂（简称"宝钢"）一号高炉点火出铁，为纪念这历史性时刻，宝钢用一期工程产品样品特制成纪念品。1986年7月9日，由宝钢工会拨交中国革命博物馆。

宝钢总厂一期工程投产的产品样品，通长39厘米，通宽10厘米，通高30.2厘米。钢铁等质地。此样品包括钢管、铁坯、钢坯、钢锭、烧结矿、焦炭等，摆架上铸有"上海宝山钢铁总厂第一期工程投产纪念 宝山 85·9"的字样。

宝钢是改革开放后中国兴建的首个新型现代化钢铁基地，也是中共中央、国务院批准成套引进国外技术设备和软件管理的一个重大项目。1978年12月23日，宝钢举行动工典礼。总厂下设焦化、炼铁、炼钢、初轧、钢管等分厂。宝钢一期从动工到建成投产，用了7年时间。1985年，宝钢第一期工程竣工，规模为年产铁300万吨，钢312万吨。1990年第二期工程竣工，全部建成后生产能力为年产铁650万吨、钢670万吨。1979年9月，邓小平曾在一次会议上指出："历史将证明，建设宝钢是正确的。"1985年9月15日，宝钢一号高炉点火出铁，比原计划提前15天。一号高炉是全国第一座4063立方米的大容积现代化高炉，并跻身世界大型高炉之林，一号高炉点火标志宝钢一期工程开始进入试生产阶段，也标志中国钢铁工业在现代化道路上跨出的重要一步。

上海宝山钢铁总厂一期工程投产的产品样品藏于中国国家博物馆。

王淦昌的国家科学技术进步特等奖奖章和证书 1985年文物。1999年8月，王淦昌之子王德基将王淦昌国家科学技术进步特等奖奖章和证书捐赠给中国革命博物馆。

王淦昌的国家科学技术进步特等奖奖章对角线长4.8厘米。铝质。正面中心为红底，衬托"科学进步"4个金字，周围环绕齿轮麦穗图案，最外圈是金色五角形花边。背面有"143"字样。证书纵16.3厘米，横22厘米。纸质，铅印，钢笔填写。获奖项目：原子弹的突破和武器化；获奖者：王淦昌；奖励等级：

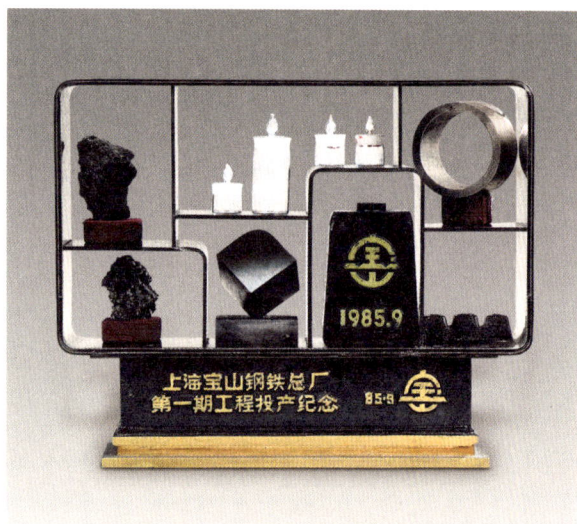

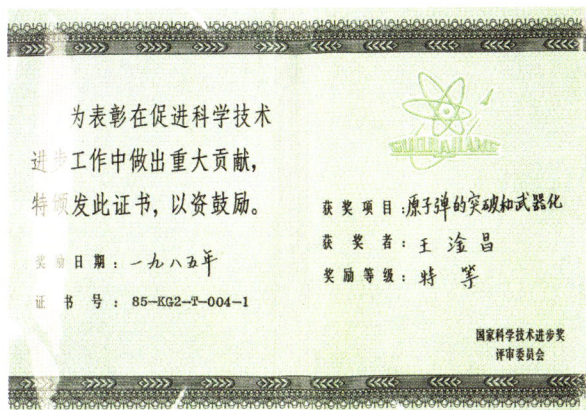

特等。编号为"85-KG2-T-004-1"。颁发单位为国家科学技术进步奖评审委员会。

王淦昌（1907～1998年），江苏常熟人。中国科学院院士，"两弹一星"元勋，中国实验原子核物理、宇宙射线及基本粒子物理研究主要奠基人和开拓者，被誉为"中国核武器之父""中国原子弹之父"。民国18年（1929年），清华大学物理系毕业。民国22年（1933年），获德国柏林大学博士学位，民国23年（1934年）回国。1936～1952年，先后任浙江大学物理系教授、系主任，培养了李政道、叶笃正、程开甲等一大批优秀科学家。1961～1978年，王淦昌参加中国原子弹、氢弹原理突破及核武器研制试验研究和领导工作。在带领科技人员所做的上千个实验元件爆轰实验中，身先士卒，指导设计实验元件，指挥安装测试电缆等，直到最后参加实验。1962年底，基本掌握获得内爆重要手段和实验技术。1964年10月16日，中国第一颗原子弹爆炸成功。1967年6月17日，中国第一颗氢弹爆炸成功。王淦昌为原子弹和氢弹研制做出巨大贡献。为保密需要，在参与研制期间，王淦昌曾化名王京。1985年，国务院开始设立国家科学技术进步奖，分为三等，除颁发证书和奖章

外，还分别发给奖金。对有特别贡献项目，经国务院批准可授予特等奖。为表彰在"原子弹的突破和武器化"项目研究上突出成绩，国家科学技术进步奖评审委员会向王淦昌颁发国家科学技术进步特等奖奖章及证书。

王淦昌的国家科学技术进步特等奖奖章和证书藏于中国国家博物馆。

沈阳市工商行政管理局企业破产通告第1号 1986年文物。1987年，沈阳市工商行政管理局将该局企业破产通告第1号拨交中国革命博物馆。

沈阳市工商行政管理局企业破产通告第1号，纵26.3厘米，横18厘米。纸质，彩印。是沈阳市工商行政管理局发布的关于沈阳市防爆器械厂破产通告。通告宣告"沈阳市防爆器械厂即日起破产倒闭，收缴营业执照，取消银行账号"。下面盖有"沈阳市工商行政管理局"章。

1984年10月20日，中共十二届三中全会在北京举行。全会通过《中共中央关于经济体制改革的决定》，全国城市经济体制改革逐步深入。随企业自主权扩大，一些经营不善、濒临破产企业，通过经营体制改革，迈上快速发展道路。但仍有部分企业处于困境中，无法自拔，优胜劣汰成为推进改革的必要措施。位于沈阳市皇姑区崇山西路的沈阳市防爆器械厂始建于1966年，是原沈阳变压器厂为解决职工困难、安置家属就业的生产组。1983年，改名防爆器械厂。由于先天不足，至1984年底，亏损48万元。沈阳市共有43家集体企业亏损严重，但在"大锅饭"思想下，大家都没有任何竞争愿望。1985年2月9日，沈阳市委、市政府

率先出台《关于城镇集体所有制工业企业破产倒闭处理试行规定》，沈阳市防爆器械厂等3家"素质差、经营管理不善，资不抵债，无定型产品"企业被提出为期一年"黄牌警告"。因下发给3家企业限期整改通告用黄色油墨印刷，故名"黄牌"。一年后，五金铸造厂、农机三厂成功摘掉"黄牌"帽子，而防爆器械厂经一年整改仍未扭转被动局面。1986年8月3日，沈阳市工商行政管理局向沈阳市防爆器械厂发出用红色油墨印刷抬头的破产倒闭通告。该厂成为中华人民共和国成立后第一家依据法规破产倒闭的公有制企业。沈阳市为全国破产制度建立做出贡献。外电报道称之为"朝着打破'大锅饭'迈进了新的一步"，是"超过八级的改革地震"。沈阳市防爆器械厂破产4个

月后，1986年12月2日，全国人大常委会通过《中华人民共和国企业破产法（试行）》，使企业退出市场问题有了统一的法律依据。破产机制带来竞争效应，是按照市场经济规律运行企业的发展动力，企业经营自主权因此得到发挥。破产机制引进，使企业甩掉多年包袱，真正步入市场化轨道。

沈阳市工商行政管理局企业破产通告第1号藏于中国国家博物馆。

中国和葡萄牙政府签署关于澳门问题联合声明时使用的国旗摆件　1987年4月3日文物。1987年4月22日，外交部礼宾司将中国和葡萄牙政府签署关于澳门问题联合声明时使用的国旗摆件拨交中国革命博物馆。

中国和葡萄牙政府签署关于澳门问题联合声明时使用的国旗摆件，通高41.8厘米，通宽49.5厘米。旗面为丝绸质，旗架为金属质。旗架左右各悬挂一面中国国旗和一面葡萄牙国旗。

澳门自古以来是中国领土。1553年，葡萄牙人借口曝晒水渍货物取得澳门居住权。道光二十年（1840年）鸦片战争后，葡萄牙又乘机用武力等手段逐步侵占澳门半岛、氹仔岛和路环岛，并于光绪十三年（1887年）诱迫清政府签订中葡《和好通商条约》，规定"葡国永驻管理澳门以及属澳之地"。此后，葡萄牙一直占领澳门并将其作为殖民地。历代中国政府从未放弃对澳门主权。中华人民共和国成立后，多次明确表示要在适当时机通过谈判和平解决收回澳门。1974年，葡萄牙国内革命后，宣布实行非殖民地化政策，承认澳门不是殖民地，而是中国领土。1979年2月中葡两国建交时，双方同意在承认澳门是中国领土的前提

下，暂时维持现状，在适当时机通过友好协商解决澳门问题。中英香港问题联合声明签订后，在"一国两制"构想指引下，1986年6月至1987年3月，中葡双方经9个月四轮会谈，圆满解决中国恢复对澳门行使主权的问题。其中回归时间是谈判中一个重要问题。葡方曾一度要求，把交还澳门时间推迟到21世纪。中方态度坚决，邓小平明确指出，澳门问题必须在20世纪内解决，决不能把殖民主义尾巴拖到下个世纪。1987年4月13日，《中华人民共和国政府和葡萄牙共和国政府关于澳门问题的联合声明》在北京人民大会堂西大厅举行。在铺有墨绿色绒布长条桌中央，摆放着中葡两国国旗摆件，中国总理赵紫阳和葡萄牙总理卡瓦科·席尔瓦分别在本国国旗一侧入座，代表本国政府在联合声明上签字。声明宣布，中华人民共和国政府将于1999年12月20日恢复对澳门行使主权。并设立特别行政区，维护其现行社会制度、经济制度、生活方式50年不变。联合声明签署开辟了中葡两国友好合作关系新前景，也为澳门长期稳定和发展提供了坚实基础。1988年1月15日，中葡两国互换批准书，声明正式

生效。1999年12月20日零时，中葡两国政府在澳门文化中心隆重举行政权交接仪式，中华人民共和国国旗和澳门特别行政区区旗在雄壮的《义勇军进行曲》乐曲声中升起。中华人民共和国主席江泽民庄严宣告，中国政府对澳门恢复行使主权，澳门回归祖国。

中国和葡萄牙政府签署关于澳门问题联合声明时使用的国旗摆件藏于中国国家博物馆。

台湾同胞何文德赴大陆探亲时穿的夹克衫 1988年文物。1988年4月，在参与接待台湾探亲团的中华全国台湾同胞联谊会协助下，台胞何文德在返回台湾前将返乡探亲时穿的夹克衫捐赠给中国革命博物馆。

台湾同胞何文德赴大陆探亲时穿的夹克衫衣长68厘米。化纤、棉布质。白色，正面墨书"想家"，背面朱书"西望乡关何处是，梦里家园路迢迢"。

由于历史原因，海峡两岸同胞被长期人为阻隔，备受骨肉相思之苦。1979年新年，全国人大常委会《告台湾同胞书》发表后，立即在台湾社会引起强烈反响。改革开放给中国大陆带来巨大变化，也使台湾民众特别是国民党军退伍老兵更加渴望回到阔别多年的家乡探亲访友。1987年，邓小平在接见美籍华人陈香梅女士时，传话给台湾领导人蒋经国："你应该让那些已经在台湾的人，让他们回到大陆来探亲。"10月14日，在社会各界呼吁下，蒋经国主持国民党中常会通过有关探亲决议案。当天，国务院有关方面负责人发表谈话，指出台湾当局采取这一措施对两岸人民交往是有利的，热情欢迎台湾同胞到祖国大陆探亲旅游，并"保证来去自由，尽力提供方便"。10月15

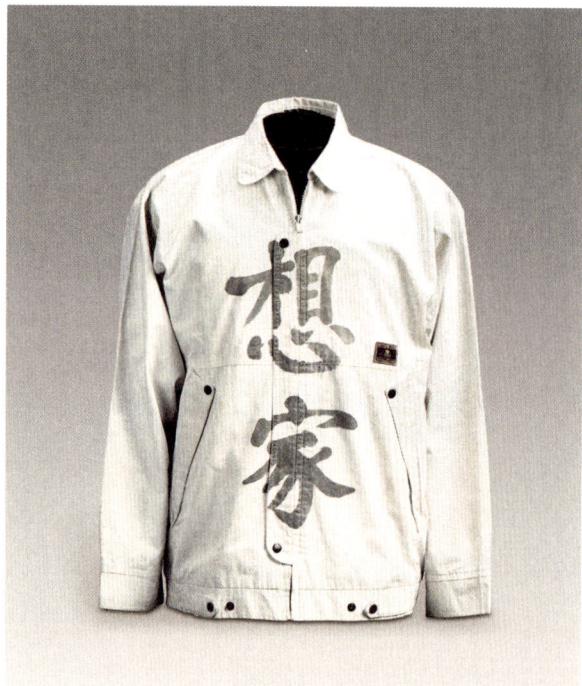

日，"台湾当局"通过《台湾地区民众赴大陆探亲办法》，正式宣布自12月1日起，允许除"现役军人及现任公职人员外，凡在大陆有血亲、姻亲、三亲等以内的亲属者，得登记赴大陆探亲"，一年可有一次，一次3个月。长达38年的两岸隔绝状态坚冰由此被打破。11月2日起，台湾红十字会受理探亲登记及信函转投。当天预定9时开始登记，凌晨就已人山人海，办妥手续1300余人。台湾红十字会为办理老兵返乡事宜，准备10万份申请表格，在半个月内就被索取一空。12月，第一批探亲老兵终于踏上返乡路。何文德，湖北房县人。民国27年（1938年）17岁时，随国民党军队离开家乡。1987年3月，何文德等大陆籍台湾退伍老兵和退休公教人员自发组成"外省人返乡探亲促进会"，何文德任会长，并组织"想回家，怎么办？——打开海峡两岸探亲管道座谈会"等活动，一些老兵还到国民党中央党部请愿，给台湾国民党当局造成极大压力。1988年初，促进

会组织第一个台湾返乡探亲团，团员包括何文德等25人，其中大部分是国民党军退伍老兵，团长由作家、"立法委员"王拓担任。临行前，探亲团带上台湾泥土、特产槟榔，并亲手制作返乡探亲团团旗。1月16日，探亲团抵达西安，18日，拜谒黄帝陵。19日，探亲团抵达北京，登完长城后，探亲团成员分赴各自故乡。成员们手持"外省人返乡探亲促进会返乡探亲团"旗子，身着统一夹克衫，正面墨笔书"想家"，背面朱书"西望乡关何处是，梦里家园路迢迢""四十多年了，放我回家吧""百战留得余生，才识老来更苦"等标语。回到大陆后，何文德将精心准备的物品交给居住在北京的台湾乡亲，希望有一天能在台湾欢迎现居大陆的台湾人回故乡探亲，并在向人们展示团旗时说："美国人策划登上月球用了17年，而我们从台湾走到大陆，却花了近40年。"

台湾同胞何文德赴大陆探亲时穿的夹克衫藏于中国国家博物馆。

科威特政府颁发给中国灭火队的奖牌

1991年11月文物。1992年2月20日，中国石油天然气总公司将科威特政府颁发给中国灭火队的奖牌拨交中国革命博物馆。

科威特政府颁发给中国灭火队的奖牌，纵22.8厘米，横30.5厘米，高2.5厘米。铜版，电脑激光刻制，用铆钉镶嵌在木板上。奖牌最上方是"KUWAIT 1991"字样，中上部自左至右依次为船、科威特版图和大火图案。图案下方刻有几行英文字，意为"献给中国石油灭火队，你们在我国油田上进行了成功的灭火作业，对你们所做的一切，科威特人民将永远铭记"。最下方刻有科威特石油公司董事长兼总

经理、石油大臣签名。

1991年海湾战争结束后，科威特全国950口油井中有727口仍在燃烧。为尽快扑灭大火，来自全世界10个国家、28支灭火队参加科威特油井灭火大会战。7月14日，中国是继美国、加拿大之后，第三个和科威特签订油井灭火合同的国家。8月22日，中国石油天然气总公司派出由四川石油管理局组建的63人灭火队。中国灭火队作业区位于被破坏最严重的布尔甘油田内，油田产油量占科威特总产油量91%，是科威特最大的油田，也是世界上第二大油田。9月8日，在复杂恶劣工作环境中，中国灭火队仅用1小时零7分钟就扑灭第一口日喷油量万吨以上的油井大火。在随后一个多月内，中国灭火队先后扑灭布尔甘油田10口喷油量万吨以上油井大火，得到外国同行赞誉和科威特政府高度评价。11月6日，在科威特政府举行的盛大庆祝会上，科威特石油大臣哈姆德·阿卜杜拉·拉克巴代表政府向参加灭火的各国灭火队表示感谢。为表彰中国灭火队杰出成就，科威特政府把奖牌授予中国灭火队。

科威特政府颁发给中国灭火队的奖牌藏于中国国家博物馆。

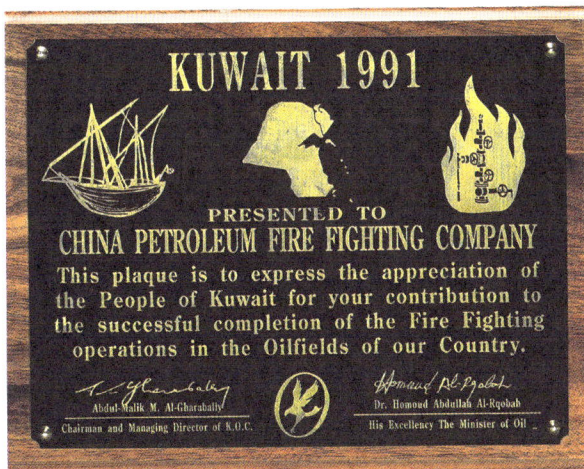

邓小平视察南方时穿的夹克衫 1992年文物。2003年，中共中央决定隆重纪念邓小平100周年诞辰。邓小平亲属通过中共中央文献研究室，分别向四川广安邓小平故里管理局和中国国家博物馆转赠一批邓小平遗物，邓小平视察南方时穿的夹克衫就是其中之一。9月28日，举行隆重捐赠仪式。

邓小平视察南方时穿的夹克衫，身长75.2厘米。纯棉质。深蓝色。

邓小平（1904～1997年）四川广安人。无产阶级革命家、政治家、军事家、外交家，中国共产党、中国人民解放军和中华人民共和国的主要领导人之一。1920年赴法国勤工俭学，1924年加入中国共产党，后转往苏联学习。1926年底回国。1929年底和1930年初，参与领导百色起义和龙州起义，创建中国工农红军第七军、第八军和左江、右江革命根据地。1931年进入中央革命根据地。1934年10月参加长征，1935年1月参加遵义会议。抗日战争时期，任八路军总政治部副主任、一二九师政治委员，领导创建晋冀豫等抗日根据地。解放战争时期，任中国人民解放军晋冀鲁豫野战军、中原野战军、第二野战军政治委员。同师长刘伯承率部强渡黄河，挺进大别山地区，揭开人民解放军对国民党军全国性战略进攻的序幕。在战略决战阶段，参与指挥淮海战役、渡江战役。中华人民共和国成立后，历任中央人民政府政务院（国务院）副总理、国防委员会副主席、中央委员会总书记、中共中央副主席、中央军委副主席和中国人民解放军总参谋长等职。1978年后任中共中央顾问委员会主任、中共中央军委主席。是中国共产党第二代中央领

导集体核心，中国社会主义改革开放和现代化建设的总设计师。

20世纪80年代末至90年代初，中国改革开放和社会主义现代化建设面临严峻挑战。苏联、东欧剧变，社会主义在世界范围内处于低潮，国际上刮起一股否定马克思主义和社会主义的歪风。面对复杂形势，国内一部分干部群众思想产生困惑，有人对社会主义前途缺乏信心，另一些人甚至怀疑和否定改革开放的社会主义性质，对党的基本路线产生动摇。提出改革开放姓"社"还是姓"资"问题。面对反对改革的思潮，邓小平毅然再次视察南方。1992年1月18日至2月21日，已正式告别中央领导岗位的邓小平，以普通共产党员身份，先后赴武昌、深圳、珠海和上海视察，沿途发表重要谈话。3月26日，《深圳特区报》率先发表《东方风来满眼春——邓小平同志在深圳纪实》社论报道，并集中阐述邓小平南方谈话要点内容。邓小平南方谈话有许多精彩、精辟论断，如"基本路线要管一百年，动摇不得""社会主义的本质，是解放生产力，发展生产力，消灭剥削，消除两极分化，最终达到共同富裕""计划多一点还是市场多一点，不是社会主义与资本主义的本质区别""改革开放胆子要大一些，抓住时机，发展自己，关键是发展经济。发展才是硬道理""要坚持两手抓，两手都要硬。两个文明建设都搞上去，这才是有中国特色的社会主义"等。邓小平南方谈话，回答了长期以来困惑人们的一系列重大思想认识问题，给中国改革开放的深入发展指明方向。1992年10月召开的中共十四大，确立邓小平建设有中国特色社会主义理论在全党的指导地位，明确经济体制改革目标，是建立社会主义市场经济体制。要求全党抓住机遇，加快发展，集中精力把经济建设搞上去。以南方谈话和十四大为标志，中国改革开放和社会主义现代化建设进入一个加速发展新阶段。邓小平视察南方期间穿过的夹克衫，见证了中国改革开放和社会主义现代化建设重要历史时刻。

邓小平视察南方时穿的夹克衫藏于中国国家博物馆。

写有孔繁森遗书的笔记本　1994年2月27日文物。1995年8月，孔繁森之子孔杰将写有孔繁森遗书的笔记本等一批孔繁森遗物捐献给国家。

写有孔繁森遗书的笔记本，纵18厘米，横12.8厘米。纸质，钢笔书写。笔记本中有孔繁森在西藏阿里救灾时写下的遗书，并记录阿里雪灾情况等内容。

孔繁森（1944～1994年），山东聊城人。

1961年入伍，1966年加入中国共产党。1969年复员后，先当工人，后被提干。1979年担任聊城地委宣传部副部长时，孔繁森主动报名赴西藏，在海拔4700余米的岗巴县委任副书记。在岗巴三年，跑遍全县乡村、牧区，访贫问苦，和当地群众一起收割、打场，干农活、修水利。1988年，孔繁森已任聊城行署副专员，再次带队进藏，任拉萨市副市长。为发展拉萨教育事业，跑遍全市公办学校和一半以上乡、村办小学。1993年，孔繁森进藏工作期满，仍要求留在西藏。在担任中共阿里地区委员会书记期间，深入调查研究，求计问策，寻找带领群众脱贫致富路子，使阿里经济有较快发展。1994年2月，阿里发生雪灾。2月27日（原文误写为26日）3时，孔繁森在现场组织抢险救灾，感到心跳加快，胸闷气短，为防不测，在笔记本上给同事小梁写下一封短短的遗书交代后事："每月以我的名义给我家写一封平安信。我在哪里发生不幸，就把我埋在哪里……"1994年9月，孔繁森被国务院授予"全国民族团结进步先进个人"称号。11月29日，在赴新疆塔城地区考察时，不幸以身殉职。2009年9月14日，被评为100位"新中国成立以来感动中国人物"之一。

写有孔繁森遗书的笔记本藏于山东省聊城市孔繁森同志纪念馆。

抗洪抢险"生死牌" 1998年文物。1998年，长江流域发生特大洪水。中国革命博物馆工作人员看到相关报道后，委托北京青年报社现场记者，向武汉市江汉区防汛指挥部代为征集生死牌等抗洪文物。1998年8月26日，抗洪文物专程运抵北京，入藏该馆。

抗洪抢险"生死牌"，纵79厘米，横120厘米。纸、木质，毛笔书写。全称"98抗洪救灾时武汉江汉区防汛指挥部16名共产党员在龙王庙闸口立的'生死牌'"。将写有誓词的粉纸贴在木质小黑板上制成。用红广告色写着"誓与大堤共存亡"誓词，并有驻守在龙王庙闸口16名共产党员签名：黄义成、唐仁清、李建强、易光之、黄启雁、骆威、黄志刚、马晓君、王开若、陈晓建、徐斌、喻传喜、余光约、雷宽喜、王全、李立华。

1998年入夏，中国长江流域发生1954年以来第二次全流域性历史上罕见特大洪水，人民生命财产和国家财产受到严重威胁，党和政府领导全国军民进行艰苦的抗洪斗争。两个多月，战斗在抗洪第一线广大军民团结奋战，顽强拼搏，日夜防守险象环生的长江大堤，全

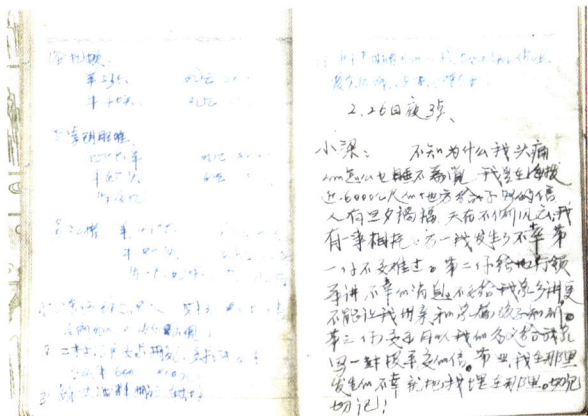

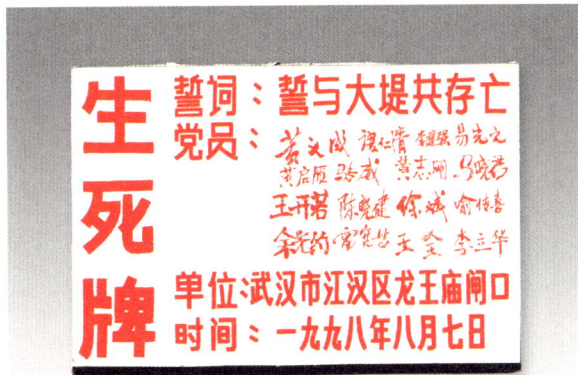

国人民踊跃捐款捐物，谱写中华民族自强不息、团结奋斗的壮丽凯歌。武汉龙王庙闸口是汉江与长江交汇处，是武汉14个险段中的险中之险。由于长期受到两股方向相反水流冲刷，极易造成崩堤、溃口等险情，直接威胁700万江城人民生命财产安全。来自武汉市江汉区委宣传部、武汉市公安局江汉分局等单位组成的"武汉市江汉区防汛抗旱指挥部"32名抗洪勇士，24小时轮流昼夜值守龙王庙闸口，随时监测险情。其中由16名共产党员组成的临时党支部，更是发挥了战斗堡垒作用。为表达"誓与大堤共存亡"的决心，8月7日，黄义成等16名共产党员在"生死牌"上庄严签上自己的名字。"生死牌"与"严防死守、人在堤在、水涨堤高、确保安全"巨大横幅一起，展示在龙王庙闸口，形成长江抗洪抢险前线一道亮丽风景线，表达抗洪勇士誓与洪水拼搏到底的大无畏英雄气概。

抗洪抢险"生死牌"藏于中国国家博物馆。

联合国授予王昂生的"联合国灾害防御奖"奖杯　1998年文物。2002年，王昂生将联合国授予的"联合国灾害防御奖"奖杯捐赠给中国革命博物馆。

联合国授予王昂生的"联合国灾害防御奖"奖杯，高37.1厘米，宽14.2厘米，厚10厘米。水晶玻璃质地。奖杯上有联合国徽标托着"雷电""江河"等图案，基座上镌刻获奖者姓名及其国籍等英文字样。

1986年，联合国为促进以有效减轻自然灾害或其他紧急事件造成危险和生命财产损失为目的的人道主义活动和科学研究，并将科研成果运用到政策制定和防灾实践中，特设立灾害

防御奖，又称"笹川减灾奖"，或"笹川灾害防御奖"。1998年，联合国评选委员会对上百名候选人进行多轮评选。最终，中国民政部部长多吉才让和中国科学院减灾中心主任王昂生教授联合入选。

王昂生（1939年～），四川成都人。国际著名防灾减灾专家，中国科学院院士、中国科学院减灾中心主任，国际科学院"全球自然灾害与减灾"项目首席科学家。1963年起，王昂生一直致力于灾害防御、减灾灾害、大气科学和人工影响天气等研究。1975年，首先提出和倡导"现代减灾"和中国减灾战略，领导建立"大气、水圈的减灾的综合科学系统"。1993年，被国际自然灾害学会授予"科学贡献奖"。

联合国授予王昂生的"联合国灾害防御奖"奖杯藏于中国国家博物馆。

李宁的本世纪最佳运动员奖杯 1999年。1999年9月7日，李宁将本世纪（20世纪）最佳运动员奖杯捐赠给中国革命博物馆。

李宁的本世纪最佳运动员奖杯，高56厘米，长、宽均18厘米。由国际体育记者协会颁发。顶部球体上立古希腊田径运动员撞线铜像，大理石底座。底座正面刻有"LI NING AIPS TROPHY FOR THE BEST ATHLETES OF THE CENTURY BUDAPEST 1999"（李宁，本世纪最佳运动员奖杯，布达佩斯，1999），背面刻有贝利、阿里、乔丹等25名当选运动员名字。

李宁（1963年～），壮族，广西来宾人。1980年，入选国家体操队。1989年退役。共获奥运会、世界杯、世界锦标赛等各种高水平体操比赛的金牌106枚。1982年12月，在第六届世界杯体操赛上独得6枚金牌，被誉为"体操王子"。李宁完成的吊环"正吊臂后悬垂前摆上接直角支撑"和双杠"下回环转体180度成倒立"动作，被列为以"李宁"命名世界男子体操评分规则。曾五次获得国家体育运动荣誉奖章，四次被评为全国十佳运动员。

民国13年（1924年）7月2日，国际体育记者协会成立，是世界最权威体育新闻组织，在全世界共有130个会员单位。1999年，为庆祝协会成立75周年，举办"本世纪最佳运动员"评选活动。协会要求每个会员单位推荐"三男三女"运动员作为候选人，报送国际体育记者协会，进行初评，产生130名入围运动员，再经协会执行会投票选出25名运动员，授予"本世纪最佳运动员"殊荣。6月26日，20世纪最佳运动员颁奖大会在匈牙利首都布达佩斯隆重举行，国际奥委会主席萨马兰奇出席颁奖仪

式。中国获奖运动员李宁参加颁奖仪式。当选的25名运动员，包括"球王"贝利、"拳王"阿里、"飞人"乔丹等体育名将。李宁是唯一获此殊荣的中国运动员。

李宁的本世纪最佳运动员奖杯藏于中国国家博物馆。

中国北极科学考察队队旗 1999年文物。2000年5月29日，国家海洋局极地考察办公室将中国北极科学考察队队员签名队旗拨交中国革命博物馆。

中国北极科学考察队队旗，纵126厘米，横200厘米。化纤质地，软笔、钢笔签名。旗面中央印有"中国北极科学考察队N-CHINARE"字样，左上角印有中国北极考察队标识。白色旗裤上用钢笔书写"中国首次北极科学考察一九九九年七～九月"。并有92名科考队员签名。

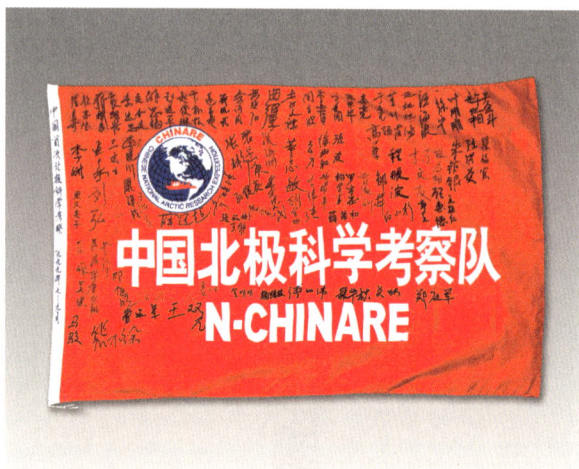

北极地区位于北纬66°34′以北广大地区，即北极圈范围。总面积2100万平方千米，陆地仅800万平方千米，其余为冰封北冰洋。人口极为稀少。由于独特自然条件和地理位置，南极和北极在全球变化研究中具有举足轻重的地位。1957～1958年是国际地球物理年，人类开始对北极进行大规模科学考察。1990年8月，加拿大、丹麦、芬兰、冰岛、挪威、瑞典、美国和俄罗斯8个北极国家成立国际北极科学委员会（IASC），宗旨是科学、交流与协调，并对正在北极或非北极开展与北极有关重要科学活动的非北极国家开放。20世纪80年代初，中国开始极地科学考察。1980年1月，中国首次派出两名科学家参加澳大利亚组织的南极考察活动，中国有关科研机构从80年代开始先后组织一些相当规模的北极考察研究。1996年，中国加入国际北极科学委员会，成为第16个成员国。1999年7月1日至9月9日，中国政府首次组织对北极地区进行大规模的综合科学考察。由国家海洋局、中国科学院、国土资源部、农业部、教育部、中国气象局、国家测绘局等部门组成北极考察队，有近50名科技人员、20余名新闻记者，还有来自俄罗斯、日本、韩国，及中国香港、台湾地区5名科考人员。船长袁绍宏，首席科学家兼科学考察队队长陈立奇。科考队乘"雪龙"号科学考察船从上海出发，经日本海、白令海、楚科奇海、加拿大海盆到达北极永久海冰区，沿楚科奇海、白令海、日本海回到上海。考察历时71天，安全航行14180海里，航时1238小时，完成三大科学目标预定现场科学考察任务，获得大批极其珍贵样品、数据和资料。考察队到达北极点时，92名队员在队旗上签名留念。

中国北极科学考察队队旗藏于中国国家博物馆。

姚桐斌的"两弹一星"功勋奖章　1999年文物。1999年12月，中共中央、国务院、中央军委追授姚桐斌的"两弹一星"功勋奖章由其夫人彭洁清捐赠给中国革命博物馆。

姚桐斌的"两弹一星"功勋奖章，直径

8厘米，重约515克。纯金质。主体图案为五星、长城、橄榄枝和光芒，体现中共中央、国务院、中央军委最高奖特征。

"两弹一星"最初是指原子弹、导弹和人造卫星。后来"两弹"中一弹演变为原子弹和氢弹合称，另一弹为导弹，"一星"为人造卫星。1964年10月16日，中国第一颗原子弹爆炸成功。1966年10月27日，第一颗装有核弹头的地地导弹飞行爆炸成功。1967年6月17日，第一颗氢弹空爆试验成功。1970年4月24日，第一颗人造卫星发射成功。1999年9月18日，国庆50周年前夕，为表彰在研制"两弹一星"事业中做出突出贡献的23位科学家的光辉业绩，中共中央、国务院、中央军委在人民大会堂举行隆重表彰大会，授予于敏、王大珩、王希季、朱光亚、孙家栋、任新民、吴自良、陈芳允、陈能宽、杨嘉墀、周光召、钱学森、屠守锷、黄纬禄、程开甲、彭桓武15人"两弹一星"功勋奖章，追授王淦昌、邓稼先、赵九章、姚桐斌、钱骥、钱三强、郭永怀7人"两弹一星"功勋奖章。为祖国"两弹一星"科研事业，科学家们做出巨大牺牲。有人放弃在国外优厚待遇，毅然回国。因保密需要，隐姓埋名，默默无闻，有的甚至不参加世界上各种学术交流活动。科学家们依靠科学，顽强拼搏，运用有限科研和试验手段，自力更生攻克一个个技术难关，在较短时间里，掌握制造原子弹、氢弹、导弹和人造卫星等尖端技术。"两弹一星"是中华民族在20世纪下半叶创建的辉煌伟业，为中国航天事业跻身世界先进行列做出巨大贡献。

姚桐斌（1922～1968年），江苏无锡人，中共党员，中国航天材料工艺研究开拓者和奠基人。1951年，在英国获冶金博士学位。1957年，应周恩来邀请回国，主持航天材料及工艺研究所工作，为中国航天尖端新材料、新工艺、特种测试方法和设备研究奠定坚实基础。期间，姚桐斌率领科研人员经两年刻苦攻关，研制出耐几千度高温的钎焊合金材料，为中国导弹成功研制扫清"拦路虎"，使中国系列火箭不断腾飞做好材料保障。"文革"中，姚桐斌被迫害致死。1978年，被追认为革命烈士。

姚桐斌的"两弹一星"功勋奖章藏于中国国家博物馆。

刘淇签署举办第29届奥运会合同时用的签字笔 2001年7月13日文物。2002年6月4日，刘淇将签署举办第29届奥运会合同时用的签字笔捐赠给中国革命博物馆。

刘淇签署举办第29届奥运会合同时用的签字笔，长13.5厘米。金属、塑料质。笔帽上有五环标志。

奥林匹克运动会（以下简称"奥运会"）是国际奥林匹克委员会主办的世界规模最大的综合性运动会，每隔四年轮换在一个城市举行。改革开放后，中国综合国力增强，申办奥运会随之提上议事日程。1991年，北京第一次

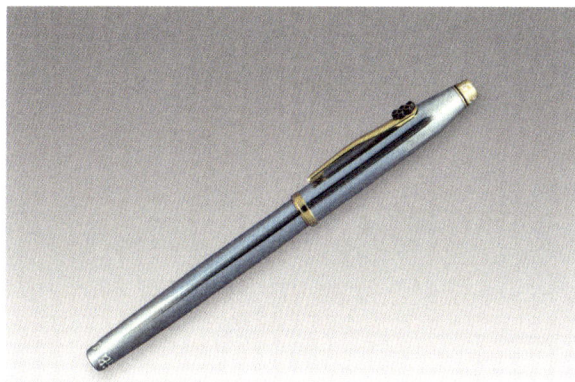

申请举办奥运会，以两票之差落选。1999年，北京再次向国际奥委会提出申请举办2008年第29届奥运会。2001年7月13日，在各级政府及各界人士关注支持和努力下，在莫斯科举行的国际奥委会第112次全会投票中，北京第二轮即以过半数胜出。同日北京时间18时11分，国际奥委会主席萨马兰奇宣布，北京成为2008年第29届奥运会举办城市。北京奥申委主席、北京市市长刘淇与国际奥委会签订2008年奥运会主办城市合同后，步入新闻大厅发表讲话，北京一定会举办一次成功的奥运会。刘淇认为，签字使用的钢笔无比珍贵，要永远保存下去。

刘淇签署举办第29届奥运会合同时用的签字笔藏于中国国家博物馆。

宣布中国加入世贸组织用的"入世槌"

2001年11月13日文物。在中国革命博物馆工作人员积极努力下，北京日报报业集团将"入世槌"捐赠给该馆。并在2001年12月12日，中国正式加入世贸组织这天，举行隆重捐赠仪式。

宣布中国加入世贸组织用的"入世槌"，长32.2厘米。木质。是在世界贸易组织第四次部长级会议上，大会主席、卡塔尔财政经济和贸易大臣卡迈勒宣布中国正式成为世贸组织成员时使用的木槌。

1995年1月1日，世界贸易组织（以下简称"世贸组织"，英文缩写WTO）成立。前身为民国36年（1947年）由美国等国发起的关税及贸易总协定，主要负责管理世界经济和贸易秩序，与国际货币基金组织、世界银行一起，被称为世界经济发展三大支柱。加入世贸组织是中国改革开放和自身经济发展需要，也是世贸组织本身需要。中国是关贸总协定创始国之

一。自1986年中国申请恢复缔约国地位后，为复关和加入世贸组织进行了15年的不懈努力。1995年7月11日，世贸组织总理事会会议决定，接纳中国为该组织观察员。此后，进行一系列双边谈判和多边谈判。其中，中美双边艰巨而漫长谈判进行13年。作为世界上最大的发展中国家和最重要的工业化国家，中美两国谈判对双方及世界经济贸易意义重大，也是中国"入世"最关键一步。1998年6月，中华人民共和国主席江泽民在接受美国记者采访时提出，中国入世三项原则，世贸组织既然是一个国际组织，没有中国这个最大的发展中国家参加是不完整的；中国只能作为一个发展中国家参加；中国加入世贸组织，其权利和义务一定要平衡。1999年4月，中、美签署《中美农业合作协议》，并就中国加入世贸组织发表联合声明，美方承诺"坚定地支持中国于1999年加入世界贸易组织"。11月15日，经6天夜以继日谈判，中美最终达成协议，为中国"入世"扫清最大障碍。2001年9月17日，世贸组织中国工作组第18次会议在世贸组织总部举行，通过中国加入世贸组织所有法律文件。11月13日，在卡塔尔首都多哈举行的世贸组织第四次

部长级会议上，大会主席、卡塔尔财政经济和贸易大臣卡迈勒手中木槌轻落，宣布通过《中国加入世界贸易组织的决定》。30天后，文件生效，中国成为世贸组织第143个成员。多哈会议结束当晚，北京晚报社两位记者再次来到会场，为第二天新闻稿寻找素材。经工作人员同意，记者在丢在地上的一堆椅套中，挑出分别印有"中国""香港""卡塔尔"字样椅套。在征得会议主办方许可下，将"入世槌"和几件椅套带回祖国。

宣布中国加入世贸组织用的"入世槌"藏于中国国家博物馆。

"神舟"五号载人飞船返回舱 2003年10月16日文物。2004年，中国空间技术研究院将"神舟"五号飞船返回舱和主降落伞拨交中国国家博物馆。是中国国家博物馆"复兴之路"基本陈列"飞天揽月——实现中华民族千年梦想"展区核心文物。

"神舟"五号载人飞船返回舱，通高250厘米，直径250厘米。重3000余公斤。外形呈钟形。"神舟"五号载人飞船是"神舟"号系列飞船中第五艘，是中国首次发射的载人航天飞行器。返回舱是密封舱段，舱内与外界完全隔绝，内部安装环境和生命保障系统，为航天员提供与地球一样的生活环境。飞船返回舱侧壁上开设两个圆形窗口，一个用于航天员观测窗外情景，另一个供航天员操作光学瞄准镜观察地面，驾驶飞船。返回舱底座是金属夹层密封结构，上边安装返回舱仪器设备。

1970年7月，"东方红一号"卫星上天不久，科学家就上报发展载人航天研究报告。1992年9月21日，中共中央批复。载人航天工程可行性论证报告，标志中国载人航天工程正式立项，代号为"921工程"。1999～2003年，中国先后成功发射"神舟"一号至"神舟"四号4艘无人飞船，完成预定空间科学和技术试验任务，为航天员进入太空提供相关数据，奠定中国载人航天事业基础。2003年10月15日9时，经4次无人飞行试验后，中国用长征二号F型运载火箭，在甘肃酒泉卫星发射中心成功发射第一艘载人飞船——"神舟"五号。航天员杨利伟搭乘飞船进入太空，绕地球飞行21小时、14圈后，10月16日6时23分，"神舟"五号飞船返回舱在内蒙古顺利着陆。6时45分，航天员杨利伟自主出舱。"神舟"五号载人飞船由推进舱、轨道舱、返回舱和附加段组成。返回舱是飞船唯一返回地球的舱段，航天员在飞船发射阶段和返回阶段都必须乘坐在返回舱内。经非同寻常太空之旅，返回舱舱体呈暗褐色，因烧蚀留下斑斑印记，均为飞船经大气层时摩擦剧烈造成。返回舱是飞船指挥控制中心，舱内安装飞行中需要航天员监视和操作的仪器设备，设备显示飞船各系统和设备工作情况，以便航天员随时判断、了解飞船状况，在必要时人工干预飞船系统和设备。飞船发射及返回标志着中国成为俄罗斯和美国之后，第三个将人类送上太空国家。

"神舟"五号载人飞船返回舱藏于中国国家博物馆。

"星光中国芯"芯片 2004年文物。2007年6月7日，为筹办由中共中央宣传部等八大部委主办、中国国家博物馆承办的"复兴之路"大型主题展览，中国国家博物馆与中星微电子公司联系，并获赠"星光中国芯"系列产品"星光一号"至"星光五号"。

"星光中国芯"芯片，最小尺寸纵0.9厘米，横0.9厘米；最大尺寸纵1.3厘米，横1.3厘米。共5片。

信息产业核心是芯片设计软件开发，芯片技术是一个国家综合国力的重要标志。1999年10月，在国家信息产业部提议和支持下，由曾在美国硅谷创业的海外留学博士邓中翰等，在北京中关村科技园区成立中星微电子有限公司，启动和承担国家"星光中国芯工程"。

2000年11月，清华中星微电子联合研究中心在清华大学设立，周光召为名誉理事长，邓中翰为理事长。2001年3月，中星微研发出首块世界领先的百万门级超大规模CMOS数码图像处理芯片"星光一号"，实现核心技术产品化，被誉为结束"中国硅谷无硅"的历史产品，名列"中关村十大IT创新产品"榜首。2002年1月，中星微与微软联手将多媒体数码影像技术推向全球市场的合作备忘录在北京签署，标志中国已同世界信息产业同步发展。同年，中国第一、世界领先的集声音和图像于一体的"星光二号"和人工智能视觉芯片"星光三号"相继问世，并打入国际市场。年底，中星微开发手机彩信处理芯片"星光四号"，被美国全球第一大CDMA移动通信运营商大批量采用。翌年，中星微研发集"星光一号"到"星光四号"全部功能的新一代PC图像输入芯片"星光五号"，被罗技等国际知名品牌大规模应用，标志拥有中国自主知识产权的中国芯片技术，已成为国际业界公认技术标准。中星微研发出众多产品，以"星光一号"至"星光五号"最为典型，成为中国第一代也是现唯一能出口的超大规模集成电路。经10年自主创新，"星光中国芯工程"先后取得八大核心技术突破和大

规模产业化一系列重要成果，申请超过1500余项国内外技术专利，取得全球过亿枚销售量，产品覆盖16个国家和地区，使中国在PC图像输入、移动多媒体两大重点应用领域，取得全球领先地位。芯片体积虽小，但每个芯片研发都像是发射航天飞机，其中凝结巨大科技含量。2004、2013年，中星微芯片两次荣获国家科技进步奖一等奖。

"星光中国芯"芯片藏于中国国家博物馆。

青藏铁路建设者用的压力锅　2002～2006年文物。2006年5月，前往青藏铁路工地采访的《北京青年报》记者，特意征集到青藏铁路建设者使用的压力锅带回北京，转赠中国国家博物馆。

青藏铁路建设者用的压力锅，直径60厘米，通高61厘米。重20多公斤。铝合金质。锅体标识1980年12月出厂。为参加青藏铁路建设的中铁十九局职工在安多火车站建设工地使用。由于长时间使用，压力锅底部被烧漏。

青藏铁路通车前，西藏自治区是全国唯一不通铁路的省级行政区。交通运输落后，严重制约西藏经济、社会发展。随着改革开放和西部大开发战略实施，运往西藏物资大幅度增加，原有以公路为主体的运输通道，远不能满足经济发展迫切要求。21世纪初，中共中央、国务院做出建设青藏铁路战略决策。青藏铁路是西部大开发标志性工程，对加快青藏两省区经济、社会发展，增进民族团结，造福各族人民具有重要意义。20世纪50年代，党和国家就着力研究解决进藏铁路建设问题。青藏铁路起点青海省西宁市，终点西藏自治区拉萨市，全长1956千米。是世界海拔最高的、穿越永久

性冻土地带最长的高原铁路，沿线常年平均气温在零摄氏度以下，空气中含氧量仅为平原地区一半。青藏铁路建设面临多年冻土、高寒缺氧、生态脆弱三大世界铁路建设难题严峻挑战。经1958年动工修建，1960年停工缓建，1974年挥师复建。1979年，青藏铁路一期青海省西宁至格尔木段814千米建成，1984年通车运营。2001年6月29日，青藏铁路二期格尔木至拉萨段开工，全长1142千米。2005年，铺轨通过唐古拉山，并提前实现全线铺通。铁道兵第十师（中铁二十局前身）在修建青藏铁路一期工程时，曾先后有201名战士长眠雪域。2006年7月1日，经多年艰苦奋战，攻克许多罕见的科技难题，世界海拔最高、线路最长的青藏铁路全线通车，全线共建85座车站。安多火车站位于海拔4700米的西藏自治区那曲地区安多县城南，长1601米，占地面积14万平方米，是青藏铁路进入西藏的第一大客货两用车站，有14列旅客列车经过，其中4列停靠。在安多火车站建设中，建设者们面临生活问题，由于海拔高，用普通锅烧水，根本烧不到100C，

大家吃饭、喝水都成问题。为解决职工生活难题，采购这口比普通高压锅重几倍的特制压力锅，用于烧水和做饭。

青藏铁路建设者用的压力锅藏于中国国家博物馆。

邱光华烈士的特级飞行胸章　2008年文物。2008年7月，经成都军区领导批准，烈士家属同意，某陆航团将搜救人员在飞机失事地点发现的邱光华特级飞行胸章捐赠给中国国家博物馆。

邱光华烈士的特级飞行胸章，纵3.2厘米，横9厘米。化纤质。

2008年5月12日14时28分，四川省汶川县发生8.0级特大地震，是中华人民共和国成立以来发生的破坏性最强、波及范围最广、救灾难度最大的一次地震。成都军区某陆航团是一支空中劲旅，常年在青藏高原、云贵高原复杂气候和地形条件下执行各种急难险重任务。汶川地震救援中，陆航团承担最艰巨、最紧迫、最重要的抢运伤员、输送物资、投送兵力等任务。5月31日13时，陆航团51岁特级飞行员、

机长邱光华和734机组27岁副驾驶李月，47岁空勤机械师王怀远，28岁空勤机械师陈林，23岁物资装卸和地面警戒员张鹏，前往理县执行救灾任务。从成都到理县空中航线，被飞行员们称为"死亡航线"。机组克服重重险阻，一次次化险为夷，把"死亡航线"变成"生命通道"。当日下午，直升机在返航途中，遭遇天气突变，不幸失事。6月10日10时55分，直升机残骸在深山峡谷中被找到，机上人员全部遇难。邱光华等5名机组人员被追记一等功。邱光华（1957～2008年），四川茂县人。羌族，大校军衔，副师职特级飞行员，为1974年挑选第一批少数民族飞行员，人称"羌族之鹰"。按有关规定，11个月后邱光华将到龄停飞。为完成救援任务，帮助年轻同志尽快成长，原本不在救灾人员名单上的邱光华，主动承担急难险重飞行任务。在气候复杂多变、通信联络不畅情况下，多次冒生命危险，频繁执行汶川、北川、茂县等重灾区飞行任务，先后飞行63架次，和机组人员一起向灾区运送救灾物资25.8吨，输送救灾人员87人，转移受灾群众234

人。曾6次飞赴茂县执行任务，都没有离机回家。2009年，邱光华被评为100位"新中国成立以来感动中国人物"之一。

邱光华烈士的特级飞行胸章藏于中国国家博物馆。

中国首次月球探测工程拍摄的全月球影像图 2008年11月12日文物。2008年11月12日，在国防科技工业局举行绕月探测工程全月球影像图发布暨科学数据交接的仪式上，由"嫦娥1号"拍摄数据制作的中国第一幅全月球影像图正式亮相。仪式结束后，中国探月与航天工程中心将全月球影像图及此次月球探测工程其他相关实物资料，拨交中国国家博物馆。

中国首次月球探测工程拍摄的全月球影像图，纵128厘米，横243厘米。纸质。2007年11月20日至2008年7月1日，图像数据获取于覆盖月球西经180°到东经180°，南北纬90°间。图幅左边影像图为正轴等角割35°墨卡托投影，包括神秘月境南北纬70°之间区域，约占全月球面积的94%。图幅右边为月球南北极区影像图，包括南北纬60°～90°区域，采用等角割70°方位投影。

月球是距离地球最近的星球。由于空间位置独特、潜在资源丰富，又是研究地月系统和太阳系起源与演化的重要对象，被人们视为开展深空探测首选目标和前哨站。1962年起，中国开始对月球探测器进行研究。2000年11月22日，中国政府公布航天白皮书《中国的航天》，明确提出"开展以月球探测为主的深空探测的预先研究"，探月工程取得重大进展。2004年1月，绕月探测工程正式立项，被命名为"嫦娥工程"。2007年10月24日18时05分，中国首颗绕月人造卫星"嫦娥1号"由长征三号甲运载火箭顺利发射升空。卫星主要探测目标是：获取月球表面三维立体影像；分析月球表面有用元素含量和物质类型分布特点；探测月壤厚度和地球至月亮空间环境。"嫦娥1号"卫星搭载8种24台科学探测仪器，包括获取制作全月球影像数据的CCD立体相机。11月20日16时49分，成功进入环月飞行轨道后，

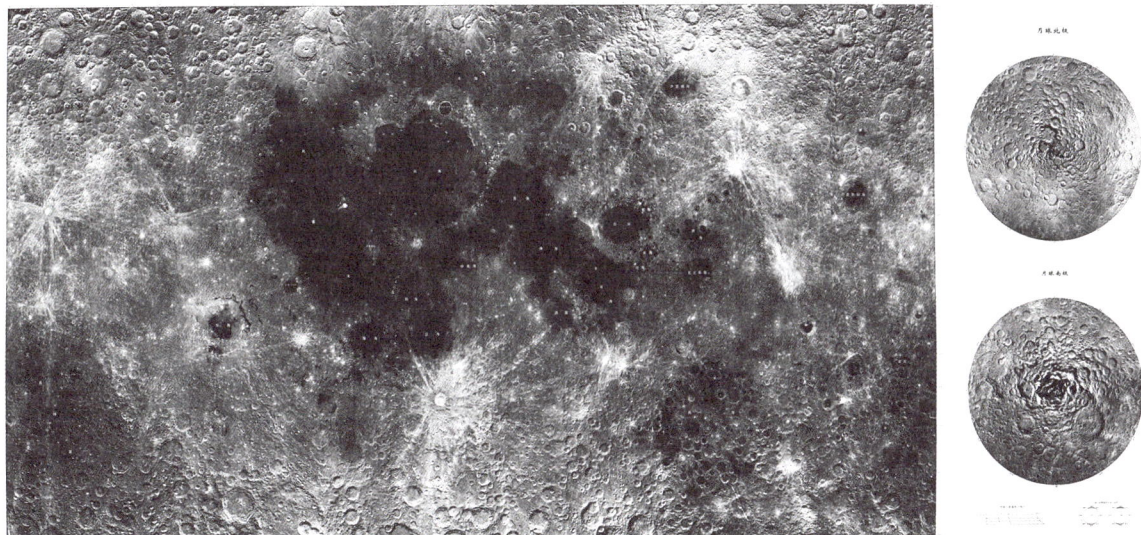

中国首次月球探测工程全月球影像图

CCD立体相机开机工作。一年内，卫星按计划完成南北纬70°全月面三维成像，首次获取月表极区全部影像，并开展月球两极影像拍摄试验。至2008年7月1日，完整获取70°以上南北极区全部影像数据，补充制作月球极区影像图。"嫦娥1号"看遍月球每寸土地，并完整传回数据。地面应用系统对月球表面图像数据和其他科学探测数据进行处理后，再进行镶嵌拼接，最终制成这幅图像清晰、层次分明、定位精准、数据翔实的全月球影像图。

中国首次月球探测工程拍摄的全月球影像图藏于中国国家博物馆。

第十章 旧石器时代人类化石与文化遗存

中国曾被认为是人类的起源地之一。20世纪初，很多西方学者到中国寻找人类起源的证据，北京猿人、河套人、水洞沟遗址就是在这一背景下被发现的。20世纪70～80年代在云南禄丰发现的生存于800万年前的"禄丰古猿"，曾被认为是探索人类起源的新曙光，少数学者认为它代表南方古猿之前的演化阶段，是人类的远祖。但大多数古人类学家认为禄丰古猿是一支绝灭的大猿，与人类演化没有关系。本章的古人类化石材料介绍，即从禄丰古猿开始。

中国发现的被公认的最早人类化石是云南元谋人的两枚门齿，属于直立人，年代被测定为距今170万年。早期人类化石稀缺，牙齿上的有限信息对于了解中国地区最初人类的来源和体质特点弥足珍贵。头骨化石包含更多的古人类体质形态和演化阶段的信息。中国最早的人类头骨化石出自陕西蓝田公王岭遗址，其头骨上部和上颌骨的一部分，提供了该个体性别、年龄、脑量、脑颅形态特点和可能的创伤、病变等多方面的信息，使今人得以窥见115万年前或更早时期东亚古人类的容貌特征。其后有出自湖北郧县学堂梁子的两颗直立人头骨，虽然被地层挤压变形，但所提供的演化证据非常重要。北京猿人的头骨化石具有巨大的文物和学术价值，是建立直立人演化阶段最重要的材料依托，是研究东亚人群演化最重要的标本和信息载体。虽然20世纪20～30年代从周口店第1地点出土的5个北京猿人头骨和其他部位的骨骼化石在第二次世界大战的战火中遗失，但当初对修复后的全部头骨所做的模型得以保留下来，后来的发掘又发现两块头骨残片和一些牙齿、下颌骨和肢骨残段，所保留的信息依然丰富而珍贵。其后发现的江苏南京人头骨、山东沂源人头骨、安徽和县人头骨等化石，进一步丰富了直立人阶段的化石宝藏，构建起东亚地区纵贯百万年的人类体质演化证据链，成为国际古人类学界研究直立人起源与演化不可或缺的材料。

早期智人化石材料是中国地区所特有的，对于研究直立人的去向、现代人的起源和人类演化的区域多样性十分重要。这些材料包括辽宁庙后山早期智人化石、辽宁金牛山早期智人、陕西大荔早期智人化石、河南许昌灵井人类头骨等。广西崇左的智人下颌骨呈现原始与进步特征镶嵌的特点，被认为代表正在形成中的早期现代人，处于古老型智人向现代智人演化的过渡阶段。湖南道县47颗人类牙齿在形态上是完全的现代人，而年代又可能处在距今12万～8万年之间，超越了"出自非洲说"给出的早期现代人在距今5万年左右才到达东南亚的时限。黄龙洞人牙齿、柳江人头骨等都在一定程度上支持东亚古人群连续演化、现代人主要承袭自本土古人群的假说。生活于北京周口店地区距今4万年的田园洞人的化石，保留了珍贵的形态与遗传信息。

旧石器时代的文化标志是打制石器，即利用天然砾石打制加工成具有一定形状和功能的工具，诸如砍砸器、刮削器等（并会产生石锤、石砧、石核、石片等副产品），以此来猎获与肢解动物，挖掘、采集和加工可食性的植物根茎与果实，制作其他材料的工具和用具，抑或用来防身打斗，从而满足生产和生活的需要。当然，古人类在这一阶段也制造和使用骨、角、竹、木等素材的工具，但由于这些材料易于腐烂，很少在遗址中保留下来。而石器则是当时文化遗存的大宗，于是便成为最有代表性的时代特征和符号。在旧石器时代的大部分时期内，古人以采集、狩猎和拣食为生，以旷野为家或借洞穴栖身，以松散的小型群体为单位，过着迁徙的生活。在这一阶段的末期，一些人群开始向农业经济和定居生活过渡，进而迈入新石器时代的门槛。

相对于人类的体质特点，文化与行为的变异性和多样性更高，很难用统一的发展模式对各地区的旧石器时代文化遗存做分期和描述。本章所描述的中国地区具有代表性的旧石器时代文化遗存（主要是石器标本，另有少量骨器和装饰品、艺术品），尽力与前面所介绍的古人类化石的信息相呼应，反映出本地区旧石器时代文化的发展轨迹和区域特点。周口店第1地点的砍砸器、刮削器、尖状器、砸击石

片是中国北方石片文化传统的重要标识和北京猿人文化的独特标志，在中国远古文化发展和旧石器时代考古研究史上具有里程碑的意义。广西百色盆地和陕西洛南盆地的手斧是中国乃至东亚地区少量具有西方阿舍利技术风格的文化遗存的代表，对于研究远古东西方人群技术的趋同发展和人群的迁徙与文化交流具有重要价值。洛南盆地的薄刃斧和手镐则表明这里的石制品组合是东方旧石器时代文化中与西方阿舍利技术体系最接近者，原因为何，需要深入研究。周口店第15地点、丁村遗址、许家窑遗址的石器经常被作为中国旧石器时代中期的文化标志。它们各自表现出独特的技术与组合特点，反映出相对于早期文化的进步性。贵州黔西观音洞的石制品曾被认为是可以与北京猿人文化相媲美的华南旧石器时代早期遗存，但年代的重新调整使其定位模糊起来，从石器的技术和形态及组合看，该遗址具有云贵高原石片文化的区域性特点，但文化时代的属性不强。

中国乃至东亚是否存在旧石器时代的西方元素，一直是学术研究的一项议题。云南富源大河遗址具有莫斯特技术风格的刮削器及伴生的其他石制品，宁夏灵武水洞沟遗址具有勒瓦娄哇技术遗风的石核、石叶和规整的尖状器，为这方面的研究提供了重要信息，成为探讨史前东西方人群迁徙和文化交流的珍贵材料。山西峙峪遗址的锯齿刃刮削器、河北虎头梁遗址的锛形器与细石叶等材料则展现了旧石器时代之末文化的丰富多彩和技术的进步，预示着人类历史跃变即将到来。

石器并非旧石器时代人类唯一的工具种类，竹木、骨角等材质的工具也应当被经常制作和使

用，但因为保存和辨识等原因，大多数有机材料无法被研究者纳入视野。周口店山顶洞的骨针和水洞沟第12地点的骨针与梭形器，提供难得一见的旧石器时代骨器的风貌。此刻的骨器已经十分精致、小巧，显示出当时人类具有对不同材料的认知和利用能力及高超、娴熟的制作技能。此前，先民对石材之外材料的认识、利用一定走过很长的摸索、尝试与改进之路。工具也并非旧石器时代人类唯一的发明创造。装饰品、艺术品是远古人类精神生活、宗教萌芽与审美追求的重要遗存，是人类大步走向"现代"的文化表现。目前，在中国旧石器时代文化中这类材料发现得很少。因而，周口店山顶洞用兽牙和小砾石制作的穿孔串饰及带刻划图案的鹿角，辽宁小孤山的穿孔兽牙和有刻画痕迹的骨质小圆盘等，就显得弥足珍贵。

本章介绍中国地区旧石器时代人类化石与文化遗存的发展脉络。它们是生活在这方热土上的远古人类生存演化的实证，是先祖一步步从洪荒走向现代的印记。这些材料和信息勾画出人类远古历史发展的粗略线条，从而使我们对人类的由来和演化历程有了些许的了解。

第一节　人类化石

禄丰古猿化石　晚中新世时期文物，距今约800万年。

禄丰古猿，学名"禄丰古猿禄丰种"。1975年以来，经中国科学院古脊椎动物与古人类研究所和云南省博物馆多次发掘，出土于云南省禄丰县城北9千米的庙山坡石灰坝褐煤层中。最初发现的材料为2件下颌骨，由于齿弓形式、牙齿形态特征及大小比例的不同，最初研究者将一件下颌骨定名为西瓦古猿云南种，另一件下颌骨定名为腊玛古猿禄丰种。其后，学术界逐渐认识到这类古猿的性别差异很大，1987年，将其合并为禄丰古猿禄丰种，分别代表雄性和雌性。其后，又将1957年和1958年发现的原定名为"开远森林古猿"的10颗牙齿归入禄丰古猿开远种。1986年在元谋发现的古猿化石被定为禄丰古猿元谋种。经过多年发掘，在石灰坝古猿化石地点另发现5具颅骨、40多

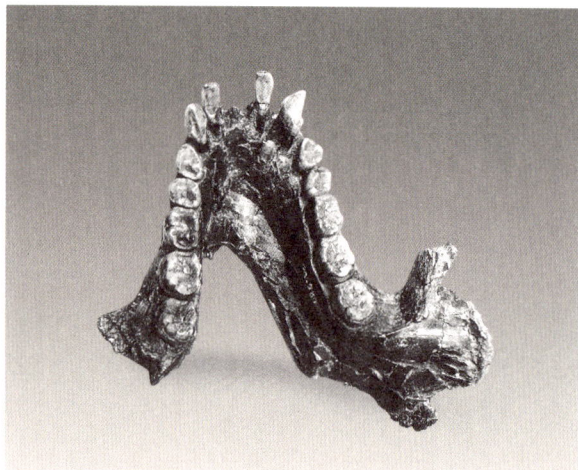

件完整或破碎的上下颌骨、1000多颗牙齿、1块锁骨、1块肩胛骨、2根手指骨、1段股骨、1块足骨。根据伴生动物群的时代特征，禄丰含古猿化石层位的地质时代被推定为距今800万年或更晚。

通过对颅骨化石的复原和观察，发现其眼眶上有细脊，两侧的脊不相连续，眉间区凹陷，眼眶近圆形，两眶间隔远，颜面宽而短，硬腭宽、短且不深，下颌联合部下缘欠倾斜。部分研究者推测禄丰古猿可能是非洲大猿与人类的共同祖先；也有学者认为它们与亚洲猩猩具有更密切的演化关系；还有学者根据其衍生特征，认为它们更可能是人猿超科早期分化前就已分出的一个绝灭旁支。该化石的发现与研究，为了解新第三纪期间南亚地区古猿的生存环境与演化过程，以及后续人类的起源与演化，提供了重要材料与信息。

禄丰古猿化石存于中国科学院古脊椎动物与古人类研究所。

元谋直立人牙齿　旧石器时代早期文物，距今约170万年。

元谋直立人牙齿，俗称"元谋人"。1965年，由钱方等地质工作者发现于云南省元谋县元谋盆地东南的上那蚌村与大那乌村之间。材料为2枚单个牙齿，分别是左侧和右侧上颌中门齿。牙齿石化程度深，呈浅灰白色，保存状

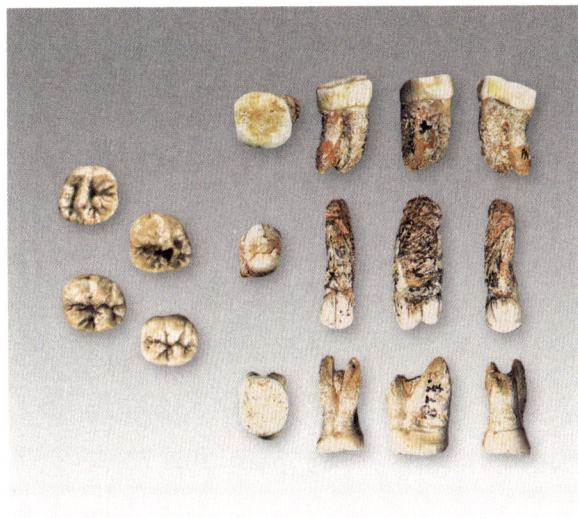

况较好。根据牙齿的色泽、尺寸及磨耗程度判断，可能属同一成年个体。1973年，中国科学院古脊椎动物与古人类研究所、云南省博物馆和元谋县文化馆等单位组织了对元谋人化石产地的发掘工作，出土大量动物化石和少量炭屑、烧骨，并在褐色黏土层中获得几件个体小、修疤少的石制品。与人类化石大致处于同一层位的古哺乳动物化石包括泥河湾剑齿虎、桑氏鬣狗等，推断时代为早更新世，古地磁测年结果为距今170万年，但学术界有不同意见。

牙齿粗硕，齿冠基部肿厚，扩展指数达141.90；底结节发达；齿冠舌面具铲形舌窝，两侧分布褶棱，齿冠呈椭圆形，唇面有凸面。形态特征上较北京直立人更接近猿类和南方古猿，是中国发现最早的直立人化石之一，具有重要的历史意义和科研价值，对于研究东亚人类的起源与演化、发展具有重要作用。

元谋直立人牙齿藏于中国地质博物馆。

建始直立人牙齿 旧石器时代早期文物，距今242万～180万年。

建始直立人牙齿，简称"建始人"。1968年，中国科学院古脊椎动物与古人类研究所的

科考人员在湖北巴东县中药材经理部收集的动物化石中发现1枚似猿似人的下臼齿。1970年及2000年，中国科学院古脊椎动物与古人类研究所及湖北省文物考古研究所先后对湖北省建始县高坪镇金塘村龙骨坡的龙骨洞进行两次发掘，共发现6枚人类牙齿化石和一些动物化石。建始人材料的7枚牙齿：左侧上颌第一臼齿1枚、右侧上颌第三臼齿1枚、左侧下颌第二臼齿1枚、右侧下颌第一臼齿2枚、右侧下颌第二臼齿2枚。

同时发掘的632件石制品以燧石为主要原料，类型包括石核、石片等。与人类牙齿伴生的动物化石包括步氏巨猿、猕猴等，时代被推定为早更新世早期。用古地磁方法推断埋藏古人类化石的地层形成于距今242万～180万年。

研究显示，建始直立人牙齿硕大，齿冠褶皱比较简单，齿尖高且尖，齿冠长，与亚洲更新世早、中期古人类的同类牙齿形态接近。这批牙齿是中国已知具有明确层位的、最早的古人类化石之一，龙骨洞也是首个发现巨猿与直立人类共生的化石地点，为研究东亚地区人类的起源、演化提供了重要证据。

建始直立人牙齿存于中国科学院古脊椎动物与古人类研究所。

蓝田公王岭直立人头骨 旧石器时代早期文物，距今115万年或更早。

蓝田公王岭直立人头骨，简称"蓝田人"。1964年，中国科学院古脊椎动物与古人类研究所科考人员在陕西省蓝田县东北17千米的公王村南公王岭北坡发掘出一具头骨。出土时，由于与地层堆积胶结在一起，发掘人员将含有化石的堆积物运回北京，在实验室中剥离、修复出这具头骨，包括完整的额骨、顶骨大部分、右侧颞骨大部分、左侧鼻骨大部分、右侧鼻骨根部、右侧上颌骨大部分、左侧上颌骨体部和额突部、左侧上颌第二臼齿。根据颅缝愈合、牙齿磨损情况及牙齿尺寸、上颌骨形态等特征，推测属30～40岁的女性。发掘同时还发现少量加工简单的石制品和大量动物化石。动物化石包括硕猕猴、达呼尔鼠兔等，据此将时代推定为早更新世晚期。采用古地磁方法对人类化石同层的测定数据分别是距今80万～75万年、100万年及115万～110万年，多

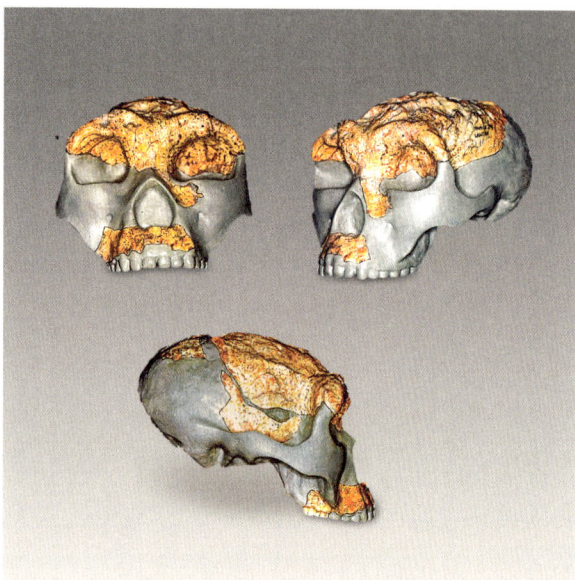

数学者认为公王岭人类化石的年代为距今115万年。有学者在遗址邻近的剖面做新的采样与古地磁测年，得出距今约163万年的数据，但测年数据与蓝田人化石的相关性并不清楚。

经复原的头骨颅长18.9厘米，颅宽14.9厘米，耳上颅高8.7厘米，低于周口店直立人。脑量很小，仅约780毫升。头骨额骨前部的眉脊非常粗壮，形成一条连续的眶上圆枕，眉间部突出。额骨鳞部明显向后倾斜，较周口店直立人更为明显，矢状脊和十字隆起明显。骨壁很厚，对7个部位厚度测量的平均值为1.49厘米，明显大于周口店直立人、爪哇直立人、尼安德特人和现代人。化石右侧眶上圆枕附近的头骨表面有异常痕迹，推测是生前受到创伤所致，也可能是某种感染性疾病的结果。蓝田人是中国发现最早的直立人头骨化石。其发现扩大了早期直立人的分布范围，对探索东亚人类起源和生存状况具有重大学术价值。

蓝田公王岭直立人头骨存于中国科学院古脊椎动物与古人类研究所。

蓝田陈家窝直立人下颌骨 旧石器时代早期文物，距今65万年。

蓝田陈家窝直立人下颌骨，简称"陈家窝人"。1963年，中国科学院古脊椎动物与古人类研究所人员在陕西省蓝田县洩湖镇陈家窝子村的河支沟东谷坡上调查时发现一件保存完好的下颌骨。出土时，除下颌支后部缺失外，其余部位保存状态良好，牙齿全部原位保存，左侧犬齿到第一臼齿齿冠在发掘过程中出现破损，右侧第三前臼齿生前脱落，两侧第三臼齿均未萌出。根据下颌骨尺寸及牙齿磨损程度，推测属于老年女性。1964年，二次发掘时出土

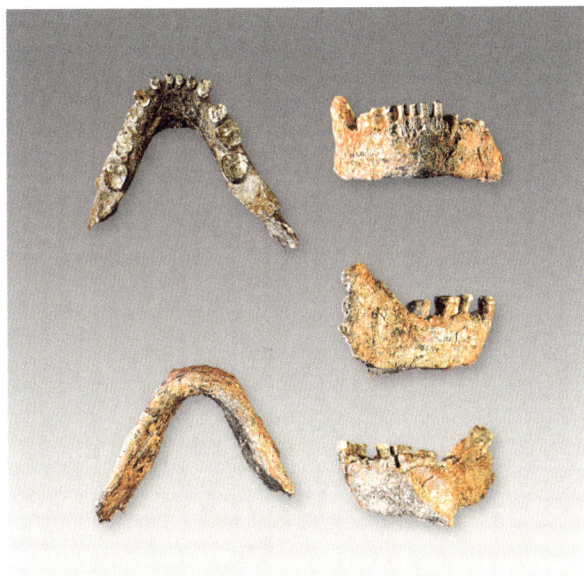

3件石制品。1975年调查，再次发现7件石制品。原料以石英为主，类型包括石核、石片、砍砸器和刮削器等。石制品加工技术简单。伴生的动物群化石包括虎、象等。

下颌骨的侧隆突不明显，在第一臼齿后方分为上、下两支，分别与犬齿轭和边缘前结节相续。下颌骨右侧有2个颏孔，左侧有4个颏孔。下颌前部倾角55度，粗壮指数为58.1。此下颌骨与周口店直立人相似，但牙齿尺寸明显大于周口店直立人的对应牙齿。学者将其与公王岭头骨归入直立人种。此下颌骨两侧第三臼齿均未萌出，X射线检查显示牙胚还未形成，这是直立人第三臼齿先天缺失的最早记录。下颌骨齿槽明显萎缩，说明生前患有牙周病变。

蓝田陈家窝直立人下颌骨存于中国科学院古脊椎动物与古人类研究所。

郧县直立人头骨 旧石器时代早期文物，约距今90万～80万年。

郧县直立人头骨，简称"郧县人"。1989年，湖北省十堰市博物馆及县文物部门对郧县青曲镇弥陀寺附近的曲远河口学堂梁子试掘

中发现一件头骨化石。1990年第二次发掘时，出土了第二件头骨化石。此两件头骨粗壮，根据骨缝的愈合及牙齿磨损程度，推测属中年男性。由于地层的挤压，两件头骨严重扭曲变形。第一件头骨面部保存完好，顶骨与枕骨在人字缝附近断裂，左侧颧弓中段缺失，两侧乳突受损，游离部缺失；硬腭面在纵向和横向均有较宽的裂缝，并造成错位；齿弓完整，16枚上颌牙齿全部在位，其中右侧第二和第三臼齿齿冠缺失。第二件头骨两侧眉脊外侧部破损，额骨有一条矢状方向的裂缝自额鳞中部伸向右侧眶上缘，额鳞后部横向断裂；两侧颧骨缺失；颅底保存基本完好，齿弓完整，两侧中门齿和左侧犬齿缺失。1991、1995年，湖北省文物考古研究所先后对学堂梁子进行两次发掘，发现291件石制品和一些动物化石。石制品包括石锤、石核和石手镐等，具有中国南方旧石器时代早期文化特点。两件头骨形状相近，与直立人的多数形态特征一致，又具有部分早期智

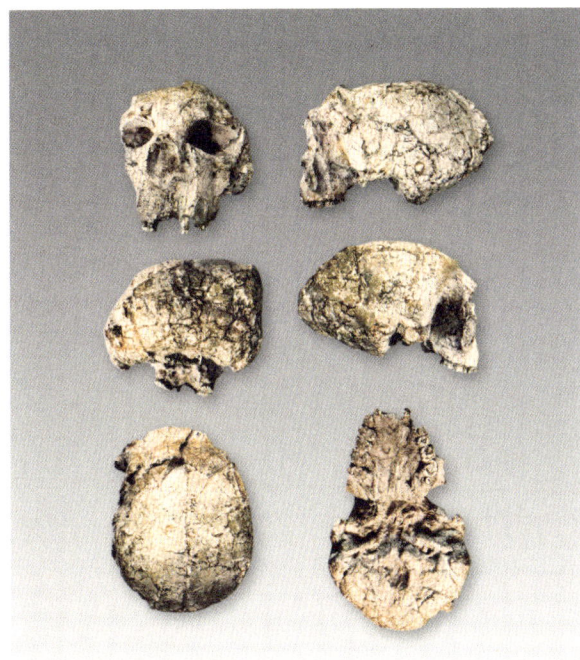

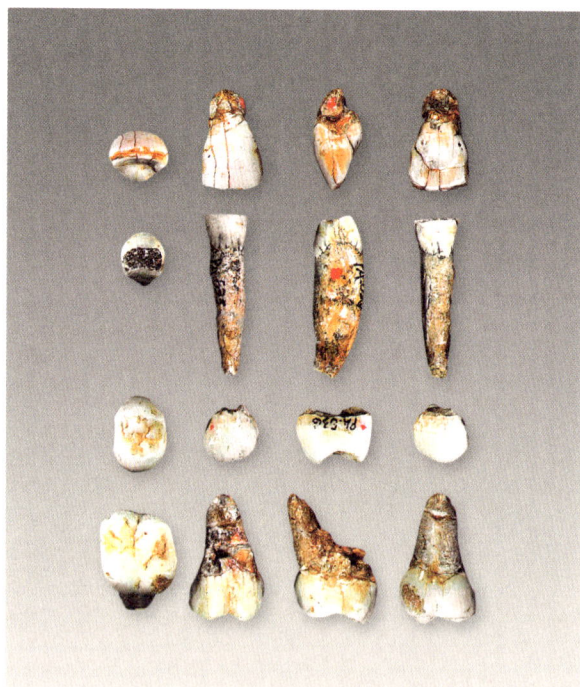

人形状。颅骨较长，颅顶低平，面部宽而短，眉脊呈"一"字形于两侧略向后延展，有明显但较浅的眉脊上沟。眼眶不呈圆形，眼眶间宽较大。矢状脊和十字隆突不明显。颞骨鳞部较高且长，上缘略呈凸弧形。脑量较大。第二件头骨上颌两侧第三臼齿明显缩小，呈退化趋势。郧县人处于中国直立人化石系列的中间环节，对研究该地区古人类的演化具有独特的意义。

与人类化石伴生的哺乳动物包括蓝田金丝猴、桑氏鬣狗、野牛等，动物群时代被推定为中更新世早期。用古地磁方法测定埋藏人类化石地层的年代是距今87万～83万年；电子自旋共振法（ESR）测得的年代不晚于58.1万年前。

郧县直立人头骨藏于湖北省博物馆。

梅铺直立人牙齿 旧石器时代早期文物。

梅铺直立人牙齿，简称"梅铺人"。1975年，中国科学院古脊椎动物与古人类研究所对湖北省十堰市郧县梅铺镇西斯沟口村杜家沟东侧寨梁子山坡上的龙骨洞发掘出土3枚牙齿。

另1枚最早发现于杜家沟的农民家中。

第1枚为左侧上颌门齿，齿冠基本完整，齿根大部分缺失；第2枚为左侧下颌门齿，齿冠磨耗严重，只保留大约三分之二，齿根保存较好，根尖缺失；第3枚为左侧上颌第四前臼齿，齿冠保存完整，齿根缺失；第4枚为左侧上颌第一臼齿，齿冠基本完整，齿根只保存舌侧支。同时发现的还有一件石制品和一些动物化石。动物化石部分种类是大熊猫—剑齿象动物群的成员，还有第三纪残存种类剑齿象，以及更新世初期的桑氏鬣狗，表明动物群比较古老，可能比周口店直立人的时代要早。对该遗址和相关材料未做年代测定。

第1枚齿冠舌面铲形结构明显，底结节发育，指状突弱，齿冠较大，近—远中径与周口店直立人平均值接近；第2枚由于齿冠磨耗严重，很多细节无法观察，保留的齿冠部分显示底结节发育较弱，牙齿尺寸大，近—远中径明显超过周口店直立人对应数据，齿根粗壮；第

3枚牙齿形态与周口店直立人非常相似，具有复杂的咬合面结构，包括主脊分叉、次级沟脊结构、齿带等，这枚牙齿的尺寸也大于周口店直立人；第4枚齿冠轮廓形状和形态特征与周口店直立人非常相似，包括呈菱形的咬合面轮廓、齿尖大小顺序、咬合面呈现的附脊结构等，尺寸同样大于周口店直立人平均值。这4枚牙齿化石与周口店直立人同类牙齿相似，在分类上应属直立人。

梅铺直立人牙齿存于中国科学院古脊椎动物与古人类研究所。

周口店直立人化石 旧石器时代早期文物，距今约79万~23万年。

周口店直立人化石，简称"北京人"，曾称"中国猿人"，出土于北京西南约50千米的房山区周口店镇龙骨山。人类化石的发现大致分为三个时段：第一时段，1921年和1923年，奥地利古生物学家师丹斯基在此地点进行了两次短期发掘，获得4枚人类牙齿。第二时段，

1927~1937年，由美国洛克菲勒基金会资助在周口店进行了持续十年的大规模发掘，发现的人类化石最多，包括完整或较完整头骨5件、面骨6件、头骨碎片7件、下颌骨14件、牙齿147枚、股骨断块7件、肱骨2件、锁骨1件、月骨1件。第三时段：1949~1966年，包括1949年从回填堆积中发现的人类牙齿3枚；1951年，出土牙齿2枚、肱骨断块1件、胫骨断块1件；1959年发现下颌骨1件；1966年，发现额骨1件、枕骨1件、牙齿1枚。研究表明，1966年发现的头骨碎片与民国23年（1934年）、民国25年（1936年）发现的2片头骨同属一个个体，并能合拼成一个近乎完整的头盖骨。这些化石材料代表40多例个体。

1941年"珍珠港事件"后，第二时段发现的人类化石全部丢失。遗存人类化石包括臼齿、上颌犬齿、肱骨、下颌骨等。还有与人类化石伴生的大量石制品、疑似骨角制品、动物化石及用火遗迹等。石制品以石英为主要原

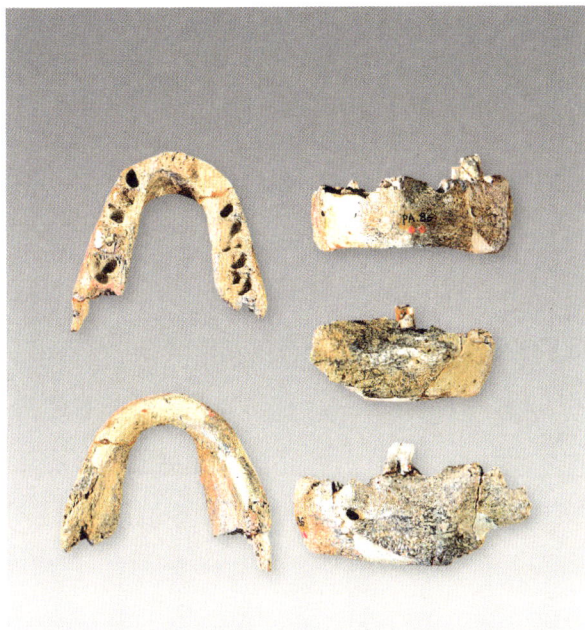

料，类型丰富，包括砍砸器、刮削器等。动物化石包括鬣狗、葛氏斑鹿、李氏野猪等近100种，时代被推定为更新世中期。采用裂变径迹、氨基酸、古地磁、电子自旋共振法、骨化石铀系、钙板铀系、铝铍埋藏等方法得出一系列测年数据，将遗址地层从下至上推定在距今79万～23万年之间，但不同方法得出的结果并不一致。

周口店直立人头骨低矮，最大宽位置较低。额骨低平，明显向后倾斜。眉脊粗壮，向前方突出，左、右两侧眉脊被粗壮的眉间隆起连成一体，形成眶上圆枕结构。头骨有发达的矢状脊，十字隆起明显。枕部有发达的枕骨圆枕；头骨骨壁非常厚，额骨、顶骨、颞骨和枕骨的平均厚度接近现代人一倍。面部诸骨也较为粗大，眼眶深而宽，无泪腺窝。鼻骨很宽，鼻梁扁平，梨状孔矮而宽。颧骨很高。上颌突出明显，下颌骨大而粗壮，前部向下后方倾斜，前部倾角约60度，下颌骨外具有发达的缘脊和边缘脊。下颌支很宽，表面的咬肌和翼肌附着痕迹发达。齿冠或齿根粗壮，釉质表面具

有复杂的结构，包括副脊、结节等。上颌门齿舌面为典型的铲形；上犬齿大，呈圆锥形；上下颌前臼齿尖表面的主脊分叉，边缘脊显著并有附脊和附结节；上臼齿常有第五尖，下臼齿常有6个齿尖。股骨较短，略向前弯曲，股骨的转子下区和腘区较扁，转子下区的内侧缘和外侧缘有发达的脊。股骨干髓腔很小，骨壁相应较厚，肱骨和胫骨也是如此。根据保留的几段股骨化石推测，男性的身高约为156厘米，女性的身高约为144厘米。北京人化石及其文化遗存的发现是古人类学和旧石器时代考古学研究史上的一座重要里程碑，确认了直立人这一重要人类演化阶段和主要形态特征，对东亚地区人类演化研究和相关人类起源、演化理论的构建具有不可替代的作用与意义。

周口店遗址大部分标本失踪，少量标本分别藏于瑞典乌布萨拉大学古生物博物馆，存于中国科学院古脊椎动物与古人类研究所。

南京直立人头骨 旧石器时代早期文物，1号头骨距今50万年，2号头骨距今23.9万年。

南京直立人头骨，简称"南京人"。1992

年，南京市政府为开发旅游资源清理江苏省南京市汤山镇西南的雷公山葫芦洞时发现两具头骨。1号头骨出土时不完整，碎成3大块，即颅穹—面骨块、枕骨—左顶骨块和右顶骨块。根据骨缝愈合情况及牙齿磨损程度判断，1号个体年龄应在21～35岁之间，头骨表面纤细，尺寸不大，推测为女性。2号头骨保存有部分额骨、顶骨、枕骨和颞骨。根据骨缝愈合情况，2号个体年龄应在30～40岁之间。从头骨的粗壮程度、骨壁厚重等特点推测，该个体属于男性。

南京1号头骨化石具有周口店直立人的基本特征。整个头骨尺寸较小，根据复原的颅内模，脑量为876毫升。脑颅低而狭长，具有眶上圆枕和枕骨圆枕。前额低平并向后倾斜。枕骨的枕平面与顶平面呈角状过渡，颞鳞顶缘呈低平的弧形。颅盖低，最大宽位置在耳点平面。顶骨发育有角圆枕，十字隆起和矢状脊不明显。上枕鳞低而宽，比下枕鳞短。小脑窝远小于大脑窝，无枕内脊。眶后缩窄较明显。头

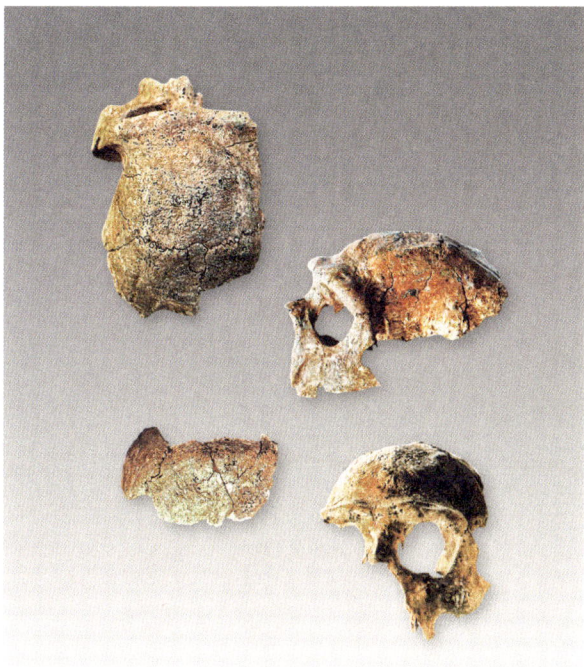

骨骨壁较厚。上颌骨具有上颌沟，颧骨很高。与周口店直立人不同的形态特征主要表现在从头骨顶面观，南京1号头骨较宽，枕部轮廓线弯曲度小，后突不明显；鼻梁显著且前突高耸，颜面上部扁平度较高，面部更低而相对较宽。有学者认为这些特征表明中国的直立人在体质特征上已呈现相当程度的地区差异，表现为河网状进化模式。此外，南京1号头骨表面呈现大片病灶痕迹，涉及额骨和顶骨区域，据此推测个体在生前遭受创伤或火烧后愈合。

南京2号头骨具有很多与直立人接近的特征：颅骨最大宽的位置、颅骨后面观轮廓线样式、前囟指数和额角等都处于周口店直立人的变异范围，顶骨矢状缘和人字缘的长度都接近周口店直立人的上限。但南京2号头骨也呈现出一些与早期智人符合的特征，如角圆枕只见于颅外面、枕骨圆枕形态接近大荔人，呈中段粗两端细，脑膜中动脉分支形式与现代人相似。有学者认为南京2号头骨更多的性状倾向

于直立人，但与周口店直立人及南京1号头骨相比在形态上更为进化。也有学者认为他属于早期智人。对南京直立人头骨的研究揭示出中国南方与北方直立人群之间在体质形态上已经出现一定程度的地理变异，如高耸的鼻梁被推测为对寒冷气候适应基因交流的结果。南京直立人的发现和研究为中国乃至东亚古人类迁徙、演化和适应提供了新的重要证据。

南京直立人头骨藏于南京市博物馆。

沂源直立人化石　旧石器时代早期文物，距今64万～48.6万年。

沂源直立人化石，简称"沂源人"。1981年，山东省沂源县进行文物普查时在土门镇芝芳村西北约1.5千米的骑子鞍山裂隙堆积中发现1件人类头盖骨残片和一些动物化石。山东省博物馆组织发掘出5枚人类牙齿化石和大量哺乳动物化石。材料为头骨残片3件，牙齿7枚。头盖骨，保存大部分左右侧顶骨及小部分额骨和枕骨，据此可以复原成一个不完整的头盖骨；左侧额骨眶上部，保存了几乎完整的眶上圆枕和蝶骨大翼前上方颞窝一部分；右侧额骨眶上部，保存了中部到颧突的一部分；右侧

上颌第三前臼齿，保存有完整齿冠，舌侧齿根根尖缺失；左侧上颌第三前臼齿，仅部分颊侧齿根及靠近齿根部的一小部分舌侧齿根尚存；右侧下颌犬齿，保存完好，仅根尖略有破损；左侧上颌第四前臼齿，齿冠和齿根均保存完整；右侧上颌第二臼齿，保留有完整的齿冠和部分舌侧齿根；左侧上颌第四前臼齿，齿冠保存完好，齿根缺失；右侧下颌第二臼齿，齿冠保存完好，齿根只保存靠近齿颈的少部分。

沂源人化石的形态特征与周口店直立人相似，在分类上应属直立人。主要特征包括：头骨壁较厚，前囟处厚0.9厘米，接近周口店直立人范围的上限；左侧星点附近的骨壁厚1.3厘米，与周口店标本接近。眶上圆枕较发育，眶后缩窄程度与周口店及和县直立人接近，大于大荔人。沂源人牙齿具有一些相对原始的特征，包括前臼齿和臼齿复杂的咬合面形态、粗壮的上颌第三前臼齿齿根、上颌前臼齿齿冠形状不对称、上颌第三前臼齿与下颌犬齿粗壮的支撑系统，以及较大的上颌第三前臼齿与上颌第二臼齿的尺寸。沂源人牙齿特征总体与东亚更新世早期和中期人类更为接近。在7枚牙齿

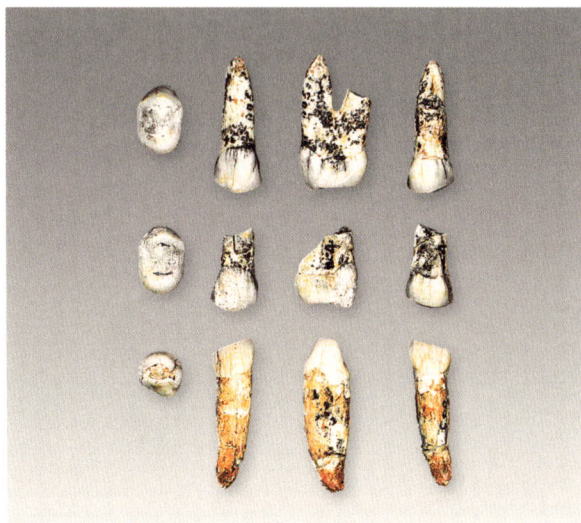

中，有5枚呈现出明显的齿冠或齿根邻接面沟槽状痕迹，推测是剔牙行为所致。同时出土的动物化石包括硕猕猴、棕熊和牛等，与周口店动物群十分相似，时代被推定为中更新世。

沂源直立人化石藏于山东博物馆。

和县直立人化石 旧石器时代早期文物，距今41万～15万年。

和县直立人化石，简称"和县人"，1980年，中国科学院古脊椎动物与古人类研究所及安徽省博物院、和县博物馆联合在安徽省和县陶店镇汪家山北坡的龙潭洞发掘时发现。材料共14件，包括1件完整的头盖骨、2件头骨碎片、1件附带两枚牙齿的下颌骨残段以及10枚单个牙齿。头盖骨，保存脑颅的绝大部分，包括几乎完整的额骨，有眶上部，但额骨鼻部下端未保存；基本完整的左侧顶骨和部分右侧顶骨；较完整的左侧颞骨，缺失蝶缘和顶缘的右侧颞骨及左、右侧颞骨的颧突和游离的乳突；枕骨保存了完整的枕鳞，枕骨大孔的前缘及其毗连的枕骨外侧部、枕骨的基底部均缺失；蝶骨除保存了左侧蝶骨大翼外侧面的上部外，其余部分缺失。

与和县人同时出土有大量动物化石，未发现文化遗存。动物化石包括东方剑齿象、猕猴等，时代被推定为中更新中期。

头骨颅盖低，前额扁塌，眉脊发育，前额与眉脊之间凹陷形成眉脊上沟，圆枕较粗壮，枕骨的枕区与顶区呈角度转折，头骨最宽处位于颅底。这一系列形态特征与周口店直立人相近，脑量1025毫升，位于周口店及其他直立人的变异范围内。和县人头骨还具有一些与周口店直立人不同的形态，包括眶后缩窄不明显，

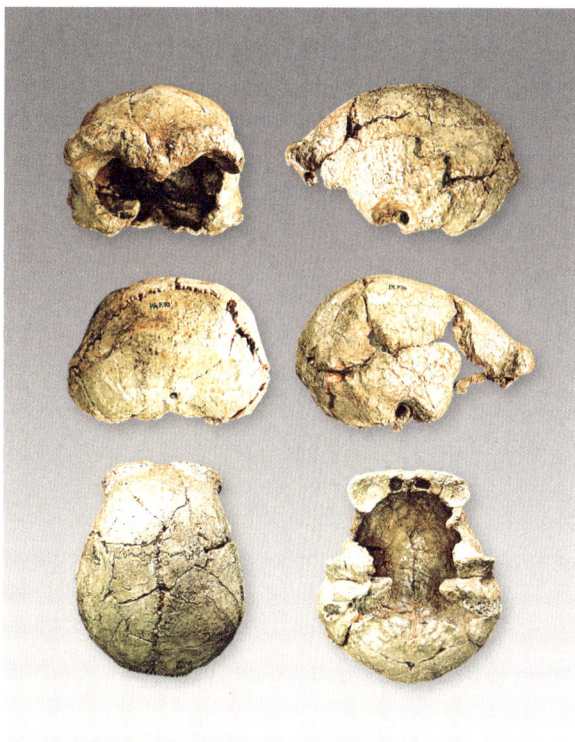

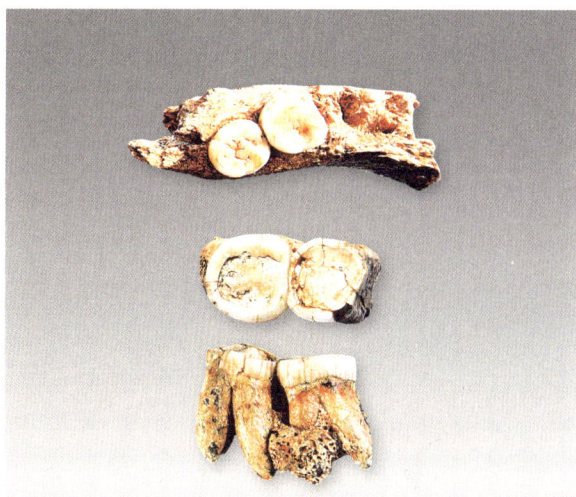

颅骨矢状曲度较大，额骨与顶骨之间没有十字隆起，没有印加骨，额鳞相对位置较高等，说明和县人的直立人特征有所减弱，与现代人更接近。但是和县人牙齿的尺寸和形态比周口店直立人更为原始，揭示出东亚直立人演化的复杂性，化石上呈现的原始与衍生特征与其年代框架并非总是一致。

和县直立人化石分别存于中国科学院古脊

椎动物与古人类研究所，藏于安徽省博物院、安徽省和县博物馆。

华龙洞直立人额骨　更新世中期文物，距今33.1万～27.5万年。

华龙洞直立人额骨，简称"华龙洞人"，2004年，安徽省博物馆在安徽沿江地区进行考古调查时，在池州市东至县尧渡镇汪村的华龙洞发现。2006年，安徽省文物考古研究所发掘出土人类化石、石制品、骨器及大量动物化石。人类化石材料包括2件可以拼接在一起的额骨碎片，1枚下颌第二臼齿。石制品100余件，疑似骨器20余件，在动物骨骼表面发现有切割、砍砸的痕迹，部分骨骼呈黑色，似乎经过燃烧。与人类化石伴生的动物化石包括剑齿象、犀牛、熊等，时代被推定为更新世中期。2013年以来，中国科学院古脊椎动物与古人类研究所与安徽省文物考古研究所合作，对华龙洞开展连续5年的系统发掘，新发现30余件古人类化石、100余件古人类制作使用的石器、

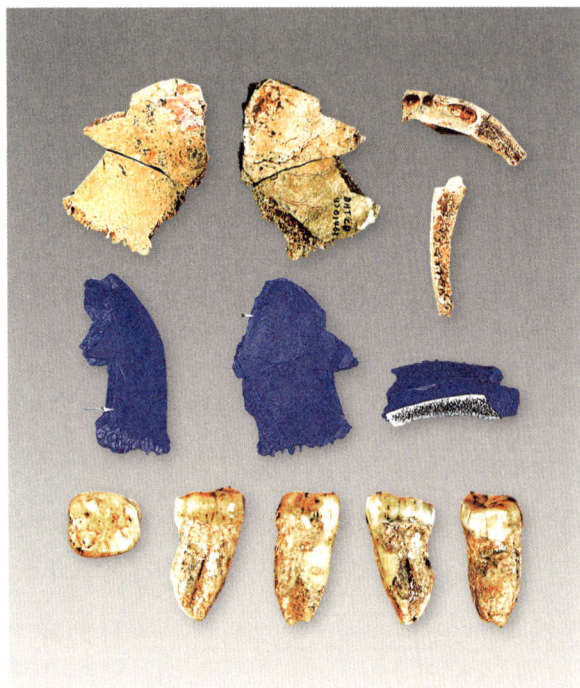

40余种哺乳动物化石，还发现动物骨骼表面切割、砍砸痕迹等反映古人类生存行为的多种证据。通过同位素测年、动物群组成分析及地层对比等方法，人类化石的年代被确定为距今33.1万～27.5万年。

华龙洞遗址出土的人类化石代表大约16个古人类个体。研究表明，华龙洞人类头骨、下颌骨和牙齿呈现与东亚中更新世直立人、更新世晚期人类及现代人类相似的混合特征。华龙洞人类头骨具有一系列与周口店等东亚更新世中期人类一致的原始特征，包括低矮的颅穹窿、颅骨最大宽位置低、额骨矢状脊、发达的眶上圆枕、宽而低矮的鼻部梨状孔、缓坡型鼻腔底部结构、第三臼齿先天缺失等。这些解剖学特征与多数中国更新世人类化石特征相似，体现了东亚地区更新世人类演化的区域连续性总体趋势。同时，华龙洞人类头骨、下颌骨和牙齿化石还呈现出一些与更新世晚期人类及现代人相似的特征，包括上面部扁平，颅穹窿部和面部形态纤细，下颌骨联合接近垂直并出现颏三角，牙齿结构简单及尺寸较小等。这些相对进步的特征，揭示这一时期东亚大陆人类已经出现向早期现代人演化过渡的趋势。华龙洞人类化石提供了东亚地区人类演化区域连续性以及从古老型人类向早期现代人过渡的新证据。

华龙洞古人类生存行为信息主要来自石制品和人类对动物资源的利用。古人类采取锤击法对质地较好的燧石结核进行剥片和加工石器，而针对石英原料则采取砸击法制作石制品，反映了多样化的适应策略。在出土的燧石石片边缘上显示出古人类使用过的痕迹，这与出土多件动物骨骼表面保留切割和砍砸痕迹相

吻合。

华龙洞直立人额骨现存于安徽省文物考古研究所。

庙后山早期智人化石 旧石器时代早期文物，距今约24万～14万年。

庙后山早期智人化石，简称"庙后山人"。1978年，当地工人在辽宁省本溪满族自治县山城子村的庙后山南坡采石时发现。辽宁省博物馆联合本溪市、县文物部门进行调查和试掘，出土1枚人类牙齿化石、一些石制品和动物化石。1979、1980年又发现了1枚人类牙齿和1段股骨化石。1979年，天津自然博物馆参与发掘，采集了一些化石，在整理中辨认出1枚人类牙齿。此三年发现了3枚牙齿和1段股骨。牙齿分别为右侧上颌犬齿，右侧下颌第一臼齿，右侧上颌第三臼齿；幼年左侧股骨残端，保留有滋养孔到小转子部分。

1979年，发现的动物化石有76种，可分为上部地层（第7～8层）的山城子和下部地层的

庙后山（第1～6层）两个动物群。山城子动物群的主要种类与萨拉乌苏动物群相似，属更新世晚期；庙后山动物群的组成与周口店动物群相似，属更新世中期。含人类化石层位的铀系测年结果为距今24万～14万年。后来产生过更早的测年数据，但由于测年样品与人类化石的关系不清楚，结果不被采信。

庙后山遗址出土的石制品主要是石核、石片和砍砸器、刮削器、尖状器。石制品以河滩砾石为原料，用锤击法加工，个体多粗大，技术风格古朴，显示很强的区域特点。

右侧下颌第一臼齿化石藏于辽宁省博物馆，其余藏于辽宁省本溪博物馆。

金牛山早期智人 旧石器时代早期文物，距今约26万年。

金牛山早期智人，简称"金牛山人"。1974年，辽宁省营口市博物馆做文物普查时，在大石桥西南8千米的永安乡西天屯西侧金牛山的东南坡发现一处洞穴裂隙堆积。1974～1976年、1978年，辽宁省博物馆、营口

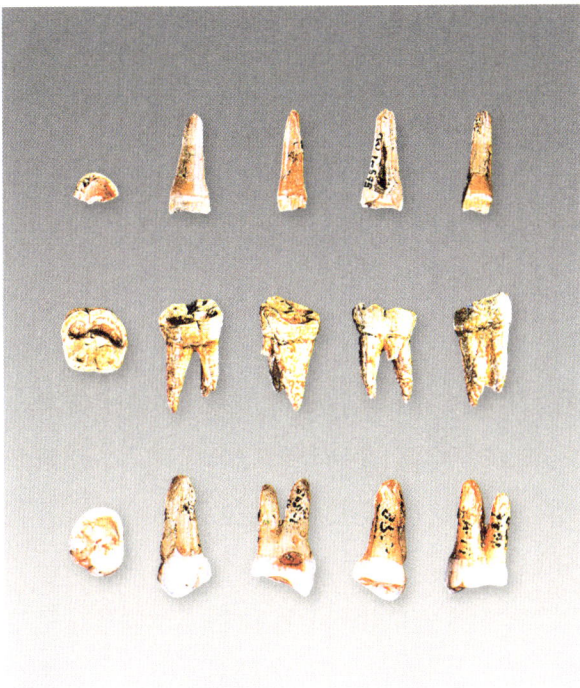

市博物馆、中国科学院古脊椎动物与古人类研究所等单位对金牛山遗址进行了4次发掘，出土少量石制品和大量动物化石及烧骨、灰烬等用火遗迹。1984年，北京大学与辽宁省博物馆合作，再次发掘金牛山遗址，发掘出人类化石及多种动物化石和部分石制品。1986～1988年期间，北京大学与辽宁省文物考古研究所又对金牛山遗址开展过新的发掘，但未发现新的人类化石。

金牛山遗址出土的人类化石包括1件人类头骨、6件脊椎骨、2件肋骨、1件尺骨、1件髋骨、1件髌骨、4件左侧腕骨、5件右侧腕骨、左右侧掌骨各1件、7件指骨、11件跗骨、2件距骨、13件趾骨。除1件趾骨和1件脊椎骨单独发现外，其余化石集中发现于面积1.6平方米的范围内，色泽相同，腕骨和跗骨等关节部位都能连接在一起，据此判断应属同一个体，根据髋骨形态推测为一女性，年龄在20～22岁。

通过对头骨的复原和观测，发现金牛山人头骨较大且粗壮，颅长20.6厘米，颅宽14.8厘米，颅长宽指数71.8，属于长颅型。颅穹隆较现代人明显低矮，颅高12.3厘米，颅长高指数59.7，属于低颅型。颅最大宽位于颞鳞后上缘，明显高于周口店直立人。脑量1390毫升，接近尼安德特人和现代人标准。额骨明显后倾，矢状脊在额骨中部明显可见。头骨骨壁较薄，平均0.45厘米。牙齿形态简单，齿带弱，两侧上颌第三臼齿明显缩小，呈钉形。观测表明，个体身高168厘米，体重78.6千克，具有高大的身材，体现出对寒冷气候适应的特征。该个体也有一些相对原始的特征，包括足弓较弱，第一趾骨与距骨关节稳定性较弱，表明金牛山人行走步态及稳定性与现代人明显不同。

金牛山人的化石材料比较齐全，尤其是头骨十分完整，在古人类化石中罕见。该古人类个体既有在直立人身上体现出的原始性状，也有一些接近智人的进步特征。该化石的发现，填补了这一时期人类演化材料的空白，为研究中国乃至东亚本土人群演化过程和现代人起源提供了重要的资料，被列为年度世界十大科技进展之一。

金牛山遗址出土的石制品主要以脉石英为原料，个体多为小型者。打片方法以锤击法为主，偶用砸击法。类型主要包括石核、石片和刮削器、尖状器等，加工简单。

根据动物群的组成，一般认为金牛山人的生存时代为中更新世晚期。热释光方法对出土人类化石层位的测年数据是距今20万～19万年；电子自旋共振法（ESR）对与人类化石共生的动物牙齿的测定结果是距今23万～20万年；通过铀系法对不同层位出土的动物化石的测年结果是距今31万～20万年。目前一般认为金牛山人生活的年代为距今26万年左右。

金牛山早期智人化石现存于北京大学考古文博学院。

大荔早期智人化石 旧石器时代早期文物，距今30万～25万年。

大荔早期智人化石，简称"大荔人"。1978年3月，陕西水电设计院地质勘探时，在陕西省渭南市大荔县段家乡解放村边甜水沟发现一具近乎完整的头骨。除右顶骨鳞部、右枕骨上部、左颧弓、右眶下缘、部分上颌骨破损外，其他部分保存完好。面骨下部受挤压向上变形，使鼻、吻部向后收缩。所有牙齿皆未保

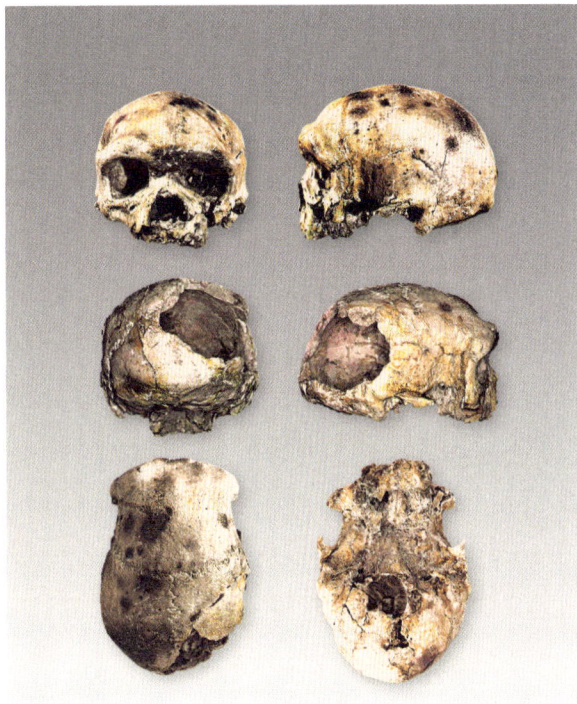

存。头骨比较粗硕，眉脊厚重，额部后倾，肌脊显著，据此推测为一男性。颅缝没有完全愈合，应属于小于30岁的青年。1978、1980年，中国科学院古脊椎动物与古人类研究所两次发掘，出土一些石制品和动物化石。石制品制作技术简单，原料多为石英岩和燧石，类型包括刮削器、尖状器、钻具、凹缺器和雕刻器等。很多标本具有磨蚀痕迹。动物化石包括肿骨大角鹿、三门马和普氏羚羊等，时代被推定为中更新世晚期。对出土人类化石层位的古土壤所做的热释光测年结果为距今7.1万～4.1万年，对同层的水牛牙齿所做的热释光测年结果为距今18.3万年，利用铀系和电子自旋共振法（ESR）对人类化石所在层位进行测年的结果为距今35万～18万年。学术界多认为大荔人的年代为距今30万～25万年。

大荔人头骨眉脊粗厚，厚度超过周口店直立人，眉脊中段最厚，两侧眉脊由前内侧向

后外侧延伸，从顶面观呈"八"字形，与早期智人相似。眉脊后方有浅沟与额骨鳞部相隔，眶后缩窄程度不显著，眶后缩窄指数85.1，大于周口店直立人，位于早期智人的变异范围内。额骨鳞部中央有矢状脊，向上逐渐消失。鼻骨狭长，位置较垂直，鼻颧角143度。面骨低矮，向前凸出不明显。颧骨额蝶突的前外侧面偏向前方，在此面中部水平作出大体上与表面平行的水平线，左右颧骨的这两条线相交角为85度，与周口店直立人接近。右侧眼眶轮廓近方形，眶上缘呈均匀的圆弧形，没有眶上孔和眶上结节。颞鳞上缘呈圆弧状，与现代人相同，颞骨鳞部长7.2厘米，高度4.65厘米，长高指数64.6。外耳门呈椭圆形。保存的右侧颧弓很细，最细处垂直径仅0.7厘米，水平径0.43厘米，与现代中国人接近。侧面观，头骨显得非常低矮，枕骨枕面与顶平面呈角状转折，转折处可见枕骨圆枕。脑量为1120毫升，低于多数早期智人。大荔人兼具东亚直立人、欧洲和非洲中更新世古人类的特征。在头骨左侧顶骨后部靠近人字缝处有一菱形的表面凹陷，周围骨质有所增生，推测为生前病变的痕迹。大荔人作为早期智人的重要代表，对于研究东西方古人群的迁徙、交流和东亚现代人起源与演化，具有重大的学术价值。

大荔早期智人化石存于中国科学院古脊椎动物与古人类研究所。

长阳人类化石 旧石器时代早期文物，距今约19.5万年。

长阳人类化石，简称"长阳人"。1956年，湖北省文化局与长阳县文化科将在长阳县赵家堰区黄家塘乡下钟家湾的龙洞内发现的动

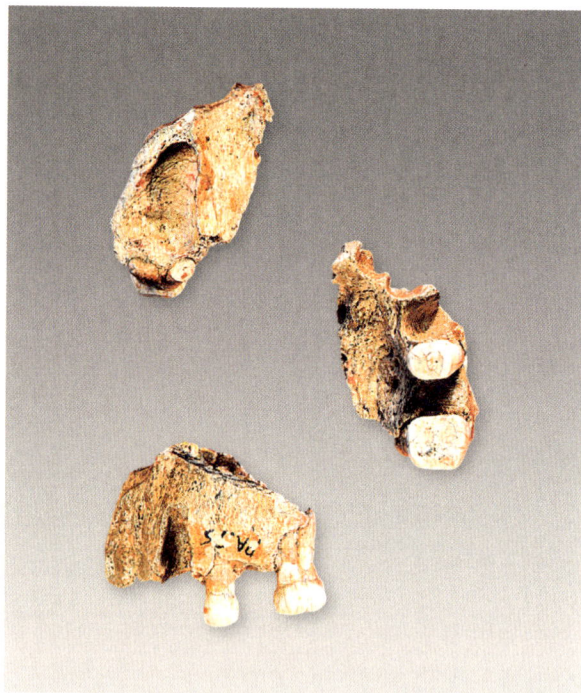

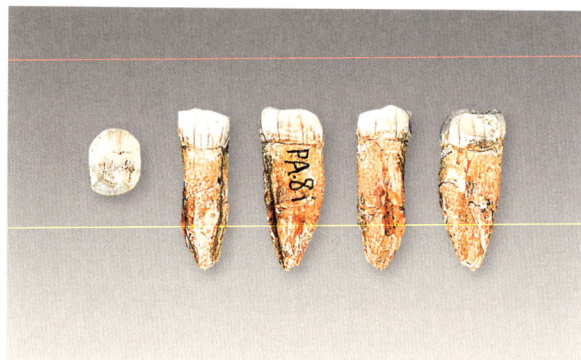

物化石送中国科学院古脊椎动物与古人类研究所，被鉴别出1件人类上颌骨，保留有上颌体的大部分，附有第三前臼齿和第一臼齿；1件左侧下颌第四前臼齿，保存完好。1957年，中国科学院古脊椎动物与古人类研究所、湖北省文化局和长阳县文化科对该地进行了调查、发掘，又出土1枚人类牙齿和一些动物化石，未发现文化遗存。

长阳人上颌前部的倾斜程度不如周口店直立人显著，从鼻棘点到齿槽前缘点几乎呈一直线，说明近于正颌型，吻部向前凸出程度不如周口店直立人显著。颚面凹凸不平，门齿孔

与上颌颚间缝前端距离很近，这些特征与现代人接近。此两件化石仍保留一些相对原始的特征，包括梨状孔下部较宽，鼻腔底壁没有显著弯曲，犬齿隆凸显著，牙齿咬合面复杂，下颌第四前臼齿齿根较长，有三个分支。该化石的发现为研究当时人类的演化特点和远古人类在华夏大地的分布提供了重要材料。

与长阳人化石共生的动物化石属于大熊猫—剑齿象动物群，时代被推定为中更新世后期。采用铀系法对伴生动物牙齿所做的测年结果大约为距今19.5万年。

长阳人类化石存于中国科学院古脊椎动物与古人类研究所。

白龙洞人牙齿 具体时代未定，约为早更新世晚期至中更新世之间。

白龙洞人牙齿，简称"白龙洞人"。1976～2008年，中国科学院古脊椎动物与古人类研究所对湖北省郧西县安家乡神雾岭村的白龙洞多次发掘。出土的人类化石材料为8枚牙齿，包括2枚右侧上颌第四前臼齿、1枚左侧下颌第三前臼齿、1枚右侧上颌第二臼齿、1枚右侧下颌第一或第二臼齿和1枚右侧下颌第三臼齿，另有1枚牙齿情况不详。还发掘出土了20余件石

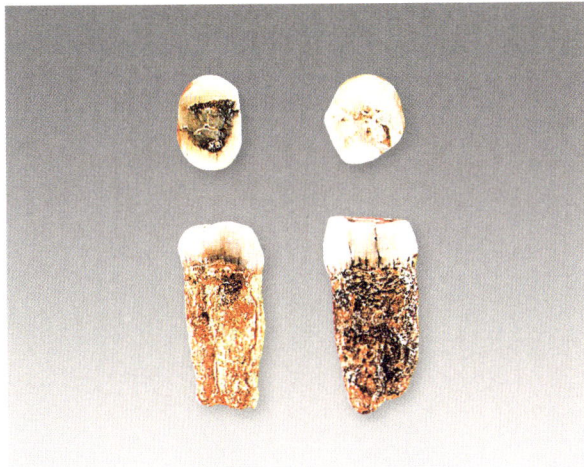

制品和大量动物化石。动物化石包括大熊猫、剑齿象等，属于大熊猫—剑齿象动物群。有学者认为动物群时代为中更新世，大约与周口店直立人时代相当；也有学者认为属于早更新世晚期阶段，比陕西蓝田公王岭动物群稍晚，而与湖北郧县曲远河口古人类遗址出土的动物群时代接近。该化石的发现为研究当时人类的演化特点和远古人类在华夏大地的分布提供了重要材料。

白龙洞人牙齿存于中国科学院古脊椎动物与古人类研究所。

巢县早期智人化石 旧石器时代早、中期文物，距今20万～16万年。

巢县早期智人化石，简称"巢县人"。1981年，安徽省地质调查队在巢县进行地质调查时，在银屏镇岱山村银山生产队采石场内发现动物化石。中国科学院古脊椎动物与古人类研究所会同安徽省考古研究所、安徽省地质局区测队进行发掘，发现人类枕骨化石和大量动物化石。材料为1件枕骨和1件上颌骨。枕骨保存有枕鳞的大部分，项平面自下项线以下的部分缺失。枕平面较完整，保留近乎完整的人字缝。根据人字缝尚未完全愈合、枕骨表面肌脊发育完全、枕鳞项平面较为平滑等现象，推测枕骨应属一青年女性。上颌骨不完整，保留部分齿槽突的前部，带有两侧门齿的齿根和右第三前臼齿、第四前臼齿和第一臼齿。除附着在上颌骨齿槽上的牙齿外，还有属于左侧的3枚单个牙齿，包括第四前臼齿、第一臼齿和第二臼齿。第四前臼齿的齿根较完整，其余两枚牙齿的齿根皆在发掘过程中有程度不一的缺损。根据牙齿磨耗程度，推测属青年男性个体。

1983年，再次进行发掘，出土人类上颌骨，但未发现文化遗存。

枕骨化石有枕外圆枕，但隆起程度不显著。圆枕上沟不明显，仅在圆枕中部上方有一凹陷，上项线也不明显，故枕、项圆滑过渡。有学者认为这样的特征常见于尼安德特人，而不见于中国和其他地区的人类化石上。枕骨宽12.24厘米，与周口店直立人5号接近；枕内、外隆凸点距离2.20厘米，与和县直立人相同，但也与一些早期智人的相应值接近。头骨壁很薄，枕骨圆枕处厚0.7厘米，明显小于周口店直立人及和县直立人。根据这些形态和对比分析，推测巢县人枕骨代表早期智人。上颌齿槽突颌程度稍显，前缘轮廓线稍呈隆起，不像现代人那样呈平直状或下凹状。鼻前棘发育，梨状孔下缘呈钝形，门齿管在鼻腔的开口呈椭圆形，门齿管的上下走向较为陡直。牙齿尺寸总体偏大，其中门齿和前臼齿接近直立人平均值，臼齿尺寸接近古老型智人，侧门齿具有铲

形结构，前臼齿咬合面形态较复杂，主脊分叉，具有次级沟脊结构。前部牙齿较后部磨耗高，可能是特定的使用方式所致。

与巢县人伴生的动物化石包括中国鬣狗、熊等，时代推定为中更新世晚期。用铀系法对动物化石所做的测年结果为距今20万～16万年、距今21.2万年；用热电离质谱（TIMS）对埋藏人类化石的地层所做的测年结果为距今36万～31万年或更早。

该化石的发现为研究当时人类的演化特点和远古人类在华夏大地的分布提供了重要材料，对于研究中国乃至东亚直立人向智人的过渡具有重要价值。

巢县早期智人化石存于中国科学院古脊椎动物与古人类研究所。

盘县大洞人牙齿化石 旧石器时代早、中期文物，距今30万～13万年。

盘县大洞人牙齿化石，简称"大洞人"。1992～2005年，中国科学院古脊椎动物与古人类研究所同贵州省相关单位对贵州省六盘水市

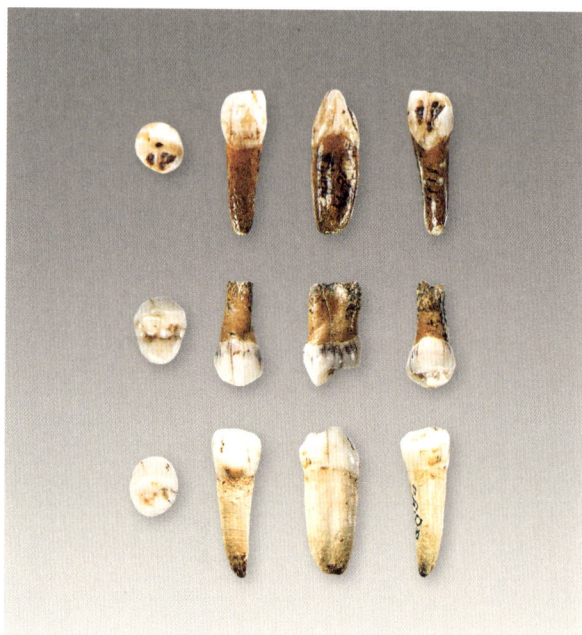

盘县（盘州市）十里坪大洞遗址进行了6次考古发掘，发现人类牙齿化石和大量石制品与动物化石。其中4枚牙齿：右侧上颌中门齿，仅存部分齿冠且破损严重，唇面釉质层全部脱落；右侧下颌犬齿，保存基本完好，仅齿根尖端稍有破损；右侧上颌第三前臼齿，保存完整齿冠和部分齿根，齿根在距离齿颈部9.6毫米处断裂；左侧下颌第三前臼齿，保存基本完好，仅齿根尖端稍有残缺。

在4枚人类牙齿中，上颌中门齿外观粗壮，具有显著的底结节、指状突和边缘脊，尺寸与古老型智人及尼安德特人接近，呈现较多原始性状。其余3枚呈现出原始与现代特征混合的特点，相对原始的特征包括齿冠轻微不对称，个别尺寸偏大等；齿冠轮廓形态、对称性、大小和粗壮度等与早期现代人及近代人类相似。大洞人牙齿具有古老和衍生特征并存的特点，显示中更新世晚期人类已经出现向早期现代人过渡的趋势，对研究东亚地区现代人的起源与演化具有重要学术价值。

从大洞遗址出土的哺乳动物化石共计43种，主要成员属华南大熊猫—剑齿象动物群，时代被推定为中更新世晚期。采用铀系法、电子自旋共振法（ESR）和铀系—电子自旋共振法（ESR）结合法对大洞的地层和动物牙齿所做的测年结果为距今30万～13万年。

盘县大洞人牙齿化石存于中国科学院古脊椎动物与古人类研究所。

桐梓人牙齿化石 旧石器时代早、中期文物，距今约20万～11万年。

桐梓人牙齿化石，简称"桐梓人"。1972年，中国科学院古脊椎动物与古人类研究所科

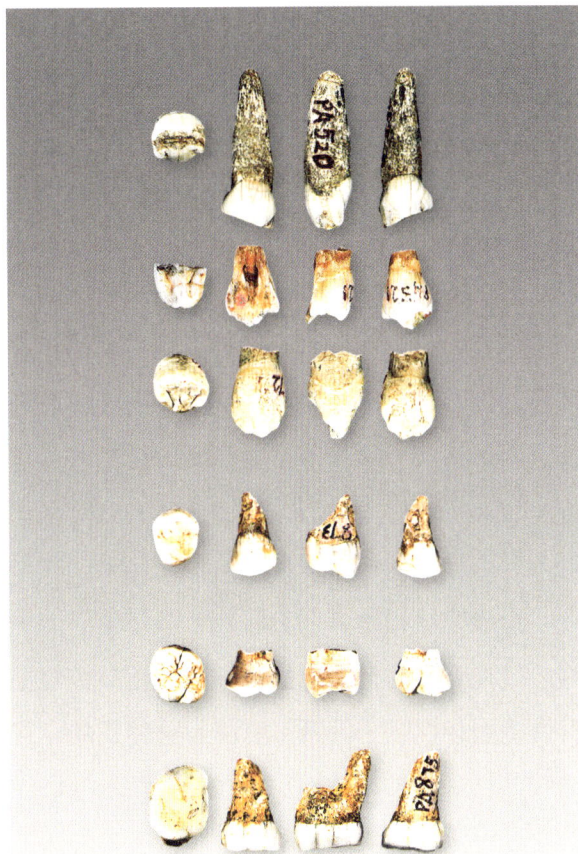

研人员在贵州省桐梓县城西北25千米的九坝乡白盐井村的岩灰洞发掘2枚牙齿。1980年发掘7枚，1983年发掘4枚。主要7枚牙齿分别是右侧上颌中门齿，除切缘近中角处有小的釉质缺损外，其余保存完好，根据磨耗程度推测个体年龄较大；右侧上颌第三前臼齿，齿冠颊面和颊侧齿根缺失，齿冠咬合面几乎完整，未磨耗；左侧上颌犬齿，只保留齿冠，齿根尚未形成，推测为10岁左右的儿童；左侧上颌第三前臼齿，齿冠保存完整，齿根大部缺失；左侧上颌第一臼齿，齿冠保存完整，齿根尚未形成，推测属于6岁左右的儿童；右侧上颌第一臼齿，齿冠保存完整，齿根仅保存舌侧大部；左侧上颌中门齿，无编号，齿冠完整，齿根末段缺失。1980年，考察时还发掘出土包括石核、刮

削器等石制品和动物化石，石器加工粗糙，动物化石包括东方剑齿象、中国犀、大熊猫和硕豪猪等，时代被推定为更新世中期或晚期。利用铀系法对3枚动物牙齿所做的测年结果分别为距今11.3万、11.5万和18.1万年。利用铀系法对地层所做的测年结果为20.6万年前。

上颌中门齿齿冠唇面在纵向和横向都稍有隆起，尤其颈部最为明显。从发育的底结节和齿冠两侧边缘脊缘增厚来看，呈铲形；总体显得粗壮，尺寸较大，齿冠唇—舌径0.83厘米，近—远中径0.92厘米，齿根高1.79厘米。在尺寸、指状突结构和齿冠舌面底结节等特征上与周口店直立人相似，但齿根尖呈圆钝形，与尼安德特人相似。上颌第三前臼齿总体粗壮，尺寸较大，牙齿形态结构复杂，咬合面近中边缘脊和远中边缘脊发达，颊侧尖和舌侧尖表面的主脊均呈现分叉。齿颈缩窄程度与周口店直立人接近，大于尼安德特人和现代人。上颌犬齿牙冠颊面凸起显著，横向分布若干条肋状条带，齿冠基部有一条相当宽的齿带，齿冠近中缘和远中缘都有非常明显的三角隆凸，齿冠舌面结构复杂，近中边缘脊和远中边缘脊在舌面基部汇合，形成明显的底结节，齿尖呈圆形结节状，齿颈部收缩不明显，齿冠近—远中径和颊—舌径接近周口店直立人女性标本，大于尼安德特人。上颌第一臼齿咬合面结构复杂，4个主齿齿尖均发育有明显的副脊和次级沟，边缘脊非常发达，齿冠基部有明显的齿带。桐梓人牙齿在大小和形态上有少数性状接近早期智人，更多性状与周口店直立人接近，处于直立人向早期智人过渡的时期，反映了演化过程中的形态镶嵌。

桐梓人牙齿化石分别存于中国科学院古脊椎动物与古人类研究所，藏于贵州省博物馆。

马坝早期智人头骨 旧石器时代中期文物，距今约13万年。

马坝早期智人头骨，简称"马坝人"。1958年，当地农民在广东省韶关市曲江区马坝镇西南约1.5千米的狮子山狮头峰的一处洞穴内挖肥料时发现。1964年、1984年，中国科学院古脊椎动物与古人类研究所和广东省博物馆等单位合作，在此发掘清理，发现一些动物化石和少量石制品。材料为一具头骨。出土时破碎为多块，包括顶骨大部分，额骨右侧大部及左侧前下部，右眼眶内侧、外侧和上缘及眶壁，鼻骨大部，右侧蝶骨大翼和部分颞鳞。根据颅缝愈合程度及头骨表面粗糙度，推测属中年男性。

头骨顶骨扁塌，额骨隆起。眉脊内侧骨壁厚1.4厘米，中外侧部厚1.1厘米，各部分比周口店直立人都薄，与尼安德特人接近。顶面

马坝人

观，两侧眉脊组成"八"字形，眉间区向下凹陷。眉脊上沟较周口店直立人浅、大荔人深。额骨中央有一小段弱矢状脊，右侧额结节微微可见。两侧眉脊最向外突出点之间的距离为12.6厘米，额骨最窄处宽度为10.1厘米，眶后缩窄指数为80.2，与周口店直立人接近。整个眼眶近似圆形，眶下缘较锐利。眼眶指数为88.0，眶高为3.9厘米，属高眶型。额骨矢状弧长13.4厘米，弦长11.56厘米，弦弧指数86.3，接近现代人，与直立人相去较远。这些形态特征显示马坝人比直立人进步，比晚期智人原始，属于早期智人，并呈现出包括尼安德特人在内的欧洲古人类的一些特点。头骨额骨额结节后外侧有一处稍微凹陷的疤痕，与之对应的颅骨内侧面有些突出，被认为是暴力伤害所致。该化石对研究东亚地区人类连续演化、东西方古人类群间可能的基因交流以及人类间暴力伤害等生存行为，提供了重要信息与证据。

与人类头骨伴生的动物化石包括豪猪、猪獾、大熊猫、最后斑鬣狗、东方剑齿象、纳玛古棱齿象、中国犀、貘、鹿、野猪等，时代被推定为中更新世晚期或晚更新世早期。利用铀系法对动物化石所做的测年结果是距今13.5万～12.9万年；对沉积样品和骨化石样品的铀系测年结果是距今23.7万年。但后者的测年样品与人类化石的关系不明确。

马坝早期智人头骨存于中国科学院古脊椎动物与古人类研究所。

许家窑—侯家窑早期智人 旧石器时代中期文物，约为距今12.5万～10.4万年。

许家窑—侯家窑早期智人，简称"许家窑人"。遗址位于山西省与河北省交界处的泥河湾盆地北部桑干河支流梨益沟西侧，包括两叉沟73113和长形沟74093两个地点，分别属于山西省阳高县许家窑村和河北省阳原县侯家窑村。人类化石发现于74093地点。1973年，中国科学院古脊椎动物与古人类研究所在山西雁北一带进行旧石器时代考古调查时，根据村民提

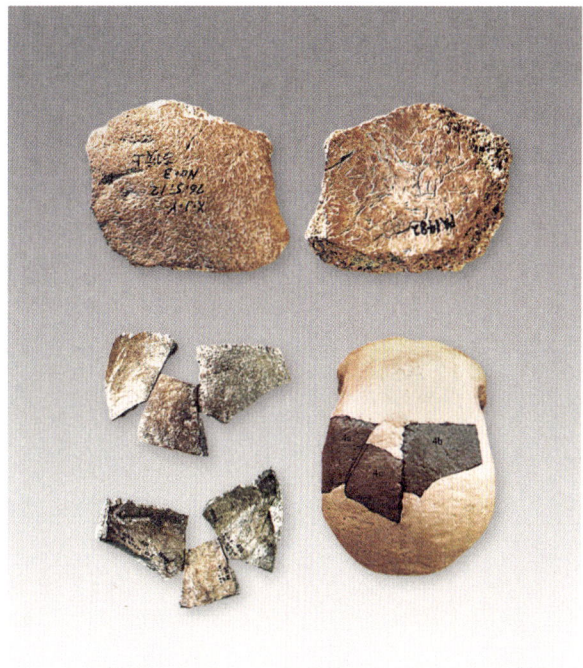

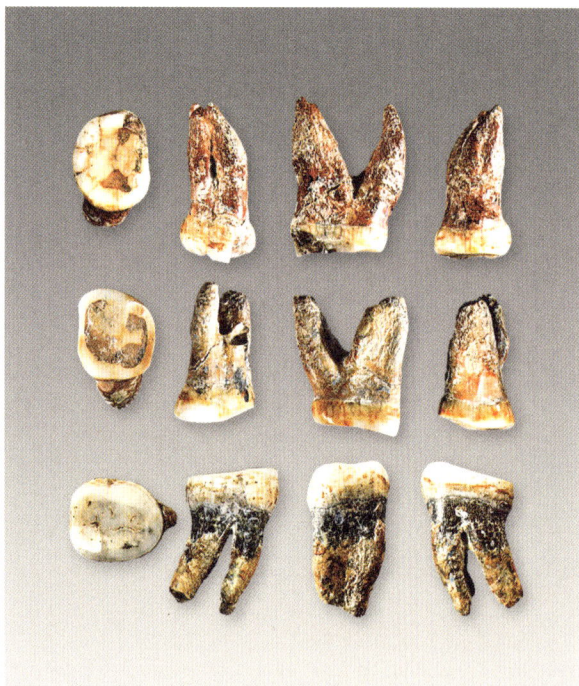

供的线索，在许家窑村附近发现了一处化石地点，并从地层中找到2件石制品。1976年，对此地点进行第一次发掘，发现人类化石9件，包括左侧上颌骨1件，含第一臼齿，第二臼齿尚未萌出，在齿槽内可见，第三及第四前臼齿未萌出，通过X射线和CT扫描在上颌骨内可见，第二乳齿齿根尚在齿槽内，推测属于幼年个体；右侧上颌第三臼齿1枚；顶骨残片1件，推测是左侧顶骨结节区部分；左侧顶骨前部1件，保留有颞线以上部分的大部分冠状缝；右侧顶骨前部1件，保留大约6厘米的冠状缝及4.1厘米的矢状缝，两缝相交于前囟点；左侧顶骨1件；左侧顶骨后内角部分1件，可与左侧顶骨拼接在一起构成一件几乎完整的左侧顶骨，推测属幼年个体；枕骨1件，保存完整枕平面和大部分项平面；左侧顶骨后部1件，发现时已脱层；右侧顶骨前上部1件。1977年，对该遗址再次进行发掘，获得人类化石8件，包括右侧顶骨1件，几乎完整；靠近矢状缝的部分左侧顶骨1件；右侧

顶骨下半部分1件；靠近星点的右侧顶骨残片1件；左侧和右侧顶骨上半部1件；枕骨1件，保存有枕平面右半侧、大部分项平面以及枕骨大孔后缘；左侧上颌第一臼齿1枚；右侧下颌枝1件。1979年对遗址进行第三次发掘，获得人类化石3件，包括左侧颞骨1件；右侧顶骨前部1件，保存部分冠状缝；右侧下颌第三臼齿1枚。数次发掘，共出土石制品3万余件和大量疑似骨角器及动物化石。石制品包括石锤、石核等。动物化石包括普氏野马等，时代被推定为晚更新世早期。

许家窑人顶骨各部位均较厚，顶结节处厚0.7～1.26厘米，平均厚1.07厘米，与周口店直立人平均值接近。顶骨无角圆枕和矢状脊。脑膜中动脉后支粗而长，与周口店标本相似，与现代人不同。顶骨曲度介于周口店直立人与现代人之间。枕骨均粗壮、厚重，肌肉附着处明显，均保存枕骨圆枕，中部粗壮，向两侧逐渐变细，但比周口店直立人弱。圆枕中央部的厚度分别是1.9厘米和1.8厘米，位于周口店直立人变异范围内。枕骨内面的大脑窝比小脑窝大而深，与周口店直立人接近。枕骨曲度大于周口店直立人，枕外隆突与枕内隆突之间的距离小于周口店直立人，这两项特征均与尼安德特人接近。颞骨多数性状与早期智人相近，一些性状介于直立人与现代人之间，也有一些特征与周口店直立人接近，如关节结节不明显，乳突部厚度等。乳突上脊比现代人粗壮，但不如周口店直立人发达。颞骨颧突明显突起，与颞鳞之间形成宽而深的颧突沟，此沟较现代人浅。下颌骨具有镶嵌性形态特征，分别呈现尼安德特人、古老型智人及现代人的特点。牙齿

较为原始，主要表现在牙齿齿冠较大，前部牙齿有复杂的附属结构，上颌第四前臼齿呈现不对称的齿冠外轮廓，上颌第一、二臼齿呈梯形的齿冠外轮廓，上、下颌第二臼齿粗壮且分叉明显。对许家窑人头骨的观测研究还揭示出古病理、创伤和先天性畸形等情况。许家窑人是早期智人的重要代表，对探讨东西方古人群的迁徙、互动、基因交流和东亚现代人的起源与演化，具有极其重要的学术价值。

许家窑—侯家窑遗址出土的哺乳动物化石多是晚更新世华北地区常见的类型，包括普氏野马、普氏原羚、鹅喉羚、野驴、马鹿、原始牛、披毛犀和裴氏转角羊等。采用铀系法测年结果为距今12.5万～10.4万年，与动物群的属性比较吻合。利用光释光等方法得出过不同的年代数据。

许家窑—侯家窑早期智人存于中国科学院古脊椎动物与古人类研究所。

许昌灵井人类头骨 旧石器时代中期文物，距今12.5万～10.5万年。

许昌灵井人类头骨，简称"许昌人"。2005～2016年，河南省文物考古研究院对河南省许昌市西北约15千米的灵井镇灵井遗址进行

连续多年的考古发掘，发现这批人类头骨碎片，同时出土一些石器以及20余种哺乳动物化石。材料为45件人类头骨碎片，代表5个个体，其中1号和2号头骨较为完整：许昌1号由26块游离的头骨碎片组成，复原后保留脑颅的大部分及部分底部，代表一个年轻的男性个体；许昌2号由16块游离的碎片拼接而成，复原后保存脑颅的后部，为一较年轻的成年个体。

许昌人头骨呈现复杂的混合及镶嵌性形态特征。第一，脑颅的扩大和纤细化：1号头骨的脑量约为1800毫升，2号头骨虽然小于1号，但也位于晚更新世人类的平均值附近；骨壁薄，颅形圆隆，枕圆枕弱化，眉脊厚度中等。从中更新世到晚更新世早期，人类脑量具有增大及纤细化的趋势，许昌人头骨明显扩大的脑量符合这一演化特点，进一步证实这一时期的人类具有相似的演化模式。第二，具有东亚中更新世早期人类（如周口店直立人、和县直立人等）的原始及共同特征，包括低矮的头骨穹隆、扁平的脑颅中矢状面、最大颅宽的位置靠下、短小并向内侧倾斜的乳突等，提示在更新世中、晚期，东亚古人群可能具有一定程度的连续演化。第三，许昌人头骨具有与典型的尼

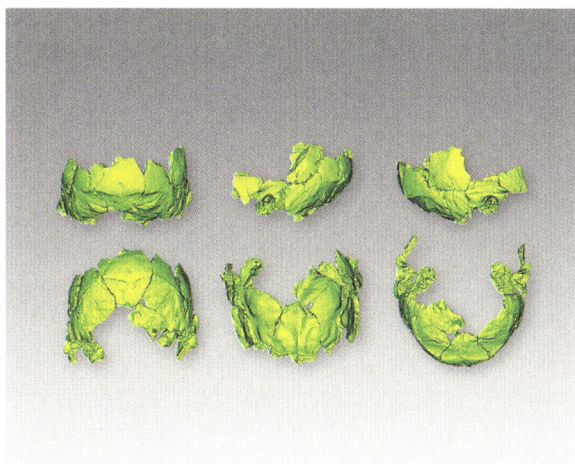

安德特人相似的两个独特性状：一个性状表现在项区，包括不发达的枕圆枕、不明显的枕外隆突伴随其上面的凹陷；另外一个性状是内耳迷路的模式，前、后半规管相对较小，外半规管相对于后半规管的位置更靠上。这两个独特性状，其中一个性状（枕圆枕上凹/项部形态）在东亚早期人类头骨不清楚；另一个特征（内耳迷路比例）在东亚古人类中只出现过1例。许昌人头骨在形态上与欧洲、西亚的尼安德特人相似，暗示了两个人群之间基因交流的可能性。

许昌人头骨具有的这种混合性，尤其是镶嵌性形态特征，反映了东亚更新世人类演化既具有一般性的趋势，还呈现出一定程度的地区连续性以及与其他地区古人群之间的交流。目前无法将其归入任何已知的古老型类群之中。该批化石对研究中国乃至东亚地区古人类演化的区域连续性以及与欧洲、西亚古人群之间的基因交流，具有十分重要的学术价值。

与许昌人化石同时出土的还有丰富的动物化石和石制品、骨制品等文化遗存。采用光释光方法对埋藏人类化石的地层所做的测年结果为距今12.5万～10.5万年。

许昌灵井人类头骨存于河南省文物考古研究院。

道县早期现代人牙齿 旧石器时代中期文物，距今12万～8万年。

道县早期现代人牙齿，简称"道县人"。2011年，中国科学院古脊椎动物与古人类研究所、湖南省文物考古研究所及道县文物馆所对湖南省道县西南乐福堂乡塘贝村的福岩洞进行发掘，发现7枚牙齿。2012、2013年又分别采

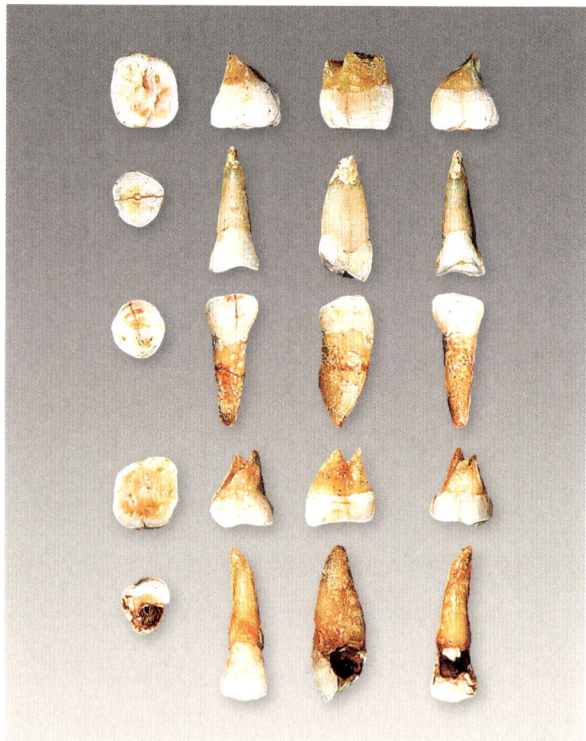

集到22枚和18枚牙齿。

道县人牙齿尺寸较小，明显小于欧洲、非洲和亚洲更新世中、晚期人类，处于现代人变异范围。齿冠和齿根呈现典型的现代智人特征，如简单的咬合面和齿冠侧面形态，短而纤细的齿根，前臼齿和臼齿轮廓形状及齿尖大小比例等，这些特征与多数早期现代人、尼安德特人明显不同，说明道县人牙齿已经具有完全现代形态，可以明确归入现代智人。这批牙齿提供了迄今最早的现代型人类在华南地区出现的化石证据，表明更新世晚期东亚人类演化过程十分复杂。

与道县人伴生的动物化石包括巴氏大熊猫、西藏黑熊等，时代被断定为晚更新世晚期。用铀系法对含化石层位上、下方的钙板所做的测年结果分别为距今8万和12万年。

道县早期现代人牙齿藏于中国科学院古脊椎动物与古人类研究所。

崇左智人牙齿化石 旧石器时代中期文物，距今11.3万～10万年。

崇左智人牙齿化石，简称"崇左人"。2007、2008年，中国科学院古脊椎动物与古人类研究所人员在广西壮族自治区崇左市左罗白乡木榄山村东木榄山西南坡的智人洞发掘出土。材料共3件：1件下颌骨中部残段；1件下颌骨右侧残段，上含第三臼齿；右侧下颌第二或第三臼齿。同时采集到大量动物化石，动物化石包括亚洲象、野猪、板齿鼠等。

崇左人牙齿较小，两枚牙齿的齿冠颊—舌径、近—远中径及齿冠面积均位于现代人变异范围内。牙齿咬合面有5个齿尖，无前凹和中央三角脊结构。齿根分叉位置较高，髓腔偏大的牛型齿结构不明显。下颌骨有较明显的颏三角、凸起的联合结节、中央脊、明显的颏窝、中等发育的侧突起、近乎垂直的下颌联合部、

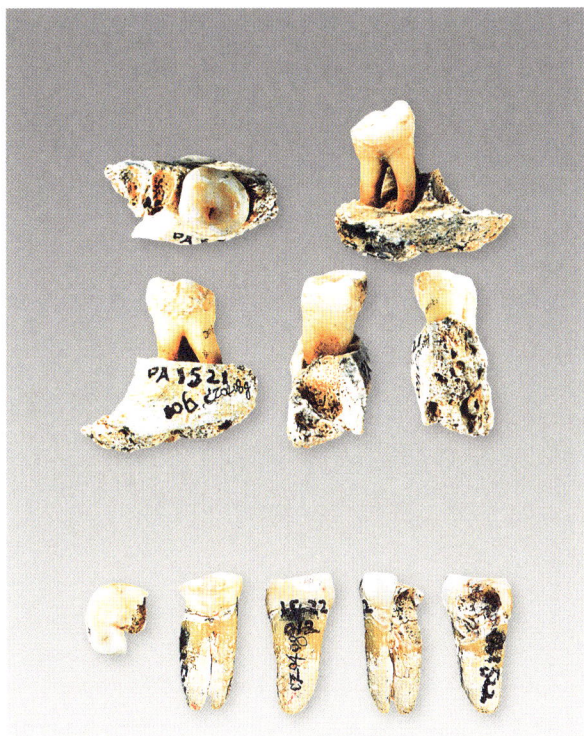

明显的下颌联合断面曲度，表现出一系列现代人类的衍生特征。另一方面，下颌体较粗壮及下横圆枕较明显，又与古老型人类相似，呈现出原始与进步特征镶嵌的特点。这些性状说明崇左智人属于正在形成中的早期现代人，处于古老型智人向现代智人演化的过渡阶段。崇左人化石对于探讨东亚地区现代人起源、演化过程以及本土人群连续演化的可能性，具有重要的学术价值。

用铀系法对含化石层位中的钙板所做的测年结果为距今11.3万～10万年。

崇左智人牙齿化石存于中国科学院古脊椎动物与古人类研究所。

丁村早期智人 旧石器时代中期文物，距今约11.4万～7.5万年。

丁村早期智人，俗称"丁村人"。1953年，采砂工人在山西省襄汾县丁村遗址54100点发现大量动物化石，一些疑似石制品被文物

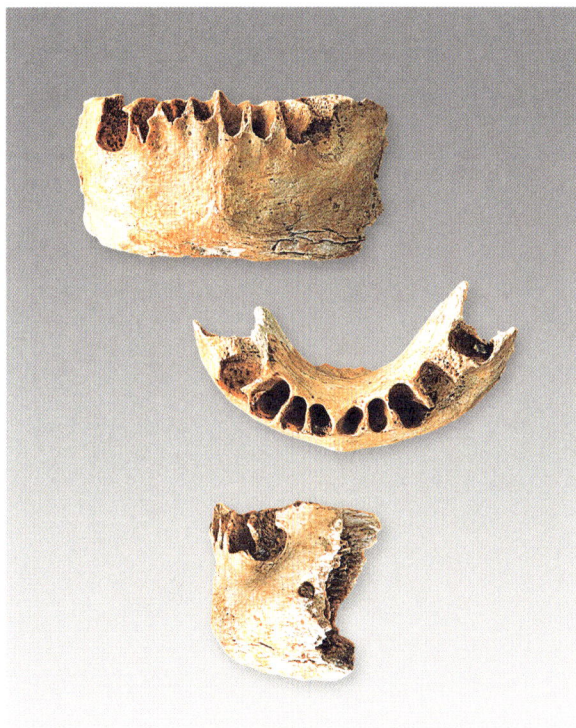

啮咬缺失；右侧下颌第二臼齿，齿冠保存完好，齿根尚未完全形成；右侧顶骨，前部和外侧部分缺失。3枚牙齿均属十二三岁的少年，色泽一致，磨耗程度接近，可能为同一例个体。在多个地点发现大量石制品和动物化石。石制品类型包括石核、石片等。

丁村人上颌中门齿齿根高1.1厘米，长0.56厘米，宽0.55厘米；齿冠高1.16厘米，长0.83厘米，宽0.64厘米。齿冠唇面轻微隆起，舌面呈明显的铲形，基部发育有底结节，并向舌面中央部伸出一个指状突。上颌侧门齿齿冠高1.06厘米，长0.7厘米，宽0.6厘米。形态比中门齿纤细，舌面呈轻微的铲形，底结节微弱，无指状突。下颌第二臼齿高0.8厘米，长1.12厘米，宽1.01厘米，咬合面形态复杂，具有5个齿尖。3枚牙齿的尺寸均小于周口店直立人，与现代人牙齿尺寸接近。这些特征显示丁村人比直立人进步，属于早期智人。

与丁村人共生的哺乳动物包括野马、野驴、披毛犀、河套大角鹿、河狸、鼠兔、水牛、原始牛等，时代被推定为晚更新世早期。采用电子共振测年法（ERS）对与人类化石伴生的动物所做的测年结果为距今11.4万～7.5万年。也有用其他方法得出的更早的年代数据。

丁村早期智人存于中国科学院古脊椎动物与古人类研究所。

黄龙洞人牙齿 旧石器时代中期文物，距今约10.3万～4.4万年。

黄龙洞人牙齿，简称"黄龙洞人"。2004年，湖北省文物考古研究所在配合高速公路建设时，在湖北省郧西县黄龙洞调查发现大量动物化石，两次发掘发现5枚人类牙齿化石。

工作者采集。1954年，中国科学院古脊椎动物与古人类研究所会同山西省文物管理委员会联合发现14处旧石器时代遗址和动物化石地点。在54100地点发掘出土3枚人类牙齿和1件人类幼年右侧顶骨化石。分别为右侧上颌中门齿，保存完好，近根尖部略有破损；右侧上颌侧门齿，齿冠保存完整，齿根靠近根尖部分被动物

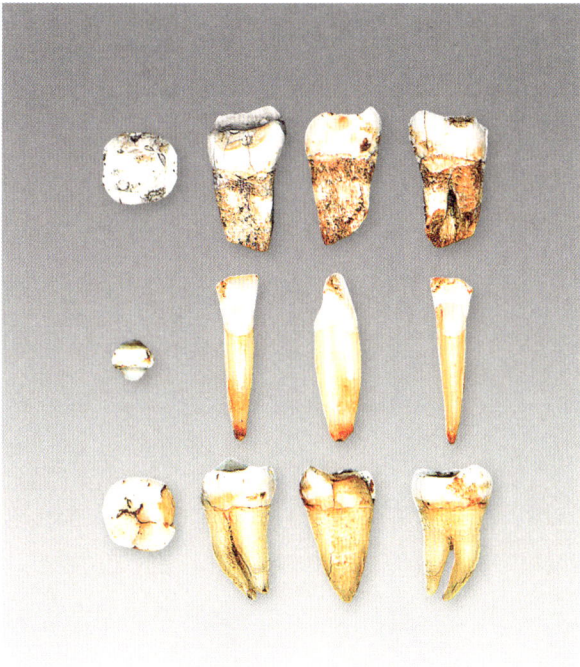

2006年，中国科学院古脊椎动物与古人类研究所会同湖北省文物考古研究所和郧西县文化局共同对黄龙洞进行第三次发掘，出土2枚人类牙齿化石。7枚人类牙齿化石，分别为1枚右侧上颌中门齿，1枚左侧上颌侧门齿，1枚左侧上颌犬齿，1枚左侧上颌第三臼齿，1枚右侧下颌侧门齿，1枚右侧下颌第二臼齿，1枚左侧下颌第三臼齿。此外，出土30余件石制品和少量疑似骨制品，石制品包括石锤、刮削器和砍砸器等。发现大片黑色物质，通过检验分析认为是用火遗迹。

该人类牙齿结构简单，各项指标都在现代中国人的变异范围内；牙齿形态也与现代人相似，前部牙齿较为粗壮，门齿呈铲形。双铲形门齿及臼齿釉质延伸，说明当时的人类已经具有了东亚人群牙齿的典型特征。前部牙齿切缘局部粗糙，表面具有釉质破损与崩裂，齿冠唇面破损及齿间邻接面略微凹陷，应该是经常使用前部牙齿从事啃咬、叼衔，或剥离坚韧食物

的结果。齿间邻接面沟的存在，表明当时人类经常从事剔牙活动。这批化石对研究中国乃至东亚早期现代人的起源与演化具有重要的学术价值。

黄龙洞人牙齿与人类化石一同出土的动物化石包括东方剑齿象、西藏黑熊、猪獾等，时代被推定为中更新世。用铀系法对动物牙齿所做的测年结果为距今9.47万年，对石笋样品所做的测年结果为距今10.7万年，用电子自旋共振法（ESR）对动物牙齿所做的测年结果为距今4.42万年。

黄龙洞人牙齿分别存于中国科学院古脊椎动物与古人类研究所，藏于湖北省博物馆。

柳江人化石 旧石器时代中期文物，距今约6.7万年。

柳江人化石，简称"柳江人"。1958年，农场工人在广西壮族自治区柳江县新兴农场通天岩山洞旁的一个小洞挖掘岩泥做肥料时发现。中国科学院古脊椎动物与古人类研究所人

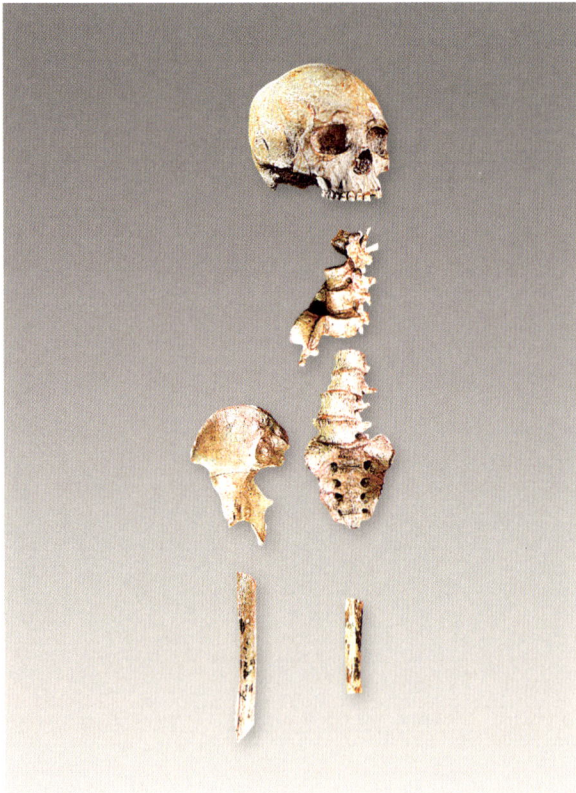

员前往调查时，相继收集到一些人类和动物化石，未发现文化遗存。人类化石包括一具基本完整的头骨，下颌骨缺失；脊椎骨，包括4个胸椎，全部5个腰椎和骶骨，胸椎上粘连有长短不一的肋骨4段；1段左侧股骨干上半部分；1段右侧股骨干上四分之三部分；1件右侧髋骨，耻骨上、下肢及坐骨下肢断裂。是否属于同一个体存在争议。从颅缝愈合程度及牙齿的磨耗度推测头骨属于一例40岁左右的男性个体。

柳江人头骨顶面呈卵圆形，最宽处在后三分之一处。额结节和顶结节都不明显。颅顶不呈屋脊状，枕部向后突出，其上方有一扁平区域。乳突细小，乳突上沟和乳突上脊明显，下颌窝浅。头长18.93厘米，宽14.22厘米，长宽指数为75.1，近于中头型的下限。头高13.48厘米，长高指数71.2，近于正头型的下限；宽高指数94.8，属正头型，表明头骨有中

等程度的高度。头骨在正中矢状面上从鼻根点到枕骨大孔后缘点弧长37.4厘米，其中额骨段弧长13.65厘米，远大于整个弧长的三分之一（12.47厘米）。现代人前囟点一般在三分之一处，尼安德特人的位置较现代人稍后，而周口店直立人这一点的位置更后。因此，从前囟点的位置看，柳江人的头骨具有一定的原始性。柳江人面部宽而短，眼眶宽阔而低矮，眶指数左侧为63.8，右侧为67.3，属低眶型。鼻颧角为143.5度，额指数15.7，位于现代蒙古人种的变异范围。鼻短而宽，鼻长4.58厘米，宽2.68厘米，鼻指数58.5，属于最宽鼻型。鼻骨大而宽，鼻梁稍凹。眉脊显著，内侧在鼻根上方相互连续。额骨颧突较粗壮。牙齿磨耗较重，右侧侧门齿舌面铲形明显可见。脑量为1567毫升，位于晚期智人的变异范围内，而远大于现代人的平均值。脑的发育程度与晚更新世晚期人类最接近。

股骨的骨壁较现代人厚，髓腔较现代人小，接近尼安德特人，呈现出一定的原始性。盆骨整体特征纤细，各部位尺寸都较小，尤其代表肢体最大宽度的骨盆宽小于大多数更新世人类，狭窄的骨盆一方面是区别于早期人类的进步特征，另一方面也体现了对生存环境的适应。骨盆宽/身高指数为0.138，体重约为52.0千克，说明柳江人体型为纤细型，与生活在气候温暖或炎热地区的人类接近，而不同于生活在高纬度寒冷地区人类的粗壮体型。

与人类化石同出的动物化石包括豪猪、东方剑齿象等，时代被推定为更新世晚期。用铀系法测定钙板和可能出自其下方的动物化石，获得的年代数据分别为6.7万年前和22.7

万～10.1万年前，但这些测年样品与人类化石的关系具有不确定性。多数学者采用距今6.7万年作为柳江人类化石的大致年代。

柳江人化石存于中国科学院古脊椎动物与古人类研究所。

田园洞人化石 旧石器时代晚期文物，距今约4.2万～3.9万年。

田园洞人化石，简称"田园洞人"。2001年，北京市房山区周口店镇黄山店村田园林场职工在林场内寻找水源中发现田园洞，从中采集到多种动物骨骼。2003～2004年中国科学院古脊椎动物与古人类研究所对洞穴进行了两年的发掘，出土了人类化石和一些动物化石。发掘人类化石有下颌骨、牙齿、犬齿、颈椎等34

件。这些骨骼应该属于同一例个体。同时出土的动物化石包括黑熊、猪獾、马鹿等，时代被推定为晚更新世末期；用质谱加速碳十四测年法（AMS）对从人类腿骨化石上截取的一小块样本所测定的数据为约距今4.2万～3.9万年。

田园洞人骨骼和牙齿形态以现代人衍生性状为主，同时保留少量常见于晚期古老型智人的形态特点。所体现的现代人特征主要是：下颌骨具有显著的颏隆突，联合结节显著突出，下颌联合部倾角大，呈96度，下颌侧结节欠发育；舌面无齿槽平台和下颌横圆孔，下颌体厚；上肢骨的肌肉韧带附着标记欠发达；肩胛骨呈现腹侧沟，左侧关节盂宽阔；股骨脊发育明显；胫骨和腓骨表面都有明显的纵行沟。田园洞人牙齿磨耗较重，咬合面形态特征无法确认。所体现的古老型智人的形态特征主要是：下肢骨粗壮；股骨干狭窄并于中央隆起；股骨头直径与骨骼长度之比落在所有早期现代人变异范围之外，与金牛山人和尼安德特人接近；中节指骨基底部宽阔，远端指骨结节较宽，缺乏爪状脊；钩状骨粗大。根据肱骨、桡骨、胫骨长度推测，个体身高约1.72米，生前患有颈椎炎和指关节炎、韧带骨化、牙齿生前缺失、牙釉质发育不全、骨质增生等疾病。田园洞人的DNA序列被成功提取和破译。研究表明，个体与现代东亚人和美洲印第安人具有很近的遗传关系，而与同时期旧大陆西部的人群已经产生明确的遗传分异。该具遗骸对研究东亚人群的体质演化、现代人来源和东西方古人群的遗传关系，具有十分重要的意义。

田园洞人化石存于中国科学院古脊椎动物与古人类研究所。

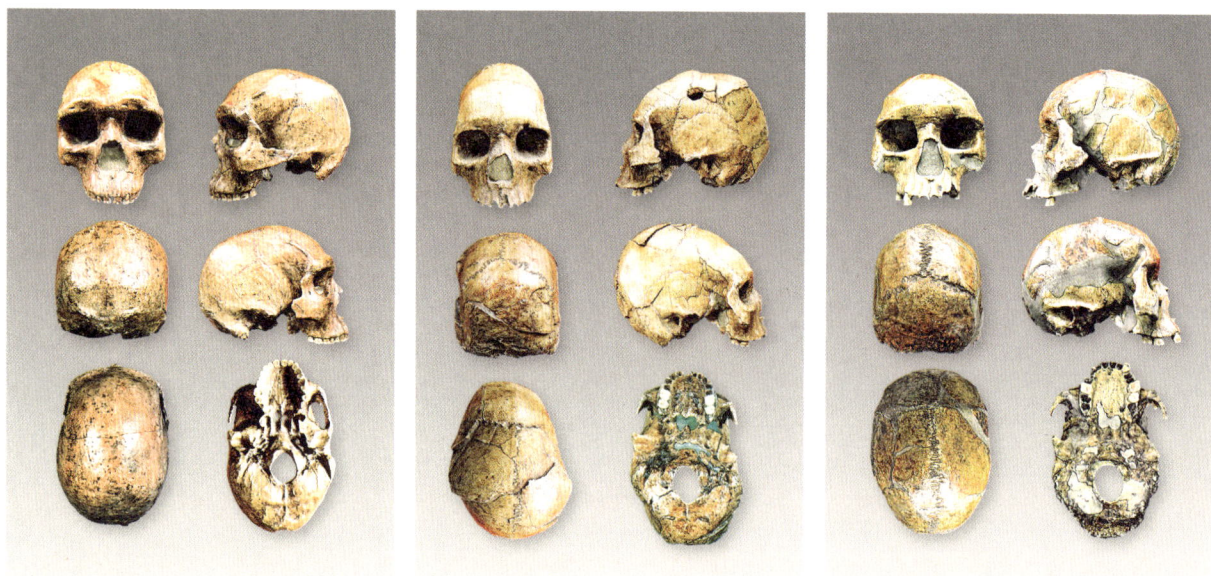

山顶洞晚期智人化石　旧石器时代晚期文物，距今3.8万～2.7万年。

山顶洞晚期智人化石，简称"山顶洞人"。1933年，在裴文中主持下从位于周口店第1地点（北京猿人遗址）上方的山顶洞发掘出土，伴出的还有大量动物化石、少量石制品和穿孔装饰品、具有雕刻线条的鹿角等。人类化石包括完整的头骨3具、头骨残片3件、下颌骨4件、下颌骨残片3件、牙齿数十枚、脊椎骨等。这些人类化石在第二次世界大战期间全部丢失，现存部分人类化石的模型。动物化石包括最后斑鬣狗、野驴、东北狍等，时代被推定为晚更新世。

山顶洞出土的人骨至少代表8例个体。3具头骨具有很多蒙古人种的特征，如鼻根凹陷程度弱，眼眶倾角小于90度，为垂直型；颧骨突出且朝向前方，低眶、阔鼻和鼻前窝型梨状孔下缘等。103号比其他两件头骨呈现出更显著的蒙古人种典型特征，其颧骨位置与形状、鼻骨形状、明显的鼻骨前窝、垂直型的眶倾角及面部和鼻梁根部扁平的程度说明其蒙古人种特征已经有相当程度的特化。在山顶洞人头骨上也有一些特征与现代蒙古人种差异较大，如101和102号头骨的鼻根高宽指数明显高于典型现代蒙古人种。山顶洞人较之现代人具有一定的原始特征。3具头骨都很大，头长分别为20.4厘米、19.6厘米和18.4厘米，颧宽14.3厘米、13.1厘米和13.7厘米，最小额宽分别为10.7厘米、10.25厘米和10.1厘米，这样大的头骨在现代人中并不多见，但在更新世晚期人群中则较多；三具头骨均为长头型，头指数分别为70.1、69.4和71.2，表现出一定原始性特征；3具头骨眶指数分别为64.9、72.3和68.9，与柳江人的眶指数接近。3具头骨的脑量分别为1500毫升、1380毫升和1300毫升，均在更新世晚期人类的变异范围内；101号头骨的颞鳞约呈直角三角形，与周口店直立人相似；3具头骨的眉弓都很发达，尤其是101号，已经形成了眉脊，两侧眉脊在中央相遇，使得眉间区特别向前凸出，眉脊后上方有浅沟。这些特点在现代人中罕见，却常见于更新世晚期人群中。山顶洞人是中国乃至东亚晚期智人的最重要代表，对研究东亚现代人群的起源、演化过程的复杂性及生存状况，具有重大的学术价值与意义。采用质谱加速碳十四测年法（AMS）测定山顶洞人的生存时间为距今3.8万～2.7万年。

山顶洞晚期智人化石模型存于中国科学院古脊椎动物与古人类研究所。

泾川晚期智人头骨 旧石器时代晚期文物，可能为距今4.8万～1.5万年。

泾川晚期智人头骨，简称"泾川人"。1976年，林场工人在甘肃省泾川县城东南约35千米的泾明镇白家村附近的牛角沟平整土地时发现。材料为一具不完整的头盖骨。出土时破碎为多块，包括额骨鳞部一小片、右顶骨大部、左顶骨右下角、较完整的右颞骨和枕骨大部。根据颅缝愈合程度推测属青年个体，性别存在争议。同一地还发现包括砍砸器、刮削器、石球等石制品80余件。

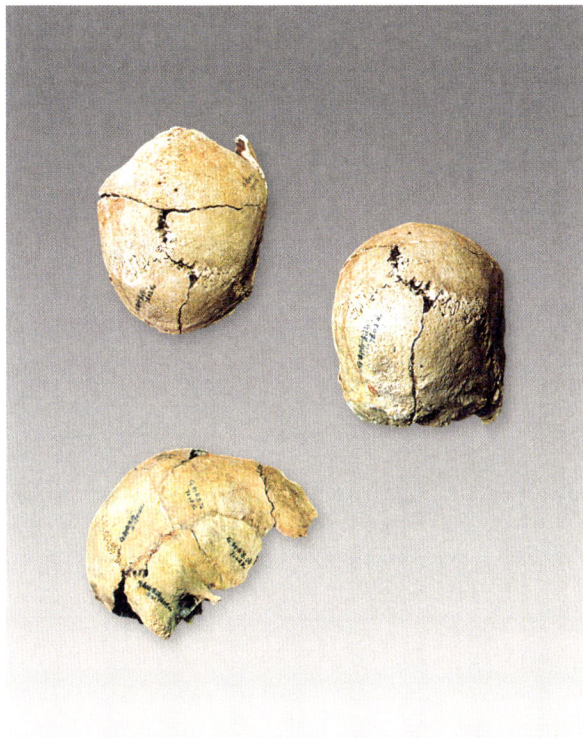

从顶面观，泾川人头骨近似卵圆形，右侧顶结节突出。头骨最大宽位于颞骨中上部。顶孔前方的矢状脊微弱隆起，顶孔区向后的区域略微平坦；从侧面观，头骨圆隆，乳突发达，无角圆枕，颞骨鳞部上缘呈弧线形；从枕面观，上项线、最上项线较为明显，枕骨圆枕微弱，略呈条带状。枕外隆突明显，枕项平面呈圆弧形转折。枕骨上项线以上部分骨面粗糙，枕脊显著；从内面观；顶骨内表面乳突角处有乙状沟，脑膜中动脉前支和后支均较细，与现代人相似。脑量为1504毫升。靠近顶结节部分骨壁厚0.458厘米，外板层厚0.172厘米，板障层厚0.129厘米，内板层厚0.157厘米，均在现代人变异范围内。该化石对于研究中国晚期智人的分布和演化具有重要的学术价值。

与人类化石伴生的哺乳动物包括马、鹿、牛、披毛犀和中华鼢鼠等，时代被推定为晚更新世晚期。采用光释光方法对埋藏人类化石的地层测年，分别获得距今4.8万年、1.5万年和0.79万年的数据。考虑到化石并非正规发掘出土，地层存在不确定性，测年数据又差异很大，只有对人类化石直接测年才能得出可信的年代数据。

泾川晚期智人头骨存于甘肃省泾川县博物馆。

资阳晚期智人头骨 旧石器时代晚期文物，距今约3万年。

资阳晚期智人头骨，简称"资阳人"。1951年，修建成渝铁路桥基时，在四川省资阳县（资阳市）县城西约0.5千米的九曲河黄鳝溪河南岸被施工人员挖出。中国科学院古脊椎动物与古人类研究所科考人员前往调查和发掘时，又发现了1件骨椎。材料为1件近乎完整的头骨；1块硬腭。头骨脑颅部分除右侧颅底和枕骨大孔后缘以前部分缺损外，大部分完整。面颅大部缺损，仅保存上颌骨体的一部分和齿槽突、腭突以及腭骨的水平部。上颌牙齿全部脱落，仅有左侧第四前臼齿的齿根保存于齿窝内。根据脑颅和面骨的石化程度与颜色推测属于同一个体。与头骨共出的动物化石包括豪猪、斑鬣狗、大额牛等，时代被推定为更新世晚期。

资阳人头骨较小，表面细致。头长16.93厘米，宽13.11厘米，属中头型。从顶面看，头骨呈卵圆形，最大宽度在左右两侧顶结节向外突出处。额结节和顶结节均显著突出。眉脊远比现代人显著。有明显矢状脊，从额结节水平起始，向后向上延伸到顶骨中部。在前囟点附近有十字隆起。右侧顶孔较为明显。顶孔间

有明显的菱形凹陷。两侧顶骨乳突角隆起，形成角圆枕。头骨枕部圆钝；从侧面观，在头骨前端可见明显的眉脊，枕部圆钝，后端枕骨鳞部明显肥厚，形成发髻状结构。保留的左侧颞鳞顶缘较低，呈弧形上曲。外耳孔呈椭圆形，长轴不呈垂直方向，而是上端向前倾斜。乳突粗大而圆钝，下垂部分甚短。前囟点位置与柳江人一样，较现代人为后；从后面观，有发达的乳突和明显隆起的角圆枕。枕平面正中矢状弧长0.57厘米，项平面正中矢状弧长0.5厘米，构成的指数为87.7，这个特征显示出资阳人的原始性。大脑窝比小脑窝大而深，与直立人相近。从保存的鼻前脊基部推测，其鼻前脊显著。根据齿槽吸收和修复情况，推测此人生前患有严重的慢性局限性骨髓炎或齿槽脓肿。该化石对于研究中国晚期智人的分布和演化具

有重要的学术价值。

采用碳十四方法对遗址出土的乌木测得两个年代数据，一个距今约3万年，另一个距今约7000年，前一个数据被认为更可信。

资阳晚期智人头骨存于中国科学院古脊椎动物与古人类研究所。

龙潭山人类牙齿化石 旧石器时代晚期文物，距今3.11万～1.99万年。

龙潭山人类牙齿化石，简称"龙潭山人"，1977年，云南省昆明市呈贡县（呈贡区）文化馆工作人员在县城东北11千米的大渔街道办事处月角社区龙潭山1号洞洞穴堆积中发现，同时采集到少量石制品和大量动物化石。材料为2枚牙齿化石，分别是右侧上颌第三臼齿；左侧下颌第一臼齿。两枚牙齿保存状态较好，根据颜色、石化程度及磨耗程度判断，可能属于同一个体，形态、尺寸与现代人一致。该化石对于研究中国晚期智人的分布和演化特点具有重要的学术价值。

与人类化石同时出土的哺乳动物，包括最后鬣狗、豺、豪猪、竹鼠、斑鹿、野猪、野兔和中国犀牛等，属晚更新世大熊猫—剑齿象动物群。采用碳十四方法对动物化石和炭屑测年

的结果分别为距今1.99万年和3.11万年。

龙潭山人类牙齿化石存于云南省文物考古研究所。

前阳晚期智人化石 旧石器时代晚期文物，距今2.26万～1.6万年。

前阳晚期智人化石，称"前阳人"。1982年，辽宁省博物馆和丹东市文物部门对辽宁省丹东市东港市前阳镇山城村的洞穴发掘时发现。材料为1个头盖骨，1件下颌骨、7件长骨残段和4枚单个牙齿。这些化石可能属于同一个体，根据颅缝愈合程度推测属青年个体。

前阳人头盖骨保留了近乎完整的脑颅部，仅仅额骨眼眶部和左侧颞鳞前部缺失。下颌骨近乎完整，仅左侧下颌髁突缺失，上面保留6枚牙齿，包括左侧门齿、左侧犬齿、左侧第四前臼齿、左侧第三臼齿以及左侧和右侧第一臼

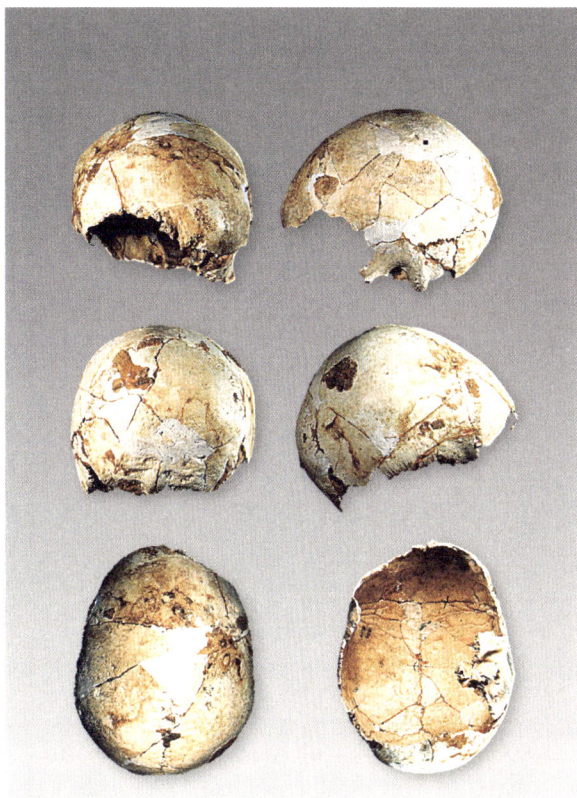

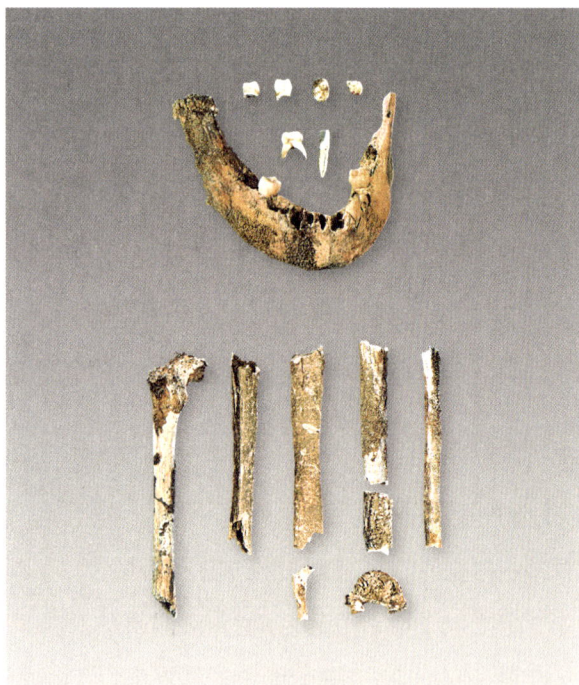

齿。肢骨部分包括左侧股骨干上段，保留长度25.2厘米；右侧股骨干上段，保留长度26.5厘米；左侧肱骨髁部分，保留长度17.8厘米；左侧胫骨髁部分，保留长度1.3厘米；胫骨残段，保留长度5.7厘米；右侧股骨残端，保留长度11.2厘米；还有腓骨髁部分。单个牙齿包括右侧上颌第三前臼齿、左侧第四前臼齿、右侧上颌第三臼齿、右侧第二乳臼齿。前阳人骨骼和牙齿特征与现代人相似，尺寸稍大。该化石对于研究中国晚期智人的分布和演化特点具有重要的学术价值。

与人类化石同时出土少量石制品及多种动物化石，包括猕猴、田鼠、熊、獾、狐狸等，时代被推断为更新世晚期。采用铀系法对人类化石外面形成的碳酸盐岩所做的测年结果为距今1.6万年；对人类化石下方的哺乳动物化石所做的碳十四方法测年结果为距今22.6～21.6万年。

前阳晚期智人化石藏于辽宁省丹东市博物馆。

建平人类肱骨　更新世晚期文物，未做具体测年。

建平人类肱骨，简称"建平人"。1957年，辽宁省博物馆工作人员在建平县建平镇合作社收购的龙骨中发现。材料为1件肱骨，两端骨髁缺失，骨干保存完好，属于一成年男性个体。一同被收购的哺乳动物化石包括披毛犀、转角羚羊、蒙古野马等，时代被推定为更新世晚期。未发现文化遗存。

建平人肱骨形态与现代人基本一致，仅桡神经沟很浅，与尼安德特人相似，而现代人桡神经沟更深。结节间沟浅而宽阔，沟两侧的大结节脊和小结节脊较现代人明显。该化石对于研究中国晚期智人的分布和演化特点具有一定的学术意义。

建平人类肱骨存于中国科学院古脊椎动物与古人类研究所。

喀左鸽子洞人化石　更新世晚期文物，未做具体年代测定。

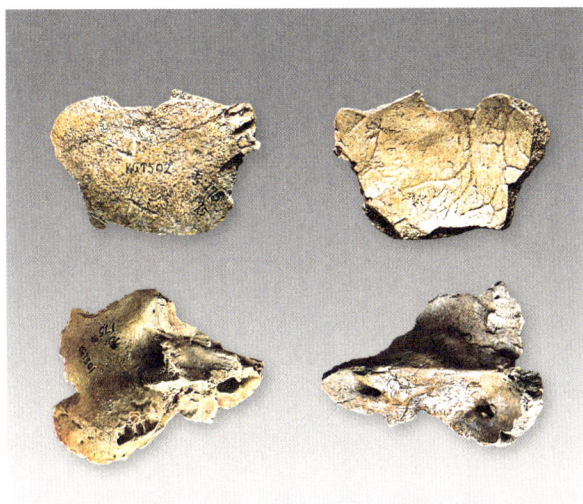

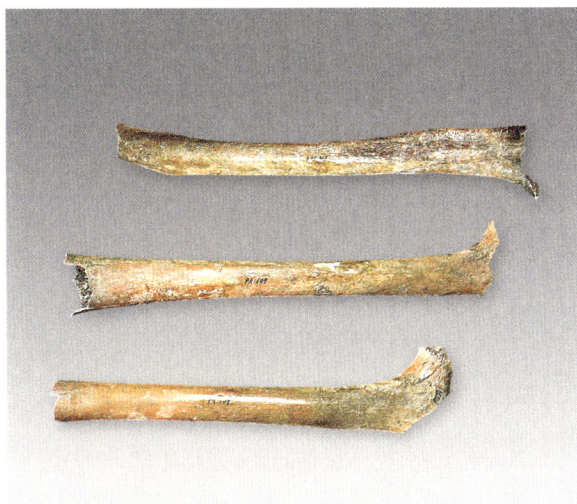

喀左鸽子洞人化石，简称"喀左鸽子洞人"。1973、1975年，中国科学院古脊椎动物与古人类研究所和辽宁省博物馆等单位先后两次对辽宁省朝阳市喀喇沁左翼蒙古族自治县水泉乡瓦房村大凌河西岸云山鸽子洞遗址开展发掘，获得3件人类化石。为人类骨骼，分别是右侧颞骨残片，右侧顶骨后下半部分，左侧髌骨。3件化石可能属于同一个体。

同时发现大量石制品、用火遗迹和哺乳动物化石。哺乳动物化石包括直隶狼、小野猫等，时代为晚更新世晚期。未做过绝对年代测定。此3件人类化石形态特征与现代人基本一致。该发现对于研究中国晚期智人的分布和演化特点具有一定的学术意义。

喀左鸽子洞人化石藏于辽宁省朝阳市喀喇沁左翼蒙古族自治县博物馆。

丽江晚期智人化石 更新世晚期文物，未做具体年代测定。

丽江晚期智人化石，简称"丽江人"。股骨化石，于1963年由中国科学院古脊椎动物与古人类研究所科考人员在云南省博物馆整理丽江县采集的化石标本中发现。1964年，云南省

丽江县文化馆工作人员在古城区金山白族乡漾西村木家桥水利工地发现1具头骨；3件股骨，其中1件右侧股骨，2件左侧股骨。头骨脑颅部分比较完整，近左侧颞骨乳突部、枕骨的底部和两侧部缺失。面颅部分除两侧上颌骨于第一白齿处破损，右侧颧弓和左侧颧骨颞骨颞突基部、左侧上颌颧突缺失外，其余部分保存完好。同时被采集的还有少量石制品和哺乳动物

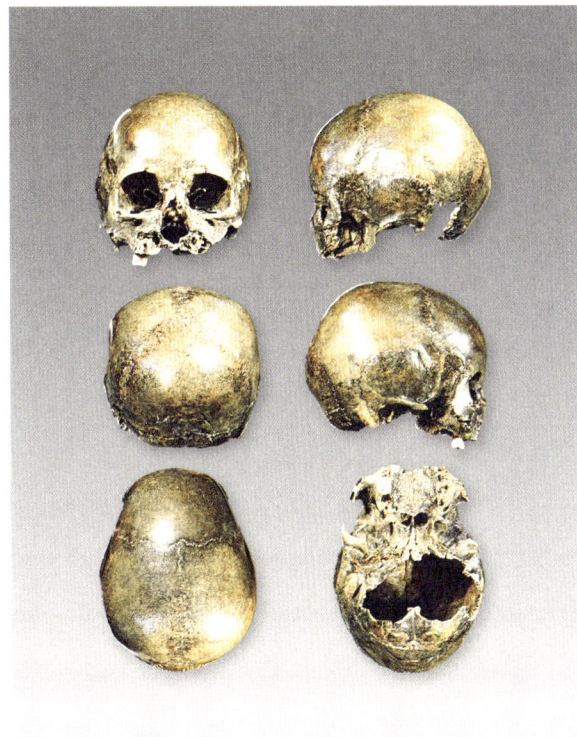

化石。这批材料的时代被推断为更新世晚期。

丽江人头骨最大宽在两侧颞鳞后上缘稍下方，与多数更新世晚期人类相似。顶骨角无角圆枕。侧面观，眉弓发育很弱，前额饱满，枕部圆钝，具有发髻状隆起。颞鳞上缘呈上凸的弧形隆起，与大多数现代人接近。乳突部细小，乳突上脊发育微弱。右侧外耳孔呈椭圆形，长轴向前倾斜，与现代人多呈垂直方向的性状不同。额骨弧度相对长度及额骨曲度均与现代人相似。额骨鳞部有微弱的矢状脊。额鼻缝向上突起，高于两侧的额颌缝，不同于中国发现的其他人类化石。眼眶形状接近方形，两侧眶指数分别为77.8和79.2，均为中眶型。头骨测量数据多在现代人变异范围。虽然丽江人头骨呈现一定的原始性，但总体来看与现代人更为接近。有学者认为，丽江人头骨不同于其他中国人类化石的特征，反映出古人类在演化的后期应该与西方人群有过频繁交流。

丽江晚期智人化石存于云南省文物考古研究所。

马鹿洞晚期智人化石　旧石器时代晚期文物，距今1.4万～1.3万年。

马鹿洞晚期智人化石，简称"马鹿洞人"。1989年，云南省博物馆、红河哈尼族彝族自治州文管所和蒙自县文化馆组织对云南省红河哈尼族彝族自治州蒙自市西南约7千米的红寨乡羊干寨黄家山山腰的马鹿洞联合发掘。发现10件人类化石和部分石制品、角制品和动物化石。材料包括1段股骨近端部分，1件右侧下颌骨，保存下颌体、下颌枝，以及第二和第三枚臼齿；1具头盖骨，保存完整的额骨和左右侧顶骨，但枕骨、颞骨、大部分蝶骨及整个

面骨和颅底缺失；1件头盖骨碎片；1件右侧下颌骨，保留完整的右侧下颌体和下颌枝，无牙齿；1件指骨，1件颧骨残段，1件尺骨近端，1件指骨近端，1件肋骨残段，1件上颌骨残段，3件肋骨残段，1件股骨头残段，1件骶骨残段，13件顶骨碎片，4件额骨碎片，1件枕骨碎片，1件额骨碎片，1枚左侧上颌第三臼齿，1枚左侧上颌第三前臼齿，2件胸骨，1枚左侧上颌侧门齿，部分骶骨。2008年，再次对马鹿洞剖面进行清理时又发现一些人类化石。

对马鹿洞人类化石的研究主要集中在头骨和下颌骨上。头骨的眶上圆枕非常发达，眉间区也明显隆起，但向两侧减弱变细。眶上结构被一个明显的沟分隔为内侧和外侧两部分。头骨眶上凸起厚度在内侧部为1.7厘米，中间部为1.6厘米，外侧部则非常厚，达2.3厘米。头骨骨壁厚度在前囟点为0.7厘米，与欧洲早期现代人和尼安德特人非常接近。顶骨结节处

左侧厚度为0.76厘米，右侧为0.64厘米，位于欧洲、西亚早期现代人1倍标准差的变异范围内。复原后的脑量为1327毫升，小于早期现代人。额骨弦长和弧长分别为11.6厘米和13.3厘米，指数均为92。顶骨宽度为14.1厘米，弦指数92。

下颌骨联合部没有现代人标志性特征纵脊和侧结节。两件下颌骨下颌切迹都不对称。

齿槽平面向后倾斜，上下横圆枕较粗壮。下颌联合倾角77度，与尼安德特人接近。与更新世中、晚期人类相比，马鹿洞人下颌骨在联合部和下颌体的测量数据和形态指数呈现出复杂的情况。编号为MLDG1706的下颌骨联合部高2.77厘米，厚1.25厘米，与西亚和南非旧石器时代中期人类及尼安德特人接近，而与东亚旧石器时代晚期人类相差较大。颏孔处高2.69厘米，与东亚旧石器时代晚期接近，与欧洲旧石器时代晚期人类和尼安德特人相差较大；第三臼齿为牛型齿髓腔，这个特征在尼安德特人中出现率较高。马鹿洞人化石是在欧亚地区发现的具有现代与古老混合特征的更新世—全新世过渡阶段的人类遗骸，对研究人类演化的多样性和地区性差异具有重大学术价值。

与人类遗存伴生的动物化石包括竹鼠、梅花鹿、牛等，时代被推定为更新世晚期。采用质谱加速碳十四测年法（AMS）测定古人类生存的年代为距今1.431万～1.359万年之间。

马鹿洞晚期智人化石藏于云南省蒙自市博物馆。

第二节　文化遗存

元谋人遗址刮削器　旧石器时代早期文物，距今约170万年。

元谋人遗址是中国最早的旧石器时代遗址之一。1965年，为配合成昆铁路建设，中国地质科学院在云南省元谋盆地调查时，在老城乡大那乌村和上那蚌村之间的小土包上发现两枚人类牙齿化石。1973年，中国科学院古脊椎动物与古人类研究所、云南省博物馆等单位对遗址进行大规模发掘，发现有石制品、炭屑和烧骨，以及大量动物化石。其中，有刮削器长5.0厘米，宽4.8厘米，厚3.7厘米，重95克。原料为石英岩，以石核为毛坯，用硬锤锤击法加工而成，加工部位在毛坯顶部。正向加工，直刃，刃缘长3.1厘米，刃口厚钝平齐，刃角70度，片疤浅平且连续分布。

元谋人遗址出土的石制品较少。从地层中发掘出6件，另有10余件采集于地表。这些石制品与元谋人牙齿的关系并不清楚。石制品原料以石英岩为主，也有石英和变质砂岩等；类型包括石核、石片、刮削器和尖状器等，其中刮削器4件，尖状器1件。石制品表现出简单、随意的特征。由于标本数量过少，不足以判断文化特点。与人类化石和文化遗存大致处于同一层位的古哺乳动物化石，包括泥河湾剑齿虎、豪猪等。据此推定时代为早更新世，古地磁测年结果为距今170万年，学术界尚有不同意见。

元谋人遗址出土的刮削器对于研究旧石器时代早期初始阶段东亚人类的石器技术特点和生存能力具有重要价值。

元谋人遗址刮削器存于中国科学院古脊椎动物与古人类研究所。

蓝田平梁大尖状器　旧石器时代早期文物，距今约115万年。

1963年，中国科学院古脊椎动物与古人类研究所在陕西省蓝田县进行新生代地质调查

时发现公王岭地点。1964年，野外发掘获得直立人头盖骨，以及少量石制品和大量动物化石。1965年，在蓝田县九间房镇公王村公王岭以西2千米的平梁地点发现这件大型尖状器，长17.4厘米，宽9.1厘米，厚6.8厘米，重934克。原料为石英岩，以石片为毛坯，用硬锤锤击法加工而成，加工部位在毛坯左右两侧，片疤宽大，两侧边在远端形成一尖刃，尖角为64度。左侧复向加工，直刃，刃缘长17.0厘米，刃口厚钝，刃角为61度。右侧复向加工，直刃，刃缘长15.7厘米，刃口厚钝，刃角53度。这件石器曾被当作蓝田遗址的代表性器物，但并非出自出土蓝田人头骨的公王岭遗址，因而与蓝田人的关系并不清楚。标本和山西丁村遗址发现的三棱大尖状器相近，与非洲的早期阿舍利手斧也较为接近，有人称其为手斧。

数次的发掘和调查，公王岭遗址与蓝田人共出的石制品数量不多。石制品原料以脉石英和石英岩为主；用硬锤锤击法剥片和加工石器；类型包括石核、石片等；石器组合中刮削器数量最多；整体加工技术比较简单粗糙，缺乏规整的器形。1966年，中国科学院古脊椎动物与古人类研究所再次发掘。发现与蓝田人共生的哺乳动物化石包括硕猕猴、剑齿象等。据此将时代推定为早更新世晚期。

该石器对于研究旧石器时代早期东亚古人类的石器技术、生存能力和蓝田直立人可能的活动范围，提供了重要的资料。

蓝田平梁大尖状器存于中国科学院古脊椎动物与古人类研究所。

百色手斧 旧石器时代早期文物，距今约80万年。

1973年，中国科学院古脊椎动物与古人类研究所与广西地质部门在广西百色盆地考察时，在盆地西端上宋村发现了石制品。其后在盆地内发现旧石器时代遗址上百处，比较重要的有百谷、高岭坡、杨屋、枫树岛等。其中在百色市右江区龙景街道大和村百谷屯东北采集的这件手斧长20.8厘米，宽12.0厘米，厚9.7厘米，重2446克。原料为石英岩，以砾石为毛坯，用硬锤锤击法加工而成。两面加工，在窄薄的一端形成尖刃，尖角110度，在宽厚的一端保留有砾石面，以便抓握，其余部分均有剥片修理，加工比例达70%。一面片疤浅平而宽大，另一面片疤呈阶梯状分布。左侧刃缘长19.5厘米，刃口底部厚钝顶部薄锐，最小刃角60度。右侧刃缘长13.7厘米，刃口厚钝，最小刃角70度。

手斧具有特定的形态、技术、时代、地域和文化传统标识，是人类历史上第一种标准化的工具，是旧石器时代早期西方阿舍利技术体系的标志性器物。在东亚，这类器物因数量稀少、时代存疑、形态不稳定、技术不规范而备受争议和关注。百色盆地因发现数量较多的手斧而闻名，历年来在盆地内多个遗址点发掘和采集逾万件石制品，以大型者为主，类型主要包括石核、手镐、手斧等。手斧在百色盆地石制品组合中所占有的比重并不大，而且大多数采自地表。对少数遗址地层中出土的玻璃陨石所做的裂变径迹和钾氩法测年所得出的年代数据为距今80万～73万年，但其与手斧等文化遗存的相关性存有争议。

该手斧及相关标本对于研究旧石器时代早期东亚人类石器技术特点、适应生存方式及东西方远古文化关系，具有重要意义。

百色手斧存于中国科学院古脊椎动物与古人类研究所。

周口店第1地点砍砸器　旧石器时代早期文物，距今约79万～23万年。

民国23年（1934年），在裴文中主持下发掘出土于北京周口店遗址第1地点。该砍砸器长12.9厘米，宽8.3厘米，厚4.7厘米，重361克。原料为燧石，以石核为毛坯，用硬锤锤击法加工而成。底部凹刃，刃缘长5.1厘米，刃口厚钝，刃角55度，片疤浅平且连续分布。右侧刃缘先凹后凸呈波浪状，刃缘长11.9厘米，刃口厚钝，刃角61度，片疤呈鱼鳞状连续分布。

在周口店第1地点石器组合中，砍砸器的数量仅次于刮削器和尖状器，是重要的石器类型。根据刃缘数量和加工部位可进一步分为单

刃、多刃和盘状砍砸器等。该器即为多刃砍砸器，加工较细。该地点石器制作特点如下：就地取材，原料多样，但石英占绝对多数，此外也有水晶、砂岩、燧石等；剥片以砸击法为主，存在大量砸击制品，锤击法也占有重要地位；石器以小型为主，多以石片为毛坯；加工石器时以硬锤锤击法为主，偶尔也用砸击法；石制品组合为中国旧石器时代遗址中常见类型，包括石核、石片、石锤、石砧、刮削器、尖状器、雕刻器、石锥、砍砸器和球形器，其中刮削器最多，尖状器次之。整个石器制作反映了北京猿人所处时代的技术特征，但也有个别标本显示出较晚时代的特征，例如长石片、似石叶、似楔形石核等，并呈现从早期到晚期的发展变化。

民国16～26年（1927～1937年）间做过大规模发掘。发掘和研究工作主要由中国地质调查所新生代研究室和之后在其基础上发展起来的中国科学院古脊椎动物与古人类研究所承担。这里因发现了大量的直立人化石和多种石制品、骨角制品及用火遗迹而闻名于世。该地点发现的哺乳动物化石包括鬣狗、梅氏犀等近100种，时代被推定为中更新世。

该砍砸器和相关石制品对于研究北京猿人的石器技术特点、适应生存方式和东亚旧石器时代文化传统的形成过程，具有重要的学术意义。

周口店第1地点砍砸器存于中国科学院古脊椎动物与古人类研究所。

周口店第1地点刮削器　旧石器时代早期文物，距今约79万～23万年。

民国25年（1936年），北京周口店第1地点出土。器体长6.6厘米，宽6.1厘米，厚2.6厘

米，重76克。原料为燧石，以石块为毛坯，用硬锤锤击法加工而成，由毛坯四周向中心修理呈盘状，均为正向加工，刃缘长14.8厘米，刃口薄锐呈锯齿状，刃角41度，片疤宽大浅平。

刮削器是旧石器时代重要的石器类型。根据刃缘的数量和加工部位，可分为单刃、双刃、复刃、端刃和盘状刮削器。周口店第1地点中出土最多的石器就是刮削器，其中单刃刮削器占到七成左右。标本类型属于盘状刮削器，制作相对精致。

该刮削器和相关石制品对于研究北京猿人的石器技术特点、适应生存方式和东亚旧石器时代文化传统的形成过程，具有重要的学术意义。

周口店第1地点刮削器存于中国科学院古脊椎动物与古人类研究所。

周口店第1地点尖状器 旧石器时代早期文物，距今约79万～23万年。

民国20年（1931年），北京周口店第1地点出土。尖状器长5.7厘米，宽3.8厘米，厚2.1厘米，重32克。原料为石英，以石片为毛坯，用硬锤锤击法加工而成，加工部位在毛坯左右两侧，并在远端汇成一尖刃，尖角65°。左侧正向加工，直刃，刃缘长2.4厘米，刃口厚钝，刃角66度。右侧转向加工，凸刃，刃缘

长4.9厘米，刃口薄锐，刃角50度。

尖状器也被称为尖刃器，是旧石器时代重要的石器类型之一。根据尖刃的位置和数量，可以进一步分为正尖、角尖和复尖等尖状器。在周口店第1地点的石器组合中，尖状器数量仅次于刮削器。该尖状器在类型上属于正尖尖状器。

该尖状器和相关石制品对于研究北京猿人的石器技术特点、适应生存方式和东亚旧石器时代文化传统的形成过程，具有重要的学术意义。

周口店第1地点尖状器存于中国科学院古脊椎动物与古人类研究所。

周口店第1地点砸击石片 旧石器时代早期文物，距今79万～23万年。

民国25年（1936年），北京周口店第1地点出土。砸击石片长3.7厘米，宽2.3厘米，厚0.9厘米，重5克。原料为燧石，砸击法剥片，背面光滑平坦且两端均有明显的砸击痕迹，破裂面有明显的半锥体和同心波。石片两侧近乎平行，在右侧近端有局部加工痕迹。

砸击法剥片，就是一手握住石核，将其一端搁置在岩石上，另一只手握住石锤，垂直砸击石核的上端，石核受力从而剥落下石片。砸击法是北京猿人在长期实践中逐渐摸索出来

的针对脉石英等劣质材料而采用的剥片技术。砸击法的大量应用是周口店第1地点石器制作的重要特点。用这种方法产生的石核和石片个体都比较小，而且在其一端或者两端有明显的砸痕，台面多表现为刃状。用砸击法剥片可以使石核消失，这是其他剥片方法所不具备的特点。根据石片两端的砸击痕迹可以进一步分为单端和两端砸击石片。该砸击石片即为两端砸击石片，形制规整。

该类石制品对于了解北京猿人的石器技术特点、对原料的认知和利用方式以及东亚旧石器时代文化的特点和多样性具有重要的研究价值。

周口店第1地点砸击石片存于中国科学院古脊椎动物与古人类研究所。

洛南手斧　旧石器时代早、中期文物，距今约25万～5万年。

1995年，采集自陕西省洛南县八里桥乡吕村。手斧长16.6厘米，宽9.9厘米，厚5.2厘米，重740克。原料为石英岩，以大石片为毛坯，通体两面加工，形成一个尖刃和周边用于砍伐的刃缘，周边刃角在45度以上。器体上几乎不见自然面，制作精细、左右对称、匀称美观，是洛南盆地阿舍利类型手斧的代表性器物，体现了洛南地区早期人类精湛的手斧加工技艺，可

与非洲和西亚、欧洲的同类器物媲美。

洛南手斧在形态上与欧洲、西亚和非洲典型的阿舍利手斧相近，并常伴生有薄刃斧、大型石刀、手镐等阿舍利技术体系中常见的器物，有别于国内同时代的其他遗址。洛南盆地是中国发现的具有阿舍利技术风格的石制品最为集中的区域之一，采集和发掘出土的手斧超过300件。其石器制作特点如下：石制品原料取自附近河漫滩或阶地堆积层中的砾石，以石英岩为主，石英和石英砂岩也占相当的比重；以硬锤锤击法剥片为主，碰砧法和砸击法也有应用；石器组合复杂多样，既有砍砸器、手斧、薄刃斧、手镐、石球等重型工具，又有刮削器、尖状器和雕刻器等小型器物。

洛南盆地位于陕西省东南部的秦岭东部主脊太华山脉（华山）与蟒岭山脉之间，西北距西安市约110千米。盆地东西长约70～80千米，南北宽约20～30千米。南洛河从西北以略偏东南方向流经该地。这里是中国旧石器时代遗址分布最密集、出土石制品数量最多的地区之一。早在1964年洛南盆地内的龙牙洞就被当地人发现有"龙骨化石"，并遭到严重破坏。1987年，西北大学到龙牙洞进行过科学考察。自1995年起陕西省考古研究所和中国科学院古

脊椎动物与古人类研究所等机构在盆地内组织了持续至今的调查与发掘，发现旧石器时代旷野遗址400余处（如张豁口、孟洼、夜塬、槐树坪、十字路口、周坡、郭塬、延岭等），洞穴遗址1处（花石浪龙牙洞），采集、发掘各类石制品逾15万件。由于这里土壤酸性较强，旷野遗址中动物化石难以保存。

该类工具对于了解旧石器时代特定人群石器制作技术及其生存方式以及史前东西方文化交流与互动具有重要的学术价值。

洛南手斧存于陕西省考古研究院。

洛南手镐 旧石器时代早、中期文物，距今约25万～5万年。

1999年，采集自陕西省洛南县庙坪乡江岭村。手镐长18.1厘米，宽7.4厘米，厚7.2厘米，重696克。原料为石英岩，以石片为毛坯。刃缘经两面加工而成，中部刃角约60度。器体仅保留少部分自然砾石面，横截断面几乎呈等边三角形，加工精致。

手镐通常是以大型扁平砾石或大石片为毛坯，器体通常粗大，加工部位重点是两侧边的顶部，形成一个或钝或锐厚实的尖端，底端厚钝便于抓握。多数标本一面因两侧修理而形成棱脊状凸起，另一面相对平坦，横截面呈三角

形或四边形。洛南手镐属于旧石器时代早期至晚期。这类石器多见于祖国南方和中部的旧石器时代遗址中，是砾石制作体系的重要成员，在西方阿舍利技术体系内也常见。

该类工具对于了解旧石器时代特定人群石器制作技术及其生存方式，以及史前东西方文化交流与互动，具有重要的学术价值。

洛南手镐存于陕西省考古研究院。

洛南薄刃斧 旧石器时代早、中期文物，距今约25万～5万年。

1999年，采集自陕西省洛南县柏峪寺镇孙家砭村。薄刃斧长23.4厘米，宽12.7厘米，厚7.1厘米，重2261克。原料为石英岩，以大石片为毛坯，加工时分别对石片的两侧和台面端做两面修理，形成一个把手。加工后两侧和台面端的刃角均大于45度。石片的远端为一段平直、未经修理的刃口，薄锐。刃口上有连续的小石片疤，应该是使用过程中所形成的崩痕。薄刃斧加工规范，是非常典型的阿舍利类型工具。

薄刃斧是旧石器时代早期，阿舍利技术体系中一类重要的工具，常常呈"U"字形。在非洲和欧亚大陆均有发现，但在东亚出土的数量很少。它与手斧、大型石刀、手镐等器物常

共同出现于洛南盆地的旧石器时代遗址中，是文化体系最具有代表性的大型器物之一。显示洛南盆地的石器制作体系与西方旧石器时代早期的阿舍利体系具有很大的相似性，在中国乃至东亚的旧石器时代文化中独具特色。

洛南薄刃斧存于陕西省考古研究院。

周口店第15地点薄刃斧　旧石器时代中期文物，距今约14万～11万年。

民国21年（1932年），地质调查所新生代研究室科考人员在北京市房山区周口店镇龙骨山周口店第15地点调查时发现。民国24～26年（1935～1937年）进行持续发掘，获得多种石制品、用火遗迹和动物化石。其中薄刃斧长15.7厘米，宽17.2厘米，厚5.0厘米，重1038克。原料为火成岩，以大石片为毛坯，在台面端有若干相互叠压而大小不一的片疤以使其变得圆钝，便于抓握。毛坯远端保持自然锋利的原始形态，以用于砍劈。刃缘上有若干小片疤，可能是使用造成的。左侧复向加工，凸刃，刃缘长9.7厘米，刃口薄锐，刃角26度，片疤呈叠压状连续分布。右侧反向加工，直刃，刃缘长7.2厘米，刃口厚钝，刃角53度，片疤呈鱼鳞状连续分布。

周口店第15地点共出土3件形态相似的薄刃斧，都是用大石片制成。造型上保持石片的基本形态特征，未被加工成"U"字形，与其他遗址出土的薄刃斧有一定的差异。因此也被称为"修理把手的大石片"。周口店第15地点共出土石制品上万件，原料以脉石英为主，其次是砂岩和燧石等；石制品类型主要有石核、石片、石锤等；剥片主要用硬锤锤击法，砸击法较少；石器中以轻型工具为主，其中刮削器数量最多。与周口店第1地点相比，该地在技术上有明显的变化与进步，具有很强的继承性。

该地点是周口店遗址区含文化遗物最多的地点之一，仅次于第1地点，是中国乃至东亚中、晚更新世的一处重要的旧石器时代地点，常被作为中国乃至东亚旧石器时代中期的代表性遗址。该地出土的动物化石包括鸟类44种，全部为现生种；哺乳类化石经鉴定有35个属种，包括掘鼹、刺猬、普氏羚羊等。

周口店第15地点薄刃斧存于中国科学院古脊椎动物与古人类研究所。

周口店第15地点刮削器　旧石器时代中期文物，距今14万～11万年。

民国26年（1937年），周口店遗址第15地点出土。刮削器长4.4厘米，宽3.3厘米，厚1.0厘米，重21克。原料为脉石英，以石片为

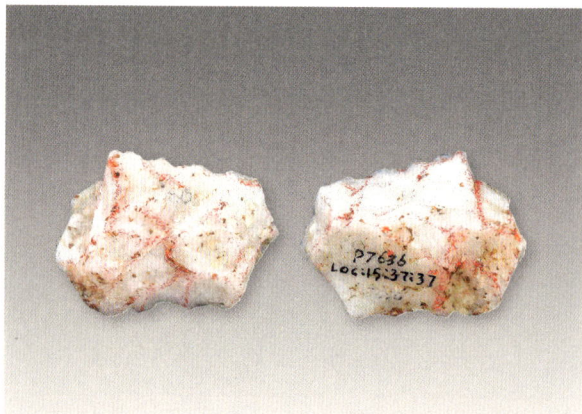

毛坯，用硬锤锤击法加工而成，加工部位集中在毛坯左右两侧。左侧反向加工，凸刃，刃缘长4.5厘米，刃口厚钝呈锯齿状，刃角58度，片疤连续分布。右侧正向加工，直刃，刃缘长3.0厘米，刃口厚钝呈锯齿状，刃角62度，片疤连续分布。

刮削器是周口店第15地点出土数量最多的石器，占石器总数的9成以上。刮削器为双刃刮削器。该类工具对于研究当时人类的生产、生活行为，对于分析北京猿人文化的传承和影响具有重要的学术价值。

周口店第15地点刮削器存于中国科学院古脊椎动物与古人类研究所。

观音洞刮削器 旧石器时代早、中期文物，距今20万～4万年。

1964年冬，中国科学院古脊椎动物与古人类研究所和贵州省博物馆人员发现贵州省黔西县（黔西市）观音洞镇观音洞遗址，随即进行了试掘。出土的刮削器长6.6厘米，宽5.7厘米，厚2.3厘米，重78克。原料为硅质灰岩，以石片为毛坯，用硬锤锤击法加工而成，加工部位集中在毛坯左右两侧和远端。左侧正向加工，直刃，刃缘长3.8厘米，刃口厚钝平齐，刃角66度，片疤叠压连续分布。右侧正向加

工，直刃，刃缘长4.3厘米，刃口厚钝呈锯齿状，刃角68度，片疤连续分布。远端正向加工，凸刃，刃缘长6.0厘米，刃口厚钝呈锯齿状，刃角55度，片疤连续分布。

观音洞遗址中石器数量最多的就是刮削器。刮削器为复刃刮削器。该遗址出土石制品3000多件，原料以硅质灰岩为主，其次为燧石和玉髓等；以硬锤锤击法剥片为主，可能存在有碰砧法和摔击法；石制品类型有石核、石片、刮削器等；多以石片为毛坯，以轻型工具为主。观音洞石器制作在技术、类型和形态上在国内西南地区旧石器时代早—中期具有代表性。

1965、1972、1973年三次发掘，除发掘石制品外，还出土大量动物化石，经鉴定大部分属于祖国南方中、晚更新世的大熊猫—剑齿象动物群，例如猕猴、猩猩等。

该类工具对于研究旧石器时代特定区域和人群的技术特点和生存能力，对于探讨不同地区之间的人群迁徙和文化交流具有重要的学术意义。

观音洞刮削器存于中国科学院古脊椎动物与古人类研究所。

丁村大尖状器 旧石器时代中期文物，距今11.4万～7.5万年。

1954年，中国科学院古脊椎动物与古人类研究所会同山西省文物管理委员会人员对山西省襄汾县新城镇丁村5498地点联合发掘，发现14处旧石器时代遗址和动物化石地点，发掘出大量的石制品、动物化石以及3枚人类牙齿化石。其中丁村大尖状器长19.2厘米，宽8.5厘米，厚6.5厘米，重1156克。原料为角页岩，以石片为毛坯，用硬锤锤击法加工而成，加工部位在毛坯台面端和左右两侧，片疤宽大，两侧边在远端形成一尖刃，尖角39度。台面端正向加工；左侧复向加工，直刃，刃缘长16.4厘米，刃口厚钝，刃角81度；右侧正向加工，直刃，刃缘长15.1厘米，刃口厚钝，刃角75度。由于该标本毛坯较厚，横截面呈三棱形，故又被称为三棱大尖状器，在分类上也可以称为手镐。

丁村遗址出土了大量的石制品，其石器制作特点如下：原料中角页岩占绝对多数，还有燧石、石灰岩等；剥片以硬锤锤击法为主，可能存在碰砧法；类型有石核、石片、刮削器、砍砸器、三棱大尖状器、大尖状器、锯齿刃器、凹缺器、石球等；三棱大尖状器是丁村遗址中最典型、最具有代表性的工具，具有地域特点。

1955～1975年，山西省考古研究所又进行多次调查和发掘，除出土石制品和动物化石外，1976年还发现了一块人类幼年右侧顶骨化石。动物化石包括河狸、鼠、原始牛等，时代被推定为晚更新世早期。遗址群包含不同的文化层位和不同时代的人类遗存。

这类石器对于研究当时人类的工具制作技术和使用方式，对于分析中国旧石器时代文化特点和多样性，以及开展东西方远古文化的比

较研究，具有重要的学术价值。

丁村大尖状器存于中国科学院古脊椎动物与古人类研究所。

丁村砍砸器　旧石器时代中期文物，距今约11.4万～7.5万年。

1954年，出土于山西省襄汾县新城镇丁村5498地点。该砍砸器长7.5厘米，宽10.2厘米，厚5.5厘米，重459克。原料为角页岩，以石核为毛坯，用硬锤锤击法加工而成，加工部位在毛坯顶部，复向加工，凸刃，刃缘长12.6厘米，刃角70度，片疤呈叠压状连续分布。

根据刃缘数量，砍砸器可进一步分为单刃和多刃等类型。该砍砸器为单刃砍砸器。砍砸器是旧石器时代的重要器形，尤其在中国南方的旧石器时代遗址中，多居于优势地位，故一些学者将东亚、东南亚的旧石器时代文化称为"砍砸器传统"。这类石器在旧大陆西部的旧石器时代早期也常见，由于有的标本很难与石核区分开来，一些学者将石核与砍砸器划分为一类。

这类石器，对于研究当时人类的工具制作技术和使用方式，分析中国旧石器时代文化特点和多样性，以及开展东西方远古文化的比较

研究，具有重要的学术价值。

丁村砍砸器存于中国科学院古脊椎动物与古人类研究所。

丁村刮削器　旧石器时代中期文物，距今约11.4万～7.5万年。

1954年，采集自山西省襄汾县新城镇丁村5490地点。该刮削器长7.7厘米，宽7.2厘米，厚1.4厘米，重84克。原料为角页岩，以石片为毛坯，用硬锤锤击法加工而成，加工部位集中在毛坯台面端、远端和右侧。台面端正向加工，直刃，刃缘长3.8厘米，刃口厚钝平齐，刃角70度，片疤叠压连续分布。远端复向加工，凸刃，刃缘长7.5厘米，刃口薄锐平齐，刃角47度，片疤连续分布。右侧正向加工，直刃，刃缘长4.6，刃口薄锐呈锯齿状，刃角50

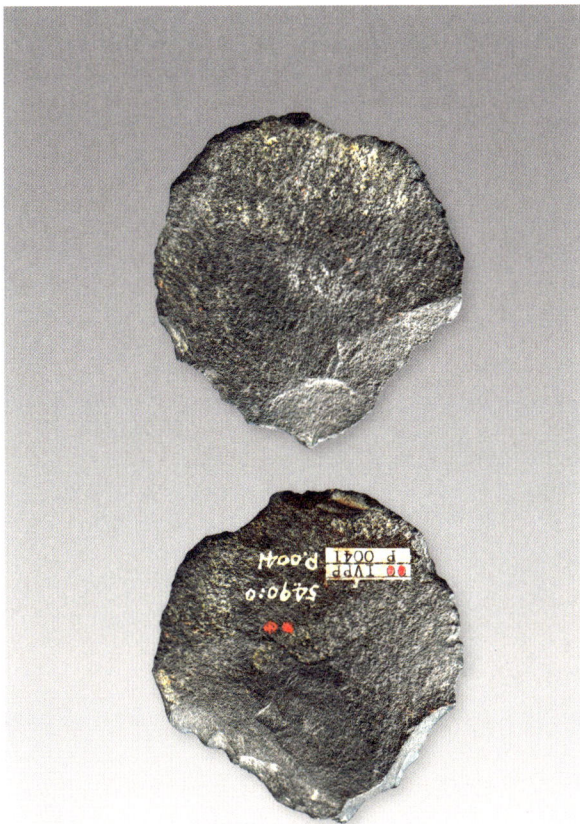

度，片疤呈阶梯状连续分布。

丁村刮削器存于中国科学院古脊椎动物与古人类研究所。

许家窑—侯家窑刮削器　旧石器时代中期文物，距今约12.5万～10.4万年。

1977年，出土于河北省阳原县东井集镇侯家窑村74093地点。该刮削器长3.3厘米，宽3.8厘米，厚1.1厘米，重11克。原料为流纹岩，以石片为毛坯，用硬锤锤击法加工而成，加工部位在毛坯左右两侧和远端。左侧刃缘复向加工，直刃，刃缘长3.4厘米，刃口薄锐呈锯齿状，刃角33度，片疤连续分布。右侧刃缘正向加工，直刃，刃缘长2.6厘米，刃口薄锐平齐，刃角31度，片疤叠压连续分布。远端反向加工，凹刃，刃缘长2.8厘米，刃口薄锐呈锯齿状，刃角40度，片疤叠压连续分布。

刮削器是许家窑—侯家窑遗址中数量最多的石器，多是以石片为毛坯加工而成的轻型工具。根据刃缘数量可再分为单刃、双刃和多刃刮削器。该刮削器即为多刃刮削器。遗址多次发掘，获得了上万件石制品，其石器制作特点如下：石制品原料就地取材，以石英岩和脉石英为主，一些优质原料如燧石、玛瑙等在石器

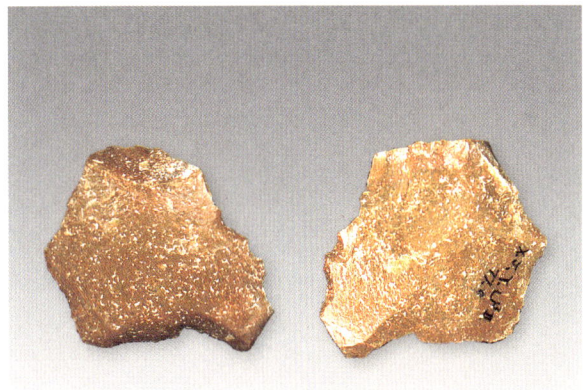

中所占比例较高；剥片技术多为硬锤锤击法，砸击法也有少量应用；石制品类型包括石核、石片、刮削器、凹缺器、锯齿状器、雕刻器、石钻、尖状器、砍砸器、石球等；石器由硬锤锤击法加工而成。许家窑—侯家窑石器技术总体属于中国北方旧石器时代主工业体系，值得注意的是出土上千件石球，数量大、比例高在中国旧石器时代遗址中是极其少见的。

1973年，中国科学院古脊椎动物与古人类研究所在山西雁北地区进行考古调查时发现了许家窑遗址73113地点。第二年发现74093地点，并进行了试掘。此后，中国科学院古脊椎动物与古人类研究所和河北省文物研究所又分别进行过多次调查和发掘，获得了多种石制品、骨角制品、20件人类化石和大量的动物化石。动物化石数量虽然多，但破碎程度都很严重，不仅没有完整的骨架，就连完整的管状骨和带完整齿列的上、下颌骨也几乎没有。可鉴定的动物化石包括无脊椎和脊椎动物共计10目32种，主要有鸵鸟、鼠兔、中华始鼢鼠、披毛犀、野马、许家窑扭角羊、普氏羚羊、鹅喉羚、狼等。

这类石器对于研究许家窑人的工具制作技术和功能，分析中国旧石器时代文化传统的特点和成因具有重要的学术意义。

许家窑—侯家窑刮削器存于中国科学院古脊椎动物与古人类研究所。

许家窑—侯家窑石球 旧石器时代中期文物，距今约12.5万～10.4万年。

1976年，出土于河北省阳原县东井集镇侯家窑村74093地点。该石球长10.3厘米，宽9.8厘米，厚9.7厘米，重1376克。原料为白云

岩，以砾石为毛坯，器身浑圆呈球体，表面布满小石片疤。

石球，也称球状器。根据石球形态和特征可分为准球体和正球体，标本即为正球体石球。许家窑遗址出土上千件石球，形态和大小不一，数量大、比例高在中国旧石器时代遗址中罕见，是遗址的一大特色。该类器物最早出现在非洲旧石器时代早期的奥杜威工业。学者们对石球的功能做出多种推测，包括以投掷方式猎获动物的狩猎工具，用来砸击骨骼或植物果壳的敲砸工具，被高效剥片至无法继续产生石片的石核或从多面体石核转型而来的石锤等。

这类石制品对于研究许家窑人的工具制作技术和功能，分析中国旧石器时代文化传统的特点和成因具有重要的学术意义。

许家窑—侯家窑石球存于中国科学院古脊椎动物与古人类研究所。

大河刮削器 旧石器时代晚期文物，距今约4.4万～3.6万年。

1998年，云南省地质矿产局科考人员发现富源县大河遗址。云南省文物考古研究所、曲靖市文物管理所和富源县文物管理所于2001年、2002年和2006年进行了三次正式发掘，发

现两个文化层位，获得多种石制品、少量骨制品、3颗人牙化石和大量的动物化石，并揭示出火塘遗迹和疑似石铺地面。其中，2001年大河乡茨托村癞石山出土的刮削器长9.7厘米，宽6.9厘米，厚3.5厘米，重259克。原料为燧石，以石片为毛坯，用硬锤锤击法加工而成，加工部分在毛坯左右两侧和远端。左侧正向加工，凸刃，刃缘长12.0厘米，刃口厚钝，刃角55度，片疤叠压连续分布。右侧复向加工，直刃，刃缘长7.3厘米，刃口厚钝，刃角55度，片疤叠压连续分布。远端正向加工，凸刃，刃缘长2.5厘米，刃口厚钝，刃角69度，片疤叠压连续分布。刮削器制作精细，刃口陡向加工，与欧洲、西亚的莫斯特刮削器中的特定器形具有一定的相似性，在中国乃至东亚的旧石器时代少见。

大河遗址石器工业的主要特点如下：原料主要有凝灰岩、玄武岩、硅质灰岩、燧石等，主要来自河滩和附近石灰岩山体；剥片以锤击法为主，偶有锐棱砸击法，少量标本具有勒瓦娄哇技术风格，存在预制石核和修整台面的现象；石制品类型有石核、石片、刮削器、锯齿刃器、尖状器、凹缺器、雕刻器、砍砸器等；

整体上显示出一定的莫斯特文化特征，在中国乃至东亚的旧石器时代文化体系中具有一定的独特性。大河遗址出土动物化石种类，包括猕猴、东方剑齿象、最后鬣狗、黑熊、竹鼠等，属于更新世晚期的大熊猫—剑齿象动物群。

大河遗址的刮削器对于研究中国旧石器时代晚期文化的发展、变异，分析当时人类工具技术的特点和不同人群的交流互动，具有重要的学术价值。

大河刮削器存于云南省文物考古研究所。

水洞沟扁脸石核 旧石器时代晚期文物，距今约4万～3万年。

水洞沟第1地点由法国古生物学家桑志华和德日进于民国12年（1923年）发现，并进行了首次发掘。这是中国第一次经发掘的旧石器时代遗址。1960、1963、2003年至今中国科学院古脊椎动物与古人类研究所与宁夏回族自治区文物考古研究所在此进行了多次发掘。1963年，该研究所人员在宁夏回族自治区灵武市临河镇水洞沟遗址第1地点发掘出扁脸石核，长10.4厘米，宽7.3厘米，厚2.3厘米，重236克。原料为石英岩，台面平整，边缘经过硬锤

修整,用硬锤锤击法进行剥片,只有一个剥片面,可见疤数大于10个,最大片疤长宽为4.0厘米×2.6厘米。

扁脸石核是一种石叶技术产品,其特点是台面经过预制,边缘被修型,剥片面处在石核体较宽的一面上,剥片方向为单向或对向,剥片疤一般长大于宽,核体宽扁,是一类具有勒瓦娄哇技术风格的石叶石核。这类石核在水洞沟遗址乃至东北亚一些旧石器时代晚期初始阶段的遗址常见,具有强烈的时代、地域和技术标识。

扁脸石核及石叶产品在水洞沟遗址主要出自第1地点的石制品丰富,特色明显。石器工业特点如下:原料就地取材,采自河流砾石层,以硅质灰岩为主,其次为石英岩、白云岩和燧石等;剥片以锤击法为主;石制品中包含经预制修整和精细加工的石核、石叶、尖状器、端刮器、刮削器等;预制石核具有勒瓦娄哇技术特色,其中扁脸石核最具代表性;石叶和用石叶加工的工具是石器工业的主体;也存在小石片技术体系。水洞沟的石叶技术可能并非起源于本土,而是末次冰期生活在西伯利亚的先民中的一些群体南下带来的。1980年,宁夏博物馆和宁夏地质局进行了再次发掘。历次发掘除多种获得石制品外,还发现少量鸵鸟蛋皮装饰品、用火遗迹和一些动物化石。动物化石非常破碎,主要有普氏野马、野驴等,表现出更新世晚期的组合特征。

水洞沟遗址出土的扁脸石核和相关制品在中国乃至东亚罕见,对于研究中国北方旧石器时代晚期文化变异、石器技术演变和东北亚不同人群的迁徙、交流、互动,具有重大的学术意义。

水洞沟扁脸石核存于中国科学院古脊椎动物与古人类研究所。

水洞沟石叶 旧石器时代晚期文物,距今约4万~3万年。

1963年,中国科学院古脊椎动物与古人类研究所科研人员在宁夏回族自治区灵武市临河镇水洞沟遗址第1地点发掘出土。石叶长14.8厘米,宽4.6厘米,厚2.6厘米,重159克。原料为石英岩,硬锤锤击法剥片,人工台面,打击点散漫,破裂面平坦微曲,背面有3条背脊呈倒"Y"形,横截面呈三角形,远端尖灭。

石叶出现于旧石器时代晚期,是指采用直接或间接打击法剥片而产生的长宽之比在2:1或以上、两侧边几乎平行、形制规范的长型石片。这类标本一般台面小,打击点散漫,破裂面微曲,背面有1条或数条背脊,横截面呈三角形或梯形。石叶是水洞沟第1地点具有标识性的石制品,多从扁脸石核上剥离下来,有的被进一步加工成尖状器、刮削器、端刮器等工具。水洞沟遗址出土的石叶具有旧石器时代晚

期初始阶段的特点，在东北亚其他一些旧石器时代晚期早段的遗址中常见，具有强烈的时代、地域和技术标识。

水洞沟遗址出土的石叶和相关制品在中国乃至东亚罕见，对于研究中国北方旧石器时代晚期文化变异、石器技术演变和东北亚不同人群的迁徙、交流、互动，具有重大的学术意义。

水洞沟石叶存于中国科学院古脊椎动物与古人类研究所。

水洞沟尖状器 旧石器时代晚期，距今约4万～3万年。

1960年，中苏联合科考队发掘出土于宁夏回族自治区灵武市临河镇水洞沟遗址第1地点。该尖状器长6.5厘米，宽3.8厘米，厚1.0厘米，重28克。原料为石英岩，以石片或石叶为毛坯，用锤击法加工而成，加工痕迹集中在毛坯左右两侧，并在远端汇成一尖刃，尖角59度。左侧正向加工，凸刃，刃缘长6.4厘米，刃口厚钝，刃角57度。右侧正向加工，直刃，刃缘长5.5厘米，刃口薄锐，刃角49度。这件标本器身周正，加工精致，左右对称，可以与

欧洲典型的莫斯特尖状器相媲美，是水洞沟遗址第1地点的标志性器物。

水洞沟遗址出土的尖状器加工规整、精美，在中国乃至东亚同期遗址中罕见，对于研究中国北方旧石器时代晚期文化变异、石器技术演变和东北亚不同人群的迁徙、交流、互动，具有重大的学术意义。

水洞沟尖状器存于中国科学院古脊椎动物与古人类研究所。

山顶洞装饰品 旧石器时代晚期文物，距今约3.8万～2.7万年。

民国19年（1930年），地质调查所新生代研究室科考人员在清理北京市房山区周口店镇龙骨山山顶洞时发现。民国22年（1933年）和民国23年（1934年）进行过两次发掘，获得包括3个完整头骨在内的数10件人类化石、多种文化遗存（石制品、骨角制品、装饰品、用火遗迹、墓葬等）和大量的动物化石。民国22年（1933年）出土的数量可观、类型多样的装饰品是该遗址的重要文化内涵。装饰品共7个类型151件，包括7件石珠、1件穿孔砾石、125

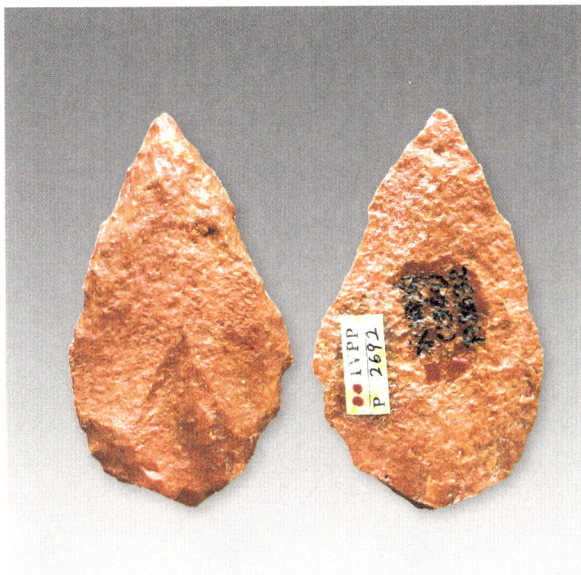

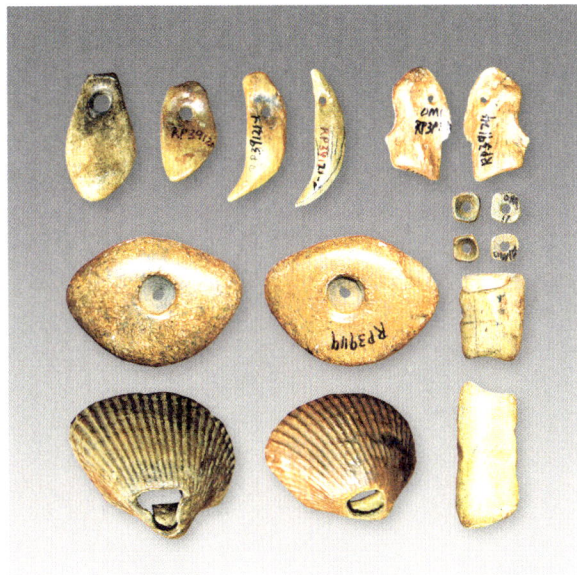

件穿孔兽牙、4件骨坠、4件穿孔介壳、1件穿孔鱼骨、9件鱼椎骨。部分装饰品上有佩戴痕迹，部分装饰品的表面残留红色痕迹，系被赤铁矿粉浸染所致。

山顶洞的石器工业并不发达，打制技术也显得简单粗糙，但装饰品显示出相当精湛的制作技术，包括制坯、刮挖、磨光、钻孔、染色等程序。大量装饰品的存在反映出当时生产技术的进步，也表明人们在满足生存的前提下已有闲暇时间进行审美和艺术创作活动，原始巫术和宗教意识形态正在形成。经鉴定，山顶洞动物群化石的时代推定为晚更新世。

山顶洞装饰品部分标本在民国30年（1941年）太平洋战争爆发时丢失，其余部分藏于中国地质博物馆。

山顶洞骨针　旧石器时代晚期文物，距今3.8万～2.7万年。

民国22年（1933年），地质调查所新生代研究室（中国科学院古脊椎动物与古人类研究所的前身）科考人员发掘出土于北京市房山区周口店镇龙骨山山顶洞遗址。骨针保存基本完好，仅在顶端针眼处断裂。针身略弯，长8.2厘米，针身最大直径0.33厘米。磨制而成，其形状大体保留了毛坯的天然形态。针身圆而光

滑，针尖圆而尖锐。从残留的针眼处判断，针眼不是钻成的，而是用尖锐的工具刮挖而成。骨针形制规整，针身修长，但针眼加工较粗糙。

旧石器时代的磨制工具非常少，骨针的出现是生产技术进步的表现，是古人类会缝制兽皮衣服的关键证据。骨针仅见于旧石器时代晚期的少量遗址中，包括辽宁海城小孤山遗址、山西吉县柿子滩遗址、宁夏水洞沟第12地点等。到新石器时代，骨针使用普遍而且制作精美。

山顶洞骨针标本于民国30年（1941年）太平洋战争爆发时丢失，模型存于中国科学院古脊椎动物与古人类研究所。

山顶洞带刻划图案的鹿角　旧石器时代晚期文物，距今3.8万～2.7万年。

民国22年（1933年），地质调查所新生代研究室科考人员发掘出土于北京市房山区周口店镇龙骨山山顶洞遗址。鹿角来自成年赤鹿，通体呈自然弯曲状，表面磨得光亮，残长37.5厘米，鹿角尖部破损，从参差的断面痕迹来看，不像是人为故意截断的。在角干的磨光面上可以观察到横向的波浪形起伏，系用锐利工具竖刮造成的。角干上有若干清楚的刻划痕迹，表现为粗而浅的包括弯曲、曲折、平行等

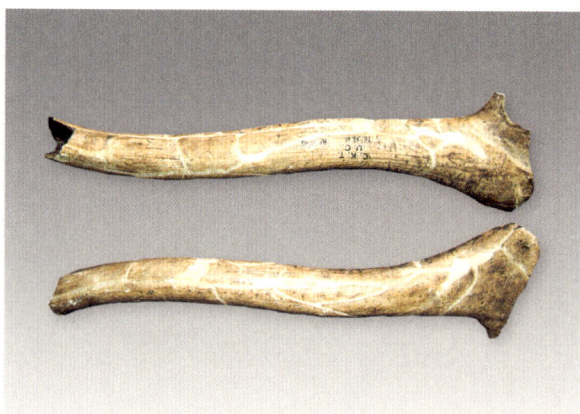

线条。这些线条是否是山顶洞人有意识刻划的纹饰已无法确定。另外，在鹿角眉枝或第一分枝附近有一些纵向分布的细直平行条纹，也是锐利工具刮磨所产生的痕迹。从上述痕迹推断，这件角制品经过选材、截枝、刮削、打磨、刻划而成。它的具体用途不详，可能是身份、权力的象征，如"权杖"，也可能是将其捆绑在木棒上使用的类似矛头的工具。

山顶洞带刻划图案的鹿角在中国乃至东亚旧石器时代遗存中罕见，对于当时人类的审美、宗教和思维活动具有重要的研究价值。

山顶洞带刻划图案的鹿角标本在民国30年（1941年）太平洋战争爆发时丢失，模型存于中国科学院古脊椎动物与古人类研究所。

水洞沟第2地点鸵鸟蛋皮串珠 旧石器时代晚期文物，距今约3.1万~2.9万年。

2003~2007年，中国科学院古脊椎动物与古人类研究所与宁夏文物考古研究所联合组队，发掘宁夏回族自治区灵武市临河乡水洞沟遗址第2地点，发现了多种用火遗迹、大量的石制品和动物化石，以及鸵鸟蛋壳串珠装饰品和磨制骨针等文化遗物。2004~2005年，共出土鸵鸟蛋皮串珠计83枚，是用安氏鸵鸟蛋皮加工而成的环状装饰品，包括完整或破碎的成品，基本不见半成品。个体尺寸较小，形状为环形，多单向钻孔，表面、穿孔处及边缘部位常见佩戴使用所产生的磨光痕迹，部分串珠上保留红色赤铁矿粉。数量众多的鸵鸟蛋皮串珠是该遗址的重要特色，是研究当时人类审美追求、社会关系和生产生活状况的珍贵材料。

水洞沟第2地点出土的鸵鸟蛋皮串珠个体间未见显著差异，说明此时装饰品制作工艺和

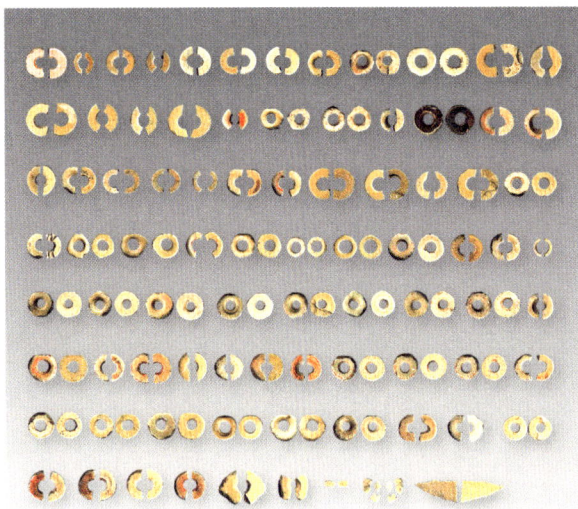

技术已较为系统、成熟。制作方式一般是先用石器从内表面钻孔，然后修型，最后统一对外缘进行打磨，完成制作程序。分析表明，水洞沟遗址既生产工艺粗糙的串珠，也生产制作精良的串珠，不同形制的串珠在形态和风格上有不同的要求。这样的串珠在第1地点也有少许发现。水洞沟第2地点出土的动物化石比较破碎，初步鉴定包括普氏野马或野驴、普氏羚羊等种类。

该类装饰品对于研究当时人类的制作技术、社会关系及审美、宗教和思维活动具有重要的研究价值。

水洞沟第2地点鸵鸟蛋皮串珠存于中国科学院古脊椎动物与古人类研究所和宁夏文物考古研究所。

小孤山装饰品 旧石器时代晚期文物，距今3万~2万年。

1975年，辽宁省文物部门的专业人员在追踪哺乳动物化石线索的过程中发现了小孤山遗址。1981年，辽宁省博物馆对小孤山进行了试掘。1983年，辽宁省博物馆和中国科学院古脊椎动物与古人类研究所等机构对该遗址进行正

式发掘，发现装饰品等文化遗物。装饰品共5件，包括4件穿孔兽牙和1件骨质小圆盘，制作精美。穿孔兽牙全部用动物犬齿制成，穿孔之前先将齿根磨薄、磨平，然后通过剔挖、挖钻结合或单独剔挖、钻制等方法制作而成。与山顶洞穿孔兽牙相比，技术上似乎更胜一筹。装饰小圆盘，也可称为装饰小骨盘，用兽类骨片制成，形状像一枚硬币，只保存了一半左右。直径约2.5厘米，厚约0.2厘米。两面磨光，边缘尤为光亮。一面微凸，呈象牙白色，另一面微凹，染有红色物质，经鉴定为赤铁矿粉末。微凸一面的边缘用锋利器物刻有一圈长短和深浅不一的放射状浅沟，沟内也残留有红色赤铁矿粉末。中心有小圆孔，从中心孔处残裂。

1990年，辽宁省文物考古研究所和北京大学等机构进行过短期发掘。历次发掘共获得了6件人类化石、上万件石制品、一批精美的骨角制品和装饰品、用火遗迹和多种动物化石。经鉴定哺乳动物化石共有38种，主要有鼠耳蝠、鼠兔、狼等。

该类装饰品对于研究当时人类的制作技术、社会关系及审美、宗教和思维活动具有重要的研究价值。

小孤山装饰品分别藏于辽宁省博物馆，存于辽宁省文物考古研究所。

峙峪锯齿刃刮削器 旧石器时代晚期文物，距今约2.8万年。

1963年，中国科学院古脊椎动物与古人类研究所科研人员发现山西省朔州市朔城区下团堡乡峙峪村遗址，并进行了发掘。出土的峙峪锯齿刃刮削器长2.2厘米，宽4.9厘米，厚1.4厘米，重8克。原料为安山岩，以石片为毛坯，用锤击法加工而成，加工部位在毛坯远端。正向加工，凹刃，刃缘长5.0厘米，刃口薄锐呈锯齿状，刃角47度，片疤均匀、连续分布。因其刃缘形态呈锯齿状，这类器物也可称为锯齿刃器，是欧洲、西亚旧石器时代中、晚期的一种重要器形，在中国与东亚的旧石器时代遗址中少见。

峙峪遗址石器的主要特点如下：原料有脉石英、石英岩、硅质灰岩、燧石和火成岩等；剥片除了硬锤锤击法外，还可能应用软锤法、砸击法等技术；石制品类型包括石核、石片、刮削器等。石制品以小型为主；石器类型多样，加工精致；刮削器是最主要的类型；已有

细石叶技术萌芽的迹象。

峙峪遗址出土的锯齿刃刮削器制作精美，对于研究当时人类的工具制作技术、水平和区域文化特点，具有重要的学术意义。

峙峪锯齿刃刮削器存于中国科学院古脊椎动物与古人类研究所。

柿子滩装饰品 旧石器时代晚期文物，距今约2.5万～1万年。

1980年，山西省吉县文物管理所发现柿子滩遗址，临汾行署文化局对遗址进行了试掘。遗址位于山西省吉县东城乡和柏山寺乡清水河沿岸。装饰品出土于7个地点的不同层位，包括成品、半成品和毛坯，共计85件。经鉴定，其材质有蚌壳、鸵鸟蛋壳和鸟类管状骨。其中成品共30件，有穿孔鸵鸟蛋壳串珠24件，穿孔蚌壳5件，骨管1件。有些饰品表面有染色现象，有些鸵鸟蛋壳串珠经过热处理，色泽美观。

鸵鸟蛋壳串珠的材料皆为华北地区晚更新世常见的安氏鸵鸟，生产工序如下：前期热处理以使材质变脆利于加工、毛坯制作、初期打琢处理、钻孔（包括单面钻和两面对钻）、修型磨圆、染色和穿系佩戴。穿孔蚌壳的材料主要来源于中国、日本和韩国沿海浅海区域的双壳纲软体动物，均非本地所产。穿孔方式

包括磨孔和钻孔两种，前者适用于小型完整蚌壳，在顶部磨孔；后者从个体较大的蚌壳上取材，打磨，然后两面钻孔。骨管制作工艺相对简单，截取适合长度的管状骨两端磨制而成。结合层位和年代来看，饰品穿孔表现出早期粗大、晚期细小的趋势；早期饰品仅见鸵鸟蛋壳串珠和蚌壳或其中的一种，后期出现骨质饰品，且与前两种材质同层出现，装饰品组合更加丰富；早期饰品穿孔有的是自然形成，有的是人工钻孔，后期出现磨孔技术，与钻孔并存，且钻孔技术更加精湛，制作的精致化程度提高。

2000～2010年，山西省考古研究所和山西大学等机构进行了长期的调查和发掘。历次发掘获得了大量的石制品、装饰品、骨蚌制品、用火遗迹、岩画、人类牙齿化石、动物化石等。经鉴定动物化石主要有田鼠、鼢鼠等，表现出更新世晚期的组合特征。

该类装饰品对于研究当时人类的制作技术、社会关系及审美、宗教和思维活动具有重要的研究价值。

柿子滩装饰品存于山西省考古研究所。

水洞沟第12地点骨针 旧石器时代晚期文物，距今约1.2万～1.1万年。

2005年，中国科学院古脊椎动物与古人类研究所和宁夏文物考古研究所联合考古队在水洞沟遗址区调查时，在内蒙古自治区的一侧发现一处新的地点，命名为水洞沟第12地点，并于2007年进行了抢救性发掘。水洞沟12地点的骨针出土于内蒙古自治区鄂前旗边沟河下游，与宁夏灵武接壤。出土骨针共7枚，其中1件较为完整，其他6件为骨针近端残段、中间残段

以及远端残段。这些标本均用大中型食草类动物的长骨制成，表面分布刮削、磨制和抛光等痕迹。骨针制作精致，表面光滑，尖端锐利，器身略扁。其中1件完整者长5.17厘米，宽0.48厘米，厚0.19厘米。针鼻分为圆形和长形两种，前者由对钻加工而成，后者则可能是刮制成。

骨针表面的微痕分析显示其制作流程为：选择长度和厚度较为合适的动物长骨，用沟裂法获得较平直的毛坯；然后用刮削或磨制的方法对毛坯进行修型；最后用质地较软的材料进行抛光。研究表明，该地远古人类对原料的选择、利用及加工能力较强，制作的精美骨针可能为生产复杂衣物提供了必要条件，为人类在较严寒地区进行生产和生活提供了重要保障。

水洞沟第12地点骨针存于中国科学院古脊椎动物与古人类研究所。

水洞沟第12地点梭形器 旧石器时代晚期文物，距今约1.2万～1.1万年。

2007年，由中国科学院古脊椎动物与古人类研究所和宁夏文物考古研究所联合考古队在水洞沟遗址第12地点发掘出土。梭形器由动物骨骼制成，表面光滑，做工精美。器物呈梭形，一端较扁、锋利；另外一端为较钝的扁锥

形；器身中部有长形的孔。标本最大长4.67厘米，宽1.11厘米，厚0.61厘米；孔的最大长2.82厘米，宽0.49厘米，厚0.57厘米。器物表面分布刮削、磨制和抛光的痕迹。其加工过程为：选择尺寸和形状合适的长骨作为原料，用沟裂法获得毛坯，通过刮削和磨制对毛坯进行修型，然后在器身中部沟制大而长的孔，最后对器物进行抛光。

此标本的形状与梭子类似，但缺少梭子眼中间细长的线轴，推测可能为织网用的大型骨针。这类标本在中国旧石器时代遗址中尚属首次发现。伴生的动物化石包括兔、獾、鹿等，均比较破碎。

水洞沟第12地点梭形器存于中国科学院古脊椎动物与古人类研究所。

虎头梁细石叶 旧石器时代晚期文物，距今约1.1万年。

1965年，中国科学院古脊椎动物与古人类研究所科研人员发现河北省阳原县虎头梁遗址，并进行了小规模发掘。1972～1974年，中国科学院古脊椎动物与古人类研究所对虎头梁遗址进行了3次发掘。虎头梁细石叶出土于河北省泥河湾盆地中的阳原县东城镇虎头梁村附近的于家沟遗址。该细石叶长1.9厘米，宽0.7

厘米，厚0.2厘米，重0.4克。原料为硅质岩，压制剥片，两端截断，形体规范，形态细长，背面有2条平行的纵向背脊，横截面呈梯形，右侧边缘有连续的细小片痕。

细石叶是从细石核上用直接打击法、间接打击法或压制法剥离下来的细小、长薄、两侧基本平行、长度大于宽度两倍以上、横截面呈三角形或梯形、形态规范的特殊石片，出现于旧石器时代晚期后段，主要用于制作石刃，以便镶嵌在骨、木柄上作为复合工具使用。虎头梁遗址各地点出土多种石制品，其石器制作特点如下：原料主要是石英岩，其次为燧石和玛瑙，此外还有凝灰岩、硅质岩等；剥片主要是压制技术和锤击法，砸击法应用较少；石制品类型有石核、石片、细石核等；石器多以石片、石叶为毛坯；石器加工多用软锤和压制技术。虎头梁遗址属于典型的细石器工业，细石器技术发达，其中楔形石核数量多，工艺稳定，剥片过程中各个阶段的标本都有发现，可以据此复原剥片的工艺流程。该遗址群出土的细石叶十分丰富，部分细石叶的近端和远端被截去，作为复合工具使用。整体来看，虎头梁石器制作已经达到中国旧石器时代晚期细石器制作的高峰。

1972～1974年，中国科学院古脊椎动物与古人类研究所组织三次发掘。1995～1997年，河北省文物研究所与北京大学、中国科学院古脊椎动物与古人类研究所等单位联合对虎头梁遗址区的于家沟、马鞍山等地点和油房遗址等进行考古发掘。发掘出土数万件石制品（包括少量的磨制工具）和少量的装饰品、陶片、赤铁矿和红色泥岩、用火遗迹等，还有大量的动物化石。动物化石相当破碎，经鉴定有蛙、鸵鸟、狼等，表现出更新世晚期末段的组合特征。早期通过碳十四、热释光等方法将于家沟遗址的年代初步测定为距今约1.1万年，但近年来更多的测年产生了更早的数据，将泥河湾盆地细石叶技术出现与演化的时间向前推移。

虎头梁细石叶存于中国科学院古脊椎动物与古人类研究所。

虎头梁锛状器 旧石器时代晚期文物，距今约1.1万年。

1972～1974年，中国科学院古脊椎动物与古人类研究所发掘河北省泥河湾盆地内阳原县东城镇虎头梁村附近的于家沟遗址，出土了这件器物。虎头梁锛状器长12.7厘米，宽7.3厘米，厚2.8厘米，重210.7克。原料为燧石，以石片为毛坯，加工部位在毛坯四周，通体

呈梯形，背面背脊呈倒"Y"字形，破裂面平坦，似乎有磨光痕迹。台面端正向加工，刃角76度；远端复向加工，刃角74度；左侧复向加工，刃角92度；右侧正向加工，刃角76度。刃缘厚钝，总长33.5厘米。经微痕分析，在该标本侧边、远端和背面隆凸处存在装柄产生的磨圆痕迹。

锛状器是旧石器时代晚期典型器物之一，多与细石核、细石叶等共生，主要发现于国内北方地区。形态多呈梯形或亚三角形，一端较宽，另一端较窄或呈尖圆形。该类器物可装柄使用，属于复合工具，用于砍伐、刨平木料等。锛状器的出土，对于研究当时人类的制作技术、建筑活动和生存方式具有重要意义。

虎头梁锛状器存于中国科学院古脊椎动物与古人类研究所。

后 记

编修方志是我国悠久的历史文化传统，党和政府十分重视志书的编修工作。为贯彻习近平总书记"要在展览的同时高度重视修史修志"的指示精神，2014年7月21日，国家文物局召开中国文物志编纂委员会第一次会议，正式启动《中国文物志》编纂工作。时任国家文物局局长励小捷指出，编纂《中国文物志》既是落实党中央、国务院关于志书编纂战略部署的具体举措，也是填补文物行业志书空白、促进文物事业发展的时代要求。

为保证编纂工作顺利开展，国家文物局将《中国文物志》编纂工作纳入《国家文物事业发展"十三五"规划》；成立中国文物志编纂委员会，由国家文物局局长任编纂委员会主任，副局长任副主任，机关各司室、各直属单位和省市自治区文物行政部门主要负责人，中国国家博物馆、故宫博物院、文化部恭王府博物馆、中国历史研究院考古研究所、北京大学考古文博学院负责人为编委会委员；聘请在世的国家文物局历任局长、顾问和中国国家博物馆馆长、故宫博物院院长为中国文物志编委会顾问；编纂委员会设立办公室，由分管局领导任主任，局办公室和政策法规司、文物出版社等单位主要负责同志任副主任，负责日常编纂管理工作。8月4日，经局党组研究决定，聘请时任国家文物局党组副书记、副局长董保华任总编纂，主持全志编纂工作；聘请地方志专家田嘉、齐家璐为特邀专家，全程指导志书编纂工作；聘请张自成、李季、刘小和、董琦任副总编纂，后根据编纂工作需要，增聘黄元、乔梁、何洪任副总编纂，其中李季负责《文物管理编》《文物事业编》，刘小和、乔梁负责《不可移动文物编》，董琦负责《可移动文物编》，黄元负责《大事记》，何洪负责《人物传》《文献辑存》编纂工作，张自成协助总编纂负责日常管理保障工作。编委会办公室依托文物出版社人文图书编辑中心设立秘书处，由许海意负责，协助总编纂承担日常文秘等工作。

《中国文物志》编纂工作先后经历工作计划编制与篇目设置、开展资料收集与志稿撰写、组织统稿修改与审定工作三个阶段。2014～2015年，编委会办公室建章立制，先后制定《〈中国文物志〉编纂出版项目管理办法》《〈中国文物志〉会议制度》《〈中国文物志〉项目调研、督办及差旅管理办法》等制度，保障编纂工作规范有序开展；根据志书"横分门类，事以类从"的体例要求，结合文物工作实际和行业特点，在广泛征求文博专家、志书专家意见的基础上，设计篇章节目，确定总述、大事记、文物管理编、文物事业编、不可移动文物编、可移动文物编、人物、文献辑存八大部类，明确主要记述内容；编制《〈中国文物志〉编纂工作手册》《〈中国文物志〉编纂项目实施方案》及《〈中国文物志〉行文通则》。2016～2021年，编委会办公室组织开展编纂工作，包括收集整理资料与集中撰稿工作，编制各篇《撰写说明》，审订初稿示例，作为撰稿工作的一般遵循；国家文物局直属单位、各省（自治区、直辖市）文物局、中国国家博物馆、故宫博物院、中国历史研究院考古研究所、中国科学院古脊椎动物与古人类动物研究所等参编单位根据要求承担撰写初稿、提供资料及配图工作。2019年，编纂工作进入审改阶段。文博专家负责专业内容，确保记述完整、重点突出、评价准确；方志专家负责规范行文、统一体例。几经审改后，志稿质量基本达到编辑出版要求。2021年3月1日，国家文物局召开《中国文物志》终审会，时任国家文物局党组书记、局长刘玉珠充分肯定编纂工作取得的成绩，指出编纂《中国文物志》是一项重大文化典籍工程，是国家文物局党组的重要决定；《中国文物志》编纂完成是全国文物系统共同参与、密切配合的结果；全体编纂人员付出了极大的辛苦努力，各有关部门及单位给予了有力的支持与配合。经过评议，全部志稿通过终审。2022年起，交由文物出版社开展编辑出版工作。

《中国文物志》编纂工作历时七年，由于各编记述内容不同、工作基础不同、具体要求不同，编纂方式和推进方法也不尽相同。为此，参编单位，特别是诸多专家和参编人员克服重重困难，通过不懈努力，终于完成了全部编纂任务。下面以各编为单位，以重要节点和难点为主要内容，简要回顾令人难忘的艰辛与收获。

《总述》是《中国文物志》的总纲，源于主体志，高于主体志，具有国家高度、时代背景、部门职责和行业特征，立足于中华文明进程记述文物资源价值，立足于依法行政记述文物管理工作，立足于经济社会发展记述文物事业成就，对全志有着总括内容、彰明因果、评量得失的作用。在总编纂董保华主持下，秘书处多次组织文博专家、方志专家研讨，吸取其他志书的优秀成果和撰写经验，深刻认识和把握文物工作普遍规律，基于其他各篇具体内容，明确了资源、管理、事业三部分的撰稿思路。由长期与国家文物局合作编写《文化遗产蓝皮书——中国文化遗产事业发展报告》的国务院发展研究中心研究员苏杨及浙江大学博士研究生蒋凡承担资料收集和初稿撰写任务，形成28万字资料初稿。为避免与主体志的综述内容重复，总编纂确定秘书处胡奥千、王海东两位同志承担资源部分示例撰写任务，分别选择新石器时代、宋元时代文化艺术两部分作为撰写"文物资源"的总述示例内容；为了确定"文物管理""文物事业"的重大事件和重要节点，突出重要举措和重要成果，董保华、何洪、胡奥千、王海东在初稿的基础上，查阅多方面资料，汇集各领域专家意见，最终完成20万字总述送审稿。资源部分通过以物说史、以物证史，彰显中华文明进程；管理部分重点记述不同历史阶段文物管理工作的重点与成效；事业部分通过记述中国文物事业取得的成就，彰显文物工作在国民经济社会发展中的地位和作用。审稿过程中，国家文物局老领导、老同志、老专家纷纷以书面、电话、座谈等形式提供修改意见和资料。吕济民局长年过九旬，仍坚持通读并审改总述全文，提出10余条修改建议；张德勤、张文彬、单霁翔、励小捷局长和谢辰生顾问多次提出修改意见；闫振堂、马自树、彭卿云副局长均提出书面修改意见；李晓东同志着重审改了文物法律体系构建相关内容，认真核对史实，指出了25处存疑内容；夏燕月、刘庆柱、朱凤瀚、张廷皓、彭常新、王军、李耀申等专家分别在专业表述和价值阐述上提出了有重要价值的意见；李耀申同志重点审改总述的小序与结语，润饰文字、阐幽抉微，使文章增色不少。

《大事记》以编年体为主，纪事本末体为辅，纵向记录文博行业古今大事。2015年，国家文物局政策法规司陈培军、王汉卫编制《大事记入志标准》，分8类24项，拟定事条入志标准、记述体例初稿，明确记述文物事业发展历程中的大事、要事，并收集以1990～2009年为例整理的大事、要事的事条，约30万字。2016年，编委会办公室确定北京鲁迅博物馆马海亭同志承担资料收集工作，参照《中华人民共和国文物事业纪事（1949～1999）》，以《中国文物报》《中国文物事业60年》《春华秋实》《中国文物年鉴》等为资料来源，编成约170多万字资料长编。2017年，副总编纂黄元修订完善入志事条标准，并参考《中华人民共和国大事记》《改革开放四十年大事记》编写方法，精简语句，突出要点、精准用语，十易其稿，完成约49万字的《大事记》志稿。审稿过程中，编委会各位顾问以及马自树、彭卿云、刘曙光、孟宪民、杨志军、彭常新、王军、李耀申等专家都提出颇具价值的修改意见。

《不可移动文物编》和《可移动文物编》荟萃我国珍贵文化遗产，传承民族历史记忆，是本志的精华所在。这两部分以文物调查成果、全国重点文物保护单位为基础。《不可移动文物编》主体部分为全国重点文物保护单位，分"古遗址""古墓葬""古建筑""石窟寺与石刻""近现代重要史迹和代表性建筑""世界文化遗产""历史文化名城名镇名村"七章，其中以前五章记述的全国重点文物保护单位为主体。2015年，副总编纂刘小和负责编制《条目要素表》，明确资料提供基本内容；董保华、刘小和、田嘉、齐家璐一行专程到河南、甘肃两地，开展资料收集和初稿撰写试点工作调研，确定委托两地文物专家撰写"大地湾遗址""龙门石窟"等八篇样稿；秘书处在解析研讨的基础上编制初稿撰写说明，作为志稿撰写的基本遵循。其后，各地文物局根据《不可移动文物资料要素表和初稿示例》审订条目遴选、报送资料初稿并审核志稿，参与人员200余人。2016年，针对各地资料与初稿内容参差不齐、质量不一问题，在时任北京市文物局舒小峰局长支持下，委托北京市文物局图书资料中心主任祁庆国组织承担稿件梳理工作。2018年进入统稿阶段，副总编纂乔梁会同陈光、侯兆年、魏文斌、安莉等文博专家分别对各章稿件统稿修改，补充资料，核对史实，规范表述。其间，北京大学考古文博学院李崇峰教授修改的"麦积山石窟"条目、古建专家沈阳修改的"古建筑"章简述，完善了统稿示例，明显提升了相关章节的学术含量。夏燕月、信立祥、李裕群等文博专家对《不可移动文物编》相关章节提出了重要修改意见。尤其是兰州大学教授魏文斌，面向全国确定统稿团队，按照统稿示例和专家函审意见统改"石窟寺与石刻"章志稿；世界文化遗产专家郑军根据申遗资料撰写统改"世界文化遗产"章志稿，均表现出深厚的专业素养。

《可移动文物编》以馆藏一级文物和近年考古新发现的珍贵文物为基础，分"青铜器""陶瓷器""玉石器""金银器""书法绘画""石雕与文字石刻""甲骨简牍、文献文书、符节印信""钱币、漆木器、文房用具及其他（杂项）""近现代文物""旧石器人类化石及文化遗存"十章，收录3100多条目。编纂工作得到中国国家博物馆吕章申、王春法两任馆长高度重视，以中国国家博物馆专家为主联系中国科学院古脊椎动物与古人类研究所、北京大学考古文博学院等单位专家组建了《可移动文物编》编纂团队。副总编纂董琦组织编制《可移动文物初稿示例和撰写说明》，带领10位专家组成的编纂团队有序开展撰稿工作，保障了初稿的基本质量。推进过程中注重发挥专家作用：北京大学教授朱凤瀚在整个编纂过程中不仅提出明确的指导性意见，并亲自修改重点内容；许忠陵、王宇信、夏燕月、肖贵洞、胡平生、赵超、杨晶、李凯等专家在条目内容完整、专业表述和价值记述等方面提出了多条重要修改意见。2018年进入统稿阶段，编辑专家冯广裕、于采芑做了大量修改工作。中国国家博物馆王永红，不仅承担"石雕与文字石刻"章撰稿工作，还协助副总编纂做了大量组织与统稿工作；于成龙独立承担内容繁博的"甲骨简牍、文献文书、符节印信"章撰稿统稿工作，表现出攻坚克难的精神和独立的学术品格。

《文物管理编》《文物事业编》是编纂工作中的重点与难点。两部分独立设篇是行业类志书的创新之处。总编纂董保华、副总编纂李季先后组织数十次研讨，反复辩难推求，认为管理和事业两部分具有明显区别；应该分别设篇：《文物管理编》注重工作过程，设"管理机构""法治建设""重要会议""安全监管与行政执法""不可移动文物保护管理""可移动文物保护管理""博物馆管理""科技信息化标准化管理""文物保护经费管理与使用"九章，旨在通过重要工作事例，记述各时期重点工作的决策依据、执行主体、工作过程和管理成果，展现中国文物工作自身规律、文物理论政策的创新和文物工作改革实践的探索，反映中国文物管理工作的法治化、科学化、规范化进程；《文物事业编》反映事业发展、体现成就，设"文物事业发展规划""文物保护工程""考古工作""博物馆工作""科技与信息化、标准化工作""国家文物局直属单位与社会组织""与港澳台地区文物交流合作""国际文物交流合作""教育培训工作""文物宣传工作"十章,通过记述文物事业发展过程中的重大事件、重要节点、重要人物和重要成果,体现出文物事业是中国特色社会主义事业的重要组成部分和在社会主义经济建设、政治建设、文化建设、社会建设、生态文明建设"五位一体"总体布局中的地位和作用,并根据国家文物局各司室职能、工作重点草拟节级设置和记述条目,后在局责任司室指导下和根据专家意见不断修订完善。

《文物管理编》《文物事业编》资料由国家文物局档案室和各地文物部门提供;撰稿工作得到了国家文物局各直属单位的大力支持,纳入单位年度重点工作和绩效考核。各位撰稿人均是相关领域的业务骨干,但由于资料基础相对薄弱,加之缺少撰写经验,撰稿工作遇到极大的困难。为破解这一难题,总编纂董保华、副总编纂李季采取"对接研讨"方式,组织专家和撰稿人员逐章逐节反复讨论,通过编制撰写说明和初稿示例,明确要求,突出重点,规范体例,从根本上解决了撰稿难题。2016~2020年,总编纂就《文物管理编》《文物事业编》编写问题先后主持召开了95次专题研讨会,甚至到撰稿单位现场办公,以条目为单位明确体例、以节为单位确定内容、以章为单位进行调整,确保撰稿质量。其中,2017年上半年撰稿工作全面铺开之前,仅"博物馆机构"一章,在方志专家齐家璐指导下,先后组织中国国家博物馆、故宫博物院、北京鲁迅博物馆、首都博物馆、北京自然博物馆、中国人民抗日战争纪念馆六家试点单位专家开展6次研讨,明确博物馆等业务机构类条目的定性定位、历史沿革、目前状况等基本内容构成,文博专家李学良全程参与该章撰稿统稿工作。由于文物收藏单位性质复杂、多头管理,单独设章难以组织,故早期缺设"文物收藏单位"。总编纂董保华认为博物馆管理是文物工作中不可或缺的重要内容,提出增设"博物馆管理"章的建议,得到国家文物局博物馆司的充分肯定。针对其中"藏品管理""展览管理"撰写难点,在两年多时间里,总编纂率队先后赴上海博物馆、首都博物馆实地调查,多次研讨,力图理清条目要点,完成撰写示例。由于种种原因没能写出理想的示例,正在举步维艰的时候,总编纂提出查阅故宫博物院郑欣淼、单霁翔两任院长组织开展的文物登记工作的总结报告。正是在单霁翔院长《博物馆藏品架起沟通的桥梁——来自故宫博物院文物普查的报告》中,清晰地提出藏品来源、藏品构成、藏品保管是藏品管理工作的基本构成,总编纂当即与娄伟副院长联系,确定请故宫博物院许凯同志撰写初稿示例。真可谓"山重水复疑无路,柳暗花明又一村"!为了解决"展览管理"初稿条目参差不齐的问题,则按基本陈列、原状陈列、临时展览、出境展览、进境展览类别各选一个最具代表性的事例,分别由中国国家博物馆王永红、故宫博物院王建涛、首都博物馆张杰、中国文物交流中心钱卫和樵鑫蕊承担撰写任务,经过讨论修改形成规范示例，为此项撰写工作全面开展给予了有力支持。

《文物管理编》《文物事业编》志稿约250万字。其中，陈同滨、乔梁、李春玲、郑军、彭蕾、刘爱河、叶倩等同志率先完成志稿，获得方志专家和文博专家一致认可，确定作为初稿示例，为其他撰稿人提供了宝贵经验。"文物保护经费管理"章专业性强，资料繁乱，专门借调南京博物院沈骞同志，承担撰稿工作；董保华、李季与国家文物局办公室及相关专家反复研讨形成初稿提纲与修改建议，沈骞同志几易其稿，终于将50万字繁杂资料梳理成章，较好地形成约5万字的初稿。中国社会科学院考古研究所研究员白云翔，对"重大考古发现"节编纂工作给予具体指导，遴选出167项具有重大价值和意义的考古发现，以点带面反映工作成就，并根据考古过程和价值影响分为长、中、短三类条目，平衡体量，有效推动撰稿工作。董保华、何洪协助李季对《文物管理》《文物事业》两编做了全面统改，乔梁完成了"重大考古发现"一节的统稿工作。彭常新、王军、李耀申、刘超英、柴晓明、许言、刘铭威等专家在审稿过程中，提出了很多有价值的修改意见。

《人物传》遵循生不立传的原则，收录在中国文物博物馆事业中做出重要贡献的已故人物。2015年，在国家文物局人事司的指导下，编委会办公室经多次研讨，确定《人物传》入志人物标准和名单，收录267名重要人物。北京鲁迅博物馆撰稿团队在齐家璐老师指导下，撰写出40篇传记初稿。何洪在黄元协助下，反复研读修改稿件，编制《人物传》撰写说明，作为人物传记资料整理和初稿撰写的指南。各省（自治区、直辖市）文物局、中国国家博物馆、故宫博物院、中国历史研究院考古研究所、中国国家图书馆、北京大学、清华大学、复旦大学、吉林大学等单位负责撰写227名人物传记初稿。何洪以确凿事实为依据，以组织评价为标准，寓观点于记事之中，高质量地完成了全部统稿工作。

《文献辑存》主要收录与《中国文物志》主体志有关的重要文献及资料，包括法律、行政法规、地方性法规、中共中央和国务院文件、部门文件、国家文物局文件、重要讲话等内容。在方志专家田嘉和国家文物局政策法规司的指导下，秘书处许海意、王海东完成《文献辑存收录标准》的编制和300余万字资料的收集工作。副总编纂何洪按照有关要求，补充了相关资料，对全文进行系统梳理和全面审核，并根据李晓东、彭常新、刘曙光、李耀申等专家的建议，增补了若干内容、规范了编纂方法，在文化和旅游部办公厅、国家文物局办公室等有关部门支持下，补充了新中国初期的重要资料。

《中国文物志》编纂工作历时七年，撰写任务十分艰巨。中国国家博物馆馆长吕章申、王春法，故宫博物院院长郑欣淼、单霁翔、王旭东在全力支持的同时，亲自修改稿件，及时反馈审核意见。特邀方志专家田嘉、齐家璐全程参与。田嘉在全志的筹备、撰稿、统稿、审稿工作阶段发挥了重要指导作用。齐家璐不辞劳苦，查阅群书，浏览资料，阐规则，订体例，调结构，理行文，答疑解惑，言传力行，七年如一日，在编纂工作各个方面、各个阶段发挥了关键作用。经他亲自修改的"大地湾遗址""后母戊鼎""长城专项督察""文物普查与调查""尼雅遗址考古发现""陶寺遗址考古发现""中国国家博物馆机构"等条目，成为保证编纂质量的重要示例；各编各章的指导更是不惮其繁乱细琐，仅单独反馈的修改意见就多达40余万字。方志专家王国庆带领秘书处胡奥千、沈骞、王海东完成《可移动文物编》大部分统稿，并独自承担《文物管理编》《文物事业编》全部统稿工作。方志专家王卫明、吕书红承担《不可移动文物编》统稿工作，颜小忠、苏炎灶、王雨亭等对《总述》《大事记》《文物管理编》《文物事业编》提出重要统改意见。

编纂工作始终在国家文物局有力领导下开展。励小捷、刘玉珠、李群三任局长先后主持志书编纂启动工作、编纂修改及终审工作和编辑出版工作；先后分管志书工作的董保华、顾玉才、关强三位副局长，兼任编纂委员会常务副主任和办公室主任，及时听取有关情况，审定工作方案，推动工作如期完成。局机关各司室履职尽责，从撰稿审稿人员推荐、资料收集整理到内容重点确定，再到稿件审核，提出明确意见；每次专题研讨会，各司同志亲临指导。政策法规司为主管司室，李耀申、朱晓东、陆琼等几任司长恪尽职守，在政策把关、执行程序和工作落实方面发挥了主导作用。文物出版社有限公司作为项目管理单位，社长张自成（编委会办公室常务副主任）召开社务会议，明确将志书编纂出版项目作为重点工作，专门以人文图书编辑中心为主体负责编纂委员会办公室秘书处日常工作，全程参与编纂例会、前期调研、项目推进、出版结项，为整个编纂工作给予了有力保障。副社长何洪、副总编辑刘铁巍先后分管编纂工作，在不同工作阶段，他们及时组织秘书处讨论具体方案，为落实各项工作发挥重要作用。编纂过程中，张自成社长自始至终参加每周例会，掌握进展情况，解决实际困难。文物出版社坚持规范管理，坚持勤俭办事，严格执行预决算制度，保障编纂工作依法合规顺利完成。

编纂团队秉持坚韧不拔、勇于担当的精神，同心协力、攻坚克难。总编纂董保华勤勉敬业，带领编纂团队积极探索，充分发挥每个人的作用，广泛听取各方面意见，形成集体智慧，理清编纂思路。副总编纂黄元、乔梁、刘小和、董琦、李季、何洪兢兢业业，发挥各自专业优势，对各篇内容进行统改和分纂。秘书处在许海意带领下，胡奥千、王海东、沈骞、周小玮、马莉萍等，克服时间紧、任务重、人员少等重重困难，完成了会议组织、资料图片收集整理、日常服务保障等大量工作；积极参与业务工作，参加各篇章撰写示例、撰写说明的起草和专题研讨。在攻克《总述》、信息化工作、博物馆藏品管理、重大考古发现、文物保护经费管理等撰写难点过程中，许海意和胡奥千、王海东不畏艰难、认真负责，经过不懈努力，很好地完成了颇有难度的总述示例撰写和重大考古发现条目修改任务。秘书处诸同志"谦虚谨慎、任劳任怨，勤奋学习、勇于担当"的优良作风，得到参编单位和众多领导、专家的一致好评。文物出版社编辑孙霞、张晓曦、孙漪娜、王媛等同志坚持出席编纂例会，听取专家意见、认真编辑稿件，为保证志书质量付出辛勤汗水。

《中国文物志》编纂工作还得到了中国历史研究院考古研究所所长陈星灿，北京大学考古文博学院两任院长杭侃、孙庆伟，中国科学院古脊椎动物与古人类研究所前副所长高星等人的大力支持，中国地方志指导小组办公室原书记田嘉给予全程指导。张德勤、张文彬、单霁翔、励小捷、谢辰生、郑欣淼、吕章申等顾问及马自树、彭卿云、李晓东等老同志悉心评议，提出许多重要建议。

由于水平有限、时间紧迫，本志难免重复、疏漏、错讹之处，诚恳期望各界人士给予批评指正。

值此《中国文物志》出版之际，衷心感谢所有关心、支持、帮助编纂工作的各位专家、同志们、朋友们！与此同时，我们深切缅怀与世长辞的张德勤、张文彬、谢辰生顾问和齐家璐老师，他们为祖国的文物事业贡献了毕生精力，为《中国文物志》的诞生倾注了最后的心血。最后，我们由衷地希望通过这部记述中华民族悠久文化，伟大祖国宝贵遗产，文物工作艰辛历程，文物事业辉煌成就，新中国几代文物工作者忠于事业、无私奉献崇高精神的鸿篇巨制，为新时期文物事业谱写新的篇章，为实现中华民族的伟大复兴做出应有的贡献！

《中国文物志》编纂委员会办公室

2023年5月